Marie FEREY

# LE PETIT LAROUSSE des PRÉNOMS

* La bible officielle pour choisir le prénom de votre enfant *

LAROUSSE

Direction de la publication
Isabelle Jeuge-Maynart
Ghislaine Stora

Direction éditoriale
Marie-Lise Cuq pour la 1re édition

Coordination éditoriale
Nathalie Cornellana

Relecture correction
Laurence Alvado, Edire pour la 1re édition
Oriale Faulhaber

Informatique éditoriale
Marion Pépin, Serge Boucher, Philippe Cazabet, Aurélie Prissette

Conception et direction artistique
Emmanuel Chaspoul et Cynthia Savage
Isabelle Chemin

Mise en page
Catherine Le Troquier pour la 1re édition

Couverture
Sandra Personnelli

L'éditeur remercie également Marie-Cécile Haingue, Marielle Euzéby,
Marion Fichelson et Maria Ceglia.

L'auteur remercie Dorothée Lesserteur pour ses recherches documentaires.



ISBN : 978-2-03-596642-1

# Sommaire



## Prénoms Filles



## Prénoms du monde



## Prénoms Garçons

# Liste des encadrés filles

# *Liste des encadrés garçons*

# Introduction

L'annonce de la prochaine arrivée dans un foyer d'un enfant est l'une des plus grandes joies qu'il est donné de connaître. Lorsque la première émotion est passée, c'est l'imaginaire qui se met en route. Garçon ou fille ? Les toutes premières semaines, le suspens demeure… Aura-t-il les yeux bleus ou bruns ? Ressemblera-t-il à son père ou à sa mère ? Un grand-père pense déjà aux études de son petit-fils à venir, une grand-mère se précipite dans une boutique de layette…

Et voici que se profile à l'horizon la première question importante : comment allons-nous l'appeler ? La responsabilité est de taille, car elle engage les parents vis-à-vis de l'enfant. Un prénom, c'est une étiquette, un label, qui, sans nous déterminer définitivement dans notre vie d'enfant puis d'adulte, a une incidence parfois importante.

Le prénom que vous allez donner à votre enfant est votre premier cadeau, un des plus précieux, puisqu'il le gardera toute sa vie, un des plus officiels, puisqu'il sera inscrit à l'état civil et dans la généalogie de sa famille.

## Les prénoms de nos ancêtres

Pendant des siècles, le choix du prénom ne laissait pas les parents dans une grande perplexité : il était en effet limité à une trentaine de prénoms pour chaque sexe, et la plupart des familles avaient leurs coutumes. Les aînés portaient le prénom du père ou de la mère, du grand-père ou de la grand-mère, du parrain ou de la marraine. Et il n'était pas rare qu'un cadet porte le même prénom que son aîné décédé en très bas âge.

Au Moyen Âge, plusieurs cousins se nommaient Charles ou Philippe, plusieurs cousines s'appelaient Jeanne ou Blanche, ce qui créait quelque confusion, on s'en doute, et obligeait souvent à affubler chacun d'un qualificatif plus ou moins élogieux. Citons pour exemple certains de nos rois de France, le Hutin (le querelleur), le Chauve, le Bon, la Folle ou la Boiteuse…

Au fil des siècles, les prénoms se sont diversifiés, d'abord bien timidement. Il a fallu attendre les années 1970 pour que la gamme s'enrichisse de variantes ou de forme étrangères. Ce début de XXI^e^ siècle voit une floraison de prénoms nouveaux, de sonorités inhabituelles, de références inconnues.

Les prénoms évoluent dans le temps et dans l'espace. La mixité des couples, l'extraordinaire diffusion de l'information à travers les continents via la télévision et le net nous permettent d'accéder à une culture plus riche… Et à l'embarras du choix !

## Comment choisir le prénom de votre bébé ?

Bien évidemment, le premier élan, celui qu'il faut laisser s'exprimer en priorité, c'est celui du cœur. Un prénom, c'est une histoire d'amour ! Certains parents, les jeunes femmes en particulier, ont déjà en tête bien à l'avance, le prénom qu'ils ont prévu de donner à leur enfant. Qui n'a pas entendu dire : « Si j'ai une fille, je l'appellerai Clémentine, j'ai toujours adoré ce prénom… ». Les mois d'attente confirment le projet, à moins qu'un autre prénom plus neuf vienne remettre ce choix en question.

Y a-t-il un mode d'emploi pour les parents indécis ? Disons qu'il serait indiscret de s'immiscer dans une affaire aussi personnelle, mais on peut recommander de considérer certains critères qui peuvent être utiles : l'origine du prénom et sa signification, le couple qu'il forme avec le nom de famille, par exemple.

## D'où viennent les prénoms ?

Ils ont tous une origine géographique et une signification.

• **Les prénoms latins :** issus de la Rome Antique, ils font référence à une caractéristique physique, à une qualité ou à un état. Ainsi Paul signifie « petit », Félicie veut dire « heureuse », Faustin « fortuné », Clémence « clémente ». D'autres indiquent l'appartenance à une famille patricienne et illustre de l'Antiquité ; ainsi Jules « de la gens Iulius », famille de Jules César. Claude vient de la gens (famille) Claudius, ce dernier étant un nom de famille créé à partir du mot « boiteux ». Le sobriquet est devenu nom de famille puis prénom.

• **Les prénoms grecs :** la mythologie grecque, très riche de héros et de péripéties offre une mine fabuleuse de prénoms ; on cite souvent Hélène ou Ulysse, les plus connus, mais on oublie les Grâces, les dieux et les nymphes… De grands prénoms nous viennent également de Grèce : Alexandre, Philippe, Sophie, Irène, … certains faisant référence à Dieu, comme Théophile, Théodore et Dorothée, par exemple.

• **Les prénoms germaniques :** ils sont en général guerriers, même pour les filles ! Ainsi Charlotte signifie « virile » et Mathilde « force au combat ». La grande majorité des prénoms du Moyen Âge sont issus de la culture germanique, comme Amaury, Chilpéric et autres Sigebert et Galswinthe.

• **Les prénoms bibliques :** porteurs d'une culture religieuse, ils sont, pour certains, universels, comme Jean et Marie, Michel et Anne. Mais d'autres prénoms hébraïques sont nés au XX$^{e}$ siècle, dénués de connotation religieuse et très appréciés des jeunes générations.

• **Les prénoms celtes :** formes bretonnes de prénoms latins, ou encore prénoms issus de la langue celte, certains d'entre eux sont en tête du hit-parade depuis plusieurs années : après Morgan la douce fée, voici Arthur le preux chevalier. La Bretagne est sans aucun doute la région de France qui possède le plus grand nombre de prénoms ou d'adaptation de prénoms qui lui sont propres.

• **Les prénoms anglo-américains :** récents pour la plupart, ils évoquent le plus souvent des lieux géographiques : Madison, Philadelphie. À moins qu'ils ne soient composés de syllabes de plusieurs prénoms, comme Latonya, créée à partir du prénom Tonya, diminutif d'Antonia, forme américaine d'Antoinette, avec le préfixe « la » pour Lady, ou Lakesha, formée avec Kesha, forme américaine d'Aïcha, et le préfixe « la ».

Au-delà de ces sources traditionnelles, la littérature, et, plus récemment, la télévision, offrent de belles idées aux futurs parents. La création de l'Europe n'a pas seulement facilité la circulation des personnes et des biens : elle a favorisé aussi la diffusion des prénoms étrangers dans notre pays : Inès et Pablo pour l'Espagne, Angelo et Chiara pour l'Italie, Cameron pour la Grande-Bretagne, Carla pour l'Allemagne, par exemple.

## Les prénoms de famille

Il est des traditions qu'on a du mal à abandonner, en particulier dans les familles de la noblesse : celle de donner à l'aîné d'une branche le prénom de son père, de son grand-père, de ses aïeux. Mythe de la continuité, de la descendance, du nom qui traverse les siècles sans rupture… Touchant, mais compliqué pour des raisons administratives. Aux États-Unis, c'est courant. Franck l'arrière grand-père fondateur d'une dynastie, précède Franck Jr, son fils et son petit-fils Franck III, et enfin son arrière-petit-fils Franck IV !

Ce « numérotage » n'est pas passé dans nos mœurs. Si vous voulez donner à votre enfant le prénom de ses ascendants, accolez-le à un autre prénom, court si possible, qui le distinguera d'eux. Louis le grand-père, Louis Henri le fils, Louis Théo le petit-fils, par exemple.

## Les prénoms encombrants

La célébrité de certains prénoms est tellement lourde que les enfants qui les portent risquent de mal les assumer : Jésus et Napoléon en sont les exemples les plus frappants. Dans un autre contexte, et à un moindre degré, citons aussi Elvis et Madonna.

On peut parier qu'Adolphe, prénom ultra classique à la fin du XIX^e^ siècle, n'est pas à la veille de réapparaître !

## Les prénoms à la mode ? Quelle mode ?

Chaque siècle, et plus récemment chaque décennie, a connu sa mode. Souvenez-vous :
***Bérénice*** et ***Cléopâtre*** en Égypte au temps des Pharaons,
***Claude*** et ***Livie*** dans la Rome antique,
***Mechtilde*** et ***Gontran*** au Moyen Âge en Europe du Nord,
***Émile*** et ***Augustine*** à la fin du XIX^e^ siècle,
***Roger*** et ***Madeleine*** au début du XX^e^ siècle,
***Bernard*** et ***Danièle*** dans les années 1940,
***Patrick*** et ***Martine*** dans les années 1950,
***Philippe*** et ***Catherine*** dans les années 1960,
***Stéphane*** et ***Nathalie*** dans les années 1970,
***Sébastien*** et ***Aurélie*** dans les années 1980,
***Julien*** et ***Laura*** dans les années 1990,
***Thomas*** et ***Manon*** dans les années 2000

C'est dire que le prénom indique une fourchette d'âge probable. Et qu'un prénom ultraclassique comme Bernard en 1940 puisse devenir complètement excentrique en 2018, alors que nous sommes tous habitués à l'entendre !

Quelques prénoms sont intemporels ; ils traversent les siècles sans prendre une ride. Vous les connaissez bien : ce sont Antoine, Nicolas, Anne, Sophie.

## Dis-moi comment tu t'appelles, je te dirai où tu vis

Les sources d'inspiration des parents soulignent leur appartenance à une catégorie sociale. Ce phénomène date du XX^e^ siècle. On entend parler de prénoms BCBG ou de prénoms populaires. Les premiers se rencontrent dans le Bottin Mondain, les seconds s'entendent sur les trottoirs des villes. Baudouin et Blanche ne jouent pas souvent dans la même cour que Kévin et Vanessa… Les parents des premiers ont cherché le prénom de leur enfant dans l'arbre généalogique de leur famille, les parents des seconds se sont intéressés aux séries télévisées.

Les cinéphiles seront plus ou moins consciemment conditionnés par les personnages des films. Manon en est un exemple frappant, puisque c'est le personnage de Manon des sources « revisité » au cinéma puis à la télévision qui a lancé ce prénom. La littérature n'est pas en reste : Wendy est sortie de l'imagination de James Barrie, auteur de Peter Pan.

## Harmonie et dissonance

L'harmonie entre le prénom et le nom est importante. Il est des associations de syllabes désagréables à l'oreille qui peuvent pénaliser le plus beau prénom du monde. Pensez que votre enfant, dès l'école maternelle et jusqu'à la fin de sa vie, devra se présenter à ses copains, à ses professeurs, à ses collègues, à ses clients. Thomas Amont est moins seyant que Thomas Lenoir. Christelle Cresson crisse, Élise Zarusski zozotte, Anita Hanna hahane…

Dans ce domaine, est-il nécessaire de rappeler que le jeu de mots entre prénom et patronyme est un cadeau empoisonné ? Tout le monde a souri et sourira de l'évocation de Paul Hochon ou de Jean Bon.

Pensez aussi aux initiales ; s'il n'est plus d'usage de broder les mouchoirs aux initiales de leurs propriétaires, toutes les lettres ne se marient pas bien ; certaines alliances ne sont pas du meilleur goût : K.C., S.S. ou pire W.C. ou encore P.Q…

La mode est aux prénoms étrangers. Attention aux associations qui peuvent paraître insolites. Dylan Kasparov, américain et russe, ou encore Winona Carvahlo, amérindienne et portugaise, par exemple. Mais vous pouvez ne pas vous ranger au sentiment de l'auteur de ce livre !

Certains prénoms, irlandais en particulier, ont une orthographe et une prononciation difficiles, à ce point qu'on ne les retient pas aisément, quant à les écrire… Muirgheal, par exemple.

Autre élément qui peut influencer votre choix : la longueur de votre nom de famille, surtout si votre enfant doit porter vos deux noms accolés. Un principe : un prénom court sied bien à un patronyme long. Un prénom long donne du corps à un patronyme court. Théo van Caumenthyngue est élégant. Éléonore, avec ce patronyme, sera moins harmonieux. Chloé se combine mieux qu'Alexandra avec les noms de ses parents, Lenoir Dumont.

Écrivez le prénom choisi avec votre nom de famille ou vos deux noms. Prononcez-le plusieurs fois à haute voix, vous percevrez très vite l'harmonie ou la dissonance.

## Les libertés avec l'orthographe

Barbra pour Barbara, Annik pour Annick, Cindie pour Cindy… Il est peut-être tentant de personnaliser un prénom en changeant son orthographe. Mais pensez à votre enfant qui devra épeler son prénom toute sa vie durant pour ne pas le voir écorcher.

## Comment pimenter un nom de famille banal ?

Durand, Dupont, Martin sont des noms courants et faciles à porter. Mais que certains trouvent trop banals. Avec un patronyme passe-partout, vous avez une chance : celle de pouvoir choisir un prénom peu fréquent ou même original.

## Combien de prénoms ?

La loi n'impose pas un nombre précis de prénoms, en effet un seul suffit. Mais l'usage est d'attribuer à un bébé deux ou trois prénoms. Et c'est sage car l'enfant qui, devenu adulte, n'aime pas son premier prénom pourra utiliser dans sa vie courante le second ou le troisième, qui deviendra son prénom d'usage.

Les familles catholiques ont pour tradition de donner à l'enfant pour second et troisième prénoms ceux de ses parrains et marraines. Autre usage : donner le prénom des grands-parents. Plus moderne : donner au nouveau-né un des prénoms favoris qui n'a pas été retenu comme prénom légal. C'est le cas en général lorsque les deux parents n'avaient pas la même préférence.

## Les fratries séries

On rencontre parfois, dans les fratries, des choix soigneusement calculés. En voici quelques exemples :

- des terminaisons assorties : Julien, Aurélien et Bastien ou Coralie, Amélie et Sidonie,
- des prénoms issus d'adjectifs ordinaux : Quentin, Sixtine, Septime et Octave,
- un clin d'œil à la Genèse : Adam et Ève,
- les mêmes initiales : Adrien, Agathe et Alix.

Amusant, certes, mais le choix d'un prénom doit-il prêter à des facéties ? Si chaque prénom est charmant individuellement, l'effet de série peut dans certains cas être difficile à assumer par les enfants, surtout s'ils sont scolarisés dans le même établissement.

## Les jumeaux

Faut-il donner à des jumeaux des prénoms proches ou les dissocier le plus possible ? À vous parents de décider, mais en évitant bien sûr des duos comme Roméo et Juliette ou Tristan et Yseult. Oui, cela s'est vu !

## Qui a son mot à dire ?

Les deux parents, cela va de soi. Les grands-parents sont curieux, cela se comprend, mais leurs avis peuvent diverger du vôtre. Et donner lieu à des discussions, des commentaires ou même des reproches. Les jeunes parents sont de plus en plus nombreux à laisser planer le suspens jusqu'à l'arrivée de Bébé. Si le prénom choisi ne plaît pas aux grands-parents, ils seront bien trop émus pour vous le dire.

# La législation des prénoms

Le choix des prénoms avait été réglementé par la loi du 11 germinal an XI, laissant peu de possibilités de fantaisies aux parents. En principe, car la loi laissa tout de même passer des prénoms révolutionnaires tels que Vertu, Égalité, ou Tubéreuse ! Cette loi était formelle. Le choix se limitait aux prénoms en vogue dans les différents calendriers et à ceux des personnages connus de l'Histoire ancienne. Peu à peu, cette loi fut aménagée grâce à une jurisprudence riche due en grande partie à l'immigration, et furent admis les prénoms des calendriers étrangers ou relevant d'une tradition régionale ou étrangère.

Mais les parents qui faisaient le choix d'un prénom étranger devaient le justifier par l'appartenance plus ou moins lointaine à cette culture. Cela posa bien évidemment d'immenses problèmes et la loi fut enfin aménagée. Depuis le 8 janvier 1993, la loi proclame que les parents ont le libre choix des prénoms de leur enfant. En voici quelques extraits (article 57 du Code civil) :

« [...] *Les prénoms de l'enfant sont choisis par ses père et mère* [...][...] *L'officier de l'état civil porte immédiatement sur l'acte de naissance les prénoms choisis. Tout prénom inscrit dans l'acte de naissance peut être choisi comme prénom usuel.*

*Lorsque ces prénoms ou l'un deux, seul ou associé aux autres prénoms ou au nom, lui paraissent contraires à l'intérêt de l'enfant ou au droit des tiers à voir protéger leur nom de famille, l'officier de l'état civil en avise sans délai le procureur de la République. Celui-ci peut saisir le juge aux affaires familiales.*

*Si le juge estime que le prénom n'est pas conforme à l'intérêt de l'enfant ou méconnaît le droit des tiers à voir protéger leur nom de famille, il en ordonne la suppression sur les registres de l'état civil. Il attribue, le cas échéant, à l'enfant un autre prénom qu'il détermine lui-même à défaut par les parents d'un nouveau choix qui soit conforme aux intérêts susvisés. Mention de la décision est portée en marge des actes de l'état civil de l'enfant.* »

On voit que l'acceptation d'un prénom est soumise au jugement de l'officier d'état-civil et la plupart sont assez compréhensifs. Un conseil : prenez la précaution, si vous avez choisi un prénom rare, de lui en expliquer l'origine.

## Comment changer de prénom

Si votre prénom vous déplaît vraiment, si vous considérez qu'il constitue un véritable handicap pour votre vie sociale, professionnelle, vous pouvez demander à changer de prénom. Mais cette démarche exige que vous ayez des arguments sérieux, et pas seulement le désir de porter le prénom d'une star que vous adorez ! Voici ce qu'en dit la loi (extrait de l'article 60 du Code civil) :

« *Toute personne qui justifie d'un intérêt légitime peut demander à changer de prénom. La demande est portée devant le juge aux affaires familiales à la requête de l'intéressé ou, s'il s'agit d'un incapable, à la requête de son représentant légal. L'adjonction ou la suppression de prénoms peut pareillement être décidée.* [...] *Si l'enfant est âgé de plus de treize ans, son consentement personnel est requis.* »

Vous pouvez saisir le juge aux affaires familiales par lettre recommandée avec demande d'avis de réception au secrétariat greffe du tribunal de grande instance de votre domicile. Vous pouvez aussi vous déplacer pour déposer une déclaration au greffe.

# Numérologie et caractère

Comment savoir à l'avance quel sera le caractère de son bébé d'après le prénom qu'on lui a choisi ?

Le caractère d'une personne se forge sur des années, selon son hérédité, son éducation et son ressenti des expériences de sa vie. Et l'influence du prénom dans tout cela ? Elle est présente, car chaque prénom a, dans la numérologie, une symbolique.

Dans cette croyance, dans sa forme traditionnelle occidentale, chaque lettre de l'alphabet est représentée par une valeur numérique de 1 à 9. Le tableau ci-dessous indique la valeur de chaque lettre.

| 1 | 2 | 3 | 4 | 5 | 6 | 7 | 8 | 9 |
|---|---|---|---|---|---|---|---|---|
| A | B | C | D | E | F | G | H | I |
| J | K | L | M | N | O | P | Q | R |
| S | T | U | V | W | X | Y | Z | |

On additionne les chiffres correspondant aux lettres du prénom pour obtenir une valeur que l'on réduit à un chiffre de 1 à 9, qui donne la « puissance vibratoire » d'un prénom, c'est-à-dire ses caractéristiques dominantes.

Par exemple :
LOLA = 3 + 6 + 3 + 1 = 13
soit 1 + 3 = 4.
La puissance vibratoire de Lola est donc 4.

À chaque chiffre correspond une tendance, une inclination que plusieurs facteurs peuvent affirmer ou modifier au cours de la vie.

1 : maîtrise, indépendance, ambition, volonté
2 : association, travail d'équipe
3 : sociabilité, communication, expression
4 : réalisation, sens pratique, concrétisation
5 : mobilité, adaptabilité, souplesse
6 : harmonie, équilibre, vie de famille
7 : spiritualité, riche vie intérieure
8 : expansion matérielle, pouvoir, richesse
9 : altruisme, humanité, dévouement

# Les prénoms de ce livre

Nous avons choisi, pour que vous ayez un vaste choix, un éventail large de prénoms :

- les grands classiques que vous connaissez bien,
- les prénoms modernes très en vogue,
- les prénoms très anciens, ceux de la mythologie, qu'elle soit grecque, romaine, celte ou nordique,
- les prénoms étrangers de culture européenne et américaine les plus en vue.

Dans cette **nouvelle édition**, un cahier central **Prénoms du monde** répertorie près de 2000 prénoms du monde entier, classés par continent.

## Pour chaque prénom, nous vous donnons :

- **L'origine et la signification**, avec le lien au prénom de base lorsqu'il s'agit de formes régionales ou étrangères. Vous découvrirez ainsi qu'un prénom original et très mélodieux qui vous était inconnu peut être une forme régionale d'un prénom courant.

- **La date de la fête**, lorsque le prénom est inscrit dans un calendrier. À ce propos, ne vous étonnez pas de découvrir, pour une même date, plusieurs saints. Notre calendrier des postes nous indique pour chaque jour le nom d'un saint. Mais chaque jour, ce sont plusieurs saints et saintes qui sont célébrés. Parfois la date de la fête d'un saint change, d'une année à l'autre, et de nouveaux saints, récemment canonisés sont venus rejoindre leurs prédécesseurs.

Par ailleurs, nous avons le plus souvent cité un seul saint pour chaque prénom, afin de ne pas alourdir le texte. Savez-vous que certains prénoms, comme Alexandre ou Marie sont illustrés par plus de 20 saints ou bienheureux ?

- **Un résumé de la vie du saint,** lorsqu'elle est connue. De nombreux saints, en particulier en Bretagne, ont des légendes dont les sources sont parfois invérifiables. Mais leurs histoires sont tellement belles…

- **Quelques mots sur les traits de caractère** qui seraient attachés au prénom. Nous parlons au conditionnel, car il ne s'agit que de tendances sur lesquelles le contexte social, le climat familial, et l'éducation peuvent jouer.

- **Une évocation de personnalités** qui ont porté ce prénom ou qui le portent aujourd'hui : personnages de l'Histoire, mais aussi personnages de cinéma, de théâtre, de la littérature, stars de la chanson, vedettes de cinéma ou de l'actualité.

- **Quelques informations sur l'évolution du prénom.** On peut retracer la carrière d'un grand prénom à travers les siècles grâce à l'Histoire. Faustine en est un exemple ; nous savons que ce prénom a été porté par plusieurs impératrices de Rome, nous le perdons de vue pour le retrouver à la fin du XVIII$^{e}$ siècle dans la littérature, puis pour le perdre à nouveau et le voir ressurgir à la fin du XX$^{e}$ siècle. Certains prénoms n'ont pas fait l'objet d'études : ils sont trop rares, ou trop neufs. L'avenir nous dira quel accueil ils recevront.

- **Les formes dérivées du prénom, ses cousins et ses cousines, les variantes régionales et les formes étrangères.**

Nous espérons que ce livre vous accompagnera avec bonheur dans l'une des plus belles aventures de votre vie : le choix du prénom de votre enfant.

# Du côté des filles

## ABÉLIE

**Abelinde, Abeline, Abella, Abelle, Abellia**

**D'où vient-elle ?** Abélie signifie en hébreu « ce qui passe ».

**On la fête** le 5 août avec Abel.

**Elle serait...** vive et charmante. Sensible et sociable, elle s'investit beaucoup dans ses relations amicales et affectives.

**Son évolution :** ce prénom est apparu au Moyen Âge, mais il a toujours été rare.

**Ses cousines :** Abelinde, Abeline, Abella, Abelle, Abellia.

**Dans nos régions :** Avela, Avelaine et Aveline (Bretagne).

**À l'étranger :** Abelia (Espagne, Italie), Abelina (Italie), Abelinda (Espagne).

**Son masculin :** Abel.

## ABIGAËL

**Abby, Abigaëlle, Avigaël, Avigaëlle**

**D'où vient-elle ?** Abigaël signifie en hébreu « ma joie est en Dieu ».

**On la fête** le 29 décembre avec David.

**Elle serait...** sociable, amicale. Très féminine, ennemie de l'ordre et de la routine, elle aime le luxe, la mode, les nouveautés, les voyages.

**Elles l'ont porté :** la sœur et la femme du roi David, en Israël, au X$^{e}$ siècle avant J.-C. ; Abigail Adams, épouse du deuxième président des États-Unis, au début du XIX$^{e}$ siècle.

**Son évolution :** ce prénom est fréquent dans les familles juives pratiquantes, particulièrement aux États-Unis.

**Ses cousines :** Abigaëlle, Avigaël, Avigaëlle.

**À l'étranger :** Abaigeal (Irlande).

**Ses diminutifs :** Abby, Gaïl.

## ADÉLAÏDE

**Adèle**

**D'où vient-elle ?** Adélaïde est une variante d'Adèle, d'origine germanique, qui signifie « noble ».

**On la fête** le 16 décembre. Sainte Adélaïde fut, au X$^{e}$ siècle, l'épouse du roi d'Italie Lothaire, puis de l'empereur Otton I$^{er}$. Deux fois veuve, elle assura la régence de son petit-fils à la mort de son fils et fonda de nombreux monastères dans le Saint Empire romain germanique.

**Elle serait...** vive, sans cesse à la recherche de nouvelles expériences. Elle n'est pas toujours facile à suivre, mais mène très bien sa vie.

**Elles l'ont porté :** deux reines de France, Adélaïde de Frioul, épouse de Louis II le Bègue, au IX$^{e}$ siècle, et Adélaïde de Savoie, épouse de Louis VI le Gros, au XII$^{e}$ siècle.

**Son évolution :** Adélaïde fut portée dès le X$^{e}$ siècle, puis elle disparut à la Renaissance. Le XVIII$^{e}$ siècle la vit revenir, et cette vogue dura jusqu'à la fin du XIX$^{e}$ siècle. Elle est rare aujourd'hui, sauf dans les familles BCBG.

**Sa forme initiale :** Adèle.

**Dans nos régions :** Adalaïs, Adelaïdo, Alaïdo, Alaïs (Provence).

**À l'étranger :** Adelaida (Espagne), Adelhed (Allemagne), Ada (Allemagne, Hongrie, Pologne, Scandinavie).

## ADÈLE

**Adalie, Adalsinde, Adélaïde, Adélie, Adeline, Alice, Alix, Ethel, Heïdi**

**D'où vient-elle ?** Adèle, d'origine germanique, signifie « noble ».

**On la fête** le 24 septembre. Sainte Adèle, née en 675, fille du roi d'Austrasie Dagobert II, fonda une abbaye dont elle fut l'abbesse lorsqu'elle devint veuve. Elle mourut en 734.

**Elle serait...** sensible et parfois indécise. Elle hésite souvent avant de s'engager, mais lorsqu'elle a pris une décision, elle sait faire preuve de persévérance.

**Elles l'ont porté :** Adèle de Champagne, reine de France au XII^e^ siècle, troisième épouse de Louis VII, mère de Philippe Auguste ; elle eut une influence importante dans les affaires du royaume et assura la régence pendant la participation de son fils à la croisade. Adèle, l'une des filles de Victor Hugo.

**Son évolution :** courante au Moyen Âge, elle s'éclipse dès le XIII^e^ siècle, pour revenir au XIX^e^ siècle. Elle est réapparue dans les années 1990 et progresse doucement.

**Ses cousines :** Adalie, Adalsinde, Adélie, Adeline, Alice, Alix.

**Dans nos régions :** Adela (Bretagne), Adeleto, Adèlo, Alaïs, Azalaïs (Provence), Aïtella (Corse), Edelène (Normandie).

**À l'étranger :** Aaltje (Pays-Bas), Adalia, Adelia, Aldonsa (Italie), Adela (Espagne, Grande-Bretagne, Italie, République tchèque), Adelaja, Alka (Pologne), Adelhaid, Adelhei, Aelke, Elka, Elke, Elki, Elleke, Hedi, Heida, Heide, Heïdi (Allemagne), Adelyte (Lituanie), Akela, Atera (Hawaï), Aldonza (Espagne), Aleid (Belgique), Etel, Etelka (Hongrie), Ethel (États-Unis, Grande-Bretagne), Aada (Finlande).

## ADELINE
### Adèle, Aline, Line

**D'où vient-elle ?** Adeline est une variante d'Adèle, d'origine germanique, qui signifie « noble ».

**On la fête** le 20 octobre. Descendante de Guillaume le Conquérant, sainte Adeline fut, au XII^e^ siècle en Normandie, la première abbesse de l'abbaye des Dames Blanches.

**Elle serait...** amicale, généreuse et sociable, mais elle n'accorde pas facilement sa confiance.

**Son évolution :** Adeline a connu une vague de succès vers 1980. Elle est devenue très rare aujourd'hui.

**Ses cousines :** Adelinde, Aline.

**Dans nos régions :** Adelina (Corse).

**À l'étranger :** Adelina (Espagne, Italie), Adelinda, Alida (Italie), Adelita (Espagne), Aidlinn (Irlande), Edina (Hongrie), Lina (Espagne, Portugal), Lynn, Lynnet (Grande-Bretagne, États-Unis).

**Ses diminutifs :** Lina, Line.

## ADISSON (mixte)

**D'où vient-elle ?** Adisson, d'origine américaine, signifie « enfant d'Adam ».

**Elle serait...** volontaire, dévouée, généreuse. Elle a de grands projets, et se dépasse pour les mettre à exécution, oubliant parfois le sens des réalités et des contingences matérielles.

**Son évolution :** Adisson fait partie des 50 prénoms féminins favoris aux États-Unis, alors qu'il est moins attribué aux garçons.

**Sa cousine :** Addison

## ADRIENNE
### Adriana, Adriane, Hadrianna, Hadrienne

**D'où vient-elle ?** Adrienne signifie en latin « originaire d'Adria ». Adria, ou Hadria, fut une ville fondée par les Étrusques au VI^e^ siècle avant J.-C. au bord de la mer Adriatique, dans la région actuelle de Vénétie.

**On la fête** le 8 septembre avec Adrien.

**Elle serait...** souple, diplomate. Elle apprécie le travail d'équipe, car elle déteste la solitude et a besoin de se sentir motivée pour avancer.

**Elles le portent :** le mannequin Adriana Karembeu, la chanteuse Adrienne Pauly.

**Son évolution :** fréquente au début du XX^e^ siècle, Adrienne a disparu en France alors qu'Adriana se porte bien dans les pays méditerranéens.

**Ses cousines :** Hadrianna, Hadrienne.

**Dans nos régions :** Adriane, Adrianne (Provence).

**À l'étranger :** Adria (Espagne, Italie), Adriana (Espagne, Italie, Pologne, Portugal, République

tchèque), Adrine (Arménie), Aenke, Jaantje et Naenken (Flandre).
**Son masculin :** Adrien.

## AËLIS

**D'où vient-elle ?** Aëlis est une forme occitane d'Adélaïde, variante d'Adèle, d'origine germanique, qui signifie « noble ».
**On la fête** le 16 décembre avec Adélaïde.
**Elle serait...** ambitieuse, énergique, indépendante. Elle a de grands projets et s'y consacre entièrement. Sa force de travail lui permet une belle carrière.
**Son évolution :** ce prénom est rare en dehors de sa région d'origine. À ne pas confondre avec Ailis, forme irlandaise d'Alice, prénom lui aussi dérivé d'Adèle.
**Sa forme initiale :** Adèle.

## AËLLE
Aëlla

**D'où vient-elle ?** Aëlle est une forme bretonne d'Angèle.
**On la fête** le 27 janvier avec Angèle.
**Elle serait...** réaliste et opportuniste. Sans être matérialiste, elle s'intéresse aux biens et au pouvoir, et la gestion ne lui fait pas peur.
**Son évolution :** ce prénom, connu des familles bretonnes traditionnelles, n'est pas courant à l'échelon national.
**Sa forme initiale :** Angèle.
**Sa cousine :** Aëlla.
**Son masculin :** Aël.

## AÉNOR
Aanor

**D'où vient-elle ?** Aénor est une forme bretonne d'Éléonore, d'origine grecque, qui signifie « compassion ».
**On la fête** le 25 juin avec Éléonore.
**Elle serait...** travailleuse et énergique, car elle aime progresser. Elle ne se laisse pas facilement décourager par les difficultés de la vie.
**Son évolution :** comme la plupart des formes régionales, ce prénom est peu courant dans l'Hexagone.
**Sa cousine :** Aanor.

## AÉSA

**D'où vient-elle ?** Aésa est une forme bretonne d'Isabelle, prénom lui-même dérivé d'Élisabeth, qui signifie en hébreu « Dieu est plénitude ».
**On la fête** le 22 février avec Isabelle.
**Elle serait...** rigoureuse et organisée. Elle est attachée aux biens matériels, aime programmer, gérer, administrer.
**Son évolution :** à l'image d'Aëlle ou d'Aénor, ce prénom breton est rare dans l'ensemble du pays.
**Sa forme initiale :** Isabelle.

## AFFRICA

**D'où vient-elle ?** Affrica, d'origine gaélique, signifie « agréable ».
**Elle serait...** conciliante et diplomate. Elle apprécie de travailler en partenariat ou en association, car elle a besoin d'être stimulée.
**Elle l'a porté :** Affrica (ou Aufrica) de Galloway fut la première femme d'Olaf Ier, roi de l'île de Man située dans la mer d'Irlande, qu'elle épousa en 1102.
**Son évolution :** ce prénom est très rare.
**À l'étranger :** Aifric, Aufrica (Irlande).

## AGATHE
Agatha

**D'où vient-elle ?** Agathe signifie en grec « bonne ».
**On la fête** le 5 février. Sainte Agathe de Catane, jeune chrétienne noble et très belle de Sicile au IIIe siècle, refuse les avances du consul Quintien. Il la fait enfermer dans un lupanar où la tenancière a pour mission de la faire changer d'avis. Peine perdue, Agathe s'obstine. Le consul la condamne au martyre : ses bourreaux lui arrachent les seins avec des tenailles, entre autres supplices. Au moment où Agathe rend l'âme, la terre tremble. Un an après sa mort, l'Etna se

réveille et recouvre Catane de lave. Agathe est la patronne des nourrices.

**Elle serait...** douce, réservée et très attachée à sa famille. Voici pour les apparences, car Agathe est aussi indépendante et volontaire.

**Elle l'a porté :** la romancière britannique Agatha Christie, créatrice des personnages d'Hercule Poirot et de miss Marple, auteur à succès international de romans policiers, comme *Mort sur le Nil* ou *Le Crime de l'Orient-Express*.

**Son évolution :** Agathe se rencontrait parfois au XIX^e siècle, puis disparut, pour revenir dans les années 1990. Elle reste cependant discrète, surtout appréciée dans les milieux BCBG.

**Dans nos régions :** Agata (Bretagne), Agato, Agueto (Provence).

**À l'étranger :** Agascha (pays de l'Est), Agatha, Aggie (Grande-Bretagne, États-Unis), Agata (Espagne, Italie, Pologne, Suède, République tchèque), Aagt (Flandre), Agathi (Grèce), Agda (Scandinavie), Aghavni (Albanie), Agot (Norvège), Agotha (Hongrie), Agueda (Espagne), Aatina (Italie), Agafia (Russie), Aechten (Flandre).

**Son masculin :** Agathon.

## AGLAÉ

### Aglaïs

**D'où vient-elle ?** Aglaé signifie en grec « rayonnante de beauté ».

**On la fête** le 14 mai. Sainte Aglaé, riche païenne à Rome au IV^e siècle, a pour intendant et amant Boniface. Elle se convertit et le convainc de se faire baptiser aussi. Parti en pèlerinage, Boniface subit le martyre. Aglaé lui élève un sanctuaire et distribue ses biens aux pauvres.

**Elle serait...** active, déterminée, ambitieuse. Elle supporte mal les échecs, aussi fait-elle tout pour réussir ce qu'elle entreprend.

**Elles l'ont porté :** dans la mythologie grecque, Aglaé est la plus jeune des trois Grâces, déesses des plaisirs de la vie avec Euphrosyne et Thalie. Elle représente la beauté. L'héroïne d'*Aglaé et Sidonie*, série télévisée des années 1960.

**Son évolution :** ce prénom est rare, comme la plupart des prénoms mythologiques.

**Sa cousine :** Aglaïs.

**À l'étranger :** Aglaïa, Aglaïane et Aglaonema (Allemagne).

## AGNÈS

### Inès

**D'où vient-elle ?** Agnès, d'origine grecque, signifie « chaste ».

**On la fête** le 21 janvier. Sainte Agnès, chrétienne romaine qui vécut au IV^e siècle, fut emprisonnée après avoir refusé de choisir entre un mariage avec le fils du préfet, la prostitution et la dévotion au culte de la déesse païenne Vesta. Toute personne l'approchant étant foudroyée, elle fut accusée de sorcellerie et brûlée vive.

**Elle serait...** persuasive, voire autoritaire, très active et déterminée. Consciencieuse, elle consacre beaucoup d'énergie à son travail.

**Elles l'ont porté :** Agnès de France, fille du roi Saint Louis, au XIII^e siècle, et Agnès Sorel, favorite du roi Charles VII, au XV^e siècle. Agnès est aussi le prénom d'une héroïne de l'*École des femmes* de Molière.

**Elles le portent :** l'actrice et réalisatrice Agnès Jaoui, la réalisatrice Agnès Varda, la comédienne Agnès Soral, la styliste Agnès B.

**Son évolution :** grand classique indémodable, Agnès est présente du Moyen Âge jusqu'aux années 1980. C'est sa forme espagnole Inès qui est aujourd'hui en tête.

**Dans nos régions :** Agnanu (Corse), Agueto (Provence), Aines, Ainesa, Inessa (Pays basque), Aniete (Polynésie), Oan, Oana, Oanel, Oanell, Oanelle, Oanez (Bretagne).

**À l'étranger :** Agna (Scandinavie), Agnese (Italie), Aignéis (Irlande), Agneta (Suède), Inès, Inesita, Inetta (Espagne, Portugal), Inessa (Pologne, Russie), Necha (Espagne), Neesken, Nieske (Flandre), Neza (pays de l'Est).

**Ses diminutifs :** Nessie, Oalig, Oanellig, Oanezig, Oanig.

**Son masculin :** Agnan.

## AGRIPPINE
### Agrippa

**D'où vient-elle ?** Agrippine signifie en latin « de la famille Agrippa », illustre famille romaine du Ier siècle.
**On la fête** le 23 juin. Sainte Agrippine fut martyre à Rome en 260.
**Elle serait...** énergique, volontaire et active. Pas question de lui opposer la moindre résistance. Elle a confiance en elle, ne redoute pas les échecs qui la font rebondir.
**Elles l'ont porté :** Agrippine l'Ancienne et Agrippine la Jeune, mère et fille, au Ier siècle. Agrippine l'Ancienne eut aussi pour fils Caligula, Agrippine la Jeune fut la mère de Néron, qui la fit assassiner.
**Elle le porte :** l'héroïne de la bande dessinée éponyme de Claire Bretécher.
**Son évolution :** la réputation sulfureuse des Agrippine de l'Antiquité a certainement nui à ce prénom, car il est très rare.
**Dans nos régions** : Agrippinu (Corse).
**À l'étranger** : Agrippina (Espagne).
**Son masculin** : Agrippa.

## AÏCHA
### Aisha

**D'où vient-elle ?** Aïcha, en arabe, signifie « vivante ».
**Elle serait...** organisée, travailleuse. Elle aime construire, réaliser, gouverner. Ce qui la conduit parfois à être autoritaire et un peu rigide.
**Elle l'a porté :** Aïcha fut la troisième épouse du prophète Mahomet, et sa préférée. Elle l'assista dans ses derniers jours. Elle est considérée par les sunnites comme « la mère des croyants ».
**Son évolution :** ce prénom est courant dans les pays du Maghreb et bien connu en France. La chanson de Khaled, enregistrée en 1996, n'est sans doute pas étrangère à cette familiarisation.
**À l'étranger** : Aisha, Lakeischa (États-Unis).

## AÏDA
### Aouda

**D'où vient-elle ?** Aïda, en arabe, signifie « celle qui revient ».
**Elle serait...** sensible, compréhensive, diplomate et généreuse. Autant dire qu'elle a de nombreux amis. Son imagination est fertile, mais elle a du mal à prendre son indépendance.
**Elle l'a porté :** *Aïda* est le nom d'un opéra de Verdi, joué pour la première fois au Caire en 1871, et de son héroïne.
**Son évolution :** hormis les familles de culture arabe et les mélomanes, ce prénom est peu connu.
**Sa cousine** : Aouda.

## AÏKO

**D'où vient-elle ?** Aïko signifie en japonais « fille de l'amour ».
**Elle serait...** généreuse et dévouée. Elle se sent des responsabilités à l'égard de son entourage et pense avant tout au bien-être des autres.
**Son évolution :** ce prénom est assez courant au Japon.

## AILSA

**D'où vient-elle ?** Ailsa est une forme écossaise d'Alice, variante d'Alix.

**On la fête** le 9 janvier avec Alix.
**Elle serait...** féminine jusqu'au bout des ongles. Son ambition est de fonder un foyer et d'en être le principal soutien. L'affection de ses amis est aussi très importante pour elle.
**Son évolution :** ce prénom est très apprécié en Écosse.
**Sa forme initiale :** Alice.

## AIMÉE
### Acmée, Amy

**D'où vient-elle ?** Aimée, d'origine latine, signifie « aimée ».
**On la fête** le 20 février. Sainte Aimée fut, au XIIIe siècle, la nièce de sainte Claire. Elle abandonna sa vie facile de jeune noble pour la rejoindre dans son couvent.
**Elle serait...** amicale, conciliante et éprise d'harmonie. Elle a besoin d'affection et de se sentir valoriser pour réussir. Elle se renferme dès qu'elle est critiquée ou ignorée.
**Son évolution :** Aimée était bien connue au XIXe siècle et au début du XXe siècle. Elle a disparu, comme Désirée, dans les années 1920. Sa cousine Acmée est apparue dans les années 1990, mais elle est très rare. Amy était fréquente en Angleterre au XIXe et au XXe siècle.
**Sa cousine :** Acmée.
**Dans nos régions :** Amanza (Corse), Amaya (Pays basque).
**À l'étranger :** Acma, Amata (Italie), Aimy, Ammie, Amy (Grande-Bretagne, États-Unis), Amada (Espagne), Aziza (pays arabes), Eme (Hawaï), Ljuba (République tchèque).
**Son masculin :** Aimé.

## AINHOA

**D'où vient-elle ?** Ainhoa, d'origine basque, est le nom d'un village dans lequel la Vierge serait apparue à un berger.
**On la fête** le 15 août avec Marie.
**Elle serait...** charmante, communicative, extravertie. Elle aime le monde, ses plaisirs, l'aventure, la nouveauté et les arts. Son charisme et sa curiosité lui ouvrent de nombreuses portes, au risque de se disperser.
**Son évolution :** ce prénom est surtout en faveur dans les familles de culture basque.

## AISLING

**D'où vient-elle ?** Aisling, d'origine celte, signifie « rêve ».
**Elle serait...** indépendante, autonome et déterminée. Elle sait ce qu'elle veut, et sait se donner les moyens de réussir ce qu'elle entreprend, au prix d'un caractère parfois autoritaire. Mais attention à celui qui se met en travers de son chemin.
**Elle le porte :** l'actrice britannique Aisling Loftus.
**Son évolution :** en vogue depuis le début du XXe siècle, Aisling fait partie du top 50 des prénoms féminins préférés en Irlande.
**Sa cousine :** Aislinn.

## AISLINN
### Aisling, Ashling, Isleen

**D'où vient-elle ?** Aislinn, d'origine gaélique, signifie « rêve ».
**Elle serait...** à la recherche de la beauté et de l'harmonie. Très sensible aux ambiances, intuitive et sensible, Aislinn privilégie les relations familiales et amicales.
**Son évolution :** ce prénom est très populaire depuis le XIXe siècle en Irlande, car il évoque la poésie patriotique, romantique et nostalgique de ce pays.
**Ses cousines :** Aisling, Ashling, Isleen.

## AITHNE
### Aine, Eithne, Ena

**D'où vient-elle ?** Aithne est la forme féminine d'Aidan, d'origine galloise, qui signifie « petit feu ».
**Elle serait...** douée pour la communication et l'expression artistique. Créative dans tous les domaines, elle multiplie ses activités.
**Elle l'a porté :** dans la légende irlandaise, Aine est la reine des fées.

**Son évolution :** ce prénom est bien connu en Irlande.
**Ses cousines :** Aine, Eithne, Ena.
**Son masculin :** Aidan.

## AKAKO

**D'où vient-elle ?** Akako signifie en japonais « rouge ». Cette couleur est supposée avoir des pouvoirs magiques pour éloigner la douleur.
**Elle serait...** sociable, communicative. Elle est douée pour tous les modes d'expression, recherche en permanence l'amitié et dorlote son réseau relationnel.
**Son évolution :** ce prénom est fréquent au Japon.

## AKIKO

**D'où vient-elle ?** Akiko signifie en japonais « enfant de l'automne ».
**Elle serait...** agréable, sociable, pleine de tact. Elle est faite pour les associations, les partenariats, le travail d'équipe.
**Son évolution :** Akiko est un classique au Japon et fait partie des prénoms japonais préférés des familles françaises.

## ALANNAH
Alana, Alanna

**D'où vient-elle ?** Alannah, d'origine gaélique, signifie « enfant ».
**Elle serait...** très attachée aux valeurs traditionnelles. La vie de famille et le bien-être des siens sont primordiaux pour elle. Elle y consacre toute son énergie.
**Son évolution :** ce prénom a été souvent porté au pays de Galles au XIXe siècle.
**Ses cousines :** Alana, Alanna.

## ALBANE
Albine, Aubane, Aubanelle

**D'où vient-elle ?** Albane, d'origine latine, signifie « blanche ».
**On la fête** le 22 juin avec Alban.
**Elle serait...** énergique, originale. Elle sait s'affirmer et recherche une complicité intellectuelle ou matérielle. Perspicace et intuitive, elle est très lucide.
**Son évolution :** ce prénom apparu dans les années 1990 se fait de plus en plus discret.
**Sa cousine :** Albine.
**Dans nos régions :** Albia (Sud-Ouest), Albina, Albinenn (Bretagne), Aubane, Aubanelle (Provence).
**À l'étranger :** Ailbh, Ailhe (Irlande), Alba (Espagne, Italie), Albana (Italie), Albanna (Flandre), Albina (Italie, République tchèque), Albinka (Pologne).
**Ses masculins :** Alban, Albin.

## ALBERTE
Adalberte, Adelberte, Alberta, Albertine

**D'où vient-elle ?** Alberte, d'origine germanique, signifie « très illustre ».
**On la fête** le 15 novembre avec Albert.
**Elle serait...** sensible et sympathique. Elle a des idéaux qui se heurtent parfois à la réalité et possède un sens critique aigu qui la rend sélective.
**Elle le porte :** l'un des principaux personnages du roman de Marcel Proust *À la recherche du temps perdu*.
**Son évolution :** ce prénom est complètement oublié après avoir connu un bref succès au début du XXe siècle.
**Ses cousines :** Adalberte, Adelberte, Albertine.
**Dans nos régions :** Auberte (Normandie).
**À l'étranger :** Alaka (Pologne), Alberta (Italie, Allemagne), Albertina (Espagne, Portugal).

## ALETH

**D'où vient-elle ?** Aleth, d'origine latine, signifie « qui a des ailes ».
**On la fête** le 4 avril. Sainte Aleth fut la mère de saint Bernard de Clairvaux. Elle vécut en Bourgogne au XIe siècle.
**Elle serait...** à la fois sensible, affective, déterminée et autoritaire. Sa forte intuition alliée à une grande puissance de travail peut lui ouvrir

la voie du succès si elle est entourée et encouragée.
**Sa cousine** : Alitis.
**Son masculin** : Alith.

## ALEXANDRA

### Alexandrine, Alistair, Sacha, Sandie, Sandra, Sandy

**D'où vient-elle ?** Alexandra, féminin d'Alexandre, signifie en grec « celle qui repousse ».
**On la fête** le 20 mars. Sainte Alexandra fut martyre en Asie Mineure au IVe siècle.
**Elle serait...** une femme de tête. Courageuse, volontaire, directive, pour ne pas dire autoritaire, prête à mener tous les combats. Mais aussi sincère, franche et solide.
**Elle l'a porté :** la dernière tsarine de Russie, Alexandra de Hesse-Darmstadt, qui épousa Nicolas II en 1894 et qui mourut avec lui et leurs enfants le 17 juillet 1918.
**Elle le porte :** l'actrice Alexandra Vandernoot.
**Son évolution :** prénom courant en Grande-Bretagne depuis longtemps, Alexandra est apparue en France dans les années 1980. Elle fut moins courante que ses diminutifs Sandra et Sandy. Depuis 2000, c'est son diminutif Sacha qui a la préférence.
**Sa cousine** : Alexandrine.
**Dans nos régions** : Aleandra (Provence), Alesandese (Pays basque).
**À l'étranger** : Alastair, Alistair, Lesia (États-Unis, Grande-Bretagne), Alastriona (Irlande), Alejandra (Espagne), Aleka (Grèce), Alekko (Bulgarie), Aleksandra (Pologne, Russie), Aleksandrina, Olessia (Russie), Alessa (Italie), Alessandra (Espagne, Italie), Alexandrina (Espagne, Portugal), Alla (Scandinavie), Andra, Elcke (Allemagne), Leska (République tchèque), Olenka (Pologne), Olenksandra (Ukraine), Szandra (Hongrie).
**Ses diminutifs** : Sacha, Sachoura, Sandie, Sandra, Sandy.
**Son masculin** : Alexandre.

## ALEXANE

**D'où vient-elle ?** Alexane est une variante d'Alexia, forme féminine d'Alexis, qui signifie en grec « qui repousse l'ennemi ».
**On la fête** le 17 février avec Alexis.
**Elle serait...** calme, réfléchie et studieuse. Un rêve d'enfant ! Avec une tendance marquée à intérioriser et à se réfugier dans la solitude à la moindre contrariété.
**Son évolution :** Alexane, comme la plupart des variantes récemment créées, n'est pas encore très fréquente.

## ALEXIA

### Alexane, Alexiane, Alexine, Lexa, Lexane, Lexia, Lexiane

**D'où vient-elle ?** Alexia est une forme féminine d'Alexis, qui signifie en grec « qui repousse l'ennemi ».
**On la fête** le 17 février avec Alexis.
**Elle serait...** exigeante et élitiste. Si elle a peu d'amis, sélectionnés avec soin, elle leur est fidèle. Secrète, elle partage difficilement ses sentiments.
**Elle le porte :** la productrice de télévision Alexia Laroche-Joubert.
**Son évolution :** ce prénom, courant en Grèce depuis longtemps, est apparu en France dans les années 1980. Il est peu fréquent.
**Ses cousines** : Alexane, Alexiane, Alexine.
**À l'étranger** : Aleja (Espagne).
**Ses diminutifs** : Lexa, Lexane, Lexia, Lexiane.
**Son masculin** : Alexis.

## ALICE

### Ailis, Alaïtz, Alis, Alissa, Alisson, Alix, Aliza, Alize, Alizia, Alycia, Alyssa, Alyssia

**D'où vient-elle ?** Alice est une variante d'Alix, elle-même dérivée d'Adèle, d'origine germanique, qui signifie « noble ».
**On la fête** le 9 janvier avec Alix.
**Elle serait...** charmeuse, sociable et enjouée. Une communicative née, généreuse et affec-

tueuse. Elle possède un réel don d'oratrice et aime par-dessus tout les contacts.
**Elles l'ont porté :** l'héroïne d'*Alice au pays des merveilles*, une œuvre de Lewis Carroll parue en 1865, l'actrice Alice Sapritch.
**Elles le portent :** l'actrice anglaise Alice Evans, l'actrice américaine Alyssa Milano.
**Son évolution :** après une petite vague de succès au XIX^e^ siècle, Alice est revenue dans les années 1980 et elle est aujourd'hui dans le top 20 des prénoms féminins.
**Sa forme initiale :** Alix.
**Ses cousines :** Alicia, Alissa, Alycia, Alyssa, Alyssia.
**Dans nos régions :** Alaïtz, Aliza, Alizia, Alize (Pays basque), Alis (Bretagne, Provence), Aliseto, Alisoun, (Provence), Alisia (Bretagne), Azalaïs (Sud-Ouest).
**À l'étranger :** Aileas, Alis (pays de Galles), Aili (Écosse), Ailis, Ailisa, Ailise, Ailish (Irlande), Aleeka, Aleka (Hawaï), Alicia (Espagne, Italie), Aliisa (Finlande), Alike (Grèce), Alissa (Italie, Pologne, Russie), Alisson (Grande-Bretagne, États-Unis), Alisz (Hongrie), Alita (Espagne), Allgia (Finlande), Elica (Roumanie).

## ALIÉNOR
**Éléonore, Élianor**

**D'où vient-elle ?** Aliénor est la forme occitane d'Éléonore, d'origine grecque, qui signifie « compassion ».
**On la fête** le 25 juin avec Éléonore.
**Elle serait...** sensible et émotive. Mais aussi énergique et combative, quand elle n'est pas perturbée par ses sentiments. Sa franchise et son altruisme en font une amie agréable.
**Elle l'a porté :** Aliénor d'Aquitaine, reine de France puis d'Angleterre, est l'un des grands destins de l'histoire. Au XII^e^ siècle, elle hérite de son père l'Aquitaine, un immense domaine. Ce dernier est rattaché à la France quand elle épouse Louis VII. Elle le suit à la 2^e^ croisade, qui est un cuisant échec. Les époux ne s'entendent plus et le mariage est annulé sous prétexte de

## Des prénoms classe

Élégants, racés, ils signent l'appartenance (très probable) à une famille BCBG. La particule leur va très bien, mais un patronyme court et sobre leur convient aussi.
Au palmarès :

**Adèle**
**Agathe**
**Alice**
**Aliénor**
**Alix**
**Apolline**
**Aude**
**Bérénice**
**Bertille**
**Blanche**
**Brune**
**Camille**
**Capucine**
**Charlotte**
**Clémence**
**Clotilde**
**Colombe**
**Constance**
**Diane**
**Domitille**
**Eugénie**
**Gabrielle**
**Garance**
**Guillemette**
**Héloïse**
**Hermance**
**Hermine**
**Hortense**
**Inès**
**Isaure**
**Jeanne**
**Joséphine**
**Léopoldine**
**Louise**
**Lucile**
**Madeleine**
**Mahaut**
**Marguerite**
**Marie**
**Mathilde**
**Maylis**
**Ombeline**
**Pénélope**
**Philippine**
**Philomène**
**Pia**
**Quitterie**
**Sixtine**
**Tiphaine**
**Valentine**
**Victoire**

consanguinité. Elle épouse alors l'héritier du trône d'Angleterre, Henri Plantagenêt, de 11 ans son cadet, avec qui elle a 8 enfants en 13 ans, dont Richard Cœur de Lion et Jean sans Terre. Accusée de comploter contre son époux, elle passe 15 ans en prison, puis est libérée par son fils Richard. Aliénor passe sa vie sur les chemins et les mers jusqu'à un âge très avancé, et meurt à 82 ans.
**Son évolution :** Aliénor, courante au XII^e^ siècle, est assez rare aujourd'hui, choisie par des familles traditionnelles.
**Sa forme initiale :** Éléonore.
**Sa cousine :** Élianor.

## ALINE
### Adeline, Lina, Line

**D'où vient-elle ?** Aline est un diminutif d'Adeline, prénom dérivé d'Adèle, d'origine germanique, qui signifie « noble ».
**On la fête** le 20 octobre avec Adeline.
**Elle serait...** fière, volontaire et déterminée. À prendre avec beaucoup de diplomatie ! Travailleuse, elle vise une belle réussite matérielle.
**Son évolution :** à son meilleur niveau dans les années 1970 et 1980, Aline a presque complètement disparu aujourd'hui.
**Sa forme initiale :** Adeline.
**À l'étranger :** Ailina, Alaina, Alanagh, Alani, Alanna, Alannah (Irlande), Alena (République tchèque), Alhana (pays de Galles), Alina (Italie, Pologne).
**Ses diminutifs :** Lina, Line.

## ALISSON
### Alison, Alysson

**D'où vient-elle ?** Alisson est une forme anglo-américaine d'Alice, dérivée d'Alix, elle-même dérivée d'Adèle, d'origine germanique, qui signifie « noble ».
**On la fête** le 9 janvier avec Alix.
**Elle serait...** réfléchie, réservée. Elle possède un esprit critique acéré, qui la rend très exigeante dans tous les domaines de la vie. Elle est une amie solide et une partenaire fiable.
**Elle le porte :** l'actrice Alysson Paradis.
**Son évolution :** venue des États-Unis dans les années 1980 via la série télévisée *Peyton Place*, interprétée par l'actrice Mia Farrow, Alisson a connu 10 ans de succès pour disparaître presque complètement aujourd'hui.
**Sa forme initiale :** Alix.
**Ses cousines :** Alison, Alysson.

## ALIX (mixte)

**D'où vient-elle ?** Alix est la forme originelle d'Alice, prénom dérivé d'Adèle, d'origine germanique, qui signifie « noble ».
**On la fête** le 9 janvier. Sainte Alix, jeune fille noble et riche, dans les Vosges au XVI^e^ siècle, quitte sa vie oisive pour créer une congrégation destinée à l'éducation des jeunes filles pauvres.
**Elle serait...** sérieuse, consciencieuse, mais aussi très volontaire. Dès son plus jeune âge, elle veut mener sa vie comme elle l'entend.
**Elle le porte :** l'écrivain et journaliste Alix Girod de l'Ain.
**Son évolution :** Alix est depuis longtemps appréciée dans les familles traditionnelles.
**Son masculin :** Alix est mixte, avec une tendance féminine marquée.

## ALIZÉE

**D'où vient-elle ?** Alizée serait une variante d'Alice, dérivée d'Alix, elle-même dérivée d'Adèle, d'origine germanique, qui signifie « noble ».
**On la fête** le 9 janvier avec Alix.
**Elle serait...** émotive, sensible. Consciente de sa vulnérabilité, elle a tendance à se renfermer et à rechercher la sécurité auprès de sa famille ou d'amis sûrs.
**Elle le porte :** la jeune chanteuse Alizée.
**Son évolution :** Alizée a le vent en poupe depuis 1985.

## ALLEGRA

**D'où vient-elle ?** Allegra signifie en espagnol « joyeuse ».

**Elle serait...** sociable et diplomate. Elle apprécie le travail d'équipe et a besoin d'être encouragée pour réussir. Dans sa vie privée, elle a tendance à avoir des relations fusionnelles.
**Son évolution :** ce prénom est fréquent en Espagne, rarissime en France.

## ALMA

**D'où vient-elle ?** Alma, d'origine latine, signifie « nourricière ». C'est le qualificatif des mères nourricières « *alma mater* ». Dans la culture arabe, elle signifie « savante ».
**On la fête** le 1^er^ août avec Almeda.
**Elle serait...** attachée à de grands projets, de grandes réalisations. Elle a besoin de donner un but à sa vie, de se dépasser, de s'investir dans un domaine humanitaire ou social.
**Son évolution :** Alma connut une petite vague de succès en Angleterre au XIX^e^ siècle. C'est en Suède qu'elle figure aujourd'hui au palmarès des prénoms féminins favoris.

## ALMEDA

**D'où vient-elle ?** Almeda, d'origine galloise, signifie « princesse ».
**On la fête** le 1^er^ août. Sainte Almeda, vierge chrétienne au pays de Galles au VI^e^ siècle refuse le prétendant qu'on lui présente. Vexé, il la tue.
**Elle serait...** idéaliste et altruiste. Elle a de grands projets, s'investit beaucoup dans ses relations, ses amis et rêve d'un monde meilleur. Elle est prête à sacrifier son confort pour accomplir de grandes choses.
**Son évolution :** ce prénom fut courant au pays de Galles, mais il est rare aujourd'hui.

## ALOÏSE

**Aloyse**

**D'où vient-elle ?** Aloïse est une variante d'Éloïse, elle-même dérivée de Louise, féminin de Louis, d'origine germanique, qui signifie « glorieux vainqueur ».
**On la fête** le 15 mars avec Louise.
**Elle serait...** imaginative et rêveuse. Elle a besoin de s'exprimer dans un art ou une activité.
**Son évolution :** courante au Moyen Âge, Aloïse a disparu par la suite pour revenir dans le sillage d'Éloïse. Elle reste rare.
**Sa forme initiale :** Louise.
**Son masculin :** Aloïs.

## ALVA

**D'où vient-elle ?** Alva, d'origine germanique, signifie « amie des elfes ».
**On la fête** le 1^er^ novembre. Saint Alwin, ou Allowin de Liège, fut disciple de saint Amand, en Belgique, au VII^e^ siècle. Il évangélisa la Flandre et le Hainaut. Un monastère est érigé sur son tombeau, à Gand, où il est vénéré sous le nom de saint Bavon.
**Elle serait...** idéaliste, préoccupée par un souci de dépassement, et bien décidée à accomplir ce qu'elle s'est fixé. Le bonheur pour elle passe par le dévouement aux autres.
**Son évolution :** Alva est dans le top 20 des prénoms féminins en Suède.
**Sa cousine :** Alvina.
**Son masculin :** Alvin.

## ALPHONSINE

**D'où vient-elle ?** Alphonsine est le féminin d'Alphonse, d'origine germanique, qui signifie « noble et rapide ».
**On la fête** le 1^er^ août avec Alphonse.
**Elle serait...** énergique, vive et curieuse. Précipitée et insouciante parfois, elle a tendance à se disperser et à devenir instable.
**Son évolution :** Alphonsine a été portée au début du XIX^e^ siècle. Elle a aujourd'hui disparu.
**À l'étranger :** Alfonsa (Espagne).
**Son masculin :** Alphonse.

## AMABELLE

**Amabilis, Amabillis, Amabillys, Amabyllis**

**D'où vient-elle ?** Amabelle est une variante d'Aimée, qui signifie en latin « aimée ».

**On la fête** le 20 février avec Aimée.

**Elle serait...** responsable et attachée à sa famille. Sa vie privée est sa priorité, elle recherche l'équilibre et l'harmonie.

**Son évolution :** Amabelle est un prénom rare qui n'a pas rencontré de succès.

**Ses cousines :** Amabilis, Amabillis, Amabillys, Amabyllis.

**À l'étranger :** Amabel (Grande-Bretagne, États-Unis), Amabilia (Italie).

## AMANDINE

### Amanda

**D'où vient-elle ?** Amandine signifie en latin « qui doit être aimée ».

**On la fête** le 9 juillet. Sainte Amandine, missionnaire franciscaine d'origine belge, fut tuée en Chine en 1900.

**Elle serait...** tournée vers l'introspection et la réflexion. Elle cultive volontiers une part de mystère et s'accommode bien de la solitude.

**Elles le portent :** l'auteure Amanda Sthers, la chanteuse des années 1980 Amanda Lear.

**Son évolution :** en vogue dans les années 1980, il est rare aujourd'hui.

**À l'étranger :** Amanda (Grande-Bretagne, États-Unis), Dijne (Flandre), Nouchig (Arménie).

**Son diminutif :** Mandy.

**Son masculin :** Amand.

## AMARYLLIS

### Amarillys

**D'où vient-elle ?** Amaryllis désigne une plante bulbeuse tropicale à grandes fleurs d'un rouge éclatant.

**On la fête** le 5 octobre avec Fleur.

**Elle serait...** sérieuse, appliquée et travailleuse. Elle sait s'organiser et a un sens aigu du service. Il lui manque peut-être une petite touche de fantaisie.

**Elles l'ont porté :** un personnage du poète Virgile dans les *Bucoliques*, écrit au I$^{er}$ siècle avant J.-C., et également d'Ovide dans *Les Tristes,* au II$^{e}$ siècle.

**Son évolution :** parmi les prénoms fleuris, Amaryllis est sans doute le plus rare.

**Sa cousine :** Amarillys.

## AMBRE

### Ambrine, Ambroisie, Ambroisine

**D'où vient-elle ?** Ce prénom désigne en arabe l'ambre, substance tirée des cachalots et utilisée en parfumerie.

**On la fête** le 7 décembre avec Ambroise.

**Elle serait...** vive, éloquente et spirituelle. Elle sait s'accommoder de toutes les situations et excelle dans la communication.

**Son évolution :** longtemps inconnue en France, Ambre est apparue au début des années 1990 et son succès s'est affirmé en 2000. Elle reste présente, mais ne progresse plus. Amber est en revanche très en vogue aux États-Unis.

**Ses cousines :** Ambrine, Ambroisie, Ambroisine.

**À l'étranger :** Amber (Grande-Bretagne, États-Unis), Ambrosia (Italie).

**Son masculin :** Ambroise.

## AMÉLIE

### Amalie, Ameline, Mélina

**D'où vient-elle ?** Amélie serait d'origine germanique et signifierait « puissante », mais certains la rattachent à Émile, d'origine latine, qui signifie « émule ».

**On la fête** le 19 septembre. Sainte Amélie fut compagne de martyre de sainte Blandine à Lyon, au II$^{e}$ siècle.

**Elle serait...** observatrice et intuitive. Rien ne lui échappe. Très réservée, elle s'exprime peu. Elle se satisfait d'un petit cercle d'amis fidèles.

**Elle l'a porté :** Amélie d'Orléans, dernière reine du Portugal, au XIX$^{e}$ siècle.

**Elles le portent :** la joueuse de tennis Amélie Mauresmo, l'écrivain Amélie Nothomb, l'héroïne du film *Amélie Poulain*, jouée par Audrey Tautou.

**Son évolution :** en vogue comme Émilie entre 1970 et 1990, Amélie est peu fréquente aujourd'hui.

**Ses cousines** : Amalie, Ameline.
**Dans nos régions** : Amelha (Sud-Ouest), Amèli (Pays basque, Provence), Amelia, Amelina (Pays basque), Amèlio (Provence).
**À l'étranger** : Aimeli (pays de Galles), Amalia (Espagne, Flandre, Hongrie, Portugal), Amalie (Allemagne, République tchèque), Amalita, Melia (Italie), Amelia (Italie, Portugal), Mélina (Grèce), Melly (États-Unis, Grande-Bretagne).

## ANAËLLE

**D'où vient-elle ?** Anaëlle est une forme bretonne d'Anne, qui signifie en hébreu « grâce ».
**On la fête** le 26 juillet avec Anne.
**Elle serait...** vive, curieuse et adaptable. On ne s'ennuie pas avec Anaëlle, toujours en quête d'aventures et de nouveauté, mais il ne faut pas lui demander d'être rigoureuse.
**Son évolution :** connu depuis longtemps en Bretagne, ce prénom a séduit la France entière et il est en vogue depuis 1990.
**Sa forme initiale** : Anne.

## ANAÏS

**D'où vient-elle ?** Anaïs est une forme provençale d'Anne, qui signifie en hébreu « grâce ».
**On la fête** le 26 juillet avec Anne.
**Elle serait...** ambitieuse, énergique et volontaire. Elle trace sa route sans se laisser influencer et cherche toujours à être la meilleure.
**Elle l'a porté :** l'écrivaine Anaïs Nin.
**Elle le porte :** la chanteuse Anaïs Croze.
**Son évolution :** Anaïs fut à son apogée dans les années 1990. Elle décline lentement depuis.
**Sa forme initiale** : Anne.
**Son diminutif** : Naïs.

## ANASTASIE
### Anastasia, Anastasiane, Aspasie, Nastassia

**D'où vient-elle ?** Anastasie signifie en grec « résurrection ».
**On la fête** le 14 août. Sainte Anastasie, fille d'un sénateur sous Dioclétien, fut mariée à un riche Romain qui découvrit qu'elle allait porter secours aux chrétiens emprisonnés. Il l'enferma, mais il mourut. Le préfet de Rome l'emprisonna avec ses suivantes. La légende leur prête de nombreux miracles. Elles furent condamnées au martyre.
**Elle serait...** énergique et très active. Les retards, les contretemps l'exaspèrent. Il lui faut tout, et tout de suite, ce qui n'est pas de tout repos pour son entourage.
**Elle l'a porté :** Anastasia fut l'une des filles de Nicolas II, dernier tsar de Russie.
**Elle le porte :** l'actrice Nastassja Kinski, fille du comédien Klaus Kinski.
**Son évolution :** courante en Russie, Anastasie est rare en France.
**Ses cousines** : Anastasiane, Aspasie.
**À l'étranger** : Anastasia, Nanja, Nasstajia (pays de l'Est), Anastassia (Pologne, Russie), Anastazia (Pologne), Anastazie (République tchèque), Annstas (Irlande), Nastasia (Italie).
**Ses diminutifs** : Stassia, Stasya, Tasia, Tassia.
**Son masculin** : Anastase.

## ANCELINE
### Asceline

**D'où vient-elle ?** Anceline est le féminin d'Ancelin, une variante d'Anselme, d'origine germanique, qui signifie « protégé du dieu Ans ».
**On la fête** le 21 avril avec Anselme.
**Elle serait...** appliquée et travailleuse. Sa conscience professionnelle, sa rigueur sont très appréciées. Elle applique la même exigence dans sa vie privée.
**Son évolution :** ce prénom, courant au Moyen Âge, s'est éclipsé sans jamais revenir.
**Sa cousine** : Asceline.
**Ses masculins** : Ancelin et Anselme.

## ANDRÉA
### Andrée

**D'où vient-elle ?** Andréa est la forme anglaise, espagnole et italienne d'Andrée, féminin d'André, qui signifie en grec « homme ».

**On la fête** le 9 juillet avec Andrée.
**Elle serait...** sensible et généreuse, réservée et discrète. Elle privilégie sa tranquillité et préfère la sphère intellectuelle à la vie sociale.
**Son évolution :** apparue dans les années 1980, Andréa remporta un net succès qui faiblit aujourd'hui.
**Sa cousine :** Andrée.
**Son masculin :** André.

## ANDRÉE

### Andréa

**D'où vient-elle ?** Andrée est le féminin d'André, qui signifie en grec « homme ».
**On la fête** le 9 juillet. Sainte Andrée, religieuse, fut guillotinée à Orange sous la Révolution.
**Elle serait...** sensible et intuitive. Rêveuse et idéaliste aussi. Les grandes causes l'émeuvent et on ne fait jamais appel en vain à sa générosité.
**Son évolution :** ce prénom n'a jamais été très courant pour les filles, contrairement à sa version masculine.
**Dans nos régions :** Anderazo, Anderazu, Andéré, Andéréko, Anderezu, Andéri, Andia, Andonine, Andreba, Andrekina, Andreona, Andreota, Andresa (Pays basque), Andra, Andreva (Bretagne).
**À l'étranger :** Andraja, Anera (Italie), Andrea (Espagne, Grande-Bretagne, Italie, République tchèque), Andriana (Grèce).
**Son masculin :** André.

## ANÉMONE

**D'où vient-elle ?** Anémone vient du latin *anemone*, formé du grec *anemos,* qui désigne une fleur qui s'ouvre au souffle du vent.
**On la fête** le 5 octobre avec Fleur.
**Elle serait...** déterminée et ambitieuse. Son goût du succès et du pouvoir mène sa vie. Fière, elle supporte mal les échecs.
**Elle le porte :** l'actrice Anémone issue de la troupe du Splendid.
**Son évolution :** ce prénom est rare au jardin des prénoms féminins.

## ANGÈLE

### Aëlle, Angela, Angeline, Angélique, Angie

**D'où vient-elle ?** Angèle signifie en grec « messagère ».
**On la fête** le 27 janvier. Sainte Angèle, née en Italie au XV$^{e}$ siècle, jeune orpheline, entra au couvent à 18 ans et fut la fondatrice de l'ordre des Ursulines, à Brescia, destiné à l'éducation des jeunes filles.
**Elle serait...** active, courageuse et ambitieuse. Elle mène ses projets avec détermination et elle réussit grâce à un sens pratique très développé.
**Elles le portent :** Angela Davis, la militante communiste américaine, la femme politique allemande Angela Merkel, l'actrice américaine Angelina Jolie.
**Son évolution :** après un bref succès au début du XX$^{e}$ siècle, Angèle revient timidement. Angela, avec son diminutif Angie, est l'un des grands classiques dans les pays de langue anglaise.
**Ses cousines :** Angeline, Angélique.
**Dans nos régions :** Aela, Aelia, Aëlle, Anjela (Bretagne), Aungele (Normandie).
**À l'étranger :** Aelia, Aggelike, Angeliki (Grèce), Aingeal (Irlande), Aingealag (pays de Galles), Anakela (Hawaï), Angela (Allemagne, Espagne, États-Unis, Grande-Bretagne, Italie), Angelina (Espagne, Portugal), Angie (Grande-Bretagne, États-Unis), Angyalka (Hongrie), Aniela (Pologne), Engeltje (Pays-Bas).
**Ses masculins :** Ange, Angel.

## ANGÉLIQUE

### Angèle, Angelica

**D'où vient-elle ?** Angélique est une variante d'Angèle, qui signifie en grec « messagère ».
**On la fête** le 17 juillet. Sainte Angélique était carmélite au couvent de Compiègne. Elle en fut chassée avec ses sœurs en religion par les révolutionnaires en 1792, et guillotinée avec elles le 17 juillet 1794.
**Elle serait...** dynamique et rapide. Éprise

de liberté, Angélique tente d'échapper aux contraintes, ce qui la rend intrépide et audacieuse.
**Elle l'a porté :** le personnage très médiatisé d'*Angélique Marquise des Anges*, joué par Michèle Mercier.
**Elle le porte :** l'actrice Angelica Huston.
**Son évolution :** en vogue au XVIII^e siècle, puis vers 1975, Angélique est devenue rare.
**Sa forme initiale :** Angèle.
**À l'étranger :** Angelica (Espagne, Italie), Angelika (Allemagne), Gelika (Pays-Bas).

## ANISSA

**D'où vient-elle ?** Anissa, d'origine arabe, signifie « du genre féminin ».
**Elle serait...** sensible et prudente. Elle a de grands idéaux, pour lesquels elle mobilise beaucoup de courage et de détermination.
**Son évolution :** Anissa est assez fréquente dans les familles du Maghreb.

## ANITA

**Anne, Nita**

**D'où vient-elle ?** Anita est une forme espagnole d'Anne, qui signifie en hébreu « grâce ».
**On la fête** le 26 juillet avec Anne.
**Elle serait...** sensible et idéaliste. Elle est, selon les jours et surtout selon son environnement, active ou passive, extravertie ou effacée.
**Son évolution :** courante dans les pays de langue espagnole, Anita est peu fréquente en France.
**Sa forme initiale :** Anne.
**Son diminutif :** Nita.

## ANNA

**Anaëlle, Aniouta**

**D'où vient-elle ?** Anna est une forme bretonne, italienne, russe et tchèque d'Anne, qui signifie en hébreu « grâce ».
**On la fête** le 26 juillet avec Anne.
**Elle serait...** dynamique et séductrice. Elle plaît par sa joie de vivre. Curieuse, elle a tendance à se disperser et n'a pas une passion pour le travail.
**Elle l'a porté :** l'une des filles du dernier tsar de Russie, Nicolas II.
**Elles le portent :** l'actrice Anna Mouglalis, la joueuse de tennis Anna Kournikova.
**Son évolution :** Anna, très courante en Bretagne et en Russie de tout temps, est dorénavant appréciée dans toute la France. Elle figure au top 20 des prénoms féminins depuis 2018.
**Sa forme initiale :** Hannah.
**Ses cousines :** Anaëlle, Aniouta.
**Dans nos régions :** Aïs (Provence).
**À l'étranger :** Ana (Espagne, Portugal).

## ANNABELLE

**Anabelle, Annabella, Annebelle, Arabelle**

**D'où vient-elle ?** Annabelle est un prénom composé d'Anne et d'Isabelle.
**On la fête** le 26 juillet avec Anne ou le 22 février avec Isabelle.
**Elle serait...** vive et communicative, intuitive et émotive. Rien ne lui est indifférent, tout agit sur son mental. Elle est aussi très altruiste.
**Elle l'a porté :** Annabelle Buffet, femme et modèle du peintre Bernard Buffet.
**Son évolution :** après une apparition dans les années 1970, ce prénom est devenu très rare.
**Ses formes initiales :** Anne et Isabelle.
**Ses cousines :** Anabelle, Annebelle, Arabelle.
**À l'étranger :** Annabella (Italie).

## ANNE

**Anaïs, Anna, Annette, Annick, Annie, Annouck, Hannah, Nina, Nine, Ninon**

**D'où vient-elle ?** Anne, d'origine hébraïque, signifie « grâce ».
**On la fête** le 26 juillet. Sainte Anne fut la mère de la Vierge Marie. Quittée par son mari Joachim, humiliée de ne pas avoir de descendance, Anne implora le ciel. Elle fut entendue et enfanta Marie.
**Elle serait...** intuitive et sélective. Elle n'accorde ni sa confiance ni son amitié à la légère.

Réfléchie, elle prend son temps avant d'entreprendre le moindre projet.

**Elles l'ont porté :** la duchesse Anne de Bretagne, au XVe siècle, épouse de Charles VIII, puis de Louis XII ; Anne Frank, adolescente juive allemande, décédée en camp de concentration, dont le journal est devenu célèbre ; l'écrivain britannique Anne Brontë, sœur de Charlotte et Emily Brontë, femmes de lettres également.

**Elles le portent :** la princesse Anne d'Angleterre, l'humoriste Anne Roumanoff, la journaliste Anne Sinclair, l'actrice Anne Parillaud.

**Son évolution :** Anne, courante dès le Moyen Âge, est présente jusqu'en 1970, souvent liée à d'autres prénoms comme Laure ou Sophie.

**Sa forme initiale :** Hannah.

**Dans nos régions :** Ana (Polynésie), Anaëlle, Anaïg, Anaïk, Anouck, Naïg, Naïk, Nannig (Bretagne), Anaïs, Aneto, Anetoun, Ano, Naïs (Provence), Anaeaxi, Anaïtz, Anana, Anani, Ane, Aneta, Aniko, Anisi, Anitza, Anixe, Aniz, Anuk, Gartxi, Gartze, Gartzene, Garzia, Gaxi, Geaxane, Geaxi, Geaxina, Geaxine, Geraxane, Geraxina (Pays basque).

**À l'étranger :** Agna (Catalogne, Scandinavie), Aine, Nainsead (Irlande), Ana, Nussia (Bulgarie), Anaïda, Anaïpa, Anavia (Italie), Ance (Estonie), Anelka, Aneta, Hana (République tchèque), Ani (Arménie), Anika (Suède), Anikke (Lituanie), Aniko, Annuska, Hajna, Nanna, Ninacska, Nusa (Hongrie), Anja (Scandinavie), Anjutac, Anuschka (pays de l'est), Anka (Pologne), Anke (Allemagne, Pays-Bas), Ann (Grande-Bretagne, États-Unis), Anna (Italie, Russie), Annag (pays de Galles), Anneken (Flandre), Anneli, Anniina, Annikki, Anu, Annukka, Niina (Finlande), Hanja, Annchen, Annemie, Annerl, Anntchen, Nannerl (Allemagne), Annika (Finlande, Suède), Anniken (Norvège), Anuyta (Lettonie), Asenka (Lettonie, Russie), Ayanna (États-Unis), Hannie (Pays-Bas), Ina (Catalogne), Naneki (Hawaï, Suède), Nina (Espagne, Italie), Anouchka, Ninochka, Ninotchka, Nioura (Russie), Noula (Grèce).

**Ses diminutifs :** Annette, Nana, Nanette, Nina, Nine, Ninette, Ninon.

## ANNICK

**Annaïc, Annaïg, Annik**

**D'où vient-elle ?** Annick est une forme bretonne d'Anne, qui signifie en hébreu « grâce ».

**On la fête** le 26 juillet avec Anne.

**Elle serait...** charmante, bien que réservée et assez arrêtée sur ses idées. Peu influençable, elle mène sa vie non sans se poser mille questions, ce qui la fait manquer d'adaptabilité parfois.

**Son évolution :** Annick est l'un des grands prénoms féminins de 1930 à 1950. Il a complètement disparu aujourd'hui.

**Sa forme initiale :** Anne.

**Sa cousine :** Annik.

**Dans nos régions :** Annaïc, Annaïg, Annaïk (Bretagne).

**Son diminutif :** Naïk.

## ANNIE

**Anny**

**D'où vient-elle ?** Annie est un diminutif d'Anne, qui signifie en hébreu « grâce ».

**On la fête** le 26 juillet avec Anne.

**Elle serait...** habile et intuitive, volontaire et disciplinée. Mais il est difficile de s'opposer à elle, car elle a tendance à jouer les leaders en toutes circonstances.

**Elle l'a porté :** l'actrice française Annie Girardot.

**Elles le portent :** la chanteuse Annie Cordy, l'actrice Anny Duperey.

**Son évolution :** contemporaine d'Annick, Annie a connu un beau succès dans les années 1950, pour disparaître dans les années 1970.

**Sa forme initiale :** Hannah.

**Sa cousine :** Anny.

**Son diminutif :** Nanni.

## ANOUCK

**D'où vient-elle ?** Anouck est une forme bretonne d'Anne, qui signifie en hébreu « grâce ».

**On la fête** le 26 juillet avec Anne.

**Elle serait...** à la fois indépendante et conciliante, active et sur son quant-à-soi. Tout dépend de son environnement et du tact avec lequel on s'adresse à elle, car elle est très émotive et se braque facilement.
**Elles le portent :** les actrices Anouk Aimée et Anouck Grimberg.
**Son évolution :** ce prénom est rare. Le succès du film *Un homme et une femme* de Claude Lelouch en 1966, dans lequel Anouck Aimée jouait le rôle féminin, ne l'a pas dynamisé.
**Sa forme initiale :** Hannah.

## ANTHÉA

**D'où vient-elle ?** Anthéa signifie en grec « de la beauté d'une fleur ».
**On la fête** le 5 octobre avec Fleur.
**Elle serait...** loyale, sincère et sociable. Elle a un sens inné de la justice et son entourage apprécie beaucoup sa droiture et sa rigueur.
**Elle l'a porté :** Anthéa est l'héroïne d'une œuvre de Xénophon d'Éphèse, *Les Éphésiaques*, écrite au IIe siècle en Grèce.
**Son évolution :** connu dans l'Antiquité en Grèce, ce prénom a disparu et demeure rarissime en France. Il est un peu plus fréquent en Grande-Bretagne.
**À l'étranger :** Antea (Italie), Antia (Espagne).

## ANTOINETTE

**Antonia, Antonie, Antonina, Antonine, Toinette, Toinon, Toni, Tonia, Tonie, Tony**

**D'où vient-elle ?** Antoinette est l'une des formes féminines d'Antoine, qui signifie en latin « inestimable ».
**On la fête** le 27 octobre. Sainte Antoinette, dominicaine à Brescia en Italie au XVIe siècle, fut nommée pour réformer la règle du couvent de Ferrare.
**Elle serait...** sensible et soucieuse de plaire. Très attachée à sa vie familiale, elle recherche l'harmonie et fuit l'agressivité.
**Elles l'ont porté :** Marie-Antoinette, de son nom de naissance Maria-Antonia, archiduchesse d'Autriche, épousa le 16 mai 1770 le Dauphin de France, qui devint le roi Louis XVI en 1774. Elle fut guillotinée le 16 octobre 1793. L'héroïne de Molière dans *Le Malade imaginaire*.
**Son évolution :** courante au XVIIe et au XVIIIe siècle, déjà moins fréquente au siècle suivant, Antoinette a presque disparu aujourd'hui, laissant la place à quelques rares Toni ou Tonia.
**Sa forme initiale :** Antonia.
**Ses cousines :** Antonie, Antonine.
**Dans nos régions :** Antonia (Pays basque), Antouneto (Provence), Titoana (Gascogne).
**À l'étranger :** Antje, Netteken, Tonia (Flandre), Antonella, Antonietta (Italie), Antonetta (Catalogne), Antonia (Allemagne, Espagne, Grèce, Italie, Pologne), Antonie (République tchèque), Antonina (Espagne, Italie, Pologne, Russie), Latonya, Tonya (États-Unis), Netje (Pays-Bas).
**Ses diminutifs :** Toinette, Toinon, Toni, Tonie, Tony, Touneto.
**Son masculin :** Antoine.

## ANTONIA

**Antonella, Toni, Tonia**

**D'où vient-elle ?** Antonia est la forme allemande, espagnole, grecque, italienne et polonaise d'Antoinette, féminin d'Antoine, qui signifie en latin « inestimable ».
**On la fête** le 27 octobre avec Antoinette.
**Elle serait...** sociable et diplomate, cherchant à travailler en partenariat ou en coopération. La solitude lui pèse et elle a besoin du regard de l'autre pour se rassurer.
**Elles le portent :** l'écrivain américaine Antonia Fraser ; Toni, la fille de l'humoriste Florence Foresti ; la réalisatrice Tonie Marshall, fille de la comédienne Micheline Presle.
**Son évolution :** courante dans de nombreux pays d'Europe, Antonia est assez rare en France.
**Ses cousines :** Toni, Tonia.
**À l'étranger :** Antonella (Italie).
**Son masculin :** Antoine.

## ANTSA
Antxa, Sancha

**D'où vient-elle ?** Antsa est la forme basque du prénom espagnol Sancha, d'origine latine, qui signifie « sainte ».
**On la fête** le 5 juin avec Sancho.
**Elle serait...** très attachée aux valeurs familiales, qui lui apportent l'équilibre dont elle a besoin, et dotée d'un sens aigu des responsabilités.
**Son évolution :** ce prénom est assez courant au Pays basque.
**Sa cousine :** Antxa.
**À l'étranger :** Sancha (Espagne).
**Son masculin :** Antso.

## ANWEN

**D'où vient-elle ?** Anwen, d'origine galloise, signifie « très belle ».
**On la fête** le 18 octobre avec Gwenn.
**Elle serait...** créative et expressive. Anwen a une vie sociale très épanouie, elle aime plaire et recevoir. Elle s'intéresse à tant de choses qu'elle a parfois du mal à canaliser son énergie.
**Son évolution :** ce prénom est assez fréquent au pays de Galles.

## ANYSSIA

**D'où vient-elle ?** Anyssia, d'origine grecque, signifie « succès ».
**On la fête** le 30 décembre. Sainte Anyssia, chrétienne à Thessalonique en Macédoine, au début du IV$^{e}$ siècle, subit le martyre sous le règne de l'empereur Dioclétien.
**Elle serait...** calme, réfléchie, attirée par les activités intellectuelles, la méditation. L'agitation l'angoisse. Elle fuit volontiers les relations superficielles pour préférer les activités solitaires.

## ANZU

**D'où vient-elle ?** Anzu signifie en japonais « abricot », emblème de la femme au Japon.
**Elle serait...** pourvue d'un solide sens des affaires. Elle planifie, gère, administre de main de maître, avec un grand esprit de justice.
**Son évolution :** ce prénom, courant au Japon, est apprécié de quelques familles françaises.

## APOLLINE
Apollonia, Apollonie

**D'où vient-elle ?** Apolline signifie en grec « relatif à Apollon ».
**On la fête** le 9 février. Sainte Apolline vivait à Alexandrie au III$^{e}$ siècle alors que sévissait une terrible persécution contre les chrétiens. Elle fut arrêtée et sommée d'adorer les idoles païennes. Devant son refus, ses bourreaux lui brisèrent les dents et les mâchoires, et préparèrent un bûcher. Apolline se jeta elle-même dans les flammes. Son martyre a été représenté par le peintre italien Piero della Francesca.
**Elle serait...** vive et curieuse. Mais elle ne se départit pas d'une grande réserve, car elle est prudente et n'aime guère l'aventure.
**Son évolution :** ce prénom longtemps délaissé a connu un succès remarqué dans les années 2000.
**Sa cousine :** Apollonie.
**Dans nos régions :** Apolonia (Pays basque).
**À l'étranger :** Abelona (Scandinavie), Apolena (République tchèque), Apollonia (Grèce, Russie), Apolonia (Pologne), Loni (Allemagne).
**Ses masculins :** Apollinaire, Apollon.

## ARANTXA
### Arantza

**D'où vient-elle ?** Arantxa fait référence à Notre-Dame de Arantzazu, sanctuaire dédié à la Vierge Marie dans la province de Guipuzcoa, en Espagne.

**On la fête** le 15 août avec Marie.

**Elle serait...** très sociable quand elle est en confiance. Mais elle a une intense vie intérieure et apprécie aussi la solitude pour réfléchir, prendre du recul ou étudier.

**Elle le porte :** la joueuse de tennis espagnole Arantxa Sánchez.

**Son évolution :** ce prénom est rare.

**Sa cousine :** Arantza.

## ARGENTINE
### Argentina

**D'où vient-elle ?** Argentine fait référence au pays d'Amérique du Sud.

**Elle serait...** vive, curieuse et communicative. Elle excelle dans les relations publiques et possède un réseau qu'elle entretient avec soin.

**Son évolution :** ce prénom est très rare en France, comme la plupart des prénoms géographiques, dont les premiers apparurent dans les années 1980.

**Sa cousine :** Argentina.

## ARIANE
### Ariadne, Ariana

**D'où vient-elle ?** Ariane vient du patronyme de la fille du roi de Crète Minos, dans la mythologie grecque.

**On la fête** le 18 septembre. Sainte Ariane fut esclave en Asie Mineure au IIIe siècle. Condamnée au martyre, elle fut sauvée par l'émeute soulevée lors de son arrestation.

**Elle serait...** fantaisiste et originale. Elle aime la nouveauté, les arts, et dédaigne un peu les contingences matérielles. Généreuse, elle a beaucoup d'amis.

**Elle l'a porté :** Ariane est la fille de Minos et de Pasiphaé, et la sœur de Phèdre. Elle aida Thésée, son amoureux, à sortir du labyrinthe où il était enfermé avec un monstre, le Minotaure, grâce au fil qu'elle tissa. Une fois libéré, Thésée l'enleva et l'abandonna sur l'île de Naxos où elle séduisit le dieu Dionysos qui l'épousa.

**Elles le portent :** la réalisatrice Ariane Mnouchkine, la présentatrice de télévision Ariane Massenet.

**Son évolution :** ce prénom est assez rare.

**Sa forme initiale :** Ariadne.

**À l'étranger :** Aranka (Hongrie), Ariadna (Russie), Ariadne (Allemagne, Grande-Bretagne, États-Unis, Grèce), Ariana (Espagne, Italie), Arka (pays de l'est), Evadne (Grèce).

## ARICIE
### Aristée

**D'où vient-elle ?** Aricie est la forme féminine d'Aristide, d'origine grecque, qui signifie « le meilleur fils ».

**On la fête** le 31 août avec Aristide.

**Elle serait...** douce, sensible, intuitive, charmante, dévouée, pas vraiment armée pour une vie professionnelle stressante, mais partante pour une vie familiale harmonieuse.

**Son évolution :** peu de parents connaissent ce prénom qui est apparu dans les années 1990.

**Sa forme initiale :** Aristée.

**Son masculin :** Aristide.

## ARIELLE

**D'où vient-elle ?** Arielle signifie en hébreu « vaillante ».

**On la fête** le 1er octobre avec Eurielle.

**Elle serait...** vive, amusante, enjouée et prête à croquer la vie à belles dents. Elle aime le changement, la nouveauté, mais demeure néanmoins prudente.

**Elle le porte :** la comédienne et chanteuse Arielle Dombasle.

**Son évolution :** ce prénom, courant en Israël, est rare en France depuis qu'il a été utilisé par des fabricants d'une marque de lessive.

**Son masculin :** Ariel.

## ARLETTE
### Carla, Charlotte

**D'où vient-elle ?** Arlette est l'une des formes féminines de Charles, d'origine germanique, qui signifie « viril ».

**On la fête** le 17 juillet avec Charlotte.

**Elle serait...** intellectuelle, réfléchie et dotée d'un solide esprit d'analyse, parfois très critique. Travailleuse et courageuse, elle apprécie aussi la vie sociale.

**Elle l'a porté :** la comédienne Arletty, dont le vrai nom était Léonie Bathiat. Née à Courbevoie en 1898, elle fut mannequin sous le pseudonyme d'Arlette avant d'entreprendre une carrière cinématographique. Certains de ses films, comme *Les Enfants du paradis* et *Hôtel du Nord*, sont mythiques.

**Elles le portent :** la femme politique Arlette Laguiller et la journaliste Arlette Chabot.

**Son évolution :** Arlette, qui eut un bref succès dans les années 1940, a disparu aujourd'hui.

**Ses cousines :** Carla, Charlotte.

**À l'étranger :** Arleen, Arline (Grande-Bretagne, États-Unis), Arlina, Arlita (Italie).

**Son masculin :** Charles.

## ARMANDE
### Armance, Arminda

**D'où vient-elle ?** Armande est la forme féminine d'Armand, d'origine germanique, qui signifie « homme fort ».

**On la fête** le 23 décembre avec Armand.

**Elle serait...** indépendante, fiable et déterminée. Elle possède une grande force de travail, mais elle est facilement déstabilisée par les conflits.

**Elle l'a porté :** la comédienne Armande Béjart, épouse de Molière, au XVII^e siècle.

**Elle le porte :** la chanteuse lyrique Armande Altaï.

**Son évolution :** ce prénom était courant au XVII^e siècle. Il n'eut pas le succès de son masculin Armand au début du XX^e siècle et n'est pas encore de retour.

**Sa cousine :** Armance.

**À l'étranger :** Armanda (Italie), Arminda (Portugal).

**Son masculin :** Armand.

## ARMELLE
### Armaëlle

**D'où vient-elle ?** Armelle signifie en celte « prince » et « ours ».

**On la fête** le 16 août avec Armel.

**Elle serait...** dynamique et communicative. La solitude lui déplaît, elle recherche les contacts dans sa vie professionnelle.

**Son évolution :** Armelle est un prénom breton classique par excellence, qui est sorti de sa région d'origine dans les années 1940. Jamais fréquente, mais toujours présente jusqu'en 1960, Armelle brille par son absence aujourd'hui.

**Sa cousine :** Armaëlle.

**Dans nos régions :** Arzhela, Arzhelenn, Arzhelez (Bretagne).

**Son masculin :** Armel.

## ARSINOË

**D'où vient-elle ?** Arsinoë est la forme féminine d'Arsène, qui signifie en grec « viril ».

**On la fête** le 19 juillet avec Arsène.

**Elle serait...** à la fois charmante et un tantinet futile, travailleuse et parfois autoritaire. Ce double jeu peut surprendre son entourage.

**Elles l'ont porté :** plusieurs reines d'Égypte, épouses de souverains de la dynastie des Ptolémées, et l'une des sœurs de Cléopâtre.

**Son évolution :** ce prénom, très fréquent dans l'Égypte antique, a complètement disparu.

**Son masculin :** Arsène.

## ARTÉMISE
### Artémia

**D'où vient-elle ?** Artémise fait référence à la déesse Artémis qui, dans la mythologie grecque, est la divinité de la chasse et de la nature.

**On la fête** le 10 novembre avec Nymphe.

**Elle serait...** fine, vive, raffinée. Elle aime plaire

et jouir de la vie. Ce qui est parfois incompatible avec le travail. Exigeante, elle demande une fidélité sans bornes à ses amis.
**Elle l'a porté :** la reine d'Halicarnasse, qui, au IVe siècle avant J.-C., fit ériger un mausolée à la mémoire de son époux, mausolée qui deviendra l'une des Sept Merveilles du monde.
**Son évolution :** fréquente au XVIIe siècle, Artémise est très rare aujourd'hui.
**Sa forme initiale :** Artémis.
**À l'étranger :** Artemia, Artemisia (Grèce), Artemisa (Espagne).

**Son heure de gloire**

Le XVIIe siècle. Les précieuses ridicules, si bien dépeintes par Molière, affichaient une véritable passion pour la mythologie et n'hésitaient pas à se faire appeler Françoise Athénaïs ou Jeanne Artémise.

## ASHLEY (mixte)

**D'où vient-elle ?** Ashley d'origine anglaise, signifie « bois de frêne ».
**Elle serait...** réfléchie, discrète, secrète, mais elle sait être chaleureuse avec ses amis. Curieuse, elle aime apprendre ; rationnelle, elle possède un solide bon sens.
**Elles le portent :** les actrices américaines Ashley Benson, Ashley Greene, Ashley Judd, Ashley Olsen, Ashley Scott, Ashley Tisdale.
**Son évolution :** ce prénom, apparu à la fin du XIXe siècle dans les pays anglophones, fut d'abord exclusivement masculin. Il est devenu féminin dans les années 1990, et figura dans le top des prénoms aux États-Unis. Ashley est toujours très en vogue aujourd'hui alors qu'il est devenu rare pour les garçons.
**Son masculin :** Ashley est mixte, mais à forte majorité féminine.

## ASMA
Azma

**D'où vient-elle ?** Asma, d'origine arabe, signifie « qui a de beaux traits ».
**Elle serait...** consciencieuse, perfectionniste, voire maniaque. Elle s'intéresse davantage à la vie spirituelle qu'aux biens matériels et préfère la solitude à la vie sociale.
**Elle l'a porté :** Asma fut la sœur aînée d'Aïcha, la femme du prophète Mahomet.
**Son évolution :** prénom bien connu dans les familles musulmanes.
**Sa cousine :** Azma.

## ASPASIE
Anastasie

**D'où vient-elle ?** Aspasie est l'une des formes féminines d'Anastase, d'origine grecque, qui signifie « résurrection ».
**On la fête** le 14 août avec Anastasie.
**Elle serait...** énergique et volontaire. Une main de fer... sans gant de velours, car elle ne mâche pas ses mots et sait se faire obéir.
**Elle l'a porté :** Aspasie, femme belle, intelligente et cultivée fut la compagne de Périclès en Grèce, au Ve siècle avant J.-C.
**Son évolution :** prénom antique, Aspasie a disparu au profit d'Anastasie, bien plus appréciée aujourd'hui.
**Sa cousine :** Anastasie.
**À l'étranger :** Aspasia (Italie).
**Son masculin :** Anastase.

## ASSUNTA
Assomption, Assumpta, Asuncion

**D'où vient-elle ?** Assunta est une forme italienne d'Assomption, qui signifie en latin « qui prend ». Elle fait référence à la montée au ciel de la Vierge Marie.
**On la fête** le 15 août avec Marie.
**Elle serait...** énergique, dynamique et toujours pressée. C'est qu'elle a mille projets en tête. Pas question de lui imposer des contraintes, elle est farouchement éprise de liberté.
**Son évolution :** ce prénom, connu dès le Moyen Âge, est en vogue dans les pays latins.
**À l'étranger :** Assumpta et Asuncion (Espagne).

## Ces prénoms venus du froid

**Astrid** et **Ingrid**, « cavalières divines » ont symbolisé depuis des décennies la Scandinavie, laissant imaginer de belles jeunes filles à la longue chevelure blonde dans les brumes nordiques. Ces prénoms très typiques ont plus récemment laissé la place à **Karen**, forme danoise de Catherine et à **Kirsten**, variante nordique de Christine. D'autres prénoms venus du froid ont aussi fait leur apparition en France :

**Alva** « amie des elfes »
**Brunehilde** « guerrière cuirassée »
**Dagmar** « brillante comme le jour »
**Eldrid** « qui chevauche le feu »
**Elfie**, variante de Alva
**Else**, forme scandinave d'Élisabeth
**Gunhild** « guerrière »
**Helga** « consacrée aux dieux »
**Helle** « sainte »
**Hilda** « combattante »
**Ingeborg** « protégée du dieu Ing »
**Liv** « protection »
**Sigrid** « protectrice de la victoire »
**Sonja**, forme norvégienne de Sophie
**Swanhilde** « guerrière au cygne »
**Wilma**, forme nordique de Guillemette
Mais les préférences vont au trio :
**Solveig** « force du soleil »
**Sunilda** « guerrière du soleil »
**Sunniva** « don du soleil ».

Et à **Linnéa**, prénom moderne, qui fait référence à un botaniste suédois Linné, qui donna ce nom à une petite fleur des champs. Après les références guerrières et cavalières, voici le soleil et les fleurs, bien plus pacifistes !

## ASSYA

**Assia**

**D'où vient-elle ?** Assya signifie en arabe « l'orientale ».

**Elle serait...** posée, réfléchie et ambitieuse. Assya construit sa vie avec sagesse et atteint ses buts par sa détermination et son courage.

**Elle l'a porté :** la fille de Pharaon, qui éleva Moïse après qu'il fut recueilli dans un couffin sur le Nil.

**Elle le porte :** la jeune chanteuse Assia.

**Son évolution :** ce prénom est bien connu dans la culture arabe, peu fréquent dans l'ensemble du pays.

## ASTRÉE

**Astraïa**

**D'où vient-elle ?** Astrée signifie en grec « astre ».

**On la fête** le 11 mai avec Estelle.

**Elle serait...** originale et éprise de fantaisie. Les voyages la passionnent, elle s'adapte à toutes les situations avec facilité et recherche en permanence la nouveauté.

**Elle l'a porté :** dans la mythologie grecque, Astraïa est une fille de Zeus. Elle personnalise la justice et vit parmi les hommes. Lorsqu'elle quitte la terre, elle devient dans le ciel la constellation de la Vierge.

**Son évolution :** ce prénom est rare, comme la plupart des prénoms mythologiques.

**Sa forme initiale :** Astraïa.

**À l'étranger :** Astera (États-Unis), Astraïa, Astrapé (Grèce).

## ASTRID

**Anstrid, Astrida**

**D'où vient-elle ?** Astrid, d'origine germanique, signifie « fidèle aux dieux ».

**On la fête** le 27 novembre. Sainte Astrid, reine de Norvège au X$^{e}$ siècle, se dévoua aux plus pauvres de ses sujets.

**Elle serait...** volontaire, pour ne pas dire autoritaire, exigeante, pour ne pas dire exclusive. Bref,

une femme d'un caractère entier, courageuse, opportuniste et énergique.
**Elles l'ont porté :** Astrid de Suède, reine des Belges par son mariage avec Léopold III. Elle régna un an avant de périr dans un accident de voiture. Généreuse et attentive aux plus démunis, elle fut adorée par son peuple. Dans la mythologie scandinave, Astrid est une Walkyrie qui accompagne les guerriers morts au combat au paradis, le Walhalla.
**Elle le porte :** la comédienne Astrid Veillon.
**Son évolution :** courante dans les pays scandinaves, Astrid est rare en France, mais toujours présente.
**Ses cousines :** Asta, Anstrid, Astrida.

## ATHALIE

### Athalia, Attalia

**D'où vient-elle ?** Athalie signifie en hébreu « Dieu est glorifié ».
**On la fête** le 5 décembre. Sainte Attalia, jeune Alsacienne au VIIIe siècle, est la première abbesse d'un couvent fondé par son père.
**Elle serait...** fine, vive et adaptable. Conciliante, elle adore jouer les médiateurs et apprécie les travaux de groupe, les ouvrages collectifs.
**Elles l'ont porté :** Athalie, qui fut dans la Bible une reine de Juda au IXe siècle avant J.-C., et un personnage du théâtre de Racine.
**Son évolution :** ce prénom théâtral est rare.
**Sa forme initiale :** Attalia.
**À l'étranger :** Athalia (Italie).

## ATHÉNA

### Arthéllaïs, Athénaïs, Athina

**D'où vient-elle ?** Athéna vient du nom de la déesse de la sagesse et de la guerre dans la mythologie grecque, protectrice de la ville d'Athènes.
**On la fête** le 3 mars. Sainte Athénaïs fit vœu de chasteté à Constantinople au VIe siècle et prit le voile.
**Elle serait...** sociable, charmante, généreuse. Elle mène sa vie avec détermination, aime faire des projets et ne craint pas le travail.
**Elle l'a porté :** Françoise Athénaïs de Montespan, favorite de Louis XIV.
**Elle le porte :** Athina Onassis, la petite-fille d'Aristote Onassis, le milliardaire grec.
**Son évolution :** très en vogue au XVIIe siècle, comme de nombreux prénoms mythologiques, Athéna est fréquente en Grèce aujourd'hui et assez rare en France.
**Ses cousines :** Arthéllaïs, Athénaïs.
**À l'étranger :** Athina (Grèce).

## AUDE

### Alda, Aulde, Haude

**D'où vient-elle ?** Aude, d'origine germanique, signifie « ancienne ».
**On la fête** le 18 novembre. Sainte Aude fut une compagne et une disciple de sainte Geneviève à Paris, au Ve siècle.
**Elle serait...** réservée, voire distante. Réfléchie, elle prend son temps et ne s'attache pas facilement. Elle est rationnelle, travailleuse et pragmatique.
**Son évolution :** ce prénom médiéval a connu le succès entre 1970 et 2000. Il est devenu rare.
**Sa forme initiale :** Alda.
**Ses cousines :** Aulde, Haude.
**Dans nos régions :** Aoda, Aodez, Aodren, Aodrena, Aodrenell, Aodrenez, Eodez, Heodez (Bretagne).
**À l'étranger :** Alda (Italie), Odeken, Oken (Flandre).

## AUDREY

**Audraine, Audréane, Audry**

**D'où vient-elle ?** Audrey est une forme anglo-américaine d'Ethelred, prénom hors d'usage d'origine germanique, qui signifie « noble gloire ».

**On la fête** le 4 mai. Saint Ethelred fut l'un des premiers rois d'Angleterre, au VIIIe siècle. Après avoir régné pendant 30 ans, il termina sa vie dans un monastère.

**Elle serait...** réservée, patiente, appliquée. Elle prend son temps et craint les pressions. Elle préfère l'intimité familiale à la vie sociale.

**Elle l'a porté :** l'actrice Audrey Hepburn.

**Elle le porte :** l'actrice Audrey Tautou.

**Son évolution :** ce prénom, bien connu dès le XVIIe siècle dans les pays de langue anglaise, est apparu en France dans les années 1980. Il est rare aujourd'hui.

**Sa forme initiale :** Ethelred.

**Ses cousines :** Audraine et Audréane.

**Son diminutif :** Audry.

**Son masculin :** Ethelred.

## AUGUSTA

**Augustine**

**D'où vient-elle ?** Augusta est l'une des formes féminines d'Auguste, qui signifie en latin « vénérable ».

**On la fête** le 27 mars. Sainte Augusta fut la fille du duc de Frioul, au Ve siècle. Lorsqu'il apprit qu'elle s'était fait baptiser, il la tua de ses propres mains.

**Elle serait...** indépendante, volontaire et décidée. Voilà pour la façade. Mais Augusta est sensible et vulnérable ; ses amis le savent bien.

**Son évolution :** à Rome, dans l'Antiquité, le titre *augusta* était donné aux impératrices. Ce prénom disparut avec l'ère moderne, puis eut quelques adeptes au cours du XIXe siècle. Il est très rare aujourd'hui.

**Sa cousine :** Augustine.

**À l'étranger :** Agosta (Italie), Avgousta (Russie).

**Son diminutif :** Gusta.

**Son masculin :** Auguste.

## AUGUSTINE

**Augusta, Austen**

**D'où vient-elle ?** C'est l'une des formes féminines d'Auguste, qui signifie en latin « vénérable ».

**On la fête** le 28 août avec Augustin.

**Elle serait...** hypersensible, émotive et généreuse. Elle est vulnérable et redoute les tensions et le stress.

**Son évolution :** Augustine a été fréquente au XIXe siècle. Elle est très rare aujourd'hui.

**Sa forme initiale :** Augusta.

**Dans nos régions :** Agustina, Aguxtina, Angostina, Austina, Austiza (Pays basque).

**À l'étranger :** Aghaistin (Irlande), Agosta, Agostina, Augusta, Augustina (Italie), Agustina (Espagne), Agostinha (Portugal), Austen (États-Unis, Grande-Bretagne), Avgoustina (Russie).

**Ses masculins :** Auguste et Augustin.

## AURÉLIE

**Aurèle, Aurélia, Auréliane, Orane, Oriane**

**D'où vient-elle ?** Aurélie, forme féminine d'Aurel, signifie en latin « en or ».

**On la fête** le 15 octobre. Sainte Aurélie fut une compagne de sainte Ursule en Allemagne, au IIIe siècle.

**Elle serait...** élégante et charmeuse. Elle apprécie le luxe et se donne les moyens de l'obtenir, par le travail, l'habileté et l'opportunisme.

**Elle l'a porté :** la mère de Jules César, fille du préteur Marcus Aurelius Cotta.

**Son évolution :** ce prénom fut en vogue entre 1970 et 1990.

**Sa forme initiale :** Aura.

**Ses cousines :** Aurèle, Auréliane, Auriane, Orane, Oriane.

**Dans nos régions :** Aourell (Bretagne), Aurelne, Aurubita et Oreli (Pays basque).

**À l'étranger :** Aurelia, Orellana (Espagne), Aureliana (Italie), Zlata, Zlatak, Zlatina, Zlatinka, Zlatuna, Zlatunka, Zlatuska (République tchèque, Russie).

**Ses masculins :** Aurel, Aurélien.

## AURIANE

**Oriane, Orianna, Orianne**

**D'où vient-elle ?** Auriane est une forme féminine d'Aurel, qui signifie en latin « en or ».

**On la fête** le 19 juillet. Sainte Aura, chrétienne espagnole, fut martyrisée par les musulmans à Cordoue, au IXe siècle.

**Elle serait...** active, indépendante, ambitieuse, volontaire et motivée. Voilà de quoi réussir ce qu'elle entreprend. Paradoxalement, elle a une attitude sereine et réservée.

**Son évolution :** ce prénom est assez apprécié depuis 1990, prenant le relais d'Aurélie.

**Sa forme initiale :** Aura.

**Ses cousines :** Oriane, Orianna, Orianne.

**À l'étranger :** Oriana (Italie).

**Ses masculins :** Aurel, Aurélien.

## AURORE

**Aurora, Goïzane, Izora**

**D'où vient-elle ?** Aurore signifie en latin « aurore ».

**On la fête** le 13 décembre avec Lucie.

**Elle serait...** calme, en permanence à la recherche d'une ambiance sereine. Il faut dire qu'elle fait tout pour ! Elle est affectueuse et serviable, généreuse et attentive, douce et responsable.

**Elle l'a porté :** Aurore Dupin, dite George Sand, femme de lettres.

**Elle le porte :** l'actrice Aurore Clément.

**Son évolution :** ce prénom a connu une vague de popularité entre 1970 et 1990.

**Sa forme initiale :** Aura.

**Dans nos régions :** Goïzane, Izora, Orora (Pays basque).

**À l'étranger :** Archalouïs (Arménie), Aurora (États-Unis, Grande-Bretagne, Italie, Portugal).

## AUXANE (mixte)

**Euxane**

**D'où vient-elle ?** Auxane, d'origine grecque, signifie « hospitalier ».

**On la fête** le 3 septembre. Saint Auxane fut évêque de Milan au VIe siècle.

**Elle serait...** expressive et communicative. Elle adore la vie en société, recherche toujours de nouvelles relations et exprime souvent sa créativité dans l'art. La solitude l'angoisse, la compagnie la rassure.

**Son évolution :** ce prénom n'a jamais été fréquent. Il reste marginal.

**Ses masculins :** Auxane et Euxane, qui, tous les deux, sont mixtes.

## AVA

**Aviva, Éva, Éve, Hava, Hawa**

**D'où vient-elle ?** Ava est une variante d'Ève, qui signifie en hébreu « vivante ».

**On la fête** le 29 avril. Sainte Ava, jeune fille riche et aveugle du nord de la France au IVe siècle, prie Dieu chaque jour de la guérir. Lorsqu'elle recouvre la vue, elle entre au couvent.

**Elle serait...** diplomate et conciliante, coquette et charmeuse. Elle s'échappe souvent dans l'imaginaire pour se protéger d'une réalité qui la déçoit.

**Elle l'a porté :** l'actrice Ava Gardner.

**Son évolution :** ce prénom rare n'a jamais inquiété Ève, malgré le succès de l'actrice américaine Ava Gardner.

**Sa forme initiale :** Ève.

**Ses cousines :** Aviva, Éva, Hava, Hawa.

## AVERY (mixte)

**D'où vient-elle ?** Avery est une forme anglo-américaine du prénom d'origine germanique Alfred qui signifie « grande paix ».

**On la fête** le 15 novembre avec Alfred.
**Elle serait...** posée, calme, éprise d'ordre et de justice. Prudente, elle gère sa vie, ses biens, ses relations avec mesure. Elle a un grand besoin de sécurité matérielle.
**Son évolution :** Avery, prénom masculin, s'est féminisé dans les années 1990 ; il est aujourd'hui un des prénoms favoris pour les filles au Canada.
**Sa cousine :** Alfie.

## AWEN
**Awena**

**D'où vient-elle ?** Awen, d'origine galloise, signifie « muse ».
**Elle serait...** perfectionniste, réfléchie et intellectuelle. L'étude la passionne, elle aime la solitude et elle est attirée par la connaissance, aux dépens parfois de sa vie affective.
**Son évolution :** ce prénom est bien connu au pays de Galles, mais rare en France.
**Sa cousine :** Awena.

## AXELLE
**Axelane, Axeline, Axellane**

**D'où vient-elle ?** Axelle est le féminin d'Axel, dérivé d'Absalom, qui signifie en hébreu « père de la paix ».
**On la fête** le 21 mars avec Axel.
**Elle serait...** émotive et en quête de nouveauté. Rapide, opportuniste, adaptable, elle est caméléon. Les voyages la passionnent, pourvu qu'ils ne soient pas organisés pour laisser une place à l'imprévu.
**Elles le portent :** la chanteuse Axelle Red, l'humoriste Axelle Laffont.
**Son évolution :** ce prénom classique est rare.
**Sa forme initiale :** Absalom.
**Ses cousines :** Axelane, Axeline, Axellane.
**Son masculin :** Axel.

## AYMONE

**D'où vient-elle ?** Aymone est une forme occitane de Raymonde, d'origine germanique, qui signifie « conseil » et « monde ».
**On la fête** le 7 janvier avec Raymond.
**Elle serait...** discrète et réservée, ce qui ne l'empêche pas d'être curieuse et sociable. Elle s'investit surtout dans sa famille et ses amis proches.
**Elle le porte :** Anne-Aymone Giscard d'Estaing, l'épouse de l'ancien président de la République.
**Son évolution :** ce prénom date du Moyen Âge, où la forme Aymon ou Aymond était courante pour Raymond. Il est rare depuis.
**Sa forme initiale :** Raymonde.

## AZÉNOR

**D'où vient-elle ?** Azénor, d'origine celte, signifie « honneur retrouvé ».
**Elle serait...** studieuse, méthodique et tranquille. Une enfant modèle... mais qui n'a aucun sens pratique et qui se méfie beaucoup de ses sentiments, car elle se sent vulnérable.
**Elle l'a porté :** Azénor est, au VIe siècle, la jeune épouse d'un comte breton. Sa belle-mère la calomnie si bien que son époux, persuadé qu'elle le trompe, l'enferme dans un donjon et décide de la brûler vive. Le feu ne prend pas, aussi Azénor est mise dans un tonneau et jetée à la mer. Le tonneau est, selon la légende, protégé par des anges qui aident Azénor à accoster en Irlande. Elle y accouche d'un fils, Budoc. La belle-mère confesse sur son lit de mort ses calomnies et le comte court rechercher sa femme et son fils.
**Son évolution :** ce prénom, rencontré de façon épisodique dans les familles bretonnes, est rare dans l'ensemble du pays.
**Son diminutif :** Azenorig.

## AZRA

**D'où vient-elle ?** Azra signifie en hébreu « cadeau de Dieu ».
**Elle serait...** indépendante et volontaire. Le pouvoir, la réalisation personnelle l'attirent irrésistiblement et elle place la barre très haut.
**Son évolution :** ce prénom, bien connu des familles de culture hébraïque, est rare.

## BALBINE
**Balbina**

**D'où vient-elle ?** Balbine signifie en latin « bègue ».

**On la fête** le 31 mars. Sainte Balbine, dénoncée par des voisins, refusa d'apostasier. Elle fut décapitée à Rome, au IIe siècle.

**Elle serait...** peu conventionnelle, adaptable et sociable. Une reine de la com' en quelque sorte.

**Son évolution :** Balbine est l'un de ces prénoms que l'on rencontre très épisodiquement. Il n'a jamais été fréquent.

**À l'étranger :** Balbina (Espagne, Pologne).

## BALSAMIE
**Balsamine**

**D'où vient-elle ?** Balsamie signifie en latin « baume ».

**On la fête** le 16 novembre. Sainte Balsamie fut la nourrice de saint Rémi, au Ve siècle.

**Elle serait...** équilibrée et dotée d'un solide bon sens. Elle sait mener sa vie avec lucidité.

**Son évolution :** apparu au Moyen Âge puis ignoré depuis, ce prénom est très rare.

**Sa cousine :** Balsamine.

## BARBARA
**Barbarella, Barbe, Barbie, Berberine**

**D'où vient-elle ?** Barbara signifie en grec « étrangère ».

**On la fête** le 4 décembre avec Barbe.

**Elle serait...** réservée, voire timide, mais elle s'épanouit quand elle se sent en confiance. Elle se consacre en priorité à sa vie privée, l'ambition n'étant pas son fort.

**Elle l'a porté :** la chanteuse, parolière et compositrice Barbara, de son vrai nom Monique Serf.

**Elles le portent :** les chanteuses Barbra Streisand et Barbara Hendricks ; la célèbre poupée Barbie.

**Son évolution :** ce prénom est très connu, et pourtant, il n'a jamais été courant, même lorsque la poupée Barbie fit son apparition en 1967, aux États-Unis, avant d'être diffusée dans le monde entier.

**Ses cousines :** Barbe, Berberine.

**Dans nos régions :** Barba (Bretagne), Barvel (Alsace).

**À l'étranger :** Bairbre (Irlande), Barbarella, Barbarina (Italie), Barbel (Allemagne), Barbie (États-Unis), Barbora (République tchéque), Barbra (Irlande, Scandinavie), Barbro (Suède), Basha (Pologne).

**Ses diminutifs :** Bab, Babs.

## BARBE
**Barbara, Barbée**

**D'où vient-elle ?** Barbe signifie en grec « étrangère ».

**On la fête** le 4 décembre. Sainte Barbe, fille très belle et très courtisée d'un patricien païen à Rome au IIIe siècle, se fait baptiser en cachette, fait vœu de chasteté et refuse l'époux que son père lui impose. Il la livre alors au juge qui la fait décapiter.

**Elle serait...** énergique, décidée et autoritaire. Mais elle est aussi réfléchie et scrupuleuse, une professionnelle en or.

**Son évolution :** ce prénom, qui date des premiers siècles de l'ère chrétienne, a été relevé au XIXe siècle ; il est aujourd'hui très rare.

**Ses cousines :** Barbara, Barbée.

**Dans nos régions :** Barban (Provence).

## BASMAT

**D'où vient-elle ?** Basmat signifie en hébreu « parfum ».
**Elle serait...** d'humeur changeante : conciliante, puis autoritaire, sociable, puis solitaire.
**Elles l'ont porté :** l'une des épouses d'Ésaü et l'une des filles du roi Salomon.
**Son évolution :** ce prénom, bien connu dans la tradition hébraïque, est rare en France.
**Sa forme initiale :** Bassmath.

## BASTIENNE

**Bastiane**

**D'où vient-elle ?** Bastienne est une variante de Sébastienne, d'origine grecque, qui signifie « honorée».
**On la fête** le 20 janvier avec Sébastien.
**Elle serait...** matérialiste et réaliste. Éprise de pouvoir et désireuse de réussir, elle entend bien atteindre ses objectifs.
**Son évolution :** alors que ses masculins, Sébastien puis Bastien un peu plus tard, ont connu le succès récemment, Bastienne comme Sébastienne sont rares depuis le XIX^e^ siècle.
**Sa cousine :** Bastiane.
**Ses masculins :** Bastien, Sébastien.

## BATHILDE

**Balthilde, Bathille, Beaudour**

**D'où vient-elle ?** Bathilde signifie en allemand « audacieux combat ».
**On la fête** le 30 janvier. Sainte Bathilde, née en 626, enlevée par des pirates au cours d'un voyage, est vendue comme esclave au maire du palais. Le roi Clovis II l'épouse de force. Elle lui donne trois fils, qui deviendront rois de Neustrie, Austrasie et Bourgogne. À la mort de son époux, elle assure la régence, puis, ses fils élevés, elle se retire dans un monastère et se consacre aux pauvres. Elle meurt en 680.
**Elle serait...** active, travailleuse, motivée par ce qu'elle entreprend. Elle cache une grande sensibilité derrière une apparence parfois stricte.
**Son évolution :** ce prénom était courant pendant le haut Moyen Âge sous ses trois formes. Il est très rare depuis.
**Sa forme initiale :** Balthilde.
**Ses cousines :** Bathille, Beaudour.

## BAUCIS

**D'où vient-elle ?** Baucis est une variante littéraire et poétique de Béatrice, d'origine latine, qui signifie « heureuse ».
**On la fête** le 13 février avec Béatrice.
**Elle serait...** affectueuse, sensible, attentionnée, mais, revers de la médaille, elle aurait besoin d'encouragements pour progresser et réussir ce qu'elle entreprend.
**Elle l'a porté :** Baucis, héroïne de l'œuvre d'Ovide, *Philémon et Baucis*, tableau idéal du couple heureux de la jeunesse au grand âge, à qui les dieux accordent le privilège de mourir au même instant pour ne pas souffrir de l'absence de l'autre.
**Son évolution :** ce prénom poétique a toujours été plus rare que Béatrice. Jean de La Fontaine s'en est inspiré dans l'une de ses fables.

## BÉATRICE

**Béatrix, Trixie**

**D'où vient-elle ?** Béatrice signifie en latin « heureuse ».
**On la fête** le 13 février. Sainte Béatrice passa

sa vie dans un monastère, dans le Dauphiné au XIIIe siècle, dans le plus total dénuement.

**Elle serait...** intuitive et altruiste. Mais, si elle écoute volontiers les confidences, elle se révèle peu et préserve son intimité.

**Elles l'ont porté :** Béatrice de Vermandois, épouse de Robert de Neustrie et grand-mère d'Hugues Capet, au Xe siècle. L'héroïne de *La Divine Comédie* de l'écrivain italien Dante, au XIIIe siècle.

**Elles le portent :** la fille du prince Andrew d'Angleterre, la fille de Paul McCartney et de Heather Mills, l'actrice Béatrice Dalle, la journaliste Béatrice Schönberg.

**Son évolution :** en vogue au haut Moyen Âge et de 1950 à 1970, démodé aujourd'hui.

**Sa forme initiale :** Béata.

**Dans nos régions :** Béatris (Bretagne, Provence).

**À l'étranger :** Béata (Belgique, Italie, République tchèque, Suède), Béate (Norvège), Béatrijs, Béatrix (Pays-Bas), Béatriz (Espagne, Portugal).

**Ses diminutifs :** Béa, Trixie.

## BÉLINE

### Bélinda, Belinde, Bélise

**D'où vient-elle ?** Béline fait référence à Bélénos, dieu gaulois de la médecine et des arts.

**On la fête** le 8 septembre. Sainte Béline, princesse saxonne au VIIIe siècle, se fit baptiser et fit vœu de chasteté. Elle refusa d'épouser un seigneur qui la tua.

**Elle serait...** émotive, affectueuse, sociable et altruiste, mais parfois aussi susceptible. Elle a besoin d'être entourée pour réussir.

**Elle l'a porté :** Béline est un personnage du *Malade imaginaire* de Molière.

**Son évolution :** ce prénom n'a pas réapparu depuis le Moyen Âge.

**Ses cousines :** Bélinda, Belinde, Bélise.

## BELTZANE

**D'où vient-elle ?** Beltzane signifie en basque « jeune fille aux cheveux sombres ».

**Elle serait...** organisée, fiable, fidèle dans le travail et en amitié. Sa ténacité frise parfois l'entêtement, mais sa finesse psychologique lui permet de connaître les limites à ne pas franchir.

**Son évolution :** ce prénom, bien connu des familles de culture basque, est rare à l'échelle nationale.

## BÉNÉDICTE

### Benoîte

**D'où vient-elle ?** Bénédicte est une variante de Benoîte, d'origine latine, qui signifie « bénie ».

**On la fête** le 16 mars. Sainte Bénédicte succéda à sainte Claire à la direction du couvent des Clarisses à Assise, en Italie, au XIIIe siècle.

**Elle serait...** hypersensible et consciente de sa faiblesse, bien déterminée à se protéger des blessures affectives.

**Son évolution :** très appréciée des familles BCBG, mais toutefois discrète dans les années 1970, Bénédicte est rare aujourd'hui.

**Sa forme initiale :** Benoîte.

**Dans nos régions :** Bénédig, Binidig (Bretagne), Benedita (Pays basque), Benezeita (Provence).

**À l'étranger :** Benedetta (Italie), Benedicta (Grande-Bretagne, États-Unis), Bénédikta (Allemagne), Bénédikte, Bengta (Scandinavie).

## BÉNIGNE (mixte)

### Benigna

**D'où vient-elle ?** Bénigne signifie en latin « bienveillante ».

**On la fête** le 1er novembre. Saint Bénigne aurait fondé l'évêché de Langres avant de s'établir à Dijon, au IIIe siècle.

**Elle serait...** communicative, adepte des associations, des partenariats, de la vie commune, grâce à une grande adaptabilité et à l'art des conciliations.

**Son évolution :** peut-être est-ce à cause de l'association avec l'adjectif bénigne, qui signifie

« sans conséquence », que ce prénom, fréquent au Moyen Âge, n'a plus cours aujourd'hui.
**À l'étranger** : Benigna (Espagne, Italie).

## BENJAMINE
**Beniamina**

**D'où vient-elle ?** Benjamine est le féminin de Benjamin, qui signifie en hébreu « fils de la chance ».
**On la fête** le 31 mars avec Benjamin.
**Elle serait…** irrésistible, par son charisme, sa sensibilité, alliés à une grande détermination. Femme de tête et femme de cœur à la fois, ce n'est pas si courant !
**Son évolution :** Benjamine est bien connue, mais elle n'a jamais été aussi fréquente que son masculin.
**À l'étranger** : Beniamina (Italie), Benja (Pays-Bas), Benjamina (Grande-Bretagne, États-Unis).
**Son masculin** : Benjamin.

## BENOÎTE
**Bénédicte, Bénita**

**D'où vient-elle ?** Benoîte signifie en latin « bénie ».
**On la fête** le 11 juillet avec Benoît.
**Elle serait…** intuitive, réfléchie, dotée d'un esprit d'analyse et de synthèse qui lui offre de belles opportunités professionnelles.
**Elle l'a porté :** l'écrivain Benoîte Groult, qui publia des ouvrages avec sa sœur entre 1963 et 1967, et des romans sur l'évolution des rapports hommes femmes au XX$^{e}$ siècle.
**Son évolution :** ce prénom est très ancien, mais n'a jamais connu un réel succès. On le rencontrait parfois au XIX$^{e}$ siècle, puis il a disparu dans les années 1920.
**Sa cousine** : Bénédicte.
**Dans nos régions** : Bénate (Pays basque), Beniga, Benigez (Bretagne).
**À l'étranger** : Benita (Espagne, Italie), Bente (Danemark, Norvège).
**Son masculin** : Benoît.

## BÉRANGÈRE
**Bérengère**

**D'où vient-elle ?** Bérangère signifie en allemand « lance de l'ours ».
**On la fête** le 26 mai avec Béranger.
**Elle serait…** curieuse, enjouée, sociable. Tant pis si elle a tendance à se disperser et à défendre farouchement son indépendance.
**Son évolution :** discrète dans les années 1940, Bérangère est rarissime aujourd'hui.
**Sa cousine** : Bérengère.
**Dans nos régions** : Bérenguiero (Provence).
**À l'étranger** : Berenguela (Espagne).
**Son masculin** : Béranger.

## BÉRÉNICE
**Bernice**

**D'où vient-elle ?** Bérénice signifie en grec « qui apporte la victoire ».
**On la fête** le 4 octobre. Sainte Bérénice, à Antioche au III$^{e}$ siècle, se jeta dans le fleuve pour échapper aux avances des soldats de l'empereur Dioclétien venus persécuter les chrétiens.
**Elle serait…** réfléchie, réservée, prévoyante car facilement inquiète et sensible aux critiques ou aux aléas de la vie.
**Elles l'ont porté :** plusieurs princesses de la dynastie des Ptolémées d'Alexandrie, au III$^{e}$ siècle avant J.-C., et une descendante d'Hérode

le Grand, au Ier siècle, dont l'empereur Titus fut passionnément amoureux. Bérénice est l'héroïne de la pièce *Tite et Bérénice* de Corneille et de celle de Racine, *Bérénice.*
**Elle le porte :** l'actrice française Bérénice Bejo.
**Son évolution :** ce prénom était courant dans l'ancienne Égypte. Après une éclipse de plusieurs siècles, il est réapparu dans les années 1970.
**Dans nos régions :** Berezi (Pays basque).
**À l'étranger :** Berenike (Allemagne), Bernice (Grande-Bretagne, États-Unis).

## BERNADETTE
**Bernarde, Bernardine**

**D'où vient-elle ?** Bernadette signifie en allemand « ours fort ».
**On la fête** le 18 février. Sainte Bernadette, Marie-Bernarde de son vrai nom, naquit dans une famille pauvre de Lourdes en 1844. Elle était l'aînée de 9 enfants dont 5 moururent en bas âge. Elle avait 14 ans quand elle vit apparaître la Vierge dans la grotte de Massabielle, dix-huit fois en 5 mois, qui lui demanda de faire construire une église en ce lieu. Bernadette prit le voile à Nevers, où elle mourut à 35 ans, tandis que la grotte miraculeuse devint un lieu de pèlerinage pour les chrétiens du monde entier.
**Elle serait...** discrète, tranquille et se satisferait d'une vie rangée et même austère. Les imprévus et les agitations la déstabilisent.
**Elles le portent :** Bernadette Chirac, l'actrice Bernadette Laffont.
**Son évolution :** son succès dans les années 1930 ne s'est pas confirmé. Ce prénom est rare aujourd'hui.
**Ses cousines :** Bernarde, Bernardine.
**Dans nos régions :** Bernadeta (Bretagne), Bernadeto (Provence).
**À l'étranger :** Barendina (Allemagne, Pays-Bas), Bearnairdin (Irlande), Bernardina (Italie), Bernadita (Espagne), Birna (Norvège).
**Ses masculins :** Bernard, Bernardin.

## BERTHE
**Bertha, Bertie, Bertrade**

**D'où vient-elle ?** Berthe, en allemand, signifie « illustre ».
**On la fête** le 4 juillet. Sainte Berthe, femme du comte Rigobert, au VIIIe siècle, se retira au couvent à la mort de son époux.
**Elle serait...** prudente et effacée dans un premier temps. Elle s'épanouit dès qu'elle est en confiance. Mais attention à ce que vous dites, Berthe est susceptible et rancunière.
**Elles l'ont porté :** la mère de Charlemagne et épouse de Pépin le Bref, à qui on donna le sobriquet de « grand pied ». L'artiste peintre impressionniste Berthe Morisot, qui exposa pour la première fois au salon de 1864, et la chanteuse Berthe Sylva, dont la chanson *Les Roses blanches*, en 1928, eut un immense succès.
**Elle le porte :** Berthe Bérurier, un personnage de San Antonio.
**Son évolution :** les pics de succès de Berthe se situent pendant le haut Moyen Âge, puis au XIXe siècle. Elle est très rare aujourd'hui.
**Sa cousine :** Bertrade.
**À l'étranger :** Berta (Allemagne, Espagne, Hongrie, Italie, République tchèque), Bertha (Grande-Bretagne, États-Unis).
**Ses diminutifs :** Berthy, Bertie.

## BÉRYL (mixte)
**Bérrile**

**D'où vient-elle ?** Béryl a plusieurs origines : en grec et en sanskrit, ce mot désigne des pierres

semi-précieuses ; en arabe, il évoque le cristal.
**On la fête** le 29 juin avec Pierre.
**Elle serait...** généreuse, conciliante et sensible. Elle redoute la solitude et a besoin de compagnie. Elle s'investit beaucoup dans son couple.
**Son évolution :** ce prénom est très rare, malgré ses trois étymologies.
**Son masculin :** ce prénom est mixte, avec une prédominance féminine.
**Sa cousine :** Berrile.

## BÉTHANIE

**Béthan, Béthany**

**D'où vient-elle ?** Béthanie, en hébreu, signifie « humble demeure ».
**Elle serait...** ambitieuse, énergique et indépendante, bien décidée à mener sa vie comme elle l'entend et à réussir dans ses projets.
**Elle l'a porté :** Marie de Béthanie est, dans la Bible, la sœur de Marthe et de Lazare. Elle serait l'une des saintes Maries de la mer qui accostèrent en Provence. Béthanie est un village en Terre Sainte, à l'est de Jérusalem, où le Christ rendait souvent visite à Lazare.
**Son évolution :** ce prénom est apparu en France en 2000 et il est très rare pour l'instant. En revanche, il est plus fréquent au pays de Galles.
**Sa cousine :** Béthan.
**À l'étranger :** Béthany (États-Unis).

## BERTILLE

**Bertilie**

**D'où vient-elle ?** Bertille signifie en allemand « illustre et agile ».
**On la fête** le 6 novembre. Sainte Bertille fut nommée abbesse du monastère de Chelles par sainte Bathilde, au VIIe siècle.
**Elle serait...** généreuse, volontaire et dotée de grandes facultés d'organisation. Faite pour diriger, son affectivité la fragilise parfois.
**Son évolution :** ce prénom fut fréquent au Moyen Âge, puis il disparut. Aujourd'hui, il est rare et on le rencontre surtout dans les familles BCBG.
**Sa cousine :** Bertilie.
**Son masculin :** Bertil.
**Son diminutif :** Berty.

## BETHSABÉE

**D'où vient-elle ?** Bethsabée signifie en hébreu « fille du serment ».
**Elle serait...** naturelle, solide et franche, même si cela peut la conduire à manquer de diplomatie. Sa vie intérieure est plus intense que sa vie sociale.
**Elle l'a porté :** dans l'Ancien Testament, Bethsabée séduit le roi David, qui envoie le mari de celle-ci se faire tuer à la guerre afin de pouvoir l'épouser. Elle lui donne un fils, Salomon.
**Son évolution :** ce prénom, bien connu dans la culture hébraïque, est plutôt rare à l'échelon national.
**Sa forme initiale :** Batsheva.

## BEVERLY (mixte)

**Beverley**

**D'où vient-elle ?** Beverly, d'origine anglaise, signifie « rivière aux castors ».
**Elle serait...** travailleuse et persévérante. Elle recherche la stabilité et l'ordre. Avec elle, pas de surprises, tout est planifié et organisé.
**Son évolution :** connu aux États-Unis dans les années 1950, ce prénom apparaît en France en 1990.
**Sa cousine :** Beverley.

## BLANAID

**Blaithin, Blathin, Blathnaid, Blatnat**

**D'où vient-elle ?** Blanaid, d'origine irlandaise, signifie « petite fleur ».
**Elle l'a porté :** dans la légende irlandaise, la femme d'un roi de Munster. Elle tomba amoureuse du rival de son mari. Le roi fit construire une forteresse dont l'entrée était soigneusement dissimulée. Blanaid la révéla à son amoureux qui entra dans le château et tua le roi.
**Elle serait...** créative et communicative. Elle

s'épanouit dans l'expression d'un art, recherche l'harmonie, mais peut se disperser facilement.
**Son évolution :** ce prénom est rarissime en France, mais courant en Irlande.
**Ses cousines :** Blaithin, Blathin, Blathnaid, Blatnat.

## BLANCHE
### Bianca

**D'où vient-elle ?** Blanche, d'origine latine, signifie « blanche ».
**On la fête** le 3 octobre. Sainte Blanche fut assassinée par les Saxons au pays de Galles en 492.
**Elle serait...** intelligente et idéaliste, elle s'investit corps et âme dans ses passions, et y consacre toute sa grande énergie.
**Elle l'a porté :** Blanche de Castille, qui épousa en 1200 le futur roi de France Louis VIII. Elle lui donna 10 enfants qui reçurent une éducation morale et religieuse très stricte, et assura la régence en attendant la majorité de son fils aîné, le futur roi Saint Louis. Elle eut une grande influence politique dans le pays et fonda plusieurs abbayes.
**Son évolution :** fréquente au Moyen Âge puis au XIX$^{e}$ siècle, Blanche réapparaît timidement, appréciée par les familles traditionnelles.
**À l'étranger :** Bianca (Italie), Blanca (Espagne), Blanka (Allemagne, République tchèque).

## BLANCHEFLOR
### Blanchefleur, Bleuen, Bleuven, Bleuwen, Bleuzenn, Blodwen,

**D'où vient-elle ?** Blancheflor, composée du français « blanche » et du latin *flor*, signifie « fleur blanche ».
**On la fête** le 3 octobre avec Blanche ou le 5 octobre avec Fleur.
**Elle serait...** sensible, sociable, séductrice. Très épicurienne, elle mord la vie à pleines dents et supporte mal les contraintes.
**Elle l'a porté :** dans la légende médiévale galloise, Blodeuwedd est une jeune fille très jolie et très malheureuse en amour.
**Son évolution :** Elle était fréquente au Moyen Âge, puis elle a presque disparu. Blodwen se rencontre au pays de Galles et Blowen en Bretagne.
**Sa cousine :** Blanchefleur.
**Dans nos régions :** Bleuen, Bleuven, Bleuwen, Bleuzenn, Blowen (Bretagne).
**À l'étranger :** Blodwen (pays de Galles), Blodwynn (Irlande).

## BLANDINE
### Blanda, Blandina

**D'où vient-elle ?** Blandine signifie en latin « caressante ».
**On la fête** le 2 juin. Sainte Blandine, esclave à Lyon au II$^{e}$ siècle, est chrétienne. Elle est arrêtée avec 47 autres chrétiens et livrée dans l'arène aux lions qui se détournent d'elle. Elle est alors enveloppée dans un filet et jetée à un taureau furieux, puis achevée au glaive.
**Elle serait...** exigeante et très sélective. Elle déteste la facilité et s'impose une grande rigueur. Elle attend beaucoup de son entourage et pardonne difficilement quand on la déçoit.
**Son évolution :** ce prénom, pourtant connu dès l'Antiquité, a toujours été rare. On le rencontre parfois dans des familles BCBG.
**À l'étranger :** Blanda (Allemagne, Espagne, Italie), Blandina (Italie).

## BOÉCIA
### Boéciane

**D'où vient-elle ?** Boécia vient du patronyme Boèce, porté par un philosophe latin du V$^{e}$ siècle. Boèce fut l'auteur de nombreux traités de théologie, de philosophie et de mathématiques. Il fut aussi consul, disgracié pour avoir dénoncé le détournement des impôts collectés, puis emprisonné et finalement assassiné à Pavie en 524.
**Elle serait...** diplomate, douée pour les associations, les partenariats. Rigoureuse, elle est très impliquée dans la gestion de ses biens.
**Son évolution :** ce prénom est rarissime.
**Sa cousine :** Boéciane.
**Son masculin :** Boèce.

## BONNE
**Bonnie**

**D'où vient-elle ?** Bonne, d'origine latine, signifie « bonne ».

**On la fête** le 3 janvier. Sainte Bonne entra au couvent très jeune malgré l'interdiction de sa famille, en Auvergne, au XVe siècle.

**Elle serait...** vive, curieuse, extravertie. À la recherche de nouvelles expériences et de nouvelles connaissances, elle fuit la discipline et l'ordre.

**Elle l'a porté :** Bonnie Parker, complice de Clyde Barrow, braqueurs de banque et criminels, qui ont défrayé la chronique aux États-Unis dans les années 1930.

**Elles le portent :** la chanteuse britannique Bonnie Tyler et la fille de Ludivine Sagnier.

**Son évolution :** Bonne était fréquente au XVIIe siècle en France. C'est surtout en Écosse et aux États-Unis que ce prénom se rencontre aujourd'hui sous sa forme Bonnie.

**À l'étranger :** Bona (Italie), Bonita (Espagne), Bonnie (Grande-Bretagne, États-Unis).

**Son masculin :** Bon.

## BRÉANNE
**Bréanna**

**D'où vient-elle ?** Bréanne est une forme féminine de Brian, d'origine celte, qui signifie « importance » .

**On la fête** le 17 décembre avec Brian.

**Elle serait...** épanouie, éprise de liberté, amoureuse des changements, fan de voyages. Elle recherche l'aventure, la nouveauté et l'indépendance.

**Son évolution :** ce prénom tout nouveau vient des États-Unis où il est en vogue depuis 2000.

**Sa cousine :** Bréanna.

## BRENDA
**Brendana**

**D'où vient-elle ?** Brenda, d'origine celte, signifie « corbeau ».

**On la fête** le 16 mai avec Brendan.

**Elle serait...** très sentimentale, à la recherche de l'harmonie, de la douceur. Les mesquineries, les mensonges ainsi que les trahisons la blessent profondément.

**Elle le porte :** la chanteuse Brenda Lee.

**Son évolution :** ce prénom est populaire en Écosse, rare en France.

**Sa cousine :** Brendana.

**Ses masculins :** Brandon, Brendan.

## BRIANNA

**D'où vient-elle ?** Brianna est le féminin de Brian, d'origine celte, qui signifie « autorité ».

**On la fête** le 17 décembre avec Briac.

**Elle serait...** indépendante, libre de préjugés. Elle recherche l'aventure, le mouvement, les voyages. Elle multiplie les activités avec le risque de tout commencer et de ne rien terminer.

**Son évolution :** Brianna, prénom récent, a suivi la vogue de Brian. Elle est aujourd'hui dans le top 20 des prénoms féminins aux États-Unis.

**Sa cousine :** Bréanne.

**Son masculin :** Brian.

## BRIGITTE
**Birgit, Bree, Bridget, Brigida**

**D'où vient-elle ?** Brigitte, d'origine celte, signifie « élevée ».

**On la fête** le 23 juillet. Sainte Brigitte de Suède, née en 1303 dans une famille noble, fut éducatrice à la cour. Elle fonda une congrégation religieuse et joua un rôle politique important auprès du pape et du souverain.

**On la fête** aussi le 1er février. Sainte Brigitte de Kildare naquit en 451 en Irlande d'un père païen écossais et d'une mère esclave chrétienne. Elle fonda un monastère double, pour hommes et femmes, dans un lieu, Kildare, autour duquel un village s'édifia. Elle est patronne de l'Irlande avec saint Patrick.

**Elle serait...** sensible, docile, artiste et peu attirée par une carrière professionnelle.

**Elles le portent :** l'actrice Brigitte Bardot, née en 1934 à Paris et qui devint une star internationale, tournant 48 films en 21 ans de carrière. L'héroïne du *Journal de Bridget Jones*, d'Helen Fielding.

**Son évolution :** en vogue dans les années 1950, elle a disparu aujourd'hui.

**Sa forme initiale** : Brigid.

**Dans nos régions :** Berhed (Bretagne), Birkita, Brigita, Brita (Pays basque), Bregido, Brilheta (Provence).

**À l'étranger** : Bérit, Birgit, Birgitta (Scandinavie), Birgid, Britta (Allemagne), Birthe (Danemark), Bree, Bridget (Grande-Bretagne, États-Unis), Bridie (Irlande), Brigid (Irlande), Brigida (Espagne), Brites (Portugal), Britte (Danemark, Suède), Brye (Pays-Bas).

**Ses diminutifs** : Bee, Bri.

## BRITTANY

**Brit, Britney, Brittanie**

**D'où vient-elle ?** Brittany, d'origine anglaise, signifie « originaire de Grande-Bretagne ».

**Elle serait...** volontaire, énergique et bien décidée à se faire une place au soleil. Ce n'est pas sans heurts, car son esprit d'indépendance inquiète.

**Elle le porte :** la chanteuse américaine Britney Spears.

**Son évolution :** très en vogue aux États-Unis dans les années 1990, Brittany est rare en France.

**Ses cousines** : Britney, Brittanie.

**Son diminutif** : Brit.

## BRIVAËLLE

**Brivela**

**D'où vient-elle ?** Brivaëlle est une variante de Briac, d'origine celte, qui signifie « estime ».

**On la fête** le 18 décembre avec Briac.

**Elle serait...** charmeuse, curieuse, astucieuse. Mais aussi un peu dilettante. Il y a fort à faire pour canaliser son indépendance et son goût insatiable pour la nouveauté.

**Son évolution :** ce prénom est bien connu en Bretagne, mais, malgré une vogue des prénoms bretons annoncée par Anaëlle, Brivaëlle reste rare.

**Sa cousine** : Brivela.

**Ses masculins** : Briac, Briag, Brivaël.

## BROOKLYN (mixte)

**D'où vient-elle ?** Brooklyn d'origine américaine fait référence à un quartier de New-York.

**Elle serait...** ordonnée, sérieuse, et raisonnable. Elle a des valeurs, des principes et tient à les respecter. Le travail ne lui fait pas peur, l'organisation n'a pas de secrets pour elle, mais la fantaisie la déroute.

**Son évolution :** Brooklyn est courante aux États-Unis, davantage féminine que masculine. Elle est parmi les prénoms « géographiques » les plus exportés.

## BRUNE

**Brunella**

**D'où vient-elle ?** Brune, d'origine germanique, signifie « bouclier ».

**On la fête** le 6 octobre avec Bruno.

**Elle serait...** très traditionnelle, attachée aux valeurs familiales et fidèle en amitié. Elle recherche une vie sans histoire, un travail stable, et déteste le stress.

**Son évolution :** peut-être est-ce l'évocation d'une couleur de chevelure qui retient les parents de nommer ainsi leur fille, car Brune est très rare.

**À l'étranger :** Brunella (Italie).

**Son masculin :** Bruno.

## BRUNEHILDE

**Brunehaut**

**D'où vient-elle ?** Brunehilde, d'origine germanique, signifie « bouclier de combat ».

**On la fête** le 6 octobre avec Bruno.

**Elle serait...** passionnée, énergique, déterminée. Une femme de tête pas facile à influencer.

**Elle l'a porté :** Brunehaut, née en Espagne en 547, très instruite et cultivée, épousa le roi d'Austrasie Sigebert Ier. Le frère de Sigebert et roi de Neustrie, Chilpéric Ier avait épousé Galswinthe, sœur de Brunehaut. La belle histoire de famille ne dura pas longtemps. Galswinthe fut assassinée et Chilpéric épousa sa maîtresse Frédégonde. Il s'ensuivit une lutte fratricide entre les deux familles.

**Son évolution :** ce prénom, courant pendant le haut Moyen Âge, a disparu par la suite.

**Sa cousine :** Brunehaut.

**À l'étranger :** Brunhilda (Espagne).

### *Prénoms géographiques*

**France, Isaure, Lorraine, Romane,** ces prénoms usuels font allusion à des lieux géographiques. Isaure existait dans l'Antiquité, faisant allusion à l'Isaurie, région d'Asie Mineure. À cette même époque, Romane était romaine. France, comme Françoise, était issue du peuple franc. Quant à Lorraine, elle est venue plus tard, à la fin du XIXe siècle. Mais c'est surtout aux États-Unis, au XXe siècle, que cette coutume d'attribuer pour prénoms aux enfants des noms de pays, d'états ou de ville s'est développée. Tour d'horizon :

**Alabama**, **Dakota**, **Iowa**, **Kansas**, **Montana**, états des États-Unis
**Albany**, capitale de l'état de New-York
**Andorra**, du nom de la Principauté d'Andorre
**Ankara**, capitale de la Turquie
**Béthanie**, village près de Jérusalem
**Brooklyn**, quartier de New-York
**Calédonia**, d'Écosse
**Chelsea**, **Cheyenne**, **Madison**, **Philadelphia**, **Savannah**, villes des États-Unis
**Erin**, d'Irlande
**India**, en référence à l'Inde
**Lourdes**, **Paris**, villes de France
**Orly**, aéroport de Paris
**Sydney**, ville d'Australie
Et **Carolina**, **Georgia**, **Virginia**, états américains, issus de prénoms qui ont leur étymologie propre.

En France, on a vu récemment apparaître **Argentine**, **Chine**, **Guyenne**, **Louisiane**, **Rochelle**, **Toscane**. Bientôt **Provence** ou **Alsace** ?

## CAIREANN
**Cairenn**

**D'où vient-elle ?** Caireann est une variante de Cara, d'origine gaélique, qui signifie « amie ».

**Elle serait…** décidée, volontaire, énergique. Bref, le profil d'un chef. D'ailleurs, elle n'imagine même pas une minute devoir être soumise à quiconque !

**Elle l'a porté :** Caireann « aux cheveux noirs et bouclés » fut la fille du roi des Saxons et à l'origine d'une longue dynastie de rois saxons, au VIe siècle.

**Son évolution :** ce prénom est apprécié en Irlande.

**Sa cousine :** Cairenn.

## CAITLIN
**Caitilin, Kaitlin**

**D'où vient-elle ?** Caitlin est une forme irlandaise de Catherine, d'origine grecque, qui signifie « pure ».

**On la fête** le 25 novembre avec Catherine.

**Elle serait…** indépendante, aventurière, passionnée et épicurienne. Elle utilise très bien son charme ravageur sans bien mesurer les conséquences de ses actes.

**Son évolution :** ce prénom est très en vogue aux États-Unis, rare pour l'instant en France.

**Ses cousines :** Caitilin, Kaitlin.

## CALÉDONIA

**D'où vient-elle ?** Calédonia, d'origine anglaise, signifie « originaire d'Écosse ».

**Elle serait…** travailleuse et ambitieuse. Elle a le goût de l'effort et une grande conscience professionnelle, ce qui lui permet de bien réussir.

**Son évolution :** Calédonia fait partie des prénoms géographiques qui sont en général très appréciés des Britanniques. Celui-ci est rare en France comme en Grande-Bretagne.

## CALLIOPE (mixte)
**Calliopé**

**D'où vient-elle ?** Kalliopé, en grec, signifie « belle voix ».

**On la fête** le 7 avril. Saint Calliope est un jeune martyr chrétien en Asie Mineure, au IIIe siècle.

**Elle serait…** très communicative, chaleureuse, drôle, charmeuse. Elle séduit grâce à ses propos vifs, caustiques et persuasifs.

**Elle l'a porté :** la muse de la poésie épique et de l'éloquence, fille de Zeus et de la déesse de la mémoire, dans la mythologie grecque.

**Son évolution :** connu dès l'Antiquité, ce prénom est resté rare à l'ère moderne.

**Dans nos régions :** Kaliope (Pays basque).

**À l'étranger :** Kalliope (Grèce).

**Son masculin :** Calliope est mixte, mais plus féminin que masculin.

**Sa cousine :** Calliopé.

## CALLISTE (mixte)
**Calista, Calixte, Callistine, Callisto**

**D'où vient-elle ?** Calliste, d'origine grecque, signifie « la plus belle ».

**On la fête** le 14 octobre. Saint Calliste, né esclave à Rome au IIIe siècle, est affranchi par son maître, qui lui confie la gestion de ses biens. Hélas, Calliste fait faillite et est emprisonné. Il étudie la théologie où il se montre plus doué que pour les affaires et devient pape.

**Elle serait…** sensible et sociable, mais aussi susceptible et rancunière. Elle préfère se consacrer à l'art qu'à l'étude et n'aime guère travailler.

**Elle l'a porté :** dans la mythologie grecque, la muse Callisto, suivante de la déesse Artémis, a fait vœu de chasteté. Mais Zeus tombe follement amoureux d'elle et Callisto est enceinte. Elle ne parvient pas à cacher son état à Artémis qui, furieuse, la menace des pires maux. Pour la protéger, Zeus la change en ourse, mais Artémis la voit et la tue d'une flèche. Zeus transforme alors Callisto en une constellation, la Grande Ourse, afin de la protéger à jamais.
**Elles le portent :** l'actrice américaine Calista Flockhart, l'écrivain Calixthe Beyala.
**Son évolution :** ce prénom, fréquent dans l'Antiquité, a disparu à l'ère moderne et reste rare.
**Ses cousines** : Calista, Calixte, Callistine, Callisto.
**À l'étranger** : Kallista (Grèce, Russie).

## CALYPSO

**D'où vient-elle ?** Calypso, d'origine grecque, signifie « calice ».
**On la fête** le 10 novembre avec Nymphe.
**Elle serait...** enjouée, sociable et pourvue d'un vrai talent d'oratrice. Pour négocier, persuader, charmer. Ce qu'elle réussit très bien, car personne ne lui résiste.
**Elle l'a porté :** Calypso est une nymphe, reine d'une île au large de Gibraltar, qui recueillit Ulysse après son naufrage. Amoureuse du beau navigateur, elle le retint pendant 7 ans auprès d'elle dans sa grotte enchantée et lui offrit l'immortalité s'il acceptait de ne plus repartir. Mais Ulysse se languissait de Pénélope et Zeus ordonna à Calypso de le laisser retourner dans sa patrie, bien qu'elle venait de lui donner un enfant. Elle l'aida à construire un radeau et lui dit adieu, puis mourut de chagrin quelques mois plus tard.
**Son évolution :** Calypso, comme la plupart des prénoms mythologiques, est rare.

## CAMÉLIA

**D'où vient-elle ?** Camélia, d'origine latine, signifie « camélia ».
**On la fête** le 5 octobre avec Fleur.
**Elle serait...** consciencieuse, travailleuse, juste et stricte. Un tantinet rigide, peut-être. Mais elle recherche avant tout des relations sereines et harmonieuses, et sait s'adoucir quand c'est nécessaire.
**Son évolution :** malgré un intérêt pour les prénoms de fleurs au XIXe siècle et depuis 2000, Camélia est restée rare.

## CAMILLE (mixte)

Camilla

**D'où vient-elle ?** Camille, d'origine latine, signifie « qui fait partie des *camilli* ». Les *camilli* étaient des jeunes gens qui assistaient les prêtres dans le culte des dieux païens.
**On la fête** le 14 juillet. Saint Camille, adolescent difficile à Rome au XVIe siècle, suit son père en Turquie pour combattre les infidèles. De retour en Italie après une blessure, il est joueur, buveur, noceur. Sans le sou, il entre chez les capucins pour faire les gros travaux. Touché par la grâce, il souhaite prononcer ses vœux, mais on le lui refuse. Il se consacre alors aux malades et fonde un institut pour les soigner. Il est le patron des infirmiers.
**Elle serait...** réfléchie, sérieuse, travailleuse et très responsable. Elle cultive son jardin secret et, si elle est sociable, elle n'aime pas les relations superficielles.
**Elle l'a porté :** la sculptrice Camille Claudel, sœur aînée de Paul Claudel, née en 1864. Elle fut l'élève, la collaboratrice et la maîtresse de Rodin dont elle égala le talent. Abandonnée par lui, elle sombra dans la misère puis dans la démence. Elle vivra

pendant 30 ans dans un asile, abandonnée par sa famille, et mourut en 1943 dans une solitude totale.

**Elles le portent :** Camilla Parker-Bowles, épouse du prince Charles, Camille, fille de Stéphanie de Monaco, la chanteuse Camille.

**Son évolution :** Camille, après une belle carrière au XIXe siècle, est réapparue dans les années 1990 pour se maintenir au top pendant une dizaine d'années. Elle figure encore aujourd'hui au top 20 des prénoms féminins.

**Dans nos régions :** Kamila (Pays basque).

**À l'étranger :** Camilla (Grande-Bretagne, Espagne, États-Unis, Italie, Pays-Bas), Kamila (République tchèque), Kamilia, Kamilka (Hongrie), Kamill, Kamilla (Allemagne), Kamma (Danemark).

## CANDICE

**Candie**

**D'où vient-elle ?** Candice, variante de Blanche, d'origine latine, signifie « blanche ».

**On la fête** le 3 octobre avec Blanche.

**Elle serait...** charmante, extravertie, accueillante. L'étude l'ennuie, les relations publiques l'enchantent. Sa voie est toute trouvée !

**Elle l'a porté :** Candy fut l'héroïne d'un dessin animé en 1978.

**Elle le porte :** l'actrice américaine Candice Bergen.

**Son évolution :** ce prénom n'a jamais été courant, même lorsque le dessin animé enchantait toutes les petites filles de France.

**À l'étranger :** Kandaas (Allemagne).

**Ses diminutifs :** Candie, Candy.

## CANNELLE

**D'où vient-elle ?** Cannelle, prénom français, fait référence à l'épice extraite de l'écorce du cannelier.

**On la fête** le 5 octobre avec Fleur.

**Elle serait...** indépendante et intrépide. Mais elle reste cependant très attachée à ses racines, à sa famille et à ses traditions qui sont pour elle des repères indispensables.

**Elle l'a porté :** *Je l'appelle Cannelle* fut une chanson à succès d'Antoine en 1967.

**Son évolution :** ce prénom est né en 1967, porté par la chanson d'Antoine qui était sur toutes les lèvres, mais il est extrêmement rare.

## CAPUCINE

**D'où vient-elle ?** Capucine, d'origine française, fait partie des jolis prénoms dédiés aux fleurs.

**On la fête** le 5 octobre avec Fleur.

**Elle serait...** passionnée, volontaire, pour ne pas dire têtue, et très sensible aux réflexions. Elle prend tout à cœur et un rien la déstabilise.

**Son évolution :** après la vogue de Rose et de Marguerite, au début du XXe siècle, Capucine est le premier prénom de fleur qui est réapparu dans les années 2000.

## CARA

**Caireann, Cairenn, Kara**

**D'où vient-elle ?** Cara a trois étymologies différentes : d'origine gaélique, elle signifie « amie », d'origine latine, elle se traduit par « aimée », et d'origine vietnamienne, elle veut dire « joyau ».

**Elle serait...** vive, adaptable et éprise de liberté. Ce qui ne la prédispose pas toujours à l'étude. Son goût du plaisir la conduit à rechercher la facilité et les aventures.

**Son évolution :** Cara est très en vogue en Irlande ; elle n'est pas encore arrivée en France.

**Ses cousines :** Caireann, Cairenn.

**À l'étranger :** Kara (Allemagne, États-Unis).

## CARINE

**Karen, Karine, Kérin**

**D'où vient-elle ?** Carine est une variante de Catherine, d'origine grecque, qui signifie « pure ».

**On la fête** le 7 novembre. Sainte Carine, chrétienne à Ankara, est arrêtée avec son mari Mélassippe et leur fils Antoine. Elle refuse de renier sa foi et subit le martyre devant son fils qui est décapité à son tour, en 360.

**Elle serait...** positive, ambitieuse et dotée d'un grand charisme qui l'aide à atteindre ses objectifs. Mais gare à ceux qui se mettent en travers de son chemin, car elle supporte mal la contradiction.
**Son évolution :** Carine est apparue dans les années 1960, succédant à Catherine. C'est en 1975 qu'elle fut à son apogée, avant de s'éloigner. Elle est marginale aujourd'hui alors que Karen est plus fréquente.
**Sa cousine :** Karine.
**Dans nos régions :** Carina (Corse), Karel (Bretagne).
**À l'étranger :** Carina (Allemagne, Grande-Bretagne, Italie), Kaarina (Finlande), Karen (Scandinavie), Karina (République tchèque), Kerin (États-Unis).

## CARLA
### Karla

**D'où vient-elle ?** Carla est la forme féminine de Carl, d'origine germanique, qui signifie « viril », traduction italienne de notre Charlotte.
**On la fête** le 17 juillet avec Charlotte.
**Elle serait...** discrète, voire effacée, ambitieuse et travailleuse pour arriver à ses fins en douceur.
**Elle le porte :** Carla Bruni-Sarkozy, d'origine italienne, ancien mannequin, qui a été première dame de France de 2008 à 2012.
**Son évolution :** Carla était connue en Allemagne depuis très longtemps. La vogue des prénoms à consonance étrangère et avec la terminaison « a » nous l'a apportée dans les années 2000. Elle décline depuis 2010.
**À l'étranger :** Karla (Allemagne, Scandinavie).
**Son masculin :** Carl.

#### Son heure de gloire

Entre 2005 et 2008. Le début de ce siècle a vu apparaître en France les prénoms espagnols ou italiens, comme Mattéo, Pablo ou Angelo pour les garçons. Les filles, parité oblige, n'ont pas échappé à cette vogue, mais Carla cède du terrain, contrairement à d'autres prénoms comme Clara…

## CARMEL
### Carmella

**D'où vient-elle ?** Carmel signifie en hébreu « verger ». Mais ce prénom évoque surtout le mont Carmel qui surplombe Haïfa où, selon la Bible, vécut le prophète Élie. Saint Berthold, un croisé, y fonda un ordre religieux au XII^e^ siècle, l'ordre des Carmes.
**On la fête** le 16 juillet, en l'honneur de Notre-Dame-du-Mont-Carmel.
**Elle serait...** inventive, curieuse, et même aventureuse, se laissant mener facilement par sa grande émotivité.
**Son évolution :** ce prénom, lourd de signification religieuse, est rare en France.
**Sa cousine :** Carmella.

## CARMEN
### Carmencita

**D'où vient-elle ?** Carmen, d'origine espagnole, signifie « poème ».
**Elle serait...** sensible, idéaliste, fantaisiste et charmeuse. Elle déteste la routine et cherche les émotions fortes.
**Elle l'a porté :** Carmen est l'héroïne d'une nouvelle de Prosper Mérimée, parue en 1845, qui inspira un opéra très célèbre de Georges Bizet, dont la première représentation fut donnée en 1875.
**Son évolution :** Carmen est un prénom très courant en Espagne et dans les pays de culture hispanique. Il est beaucoup plus rare en France.
**Son diminutif :** Carmencita.

## CAROLE
### Carola, Carolane, Carolène, Caroline, Carrie

**D'où vient-elle ?** Carole est, avec Caroline et Charlotte, l'une des formes féminines de Charles, d'origine germanique, qui signifie « viril ».
**On la fête** le 17 juillet avec Charlotte.
**Elle serait...** charmeuse, conviviale, douée pour la communication, mais en gardant une certaine réserve.

**Elles le portent :** les actrices françaises Carole Bouquet et Carole Laure.
**Son évolution :** elle apparaît dans les années 1950, grâce à l'actrice Martine Carol, puis disparaît dès 1960, laissant la place à Caroline puis à Charlotte.
**Ses cousines :** Carola, Carolane, Carolène, Caroline.
**À l'étranger :** Carrie (États-Unis), Kalola, Kalopa, Karoly (Hawaï), Karola (Allemagne, Hongrie).
**Son masculin :** Carol.

## CAROLINE
### Karri

**D'où vient-elle ?** Caroline est, comme Carole et Charlotte, l'une des formes féminines de Charles, d'origine germanique, qui signifie « viril ».
**On la fête** le 17 juillet avec Charlotte.
**Elle serait...** sociable, fidèle en amitié comme en amour et digne de confiance dans tous les domaines.
**Elles le portent :** Caroline, princesse de Monaco, Caroline Kennedy, fille de l'ex-président des États-Unis, l'actrice Caroline Cellier.
**Son évolution :** ce prénom était connu, mais rare, au XIXe siècle. Il revint dans les années 1960 et s'imposa en 1980. Il est plus rare aujourd'hui, mais n'a pas complètement disparu.
**Dans nos régions :** Caroulino (Provence).
**À l'étranger :** Kari, Karri (Finlande), Karolin (Hongrie, Pologne), Karolina (Allemagne, Finlande, Hongrie, Pologne, République tchèque, Russie, Scandinavie).

## CARYS
### Cari, Carry, Céri

**D'où vient-elle ?** Carys, d'origine galloise, signifie « amour ».
**Elle serait...** créative, inventive, curieuse, communicative. Tout l'intéresse et tout est prétexte à imaginer, à rêver. Et tant pis si elle se disperse.
**Elle le porte :** Carys, la fille de Michael Douglas.
**Son évolution :** ce prénom, courant en Irlande et aux États-Unis, est rare pour l'instant en France.
**Ses cousines :** Cari, Carry, Céri.

## CASEY (mixte)
### Kacie

**D'où vient-elle ?** Casey est une forme dérivée du prénom masculin irlandais Cathasach, complètement disparu aujourd'hui, qui signifie « vigilant à la guerre ».
**Elle serait...** organisée, douée pour les affaires, la gestion, les chiffres. Très réaliste, elle est fiable et a un sens pratique très sûr.
**Son évolution :** ce prénom, qui est une adaptation moderne d'un prénom très ancien et difficilement prononçable, est en vogue aux États-Unis, pas encore en France.
**À l'étranger :** Casie, Kacie, Kasey (États-Unis).

## CASILDE
### Casille

**D'où vient-elle ?** Casilde, d'origine latine, signifie « petite maison ».
**On la fête** le 9 avril. Sainte Casilde de Briviesca, noble espagnole au XIe siècle, rend visite à tous les prisonniers de la ville de Tolède. Après son baptême, elle se retire pour vivre en ermite.
**Elle serait...** généreuse, sociable, davantage préoccupée par ses relations amicales que par sa vie professionnelle.
**Son évolution :** Casilde et Casille sont rares en tant que prénoms, mais plus fréquentes en patronymes.
**Sa cousine :** Casille.

## CASSANDRE
### Cassandra

**D'où vient-elle ?** Cassandre est un prénom issu de la mythologie grecque.
**Elle serait...** charmeuse et communicative. Bavarde aussi, et curieuse de tout. Pas toujours diplomate, ce qui, malgré son charme, peut lui jouer de vilains tours.

**Elles l'ont porté :** Cassandre, fille du roi de Troie, est aimée du dieu Apollon qui la courtise. Elle promet de se donner à lui s'il lui apprend la divination. Le dieu accepte, mais Cassandre refuse de tenir sa promesse. Apollon, dépité, décide que jamais personne ne croira les prédictions de Cassandre, qui annonce la destruction de Troie et le subterfuge du cheval de Troie. Cassandre, captive, est remise à Agamemnon et meurt avec lui au retour à Mycènes de la main de Clytemnestre, son épouse. Cassandre Salviati avait 13 ans lorsqu'elle rencontra, lors d'une fête de la cour à Blois, Pierre de Ronsard, qui en avait 20. Il tomba éperdument amoureux d'elle. Cassandre repartit en Italie. Ronsard écrira pour elle, en 1549, un recueil de sonnets *Les Amours de Cassandre*.

**Son évolution :** Cassandre apparut en France dans les années 1990, suivant la vogue de Cassandra aux États-Unis. Elle est fréquente sans être dans les premières.

**À l'étranger :** Cassandra (Espagne, États-Unis), Kassandra (Allemagne).

**Sa cousine :** Cassandra.

**Ses diminutifs :** Kass, Kassie.

## CASSIDY (mixte)

**Cassy**

**D'où vient-elle ?** Cassidy, d'origine irlandaise, signifie « qui a des cheveux bouclés ».

**Elle serait...** sincère, loyale et éprise de justice. Pourvue d'un grand sens pratique, elle suit de près ses affaires et joue volontiers les fourmis.

**Son évolution :** ce prénom est en vogue aux États-Unis, malgré la réputation de Butch Cassidy, pilleur de banques à la fin du XX^e^ siècle. Casssidy est rare pour l'instant en France.

**Son diminutif :** Cassy.

## CATHERINE

**Catarina, Catheline, Cathy, Kate, Kathaline, Katherine, Kathleen, Kati, Katia, Kayla, Khatalyn**

**D'où vient-elle ?** Catherine, d'origine grecque, signifie « pure ».

**On la fête** le 25 novembre. Sainte Catherine, née à Alexandrie vers 290, était très instruite et intelligente. Elle voulut convertir l'empereur romain venu en visite. Celui-ci la mit au défi de convertir 50 savants qu'il convoqua. Elle réussit et l'empereur les fit massacrer. Catherine fut condamnée au supplice de la roue et fut finalement décapitée. Des moines trouvèrent son corps intact au pied du mont Sinaï. C'est à cet endroit que fut fondé le monastère Sainte-Catherine. Elle est la patronne des jeunes filles célibataires mais aussi des juristes, des philosophes et des enseignants.

**On la fête** aussi le 29 avril. Sainte Catherine de Sienne vivait parmi ses 23 frères et sœurs en Italie, au XIV^e^ siècle. Elle se retira chez les dominicaines, persuada le pape de revenir à Rome et lutta pour rétablir la paix dans l'Église au moment du schisme d'Occident. Elle mourut à 33 ans en 1380 et fut proclamée docteur de l'Église.

**On la fête** aussi le 28 novembre. Sainte Catherine Labouré entra au couvent des Filles de la Charité à Paris à 24 ans. Elle fit fabriquer une médaille, à la demande de la Vierge Marie. Cette médaille miraculeuse permit de nombreuses guérisons. Après 45 ans passés au service des pauvres et des malades, Catherine mourut en 1876.

**Elle serait...** intuitive et imaginative. De quoi broder les plus belles histoires ! Affectueuse avec les siens, elle est une amie fidèle.

**Elles l'ont porté :** Catherine de Médicis, épouse d'Henri II, reine de France, mère de trois rois de France et de la célèbre reine Margot. Catherine II, tsarine de Russie, née en 1729, fine politicienne et mécène. La romancière néo-zélandaise Katherine Mansfield.

**Elles le portent :** l'actrice française Catherine Deneuve, l'actrice américaine Catherine Zeta-Jones, la chanteuse française Catherine Lara.

**Son évolution :** ce prénom fut courant au XVIe siècle, puis se fit rare jusqu'au milieu du XXe siècle. Catherine fut l'un des grands classiques des années 1950. Ce sont ses formes irlandaise et écossaise qui sont en vogue aujourd'hui.

**Ses cousines :** Catheline, forme médiévale, Kathaline.

**Dans nos régions :** Catalin, Katalin (Bretagne, Pays basque), Catalina, Catarina (Corse), Catarino, Catoun (Provence), Cathel (Alsace), Kaleka, Kalena (Polynésie), Katarin, Katelina, Kati, Katrin, Katrina (Pays basque), Kathel (Bretagne).

**À l'étranger :** Caitleen, Caitlin, Cathleen, Kaïla, Katharine, Kathaleen, Kathelenn, Katelin, Kaylee, Kaytlin (Irlande), Catalina (Espagne), Catarina (Italie, Portugal), Caterina (Italie), Catriona (Écosse), Ceitag (pays de Galles), Ekaterina, Katia (Russie), Kaatje, Kathelijn (Pays-Bas), Kaija, Kaïsa, Katariina, Katin, Katri, Katriina (Finlande), Kakalina (Hawaï), Karane, Kasen (Danemark), Kasienka, Kasin, Kaska, Kassia, Katya (Pologne), Kata, Katarina, Kato (Hongrie), Kaethë, Katharina, Kätchen, Käthe (Allemagne), Kate, Kathalyn, Katherine, Kathleen (Grande-Bretagne, États-Unis, Pays-Bas), Katinka (Hongrie, Russie), Kati (Finlande, Hongrie, Pologne), Katka (République tchèque), Katja (Allemagne, Finlande), Kari (Hongrie, Norvège), Karin (Suède), Kateri, Khatalyn, Kateryn, Kayla, Kailin, Kayleen, Kailie, Kailan, Kaleight (États-Unis), Katrine (Allemagne, Pologne).

**Ses diminutifs :** Cathie, Cathy, Kitty.

## CATRIONA

**D'où vient-elle ?** Catriona est la forme écossaise de Catherine, qui signifie « pure ».

**On la fête** le 29 avril, le 25 ou le 28 novembre avec Catherine.

**Elle serait...** réfléchie et posée. Elle aime l'étude, elle sait prendre du recul par rapport aux personnes et aux événements, mais manque souvent de sens pratique.

**Son évolution :** courante en Écosse, Catriona commence à percer en France.

## CÉCILE

### Azilis, Cécilia, Cécily, Célia, Sheila

**D'où vient-elle ?** Cécile, d'origine latine, signifie « aveugle ».

**On la fête** le 22 novembre. Sainte Cécile se fait baptiser à Rome, au IIe siècle, et fait vœu de chasteté. Mais sa famille la contraint à épouser le païen Valérien. Elle le convertit et il consent à respecter son vœu. Mais Valérien est dénoncé et meurt en martyr. Cécile est condamnée peu après. Elle est la patronne des musiciens.

**On la fête aussi** le 23 novembre. Sainte Cécile Chong est condamnée à mort en Corée, au XIXe siècle, à l'âge de 79 ans, pour avoir refusé de renier sa foi.

**Elle serait...** exigeante et directive. Elle brigue la première place, se fixe des objectifs élevés et supporte mal les contraintes.

**Elles le portent :** les actrices françaises Cécile de France et Cécile Cassel.

**Son évolution :** classique dans les années 1970 et 1980, Cécile est devenue rare, mais c'est sa variante Célia qui a pris le relais.

**Sa cousine :** Célia.

**Dans nos régions :** Azilis (Bretagne), Céciliane (Gascogne), Céciloun (Provence).

**À l'étranger :** Cäcilia, Ceciel (Allemagne), Cecilia (Espagne, Grande-Bretagne, Italie), Cécilie (Scandinavie), Cecily (Grande-Bretagne), Cecylia (Pologne), Ceelken, Ciliken, Cilia (Pays-Bas), Cili (Hongrie), Cilinia (Italie), Kikilia (Hawaï), Koïkile (Finlande), Sheila (Irlande), Silje (Norvège).
**Son masculin :** Cécil.

## CÉLESTE (mixte)
### Célestine

**D'où vient-elle ?** Céleste, d'origine latine, signifie « du ciel ».
**On la fête** le 14 octobre. Saint Céleste fut le 2e évêque de Metz, à la fin du IIIe siècle.
**Elle serait...** paisible, à la recherche de sérénité. Elle fuit les complications, les discussions, tout ce qui peut menacer sa tranquillité.
**Elle l'a porté :** Céleste, épouse de Chateaubriand, qui fonda, en 1819, une institution destinée à accueillir les prêtres âgés et les veuves nobles dont les maris avaient été victimes de la Révolution.
**Son évolution :** Céleste a connu un succès relatif au XIXe siècle et revient très discrètement.
**Sa cousine :** Célestine.
**À l'étranger :** Célesta (Italie).
**Son masculin :** Céleste est mixte, plus féminin que masculin.

## CÉLESTINE
### Céleste

**D'où vient-elle ?** Célestine est une variante de Céleste, d'origine latine, qui signifie « du ciel ».
**On la fête** le 6 avril avec Célestin.
**Elle serait...** douce et réservée en apparence, passionnée et exigeante au fond d'elle-même, l'eau et le feu, en quelque sorte. Elle supporte mal les déceptions, les trahisons.
**Son évolution :** Rarissime aujourd'hui, Célestine fut en vogue au XIXe siècle.
**Sa forme initiale :** Céleste.
**À l'étranger :** Célestina (Espagne, Italie).
**Son masculin :** Célestin.

## CÉLIA
### Cécile, Célie

**D'où vient-elle ?** Célia est une variante de Cécile, d'origine latine, qui signifie « aveugle ».
**On la fête** le 22 novembre avec Cécile.
**Elle serait...** vive, charmeuse, sociable. Une communicative née. Épicurienne, elle préfère nettement les plaisirs à l'austérité.
**Son évolution :** Célia, bien connue dans les pays anglophones, est apparue en France dans les années 1980. Elle progresse vite, succédant à Cécile.
**Sa cousine :** Célie.
**Sa forme initiale :** Cécile.
**Son masculin :** Célian.

## CÉLIMÈNE
### Séléné

**D'où vient-elle ?** Célimène est une variante de Séléné, d'origine grecque, qui signifie « lune ».
**On la fête** le 10 novembre avec Nymphe, comme la plupart des personnages mythologiques.
**Elle serait...** pleine de vitalité, charmeuse et sensible. Un peu susceptible aussi, et boudeuse quand on la contrarie.
**Elles l'ont porté :** une héroïne de la pièce *Le Misanthrope* de Molière. Célimène Gaudieux, née à la Réunion en 1789 d'un couple d'esclaves affranchis, cultivée sans avoir appris à écrire devint la muse de la culture populaire réunionnaise. *Célimène* est le titre d'une chanson de David Martial en 1976.
**Son évolution :** Célimène est apparue au XVIIe siècle, elle est surtout connue pour être un prénom théâtral et reste rare.
**Sa forme initiale :** Séléné.

## CÉLINE
### Celina

**D'où vient-elle ?** Céline, d'origine latine, signifie « qui se tait ».
**On la fête** le 21 octobre. Sainte Céline fut la mère de saint Rémi, au Ve siècle. Quand elle ne

s'occupait pas de sa famille, elle se dévouait aux œuvres caritatives à Laon, où elle vécut.

**Elle serait...** ambitieuse, travailleuse et déterminée. Persuasive, parfois même autoritaire, elle supporte mal qu'on ne partage pas ses idées.

**Elles le portent :** la chanteuse canadienne Céline Dion. *Dis-moi Céline*, interprétée par Hughes Aufray, fut une célèbre chanson des années 1970.

**Son évolution :** dans les toutes premières au hit-parade des prénoms dans les années 1980, Céline est rare aujourd'hui.

**Dans nos régions :** Célino (Provence).

**À l'étranger :** Celina (Espagne, Italie), Celinka, Césia (Pologne).

**Son masculin :** Celin.

## CERISE
### Cherry

**D'où vient-elle ?** Cerise vient du nom du fruit.

**On la fête** le 5 octobre avec Fleur.

**Elle serait...** aventureuse, curieuse, tentée par la nouveauté, la mode. Elle fuit les contraintes et se laisse aller à la facilité.

**Son évolution :** quelques Cerise ont été rencontrées dans les années 1990. Ce prénom est rare pour l'instant.

**À l'étranger :** Cherry (Grande-Bretagne).

## CÉSARINE
### Césarie

**D'où vient-elle ?** Césarine, d'origine latine, signifie « qui coupe ».

**On la fête** le 12 janvier. Sainte Césarie, sœur de l'évêque d'Arles au VI<sup>e</sup> siècle, passa sa vie dans un couvent en prière et en méditation. Elle fut l'abbesse du premier monastère féminin en Gaule.

**Elle serait...** douée pour les associations, les partenariats, le travail d'équipe. Mais son affectivité lui joue parfois des tours si elle ne sait pas la dominer.

**Elle l'a porté :** la chanteuse cap-verdienne Cesaria Evora.

**Son évolution :** ce prénom est rare, après une petite vogue discrète au XIX<sup>e</sup> siècle.

**Sa cousine :** Césarie.

**À l'étranger :** Cesarina (Italie).

**Ses masculins :** César, Césarin.

## CHANEL
### Chanelle

**D'où vient-elle ?** Chanel vient du patronyme de Gabrielle Chasnel, dite Coco Chanel, styliste qui donna son nom à sa maison de couture.

**Elle serait...** travailleuse, réfléchie et ambitieuse. Elle sait attraper toutes les belles occasions et tirer parti de toutes les situations.

**Elle l'a porté :** Gabrielle Chasnel naquit en 1883. Sa mère meurt alors qu'elle a 12 ans et son père l'abandonne, ainsi que ses 4 frères et sœurs. Après des années d'orphelinat, elle est demoiselle de magasin, chanteuse de music-hall, d'où lui vient le surnom de « Coco », puis modiste. Elle ouvre sa boutique à Deauville, à Biarritz puis à Paris et diversifie ses créations. Le parfum n° 5, le tailleur, le camélia, les escarpins et le sac matelassé sont parmi les emblèmes de la maison Chanel.

**Son évolution :** Chanel, prénom tout nouveau, né dans les années 1980, se rencontre plus souvent aux États-Unis qu'en France.

**Sa cousine :** Chanelle.

## CHANTAL

**D'où vient-elle ?** Chantal vient du patronyme de Jeanne de Chantal.
**On la fête** le 12 août.
**Elle serait...** affectueuse, fantaisiste, gaie. Elle adore les voyages, les changements de décor. Un seul point d'ancrage : sa famille, à laquelle elle se dévoue corps et biens, si nécessaire.
**Elle l'a porté :** Jeanne-Françoise Frémyot épousa à Moulins, au XVIe siècle, le baron de Rabutin-Chantal et eut 6 enfants, dont l'un devint le père de la marquise de Sévigné. À la mort de son mari, elle demanda conseil à saint François de Sales et, lorsque ses enfants furent élevés, elle fonda l'ordre de la Visitation à Annecy. Elle est la patronne des mères de famille et des veuves.
**Elles le portent :** la chanteuse Chantal Goya, l'humoriste Chantal Lauby.
**Son évolution :** Chantal a été l'un des favoris des années 1950. *Les Carnets de Marie-Chantal* de Jacques Chazot, en 1956, satire du snobisme, ont sûrement nui à son évolution.
**Dans nos régions :** Chantaloun (Provence).

## CHARITY

**Charis, Charise, Charissa, Charité, Karita**

**D'où vient-elle ?** Charity est une forme anglaise de Charis, qui signifie en grec « faveur ».
**On la fête** le 16 avril. Sainte Charise, habitante de Corinthe en Grèce au IIIe siècle, fut martyrisée avec 8 autres chrétiens.
**Elle serait...** artiste, créative, elle est douée pour toutes les formes d'expression. Mais elle a tendance à se disperser en partant à la recherche de ses idéaux.
**Elles l'ont porté :** les Charités sont trois divinités de la mythologie latine, déesses du charme, de la beauté et de la grâce. Charité est aussi le nom de l'une des filles de sainte Sophie.
**Son évolution :** Charity est assez connue outre-Manche, alors que sa traduction française n'est pratiquement jamais attribuée.
**Sa forme initiale :** Charis.
**Ses cousines :** Charise, Charissa, Charité.
**À l'étranger :** Karita (Norvège).

## CHARLÈNE

**Charline, Charlotte**

**D'où vient-elle ?** Charlène est une variante américaine de Charlotte, d'origine germanique, qui signifie « viril ».
**On la fête** le 17 juillet avec Charlotte.
**Elle serait...** sympathique, loquace et extravertie. Créative et curieuse de tout apprendre. Elle peut sembler sûre d'elle, mais elle est en réalité très sensible et doute de ses capacités.
**Son évolution :** en vogue dans les années 1990, Charlène et Charline sont devenues rares.
**Sa forme initiale :** Charlotte.
**Sa cousine :** Charline.

## CHARLOTTE

**Carlotta, Charbelle, Charlène, Charline, Charlize, Chéryl, Karell, Karélia, Lotta, Lottie**

**D'où vient-elle ?** Charlotte, d'origine germanique, signifie « viril ».
**On la fête** le 17 juillet. Sainte Charlotte est à 80 ans la doyenne du couvent des Carmélites de Compiègne quand sévit la Révolution. Elle est chassée de son couvent, puis guillotinée peu après avec 14 religieuses le 17 juillet 1794.
**Elle serait...** hypersensible. Tous les actes de sa vie sont dictés par son affectivité, ce qui lui vaut de grands bonheurs et de grandes désillusions. Elle est une véritable ennemie de l'effort.
**Elles l'ont porté :** Charlotte de Savoie, reine de France et épouse de Louis XI ; l'écrivain britannique Charlotte Brontë, sœur d'Emily et d'Anne.
**Elles le portent :** les actrices françaises Charlotte Rampling et Charlotte Gainsbourg ; Charlotte Casiraghi, fille de Caroline de Monaco ; Charline Spiteri du groupe Texas ; l'actrice américaine Charlize Theron ; Charlotte, fille du prince William et de son épouse Kate.
**Son évolution :** après une période de succès au

début du XXe siècle, Charlotte a disparu pour revenir et tenir le haut du hit-parade entre 1975 et 1995. Elle est encore en vogue.
**Ses cousines :** Charline, Charlize.
**Dans nos régions :** Charleza, Karell (Bretagne).
**À l'étranger :** Carlotta (Espagne), Charlène, Chéryl (États-Unis), Charleen (Grande-Bretagne), Karell (Roumanie), Karélia, Karlotta (Allemagne).
**Son masculin :** Charles.

## CHELSEA

**D'où vient-elle ?** Chelsea, d'origine anglaise, signifie « près du port ».
**Elle serait...** rigoureuse, attachée aux biens matériels, bonne gestionnaire et bonne négociatrice, persuadée de récolter ce qu'elle a semé.
**Elle le porte :** Chelsea Clinton, fille de l'ex-président des États-Unis.
**Son évolution :** ce prénom est assez fréquent aux États-Unis, rarissime en France.

## CHEYENNE

**D'où vient-elle ?** Cheyenne vient du nom d'une tribu d'Amérindiens, les Cheyennes, qui vivaient dans les Grandes Plaines.
**Elle serait...** réfléchie, intellectuelle, éprise de spiritualité. Elle aime apprendre, mais redoute les défis et les compétitions. La vie matérielle l'ennuie, le domaine sentimental l'effraie.
**Elle l'a porté :** Cheyenne fut la fille de Marlon Brando.
**Son évolution :** ce prénom est assez répandu aux États-Unis.

## CHIMÈNE

**D'où vient-elle ?** Chimène est la traduction espagnole de Jimena, forme féminine de Jimeno, variante médiévale de Siméon, d'origine hébraïque, qui signifie « exaucé ».
**On la fête** le 19 février avec Simone.
**Elle serait...** émotive, communicative, imaginative. Elle rêve souvent de succès et de pouvoir, tout en étant attachée à la vie de famille, ce qui parfois lui pose de délicats problèmes de choix.
**Elle l'a porté :** l'héroïne du *Cid* de Corneille.
**Elle le porte :** la chanteuse Chimène Badi.
**Son évolution :** Jimena et Ximena étaient courantes au Moyen Âge en Espagne. Chimène, longtemps absente, commence à apparaître en France.
**À l'étranger :** Jimena, Ximena (Espagne).

## CHINE

**D'où vient-elle ?** Chine désigne le pays d'Asie.
**Elle serait...** créative, fantaisiste, curieuse. Elle recherche la facilité, car les efforts l'ennuient. Grâce à son charme et à sa faculté d'adaptation, elle réussit très bien.
**Son évolution :** comme tous les prénoms géographiques, Chine est encore peu courante en France.

## CHIONA
### Chionie

**D'où vient-elle ?** Chiona signifie en grec « blanche comme neige ».
**Elle serait...** éprise d'indépendance et de liberté. Adaptable, elle saisit toutes les occasions de bouger, de voyager, d'avoir de nouvelles expériences, même si, parfois, elle papillonne un peu trop.
**Son évolution :** ce prénom qui date de l'Antiquité est très rare en France.
**Sa cousine :** Chionie.

## CHLOÉ

**D'où vient-elle ?** Chloé, en grec, signifie « jeune pousse ». Dans la mythologie grecque, Chloé est un nom attribué parfois à Déméter, déesse des moissons et de l'agriculture.
**On la fête** le 5 octobre avec Fleur.
**Elle serait...** active, spontanée, curieuse. Pas de temps mort avec elle, toujours en quête de nouveautés. Son absence de conformisme déroute

parfois son entourage, mais on ne peut s'empêcher d'être séduit par cette riche personnalité.
**Elle l'a porté :** Chloé est, dans la littérature, l'héroïne de *Daphnis et Chloé*, œuvre écrite par Longus, poète grec au IIe siècle.
**Elle le porte :** la chanteuse Chloé Clerc.
**Son évolution :** inconnue en France jusqu'en 1970, Chloé est devenue le prénom féminin préféré dans les années 1990. Il régresse mais se maintient dans le top 20.
**À l'étranger** : Cloe (Espagne).

## CHLORIS

**D'où vient-elle ?** Chloris, d'origine grecque, signifie « verdure ».
**On la fête** le 5 octobre avec Fleur.
**Elle serait...** artiste, créative et imaginative. Elle ignore les contraintes, se fiant à sa seule intuition. Elle recherche en permanence l'harmonie et la beauté.
**Elle l'a porté :** Chloris était, dans la mythologie grecque, la déesse des fleurs et l'épouse de Zéphyr. La légende lui attribue la création de la rose, qu'elle fit jaillir du corps inanimé d'une nymphe.
**Son évolution :** ce prénom de l'Antiquité est rare pour l'instant.

## CHRISTELLE

**Christabel, Christal, Christel, Kristel**

**D'où vient-elle ?** Christelle est une variante de Christine, d'origine grecque, qui signifie « messie ».
**On la fête** le 24 juillet avec Christine.
**Elle serait...** rigoureuse et consciencieuse. Voilà quelqu'un sur qui on peut compter, même si elle est parfois un peu sévère dans ses jugements et très exigeante avec les siens.
**Son évolution :** apparue dans les années 1960, Christelle a connu son heure de gloire en 1970, pour disparaître presque complètement en ce début du XXIe siècle.
**Ses cousines :** Christabel, Christal, Christel, Christobelle, Christolle, Cristieli, Kristel.

### *Vous l'écrivez comment ?*

Certains parents insistent auprès de l'officier d'état civil qui enregistre la naissance de leur enfant pour qu'il note une orthographe différente de celle communément admise. Ainsi, **Christelle** devient **Chrystèle**, **Clotilde** se complique en **Clothilde**, **Chloé** en **Cloé**, **Théa** se raccourcit en **Téa**...Cette recherche d'originalité n'est-elle pas un handicap pour l'enfant qui devra épeler son prénom à chaque fois qu'il déclinera son identité, et qui sera condamné à le voir mal orthographié toute sa vie durant ? Cela mérite de réfléchir.

## CHRISTIANE

**Cristiana, Nina**

**D'où vient-elle ?** Christiane est une variante de Christine, qui signifie en grec « messie ».
**On la fête** le 14 janvier. Sainte Christiane, géorgienne au IVe siècle, se consacre aux malades qu'elle soulage et convertit. Appelée au chevet de la reine de Géorgie mourante, la légende dit qu'elle l'aurait guérie. La reine, le roi et une grande partie du pays se seraient convertis à sa demande.
**Elle serait...** réfléchie, hésitante même parfois. Mais elle peut aussi se montrer déterminée quand elle a pris sa décision. Par ailleurs, elle est assez sélective en amitié.
**Elle l'a porté :** la femme de lettres française Christiane Rochefort.
**Elles le portent :** l'écrivaine Christiane Collange et l'actrice Cristiana Reali.
**Son évolution :** Christiane a eu un bref succès dans les années 1930, vite remplacée par Christine.

**Dans nos régions :** Crestina (Provence).
**À l'étranger :** Crisiant (pays de Galles), Cristiana (Espagne).
**Son diminutif :** Nina.
**Son masculin :** Christian.

## CHRISTINE

### Christina, Kerstin, Kirsten, Kirstie, Tina

**D'où vient-elle ?** Christine, d'origine grecque, signifie « messie ».
**On la fête** le 24 juillet. Sainte Christine de Tyr, fille d'un magistrat romain païen au III^e siècle, brisa les idoles de son père et se fit baptiser. Son père la jeta au feu, mais Christine sortit des flammes intacte. Son père en mourut de saisissement. Ce furent alors les magistrats qui tentèrent de faire renoncer Christine à sa foi. En vain. Elle mourut en martyre après avoir converti ses gardiens.
**Elle serait...** élégante, raffinée et soucieuse de plaire. Si sa famille est son point d'ancrage, elle recherche son indépendance. Elle est assez idéaliste et exigeante dans ses choix.
**Elles l'ont porté :** la reine Christine de Suède, née en 1626, femme très cultivée, sportive et féministe avant l'heure, amie de Pascal et Descartes, célibataire sans enfants, qui abdiqua en 1654 pour mener une vie libre et voyager. Elle se convertit la même année au catholicisme. La femme de lettres Christine de Pisan, qui, entre 1400 et 1418, publia des traités de politique, de philosophie et des recueils de poèmes. Elle fut la première femme à gagner sa vie avec sa plume.
**Elles le portent :** l'écrivain Christine de Rivoyre, le mannequin Christie Turlington, l'actrice Kirsten Dunst, la femme politique Christine Boutin.
**Son évolution :** courante dès la Renaissance et grand classique des années 1950, Christine a cédé la place à la forme plus moderne Christel, en 1970. Christine a presque complètement disparu aujourd'hui.
**Dans nos régions :** Chreschtin (Alsace), Crestino (Provence).
**À l'étranger :** Christa, Karstine (Allemagne), Christina (Italie, Grèce), Ciostan, Ciorstaidh, Crystin (pays de Galles), Criostiona (Irlande), Cristina (Espagne), Kerstin, Kjerstin (Suède), Kirsten (Danemark), Kirsi, Kristi (Finlande), Kirstie (Écosse), Kristin (Scandinavie), Kristina (Danemark, Finlande, Russie, République tchèque), Krisztina (Hongrie), Krysta (Pologne), Kjersti (Norvège), Khristina (Bulgarie).
**Ses diminutifs :** Christie, Tina.
**Ses masculins :** Chrétien, Christian.

## CIARA

**D'où vient-elle ?** Ciara d'origine celte, signifie « brune ».
**On la fête** le 16 octobre. Sainte Ciara, sœur de saint Fingan, fut une moniale irlandaise, au V^e siècle. Elle fonda deux monastères à Kilkeary. Elle subit le martyre avec son frère en Cornouailles.
**Elle serait...** joyeuse, insouciante, vive et très attachante. Elle aime les plaisirs, déteste la routine et est attirée par toutes les aventures pourvu qu'elles lui procurent des émotions fortes.
**Son évolution :** Ciara est l'un des prénoms favoris en Irlande depuis les années 2000.
**Sa cousine :** Keira.
**Son masculin :** Ciaran.

## CINDY

### Cynthia

**D'où vient-elle ?** Cindy est une variante anglo-américaine de Cynthia, d'origine grecque, qui signifie « originaire du mont Cynthos ».
**On la fête** le 10 novembre avec Nymphe.
**Elle serait...** studieuse et consciencieuse. Pas de légèreté chez Cindy qui prend tout au sérieux. Il faut dire qu'elle a de grandes prétentions.
**Elles le portent :** le mannequin Cindy Crawford, la chanteuse américaine Cyndi Lauper.
**Son évolution :** Cindy est arrivée tout droit des États-Unis dans les années 1980 et elle fut

très appréciée dans les lieux populaires. Elle est rare aujourd'hui.

## CIRCÉ

**D'où vient-elle ?** Circé est le nom d'une divinité grecque.
**On la fête** le 10 novembre avec Nymphe.
**Elle serait...** vive, éloquente, charmeuse. Ce qui ne l'empêche pas d'être indépendante et énergique, car elle poursuit ses objectifs à tout prix.
**Elle l'a porté :** dans la mythologie grecque, Circé, fille d'Hélios, dieu du soleil, est une magicienne d'une rare beauté qui ensorcèle les hommes qui l'approchent. Les marins d'Ulysse sont changés en pourceaux, mais Ulysse, qui vient chercher ses hommes, ne tombe pas dans ses pièges grâce à un philtre magique. Circé, amoureuse de lui, rend forme humaine aux marins et retient ses visiteurs pendant plus d'un an avant de les laisser reprendre la mer.
**Son évolution :** ce prénom est rare, comme la plupart des prénoms mythologiques. Sans doute cette réputation d'ensorceleuse lui nuit-il.

## CLAIRE

Chiara, Clairemonde, Clara, Clarence, Clarinde, Clarisse

**D'où vient-elle ?** Claire signifie en latin « claire ».
**On la fête** le 11 août. Sainte Claire, née à Assise en Italie en 1194, suivit l'enseignement de saint François et se retira chez les bénédictines malgré l'opposition de son père, rejointe par sa sœur et d'autres dames de la noblesse. En 1212, elle fonda l'ordre des Pauvres Dames, appelées « clarisses », dont elle fut abbesse et en rédigea la règle de vie qui fut approuvée par le pape juste avant sa mort.
**Elle serait...** attentive et observatrice. Sociable et affective, elle s'épanouit dans un environnement amical et redoute les tensions et les conflits.
**Elles le portent :** la journaliste Claire Chazal, la dessinatrice Claire Bretécher, les comédiennes Claire Keim et Chiara Mastroianni.
**Son évolution :** jamais à la mode et jamais démodée, Claire est un classique qui a connu une période faste entre 1970 et 1990. Ce sont ses formes espagnoles Clara, Clarence et Clarisse qui ont pris la suite. Clara a pris la relève, escortée par Clarence et Clarisse, encore très discrètes.
**Ses cousines :** Clairemonde, Clarence, Clarinde, Clarisse.
**Dans nos régions :** Clareto, Claro (Provence), Clarinda (Corse), Clariota (Gascogne), Kalare (Pays basque), Kalea (Polynésie).
**À l'étranger :** Chiara, Claretta (Italie), Claatje, Claerken, Klaartje (Pays-Bas), Clara (Allemagne, Espagne, Grande-Bretagne, Italie), Clarita (Espagne, Italie), Khoriklia (Grèce), Clare (Irlande), Klair (Norvège), Klara (Allemagne, Hongrie, Pologne, République tchèque, Russie, Scandinavie).
**Ses masculins :** Clair, Clarence.

## CLARA

Clarita

**D'où vient-elle ?** Clara est l'une des formes étrangères les plus courantes de Claire : espagnole, italienne, allemande, américaine...
**On la fête** le 11 août avec Claire.
**Elle serait...** dotée d'un caractère affirmé. Courageuse, intrépide, volontaire, Clara ne mâche pas ses mots et ne recule devant aucune entreprise.
**Elles l'ont porté :** Clara Malraux, femme d'André Malraux, qui évoqua dans ses *Mémoires* sa vie avec lui.
**Son évolution :** Clara était un grand classique en Italie depuis des centaines d'années. La vogue en France des prénoms à consonance étrangère l'a fait apparaître en 1995. Elle est dans le best of des prénoms féminins depuis lors.
**Sa forme initiale :** Claire.
**Sa cousine :** Clarita.

## CLARENCE (mixte)

**D'où vient-elle ?** Clarence est la forme anglo-américaine mixte de Claire.
**On la fête** le 26 avril. Saint Clarence fut évêque de Vienne au VIIe siècle.

**Elle serait...** agréable, sociable, enjouée. Elle aime la nouveauté, l'aventure, les contacts et supporte mal une vie casanière et les activités répétitives.
**Son évolution :** Bien connu en Angleterre et fréquent aux XIXe et XXe siècle, Clarence, apparu en France dans les années 1990, demeure assez rare.
**Sa forme initiale :** Claire.
**Son masculin :** ce prénom est mixte, avec une prédominance masculine.

## CLARISSE
### Claire

**D'où vient-elle ?** Clarisse est une variante de Claire, d'origine latine, qui signifie « claire ».
**On la fête** le 12 août. Sainte Clarisse fonda un couvent dans les Vosges, au VIe siècle.
**Elle serait...** active, énergique, directive. Dopée par les difficultés, elle atteint ses objectifs avec courage et ténacité.
**Son évolution :** cette variante de Claire existe en France depuis la fin du XIXe siècle, mais elle reste marginale.
**Sa forme initiale :** Claire.
**À l'étranger :** Clarissa (Allemagne, Espagne, Italie), Klarisza (Hongrie).

## CLAUDE (mixte)
### Claudette, Claudia, Claudie, Claudine

**D'où vient-elle ?** Claude, en latin, signifie « boiteuse ». Mais on peut aussi rattacher ce prénom aux Claudius, très riche famille patricienne à Rome, au Ier siècle.
**On la fête** le 15 février. Saint Claude fut le précepteur des enfants de Colbert au XVIIe siècle.
**Elle serait...** raffinée et élégante. Mais, au-delà des apparences physiques, elle est une femme de tête, intelligente, rapide et énergique.
**Elles le portent :** Claude Chirac, l'actrice Claudia Cardinale, l'écrivaine Claude Sarraute, le mannequin Claudia Schiffer.
**Son évolution :** Claude, prénom mixte essentiellement masculin, a connu un bref succès dans les années 1920 et a rapidement cédé sa place à Claudine, Claudie et Marie-Claude. Toutes ont disparu aujourd'hui.
**Ses cousines :** Claudie, Claudine.
**Dans nos régions :** Claoda, Klaoda (Bretagne).
**À l'étranger :** Claudia (Allemagne, Espagne, Italie), Klaudia (Allemagne, Hongrie, Pologne), Klavdia (Grèce, Russie).
**Son diminutif :** Claudette.
**Ses masculins :** Claude, Claudius.

## CLAUDINE

**D'où vient-elle ?** Claudine est une variante de Claude, qui signifie en latin « boiteuse ».
**On la fête** le 17 juillet. Sainte Claudine, religieuse au couvent des Carmélites de Compiègne, fut chassée de son couvent et guillotinée sous la Révolution avec 14 de ses compagnes.
**Elle serait...** réfléchie, parfois hésitante. Elle a besoin de puissantes motivations pour agir et de l'affection de ses proches pour s'épanouir.
**Elle l'a porté :** le personnage de Claudine de Colette.
**Son évolution :** cette féminisation de Claude était assez courante au XIXe siècle, puis, après une courte éclipse, Claudine revint dès les années 1930, pour atteindre son apogée entre 1940 et 1950. Elle est très rare aujourd'hui.
**Dans nos régions :** Cloudino (Provence), Klodin (Pays basque).
**Ses masculins :** Claude et Claudin.

## CLÉA
### Clélia, Cloélia

**D'où vient-elle ?** Cléa est le diminutif de Cloélia, prénom patronymique d'origine latine.
**On la fête** le 13 juillet avec Cloélia.
**Elle serait...** charmante et, consciente de cela, très charmeuse. Au-delà de cette apparence séductrice, Cléa a le sens de ses responsabilités familiales et professionnelles.
**Son évolution :** elle fait partie de ces prénoms courts, comme Chloé ou Cléo, qui sont en vogue en ce début de XXIe siècle.
**Sa forme initiale :** Cloélia.

## CLÉMENCE
Clémentine

**D'où vient-elle ?** Clémence signifie en latin « indulgente ».
**On la fête** le 21 mars. Sainte Clémence, en Allemagne au XII^e siècle, se retire dans un monastère à la mort de son mari et y termine sa vie en dévotion.
**Elle serait...** femme d'intérieur modèle, une épouse attentive et une mère dévouée. Elle n'a d'autre ambition que le bonheur des siens et craint la tourmente de la vie professionnelle.
**Elle l'a porté :** Clémence de Hongrie, seconde épouse de Louis X le Hutin en 1315, mère du roi Jean I^er dit Jean le Posthume, qui ne vécut que trois jours.
**Elle le porte :** l'actrice Clémence Poésy.
**Son évolution :** courante au Moyen Âge, Clémence redevient classique au XIX^e siècle, s'éclipse à nouveau au début du XX^e siècle. Elle est présente depuis 1980.
**Sa cousine :** Clémentine.
**Dans nos régions :** Klemene (Pays basque).
**À l'étranger :** Clemenza (Italie), Climidh (pays de Galles).
**Son masculin :** Clément.

## CLÉMENTINE
Clémentina

**D'où vient-elle ?** Clémentine est une variante de Clémence, d'origine latine, qui signifie « indulgente ».
**On la fête** le 21 mars avec Clémence.
**Elle serait...** sérieuse et travailleuse, avec un désir constant de faire mieux. Fidèle en amour comme en amitié, fiable dans son travail, elle est quelqu'un sur qui on peut compter en toutes circonstances.
**Elles le portent :** l'actrice Clémentine Célarié et Clémentine, la fille de Claudia Schiffer.
**Son évolution :** comme Clémence, Clémentine était connue au XIX^e siècle. Elle connut une petite vague de succès qui n'a pas duré, dans les années 1980.
**Sa forme initiale :** Clémence.
**À l'étranger :** Clementina (Espagne, Italie).

## CLÉO

**D'où vient-elle ?** Cléo est un diminutif de Cléopâtre, d'origine grecque, qui signifie « qui célèbre sa patrie ».
**On la fête** le 19 octobre avec Cléopâtre.
**Elle serait...** active, énergique, très entière et pourvue d'un solide sens pratique. Elle a un tempérament de gagnante et sait jouer de son charme.
**Elle l'a porté :** l'héroïne du film d'Agnès Varda *Cléo de 5 à 7*, en 1961.
**Son évolution :** Cléo est apparue avec la mode des diminutifs dans les années 1990. Elle suit, mais de loin, l'évolution de Chloé. Elle est préférée à Clio.

## CLÉOPÂTRE
Cléo

**D'où vient-elle ?** Cléopâtre, d'origine grecque, signifie « qui célèbre sa patrie ».
**On la fête** le 19 octobre. Sainte Cléopâtre, chrétienne en Palestine au IV^e siècle, subit le martyre avec d'autres chrétiens.
**Elle serait...** volontaire, obstinée et charmeuse. Ce qui lui permet d'obtenir par la douceur ou la ténacité ce qu'elle désire. Passionnée, active, elle a besoin de mille projets pour s'épanouir.
**Elles l'ont porté :** plusieurs reines de Macédoine, de Syrie et d'Égypte. Mais la plus célèbre est Cléopâtre VII. Née en 69 avant J.-C., reine d'Égypte à l'âge de 17 ans, elle épouse son frère Ptolémée âgé de 10 ans selon la coutume, puis son deuxième frère. La reine séduira Jules César, dont elle aura un fils, puis Marc Antoine, dont elle aura trois enfants. Marc Antoine et Cléopâtre veulent créer un empire oriental rival de Rome et sont battus à la bataille navale d'Actium. Marc Antoine se suicide, l'empereur Octave projette d'emmener Cléopâtre à Rome, enchaînée comme trophée. Elle se fait piquer par un aspic caché dans un panier de figues. Elle a 39 ans.

**Son évolution :** Cléopâtre était un prénom courant dans l'Antiquité qui a disparu à l'ère moderne. Son diminutif, Cléo, est apparu dans les années 2000.
**À l'étranger :** Cleopatra (Espagne, Italie), Kleopatra (Allemagne, Hongrie).
**Son diminutif :** Cléo.

## CLÉOPHÉE

**D'où vient-elle ?** Cléophée, en grec, signifie « qui célèbre le jour ».
**Elle serait...** indépendante et éprise de liberté. Difficile d'imposer des contraintes à Cléophée qui entend mener sa vie selon son bon plaisir.
**Son évolution :** ce prénom apparaît timidement dans la lignée de Chloé, Cléo et Clio.

## CLERVIE

**Klervie**

**D'où vient-elle ?** Clervie, d'origine celte, signifie « joyau ».
**On la fête** le 3 octobre. Sainte Clervie vécut au Ve siècle en Bretagne. On connaît peu de choses de sa vie.
**Elle serait...** artiste, un peu bohème. Elle recherche la compagnie, les contacts, la nouveauté. Tous les moyens sont bons pour exprimer sa nature imaginative.
**Son évolution :** ce prénom est très apprécié par les familles bretonnes, mais il sort difficilement de sa région d'origine.
**Sa forme initiale :** Klerwi.
**Sa cousine :** Klervie.
**À l'étranger :** Creirwy (pays de Galles).

## CLIO

**D'où vient-elle ?** Clio est le nom d'une des muses de la mythologie grecque.
**On la fête** le 10 novembre avec Nymphe.
**Elle serait...** vive, intrépide, aventurière et curieuse. Bref, une enfant un peu turbulente, mais charmante et affectueuse.
**Elle l'a porté :** Clio est, dans la mythologie grecque, une fille de Zeus qui, avec ses 8 sœurs, présidait aux arts ; elle est la muse de l'histoire.
**Son évolution :** Clio est, parmi les prénoms mythologiques, le plus moderne. Mais c'est aussi le nom donné à une voiture de marque, ce qui nuit un peu à son évolution.

## CLIONA

**Cleona, Cléone, Cliodhna**

**D'où vient-elle ?** Cliona est une forme anglaise de Cliodhna, irlandaise, elle-même forme dérivée de Cléone, d'origine grecque, qui signifie « glorieuse ».
**Elle serait...** rêveuse et tentée de fuir les réalités. Elle est néanmoins très altruiste, mais sa grandeur d'âme s'accommode assez mal des problèmes matériels.
**Elle l'a porté :** dans la légende irlandaise, Cliodhna est une déesse de la beauté qui tomba amoureuse d'un simple mortel. Tous deux prirent la mer pour se cacher dans une île, mais lorsqu'ils accostèrent, une immense vague la noya.
**Son évolution :** prénom bien connu en Irlande, Cliona est rarissime en France.
**Ses formes initiales :** Cléone et Cliodhna.
**Sa cousine :** Cleona.

## CLOÉLIA

**Cléa, Clélia, Clélie**

**D'où vient-elle ?** Cloélia vient du patronyme de la famille romaine Cloelius au Ve siècle.
**On la fête** le 13 juillet. Sainte Clélia, née en 1847 à Bologne en Italie dans une famille pauvre, fonda avec le curé de sa paroisse une congrégation des religieuses de Notre-Dame des Douleurs, pour l'éducation des enfants pauvres. Elle mourut deux ans plus tard, à 23 ans.
**Elle serait...** gaie et résolument optimiste. Elle va au bout de ses projets avec patience et détermination.
**Elle l'a porté :** Cloélia, appelée aussi Clélie, fut livrée en otage au roi des Étrusques qui assiégeait Rome au VIe siècle avant J.-C. Elle réussit à s'enfuir, traversa le Tibre à la nage avec plusieurs de ses compagnes malgré les javelots qui

la menaçaient. Elle fut reprise et renvoyée au roi qui, ému par son courage, lui rendit la liberté.
**Son évolution :** inconnue en France jusqu'à la fin des années 1990, Cloélia, comme Clélia, apparaît timidement.
**Ses cousines :** Cléa, Clélia, Clélie.

## CLOTILDE

**D'où vient-elle ?** Clotilde, d'origine germanique, signifie « gloire au combat ».
**On la fête** le 4 juin. Sainte Clotilde, fille de Chilpéric, roi des Burgondes, chrétienne pieuse et cultivée, épousa Clovis, roi des Francs, barbare et païen. Par la douceur, elle essaya de le convertir. Dieu ou le hasard l'y aida en donnant à Clovis la victoire de Tolbiac. Il se fit baptiser avec toute son armée. À la mort de son époux, Clotilde se retira dans un couvent, favorisa l'expansion du christianisme et assista, impuissante, à des luttes fratricides entre ses enfants. Elle mourut en 545.
**Elle serait...** décidée et énergique. Elle se consacre en priorité à sa famille et à son patrimoine, car les biens matériels ne lui sont pas indifférents.
**Elle le porte :** l'actrice Clotilde Courau, princesse de Savoie.
**Son évolution :** ce prénom était courant au Moyen Âge, puis il a disparu jusqu'au XIXe siècle. Il s'éclipsa à nouveau après un rapide succès. On le rencontre depuis 1990, loin derrière Mathilde.
**Sa forme initiale :** Chlodehilde.
**Dans nos régions :** Cloutildo (Provence).
**À l'étranger :** Clotilda (Allemagne, Espagne).

## COLETTE
### Coline, Nicole

**D'où vient-elle ?** Colette, d'origine grecque, signifie « victoire du peuple ».
**On la fête** le 6 mars. Sainte Colette, picarde au XIVe siècle, entra chez les clarisses à 18 ans et, trouvant la règle trop laxiste, elle établit, avec l'accord du pape, une règle plus stricte.
**Elle serait...** exigeante, travailleuse, rigoureuse. Rien d'étonnant à ce qu'elle obtienne ce qu'elle désire, sans accepter le moindre compromis.
**Elles l'ont porté :** Colette était le nom de famille de Sidonie Gabrielle Colette, née en 1873, épousa Willy en 1893, qui la poussa à écrire et qui fit publier sous son nom les premières œuvres de sa femme, la série des *Claudine*. Après son divorce, Sidonie, devenue Colette, s'émancipa, joua au music-hall et signa ses œuvres. *Le Blé en herbe* et *Chéri* sont parmi ses œuvres les plus connues. Elle épousa Henry de Jouvenel, dont elle eut une fille, Colette, surnommée Bel Gazou. Elle fut membre de l'Académie Goncourt en 1945. La chanteuse et comédienne Colette Renard, qui interpréta le personnage d'Irma la douce en 1956.
**Son évolution :** Colette a connu le succès dans les années 1940 et a disparu rapidement. Elle fait partie de ces prénoms rétro qui émergent doucement depuis 2018.
**Ses cousines :** Coline, Nicole.
**À l'étranger :** Coleta (Espagne, Pays-Bas).
**Ses masculins :** Colin, Nicolas.

## COLINE
### Colette, Nicole

**D'où vient-elle ?** Coline est une variante de Colette, d'origine grecque, qui signifie « victoire du peuple ».
**On la fête** le 6 mars avec Colette.
**Elle serait...** émotive et prudente, imaginative et discrète. Elle a besoin d'une ambiance affective sécurisante pour s'épanouir et être motivée.

**Elle le porte :** la cinéaste Coline Serreau, auteur du film *Trois Hommes et un couffin.*
**Son évolution :** après la disparition presque totale de Colette, Coline a fait une apparition discrète dans les années 2000, mais ce prénom reste rare.
**Ses cousines :** Colette, Nicole.
**Son masculin :** Colin.

## COLLEEN
**Cailin**

**D'où vient-elle ?** Colleen, variante de Cailin, d'origine irlandaise, signifie « jeune fille ».
**Elle serait...** extravertie sans exubérance, communicative sans bavardage, attentive sans indiscrétion. Mais elle s'intéresse à tant de choses qu'elle finit parfois par se disperser.
**Elle l'a porté :** l'écrivaine australienne Colleen McCullough, auteure du roman *Les Oiseaux se cachent pour mourir,* adapté à la télévision américaine en 1983.
**Son évolution :** Colleen eut un grand succès dans les années 1960 aux États-Unis, en Australie et en Afrique du Sud, et elle commence à apparaître en France.
**Sa forme initiale :** Cailin.

## COLOMBE
**Colomba, Colombelle, Colombine, Paloma**

**D'où vient-elle ?** Colombe est la forme française de Koulma, d'origine celte, qui signifie « colombe ».
**On la fête** le 31 décembre. Sainte Colombe, religieuse près de Cordoue en Espagne, fut chassée de son couvent par les Maures. Elle fut décapitée en 853 pour avoir refusé de se convertir à l'islam.
**Elle serait...** sensible et intuitive. Pas moyen de lui cacher quoi que ce soit. Colombe devine, flaire, ressent. Elle s'enthousiasme vite, mais peut se démotiver tout aussi rapidement.
**Son évolution :** Colombe, connue depuis les premiers siècles, est rare, mais indémodable.
**Sa forme initiale :** Koulma.
**Ses cousines :** Colombelle, Colombine.
**Dans nos régions :** Kolumbano (Pays basque).
**À l'étranger :** Coloma, Paloma (Espagne), Colomba (Italie).
**Ses masculins :** Colman, Colomban.

## CONSTANCE
**Constantina, Constanza, Costanza, Kostia**

**D'où vient-elle ?** Constance, d'origine latine, signifie « persévérante ».
**On la fête** le 17 juillet. Sainte Constance, novice au couvent des Carmélites de Compiègne, en fut chassée par les révolutionnaires avec 14 de ses compagnes et guillotinée avec elles le 17 juillet 1793.
**Elle serait...** très attachée aux traditions, aux valeurs morales. Ce qui sous-entend un grand sens des responsabilités et une recherche permanente d'harmonie.
**Elle l'a porté :** Constance Weber, épouse de Mozart.
**Son évolution :** Constance est discrète, mais présente depuis le XVIIIe siècle, particulièrement dans les familles BCBG.
**Dans nos régions :** Constanza (Pays basque).
**À l'étranger :** Constancia (Espagne), Costanza

(Italie), Constantina (Espagne, Italie), Kostia (Russie).
**Ses masculins :** Constant, Constantin.

## CORA

### Corabelle, Coralice, Coralie, Coraline, Coralise, Corinne

**D'où vient-elle ?** Cora signifie en grec « jeune fille ». Les « koré », statues grecques en marbre de la période archaïque, représentaient des jeunes filles avec des vêtements drapés.
**On la fête** le 18 mai avec Corinne.
**Elle serait...** à la fois souple et autoritaire, réservée et sociable. Énergique, travailleuse, elle ne se contente pas des seconds rôles, mais entend bien s'affirmer.
**Elle le porte :** la chanteuse Cora Vaucaire.
**Son évolution :** Cora, prénom antique, à l'origine de Corinne et de Coralie n'a jamais connu le même succès qu'elles.
**Ses cousines :** Corabelle, Coralice, Coralie, Coraline, Coralise, Corinne.

## CORALIE

### Cora, Coralia, Coraline, Coralise

**D'où vient-elle ?** Coralie est une variante de Cora, qui signifie en grec « jeune fille ».
**On la fête** le 18 mai avec Corinne.
**Elle serait...** discrète, réservée, voire timide. Elle se sent vulnérable, car elle est très sensible et redoute les blessures affectives. Lorsqu'elle est en confiance, elle se montre ouverte et enjouée.
**Son évolution :** Coralie est apparue dans les années 1970, alors que Corinne disparaissait. Elle est devenue assez rare.
**Sa forme initiale :** Cora.
**Ses cousines :** Coralia, Coraline, Coralise.

## CORDELIA

### Cordélie, Déliane

**D'où vient-elle ?** Cordelia, d'origine grecque, signifie « originaire de Délos ». Délos est une très petite île faisant partie des Cyclades. La légende raconte qu'elle a été créée par Zeus afin que sa maîtresse Léto, poursuivie par la jalousie de sa femme Héra, y accouche d'Artémis et d'Apollon. Des fêtes y avaient lieu au VIII<sup>e</sup> siècle avant J.-C., à la gloire d'Apollon, et de nombreux monuments y furent construits au VI<sup>e</sup> siècle, dont on peut voir encore les vestiges.
**Elle serait...** fantaisiste et artiste. Mais ses rêves l'éloignent souvent de la réalité et elle trouve ce monde bien difficile à affronter.
**Son évolution :** ce prénom issu de l'Antiquité a toujours été rare.
**Ses cousines :** Cordélie, Déliane.

## CORENTINE

**D'où vient-elle ?** Corentine, d'origine celte, signifie « amie ».
**On la fête** le 12 décembre avec Corentin.
**Elle serait...** affectueuse, charmante, mais timide. Elle se laisse difficilement apprivoiser. Prudente, inquiète parfois, elle n'aime guère le changement.
**Son évolution :** Corentine est un prénom classique et traditionnel pour les familles bretonnes. On la rencontrait parfois au XIX<sup>e</sup> siècle, mais elle est devenue rare alors que son masculin connaît un franc succès..
**Dans nos régions :** Kaoura et Kaourentina (Bretagne).
**Son masculin :** Corentin.

## CORINNE

### Cora, Corina

**D'où vient-elle ?** Corinne est la forme française de Korinna, variante de Cora, d'origine grecque, qui signifie « jeune fille ».
**On la fête** le 18 mai. Sainte Corinne fut martyre au III<sup>e</sup> siècle à Rome, mais on ne connaît pas sa vie.
**Elle serait...** douce, patiente, sensible. Comme elle déteste les conflits, elle excelle dans l'art de la diplomatie.
**Elle l'a porté :** Korinna fut une poétesse grecque au V<sup>e</sup> siècle avant J.-C., rivale de Pindare.

**Elles le portent :** les actrices Corinne Marchand et Corinne Touzet.
**Son évolution :** Corinne a été en vogue dans les années 1950, puis elle a disparu au profit de Coralie.
**Sa forme initiale :** Korinna.
**À l'étranger :** Corina (Espagne, Portugal), Corinna (Italie).

## CORNÉLIE

### Cornélia

**D'où vient-elle ?** Cornélie est une forme féminine de Corneille, d'origine latine, qui signifie « corneille ».
**On la fête** le 16 septembre avec Corneille.
**Elle serait...** idéaliste et originale. Ses aspirations sont élevées, mais elle se heurte souvent aux contingences matérielles qui contrarient ses ambitions. Elle aime la vie simple, la nature, les amitiés vraies.
**Elles l'ont porté :** Cornélia fut la fille de Scipion l'Africain et l'épouse du consul Tibère, au IIe siècle avant J.-C. Mère, entre autres, des Gracques, deux frères, qui devinrent hommes d'État, elle se consacra à l'étude du grec à la mort de son mari. Cornélia fut la seconde femme de César, la mère de Julia.
**Elle le porte :** l'actrice française Cornélia Wilms.
**Son évolution :** courante dans l'Antiquité, Cornélia a presque complètement disparu.
**Sa cousine :** Cornélia (Hongrie).
**À l'étranger :** Kornélia.
**Ses masculins :** Corneille, Cornélius.

#### Son heure de gloire

C'était pendant l'Antiquité, à Rome. La « gens » Cornelius était, de l'an 485 avant J.-C. jusqu'au IIe siècle de l'ère chrétienne, l'une des familles illustres de Rome, dont descendit Scipion l'Africain. Cornélia était de ce fait un prénom transmis de mère en filles, accompagné d'un qualificatif pour les distinguer : Cornélia Salonina, Cornélia Africana, Cornélia Supera...

## COSIMA

### Cosma, Cosmana

**D'où vient-elle ?** Cosima est la forme féminine de Côme, d'origine grecque, qui signifie « ordre ».
**On la fête** le 26 septembre avec Côme.
**Elle serait...** solide, réaliste, mais aussi pourvue d'un grand sens esthétique. Elle ne craint pas les difficultés qu'elle affronte avec courage, mais recherche avant tout l'harmonie.
**Elle l'a porté :** Cosima fut la fille naturelle de Franz Liszt et de Marie d'Agoult. Née en 1837, elle épousa d'abord un élève de son père, dont elle eut deux filles, puis en divorça. Elle eut trois enfants avec Richard Wagner avant qu'ils ne se marient. Elle entretiendra le mythe de son mari jusqu'à la fin de sa vie, en 1930.
**Son évolution :** ce prénom a connu un discret succès à la fin du XIXe siècle et a presque disparu aujourd'hui.
**Dans nos régions :** Cosma (Pays basque).
**À l'étranger :** Cosmana (Italie).
**Son masculin :** Côme.

## CUNÉGONDE

### Cunneda

**D'où vient-elle ?** Cunégonde, d'origine germanique, signifie « combat audacieux ».
**On la fête** le 3 mars. Sainte Cunégonde fut l'épouse de saint Henri, roi de Bavière, au XIe siècle. Tous deux firent vœu de chasteté et consacrèrent leur vie à faire la charité.
**Elle serait...** réservée et pudique. Elle n'en est pas moins sensible. Mais elle exprime peu ses sentiments. Éprise de perfection, elle est élégante, active et consciencieuse.
**Elle l'a porté :** Cunégonde, petite-fille du roi de France Louis II le Bègue.
**Son évolution :** ce prénom était courant en Allemagne, il a fait quelques très rares incursions en France au XIXe siècle, mais aujourd'hui, il a totalement disparu.
**À l'étranger :** Ceuntge (Pays-Bas), Cunegunda (Espagne), Cunneda (pays de Galles), Kinga

(Hongrie), Kunegonde, Kunsilla (Allemagne), Kunegunda (Pologne).

## CYBÈLE

### Cybélia

**D'où vient-elle ?** Cybèle vient du nom de la déesse Kybélê.
**On la fête** le 10 novembre avec Nymphe.
**Elle serait...** réfléchie, intellectuelle. Elle cherche à étendre ses connaissances : savoir, apprendre sont sa passion. Et tant pis si cela l'isole.
**Elle l'a porté :** Kybélê, déesse de la nature sauvage dans les mythologies grecque et romaine, en l'honneur de qui des jeux très populaires étaient organisés à Rome, dans l'Antiquité.
**Son évolution :** ce prénom mythologique a toujours été rare.
**Sa forme initiale** : Kybélê.
**Sa cousine** : Cybélia.

## CYDALISE

**D'où vient-elle ?** Cydalise est une variante du prénom masculin Cydias, d'origine grecque, qui signifie « glorieux ».
**Elle serait...** persévérante et courageuse. Deux qualités solides qui lui permettent de réussir dans la vie. Elle ne néglige pas sa vie sentimentale, car elle est aussi très affective.
**Elles l'ont porté :** un personnage de Diderot, de Gérard de Nerval et une héroïne de Gabriel Pierné.
**Son évolution :** ce prénom littéraire est rare.
**Son masculin** : Cydias.

## CYNTHIA

### Cindy

**D'où vient-elle ?** Cynthia, d'origine grecque, signifie « originaire du mont Cynthos », montagne située sur l'île de Délos, dans la mer Égée.
**On la fête** le 10 novembre avec Nymphe.
**Elle serait...** énergique, indépendante. L'aventure ne lui fait pas peur, le courage étant chez elle une seconde nature.
**Elle l'a porté :** Cynthia est un autre nom de la déesse Artémis, dans la mythologie grecque.
**Son évolution :** fréquent dans l'Antiquité, ce prénom a réapparu au XVII$^{e}$ et au XVIII$^{e}$ siècle dans les milieux littéraires. Les années 1980 le revirent, suivi par son diminutif Cindy.
**À l'étranger** : Cinthia (Allemagne), Cintia (Espagne), Cinzia (Italie).
**Son diminutif** : Cindy.

## CYPRIENNE

### Cypriane

**D'où vient-elle ?** Cyprienne, d'origine grecque, signifie « originaire de Chypre ».
**On la fête** le 16 septembre avec Cyprien.
**Elle serait...** tranquille et attachée à la vie de famille. Elle s'épanouit dans la création, dans les arts et aborde la vie professionnelle avec beaucoup de méfiance.
**Son évolution :** ce prénom a connu un succès discret au début du XX$^{e}$ siècle, mais il n'a jamais été aussi prisé que son masculin.
**Sa cousine** : Cypriane.
**À l'étranger** : Cipriana (Espagne).
**Son masculin** : Cyprien.

## CYRIELLE

### Kyra

**D'où vient-elle ?** Cyrielle, d'origine grecque, est le féminin de Cyril, qui signifie « maître ».
**On la fête** le 16 juin avec Cyr.
**Elle serait...** réaliste, active, énergique. Elle s'intéresse de près à sa vie matérielle qu'elle mène avec autorité. Sa franchise est appréciée par ses amis.
**Elle le porte :** l'actrice Cyrielle Claire.
**Son évolution :** cette féminisation de Cyril date des années 1960, lorsque Cyril était à son apogée. Elle a toujours été rare.
**À l'étranger** : Cirila (Espagne), Kyra, Kyriaké (Russie).
**Ses masculins** : Cyr et Cyril.

## DAGMAR

### Dagmara, Dagomar

**D'où vient-elle ?** Dagmar, d'origine scandinave, signifie « brillante comme le jour ».

**Elle serait...** sociable, enjouée et curieuse. Son éclectisme nuit parfois à sa concentration. À peine a-t-elle abordé un sujet qu'elle s'en lasse et repart en quête de nouveauté, mais si elle est vraiment motivée, elle sait être persévérante.

**Elle l'a porté :** Dagmar, fille du roi du Danemark, naquit en 1847. Elle épousa son cousin, le futur tsar Alexandre III, devenant pour ses sujets Maria Fedorovna. Elle se consacra à l'éducation de ses 6 enfants et aux œuvres de charité. Elle partit en exil dans son pays natal en 1919, où elle mourut en 1928.

**Elle le porte :** la patineuse allemande Dagmar Lurz.

**Son évolution :** ce prénom est un classique dans les pays nordiques, il est rare dans le reste de l'Europe.

**Ses cousines :** Dagmara, Dagomar.

## DAHLIA

### Dalia, Daliane, Dalie

**D'où vient-elle ?** Dahlia vient du nom de la fleur, nommée « dahlia », en l'honneur du botaniste suédois du XVIII^e^ siècle, Anders Dahl.

**On la fête** le 5 octobre avec Fleur.

**Elle serait...** une femme de tête, énergique, volontaire et travailleuse. Cela ne l'empêche pas d'être féminine et coquette, d'être attirée par l'art et le luxe. Elle est franche et la diplomatie n'est pas son fort.

**Son évolution :** ce prénom de fleur est né au XVIII^e^ siècle, mais il n'a pas encore réussi à s'imposer.

**Ses cousines :** Daliane, Dalie.

**À l'étranger :** Dalia (Espagne).

## DAIREANN

### Daire, Dairine

**D'où vient-elle ?** Daireann, d'origine irlandaise, signifie « féconde ».

**Elle serait...** posée et réfléchie. Elle a soif de connaissances et elle recherche la solitude aux dépens, souvent, de sa vie relationnelle. Elle est assez détachée des biens matériels.

**Elle le porte :** dans la mythologie irlandaise, Daireann est une fée experte dans l'art des potions magiques, pour guérir ou ensorceler ceux qu'elle rencontre.

**Son évolution :** ce prénom est bien connu en Irlande, encore rarissime en France.

**Ses cousines :** Daire, Dairine.

## DAISY

**D'où vient-elle ?** Daisy est un diminutif anglo-américain de Marguerite, d'origine grecque, qui signifie « perle ».

**On la fête** le 16 novembre avec Marguerite.

**Elle serait...** pourvue d'un caractère affirmé, pas toujours souple, et d'une certaine autorité. Inutile de l'attaquer de front, c'est par la douceur et la diplomatie qu'on peut lui faire entendre raison.

**Elles l'ont porté :** ce prénom a été rendu célèbre dans le monde entier par le personnage de bandes dessinées et de dessin animé de Walt Disney, compagne de Donald. Daisy de Galard, journaliste et productrice de télévision.

**Son évolution :** ce prénom a été assez fréquent en Angleterre au XIX^e^ siècle. Après une éclipse, il revient dans les pays de langue anglaise.

## DALILA
### Dalida, Delilah

**D'où vient-elle ?** Dalila signifie en hébreu « indicatrice ».
**Elle serait...** sociable, vive, amusante. Elle a un solide sens critique et un humour caustique qui font la joie de son entourage. Elle sait obtenir ce qu'elle veut par son charme et son bavardage.
**Elles l'ont porté :** Dalila est, dans la Bible, une femme soudoyée par les Philistins, pour découvrir le secret de la force herculéenne de Samson, un des juges d'Israël. Elle le charme et obtient la révélation : Samson était consacré à Dieu par sa mère qui avait juré qu'il ne couperait jamais ses cheveux. Pendant son sommeil, la traîtresse lui coupe les cheveux. Il perd ainsi toute sa force et les Philistins s'emparent de lui.
**Elle l'a porté :** la chanteuse Dalida, née au Caire de parents italiens sous le nom de Yolanda Gigliotti en 1933. Elle connut un immense succès dès 1956, mais sa vie personnelle fut ponctuée de drames et elle se suicida en mai 1987.
**Son évolution :** ce prénom est rare, sans doute entaché d'une réputation difficile à assumer.
**À l'étranger :** Delilah (Grande-Bretagne, États-Unis).
**Sa cousine :** Dalida.

## DAMARIS
### Damara

**D'où vient-elle ?** Damaris signifie en grec « jolie jeune fille ».
**Elle serait...** calme, sociable et conciliante. Elle redoute la solitude et recherche les amitiés sincères. Très adaptable, elle apprécie particulièrement le travail d'équipe et les associations.
**Son évolution :** Damaris fait partie des prénoms anciens longtemps oubliés qui peut revenir.
**Sa cousine :** Damara.

## DAMHNAIT
### Damhnat, Dymphna

**D'où vient-elle ?** Damhnait signifie en irlandais « petit faon ».
**On la fête** en Irlande le 15 mai ou le 13 juin. La première sainte Damhnait mourut en martyre en Belgique, et la seconde fonda un couvent en Irlande, toutes deux au VI^e siècle.
**Elle serait...** secrète et posée. Elle a le souci de la perfection en toutes choses, ce qui ne lui simplifie pas la vie. Elle déteste la précipitation et réfléchit toujours longuement avant de prendre une décision.
**Son évolution :** ce prénom est bien connu en Irlande, rarissime en France.
**Ses cousines :** Damhnat, Dymphna.

## DAMIA
### Damiane, Damielle, Damienne, Damiette

**D'où vient-elle ?** Damia signifie en grec « celle qui dompte ».
**On la fête** le 26 septembre avec Damien.
**Elle serait...** active et indépendante, organisée et énergique. Mais, très affective, elle a besoin d'être reconnue, appréciée, valorisée et de se faire aimer. Elle fait tout pour plaire ou se rendre utile à son entourage.
**Elles l'ont porté :** Damia est, dans la mythologie grecque, l'un des surnoms de Cybèle, déesse de la nature sauvage. Damia, de son vrai nom Marie-Louise Damien, née en 1889, s'échappa du domicile paternel et devint figurante et chanteuse de café-concert. La chanson *Sombre Dimanche* fut l'un de ses plus grands succès.
**Son évolution :** ce prénom, qui date de l'Antiquité, est rare.
**À l'étranger :** Damiana (Italie).
**Ses cousines :** Damiane, Damielle, Damienne, Damiette.
**Ses masculins :** Damian, Damien.

## DANA
### Danu

**D'où vient-elle ?** Dana, d'origine irlandaise, signifie « abondance ».
**Elle serait...** très affective, intuitive et idéaliste. Le rationnel l'effraie et elle se réfugie facilement dans ses rêves à la moindre difficulté. Elle aime

la fantaisie, fuit la rigueur et a tendance à se précipiter dans l'action sans mesurer la portée de ses actes.
**Elle l'a porté :** Dana, dans la légende irlandaise, est la déesse de l'abondance et la mère de tous les dieux.
**Son évolution :** ce prénom est bien connu en Irlande depuis plusieurs siècles, mais rare en France.
**Sa cousine** : Danu.

## DANAÉ

**D'où vient-elle ?** Danaé, d'origine grecque, est le nom de la mère de Persée.
**On la fête** le 10 novembre avec Nymphe.
**Elle serait...** perfectionniste, pour ne pas dire maniaque. Elle prend son temps et déteste la précipitation. C'est pourquoi elle préfère un travail indépendant à des activités de groupe, car elle accepte mal qu'on bouscule son rythme de vie.
**Elle l'a porté :** dans la mythologie grecque, Danaé est la fille du roi d'Argos à qui un oracle prédit qu'il sera tué par son petit-fils. Le roi enferme sa fille dans une tour. Zeus jette à Danaé une pluie d'or dont il naît un fils, Persée. Furieux et inquiet, le roi enferme sa fille et son petit-fils dans un coffre et les jette à l'eau. Les vagues déposent le coffre dans une île où Danaé et son fils sont enfermés à nouveau. Persée, devenu grand, délivre sa mère et tous deux reviennent à Argos où Persée tue accidentellement son grand-père. Danaé est une héroïne des œuvres de Virgile, Eschyle, Euripide et Sophocle.
**Son évolution :** ce prénom de la mythologie est resté rare.

## DANIÈLE

**Dana, Daniella, Danielle, Danna, Danny**

**D'où vient-elle ?** Danièle signifie en hébreu « Dieu est juge ».
**On la fête** le 11 décembre avec Daniel.
**Elle serait...** indépendante, vive et très adaptable. Toujours pressée et curieuse, elle déteste la routine, et aussi la discipline. La nouveauté, le changement l'attirent et elle passe d'une activité à une autre sans la moindre difficulté.
**Elles le portent :** l'actrice Danielle Darrieux, Danielle Mitterrand, l'animatrice télé Daniela Lumbroso, la chanteuse Danny Minogue.
**Son évolution :** apparue en 1930, Danièle a connu son apogée avec les baby-boomeuses, après la guerre. Elle est rarissime aujourd'hui.
**Dans nos régions :** Danele, Dani (Pays basque), Danielo (Provence), Deneliez, Deniela, Denielez (Bretagne).
**À l'étranger :** Daleen, Danella, Danica, Danilka, Danine, Danique, Danita (Allemagne), Dana (Pologne), Danelle (États-Unis), Dania, Danuta (Russie), Daniela (Espagne, Italie, République tchèque), Danijela (Yougoslavie), Danila (Italie), Danique, Danitza (Bulgarie).
**Ses cousines :** Daniella, Danielle, Danna.
**Ses diminutifs :** Dani, Danie, Danny, Dany.
**Son masculin :** Daniel.

## DAPHNÉ

**D'où vient-elle ?** Daphné signifie en grec « laurier ».
**On la fête** le 10 novembre avec Nymphe.
**Elle serait...** vive, charmante et très extravertie. Sa famille et ses amis sont essentiels pour elle, et elle déteste la solitude. Épicurienne, elle recherche les plaisirs, les voyages, la facilité, mais elle n'est pas égoïste.
**Elle l'a porté :** dans la mythologie grecque, Daphné est une nymphe dont Apollon tombe amoureux. La belle refuse les avances du dieu et s'enfuit. Pour lui échapper, elle est changée en laurier par le dieu du fleuve qu'elle avait supplié d'intervenir. Apollon décora son casque et sa lyre de feuilles de laurier.
**Elle le porte :** la journaliste Daphné Roulier.
**Son évolution :** ce prénom n'a jamais été fréquent, mais il n'a jamais vraiment disparu.
**Dans nos régions :** Dafnis (Gascogne).
**À l'étranger :** Dafne (Allemagne, Espagne, Italie), Dafnis (Espagne).

## DARA (mixte)

**Darragh**

**D'où vient-elle ?** Dara, d'origine irlandaise, signifie « chêne ».

**Elle serait...** ultra-féminine, très axée sur la famille, les enfants, les traditions. Elle adore s'occuper de sa maison, recevoir. Elle est la fée du logis par excellence. Exigeante, elle demande beaucoup à son entourage.

**Son évolution :** ce prénom est bien connu en Irlande, mais très rare en France.

**Sa cousine :** Darragh.

**Son masculin :** Dara est mixte, à prédominance masculine en Irlande.

## DARCY (mixte)

**Darcey, Darcie**

**D'où vient-elle ?** Darcy, d'origine irlandaise, signifie « qui a les cheveux sombres ». Ce prénom aurait des origines françaises et aurait été introduit en Irlande par les Normands.

**Elle serait...** sociable, coopérative, conciliante et diplomate. Elle apprécie le travail en équipe, car elle a besoin d'être soutenue pour donner le meilleur d'elle-même. Elle s'épanouit dans la vie de couple.

**Son évolution :** ce prénom est très courant aux États-Unis, très rare pour l'instant en France.

**Ses cousines :** Darcey, Darcie.

## DARIE

**Daria, Dariane, Darielle, Darina, Darine, Darya**

**D'où vient-elle ?** Darie est la forme féminine de Darius, d'origine grecque, qui signifie « qui détient le bien ».

**Elle serait...** ambitieuse, décidée, active. La poigne d'un homme avec une élégance toute féminine. Elle se fixe des objectifs qui ressemblent à des paris et les atteint, grâce à sa puissance de travail et son intelligence.

**Elle le porte :** la femme jockey Darie Boutboul, première femme à gagner le tiercé en 1984.

**Son évolution :** si Darius date de l'Antiquité, Darie, sa forme féminine moderne, date des années 1950. Elle n'a jamais été courante.

**Ses cousines :** Dariane, Darielle, Darina, Darine.

**À l'étranger :** Daria (République tchèque), Darya (Russie).

**Son masculin :** Darius.

## DARLÈNE

**D'où vient-elle ?** Darlène est une création américaine, composée de « Dar », première syllabe de *darling*, et « lène », les deux dernières d'Hélène.

**Elle serait...** vive, énergique, enjouée. Elle est éprise de liberté, de voyages et d'aventures. Elle est très attachée aux plaisirs, à l'art et à tous les modes d'expression. On l'a compris, la constance n'est pas son fort.

**Son évolution :** aux États-Unis, les futurs parents n'hésitent pas à composer le prénom de leur enfant à partir de plusieurs prénoms ou de noms communs dont ils assemblent les syllabes. C'est ainsi qu'est apparue Darlène dans les années 1980. Ce prénom est en passe d'être aussi connu que Charlène aux États-Unis.

## DAVINA

**Davia, Daviana, Daviane, Davida, Davidana, Davidane, Davidka, Davinia**

**D'où vient-elle ?** Davina est une forme féminine de David, d'origine hébraïque, qui signifie « bien-aimé de Dieu ».

**On la fête** le 29 décembre avec David.

**Elle serait...** éprise de calme, d'harmonie, de beauté. Inutile de dire qu'elle est rêveuse et idéaliste. Sa famille est son premier refuge quand elle se sent agressée par les dures réalités de la vie.

**Elle le porte :** Davina Delor, coanimatrice de l'émission *Gym tonic* sur France 2 jusqu'en 1989.

**Son évolution :** Davina n'a jamais été courante, contrairement à son masculin David.

**Ses cousines :** Davia, Daviana, Daviane, Davida, Davidana, Davidane, Davidka, Davinia.

**À l'étranger :** Devenda (Pays-Bas).

**Son masculin :** David.

## DÉBORAH
### Debbie, Debby, Debra

**D'où vient-elle ?** Déborah, d'origine hébraïque, signifie « abeille ». Dans la Bible, la prophétesse Déborah compose un cantique pour remercier Dieu d'avoir donné la victoire à son peuple contre les Cananéens, au XIIe siècle avant J.-C.

**Elle serait...** réaliste, pour ne pas dire matérialiste. Elle a les pieds sur terre et, consciente de ses responsabilités et ambitieuse, c'est souvent elle qui mène la danse. Rapide, opportuniste, elle réussit très bien dans les domaines qui lui plaisent.

**Elles l'ont porté :** l'actrice américaine Deborah Kerr, l'actrice Debbie Reynolds.

**Elle le porte :** Debbie Harry, chanteuse du groupe Blondie.

**Son évolution :** ce prénom est un grand classique de la tradition juive à travers le monde.

**À l'étranger :** Debora (Espagne, Italie), Deborah (États-Unis), Devora (Russie).

**Ses diminutifs :** Debbie, Debby, Debra.

## DÉLIA
### Deliane, Delinda

**D'où vient-elle ?** Délia est un diminutif de Cordelia, qui signifie en grec « originaire de Délos ». L'île de Délos étant, selon la légende, le lieu de naissance d'Artémis et d'Apollon.

**On la fête** le 10 novembre avec Nymphe.

**Elle serait...** une bâtisseuse : elle construit sa vie professionnelle, sa vie privée, son patrimoine avec beaucoup de méthode. Amoureuse de l'ordre et de la stabilité, elle planifie, organise, calcule, avec un besoin permanent de sécurité.

**Son évolution :** Délia connut le succès aux États-Unis au XVIIe et au XVIIIe siècle. Apparue en France dans les années 1970, elle reste rare.

**Sa cousine :** Deliane.

**À l'étranger :** Delinda (Italie).

## DELPHINE
### Dauphine

**D'où vient-elle ?** Delphine signifie en latin « dauphin ».

**On la fête** le 26 novembre. Sainte Delphine, pieuse jeune fille dans le Vaucluse au XIVe siècle, fut mariée par ses parents contre son gré à Éléazar de Sabran. Elle persuada son époux de distribuer ses biens aux pauvres et de vivre tous deux dans la chasteté.

**Elle serait...** élégante, racée et dynamique. Indépendante aussi, tout en étant très sensible aux critiques. Exigeante avec les autres comme avec elle-même, elle se fixe des objectifs élevés.

**Elle l'a porté :** l'actrice Delphine Seyrig, née en 1932 à Beyrouth, disparue en 1990, inoubliable interprète du film d'Alain Resnais *L'Année dernière à Marienbad*.

**Elle le porte :** la romancière Delphine de Vigan.

**Son évolution :** déjà portée au Moyen Âge, Delphine a connu un grand succès entre 1960 et 1980. Elle est rare aujourd'hui.

**Sa cousine :** Dauphine.

**Dans nos régions :** Delbin (Pays basque), Delfina (Bretagne, Corse), Delfinez (Bretagne), Doufineto, Doufino, Fineto (Provence).

**À l'étranger :** Delfina (Espagne, Italie).

## DENISE
### Denyse, Dionisa

**D'où vient-elle ?** Denise fait référence à Dionysos, dieu de la vigne et du vin dans la mythologie grecque.

**On la fête** le 15 mai. Sainte Denise avait seulement 16 ans lorsqu'elle fut lapidée, puis décapitée en Turquie, en 251.
**Elle serait...** indépendante et volontaire, mais parfois aussi timide et passive à ses heures. Son humeur dépend de son environnement. Amie fidèle, elle a une écoute attentive aux problèmes d'autrui.
**Elle l'a porté :** Denise Glaser dont l'émission de télévison *Discorama*, diffusée entre 1956 et 1975, lança plus d'un artiste de variétés.
**Son évolution :** en vogue dans les années 1920, Denise a disparu dans les années 1940 pour ne plus revenir.
**Ses cousines** : Denyse, Dionisa.
**À l'étranger** : Denisa (Espagne).
**Son masculin** : Denis.

## DÉOTILLE

**D'où vient-elle ?** Déotille signifie en latin « pareille à Dieu ».
**On la fête** le 4 juillet. Sainte Déotille fut la fille de sainte Berthe, au VII^e^ siècle. On sait seulement qu'elle fut pieuse et charitable.
**Elle serait...** travailleuse et rigoureuse. Elle est très organisée et se méfie des imprévus. La routine la sécurise, elle a l'art de prévoir, de planifier, de contrôler. Très réfléchie, elle ne laisse rien au hasard.
**Son évolution :** ce prénom médiéval a toujours été rare.

## DÉSIRÉE

**D'où vient-elle ?** Désirée signifie en latin « désirée ».
**On la fête** le 8 mai avec Désiré.
**Elle serait...** dynamique et ambitieuse, intuitive et logique à la fois. Les difficultés la stimulent et elle fait preuve de courage devant l'adversité.
**Elle l'a porté :** Désirée Clary, née en 1777, qui, après avoir été courtisée par Joseph puis par Napoléon Bonaparte, épouse le général Bernadotte et devient reine de Suède et de Norvège sous le nom de Desideria. Son fils, Oscar, prendra la succession de son père. Elle mourut à Stockholm en 1860.
**Son évolution :** ce prénom a connu une petite vague de succès au XIX^e^ siècle, puis il a disparu.
**Dans nos régions** : Desiderata (Pays basque).
**À l'étranger** : Desideria (Espagne, Italie).
**Son masculin** : Désiré.

## DEVA

**D'où vient-elle ?** Deva signifie en sanskrit « divine ».
**Elle serait...** éprise de liberté et épicurienne. Deva recherche le plaisir, les contacts, la vie sociale. Elle aime les voyages, la nouveauté, mais cette soif de changement la rend parfois instable et inquiète.
**Elle l'a porté :** Deva est la déesse de la lune dans la religion hindoue.
**Elle le porte :** la fille de Monica Bellucci et de Vincent Cassel.
**Son évolution :** les prénoms indiens sont rarement employés en France. C'est le bébé de Monica Bellucci qui fait connaître Deva.

## DEVONNA

**D'où vient-elle ?** Devonna signifie en anglais « originaire du Devonshire ».
**Elle serait...** réaliste et appliquée. Elle attache beaucoup d'importance aux biens matériels qu'elle sait gérer et faire fructifier avec un sens aigu des responsabilités.
**Son évolution :** ce prénom, apparu récemment, est en vogue aux États-Unis, mais rare en France.
**Son masculin** : Devon.

## DIANE

**Di, Diana**

**D'où vient-elle ?** Diane est le nom de la déesse romaine de la chasse et de la nature, Diane chasseresse, dont la beauté et la cruauté étaient légendaires.
**On la fête** le 9 mai. Sainte Diane d'Andalo, née dans une noble famille de Bologne au XIII^e^ siècle,

prit le voile à 15 ans malgré l'opposition de sa famille et fonda un couvent de dominicaines.

**Elle serait...** douce et sensible. À la recherche de la paix, de l'harmonie et de la beauté, Diane privilégie ses relations familiales et amicales plutôt que sa vie professionnelle. Elle s'intéresse à l'art et elle a un sens esthétique très développé.

**Elles l'ont porté :** Diane de Poitiers, dame d'honneur à la cour, mariée à 13 ans et veuve très jeune. Elle devint la favorite d'Henri II et favorisa les arts et les lettres. À la mort du roi, elle se retira dans son château d'Anet où elle mourut en 1566. Diana Spencer, née en 1961, épousa Charles, prince de Galles, héritier de la couronne d'Angleterre en 1981. Elle lui donna deux fils, William et Harry, et divorça en 1992. Sa générosité, son charisme et son élégance en firent une personnalité mondialement connue et appréciée. Son décès accidentel à Paris le 31 août 1997 plongea le monde dans la stupeur.

**Elles le portent :** l'actrice américaine Diane Keaton, la chanteuse Diane Tell, l'actrice Diane Kruger.

**Son évolution :** déjà connue à la Renaissance, Diane fait partie des prénoms indémodables, en France mais plus encore au Royaume-Uni.

**À l'étranger :** Diana (Grande-Bretagne, États-Unis, Espagne, Allemagne, Italie, République tchèque), Dianka (Roumanie).

**Son diminutif :** Di.

## DIDIANE

### Didia, Didière

**D'où vient-elle ?** Didiane est une forme féminine de Didier, d'origine latine, qui signifie « qui désire ».

**On la fête** le 23 mai avec Didier.

**Elle serait...** une ambitieuse née. Énergique, volontaire, courageuse, il lui faut tout. Elle trace son chemin en toute individualité, sans s'occuper des critiques et des jalousies que sa puissance suscite.

**Son évolution :** les formes féminines de Didier ont toujours été marginales.

**Ses cousines :** Dida, Didière.

**Son masculin :** Didier.

## DILYS

**D'où vient-elle ?** Dilys, d'origine galloise, signifie « parfaite ».

**Elle serait...** féminine jusqu'au bout des ongles. Son ambition est de fonder un foyer, de devenir le pilier de sa famille et de s'occuper de sa maison.

**Son évolution :** ce prénom connut le succès au pays de Galles au XIX$^{e}$ siècle. Il est rare aujourd'hui outre-Manche comme en France.

**Son diminutif :** Dilly.

## DINAH

### Dina

**D'où vient-elle ?** Dinah signifie en hébreu « loi ».

**Elle serait...** sociable et altruiste. Très exigeante aussi, car elle supporte mal la médiocrité. Les échecs la blessent et mettent à mal sa confiance en elle qui est fragile. Dinah est une mère ferme et une épouse dévouée.

**Elle l'a porté :** Dinah, dans le livre de la Genèse, est la fille de Jacob et de Léa, née après 6 garçons. Enlevée et violée par Shechem, fils du gouverneur de la ville de la région, puis demandée en mariage par lui. Jacob accepte sous condition, puis exécute tous les hommes de la ville afin de venger l'honneur de sa fille avant de s'enfuir par peur des représailles.

**Son évolution :** Dinah est un prénom traditionnel dans les familles juives pratiquantes.

**Sa cousine :** Dina.

## DIONNE

### Dionis

**D'où vient-elle ?** Dionne est une variante américaine de Denise.

**On la fête** le 15 mai avec Denise.

**Elle serait...** perfectionniste et exigeante. Elle s'intéresse davantage à la vie spirituelle qu'aux biens matériels et recherche la solitude qui lui

permet d'étudier. Elle est néanmoins une amie fidèle pour son très petit cercle d'intimes.
**Elle le porte :** la chanteuse américaine Dionne Warwick.
**Son évolution :** ce prénom est en vogue aux États-Unis, rarissime en France.
**Sa cousine :** Dionis.

## DITA

**D'où vient-elle ?** Dita est la forme tchèque d'Édith, d'origine germanique, qui signifie « richesse et travail ».
**On la fête** le 16 septembre avec Édith.
**Elle serait...** perfectionniste et plutôt intellectuelle. Elle planifie sa vie avec précision, n'agit pas à la légère et préfère la réflexion à l'action.
**Elle le porte :** la danseuse et mannequin Dita von Teese, née aux États-Unis en 1972, de son vrai nom Heather Sweet.
**Son évolution :** ce diminutif d'Édith vient tout juste d'apparaître.

## DIVONA

**D'où vient-elle ?** Divona signifie en hébreu « oursonne ».
**Elle serait...** intuitive et généreuse. Elle a une vocation de meneuse, aime instruire, guider. Intellectuelle, elle porte peu d'intérêt aux biens matériels. En revanche, sa famille est très importante pour son équilibre.
**Son évolution :** ce prénom est fréquent dans les familles de culture hébraïque.

## DJAMILA

**Djamela, Djemila, Jamila, Jemila**

**D'où vient-elle ?** Djamila signifie en arabe « belle ».
**Elle serait...** souple, rapide, énergique. Elle ne tient pas en place, toujours en quête de nouvelles expériences. Cela la conduit parfois à ne plus savoir où elle en est, mais étant très adaptable, elle retrouve vite son équilibre.
**Son évolution :** ce prénom est courant dans la culture arabe.
**Ses cousines :** Djamela, Djemila, Jamila, Jemila.
**Son masculin :** Djamel.

## DOGMAËLLE

**D'où vient-elle ?** Dogmaëlle est la forme féminine de Dogmaël, qui, en celte, signifie « bon prince ».
**On la fête** le 14 juin avec Dogmaël.
**Elle serait...** calme, réfléchie et sociable. Elle mène sa vie tranquillement, tout en étant curieuse et indépendante, mais sa prudence naturelle la préserve. Elle s'adapte facilement aux circonstances.
**Son évolution :** ce prénom typiquement breton est rare hors de sa région d'origine.
**Son masculin :** Dogmaël.

## DOLORÈS

**Lola, Lolita**

**D'où vient-elle ?** Dolorès signifie en espagnol « douleur ». Ce prénom fait référence aux sept douleurs de la Vierge Marie, qu'elle subit au long de sa vie de mère. Le culte de la Vierge des Sept Douleurs fut instauré par un concile en 1423. Elle est représentée avec la gorge percée de sept glaives sur les peintures du XV$^{e}$ et du XVI$^{e}$ siècle.
**On la fête** le 15 septembre, en célébrant sainte Marie des Sept Douleurs.

**Elle serait...** dynamique et très active. Sous une apparence assez dure, qui constitue pour elle une bonne protection, elle a une grande sensibilité. Elle a le sens des responsabilités et supporte mal de ne pas être la première.

**Son évolution :** ce prénom est très courant en Espagne. Ce sont ses diminutifs Lola et Lolita qui sont en vogue en France.

**Elle le porte :** Dolores O'Riordan, chanteuse du groupe Les Cranberries.

**À l'étranger** : Addalorata (Italie), Doloreta (Pologne).

**Ses diminutifs** : Dolorita, Lola, Lolita.

## DOMINIQUE (mixte)

### Domna

**D'où vient-elle ?** Dominique signifie en latin « maître ».

**On la fête** le 8 août avec son masculin.

**Elle serait...** charmante et élégante. Mais, sous cette allure féminine, se cache une femme à poigne, déterminée, énergique, qui a le sens des affaires. Persuasive et opportuniste, elle atteint ses objectifs sans difficulté.

**Elles le portent :** la femme politique Dominique Voynet, qui a été ministre de l'environnement. L'actrice Dominique Lavanant, qui a beaucoup joué dans des rôles comiques.

**Son évolution :** ce prénom mixte a connu un bref succès au milieu du XX$^{e}$ siècle, en particulier sous la forme composée Marie-Dominique. Il est rare maintenant.

**Dans nos régions** : Demiku, Domeca, Domeka, Domekato, Domekatu, Domenga, Domenge, Dominica, Dominika, Dominixa, Dominixe (Pays basque), Dominig (Bretagne), Doumenge (Provence).

**À l'étranger** : Daimhlaic (Irlande), Dominica (Grande-Bretagne, Espagne, États-Unis), Doma (pays slaves), Domenec (Catalogne), Domenica (Grèce, Italie), Domikusa, Domnika (Roumanie), Dominga (Espagne, Portugal), Dominicia (Espagne), Dominika (Allemagne), Domna (Russie).

**Son masculin** : Dominique est mixte avec une parité presque totale.

## DOMITILLE

### Domitia, Domitiane, Domitienne

**D'où vient-elle ?** Domitille est la forme féminine de Domitien, d'origine latine, qui signifie « maison ».

**On la fête** le 7 mai. Sainte Domitille, issue de la noble famille Flavius au I$^{er}$ siècle, épouse d'un consul et mère de plusieurs enfants, se convertit et se fit baptiser. Dénoncée, elle fut exilée et brûlée vive pendant la grande persécution de l'an 95, sous le règne de l'empereur Domitien.

**Elle serait...** idéaliste et courageuse, émotive et secrète. La personnalité de Domitille varie selon son environnement. Dans un contexte serein, elle s'épanouit mais se renferme à la moindre agressivité.

**Son évolution :** ce prénom de l'Antiquité est assez rare en France, et surtout porté dans les familles BCBG.

**Ses cousines** : Domitia, Domitiane, Domitienne.

**À l'étranger** : Domicia (Espagne), Domitilla, Domizia, Domiziana (Italie).

**Ses diminutifs** : Tilla, Tille.

**Son masculin** : Domitien.

## DONNA

**D'où vient-elle ?** Donna, d'origine italienne, signifie « dame ». Elle a aussi une étymologie hébraïque et signifie alors « résidence ».

**Elle serait...** sociable, mais réservée, extravertie, mais discrète. Tout est en mesure et en tact chez Donna qui, profondément sensible, aime les plaisirs de la vie et ne déteste pas un brin de fantaisie.

**Elles le portent :** la chanteuse Madonna. Une chanson célèbre de Joan Baez.

**Son évolution :** ce prénom est un favori en Italie et aux États-Unis ; il n'est pas encore présent en France.

**À l'étranger** : Ladonna (États-Unis).

## DONATELLA

**Dona, Donata, Donatienne, Donatilla, Donatille, Donella, Donelle**

**D'où vient-elle ?** Donatella est la forme féminine italienne de Donatien, d'origine latine, qui signifie « cadeau ».
**On la fête** le 24 mai avec Donatien.
**Elle serait…** très sociable et extravertie. Son charisme est un réel atout dans sa vie privée comme dans sa vie professionnelle. Elle s'intéresse à l'art, à tous les modes d'expression et recherche l'harmonie en toutes choses.
**Elle le porte :** la styliste italienne Donatella Versace, sœur de Gianni Versace.
**Son évolution :** Donatella était connue en Toscane à la Renaissance, puis elle s'est effacée. Elle est revenue en Italie, mais reste peu courante en France pour l'instant.
**Sa forme initiale :** Donata.
**Ses cousines :** Dona, Donatienne, Donatilla, Donatille, Donella, Donelle.
**Dans nos régions :** Donada (Gascogne).
**À l'étranger :** Donka (Hongrie, pays slaves), Ladonna (États-Unis).
**Son masculin :** Donatien.

## DONATIENNE

**Dona, Donatella**

**D'où vient-elle ?** Donatienne, d'origine latine, signifie « cadeau ».
**On la fête** le 24 mai avec Donatien.
**Elle serait…** séduisante, intuitive, féminine, vive, optimiste. Un vrai rayon de soleil. Travailleuse de surcroît, mais sa sensibilité la rend vulnérable.
**Son évolution :** Donatienne est un prénom bien connu depuis le XIXe siècle, mais il est resté dans l'ombre d'Adrienne. Il a disparu aujourd'hui.
**Ses cousines :** Dona, Donatella.
**Son masculin :** Donatien.

## DORA

**Doriane, Dorine, Dorothée**

**D'où vient-elle ?** Dora, d'origine grecque, signifie « don ».
**On la fête** le 6 février avec Dorothée.
**Elle serait…** calme, patiente, travailleuse et déterminée. Elle sait attendre son heure avec beaucoup de sagesse et se montre opportuniste.
**Elles l'ont porté :** la compagne de Franz Kafka, Dora Diamant, juive polonaise rencontrée à Berlin en 1923. L'actrice française Dora Doll, de son vrai nom Dorothea Feinberg, née en Allemagne en 1922. Élève de Louis Jouvet au Conservatoire d'art dramatique, elle joua dans plus d'une centaine de films depuis le début de sa carrière en 1938.
**Son évolution :** Dora est un prénom qui fut très apprécié en Allemagne dès le XIXe siècle. Il est assez rare en France.
**Ses cousines :** Doriane, Dorine, Dorothée.
**Son masculin :** Dorian.

## DORIANE

**Dorine, Doris, Dorothée**

**D'où vient-elle ?** Doriane est une variante de Dora, d'origine grecque, qui signifie « don ».
**On la fête** le 6 février avec Dorothée.
**Elle serait…** ambitieuse, volontaire, courageuse et fonceuse. Pas de tout repos pour son entourage, mais elle sait mener sa vie, saisir les opportunités, s'adapter à toutes les situations.
**Elle le porte :** l'héroïne du roman *Le Pèse-personne de Doriane G.* de Sylvie Overnoy.
**Son évolution :** Doriane est née dans les années 1980. Alors que Dorothée, pourtant très ancienne, ne fait guère recette, Doriane prend son essor dans les années 1990.
**Ses cousines :** Dorine, Doris, Dorothée.
**Son masculin :** Dorian.

## DORIS

**Drae**

**D'où vient-elle ?** Doris est une variante de Dora, qui, en grec, signifie « cadeau ».
**On la fête** le 6 février avec Dorothée.
**Elle serait…** énergique, intuitive et logique à la fois. Elle se passionne facilement pour de grandes causes et s'épanouit dans l'action.

**Elle l'a porté :** dans la mythologie grecque, Doris est l'épouse de Nérée et la mère des 50 Néréides, nymphes de la Méditerranée.
**Elles le portent :** l'actrice américaine Doris Day, née en 1924 ; l'écrivain britannique Doris Lessing, prix Nobel de littérature en 2007.
**Son évolution :** en vogue à la fin du XIXe siècle et au début du XXe siècle dans les pays de langue anglaise, ce prénom est devenu rare.
**Sa forme initiale :** Dora.

## DOROTHÉE

### Dolly, Dora, Doriane, Dorine, Dorothy

**D'où vient-elle ?** Dorothée signifie en grec « don de Dieu ».
**On la fête** le 6 février. Sainte Dorothée subit le martyre en Asie Mineure au IVe siècle, après avoir converti ses gardiennes et un païen qui se moquait d'elle.
**Elle serait...** extrêmement affective et, de ce fait, vulnérable. Elle est discrète et réservée, s'expose peu afin de se protéger. Sa patience et sa grande puissance de travail lui permettent d'arriver à ses fins.
**Elles le portent :** l'animatrice télé Dorothée, l'héroïne de la comédie musicale *Hello Dolly*, jouée par Barbra Streisand en 1969.
**Son évolution :** ce prénom est rare, alors que ses variantes Doriane et Dorine apparaissent.
**Ses cousines :** Dora, Doriane, Dorine.
**Dans nos régions :** Dorote, Dorothea, Dota, Dotu (Pays basque), Dossa (Gascogne).
**À l'étranger :** Dordi (Norvège), Dorinda (Italie), Dorke (Scandinavie), Dorofei, Dorofeïa, Doropheya, Doroteya, Fedora (Russie), Dorothea (Allemagne, Danemark), Dorotheo (Espagne), Doorsie, Doreen, Dorothy (Grande-Bretagne, États-Unis), Dorottya, Dorika (Hongrie), Dorte (Allemagne, Norvège), Dortken, Doreken (Flandres), Diorbhail (Écosse), Doireann (Irlande), Doortje (Flandres, Allemagne), Dora (Espagne, Grèce, Italie, Pologne, Portugal), Dorthe, Dorchen, Doris, Dorit (Allemagne), Dorotea (Espagne, Finlande, Irlande, Italie, Suède), Dorina (Roumanie), Dorota (Lituanie, Pologne, République tchèque).
**Ses diminutifs :** Dasha, Dodie, Dolly, Dorocha, Doronia, Dosya, Dottie, Douchka.
**Ses masculins :** Dorian et Théodore.

## DOUCE

### Douceline

**D'où vient-elle ?** Douce, d'origine latine, signifie « douce ».
**On la fête** le 1er septembre. Sainte Douceline, en Provence au XIIe siècle, consacra sa vie à faire la charité et à secourir les plus pauvres et les malades.
**Elle serait...** sociable, créative et imaginative. Elle cherche à s'exprimer par tous les moyens et apprécie la compagnie. Elle a une énergie débordante qu'elle a parfois du mal à canaliser.
**Elle l'a porté :** Douce de Rouergue et de Provence, épouse du comte de Barcelone au XIe siècle.
**Son évolution :** assez fréquent au Moyen Âge, ce prénom est rare aujourd'hui.
**Sa cousine :** Douceline.
**À l'étranger :** Dulce et Dulcinea (Espagne), Dulcie (Grande-Bretagne, États-Unis).

## DUNE

**D'où vient-elle ?** Dune, d'origine germanique, signifie « colline ».
**Elle serait...** sociable et conciliante, diplomate et pleine de tact. Ces qualités lui permettent de réussir sa vie professionnelle dans un travail d'équipe où elle s'épanouit pleinement.
**Son évolution :** ce prénom tout nouveau n'est pas encore bien implanté en France. L'avenir nous dira quelle est son évolution.
**À l'étranger :** Duna et Dunia (Espagne).

## EARLÈNE

**Earla, Earley**

**D'où vient-elle ?** Earlène est le féminin d'Earl, prénom anglais qui signifie « homme noble ».

**Elle serait...** intuitive, sensible, élégante, généreuse. Un certain idéal féminin, avec ses revers, la crainte des conflits et des tensions, la difficulté à assumer les déceptions. L'amour est la grande affaire de sa vie.

**Son évolution :** ce prénom est apprécié aux États-Unis où la terminaison en « ène », comme Darlène et Charlène, est à la mode.

**Ses cousines :** Earla, Earley.

**Son masculin :** Earl.

## EDELBURGE

**Adelburge, Aubierge, Edelberga**

**D'où vient-elle ?** Edelburge, d'origine germanique, signifie « noble forteresse ».

**On la fête** le 7 juillet. Sainte Edelburge, Anglaise au VII^e^ siècle, quitta son pays pour entrer au couvent en Île-de-France et en devint la première abbesse.

**Elle serait...** stricte, réservée et discrète. C'est dans l'étude, la réflexion, la recherche qu'elle s'épanouit. Les aspects matériels de la vie ne l'intéressent pas et elle attache peu d'importance à la vie sentimentale.

**Son évolution :** courant au Moyen Âge, ce prénom est devenu très rare.

**Ses cousines :** Adelburge, Edelberga.

**Dans nos régions :** Aubierge (Normandie).

## EDEN (mixte)

**D'où vient-elle ?** Eden signifie en hébreu « paradis ».

**Elle serait...** énergique, décidée, rebelle à ses heures. C'est par la douceur et la diplomatie qu'on peut l'amener à la conciliation. Travailleuse et orgueilleuse, elle supporte mal les échecs et s'investit beaucoup dans ce qu'elle entreprend.

**Son évolution :** Eden est au top dans la plupart des pays de langue anglaise et progresse vite en France.

**Son masculin :** Eden est mixte, à forte majorité féminine.

## EDILTRUDE

**Adeltrude, Ediltruda**

**D'où vient-elle ?** Ediltrude, d'origine germanique, signifie « noble vérité ».

**On la fête** le 25 février. Sainte Ediltrude, princesse anglaise au VII^e^ siècle, s'établit dans un couvent du Hainaut dont elle devint abbesse.

**Elle serait...** sociable, coopératrice, douée pour les associations et les partenariats. Ni soumise ni dominatrice, elle sait partager les responsabilités et apprécie beaucoup le travail d'équipe.

**Son évolution :** ce prénom médiéval est devenu très rare.

**Sa cousine :** Adeltrude.

**À l'étranger :** Ediltruda (Italie).

## ÉDITH

**Dita, Edda, Edita**

**D'où vient-elle ?** Édith, d'origine germanique, signifie « richesse et travail ».

**On la fête** le 16 septembre. Sainte Édith de Barking, fille naturelle d'Edgar le Pacifique, roi des Anglo-Saxons, et de Wilfride, suivit sa mère au couvent de Wilton dont elle fut abbesse. Elle y mourut à 23 ans en 984.

**Elle serait...** vive, spontanée et charmeuse.

Elle s'adapte facilement, réagit vite à toutes les opportunités et déteste la routine.

**Elle l'a porté :** la chanteuse Édith Piaf, née en 1915 d'un père contorsionniste dans un cirque et d'une mère chanteuse des rues. Sa mère, qui vivait dans la misère, la déposa chez sa propre mère qui laissa Édith pendant 18 mois sans soins ni nourriture. Son père l'emmena chez sa mère, tenancière d'une maison close où Édith fut soignée et nourrie. Édith devint comme sa mère chanteuse des rues, puis fut remarquée et chanta dans des cabarets. Sa véritable carrière débuta en 1935 lorsqu'elle rencontra Marguerite Monnot qui composa la musique d'une grande partie de ses succès. En 1937, Édith a une carrière internationale, en particulier aux États-Unis où elle triomphe. Elle chanta avec les plus grands du music-hall, Montand, Aznavour, les Compagnons de la chanson, Moustaki. La mort de son grand amour Marcel Cerdan en 1948 marquera le début du déclin de sa santé. Elle s'éteindra à l'âge de 47 ans, en octobre 1963.

**Elle le porte :** la femme politique Édith Cresson, qui fut la première femme Premier ministre sous la présidence de François Mitterrand, pendant 10 mois, en 1991-1992.

**Son évolution :** Édith a connu un succès discret entre 1930 et 1960. Elle a disparu aujourd'hui.

**À l'étranger :** Ailith (Irlande), Dita (République tchèque), Duci, Editke, Ildiko (Hongrie), Edda, Editta (Italie), Edit (Hongrie, Suède), Edita (Espagne), Edyta (Pologne), Ekika, Ekiya, Etita (Hawaï).

**Son diminutif :** Dita.

## EDMONDE

### Edmée, Edmondine, Esmée

**D'où vient-elle ?** Edmonde, d'origine germanique, signifie « protection et richesse ».

**On la fête** le 20 novembre avec Edmond.

**Elle serait...** sensible, esthète, solide. Elle affronte la vie avec détermination, courage, et une bonne dose d'optimisme. Des relations harmonieuses sont indispensables à son équilibre. Exigeante, elle n'accorde pas facilement sa confiance.

**Elle le porte :** Edmonde Charles-Roux, infirmière et résistante pendant la Seconde Guerre mondiale, puis journaliste et romancière, prix Goncourt en 1966 pour son roman *Oublier Palerme*, présidente de l'Académie Goncourt depuis 2002.

**Son évolution :** peu fréquent au début du XX^e siècle, ce prénom a complètement disparu.

**Ses cousines :** Edmée, Edmondine, Esmée.

**À l'étranger :** Edma (Grande-Bretagne, États-Unis, Italie), Edmonda (Italie), Edmunda (Allemagne).

**Ses masculins :** Edme, Edmond.

## ÉDOUARDINE

### Édouarde

**D'où vient-elle ?** Édouardine est la forme féminine d'Édouard, d'origine germanique, qui signifie « gardien de richesses ».

**On la fête** le 5 janvier avec Édouard.

**Elle serait...** réfléchie, studieuse et raisonnable. Elle préfère le silence et la solitude à la vie sociale, et fuit les questions matérielles qui l'ennuient profondément.

**Son évolution :** cette féminisation d'Édouard, connue dès le XIX^e siècle, n'a jamais été plébiscitée.

**Sa cousine :** Édouarde.

**À l'étranger :** Edoarda (Italie), Eduarda (Portugal), Edwarda (Grande-Bretagne, États-Unis).

**Son masculin :** Édouard.

## EDWIGE

### Hedwige

**D'où vient-elle ?** Edwige, d'origine germanique, signifie « richesse et combat ».

**On la fête** le 16 octobre. Sainte Edwige de Silésie, devenue veuve du roi André II de Hongrie au XIII^e siècle, après avoir élevé ses 7 enfants et distribué sa fortune aux pauvres, se retira dans un couvent.

**Elle serait...** énergique, décidée et autoritaire. Elle a soif de pouvoir et fait tout pour l'obtenir. Sa force de caractère, sa puissance de travail ne lui font jamais défaut.
**Elle l'a porté :** Edwige Feuillère, élève du conservatoire d'Art dramatique de Dijon, qui eut une carrière théâtrale prestigieuse de 1930 à 1992, et cinématographique entre 1931 et 1974. Elle joua avec les plus grands acteurs de son temps, Jean Marais, Gérard Philippe, Jean-Louis Barrault, Pierre Brasseur... Son plus grand rôle fut sans doute celui de Marguerite Gautier dans *La Dame aux camélias* de Dumas.
**Son évolution :** assez apprécié dans les familles BCBG au début du XX^e^ siècle, ce prénom est rarissime aujourd'hui.
**Sa cousine :** Hedwige.
**À l'étranger :** Eduvigis (Espagne), Edvige (Italie), Hadewig, Hadvig, Hadwig, Hede, Hedgen, Hedwiga, Hewig (Allemagne), Hadewyck (Flandre), Heda, Hedda, Heddi, Heddie (Allemagne, Scandinavie), Hedvig (Scandinavie), Hedviga, Hedvika (République tchèque), Jadwiga, Jadwige (Pologne).

## ÉGÉRIA

**D'où vient-elle ?** Égéria, d'origine latine, est le nom d'une nymphe.
**On la fête** le 10 novembre avec Nymphe.
**Elle serait...** généreuse et altruiste. Elle fait souvent passer les intérêts des autres avant les siens. Idéaliste, elle attend beaucoup de son entourage.
**Elle l'a porté :** dans la mythologie romaine, Égéria, nymphe aquatique, vit dans un bois près de Rome où le roi de Rome, Numa Pompilius, vient la consulter. Il l'épouse. Elle est transformée en source à sa mort de son mari. Elle était vénérée par les Romains comme déesse des sources.
**Son évolution :** ce prénom mythologique est rare, comme la plupart d'entre eux. De ce prénom vient le terme « égérie », inspiratrice d'une personne au pouvoir.

## ÉGLANTINE
**Eglantina**

**D'où vient-elle ?** Églantine signifie en latin « porteuse d'épines ».
**On la fête** le 5 octobre avec Fleur.
**Elle serait...** sentimentale et agréable. Elle cherche à se faire aimer et soigne particulièrement son apparence. Sa famille est son refuge préféré, car elle est facilement impressionnable.
**Elle le porte :** la présentatrice de télévision Églantine Éméyé.
**Son évolution :** assez courante à la Révolution, puis au début du XX^e^ siècle, Églantine est rare aujourd'hui.
**À l'étranger :** Eglantina (Espagne, Italie).

## EILIS

**D'où vient-elle ?** Eilis est une forme irlandaise d'Élisabeth.
**On la fête** le 17 novembre avec Élisabeth.
**Elle serait...** à l'écoute des autres, oubliant parfois ses propres intérêts. Aller plus loin, plus haut, faire plus, tels sont ses objectifs.
**Son évolution :** Eilis était fréquente au Moyen Âge en Irlande, et après une longue éclipse, elle réapparaît. Elle est rarissime en France.

## ÉLECTRE

**Électra**

**D'où vient-elle ?** Électre signifie en grec « étoile brillante ».

**On la fête** le 10 novembre avec Nymphe.

**Elle serait...** énergique, rapide et avide de goûter aux plaisirs de la vie. Épicurienne, elle saisit toutes les occasions de s'amuser et de bouger.

**Elle l'a porté :** Électra est, dans la mythologie grecque, la fille d'Agamemnon et de Clytemnestre, sœur d'Oreste et d'Iphigénie. Elle fut l'héroïne d'œuvres d'Euripide, de Sophocle et de Jean Giraudoux.

**Elle le porte :** le mannequin Elettra Rossellini, fille d'Isabella et petite-fille d'Ingrid Bergman.

**Son évolution :** ce prénom mythologique et littéraire est rare en France.

**Sa forme initiale :** Elektra.

**Sa cousine :** Électra.

**À l'étranger :** Elettra (Italie).

## ÉLÉONORE

**Aliénor, Éléanor, Élénore, Élianor, Ellenore, Ellinor, Léanor, Léanora, Leonore, Lienor, Lienora, Nora, Noria, Noriana, Noriane, Norine**

**D'où vient-elle ?** Éléonore signifie en grec « compassion ».

**On la fête** le 25 juin. Sainte Éléonore de Provence, née à Aix-en-Provence en 1223, épousa Henri III Plantagenêt, roi d'Angleterre, et fut réputée pour sa piété. Elle se retira dans un couvent à la mort presque simultanée de son époux, de ses deux filles et de son petit-fils, en 1272. Elle y mourut en 1276.

**Elle serait...** passionnée et vive, indépendante et impatiente. Pas de tout repos ! C'est une femme d'action qui aime le concret, la réussite.

**Elle le porte :** *Eleanor Rigby* est une chanson des Beatles de 1966.

**Son évolution :** ce prénom, fréquent au Moyen Âge, se fit oublier pendant plusieurs siècles ; il revient en France, comme dans les pays de langue anglaise, sous la forme d'Élianor.

**Ses cousines :** Élénore, Élianor, Ellenore, Ellinor, Léanor, Léanora, Leonore, Lienor, Lienora, Nora, Noria, Noriana, Noriane, Norine.

**Dans nos régions :** Aénor, Aénora, Elara (Bretagne), Aliénor, Elienor, Leounoro (Provence), Eleonora (Pays basque).

**À l'étranger :** Eileanoir, Eilionoir, Elinor, Elinore (pays de Galles), Ailionora, Noreen, Noreena (Irlande), Ailinor, Elea (Italie), Eilidh (Écosse), Eléanor, Eléanora, Eléanore, Elliner, Lenore (Grande-Bretagne, États-Unis), Elénola (Hawaï), Eleonoora (Finlande), Eleonor, Lenora (Espagne), Leonor (Espagne, Portugal), Leonora (Espagne, Flandre, Hongrie, Italie), Eleonora (Hongrie, Italie, Russie, Suède), Elionor (Catalogne), Noora, Noorken, Noortje (Flandre).

## ELFIE

**Elfléda, Elfrid, Elfrida, Elfride, Elfried, Elfrieda, Elfy**

**D'où vient-elle ?** Elfie est un diminutif d'Elflède, d'origine germanique, qui signifie « noble pacificatrice ».

**On la fête** le 8 février. Sainte Elfléda, fille du roi de Kent née en 910, termina ses jours dans un couvent à la mort de son époux. On ne sait rien d'autre de sa vie.

**Elle serait...** généreuse. Elle fait passer le bien-être de sa famille avant le sien et n'hésite pas à se dévouer à des causes humanitaires.

**Elles l'ont porté :** plusieurs princesses anglo-saxonnes du VII^e^ et du X^e^ siècle, sous diverses variantes.

**Son évolution :** Elfléda, courante surtout en Allemagne et en Angleterre au Moyen Âge, a complètement disparu par la suite. Elfie, qui est sa forme moderne, est rare.

**Sa forme initiale :** Aelfried.

**Ses cousines :** Elfléda, Elfrid, Elfrida, Elfride, Elfried, Elfrieda, Elfy.

## ÉLIA

**Éliane, Eliette, Lia**

**D'où vient-elle ?** Élia est une forme féminine d'Élie, qui signifie en hébreu « mon maître est Dieu ».
**On la fête** le 20 juillet avec Élie.
**Elle serait...** pourvue de toutes les qualités dites « féminines » : intuitive, sensible, généreuse. Fantaisiste aussi. Elle aime plaire, elle est très exigeante avec ses amis et les hommes de sa vie.
**Son évolution :** Élia est aujourd'hui la forme féminine d'Élie la plus répandue.
**Ses cousines :** Éliane, Eliette.
**Son diminutif :** Lia.
**Son masculin :** Élie.

## ÉLIANE

**Élia, Éliana, Héliane, Liane**

**D'où vient-elle ?** Éliane est une forme féminine d'Élie, qui signifie en hébreu « mon maître est Dieu ».
**On la fête** le 20 juillet avec Élie.
**Elle serait...** à la fois très sensible, affective et hyperactive. Déterminée, elle affronte les difficultés avec courage et bonne humeur.
**Son évolution :** Éliane a connu le succès entre 1930 et 1950. C'est Élia qui est préférée aujourd'hui.
**Ses cousines :** Élia, Éliana, Héliane.
**Son diminutif :** Liane.
**Ses masculins :** Élian, Élie.

## ÉLINA

**Éline**

**D'où vient-elle ?** Élina est une variante d'Hélène, qui signifie en grec « éclat du soleil ».
**On la fête** le 18 août avec Hélène.
**Elle serait...** volontaire, voire têtue. Elle sait s'imposer et n'accepte ni les reproches ni les critiques. Ambitieuse, elle travaille à sa réussite.
**Elle l'a porté :** l'actrice Élina Labourdette, qui tourna entre 1937 et 1969 des dizaines de films.
**Son évolution :** Élina était connue dès le début du XX$^{e}$ siècle, mais on la trouvait très rarement. Elle n'a vraiment pris son essor que dans les années 1990.

## ÉLISABETH

**Alzbeta, Babe, Babé, Babette, Bessie, Betsy, Bettina, Betty, Ealasaid, Eilis, Eisabello, Elisa, Elisabeta, Éliboubann, Elise, Eliséa, Éliselore, Élisheva, Elissa, Élixane, Elsa, Elspet, Eritapeta, Erzbet, Elyse, Elyssa, Ilsabe, Ilsebey, Ilsie, Isibeal, Lesken, Leslie, Lieschen, Liesel, Lesly, Libbie, Libby, Lili, Lillah, Lily, Liosaigh, Lisa, Lisabe, Lisabèu, Lisbeth, Lise, Liseto, Lison, Orszebet, Sissi**

**D'où vient-elle ?** Élisabeth signifie en hébreu « Dieu est plénitude ».
**On la fête** le 5 novembre. Sainte Élisabeth fut la cousine de Marie, la femme de Zacharie et la mère de saint Jean-Baptiste.
**On la fête** aussi le 17 novembre. Sainte Élisabeth de Hongrie épousa le roi de Thuringe. À la mort de son époux, comme elle refusait de se remarier, sa famille la chassa du palais. Elle se réfugia alors chez les franciscaines, prit le voile et mourut à 24 ans, en 1231.
**Elle serait...** élégante et discrète, voire distante. Cette réserve cache une grande sensibilité. Douce et généreuse, elle attache une grande importance à l'amitié.
**Elles l'ont porté :** Élisabeth I$^{re}$, reine d'Angleterre, fille d'Henri VIII et d'Anne Boleyn, née en 1533, dernière représentante de la branche des Tudor. Couronnée en 1558 après la mort de son demi-frère et de sa demi-sœur, indépendante, elle refusa de se marier pour ne pas entraver sa liberté. Son règne fut marqué par un grand essor économique et culturel. Elle fit décapiter sa cousine Marie Stuart, reine d'Écosse, mais c'est le fils de cette dernière, Jacques I$^{er}$, qui lui succèda à sa mort en 1603. Élisabeth de Wittelsbach, impératrice d'Autriche et reine de Hongrie, dite Sissi, qui épousa François-Joseph en 1854. Après plusieurs années de mariage, de

santé fragile, elle voyagea dans toute l'Europe pour fuir sa belle-mère et l'étiquette de la cour, trop rigide pour elle. Elle fut assassinée par un anarchiste en 1898.

**Elles le portent :** la femme politique Élisabeth Guigou, la philosophe et romancière Élisabeth Badinter.

**Son évolution :** courante au Moyen Âge, Élisabeth se raréfie, puis revient discrètement dans les années 1950, accompagnée de Betty et Bettina, ses diminutifs. Ce sont Élisa, Élise, Elsa, Ilse qui ont pris le relais.

**Sa forme initiale :** Elisheva.

**Ses cousines :** Babe, Babé, Babet, Bessie, Egisabet, Egisapet, Eleziska, Élicha, Élicheva, Élisa, Élisabeta, Élisane, Elisaves, Élise, Eliséa, Éliselore, Elisha, Elisheva, Elissa, Eliza, Elizabete, Elsa, Elsebein, Elseline, Élysabel, Élyse, Elyssa, Hélisabel, Helsa, Ilde, Lélie, Leslea, Leslee, Lesli, Leslie, Lesline, Lesly, Lezlee, Lezley, Lezli, Lezlie, Liaska, Libbee, Libbi, Libbie, Libby, Lili, Lillah, Liosag, Liosaigh, Lisabe, Lisabèu, Lisoun.

**Dans nos régions :** Eisabello, Eisabèu, Elisabeu, Eliso, Lisabeu, Liseto (Provence), Elesbed, Eliboubann, Elizabed, Liboubane, Liboubann (Bretagne), Elisabete, Elixabe, Elixabet, Elixabete, Elixane, Elixanne, Elixi (Pays basque), Eritapeta, Tapeta (Polynésie), Lisabe, Zabeth (Normandie).

**À l'étranger :** Alzbeta (République tchèque), Bessy, Beth, Betsey, Betsie, Betsy, Betty, Elizabeth, Libbey, Lillibet, Lilly, Lisbeth, Liza, Lizzie (Grande-Bretagne, États-Unis), Ealasaid, Elspeth (Écosse), Eilis, Eilish, Eilys (Allemagne, Irlande), Eilispidh (pays de Galles), Elgse, Elsken, Lesken, Libbeken, Liisi, Lijsje (Flandre), Alzhbeta, Elicha, Elisaveta, Lisaveta, Yelisaveta (Russie), Eliisa (Finlande), Elikapeka (Hawaï), Elisabao (Portugal), Elisabet (Espagne, Allemagne, Scandinavie), Elisabeta (Espagne, Roumanie), Bettina, Elisabella, Elisabetta, Elisanna (Italie), Alzhbeta, Elisaveta, Elissaveta (Bulgarie), Elka, Elkana, Elzbieta (Pologne), Eilih, Ellis, Ilsa, Ilsabe, Ilse, Ilsebey, Ilsie, Ilyse, Isebey, Isibeal (Irlande), Elsbet, Elsbeth, Lies, Liesa, Lieschen, Liese, Liesel, Lisl, Liesl, Lieze, Lissy, Lysjel (Allemagne), Else (Danemark, Flandre, Scandinavie), Elsie, Erzsike (Scandinavie), Elsje, Liesbet, Liesje (Pays-Bas), Elyssa (États-Unis), Elza, Errsebet, Erzébet, Erzsébet, Orzsebet (Hongrie), Lesley (Grande-Bretagne), Helsa (Danemark), Yeghsapete (Arménie).

**Ses diminutifs :** Babette, Leslie, Lili, Lily, Sissi, Tetsy.

## ÉLISE

### Élisa, Élisane

**D'où vient-elle ?** Élise est un diminutif d'Élisabeth, qui signifie en hébreu « Dieu est plénitude ».

**On la fête** le 17 novembre avec Élisabeth.

**Elle serait...** indépendante, énergique et travailleuse. Elle a besoin de s'affirmer, mais sans éclat, car elle est discrète. En amour, elle est exigeante et un tantinet possessive.

**Elles le portent :** la comédienne Élisa Tovati. Élisa est le nom d'une chanson de Serge Gainsbourg de 1969. *La Lettre à Élise* est une œuvre musicale pour piano de Beethoven.

**Son évolution :** en vogue au début du XX^e^ siècle, Élise est réapparue dans les années 1970, suivie par sa variante Élisa.

**Ses cousines :** Élisa, Élisane.

# Le Top 100 des prénoms féminins

Les prénoms sont classés par ordre alphabétique, les dix premiers sont indiqués en lettres capitales.

Adèle
Agathe
Alexandra
ALICE
Alicia
Alix
Alya
Ambre
Anaëlle
Anaïs
Andréa
Anna
Apolline
Ava
Aya
Camille
Capucine
Célia
Charlie
Charlotte
CHLOÉ
Clara
Clémence
Constance
Daphné
Eden
Elena
Éléonore
Élisa
Élise
Ella
Éloïse
Elsa
Émilie
EMMA
Éva
Ève
Faustine
Gabrielle
Inaya
INÉS
Iris
JADE
Jeanne
Joséphine
Julia
Julie
Juliette
Justine
Kenza
Laura
LÉA
Léana
Léna
Léonie
Lila
Lilou
Lily
LINA
Lisa
Lola
Lou
LOUISE
Lucie
Luna
Maëlle
Maëlys
MANON
Margaux (Margot)
Marie
Marion
Mathilde
Maya (Maïa)
Mélina
Mélissa
MILA
Nina
Noa
Noémie
Nour
Océane
Olivia
Pauline
Romane
Romy
Rose
Roxane
Salomé
Sarah
Sasha
Selma
Sophia (Sofia)
Sophie
Stella
Suzanne
Valentine
Victoire
Victoria
Yasmine
Zoé

## ELLA

### Elia, Eliane, Ellie

**D'où vient-elle ?** Ella est l'une des formes féminines d'Élie, qui signifie en hébreu « mon maître est Dieu ».

**On la fête** le 1er février. Sainte Ella, épouse d'un comte de Salisbury au XIIIe siècle, pria pour que son mari volage revienne auprès d'elle. Ce qu'il fit. Lorsqu'il mourut, Ella devint abbesse d'un couvent.

**Elle serait...** vive, charmante et très sociable. Elle aime les contacts, les sorties, les voyages, bref toutes les formes de distractions.

**Elle l'a porté :** la chanteuse de jazz américaine Ella Fitzgerald, née en 1917. Elle commença à chanter en 1934 et fut nommée « la première dame de la chanson ». Elle mourut en 1996.

**Son évolution :** Ella progresse vite en France, en Europe et dans les pays de langue anglaise.

**Son masculin :** Élie.

## ÉLOANE

### Elouane, Loana, Loane

**D'où vient-elle ?** Eloane est une forme féminine d'Elouan, d'origine celte, qui signifie « belle lumière ».

**On la fête** le 28 août avec Elouan.

**Elle serait...** sérieuse, réfléchie. Elle aime lire, étudier, méditer. La solitude ne lui pèse pas, car elle est toujours occupée par son intense vie intérieure.

**Son évolution :** cette forme féminine d'Elouan, très vieux prénom breton, est assez moderne, mais bien moins connue que Loana et Loane.

**Sa cousine :** Elouane.

**Ses diminutifs :** Loana, Loane.

**Son masculin :** Elouan.

## ÉLODIE

### Alodia

**D'où vient-elle ?** Élodie signifie en latin « propriété ».

**On la fête** le 22 octobre. Sainte Alodie, fille d'un musulman et d'une chrétienne à Huesca, en Espagne, refusa de prendre la religion de son père, comme l'y obligeait la loi. Elle fut décapitée avec sa sœur Nunilone en 851.

**Elle serait...** éprise de liberté et dotée d'un esprit critique exacerbé. Active, elle ne craint pas de se remettre en question et de changer de voie.

**Elles le portent :** la comédienne Élodie Bouchez, l'ex-miss France Élodie Gossuin.

**Son évolution :** Élodie est un prénom récent, qui apparut en France en 1970 et connut immédiatement un réel succès. Elle déclina en 1990 et a disparu aujourd'hui.

**Sa forme initiale :** Alodie.

**Dans nos régions :** Alodi, Alodia, Eladio, Elodi (Pays basque), Eloudio, Lodi, Lodie, Loudio (Provence), Oledie (Réunion).

**À l'étranger :** Alodia (Italie).

## ÉLOÏSE

### Aloïse, Aloyse, Héloïse, Loïse, Loÿse

**D'où vient-elle ?** Éloïse est une variante de Louise, féminin de Louis, d'origine germanique, qui signifie « glorieux vainqueur ».

**On la fête** le 15 mars avec Louise.

**Elle serait...** calme et réservée. Indépendante, et surtout désireuse de ne pas déranger, elle assume seule ses problèmes, et même aussi souvent ceux des autres.

**Elle l'a porté :** Éloïse, née en 1101, orpheline très jeune, est élevée par son oncle le chanoine Fulbert. Ce dernier demanda à un philosophe bien connu, Abélard, d'être son précepteur. Éloïse et Abelard vivent une passion torride. Éloïse met au monde un fils et épouse secrètement son maître. Fulbert se venge du précepteur en le faisant émasculer. Éloïse est placée dans un couvent, Abélard se retire du monde. Les amoureux ne cesseront jamais de s'écrire tout au long de leur vie.

**Son évolution :** fréquente au Moyen Âge, Éloïse est réapparue dans les années 1990, surtout dans les milieux BCBG.

**Sa forme initiale :** Louise.

**Ses cousines** : Aloïse, Aloyse, Héloïse, Loïse, Loÿse.
**Dans nos régions** : Eloisa (Bretagne).
**À l'étranger** : Eloïsa (Espagne), Eloïsia (Italie).

## ÉLONA

### Élonit

**D'où vient-elle ?** Élona, d'origine hébraïque, signifie « chêne ».
**Elle serait...** rapide, souple et indépendante. Elle n'aime pas les tutelles, mais se passe difficilement d'amis. Sa diplomatie et son adaptabilité facilitent ses relations sociales.
**Son évolution :** les prénoms hébraïques modernes évoquent souvent la nature. Élona est en vogue en Israël. Elle commence à gagner du terrain en France.
**Sa cousine** : Élonit.

## ELSA

### Else, Elsie, Elsy

**D'où vient-elle ?** Elsa est une variante d'Élisabeth, qui signifie en hébreu « Dieu est plénitude ».
**On la fête** le 17 novembre avec Élisabeth.
**Elle serait...** énergique et déterminée. Son but : rallier les autres à ses idées et à ses projets, se faire respecter. Profondément responsable, elle aime commander.
**Elles l'ont porté :** l'héroïne de l'opéra de Wagner, *Lohengrin*, et la romancière Elsa Triolet, née à Moscou en 1896, qui, après un premier mariage, devint en 1928 la muse de Louis Aragon, avant de l'épouser en 1939. Elle est l'auteur de plusieurs romans.
**Son évolution :** courante en Allemagne depuis le XIX^e^ siècle, Elsa est fréquente en France depuis 1980.
**Ses cousines** : Else, Elsie, Elsy.

## ELVIRE

### Alvira

**D'où vient-elle ?** Elvire, d'origine germanique, signifie « noble gardienne ».
**On la fête** le 16 juillet. Sainte Elvire fut abbesse d'un monastère en Rhénanie.
**Elle serait...** décidée, volontaire, autoritaire. La souplesse est un mot inconnu d'elle. Elle cherche la puissance, le pouvoir, même si l'argent n'est pas sa première préoccupation.
**Elle l'a porté :** la comédienne Elvire Popesco, née à Bucarest en 1924, qui devint un monstre sacré du théâtre de boulevard et directrice du Théâtre Marigny à Paris. Elle joua encore à 84 ans dans la pièce *La Mamma* écrite pour elle par André Roussin en 1957.
**Son évolution :** ce prénom est rare, aussi bien en Allemagne qu'en France.
**Dans nos régions** : Elbira, Elbireta (Pays basque).
**À l'étranger** : Alvira (Espagne), Elvira (Espagne, Hongrie, Portugal, Russie), Elwira (Pologne).

## ÉMILIE

### Émilienne, Emily

**D'où vient-elle ?** Émilie est l'une des formes féminines d'Émile, qui signifie en latin « émule ».
**On la fête** le 19 septembre. Sainte Émilie de Rodat naquit dans une famille noble dans le Rouergue, en 1787. Enfant pieuse, elle devint une adolescente coquette et futile, avant de sombrer dans la dépression. Elle se tourna alors vers la religion et fonda l'ordre des Sœurs de la Sainte-Famille pour l'éducation des enfants pauvres.
**On la fête** aussi le 30 mai avec Emmélie, qui, en Cappadoce au IV^e^ siècle, transforma sa demeure en couvent.
**Elle serait...** volontaire et affirmée. Elle sait ce qu'elle veut, agit sans précipitation, après avoir bien réfléchi aux conséquences de ses actes.
**Elles l'ont porté :** l'écrivain anglais Emily Brontë, née en 1818 d'un père pasteur. Orpheline de mère très jeune, elle vécut toute sa vie dans le presbytère paternel, dans le Yorkshire, avec ses sœurs Anne et Charlotte, et son frère Branwell. Elle écrivit *Les Hauts de Hurlevent*,

qui devint un grand classique de la littérature britannique. *Émilie Jolie*,chanson de Philippe Chatel en 1980.

**Son évolution :** en vogue au XIX^e siècle, puis dans les années 1970, elle se fit discrète, mais figure toujours au top 100 des prénoms féminins.

**Dans nos régions :** Emélie (Normandie), Emilio (Provence).

**À l'étranger :** Aimiliona (Irlande), Amalija (Russie), Eamag (pays de Galles), Emelie (Scandinavie), Emely (États-Unis), Emilia (Catalogne, Espagne, Finlande, Italie, Pologne, Portugal), Emiliana (Allemagne, Espagne, Italie), Emily (Grande-Bretagne, États-Unis).

**Ses cousines :** Emiliane, Emilienne, Emmélie.

**Son masculin :** Émile.

## EMMA

**Emmie, Emmy**

**D'où vient-elle ?** Emma, d'origine germanique, signifie « majestueuse ».

**On la fête** le 19 avril. Sainte Emma vécut au XI^e siècle en Allemagne. Jeune veuve, elle se consacra aux plus pauvres et fonda des églises et un monastère en Westphalie.

**Elle serait...** confiante en son avenir, vive, courageuse et ambitieuse. Décidée, elle est autoritaire et hyperactive.

**Elle l'a porté :** le personnage de *Madame Bovary*, de Flaubert.

**Elles le portent :** les actrices Emma de Caunes et Emma Thompson.

**Son évolution :** en vogue au Moyen Âge puis au XIX^e siècle, particulièrement en Grande-Bretagne, Emma est l'un des prénoms favoris depuis 1980 en France. Emmy, sa forme anglo-américaine, plaît beaucoup en France et commence à s'imposer.

**À l'étranger :** Emmie et Emmy (Grande-Bretagne, États-Unis).

### Son heure de gloire

Depuis 2000. Emma était connue depuis longtemps en Allemagne, et on la rencontrait assez souvent au XIX^e siècle, du moins dans la littérature, avec les héroïnes de Jane Austen et de Gustave Flaubert. Mais ce prénom était resté dans un petit cercle d'initiés. Emma s'enflamma en Angleterre dans les années 1990. Elle fut le n°1 des prénoms féminins pendant plus de 10 ans et demeure dans le top 10 aujourd'hui.

## ÉMELINE

**Émelyne, Emmeline**

**D'où vient-elle ?** Émeline, d'origine germanique, signifie « travailleuse ».

**On la fête** le 27 octobre. Sainte Émeline fut ermite en Haute-Marne au XII^e siècle.

**Elle serait...** émotive, sensible, charmante, généreuse, amoureuse de la beauté, de l'art et des plaisirs. Elle veut être surprise, recherche la fantaisie et l'originalité.

**Son évolution :** ce prénom très ancien a été discret jusqu'aux années 1990, apprécié par les familles BCBG.

**Ses cousines :** Émelyne, Emmeline.

**Dans nos régions :** Emerina (Polynésie).

**À l'étranger :** Emelina (Italie).

## EMMANUELLE

**Manola, Manuela, Manuelle**

**D'où vient-elle ?** Emmanuelle signifie en hébreu « Dieu est avec nous ».

**On la fête** le 11 octobre. Sainte Emmanuelle, madrilène au XIX^e siècle, de son nom civil Marie Soledad fut supérieure de l'ordre des Servites de Marie.

**Elle serait...** indépendante tout en étant proche des siens, désireuse de se protéger tout en voulant être la première dans tous les domaines.

**Elle l'a porté :** l'écrivain Emmanuelle Arsan, auteur de romans érotiques, parmi lesquels *Emmanuelle* en 1959, porté à l'écran en 1974.

**Elles le portent :** les actrices Emmanuelle Béart et Emmanuelle Seigner.

**Son évolution :** Emmanuelle fut l'un des classiques des années 1970 à 1980. Elle a presque disparu aujourd'hui.

**Sa cousine** : Manuelle.
**À l'étranger** : Emanuela (Espagne, Italie), Immanuella (Allemagne), Manola, Manolita (Espagne), Manuela, Manuelita (Portugal).
**Ses masculins** : Emmanuel, Manuel.

### Son heure de gloire

De 1974 à 1985. Loin d'être une inconnue, Emmanuelle sommeillait depuis une quinzaine d'années lorsque le film fut porté à l'écran. Érotique pour les uns, sulfureux pour les autres, il lança néanmoins le prénom sans arrière-pensées. Sa vogue dura une quinzaine d'années.

## ÉNORA

**Énola, Énor, Honora, Honorine, Nora**

**D'où vient-elle ?** Énora est une forme bretonne d'Honorine, qui signifie en latin « honneur ».
**On la fête** le 14 octobre. Sainte Énora épousa saint Efflam en Bretagne, au VII^e^ siècle. Les jeunes époux firent vœu de chasteté dès le jour de leurs noces, préférant se consacrer à Dieu. Ils vécurent séparés, chacun dans un oratoire du même village.
**Elle serait...** curieuse, sympathique, enjouée. Elle croque la vie à belles dents et fait partager son enthousiasme à ses proches.
**Son évolution :** Énora est bien connue en Bretagne, elle est bien connue maintenant dans l'ensemble du pays.
**Sa forme initiale** : Honorine.
**Ses cousines** : Énola, Énor, Honora.
**Ses diminutifs** : Nora, Norig.

## ÉRELL

**D'où vient-elle ?** Érell signifie en celte « lien ».
**On la fête** le 15 septembre. Sainte Érell fut réputée pour sa piété en Bretagne, au VII^e^ siècle. On n'en sait pas davantage sur sa vie.
**Elle serait...** réfléchie et sérieuse. Travailleuse et disciplinée. Le rêve des professeurs ! Elle a une immense soif de connaissances.
**Son évolution :** ce prénom a toujours été rare.
**Son diminutif** : Erelig.

## ÉRICA

**D'où vient-elle ?** Érica est une forme féminine d'Éric, d'origine germanique, qui signifie « honneur du roi ».
**On la fête** le 18 mai avec Éric.
**Elle serait...** volontaire et ambitieuse. Elle a une grande confiance en ses qualités et ne doute pas d'obtenir ce qu'elle veut.
**Elle le porte :** la chanteuse Princesse Erika.
**Son évolution :** ce prénom a connu un modeste succès dans les pays de culture allemande et en Scandinavie, il est très rare en France.
**À l'étranger** : Eerika (Finlande), Erika (Hongrie, Scandinavie).
**Son masculin** : Éric.

## ERIN

**Eireen, Erina, Eryn**

**D'où vient-elle ?** Erin signifie en irlandais « originaire d'Irlande ».
**On la fête** le 17 mars, jour de la fête nationale de l'Irlande.
**Elle serait...** active, rapide, intuitive. Elle séduit par son charme et sa vivacité, mais accepte mal les contraintes.
**Son évolution :** les prénoms d'origine géographique ont toujours fait partie de la culture anglo-américaine. Erin est fréquente en Irlande,

mais aussi aux États-Unis et en Australie. Elle commence à séduire les parents français.
**Ses cousines :** Eireen, Erina, Eryn.

## ERMENGARDE
**Hermengarde, Irmengarde**

**D'où vient-elle ?** Ermengarde, d'origine germanique, signifie « demeure du dieu Irmin ».
**On la fête** le 5 juin. Sainte Ermengarde, élevée dans la foi par ses parents, épousa Lothaire Ier en 821. Très douce et pieuse, elle adoucit les mœurs barbares de la cour et fonda l'abbaye d'Erstein, près de Remiremont dans les Vosges, dans laquelle elle se retira à son veuvage. Elle y mourut en 851.
**Elle serait...** critique, appliquée, exigeante et perfectionniste. Pas toujours facile à gérer... Cela ne l'empêche pas d'avoir de l'humour.
**Son évolution :** ce prénom médiéval est très rare aujourd'hui.
**Ses cousines :** Hermengarde, Irmengarde.

## ERMENILDE
**Imelda**

**D'où vient-elle ?** Ermenilde, d'origine germanique, signifie « combat d'Irmin », Irmin étant le dieu de la guerre.
**On la fête** le 13 février. Sainte Ermenilde, épouse de Wulfhere, roi de Mercie, après avoir élevé ses trois enfants se retira au couvent d'Ebly où elle mourut en 700.
**Elle serait...** sérieuse, stable, fiable. Elle ne connaît pas la fantaisie. Son objectif est de construire sa vie avec persévérance, d'organiser et de planifier son avenir.
**Son évolution :** ce prénom médiéval est très rare.
**À l'étranger :** Imelda (Espagne, Italie).

## ERNESTINE
**Erna**

**D'où vient-elle ?** Ernestine est une forme féminine d'Ernest, d'origine germanique, qui signifie « sérieux ».
**On la fête** le 7 novembre avec Ernest.
**Elle serait...** sérieuse, volontaire et travailleuse. Elle recherche la stabilité, l'harmonie, la paix. Une personnalité fiable et reposante.
**Son évolution :** en vogue au XIXe siècle, Ernestine est très rare maintenant.
**À l'étranger :** Erna (Grande-Bretagne, États-Unis), Ernesta (Allemagne, Pays-Bas), Ernestina (Espagne), Ernesztina (Hongrie).
**Son masculin :** Ernest.

## ESMÉE

**D'où vient-elle ?** Esmée est la forme francisée de Esma, d'origine arabe, qui signifie « céleste ».
**Elle serait...** souple, adaptable, conciliante. Fiable, juste, elle aime travailler en équipe, et recherche les associations, les partenariats dans lesquels elle peut donner toute sa mesure.
**Elle le porte :** l'actrice néerlandaise Esmée Denters.
**Son évolution :** Esmée est un des prénoms féminins les plus appréciés aux Pays-Bas depuis 2009.
**Ses cousines :** Esma, Esmaé.

## ESMÉRALDA
**Emeraude, Marauda**

**D'où vient-elle ?** Esméralda est le féminin de Smaragde, d'origine espagnole, qui signifie « émeraude ».
**On la fête** le 6 juin. Saint Smaragde, grammairien et moine bénédictin espagnol, fut conseiller de Charlemagne au VIIIe siècle.
**Elle serait...** charmante, vive, optimiste et enjouée. Beaucoup de qualités pour voir la vie en rose et réjouir ses nombreux amis.
**Elle l'a porté :** l'héroïne de *Notre-Dame de Paris*, œuvre majeure de Victor Hugo.
**Son évolution :** ce prénom, bien connu en Espagne, est assez rare en France.
**Ses cousines :** Émeraude, Marauda.
**À l'étranger :** Emerald (Grande-Bretagne, États-Unis), Esmeraldina (Portugal).
**Son masculin :** Smaragde.

## ESTELLE

**Eustelle, Stella, Stellin, Sterenn**

**D'où vient-elle ?** Estelle signifie en latin « étoile ».

**On la fête** le 11 mai. Sainte Estelle, fille d'un Romain légat de la ville de Saintes au IIIe siècle, mourut dans l'arène sur ordre de son père pour avoir refusé de renier sa foi.

**Elle serait...** très féminine, coquette sans affectation, douce sans mièvrerie, émotive sans sensiblerie, mais aussi artiste, altruiste et sociable.

**Elle le porte :** le mannequin français Estelle Lefébure.

**Son évolution :** ce prénom, pourtant bien connu depuis le XIXe siècle, n'est pas courant. On le rencontre plutôt dans les familles BCBG.

**Ses cousines :** Eustelle, Stellin.

**Dans nos régions :** Estello (Provence), Sterenn (Bretagne).

**À l'étranger :** Estela (Espagne), Etelka (Hongrie), Estrela (Portugal), Stella (Grande-Bretagne, États-Unis).

**Ses diminutifs :** Estrellita, Steredennig, Sterennig.

## ESTHER

**Esfir**

**D'où vient-elle ?** Esther signifie en hébreu « je cacherai ».

**Elle serait...** communicative, malgré une grande réserve. Vive, adroite et expressive, elle réussit à atteindre ses objectifs.

**Elles l'ont porté :** dans la Bible, Esther, fille adoptive de Mardochée, juive d'une grande beauté, est choisie pour épouse par le roi de Perse. Des persécutions de la diaspora juive dans l'Empire perse sont programmées par un haut fonctionnaire. Esther révèle à son époux son appartenance au peuple juif et obtient sa grâce et la punition des coupables du projet d'extermi nation. Le livre d'Esther est un texte anonyme qui est lu chaque année pendant la fête de Pourim. Esther est l'héroïne de la tragédie de Racine qui porte son nom.

**Son évolution :** ce prénom est traditionnel dans les familles juives.

**À l'étranger :** Esfir (Russie), Ester (Espagne, Italie, Scandinavie), Esteri (Finlande), Eszter (Hongrie).

## ESTIBALIZ

**Estine, Estitxu**

**D'où vient-elle ?** Estibaliz, d'origine basque, signifie « douce comme le miel ».

**On la fête** le 1er mai. Notre-Dame d'Estibaliz est la patronne de la région d'Alava, l'une des trois provinces basques d'Espagne.

**Elle serait...** déterminée et ambitieuse. Elle bâtit sa vie avec ordre et persévérance, travaille dur et ne recule devant aucune difficulté.

**Son évolution :** ce prénom est rare à l'échelon national, comme de nombreux prénoms régionaux.

**Ses cousines :** Estitxu, Estine.

## ETHEL

**Adèle**

**D'où vient-elle ?** Ethel est une forme anglo-américaine d'Adèle, d'origine germanique, qui signifie « noble ».

**On la fête** le 24 septembre avec Adèle.

**Elle serait...** autoritaire et volontaire, énergique et indépendante sous une apparence de charme et de douceur. Une main de fer dans un gant de velours.

**Son évolution :** ce prénom est courant aux États-Unis, rarissime en France.

**Sa forme initiale :** Adèle.

## ETHELRED

**Audrey, Etheldred**

**D'où vient-elle ?** Ethelred, d'origine germanique, signifie « noble gloire ».

**On la fête** le 23 juin. Sainte Ethelred, princesse anglaise, fut mariée par son père au prince Tonbert, malgré le vœu de chasteté qu'elle avait prononcé. L'époux, déjà très âgé, accepta ce mariage blanc. Il mourut peu après et Ethelred se retira dans un couvent sur l'île d'Ely où elle mourut en 679.

**Elle serait...** travailleuse et discrète. Elle mène sa vie sans faire de bruit, charmante et sereine. Elle est appréciée par son entourage pour sa fiabilité.

**Son évolution :** Ethelred était un prénom mixte au Moyen Âge, porté par plusieurs rois au X siècle. Il est féminin aujourd'hui, mais rarissime, contrairement à sa forme moderne, Audrey.

**Ses cousines** : Audrey, Etheldred.

**À l'étranger** : Etheldreda (Allemagne).

## EUDELINE

**D'où vient-elle ?** Eudeline est la forme féminine d'Eudes, d'origine germanique, qui signifie « richesse ».

**On la fête** le 19 novembre avec Eudes.

**Elle serait...** altruiste, fantaisiste, sensible. Elle recherche la paix, les relations affectives stables et l'harmonie dans tous les domaines.

**Son évolution :** ce prénom médiéval est très rare aujourd'hui.

**Son masculin** : Eudes.

## EUDORA

### Eudore

**D'où vient-elle ?** Eudora signifie en grec « beau cadeau ».

**Elle serait...** volontaire, ambitieuse et énergique. Elle a une force de caractère peu commune qui assure la réussite de ses projets.

**Elle l'a porté :** Eudora est, dans la mythologie grecque, une Océanide, l'une des 3 000 filles d'Océanos et de Thétys.

**Son évolution :** ce prénom est très rare.

**Sa cousine** : Eudore.

## EUDOXIE

### Eudocie, Eudoxia

**D'où vient-elle ?** Eudoxie signifie en grec « bonne doctrine ».

**On la fête** le 1er mars. Sainte Eudoxie, courtisane très riche à Héliopolis, en Égypte, se convertit après le prêche d'un moine. Elle distribua ses biens aux pauvres et se retira dans le désert. Elle fut dénoncée et décapitée sur ordre de l'empereur Trajan en 114.

**On la fête** aussi le 17 mai. Sainte Eudoxie, princesse de Moscou, fonda le couvent de l'Ascension du Seigneur à Moscou où elle mourut en 1047.

**Elle serait...** effacée et réservée. Elle préfère suivre le mouvement que le précéder. Elle suit son bonhomme de chemin, tranquillement.

**Elle l'a porté :** Eudoxia Lopukhina, première épouse de Pierre le Grand de Russie.

**Son évolution :** ce prénom était connu dans la Rome des débuts de l'ère chrétienne. Il est assez fréquent en Russie, mais très rare en France.

**Sa cousine** : Eudocie.

**Dans nos régions** : Eudoxi (Gascogne).

**À l'étranger** : Eucoxia, Eudocia, Eudoxia (Espagne), Euda (Flandre), Eudokia, Eudosia (Grèce), Eudossia (Italie), Evdokiya (Russie).

**Son masculin** : Eudoxe.

## EUGÉNIE

### Evguénia

**D'où vient-elle ?** Eugénie signifie en grec « bien née ».

**On la fête** le 7 février. Sainte Eugénie fut la fondatrice d'une congrégation destinée à la prière pour les âmes des défunts, dans le Nord de la France au XIXe siècle.

**On la fête** aussi le 25 décembre. Sainte Eugénie, fille du gouverneur d'Alexandrie, entra dans un monastère en se faisant passer pour un homme. Le subterfuge réussit et elle guérit de nombreuses malades. L'une d'elles voulut récompenser le moine en lui offrant ses charmes. Vexée de son refus, elle saisit le tribunal en prétextant un viol. Eugénie, devant l'arène, révéla sa féminité. Mais elle subit néanmoins le martyre.

**Elle serait...** charmeuse et joyeuse, sensible et affectueuse, éloquente et habile. Elle sait très bien tirer parti de ses atouts.

**Elle l'a porté :** Eugénie de Montijo, née en Espagne en 1826, épouse de Napoléon III. Elle eut une importante influence dans la vie politique et artistique de la France. Elle mourut à Madrid en 1920.
**Elle le porte :** la princesse Eugénie d'York, fille du prince Andrew.
**Son évolution :** en vogue au XIX$^{e}$ siècle, Eugénie revient discrètement depuis 1980, dans les familles BCBG.
**Dans nos régions :** Eguene, Eguskina, Eukene, Eukeni (Pays basque), Üschoni (Alsace).
**À l'étranger :** Eizenija (Lettonie), Euch (Flandre), Eugenia (Allemagne, Espagne, Italie, Portugal), Evguecha, Evguénia (Grèce, Russie), Yevguine, Yevkine (Arménie).
**Son masculin :** Eugène.

## EULALIE

**D'où vient-elle ?** Eulalie signifie en grec « bonne parole ».
**On la fête** le 12 février. Sainte Eulalie, enfant de 12 ans à Barcelone au III$^{e}$ siècle, alla reprocher au magistrat de persécuter les chrétiens. Elle fut brûlée vive le jour même.
**Elle serait...** sensible et affectueuse, tranquille et idéaliste. Elle apprécie le calme, prend son temps, sait s'organiser mais à son rythme. Elle supporte mal qu'on la bouscule.
**Son évolution :** on rencontrait Eulalie parfois au XIX$^{e}$ siècle, elle a disparu aujourd'hui.
**Dans nos régions :** Eulali, Eulalio (Provence), Olalia (Pays basque).
**À l'étranger :** Eulalia (Espagne, Italie), Laïa (Catalogne).

## EUNICE

**D'où vient-elle ?** Eunice, d'origine grecque, signifie « bonne victoire ».
**On la fête** le 11 mars. Sainte Eunice vivait en Asie Mineure au I$^{er}$ siècle. Elle fut la mère de saint Timothée.
**Elle serait...** artiste, sociable, communicative et enjouée. Elle a besoin de s'exprimer, d'échanger, de créer. Elle consacre beaucoup d'énergie à rechercher le succès, mais a tendance à se disperser.
**Elle le porte :** l'athlète française Eunice Barber.
**Son évolution :** Eunice est un prénom courant dans les pays anglophones.
**À l'étranger :** Evnikia (Russie).

## EUPHRASIE

### Eufrasia

**D'où vient-elle ?** Euphrasie signifie en grec « qui parle bien ».
**On la fête** le 13 mars. Sainte Euphrasie, fille d'un très riche noble de Constantinople au V$^{e}$ siècle, distribua tous ses biens aux pauvres et vécut une vie d'extrême austérité dans un monastère.
**Elle serait...** sensible et timide. Elle redoute les difficultés, car elle se sait vulnérable et préfère la solitude à la compagnie pour éviter les blessures affectives.
**Son évolution :** Euphrasie, assez discrète au XIX$^{e}$ siècle, a disparu aujourd'hui.
**À l'étranger :** Eufrasia (Espagne).
**Son masculin :** Euphraste.

## EUPHROSINE

### Eufrosina, Eufruzsina, Euphrosyne

**D'où vient-elle ?** Euphrosine signifie en grec « bel esprit ».
**On la fête** le 11 février. Sainte Euphrosine refusa de se marier avec le prétendant imposé par son père à Alexandrie, au V$^{e}$ siècle, et s'enfuit pour se réfugier dans un monastère d'hommes. Ce n'est qu'à sa mort que le subterfuge fut découvert. Dans la mythologie grecque, Euphrosyne est le prénom de l'une des trois Grâces, avec Thalie et Aglaé.
**Elle serait...** discrète et prudente. Soucieuse de ne pas déranger, elle assume seule ses problèmes et se confie peu.
**Son évolution :** ce prénom, parfois rencontré au XIX$^{e}$ siècle, est très rare aujourd'hui.
**Sa cousine :** Euphrosyne.

**À l'étranger** : Eufrosina (Espagne, Roumanie), Eufruzsina (Hongrie).

## EURIDICE
### Eurydice

**D'où vient-elle ?** Euridice signifie en grec « justicière ».
**On la fête** le 10 novembre avec Nymphe.
**Elle serait...** rapide, mobile, adaptable. Elle aime le mouvement, le changement, les voyages, les aventures et les plaisirs. Tout un programme !
**Elle l'a porté :** dans la mythologie grecque, Euridice est la femme d'Orphée. Elle meurt et descend aux enfers. Orphée vient supplier le dieu des enfers de la lui rendre. L'accord est conclu à la condition qu'il ne se retourne pas sur le chemin du retour. Trop impatient, il se retourne et Euridice disparaît à tout jamais.
**Son évolution :** ce prénom mythologique est très rare.
**Sa cousine** : Eurydice.

## EUSÉBIE
### Eusebia

**D'où vient-elle ?** Eusébie signifie en grec « pieuse ».
**On la fête** le 7 octobre. Sainte Eusébie avait 14 ans lorsqu'elle entra au couvent, à Marseille. Peu de temps après, les Maures envahirent la ville, pillèrent, violèrent et tuèrent une grande partie de la population. Les moniales, pour éviter le viol, se mutilèrent le visage. Eusébie fut transpercée d'un glaive par son agresseur.
**Elle serait...** curieuse, imaginative et rapide. Tout l'intéresse et elle ne sait pas toujours où donner de la tête, ce qui nuit un peu à sa concentration.
**Son évolution :** ce prénom a toujours été très rare.
**Dans nos régions :** Eusebe, Eusebia, Euxebi (Pays basque), Ousébie (Provence).
**À l'étranger :** Eusebia (Allemagne, Grande-Bretagne, États-Unis, Pologne).
**Son masculin** : Eusèbe.

## EUSTASIE

**D'où vient-elle ?** Eustasie signifie en grec « qui se tient bien debout ».
**On la fête** le 29 mars avec Eustase.
**Elle serait...** généreuse et idéaliste. Elle pense davantage aux autres qu'à elle-même et espère toujours un monde meilleur et plus juste.
**Son évolution :** ce prénom a toujours été très rare.
**Son masculin** : Eustase.

## ÉVA
### Évita

**D'où vient-elle ?** Éva est une forme espagnole et italienne d'Ève, qui signifie en hébreu « vivante ».
**On la fête** le 14 mars avec Ève.
**Elle serait...** énergique, autoritaire et indépendante. Elle a besoin de diriger, de commander et ne supporte pas la moindre contrainte.
**Elle l'a porté :** Eva Duarte, née en Argentine, qui, à 15 ans, devint chanteuse et comédienne à Buenos Aires avant d'épouser le général Peron, qui devint Président. Elle joua un rôle social important et fit l'objet d'un culte dans son pays. Elle mourut en 1952, à 33 ans.
**Elles le portent :** l'actrice américaine Eva Longoria, vedette de la série *Desperate Housewives*, l'actrice française Eva Green.

**Son évolution :** ce prénom est en vogue depuis 1990.
**Sa forme initiale :** Ève.
**Son diminutif :** Évita.

## ÉVANGÉLINE

### Evangelia, Evangelina, Evangélista

**D'où vient-elle ?** Évangéline signifie en grec « bonne nouvelle ».
**On la fête** le 24 juin avec Jean l'Évangéliste.
**Elle serait...** travailleuse, organisée et déterminée. Elle planifie, gère, construit. Évangéline est une bâtisseuse née, dans l'intellectuel comme dans le matériel.
**Elle le porte :** l'actrice Evangeline Lilly.
**Son évolution :** ce prénom, connu depuis longtemps en Grèce, est rare en France.
**À l'étranger :** Evangelia (Grèce), Evangelina (Espagne, Italie), Evangélista (Espagne).

## ÈVE

### Éva, Evaëlle

**D'où vient-elle ?** Ève signifie en hébreu « vivante ».
**On la fête** le 14 mars. Sainte Ève de Liège fut religieuse cistercienne et mourut en 1266.
**Elle serait...** indépendante et énergique. Impatiente et curieuse, elle ne tient pas en place et cherche l'aventure, courant le risque de se disperser.
**Elle l'a porté :** Ève est, selon la Bible, la première femme de l'humanité, créée à partir d'une côte d'Adam. Elle tenta Adam qui succomba et croqua le fruit de l'arbre défendu. Elle est la mère d'Abel et de Caïn.
**Elles le portent :** la journaliste Ève Ruggieri, la chanteuse Ève Angeli.
**Son évolution :** Ève, connue depuis la nuit des temps, n'a jamais été un prénom très répandu. Aujourd'hui, elle est moins fréquente qu'Éva.
**Sa forme initiale :** Hawa.
**Dans nos régions :** Evaëlle (Bretagne).
**À l'étranger :** Aaf, Eefje, Ifken (Flandre), Aoibheann, Aoibhin, Eabha (Irlande), Eeva, Eevi (Finlande), Efa, Eubh, Eubha (pays de Galles), Eubh, Eubha, Eva, Evacska (Hongrie), Evchen (Allemagne), Evka (Pays de l'est), Ewa, Ewe (Pologne), Haoua (Pays arabes), Ieva (Russie).

## ÉVELYNE

### Evalaine, Eveline

**D'où vient-elle ?** Évelyne est une variante d'Ève, qui signifie en hébreu « vivante ».
**On la fête** le 14 mars avec Ève.
**Elle serait...** réfléchie et rationnelle. Elle avance lentement mais sûrement dans la vie. Sociable, elle recherche la compagnie.
**Elles le portent :** les présentatrices de télévision Évelyne Dhéliat et Évelyne Thomas, l'actrice Évelyne Bouix.
**Son évolution :** ce prénom, qui était assez fréquent dans les années 1940, a disparu.
**Ses cousines :** Evalaine, Eveline.
**Dans nos régions :** Erevina (Polynésie).
**À l'étranger :** Aibhilin, Aibhlinn, Eibblin (Irlande), Eibhilin, Eveliina (Finlande), Evelina (Espagne), Evelyn (Grande-Bretagne, États-Unis), Ewalina (Hawaï).

## EVIE

**D'où vient-elle ?** Evie est une variante récente d'Ève, d'origine hébraïque, qui signifie « vivante ».
**On la fête** le 14 mars avec Ève.
**Elle serait...** éprise de liberté, d'indépendance et de plaisirs. Elle est active, rapide et s'adapte à toutes les situations. L'aventure l'enchante, car elle a le goût du risque, mais il ne faut pas lui parler de contraintes ou de difficultés.
**Son évolution :** Evie est un des prénoms favoris pour les filles en Angleterre et au pays de Galles. Il gagne tous les pays anglophones.
**Ses cousines :** Éva, Ève.

# F

## FABIENNE

**Fabia, Fabianne, Fabiola**

**D'où vient-elle ?** Fabienne, d'origine latine, signifie « de la famille Fabius ».

**On la fête** le 27 décembre. Sainte Fabiola, riche patricienne romaine, se maria, puis devenue veuve, se remaria, ce qui était contraire aux principes chrétiens. À la mort de son second époux, elle consacra sa fortune à la création du premier hôpital d'Occident pour les pauvres. Elle mourut en 499.

**Elle serait...** intuitive, affective et un peu irréaliste. La patience n'est pas son fort. Elle veut tout et tout de suite, et ne sait pas tenir sa langue.

**Elle le porte :** la chanteuse canadienne Fabienne Thibeault.

**Elle l'a porté :** la reine des Belges, Fabiola de Mora y Aragón, épouse du roi Baudouin.

**Son évolution :** Fabienne est apparue dans les années 1950. Elle a atteint son meilleur niveau en 1970, puis elle est devenue un classique rare. En revanche, Fabiola était fréquente en Espagne.

**Ses cousines :** Fabia, Fabianne.

**Dans nos régions :** Fabiana (Pays basque), Fabiano, Fabie (Provence).

**À l'étranger :** Fabiana (Espagne, Flandre, Italie), Fabiola (Espagne).

**Son masculin :** Fabien.

## FADELA

**Fadella, Fadhila, Fadila**

**D'où vient-elle ?** Fadela signifie en arabe « vertu ».

**Elle serait...** indépendante et volontaire. Elle sait très bien rebondir en cas de difficultés et s'adapter à toutes les situations.

**Elle le porte :** la femme politique Fadela Amara.

**Son évolution :** ce prénom est bien connu des familles de culture arabe.

**Ses cousines :** Fadella, Fadhila, Fadila.

## FALLON (mixte)

**Fallamhan, Fallone, Fathleann**

**D'où vient-elle ?** Fallon signifie en irlandais « celle qui commande ».

**Elle serait...** une épouse attentionnée, une mère affectueuse, une femme d'intérieur hors pair.

**Son évolution :** ce prénom contemporain gagne en popularité en Irlande.

**Ses cousines :** Fallamhan, Fallone, Fathleann.

**Son masculin :** Fallon est mixte avec une prédominance nettement féminine.

## FANNY

**Fannie**

**D'où vient-elle ?** Fanny est une variante de Françoise, qui signifie en latin « originaire du peuple franc ».

**On la fête** le 9 mars avec Françoise.

**Elle serait...** très attachée aux valeurs familiales et aux traditions. Raffinée, elle apprécie le beau, l'harmonie. Elle est assez vulnérable affectivement.

**Elle l'a porté :** *Fanny* est le titre du second épisode de la trilogie marseillaise, réalisé en 1939 par Marc Allégret d'après l'œuvre de Marcel Pagnol.

**Elle le porte :** la comédienne Fanny Ardant.

**Son évolution :** ce prénom est apparu au XIX$^{e}$ siècle, venant d'Angleterre. La Provence l'a adopté très vite. C'est dans les années 1990

que Fanny a été le plus fréquent dans l'ensemble du pays.
**Sa cousine** : Fannie.

## FANTINE

**D'où vient-elle ?** Fantine signifie en latin « enfant ».
**On la fête** le 30 août avec Fantin.
**Elle serait...** douce, calme et sereine. Elle recherche l'harmonie, les relations stables. Intuitive et fine, elle est très perméable aux ambiances.
**Elle l'a porté :** Fantine est la mère de Cosette dans les *Misérables*, roman de Victor Hugo, paru en 1862.
**Son évolution :** ce prénom est apparu en France dans les années 1990; il est courant aujourd'hui.
**Son masculin** : Fantin.

## FATIMA

**Fathma, Fatim, Fatimata, Fatma, Fatouma, Fatoumata, Fattoum, Fattouma**

**D'où vient-elle ?** Fatima, d'origine arabe, signifie « qui sèvre ». Mais Fatima est aussi le nom d'un village au Portugal, où trois très jeunes bergers, Lucie, Jacinta et Francisco, y déclarèrent avoir eu plusieurs apparitions de la Vierge en 1915, 1916 et 1917. Un sanctuaire, Notre-Dame de Fatima, lieu de pèlerinage, fut édifié sur le lieu des apparitions.
**Elle serait...** vive, amusante et pleine de fantaisie. Elle veut une vie pleine de mouvement, de surprises, de découvertes. Quant au travail, elle ne s'y intéresse que par obligation.
**Elle l'a porté :** Fatima fut la fille préférée du prophète Mahomet ; elle naquit vers 604 et, perdant sa mère à 7 ans, elle fut très proche de son père et s'occupa de son foyer. Son père la maria à Ali avant de mourir.
**Son évolution :** Fatima est l'un des grands prénoms de l'islam, et elle est très présente également au Portugal, en l'honneur de la Vierge de Fatima.
**Ses cousines :** Fathma, Fatim, Fatimata, Fatma, Fatouma, Fatoumata, Fattoum, Fattouma.
**À l'étranger** : Fatime (Hongrie).
**Son masculin** : Fatim.

## FAUSTINE

**Fausta**

**D'où vient-elle ?** Faustine, d'origine latine, signifie « riche ».
**On la fête** le 5 octobre. Sainte Faustine fut une religieuse polonaise au début du XX^e^ siècle, canonisée par le pape Jean-Paul II en 2000.
**Elle serait...** dynamique, rapide et curieuse. Elle vit à 100 à l'heure, est toujours en quête de nouveauté et de changement, ce qui peut la mener à une certaine instabilité.
**Elles l'ont porté :** Faustine l'Ancienne épousa l'empereur Antonin le Pieux en 126. Elle eut 4 enfants, et fut divinisée à sa mort en 140. Faustine la Jeune est la fille de la précédente. Elle épousa son cousin germain Marc Aurèle en 146 et accompagna son époux dans ses campagnes militaires. Pour cette raison, elle fut nommée « mère des camps ». Elle mourut d'ailleurs pendant une campagne en 175.
**Son évolution :** ce grand classique de l'Antiquité connut une éclipse de plusieurs siècles avant de réapparaître dans les années 1990. Faustine reste discrète, mais est toujours présente.
**À l'étranger :** Fausta (Espagne, Italie), Faustina (Italie).
**Ses masculins** : Faust, Faustin, Faustinien.

## FAYE

**Foy**

**D'où vient-elle ?** Faye est la forme anglaise de Foy, qui signifie « foi ».
**On la fête** le 6 octobre. Sainte Foy, issue d'une riche famille gallo-romaine, avait 12 ans lorsqu'elle demanda le baptême. Elle fut aussitôt condamnée à être brûlée, puis décapitée en 303. Sa renommée s'est étendue en Espagne, au Portugal et même sur le continent américain où de nombreuses villes portent son nom (Santa Fe).

**Elle serait...** charmante, et elle le saurait. Aussi utilise-t-elle son charisme pour satisfaire ses ambitions qui sont grandes.
**Elle le porte :** l'actrice et productrice américaine Faye Dunaway
**Son évolution :** alors que Foy a disparu en France, Faye est en vogue aux États-Unis.
**Sa forme initiale :** Foy.
**À l'étranger :** Fe (Espagne).

## FÉBRONIE
### Febronia

**D'où vient-elle ?** Fébronie signifie en latin « fièvre ».
**On la fête** le 25 juin. Sainte Fébronie, chrétienne en Syrie, subit le martyre au IV^e^ siècle. Elle est très vénérée dans ce pays.
**Elle serait...** conciliante et sociable. Elle s'épanouit dans le travail d'équipe, en particulier dans les associations et les partenariats.
**Son évolution :** ce prénom, connu dans l'Antiquité, est très rare aujourd'hui.
**À l'étranger :** Febronia (Italie).

## FÉLICIE
### Félicia, Féliciane, Félicienne, Félicité

**D'où vient-elle ?** Félicie signifie en latin « heureuse ».
**On la fête** le 10 mai. Sainte Félicie, épouse de saint Isidore, cultivateur en Espagne, au XII^e^ siècle, furent tous les deux des modèles de piété.
**Elle serait...** sociable mais réservée, indépendante mais très attachée aux siens. Bien que chaleureuse, elle défend jalousement son jardin secret.
**Elle le porte :** le personnage de la chanson interprétée par Fernandel *Félicie aussi*.
**Son évolution :** en vogue au XIX^e^ siècle, Félicie revient discrètement.
**Ses cousines :** Féliciane, Félicienne, Félicité.
**Dans nos régions :** Felisia (Bretagne), Félixa, Felixi, Felixia, Felizia (Pays basque).
**À l'étranger :** Felcia (Pologne), Félicia (Allemagne, Écosse, Hongrie, Italie), Féliciana (Portugal), Felisa (Espagne), Félitsa (Russie), Felizia (Allemagne, Italie), Filizia (Italie).
**Ses masculins :** Félicien, Félix .

## FÉLICITÉ
### Felicity

**D'où vient-elle ?** Félicité est une variante de Félicie, d'origine latine, qui signifie « heureuse ».
**On la fête** le 23 novembre. Sainte Félicité, veuve romaine au II^e^ siècle, subit le martyre avec ses fils.
**On la fête** aussi le 7 mars. Sainte Félicité, esclave chrétienne à Carthage, attendait un enfant lorsqu'elle fut arrêtée avec plusieurs compagnons. Elle accoucha en prison, confia son enfant à une chrétienne trois jours plus tard, au moment d'être livrée aux fauves, en 203.
**Elle serait...** active et organisée, ce qui lui permet d'abattre beaucoup de besogne et d'atteindre ses objectifs, car elle est aussi très déterminée.
**Elle le porte :** Felicity Huffman, actrice américaine, l'une des héroïnes de la série *Desperate Housewives*.
**Son évolution :** ce prénom a eu un bref succès au XIX^e^ siècle, il est très rare aujourd'hui.
**Dans nos régions :** Felizitate (Pays basque).
**À l'étranger :** Felicita, Filicina (Italie), Felicitad (Espagne), Felicitas (Allemagne), Felicity (Grande-Bretagne, États-Unis), Felissada, Felissata, (Russie).
**Son masculin :** Félix.

## FERNANDE
### Ferdinande

**D'où vient-elle ?** Fernande, d'origine germanique, signifie « qui ose la paix ».
**On la fête** le 30 mai avec Fernand.
**Elle serait...** hypersensible et assez vulnérable. Discrète et prudente, elle avance lentement, après avoir pris les précautions nécessaires à sa sécurité affective.
**Son évolution :** on rencontrait Fernande parfois au début du XX^e^ siècle, mais ce prénom ne fut

jamais très fréquent. Il a disparu aujourd'hui.
**Sa cousine :** Ferdinande.
**Dans nos régions :** Ferranda, Ferrera, Ferrexon (Pays basque).
**À l'étranger :** Ferdinanda, Fernandina (Espagne), Fernanda (Espagne, Italie, Portugal).
**Ses masculins :** Ferdinand, Fernand.

## FIONA

**D'où vient-elle ?** Fiona, d'origine irlandaise, signifie « belle ».
**On la fête** le 6 octobre. Sainte Fiona fut une abbesse en Irlande, à Kildare, au IX^e siècle. On ne sait rien d'autre sur sa vie.
**Elle serait...** sensible, émotive et exigeante, ce qui l'expose à d'amères déceptions. Son idéalisme la pousse à se fixer des objectifs qui ne sont pas toujours à sa portée.
**Elles le portent :** la chanteuse américaine Fiona Apple, la comédienne Fiona Gélin, la princesse Fiona, personnage du dessin animé *Shreck*, dont le premier épisode parut en 2001.
**Son évolution :** lancé par un poète irlandais au XIX^e siècle, ce prénom fut courant en Irlande, puis aux États-Unis. Il est rare en France.

## FIONNULA
**Fénella, Finola, Fionnuala, Nuala**

**D'où vient-elle ?** Fionnula, d'origine irlandaise, signifie « jeune fille aux épaules blanches ».
**Elle serait...** énergique, volontaire, courageuse et organisée. Susceptible et ombrageuse, elle accepte mal les critiques et les échecs.
**Elle l'a porté :** dans la mythologie celte, Fionnula est la fille du dieu de la mer, transformée en cygne par sa belle-mère jalouse de sa beauté et condamnée à errer sur un lac pendant 900 ans. Nuala commence à se manifester timidement, dans le sillage des masculins Niol et Niels.
**Son évolution :** ce prénom, bien connu en Irlande ainsi que ses diminutifs, est très rare en France.
**Ses cousines :** Fénella, Finola.
**Ses diminutifs :** Nola, Noleen, Nuala.

## FIRMINE
**Firmiane, Firminie**

**D'où vient-elle ?** Firmine, d'origine latine, signifie « ferme dans ses convictions ».
**On la fête** le 24 novembre. Sainte Firmine fut arrêtée et brûlée vive en 303, près de Spolète en Italie
**Elle serait...** d'une compagnie agréable, conciliante et diplomate. Elle est faite pour les associations, les partenariats, car elle a besoin d'avoir une présence amicale à ses côtés.
**Elle le porte :** la comédienne Firmine Richard.
**Son évolution :** ce prénom n'a jamais été courant.
**Ses cousines :** Firmiane, Firminie.
**Dans nos régions :** Fermina (Pays basque).
**À l'étranger :** Firmina (Allemagne, Italie).
**Son masculin :** Firmin.

## FLANNERY

**D'où vient-elle ?** Flannery, d'origine gaélique, signifie « qui a les sourcils roux ».
**Elle serait...** charmante, charmeuse, épicurienne et indépendante. Le travail est pour elle un mal nécessaire.
**Elle l'a porté :** Flannery O'Connor, romancière américaine du début du XX^e siècle.
**Son évolution :** ce prénom, bien connu en Irlande, a été révélé en France par la romancière à un petit cercle. Il est très rare.

## FLAVIE
**Flavia**

**D'où vient-elle ?** Flavie signifie en latin « blonde ».
**On la fête** le 24 février avec Flavien.
**Elle serait...** séduisante sans être provocante, idéaliste et perfectionniste. Elle travaille dur pour atteindre ses objectifs, mais privilégie néanmoins sa vie de famille.
**Elle l'a porté :** Flavie, épouse de l'empereur Constantin I^er, fut soupçonnée d'adultère avec son beau-fils. Son mari la fit ébouillanter dans son bain en 326.

**Elle le porte :** Flavie Flament, animatrice de télévision et de radio.
**Son évolution :** ce prénom, qui était très courant dans l'Antiquité, réapparut discrètement au XIX^e siècle. Après une nouvelle disparition, il émerge depuis 1990.
**À l'étranger :** Flavia (Espagne, Grande-Bretagne, États-Unis, Italie), Fulvia (Italie).
**Son masculin :** Flavien.

## FLEUR
### Fleurance, Fleurimonde

**D'où vient-elle ?** Fleur est la traduction française de Flore, d'origine latine, qui signifie « fleur ».
**On la fête** le 5 octobre. Sainte Fleur, religieuse dans le Quercy au XIV^e siècle, consacra sa vie aux soins des malades de l'hospice de sa ville. Elle est la patronne de toutes les filles portant des prénoms de fleurs.
**Elle serait...** vive et gaie, généreuse, sincère et franche, mais aussi fantaisiste et indisciplinée. Extrêmement dynamique, elle est tout feu tout flamme.
**Son évolution :** ce prénom a toujours été rare, on lui préfère celui de Flore.
**Ses cousines :** Fleurance, Fleurimonde.

## FLORA

**D'où vient-elle ?** Flora est la forme italienne de Flore, qui signifie en latin « fleur ».
**On la fête** le 24 novembre. Sainte Flora, chrétienne à Cordoue sous l'occupation musulmane, subit le martyre en 851.
**Elle serait...** pourvue d'un profond sens de l'analyse et d'un esprit critique exacerbé, doublés d'une grande intuition. Rien ne lui échappe.
**Elles l'ont porté :** Flora, la déesse des fleurs dans la mythologie romaine, dont le culte était célébré chaque année, 5 nuits durant, fin avril début mai. Ces floralies donnaient lieu à des danses, des chants et des représentations théâtrales, et souvent à des orgies. La femme de lettres Flora Tristan, militante féministe et socialiste, née en 1844. L'écrivain Flora Groult, féministe engagée, qui écrivit plusieurs ouvrages avec sa sœur Benoîte.
**Son évolution :** ce prénom, illustre à Rome dans l'Antiquité, a toujours été discret.

## FLORE
### Fleur, Fleurance, Fleurimonde, Flora, Florabelle, Floraine, Floréale, Florelle, Florence, Florette, Floriane, Florianne, Florie, Florimonde, Florina, Florinde, Florine

**D'où vient-elle ?** Flore signifie en latin « fleur ».
**On la fête** le 24 novembre avec Flora.
**Elle serait...** intuitive, créative, un peu rêveuse aussi. Les contingences matérielles l'assomment, elle est dévouée corps et âme à son environnement familial.
**Son évolution :** ce prénom n'a jamais été très courant, moins que ses cousines Florence ou Floriane.
**Ses cousines :** Fleur, Fleurance, Fleurimonde, Florabelle, Floraine, Floréale, Florelle, Florence, Floriane, Florianne, Florie, Florimonde, Florina, Florinde, Florine.
**Dans nos régions :** Florella, Florenta (Pays basque), Floreta (Gascogne).
**À l'étranger :** Fionnaghal (Irlande), Fiora, Fiorella, Florella et Floriana (Italie), Fioraidh, Floraidh et Florag (pays de Galles), Floor, Floorken (Flandres), Flor (Espagne), Flora (Espagne, Grande-Bretagne, États-Unis, Hongrie, Italie), Flores (Mexique), Florinda (Allemagne).
**Son diminutif :** Florette.
**Ses masculins :** Florian et Floris.

## FLORENCE
### Florange, Florentienne, Florentine

**D'où vient-elle ?** Florence signifie en latin « florissante ».
**On la fête** le 1^er décembre. Sainte Florence, païenne en Asie Mineure, rencontra saint Hilaire de Poitiers en exil. Il la convertit et elle le suivit lorsqu'il revint en France, pour prendre le voile.

Elle mourut dans son couvent en 367.

**Elle serait...** esthète et éprise d'équilibre et d'harmonie. Cela ne l'empêche pas d'avoir les pieds sur terre. Sa motivation est étroitement liée à la qualité de son environnement.

**Elles le portent :** l'humoriste Florence Foresti, la navigatrice Florence Arthaud.

**Son évolution :** ce prénom est un classique des années 1960. Il est rare aujourd'hui.

**Dans nos régions :** Florenço (Provence), Florentxa, Florentxi, Florentza, Florentzia, Florintxa (Pays basque).

**À l'étranger :** Fiorenza, Fiurentina, Florenza, (Italie), Floireans (pays de Galles), Florencia (Catalogne, Espagne), Florentyna (Pologne), Flossie (Grande-Bretagne, États-Unis).

**Ses cousines :** Florange, Florentienne, Florentine.

**Son masculin :** Florent.

## FORTUNÉE

### Fortunata

**D'où vient-elle ?** Fortunée, d'origine latine, signifie « chance ».

**On la fête** le 23 avril avec Fortunat.

**Elle serait...** émotive et susceptible, car elle a le souci de bien faire et déteste l'échec. Elle est à la fois sociable et réservée, travailleuse et éprise des plaisirs de la vie.

**Son évolution :** on rencontrait ce prénom à la fin du XIX^e^ siècle, comme Aimée ou Désirée. Il est devenu rarissime.

**À l'étranger :** Fortunata (Espagne, Italie).

**Son masculin :** Fortunat.

## FRANCE

### Franca, França, Franka

**D'où vient-elle ?** France signifie en latin « de France ».

**On la fête** le 9 mars avec Françoise.

**Elle serait...** volontaire, énergique et passionnée, sous une apparence de grande douceur. Elle donne beaucoup à son entourage, mais attend aussi beaucoup en retour.

**Elle l'a porté :** la chanteuse France Gall.

**Son évolution :** apparue au début du XX^e^ siècle, France a toujours été rare.

**Dans nos régions :** França (Gascogne).

**À l'étranger :** Franca (Italie), Franka (Allemagne).

**Son masculin :** Franck.

## FRANÇOISE

### Fanchenn, Fanchon, Fannette, Fanny, Frances, Francesca, Franciane, Francine, Paquita, Soizic

**D'où vient-elle ?** Françoise signifie en latin « originaire du peuple franc ».

**On la fête** le 9 mars. Sainte Françoise, née à Rome au XIV^e^ siècle, voulait entrer dans les ordres, mais son père la maria. Soumise à la décision paternelle, elle mena une vie de piété et de pénitence, se consacrant à l'éducation de ses enfants et aux œuvres caritatives.

**Elle serait...** douce et calme, généreuse et altruiste. Sa grande sensibilité la rend vulnérable et elle a tendance à se réfugier dans les rêves à la moindre difficulté.

**Elles le portent :** la chanteuse Françoise Hardy, la femme politique Françoise de Panafieu, l'écrivain Françoise Chandernagor.

**Son évolution :** prénom classique entre 1940 et 1960, Françoise est rarissime aujourd'hui.

**Ses cousines :** Fanchenn, Franciane, Francine.

**Dans nos régions :** Fanchon, Fanseza, Franceza, Franseza, Fransoez, Franzoez, Seza, Sezaïc, Sezaïg, Soaz, Soazic, Soizic, Soizig, Ziska (Bretagne), Fanny, Franceso, Françoun (Provence), Frantsesa, Frantxa, Frantzesa, Frantziska, Patxika, Prantxiska (Pays basque).

**À l'étranger :** Cesca, Fani, Fania (Italie), Fanni (Finlande, Hongrie), Fransis, Frannsaidh (pays de Galles), Fraciska, Fransi (Hongrie), Frances (Grande-Bretagne, États-Unis), Francesca (Espagne, Italie), Francina, Paquita (Espagne), Francisca (Espagne, Portugal), Franciska (Allemagne, Hongrie), Franciszka (Pologne), Franeka, Franja (pays de l'Est), Frangag, Fransje

# Chez les Mérovingiens

L'histoire de France est une riche source d'inspiration pour les futurs parents. Un grand nombre de prénoms nous viennent du haut Moyen Âge, en vogue encore aujourd'hui, comme Alix, ou complètement désuets, comme Cunégonde. Certains ont disparu, ce n'est guère étonnant. Visite chez les dames du temps passé…

**Adalsinde**
**Adélaïde***
**Adèle***
**Aelflède**
**Agilberte**
**Alix***
**Amalberge**
**Amalsonthe**
**Ansegisèle**
**Arégonde**
**Arnegonde**
**Aubierge**
**Audovére**
**Ausgarde**
**Basine**
**Bathilde***
**Béraude**
**Bertrade**
**Bilichilde**
**Brunehaut***
**Burgondofare**
**Childesinthe**
**Clotilde***
**Cunégonde***
**Désirée***
**Doda**
**Eaula**
**Edith***
**Edwige***
**Ercongote**
**Ermengarde**
**Ermenilde***
**Fastrade**
**Frédégonde***
**Galswinthe***
**Genovefa**
**Gersande***
**Gertrude***
**Gisèle***
**Gisla**
**Godegisèle**
**Hermenberg**
**Hildegarde**
**Hildeswinthe**
**Hiltrude**
**Ingeburge***
**Ingonde**
**Luitgarde**
**Mahaut***
**Marcatrude**
**Marcovèfe**
**Mathilde***
**Mechtilde**
**Méroflède**
**Nanthilde**
**Oda**
**Osburge**
**Perronelle**
**Pétronille***
**Plectrude**
**Radegonde**
**Ragnetrude**
**Richilde**
**Rotrude**
**Salaberge**
**Sichilde**
**Swanahilde***
**Théodechilde**
**Théodelinde**
**Théodrade**
**Theutberge**
**Ultrogothe**
**Vénérande**
**Waldrade**
**Wisigarde**
**Yolande***
**Ysabeau**

** Les prénoms suivis d'une astérisque font l'objet d'un article dans ce livre.*

(Flandre), Frantiska (République tchèque), Franziska (Allemagne).
**Son diminutif :** Fannette.
**Son masculin :** François.

## FRÉDÉGONDE

**D'où vient-elle ?** Frédégonde, d'origine germanique, signifie « paix du monde ».
**Elle serait...** souple et conciliante, émotive et dévouée. Elle recherche l'équilibre, la stabilité, l'harmonie.
**Elle l'a porté :** Frédégonde, qui avait pour ambition de devenir reine de Neustrie en épousant Chilpéric Ier dont elle était la maîtresse. Un ennui : il était déjà marié avec Galswinthe. Frédégonde la fit tuer et épousa le roi. Mais la sœur de Galswinthe, Brunehaut, épouse du frère du roi, Sigebert Ier, voulut venger sa sœur. Ce fut le début d'une terrible lutte entre Chilpéric et Sigebert, Frédégonde n'hésitant pas à faire assassiner tous ceux qui la dérangeaient.
**Son évolution :** ce prénom médiéval est rarissime, sans doute entaché de la réputation de la reine de Neustrie.

## FRÉDÉRIQUE

**Frida, Rika**

**D'où vient-elle ?** Frédérique, d'origine germanique, signifie « paix du roi ».
**On la fête** le 18 juillet avec Frédéric.
**Elle serait...** un peu excessive, passionnée et pleine d'imagination. Pas de demi-mesure pour elle. C'est tout ou rien.
**Son évolution :** ce prénom fut en vogue dans les années 1970. Il est rare aujourd'hui.
**Elle le porte :** Frédérique Hébrard, romancière, auteur des *Demoiselles d'Avignon*, qui fut adapté à la télévision en 1972 et remporta un grand succès.
**À l'étranger :** Chicca, Frederica, (Italie), Federica (Espagne, Italie), Ferika, Ferike (Hongrie), Fredrika (Suède), Freken (Flandre), Fridrika (Islande), Frederika, Frida, Friedderike, Friederike, Frika, Rika (Allemagne), Fryda (Portugal).
**Son masculin :** Frédéric.

## FREYA

**D'où vient-elle ?** Freya, d'origine scandinave, signifie « noble dame ».
**Elle serait...** une vraie meneuse ! Indépendante, courageuse, intrépide même, elle conduit sa vie tambour battant. Elle possède beaucoup d'énergie, une grande puissance de travail et une forte ambition.
**Elles le portent :** dans la mythologie scandinave, Freya est la déesse de l'amour et de la fécondité. Ce prénom est celui de la femme politique néerlandaise Freya van der Bossche.
**Son évolution :** Freya est en vogue en Angleterre et au pays de Galles depuis 2005.

## FRIDA

**Fryda**

**D'où vient-elle ?** Frida est une forme allemande de Frédérique, d'origine germanique, qui signifie « paix du roi ».
**On la fête** le 18 juillet avec Frédéric.
**Elle serait...** charmante, mais assez passive, déroutée par son ambition de grandeur et sa volonté, paradoxale, de se laisser porter par les événements.
**Elle l'a porté :** l'artiste peintre mexicaine Frida Kahlo.
**Son évolution :** ce prénom, courant en Allemagne et aux Pays-Bas, est rare en France.
**Sa cousine :** Fryda.

## FROSINE

**D'où vient-elle ?** Frosine est un prénom littéraire d'une pièce de Molière.
**Elle serait...** vive, communicative, passionnée et entreprenante. Elle n'hésite pas à multiplier les expériences avant de se fixer.
**Elle l'a porté :** dans l'*Avare*, de Molière, Frosine est une jeune femme intrigante.
**Son évolution :** ce prénom est très rare, comme la plupart des prénoms littéraires.

## GABRIELLE

**Gabsy, Gaby**

**D'où vient-elle ?** Gabrielle, d'origine hébraïque, signifie « force de Dieu ».

**On la fête** le 26 juin. Sainte Gabrielle, religieuse de l'ordre des Filles de la Charité, fut guillotinée sous la Révolution.

**Elle serait...** énergique et volontaire, ambitieuse et travailleuse. Toutes les qualités pour réussir un beau parcours. Avec, en plus, beaucoup de générosité.

**Elle l'a porté :** Gabrielle d'Estrées, favorite d'Henri IV à partir de 1591, qui mourut quelques heures avant d'épouser le souverain, en 1599.

**Elles le portent :** la comédienne Gabrielle Lazure, la joueuse de tennis Gabriella Sabatini.

**Son évolution :** ce prénom s'éclipsa peu après la Renaissance, puis revint au début du XX$^{e}$ siècle pour une dizaine d'années. Gabrielle réapparaît depuis 2000, mais elle est loin d'atteindre le succès de son masculin, au top depuis le changement de millénaire.

**Dans nos régions :** Gabrielo (Provence).

**À l'étranger :** Gabriela (Catalogne, Espagne, République tchèque, Roumanie), Gabriella (Hongrie, Italie, Suède), Gavriila, Gavrila (Russie).

**Ses diminutifs :** Gabsy, Gaby.

**Son masculin :** Gabriel.

## GAËLLE

**D'où vient-elle ?** Gaëlle, d'origine celte, signifie « gaélique ».

**On la fête** le 17 décembre avec Gaël.

**Elle serait...** imaginative, affectueuse et soucieuse de plaire. Elle attache beaucoup d'importance à l'esthétisme, au décor, à l'ambiance.

**Son évolution :** ce prénom a toujours été courant en Bretagne ; il fut en vogue dans l'ensemble de la France entre 1970 et 1990.

**Son diminutif :** Gaëlig.

**Son masculin :** Gaël.

## GAENOR

**Gaynor, Guenevère, Guinevère, Gwenivar, Jennifer**

**D'où vient-elle ?** Gaenor est une variante de Guenevère, très vieux prénom d'origine galloise, qui signifie « spectre blanc ».

**Elle serait...** épicurienne, indépendante et éprise de changements. Les voyages, les nouvelles relations, les expériences inédites l'enchantent.

**Son évolution :** ce prénom est en vogue dans les pays de langue anglaise depuis 1960. En France, on lui préfère Jennifer pour l'instant.

**Ses cousines :** Gaynor, Guenevère, Guinevère, Gwenivar, Jennifer.

## GAÉTANE

**D'où vient-elle ?** Gaétane signifie en latin « originaire de la ville de Gaète ».

**On la fête** le 7 août avec Gaétan.

**Elle serait...** ambitieuse et volontaire, mais aussi impatiente et énergique. Un vrai casse-cou. Attention, elle supporte mal les critiques.

**Son évolution :** ce prénom a toujours été plus rare que son masculin.

**À l'étranger :** Gaetana (Italie).

**Son masculin :** Gaétan.

## GAÏA

**Gaïane, Gaya**

**D'où vient-elle ?** Gaïa signifie en grec « terre ».

**On la fête** le 30 septembre. Sainte Gaïane vivait

recluse avec d'autres jeunes filles en Arménie, au IVe siècle. Découverte par les hommes du roi, elle fut décapitée avec ses compagnes.
**Elle serait...** altruiste et désintéressée. Elle cherche à se dépasser, en oubliant parfois les réalités de la vie matérielle.
**Elle l'a porté :** dans la mythologie grecque, Gaïa est la déesse de la terre, mère de toutes les autres divinités.
**Son évolution :** ce prénom issu de la mythologie est rare.
**Ses cousines :** Gaïane, Gaya.
**À l'étranger :** Gaianiia (Russie), Gayane (Arménie).

## GALA

**D'où vient-elle ?** Gala est une variante de Galathée, d'origine grecque, qui signifie « lait ».
**Elle serait...** expressive et créative Elle recherche la compagnie et les relations harmonieuses. Elle possède incontestablement des dons artistiques.
**Elle l'a porté :** Gala, d'origine russe, épouse de Paul Éluard, puis de Salvador Dalí en 1932.
**Son évolution :** ce prénom, connu grâce à la femme de Dalí est rare.

## GALINA
### Galia

**D'où vient-elle ?** Galina, d'origine grecque, signifie « calme ».
**Elle serait...** sérieuse, consciencieuse, aimant compter, gérer, construire. Son banquier peut être tranquille, Galina est une femme économe.
**Son évolution :** ce prénom est fréquent en Russie, rare en France.

## GALSWINTHE

**D'où vient-elle ?** Galswinthe, d'origine germanique, signifie « étrangère qui remporte des succès ».
**Elle serait...** énergique et autoritaire, bien décidée à être la première partout. Elle se bat farouchement pour obtenir succès et honneurs.
**Elle l'a porté :** une femme de Chilpéric Ier, roi de Neustrie au VIe siècle, que la maîtresse de son époux, Frédégonde, fit assassiner.
**Son évolution :** ce prénom médiéval est rarissime aujourd'hui.

## GARANCE

**D'où vient-elle ?** Garance, d'origine française, vient du nom d'une plante rouge qui fut utilisée pour teindre des étoffes.
**On la fête** le 5 octobre avec Fleur.
**Elle serait...** naturelle, réservée et charmante. Elle ne craint pas la solitude, qu'elle préfère à une vie sociale superficielle.
**Elle l'a porté :** Garance est, en 1938, l'héroïne jouée par Arletty, du film *Hôtel du Nord* de Marcel Carné, l'un des grands classiques du cinéma français.
**Son évolution :** Connu, mais très rare dans les années 1940, Garance est revenu en 1990 et mène une carrière discrète, mais constante.

## GARLONE
### Gerlone

**D'où vient-elle ?** Garlone est une forme féminine de Gerilonis, d'origine germanique, qui signifie « lance ».
**Elle serait...** altruiste et rêveuse. Le monde irréel lui paraît bien plus plaisant que la vie matérielle et elle se tourne volontiers vers la méditation, les disciplines ésotériques.
**Son évolution :** on rencontrait ce prénom au Moyen Âge ; il est très rare aujourd'hui.
**Sa cousine :** Gerlone.
**Son masculin :** Gerilonis.

## GATIANE
### Gatianne, Gatienne, Gratiane, Gratienne

**D'où vient-elle ?** Gatiane est l'une des formes féminines de Gatien, lui-même variante de Gratien, d'origine latine, qui signifie « grâce ».
**On la fête** le 18 décembre avec Gatien.
**Elle serait...** douée pour tous les modes

d'expression et les arts. Elle a un grand besoin d'être entourée pour s'épanouir et d'être admirée pour réussir.
**Son évolution :** contrairement à son masculin Gatien qui semble vouloir renaître, ce prénom est rare.
**Ses cousines :** Gatianne, Gatienne, Gratiane, Gratienne.
**Ses masculins :** Gatien et Gratien.

## GAUDENCE

**D'où vient-elle ?** Gaudence signifie en latin « qui se réjouit ».
**On la fête** le 14 octobre avec Gaudens.
**Elle serait...** responsable, aimante, attentive. Parée de toutes ces qualités, elle est l'épouse, la mère, la fille idéale, le pilier du foyer, la stabilité personnifiée.
**Son évolution :** ce prénom, porté dans les premiers siècles de l'ère chrétienne, est très rare aujourd'hui.
**Dans nos régions :** Godantzia (Pays basque).
**Son masculin :** Gaudens.

## GÉILÉIS
**Geillis, Gelgeis**

**D'où vient-elle ?** Géiléis signifie en irlandais « beau cygne ».
**Elle serait...** intellectuelle, réfléchie et studieuse. Elle attache peu d'importance aux biens matériels et aux relations sociales.
**Son évolution :** ce prénom connu en Irlande est très rare en France.
**Ses cousines :** Geillis, Gelgeis.

## GEMMA

**D'où vient-elle ?** Gemma signifie en latin « pierre précieuse ».
**On la fête** le 16 mai. Sainte Gemma, née en Toscane, Italie, au XIX^e^ siècle, vécut pendant 25 ans une existence traversée de drames familiaux et de maladies sans que jamais sa foi ne soit ébranlée.
**Elle serait...** pourvue d'un grand charisme. Elle est communicative, mais préfère les amitiés sincères aux relations superficielles. Elle recherche la stabilité dans tous les domaines.
**Son évolution :** ce prénom est bien connu en Italie, rare en France.

## GENEVIÈVE
**Genevote, Gina, Ginette**

**D'où vient-elle ?** Geneviève, d'origine germanique, signifie « du genre féminin ».
**On la fête** le 3 janvier. Sainte Geneviève, née au IV^e^ siècle, est la patronne de Paris. Elle se consacra à Dieu dès l'âge de 16 ans et défendit Paris contre les troupes d'Attila. Elle mourut à 89 ans.
**Elle serait...** réservée, mais énergique. Elle s'investit beaucoup dans sa vie professionnelle, a des principes stricts et entend les faire respecter par son entourage.
**Elle le porte :** Geneviève de Fontenay, ex-présidente du comité Miss France, aujourd'hui présidente de l'élection Miss Nationale.
**Son évolution :** ce prénom fut fréquent dans les années 1940, puis se raréfia peu à peu.
**Ses cousines :** Genevote, Gina, Ginette.
**Dans nos régions :** Genevivo (Provence), Genofa, Genova, Jenofa, Yenofa (Pays basque), Genovefa, Jenovefa (Bretagne).
**À l'étranger :** Genesis, Genessa, Genisa, Genisia, Genisis (États-Unis), Genna, Gennia, Gennie, Genny, Guenevere (Grande-Bretagne, États-Unis), Genoveffa (Italie), Genoveva (Allemagne, Catalogne, Espagne), Genowefa (Pologne), Zenevieva, Zinerva (Russie).

## GENTILIS

**D'où vient-elle ?** Gentilis signifie en latin « fille de famille ».
**On la fête** le 28 janvier. Sainte Gentilis fonda une institution religieuse à Ravenne, en Italie, au XVI^e^ siècle.
**Elle serait...** éprise de liberté, de voyages, d'aventures. Elle veut croquer la vie à belles dents dans tous les domaines, et sans restriction.
**Son évolution :** ce prénom a toujours été rare.

## GEORGETTE

**D'où vient-elle ?** Georgette est une forme féminine de Georges, d'origine grecque, qui signifie « qui travaille la terre ».
**On la fête** le 23 avril avec Georges.
**Elle serait...** sensible, gaie, communicative. Elle a besoin de contacts, d'une vie active et de fantaisie. Mais la rigueur ne fait pas partie de son vocabulaire !
**Elle l'a porté :** la chanteuse Georgette Plana, qui reprit les succès de Fréhel dans les années 1940.
**Son évolution :** en vogue à la fin du XIX^e^ siècle et dans les années 1920, Georgette a disparu aujourd'hui.
**Dans nos régions** : Gergoana, Gorke (Pays basque).
**À l'étranger :** Georgeta (Roumanie), Georgetta (Espagne), Georgia (Espagne, États-Unis, Grande-Bretagne, Grèce, Italie), Giorgetta (Italie), Gordana (Russie).
**Son masculin** : Georges.

## GEORGIA
**Georgiane, Georgina, Gorane**

**D'où vient-elle ?** Georgia est une forme anglo-américaine, espagnole, grecque et italienne de Georgette, qui signifie en grec « qui travaille la terre ».
**On la fête** le 23 avril avec Georges.
**Elle serait...** stricte et décidée. Elle a des principes, elle est franche et possède une grande rigueur morale. En dépit de cela, elle est ouverte et communicative.
**Elles le portent :** la femme politique Georgina Dufoix, qui fit partie de plusieurs gouvernements socialistes. *Georgia* est l'une des chansons les plus connues de Ray Charles, créée en 1960.
**Son évolution :** ce prénom est courant aux États-Unis, rare en France.
**Sa cousine :** Georgiane.
**Dans nos régions** : Gorane (Pays basque), Jorane (Bretagne).
**À l'étranger** : Georgina, Giorgia, Giorgina, Giorgyna (Italie), Gueorguina, Yourassi (Russie), Györgyi (Hongrie), Irja, Jirina (pays de l'Est), Seorsag (Irlande).
**Son masculin** : Georges.

## GÉRALDINE
**Géralde, Guiraude**

**D'où vient-elle ?** Géraldine, d'origine germanique, signifie « lance qui gouverne ».
**On la fête** le 29 mai. Sainte Géraldine, à Pise au XIII^e^ siècle, fut mariée contre son gré à un homme qui voulait entrer dans les ordres. Tous deux se séparèrent pour vivre leur foi chacun dans un couvent.
**Elle serait...** enjouée, dynamique, curieuse, séduisante. Elle envisage la vie avec optimisme et elle considère le travail comme un mal nécessaire. Elle a tendance à être dilettante.
**Elles le portent :** Géraldine Chaplin, actrice américaine et fille de Charlie Chaplin. Geri Halliwell, chanteuse britannique, membre des Spice Girls.
**Son évolution :** assez fréquente entre 1970 et 1980, Géraldine est rare aujourd'hui.
**Ses cousines :** Géralde, Guiraude.
**Dans nos régions** : Giralda (Corse, Pays basque).

**À l'étranger :** Geerta (Allemagne), Geralda (Catalogne, Pays-Bas), Gerda (Allemagne, Pays-Bas), Giralda (Grande-Bretagne, États-Unis).
**Son diminutif :** Geri.
**Son masculin :** Gérald.

## GERMAINE

**D'où vient-elle ?** Germaine, d'origine germanique, signifie « de même sang ».
**On la fête** le 15 juin. Sainte Germaine vécut près de Toulouse, au XVII$^{e}$ siècle, maltraitée par son père et sa belle-mère, ne se plaignant jamais et louant Dieu chaque jour. Elle mourut en 1602, à 20 ans, des mauvais traitements reçus.
**Elle serait...** observatrice, discrète et réservée. Elle préfère l'intimité de son foyer à la vie sociale. Elle recherche l'affection et l'amitié.
**Elle l'a porté :** Germaine Coty, femme du président de la République René Coty, en 1953, très aimée des Français pour sa gentillesse et sa simplicité.
**Son évolution :** ce prénom était assez fréquent au début du XX$^{e}$ siècle. Il a complètement disparu de nos jours.
**Dans nos régions :** Germana (Pays basque), Germena, Germene, Jermana, Jermena (Bretagne).
**À l'étranger :** Germana (Catalogne, Espagne, Italie, Portugal), Germinia (Italie), Guermoussia (Russie).
**Son masculin :** Germain.

## GERSENDE

**Garsande, Garsende, Gersande, Gerswinde**

**D'où vient-elle ?** Gersende, d'origine germanique, signifie « lance victorieuse ».
**Elle serait...** vive, courageuse, autoritaire et bien décidée à imposer ses principes. Avec son esprit critique exacerbé, elle n'est pas toujours souple ni conciliante.
**Son évolution :** ce prénom est traditionnel dans certaines familles BCBG depuis plusieurs siècles. Il est malgré tout rare.

## *Prénoms de grands-mères*

L'originalité, ce n'est pas toujours de choisir un prénom que personne, ou presque ne connaît. Il suffit simplement d'un prénom « décalé » dans le temps, passé de mode et pas encore revenu. N'allez pas chercher très loin. En remontant à deux générations, entre 1940 et 1960, vous aurez une belle liste de prénoms de grands-mères !

| | |
|---|---|
| **Annie** | **Jacqueline** |
| **Brigitte** | **Jeannine** |
| **Catherine** | **Laurence** |
| **Chantal** | **Martine** |
| **Christiane** | **Michèle** |
| **Christine** | **Nathalie** |
| **Corinne** | **Nicole** |
| **Danielle** | **Patricia** |
| **Dominique** | **Sylvie** |
| **Françoise** | **Valérie** |
| **Isabelle** | **Véronique** |

Et en allant un peu plus loin dans le temps, entre 1910 et 1940, des prénoms d'arrières-grands-mères.

| | |
|---|---|
| **Denise** | **Marie-Louise** |
| **Germaine** | **Marie-Thérèse** |
| **Jacqueline** | **Monique** |
| **Jeanne** | **Odette** |
| **Jeannine** | **Paulette** |
| **Madeleine** | **Simone** |
| **Marcelle** | **Suzanne** |
| **Marguerite** | **Yvette** |
| **Marie** | **Yvonne** |

**Dans nos régions :** Garsen (Gascogne).
**Ses cousines :** Garsande, Garsende, Gersande, Gerswinde.
**Son diminutif :** Gersa.

## GERTRUDE

**D'où vient-elle ?** Gertrude, d'origine germanique, signifie « lance fidèle ».
**On la fête** le 16 novembre. Sainte Gertrude, née en Allemagne en 1256, entra chez les bénédictines dès l'âge de 5 ans. Elle prit l'habit à 25 ans et consacra sa vie à la prière.
**Elle serait...** matérialiste, ambitieuse, autoritaire et courageuse. Obstinée, elle obtient ce qu'elle veut, si ce n'est par la discussion, c'est par la force.
**Elle l'a porté :** Gertrude de Nivelles (626-659), ancêtre de Charles Martel, Pépin le Bref, et Charlemagne.
**Son évolution :** ce prénom, courant dans les pays de langue allemande, est rare en France.
**Dans nos régions :** Jertruda (Pays basque).
**À l'étranger :** Geertge, Truitje, Truygen (Flandres), Geertruida (Pays-Bas), Gertrud, Gertrui, Gerty (Allemagne), Gertruda (Italie), Gertrudis (Catalogne, Espagne), Gestrudes (Portugal), Giertruda (Pologne).
**Ses diminutifs :** Truda, Trude, Trudi, Trudie, Trudy.

## GERVAISE

**D'où vient-elle ?** Gervaise, d'origine germanique, signifie « lance audacieuse ».
**On la fête** le 19 juin avec Gervais.
**Elle serait...** rapide, impatiente et très adaptable. Elle passe d'un sujet à un autre avec agilité et ne se fixe que lorsqu'elle a trouvé ce qui lui plaît.
**Elle l'a porté :** Gervaise est le nom de l'héroïne du film éponyme de René Clément, tourné en 1957, qui raconte la vie d'une blanchisseuse sous le Second Empire, d'après le livre d'Émile Zola.
**Son évolution :** on rencontrait parfois ce prénom au début du XX^e^ siècle. Il a complètement disparu maintenant.
**Son masculin :** Gervais.

## GHISLAINE
### Gisèle, Gislaine, Guislaine

**D'où vient-elle ?** Ghislaine est une variante de Gisèle, d'origine germanique, qui signifie « douce otage ».
**On la fête** le 10 octobre avec Ghislain.
**Elle serait...** communicative, vive et observatrice. Elle est sensible à l'harmonie, aime l'art et s'intéresse à tous les modes d'expression.
**Son évolution :** en vogue entre 1930 et 1960, Ghislaine est rarissime aujourd'hui.
**Sa forme initiale :** Gisèle.
**Ses cousines :** Gislaine, Guislaine.
**À l'étranger :** Gisleyn (Flandres), Gislinde (Scandinavie).
**Son masculin :** Ghislain.

## GILBERTE

**D'où vient-elle ?** Gilberte, d'origine germanique, signifie « lance illustre ».
**On la fête** le 11 août. Sainte Gilberte fut abbesse du couvent de Jouarre, en Île-de-France, au VII^e^ siècle.
**Elle serait...** émotive et sensible. Son idéal : vivre paisiblement sans stress. Elle ne manque ni de volonté, ni de courage, ni de force de travail.
**Son évolution :** Gilberte était rare au début du XX^e^ siècle, elle a complètement disparu aujourd'hui.
**À l'étranger :** Gilberta (Espagne, Italie, Portugal).
**Son masculin :** Gilbert.

## GILDA
### Gildasine

**D'où vient-elle ?** Gilda est la forme féminine de Gildas, d'origine celte, qui signifie « chevelure ».
**On la fête** le 29 janvier avec Gildas.
**Elle serait...** femme d'intérieur par excellence : responsable, douce, conciliante, organisée. Son but est de fonder un foyer stable et harmonieux.
**Elle l'a porté :** le prénom Gilda évoque le film dont Rita Hayworth fut l'héroïne en 1947.

**Son évolution :** ce prénom fut en vogue dans les années 1940 aux États-Unis et en Irlande.
**Dans nos régions :** Gweltaza, Gweltazenn (Bretagne).
**Sa cousine :** Gildasine.
**Son masculin :** Gildas.

## GILLIAN
**Giliane, Jiliane**

**D'où vient-elle ?** Gillian est une forme anglo-américaine de Julie, qui signifie en latin « issue de la famille romaine Iulius ».
**On la fête** le 8 avril avec Julie.
**Elle serait...** indépendante, ambitieuse et énergique. Sa réalisation personnelle est son objectif numéro 1. Elle se donne beaucoup de mal pour réussir.
**Elle le porte :** Gillian Anderson, actrice américaine, héroïne de la célèbre série *X Files*.
**Son évolution :** ce prénom est courant en Angleterre et aux États-Unis. Il commence à s'imposer en France.
**Ses cousines :** Giliane, Jiliane.

## GINA

**D'où vient-elle ?** Gina est un diminutif de Luigina, forme italienne de Louise, d'origine germanique, qui signifie « combattante glorieuse ».
**On la fête** le 15 mars avec Louise.
**Elle serait...** charmante et séductrice, mais aussi déterminée et ambitieuse. Elle a une forte puissance de travail et une grande maîtrise d'elle-même.
**Elle le porte :** Gina Lollobrigida, actrice italienne, posa pour des romans-photos avant de tourner avec Gérard Philipe dans *Fanfan la Tulipe*. Après plusieurs succès en Italie, elle fit carrière aux États-Unis. En 1968, au décès de son mari et imprésario, elle cessa de tourner.
**Son évolution :** ce prénom est rare en France, après avoir connu malgré tout, dans les années 1950, un modeste succès. En Italie, Gina est toujours courante.
**Sa forme initiale :** Luigina.
**Son masculin :** Gino.

## GINETTE

**D'où vient-elle ?** Ginette est une variante de Geneviève, d'origine germanique, qui signifie « du genre féminin ».
**On la fête** le 3 janvier avec Geneviève.
**Elle serait...** énergique et ambitieuse. Elle veut réussir sa vie et emploie les grands moyens.
**Elle l'a porté :** Ginette Mathiot, auteur de livres de cuisine à succès dans les années 1950.
**Son évolution :** courante au début du XXe siècle, Ginette a complètement disparu aujourd'hui.

## GINGER
**Ginnie, Ginny**

**D'où vient-elle ?** Ginger est une forme anglo-américaine de Virginie, qui signifie en latin « vierge ».
**On la fête** le 7 janvier avec Virginie.
**Elle serait...** élégante, sociable et distinguée. Elle aime plaire et se faire aimer est l'un des objectifs de sa vie. Elle est assez dépendante affectivement de sa famille.
**Elle l'a porté :** Ginger Rogers, danseuse et comédienne américaine, qui tourna, entre 1933 et

1939, dans une dizaine de comédies musicales mythiques avec Fred Astaire.
**Son évolution :** ce prénom est bien connu aux États-Unis, assez rare en France.
**Ses diminutifs :** Ginnie, Ginny.

## GISÈLE
### Giselle

**D'où vient-elle ?** Gisèle, d'origine germanique, signifie « douce otage ».
**On la fête** le 7 mai. Sainte Gisèle, épouse de saint Étienne, roi de Hongrie au XIe siècle, mena une vie exemplaire de bonté et de piété.
**Elle serait...** individualiste et ambitieuse, mais aussi très sociable et communicative. Elle aime l'originalité, les nouveautés, ainsi que les aventures.
**Elle l'a porté :** une des filles de Charlemagne.
**Elle le porte :** le mannequin brésilien Gisele Bündchen.
**Son évolution :** en vogue dans les années 1930, Gisèle a disparu aujourd'hui.
**Sa cousine :** Giselle.
**Dans nos régions :** Gisabel, Gise, Gisela (Pays basque).
**À l'étranger :** Gisela (Allemagne, Espagne), Giselda, Gisella (Italie), Gizela (Lettonie, Pologne, République tchèque), Gizella (Hongrie).

## GIULIA
### Giulietta

**D'où vient-elle ?** Giulia est la forme italienne de Julie, d'origine latine, qui signifie « de la famille Iulius ».
**On la fête** le 8 avril avec Julie.
**Elle serait...** active et indépendante. Giulia est sans cesse en mouvement et recherche la nouveauté et le changement. Néanmoins, elle est attachée à une certaine stabilité affective.
**Elle l'a porté :** l'actrice italienne Giulietta Masina, vedette du film *La Strada* en 1954 et épouse de Federico Fellini.
**Son évolution :** ce prénom, courant en Italie, apparaît en France en 2000 et évolue favorablement, suivant la mode actuelle des prénoms italiens.
**Sa cousine :** Giulietta.
**Son masculin :** Giulio.

## GLADYS
### Glwadys, Gwaldys, Gwladys

**D'où vient-elle ?** Gladys, d'origine celte, signifie « richesse ».
**On la fête** le 29 mars. Sainte Gladys, reine au pays de Galles au Ve siècle, était une épouse volage. À la mort de son mari, elle se fit ermite et vécut dans la solitude pour expier.
**Elle serait...** sociable et communicative, mais aussi très déterminée. Gladys est prête à presque tout pour obtenir ce qu'elle veut.
**Son évolution :** Gladys connut le succès dans les pays de langue anglaise au début du XXe siècle. Elle est rare aujourd'hui.
**Dans nos régions :** Gladez (Bretagne).
**À l'étranger :** Gladis (Espagne), Gleda (Allemagne), Glwadys, Gwalduz, Gwaldys, Gwladys (pays de Galles).

## GLENNA
### Glenda

**D'où vient-elle ?** Glenna est la forme féminine de Glenn, prénom celte, qui signifie « vallée ».
**On la fête** le 11 septembre avec Glenn.
**Elle serait...** réaliste. Glenna a le sens des responsabilités et attache de l'importance aux biens matériels qu'elle gère avec prudence et efficacité.
**Son évolution :** ce prénom est en vogue depuis 40 ans dans les pays de langue anglaise.
**À l'étranger :** Glenda, Glennis, Glynn (pays de Galles).
**Son masculin :** Glenn.

## GLORIA

**D'où vient-elle ?** Gloria signifie en latin « gloire ».
**On la fête** le 11 mars. Sainte Gloria, fille de cultivateurs toscans pauvres au XIe siècle, passa toute sa vie dans un couvent en prière et en méditation.

**Elle serait...** une femme d'action d'une extrême efficacité. Elle met tout en œuvre pour obtenir du succès dans tous les domaines : travail, relations...

**Elle l'a porté :** la chanteuse espagnole Gloria Lasso, qui fit carrière en France entre 1950 et 1960. Elle disparut en 2005.

**Elles le portent :** la chanteuse américaine d'origine cubaine Gloria Estefan et la chanteuse américaine Gloria Gaynor.

**Son évolution :** en vogue pendant la première moitié du XX^e siècle dans les pays de langue anglaise, ce prénom est devenu très rare.

## GLYNIS
### Glennys, Glenys

**D'où vient-elle ?** Glynis, d'origine galloise, signifie « bénie ».

**Elle serait...** une femme de tête, faite pour commander. Elle refuse les seconds rôles et supporte mal qu'on lui impose des contraintes.

**Son évolution :** ce prénom est rarissime en dehors du pays de Galles.

**Ses cousines :** Glennys, Glenys.

## GODELIEVE
### Godelaine, Godiva

**D'où vient-elle ?** Godelieve, d'origine germanique, signifie « celle qui aime Dieu ».

**On la fête** le 6 juillet. Sainte Godelieve, en Flandres au XI^e siècle, épousa un homme dont la mère la détestait. Elle convainquit son fils d'enfermer Godelieve. Elle réussit à s'enfuir, mais l'évêque à qui elle demanda la protection la somma de reprendre la vie conjugale. Son mari la fit étrangler, puis jeter dans un étang.

**Elle serait...** une bâtisseuse : travailleuse, persévérante, décidée, opportuniste. Construire, faire fructifier, gérer, voilà ce qui lui plaît.

**Son évolution :** ce prénom médiéval est très rare. Godiva est une marque de chocolat connue.

**Ses cousines :** Godelaine, Godeline.

**À l'étranger :** Godelewa (Grande-Bretagne, États-Unis), Godeliva, Godiva (Espagne).

## GOLDA

**D'où vient-elle ?** Golda signifie en anglais « dorée ».

**Elle serait...** à la fois intellectuelle et manuelle, réfléchie et très active. Elle est partout, s'intéresse à tout et s'adapte à tout.

**Elle l'a porté :** Golda Meir, qui fut Premier ministre de l'État d'Israël de 1969 à 1974. Réputée pour son tempérament intransigeant, elle fut surnommée « la dame de fer ». Elle mourut en 1978.

**Elle le porte :** l'actrice américaine Goldie Hawn.

**Son évolution :** ce prénom est bien connu dans les pays de langue anglaise, mais il est très rare en France.

**Son diminutif :** Goldie.

## GONTHILDE
### Gunthilde

**D'où vient-elle ?** Gonthilde, d'origine germanique, signifie « grand combat ».

**On la fête** le 8 décembre. Sainte Gonthilde, née en Angleterre au VIII^e siècle, fut appelée en Allemagne par saint Boniface pour y fonder un monastère.

**Elle serait...** sérieuse, organisée et ambitieuse. Elle veut avancer, construire, par le travail et l'effort, ce qui satisfait son besoin de sécurité.

**Son évolution :** ce prénom médiéval est très rare en Allemagne comme en France.

**Sa cousine :** Gunthilde.

## GRÂCE
### Graciane, Gracianne, Gracie, Gracielle, Gracy, Gratia, Gratienne, Graziella

**D'où vient-elle ?** Grâce, d'origine latine, signifie « grâce ».

**On la fête** le 21 août. Sainte Grâce, fille de l'émir de Valence en Espagne, se fit baptiser en cachette de sa famille, en 1180. Lorsque son père l'apprit, il la fit décapiter.

**Elle serait...** intuitive et observatrice, avec

une apparence d'élégante froideur. La solitude ne lui déplaît pas et les relations mondaines l'ennuient profondément.
**Elle l'a porté :** Grace Kelly, Américaine d'origine irlandaise, se lança dans la carrière cinématographique contre l'avis de ses parents dès 1951. Elle tourna plusieurs films à succès, comme *Le Train sifflera trois fois, Le Crime était presque parfait, Mogambo, Fenêtre sur cour et La Main au collet.* En 1956, elle épousa le prince Rainier III, quittant définitivement le cinéma. Elle mourut dans un accident de voiture en 1982.
**Elle le porte :** la chanteuse américaine Grace Jones, née à la Jamaïque, muse d'Andy Warhol et de Jean-Paul Goude. Elle fut au faîte de sa renommée en 1980.
**Son évolution :** fréquente aux États-Unis dans la première moitié du XX^e siècle, Grâce a toujours été rare en France.
**Ses cousines :** Graciane, Gracianne, Gracie, Gracielle, Gracy, Gratia, Gratienne.
**Dans nos régions :** Gachina, Gahaxina, Garaxane, Garaxi, Gartxi, Gartze, Gatxina, Gaxia, Gaxima, Gaxina, Gaxine, Geaxia, Grachi, Graciana, Graciosa, Graxana, Graxi, Graxia, Graxiana, Graxit, Graze, Grazi, Grazia, Grazianot, Graziusa (Pays basque), Graziana, Graziosa (Corse), Grazida (Gascogne).
**À l'étranger :** Giorsal (Irlande), Gracia, Graciela (Espagne), Gracinha (Portugal), Grazia, Graziella, Grazielle, Grazilla (Italie), Grazyna (Pologne).

## GRÉGORIA

### Grégoriane, Grégorine, Jorine

**D'où vient-elle ?** Grégoria est le féminin de Grégoire, d'origine grecque, qui signifie « celle qui veille ».
**On la fête** le 3 septembre avec Grégoire.
**Elle serait...** soucieuse de sa sécurité matérielle. Travailleuse et ambitieuse, elle tient à assurer son avenir et apprécie autant les biens que le pouvoir.
**Son évolution :** ce prénom a toujours été rare.
**Ses cousines :** Grégoriane, Grégorine.
**Dans nos régions :** Gergoria (Pays basque).
**À l'étranger :** Greer (Grande-Bretagne, États-Unis), Grinia, Jerina, Jorina, Jorine (Russie).
**Ses masculins :** Grégoire, Grégory.

## GRETA

**D'où vient-elle ?** Greta est une forme allemande et espagnole de Marguerite, d'origine grecque, qui signifie « perle ».
**On la fête** le 20 juillet avec Marguerite.
**Elle serait...** une femme d'intérieur. Son foyer et sa famille sont au centre de ses préoccupations et elle y consacre toute son énergie.
**Elle l'a porté :** l'actrice Greta Garbo, née en Suède. Au travail dès 14 ans, elle fit des études à l'Académie royale d'art dramatique de Stockholm en 1922, puis partit pour Hollywood en 1928. Vedette du cinéma muet, elle réussit sa reconversion dans le cinéma parlant et tourna de grands succès comme *La Reine Christine* ou *Ninotchka.* Son interprétation de *La Dame aux camélias,* en 1937, la couronna de gloire. On la surnomma « la divine ». Elle cessa de tourner en 1941, se retira du monde et mourut en 1990.
**Son évolution :** inusitée jusqu'au début du XX^e siècle, Greta apparut aux États-Unis grâce à la renommée de l'actrice. Elle a presque disparu aujourd'hui.

## GRETEL

### Gretchen, Grethel

**D'où vient-elle ?** Gretel est une forme alsacienne de Marguerite, qui signifie en grec « perle ».
**On la fête** le 20 juillet avec Marguerite.
**Elle serait...** de prime abord prudente et réservée. Mais, lorsqu'elle se sent en confiance, elle se révèle et devient sociable et agréable.
**Elle l'a porté :** Gretel, la petite fille du conte allemand *Hansel et Gretel*, écrit par les frères Grimm au XIXe siècle.
**Son évolution :** ce prénom est rare en dehors de sa région d'origine.
**Ses cousines :** Gretchen, Grethel.

## GRISELDA

### Grisélidis, Zelda

**D'où vient-elle ?** Griselda, d'origine germanique, signifie « jeune combattante ».
**Elle serait...** très communicative. Tous les modes d'expression l'attirent et elle a un vrai talent pour convaincre. Elle est artiste et créative.
**Son évolution :** ce prénom est rare en France, plus courant en Espagne.
**Sa cousine :** Grisélidis.
**À l'étranger :** Griseal (Irlande), Grizel (Écosse).
**Son diminutif :** Zelda.

## GUADALUPE

### Godalupe

**D'où vient-elle ?** Guadalupe, d'origine arabe et ibérique, signifie « eau des chants sombres » et désigne un lieu de pélerinage au Mexique.
**On la fête** le 12 décembre. La sainte Vierge apparut à plusieurs reprises au Mexique, à Juan Diego, un paysan mexicain récemment baptisé, au XVIe siècle. Elle lui demanda de faire construire une église en ce lieu. La basilique Notre-Dame de Guadalupe, est depuis un lieu de culte important en Amérique centrale.
**Elle serait...** sérieuse, studieuse et attirée par la vie spirituelle et intellectuelle. Elle recherche, dans la réflexion, l'étude et la méditation, une sagesse qui l'épanouisse.
**Son évolution :** ce prénom est souvent donné au Mexique et en Espagne.
**Dans nos régions :** Godalupe (Pays basque).

## GUDULE

### Gudélie, Gunilde

**D'où vient-elle ?** Gudule, d'origine germanique, signifie « combat ».
**On la fête** le 8 janvier. Sainte Gudule, dès son enfance en Flandres, au VIIe siècle, se consacra à la prière et aux lectures saintes. Devenue adulte, elle se dévoua aux pauvres et aux malades, tout en soignant ses parents âgés.
**Elle serait...** volontaire et décidée, mais aussi dynamique et énergique. Tout ce qu'il faut pour mener sa vie comme elle l'a décidé sans se laisser influencer.
**Son évolution :** ce prénom était bien connu au Moyen Âge, puis il a disparu sans espoir de retour imminent.
**Ses cousines :** Gudélie, Gunilde.
**À l'étranger :** Goele, Gondela, Guyleken (Flandre), Gudelia (Espagne), Gudila, Gudula (Allemagne).

## GUENIÈVRE

### Guenevièvre, Gwenvred

**D'où vient-elle ?** Guenièvre est une variante de Guenevere, d'origine celte, qui signifie « fantôme blanc ».
**On la fête** le 18 octobre avec Gwenn.
**Elle serait...** perfectionniste, réfléchie et réservée. Elle a soif de connaissance et se rassasie dans l'étude, la lecture, la recherche.
**Elle l'a porté :** dans la légende, qui date du VIe siècle, Guenièvre est la femme du roi du pays de Galles, Arthur, qu'elle trompe avec Lancelot du lac, un chevalier de la Table ronde. Ce dernier subira par amour pour elle toutes sortes d'épreuves.
**Son évolution :** ce prénom médiéval est très rare aujourd'hui.
**Sa cousine :** Guenevièvre.
**Dans nos régions :** Gwenvred (Bretagne).

# L'hommage à Marie

Les Espagnols et les Basques ont pour coutume de donner à leurs filles des prénoms qui évoquent une appellation de la Vierge Marie. Voici les plus courants :

**Ainhoa**
Référence à un sanctuaire au Pays basque.

**Alegría**
Notre Dame de Liesse, dont le culte a été établi en France et en Espagne en 1134.

**Almudena**
Notre Dame d'Almudena, protectrice de Madrid.

**Aranzazu**
Vierge d'Arantzazu, village du Pays basque espagnol.

**Consolación et Consuelo**
Notre Dame de la Consolation.

**Corazón**
Notre Dame du Sacré Cœur.

**Cruz**
Evocatíon de Marie au pied de la Croix.

**Dolorès* et ses diminutifs Lola* et Lolita***
Notre Dame des Sept Douleurs.

** Les prénoms suivis d'une * font l'objet d'une étude détaillée dans ce livre*

**Guadalupe* et son diminutif Lupe**
Notre Dame de Guadalupe, protectrice du Mexique.

**Incarnatión**
Notre Dame de l'Incarnation.

**Lourdes**
Notre Dame de Lourdes.

**Macarena***
Santa María de la Esperanza Macarena, Vierge de la cathédrale de Séville située dans le quartier de Macarena, protectrice de la ville.

**Mercedes***
Notre Dame de la Miséricorde.

**Montserrat***
Notre Dame de Montserrat, en Catalogne.

**Nieves**
Notre Dame des Neiges.

**Pilar***
Notre Dame du Pilier, Vierge noire à l'Enfant sur une colonne qui figure dans de nombreuses églises espagnoles, peu connue en France, très vénérée en Espagne.

**Rosario**
Notre Dame du Rosaire.

**Soledad**
Notre Dame de la Solitude.

**Trinidad**
La Sainte Trinité.

## D'autres prénoms évoquent une fête mariale :

**Anunciación**
Annonce faite à Marie par l'archange Gabriel qu'elle va être mère de Jésus.

**Assumpción**
Montée au ciel de la Vierge Marie qui ne passe pas par l'épreuve de la mort.

**Concepción, Concha et Conchita**
Fête de l'Immaculée Conception

**Natividad**
Nativité de la Vierge

**Purificatión et son diminutif Purita**
Célébration de la purification de Marie 40 jours après la naissance de Jésus, selon la coutume juive.

## GUÉRANDE
**Géraude**

**D'où vient-elle ?** Guérande est une forme féminine moderne de Géraud, d'origine germanique, qui signifie « lance qui gouverne ».
**On la fête** le 13 octobre avec Géraud.
**Elle serait...** sociable, communicative, ainsi que créative et artiste. Elle est douée pour tous les modes d'expression. Elle recherche les relations humaines et apprécie particulièrement la vie mondaine.
**Son évolution :** ce prénom, qui est apparu au XIXe siècle, est rare.
**Sa cousine :** Géraude.
**Son masculin :** Géraud.

## GUILA
**Guiléa**

**D'où vient-elle ?** Guila signifie en hébreu « joie ».
**Elle serait...** vive, souple, indépendante et épicurienne. Elle aime la vie, cultive l'amitié, apprécie les voyages, la nouveauté, tout ce qui met ses sens en éveil.
**Son évolution :** ce prénom moderne est connu en Israël et dans les familles de culture juive.
**Sa cousine :** Guiléa.

## GUILLEMETTE
**Guillaumette, Guillaumine, Wilhelmine, Wilma**

**D'où vient-elle ?** Guillemette, d'origine germanique, signifie « volonté et protection ».
**On la fête** le 10 janvier avec Guillaume.
**Elle serait...** émotive, sensible, curieuse, astucieuse et rapide. Avec ces qualités, Guillemette réussira si elle ne se disperse pas trop.
**Son évolution :** ce prénom bien connu au XIXe siècle et prisé des familles BCBG, est très discret.
**Ses cousines :** Guillaumette, Guillaumine.
**Dans nos régions :** Gillama, Guillema, Guillerma (Pays basque), Guihevmeto (Provence), Guilhelma (Gascogne), Gwilhamet, Gwilhmet (Bretagne).
**À l'étranger :** Guglielma, Guglielmina, Guillelmina, Gulielma (Italie), Guillerma (Espagne), Elma, Helma, Hilma, Wilhelmine, Willa, Wilma (Allemagne), Helmi (Finlande), Vigelmina (pays de l'Est), Willemijn (Flandres).
**Son diminutif :** Wilma.
**Son masculin :** Guillaume.

## GULIZAR

**D'où vient-elle ?** Gulizar signifie en perse « rose d'or ».
**Elle serait...** travailleuse, organisée et déterminée. Elle trace sa vie, en planifie les étapes et construit peu à peu son existence. La réussite matérielle est importante à ses yeux.
**Son évolution :** ce prénom est rare en France comme dans le reste de l'Europe, alors que le Proche-Orient en est plus familier.

## GUNILLA
**Gunhild, Gunhilda, Gunhilde, Gunila, Gunilde, Gunnhild, Gunnhilda**

**D'où vient-elle ?** Gunilla signifie en scandinave « guerrière ».
**Elle serait...** éprise de pouvoir et de richesse. Rien de mal à cela, puisque c'est par le travail et l'opiniâtreté qu'elle obtient ce qu'elle désire.

**Son évolution :** ce prénom était usité dans la culture viking ; il est encore assez fréquent dans les pays scandinaves, mais rare en France.
**Ses cousines :** Gunhild, Gunhilda, Gunhilde, Gunila, Gunilde, Gunnhild, Gunnhilda.

## GUYENNE

**D'où vient-elle ?** Guyenne, d'origine française, vient du nom de la province d'Aquitaine.
**Elle serait...** bien décidée à s'imposer dans la vie, par le travail, la volonté et le courage. Elle est faite pour le pouvoir et le succès.
**Son évolution :** ce prénom est rare en France, comme la plupart des prénoms faisant référence à des lieux ou des régions, alors que les États-Unis en sont familiers.

## GUYONNE

Guigone, Gyonne

**D'où vient-elle ?** Guyonne est une variante féminine de Guy, d'origine germanique, qui signifie « bois ».
**On la fête** le 15 juin avec Guy.
**Elle serait...** sociable, diplomate et conciliante. Elle aime travailler en équipe, avec un partenaire ou un associé qui l'aidera à se motiver.
**Elle l'a porté :** Guigone de Salins fut la fondatrice avec son mari, au XV^e siècle, des hospices de Beaune destinés à secourir les malades indigents de la ville. En 1462, à la mort de son mari, elle se consacra aux soins des malades.
**Son évolution :** ce prénom, fréquent au Moyen Âge, est rarissime aujourd'hui.
**Ses cousines :** Guigone, Gyonne.
**Ses masculins :** Guy, Guyon.

## GWENAËLLE

Guenaëlle, Gwanaëlle, Gwennoal, Gwenvaëlle

**D'où vient-elle ?** Gwenaëlle, d'origine celte, signifie « ange blanc ».
**On la fête** le 3 novembre avec Gwenaël.
**Elle serait...** optimiste, vive et communicative. Ces qualités en font une amie très agréable dès qu'on a su obtenir sa confiance, car elle est de nature prudente.
**Son évolution :** parmi les prénoms bretons, Gwenaëlle est celui qui a été le plus répandu en dehors de sa région d'origine. Il n'est cependant pas très courant.
**Ses cousines :** Guenaëlle, Gwanaëlle, Gwennoal, Gwenvaëlle.
**Son masculin :** Gwenaël.

## GWENDOLA

Guenna, Guennola, Guenola, Gwenda, Gwendolen, Gwenola, Gwenole

**D'où vient-elle ?** Gwendola, d'origine celte, signifie « valeur sacrée ».
**On la fête** le 18 janvier avec Gwendal.
**Elle serait...** malicieuse, observatrice et vive. Elle réagit vite, repère les points forts et les points faibles de ses interlocuteurs, et sait en tirer parti.
**Son évolution :** ce prénom est bien connu en Bretagne, peu courant à l'échelon national.
**Ses cousines :** Guenna, Gwenda, Gwenola, Gwenole.
**À l'étranger :** Guennola, Guenola (Irlande), Gwendolen (pays de Galles).
**Son masculin :** Gwendal.

## GWENDOLINE

Gwendolen, Gwendolyn

**D'où vient-elle ?** Gwendoline, d'origine galloise, signifie « cercle blanc », faisant sans doute référence à la lune argentée.
**On la fête** le 14 octobre. Sainte Gwendoline fut abbesse d'un couvent au pays de Galles au VI^e siècle.
**Elle serait...** réservée, distante même. Elle arrive à se protéger, car, émotive et hypersensible, elle est vulnérable et elle le sait.
**Elle l'a porté :** Gwendoline était, dans la mythologie galloise, la déesse de la lune et, dans la mythologie celte, une fée bienfaisante. Selon la légende, elle était l'épouse de Merlin l'Enchanteur.
**Son évolution :** en France, c'est entre 1980 et

1990 que Gwendoline a connu les faveurs des familles. Elle s'éloigne depuis.
**Ses cousines :** Gwendolen, Gwendolyn.
**À l'étranger :** Guendalina, Gwendalina (Espagne, Italie).

## GWENIVAR

**Gaenor, Guenevère, Gwenhwyfar, Gweniver, Gwunnevere, Jennifer**

**D'où vient-elle ?** Gwenivar est une variante de Guenevère, d'origine galloise, qui signifie « spectre blanc ».
**On la fête** le 3 mars. Sainte Gwenivar fut religieuse en Bretagne au VI^e^ siècle. On ne sait rien d'autre sur sa vie.
**Elle serait...** douce et généreuse, calme et idéaliste. Dévouée aux autres, souvent perdue dans ses rêves, Gwenivar a un charme discret et rassurant.
**Son évolution :** ce prénom ancien est rare en dehors du pays de Galles. Mais sa forme moderne, Jennifer, est mondialement connue.
**Ses cousines :** Gaenor, Guenevère, Gwenhwyfar, Gweniver, Gwunnevere, Jennifer.

## GWENN

**Gwellaouen, Gwendoline, Gwenna, Gwennaïc, Gwennaïg, Gwennou, Gwenora, Gwyneth**

**D'où vient-elle ?** Gwenn, d'origine celte, signifie « blanche ».
**On la fête** le 18 octobre. Sainte Gwenn, née au pays de Galles au V^e^ siècle, fut la femme de saint Fragan. Tous deux menaient une vie exemplaire de piété. La légende raconte que Gwenn ayant eu des triplés, Dieu lui accorda un troisième sein afin de pouvoir les allaiter tous en même temps...
**Elle serait...** émotive et sensible, idéaliste et imaginative. Elle a le cœur sur la main et ne ménage pas ses efforts pour rendre heureux tous ceux qu'elle aime.
**Elle le porte :** la chanteuse américaine Gwen Stefani.
**Son évolution :** Gwenn est très connue des familles de tradition celte.
**Ses cousines :** Gwellaouen, Gwendoline, Gwenna, Gwennaïc, Gwennaïg, Gwennou, Gwenora, Gwyneth.
**Son masculin :** Gwyn.

## GWYNETH

**Gweneth, Gwenette, Gwenith, Gwenn, Gwenny, Gwennyth, Gwenyth, Gwynith, Gwynneth, Gwynna**

**D'où vient-elle ?** Gwyneth, d'origine galloise, signifie « jolie jeune fille ».
**On la fête** le 18 octobre avec Gwenn.
**Elle serait...** rigoureuse, loyale et franche. Elle ne supporte pas l'injustice et les faux-semblants. Avec elle, tout doit être limpide.
**Elle le porte :** l'actrice américaine Gwyneth Paltrow, fille de comédiens, qui en 1998 remporta un grand succès dans le film *Shakespeare in Love*.
**Son évolution :** connue très localement, dans le pays de Galles, depuis des années, Gwyneth est révélée au monde par l'actrice ; elle est très rare en France.
**Ses cousines :** Gweneth, Gwenette, Gwenith, Gwenn, Gwenny, Gwennyth, Gwenyth, Gwynith, Gwynneth, Gwynna.

## HABIBA

**Habibata, Habibatou, Hebeïba, Hobeïba**

**D'où vient-elle ?** Habiba signifie en arabe « aimée ».

**On la fête** le 27 mars avec Habib.

**Elle serait...** épicurienne et heureuse de vivre. Gourmande, sensuelle, artiste, fantaisiste, elle apprécie tous les bonheurs.

**Son évolution :** ce prénom est bien connu des familles de culture arabe.

**Ses cousines :** Habibata, Habibatou.

**Ses diminutifs :** Hebeïba, Hobeïba.

**Son masculin :** Habib.

## HALDORA

**D'où vient-elle ?** Haldora, d'origine scandinave, signifie « pierre de Thor ».

**Elle serait...** enjouée, autonome, curieuse. La vie est pour elle une source inépuisable d'aventures, de changements, de découvertes. Épicurienne, elle recherche avant tout le plaisir, le bonheur.

**Son évolution :** Haldora est en vogue dans les pays scandinaves.

**Son masculin :** Haldor.

## HALEY

**D'où vient-elle ?** Haley, d'origine américaine, signifie « champ de foin ».

**Elle serait...** très attachée à sa famille, aux valeurs traditionnelles. Un mari, des enfants, un foyer, voilà son bonheur. Elle a un sens aigu des responsabilités, mais la vie professionnelle ne la tente pas.

**Son évolution :** Haley est un prénom courant aux États-Unis.

**Sa cousine :** Hailey.

## HANAÉ

**Annaé, Hannaé**

**D'où vient-elle ?** Hanaé signifie en japonais « fleur ».

**Elle serait...** coopérative, conciliante et diplomate. Elle n'aime pas la solitude et a besoin du regard des autres pour avancer, ce qui en fait une partenaire ou une associée recherchée.

**Elle le porte :** la créatrice de mode japonaise Hanae Mori.

**Son évolution :** Hanaé est l'un des prénoms japonais les plus appréciés en France. Sa prononciation occidentale plaît beaucoup.

**Ses cousines :** Annaé, Hannaé.

**Sa forme initiale :** Hana.

## HANNAH

**Anna, Anne**

**D'où vient-elle ?** Hannah est la forme originelle d'Anne, qui signifie en hébreu « gracieuse ».

**On la fête** le 26 juillet avec Anne.

**Elle serait...** audacieuse, volontaire et énergique. Elle ne laisse à personne le soin de choisir sa vie et se montre très tôt individualiste.

**Elles l'ont porté :** Hannah est, dans la Bible, la mère de Samuel. Hannah Arendt, philosophe allemande naturalisée américaine au début du XX$^{e}$ siècle.

**Son évolution :** ce prénom est courant dans les familles de culture hébraïque.

**Ses cousines :** Anna, Anne.

## HARMONIE

**D'où vient-elle ?** Harmonie, d'origine grecque, signifie « unité ».

**Elle serait...** énergique et active, mais aussi idéaliste et très sensible. Elle est intuitive, elle réagit aux ambiances négatives et recherche l'affection.
**Son évolution:** ce prénom est en vogue aux États-Unis, mais il peine à se développer en France.
**À l'étranger:** Harmonia (Italie), Harmony (Grande-Bretagne, États-Unis).

## HARRIET

**D'où vient-elle?** Harriet est une forme anglo-américaine d'Henriette, d'origine germanique, qui signifie « maîtresse de maison ».
**On la fête** le 17 juillet avec Henriette.
**Elle serait...** introvertie, davantage intéressée par ses propres pensées que par la vie active. Elle aime l'étude, la recherche d'information, la progression intellectuelle.
**Son évolution:** ce prénom était courant en Angleterre au Moyen Âge et jusqu'au début du XXe siècle. Ce sont ses diminutifs qui apparaissent le plus souvent aujourd'hui.
**Ses diminutifs:** Hattie, Hatty.
**Son masculin:** Harry.
**Son diminutif:** Rieta.

## HAZEL
**Hazeline**

**D'où vient-elle?** Hazel signifie en anglais « noisetier ».
**On la fête** le 5 octobre avec Fleur.
**Elle serait...** intellectuelle et réfléchie. Elle met son intelligence et sa finesse d'analyse au service de son ambition matérielle qui est grande.
**Son évolution:** ce prénom est apparu en Angleterre au XIXe siècle et il est encore présent aujourd'hui. En France, il est très rare.
**Sa cousine:** Hazeline.

## HAWA
**Haoua**

**D'où vient-elle?** Hawa est la forme originelle d'Ève, prénom hébreux qui signifie « vivante ».
**On la fête** le 6 septembre avec Ève.
**Elle serait...** douce et tranquille. Son idéal: sa famille, sa maison. Elle attache beaucoup d'importance aux valeurs traditionnelles.
**Son évolution:** ce prénom est méconnu et rarissime.
**À l'étranger:** Haoua (pays arabes).

## HEATHER

**D'où vient-elle?** Heather signifie en anglais « bruyère ».
**On la fête** le 5 octobre avec Fleur.
**Elle serait...** assez sociable et conciliante pour vivre en duo sans aucun nuage. Elle est faite pour la vie de couple ou, sur le plan professionnel, travailler en association.
**Elles le portent:** les actrices américaines Heather Locklear et Heather Graham.
**Son évolution:** apparu au XIXe siècle en Angleterre, ce prénom est devenu populaire en Écosse, puis aux États-Unis. Il est rarissime en France pour l'instant.

## HEAVEN (mixte)

**D'où vient-elle ?** Heaven, d'origine américaine, signifie « paradis ».
**Elle serait...** communicative, diplomate, artiste. Elle s'épanouit dans tous les modes d'expression et a besoin du regard bienveillant des autres pour avancer. Elle ne connaît pas la rigueur et l'ordre.
**Son évolution :** Eden est présent depuis 10 ans à l'état civil, Heaven, qui a la même signification, le talonne.
**Son masculin :** ce prénom est mixte à forte tendance féminine aux États-Unis.

## HEÏDI

**D'où vient-elle?** Heïdi est une forme allemande d'Adélaïde, d'origine germanique, qui signifie « noble ».
**On la fête** le 16 décembre avec Adélaïde.
**Elle serait...** charmante, élégante, raffinée. Sous une certaine sophistication, Heïdi est très

décidée et énergique, et ne perd jamais de vue ses objectifs.
**Elle l'a porté :** Heïdi, l'héroïne de dessins animés japonais en 1974.
**Elle le porte :** le mannequin allemand Heïdi Klum.
**Son évolution :** ce prénom est très en vogue en Allemagne, beaucoup plus rare en France.

## HÉLÉA

**D'où vient-elle ?** Héléa, d'origine hébraïque, signifie « femme d'atours ».
**Elle serait...** rationnelle et pourvue d'un solide sens pratique. Travailler, gérer, organiser, diriger sont ses violons d'Ingres, aux dépens, souvent, de sa vie affective.
**Son évolution :** ce prénom est assez courant en Israël.

## HÉLÈNE

**Eléana, Eléane, Elina, Hélicia, Héliciane, Hélicie, Ilena, Lennie, Lénora, Nelly, Pénélope**

**D'où vient-elle ?** Hélène, d'origine grecque, signifie « éclat du soleil ».
**On la fête** le 18 août. Sainte Hélène, fille d'aubergistes modestes au IIIe siècle, fut la concubine de l'empereur Constance Chlore dont elle eut un fils, Constantin. L'empereur la répudia et elle retourna dans sa famille. Lorsque son fils monta sur le trône, il la rappela. Hélène, convertie et baptisée, favorisa l'expansion du christianisme dans l'Empire romain.
**Elle serait...** sensible, émotive et indépendante. Elle veut mener sa vie comme elle l'entend. Exigeante, elle attend de la vie qu'elle lui apporte le meilleur !
**Elles l'ont porté :** Hélène de Sparte, dans la mythologie grecque, dont l'enlèvement fut à l'origine de la guerre de Troie. L'aviatrice Hélène Boucher, au début du XXe siècle.
**Elles le portent :** le secrétaire perpétuel de l'Académie française, Hélène Carrère d'Encausse, la chanteuse Hélène Segara, la comédienne Hélène

### *La belle Hélène*

**Hélène** est l'un des grands classiques de la culture occidentale ; en Grèce, dont elle tient son étymologie, en Russie, en Italie, en Espagne, en France et dans les pays de langue anglaise. Pas un seul pays qui ignore Hélène. Ce prénom est intemporel, et l'héroïne de la guerre de Troie n'a pas fini de faire parler d'elle, si l'on en juge par le succès de ses formes étrangères et régionales.

**Ariane** a connu un petit succès au milieu du XXe siècle. **Pénélope**, avec son diminutif Penny, s'est surtout développée en Grande-Bretagne.

**Daphné** et **Diane** se placent bien. **Athéna**, **Héraïs** et **Olympe** sont plus rares. **Séléné**, déesse de la lune, est loin d'atteindre le firmament. Quant à **Cassandre,** elle est apparue vers 2000, avec **Cassandra**, et reste en vogue, préparant la place aux muses **Thalie** et **Clio**. Les Américains osent parfois **Vénus**, mais les Français sont beaucoup plus prudents à l'égard de cette beauté !

N'oublions pas les prénoms de la mythologie nordique, les Walkyries **Astrid** et **Sigrid**, et ceux de la mythologie celte, comme **Cliona,** déesse de la beauté, ou **Dana**, déesse de l'abondance dans la légende irlandaise.

**Calliope**, **Érato**, **Euterpe**, **Melpomène**, **Polymnie**, **Terpsichore** et **Uranie** ne sont pas encore au rendez-vous. Demain, peut-être...

de Fougerolles, le mannequin danois Helena Christensen, la navigatrice Helen MacArthur. En chanson : *Les Sabots d'Hélène* de Georges Brassens et *Hélène* de Roch Voisine.

**Son évolution :** Hélène est un classique universel depuis le XIX^e siècle. Ce sont ses formes étrangères qui sont en vogue en France aujourd'hui.

**Ses cousines :** Eléana, Eléane, Elina, Hélicia, Héliciane, Hélicie, Ilena, Lennie, Lénora, Nelly, Pénélope.

**Dans nos régions :** Elena, Eleni, Héléni, Helenia, Hélixane, Yelena (Pays basque), Eleno, Leno (Provence), Erena, Heilani (Polynésie), Lénaïc, Lénaïg (Bretagne).

**À l'étranger :** Aileen, Elaine, Elen, Helen, Lainey (Grande-Bretagne, États-Unis), Ailene, Airleen, Eibhleann (Irlande), Alionka, Ileana, Lenuta (Roumanie), Ella, Elli, Eliina, Helli, Laina, Nelli (Finlande), Eilidh, Neillidh (pays de Galles), Eleni, Hella, Helle (Grèce), Elken, Heleen (Flandres), Hilchen, Lenchen, Liengen, Nelchen (Allemagne), Lene, Lone (Danemark), Elin (Scandinavie), Ilen, Ilka, Iloa, Ilonka, Iluska, Inka, Lenke (Hongrie), Ielena, Ielene, Lenya, Yalena, Yelena (Russie), Jelinka, Oliona (pays de l'Est), Nela, Olessia (République tchèque), Heliena, Nella (Italie), Lanae (Hawaï), Ailenn (Grande-Bretagne, États-Unis, Grèce, Irlande), Alena (Catalogne, Russie), Aliona (Roumanie, Russie), Eileen (Grande-Bretagne, États-Unis, Irlande), Ellen (Grande-Bretagne, États-Unis, Danemark), Eléna (Bulgarie, Catalogne, Espagne, Flandre, Italie, Roumanie), Ilona, Ilu (Finlande, Hongrie, République tchèque), Lana (Grèce, Italie), Lena, Lenia, (Allemagne, Grande-Bretagne, États-Unis, Espagne, Grèce, Russie, Scandinavie), Leni (Albanie, Allemagne), Lenka (République tchèque, Scandinavie), Olena (Russie, Ukraine), Heghine (Arménie), Helena (Allemagne, Espagne, Grèce, Hongrie, Pologne, Portugal, République tchèque, Scandinavie).

## HELGA

**Olga**

**D'où vient-elle ?** Helga est une forme hongroise et scandinave d'Olga, qui signifie en slave « consacrée aux dieux ».

**On la fête** le 11 juillet avec Olga. Sainte Olga, grande duchesse de Kiev en Russie au X^e siècle, s'efforça d'implanter le christianisme dans son pays.

**Elle serait...** indépendante, volontaire et bien décidée à mener sa vie comme elle l'entend. Ambitieuse, elle déteste la médiocrité.

**Elle l'a porté :** l'une des filles du tsar Nicolas II, dernier empereur de Russie.

**Son évolution :** ce prénom est fréquent dans les pays scandinaves, rare en France.

**Sa forme initiale :** Olga.

**À l'étranger :** Helka (Flandre), Helle (Allemagne, Scandinavie).

## HENRIETTE

**Riquita**

**D'où vient-elle ?** Henriette est la forme féminine d'Henri, d'origine germanique, qui signifie « maîtresse de maison ».

**On la fête** le 17 juillet. Sainte Henriette est l'une des 14 carmélites qui furent chassées du couvent de Compiègne, sous la Révolution, puis guillotinées à Paris.

**Elle serait...** décidée, énergique et volontaire. Elle arrive toujours à s'imposer, par le charme ou par la force, et gare à ceux qui se mettent en travers de son chemin.

**Elles l'ont porté :** Henriette d'Entragues, favorite d'Henri IV. Henriette d'Angleterre, qui épousa le frère de Louis XIV. Elle mourut à 26 ans, en 1670. Bossuet fit son éloge funèbre.

**Son évolution :** ce prénom a suivi la mode des prénoms féminins en « ette » qui a eu lieu au début du XX^e siècle. Il a complètement disparu aujourd'hui.

**Dans nos régions :** Erieta (Polynésie), Herried (Bretagne).

**À l'étranger :** Enrica (Italie), Enriqueta, Riquita (Espagne), Heikki, Heintje, Henna, Henni, Hennie (Flandres), Hendrika, Hendrina, Henneke, Henrika (Allemagne), Henka, Henryka (Pologne), Hinka, Hinke (Pays-Bas).

**Son masculin :** Henri.

## HÉRAÏS

**D'où vient-elle ?** Héraïs, d'origine grecque, vient du nom de la divinité grecque Héra.

**On la fête** le 21 juin. Sainte Héraïs, chrétienne à Alexandrie au III^e siècle, subit le martyre.

**Elle serait...** heureuse de vivre, prête à goûter tous les plaisirs de la vie. Elle est indépendante et déteste les restrictions en tous genres.

**Elle l'a porté :** dans la mythologie grecque, Héra est une fille de Cronos et de Rhéa, la sœur et l'épouse de Zeus, déesse protectrice du mariage et de la maternité, jalouse des multiples conquêtes de son mari.

**Son évolution :** ce prénom était apprécié au début du XVIII^e siècle, lorsque les précieuses ridicules voulaient afficher leur connaissance de la mythologie. Il est très rare aujourd'hui.

**Sa forme initiale :** Héra.

## HERMELINE

**Ermelinde, Ermeline, Hermelinde**

**D'où vient-elle ?** Hermeline, d'origine germanique, signifie « douce maison ».

**On la fête** le 29 octobre. Sainte Hermelinde, ravissante jeune fille dans le Brabant au VI^e siècle, doit fuir la maison paternelle pour ne pas être mariée de force. Elle erre longtemps avant de trouver refuge auprès d'un prêtre qui la cache en attendant qu'elle ait l'âge d'entrer au couvent.

**Elle serait...** pourvue d'un solide sens pratique. Réaliste, elle aime gérer, construire, planifier, diriger. Et elle y réussit très bien.

**Son évolution :** ce prénom, fréquent au Moyen Âge, est rare aujourd'hui.

**Sa forme initiale :** Hermelindis.

**Ses cousines :** Ermelinde, Ermeline, Hermelinde.

**À l'étranger :** Hermelinda (Espagne).

## HERMINE

**Ermine, Erminie, Herminie, Irma, Irmine**

**D'où vient-elle ?** Hermine, d'origine germanique, signifie « sous la protection du dieu Irmin ».

**On la fête** le 9 juillet. Sainte Hermine, religieuse bourguignonne et missionnaire en Chine au XIX^e siècle, fut tuée par les Boxers.

**Elle serait...** décidée et courageuse. Elle déteste les mensonges, les injustices et la langue de bois. Tant pis pour ceux que sa franchise surprend.

**Son évolution :** ce prénom n'est jamais fréquent, mais il ne disparaît jamais tout à fait. Il se rencontre davantage dans les familles BCBG.

**Sa forme initiale :** Irmine.

**Ses cousines :** Ermine, Erminie, Herminie, Irma.

**À l'étranger :** Erminia (Espagne), Hermina (République tchèque), Herminia (Espagne, Portugal).

## HERMIONE

**Hermia**

**D'où vient-elle ?** Hermione signifie en grec « fille d'Hermès ».

**On la fête** le 28 août avec Hermès.

**Elle serait...** à la fois sensible et affective, et pourvue d'une grande force de caractère qui lui

permet d'être solide et efficace face aux difficultés de la vie.
**Elles l'ont porté :** dans la mythologie grecque, Hermione est la fille de Ménélas et d'Hélène. Hermione est l'un des personnages du *Conte d'hiver* de William Shakespeare ainsi que d'*Andromaque* de Racine.
**Elle le porte :** Hermione Jane Granger est une héroïne des aventures d'*Harry Potter*.
**Son évolution :** ce prénom, sans doute trop marqué par les auteurs classiques, est très rare.
**Sa cousine :** Hermia.

## HILARIE
**Hillary**

**D'où vient-elle ?** Hilarie, d'origine latine, signifie « gaie ».
**On la fête** le 3 novembre avec Hilaire.
**Elle serait...** travailleuse et sérieuse, avec un sens aigu du devoir. Elle se fixe des objectifs et ne ménage pas ses efforts pour les atteindre. Elle a des principes stricts et cherche souvent à les imposer.
**Elles le portent :** la femme politique américaine Hillary Clinton, femme de l'ancien président Bill Clinton, l'actrice américaine Hilary Swank.
**Son évolution :** ce prénom est assez courant aux États-Unis, rare en France pour l'instant.
**À l'étranger :** Hilaria (Pologne), Hilary, Hillary, Hillery, Hilliary (Grande-Bretagne, États-Unis), Ilari (pays de Galles), Ilaria (Russie).
**Son masculin :** Hilaire.

## HILDA
**Hilde, Hildelite**

**D'où vient-elle ?** Hilda, d'origine scandinave, signifie « guerrière ». Le terme « hild » entre dans la composition de très nombreux prénoms germaniques comme Clotilde, Mathilde, Hildegarde…
**On la fête** le 17 novembre. Sainte Hilda fut religieuse en Angleterre au VI$^{e}$ siècle et dirigea un monastère en Northumbrie.
**Elle serait...** charmante mais distante, sélective mais généreuse, sensible mais réservée. Elle n'aime guère la vie sociable, préférant son cercle d'amis soigneusement choisis.
**Son évolution :** c'est dans les pays scandinaves qu'Hilda est la plus fréquente.
**Ses cousines :** Hilde, Hildelite.
**À l'étranger :** Hildelita (Espagne).
**Ses diminutifs :** Hildie, Hildy.

## HILDEGARDE

**D'où vient-elle ?** Hildegarde, d'origine germanique, signifie « science du combat ».
**On la fête** le 17 septembre. Sainte Hildegarde prononça ses vœux à 15 ans en Allemagne, au XI$^{e}$ siècle. Très intelligente et très cultivée, elle devint abbesse de son couvent, puis fonda le monastère de Rupertsberg. Elle consigna ses expériences mystiques dans des ouvrages écrits en latin.
**Elle serait...** sociable, charmante, féminine, tout en étant volontaire et ambitieuse. Elle sait très bien jouer de ses atouts pour réussir.
**Elle l'a porté :** Hildegarde fut la troisième épouse de Charlemagne et la mère de trois rois : Charles, roi d'Austrasie, Pépin, roi d'Italie, et Louis le Pieux, empereur d'Occident.
**Son évolution :** ce prénom médiéval est très rare.
**À l'étranger :** Hildegarda (Espagne).

## HILDUR

**D'où vient-elle ?** Hildur, d'origine islandaise, signifie « combattante ».
**Elle serait...** idéaliste et altruiste. Elle a de grands projets, s'investit beaucoup dans ses relations, ses amis et rêve d'un monde meilleur. Elle est prête à sacrifier son confort pour accomplir de grandes choses.
**Elle le porte :** l'actrice islandaise Hildur Lof.

## HILTRUDE

**D'où vient-elle ?** Hiltrude, d'origine germanique, signifie « force dans la bataille ».
**On la fête** le 27 septembre. Sainte Hiltrude fit

vœu de chasteté dans le Hainaut au VIII^e siècle et refusa le prétendant que son père lui imposait. Elle fonda un couvent et y termina sa vie.
**Elle serait...** réfléchie, sérieuse et scrupuleuse. Elle a un sens aigu de l'ordre et de la discipline. La solitude la rassure, l'étude l'épanouit. Mais elle apprécie l'affection de ses proches.
**Son évolution :** ce prénom, porté au Moyen Âge, est très rare maintenant.

## HOËLLE
**Hoëlenn, Hoëlla**

**D'où vient-elle ?** Hoëlle, d'origine celte, signifie « belle vue ».
**On la fête** le 16 décembre avec Hoël.
**Elle serait...** communicative et sociable. Artiste, elle a besoin de s'exprimer par la voix ou par le geste. Lorsqu'elle a trouvé sa voie, elle s'épanouit et remporte les succès qu'elle mérite.
**Son évolution :** ce prénom, connu en Bretagne, est rare dans l'ensemble du pays.
**Ses cousines :** Hoëlenn, Hoëlla.
**Son masculin :** Hoël.

## HOÏLDE
**Hould**

**D'où vient-elle ?** Hoïlde, d'origine germanique, signifie « gloire au combat ».
**On la fête** le 30 avril. Sainte Hoïlde, fille du comte de Perthes en Champagne au V^e siècle, prit le voile très jeune. Après sa mort, le transfert de son corps dans une église de Troyes, au XII^e siècle, fut, dit-on, accompagné de miracles.
**Elle serait...** calme et équilibrée. Elle possède un solide sens des affaires et s'investit dans sa carrière, car elle veut réussir.
**Son évolution :** ce prénom très ancien est rarissime.
**Sa cousine :** Hould.

## HOLLY
**Hollie**

**D'où vient-elle ?** Holly, d'origine anglaise, signifie « heureuse ».
**Elle serait...** généreuse et altruiste. Le bien-être des autres est pour elle une priorité, parfois à ses dépens. Elle réagit mal à l'ingratitude et aux mensonges.
**Elle le porte :** l'actrice américaine Holly Hunter.
**Son évolution :** ce prénom est assez courant dans les pays de langue anglaise.
**Sa cousine :** Hollie.

## HONORÉE
**Enola, Enora, Honora, Honorine**

**D'où vient-elle ?** Honorée, d'origine latine, signifie « honneur ».
**On la fête** le 9 janvier avec Honoré ou bien le 27 février avec Honorine.
**Elle serait...** ambitieuse, décidée, autoritaire. Très travailleuse aussi, quand elle est motivée. Pourvue d'un solide sens des affaires, elle est intéressée par les biens matériels.
**Son évolution :** on a rencontré ce prénom à la fin du XIX^e siècle et au début du XX^e siècle, bien plus rarement que son masculin, puis il a disparu dès les années 1930. C'est Enora, sa forme bretonne, qui est en vogue actuellement.
**Ses cousines :** Honora et Honorine.
**Dans nos régions :** Enola, Enor, Enora (Bretagne).
**À l'étranger :** Honorata (Espagne, Pologne), Onorata (Italie).
**Son masculin :** Honoré.

## HONORINE

**D'où vient-elle ?** Honorine est une variante d'Honorée, qui signifie en latin « honneur ».

**On la fête** le 27 février. Sainte Honorine fut une jeune Gauloise qui, au IV$^{e}$ siècle, subit le martyre à Lillebonne, en Normandie. Son corps, jeté dans la Seine par ses tortionnaires, fut recueilli par des chrétiens et mis à l'abri des invasions vikings à Conflans, ville qui devint Conflans-Sainte-Honorine.

**Elle serait...** passionnée, énergique, ambitieuse. Avec elle, il faut aller vite et loin. Elle aime les défis, la compétition et supporte mal les habitudes.

**Son évolution :** Honorine fut un peu plus fréquente qu'Honorée à la fin du XIX$^{e}$ siècle, mais comme elle, elle a disparu aujourd'hui.

**Dans nos régions :** Anoria (Corse), Onorina (Pays basque).

**À l'étranger :** Annora, Honorina (Italie), Eercken (Flandre).

**Son masculin :** Honorin.

## HORTENSE

**D'où vient-elle ?** Hortense signifie en latin « jardin ».

**On la fête** le 11 janvier. Saint Hortens fut évêque de Césarée, au IV$^{e}$ siècle.

**Elle serait...** paradoxale : vive et enjouée ou passive et secrète, selon son humeur qui dépend beaucoup de son entourage.

**Elle l'a porté :** Hortense de Beauharnais (1783-1837), belle-fille de Napoléon I$^{er}$, épousa le frère de l'empereur et devint reine de Hollande. Elle fut la mère de Napoléon III et eut pour enfant naturel le duc de Morny.

**Son évolution :** en vogue au XIX$^{e}$ siècle, Hortense disparut au XX$^{e}$ siècle. Mais elle revient discrètement dans les familles BCBG depuis 1990.

**À l'étranger :** Hortensia (Espagne), Hortenspa (Pologne), Hortenz (Allemagne), Ortensia (Italie).

**Son masculin :** Hortens.

## HUGUETTE

### Hughette, Hugoline

**D'où vient-elle ?** Huguette, d'origine germanique, signifie « intelligence ».

**On la fête** le 1$^{er}$ avril avec Hugues.

**Elle serait...** une femme d'une trempe exceptionnelle : énergique, ambitieuse, volontaire et travailleuse. Elle n'a pas de pitié pour la faiblesse et la médiocrité.

**Elle le porte :** la femme politique française Huguette Bouchardeau.

**Son évolution :** on a rencontré Huguette au début du XX$^{e}$ siècle en compagnie de Ginette et Georgette. Ces prénoms ont actuellement disparu.

**Ses cousines :** Hughette, Hugoline.

**Dans nos régions :** Huga (Gascogne), Hugoline, Ugueto (Provence).

**À l'étranger :** Huige (Pays-Bas), Ughetta, Ugolina (Italie).

**Ses masculins :** Hug, Hughes, Hugo, Hugolin, Hugues.

## IDA

### Idalie, Idaline

**D'où vient-elle ?** Ida, d'origine germanique, signifie « travailleuse ».

**On la fête** le 13 avril. Sainte Ida, femme du comte de Boulogne en Flandres au XII^e^ siècle, fut la mère de Godefroi de Bouillon, qui devint l'un des chefs de la première croisade. Elle fit construire plusieurs abbayes, entretint une correspondance suivie avec saint Anselme et fut renommée pour sa piété. Elle mourut en 1113.

**Elle serait...** vive, optimiste, bien dans sa vie et charmante, à une condition : qu'on ne lui impose pas de contraintes et qu'elle puisse mener une vie riche d'expériences.

**Elle l'a porté :** Idelette de Bure. À la mort de son mari le pasteur Storder, elle épousa Jean Cauvin, dit « Calvin », un ami de longue date. Elle eut trois enfants qui disparurent en bas âge, puis soigna son mari à la fin de sa vie et s'occupa des pauvres et des malades à Genève. Elle mourut en 1549.

**Son évolution :** on rencontrait ce prénom à la Renaissance et au début du XX^e^ siècle ; il a disparu aujourd'hui.

**Ses cousines :** Idalie, Idaline.

**Dans nos régions :** Idania (Corse).

**À l'étranger :** Ide, Idelette (Allemagne), Iete, Ietje, Ietse (Pays-Bas), Iduna (Scandinavie).

**Ses diminutifs :** Idy, Idye, Itchen.

## ILANA

### Iliana, Iliane, Illana

**D'où vient-elle ?** Ilana signifie en hébreu « arbre ».

**On la fête** le 5 octobre avec Fleur.

**Elle serait...** volontaire et énergique, faite pour diriger. Son but est de devenir la première, le chef, l'égérie ; elle en a, d'ailleurs, toutes les qualités.

**Son évolution :** ce prénom hébraïque moderne est très en vogue en Israël.

**Ses cousines :** Iliana, Iliane, Illana.

**Son masculin :** Ilan.

## ILONA

### Ilonka, Iluska

**D'où vient-elle ?** Ilona est une forme finlandaise, hongroise et tchèque d'Hélène, prénom d'origine grecque, qui signifie « éclat du soleil ».

**On la fête** le 18 août avec Hélène.

**Elle serait...** éprise d'harmonie, de stabilité et de confort moral. Sa famille est son bien le plus précieux. Elle redoute les difficultés de la vie sociale.

**Elles le portent :** la chanteuse Ilona Mitrecey. Ilona, l'une des filles d'Estelle Lefébure et de David Hallyday.

**Son évolution :** Ilona fut certainement l'un des prénoms les plus en vue en 2000. Elle s'éloigne vite.

**Ses cousines :** Ilonka, Iluska.

## ILSE

### Ilsa, Ilsabe, Ilsebey

**D'où vient-elle ?** Ilse est une variante d'Élisabeth qui signifie en hébreu « Dieu est plénitude ».

**On la fête** le 17 novembre avec Élisabeth.

**Elle serait...** une femme de devoir qui se consacre entièrement au destin qu'elle a choisi. La fantaisie n'a pas de place dans sa vie.

**Elle l'a porté :** Ilse Aichinger, romancière autrichienne contemporaine.

**Son évolution :** Ilse est fréquente en Allemagne, plus rare en France.

**Ses cousines :** Ilsa, Ilsabe, Ilsebey.

## ILYA
**Ilia, Iliane**

**D'où vient-elle ?** Ilya est une variante féminine d'Ilie, forme roumaine d'Élie, qui signifie « mon maître est Dieu ».
**On la fête** le 20 juillet avec Élie.
**Elle serait...** sociable, communicative et diplomate. Elle excelle dans les associations, où elle sait s'affirmer sans chercher à dominer, accepter la discussion et la négociation.
**Son évolution :** ce prénom d'origine roumaine apparaît discrètement dans les pays de langue anglaise. Il n'est pas encore arrivé en France.
**Ses cousines :** Ilia, Iliane.
**Son masculin :** Ilie.

## IMELDA
**Ermenilde**

**D'où vient-elle ?** Imelda est la forme italienne d'Ermenilde, d'origine germanique, qui signifie « combat d'Irmin ».
**On la fête** le 13 février avec Ermenilde.
**Elle serait...** une femme de tête, intéressée par le pouvoir, les biens matériels, la réalisation de ses projets, le succès. Elle s'investit beaucoup dans sa vie professionnelle.
**Elle le porte :** Imelda Marcos, la femme de l'ancien président philippin. La chanteuse Imelda May.
**Son évolution :** ce prénom est assez fréquent dans les pays hispanophones, très rare en France.
**Sa forme initiale :** Ermenilde.

## INDIA
**Indiana**

**D'où vient-elle ?** India, d'origine anglaise, vient du nom de l'Inde, qui fut longtemps une colonie anglaise.
**Elle serait...** très intuitive et pourvue d'un grand charisme. Elle a de grandes ambitions, mais les biens matériels sont loin d'être sa priorité.
**Elle le porte :** India Hicks, mannequin, petite-fille du dernier vice-roi d'Inde, lord Mounbatten.
**Son évolution :** India est apparue aux États-Unis et en Angleterre au milieu du XX^e^ siècle. Elle y est toujours en vogue actuellement.
**Sa cousine :** Indiana.

## INDIRA
**Indra**

**D'où vient-elle ?** Indira signifie en sanscrit « splendeur ».
**Elle serait...** indépendante, affirmée et volontaire, mais aussi fière et orgueilleuse, ce qui ne facilite pas la tâche de ses parents, mais lui permet d'avoir de belles ambitions.
**Elles l'ont porté :** dans la mythologie hindoue, la déesse du ciel et de la pluie. Indira, fille de Nehru, s'investit très jeune dans la vie politique de son pays ; après des études en Angleterre et en Suisse, elle revint en Inde et seconda son père dans son rôle officiel. Elle épousa Feroze Gandhi dont elle eut deux fils. Premier Ministre de l'Inde de 1966 à 1977, puis de 1980 à 1984, elle fut assassinée en 1984 par deux de ses gardes du corps sikhs. Son fils Rajiv lui succéda.
**Son évolution :** ce prénom est courant en Inde, rare en France.
**Sa cousine :** Indra.

## INÈS
**Inesita, Inessa, Inez**

**D'où vient-elle ?** Inès est une forme espagnole et portugaise d'Agnès, qui signifie en grec « chaste ».
**On la fête** le 10 septembre. Sainte Inès, épouse d'un Japonais chrétien à Nagasaki, fut arrêtée avec son mari en 1618 pour avoir hébergé chez elle des missionnaires et décapitée en 1622.
**Elle serait...** douce et tranquille, fidèle et attentive. Sa famille est son pilier et elle redoute tout ce qui la plonge dans l'insécurité, les doutes et les changements.
**Elles le portent :** Inès de La Fressange, mannequin vedette et égérie de Chanel dans les années 1980, styliste et femme d'affaires. Inès Sastre, mannequin et comédienne espagnole.

**Son évolution :** Inès est l'un des prénoms vedette de ce début de XXIe siècle.
**Ses cousines :** Inesita, Inez.
**Dans nos régions :** Inesa (Pays basque).
**À l'étranger :** Inessa (Espagne, Russie).

## INGEBURGE

### Inge, Ingeborg

**D'où vient-elle ?** Ingeburge signifie en scandinave « sous la protection du dieu Ing ».
**Elle serait...** studieuse et réfléchie, attirée par le domaine intellectuel et spirituel, et détachée des biens matériels, ce qui peut lui procurer quelques soucis pratiques.
**Elle l'a porté :** Ingeburge de Danemark, deuxième épouse de Philippe Auguste qui, se détournant d'elle dès le lendemain des noces, la fit enfermer dans un couvent. Il voulut faire annuler son mariage, mais le pape refusa. Il prit cependant une troisième femme, provoquant la colère du pape qui plaça la France sous l'interdit.
**Son évolution :** ce prénom se rencontre parfois dans les pays scandinaves, mais il est très rare en France.
**Sa cousine :** Ingeborg.
**Son diminutif :** Inge.

## INGRID

### Ingrida

**D'où vient-elle ?** Ingrid signifie en scandinave « cavalière du dieu Ing ».
**On la fête** le 2 septembre. Sainte Ingrid, princesse de Suède, partit en croisade à la mort de son époux et revint dans son pays pour fonder un monastère, dont elle devint la première abbesse, en 1281, avec des fonds remis par son frère. Elle mourut un an plus tard.
**Elle serait...** en apparence discrète, réservée et même effacée. C'est pour mieux observer son entourage, l'analyser et le passer au crible de son sens critique.
**Elle l'a porté :** Ingrid Bergman, née en Suède en 1915. Orpheline très jeune, elle suivit des cours d'art dramatique, puis débuta au cinéma et obtint rapidement un triomphe avec le film culte *Casablanca*, en 1943. Sa carrière fut jalonnée de succès jusqu'à sa disparition en 1982.
**Elle le porte :** la femme politique franco-colombienne Ingrid Betancourt.
**Son évolution :** ce prénom, courant dans les pays nordiques, est très connu, mais peu courant en France.
**Sa cousine :** Ingrida.
**À l'étranger :** Inkeri (Finlande).

## IONA

### Ionia

**D'où vient-elle ?** Iona, d'origine grecque, signifie « violette ». On la trouve aussi parmi les prénoms écossais, signifiant « bénie ».
**Elle serait...** communicative, expressive et expansive. Elle s'extériorise, par la parole ou par toute autre forme d'expression.
**Elle l'a porté :** dans la Grèce antique, l'Ionie était une région comprenant une partie de la côte ouest de l'Asie Mineure et quelques-unes des îles de la mer Égée. Éphèse, Milet, Samos en étaient les principales villes. L'Ionie fut le berceau de plusieurs mathématiciens et philosophes comme Thalès et Pythagore.
**Son évolution :** ce prénom de l'Antiquité est rare en Grèce. Il n'est pas plus courant en Irlande.
**Sa cousine :** Ionia.

## IPHIGÉNIE

**D'où vient-elle ?** Iphigénie, d'origine grecque, signifie « race courageuse ».
**On la fête** le 21 septembre. Sainte Iphigénie fut une vierge martyre éthiopienne.
**Elle serait...** charmante, généreuse, mais aussi volontaire et énergique. Elle a confiance en elle, au point de parler un peu trop de son ego.
**Elle l'a porté :** Iphigénie est, dans la mythologie grecque, la fille d'Agamemnon et de Clytemnestre, qui doit être sacrifiée à la déesse Artémis pour que le vent soit favorable à la flotte de son père. Au moment du sacrifice, Artémis la remplace par une biche et la consacre prê-

tresse de son temple en Tauride. Iphigénie est le personnage du théâtre d'Euripide et de la pièce éponyme de Racine.
**Son évolution :** ce prénom mythologique et théâtral est très rare.
**À l'étranger :** Iphigénéia (Grèce), Iphigenia (Grande-Bretagne, États-Unis).

## IRAÏS
**Iraïda, Iraïde, Irène, Raïssa**

**D'où vient-elle ?** Iraïs, d'origine grecque, signifie « paix ».
**On la fête** le 5 septembre. Sainte Iraïs, jeune égyptienne au IV^e^ siècle à Alexandrie, se joignit à un cortège de chrétiens qu'on menait au supplice en proclamant leur foi. Elle fut décapitée avec ses compagnons.
**Elle serait...** douée pour les modes d'expression et d'interprétation, qu'ils soient artistiques, ludiques ou plus professionnels.
**Son évolution :** Iraïs est peu connue, alors que Raïssa est courante en Russie.
**Ses cousines :** Iraïda, Iraïde, Irène.
**À l'étranger :** Iraïdes (Espagne), Raïssa (Russie).

## IRÈNE
**Iraïs, Irénée, Irina**

**D'où vient-elle ?** Irène signifie en grec « paix ».
**On la fête** le 5 avril. Sainte Irène, jeune fille de Thessalonique au III^e^ siècle, apprenant que les chrétiens étaient persécutés, s'enfuit dans la montagne pour se cacher. Mais elle se reprocha sa lâcheté et reprit sa place chez ses parents. Aussitôt arrêtée avec ses deux sœurs Agapé et Chiona, elles sont brûlées vives.
**Elle serait...** perfectionniste et très attachée à son devoir. Elle a une grande affection pour les siens et tient dans la famille un rôle primordial en apaisant les tensions.
**Elle l'a porté :** Irène Curie, fille de Pierre et Marie, qui aida sa mère dans ses travaux avant de rencontrer Frédéric Joliot, qu'elle épousa en 1926 et avec qui elle reçut le prix Nobel de chimie en 1935.
**Elle le porte :** Irène Frain, écrivain dont le roman *Le Nabab,* en 1962, remporta un immense succès qui fut le point de départ d'une grande carrière littéraire.
**Son évolution :** on rencontrait Irène dans la première moitié du XX^e^ siècle. Elle a disparu aujourd'hui.
**Ses cousines :** Iraïs, Irénée.
**Dans nos régions :** Arine (Bretagne), Ireneu (Gascogne).
**À l'étranger :** Earina, Earine, Irine (Grande-Bretagne, États-Unis), Eireen (Irlande), Eirena, Eirene, Nitsa (Grèce), Irena (Pologne, République tchèque), Iranda, Irka (pays de l'Est), Irina (Russie), Orina, Orya, Oryna (Ukraine).

## IRIS
**Iréa, Iria, Iride, Iridia, Irisa, Irisha**

**D'où vient-elle ?** Iris signifie en grec « arc-en-ciel ».
**On la fête** le 4 septembre. Sainte Iris fut la fille de saint Philippe au II^e^ siècle en Asie Mineure, où elle subit le martyre.
**Elle serait...** indépendante et autonome. Très tôt, elle se dégage de la tutelle de ses parents pour vivre sa vie. Exigeante avec les siens, elle est une amie fiable, mais possessive.
**Elle l'a porté :** dans la mythologie grecque, la déesse Iris apportait des messages aux humains de la part des dieux, avec un arc-en-ciel accroché à la ceinture.

**Son évolution :** Iris s'impose depuis 2016 en France et en Europe ; elle est bien placée dans le top 100 des prénoms féminins.
**Ses cousines :** Iréa, Iria, Iride, Iridia, Irisa, Irisha.
**À l'étranger :** Irisz (Hongrie).

## IRMA

### Hermine, Irmeline, Irmine, Irminie

**D'où vient-elle ?** Irma, d'origine germanique, signifie « consacrée au dieu Irmin ».
**On la fête** le 24 décembre. Sainte Irmine, petite-fille du « bon » roi Dagobert au VIII^e siècle, fut la première abbesse d'un couvent qu'elle fonda près de Trèves, en Allemagne.
**Elle serait...** audacieuse, indépendante. Elle bouge toujours, recherche les émotions fortes, les nouveautés. Elle s'adapte à tout, sauf aux contraintes.
**Elle l'a porté :** *Irma la douce* fut une comédie musicale qui remporta un grand succès en France, à Londres et à Broadway en 1956. Elle fut adaptée au cinéma aux États-Unis en 1963.
**Son évolution :** Irma est, comme Irmine, un prénom très ancien qui n'a jamais été fréquent ; il est très rare aujourd'hui.
**Ses cousines :** Hermine, Irmeline, Irmine, Irminie.
**Son masculin :** Irmin.

## ISABELLE

### Isabeau, Isabelette, Isabrelette, Isaline, Isalis, Isambour, Iselda, Isild, Isobel, Isolette, Ysabel, Ysaline, Ysanne, Ysbel, Ysbella, Ysobel, Ysoline

**D'où vient-elle ?** Isabelle est une variante d'Élisabeth, d'origine hébraïque, qui signifie « Dieu est plénitude ».
**On la fête** le 22 février. Sainte Isabelle, sœur de Saint Louis, refusa d'épouser Conrad, roi de Jérusalem, pour se consacrer à Dieu. Elle fonda un monastère de clarisses, à Longchamp, près de Paris. Elle y mourut en 1270.
**Elle serait...** sensible, affectueuse et généreuse. Des qualités idéales pour une vie de famille heureuse. Elle craint l'agressivité, les conflits.
**Elles l'ont porté :** plusieurs reines de France. Isabelle de France, fille de Philippe le Bel, épouse d'Édouard II d'Angleterre, qui fit assassiner son mari avec l'aide de son amant Mortimer en 1327. Isabeau de Bavière, qui épousa Charles VI en 1385 et mourut en 1435. Isabelle la Catholique, fille du roi de Castille et épouse de Ferdinand d'Aragon. Ce mariage facilita l'unité de l'Espagne, qui fut complétée par la chute de Grenade en 1492. La reine réorganisa l'Inquisition. Isabelle d'Orléans-Bragance, comtesse de Paris par son mariage avec son cousin germain, Henri d'Orléans, décédée en 1999.
**Elles le portent :** les comédiennes Isabelle Adjani, Isabelle Huppert, Isabella Rossellini, fille d'Ingrid Bergman, et Isild LeBesco.
**Son évolution :** Isabelle a traversé les siècles avec des fortunes diverses. Courante au Moyen Âge, elle a disparu à la Renaissance. Elle revint en 1930 et demeura jusqu'en 1980. Elle s'éloigne, laissant la place à plusieurs de ses variantes.
**Ses cousines :** Isabeau, Isabelette, Isabrelette, Isaline, Isalis, Isambour, Iselda, Isild, Isolette, Ysabel, Ysaline, Ysanne, Ysbel, Ysbella, Ysobel, Ysoline.
**Dans nos régions :** Aesa, Izabell (Bretagne), Isabe (Normandie), Eisabeu, Isabeu (Provence), Isabela, Izaskun, Zabal (Pays basque), Isacot, Iseu (Gascogne).
**À l'étranger :** Ailsa, Ailse (Écosse, Danemark), Ibeag, Iosbail, Isbeal, Iseabail, Isibéal (Irlande), Ibolya, Izabella, Izabelle (Hongrie), Isabel (Catalogne, Espagne), Isabelita, Isabella, Isolda, Isotta (Italie), Isebeeuke, Ysabella (Flandres), Izabela (République tchèque), Zabele, Zapele (Arménie).

## ISADORA

### Idora, Isidora, Isidorine

**D'où vient-elle ?** Isadora, d'origine grecque, signifie « don d'Isis ».

**On la fête** le 4 avril avec Isidore.
**Elle serait...** active, franche, directe. Mais elle traverse parfois des périodes de doute. Elle est une amie sincère, mais exigeante, qui a tendance à vouloir avoir la main.
**Elle l'a porté :** la danseuse américaine Isadora Duncan, qui révolutionna les principes de la danse, donnant au corps une plus grande liberté, fonda plusieurs écoles de danse aux États-Unis et en Russie. Elle mourut accidentellement en 1927, étranglée par son écharpe prise dans une roue de sa voiture décapotée.
**Son évolution :** c'est certainement Isadora Duncan qui a fait connaître ce prénom très rare.
**Ses cousines :** Idora, Isidora, Isidorine.
**Son masculin :** Isidore.

## ISALINE
### Isoline

**D'où vient-elle ?** Isaline est une variante d'Isabelle, elle-même dérivée d'Élisabeth, d'origine hébraïque, qui signifie « Dieu est plénitudet ».
**Elle serait...** très attachée à sa vie de famille, en quête de paix et d'harmonie, et très consciente de ses responsabilités.
**Son évolution :** Isaline, apparue dans les années 1980, prend le pas sur Isabelle depuis 2000.
**Sa cousine :** Isoline.

## ISAURE
### Isaura, Isauria, Isauriane, Isaurie

**D'où vient-elle ?** Isaure signifie en grec « originaire de la ville d'Isauria ». Isauria était une ville dans le sud de l'Asie Mineure.
**On la fête** le 19 juillet avec Auriane.
**Elle serait...** stricte et exigeante, pour elle-même comme pour les autres. Elle veut être la première partout et supporte mal les échecs.
**Son évolution :** ce prénom, pourtant bien connu depuis le milieu du XX$^{e}$ siècle, est l'un des grands favoris des familles BCBG.
**Ses cousines :** Isaura, Isauria, Isauriane, Isaurie.

## Prénoms de la littérature

Les auteurs empruntent en général les prénoms de leurs héros à l'état civil. Parfois, ils les créent. Alors ce sont les parents qui s'en inspirent. Bel hommage à un auteur préféré, mais attention au patronyme avec lequel le prénom doit s'harmoniser. Plusieurs courants : les légendes médiévales, le théâtre du XVII$^{e}$ siècle et les romans contemporains. Quelques idées ?

Chez Molière, retenez **Célie**, **Célimène**, **Dorine**, **Elvire**, **Lélie**.

Dans la légende médiévale celtique, **Guenièvre** et **Iseut**,

du côté des fées, **Lorelei**, **Mélusine**, **Morgane** et **Viviane**,

au Pays des mille et une nuits, l'ensorcelante **Shéhérazade**.

Chez Shakespeare, **Ophélie**, **Juliette** et **Jessica**.

Au XIX$^{e}$ siècle, **Emma**, comme *Madame Bovary* de Gustave Flaubert, **Esméralda** et **Fantine**, héroïnes de Victor Hugo.

Plus récemment, **Rochelle**, héroïne de *l'Automne à Péki*n, de Boris Vian

**Wendy**, héroïne de Peter Pan.

## ISBERGUE
### Isberga

**D'où vient-elle ?** Isbergue, d'origine germanique, signifie « abri de glace ».
**On la fête** le 21 mai. Sainte Isbergue, sœur

de Charlemagne, fut religieuse en Artois au IX$^{e}$ siècle.

**Elle serait...** réfléchie et studieuse. Elle a soif de connaissances et passe plus de temps derrière son ordinateur que dans les soirées.

**Son évolution :** on rencontre ce prénom médiéval dans les pays scandinaves. Il est rare en France.

**À l'étranger :** Isberga (Allemagne, Espagne, Scandinavie).

## ISIS

**D'où vient-elle ?** Isis vient du nom égyptien « aset », qui signifie « siège ».

**Elle serait...** sociable et diplomate, coopérative et loyale. Ces qualités en font une bonne partenaire, une associée fiable, une épouse complémentaire.

**Elle l'a porté :** Isis est, dans la mythologie égyptienne, la sœur et la femme d'Osiris, la mère d'Horus. Elle est le modèle de l'amour conjugal et du dévouement maternel.

**Son évolution :** ce prénom mythologique est extrêmement rare.

## ISLA

**D'où vient-elle ?** D'origine écossaise, ce prénom fait référence à une rivière du nord-est de l'Écosse.

**Elle serait...** rapide, curieuse, indépendante. Elle aime les voyages, le changement, les plaisirs. Elle fuit les habitudes et entreprend sans cesse de nouveaux travaux, de nouveaux hobbies.

**Son évolution :** Isla fait partie des prénoms favoris en Écosse depuis 2005.

## ISOLDE

### Iseult, Isilde, Ysolda, Ysolde

**D'où vient-elle ?** Isolde est une variante d'Yseult, prénom d'origine celte, qui signifie « belle ».

**Elle serait...** ambitieuse et énergique. Elle brigue la première place, a l'âme d'un chef et veut réaliser sa vie en toute indépendance.

**Elle l'a porté :** le personnage d'Isolde dans l'opéra de Wagner *Tristan et Isolde*.

**Son évolution :** ce prénom est rare.

**Ses cousines :** Iseult, Isilde, Ysolda, Ysolde.

**Dans nos régions :** Izold (Bretagne).

**À l'étranger :** Isolda (Espagne, Grande-Bretagne, États-Unis), Izild (Allemagne), Izolda (Scandinavie).

## ITA

### Ite

**D'où vient-elle ?** Ita vient du nom de la déesse de la connaissance dans la mythologie irlandaise.

**On la fête** le 15 janvier. Sainte Ita fut une compagne de sainte Brigitte, en Irlande au IV$^{e}$ siècle, et l'une des saintes les plus vénérées par les chrétiens d'Irlande.

**Elle serait...** adaptable et sociable. La solitude ne lui convient pas et elle cherche la compagnie dans sa vie privée comme sa vie professionnelle.

**Son évolution :** ce prénom est bien connu en Irlande, il est rarissime en France.

**Sa cousine :** Ite.

## IVANA

### Ivane

**D'où vient-elle ?** Ivana est une forme slave de Jeanne, d'origine hébraïque qui signifie « Dieu est miséricordieux ».

**On la fête** le 30 mai avec Jeanne.

**Elle serait...** sensible, généreuse et intuitive. Les missions humanitaires conviennent bien à son altruisme.

**Elles le portent :** Ivana et Ivanka Trump, ex-femme et fille de Donald Trump, milliardaire américain de l'immobilier.

**Son évolution :** ce prénom est porté dans les pays de l'Est ; en France, il est rare.

**Son masculin :** Ivan.

## JACINTHE

**Yacinthe**

**D'où vient-elle ?** Jacinthe, d'origine grecque, fait référence à la fleur qui, d'après la légende, serait née en Grèce. Un jeune homme nommé Hyacinthe, jeune fils du roi de Sparte beau comme un dieu de l'Olympe, ayant été tué par le dieu Zéphyr lors d'un lancer de disque, Apollon aurait fait naître du sang du jeune homme une fleur rouge qui l'immortalise. Un festival eut lieu en Grèce chaque année au milieu de l'été pour célébrer Hyacinthe.

**On la fête** le 17 août. Sainte Jacinthe, italienne au XVII$^{e}$ siècle, était une jeune fille frivole et mondaine qui aimait s'amuser. Son père lui imposa d'entrer chez les franciscaines. Jacinthe continua sa vie légère, choquant les sœurs. Elle tomba malade et, délaissée par ses relations mondaines, se tourna vers Dieu. Elle acheva sa vie dans la piété.

**Elle serait...** intuitive et fine. Elle sait très bien ce qu'elle veut et préfère agir dans l'ombre qu'en pleine lumière pour contourner les difficultés au lieu de les affronter en face.

**Son évolution :** ce prénom est rare en France alors qu'on le rencontre assez fréquemment en Espagne.

**À l'étranger :** Giacinta (Italie), Hiacynta (Pologne), Hyacintha (Pays-Bas).

**Son masculin :** Hyacinthe.

## JACQUELINE

**Jackie, Jacobine, Jacotte, Jacquemine, Jacquine, Jaimie, Jamie, Javotte**

**D'où vient-elle ?** Jacqueline, d'origine hébraïque, signifie « Dieu a soutenu ».

**On la fête** le 8 février. Sainte Jacqueline, dame riche et noble en Italie, eut pour confident saint François d'Assise. À la mort de son mari et après avoir élevé ses enfants, elle consacra la plus grande partie de sa fortune à l'ordre franciscain. À sa mort, en 1274, elle fut enterrée près du saint.

**Elle serait...** ambitieuse et travailleuse. Déterminée, elle ne laisse personne entraver ses décisions. Si elle est sociable, elle est aussi très sélective dans ses amitiés.

**Elles l'ont porté :** la comédienne Jacqueline Maillan. Jacqueline Bouvier, épouse de John Kennedy, qui devint à 31 ans la première dame des États-Unis. Veuve en 1963, elle épousa Aristote Onassis en 1968. À sa mort, elle se retira à New York où elle mourut en 1994. L'historienne et académicienne Jacqueline de Romilly, première femme professeur au Collège de France, spécialiste de la Grèce antique. Jacqueline Picasso, l'épouse du peintre.

**Elle le porte :** l'actrice française Jacqueline Bisset.

**Son évolution :** en vogue au début du XX$^{e}$ siècle, Jacqueline a presque disparu aujourd'hui.

**Ses cousines :** Jacobine, Jacquemine, Jacquine, Javotte.

**Dans nos régions :** Jacoumeto, Jaquelino (Provence), Jakelin, Jaki, Janekin (Pays basque), Jakeza (Bretagne).

**À l'étranger :** Giacoma, Giacomina, Giocoba (Italie), Jackaleen, Jackalene, Jaimey, Jaimie, Jamee, Jamie, Jaumy, Jayme (Grande-Bretagne, États-Unis), Jacoba, Jacomynken (Flandres), Jacobina (Catalogne, Espagne, Italie), Jailin, Jaye, Jaylee, Jaylène, Jaylin, Jayline, Jaylynn, Jaynell (États-Unis), Jakira (Pays-Bas), Jakobä (Allemagne), Jamesa, Jamesina (Écosse).

**Ses diminutifs :** Jackie, Jacky, Jacotte, Jacquette.

**Son masculin :** Jacques.

## JADE

**D'où vient-elle ?** Jade, d'origine française, vient du nom de la pierre précieuse.
**On la fête** le 29 juin avec Pierre.
**Elle serait...** douce et placide en apparence. Ne vous y trompez pas, car elle est foncièrement volontaire et exigeante, travailleuse et ambitieuse.
**Elle le porte :** la première fille adoptive de Johnny et Laeticia Hallyday.
**Son évolution :** bien connu en Angleterre dès 1970, ce prénom s'impose en France depuis 2000 et il est l'un des préférés des familles aujourd'hui.
**À l'étranger :** Giada (Italie)

## JADEN (mixte)

**D'où vient-elle ?** Jaden, d'origine hébraïque, signifie « Dieu sauve ».
**Elle serait...** calme, réfléchie. Elle est attirée par les activités intellectuelles, la méditation. L'agitation l'inquiète. Elle fuit les relations superficielles pour préférer les activités solitaires, mais s'investit beaucoup dans des amitiés solides.
**Son évolution :** Jaden est l'orthographe préférée aux États-Unis pour la forme féminine de Jayden. Ce prénom est dans les favoris aux États-Unis depuis 2009.
**Son masculin :** ce prénom est mixte, souvent sous la forme Jayden pour les garçons.

## JADIYA

**D'où vient-elle ?** Jadiya est la forme espagnole de Khedidja, d'origine arabe, qui signifie « la meilleure ».
**Elle serait...** habile, souple, toujours prête à bouger, à voyager, à changer d'emploi, à faire de nouvelles connaissances. L'aventure lui tend les bras en permanence.
**Son évolution :** Khedidja est très courant dans les familles musulmanes, car il était porté par la première épouse du prophète Mahomet. Jadiya se rencontre surtout en Espagne.

## JALEN (mixte)

**D'où vient-elle ?** Jalen d'origine américaine, signifie « calme, apaisante ».
**Elle serait...** attachée à sa famille, son foyer, elle recherche une vie stable, calme, elle croit aux valeurs traditionnelles et se consacre en priorité aux siens. Sa vie professionnelle passe au second plan.
**Son évolution :** Jalen, masculin à l'origine, se féminise et gagne du terrain aux États-Unis.

## JAMIE (mixte)

Jaimie

**D'où vient-elle ?** Jamie est une forme écossaise de Jacqueline, d'origine hébraïque, qui signifie « Dieu a soutenu ».
**On la fête** le 8 février avec Jacqueline.
**Elle serait...** diplomate et habile, sociable et attentive. Elle est dévouée à son couple et apprécie de travailler en duo, car l'effet miroir la motive.
**Son évolution :** ce prénom est en vogue aux États-Unis depuis les années 1950, pour les garçons comme pour les filles.
**Sa forme initiale :** Jacqueline.
**Sa cousine :** Jaimie.

## JAMILA

Djamela, Djamila, Jamela

**D'où vient-elle ?** Jamila, d'origine arabe, signifie « belle ».
**Elle serait...** directive, voire autoritaire, elle sait ce qu'elle veut et admet peu de concessions. Travailleuse, ambitieuse, elle a l'âme d'un chef.
**Son évolution :** ce prénom est courant dans les familles de culture arabe.
**Ses cousines :** Djamela, Djamila, Jamela.
**Son masculin :** Djamel.

## JANINE

Janick, Janique, Jeanne, Jeannine

**D'où vient-elle ?** Janine est une variante de Jeanne, qui signifie en hébreu « Dieu est miséricordieux ».

**On la fête** le 30 mai avec Jeanne.
**Elle serait...** charmante, si on ne la contrarie pas. Réaliste et déterminée, Janine sait ce qu'elle veut et accepte mal qu'on s'oppose à elle.
**Elle l'a porté :** la danseuse Janine Charrat.
**Son évolution :** Janine fut en vogue dans les années 1930, puis disparut dès 1940. Sa variante Janique a connu un très bref succès dans les années 1960 à la suite d'une série télévision.
**Sa forme initiale :** Jeanne.
**Ses cousines :** Janick, Janique, Jeannine.
**À l'étranger :** Janina, Janinna (Allemagne, Grande-Bretagne, Flandres, Pologne), Janene, Jannine (États-Unis).
**Son masculin :** Jean.

## JANNA

**D'où vient-elle ?** Janna est une forme russe de Jeanne, qui signifie en hébreu « Dieu est miséricordieux ».
**On la fête** le 30 mai avec Jeanne.
**Elle serait...** travailleuse, organisée. Elle recherche la stabilité, l'ordre et planifie sa vie avec rigueur, car elle craint les nouveautés.
**Son évolution :** cette forme de Jeanne, plus originale, apparaît discrètement depuis 2000.
**Sa forme initiale :** Jeanne.

## JASMINE
**Yasmina, Yasmine**

**D'où vient-elle ?** Jasmine, d'origine perse, vient du nom du jasmin.
**On la fête** le 5 octobre avec Fleur.
**Elle serait...** rigoureuse, perfectionniste et très active. Rapide, elle s'impatiente quand la maîtrise des événements lui échappe.
**Elle le porte :** Yasmina Reza, auteur dramatique, romancière et essayiste. Elle reçut un Molière en 1995 pour l'une de ses pièces, *Art*, qui remporta un grand succès en France et aux États-Unis.
**Son évolution :** Jasmine et Yasmine plaisent beaucoup en France et Yasmina est un prénom très courant, depuis longtemps, dans les familles de culture arabe.
**À l'étranger :** Gelsomina (Italie), Hasmig, Hasmik (Albanie, Arménie), Jazmin, Jazmine (Espagne), Jessamine (Grande-Bretagne), Yasmina, Yasmine (pays arabes).

## JAY (mixte)
**Jaelyn, Jaye, Jayla, Jeaden**

**D'où vient-elle ?** Jay signifie « victoire » en sanscrit.
**Elle serait...** intellectuelle, réfléchie et raisonnable. Pas du tout ennuyeuse, car elle adore apprendre et a toujours quelque chose d'intéressant à dire.
**Son évolution :** ce prénom indien à consonance anglaise avait tout pour plaire outre-Manche lorsqu'il fit son apparition dans les années 1940. C'est aux États-Unis qu'il est connu aujourd'hui, avec ses variantes Jaelyn et Jayla.
**Ses cousines :** Jaelyn, Jaye, Jayla, Jeaden.

## JEANNE
**Evane, Gianna, Ivana, Jana, Jane, Janelle, Janine, Janique, Jeannette, Jehanne, Jenae, Jenna, Jenny, Joan, Juana, Seasag, Shona, Vanina, Yohanna**

**D'où vient-elle ?** Jeanne, d'origine hébraïque, signifie « Dieu est miséricordieux ».
**On la fête** le 30 mai. Sainte Jeanne d'Arc avait 13 ans, en 1425, lorsqu'elle entendit des voix divines en gardant ses moutons, à Domrémy. Ces voix l'exhortèrent à sauver le royaume de France, alors aux mains des Anglais. Elle parviendra à rencontrer le roi Charles VII et à lever une armée. Jeanne repoussa les Anglais et le roi put enfin être couronné. Elle fut faite prisonnière et jugée pour hérésie à Rouen. Elle subira le sort des hérétiques, être brûlée vive.
**Elle serait...** réactive, travailleuse, ambitieuse, mais aussi très émotive. Elle est très dépendante de son entourage familial, amical et professionnel, réussit lorsque l'ambiance est favorable et a des difficultés pour surmonter l'agressivité.
**Elles l'ont porté :** plusieurs reines de France, Jeanne de Bourgogne, Jeanne de Navarre et Jeanne de Bourbon. Jeanne Seymour, reine d'Angle-

terre, Jeanne d'Albret, mère d'Henri IV, Jeanne Antoinette Poisson, marquise de Pompadour, et Jeanne Bécu, comtesse du Barry, favorites de Louis XV.

**Elles le portent :** les comédiennes Jeanne Moreau, Jane Birkin, Jane Fonda, la chanteuse Janet Jackson, Jenna de Rosnay, la cycliste Jeannie Longo.

**Son évolution :** Jeanne est l'un des grands prénoms du Moyen Âge, oublié à la Renaissance. Le XIXe siècle la remit à la mode et le XXe siècle la bouda. Jeanne revient depuis 2000 ; elle est proche du top 10 des prénoms féminins aujourd'hui.

**Ses cousines :** Evane, Iana, Iane, Ianie, Ianna, Janelle, Jania, Janica, Janie, Jannick, Jannila, Jannis, Jantina, Jayne, Jeanie, Jeanna, Jeannelle, Jeanneton, Jeannette, Jeannice, Jeannick, Jeannie, Jehane, Jehannette, Jenita, Joane, Johane, Johannie, Johanny, Jolette, Yanina, Yanisha, Yanitza, Yoanna, Yohanna, Yohanne.

**Dans nos régions :** Hansie, Schann (Alsace), Janedig, Janick, Janig, Janik, Jann, Yana, Yanae, Yanika, Yanna, Yannez, Yannicka, Yanouk, Yoanie, Yoannie (Bretagne), Jana, Janello, Joanano, Joaneta, Joanitza, Joaniza, Johan, Johanie, Johanika, Jona, Juana, Juane, Xanet, Yvana (Pays basque), Janetoun, Jano (Provence), Ioana, Ioanna, Iovana (Polynésie), Jouenne (Normandie).

**À l'étranger :** Geena, Jane, Janice, Janicia, Janny, Jenny, Joan, Joane, Joaneder, Joani (Grande-Bretagne, États-Unis), Gianna, Gianetta, Gianina, Giannina, Giannine, Giovanna, Ivanka, Ivanne (Pologne, Russie), Hanska, Ivana, Ivane, Ivanie, Ivania, Jaantje, Janaïka, Janika, Janita, Januska, Jovanka, Jovenka (pays de l'est), Ianina, Janna, Vanina, Vanka, Vannina, Vassina, Yanae (Russie), Jaana, Jahnna, Janne, Jenni, Jennie, Johnna, Jonna (Finlande), Jana (Pologne, République tchèque), Janae, Janais, Janay, Janaya, Janaye, Jeanae, Jeanay, Jenae, Jenai, Jenay, Jenaya, Jennae, Jennay, Lajuana, Shanda (États-Unis), Janka (Hongrie), Jannarae (Grande-Bretagne, États-Unis, Flandre, Pays-Bas), Janneken, Jehenen, Jeneken (Flandre), Jannike (Norvège), Jansje (Flandre, Pays-Bas), Jean, Jeana (Écosse), Jena, Jenesi, Jenn, Jenna, Jennabel, Jennah, Jennalee, Jennalyn, Jennasee (Grande-Bretagne, États-Unis, Finlande, Pays-Bas), Jengen (Allemagne), Jenneke (Pays-Bas), Jensine (Scandinavie), Joaninha (Portugal), Joanka (Pologne), Juana (Espagne), Ohanna (Arménie), Lashanda, Lashawna, Seasag, Seasaidh, Seena, Seonag, Seonaid, Shauna, Shavon, Shavonne, Sheena, Sheenagh, Sheenah, Sheilagh, Shona, Sinead, Sineid, Siobhan (Irlande), Wanika (Hawaï), Joanano (Catalogne).

**Ses diminutifs :** Janet, Jeannette, Juanita.

**Son masculin :** Jean.

## JENNIFER

### Gaynor, Guenevère, Guinevère, Gwenivar, Jennyfer

**D'où vient-elle ?** Jennifer est une forme anglaise de Guenevère, d'origine celte, qui signifie « spectre blanc ».

**Elle serait...** sensible, généreuse et fiable. C'est une amie sur qui l'on peut compter, une collaboratrice efficace et loyale, mais exigeante car elle ne supporte pas l'injustice.

**Elles le portent :** les actrices américaines Jennifer Aniston et Jennifer Lopez, la chanteuse française Jenifer, la joueuse de tennis Jennifer Capriati.

**Son évolution :** très courante dans les pays de langue anglaise dès le début du XXe siècle, c'est dans les années 1980 que Jennifer s'implante en France, mais elle est devenue rare aujourd'hui.

**Sa forme initiale :** Guenevère.

**Ses cousines :** Gaynor, Ginevra, Guinevère, Gwenivar, Jennyfer.

## JESSICA

### Jess, Jessie, Jessy

**D'où vient-elle ?** Jessica est la forme féminine de Jessé, d'origine hébraïque, qui signifie « Dieu existe ».

**On la fête** le 29 décembre avec David dont le père était Jessé.

**Elle serait...** expressive et communicative, charmante et élégante. Plaire est la grande affaire de sa vie. Elle y réussit très bien, même si elle est ennemie du moindre effort.
**Elle l'a porté :** l'héroïne de Shakespeare dans *Le Marchand de Venise,* comédie écrite vers 1595 et jouée pour la première fois en 1598.
**Elles le portent :** l'actrice américaine Jessica Lange, dont la carrière cinématographique débuta avec le remake de *King Kong* en 1976. La soprano américaine Jessye Norman, qui chanta *La Marseillaise* sur la place de la Concorde, lors de la célébration du bicentenaire de la Révolution française.
**Son évolution :** ce prénom est bien connu des familles de culture juive depuis longtemps. Il est aussi courant dans les pays de langue anglaise depuis 1980. En France, il a eu un bref succès entre 1980 et 1990.
**À l'étranger :** Gessica (Italie), Jessika (Scandinavie).
**Ses diminutifs :** Jess, Jessie, Jessy.
**Son masculin :** Jessé.

## JILL
**Jillian, Jilliana, Julie**

**D'où vient-elle ?** Jill est une forme anglo-américaine de Julie, d'origine latine, qui signifie « de la famille Iulius ».
**On la fête** le 8 avril avec Julie.
**Elle serait...** calme et distante, la reine du self-control, en quelque sorte. Les événements semblent ne pas l'atteindre, mais ne vous y fiez pas, Jill est une hypersensible qui se protège.
**Son évolution :** ce prénom est bien connu aux États-Unis, rare en France.
**Sa forme initiale :** Julie.
**Ses cousines :** Jillian, Jilliana.
**Ses diminutifs :** Jillie, Jilly.

## JOAN
**Joana, Joanie**

**D'où vient-elle ?** Ce prénom est une contraction de Johanna, forme anglaise de Jeanne, d'origine hébraïque, qui signifie « Dieu est miséricordieux ».
**On la fête** le 30 mai avec Jeanne.
**Elle serait...** travailleuse, déterminée. Elle a le sens de l'effort, progresse lentement, mais sûrement, sur la voie qu'elle s'est tracée.
**Elle le porte :** la chanteuse américaine Joan Baez.
**Son évolution :** Joan était dès le XV<sup>e</sup> siècle, en Angleterre, la traduction de Jeanne ; l'histoire nous le prouve, puisque, outre-Manche, notre Jeanne d'Arc était alors appelée Joan of Arc ! Ce prénom fut abandonné sous les Tudor et revint au XIX<sup>e</sup> siècle. Il est désormais un classique dans les pays de langue anglaise.
**Sa forme initiale :** Jeanne.
**Ses cousines :** Joana, Joanie.

## JOCELYNE
**Joceline, Joci, Jocia, Jocie, Josaline, Josce, Joscelaine, Josceline, Joscelyne, Joseline, Joselyne, Josseline, Josselyne, Jossie**

**D'où vient-elle ?** Jocelyne, d'origine germanique, vient du nom de « Gauz », Gauz étant une divinité teutonne assez obscure.
**On la fête** le 13 décembre avec Josse.
**Elle serait...** habile, diplomate et astucieuse. Elle ne perd jamais de vue ses intérêts et use tour à tour de son charme et de son énergie pour obtenir ce qu'elle veut.
**Son évolution :** on rencontrait Jocelyne entre 1940 et 1960. Ce prénom est rarissime aujourd'hui.
**Ses cousines :** Joceline, Joci, Jocia, Jocie, Josaline, Josce, Joscelaine, Josceline, Joscelyne, Joseline, Joselyne, Josseline, Josselyne.
**Ses diminutifs :** Jossia, Jossie.
**Ses masculins :** Jocelyn, Josse, Josselin.

## JODELLE

**D'où vient-elle ?** Jodelle est une variante de Joëlle, d'origine hébraïque, qui signifie « Yahvé est Dieu ».
**On la fête** le 13 juillet avec Joël.

**Elle serait…** communicative, éloquente, expressive. Elle excelle dans les relations publiques, mais c'est dans la création artistique qu'elle s'épanouit le mieux.
**Son évolution :** ce prénom est rare.

## JOËLLE
### Yaëlle, Yaguel, Yoëlle

**D'où vient-elle ?** Joëlle, d'origine hébraïque, signifie « Yahvé est Dieu ».
**On la fête** le 13 juillet avec Joël.
**Elle serait…** assez lunatique, en fonction de son environnement ou de son humeur. Elle peut être un jour bavarde et le lendemain secrète, un jour optimiste et sombre quelques heures plus tard.
**Elle l'a porté :** la chanteuse Joëlle du groupe Il était une fois.
**Elle le porte :** la voyante Yaguel Didier.
**Son évolution :** on rencontrait souvent Joëlle entre 1940 et 1960. C'est maintenant Jonelle qui a la préférence.
**Sa forme initiale :** Yoëla.
**Dans nos régions :** Yaëlla, Yaëlle, Yaguel, Yoëlle (Bretagne).
**À l'étranger :** Gioella (Italie), Jodie, Jody (Grande-Bretagne, États-Unis).
**Son masculin :** Joël.

## JOHANNA
### Joanna, Joannie

**D'où vient-elle ?** Johanna est une forme anglo-américaine, allemande, hongroise, islandaise et scandinave de Jeanne, qui signifie en hébreu « Dieu est miséricordieux ».
**On la fête** le 30 mai avec Jeanne.
**Elle serait…** généreuse et altruiste. Elle pense en priorité au bien-être des siens qu'elle protège. Cet effacement est parfois préjudiciable à sa vie personnelle.
**Elle le porte :** l'actrice canadienne Joanna Shimkus, mannequin, femme de Sydney Poitiers.
**Son évolution :** Johanna a une longue histoire. Le prénom masculin Jehan traversa la Manche au XIIe siècle pour devenir Joan, Jehanne devint Joanna, puis Johanna, qui atteignit l'Amérique du Nord. Dans les années 1950, Johanna fut l'un des prénoms préférés aux États-Unis. Il est beaucoup moins courant aujourd'hui.
**Ses cousines :** Joanna, Joannie.
**Son masculin :** Johan.

## JONA

**D'où vient-elle ?** Jona est une forme basque et islandaise de Jeanne, qui signifie en hébreu « Dieu est miséricordieux ».
**On la fête** le 30 mai avec Jeanne.
**Elle serait…** une travailleuse, une bâtisseuse qui aime construire sa vie pierre par pierre, économiser pour épargner. Elle a un besoin vital de stabilité et de sécurité.
**Son évolution :** cette forme originale de Jeanne commence à connaître le succès.

## JONELLE
### Joëlle

**D'où vient-elle ?** Jonelle est une variante de Joëlle, qui signifie en hébreu « Yahvé est Dieu ».
**On la fête** le 13 juillet avec Joël.
**Elle serait…** une grande affective, sensible et émotive. Elle se sait vulnérable et recherche la sécurité dans tous les domaines, par une activité routinière et un petit cercle d'amis.
**Son évolution :** Jonelle vient de surgir et elle est prometteuse.
**Sa forme initiale :** Joëlle.

## JORDANE
### Giordana, Jordaine, Jordana, Yordana

**D'où vient-elle ?** Jordane est la forme féminine de Jordan, qui fait référence au fleuve Jourdain.
**On la fête** le 13 février avec Jordan.
**Elle serait…** stricte, disciplinée et énergique. Sociable et agréable, malgré tout, mais avec parfois des opinions très tranchées et des comportements autoritaires qui peuvent lui nuire.
**Son évolution :** contrairement à ce que l'on pense généralement, Jordan n'est pas un pré-

nom moderne. Il est né sur les bords du fleuve Jourdain au temps des croisades et a été porté par de nombreux enfants de croisés. Il est ensuite tombé dans l'oubli et c'est dans les années 1970 qu'il a réapparu aux États-Unis. Si Jordan a été courant en France dès 1990, Jordane est restée discrète.

**Ses cousines :** Jordaine, Jordana, Yordana.

**À l'étranger :** Giordana (Italie).

**Son masculin :** Jordan.

## JOSÉE

### Giuseppa, Josette, Josiane, Josie

**D'où vient-elle ?** Josée est une forme féminine de Joseph, d'origine hébraïque, qui signifie « Dieu ajoute ».

**On la fête** le 8 février avec Joséphine.

**Elle serait...** idéaliste. Très tôt, elle rêve sa vie, et se heurte à des déceptions. Parfois, elle se réfugie dans la solitude, parfois elle réagit positivement en se ménageant des refuges agréables.

**Son évolution :** Josée a souvent été associée à Marie dans les années 1940 et 1950. Elle est très rare aujourd'hui, comme Josette et Josiane, qui, elles, ont connu un succès certain dans les années 1930.

**Ses cousines :** Josette, Josiane.

**À l'étranger :** Giuseppa (Italie).

**Son diminutif :** Josie.

**Ses masculins :** José, Joseph.

## JOSÉPHINE

### Josée, Josépha, Josèphe

**D'où vient-elle ?** Joséphine est une forme féminine de Joseph, d'origine hébraïque, qui signifie « Dieu ajoute ».

**On la fête** le 8 février. Sainte Joséphine Bakhita, Soudanaise au début du XXe siècle, fut esclave avant de devenir religieuse. Elle fut canonisée par Jean-Paul II.

**Elle serait...** courageuse et travailleuse, énergique et volontaire, sous une apparence de douceur et de calme. Fidèle et consciencieuse, elle est une amie idéale.

**Elles l'ont porté :** Joséphine de Tascher de La Pagerie, née à la Martinique, femme du vicomte de Beauharnais, qui fut guillotiné à la Révolution. Grâce à ses liaisons avec Lazare Hoche, puis avec Barras, elle devint la reine des salons parisiens. En 1796, elle épousa Napoléon Bonaparte, puis fut couronnée impératrice en 1804. La chanteuse Joséphine Baker, née aux États-Unis en 1906, remporta son premier concours de danse à 10 ans. Elle mena une revue aux Folies Bergère en 1927 et remporta un grand succès. En 1931, ce fut la gloire avec la chanson *J'ai deux amours*. Elle œuvra pour la Résistance pendant la guerre. Elle décéda en 1975.

**Son évolution :** en vogue au XIXe siècle, Joséphine a disparu au XXe siècle au profit de Josiane et Josette. Celles-ci ayant quitté à leur tour l'état civil, Joséphine revient depuis 1990.

**Ses cousines :** Josée, Josépha, Josèphe.

**Dans nos régions :** Jeuffine (Normandie), Josafat, Joseba, Josebe, Joxepa, Joxin, Joxune, Jozephina (Pays basque), Josefa, Jozefa (Bretagne), Jousefino (Provence).

**À l'étranger :** Giuseppina (Italie), Joby, Joey (Grande-Bretagne, États-Unis), Josefa (Allemagne, Espagne), Josefiina (Flandre), Joséfina, Josefine, Pepita (Espagne, Portugal), Josepa (Catalogne), Jozefa (Pologne), Jozsa (Hongrie).

**Son diminutif :** Jo.

**Son masculin :** Joseph.

## JOSETTE

### Josée

**D'où vient-elle ?** Josette est une variante de Josée, forme féminine de Joseph, d'origine hébraïque, qui signifie « Dieu ajoute ».

**On la fête** le 8 février avec Joséphine.

**Elle serait...** sérieuse, exigeante et volontaire. Elle mène sa vie avec rigueur et fait peu de concessions, bien qu'elle soit très sensible.

**Elle l'a porté :** l'actrice française Josette Day, née en 1914, qui tourna *La Fille du puisatier* de Marcel Pagnol qu'elle épousa. En 1946, elle

fut l'héroïne du film mythique *La Belle et la Bête* avec Jean Marais. Elle arrêta sa carrière à 36 ans pour se consacrer à des œuvres charitables.
**Son évolution :** Josette apparut quand Joséphine déclina, au début du XX^e^ siècle. Elle connut un franc succès entre 1930 et 1940, puis disparut à son tour dans les années 1950.
**Sa cousine :** Josée.
**Ses masculins :** José, Joseph.

## JOSIANE
**Josie, Josyane**

**D'où vient-elle ?** Josiane est une variante de Josée, elle-même forme féminine de Joseph, d'origine hébraïque, qui signifie « Dieu ajoute ».
**On la fête** le 8 février avec Joséphine.
**Elle serait...** vive, charmante, optimiste. Elle attire la sympathie, car elle est drôle et positive. Elle aime le plaisir, le luxe, beaucoup moins le travail et l'effort.
**Elle le porte :** la comédienne française d'origine yougoslave Josiane Balasko, qui fit partie de l'équipe du Splendid, participa à de nombreux films à succès, comme *Les Bronzés font du ski*, *Le Père Noël est une ordure*...
**Son évolution :** Josiane prend le relais de Joséphine, puis de Josette. Elle apparaît dans les années 1940, pour s'éclipser en 1950. Elle est rarissime aujourd'hui.
**Ses cousines :** Josie, Josyane.
**Ses masculins :** José, Joseph.

## JOVITA

**D'où vient-elle ?** Jovita, d'origine latine, fait référence à Jupiter, roi des dieux dans la mythologie romaine, fils de Rhéa et de Saturne, époux de Junon. Il eut un grand nombre de conquêtes féminines, ce qui excita la colère et la jalousie de Junon. Il fut représenté comme un personnage barbu, chevelu, majestueux, portant au poing le foudre et un aigle. Son culte était célébré à Rome, au Capitole.
**On la fête** le 15 février avec Jovite.
**Elle serait...** aventureuse. Elle désire toujours tout goûter, tout comprendre. Elle recherche le plaisir, la beauté, le bonheur.
**Son évolution :** ce prénom, courant dans l'Antiquité, est très rare aujourd'hui.
**Son masculin :** Jovite.

## JOYCE
**Joy**

**D'où vient-elle ?** Joyce signifie en anglais « joie ».
**Elle serait...** appliquée et très investie dans la construction de son avenir et celui des siens. Patiente et déterminée, elle avance dans la vie pas à pas et ne laisse rien au hasard.
**Son évolution :** ce prénom qui était mixte a connu un bref succès en Angleterre au début du XX^e^ siècle, sans doute sous l'influence de l'écrivain James Joyce, décédé en 1941. Il est devenu exclusivement féminin dans les pays de langue anglaise. En France, il est rare.
**Sa cousine :** Joy.
**À l'étranger :** Gioia (Italie), Ioi (Hawaï).

## JUDICAËLLE

**D'où vient-elle ?** Judicaëlle est la forme féminine de Judicaël, d'origine celte, qui signifie « seigneur généreux ».
**On la fête** le 17 décembre avec Judicaël.
**Elle serait...** individualiste, autonome et ambitieuse. Qui plus est, active et volontaire. Elle consacre toute son énergie à son évolution professionnelle, car elle n'imagine pas tenir un second rôle.
**Son évolution :** ce prénom, bien connu dans les familles de tradition bretonne, est rare sur l'ensemble du territoire.
**Son masculin :** Judicaël.

## JUDITH
**Giuditta, Jodie, Jody, Judie**

**D'où vient-elle ?** Judith, d'origine hébraïque, signifie « juive ».
**On la fête** le 5 mai. Sainte Judith vécut en Thuringe au XIII^e^ siècle. Devenue veuve très

jeune, elle vendit ses biens et partit en Prusse orientale pour se consacrer aux œuvres charitables.
**Elle serait...** communicative, vive, énergique et charmante, mais aussi très sensible. Elle a un sens inné du dévouement et on ne fait jamais appel à elle en vain.
**Elle l'a porté :** dans la Bible, Judith, afin de sauver les habitants de sa ville encerclés et menacés de mourir de faim et de soif, se rend chez le général ennemi, le séduit, l'enivre et le décapite.
**Elles le portent :** les actrices Judith Henry, Judith Godrèche, Jodie Foster.
**Son évolution :** Judith est l'un des grands classiques de la culture hébraïque. Les formes Jody et Judy sont en vogue aux États-Unis.
**Sa forme initiale :** Yéhoudith.
**À l'étranger :** Giuditta, Yutta (Italie), Ioudif (Russie), Jetta, Judinta, Judintha, Juditha (Allemagne), Jette (Danemark), Jitka (Scandinavie, République tchèque), Judie, Judy, Judyta (Grande-Bretagne, États-Unis), Judit (Espagne, Hongrie), Judita (Espagne, République tchèque), Judite (Portugal), Jutka (Hongrie), Jutta (Allemagne, Scandinavie), Juuta (Allemagne, Flandres), Juytken (Flandres), Jytte (Scandinavie), Yéhudit, Yudi, Yudit, Yudita (Israël).
**Ses diminutifs :** Jodie, Jody, Judie.
**Son masculin :** Yéhudi.

## JULIA

**Juliane, Julie**

**D'où vient-elle ?** Julia est la forme originelle de Julie, qui signifie en latin « de la famille des Iulius ».
**On la fête** le 22 mai avec Julie.
**Elle serait...** ambitieuse et décidée. Son charisme l'aide à parvenir à ses fins, même si la diplomatie et la souplesse ne sont pas ses principales qualités. Quand Julia prend une décision, c'est sans appel.
**Elles l'ont porté :** Julia Domna fut la seconde épouse de l'empereur Septime Sévère à Rome, au IIe siècle. Il arrivait fréquemment que plusieurs femmes d'une même famille portent ce prénom, accompagné d'un surnom pour les différencier. Ainsi les deux filles de Jules César se prénommaient Julia.
**Elle le porte :** la soprano Julia Migenes.
**Son évolution :** Julia est un prénom qui remonte à l'Antiquité, où il était très courant. Ce fut au XVIIIe et au XIXe siècle qu'il fut courant en Angleterre, puis au milieu du XXe siècle. Julia est très présente en Espagne, en Angleterre, aux États-Unis et en Scandinavie. En France, elle se maintient dans le top 20 des prénoms féminins.
**Ses cousines :** Juliane, Julie.
**Son masculin :** Jules.

### Son heure de gloire

La Rome antique. Elle a vu l'apogée de ce prénom. Julia était souvent portée par plusieurs femmes de la même famille. Si nous avons peu de vestiges des familles du peuple, nous avons des traces des grandes patriciennes. Ainsi, au IIe siècle, Julia Mamée fut la fille de Julia Maesa, sa tante se nommait Julia Domna et sa sœur Julia Soemias.

## JULIE

**Gillian, Giulia, Julia, Juliane, Julienne, Juliette**

**D'où vient-elle ?** Julie signifie en latin « de la famille des Iulius ». La « gens » Iulius, famille de Jules César, était supposée descendre d'Énée, prince légendaire de la guerre de Troie, héros de l'Énéide.
**On la fête** le 22 mai. Sainte Julie fut une jeune carthaginoise enlevée par un marchand d'esclaves qui comptait la vendre en Gaule. Il fit escale en Corse et Julie fut volée à son propriétaire, dénoncée comme chrétienne et crucifiée.
**Elle serait...** réaliste et autonome. Elle aime la vie, mais, raisonnable, elle évite les excès. Communicative, elle recherche l'amitié ; active, elle ne ménage pas ses efforts pour réussir.
**Elle l'a porté :** Julie de Lespinasse tint un salon littéraire à Paris à partir de 1854 . Elle y reçut les

grands penseurs de son époque, Montesquieu, Condorcet, Turgot, d'Alembert…

**Elles le portent :** l'actrice américaine Julianne Moore, les actrices françaises Julie Depardieu et Julie Delpy.

**Son évolution :** Julie était fréquente au XIXe siècle, puis boudée au début du XXe siècle, elle réapparaît dans les années 1990. Elle devient plus rare.

**Sa forme initiale :** Julia.

**Ses cousines :** Julianne, Julienne, Juliette.

**Dans nos régions :** Jeulie (Normandie), Julene, Juliana (Pays basque).

**À l'étranger :** Gilian, Giliane, Gill, Gillan, Gilli, Gillian, Gillianne, Gillie (Grande-Bretagne, États-Unis), Giulia, Giuliana, Gualiana (Italie), Illige, Jeuntge (Flandres), Ioulia, Iouliana, Iouliania, Iuliana, Yula, Yulia, Yulinda, Yulka, Yuliya, Yulya (Russie), Iuile (Irlande), Iulia (Hawaï), Juli, Julianna, Julinka, Julischka, Julka (Hongrie), Juliana (Allemagne, Pays-Bas), Julija (Lettonie), Lieke (Pays-Bas), Ouliacha, Oulianka (pays de l'est), Ouliana (Ukraine).

**Ses masculins :** Jules, Julian, Julien.

## JULIETTE

### Giulietta, Juliet, Julitte

**D'où vient-elle ?** Juliette est une variante de Julie, d'origine latine, qui signifie « de la famille des Iulius ».

**On la fête** le 30 juillet. Sainte Juliette, jeune veuve en Cappadoce au IVe siècle, confie la gestion de ses biens à son veuvage à un homme d'affaires qui la spolie. Elle demande justice, mais on découvre qu'elle est chrétienne et elle est brûlée vive.

**Elle serait…** sensible, charmante, séduisante et communicative. C'est dire qu'elle s'attire beaucoup d'amis et de relations. Mais elle possède aussi un grand esprit pratique.

**Elles l'ont porté :** Juliette Capulet, héroïne de *Roméo et Juliette* de William Shakespeare. Cette tragédie a été jouée pour la première fois à Londres en 1595. Elle raconte l'histoire d'amour de Juliette et Roméo Montaigu, enfants de familles rivales à Vérone. Juliette Drouet, comédienne, qui rencontra Victor Hugo en 1833. Elle fut sa maîtresse pendant 50 ans et le suivit dans ses exils successifs. Elle mourut en 1883.

**Elles le portent :** la chanteuse Juliette Gréco, l'actrice Juliette Binoche.

**Son évolution :** Juliette était présente en France pendant le XIXe siècle et au début du XXe siècle, puis elle a disparu dans les années 1930, pour revenir en 1970. Elle est aujourd'hui dans le top 20 des prénoms féminins.

**Sa forme initiale :** Julia.

**Sa cousine :** Julitte.

**À l'étranger :** Giulietta (Italie), Juliet (Grande-Bretagne, États-Unis), Julchën (Allemagne), Julesa (Hongrie), Julieta (Espagne), Julita (Espagne, Pologne, Philippines), Juultje (Flandre).

**Son masculin :** Jules.

## JUNE

### Juna, Junon

**D'où vient-elle ?** June est la forme anglaise de Juna, d'origine latine, qui signifie « juin ». Le mois de juin aurait été ainsi nommé en l'honneur de Junon.

**Elle serait…** vive, optimiste et épicurienne. Les voyages, la mode, les nouveautés l'enchantent, le travail et l'effort beaucoup moins !

**Elle l'a porté :** Junon était, dans la mythologie romaine, la fille de Rhéa et de Saturne, la sœur et l'épouse de Jupiter, le roi de tous les dieux.

## Prénoms de saisons

Dans l'Antiquité, le mois de mai était consacré à la déesse Maïa, déesse de la fertilité et du printemps. D'ailleurs ce mois porte son nom. Dans la tradition chrétienne, le mois de mai est celui de **Marie**. On célébrait les baptêmes et les communions en mai, en revanche, on évitait de se marier puisque ce mois était consacré à la Vierge. La coutume se perd un peu aujourd'hui. Les anglophones ont un prénom, **May**, qui fait référence à la fois au mois de mai et Marie.

D'autres prénoms féminins font allusion au calendrier : en février, on pense aux **Valentine**, en mars aux rares **Marcelle**, et aux plus courantes **Martine**. Mars était, chez les Romains, le mois consacré au dieu Mars, et marquait la reprise des combats après les rigueurs de l'hiver. En avril, les anglophones pensent à **April**, prénom usité chez eux. Chez les Latins, avril était le mois de la déesse Cybèle, mère de Jupiter. À Pâques, on célèbre **Pascale**. Juin est le mois de Junon, reine des dieux dans la mythologie romaine, sœur et femme de Jupiter, protectrice de la fécondité. D'où le prénom **June**, plutôt rare en France, mais courant dans les pays de culture anglaise. Juillet célèbre les **Julie** et les **Juliette**, car ce mois était dédié à la famille Iulius dont fut issu Jules César. Août ? Mois auguste, consacré aux **Augustine**. **Noëlle** termine l'année en célébrant la Nativité.

Elle était la déesse des femmes, du mariage, des accouchements. Son culte était particulièrement développé à Argos et à Samos. Junon était décrite comme une femme acariâtre et jalouse des nombreuses aventures amoureuses de son mari, et représentée vêtue de voiles, portant un diadème et, à la main, une grenade, symbole de la fécondité.
**Son évolution :** ce prénom est en vogue en Angleterre depuis la moitié du XX$^{e}$ siècle, mais rare en France.
**Sa forme initiale :** Junon.
**Sa cousine :** Juna.
**À l'étranger :** Giuniata (Italie), Junia (Allemagne), Juny (Espagne).

## JUSTINE

**Giustina, Justa**

**D'où vient-elle ?** Justine, d'origine latine, signifie « juste ».
**On la fête** le 7 octobre. Sainte Justine fut baptisée par un disciple de saint Pierre à Rome et, refusant de renier sa foi, fut transpercée d'un coup d'épée. Son martyre a été peint par Véronèse.
**On la fête** aussi le 12 mars. Sainte Justine fut bénédictine à Padoue et mourut en 1319.
**Elle serait...** courageuse et combative. Elle a des idées arrêtées et les défend âprement, quitte à être un peu rude dans ses propos.
**Elles le portent :** l'héroïne des *Malheurs de la vertu*, du marquis de Sade. La joueuse de tennis belge Justine Henin.
**Son évolution :** en vogue au XIX$^{e}$ siècle, Justine est ensuite oubliée jusqu'en 1990. Elle est discrète mais figure au top 100 des prénoms de filles.
**Dans nos régions :** Jeustene (Normandie), Justa, Justina, Juxta (Pays basque).
**À l'étranger :** Giusta, Giustina (Italie), Justa (Portugal), Justina (Espagne, Grèce, Italie, Portugal), Justya (République tchèque), Justyna (Pologne), Juszti, Jusztina (Hongrie), Jutke (Flandre), Ioustia, Ioustina, Oustia, Oustinia, Yustina (Russie), Ttuttina (Arménie).
**Ses masculins :** Juste, Justin.

## KALIE

**D'où vient-elle ?** Kalie est la forme américaine de Calleigh, prénom d'origine irlandaise qui signifie « mince ».

**Elle serait...** sociable, conciliante, diplomate. Elle aime le partage, la discussion, recherche l'amitié. Elle est l'épouse attentive, l'associée efficace, la partenaire solide.

**Son évolution :** Kalie est un prénom courant aux États-Unis.

**Sa cousine :** Calleigh.

## KATE

**Katherine, Katie**

**D'où vient-elle ?** Kate est une cousine de Katherine, la forme anglo-américaine la plus classique de Catherine, d'origine grecque, qui signifie « pure ».

**On la fête** le 25 novembre avec Catherine.

**Elle serait...** une femme de pouvoir, qui mène sa vie en toute indépendance. Volontaire et autoritaire, elle accepte mal qu'on lui donne des consignes.

**Elles le portent :** l'actrice américaine Katie Holmes, l'actrice anglaise Kate Winslet, le mannequin Kate Moss, Kate Middleton, épouse du prince William.

**Son évolution :** Kate est très courante dans les pays anglophones depuis le début du XX$^{e}$ siècle. Elle est plus rare aujourd'hui, concurrencée par les formes plus modernes de Catherine.

**Sa forme initiale :** Katherine.

**Son diminutif :** Katie.

## KARA

**Kaja**

**D'où vient-elle ?** Kara est une forme scandinave de Catherine, d'origine grecque, qui signifie « pure ».

**On la fête** le 25 novembre avec Catherine.

**Elle serait...** stable, sérieuse et travailleuse. Elle est parfaitement consciente de la nécessité de l'effort pour progresser et s'investit beaucoup dans tous les aspects de sa vie.

**Elle le porte :** dans la mythologie scandinave, Kara est une Walkyrie qui prend la forme d'un cygne au chant mélodieux pour suivre à la guerre le guerrier dont elle est amoureuse.

**Son évolution :** courant dans les pays scandinaves depuis 1950, il est encore rare en France.

## KARELIA

**D'où vient-elle ?** Karelia est une forme féminine slave de Karl, d'origine germanique, qui signifie « viril ». Elle s'apparente à nos Carole et Charlotte françaises, ainsi qu'à Carla, autres formes féminines de Karl.

**On la fête** le 17 juillet avec Charlotte.

**Elle serait...** communicative et sociable. Très expansive, elle s'épanouit dans la créativité.

**Son évolution :** ce prénom est fréquent dans les pays de culture slave depuis les années 1950, rare en France pour l'instant.

**Sa forme initiale :** Karl.

**Ses masculins :** Karel, Karl, Karol.

## KAREN

**Catherine, Karine**

**D'où vient-elle ?** Karen est une forme scandinave de Karine, elle-même cousine de Catherine, d'origine grecque, qui signifie « pure ».

**On la fête** le 7 novembre avec Carine.

**Elle serait...** sensible, émotive et très réservée. Elle craint le stress et les conflits, et se protège en affichant une certaine froideur.

**Elle l'a porté :** l'écrivain danois Karen Blixen, auteur de *La Ferme africaine,* mis à l'écran dans *Out of Africa* par Sydney Pollack.
**Elle le porte :** le mannequin néerlandais Karen Mulder.
**Son évolution :** Karen est l'un des prénoms favoris des familles scandinaves depuis le début du XXe siècle. En France, il connut une vague de popularité dans le sillage de Karine dans les années 1980. Il est plus rare aujourd'hui.
**Sa forme initiale :** Karine.

## KATIA

**Catherine, Katinka**

**D'où vient-elle ?** Katia est une forme russe de Catherine, d'origine grecque, qui signifie « pure ».
**On la fête** le 25 novembre avec Catherine.
**Elle serait...** sensible, affectueuse, soucieuse de son apparence. Charmante, en un mot. Mais aussi susceptible et vulnérable.
**Elle l'a porté :** Katia Granoff, qui a tenu à Paris une galerie d'œuvres d'art célèbre pour la qualité de ses expositions.
**Son évolution :** ce prénom est des plus classiques en Russie depuis le XVIIe siècle. Il est rare en France aujourd'hui.
**Sa forme initiale :** Catherine.
**Sa cousine :** Katinka.

## KATTI

**Catherine, Kattin**

**D'où vient-elle ?** Katti est une forme basque de Catherine, d'origine grecque, qui signifie « pure ».
**On la fête** le 25 novembre avec Catherine.
**Elle serait...** très sociable, pour ne pas dire mondaine. Elle entretient son carnet d'adresses avec beaucoup de soin et sait s'en servir à bon escient.
**Son évolution :** Katti est bien connue au Pays basque depuis le XIXe siècle ; elle est bien plus rare dans le reste de notre pays.
**Sa cousine :** Kattin.

## KAYLA

**Kaylee, Kayleigh, Kaylyn, Lakayla**

**D'où vient-elle ?** Kayla est une forme anglo-américaine de Catherine, d'origine grecque, qui signifie « pure ».
**On la fête** le 25 novembre avec Catherine.
**Elle serait...** ambitieuse et épicurienne à la fois. Bien qu'elle aime savourer les plaisirs de la vie, le travail ne lui fait pas peur pour autant car elle a à cœur de réussir.
**Son évolution :** Kayla remporte un immense succès aux États-Unis depuis 1990. En 2006, il faisait partie des 10 prénoms les plus attribués aux petites filles. Lakayla est une forme typiquement américaine, qui consiste à unir le préfixe « la » à un prénom existant.
**Ses cousines :** Kaylee, Kayleigh, Kaylyn, Lakayla.

### Son heure de gloire

Aujourd'hui, aux États-Unis. Kay est depuis longtemps un diminutif de Katherine. Dans les années 1990, un usage se répand : celui d'accoler, comme préfixe ou comme suffixe, la syllabe « la », pour le mot *lady.* Kayla était née.

## KAYLEE

**D'où vient-elle ?** Kaylee est une forme américaine de Kaïla, d'origine hébraïque, qui signifie « couronnée de lauriers ».
**Elle serait...** souple, rapide. Elle s'adapte à toutes les situations, réagit vite et bien et sait rebondir en cas de difficultés. Elle aime les voyages, les aventures, changer de maison, de quartier, de travail.
**Son évolution :** Kaylee est un prémon en vogue aux États-Unis.
**Sa cousine :** Kaïla.

## KAZU

**Kazuko**

**D'où vient-elle ?** Kazu, d'origine japonaise, signifie « obéissante ».

**Elle serait...** indépendante, éprise de voyages, de distractions, de nouveautés. Elle est si curieuse qu'il lui arrive souvent de se disperser.
**Son évolution :** Kazu fait partie des prénoms japonais appréciés des parents français depuis 2000.
**Sa cousine :** Kazuko.

## KEANA

**D'où vient-elle ?** Keana, d'origine celte, signifie « d'une ancienne famille ».
**Elle serait...** rapide, toujours en mouvement. Elle se lasse vite, déteste la routine et cherche toujours à bouger. L'inconnu la stimule, les aventures l'enchantent. Mais elle s'éparpille souvent.
**Son évolution :** Keana est en vogue aux États-Unis.
**Sa cousine :** Keane.
**Son masculin :** Kean.

## KEARA

### Keira, Kiera

**D'où vient-elle ?** Keara est une cousine de Ciaran, d'origine irlandaise, qui signifie « enfant aux cheveux noirs ».
**On la fête** le 9 septembre avec Ciaran.
**Elle serait...** généreuse, sociable et dévouée aux autres. Au risque de ne plus penser à sa propre vie. Elle s'épanouit dans le bénévolat ou les œuvres humanitaires.
**Elle le porte :** l'actrice britannique Keira Knightley.
**Son évolution :** ce prénom est répandu en Irlande depuis 1990, alors que son masculin est beaucoup plus ancien.
**Ses cousines :** Keira, Kiera.
**Son masculin :** Ciaran.

## KEÏKO

**D'où vient-elle ?** Keïko signifie en japonais « respectueuse ».
**Elle serait...** la femme idéale pour un mari traditionnel ! Douce, organisée, généreuse, responsable, dévouée, préférant la vie domestique à la vie professionnelle.
**Son évolution :** Keïko plaît beaucoup aux jeunes parents en France. Il est parmi les prénoms « exotiques » préférés depuis 1990.

## KEISCHA

### Aïcha, Lakeischa

**D'où vient-elle ?** Keischa est une forme américaine d'Aïcha, d'origine arabe, qui signifie « vivante ».
**Elle serait...** responsable et scrupuleuse. Attachée aux biens matériels, elle est économe et gère attentivement ses affaires.
**Son évolution :** ce prénom a été très populaire dans les familles afro-américaines aux États-Unis entre 1980 et 1990. Il régresse aujourd'hui. En France, il est très rare.
**Sa forme initiale :** Aïcha.
**Sa cousine :** Lakeischa.

## KELLY (mixte)

### Ceallagh, Keely, Kellee, Kelli

**D'où vient-elle ?** Kelly est la forme féminine de Ceallagh, très vieux prénom d'origine celte devenu inusité, qui signifie « église ».
**Elle serait...** réservée et un peu distante en apparence, mais elle s'épanouit dès qu'elle est en confiance.

**Elle le porte :** la chanteuse américaine Kelly Rowland.
**Son évolution :** ce prénom est un favori aux États-Unis depuis les années 1950. La popularité de Grace Kelly devenue princesse de Monaco n'est pas étrangère à ce succès. Dès 1970, la vogue de ce prénom s'est étendue au Canada et à l'Australie. Kelly est assez rare en France, pour l'instant.
**Sa forme initiale :** Ceallagh.
**Ses cousines :** Keely, Kellee, Kelli.
**Son masculin :** Kelly est mixte, plus féminin que masculin.

## KENDRA
### Alexandra

**D'où vient-elle ?** Kendra est une forme américaine d'Alexandra, d'origine grecque, qui signifie « qui repousse l'ennemi ». Mais les Irlandais revendiquent aussi ce prénom qui, chez eux, signifie « séduisante ».
**On la fête** le 20 mars avec Alexandra.
**Elle serait...** posée, sérieuse, avec les pieds sur terre et le sens des affaires. Elle attache beaucoup d'importance aux biens matériels qui la rassurent.
**Son évolution :** ce prénom est apparu dans les années 1940 aux États-Unis, mais ce n'est qu'en 1980 qu'il devint courant, en particulier dans les familles afro-américaines.
**Sa forme initiale :** Alexandra.

## KENZA
### Kanza

**D'où vient-elle ?** Kenza signifie en arabe « trésor ».
**Elle serait...** sociable, communicative et créative. Diplomate et réaliste, elle a de beaux atouts pour réussir.
**Elle le porte :** Kenza, participante à la première émission de télé-réalité de *Loft Story*.
**Son évolution :** ce prénom traditionnel est bien connu des familles de culture arabe depuis très longtemps. Elle figure au top 100 des prénoms féminins.
**Sa cousine :** Kanza.

## KEREN

**D'où vient-elle ?** Keren, d'origine hébraïque, signifie « rayon du soleil ».
**Elle serait...** une bonne gestionnaire, avec un sens inné des affaires, de la négociation et de la justice. Équilibrée, droite et habile, elle réussit bien dans sa vie professionnelle.
**Elle le porte :** la chanteuse néerlandaise Keren Ann.
**Son évolution :** ce prénom moderne est en vogue en France depuis 2005.

## KERRY (mixte)
### Kerriane

**D'où vient-elle ?** Kerry fait référence à une région d'Irlande située sur la côte ouest, caractérisée par ses paysages verdoyants et ses côtes sublimes.
**Elle serait...** vive, souple et curieuse. Elle s'adapte très vite aux situations nouvelles et déteste la routine.
**Son évolution :** ce prénom né en Irlande a été exporté en Australie où il était d'abord masculin. Il s'est ensuite propagé dans tous les pays de

langue anglaise en se féminisant. Il est encore rare en France.
**Sa cousine :** Kerriane.

## KEZIA (mixte)
**Ketzia, Keziah**

**D'où vient-elle ?** Kezia, d'origine hébraïque, signifie « écorce du cinnamome ».
**Elle serait...** intellectuelle, réfléchie et secrète. Elle n'extériorise pas ses sentiments et préfère la solitude à la vie sociale.
**Son évolution :** ce prénom moderne évolue favorablement depuis 1990 en France comme en Israël.
**Ses cousines :** Ketzia, Keziah.

## KIELO

**D'où vient-elle ?** Kielo signifie en finlandais « lis dans la vallée ».
**Elle serait...** plutôt introvertie et discrète. Elle s'épanouit dans la lecture, l'étude, les sites d'information, tout ce qui peut accroître ses connaissances.
**Son évolution :** ce prénom est courant en Finlande depuis longtemps, rare en France, pour l'instant.

## KIM (mixte)

**D'où vient-elle ?** Kim signifie en anglais « celle qui commande ». Mais on peut aussi considérer qu'il s'agit d'un diminutif de Kimberley.
**Elle serait...** sensible, émotive, charmante, dévouée et agréable. Elle est très sensible à son environnement affectif qui peut la motiver ou, au contraire, la blesser.
**Elles le portent :** la chanteuse britannique Kim Wilde, l'actrice américaine Kim Basinger.
**Son évolution :** Kim est apparu comme prénom masculin au début du XXe siècle, dans un roman de Rudyard Kipling. Son expansion, puis son évolution vers la mixité eurent lieu dans les années 1950. Kim est toujours en vogue dans les pays de langue anglaise, bien plus rare en France.

## KIMBERLEY (mixte)
**Kimberly**

**D'où vient-elle ?** Kimberley signifie en anglais « prairie royale ».
**Elle serait...** ambitieuse et réaliste. Sociable, elle cultive l'art des relations et sait activer son réseau quand c'est nécessaire.
**Elle le porte :** Kimberly, fille du chanteur Rod Stewart.
**Son évolution :** ce prénom apparut d'abord en Afrique du Sud au début du XXe siècle, peut-être en rapport avec la ville de Kimberley, connue pour ses mines de diamants. Il était alors exclusivement masculin, et ce n'est qu'en 1940 qu'il devint mixte. Il s'étendit assez rapidement à tous les pays de langue anglaise où il fut l'un des favoris entre 1960 et 1970. Il apparaît en France en 2000, alors qu'il se raréfie en Grande-Bretagne et aux États-Unis.
**Sa cousine :** Kimberly.

## KINNIE
**Kinna**

**D'où vient-elle ?** Kinnie, d'origine celte, signifie « belle ».
**On la fête** le 1er février. Sainte Kinnie, jeune Irlandaise, fut baptisée par saint Patrick, au Ve siècle. Elle entra au couvent et passa sa vie en prière et en méditation.
**Elle serait...** déterminée et rigoureuse. Elle ne se laisse pas mener par les événements, mais décide de sa vie et supporte mal qu'on la contrarie.
**Son évolution :** ce prénom est fréquent dans les pays de langue anglaise.
**Sa cousine :** Kinna.
**Son masculin :** Ken.

## KIRSTEN
**Christine, Kiersten, Kierstin, Kirsta, Kisrti, Kristen**

**D'où vient-elle ?** Kirsten est une forme scandinave de Christine, d'origine grecque, qui signifie « messie ».
**On la fête** le 24 juillet avec Christine.

**Elle serait...** ultra-féminine, attachée à sa famille qui est sa priorité. Elle a un grand sens des responsabilités et beaucoup de patience.
**Elle le porte :** l'actrice américaine Kirsten Dunst, héroïne du film *Marie-Antoinette*.
**Son évolution :** ce prénom est assez courant dans les pays scandinaves depuis le XVIIIe siècle. Depuis les années 1980, il remplace Kristen, moins original.
**Sa forme initiale :** Christine.
**Ses cousines :** Kiersten, Kierstin, Kirsta, Kisrti, Kristen.

## KYLIE
### Killie, Kye

**D'où vient-elle ?** Kylie est la forme féminine de Kyle, d'origine écossaise, qui signifie « étroite ».
**Elle serait...** une femme d'affaires avisée. Prudente mais opportuniste, rapide mais patiente, elle aime le pouvoir, les biens matériels.
**Elle le porte :** la chanteuse australienne Kylie Minogue.
**Son évolution :** ce prénom est très courant dans les pays de langue anglaise, et en particulier en Australie depuis les années 1950.
**Ses cousines :** Killie, Kye.
**Son masculin :** Kyle.

## KYRA
### Kira, Kyria

**D'où vient-elle ?** Kyra est une forme féminine russe de Cyr, qui signifie en grec « maîtresse ».
**On la fête** le 12 février avec Cyr.
**Elle serait...** communicative et expressive. Éloquente, elle a le don de persuader son entourage. Mais elle peut aussi bien chercher à s'exprimer dans des arts plastiques ou lyriques.
**Son évolution :** ce prénom est bien connu dans les familles slaves depuis le début du XXe siècle. Il est rare en France.
**Ses cousines :** Kira, Kyria.
**Ses masculins :** Cyr, Cyril.

# L

## LACMÉ
### Lakmé

**D'où vient-elle ?** Lacmé est une variante de Lambert, d'origine germanique, qui signifie « terre illustre ».
**On la fête** le 17 septembre avec Lambert.
**Elle serait...** originale, vive, optimiste et très communicative. Mais elle sait être très raisonnable quand c'est nécessaire.
**Elle le porte :** Lacmé est l'héroïne de l'opéra de Léo Delibes, *Lacmé*, joué en 1833, qui raconte les amours contrariées d'une jeune indienne avec un officier de l'armée anglaise.
**Son évolution :** ce prénom est apparu au XIXe siècle sur la scène de l'Opéra de Paris, à une époque où la mode des prénoms n'existait pas encore. Les parents du XXe siècle épris d'opéra se sont intéressés à ce prénom qui reste très rare.
**Sa cousine :** Lakmé.
**Son masculin :** Lambert.

## LADA

**D'où vient-elle ?** Lada, d'origine grecque, signifie « vaillante ».
**Elle serait...** intellectuelle, attirée par la spiritualité, l'étude, au risque de passer à côté de sa vie affective.
**Elle le porte :** dans la mythologie slave, Lada est la déesse de la famille, du mariage, des femmes, des enfants, de la fécondité et des récoltes.

**Son évolution :** Lada était un prénom courant en Grèce dès le début de l'ère chrétienne. Il n'est guère sorti des pays slaves, d'autant moins que Lada désigne une marque de voitures.

## LAÉLIE

### Laélia, Laëlle

**D'où vient-elle ?** Laélie est une variante de Clélie, qui signifie en latin « clé ».

**On la fête** le 13 juillet avec Clélie.

**Elle serait...** sérieuse et méticuleuse. Elle aime compter, gérer, faire fructifier ses biens.

**Son évolution :** ce prénom, qui ressemble à un diminutif, est tout neuf, inauguré par des parents en quête d'originalité.

**Sa forme initiale :** Clélie.

**Ses cousines :** Laélia, Laëlle.

## LAETITIA

### Laetis, Letitia, Letizia, Lezana, Lettice, Lettie, Letty, Liesse

**D'où vient-elle ?** Laetitia signifie en latin « allégresse ».

**On la fête** le 18 août avec Notre-Dame de Liesse, qui nomme la Vierge Marie. Une église lui est consacrée en Picardie, où son culte date de 1134.

**Elle serait...** indépendante et solitaire, pour échapper aux contraintes de la vie sociale.

**Elle l'a porté :** la mère de Napoléon Ier, Maria Letizia Bonaparte.

**Elles le portent :** la comédienne et mannequin Laetitia Casta, Laetitia Hallyday, épouse de Johnny, et Letizia Ortiz, princesse des Asturies.

**Son évolution :** c'est dans les années 1970 qu'apparaît Laetitia, tant en France qu'en Espagne. Elle devient vite l'un des prénoms féminins favoris, puis s'efface doucement. Aujourd'hui, ce prénom est assez rare. Aux États-Unis, Lettice est devenue Tiescha, puis Tisha et enfin Latischa, sa forme la plus usuelle actuellement.

**Dans nos régions :** Laetis (Bretagne), Lezana (Pays basque).

**Sa cousine :** Liesse.

**À l'étranger :** Latischa, Latosha, Lettice, Lettie, Letty, Tischa (Grande-Bretagne, États-Unis), Letitia (Allemagne, Grande-Bretagne, États-Unis), Leticia, Letizia (Allemagne, Espagne, Italie).

## LAMIA

**D'où vient-elle ?** Lamia, d'origine arabe, signifie « l'accordée ».

**Elle serait...** réfléchie et solitaire, studieuse et intellectuelle. Elle attache beaucoup d'importance à la vie spirituelle.

**Son évolution :** Lamia est très actuelle et très populaire dans les familles de culture arabe depuis le début du XXe siècle.

## LAODICÉE

### Laodice, Laodiké

**D'où vient-elle ?** Laodicée est un patronyme mythologique grec. Elle est la fille d'Agamemnon et de Clytemnestre, que les auteurs grecs ont nommé Électre dans leurs tragédies.

**On la fête** le 10 novembre avec Nymphe.

**Elle serait...** généreuse et profondément humaine. Ce qui n'est pas toujours compatible avec la réussite sociale. Mais Laodicée s'en moque, elle fait passer l'affectif avant tout.

**Elles l'ont porté :** dix reines de Syrie, entre 300 et 125 avant J.-C.

**Son évolution :** Laodicée était un prénom fréquent dans la haute Antiquité, porté de mère en fille en Syrie, un peu comme Bérénice en Grèce, ou Julie en Italie à la même époque. Laodicée fait partie de ces prénoms rares que les jeunes parents en quête de nouveauté redécouvrent.

**Sa forme initiale :** Laodiké.

**Sa cousine :** Laodice.

#### Son heure de gloire

Le Ier et le IIe siècles avant l'ère chrétienne. Laodicée était si courante que plusieurs villes furent ainsi nommées : la ville actuelle de Lattaquié, important port de Syrie sur la Méditerranée, et Denizli, à l'ouest de la Turquie.

## LARA
### Larissa

**D'où vient-elle ?** Lara, d'origine grecque, signifie « mouette ». Lara peut aussi être islandaise, traduction de Laure, qui signifie en latin « laurier ». Au choix…

**Elle serait…** extrêmement dynamique, se lassant de tout rapidement, changeant d'environnement très souvent.

**Elle l'a porté :** dans la mythologie romaine, Lara est la déesse du silence. Nymphe bavarde, elle révéla à Junon les aventures amoureuses de Jupiter et eut la langue coupée par le dieu en colère.

**Elles le portent :** la chanteuse Lara Fabian, Lara Croft, personnage de jeux vidéo. Lara, héroïne du roman de Boris Pasternak, *Le Docteur Jivago*.

**Son évolution :** Lara est un prénom russe très courant, ainsi que son diminutif Larissa, depuis le début du XX^e^ siècle. En France, c'est certainement le succès de *La Chanson de Lara,* du film *Le Docteur Jivago,* qui explique le succès de ce prénom dans les années 1960. Il se raréfie depuis 1980.

**Son diminutif :** Larissa.

## LASSIE

**D'où vient-elle ?** Lassie, d'origine écossaise, signifie « jeune fille ».

**Elle serait…** sociable, diplomate et conciliante. De grandes qualités pour travailler en équipe ou en association.

**Elle l'a porté :** Lassie, dans une série télévisée américaine qui remporta un immense succès entre 1954 et 1974 en France comme aux États-Unis, est une chienne, un colley, dont les aventures ont passionné des millions de téléspectateurs.

**Son évolution :** apprécié en Écosse, ce prénom disparut dans les années 1960, sans doute à cause de cette série.

## LAUDINE
### Laudie

**D'où vient-elle ?** Laudine, d'origine latine, signifie « celle qui loue ».

**On la fête** le 22 septembre. Saint Laud, appelé aussi Lô, fut proclamé évêque en 525 dans un village du Cotentin qui porte aujourd'hui son nom. Il y exerça son ministère pendant 40 ans.

**Elle serait…** communicative, extravertie et artiste à ses heures. Elle ne conçoit pas la vie sans un cercle d'amis.

**Elle l'a porté :** un personnage du roman médiéval *La Chambre des dames*, de Jeanne Bourin.

**Son évolution :** les laudes sont des louanges faites à Dieu lors du premier office de la journée, à l'aurore. Ce prénom était bien connu au Moyen Âge dans les familles catholiques.

**Sa cousine :** Laudie.

**Ses masculins :** Laud, Lô.

## LAURA

**D'où vient-elle ?** Laura est une forme allemande, britannique, espagnole, hongroise, italienne, polonaise, portugaise et scandinave de Laure, l'une des formes féminines de Laurent, d'origine latine, qui signifie « laurier ».

**On la fête** le 19 octobre avec Laure.

**Elle serait…** élégante, raffinée, sociable. Charmante, en un mot. Mais aussi volontaire et pourvue d'un solide sens des affaires.

**Elles le portent :** la comédienne Laura Smet, fille de Johnny Hallyday et de Nathalie Baye. Laura Ingalls, héroïne du feuilleton *La Petite Maison dans la prairie.*

**Son évolution :** Laura date du XIV^e^ siècle, en Italie, où elle était peu fréquente. Elle était pratiquement inconnue en France. Puis, en 1980, la mode fut aux prénoms à consonance « latino ». Après un boom dans les années 1990, Laura recule, mais se maintient au top 100 des prénoms féminins.

**Sa forme initiale :** Laure.

**Son heure de gloire**

Entre 1985 et 2000. Laura est l'un des prénoms les plus portés en Europe, aussi bien en France que chez nos voisins, et même outre-Atlantique. Dans un monde orienté vers l'international, certains parents estiment que c'est un atout pour leur enfant.

## LAURE

**Laura, Laureen, Laurelle, Laurette, Laurie, Laurine, Lorantza, Loreto, Loretta Lorrie**

**D'où vient-elle ?** Laure est l'une des formes féminines de Laurent, d'origine latine qui signifie « laurier ». Le laurier était, dans la Rome antique, le symbole de la victoire.

**On la fête** le 19 octobre. Sainte Laure, chrétienne à Cordoue, refusa de se convertir à l'islam et fut mise à mort en 854.

**Elle serait...** vive et dynamique, sociable et charmeuse. La vie lui sourit, ses amis aussi.

**Elles le portent :** la nageuse Laure Manaudou, la journaliste Laure Adler.

**Son évolution :** Laure est présente en France dès 1900, mais très discrète. Ensuite, elle accompagne Marie dans les années 1950, puis Anne dans les années 1970. C'est en 1980 qu'elle prend son indépendance. Elle est aujourd'hui assez rare.

**Ses cousines :** Laura, Laurelle, Laurette, Laurie, Laurine.

**Dans nos régions :** Laora (Bretagne), Laurino, Loreto (Provence), Lorantza (Pays basque).

**À l'étranger :** Lale (Scandinavie), Lauren, Lorrie (Grande-Bretagne, États-Unis), Lavra, Lavria (Russie), Llora (Catalogne), Lora, Loredana, Loredane, Lorella, Loretta (Italie), Loreta (Espagne), Lorna (Écosse), Lowri (pays de Galles).

**Son masculin :** Laurent.

## LAUREN

**Laurène, Lorène**

**D'où vient-elle ?** Lauren est une forme anglo-américaine de Laure, qui signifie en latin « laurier ».

**On la fête** le 19 octobre avec Laure.

**Elle serait...** réaliste et terre à terre. Elle a un sens inné du pouvoir, de l'argent, non pour posséder, mais pour être sécurisée.

**Elle l'a porté :** l'actrice américaine Lauren Bacall.

**Son évolution :** Lauren apparaît en France peu après Laure, dans les années 1980, et, avec ses orthographes Laurène et Lorène, reste en vogue jusqu'en 2000.

**Sa forme initiale :** Laure.

**Ses cousines :** Laurène, Lorène.

**À l'étranger :** Lorena (Espagne).

**Son masculin :** Lawrence.

## LAURENCE

**Laurentine**

**D'où vient-elle ?** Laurence dérive de Laure, d'origine grecque, qui signifie « laurier » en latin.

**On la fête** le 10 août avec Laurent ou le 19 octobre avec Laure.

**Elle serait...** travailleuse, sérieuse et appliquée sous une apparence de charme et de sociabilité.

**Elles le portent :** la présidente du Medef Laurence Parisot, l'animatrice de télévision Laurence Boccolini, la journaliste Laurence Ferrari.

**Son évolution :** Laurence fut un classique entre 1960 et 1970, avant que Laure et Laura n'occupent le terrain. Elle est très rare aujourd'hui.

**Sa cousine :** Laurentine.

**Dans nos régions :** Lauenço (Provence), Laurentza, Laurenxa (Pays basque).

**À l'étranger :** Laurencia, Lorentina (Espagne), Lavrina, Lavrissa (Russie), Lawrance, Lawrence (Grande-Bretagne, États-Unis), Lorenza (Italie) Lourença (Portugal).

**Son masculin :** Laurent.

## LAURIE

**Lauriane, Laurine, Laury, Lorie, Lory**

**D'où vient-elle ?** Laurie est une forme écossaise de Laure, qui signifie « laurier » en latin.

**On la fête** le 19 octobre avec Laure.

**Elle serait...** entreprenante, concrète, active. Mais elle est aussi impatiente et insoumise.

**Son évolution :** après Laurence, Laura et Laure puis Lauren, Laurie est apparue en 1980, pour 10 années de succès. Elle est déjà oubliée, mais Laurine, arrivée en 1990, est encore d'actualité.

**Ses cousines :** Lauriane, Laurine, Laury, Lorie Lory.

**Son masculin :** Laurent.

## LAVINIA

Lavina

**D'où vient-elle ?** Son étymologie est obscure.
**Elle serait...** autonome et éprise de liberté. Elle entend bien profiter des joies de la vie et accepte mal qu'on lui impose des contraintes.
**Elle le porte :** dans la mythologie romaine, Lavinia est la fille du roi des Latins, qui épousa Énée dont elle eut une nombreuse descendance.
**Son évolution :** ce prénom, courant dans l'Antiquité, s'est éteint avec la chute de l'Empire romain. Il est très rare aujourd'hui en France.
**Sa cousine :** Lavina.

## LÉA

Léah, Léana, Léane, Lia, Liah

**D'où vient-elle ?** Léa, d'origine hébraïque, signifie « vache sauvage ».
**On la fête** le 22 mars. Sainte Léa, noble et riche Romaine, se fit baptiser et devint disciple de saint Jérôme. À la mort de son mari, elle vendit ses biens et entra dans un monastère où elle mourut en 384.
**Elle serait...** originale, fantaisiste et imprévisible. Elle mène cependant sa vie avec beaucoup de sagesse et de détermination.
**Elle l'a porté :** dans la Bible, Léah est la fille aînée de Laban et la sœur de Rachel. Elle épouse Jacob et lui donne 6 fils : Ruben, Siméon, Lévi, Juda, Issachar, Zabulon, et une fille, Dinah. Ses fils fonderont 6 des 12 tribus d'Israël. C'est pourquoi Léah est considérée comme une matriarche d'Israël.
**Elles le portent :** Léa, personnage de *Chéri*, roman de Colette, et Léa, héroïne de *La Bicyclette bleue* de Régine Desforges, l'actrice Léa Drucker.
**Son évolution :** après une brève apparition au début du XX^e^ siècle, Léa disparaît puis revient en 1989, pour devenir, entre 1995 et 2000, le premier prénom féminin en France. Sa popularité indéniable lui permet d'être aujourd'hui encore dans le top 10.
**Sa forme initiale :** Léah.
**Ses cousines :** Léana, Léane.
**À l'étranger :** Leah, Liah (Grande-Bretagne, États-Unis), Lia (Russie).

**Son heure de gloire :**

La période 1995-2000. C'est alors qu'apparaissent prénoms courts et diminutifs. Les prénoms d'une syllabe ont la cote, et Léa, brève, facile à orthographier et à prononcer, se distingue très vite, malgré une signification peu élogieuse.

## LEDA

**D'où vient-elle ?** Leda, d'origine grecque, signifie « dame ».
**Elle serait...** consciencieuse, travailleuse, consciente de ses responsabilités et très attachée au pouvoir et à la réussite.
**Elle le porte :** Léda est, dans la mythologie grecque, la femme de Tyndare, roi de Sparte, dont elle a une fille, Phoebé. Zeus, pour la séduire, se transforme en cygne. De leur union naîtront Hélène, Clytemnestre, Castor et Pollux.
**Son évolution :** ce prénom mythologique est resté très discret à travers les siècles.

## LEE (mixte)

Leigh

**D'où vient-elle ?** Lee, d'origine américaine, signifie « plaine ».
**Elle serait...** équilibrée, travailleuse, fidèle à ses amis comme à ses idées. Elle recherche la sécurité matérielle et affective.
**Son évolution :** ce prénom est né dans le sud des États-Unis au XIX^e^ siècle, pendant la guerre de Sécession, probablement en l'honneur du général Lee. Il n'est plus très courant outre-Atlantique, et très rare en France.
**Sa cousine :** Leigh.

## LEÏLA

Laïla

**D'où vient-elle ?** Leïla signifie en arabe « douceur de la nuit ».
**Elle serait...** extravertie, spirituelle, dynamique. Elle s'investit beaucoup dans sa vie familiale.

**Elles le portent :** Laïla Ali, fille du boxeur Mohamed Ali. Leïla est un prénom qui apparaît souvent dans des contes persans. Elle est aussi l'héroïne du poème publié en 1813 par l'auteur anglais Byron, *The Giaour,* premier d'une série de contes orientaux.
**Son évolution :** Leïla est l'un des prénoms les plus courants dans la tradition musulmane.
**Sa cousine :** Laïla.
**À l'étranger :** Layla (Grande-Bretagne, États-Unis).

## LÉNA
### Hélène, Léni

**D'où vient-elle ?** Léna est une forme anglo-américaine, allemande, espagnole, grecque, russe et scandinave d'Hélène, d'origine grecque, qui signifie « éclat du soleil ».
**On la fête** le 18 août avec Hélène.
**Elle serait...** déterminée et courageuse, dynamique et indépendante. Hyperactive aussi, et un peu désordonnée.
**Son évolution :** Léna arrive en 1990 et évolue très vite. Il figure aujourd'hui dans les 20 prénoms féminins favoris.
**Sa forme initiale :** Hélène.
**Dans nos régions :** Lénaïg (Bretagne).
**À l'étranger :** Leni (Allemagne).

**Son heure de gloire**

Depuis 2005. Léna succède à Laura au tableau des prénoms cosmopolites, variantes de grands classiques, originaux sans être excentriques.

## LÉONELLE
### Léonella

**D'où vient-elle ?** Léonelle est une variante de Léone, d'origine latine, qui signifie « lionne ».
**On la fête** le 10 janvier avec Léonie.
**Elle serait...** sérieuse et pourvue d'un solide sens pratique. Elle attache de l'importance aux contingences matérielles.
**Son évolution :** après Léone puis Léonie, voici la toute nouvelle Léonelle, encore rare pour l'instant, alors que son masculin Lionel est très connu.
**Sa cousine :** Léonella.
**Son masculin :** Lionel.

## LÉONIE
### Léone, Léonille, Léontine

**D'où vient-elle ?** Léonie, d'origine latine, signifie « lionne ».
**On la fête** le 10 janvier. Sainte Léonie Aviat, née en Champagne en 1844, fait ses études dans une institution religieuse et lit très jeune les œuvres de saint François de Sales. Elle fonde une congrégation destinée à évangéliser la jeunesse ouvrière. Elle meurt en 1914.
**Elle serait...** sensible, émotive, esthète. Mais aussi déterminée, solide et efficace face aux difficultés de l'existence.
**Elle l'a porté :** l'actrice Arletty, de son vrai nom Léonie Bathiat.
**Son évolution :** en vogue pendant plus de 40 ans, de la fin du XIX$^{e}$ siècle au début du XX$^{e}$ siècle, avec Léontine, Léonie s'éclipse dès 1930. Elle revient aujourd'hui, très prometteuse. Sa variante Léone, plus rare, semble désuète.
**Ses cousines :** Léone, Léonille, Léontine.
**À l'étranger :** Leona (Grande-Bretagne, États-Unis, République tchèque), Leonilla (Grèce).
**Ses masculins :** Léon, Léonard.

## LÉONORE

### Leonor, Liénor

**D'où vient-elle ?** Léonore est un diminutif d'Éléonore, qui signifie en grec « compassion ».
**On la fête** le 25 juin avec Éléonore.
**Elle serait...** vive, créative, sociable. Elle a besoin de s'exprimer pour être heureuse, aussi bien par la parole que par une activité artistique.
**Elles l'ont porté :** plusieurs reines de Castille et d'Aragon. Léonore est aussi le prénom de l'héroïne d'un opéra de Beethoven, *Fidelio*.
**Elle le porte :** Leonor de Bourbon, infante d'Espagne, fille de Felipe et Letizia.
**Son évolution :** déjà connu au Moyen Âge en Espagne, ce prénom était d'usage à la cour, puis il disparut. Plus moderne qu'Éléonore, prénom ancien et jugé parfois un peu pompeux, Léonore plaît beaucoup depuis 2000.
**Sa forme initiale :** Éléonore.
**Sa cousine :** Liénor.
**À l'étranger :** Lenora (Espagne), Lenore (Grande-Bretagne, États-Unis), Leonor (Espagne, Portugal), Leonora (Italie).

## LÉONTINE

**D'où vient-elle ?** Léontine est une variante de Léonie, qui signifie en latin « lionne ».
**On la fête** le 10 janvier avec Léonie.
**Elle serait...** réservée et affective, accordant son charme et sa gentillesse à ceux qu'elle sélectionne avec exigence.
**Son évolution :** elle accompagne Léonie entre 1880 et 1930 dans la course au succès. Elle disparaît comme elle, mais, contrairement à Léonie, Léontine n'est pas encore au rendez-vous.
**Sa forme initiale :** Léone.
**Son masculin :** Léon.

## LÉOPOLDINE

**D'où vient-elle ?** Léopoldine est le féminin de Léopold, d'origine germanique, qui signifie « peuple courageux ».
**On la fête** le 15 novembre avec Léopold.
**Elle serait...** femme de tête, organisée et combative. Elle mène sa vie sans concessions, intéressée par la réussite financière et sociale.
**Elle l'a porté :** Léopoldine Hugo, fille de Victor Hugo.
**Son évolution :** Léopoldine est l'un des prénoms classiques du XIX^e^ siècle qui disparut peu après la guerre 1914-1918. Il nous paraît encore bien désuet.
**À l'étranger :** Leopolda (Flandre), Leopoldina (Italie).
**Son masculin :** Léopold.

## LESLIE

### Lesley

**D'où vient-elle ?** Leslie, d'origine écossaise, signifie « basse terre ».
**Elle serait...** très active, rapide et impatiente d'obtenir ce qu'elle veut, mais la souplesse et la diplomatie ne sont pas son fort.
**Elles le portent :** l'actrice Leslie Caron, la jeune chanteuse de RnB Leslie.
**Son évolution :** Leslie est née en Écosse, probablement au XVIII^e^ siècle. Le poète national écossais Robert Burns évoque ce prénom dans ses poèmes, en 1790. Leslie et Lesley étaient alors données aux garçons comme aux filles. Elles devinrent rares dès 1940 et n'ont pas réapparu.
**Sa cousine :** Lesley.

## LEXIA

### Lexa, Lexane, Lexiane, Lexie, Lexine

**D'où vient-elle ?** Lexia est un diminutif d'Alexia, forme féminine d'Alexis qui signifie « celui qui repousse l'ennemi ».
**On la fête** le 17 février avec Alexis.
**Elle serait...** calme, douce et affectueuse, bien davantage intéressée par la vie de famille que par la vie professionnelle.
**Son évolution :** la fin du XX^e^ siècle et le début du XXI^e^ siècle connaissent une particularité, celle de la mode des diminutifs utilisés comme prénoms. C'est le cas de Léonore, de Lexia et de bien d'autres, garçons ou filles.

**Sa forme initiale :** Alexia.
**Ses cousines :** Lexa, Lexane, Lexiane, Lexie, Lexine.
**Son masculin :** Alexis.

## LIANE

**D'où vient-elle ?** Liane est un diminutif de Liliane, d'origine latine, qui signifie « lys ».
**On la fête** le 27 juillet avec Liliane.
**Elle serait...** optimiste et épicurienne. Amoureuse de tous les plaisirs de la vie, elle recherche l'aventure et le changement.
**Elles le portent :** Liane Daydé, première danseuse étoile à l'Opéra de Paris, et la chanteuse Liane Foly.
**Son évolution :** c'est dans les années 1940 que Liane apparaît, juste au même moment que Liliane. Toutes les deux s'effacent en même temps, 10 ans plus tard.
**Sa forme initiale :** Liliane.

## LILIANE
### Lila, Lily

**D'où vient-elle ?** Lilian, d'origine latine, signifie « lys ».
**On la fête** le 27 juillet. Sainte Liliane, chrétienne à Cordoue en Espagne sous la domination musulmane, subit le martyre en 852 en raison de ses convictions religieuses.
**Elle serait...** énergique et travailleuse. Elle a le sens des affaires et sait très bien mener des négociations difficiles.
**Elles l'ont porté :** Liliane de Réthy, épouse de Léopold III et belle-mère de Baudouin et Albert, rois des Belges, Liliane Bettencourt, femme d'affaires française.
**Son évolution :** la forme anglaise Lillian se retrouve dans le théâtre de Shakespeare, mais on ignore si ce prénom était très usité à cette époque. Au XIXe siècle, en revanche, Liliane en France et Lillian en Angleterre sont bien présentes. C'est entre 1930 et 1940 que Liliane sera le plus attribuée. Elle a presque complètement disparu aujourd'hui.
**Sa cousine :** Lila.
**Dans nos régions :** Lilia (Polynésie).
**À l'étranger :** Liana (Roumanie), Lileas (Irlande), Lilia (Russie), Lilian (Grande-Bretagne, États-Unis), Liliana (Espagne, Hongrie, République tchèque), Lilias (Écosse), Lilika (Grèce), Lilike (Hongrie), Lilja, Liljan (Finlande, Islande), Lillian (Danemark).
**Son diminutif :** Lily.
**Son masculin :** Lilian.

## LILITH

**D'où vient-elle ?** Lilith, d'origine hébraïque, signifie « spectre de la nuit ».
**Elle serait...** réfléchie et secrète. L'étude, la réflexion, les sciences occultes la passionnent, et elle recherche la solitude.
**Elle l'a porté :** Lilith, dans la kabbale, serait la première compagne d'Adam, avant Ève. Le mythe de Lilith, femme démon, date de plus de 4 000 ans, de l'époque assyrio-babylonienne. Elle est représentée dans la peinture, nue, couverte de ses cheveux, les jambes en forme de serpents, avec des ailes et entourée d'étoffes sombres.
**Son évolution :** bien connu depuis la nuit des temps, ce prénom est resté dans le domaine de la légende.

## LILOU
### Leelou

**D'où vient-elle ?** Lilou est une variante de Lou, elle-même diminutif de Louise, d'origine germanique, féminin de Louis, qui signifie « glorieux vainqueur ».
**On la fête** le 15 mars avec Louise.
**Elle serait...** naturelle, généreuse et sociable, à la recherche de l'harmonie et de la sécurité. La vie au foyer est son idéal.
**Son évolution :** Lilou n'existait pas avant 1990. Comment est-elle née ? Sans doute de l'imagination de quelques parents. Toujours est-il que Lilou est bien présente, et courante depuis 2000.
**Sa forme initiale :** Louise.
**Sa cousine :** Leelou.

## LILY

**D'où vient-elle ?** Lily est un diminutif de Liliane, d'origine latine, qui signifie « lys ».
**Elle serait...** réaliste, concrète, pourvue d'un solide bon sens qui lui permet d'avancer dans la vie. Dotée d'un sens inné de l'équité, elle sait être rigoureuse et même intransigeante si ses droits sont bafoués.
**Son évolution :** Lily, qui est apparue à la fin du XX$^{e}$ siècle, a atteint son apogée dans les années 2000, et depuis régresse rapidement.

## LINA

**D'où vient-elle ?** Lina serait une forme espagnole et italienne d'Adeline, variante d'Adèle, d'origine germanique, qui signifie « noble ». C'est aussi un prénom arabe qui signifierait « douceur ».
**On peut la fêter** le 24 septembre avec Adèle.
**Elle serait...** tournée vers la réflexion, la spiritualité et l'humanitaire. Elle privilégie les intérêts des siens en toutes circonstances.
**Son évolution :** Lina existait au début du XX$^{e}$ siècle de façon marginale. Elle était restée rare en France, jusqu'en 2000. La voici maintenant dans le top 10 des prénoms féminins.
**Sa forme initiale :** Adèle.

## LINDA

**D'où vient-elle ?** Linda est une forme diminutive de plusieurs prénoms se terminant par « lind » ou « linde ». Ce suffixe signifie « doux » en allemand.
**Elle serait...** volontaire et décidée à réussir. Elle a un charisme certain et apprécie d'être admirée.
**Elle l'a porté :** la photographe américaine Linda McCartney.
**Elles le portent :** la chanteuse portugaise Linda de Suza, le mannequin Linda Evangelista, la chanteuse québécoise Linda Lemay et
**Son évolution :** Linda, apparue d'abord en Grande-Bretagne à la fin du XX$^{e}$ siècle, fut en vogue dans les pays de langue anglaise dans les années 1950. C'est aussi un prénom très porté en Espagne et au Portugal. En France, il est resté rare.

## LINDSAY (mixte)

**D'où vient-elle ?** Lindsay signifie en anglais « île aux tilleuls ».
**Elle serait...** vive, spirituelle, rationnelle et assez lunatique. Elle aime commander, décider, et apprécie beaucoup les biens matériels.
**Elles le portent :** l'actrice américaine Lindsay Lohan ainsi que la joueuse de tennis Lindsay Davenport.
**Son évolution :** Lindsay était, aux États-Unis, l'un des prénoms les plus attribués dans les années 1980. Il régresse un peu. En France, ce prénom a toujours été rare.

## LINNÉA

**D'où vient-elle ?** Patronymique, ce prénom d'origine suédoise fait référence au botaniste Linné, et à la fleur à laquelle il donna son nom, au XVIII$^{e}$ siècle.
**On la fête** le 5 octobre avec Fleur.
**Elle serait...** volontaire, ambitieuse et travailleuse. Elle accepte mal les échecs et se donne les moyens de réussir. Individualiste, elle préfère diriger que suivre le mouvement. Elle surmonte les difficultés avec courage et ne baisse pas facilement les bras.
**Son évolution :** Linnéa est un des prénoms du top 20 en Suède depuis 2009.

## LINE

**D'où vient-elle ?** Line est un diminutif d'Adeline, d'origine germanique, qui signifie « noble ».
**On la fête** le 20 octobre avec Adeline.
**Elle serait...** réaliste, droite, responsable. On peut compter sur elle, mais il ne faut surtout pas la décevoir.
**Elle le porte :** la chanteuse Line Renaud.
**Son évolution :** Line fut un prénom discret pendant la première moitié du XX$^{e}$ siècle, qui disparut ensuite. Il revient très timidement derrière Lina.

## LIORAH
**Liorith**

**D'où vient-elle ?** Liorah signifie en hébreu « ma lumière ».
**Elle serait...** généreuse, affectueuse et altruiste. Sa famille et ses amis sont la grande affaire de sa vie.
**Elle le porte :** le mannequin américain Liorah Illiana.
**Son évolution :** ce prénom fait partie du patrimoine de la culture hébraïque. On le donnait aux petites filles nées pendant Hanoukka, fête de la lumière. Ce prénom est rare en France.
**Sa cousine :** Liorith.

## LISA
**Liza**

**D'où vient-elle ?** Lisa est une forme anglo-américaine, espagnole et italienne de Lise, diminutif d'Élisabeth, qui signifie en hébreu « Dieu est plénitude ».
**On la fête** le 17 novembre avec Élisabeth.
**Elle serait...** active, individualiste, curieuse, gourmande de plaisirs et de nouveautés. Créative, elle aime créer, mettre en scène, diriger.
**Elle l'a porté :** la Florentine Mona Lisa, peinte par Léonard de Vinci dans le célèbre tableau *La Joconde,* exposé au musée du Louvre.
**Elles le portent :** la chanteuse américaine Liza Minnelli, l'actrice américaine Lisa Kudrow, Lisa Marie Presley, fille du King Elvis, la chanteuse anglaise Lisa Stanfield.
**Son évolution :** ce prénom est courant depuis les années 1930 aux États-Unis. Il s'épanouit en France depuis 1980.
**Sa forme initiale :** Élisabeth.
**À l'étranger :** Liza (Grande-Bretagne, États-Unis).

## LISE
**Liselotte, Lisette, Lison, Liz**

**D'où vient-elle ?** Lise est un diminutif d'Élisabeth, qui signifie en hébreu « Dieu a fait serment ».
**On la fête** le 17 novembre avec Élisabeth.
**Elle serait...** active, travailleuse et pragmatique. Elle sait fournir des efforts et a un sens très strict du devoir.
**Elle l'a porté :** l'actrice américaine Liz Taylor.
**Son évolution :** ce prénom sage, né au XIX$^{e}$ siècle, a toujours été discret. Il suit Lisa de très loin.
**Sa forme initiale :** Élisabeth.
**Ses cousines :** Liselotte, Lison.
**Dans nos régions :** Liseto (Provence).
**À l'étranger :** Liz (Grande-Bretagne, États-Unis).
**Son diminutif :** Lisette.

## LIV

**D'où vient-elle ?** Liv, d'origine scandinave, signifie « protection ».
**Elle serait...** réfléchie et sérieuse. Elle s'intéresse à l'étude et à la spiritualité, et apprécie la solitude.
**Elles le portent :** l'actrice norvégienne Liv Ullmann, qui a beaucoup tourné avec Ingmar Berman, l'actrice américaine Liv Tyler.
**Son évolution :** ce prénom typiquement scandinave, très courant en Norvège, est rarissime en France.

## LIVIA
**Livie**

**D'où vient-elle ?** Livia, d'origine latine, a une étymologie imprécise. Elle pourrait être le diminutif d'Olivia, qui signifie « olive », ou bien une référence à la famille patricienne romaine du nom de Livus.
**On la fête** le 13 novembre. Sainte Livia, née en Italie en 1864, entre dans les ordres très jeune et se consacre aux soins des phtisiques dans une congrégation romaine. Elle est assassinée par l'un de ses malades en 1894.
**Elle serait...** solide et pourvue d'un grand sens des réalités. Son esprit pratique en fait une bonne gestionnaire.
**Elle l'a porté :** Livia Drusilla, née en 58 avant J.-C. à Rome, dans la très noble famille

Claudius, fut la femme de l'empereur Auguste et la mère de Tibère.
**Son évolution :** ce prénom est l'un des plus usités dans la Rome antique, où les prénoms féminins étaient peu nombreux. Il disparut à l'ère chrétienne et reste rare aujourd'hui.
**Sa cousine :** Livie.

## LOANE
**Loana, Louane**

**D'où vient-elle ?** Loane est une variante de Louane, forme féminine d'Élouan, d'origine celte, qui signifie « lumière ».
**On la fête** le 28 août avec Élouan.
**Elle serait...** sociable et communicative, intuitive et diplomate, douée pour les associations, les duos.
**Elle le porte :** Loana, gagnante de la première émission *Loft Story* sur M6 en 2001, styliste, chanteuse et présentatrice de télévision.
**Son évolution :** Louane est bien connu des familles bretonnes, mais il est peu sorti de sa région d'origine. Ses variantes Loane et Loana sont apparues en 2001, mais elles régressent rapidement dans le hit-parade des prénoms.
**Sa forme initiale :** Louane.
**Sa cousine :** Loana.
**Ses masculins :** Élouan, Louan.

## LOLA
**Lolita**

**D'où vient-elle ?** Lola est un diminutif de Dolorès, qui signifie en latin « douleur », en l'honneur de la Vierge Marie, vénérée sous le nom de Notre Dame des Sept Douleurs.
**On la fête** le 11 juin avec Dolorès.
**Elle serait...** intuitive, originale. Elle désire plaire et recherche l'harmonie et la sécurité.
**Elle l'a porté :** Lola Montez, danseuse, courtisane, maîtresse de Louis Ier de Bavière, qui mourut de tuberculose en 1861.
**Son évolution :** Lola était connue mais très rare au XIXe siècle. Elle a commencé à se faire remarquer dans les années 1990 et se place maintenant dans le top 20.
**Sa forme initiale :** Dolorès.
**Sa cousine :** Lolita.

## LOLITA
**Lola**

**D'où vient-elle ?** Lolita est un diminutif de Dolorès, d'origine espagnole, qui fait référence à la Vierge Marie, vénérée sous le nom de Notre Dame des Sept Douleurs.
**On la fête** le 11 juin avec Dolorès.
**Elle serait...** sensible, réfléchie, indépendante, mais aussi séductrice et allergique à l'autorité.
**Elles le portent :** l'héroïne du roman sulfureux *Lolita*, de Vladimir Nabokov, paru en France en 1955 et adapté au cinéma en 1962, qui raconte la liaison d'un homme mûr avec une adolescente très jeune. La romancière Lolita Pille.
**Son évolution :** le terme « lolita » est passé dans le langage courant pour désigner une très jeune fille provocatrice aux manières aguichantes. Le prénom a sans doute souffert de cette réputation, car il est très rare.
**Sa forme initiale :** Dolorès.
**Sa cousine :** Lola.

## LORELEÏ
### Lorélie

**D'où vient-elle ?** Loreleï, d'origine germanique, est un patronyme littéraire créé par l'écrivain Clemens Brentano.

**Elle serait...** posée, sérieuse et travailleuse. Elle est très organisée et a le sens de l'effort. Ambitieuse, elle réussit à force de persévérance et ne se laisse pas décourager.

**Elle l'a porté :** Loreleï est un personnage mythique de la culture germanique, issu des œuvres de Clemens Brentano, en 1810. Loreleï, belle jeune femme aux boucles blondes, a été trahie par son amoureux et, avant de se retirer dans un cloître, elle désire regarder une dernière fois le château de son bien-aimé, du haut d'un rocher surplombant le Rhin. Le mythe de Loreleï a été repris par Heine, par Guillaume Apollinaire et par Gérard de Nerval, puis récemment dans une chanson de Jacques Higelin.

**Son évolution :** ce prénom, qui est apparu au XIXe siècle, est resté dans le domaine littéraire. Rares sont les Loreleï, en Allemagne comme en France, même si la chanson de Jacques Higelin l'a fait connaître des jeunes générations.

**Sa cousine :** Lorélie.

## LORETTE
### Laurette

**D'où vient-elle ?** Lorette est un diminutif de Laure, qui signifie en latin « laurier ».

**On la fête** le 19 octobre avec Laure.

**Elle serait...** intuitive, imaginative, sensible. Elle peut être ouverte et sociable ou, au contraire, renfermée et boudeuse selon son environnement.

**Elles l'ont porté :** les lorettes, appelées aussi « grisettes » étaient, au début du XIXe siècle, des courtisanes, jeunes femmes entretenues par plusieurs protecteurs.

**Elles le portent :** la congrégation religieuse les Sœurs de Lorette, dont fit partie Mère Teresa, la colline Notre-Dame de Lorette, lieu de combats particulièrement meurtriers en 1915.

**Son évolution :** Lorette est un prénom connu depuis le début du XXe siècle, mais peu courant, malgré la chanson *Chez Lorette* de Michel Delpech, en 1964.

**Sa forme initiale :** Laure.

**Sa cousine :** Laurette.

**Son masculin :** Laurent.

## LORIE
### Loriane

**D'où vient-elle ?** Lorie est l'un des diminutifs de Laure, qui signifie en latin « laurier ».

**On la fête** le 19 octobre avec Laure.

**Elle serait...** optimiste et enjouée, épicurienne, indépendante, elle croque la vie à pleines dents.

**Elle le porte :** la chanteuse française Lorie.

**Son évolution :** Lorie, comme Laurie, est un diminutif de Lawrence, prénom masculin dans les pays de langue anglaise. La forme féminine est apparue au milieu du XXe siècle et a suivi le succès de Laura, tout en étant moins fréquente.

**Sa forme initiale :** Laure.

**Sa cousine :** Loriane.

**Son masculin :** Laurent.

## LORRAINE

**D'où vient-elle ?** Lorraine, d'origine française, vient de la région éponyme. Mais il peut aussi être une orthographe patriotique de Laurène.

**On la fête** le 19 octobre avec Laure ou le 30 mai avec Jeanne d'Arc, née en Lorraine.

**Elle serait...** courageuse, combative, sympathique, sensible. Son principal ennemi est le stress.

**Son évolution :** Lorraine est un prénom qui est apparu au début du XXe siècle, après la Première Guerre. Mais c'est après la Seconde Guerre mondiale que les familles BCBG l'ont adopté. Il est assez rare, mais constant.

## LOU
### Leelo, Louane, Louella

**D'où vient-elle ?** Lou est un diminutif de Louise, d'origine germanique, qui signifie « illustre combattante ».

**On la fête** le 15 mars avec Louise.
**Elle serait...** communicative, vive et intuitive. Pourvue de talents artistiques, elle a besoin de créer pour être heureuse.
**Elle l'a porté :** Lou Andreas-Salomé, écrivain et psychanalyste allemande d'origine russe.
**Elle le porte :** le mannequin Lou Doillon, fille de Jane Birkin.
**Son évolution :** ce diminutif était employé depuis longtemps dans l'intimité familiale. Il a fallu attendre 1990 pour qu'il soit considéré comme un vrai prénom. Il régresse cependant rapidement aujourd'hui dans le classement.
**Ses cousines :** Leelou, Louane, Louella.
**Son masculin :** mixte au début du XX$^{e}$ siècle, Lou est exclusivement féminin aujourd'hui.

## LOUISE

**Aloïse, Aloyse, Éloïse, Gina, Lou, Louella, Louisette, Louisiane, Louison, Ludovique**

**D'où vient-elle ?** Louise, d'origine germanique, signifie « illustre combattante ».
**On la fête** le 15 mars. Sainte Louise de Marillac, fille naturelle d'un grand seigneur, reçut une bonne éducation chez les dominicaines. À la fin de ses études, elle se maria et devint rapidement veuve. Elle avait 34 ans quand elle rencontra saint Vincent de Paul et se rallia à sa cause. En 1633, elle fonda avec lui la compagnie des Filles de la Charité, en devint la supérieure et en définit les œuvres au service des plus démunis.
**Elle serait...** sérieuse, rigoureuse et appliquée. Fidèle, elle a un sens aigu du devoir. Travailleuse, elle ne laisse rien au hasard. Déterminée, elle va jusqu'au bout de ses projets.
**Elles l'ont porté :** Louise Labé, née à Lyon en 1525, femme de lettres et poétesse, la militante révolutionnaire Louise Michel, Louise Brooks, actrice américaine, vedette du cinéma muet dans les années 1920.
**Son évolution :** Louise a une vie à éclipses ; on la rencontrait parfois au XV$^{e}$ siècle, puis elle disparut, revint entre 1850 et 1900, pour disparaître à nouveau. Son retour eut lieu d'abord

## Le palmarès

Claude et Dominique ont fait leur temps
d'entre eux. Les pays anglophones, et en
la moitié de leurs prénoms s'attribuent aussi

**Alix**
Ce prénom, né au Moyen Âge, était devenu mixte au XIX$^{e}$ siècle ; il est presque exclusivement féminin aujourd'hui.

**Andréa**
Italien, Andréa est la forme masculine d'André. Mais sa terminaison en « a » l'a fait adopter pour les petites filles en France dans plus de 80 % des cas.

**Calliste et Calixte**
Le plus beau ou la plus belle ? Les deux, puisque ces prénoms, d'origine grecque, sont mixtes à parité.

**Camille**
Longtemps masculin, ce prénom est aujourd'hui féminin à 95 %.

**Céleste**
Bien connu à la fin du XIX$^{e}$ siècle, ce prénom encore rare est pour l'instant à 60 % féminin.

**Charlie et Charly**
Ces formes diminutives de Charles sont apparues en tant que prénom dans les années 1990 et sont masculines à 75 %.

**Clarence**
Variante de Clair ou de Claire, Clarence est masculin à 70 %.

**Eden**
Tout nouveau, ce paradis sur terre est à 80 % féminin.

# des nouveaux prénoms mixtes

La fin du XX$^{e}$ siècle a vu apparaître de nouveaux prénoms mixtes, ou se développer certains particulier les États-Unis sont sur ce point plus souples que les Européens. C'est pourquoi bien aux filles qu'aux garçons.

**Gillian**
Forme américanisée de Jules et de Julie, ce prénom atteint la parité presque parfaite : il est à 55 % masculin et 45 % féminin. On peut le féminiser en Gilliane.

**Gwenn**
Breton, ce prénom traditionnel est mixte à 50 %.

**Jessy et Jessie**
Diminutifs de Jesse, ou de leur forme féminine Jessica, tous deux sont à 85 % masculins.

**Kim**
Est-ce l'influence de Kim Basinger qui agit ? Ce prénom est féminin à 85 %.

**Laurie**
Variante de Laurent ou de Laurence ? À vous de choisir ! Laurie est parfaitement mixte. À écrire avec un « y » si vous voulez le viriliser un peu.

**Loan et Louan**
Ces deux-là, issus d'un prénom celte jusqu'alors peu utilisé, sont à 85 % féminins.

**Loïs**
Ce prénom est à 60 % masculin. On peut le féminiser en Loïse. Mais la prononciation change un peu.

**Lou**
Quelques garçons portent ce prénom, il convient de le citer, mais il est très majoritairement féminin.

**Louison**
Notre vedette du cyclisme Louison Bobet avait fait connaître cette forme de Louis dans les années 1960. Alors presque exclusivement masculin, Louison s'est féminisé à 40 %.

**Mallory et Mallaury**
Irlandais, ce prénom est presque exclusivement féminin.

**Maxence**
Sainte Maxence était une femme. Elle est la seule touche féminine de ce prénom qui est à 98 % masculin.

**Morgan et Morgane**
Mixte en théorie, Morgan est attribuée aux petites filles dans 80 % des cas. Ici encore, on peut féminiser l'orthographe.

**Noa**
Presque inconnu jusqu'en 2000, Noa, forme anglo-américaine de Noé, a fait une entrée retentissante au hit-parade des prénoms, puisqu'il est dans les plus courants aujourd'hui, avec une parfaite parité.

**Nolwenn**
Féminine à plus de 95 %, Nolwenn est portée par quelques garçons.

**Sacha et Sasha**
Russe et masculin, ce prénom a été légèrement féminisé dans les années 1990. Pour les filles, l'orthographe Sasha est souvent préférée.

dans les familles BCBG avant de se démocratiser, et elle figure au top 10.

**Ses cousines :** Aloïse, Aloyse, Éloïse, Louella, Louisiane, Louison, Ludovique.

**Dans nos régions :** Eloiza, Loeiza, Loïez, Loïeza, Loïsa, Loïza Loïzaïg (Bretagne), Luixa (Pays basque).

**À l'étranger :** Eloïsa (Espagne), Eloïsia, Lodovica, Loise, Luigia, Luigina (Italie), Labhaoise, Laoise, Lavaoise, Lilidh, Luighseach (Irlande), Lili, Lilla (Hongrie), Lilka, Lodoiska, Lucwika, Ludwiga, Ludwika (Pologne), Lluïsa (Catalogne), Louisa (Allemagne, Espagne, Grande-Bretagne, États-Unis), Lovisa (Suède), Lovise (Norvège), Ludovica, Ludowica, Ludvica, Ludwica, Luise (Allemagne), Luisa (Espagne, Pologne, Portugal), Luissig (Albanie).

**Ses diminutifs :** Gina, Lily, Lou, Louisette.

## LUCE

**D'où vient-elle ?** Luce signifie « lumière » en latin.

**On la fête** le 13 décembre avec Lucie.

**Elle serait...** charmante, conciliante, mais aussi boudeuse et têtue. Son humeur dépend de son environnement.

**Son évolution :** Luce est un prénom dont les variantes, nombreuses, ont remporté un grand succès à travers les âges. Elle a même été dépassée par son diminutif Lucette.

**Son diminutif :** Lucette.

**Ses masculins :** Luc, Lucas, Lucien.

## LUCIE

### Luciane, Lucienne, Lucile, Lucinde, Lucy

**D'où vient-elle ?** Lucie est une variante de Luce, d'origine latine, qui signifie « lumière ».

**On la fête** le 13 décembre. Sainte Lucie, jeune fille noble et très fortunée, vivait avec sa mère malade et priait pour qu'elle recouvrât la santé. Elle fut exaucée et renvoya son fiancé. Ce dernier la dénonça au consul. Ne pouvant être transportée, car elle pesait plusieurs tonnes, on lui arracha les yeux, mais la Vierge lui en donna de plus beaux, on essaya de la brûler, mais les flammes se détournèrent. Enfin, on lui transperça la gorge et elle rendit l'âme, le 13 décembre 304. En Suède et en Norvège, on célèbre à cette date la fête de la lumière : les jeunes filles défilent en robes blanches, symbole de pureté, avec une ceinture rouge, symbole du martyre, et une couronne de bougies sur la tête, symbole de lumière.

**Elle serait...** sociable mais indépendante, communicative mais discrète, volontaire mais diplomate.

**En chanson :** *Lucy in the Sky with Diamonds* des Beatles, *Lucie* de Pascal Obispo, *Lucifer* de Michel Jonasz.

**Son évolution :** si ce prénom date de l'Antiquité, il n'a été vraiment courant qu'au XIX$^{e}$ siècle. Après 20 ans de succès, il disparut puis revint dans les années 1980. L'an 2000 voit son apogée. Elle se maintient dans le top 20 des prénoms féminins.

**Sa forme initiale :** Luce.

**Ses cousines :** Luciane, Lucienne, Lucile, Lucinde.

**Dans nos régions :** Lukena, Lukene, Luxia, Luzia (Pays basque).

**À l'étranger :** Liusaidh (Irlande), Louka, Loukania, Loukia, Loukiana, Loukina (Grèce), Luca (Hongrie), Lucia (Allemagne, Espagne, Grande-Bretagne, Italie, Portugal, Scandinavie), Luciana (Italie), Lucija (Lettonie), Lucy (Grande-Bretagne, États-Unis), Luz, Luzia (Espagne), Lucinda, Luz (Brésil, Mexique).

**Son masculin :** Lucien.

## LUCIENNE

**D'où vient-elle ?** Lucienne est une variante de Luce, qui signifie en latin « lumière ».

**On la fête** le 13 décembre avec Lucie.

**Elle serait...** calme, douce et posée. Elle a besoin de calme et de temps pour se réaliser. La routine la sécurise.

**Elles l'ont porté :** les chanteuses Lucienne Boyer (1903-1988), interprète d'une chanson mythique, *Parlez-moi d'amour*, et Lucienne

Delyle (1917-1962), qui a chanté *Si toi aussi tu m'abandonnes*.
**Son évolution :** prénom très courant au début du XX$^{e}$ siècle, Lucienne disparaît vers 1935 et n'annonce pas son retour.
**Son masculin :** Lucien.

## LUCILE
### Lucille

**D'où vient-elle ?** Lucile est une variante de Lucie, qui signifie en latin « lumière ».
**On la fête** le 13 décembre avec Lucie.
**Elle serait...** combative, énergique et ambitieuse. Une forte personnalité, impatiente de réussir et de s'imposer.
**Elle l'a porté :** Lucile de Chateaubriand, sœur de l'écrivain.
**Son évolution :** moins courante que Lucie, Lucile s'est manifestée à la fin du XIX$^{e}$ siècle, puis a disparu pour revenir dans les années 1980. C'est en 1990 que Lucile est à son apogée. Elle s'éloigne lentement.
**Sa forme initiale :** Luce.
**Sa cousine :** Lucille.
**À l'étranger :** Lucilla (Allemagne, Espagne, Grande-Bretagne, États-Unis, Italie).
**Son masculin :** Luc.

## LUCRÈCE

**D'où vient-elle ?** Lucrèce signifie en latin « gagnante ».
**On la fête** le 15 mars. Sainte Lucrèce, musulmane à Cordoue, se fait baptiser en cachette de ses parents. Quand ceux-ci l'apprennent, ils la chassent. Elle se réfugie chez un chrétien, Euloge. Tous deux sont dénoncés et Lucrèce est décapitée en 859.
**Elle serait...** sérieuse, travailleuse, consciencieuse… la collaboratrice modèle ! Authentique, elle est très sélective dans ses relations sociales.
**Elle l'a porté :** Lucrèce Borgia est entourée d'un parfum de scandale que les historiens contemporains réfutent. Elle était la fille naturelle d'un cardinal qui devint pape.
**Son évolution :** ce prénom connu dès l'Antiquité disparut puis réapparut sous la Renaissance, en Italie. Il est rare aujourd'hui en France comme en Italie.
**À l'étranger :** Lucrezia (Italie).
**Son masculin :** Lucrèce a été mixte dans l'Antiquité. Ce prénom est maintenant exclusivement féminin.

## LUDIVINE
### Lidwine

**D'où vient-elle ?** Ludivine, d'origine germanique, signifie « douce amie ».
**On la fête** le 14 avril. Sainte Ludivine vivait aux Pays-Bas, au XIV$^{e}$ siècle. Elle resta paralysée à la suite d'une chute, à l'âge de 20 ans. La légende raconte qu'elle vécut abandonnée de tous, seulement nourrie de l'amour de Dieu, qui lui redonna la santé.
**Elle serait...** sensible et attachée aux traditions, aux valeurs familiales. Volontaire et exigeante, elle attend beaucoup de son entourage.
**Elle l'a porté :** une héroïne de la série *Les Gens de Mogador*, diffusée en 1972.
**Elle le porte :** la comédienne Ludivine Sagnier.
**Son évolution :** ce prénom existait déjà au XIX$^{e}$ siècle, mais il était rare. La série l'a fait connaître, mais il est maintenant passé de mode.
**Sa cousine :** Lidwine.

**Son heure de gloire**

En France, en 1972, suite à la diffusion à la télévision d'une série, *Les Gens de Mogador*, saga familiale entre le Second Empire et la Seconde Guerre mondiale adaptée du roman d'Élisabeth Barbier. L'un des personnages, une jeune femme belle et élégante, jouée par Marie-France Pisier, se prénommait Ludivine. Aussitôt, le prénom se répandit dans les maternités…

## LUDMILLA
### Lidmila, Ludmila, Lyudmila

**D'où vient-elle ?** Ludmilla signifie en slave « aimée du peuple ».

**On la fête** le 16 septembre. Sainte Ludmilla fut la femme du premier duc chrétien de Bohême dont elle eut 6 enfants. À la mort de son époux, elle assura la régence du duché avec beaucoup de sagesse et de piété. L'une de ses belles-filles, païenne, la détestait. Elle l'étrangla en 927.
**Elle serait...** pourvue d'un grand charisme. Pleine de fantaisie, elle sait aussi être raisonnable et affronter la vie avec du bon sens.
**Elle l'a porté :** la ballerine Ludmilla Tchérina.
**Elle le porte :** la comédienne française Ludmila Mikaël.
**Son évolution :** Ludmilla est un prénom qui fut porté dans les pays slaves dès le X^e^ siècle. C'est dans les années 1960 qu'il fit son apparition en France, sans doute grâce au succès de danseuses russes. Il est resté rare.
**Ses cousines :** Lidmila, Ludmila, Lyudmila.

## LUNA

**D'où vient-elle ?** Luna, d'origine latine, signifie « lune ».
**On la fête** le 11 mai avec Stella.
**Elle serait...** créative, communicative. Elle est tentée par l'art et tous les modes d'expression. Tout l'intéresse, mais elle a tendance à se disperser et à multiplier les expériences.
**Son évolution :** Luna et Louna sont des créations récentes, nées dans les pays hispaniques dans les années 1970. Luna faiblit mais reste dans le top 100 des prénoms féminins.
**Sa cousine :** Louna.

## LUPITA

**D'où vient-elle ?** Lupita a deux origines : l'une celte, avec pour signification « lionne », l'autre espagnole, diminutif de Guadalupe, prénom qui fait référence à la Vierge Marie, Notre Dame de Guadalupe au Mexique.
**On la fête** le 27 septembre si elle est celte. Sainte Lupita était la sœur de saint Patrick. Elle fut enlevée avec son frère lors d'un séjour en Armorique (notre Bretagne actuelle) et séquestrée en Irlande avant d'être libérée.
**On peut la fêter** aussi le 12 décembre avec Guadalupe si elle est espagnole.
**Elle serait...** posée, calme, réfléchie. Elle fuit la vie sociale, recherche la solitude et s'épanouit dans l'étude et la recherche.
**Elle le porte :** Lupita Jones fut la première Mexicaine à être élue miss Univers en 1991.
**Son évolution :** Lupita a été portée dans les siècles passés en Bretagne, dans les familles traditionalistes. Au Mexique, on la rencontre assez rarement.

## LYDIE
Lidia, Lydiah

**D'où vient-elle ?** Lydie signifie en latin « originaire de la région de Lydia ». Lydia était, dans l'Antiquité, une province d'Asie Mineure.
**On la fête** le 3 août. Sainte Lydie vivait dans un port de Macédoine, Philippes, avec sa famille. Elle y vendait des étoffes et de la pourpre. C'est là qu'elle rencontra saint Paul et saint Luc. Elle leur demanda le baptême et les invita à séjourner chez elle. Lydie est morte entre 50 et 55 après J.-C.
**Elle serait...** sociable mais discrète, réservée mais entreprenante. Sa force de caractère lui permet d'affronter les difficultés sans être stressée.
**Son évolution :** ce prénom, déjà connu dans l'Antiquité, a disparu jusqu'au XIX^e^ siècle. Depuis cette époque, il est resté marginal.
**À l'étranger :** Lidia (Espagne, Hongrie, Italie, Pologne, Portugal, Russie), Lydia, Lydiah (Grande-Bretagne, États-Unis, Allemagne, Espagne), Lyydia, Lyyti (Finlande).

## MABELLE
### Amabillys

**D'où vient-elle ?** Mabelle est un diminutif d'Amabelle, variante d'Amabillys, elle-même dérivée d'Aimée, qui signifie en latin « aimée ».
**On la fête** le 20 février avec Aimée.
**Elle serait...** douée pour le bonheur. Optimiste et épicurienne, elle sait profiter de chaque bon moment de la vie.
**Son évolution :** bien qu'elle soit connue depuis le début du XXe siècle, Mabelle est rare.
**Sa forme initiale :** Amabillys.
**À l'étranger :** Mabel (Grande-Bretagne, États-Unis).
**Son masculin :** Aimable.

## MACARENA

**D'où vient-elle ?** Macarena, d'origine espagnole, fait référence au nom de la Vierge de Séville, Santa Maria de la Esperanza Macarena. La cathédrale est située dans un quartier de la ville qui porte son nom. Le culte de la Vierge remonte à 1595. La statue de la Vierge sort de la cathédrale la nuit du Jeudi saint pour participer à la procession de la Semaine sainte dans la ville.
**On la fête** le 15 août avec Marie.
**Elle serait...** sociable, amicale, attentive aux autres. Elle supporte mal la solitude et préfère travailler en équipe que seule.
**Elle le porte :** la macarena est une danse, créée pour un spot publicitaire en 1994.
**Son évolution :** ce prénom, typiquement espagnol, est rare en France.

## MACHA

**D'où vient-elle ?** Macha est une forme russe de Marie, qui signifie en hébreu « celle qui élève ».
**On la fête** le 15 août avec Marie.
**Elle serait...** énergique et décidée. Elle se mobilise pour les projets qui la passionnent et a l'esprit d'entreprise.
**Elle l'a porté :** Macha Béranger, qui anima pendant 30 ans une émission radio nocturne.
**Elle le porte :** Macha Méril, actrice de cinéma et de théâtre depuis 1959.
**Son évolution :** Macha est un prénom traditionnel russe, bien connu des familles slaves, mais relativement rare en France.
**Sa forme initiale :** Marie.

## MACRINE

**D'où vient-elle ?** Macrine signifie en grec « qui a une longue vie ».
**On la fête** le 19 juillet. Sainte Macrine l'Ancienne, née en 327 en Cappadoce, en Turquie, se retira dans la forêt pour échapper aux persécutions, puis revint chez elle après 7 ans de privations et de prières. Elle mourut vers l'an 340. On célèbre aussi sainte Macrine la Jeune, fille aînée d'une famille de 10 enfants qui assista sa mère pour élever ses frères et sœurs, et transforma leur maison en lieu d'asile et en lieu de prière. Elle mourut en 379.
**Elle serait...** généreuse et sociable. Elle s'intéresse à la spiritualité, au savoir, et préfère la vie intellectuelle aux activités terre à terre.
**Son évolution :** Macrine a toujours été rare.

## MADALEN
### Madeleine

**D'où vient-elle ?** Madalen est une forme basque et bretonne de Madeleine, d'origine hébraïque, qui signifie « originaire de Magdala », village de Galilée.

**On la fête** le 22 juillet avec Madeleine.

**Elle serait...** vive, optimiste, curieuse. Elle recherche très tôt son indépendance et supporte mal les contraintes.

**Son évolution :** ce prénom, connu dans ses régions d'origine, est rare à l'échelon national.

**Sa forme initiale :** Madeleine.

## MADELEINE

### Maddy, Madelon, Madly, Magda, Magdalaine, Magdaleine, Magdalina, Magdelaine, Magdeleine, Maguelonne

**D'où vient-elle ?** Madeleine signifie en hébreu « de Magdala », nom d'un village situé à 6 km de Tibériade, sur la mer de Galilée, dont le nom actuel est Khirbet Medjdel.

**On la fête** le 22 juillet. Sainte Marie de Magdala, devenue Madeleine, serait née en l'an 3 de l'ère chrétienne. Elle fut une disciple de Jésus et la première à le voir après sa résurrection. La vie de Madeleine fait l'objet de plusieurs hypothèses. Certains assurent qu'elle aurait été l'épouse du Christ, d'autres prétendent qu'elle était une prostituée. Sainte Madeleine fut très souvent représentée par les peintres de la Renaissance.

**Elle serait...** réservée et prudente. Son humeur varie selon l'environnement. Elle peut être aussi bien extravertie ou renfermée, passive ou, au contraire, énergique.

**Elles l'ont porté :** Madeleine Paumier, servante d'une marquise, qui inventa le petit gâteau qui porte son nom, à Commercy, en 1755. Madeleine, personnage des *Petites Filles modèles* de la comtesse de Ségur, œuvre publiée en 1858. La comédienne Madeleine Renaud, décédée en 1994, fondatrice avec son époux, Jean-Louis Barrault, de la compagnie de théâtre qui porte leur nom.

**Elles le portent :** Madeleine Albright, diplomate américaine, qui fut ambassadrice des États-Unis auprès des Nations Unies, la romancière Madeleine Chapsal.

**Son évolution :** Madeleine fut l'un des grands prénoms du XVIII^e^ siècle et du début du XIX^e^ siècle. Après un intermède d'une cinquantaine d'années, Madeleine resurgit pour être le prénom vedette du début du XX^e^ siècle. Elle est encore très rare, mais fait partie des prénoms émergents.

**Sa forme initiale :** Magdala.

**Ses cousines :** Magdalaine, Magdaleine, Magdalina, Magdelaine, Magdeleine, Maguelonne.

**Dans nos régions :** Madalen (Bretagne, Pays basque), Madalena, Maddalen, Maddalena, Maïalen, Matxalen (Pays basque), Madaleno, Madeloun (Provence).

**À l'étranger :** Madailen (Irlande), Madalena (Italie, Portugal), Madel, Magdelone, Malin (Scandinavie), Madeline, Madline, Madly, Magdalen (Grande-Bretagne, États-Unis), Madle, Madlen (pays de Galles), Madlenka, Magdelina (pays de l'Est), Magda (Allemagne, Pologne, Portugal, Scandinavie, République tchèque), Magdalena, Magdalene (Allemagne, Catalogne, Espagne, République tchèque, Pologne, Scandinavie), Magdi, Magdolna (Hongrie), Maggeltsje (Flandres), Maighdlin (Écosse), Makelina (Hawaï), Malena (Suède), Matleena (Finlande).

**Ses diminutifs :** Maddie, Maddy, Madly, Madelon.

## MADELON

### Madelonne

**D'où vient-elle ?** Madelon est l'un des diminutifs de Madeleine, d'origine hébraïque, qui signifie « de la ville de Magdala », qui se nomme aujourd'hui Khirbet Medjdel.

**On la fête** le 22 juillet avec Madeleine.

**Elle serait...** vive et amusante, dotée d'un esprit critique acéré. Elle ne craint pas d'afficher ses opinions.

**Son évolution :** ce prénom, né pendant la guerre 14-18, est très vite tombé en désuétude et il est absent aujourd'hui de l'état civil.

**Sa cousine :** Madelonne.

**Son heure de gloire**

La guerre 14-18. Madelon fut l'héroïne de cette guerre. Certains disaient même qu'elle l'avait gagnée ! Cette chanson, interprétée par le chanteur Bach dans les théâtres des armées pour les poilus en permission, devint vite extrêmement populaire et reste un chant emblématique de cette guerre.

## MADENA

### Madenn, Madez

**D'où vient-elle ?** Madena est une variante de Madenn, d'origine celte, qui signifie « bonne ».

**On la fête** le 19 juin avec Maden.

**Elle serait...** indépendante, ambitieuse, volontaire et énergique. Rien ni personne ne doit lui résister, ce qui lui permet de réussir, mais parfois avec quelques problèmes relationnels.

**Son évolution :** ce prénom, bien connu des familles bretonnes, est rare dans l'ensemble du pays.

**Ses cousines :** Madenn, Madez.

**Son masculin :** Maden.

## MADISON

### Madisson, Maddy, Madyson, Madysson

**D'où vient-elle ?** Madison signifie en celte « fils du puissant guerrier ».

**Elle serait...** calme, responsable et sensible. Elle s'investit beaucoup dans sa vie familiale et affective.

**Elles le portent :** le madison est une danse des années 1960. Madison est, aux États-Unis, la capitale de l'État du Wisconsin rendue célèbre par le film de Clint Eastwood, *Sur la route de Madison.*

**Son évolution :** ce prénom, apparu aux États-Unis en 1984, évolue très vite. En France, il est très rare pour l'instant.

**Ses cousines :** Madisson, Madyson, Madysson.

## MADONNA

**D'où vient-elle ?** Madonna, d'origine italienne, fait référence à « la Madone », la Vierge Marie.

**On la fête** le 15 août avec Marie.

**Elle serait...** organisée, sérieuse, ambitieuse. Elle ne craint pas le travail, sait gérer sa vie et ses biens.

**Elle le porte :** la chanteuse américaine Madonna, Louise Veronica Ciccone, née en 1958.

**Son évolution :** ce prénom est apparu de façon marginale aux États-Unis en 1930. C'est la chanteuse Madonna qui en a fait sa popularité. En France, Madonna est rare.

**Sa forme initiale :** Donna.

## MAE

### May

**D'où vient-elle ?** Mae est une variante américaine de Marie, d'origine hébraïque, qui signifie « celle qui élève ».

**On la fête** le 15 août avec Marie.

**Elle serait...** directive, énergique et ambitieuse. L'âme d'un chef, avec beaucoup de grâce et de savoir-faire. Mais elle veut être première partout.

**Elle l'a porté :** l'actrice américaine Mae West, de son vrai nom Mary Jane West, qui fut un sex-symbol aux États-Unis entre 1920 et 1940.

**Son évolution :** apparue dans les années 1920, ce prénom est resté très marginal.

**Sa cousine :** May.

## MAËLLE
**Maëla, Maëlann, Maëlen, Maëlez, Maëlie, Maëllys**

**D'où vient-elle ?** Maëlle, d'origine celte, signifie « princesse ».
**On la fête** le 13 mai avec Maël.
**Elle serait...** dynamique, enjouée, sûre d'elle et séductrice. Loquace, vive, elle sait être drôle et capter son entourage.
**Son évolution :** connue en Bretagne depuis très longtemps, Maëlle a rejoint le peloton de tête des prénoms féminins en 2000. C'est sa variante Maëlys qui la dépasse aujourd'hui.
**Ses cousines :** Maëla, Maëlann, Maëlen, Maëlez, Maëlie, Maëllys.
**Son diminutif :** Mae.
**Son masculin :** Maël.

## MAËVA
**Maéva**

**D'où vient-elle ?** Maëva signifie en polynésien « bienvenue ».
**On peut la fêter** le 14 mars avec Ève.
**Elle serait...** indépendante et responsable. Elle a un solide sens pratique allié à une bonne intuition, ce qui lui permet d'affronter efficacement les aléas de la vie.
**Son évolution :** Maëva est le prénom tahitien le plus connu en France. Il est apparu dans les années 1990 et a atteint son apogée en 2000.

## MAEVE

**D'où vient-elle ?** Maeve peut être considérée comme une forme francisée de Maëva. Ou encore une contraction de Marie-Ève. Mais ce prénom a aussi une origine irlandaise et signifie « celle qui intoxique ».
**On peut la fêter** le 14 mars avec Ève.
**Elle l'a porté :** Maeve, dans la mythologie irlandaise, est une jeune reine guerrière dont les exploits sont racontés dans une épopée épique, *The Cattle Raid of Cooley*.
**Elle le porte :** c'est un personnage de *Roméo et Juliette* de William Shakespeare.
**Son évolution :** Maeve, quelle que soit son origine est beaucoup moins courante que Maëva.

## MAFALDA

**D'où vient-elle ?** Mafalda est la forme espagnole et portugaise de Mathilde, qui signifie « puissant au combat ».
**On la fête** le 14 mars avec Mathilde.
**Elle serait...** vive, astucieuse, spontanée. Elle s'attire beaucoup de sympathie, car elle est souple et conciliante. Mais elle est aussi courageuse.
**Elle le porte :** Mafalda, petite fille argentine, est le personnage principal d'une bande dessinée de Quino, parue en 1974.
**Son évolution :** courante dans les pays latins, Mafalda surgit parfois sans jamais se fixer.
**Sa forme initiale :** Mathilde.

## MAGALI
**Magalie**

**D'où vient-elle ?** Magali est une forme provençale de Marguerite, qui signifie en latin « perle ».
**On la fête** le 20 juillet avec Marguerite.
**Elle serait...** énergique, rapide et opportuniste. Cela ne l'empêche pas d'être une femme posée qui ne prend pas de décisions à la légère.
**Elle l'a porté :** l'actrice française Magali Noël.
**Elles le portent :** *Ô Magali* est une chanson populaire du XIX^e^ siècle, *Magali* une chanson de 1962 de Robert Nyel et Régine Pascal.
**Son évolution :** Magali est connue et appréciée dans le sud de la France depuis la fin du XIX^e^ siècle, lancée par Frédéric Mistral, poète de la Provence. Son expansion fut rapide entre 1960 et 1980. Elle a disparu aujourd'hui.
**Sa forme initiale :** Marguerite.
**Sa cousine :** Magalie.

## MAGUELONNE
**Maglonne**

**D'où vient-elle ?** Maguelonne est une forme occitane de Marie-Madeleine, d'origine hébraïque, qui signifie « de Magdala ».

**On la fête** le 22 juillet avec Madeleine.
**Elle serait...** rigoureuse et travailleuse, ordonnée et efficace. Elle ne craint pas les efforts et s'investit tout entière dans ses projets.
**Son évolution :** ce prénom régional, connu depuis longtemps dans le sud de la France est très discret sur l'ensemble du pays.
**Sa forme initiale :** Marie-Madeleine.
**Sa cousine :** Maglonne.

## MAHALIA

**D'où vient-elle ?** Mahalia, d'origine hébraïque, signifie « affection ».
**Elle serait...** sociable et attentive aux autres. Généreuse, elle a de grands principes altruistes, parfois irréalistes, et une grande rigueur morale.
**Elle l'a porté :** Mahalia Jackson, chanteuse de gospel américaine, née en Louisiane en 1911. Commerçante à Chicago, elle fait partie d'une chorale de gospel. Vite remarquée, elle triomphe à partir de 1949, elle chante au Carnegie Hall et parcourt le monde. Elle disparaît en 1972.
**Son évolution :** ce prénom, bien connu dans la culture hébraïque, est en pleine évolution.

## MAHAUT
### Mahaud, Mahault

**D'où vient-elle ?** Mahaut est une forme médiévale de Mathilde, d'origine germanique, qui signifie « puissante au combat ».
**On la fête** le 14 mars avec Mathilde.
**Elle serait...** indépendante, énergique, rapide, éloquente. Une fine mouche avec un sourire diabolique, une aventurière née.
**Elle l'a porté :** Mahaut d'Artois, née en 1270, comtesse de Bourgogne, pair de France sous Philippe le Bel, mère des reines Jeanne et Blanche.
**Son évolution :** cette forme très ancienne de Mathilde est rentrée dans l'ombre à la fin du Moyen Âge. Elle est revenue dans les années 1990 dans le cortège de Mathilde.
**Sa forme initiale :** Mathilde.
**Ses cousines :** Mahaud, Mahault.

**Son heure de gloire**

C'est en 1972 que le prénom Mahaut est révélé au grand public, grâce au feuilleton télévisé *Les Rois maudits*, d'après l'œuvre de Maurice Druon, qui met en scène les intrigues de la cour de France et de la cour d'Angleterre qui ont mené à la guerre de Cent Ans. L'un des personnages haut en couleurs est Mahaut d'Artois. Une adaptation de cet ouvrage a été faite en 2005.

## MAHINA

**D'où vient-elle ?** Mahina signifie en polynésien « lune ».
**Elle serait...** charmeuse, spirituelle, curieuse et indépendante. Elle est prête à toutes les expériences pourvu qu'elles soient agréables et joyeuses.
**Elle le porte :** Mahina est le nom d'une petite ville à quelques kilomètres de Papeete, à Tahiti.
**Son évolution :** Mahina, apparue dans les années 2000, fait doucement son chemin parmi les prénoms « exotiques ».

## MAÏA
### Maïane, Maya

**D'où vient-elle ?** Deux étymologies pour Maïa ! Elle est une forme basque et russe de Marie, qui signifie en hébreu « celle qui élève ». Maïa est aussi d'origine grecque et signifie « petite mère ».
**On la fête** le 15 août avec Marie.
**Elle serait...** douce et conciliante, dévouée et investie dans sa vie familiale et amicale. Elle n'a d'autre ambition que l'harmonie de son foyer et le bonheur des siens.
**Elle l'a porté :** dans la mythologie grecque, Maïa est l'une des filles du dieu Atlas, l'aînée des Pléiades, qui, séduite par Zeus, mit au monde Hermès, le dieu messager.
**Son évolution :** Après une percée prometteuse, Maïa régresse rapidement mais reste dans le top 100 des prénoms féminins.
**Sa forme initiale :** Marie.
**Ses cousines :** Maïane, Maya.

## MAÏLYS

### Maylis

**D'où vient-elle ?** Maïlys est une contraction de Marie-Lys, prénom gascon ancien ; une abbaye et un village sur l'Adour portent ce nom en hommage à Marie des Lys, nom de la Sainte Vierge. Les Bretons revendiquent aussi ce prénom, mais avec l'orthographe Maëlis ou Maëlys, comme variante de Maël, qui signifie « prince ».

**On la fête** le 15 août avec Marie ou le 13 mai avec Maël

**Elle serait...** active, ambitieuse et responsable. Affective aussi, elle a besoin de relations harmonieuses pour s'épanouir.

**Son évolution :** Marie-des-Lys est une appellation de la Vierge Marie au Pays basque, qui a donné le prénom Marie-Lys, rare, mais favori des familles BCBG de cette région. Marie-Lys a évolué en Maïlys, restant confidentielle et toujours très huppée. La forme Maëlys, dérivée de Maëlle, est apparue dans les années 1990. Si les orthographes Maïlis et Maylis restent rares, Maëlys est l'un des favoris depuis 2010.

**Sa forme initiale :** Maëlle ou Marie.

**Sa cousine :** Maylis.

## MAIREAD

### Maighread, Maraid

**D'où vient-elle ?** Mairead est une forme écossaise et irlandaise de Marguerite, qui signifie en latin « perle ».

**On la fête** le 20 juillet avec Marguerite.

**Elle serait...** sociable, conciliante, diplomate et souple. Une amie fidèle, une associée scrupuleuse, une partenaire efficace.

**Elle le porte :** Mairead Corrigan, catholique, qui créa avec Betty Williams, protestante, le Mouvement des Femmes pour la paix en Irlande du Nord, en 1966.

**Son évolution :** ce prénom est un classique irlandais, rare en France.

**Sa forme initiale :** Marguerite.

**Ses cousines :** Maighread, Maraid.

## MAÏTÉ

**D'où vient-elle ?** Maïté, d'origine basque, est une contraction de Marie-Thérèse.

**On la fête** le 15 août avec Marie ou le 1er octobre avec Thérèse.

**Elle serait...** affectueuse, sensible, vive et drôle. Sa priorité, ce sont sa famille, ses amis et ses plaisirs, car elle est épicurienne.

**Elle le porte :** Maïté Ordonez, qui anima plusieurs émissions de cuisine sur France 3 et Sud Radio dans les années 1980 et 1990.

**Son évolution :** Maïté, bien connue au Pays basque depuis le début du XXe siècle, ne s'est pas étendu à l'échelon national.

**Ses formes initiales :** Marie et Thérèse.

## MAÏTENA

**D'où vient-elle ?** Maïtena est une forme basque d'Aimée, d'origine latine, qui signifie « aimée ».

**On la fête** le 20 février avec Aimée.

**Elle serait...** réfléchie, sérieuse, passionnée de connaissances, recherchant le calme et la solitude davantage que la vie sociale.

**Elle le porte :** Maïtena Biraben, journaliste et animatrice sur France Inter, France 5 et Canal Plus.

**Son évolution :** Maïtena, bien connue au Pays basque, est peu courante dans le reste du pays.

**Sa forme initiale :** Aimée.

## MAÏWEN

### Maïwena, Maïwenn

**D'où vient-elle ?** Maïwen, d'origine bretonne, est une contraction de Marie, qui signifie en hébreu « celle qui élève » et de Gwenn, d'origine celte qui veut dire « blanche », mais aussi « sacrée ».

**On la fête** le 15 août avec Marie ou le 18 octobre avec Gwenn.

**Elle serait...** sociable, adaptable et coopérative. Elle s'épanouit dans le travail en équipe et ne conçoit pas une vie solitaire.

**Elle le porte :** Maïwenn Le Besco, actrice, scénariste et réalisatrice française née en 1976.

**Son évolution :** prénom récent, Maïwen est

apparue dans les années 1990 et progresse assez vite.
**Sa forme initiale :** Marie et Gwen.
**Ses cousines :** Maïwena, Maïwenn.

## MALIKA

**D'où vient-elle ?** Malika, d'origine arabe, signifie « reine ».
**Elle serait...** curieuse de tout connaître, de tout voir. Elle s'adapte facilement à toutes les situations et se montre très conciliante dans ses rapports avec les autres.
**Son évolution :** Malika est un prénom courant dans les familles de culture musulmane.
**Ses masculins :** Malek, Malik.

## MALORIE

### Mallaurie, Mallaury, Mallory, Malory

**D'où vient-elle ?** On prête à Malorie une origine latine, avec pour signification « de mauvais augure ». On peut préférer une origine celte, dans laquelle Malorie serait une variante de Maël, qui signifie « prince », ou de Malo, qui signifie « gage ».
**Elle serait...** sociable, mais exigeante, elle n'accorde pas facilement sa confiance. Elle avance dans la vie avec prudence, mais ne ménage pas ses efforts.
**Elle le porte :** la chanteuse et actrice française Mallory Nataf.
**Son évolution :** une origine incertaine et une orthographe fluctuante ne plaident pas en faveur de ce prénom, qui a surtout été porté en Angleterre et aux États-Unis dans les années 1990. À la même date, il a fait une rapide incursion en France, mais il n'a pas duré.
**Ses cousines :** Mallaurie, Mallaury, Mallory, Malory.

## MALVINA

### Malva, Malvane

**D'où vient-elle ?** Malvina signifie en latin « mauve ».
**On la fête** le 5 octobre avec Fleur.
**Elle serait...** travailleuse, organisée et persévérante. Elle est douce, altruiste et fidèle. Une amie idéale pour ceux qui ont la chance de la connaître.
**Elle l'a porté :** Malvina Reynolds, chanteuse de blues et compositrice américaine, née en 1900, très connue pour *Little Boxes*, son best-seller.
**Son évolution :** pourtant bien connue dès le Moyen Âge, Malvina est très rare en France aujourd'hui.
**Ses cousines :** Malva, Malvane.

**Son heure de gloire**

Les années 1800, en Écosse, grâce à l'œuvre du poète James Macpherson, traducteur de manuscrits anciens.

## MANDY

### Manda, Mandie

**D'où vient-elle ?** Mandy est une forme diminutive d'Amanda, d'origine latine, qui signifie « amoureuse ».
**On la fête** le 9 juillet avec Amandine.
**Elle serait...** tantôt prudente, tantôt impatiente, parfois travailleuse, parfois laxiste, à la fois sociable et éprise de calme.
**Elle le porte :** Mandy Moore, chanteuse de pop rock et actrice américaine, née en 1984.
**Son évolution :** Mandy, apparue avec la vogue des diminutifs dans les années 1990, progresse régulièrement.
**Sa forme initiale :** Amanda.
**Ses cousines :** Manda, Mandie.

## MANOA

**D'où vient-elle ?** Manoa signifie en tahitien « petit lagon ».
**Elle serait...** réaliste, concrète et organisée. Elle a les pieds sur terre et recherche le pouvoir. Elle est soucieuse d'avancer dans la vie et de se constituer un patrimoine.
**Elle le porte :** Manoa est le nom d'un quartier d'Honolulu et de l'université d'Hawaï, qui y est implantée.
**Son évolution :** Manoa est bien connue en Polynésie. En France, elle fait partie de ces prénoms « exotiques » que les parents apprécient.

## MANON

**D'où vient-elle ?** Manon est une variante provençale de Marianne, contraction de Marie et Anne.
**On la fête** le 9 juillet avec Marianne.
**Elle serait...** sociable, ouverte, agréable, généreuse. Elle tient beaucoup à son indépendance, même si sa famille est primordiale pour elle.
**Elles l'ont porté :** Manon Lescaut, héroïne du roman de l'abbé Prévost, écrit entre 1728 et 1731. Cet ouvrage racontant les amours de Manon avec le chevalier des Grieux sera jugé scandaleux et interdit à sa parution. Il est devenu un des classiques de la littérature française, et a été adapté en opéra et au cinéma. Manon des sources, héroïne du roman puis du film de Marcel Pagnol en 1953. Un remake de ce film fut tourné par Claude Berri en 1986.
**Son évolution :** Manon est longtemps restée dans sa Provence natale avant de connaître un immense essor dans les années 1990. C'était le prénom numéro 1 en 1996. Il demeure dans le top 10 des prénoms féminins.
**Sa forme initiale :** Marianne.

**Son heure de gloire :**

L'année 1986, avec la diffusion d'une adaptation de *Manon des sources*, réalisée par Claude Berri avec Emmanuelle Béart, Yves Montand et Daniel Auteuil au cinéma, puis à la télévision.

### Prénoms du Sud

Le vent du Sud souffle sur le top des prénoms !
**Manon**, forme provençale de Marianne, est depuis longtemps un succès, et sa cote ne faiblit pas. Elle fait la course dans le top 10 avec les espagnoles **Inès** et **Lola**, suivies de loin par **Laura**, **Julia**, et **Clara**, présentes depuis longtemps. **Andréa**, **Elena** et **Sophia** les talonnent.
**Inès**, apparue dans les années 1980, a pris le relais d'Agnès, devenue trop traditionnelle, sans doute.
**Lola**, diminutif de Dolorès, s'impose également.
**Laura**, **Julia** et **Clara**, qui occupaient depuis plusieurs années le top des prénoms féminins, régressent un peu mais demeurent parmi les 100 favoris.
Au top 100 également :
- **Andréa** l'italienne, prénom masculin qui s'est féminisé en passant les Alpes. Elle rajeunit le prénom Andrée, complètement oublié depuis plus de 70 ans.
- **Sophia**, nouvelle venue au top, qui remporte les suffrages dans une grande partie de l'Europe. Variante de Sophie, d'origine grecque et qui évoque la sagesse, elle devient un prénom international recherché par les familles de cultures mixtes.
- **Elena**, au succès grandissant, devancée cependant par son diminutif Léna.
- Sans oublier **Olivia**, qui rappelle les oliviers de Provence, et **Victoria**, l'espagnole qui se défend bien dans la plupart des pays d'Europe.

## MARCELLE

### Marcelline, Marciane

**D'où vient-elle ?** Marcelle est la forme féminine de Marcel, d'origine latine, qui signifie « marteau ».

**On la fête** le 1er avril. Sainte Marcelle, jeune fille illettrée dans le Puy-de-Dôme, faisait paître ses chèvres et chantait les louanges de Dieu. À sa mort, en 976, les bénédictins firent construire une église à sa mémoire.

**Elle serait...** calme, conciliante et sociable. Elle peut s'adapter à toutes les situations.

**Elle l'a porté :** Marcelle Ségal, née en 1896, journaliste avant d'entrer dans la Résistance durant la Seconde Guerre mondiale participa à création du magazine *Elle*, où elle travailla pendant 40 ans. Elle s'éteignit à 102 ans, en 1998.

**Son évolution :** fréquente entre 1890 et 1930, Marcelle s'est éclipsée lentement pour ne plus revenir.

**Ses cousines :** Marcelline, Marciane.

**À l'étranger :** Macella (Italie), Maighsi, Mairsil, Mairsile, Marsaili (Irlande), Marcela, Marcelia, Marcella (Espagne, République tchèque).

**Ses masculins :** Marc, Marcel, Marcellin.

## MARGANNE

### Margaine, Margalide

**D'où vient-elle ?** Marganne est une forme champenoise de Marguerite, qui signifie en latin « perle ».

**On la fête** le 20 juillet avec Marguerite.

**Elle serait...** directive et indépendante. Elle veut mener sa vie comme elle l'entend et, si possible, en imposant ses idées aux autres.

**Son évolution :** cette forme régionale est rare à l'échelon national.

**Sa forme initiale :** Marguerite.

**Ses cousines :** Margaine, Margalide.

## MARGOT

### Margaux

**D'où vient-elle ?** Margot est un diminutif de Marguerite, qui signifie en latin « perle ».

**On la fête** le 16 novembre avec Marguerite.

**Elle serait...** exigeante et prudente, volontaire et obstinée. Elle est déstabilisée par les tensions et se réfugie dans la solitude.

**Elles l'ont porté :** Marguerite de Valois, dite la reine Margot, septième enfant de Catherine de Médicis et d'Henri II. Elle fut élevée avec ses frères François, Charles et Henri, ses sœurs étant parties se marier à l'étranger. Dans le but d'une alliance politique entre catholiques et protestants, Margot fut mariée à Henri de Navarre. Le mannequin Margaux Hemingway, ainsi prénommée en l'honneur du vin Château Margaux.

**Elle le porte :** l'héroïne de *Brave Margot*, chanson de Georges Brassens de 1952.

**Son évolution :** Margot était connue au Moyen Âge et à la Renaissance, puis elle a disparu jusqu'en 1970. Elle fut au top dans les années 1980, pour régresser à partir de 2000. Elle fait encore partie du top 100 des prénoms féminins aujourd'hui.

**Sa cousine :** Margaux.

**Son diminutif :** Margotton.

#### Son heure de gloire

Margaux, plus proche du grand cru de bordeaux que de la délicate fleur, a relancé Margot qui était oubliée. C'est la petite-fille d'Ernest Hemingway, mannequin international, qui fit de ce prénom un favori des années 1970.

## MARGUERITE

### Greta, Margaret, Margot, Marjorie, Peggy

**D'où vient-elle ?** Marguerite signifie en latin « perle ».

**On la fête** le 16 novembre. Sainte Marguerite, reine d'Écosse, naquit en Hongrie en 1045, y passa son enfance et épousa le roi Malcolm III d'Écosse en 1070. Intelligente et cultivée, elle conseilla son époux dans la gestion du royaume et manifesta une grande bonté envers ses sujets et une profonde piété.

**On la fête** aussi le 20 juillet. Sainte Marguerite d'Antioche, baptisée en cachette de sa famille, enlevée par le préfet d'Orient refusa de lui céder, proclamant qu'elle avait fait vœu de chasteté. Il la fit flageller et décapiter en 303.

**Elle serait...** travailleuse, organisée, discrète et généreuse. Elle est prête à se dévouer pour les autres, mais se méfie de la superficialité.

**Elles l'ont porté :** Marguerite de Bourgogne, épouse de Louis X le Hutin. Marguerite Yourcenar, écrivain, auteur des *Mémoires d'Hadrien*, livre qui lui donnera une renommée mondiale. Elle fut la première femme élue à l'Académie française, en 1980. Marguerite Duras, écrivain, scénariste et réalisatrice, qu'*Un barrage contre le Pacifique* fit connaître au public, en 1950. Son roman *L'Amant* obtint le prix Goncourt en 1984. Margaret Thatcher, ancien premier Ministre du Royaume-Uni de 1979 à 1990.

**Elle le porte :** Meg Ryan, actrice américaine, qui a joué entre autres dans *Quand Harry rencontre Sally*.

**Son évolution :** en vogue dès le XIVe siècle et à la Renaissance, ce prénom s'éloigne pour revenir à la fin du XIXe et au début du XXe siècle. Il décline à partir de 1930, et commence à se manifester dans les familles BCBG depuis 2000.

**Dans nos régions :** Greten (Alsace), Magalide (Gascogne), Magari, Margarido (Provence), Makereta (Polynésie), Marc'haïd, Marc'halid, Marcharid, Marcharit, Marga, Margaïd, Margod, Marhaïd, Marharid, Perlezenn (Bretagne), Margaïta, Margaïte, Mayana (Pays basque), Marjerie (Normandie).

**À l'étranger :** Daisy, Maggie, Margaret, Margie, Meg, Meggie, Peg, Peggy (Grande-Bretagne, États-Unis), Greda, Gredel, Greta, Gretchen, Gretel, Greten, Gritta, Margarete, Margrit, Meta, Mete (Allemagne), Maaret, Maarit, Marketta (Finlande), Magaidh, Maighread, Mairearad, Mairghread, Margreg, Muiread (Irlande), Mankalita (Hawaï), Marete (Norvège), Margalit, Margalith (Israël), Margareta (Allemagne, Hongrie, Suède), Margaretha, Margarethe (Danemark), Margarida (Catalogne, Portugal), Margarita (Espagne, Italie), Marged (pays de Galles), Margerita (Catalogne), Margherita (Italie), Margit (Allemagne, Hongrie, Norvège), Margita, Margo (Hongrie), Margoucha, Margouchka (Russie), Margret, Margrett (Islande), Margrethe (Scandinavie), Greet, Greetsie, Margriet, Margrieta, Margriete (Pays-Bas), Markarid, Markaride, Markarite (Arménie), Marketta (Hongrie, République tchèque).

**Ses diminutifs :** Margot, Rita.

## MARIA
### Mariah

**D'où vient-elle ?** Maria est la forme corse, espagnole, grecque, italienne, portugaise, roumaine, russe et scandinave de Marie, qui signifie en hébreu « celle qui élève ».

**On la fête** le 15 août avec Marie.

**Elle serait...** consciencieuse, perfectionniste, élégante et soucieuse de son apparence. Affective, elle a besoin de stabilité et d'attentions pour s'épanouir.

**Elles l'ont porté :** Maria Callas, soprano, née de parents grecs aux États-Unis. Elle rencontra Aristote Onassis en 1959, divorça de son mari, mais après une liaison de dix années, Onassis épousera Jackie Kennedy. Maria Callas est décédée en 1977. L'actrice Maria Casarès, espagnole de naissance, l'une des grandes tragédiennes du XXe siècle qui lança, avec Jean Vilar, le Festival d'Avignon. Elle disparut en 1996. L'actrice Maria Schneider, qui joua dans le *Dernier Tango à Paris* avec Marlon Brando en 1972.

**Elle le porte :** la chanteuse américaine Mariah Carey.

**Son évolution :** Maria est l'un des prénoms les plus portés depuis le début de l'ère chrétienne.

**Sa cousine :** Mariah.

## MARIANNE

**D'où vient-elle ?** Marianne est une contraction de Marie et d'Anne.

**On la fête** le 9 juillet. Sainte Marianne, religieuse à Orange, refuse de prêter serment à la constitution civile ; elle est décapitée en 1794.

**Elle serait...** communicative, expressive, vive et optimiste. Elle a toutes les qualités pour briller en société et se faire des amis, même si elle est un peu superficielle.

**Elle le porte :** la chanteuse et actrice anglaise Marianne Faithfull.

**Son évolution :** Marianne était courante au XVII<sup>e</sup> et au XVIII<sup>e</sup> siècle, puis elle est devenue marginale. Il est vraisemblable que le buste de Marianne, figure allégorique de la République française, n'a pas favorisé son évolution. Elle est très rare aujourd'hui.

**Dans nos régions :** Maïann, Mariannick, Mariannig (Bretagne), Mariaenea (Pays basque).

**À l'étranger :** Mariana (Espagne, Italie, République tchèque), Marianka (Scandinavie), Mariann (Grande-Bretagne, États-Unis, Hongrie, Scandinavie), Marianna (Hongrie, Portugal, Russie), Marianneke (Flandre), Marjaana (Finlande).

## MARIE

**Maïder, Maïté, Marianne, Marielle, Mariette, Marilène, Marilyne, Marilyse**

**D'où vient-elle ?** Marie, d'origine hébraïque, signifie « celle qui élève ».

**On la fête** le 15 août. Marie avait 15 ans lorsque l'archange Gabriel se présenta à elle pour lui annoncer qu'elle avait été choisie pour porter et mettre au monde le fils de Dieu. Marie épousa Joseph et mit au monde Jésus, pour qui elle fut une mère aimante et dévouée. Selon la Bible, Marie s'éleva vers le ciel sans passer par la mort pour rejoindre son fils. Le culte de Marie se répandit dès le Moyen Âge, et il est toujours important dans les religions catholique et orthodoxe.

**Elle serait...** douce et responsable, discrète et exigeante. Elle est très attachée aux siens et leur consacre toute son énergie.

**Elles l'ont porté :** Marie de France, première femme à laisser une œuvre littéraire. Elle vécut à la cour d'Aliénor d'Aquitaine, en Angleterre, au XVII<sup>e</sup> siècle et composa des « lais » en ancien français, puis des fables. Marie de Médicis, italienne de naissance, qui épousa Henri IV en 1600 et lui donna 6 enfants. L'aîné, Louis, avait 9 ans quand son père fut assassiné. Marie assura donc la régence, mais la mère et le fils s'entendaient mal. Louis XIII l'exila une première fois en 1617 ; elle revint en 1622. Leurs relations se compliquèrent, Louis XIII l'exila à Compiègne, mais elle préféra voyager. Elle mourut à Cologne en 1642. Marie Curie, née en Pologne, vint faire ses études universitaires de physique, de chimie et de mathématiques à Paris où elle rencontra Pierre Curie, qu'elle épousa. En 1903, elle reçut le prix Nobel de physique avec Pierre et Henri Becquerel. Son mari mourut, mais Marie poursuivit ses travaux. Ses cendres reposent au Panthéon avec celles de Pierre. L'actrice Marie Dubois.

**Elles le portent :** l'actrice Marie Fugain, la journaliste Marie Drucker.

**Son évolution :** s'il ne devait demeurer au monde qu'un seul prénom féminin, ce serait Marie, l'intemporelle et l'universelle.

**Sa forme initiale :** Myriam.

**Ses cousines :** Maïder, Maïté, Marianne, Marielle, Mariette, Marilène, Marilyne, Marilyse.

**Dans nos régions :** Maïana, Maïtana, Maïte, Maritxu, Marixa (Pays basque), Marikel (Alsace), Marinella (Corse), Mariona, Marioun (Provence).

**À l'étranger :** Mae, Mary, Mollee, Molley, Mollie, Molly (Grande-Bretagne, États-Unis), Maeja (Islande), Maeke (Flandre), Maija, Mari, Marjukka (Finlande), Maïka, Marichka, Mariouchka, Marioutchka (Pays de l'est), Maileag, Maili, Maire, Maireag, Mairenn, Mairi, Mairin (Irlande), Maïma (Polynésie), Mair, Maira, Mairwen (pays de Galles), Mairig (Albanie), Maisey, Maisie, Maisy, Maizie (Écosse), Maj, Maja, Marit (Scandinavie), Manka, Marysia (Pologne), Marei, Mareïa, Marieken, Marike (Allemagne), Maren (Norvège), Mariam, Mariame (Arménie), Maric, Marica, Mariska (Hongrie), Marieca, Marieka, Marieke (Pays-

# Les nouveaux prénoms composés

Le milieu du XX$^{e}$ siècle vit l'apogée de la mode des prénoms composés qui avaient commencé à émerger dans les années 1930.

Ce fut le règne de **Marie-Claire**, **Marie-Claude**, **Marie-Dominique**, **Marie-France**, **Marie-Hélène**, **Marie-José**, **Marie-Odile**, **Marie-Paule** et **Marie-Thérèse**.

**Marie-Louise** les avaient précédés d'une bonne longueur, très courante au XIX$^{e}$ siècle, sans doute en référence à l'impératrice des Français. En 1930 elle avait déjà disparu. Mais elle est revenue en 2000 sous une forme plus moderne : **Marylou**.

Dans les années 1950, **Marie-Pierre** était originale, par son alliance d'un prénom masculin avec un prénom féminin. **Marie-Christine** était hyper classique, **Marie-Laure**, très BCBG, et **Marie-Anne**, proche de **Marianne**, connue au XVII$^{e}$ et au XVIII$^{e}$ siècles, déjà un peu passée de mode. Quant à **Marie-Chantal**, elle était nimbée d'une réputation de snobisme difficile à assumer.

La très classique **Anne-Marie**, déjà présente à la fin du XIX$^{e}$ siècle s'est épanouie dans les années 1940. Elle ouvrit la voie à **Anne-Laure** et **Anne-Sophie**, puis à **Anne-Charlotte** dans les années 1980.

Depuis 2000, de nouveaux prénoms composés apparaissent :

- Avec **Marie** : **Jeanne-Marie**, **Lisa-Marie**, **Léa-Marie**, **Carla-Marie**...
- Avec **Rose** : **Lily-Rose**, **Rose-May**, **Lila-Rose**, **Anna-Rose**, **Emma Rose**, **Eva-Rose**, **Nina-Rose**, **Lila-Rose**, **Lisa-Rose**...
- Avec **Lou** : **Sarah-Lou**, **Éva-Lou**, **Lee-Lou**, **Lou-Anne**, **Marie-Lou...**

## Pourquoi choisir un prénom composé ?

Pour « revisiter » le prénom d'une aïeule bien aimée, un peu désuet : **Lila-Augustine**, par exemple. Pour allier le classique au moderne : **Jeanne-Chloé**, alliance d'un prénom traditionnel avec le n°1 du hit-parade.

Pour afficher la mixité des origines parentales, comme **CarlaJane** pour des parents anglais et allemand, par exemple. Pour mettre d'accord des parents qui ont des goûts différents : **Sophie-Sarah**, par exemple.

Les prénoms composés, alliés au patronyme peuvent aussi donner des initiales faciles à retenir, qui deviendront peut-être pour l'enfant un surnom sympa : **Louise-Oriane** Vernier est ainsi devenue LOV pour ses amies de classe. Mais il faut aussi penser aux initiales difficiles à porter, comme celles d'une petite Ilse-Véra Garnier…

## Les prénoms vedettes composés au féminin :

**Lily-Rose**, **Sarah-Lou**, **Marie-Sarah**.

Bas), Marija (Lettonie), Marika (Allemagne, République tchèque, Russie), Mariona, Mariquita, Marisol (Espagne), Marita (Espagne, Finlande, Russie, Suède), Maritsa, Maruja, Marusca, Maruschka, Maruska, Marusya, Masha, Mashenka, Masheva, Mischa, Moussia (Russie), Marya (Bulgarie, Russie, Ukraine), Meriem, Myriem (pays arabes), Myriam (Israël).

## MARIELLE

**D'où vient-elle ?** Marielle est une variante de Marie qui signifie en hébreu « celle qui élève ».
**On la fête** le 15 août avec Marie.
**Elle serait...** solide, équilibrée, volontaire et opiniâtre. Mais elle agit en douceur en recherchant toujours l'harmonie.
**Elle le porte :** la skieuse française Marielle Goitschel, originaire de Val d'Isère, championne du monde du combiné à 16 ans et demi, médaille d'or du slalom géant aux Jeux Olympiques de 1964, médaille d'or du slalom aux Jeux de 1968.
**Son évolution :** cette forme de Marie était moderne dans les années cinquante ; sa vogue a duré une dizaine d'années, et elle est bien oubliée aujourd'hui.
**Sa forme initiale :** Marie.

## MARILYNE

**D'où vient-elle ?** Marilyne est une contraction de deux prénoms, Marie et Line ou Lyne. Marie signifie en hébreu « celle qui élève », Line est un diminutif d'Adeline, d'origine germanique, qui signifie « noble ».
**On la fête** le 15 août avec Marie.
**Elle serait...** rationnelle et réfléchie, curieuse et déterminée, tout en étant séductrice. Elle apprécie la nouveauté, le calme et la tranquillité.
**Elle l'a porté :** Marilyn Monroe, sex-symbol de l'Amérique dans les années 1960. Enfant ballottée de foyers en orphelinats, elle se nommait Norma Jean et était brune. Quelques petits films, quelques maris, et Norma changea de nom et de look. Blonde platine et pulpeuse, elle tourna des dizaines de films. En 1962, son intervention à la fête organisée pour l'anniversaire du président Kennedy fit la une de toutes les télévisions du monde. Elle mourut dans des conditions mystérieuses en août 1962, à 36 ans.
**Son évolution :** ce prénom est apparu dans les années 1950, alors que la très classique Marie-Christine et autres composés de Marie faisaient fureur en France. Très rapidement, Marilyne fut connotée pin-up, et difficile à porter, ce qui explique sa marginalité.
**Ses formes initiales :** Marie et Line.
**À l'étranger :** Marylin (Grande-Bretagne, États-Unis).

## MARINE

**Marina, Marinella, Marinette**

**D'où vient-elle ?** Marine est la forme féminine de Marin, d'origine latine, qui signifie « mer ».
**On la fête** le 18 juin. Sainte Marine vivait avec son père en Asie Mineure. Le père se retira dans un monastère, mais, pris de remords d'avoir laissé sa fille seule, demanda au supérieur la permission de la faire venir. Marine coupa ses cheveux et revêtit un habit masculin. Elle mena une vie paisible, toute dévouée à Dieu. Mais la fille de l'aubergiste du village voisin l'accusa de l'avoir séduite et d'être le père de son enfant. Marine accepta les sanctions et, chassée du monastère, éleva l'enfant. L'enfant étant adulte, elle retourna ensuite au monastère où elle mourut en 750. Les moines ne découvrirent la supercherie qu'au moment de l'ensevelissement.
**Elle serait...** communicative, gaie, vive et curieuse de tout connaître. Elle mise sur ses relations affectives et amicales pour construire sa vie.
**Elle l'a porté :** *Marinella* est le titre d'une célèbre chanson interprétée par Tino Rossi en 1936.
**Elles le portent :** les actrices Marina Vlady, d'origine russe, Marine Delterme, Marina Foïs, du groupe d'humoristes *Les Robins des Bois.*
**Son évolution :** alors que Marina est courante dans les pays slaves, Marine est née dans les années 1970, pour années 1970, pour progresser

rapidement jusqu'à la première place des prénoms féminins. Elle est en net retrait depuis 1990.

**Sa cousine :** Marinette.

**À l'étranger :** Marina (Espagne, Grèce, Russie), Marinella (Russie, Italie).

**Son masculin :** Marin.

## MARION

**D'où vient-elle ?** Marion est une variante de Marie, qui signifie en hébreu « celle qui élève ».

**On la fête** le 15 août avec Marie.

**Elle serait...** réfléchie, posée, réservée. Sa sensibilité est grande et elle se sait vulnérable, aussi se protège-t-elle derrière une façade de froideur.

**Elle le porte :** l'actrice française Marion Cotillard, qui a interprété le rôle d'Édith Piaf dans *La Môme,* paru en 2006.

**Son évolution :** Marion, qui a surgi dans les années 1970, est encore en bonne place dans le top 100 des prénoms féminins.

**Sa forme initiale :** Marie.

**Dans nos régions :** Mariona (Provence).

## MARISA

**D'où vient-elle ?** Marisa, d'origine hébraïque, signifie « sommet ».

**Elle serait...** élégante, séduisante, intuitive, imaginative et très émotive. Cette sensibilité la conduit à agir au feeling, et à réfléchir parfois un peu tard.

**Elle le porte :** Marisa Berenson, petite-fille d'Elsa Schiaparelli, mannequin en 1964, qui fut en 1975 l'une des interprètes du film culte *Barry Lyndon*, de Stanley Kubrick.

**Son évolution :** ce prénom a connu une vague de popularité dans les années 1960, pour s'éloigner sans toutefois disparaître.

## MARJOLAINE

**D'où vient-elle ?** Marjolaine, d'origine française, vient du nom de la plante aromatique, connue aussi sous le nom d'origan.

**On la fête** le 5 octobre avec Fleur.

**Elle serait...** courageuse et ambitieuse, franche et déterminée, dotée d'un solide sens pratique qui lui permet d'affronter efficacement les situations difficiles.

**Elle l'a porté :** la chanson *Marjolaine* a été écrite et interprétée par Francis Lemarque en 1957.

**Son évolution :** Marjolaine a attendu la mode des prénoms de fleurs des années 1990 pour fleurir, mais elle s'est bien vite fanée.

## MARJORIE
### Margerie

**D'où vient-elle ?** Marjorie est une forme écossaise de Marguerite, d'origine latine, qui signifie « perle ».

**On la fête** le 20 juillet avec Marguerite.

**Elle serait...** solide, affirmée et ambitieuse. Les difficultés ne la démontent pas. C'est une fonceuse, et elle supporte mal les contretemps.

**Elle l'a porté :** la femme de Walter Stewart, grand sénéchal d'Écosse, morte en 1326.

**Son évolution :** elle apparut au XIIe siècle en Angleterre et fut populaire au XIIIe siècle en Écosse. En France, Marjorie a connu une petite période de succès dans les années 1970 avant de décliner.

**Sa forme initiale :** Marguerite.

**Dans nos régions :** Margerie (Normandie).

**À l'étranger :** Margery (Grande-Bretagne, États-Unis).

## MARLÈNE

**D'où vient-elle ?** Marlène est une contraction des deux prénoms Marie et Madeleine.

**On la fête** le 15 août avec Marie.

**Elle serait...** originale et intuitive, mais elle est très attachée à sa sécurité. Douée de facilités, elle redoute un peu le travail et les efforts.

**Elle l'a porté :** Marlene Dietrich, née en Allemagne en 1901, joua des petits rôles au cinéma et au théâtre avant de devenir, en 1930, avec son rôle dans *l'Ange bleu,* la muse du metteur en scène Josef von Sternberg. Elle partit alors pour New York, où elle resta pour fuir le régime nazi. Pendant la guerre, elle chanta pour les troupes britanniques et américaines et les suivit à Paris ; la chanson *Lili Marlène*, étant la préférée des soldats. Elle s'éteignit à Paris en 1992

**Elle le porte :** l'actrice Marlène Jobert, qui-tourna avec Godard dès 1960. En 1969, son rôle dans *Le Passager de la pluie* la lança. Elle multiplia depuis films et séries télévisées.

**Son évolution :** apparue au début du XXᵉ siècle, Marlène n'a jamais été courante. Le poids de la renommée et du physique capiteux de l'actrice y est sans doute pour quelque chose.

## MARPESSA

**D'où vient-elle ?** Marpessa, d'origine grecque, signifie « originaire du mont Marpessus », montagne de l'île de Paros, en Grèce, connue pour ses carrières de marbre blanc.

**Elle serait...** sociable, généreuse et diplomate. La solitude l'effraie et elle préfère travailler en équipe ou en association.

**Elles l'ont porté :** dans la mythologie grecque, Marpessa est une jeune fille ayant deux prétendants, Apollon et Idas. Son père, ne voulant pas décider à qui il accordera la main de sa fille, organise une course de char entre les soupirants. Idas gagne. Apollon, furieux, enlève Marpessa et la transforme en martin-pêcheur. Les prétendants se battent. On demande à Marpessa, enfin, son avis : elle choisit Idas plutôt qu'Apollon, trop volage à ses yeux. Marpessa Dawn, actrice américaine, vedette du film *Orfeu negro* en 1957.

**Son évolution :** ce prénom mythologique a été révélé par l'actrice dans les années 1960, mais il est resté rarissime.

## MARTHE

**Marta, Martha**

**D'où vient-elle ?** Marthe, d'origine araméenne, signifie « dame ».

**On la fête** le 29 juillet. Selon le Nouveau Testament, Sainte Marthe est la sœur de Lazare et de Marie de Béthanie. Hospitalière, elle accueillit le Christ et ses disciples, et suivit leur enseignement. Elle assista à la résurrection de son frère Lazare. En 48, elle partit avec ses frère et sœur en Provence, et convertit les habitants d'Aix-en-Provence en réalisant des miracles. Arrivée dans une ville terrorisée par un dragon appelé la « tarasque », elle le dompta d'un signe de croix et le livra aux habitants qui le dépecèrent. La ville porte aujourd'hui le nom de Tarascon.

**Elle serait...** douce mais intraitable, autoritaire mais diplomate. Une main de fer dans un gant de velours… Elle veut tout réussir, dans le domaine privé comme professionnel.

**Elle l'a porté :** la femme politique Marthe Richard, à l'origine d'une loi (1946) pour la fermeture des maisons closes.

**Elles le portent :** Marthe Mercadier, qui participa à plus de 50 films entre 1950 et 1960, avec en parallèle une carrière au théâtre et à la télévision. L'actrice Marthe Villalonga, dont l'accent pied-noir et le sourire ont illuminé plusieurs films, séries télévisées et pièces de théâtre.

**Son évolution :** prénom biblique, Marthe a longtemps été ignorée. Les dernières années du XIXᵉ siècle la virent surgir et elle devint très fréquente jusqu'en 1920. Elle a disparu depuis.

**À l'étranger :** Marfa, Marfenia (Russie), Marta, Martha (Allemagne, Grande-Bretagne, États-Unis, Grèce, Scandinavie), Martta (Finlande), Matje (Flandre), Mattje (Pays-Bas), Moireach (Irlande).

## MARTINE

### Martina

**D'où vient-elle ?** Martine signifie en latin « guerrière ».

**On la fête** le 30 janvier. Sainte Martine, fille d'un illustre consul romain, fut arrêtée alors qu'elle priait. Sommée plusieurs fois de renier sa foi, elle subit de multiples supplices et fut finalement décapitée en 226.

**Elle serait...** réservée mais déterminée, pourvue de sens pratique et très responsable. Elle sait où est son devoir et s'en acquitte sans jamais faillir.

**Elles le portent :** Martine Aubry, maire de Lille depuis 2001, qui fut ministre de l'Emploi de 1991 à 1993, puis, entre 1997 et 2000, responsable de la loi sur les 35 heures hebdomadaires de travail. Martina Navratilova, joueuse de tennis américaine d'origine tchèque.

**Son évolution :** alors que Martin est répandu dès le Moyen Âge, Martine apparaît au milieu du XX^e^ siècle. Entre 1950 et 1960, elle est le numéro 1 des prénoms féminins, puis elle s'éloigne et disparaît vers 1970.

**Dans nos régions :** Martinu (Corse), Martixa (Pays basque), Marzhina, Marzhine (Bretagne).

**À l'étranger :** Maartje, Mertken (Flandre), Martina, Marzalie, Masella (Allemagne, Espagne, Grande-Bretagne, Hongrie, Italie, Portugal, République tchèque, Scandinavie, pays de l'Est), Martinha (Portugal), Martinka (pays de l'Est).

**Son masculin :** Martin.

## MATHILDE

### Mahaut, Mathilda, Maud

**D'où vient-elle ?** Mathilde, d'origine germanique, signifie « puissante au combat ».

**On la fête** le 14 mars. Sainte Mathilde, épouse de Henri I^er^, roi de Germanie, mena une vie exemplaire de piété. Devenue veuve, son fils Othon ayant succédé à son père, elle fonda églises, monastères et hopitaux. Elle mourut en 968.

**Elle serait...** calme, douce, réservée, éprise de connaissances et de beauté. Elle est exigeante avec son entourage, à qui elle demande fidélité et attention.

**Elle l'a porté :** Mathilde de Flandres, née en 1031, épouse de Guillaume le Conquérant, duc de Normandie, à qui elle donna 10 enfants. La légende raconte que c'est Mathilde et ses dames d'honneur qui réalisèrent la célèbre tapisserie de Bayeux. Mathilde mourut à Caen en 1083.

**Elles le portent :** Mathilde Seigner, sœur d'Emmanuelle Seigner, avec qui elle tourna son premier film en 1994, après avoir fréquenté le cours Florent. L'actrice Mathilda May, qui mène une carrière cinématographique à l'étranger.

**Son évolution :** Mathilde et Mahaut sont fréquentes au Moyen Âge et disparaissent à la Renaissance. L'éclipse est longue, Mathilde ne réapparaît qu'au début du XX^e^ siècle, pour disparaître à nouveau jusqu'en 1980. Elle est alors dans les premiers prénoms féminins. Elle recule un peu mais reste cependant présente au top 50.

**Ses cousines :** Mahaut, Mathilda, Maud.

**Dans nos régions :** Matido, Matildo (Provence), Muskilda (Pays basque).

**À l'étranger :** Machteld, Machtild (Flandre), Mafalda (Espagne, Italie, Portugal), Maitilde (Irlande), Matilda (Grande-Bretagne, États-Unis, Suède), Matthildur (Islande), Mattie (Allemagne, Flandres), Matyida (Pologne), Matylda (République tchèque), Mechtild, Mechtilde, Mechtilt, Mektild (Allemagne), Mette (Danemark).

## MAUD

### Maude

**D'où vient-elle ?** Maud est une variante de Mathilde, d'origine germanique, qui signifie « puissante au combat ».

**On la fête** le 14 mars avec Mathilde.

**Elle serait...** communicative, généreuse et amusante. Ses nombreux amis apprécient son hospitalité, sa bonne humeur et sa force de caractère dans les difficultés.

**Elle l'a porté :** l'héroïne de la pièce *Harold et Maud*, en 1971.

**Elle le porte :** Maud Fontenoy, navigatrice passionnée de voile et de rame, qui traversa, à la rame, l'Atlantique en 2003, puis le Pacifique en 2005.
**Son évolution :** Maud est aussi ancienne que Mahaut, mais elle n'a pas été très fréquente au Moyen Âge en France, alors qu'en Angleterre, où elle a été introduite par les Normands, elle est courante. C'est dans les années 1970 qu'elle apparaît dans les familles BCBG. Sans prendre d'essor, elle se maintient jusqu'en 1990, pour disparaître en 2000.
**Sa forme initiale :** Mathilde.
**Sa cousine :** Maude.

## MAURANE
**Mauricette**

**D'où vient-elle ?** Maurane est une forme féminine de Maur, d'origine latine qui signifie « maure », ce terme désignant chez les Romains les habitants du Maghreb actuel.
**On la fête** le 22 septembre avec Maurice.
**Elle serait...** énergique et volontaire, bien décidée à ne pas supporter de contraintes, ce qui pimente parfois ses relations avec les autres.
**Elle l'a porté :** la chanteuse et comédienne Maurane.
**Son évolution :** cette féminisation moderne de Maur, apparue dans les années 1980, a toujours été rare.
**Sa cousine :** Mauricette.
**Ses masculins :** Maur, Maurice.

## MAUREEN

**D'où vient-elle ?** Maureen est une forme irlandaise de Marie, qui signifie en hébreu « celle qui élève ».
**On la fête** le 15 août avec Marie.
**Elle serait...** dynamique, impatiente, curieuse et exigeante. Elle fonce et veut que tout le monde la suive. Gare à ceux qui la freinent dans la réalisation de ses projets.
**Elle le porte :** Maureen Dor, actrice et présentatrice de télévision belge.
**Son évolution :** connue depuis longtemps en Irlande, Maureen traverse la mer dans les années 1990, sans vraiment s'affirmer. Elle est rarissime aujourd'hui.

## MAURICETTE
**Maurane**

**D'où vient-elle ?** Mauricette est une forme féminine de Maurice, d'origine latine, qui signifie « maure ».
**On la fête** le 22 septembre avec Maurice.
**Elle serait...** énergique, franche, spontanée. Elle doute souvent d'elle, aussi a-t-elle besoin d'encouragements pour se réaliser. Elle est alors travailleuse et ambitieuse.
**Son évolution :** dans les années 1930, Mauricette accompagnait Ginette, Georgette, Paulette et Yvette. Elle a disparu dès 1940, pour ne plus revenir.
**Sa cousine :** Maurane.
**Son masculin :** Maurice.

## MAY
**Mae, Mayra**

**D'où vient-elle ?** May est une forme anglo-américaine de Marie, qui signifie en hébreu « celle qui élève ». Certains y voient plus prosaïquement le nom du mois de mai.
**On la fête** le 15 août avec Marie.
**Elle serait...** communicative, généreuse et diplomate. Expressive, elle adore bavarder, partager ses idées, et s'épanouit dans les activités artistiques.
**Son évolution :** May apparaît souvent dans les prénoms composés comme May-Lis, Rose-May, ou May-Lee.
**Ses cousines :** Mae, Mayra.

## MAYA

**D'où vient-elle ?** Maya a deux étymologies : d'origine hébraïque, elle signifie « source » ; en sanscrit, elle signifie « illusion ». On peut aussi considérer que Maya est une variante de Maïa, dérivée de Marie.

**Elle serait...** stable, travailleuse, organisée et solide. Elle a le goût de l'effort, recherche le pouvoir et la sécurité matérielle.
**Elle l'a porté :** *Maya l'abeille*, dessin animé austro-japonais, dont la première série fut diffusée en France en 1975 et la seconde en 1982.
**Son évolution :** Maya est un prénom très ancien et très répandu dans le monde, ses origines étant diversifiées. En France, ce prénom est très apprécié depuis 1980.

## MAZARINE

**D'où vient-elle ?** Mazarine, d'origine française, vient du nom du cardinal Mazarin, ministre d'Anne d'Autriche pendant la régence du jeune Louis XIV. Le nom « petites mazarines » a été donné à quatre nièces de Mazarin, Marie, Hortense, Marianne et Olympe, qu'il avait fait venir d'Italie pour leur permettre de faire de riches mariages. L'une d'elles faillit d'ailleurs épouser le roi. Aventurières et cupides, elles firent scandale à leur époque.
**Elle serait...** affective, responsable, conciliante et diplomate, très investie dans sa vie privée et sa famille, éprise d'équilibre et de calme.
**Elle le porte :** Mazarine Pingeot, fille de François Mitterrand, écrivain et journaliste.
**Son évolution :** Mazarine était inconnue jusqu'en 1995, date à laquelle fut révélée la paternité du président. Elle est très marginale aujourd'hui.

## MÉDÉE

**D'où vient-elle ?** Médée, d'origine grecque, signifie « intransigeance ».
**Elle serait...** sociable, optimiste, épicurienne, indépendante. Pour elle, la vie doit être riche d'expériences, d'aventures et de plaisirs.
**Elle l'a porté :** dans la mythologie grecque, Médée est magicienne. Sa vie est ponctuée de coups de foudre, de trahisons et de meurtres. Ce personnage sanglant a inspiré de très nombreuses œuvres d'Euripide, Sénèque, Corneille, Anouilh...
**Son évolution :** comme la plupart des prénoms mythologiques, Médée est rare.
**À l'étranger :** Medea (Grande-Bretagne, États-Unis, Espagne, Grèce).

## MÉGANE

**D'où vient-elle ?** Mégane est une forme galloise de Marguerite, qui signifie en latin « perle ».
**On la fête** le 20 juillet avec Marguerite.
**Elle serait...** indépendante, sensible et émotive. Elle craint le stress et les tensions, et se réfugie dans le silence et le rêve quand la vie la maltraite.
**Son évolution :** ce prénom né au pays de Galles est très populaire dans les pays anglophones. En France, Mégane a connu un succès fulgurant entre 1990 et 1995. La sortie de la voiture Mégane chez Renault a marqué la fin de son évolution.
**Sa forme initiale :** Marguerite.
**À l'étranger :** Maegan (États-Unis), Meghan (Australie, Canada).
**Ses diminutifs :** Meg, Meggie.

## MÉLANIE

**D'où vient-elle ?** Mélanie, d'origine latine, signifie « noire ».
**On la fête** le 31 décembre. Sainte Mélanie, riche aristocrate romaine, épousa son cousin Pinien, mit au monde deux enfants qui moururent en bas âge. Son mari et elle décidèrent de donner leurs biens aux pauvres et se retirèrent chez saint Augustin, à Hippone, puis à Jérusalem. Pinien y mourut. Mélanie fonda un monastère sur le

mont des Oliviers et s'y éteignit en 439.

**Elle serait...** dynamique, vive, curieuse, enjouée. Mais pas question d'imposer à Mélanie des contraintes, elle n'en fait qu'à sa tête.

**Elles le portent :** l'actrice américaine Melanie Griffith, les actrices françaises Mélanie Doutey, Mélanie Laurent et Mélanie Thierry.

**Son évolution :** c'est entre 1970 et 1990 que Mélanie, qui, jusque-là était restée discrète, a connu son apogée. Elle est en baisse aujourd'hui.

**Dans nos régions :** Melanio (Provence), Melena, Melenez (Bretagne), Mélonie (Normandie).

**À l'étranger :** Malania (Russie), Malenka (Scandinavie), Melachka (Ukraine), Melania (Espagne, Grèce, Hongrie, Italie, Pologne), Melka (Pologne), Melloney, Mellony, Méloney, Méloni, Mélonie, Mélony (Grande-Bretagne, États-Unis).

**Son masculin :** Mélaine.

## MÉLINDA

**D'où vient-elle ?** Mélinda est une variante de Bélinda, dérivée de Béline, d'origine germanique, qui signifie « resplendissante ».

**On la fête** le 8 septembre avec Béline.

**Elle serait...** sensible, affective mais indépendante. Elle recherche la sécurité sans se créer trop de contraintes. Discrète, elle semble parfois distante. Perfectionniste, elle ne s'accorde pas de droit à l'erreur.

**Elles le portent :** Mélinda Gates, l'épouse de Bill Gates, Melinda Clarke, Melinda Culéa, actrices américaines et l'actrice indo-canadienne Melinda Shankar.

**Son évolution :** Melinda est en vogue aux États-Unis depuis une vingtaine d'années.

## MÉLINE

### Mélina, Mélinda, Mélisande, Mélissa, Mélusine

**D'où vient-elle ?** Méline est la forme française de Mélina, d'origine grecque, qui signifie « miel ».

**On peut la fêter** le 21 septembre avec Déborah.

**Elle serait...** émotive, intuitive et idéaliste. Elle redoute les difficultés, mais sait faire preuve de courage. Sociable et attentive, elle est une communicative.

**Elle l'a porté :** Melina Mercouri, actrice et femme politique grecque. Née à Athènes en 1920 dans une famille d'hommes politiques, Melina se consacra dès 18 ans à la comédie. Sa rencontre avec le metteur en scène Jules Dassin dont elle devint l'égérie, puis la femme, marqua le début de sa carrière internationale. En 1960, le film *Jamais le dimanche* remporta un grand succès. Exilée en France de 1967 à 1974, elle revint dans son pays pour mener une carrière politique. Elle s'éteignit à New York en 1994.

**Son évolution :** Mélina était depuis longtemps courante en Grèce. Méline survint en France en 2000 et son apparition fut de courte durée.

**Ses cousines :** Mélina, Mélinda, Mélissa, Mélisande.

## MÉLISANDE

### Mélusine, Millicent

**D'où vient-elle ?** Mélisande est une variante de Mélissa, elle-même dérivée de Mélina, d'origine grecque, qui signifie « miel ».

**On peut la fêter** le 21 septembre avec Déborah.

**Elle serait...** déterminée, volontaire et courageuse. Elle ne se laisse pas influencer et se fixe une ligne de vie sans faire de concessions.

**Elle le porte :** *Pelléas et Mélisande* est une œuvre de Maurice Maeterlinck et un opéra de Debussy.

**Son évolution :** Mélisande est la forme médiévale de Mélina. Elle a disparu à la Renaissance sans revenir parmi nous.

**Sa forme initiale :** Mélissa.

**Ses cousines :** Mélusine, Millicent.

## MÉLISSA

### Mélisandre, Mélita

**D'où vient-elle ?** Mélissa, d'origine grecque, est une variante de Mélina, qui signifie « miel ».

Mélisse figurait à la date du 6 prairial du calendrier républicain.
**On peut la fêter** le 21 septembre avec Déborah.
**Elle serait...** affectueuse, douce, réservée. Elle est dépendante de sa famille et de son entourage, et recherche l'harmonie et le calme dans tous les domaines.
**Elles l'ont porté :** dans la mythologie grecque, Mélissa est une nymphe, fille du roi de Crète, qui nourrit de miel Zeus enfant. *Mélissa* est le titre d'une chanson de Julien Clerc de 1984.
**Son évolution :** Mélissa était fréquente aux États-Unis au XVIII^e^ siècle, lorsque Mélisse figurait au calendrier révolutionnaire. Mélissa est apparue en France dans les années 1970 et elle décline doucement. Quant à Mélisse, elle a disparu.
**Sa forme initiale :** Mélina.
**Ses cousines :** Mélisandre, Mélita.

### Son heure de gloire

Dans les années 1985-1990, lorsque la chanson *Mélissa métisse d'Ibiza* était sur toutes les lèvres.

## MÉLODIE

**D'où vient-elle ?** Mélodie, d'origine grecque, signifie « chanson ».
**Elle serait...** idéaliste et hypersensible. Mélodie rêve d'un monde de douceur et d'harmonie bien loin de la réalité. Elle a besoin d'être entourée et comprise pour s'épanouir.
**Son évolution :** Melody est née aux États-Unis dans les années 1980. Il lui a fallu quelques années pour traverser l'Atlantique. En vogue en 1990, elle disparaît rapidement.
**À l'étranger :** Melody (Grande-Bretagne, États-Unis).

## MÉLUSINE

**D'où vient-elle ?** Mélusine est une variante de Mélina, d'origine grecque, qui signifie « miel ».
**Elle serait...** stable, sérieuse, attachée à l'équité. C'est une bâtisseuse. Elle aime gérer, compter, faire fructifier et apprécie d'avoir du pouvoir.
**Elles l'ont porté :** Mélusine est l'héroïne d'un conte dont l'origine est probablement celte, qui apparut dans la littérature du XII^e^ siècle. Ce conte fut repris et réécrit en français moderne en 1392 par Jean d'Arras. Mélusine est une fée. Une nuit, elle se baignait dans un lac lorsqu'un chevalier, Raymondin, traversa la clairière. Elle s'en éprit et l'épousa. Mais le jeune mari avait une consigne : ne jamais chercher à la voir le samedi. Mélusine eut 10 fils. Raymondin enfreignit la consigne, entra dans la chambre de Mélusine qui prenait un bain et découvrit que son corps se terminait par une queue de serpent. Mélusine lui pardonna, mais lorsque Raymondin recommença, elle se transforma en dragon et s'enfuit par la fenêtre, revenant la nuit nourrir les plus jeunes de ses enfants.
**Son évolution :** ce prénom de légende est resté marginal depuis le XII^e^ siècle.

## MÉRANE

**D'où vient-elle ?** Mérane est une variante d'Emmerane, d'origine germanique, qui signifie « maison du corbeau ».
**On la fête** le 22 septembre avec Emmeran.
**Elle serait...** sociable, coopérative, conciliante. Elle apprécie le travail d'équipe et s'épanouit dans les contacts. Elle est une partenaire fiable, une associée idéale.
**Son évolution :** Emmerane est un prénom très ancien qui a disparu dès le XV^e^ siècle. Sa forme diminutive est rare pour l'instant.
**Sa forme initiale :** Emmerane.
**Son masculin :** Emmeran.

## MERCÉDÈS

**D'où vient-elle ?** Mercédès, d'origine latine, signifie « miséricorde ». Mais, en Espagne, ce prénom fait surtout référence à la Vierge Marie, la Virgen de la Merced, Notre-Dame de la Miséricorde, patronne de Barcelone.
**On la fête** le 24 septembre. Sainte Mercédès, religieuse en Équateur au XIX^e^ siècle, consacre sa vie à secourir les malades, les pauvres et les

orphelins. Elle meurt en 1883. Elle est vénérée en République dominicaine.
**Elle serait...** sensible, émotive, mais aussi curieuse et dynamique. Si elle redoute les tensions et les agressivités, elle recherche la nouveauté.
**Son évolution :** ce prénom est très courant dans les pays de culture hispanique. Mercédès est rare en France, sans doute la marque automobile lui nuit-elle un peu.

## MÉRÉDITH

**D'où vient-elle ?** Mérédith, d'origine galloise, signifie « grand chef ».
**Elle serait...** ambitieuse et volontaire. Bonne chance à ceux qui veulent se mettre en travers de son chemin ! Travailleuse et organisée, elle ne laisse rien au hasard.
**Son évolution :** Mérédith est apparu au VIIe siècle au pays de Galles. Ce prénom était alors exclusivement masculin. C'est au XXe siècle, après une longue absence, que Mérédith revient, mais pour les filles. En France, il est rare.
**Sa forme initiale :** Merredydd.
**Ses diminutifs :** Merri, Merry.

## MÉRYL

**Merryl, Muriel**

**D'où vient-elle ?** Méryl est une variante de Muirgheal, prénom celte, qui signifie « mer brillante ».
**Elle serait...** vive, communicative et pleine d'entrain. Elle veut réussir, mais n'a pas vraiment le goût de l'effort. Heureusement, elle possède mille talents.
**Elle le porte :** Merryl Streep, actrice américaine née en 1949, mère de 4 enfants, qui remporta 14 Oscars au long de sa carrière. *Kramer contre Kramer*, *Out of Africa*, *Le Choix de Sophie* sont parmi ses meilleurs films.
**Son évolution :** Méryl est beaucoup plus récente que Muriel, autre variante de Muirgheal. C'est dans les années 1980 qu'elle a commencé sa carrière aux États-Unis. En France, elle est encore très discrète.
**Ses cousines :** Merryl, Muriel.

## MIA

**D'où vient-elle ?** Mia est une forme scandinave de Marie, qui signifie en hébreu « celle qui élève »
**On la fête** le 15 août avec Marie.
**Elle serait...** sociable, fidèle et généreuse. Une amie idéale ! Elle est déterminée et efficace dans sa vie professionnelle et bien décidée à réussir.
**Elles le portent :** Mia Farrow, actrice américaine, qui démarra sa carrière dans un petit rôle dans le feuilleton *Payton Place*. C'est, en 1968, son rôle dans *Rosemary's Baby* qui la lança. Elle fut la femme de Frank Sinatra de 1966 à 1968, puis de Woody Allen de 1982 à 1994. Mia Frye, chorégraphe américaine connue pour sa participation à l'émission de télévision *Pop Star*.
**Son évolution :** Mia est un prénom fréquent aux États-Unis, très discret en France.
**Sa forme initiale :** Marie

## MICHÈLE

**Micheline, Michelle, Mikaëla**

**D'où vient-elle ?** Michèle, d'origine hébraïque, signifie « comme Dieu ».
**On la fête** le 29 septembre avec Michel.
**Elle serait...** expansive, communicative et charmante. Mais, au-delà du relationnel, elle est une grande travailleuse déterminée à réussir.
**Elle l'a porté :** Michèle Morgan, actrice française de 1935 à 1990, à qui Jean Gabin dira la célèbre réplique : « T'as de beaux yeux tu sais ».
**Elles le portent :** L'actrice américaine Michelle Pfeiffer, qui reçut un Oscar pour son interprétation dans les *Liaisons dangereuses*, en 1988. Michèle Alliot-Marie, femme politique française, *Michelle* est une chanson des Beatles de 1965. Michelle Obama, ancienne première dame des États-Unis et l'actrice Michèle Laroque.
**Son évolution :** c'est dans les années 1920 que Michèle est apparue, étalant sa carrière sur près de 40 ans. Elle a disparu aujourd'hui.

**Ses cousines :** Micheline, Michelle.
**Dans nos régions :** Mikaëla (Bretagne, Pays basque), Mikela, Mikele (Pays basque).
**À l'étranger :** Makaela, Mica, Michaëla, Michaëlla, Michal, Michala, Mickaula, Mikella, Mikelle, Mychaela (Allemagne, Israël, République tchèque), Micaela, Michela (Italie), Michalina, Mikalina (Pologne), Miguela, Miguelita, Miquela (Espagne), Mihaela, Mihela (Hongrie, Roumanie), Mika (Israël), Mikaëla (Suède), Mikana (Hawaï).
**Son masculin :** Michel.

## MICHELINE

**D'où vient-elle ?** Micheline est une variante de Michèle, qui signifie en hébreu « comme Dieu ».
**On la fête** le 19 juin. Sainte Micheline, Italienne devenue veuve, se retira chez les franciscaines, où elle vécut dans la prière et le dénuement jusqu'à sa mort, en 1356.
**Elle serait...** hypersensible. Elle se sait vulnérable et se protège par une activité continue. Elle réussit sa vie professionnelle, car elle est travailleuse et méthodique.
**Elle l'a porté :** Micheline Dax, actrice de théâtre de boulevard, membre de la troupe *Les Branquignols* de 1950 à 1960, menée par Robert Dhéry et Colette Brosset.
**Elle le porte :** Micheline Presle, actrice française du grand et du petit écran de 1937 à 2006.
**Son évolution :** Micheline a précédé Michèle, mais elle s'est vite éclipsée. L'apparition des « michelines », trains équipés de pneus Michelin, n'a certainement pas plaidé en sa faveur.
**Sa forme initiale :** Michèle.
**Son masculin :** Michel.

## MICHIKO

**D'où vient-elle ?** Michiko, d'origine japonaise, signifie « jolie ».
**Elle serait...** épicurienne, gaie, optimiste. Elle aime les voyages, la nouveauté, le luxe, et se donne les moyens d'obtenir ce qu'elle aime.
**Son évolution :** ce prénom, bien connu au Japon, est l'un des favoris parmi les prénoms asiatiques.

## MILANA
### Milena

**D'où vient-elle ?** Milana est la forme féminine de Milan, d'origine slave, qui signifie « bien aimée ».
**Elle serait...** dynamique, indépendante et vive. Elle aime la vie et profite de tous les instants avec bonne humeur. Cela ne l'empêche pas d'aimer aussi le travail.
**Son évolution :** Milana, bien connue dans les pays slaves, apparaît timidement en France depuis 2000.
**Son masculin :** Milan.

## MILDRED

**D'où vient-elle ?** Mildred, d'origine germanique, signifie « douce puissance ».
**On la fête** le 13 juillet. Sainte Mildred, fille d'un roi d'Anglie, Mérowald, fut abbesse d'un monastère et mourut en 700.
**Elle serait...** sensible, émotive, sociable et calme. Elle cherche le calme et déteste les conflits, les difficultés qui l'inquiètent et la paralysent.
**Elle l'a porté :** Mildred Harris, née en 1901, actrice du cinéma muet, aux États-Unis.
**Son évolution :** ce prénom fut souvent porté au Moyen Âge en Angleterre, puis il revint à l'époque victorienne. Il est très rare en France.
**Sa forme initiale :** Mildthryth.
**À l'étranger :** Milread (Irlande).

## MILA
### Milla

**D'où vient-elle ?** Mila est un diminutif de Milena, d'origine serbe, qui signifie « aimée du peuple ».
**Elle serait...** sociable, attentive, conciliante, diplomate. Elle aime les débats, le partage et préfère le travail en équipe à la solitude.
**Elle le porte :** l'actrice américaine d'origine serbe Milla Jovovich.

**Son évolution :** Mila, issue de l'Europe de l'Est dans les années 2010, a vite progressé et figure aujourd'hui au top 10 des prénoms féminins.
**Sa cousine :** Milla.

## MILLICENT

**D'où vient-elle ?** Millicent est une variante de Mélisande, elle-même dérivée de Mélina, d'origine grecque, qui signifie « miel ».
**On peut la fêter** le 21 septembre avec Déborah.
**Elle serait...** réfléchie, sérieuse, intellectuelle. Elle s'intéresse peu aux contingences matérielles et privilégie la solitude aux activités de groupe.
**Elle l'a porté :** Millicent Fawcett, militante féministe anglaise, qui permit aux femmes d'obtenir le droit de vote au Royaume-Uni en 1918.
**Son évolution :** Millicent, née en France, fut exportée en Angleterre par les Normands au XIIe siècle. Ce prénom s'est implanté dans le pays alors qu'il disparaissait peu à peu chez nous.
**Sa forme initiale :** Mélisande.
**Son diminutif :** Millie.

## MILLIE

**D'où vient-elle ?** Millie est un diminutif de Mildred, prénom d'origine germanique, qui signifie « douce conseillère ».
**On la fête** le 13 juillet avec Mildred.
**Elle serait...** affective, sensible, dévouée à ceux qu'elle aime. L'amour est la grande affaire de sa vie, sa priorité. Elle cherche avant tout une vie paisible et une famille stable.
**Elles le portent :** l'américaine Millie Hughes Fulford, médecin biologiste, spécialisée dans la recherche et les expériences spatiales, la chanteuse de soul américaine Millie Jackson, l'actrice américaine Millie Perkins.
**Son évolution :** Après un grand succès aux États-Unis, Millie est une des favorites en Angleterre et au pays de Galles depuis 2005.

## MIREILLE

**D'où vient-elle ?** Mireille est un prénom créé par Frédéric Mistral en 1859, en affirmant qu'elle était une forme provençale de Marie. *Mireio* est un roman qui raconte les amours d'une jeune Provençale ; il a fait l'objet d'un opéra de Gounod en 1863.
**On la fête** le 15 août avec Marie.
**Elle serait...** indépendante et bien décidée à construire sa vie comme elle le souhaite, mais elle est aussi très attachée aux siens dont elle s'occupe jalousement.
**Elle l'a porté :** Mireille Darc, comédienne après avoir été mannequin.
**Elle le porte :** Mireille Mathieu, née à Avignon en 1946, découverte lors d'un crochet télévisé en 1965 et qui, depuis 1980, fait une carrière internationale.
**Son évolution :** adoptée d'emblée par les familles du sud de la France, Mireille s'est assez peu répandue à l'échelon national. Sa période de succès se situe dans les années 1940 et 1950. Depuis, elle a disparu.
**Dans nos régions :** Maraï, Mireia, Miren (Pays basque), Mireio, Mirelo (Provence).
**À l'étranger :** Mireia (Catalogne), Mirella, Mirelle (Hongrie, Italie), Mireya (Espagne), Mireli (Brésil).

## MISSY

**D'où vient-elle ?** Missy, diminutif de Mathilde, signifie « puissante au combat ».
**On la fête** le 14 mars avec Mathilde.
**Elle serait...** éprise de stabilité, de pouvoir, de biens matériels qui la rassurent. Elle a le sens de l'organisation et des responsabilités.
**Elle l'a porté :** Missy, de son vrai nom Mathilde de Morny. Comédienne, elle joua avec Colette et eut avec elle une liaison scandaleuse.
**Elle le porte :** Missy Elliott, rappeuse américaine.
**Son évolution :** ce diminutif, apparu à la Belle Époque, est resté rare.

## MOANA

**D'où vient-elle ?** Moana, d'origine polynésienne, signifie « océan ».
**Elle serait...** sérieuse et ordonnée. Elle a le sens de l'équité et ne supporte pas les injustices. Femme de pouvoir, elle a le goût de l'effort.

**Son évolution :** Moana fait partie avec Maëva des prénoms polynésiens préférés des Français.

## MODESTE (mixte)

**D'où vient-elle ?** Modeste, d'origine latine, signifie « calme ».
**On la fête** le 4 novembre. Sainte Modeste fut la première abbesse du monastère de Trèves. Elle y mourut en 660.
**Elle serait...** réfléchie, calme, elle a un sens de l'analyse développé et de belles capacités relationnelles. Elle est stimulée par les coopérations.
**Son évolution :** Modeste est un prénom rare ; on le rencontrait à la fin du XIXe siècle, mais il a disparu. Sa forme Modesty aux États-Unis n'est pas plus fréquente.
**À l'étranger :** Modesta, Modesty (Grande-Bretagne, États-Unis).

## MOIRA
Moyra

**D'où vient-elle ?** Moira est une variante de Maire, forme irlandaise de Marie, qui signifie en hébreu « celle qui élève ».
**On la fête** le 15 août avec Marie.
**Elle serait...** travailleuse, volontaire, efficace et diplomate. Toutes ces qualités lui permettent d'avoir de l'ambition et de réussir sa vie professionnelle.
**Son évolution :** Moira est assez appréciée en Irlande, plus harmonieuse et plus moderne que Maire. Elle est rare en France.
**Sa cousine :** Moyra.

## MOLLY

**D'où vient-elle ?** Molly est une forme anglo-américaine de Marie, d'origine hébraïque, qui signifie « celle qui élève ».
**On la fête** le 15 août avec Marie.
**Elle serait...** indépendante, énergique, active. Elle aime la liberté, la vie sociale, les plaisirs, et s'adapte à toutes les situations. Les aventures l'enchantent.
**Elle l'a porté :** la chroniqueuse et romancière américaine Molly Ivins.
**Elles le portent :** les actrices américaines Molly Sims, Molly Ringwald, Molly Shannon, l'actrice canadienne Molly Parker.
**Son évolution :** Molly est l'un des prénoms du top 20 en Angleterre et au pays de Galles.

## MONA

**D'où vient-elle ?** Mona est une forme bretonne, irlandaise et scandinave de Monique, d'origine grecque, qui signifie « seule ». Elle est aussi une forme moderne d'un prénom irlandais ancien, Muadhnait, qui signifie « noble ».
**On la fête** le 27 août avec Monique.
**Elle serait...** réfléchie, intellectuelle et solitaire. Elle aime l'étude et son ordinateur est son compagnon le plus fidèle. Elle s'intéresse à la philosophie et recherche la sagesse.
**Son évolution :** L'apparition de Mona fut de courte durée, puisqu'elle est aujourd'hui devenue très rare.
**Sa forme initiale :** Monique.

## MONIQUE
Mona, Monica

**D'où vient-elle ?** Monique, d'origine grecque, signifie « seule ».
**On la fête** le 27 août. Sainte Monique, née en 331, en Afrique du Nord, se maria toute jeune à un païen violent et adultère, avec lequel elle eut un fils, Augustin, enfant bagarreur et fugueur. Ce dernier devint le grand saint Augustin qui a exercé une influence capitale sur la théologie occidentale.
**Elle serait...** généreuse et patiente. Mais aussi très stricte et fidèle à ses principes. Peu autonome, elle recherche avant tout la sécurité.
**Elles le portent :** Monica Vitti, actrice italienne, égérie de Pasolini et Antonioni, vedette de *L'Avventura* en 1960, et Monica Bellucci, mannequin et actrice à la carrière internationale. La championne de tennis Monica Seles.
**Son évolution :** Monique fut une star dans les années 1940, pour disparaître vite dès 1950 alors que Mona se présente. Elle est devenue rarissime.
**Sa cousine :** Mona.

## Prénoms improbables

Certains parents facétieux tentent de doter leur enfant d'un prénom atypique, que l'état civil ne se prive pas de leur refuser, dans l'intérêt de la fillette : **Apple**, **Arizona**, **Bulle**, **Dakota**, **Ikea**, **Louisiane**, **Lou-Ange**, **Mona-Lisa**, **Niagara**, **Nouméa**, **Nutella**, **Queen**, **Versace**, **Violence**... pour les plus softs !

**À l'étranger :** Monica (Espagne, Grèce, Italie), Monika (Allemagne, Hongrie, Pologne, Suède, République tchèque).

## MONTSERRAT

**D'où vient-elle ?** Montserrat, d'origine catalane, fait référence à la Vierge de Montserrat, vierge noire, protectrice de la Catalogne.
**On la fête** le 15 août avec Marie.
**Elle serait...** pourvue de sens pratique et d'esprit d'entreprise. Elle sait compter, gérer, faire progresser ses biens avec succès.
**Elle l'a porté :** la cantatrice espagnole Montserrat Caballé, la plus grande soprano internationale de la musique italienne classique et romantique.
**Son évolution :** ce prénom, très courant en Catalogne, est très rare en France.

## MORGANE

**Morgaine, Morgana, Morrigaine**

**D'où vient-elle ?** Morgane, d'origine celte, signifie « enfant de la mer ».
**On peut la fêter** le 18 juin avec Marine.
**Elle serait...** dynamique, solide, décidée et chaleureuse. Indépendante, elle recherche la nouveauté, les aventures et les voyages.
**Elle l'a porté :** dans la légende bretonne, Morgane, sœur du roi Arthur, est une fée, savante et guérisseuse. C'est l'un des principaux personnages des romans chevaleresques de Chrétien de Troyes, écrits entre 1155 et 1183.
**Son évolution :** restée longtemps dans le cercle des familles bretonnes, Morgane a connu une ère de succès de plus de 25 ans, entre 1975 et 2000. Elle est devenue rare.
**Ses cousines :** Morgaine, Morgana, Morrigaine.
**À l'étranger :** Morrigan, Morrigane, Morrighan (Irlande).
**Ses diminutifs :** Morganenn, Morganez.
**Son masculin :** Morgan.

## MOUNA

**D'où vient-elle ?** Mouna signifie en arabe « désir ».
**Elle serait...** volontaire, autoritaire et déterminée. Indépendante, elle entend bien décider de sa vie et réaliser ses projets.
**Elle le porte :** Mouna Ayoub, d'origine libanaise et chrétienne. D'abord mariée à un homme d'affaires saoudien, elle divorcera et partira aux États-Unis où elle fera fortune.
**Son évolution :** prénom bien connu dans les familles de culture arabe, mais peu donné en France.

## MUGUETTE

**D'où vient-elle ?** Muguette, d'origine française, vient du nom du muguet.
**On la fête** le 5 octobre avec Fleur.
**Elle serait...** discrète, réfléchie, fidèle et solide. Muguette avance dans la vie sans faire de bruit, mais avec efficacité.
**Son évolution :** apparue dans le calendrier révolutionnaire à la date du 7 floréal, Muguette a vécu le temps de la Révolution française. Dans les années 1930, elle profite de la vogue des Ginette, Georgette et Huguette pour réapparaître. Elle nous a quittés sans grand espoir de retour, Capucine et Rose étant de sérieuses concurrentes dans le domaine floral.

## MURIEL

### Merryl, Murielle

**D'où vient-elle ?** Muriel, d'origine celte, signifie « mer brillante ».

**On peut la fêter** le 18 juin avec Marine.

**Elle serait...** réservée, décidée et fidèle. Elle sait être conciliante et adaptable quand c'est son intérêt, mais accepte mal qu'on lui dicte sa conduite.

**Elle le porte :** Muriel Robin, qui fait une carrière diversifiée : théâtre, radio, one-woman-show et cinéma, alternant rôles comiques et tragiques.

**Son évolution :** la forme irlandaise de Muriel, Muirgheal, était en vogue aux premiers temps du Moyen Âge en Irlande. La forme francisée Muriel est née au moment de la conquête des Normands, vers 900. C'est en 1930 que le prénom est apparu en France, pour atteindre une petite période de popularité dans les années 1960. Il se fait très discret aujourd'hui, alors que Merryl, sa variante américaine, a des adeptes de plus en plus nombreux.

**Sa cousine :** Murielle.

**À l'étranger :** Merryl (États-Unis).

## MYRIAM

### Miriam

**D'où vient-elle ?** Myriam est la forme hébraïque de Marie, qui signifie « celle qui élève ».

**On la fête** le 15 août avec Marie.

**Elle serait...** dynamique et travailleuse. Mais elle supporte mal les échecs, c'est pourquoi elle s'investit beaucoup dans tout ce qu'elle entreprend.

**Elle l'a porté :** Myriam est dans la Bible la sœur de Moïse et d'Aaron. Miriam Makeba, chanteuse d'origine sud-africaine de nationalité guinéenne, qui, après avoir été choriste en Afrique du Sud, se rendit célèbre par la chanson *Pata Pata* en 1956.

**Elle le porte :** la comédienne Myriam Boyer, mère de l'acteur Clovis Cornillac.

**Son évolution :** Myriam est apparue en France après la Seconde Guerre mondiale. Elle est de ces prénoms discrets, classiques mais peu courants qui ne disparaissent jamais vraiment. La forme Miriem est très fréquente dans les familles de culture arabe.

**Sa cousine :** Miriam.

**À l'étranger :** Miriem (pays arabes).

## MYRTILLE

### Myrta

**D'où vient-elle ?** Myrtille signifie en latin « myrte ».

**On la fête** le 5 octobre avec Fleur.

**Elle serait...** optimiste, originale, adroite et charmeuse. Personne ne résiste à sa jovialité, et elle sait très bien y faire pour atteindre les buts qu'elle s'est fixés.

**Son évolution :** ce prénom, qui date de la Révolution, est très rare aujourd'hui, après avoir connu le succès de la nouveauté en 1793.

**Sa cousine :** Myrta.

**À l'étranger :** Mertle, Myrtle (Grande-Bretagne, États-Unis).

**Son masculin :** Myrtil.

#### Son heure de gloire

Myrtille était inscrite au calendrier révolutionnaire, à la date du 29 germinal, par le poète Fabre d'Églantine. Myrtille fut ensuite interdite en 1803 par la loi qui réglementait sévèrement le choix des prénoms. Depuis 1993, ce prénom a de nouveau droit de cité dans notre état civil.

## NADÈGE

**Nadine**

**D'où vient-elle ?** Nadège, d'origine slave, signifie « espérance ».

**On la fête** le 18 septembre. Pendant les persécutions d'Hadrien en Asie Mineure au IIe siècle, sainte Nadège fut martyrisée avec sa mère sainte Sophie et ses sœurs Véra et Liubba.

**Elle serait...** travailleuse et déterminée. Sensible, affectueuse, elle s'investit aussi beaucoup dans sa famille et ses amis.

**Son évolution :** apparue dans les années 1950, Nadège est discrète pendant 20 ans, puis elle connaît environ 10 ans de succès avant de disparaître.

**Sa cousine :** Nadine.

**À l'étranger :** Nadejda, Nadescha, Nadiejda, Nadioja, Nadioucha, Nadja (République tchèque, Russie), Nadezda (République tchèque), Nadia (Espagne), Nadiona, Nadioussa, Najda (Russie), Nadzia (Pologne).

## NADIA

**D'où vient-elle ?** Nadia est une forme espagnole de Nadège, prénom slave, qui signifie « espérance ». Elle est aussi un prénom d'origine arabe, qui signifie « généreuse ».

**On la fête** le 18 septembre avec Nadège.

**Elle serait...** sensible, idéaliste et altruiste. Elle a foi dans la nature humaine et existe surtout à travers les autres.

**Elles le portent :** la chanteuse Nadiya, la comédienne Nadia Farès, la gymnaste roumaine Nadia Comaneci, née en 1961, qui remporta de nombreuses médailles lors des Jeux Olympiques de Montréal en 1976 et de Moscou en 1980. En 1999, elle fut élue Gymnaste du siècle.

**Son évolution :** après avoir connue une vague de succès entre 1970 et 1990, Nadia s'éloigne. En revanche, Nadia continue à séduire les familles du Maghreb.

## NADINE

**Nadège**

**D'où vient-elle ?** Nadine est une variante de Nadège, d'origine slave, qui signifie « espérance ».

**On la fête** le 18 septembre avec Nadège.

**Elle serait...** passionnée mais réservée, exigeante mais généreuse, adaptable mais obstinée. Elle recherche l'harmonie et des relations sereines avec ses proches.

**Elle le porte :** Nadine Tellier, née dans le nord de la France, rencontra en 1960 le baron Edmond de Rothschild. La baronne écrivit plusieurs livres autobiographiques qui eurent un grand succès.

**Son évolution :** Nadine apparaît timidement dans les années 1930, s'impose dès 1950 avant de s'effacer en 1970.

**Sa forme initiale :** Nadège.

## NANCY

**D'où vient-elle ?** Nancy est une forme anglo-américaine d'Anne, d'origine hébraïque, qui signifie « grâce ».

**On la fête** le 26 juillet avec Anne.

**Elle serait...** sociable, communicative. Son goût pour les réceptions mondaines ne nuit pas à son désir de réussite professionnelle.

**Elle l'a porté :** Nancy Reagan, épouse du 40e président des États-Unis, Ronald Reagan et « première dame » des États-Unis de 1981 à 1989.

**Elles le portent :** la patineuse artistique américaine Nancy Kerrigan. Nancy Holloway, chan-

teuse américaine installée à Paris, qui connut un grand succès en France dans les années 1960.
**Son évolution :** cette forme diminutive d'Anne est devenue un vrai prénom aux États-Unis dans les années 1940. Il fut très répandu jusqu'en 1960, il est rare aujourd'hui. En France, il n'a jamais été courant.
**Sa forme initiale :** Anne.
**Ses diminutifs :** Nana, Nannie, Nanny.

## NAOMI
**Naomie, Noémie**

**D'où vient-elle ?** Naomi est la forme originelle de Noémie, qui signifie en hébreu « gracieuse ».
**On la fête** le 21 août avec Noémie.
**Elle serait...** curieuse, vive, débrouillarde. Elle ne craint rien ni personne. Elle cherche les aventures, les expériences riches en émotion et ne craint pas les difficultés.
**Elles le portent :** le mannequin américain Naomi Campbell, l'actrice australienne Naomi Watts.
**Son évolution :** Naomi était appréciée par les familles puritaines d'Angleterre au XVIIe siècle, puis par celles du Nouveau Monde. En France, Naomi progresse lentement.
**Ses cousines :** Naomie, Noémie.

## NATACHA
**Natasha**

**D'où vient-elle ?** Natacha est une forme russe de Nathalie, qui signifie en latin « relatif à la nativité ».
**On la fête** le 27 juillet avec Nathalie.
**Elle serait...** communicative, expressive, sensible et altruiste. Elle s'intéresse beaucoup à son entourage, au risque de devenir un peu indiscrète.
**Elle le porte :** la chanteuse canadienne Natasha St-Pier, l'héroïne de la bande dessinée *Natacha, hôtesse de l'air*.
**Son évolution :** malgré sa consonance slave, Natacha, connue depuis longtemps en France, n'a pas réussi à s'imposer.
**Sa forme initiale :** Nathalie.
**À l'étranger :** Latacha, Tasha, Toscha, Tosha (États-Unis).

## NATHALIE
**Natacha, Natalie, Nathalène, Nathaline**

**D'où vient-elle ?** Nathalie signifie en latin « relatif à la nativité ».
**On la fête** le 27 juillet. Nathalie et son époux Aurèle, tous deux chrétiens, furent martyrisés à Cordoue en 852, sur ordre de l'émir Abd Al-Rahmân II, pour avoir caché un moine.
**Elle serait...** réservée, sensible, intuitive et élitiste. Elle a un sens de l'analyse et un sens critique très aigus. Ennemie de la superficialité, elle est une amie fiable.
**Elles l'ont porté :** Nathalie Sarraute, née en Russie en 1900, reçut une éducation cosmopolite et fut avocate jusqu'en 1939, date de la parution de son premier ouvrage, *Tropismes*. Elle se consacra ensuite à la littérature jusqu'à sa mort en 1999. Natalie Wood, actrice américaine née en 1938 et décédée en 1981, héroïne du film culte *West Side Story* en 1961.
**Elles le portent :** les actrices françaises Nathalie Delon, Nathalie Baye et Nathalie Roussel. Natalie Portman, actrice israélo-américaine. La cantatrice Natalie Dessay.

**Son évolution :** Nathalie apparaît en 1960 et grimpe au hit-parade avec une vitesse jamais égalée. En 1970, elle décline déjà.
**Ses cousines :** Nathalène, Nathaline.
**Dans nos régions :** Natalio (Provence).
**À l'étranger :** Nadal, Nadalia (Arménie), Nastusche (Lituanie), Natacha (Russie), Natalia (Catalogne, Espagne, Hongrie, Italie, Pologne, Portugal, République tchèque, Russie), Natalie (Allemagne, Grande-Bretagne, États-Unis, République tchèque), Natalii (Bulgarie), Natascha (Allemagne), Natividad (Espagne).
**Ses diminutifs :** Nata, Nattie, Natty.

### Son heure de gloire

Quand « la place Rouge était blanche... », quand Gilbert Bécaud chantait *Nathalie*. En 1964, Nathalie a dépassé le record de Marie, prénommant 8 petites filles sur 100.

## NATHANAËLLE
Nathanielle

**D'où vient-elle ?** Nathanaëlle est la forme féminine de Nathanaël, d'origine hébraïque, qui signifie « Dieu a donné ».
**On la fête** le 24 août avec Nathanaël.
**Elle serait...** communicative, expressive et créative. Elle a mille idées à l'heure et doit canaliser son énergie pour ne pas se disperser.
**Son évolution :** cette féminisation de Nathanaël est assez récente et peu courante dans les familles de culture hébraïque.
**Sa cousine :** Nathanielle.
**Son masculin :** Nathanaël.

## NEALA
Neila

**D'où vient-elle ?** Neala est la forme féminine de Niall, d'origine irlandaise, qui signifie « champion ».
**Elle serait...** douce, patiente, conciliante, éprise de calme et d'ordre. Elle privilégie la vie de famille et les relations amicales qui sont indispensables à son équilibre.

### Les prénoms en chanson

« La place rouge était blanche, devant moi marchait **Nathalie**.... »

Les prénoms féminins ont inspiré les auteurs et les compositeurs qui ont dédié de belles mélodies et de tendres paroles à la femme de leur vie, ou parfois à leur propre fille.
Quelle fut l'influence de ces chansons sur la mode des prénoms ? Une certitude : **Nathalie**, de Gilbert Bécaud, en 1964, lança ce prénom comme un vrai tsunami qui bouscula en quelques mois Sylvie, Isabelle et Catherine qui occupaient la tête du palmarès des prénoms féminins. Nathalie restera pendant plus de 10 ans un prénom en vogue et aura vraiment marqué une époque.
Autre influence probable, mais moins nette, celle de **Laura**, chanson consacrée, en 1986, par Johnny Hallyday à sa fille Laura née trois ans plus tôt. Laura fut le n°1 du palmarès des prénoms féminins pendant une décennie, de 1990 à 2000. **Lucie**, chanson de Pascal Obispo en 1996 a certainement fait beaucoup aussi pour l'évolution de ce prénom. **Mélissa** chantée par Julien Clerc en 1984 a connu un pic de popularité à ce moment-là.
Il est difficile d'affirmer la même chose pour **Cécile**, chanson de Claude Nougaro qui s'adressait à sa fille en 1962, pour **Élisa**, chantée par Gainsbourg en 1969, pour **Aline**, chantée par Christophe en 1965, et pour **Gabrielle** de Johnny Hallyday en 1976.

**Son évolution :** ce prénom est courant aux États-Unis, particulièrement dans les familles dont les origines sont irlandaises.
**Sa cousine :** Neila.
**Son masculin :** Niall.

## NELLY

**D'où vient-elle ?** Nelly est une forme anglo-américaine d'Hélène, qui signifie en grec « éclat du soleil ».
**On peut la fêter** le 18 août avec Hélène ou le 26 octobre. Sainte Nelly, fille d'un Arménien catholique et d'une Grecque orthodoxe, opta pour la religion de son père et entra dans une congrégation de religieuses enseignantes. Jusqu'à sa mort à Alexandrie en 1945, l'objet de ses prières fut la sanctification des prêtres.
**Elle serait...** dynamique, pleine d'humour et de vivacité. Indépendante, elle aime la nouveauté, les aventures, les voyages et refuse la routine.
**Elles le portent :** Nelly Furtado, chanteuse canadienne d'origine portugaise, Nelly Auteuil, fille de Daniel Auteuil et Emmanuelle Béart.
**Son évolution :** Nelly apparaît en France dans les années 1920. Elle ne bat pas des records de popularité, mais reste présente pendant plus de soixante ans dans l'hexagone. Ce prénom est désuet aujourd'hui.
**Sa forme initiale :** Hélène.

## NÉONILLE

**D'où vient-elle ?** Néonille est la forme féminine de Néon, d'origine grecque, et signifie « nouvelle ».
**On la fête** le 2 décembre. Saint Néon, enfant de huit ans, à Rome au IIIe siècle, subit le martyre avec le groupe de chrétiens dont il faisait partie.
**Elle serait...** spontanée, vive, énergique. Elle ne tient pas en place, cherche toujours de nouveaux centres d'intérêt, de nouveaux plaisirs. La rigueur et l'ordre ne font pas partie de son vocabulaire.
**Son évolution :** Néonille est rare, mais pourrait être entraînée par la vogue de Nova et de Néo.
**À l'étranger :** Neonila (Russie).
**Ses masculins :** Néo, Néon.

## NÉREA

**D'où vient-elle ?** Nérea, d'origine basque, signifie « mienne ».
**Elle serait...** introvertie, davantage attirée par le calme et la réflexion que par l'action. La vie sociable la trouble et elle préfère l'étude et la lecture aux activités physiques ou matérielles.
**Son évolution :** Nerea est un des prénoms favoris en Espagne depuis 2005.

## NERYS

**D'où vient-elle ?** Nerys, d'origine galloise, signifie « maîtresse ».
**Elle serait...** sérieuse, studieuse, organisée et réfléchie. Elle aime apprendre, découvrir, et les livres sont ses meilleurs amis.
**Son évolution :** ce prénom bien connu au pays de Galles est très rare en France.

## NIAMH

**D'où vient-elle ?** Niamh, d'origine gaélique, signifie « radieuse ».
**Elle serait...** attachée à de grands projets, de grandes réalisations. Elle a besoin de donner un but à sa vie, de s'investir dans la vie sociale et se montre généreuse avec les autres.
**Elle le porte :** la chanteuse irlandaise Niamh Kavanagh.
**Son évolution :** Niamh est un prénom féminin du top 20 en Irlande.

## NICOLE

**Colette, Coline, Nicolène, Nicolette, Nicoline, Nikita**

**D'où vient-elle ?** Nicole, d'origine grecque, est le féminin de Nicolas, qui signifie « victoire du peuple ».
**On la fête** le 6 décembre avec Nicolas ou le 6 mars avec Colette.

**Elle serait...** posée, stable et discrète. Elle avance lentement mais sûrement dans la vie, avec détermination. Son goût de l'effort et du travail est souvent récompensé.
**Elles le portent :** Nicole Kidman, actrice australienne et américaine. Nicole de Buron, romancière, auteur du feuilleton télévisé célèbre *Les Saintes Chéries.* Nicole Richie, fille de Lionel Richie. Nicky Hilton, sœur de Paris. La chanteuse française Nicoletta, de son vrai nom Nicole Grisoni.
**Son évolution :** apparue dans les années 1930, Nicole est à son meilleur score entre 1940 et 1950, puis elle décline régulièrement pour disparaître au profit de quelques Coline et quelques Nikita.
**Ses cousines :** Coline, Nicolène, Nicoline, Nikita.
**Dans nos régions :** Nikole (Pays basque).
**À l'étranger :** Niclaes (Flandre), Nicoletta (Italie), Nika (Russie), Niki, Nikoleta, Nikoletta, Nikolia (Grèce), Niklina (Albanie), Nikol, Nikola (République tchèque), Nikolett (Hongrie).
**Ses diminutifs :** Nicky, Nicolette, Nikkie.
**Son masculin :** Nicolas.

## NIEVES

**D'où vient-elle ?** Nieves, d'origine espagnole, vient du nom de Maria de las Nieves. Un riche patricien de Rome et sa femme, désespérés d'être sans enfant, priaient chaque jour la Vierge pour en avoir un. Elle leur apparut en demandant qu'une église soit construite sur l'Esquilin, l'une des sept collines de Rome. Le lendemain, le 5 août 352, alors qu'il faisait une chaleur torride, les Romains constatèrent que l'Esquilin était couvert de neige. Une église fut consacrée à Rome à Nuestra Senora de las Nieves (Notre-Dame des Neiges). Son culte est très répandu dans les pays de langue espagnole.
**On la fête** le 5 août.
**Elle serait...** sociable, attirée par le travail d'équipe, conciliante et adaptable. Elle redoute la solitude et recherche la compagnie.
**Son évolution :** Nieves est bien connue dans les pays de langue espagnole, elle est très rare en France.

## NIKITA (mixte)

**D'où vient-elle ?** Nikita est une forme russe de Nicole, qui signifie en grec « victoire du peuple ».
**On peut la fêter** le 6 décembre avec Nicolas ou le 6 mars avec Colette.
**Elle serait...** sensible, mais aussi volontaire, directive, travailleuse et ambitieuse. Elle a toutes les qualités masculines sous une apparence de réserve.
**Elle l'a porté :** Anne Parillaud dans le film *Nikita* de Luc Besson, ce qui lui valut un César.
**Son évolution :** bien connue en Russie, Nikita est rare en France.
**Sa forme initiale :** Nicole ou Nicolas.
**Son masculin :** ce prénom est mixte, avec une prédominance masculine.

## NINA
### Nine, Ninon

**D'où vient-elle ?** Nina est une forme espagnole, italienne, russe et tchèque d'Anne, qui signifie en hébreu « grâce ».
**On la fête** le 26 juillet avec Anne.
**Elle serait...** très sensible, mais distante. Elle a besoin de son entourage affectif pour s'épanouir, mais paradoxalement affiche des désirs d'indépendance.
**Elles l'ont porté :** Nina Simone, pianiste et chanteuse américaine, née en 1933 et décédée en Provence en 2003. L'écrivain d'origine russe, Nina Berberova.
**Elle le porte :** la chanteuse allemande Nina Hagen.
**Son évolution :** Nina fut surtout portée en Russie dans les siècles passés. Elle s'affirme en France depuis 1990.
**Ses cousines :** Nine, Ninon.
**Sa forme initiale :** Anne.
**Son masculin :** Nino.

## NINE

**D'où vient-elle ?** Nine est une variante d'Anne, qui signifie en hébreu « grâce ».
**On la fête** le 26 juillet avec Anne.
**Elle serait...** sociable, diplomate, stable et efficace. Elle redoute la solitude et a besoin de la stimulation d'un groupe pour avancer.
**Elle le porte :** Nine, l'une des filles d'Inès de La Fressange.
**Son évolution :** prénom tout neuf, Nine arrive, bien discrètement encore, à la suite de Nina.
**Sa forme initiale :** Anne.
**Dans nos régions :** Ninoun (Corse).
**À l'étranger :** Ninotchka (Russie).
**Son diminutif :** Ninette.
**Son masculin :** Nino.

## NINON
**Nanon, Nina, Nine**

**D'où vient-elle ?** Ninon est une variante d'Anne, qui signifie en hébreu « grâce ».
**On la fête** le 26 juillet avec Anne.
**Elle serait...** communicative, légère, spirituelle, observatrice et intuitive à la fois. De belles qualités pour réussir si elle ne cherche pas trop la facilité.
**Elle l'a porté :** Ninon de Lenclos, enfant prodige, douée pour les langues, les sciences, le luth et le clavecin. Cultivée et très belle, Ninon mena une vie de femme libérée avant l'heure. Elle vécut une passion avec le marquis de Villarceaux dont elle eut un fils. Elle s'éteignit chez elle en 1705.
**Son évolution :** Ninon a, pendant des siècles, été considérée comme un diminutif et, à ce titre, est restée dans l'intimité des familles. C'est depuis 1990 que Ninon s'affirme comme un vrai prénom, dans le sillage de Nina et de Nine.
**Sa forme initiale :** Anne.
**Ses cousines :** Nanon, Nina, Nine.

## NIOBA
**Niobé**

**D'où vient-elle ?** Nioba signifie en grec « fougère ».
**On peut la fêter** le 10 novembre avec Nymphe ou le 5 octobre avec Fleur.
**Elle serait...** très dynamique, très active, toujours prête à changer de décor, de métier, de milieu. Beaucoup de souplesse et d'intelligence, mais aussi d'instabilité.
**Elle l'a porté :** dans la mythologie grecque, Niobé est la fille de Tantale et l'épouse d'Amphion, roi de Thèbes, dont elle a 7 filles et 7 garçons. Vaniteuse, Niobé défie les dieux qui font périr ses enfants pour la punir. Niobé est changée en rocher, mais ce rocher ne cesse de pleurer pour l'éternité...
**Son évolution :** Nioba est aussi rare que la majorité des prénoms mythologiques.
**Sa cousine :** Niobé.

## NOA

**D'où vient-elle ?** Noa, d'origine hébraïque, signifie « mouvante ». Mais elle a deux autres étymologies : en arabe, elle signifie « légère » et, en japonais, « amour ».
**Elle serait...** communicative, expressive, dynamique. Elle a besoin de s'exprimer, par la parole ou par le geste, par l'art ou par le sport.
**Elle l'a porté :** dans la Bible, Noa est une descendante de Joseph, elle est la deuxième fille de Salphaad de la tribu Manassé.
**Elles le portent :** Noa, chanteuse israélienne, et Noa Tishby, actrice en Israël.
**Son évolution :** Noa est toute récente ; elle apparaît à la suite de Noé en 2005 et s'est bien installée depuis.
**Sa forme initiale :** Noé.
**Ses masculins :** Noah, Noé.

## NOËLLE
**Noélie, Noéline, Noëlla**

**D'où vient-elle ?** Noëlle signifie en hébreu « Dieu est avec nous ».
**On la fête** le 25 décembre.
**Elle serait...** sensible, idéaliste et intuitive. Elle est consciente de sa fragilité émotionnelle et se protège en fuyant les situations conflictuelles.

**Elle le porte :** la danseuse étoile de l'Opéra Noëlla Pontois.
**Son évolution :** Noëlle est bien connue depuis plusieurs siècles, mais ce prénom très connoté « fêtes » n'a jamais été fréquent.
**Ses cousines :** Noélie, Noéline, Noëlla.
**Dans nos régions :** Nédéleg, Noëla, Noelig, Noëlla, Novela, Novelenn, Noveli (Bretagne).
**À l'étranger :** Noella (Espagne), Nollaig (Irlande).
**Son masculin :** Noël.

## NOÉMIE

**D'où vient-elle ?** Noémie est une variante de Naomi, d'origine hébraïque, qui signifie « gracieuse ».
**On la fête** le 21 août. Selon la Bible, Noémie serait une ancêtre du messie.
**Elle serait...** perfectionniste, exigeante avec elle-même comme avec les autres. Elle est souvent déçue et, très autonome, préfère travailler seule.
**Elle l'a porté :** dans la Bible, Noémie appartient à la tribu de Benjamin, elle est la belle-mère de Ruth qu'elle pousse à se remarier avec Booz. Ils sont les arrières grands-parents du roi David.
**Elle le porte :** le mannequin Noémie Lenoir.
**Son évolution :** Noémie est présente, mais discrète depuis le XIX$^{e}$ siècle. Elle apparaît dans les années 1990, s'installe sans faire de bruit et reste au top 100 des prénoms féminins.
**Sa forme initiale :** Naomi.
**À l'étranger :** Naïma, Naïmah, Nedjma (pays arabes).

## NOLWENN

**Noal, Nolwen, Noyale**

**D'où vient-elle ?** Nolwenn, d'origine celte, signifie « agneau blanc ».
**On la fête** le 6 juillet. Princesse de Cornouailles au VI$^{e}$ siècle, Nolwenn devient ermite en Bretagne. S'étant consacrée à Dieu, elle refuse les avances d'un seigneur de la région de Vannes ; il la fait décapiter. Selon la légende, Nolwenn prend sa tête entre ses mains et marche devant elle jusqu'au lieu qu'elle choisit pour sa sépulture.
**Elle serait...** douce, attentive, conciliante. Elle se consacre aux autres en priorité, leur apportant écoute, conseils et bienveillance.
**Elle le porte :** Nolwenn Leroy, chanteuse lauréate de la *Star Academy 2*.
**Son évolution :** en vogue en Bretagne depuis 1970, Nolwenn connaît une vague de succès dans les années 1990 à l'échelon national, puis décline depuis 2000.
**Ses cousines :** Noal, Nolwen, Noyale.
**Ses diminutifs :** Noalig, Nolwennig.

## NORA

**Norah, Nour**

**D'où vient-elle ?** Nora, d'origine arabe, signifie « clarté ».
**Elle serait...** vive, curieuse, fantaisiste. Elle adore le changement dans tous les domaines et a tendance à se disperser. Elle n'accorde pas facilement sa confiance.
**Elle le porte :** la chanteuse indo-américaine Norah Jones.

**Son évolution :** Nora est l'un des prénoms les plus attribués par les familles de culture arabe.
**Ses cousines :** Noor, Norah, Nour.
**À l'étranger :** Neora (Israël).

## NORMA

**D'où vient-elle ?** Norma est la forme féminine de Norman, d'origine germanique, qui signifie « venu du nord ».
**On la fête** le 6 juin avec Norman.
**Elle serait...** réfléchie, intellectuelle, secrète. Elle aime étudier, lire et recherche la sagesse. Elle s'intéresse peu aux biens matériels et néglige sa vie affective.
**Elle l'a porté :** Norma Jean Baker, avant de prendre le pseudonyme de Marilyn Monroe.
**Elle le porte :** la *Norma* est un opéra en deux actes de Bellini, joué pour la première fois à la Scala de Milan en 1831, contant l'intrigue amoureuse entre un proconsul romain et une prêtresse d'un temple druidique.
**Son évolution :** ce prénom est apparu lors du XIX^e siècle et il n'a jamais été fréquent.
**Son masculin :** Norman.

## NOUR (mixte)

### Noura, Nouriya

**D'où vient-elle ?** Nour, d'origine arabe, signifie « lumière ».
**Elle serait...** enjouée, sociable, souple et indépendante. La vie est pour elle un fruit à croquer à pleines dents. Elle aime les voyages et cherche les contacts dans tous les aspects de sa vie.
**Elle le porte :** la reine Nour, quatrième épouse et veuve du roi Hussein de Jordanie.
**Son évolution :** Nour est très connue et très appréciée des familles de langue arabe.
**Ses cousines :** Noura, Nouriya.
**Son masculin :** ce prénom est mixte, mais il est plus fréquent au féminin.

## NOVA

**D'où vient-elle ?** Nova, d'origine latine, signifie « nouvelle ».
**Elle serait...** sérieuse, réfléchie, pondérée. Organisée, elle ne laisse rien au hasard et mûrit longuement toutes ses décisions. Elle aime l'étude, la lecture et s'intéresse à toutes les activités intellectuelles.
**Son évolution :** ce prénom récemment créé s'épanouit surtout dans les pays anglophones. En Suède, elle figure au top 20 des prénoms féminins favoris depuis 2009.

## NYMPHE

### Nymphea

**D'où vient-elle ?** Nymphe, d'origine grecque, signifie « jeune fille ».
**On la fête** le 10 novembre. Nymphe fut martyrisée à Nicée, en Asie Mineure, au IV^e siècle, sur ordre de l'empereur Dèce. On la vénère en l'église Saint-Augustin de Rome et elle est l'une des quatre saintes patronnes de Palerme.
**Elle serait...** généreuse, diplomate, très investie dans ses relations familiales et sociales. L'altruisme est dans sa nature, quitte à oublier ses propres intérêts.
**Elles l'ont porté :** Nymphe est le nom donné aux déesses de rang inférieur qui, dans la mythologie grecque, hantent montagnes, océans, bois, sources et rivières. Sainte Nymphe est la protectrice de toutes celles qui portent un prénom mythologique.
**Son évolution :** ce prénom mythologique a toujours été rare.
**Sa cousine :** Nymphea.

## OANELLE
### Nelig, Oana, Oanel

**D'où vient-elle ?** Oanelle est une forme bretonne d'Agnès, qui signifie en grec « chaste ».
**On la fête** le 21 janvier avec Agnès.
**Elle serait...** idéaliste et très généreuse. Sa famille et son cercle d'amis proches sont sa priorité. Elle s'expose à de vives déceptions, car sa générosité entrave sa lucidité.
**Son évolution :** ce prénom est bien connu en Bretagne, mais il n'est guère sorti de sa région d'origine.
**Sa forme initiale :** Agnès.
**Ses cousines :** Nelig, Oana, Oanel.
**Ses diminutifs :** Oanez, Oanig.

## OCÉANE
### Océanne

**D'où vient-elle ?** Océane est le prénom féminin d'Océan, qui signifie en grec « océan ».
**On la fête** le 2 novembre avec Océan.
**Elle serait...** dynamique et ambitieuse. Perfectionniste et souvent inquiète, elle travaille beaucoup afin de se donner toutes les chances de réussir.
**Son évolution :** Morgan et Marine, prénoms marins également, avaient ouvert la voie à Océane qui déferla en 1990. Elle décline mais se maintient néanmoins au top 100.
**À l'étranger :** Occia, Ocella, Ocillia (Italie).
**Son masculin :** Océan.

## OCELLA
### Occia

**D'où vient-elle ?** Ocella est une forme italienne d'Océane, qui signifie en grec « océan ».
**On la fête** le 2 novembre avec Océan.
**Elle serait...** équilibrée et sereine. Son tact et sa mesure sont appréciés tant dans la vie professionnelle que par ses nombreux amis.
**Son évolution :** connue en Italie, Ocella est rare pour l'instant en France.
**Sa forme initiale :** Océane.
**Sa cousine :** Occia.
**Son masculin :** Océan.

## OCTAVIE
### Octavienne

**D'où vient-elle ?** Octavie, d'origine latine, signifie « huitième », selon la coutume ancienne consistant à nommer les enfants selon l'ordre de naissance.
**On la fête** le 20 novembre avec Octave.
**Elle serait...** curieuse, fantaisiste, mais aussi ambitieuse et directive. Pas question d'être le numéro 2, elle veut diriger et surtout réussir.
**Elles l'ont porté :** Octavie, fille de Messaline, qui épousa son cousin germain Néron. Octavie, sœur d'Octavien qui partageait le triumvirat avec Antoine et Lépide ; elle épousa Antoine, qui la répudia pour Cléopâtre en 32.
**Son évolution :** Octavie est un grand prénom de l'Antiquité. Elle disparut pendant plusieurs siècles, revint discrètement à la fin du XIXe siècle, pour s'éclipser à nouveau.
**Sa cousine :** Octavienne.
**Dans nos régions :** Ottabi (Pays basque).
**À l'étranger :** Octavia (Catalogne, Espagne), Ottavia, Ottaviana (Italie).
**Son masculin :** Octave.

#### Son heure de gloire

L'Antiquité. La coutume était alors de donner aux filles le nom de leur mère et souvent aussi de leur sœur. Ainsi, dans une même famille, cohabitaient parfois trois Octavie ! On leur attribuait

## Les prénoms nature

Que la nature est belle, lorsqu'elle est :

Légère comme le vent :
**Alizée**
Ailée comme un oiseau :
**Colombe, Paloma**
Solide comme la terre :
**Dune, Gaïa**
Précieuse comme un bijou :
**Ambre, Ruby**
Iodée comme la mer :
**Marine, Morgan, Océane**
Solide comme la pierre :
**Béryl, Jade, Saphir**
Brillante comme la lumière :
**Éloane, Lucie, Nour**
Belle comme une fleur :
**Capucine, Marguerite, Rose**
Gourmande comme un fruit :
**Cerise, Clémentine, Prune**
Pure comme le lys :
**Blanche, Gwenn, Inès**
Claire comme le jour qui se lève :
**Aurore**

un qualificatif, par exemple Major pour l'aînée et Minor pour la plus jeune.

## ODA

**D'où vient-elle ?** Oda, d'origine germanique, signifie « richesse ».
**On la fête** le 20 avril. Sainte Oda vécut dans le Brabant au XII^e^ siècle. Emmenée de force par son père devant un prêtre pour la marier, Oda refusa et se mutila le visage pour échapper à son soupirant. Elle entra dans les ordres et y vécut saintement jusqu'à la fin de ses jours, en 1156.
**Elle serait...** franche, loyale et conciliante à la fois. Elle aime travailler en duo, car elle a besoin d'émulation pour donner le meilleur d'elle-même.
**Son évolution :** Oda est un des prénoms du top 30 en Norvège aujourd'hui.
**Ses cousines :** Odeline, Odette, Odile.
**Son masculin :** Odon.

## ODETTE
**Odile**

**D'où vient-elle ?** Odette, d'origine germanique, signifie « richesse ».
**On la fête** le 20 avril. La bienheureuse Odette est originaire d'une grande famille du Brabant du XII^e^ siècle. Elle veut se consacrer à Dieu, mais son père décide de la marier. Elle refuse et se mutile le visage pour décourager ses prétendants. On l'autorise à suivre sa voie et elle rentre au couvent de Bonne-Espérance à Rivroëlle, en Belgique. Elle y meurt en 1 156.
**Elle serait...** communicative, chaleureuse et généreuse. Elle est efficace, solide, elle ne craint pas les difficultés et mène sa vie avec détermination.
**Elle l'a porté :** Odette Laure, née en 1917, actrice de télévision, de théâtre et de cinéma pendant 50 ans, décédée en 2004.
**Elle le porte :** *Odette Toulemonde* est l'héroïne du roman d'Éric-Emmanuel Schmitt paru en 2007.
**Son évolution :** apparue au début du XX^e^ siècle après Odile, Odette est à son apogée dans les années 1920, puis disparaît au profit d'Odile qui revient sur la scène.
**Sa forme initiale :** Oda.
**Sa cousine :** Odile.
**Son masculin :** Odon.

## ODILE
**Odélia, Odélie, Odelinde, Odette, Ottilie**

**D'où vient-elle ?** Odile, d'origine germanique, signifie « richesse ».

**On la fête** le 14 décembre. Sainte Odile, fille d'Adalric duc d'Alsace, naît en 660 au désespoir de son père qui espérait un fils, de plus elle est aveugle. Il ordonne qu'elle soit tuée, mais sa mère la sauve en la cachant dans un couvent. À 15 ans, elle est baptisée, retrouve la vue, et décide de se consacrer à Dieu. Son père finit par accepter sa vocation, il l'a fait revenir au château de Hohenbourg qu'il lui cède. Elle le transforme en monastère, elle y fait construire une chapelle et un hospice. Décédée en 720, sainte Odile est la patronne de l'Alsace.

**Elle serait...** sensible et affective. Elle a besoin de se sentir aimée pour avancer, fait facilement confiance à son entourage, mais, si elle est déçue, elle s'enferme dans une attitude glaciale.

**Elle l'a porté :** Odile Versois, actrice française d'origine russe et sœur de Marina Vlady.

**Son évolution :** Odile est un prénom qui date du haut Moyen Âge. Il disparaît ensuite pour revenir dès le début du XX^e siècle en Alsace, sa terre natale. Il se diffuse sur l'ensemble du pays dans les années 1930 pour atteindre son apogée en 1940. Odile a disparu aujourd'hui.

**Sa forme initiale :** Oda.

**Ses cousines :** Odélia, Odélie, Odelinde, Odette, Ottilie.

**Dans nos régions :** Ottilia, Ottiliana, Udiarraga (Pays basque), Oudilo (Provence).

**À l'étranger :** Odilia (Espagne), Oolken (Flandre), Othilde, Ottilie, Ottilina, Ottolina, Ottoline (Allemagne), Otiia (Hongrie), Otylia (Pologne), Utske (Pays-Bas).

**Son masculin :** Odilon.

## OLGA

**D'où vient-elle ?** Olga signifie en slave « consacrée aux dieux ».

**On la fête** le 11 juillet. Épouse du prince Igor d'Ukraine et grande-duchesse de Kiev, Olga est la première chrétienne russe, baptisée à Constantinople en 957. Veuve, elle assure la régence de son fils Sviatoslav I^er, en 964. Avec l'aide de l'empereur Othon le Grand qui lui envoie des moines pour convertir ses sujets, elle s'efforce, en vain, de répandre le christianisme dans son pays. Elle décède en 969.

**Elle serait...** très ambitieuse et volontaire. Une seule place pour Olga : la première. Elle supporte mal les échecs, la médiocrité et les reproches.

**Elles l'ont porté :** la grande-duchesse Olga, fille aînée du tsar Nicolas II, Olga Koklova, danseuse russe, épouse de Pablo Picasso. L'actrice française d'origine russe Olga Poliakoff.

**Elle le porte :** le mannequin lituanien Olga Kurylenko.

**Son évolution :** prénom traditionnel slave, Olga est peu courante en France.

**À l'étranger :** Helga, Helge (Hongrie, Italie), Helka (Flandre), Oili (Finlande), Olechka, Olenka, Olgounia, Olgoussia, Olya (Ukraine).

**Son diminutif :** Olia.

## OLIVIA

### Liviane, Olive, Oliviane, Olivine

**D'où vient-elle ?** Olivia, d'origine latine, signifie « olive ».

**On la fête** le 12 juillet avec Olivier.

**Elle serait...** indépendante, secrète et solitaire. Elle aime ce qui est nouveau, original et redoute la routine. Elle se méfie des relations superficielles et sélectionne avec soin son entourage.

**Elles le portent :** l'actrice américaine Olivia de Havilland, révélée par le rôle de Mélanie Wilkes dans le film culte *Autant en emporte le vent* en 1939, la chanteuse française Olivia Ruiz, l'actrice australienne Olivia Newton John, qui joua avec John Travolta dans le film *Grease*.

**Son évolution :** Olivia était déjà connue au XIII^e siècle en Angleterre et William Shakespeare a d'ailleurs employé ce prénom pour un personnage de sa pièce *La Nuit des Rois* en 1603. Olive, forme féminine française d'Olivier, est restée dans sa Provence et son alliance avec Popeye l'a certainement desservie. C'est Olivia, forme plus internationale et jugée plus élégante, déjà connue au Moyen Âge, qui s'est imposée dans

les années 1970. Elle figure encore au top 100 des prénoms féminins.
**Sa forme initiale :** Olive.
**Ses cousines :** Oliviane, Olivine.
**Dans nos régions :** Aliveria (Corse), Oliwia (Tahiti).
**À l'étranger :** Livia (Hongrie, Italie), Oilbhe (Irlande).
**Ses diminutifs :** Olli, Ollie, Olly.
**Son masculin :** Olivier.

## OLYMPE

**D'où vient-elle ?** Olympe signifie en grec « originaire du mont Olympe », mont de Thessalie où séjournaient les dieux dans la mythologie grecque.
**On la fête** le 17 décembre. Née en 361 sous Théodose, Olympe est une aristocrate byzantine. Veuve du préfet de Constantinople, elle se consacre à Dieu et investit sa fortune dans une maison d'accueil pour clercs et malades. Jean Chrysostome la prend comme auxiliaire et devient son père spirituel, elle est promue diaconesse à 30 ans. L'impératrice Eudoxie, qui disperse sa communauté et fait exiler Jean Chrysostome, la persécute et l'accuse d'avoir allumé un incendie. En 410, en plein exil, elle meurt à Nicomédie, en Asie Mineure.
**Elle serait...** une femme libre, indépendante, courageuse, à la limite de l'intrépidité, très active et éprise de justice. Elle est féministe et le clame haut et fort. Elle affronte les difficultés avec obstination.
**Elles l'ont porté :** l'épouse de Philippe II de Macédoine, Olympia, en 350 avant J.-C., dont elle se sépara 5 ans après la naissance de son fils, Alexandre III, qui devint Alexandre le Grand. Olympe Mancini, nièce de Mazarin, qui fut une favorite de Louis XIV. Olympe de Gouges, femme de lettres française, qui fut guillotinée sous la Révolution pour avoir proposé une « déclaration des droits de la femme et de la citoyenne ».
**Son évolution :** Olympe fut un prénom courant dans l'Antiquité, et comme de nombreux prénoms antiques, elle réapparut au XVII^e siècle. Elle est devenue très rare.
**Dans nos régions :** Olinpia (Pays basque).
**À l'étranger :** Olimpia (Espagne, Italie, Pologne, Portugal), Olimpiada (Russie).

## OMBELINE

**D'où vient-elle ?** Ombeline, d'origine latine, signifie « ombrelle ».
**On la fête** le 21 août. Bienheureuse Ombeline, née au XII^e siècle, est la sœur de saint Bernard. Alors que son père et ses frères se consacrent à Dieu à l'abbaye de Cîteaux, en Bourgogne, Ombeline épouse un seigneur bourguignon, mène une vie mondaine et frivole jusqu'au jour où son frère la sermonne et provoque en elle le choc salutaire qui la conduit à la conversion. Elle devient moniale chez les cisterciennes en Bourgogne et meurt en 1135.
**Elle serait...** stable, calme et mesurée. Elle est sociable tout en étant discrète, curieuse sans se disperser, ambitieuse sans être trop opportuniste.
**Son évolution :** Ombeline apparaît au XX^e siècle dans les familles BCBG et s'y maintient. Elle est dans les 20 premières du palmarès du Bottin Mondain depuis 2005.
**À l'étranger :** Umbria (Italie).

## ONDINE

**D'où vient-elle ?** Ondine signifie en latin « onde ». Dans la mythologie germanique, les nymphes ou naïades vivent dans les eaux douces. On les représente assises au bord de rivières ou de cascades, peignant leurs longs cheveux ou se baignant.
**On la fête** le 10 novembre avec Nymphe.
**Elle serait...** réservée, secrète, réfléchie et studieuse. Ondine ne fait pas de bruit, perdue dans ses livres ou rivée à l'écran de son ordinateur.
**Elles l'ont porté :** Ondine, dans une légende alsacienne, est une nymphe amoureuse d'un chevalier, autorisée à vivre avec lui à la condition qu'à la première infidélité de sa part, il mourra.

Le beau chevalier ne croit pas au sort qui lui est jeté, trompe Ondine et meurt. *Ondine* est une œuvre de Jean Giraudoux inspirée d'un conte allemand du XIXe siècle.

**Son évolution :** Ondine a connu une petite période de succès dans les années 1970, courte et assez discrète, sans mesure avec Marine et Océane qu'elle a précédées.

**À l'étranger :** Ondina (Espagne), Undine (Allemagne).

## ONENN

### Onenna, Oona

**D'où vient-elle ?** Onenn, d'origine celte, signifie « frêne blanc ».

**On la fête** le 30 avril. Sœur de Judicaël, roi d'Armorique au VIIe siècle, Onenn fuit la cour et vit en ermite dans le Morbihan où elle meurt vers 630. Onenn est la patronne de Tréhorenteuc.

**Elle serait...** sensible et serviable. Elle a un sens aigu des responsabilités et s'investit beaucoup pour ses proches. Son goût pour les traditions nuit à son adaptabilité.

**Son évolution :** ce prénom, très rare en France, est un classique du monde celtique.

**Elle l'a porté :** Oona O'Neill, fille du prix Nobel de littérature, Eugène O'Neill, qui épousa en 1943 Charlie Chaplin à qui elle donna 7 enfants.

**Ses cousines :** Onenna, Oona.

**À l'étranger :** Ona (Irlande).

## OPHÉLIE

### Ophélia

**D'où vient-elle ?** Ophélie signifie en grec « secourable ».

**Elle serait...** réservée, studieuse, organisée et stricte. Elle se méfie des relations superficielles et se protège des blessures affectives.

**Elles le portent :** Ophélie est un personnage de la pièce de Shakespeare *Hamlet,* jouée pour la première fois à Londres en 1601. Ophélie Winter, mannequin pendant plusieurs années, puis animatrice d'émissions de télévision commença sa

## Les prénoms de marque

Certains parents choisissent pour le prénom de leur fille une marque déposée. C'est ainsi que **Chanel** se taille un succès encore modeste, mais constant depuis une décennie. Elle n'est pas la seule : **Armani**, qui est mixte, et **Orlane** pointent le bout de leur nez. Hors de l'Hexagone, l'imagination va aussi bon train : **Carrera**, **Lexus**, **Porsche** sont monnaie courante aux États-Unis, on rencontre **Prada** en Belgique, **Facebook** en Égypte. Et l'on évoque **Fanta**, **Ikéa** et **Nivéa**. Est-ce préjudiciable pour un enfant ? Les officiers d'état civil s'en émeuvent, les psychologues s'en inquiètent. Dans quelques années, les intéressées pourront en parler. Mais à l'inverse, ce sont souvent des industriels qui choisissent un prénom (en général féminin) pour leurs produits ou leur marque. Quelques exemples : **Ariane** pour la fusée, **Céline**, **Morgan**, **Zara**, dans le domaine du prêt-à-porter, **Anaïs**, **Chloé**, **Nina**, **Noa** pour des parfums, **Clio**, **Mégane**, **Mercédès**, **Zoé** pour des automobiles, **Séphora**, pour une chaîne de parfumerie, **Sophie** pour un jouet en forme de girafe, **Valentine** pour la peinture, **Marie** pour des plats cuisinés, moins glamour… Cela n'a pas empêché la plupart de ces prénoms de faire une belle carrière. Néanmoins, une association pour la défense de nos prénoms (ADNP) s'est créée pour cadrer l'usage des prénoms dans le domaine industriel.

carrière dans la chanson en 1994. En 1996, elle obtient un succès national.
**Son évolution :** Ophélie était inconnue avant d'apparaître sous les traits du personnage de Shakespeare. Elle est apparue dans les années 1990 en France, puis, dès 2000, elle disparaît.
**Sa forme initiale :** Ophellas.
**Sa cousine :** Ophélia.
**À l'étranger :** Felia (Russie).

## ORLANE
### Orla

**D'où vient-elle ?** Orlane, d'origine irlandaise, signifie « princesse dorée ».
**On la fête** le 19 juillet avec Auriane.
**Elle serait...** à la fois énergique et courageuse, charmante et conciliante. Elle est altruiste et idéalise parfois un peu trop ses relations avec les autres.
**Son évolution :** Orla est un prénom bien connu en Irlande. Sa variante Orlane est discrète, dans le sillage d'Oriane ou Auriane. Sans doute la marque de cosmétiques perturbe-t-elle son évolution.
**Sa forme initiale :** Orlaith.
**Sa cousine :** Orla.

## ORNELLA
### Aura, Aure, Auriane

**D'où vient-elle ?** Ornella est une forme italienne d'Aure, qui signifie en latin « en or ».
**On la fête** le 19 juillet avec Auriane.
**Elle serait...** communicative, épicurienne, indépendante et originale. Ornella aime la vie et ne veut se priver d'aucun de ses plaisirs.
**Elle le porte :** Ornella Mutti, née en Italie, mannequin puis actrice qui fut révélée en France en 1977 en jouant avec Alain Delon dans le film *La Mort d'un pourri*. Elle poursuit une carrière internationale.
**Son évolution :** Ornella est un prénom assez courant en Italie, discret en France pour l'instant.
**Sa forme initiale :** Aure.
**Ses cousines :** Aura, Auriane.

# P

## PALMYRE

**D'où vient-elle ?** Palmyre signifie en hébreu « palmier ».
**Elle serait...** réfléchie, studieuse, stricte et secrète. C'est dans l'étude, la lecture, les recherches qu'elle s'épanouit. Elle a des projets, mais ne compte que sur elle-même pour réussir.
**Elle le porte :** Palmyre est une ville de Palestine, située au nord-est de Damas (dans le désert de Syrie), appelée « cité des palmiers », dont le nom en hébreu est Tadmur. Selon l'Ancien Testament, Palmyre aurait été construite par le roi Salomon. Au III^e siècle, la reine Zénobie en fit un grand centre de culture hellénistique.
**Son évolution :** ce prénom a toujours été rare.
**Dans nos régions :** Palma (Corse).
**À l'étranger :** Palma (Hongrie), Palmira (Espagne).

## PALOMA

**D'où vient-elle ?** Paloma signifie en latin « colombe ».
**On la fête** le 31 décembre avec Colombe ou le 5 août avec Notre Dame de la Palombe, célébrée à Madrid en Espagne depuis le XV^e siècle.
**Elle serait...** douce en apparence, mais solide et déterminée au fond d'elle-même. Il est difficile de l'influencer ou d'entamer ses résolutions.
**Elle le porte :** Paloma Picasso, fille de Pablo Picasso, née en 1949, modèle de son père

lorsqu'elle était enfant, aujourd'hui créatrice de parfums, de robes de soirée et de bijoux.
**Son évolution :** ce prénom, connu en Espagne, est rare en France.

## PAMÉLA

**D'où vient-elle ?** Paméla est un prénom littéraire inventé par le poète anglais élisabéthain Philip Sidney, auteur de *L'Arcadie*, roman pastoral de 1580. Ce prénom est repris en 1740 par Samuel Richardson pour l'héroïne de son roman *Paméla ou la Vertu récompensée.*
**Elle serait...** communicative, bavarde, amusante et fantaisiste. Pamela distrait, amuse, rend service, car elle est généreuse, mais elle ne connaît ni l'organisation ni l'ordre.
**Elle le porte :** Pamela Anderson, actrice américaine, connue pour son rôle dans la série *Alerte à Malibu.*
**Son évolution :** Paméla est un prénom très connu à travers le monde, mais il reste marginal.
**Son diminutif :** Pam.

## PANDORE
### Pandora

**D'où vient-elle ?** Pandore signifie en grec « celle qui possède tous les dons ».
**On la fête** le 10 novembre avec Nymphe.
**Elle serait...** volontaire, directive, travailleuse et ambitieuse. Elle veut réussir, être la première, diriger. Gare à ceux qui voudraient la contrarier.
**Elle l'a porté :** dans la mythologie grecque, elle est la première femme. Pandore fut créée sur ordre de Zeus comme instrument de vengeance envers les hommes, car Prométhée avait volé le feu aux dieux pour le donner aux mortels. Zeus remit à Pandore une jarre contenant tous les maux de l'humanité comme la vieillesse, le travail, la maladie, la folie, le vice, la tromperie et la passion. Dans le langage commun, on parle de « boîte de Pandore ».
**Son évolution :** ce prénom mythologique est très rare.
**Sa cousine :** Pandora.

## PAOLA
### Paule

**D'où vient-elle ?** Paola est la forme italienne de Paule, d'origine latine, qui signifie « petite ».
**On la fête** le 26 janvier avec Paule.
**Elle serait...** active, indépendante, solide, mais si elle ne se sent pas épaulée et aimée, elle se fragilise et peut se renfermer sur elle-même.
**Elle le porte :** Paola Ruffo di Calabria, née en Italie, épousa le prince Albert en 1959. Elle est la reine des Belges depuis 1993.
**Son évolution :** Paola est un prénom courant en Italie. En France, il est rare, mais il pourrait bien progresser avec la vogue des prénoms italiens.
**Sa forme initiale :** Paula.
**Sa cousine :** Paule.
**Son masculin :** Paolo.

## PASCALE
### Pascaline

**D'où vient-elle ?** Pascale, d'origine hébraïque, signifie « passage ».
**On la fête** le 17 mai avec Pascal.
**Elle serait...** communicative, enjouée, amusante, vive et fantaisiste. Avec elle, on ne s'ennuie pas une minute, mais elle déteste la rigueur et les principes.
**Elle le porte :** la comédienne Pascale Petit, la journaliste Pascale Clark.
**Son évolution :** Pascale est apparue dans les années 1940. Elle ne fut pas fréquente, atteint son apogée en 1960, pour s'éloigner, laissant Pascaline dans ses pas. L'une et l'autre ont disparu aujourd'hui.
**Sa cousine :** Pascaline.
**Dans nos régions :** Paskala, Paskasia, Paxhalina (Pays basque), Paskel, Paskela (Bretagne).
**À l'étranger :** Pasqualina (Italie).
**Son masculin :** Pascal.

## PATRICIA
### Tricia, Patti, Pattie, Patty

**D'où vient-elle ?** Patricia signifie en latin « noble ».

**On la fête** le 25 août. Vierge de Constantinople, Patricia partit en pèlerinage à Jérusalem pour échapper au mariage. Elle prit le voile à Rome et décéda en 665 à Naples dont elle est la patronne.
**Elle serait...** charmante, souple, curieuse, vive, mais aussi indépendante et intolérante si on menace sa chère liberté.
**Elles le portent :** Patricia Kaas, chanteuse française qui se fit connaître en 1987 avec le titre *Mademoiselle chante le blues*, Patricia Arquette, actrice américaine, née en 1968, qui reçut un Emmy Award aux États-Unis pour son rôle dans *Medium*, diffusé sur NCN et M6 en France, Patricia Cornwell, auteur américaine de romans policiers depuis 1990, Patti Smith, musicienne et chanteuse de rock américaine.
**Son évolution :** Patricia apparaît en France dans les années 1940, en retard de 10 ans sur les pays anglophones. Elle est en vogue jusqu'en 1960, puis décline doucement. Elle est absente aujourd'hui de l'état civil.
**Dans nos régions :** Padriga, Padrigez, Patriga (Bretagne), Patrizia, Patxika (Pays basque).
**À l'étranger :** Latricia (États-Unis), Padraigin (Irlande), Patricie (République tchèque), Patrizia (Italie), Tricia (Espagne).
**Ses diminutifs :** Paddy, Pat, Patsy, Patti, Pattie, Patty.
**Ses masculins :** Patrice, Patrick.

## PAULE

**Paulette, Pauline**

**D'où vient-elle ?** Paule, d'origine latine, signifie « petite ».
**On la fête** le 26 janvier. Paule naît en 346 à Rome. À 30 ans, elle devient veuve et doit élever ses 5 enfants. Elle trouve la force de surmonter cette épreuve grâce à sa rencontre avec saint Jérôme. Ils partent ensemble en Terre sainte où elle fonde un monastère et une auberge pour accueillir les pèlerins. Elle décède en 404.
**Elle serait...** énergique, vive, efficace et perfectionniste. Elle aime le travail bien fait et déteste la médiocrité. Son exigence s'applique aussi bien à elle-même qu'aux autres.
**Elle l'a porté :** Paulette Dubost, petit rat de l'Opéra en 1917, comédienne au théâtre de boulevard et actrice dans plus de 150 films dès 1926.
**Son évolution :** Paule est discrète au XIX^e^ siècle, s'effaçant déjà devant Pauline. En 1900, Paulette les domine, jusqu'en 1915, puis s'efface alors que Paule revient. Paule et Paulette disparaissent ensemble dans les années 1930.
**Sa forme initiale :** Paula.
**Ses cousines :** Paulette, Pauline.
**À l'étranger :** Paola, Paolina (Italie), Pavela, Pavla, Pavlia, Pavlina (Russie).
**Son masculin :** Paul.

## PAULINE

**D'où vient-elle ?** Pauline, d'origine latine, est une variante de Paule, qui signifie « petite ».
**On la fête** le 9 juillet. Franciscaine belge, Pauline Jeuris partit en mission en Chine vers la fin du XIX^e^ siècle. Le 9 juillet 1900, elle fut martyrisée et tuée avec d'autres chrétiens par les Boxers, secte de fanatiques s'opposant à la présence d'Occidentaux en Chine.
**Elle serait...** artiste, douce et calme. Elle est très attachée à sa famille et à son cercle d'intimes, redoute la vie mondaine et les tracas de la vie en entreprise.
**Elles l'ont porté :** Pauline Bonaparte, sœur pré-

férée de Napoléon I$^{er}$, mariée par son frère au général Leclerc en 1797, puis au prince Borghèse, en 1803. Pauline fut toujours fidèle à l'empereur et lui rendit visite à l'île d'Elbe. Elle mourut à Florence en 1825. Pauline de Beaumont, rescapée de la Révolution française, dont tous les membres de la famille ont été guillotinés, était la maîtresse de Chateaubriand, qui la délaissa pour être ambassadeur de France à Rome. Atteinte par la tuberculose, Pauline rejoignit Chateaubriand à Rome où elle s'éteignit dans ses bras en 1803. L'actrice et comédienne Pauline Carton.

**Son évolution :** Pauline est, au XIX$^{e}$ siècle, le féminin traditionnel de Paul. Elle cède la place à Paulette et à Paule au début du XX$^{e}$ siècle. C'est en 1980 que Pauline reprend vigueur. Elle demeure dans le top 100 des prénoms féminins.

**Sa forme initiale :** Paula.

**Dans nos régions :** Paölina (Bretagne), Paolène (Normandie), Paulino (Provence).

**Ses masculins :** Paul, Paulin.

## PEGGY

**D'où vient-elle ?** Peggy est un diminutif de Margaret, forme anglaise de Marguerite, d'origine grecque, qui signifie « perle ».

**On la fête** le 8 janvier. Sainte Peggy, sœur de saint Guthlac, alla rejoindre son frère dans l'île de Crowland, en Angleterre, où elle devint ermite comme lui. Quelques semaines après la mort de Guthlac, elle partit en pèlerinage à Rome et y mourut en 719.

**Elle serait...** épicurienne, curieuse, optimiste et drôle. Ses qualités de bonne vivante lui attirent beaucoup de sympathie et, si elle n'aime pas l'effort, elle sait tirer parti de ses atouts.

**Son évolution :** Peggy, bien connue en Angleterre depuis le XIX$^{e}$ siècle, fit une incursion en France dans les années 1970, sans doute poussée par la mode des prénoms de langue anglaise. La série télévisée le *Muppet Show* avec « Peggy la cochonne », en 1981, mit fin à son évolution.

**Sa forme initiale :** Margaret.

## PÉLAGIE

**D'où vient-elle ?** Pélagie signifie en grec « pleine mer ». Les Romains appelaient les Grecs « Pélasges », en opposition à leur propre tradition terrienne.

**On la fête** le 8 octobre. Originaire d'Antioche en Asie Mineure au IV$^{e}$ siècle, Pélagie a 15 ans quand elle est poursuivie par les fonctionnaires de Dioclétien pour s'être convertie au christianisme. Elle préfère se défenestrer de la maison de ses parents plutôt que de se laisser enlever. Ce suicide aurait dû empêcher sa béatification, mais elle eut pour avocats saint Ambroise et saint Jean Chrysostome.

**Elle serait...** passionnée, volontaire et combative. Très jeune, elle est autonome et rebelle à toute autorité ; les difficultés la stimulent.

**Elle le porte :** Pélagie est l'héroïne du roman *Pélagie la charrette* d'Antonine Maillet, Acadienne, prix Goncourt en 1979.

**Son évolution :** fréquent dans l'Antiquité, ce prénom n'est pas encore revenu vers nous.

**À l'étranger :** Pelagia (Catalogne, Hongrie), Pelagueïa (Russie).

## PÉNÉLOPE

**Penny**

**D'où vient-elle ?** Pénélope est une variante d'Hélène, qui signifie en grec « éclat du soleil ».

**On la fête** le 18 août avec Hélène.

**Elle serait...** réservée, observatrice, exigeante. Elle se confie peu, n'accorde pas facilement sa confiance. Lorsqu'elle est à l'aise, elle se libère un peu.

**Elle l'a porté :** dans la mythologie grecque, Pénélope est la femme d'Ulysse et la mère de Télémaque. Elle symbolise la fidélité conjugale pour avoir attendu Ulysse durant 23 ans. Pénélope avait de nombreux prétendants qui la pressaient de se décider à se remarier, persuadés qu'Ulysse était mort. Pour les faire patienter, elle leur avait dit qu'elle ferait son choix le jour où elle aurait terminé de tisser le linceul de son beau-père. Pénélope était à son ouvrage tout le jour, et la nuit, elle défaisait patiemment ce qu'elle avait tissé la veille. Lorsqu'Ulysse revint, il se vengea en tuant tous les soupirants de Pénélope.

**Elles le portent :** Penélope Cruz, danseuse, mannequin, puis présentatrice de télévision avant de tourner. Penny Lancaster, mannequin anglais, épouse de Rod Stewart. *Penny Lane* est le titre d'une chanson des Beatles de 1967.

**Son évolution :** en vogue en Angleterre dès le XVI^e^ siècle, ce prénom est rare en France.

**Son diminutif :** Penny.

## PERNELLE

**Pernette, Péroline, Péronille, Péronne, Péronnelle**

**D'où vient-elle ?** Pernelle est une variante de Pétronille, qui signifie en latin « pierre ».

**On la fête** le 31 mai avec Pétronille.

**Elle serait...** douce, calme, stable, reposante et apaisante. Et fiable aussi, car elle sait prendre des responsabilités et s'investit beaucoup dans ses relations affectives.

**Son évolution :** Pernelle est une forme féminine de Pierre qui fut courante au Moyen Âge, comme Pétronille ; elle est rare aujourd'hui.

**Sa forme initiale :** Pétronille.

**Ses cousines :** Pernette, Péroline, Péronille, Péronne, Péronnelle.

**À l'étranger :** Pernella (Grande-Bretagne, États-Unis), Pernille (Scandinavie).

## PERRINE

**Pernelle, Péronnelle, Pierrette, Pétronille,**

**D'où vient-elle ?** Perrine est l'une des formes féminines de Pierre, d'origine latine, qui signifie « pierre ».

**On la fête** le 27 décembre. Jeune Angevine de 18 ans, Perrine Laurent fut décapitée sous la Révolution française. Elle fut béatifiée par Jean-Paul II en 1984.

**Elle serait...** ouverte et sûre d'elle, en apparence. Mais cette façade cache en fait une grande émotivité. Elle est facilement jalouse, car elle manque de confiance en elle.

**Elles l'ont porté :** *Perrine était servante* est une chanson populaire dont la date est imprécise. Elle fut reprise par les Compagnons de la chanson et par Annie Cordy. *Péronnelle* est le titre d'une chanson populaire du XV^e^ siècle, le mot « péronnelle », qui désigne une femme sotte et bavarde, est issu de ce prénom, mais on ignore pourquoi...

**Son évolution :** Perrine est marginale. Après une incursion en 1980, elle s'est éclipsée. On la rencontre surtout dans les familles BCBG.

**Ses cousines :** Pernelle, Péronnelle, Pétronille, Pierrette.

**Son masculin :** Pierre.

## PÉTRONILLE

**D'où vient-elle ?** Pétronille est une variante de Pierrette, qui signifie en latin « pierre ».

**On la fête** le 31 mai. Romaine du I^er^ siècle, Pétronille fut servante de saint Pierre qui la baptisa. Sainte Pétronille devint la patronne des rois de France, car la France est la fille aînée de l'Église, et Pétronille est considérée comme la fille spirituelle de saint Pierre. Une chapelle, concédée à Pépin le Bref en 750, lui est dédiée dans la basilique Saint-Pierre.

**Elle serait...** douce et idéaliste. Elle voudrait vivre sa vie en rêve, tant les turbulences du monde professionnel l'effraient. Elle est d'un extrême dévouement pour sa famille... et son patron.

**Son évolution :** Pétronille était courante au Moyen Âge. Elle s'est effacée et ne paraît pas décidée à revenir.

**Sa forme initiale :** Pierrette.

**Dans nos régions :** Pétrounel (Bretagne).

**À l'étranger :** Neele (Flandres), Nelka (Pologne), Pétronia (Russie), Pétronila (Espagne).

**Son masculin :** Pétrone.

## PHÈDRE

**D'où vient-elle ?** Phèdre, d'origine grecque, signifie « brillante ».

**On la fête** le 10 novembre avec Nymphe.

**Elle serait...** stable, fiable, sociable, diplomate. Elle déteste la solitude et recherche toujours la compagnie, dans sa vie privée comme dans sa vie professionnelle.

**Elle l'a porté :** dans la mythologie grecque, Phèdre est la fille du roi Minos et l'épouse de Thésée. Elle tombe amoureuse de son beau-fils Hippolyte qui la repousse. Vexée, Phèdre décide de se venger en l'accusant de viol, mais prise de remords, elle se pend. Ce thème fut l'objet de plusieurs tragédies de Sénèque, Euripide et Racine.

**Son évolution :** comme les prénoms mythologiques et, qui plus est, littéraires, Phèdre est très rare.

**À l'étranger :** Fedra (Espagne, Italie), Phèdra (Grande-Bretagne, États-Unis).

## PHILIPPA

### Philippine

**D'où vient-elle ?** Philippa est l'une des formes féminines de Philippe, d'origine grecque, qui signifie « qui aime les chevaux ».

**On la fête** le 18 novembre avec Philippine.

**Elle serait...** douce, généreuse et attachée aux valeurs traditionnelles. Sa maison, son compagnon, ses enfants, voilà son idéal de vie.

**Elle l'a porté :** Philippa de Hainaut, épouse d'Édouard III d'Angleterre, réputée pour sa bonté et sa compassion. Elle serait intervenue auprès de son époux pour sauver la vie des bourgeois de Calais qui devaient être exécutés pour l'exemple. Elle mourut en 1369.

**Son évolution :** Philippa était au Moyen Âge le seul féminin de Philippe et très courante en Flandres. Elle est rarissime aujourd'hui, Philippine lui étant préférée.

**Sa cousine :** Philippine.

**Son masculin :** Philippe.

## PHILIPPINE

**D'où vient-elle ?** Philippine signifie en grec « qui aime les chevaux ».

**On la fête** le 18 novembre. Née à Grenoble en 1769, Philippine Duchesne devient religieuse chez les visitandines dans sa ville natale, mais la Révolution disperse la communauté. Elle se consacre alors aux prisonniers. En 1804, elle rencontre Madeleine-Sophie Barat, responsable de la fondation de l'institut du Sacré-Cœur. En 1818, Philippine s'installe en Louisiane pour y suivre l'implantation de l'institut.

**Elle serait...** raffinée et perfectionniste. Elle s'investit beaucoup dans sa vie privée, adore recevoir et fait preuve de goût et d'originalité dans l'organisation de sa maison.

**Elles le portent :** Philippine de Rothschild, fille du baron Philippe, qui fut actrice avant de s'investir dans les affaires familiales, et en particulier dans les vignobles. Philippine Leroy-Beaulieu, actrice française, révélée par son rôle dans le film *Trois Hommes et un couffin* de Coline Serreau.

**Son évolution :** Philippine est récente. Elle est surtout présente dans les familles BCBG.

**À l'étranger :** Filipina (Pologne), Filipa (Grèce), Filippa (Pays-Bas, Scandinavie), Philippa (États-Unis, Flandre, Grande-Bretagne).

**Son diminutif :** Phillie.

**Son masculin :** Philippe.

## PHILOMÈNE

**D'où vient-elle ?** Philomène signifie en grec « qui aime la lune ».

**On peut la fêter** le 10 août. Jeune vierge romaine, elle fut martyrisée à Rome au IV^e^ siècle.

**Elle serait...** réservée, solitaire et studieuse. Si elle est très sensible, elle révèle rarement ses sentiments. Elle aime les activités solitaires, la lecture, la musique.

**Son évolution :** Philomène avait fait une apparition timide à la fin du XIX^e^ siècle. Elle revient tout aussi discrètement dans les familles BCBG.

**Dans nos régions :** Filomena (Pays basque), Filoumeno (Provence), Filumena (Corse).

**À l'étranger :** Filoma (Italie), Filomeen (Pays-Bas), Filomena (Espagne, Italie, Pologne), Philomena (Grande-Bretagne, États-Unis).

## PHYLLIS

**D'où vient-elle ?** Phyllis signifie en grec « feuillage ».

**On la fête** le 18 novembre avec Philippine.

**Elle serait...** sociable, amicale, conciliante et pleine de tact. Toutes ces qualités lui permettent d'avoir des relations agréables et fiables.

**Elle le porte :** dans la mythologie grecque, Phyllis est la fille de Lycurge, roi de Thrace, qui la donne en mariage à Démophon, roi d'Athènes. Démophon part guerroyer, mais les jours passent et il ne revient pas. Phyllis, désespérée, se tue.

**Son évolution :** Phyllis est un prénom qui fut très employé dans la littérature depuis l'Antiquité, par Virgile, Ovide, Suétone et Pline l'Ancien. Il revint au XVII^e^ siècle. Il fut adopté par les élégantes ferventes de culture à la cour. Aujourd'hui, Phyllis est très rare.

## PIA

**D'où vient-elle ?** Pia, d'origine latine, signifie « pieuse ».

**On peut la fêter** le 21 août avec Pie. Sainte Pia vécut à Carthage au tout début du IV^e^ siècle et mourut en martyr pour avoir refusé de renier sa foi.

**Elle serait...** sensible, pour ne pas dire susceptible. Son humeur est changeante selon l'ambiance dans laquelle elle évolue et la confiance qu'elle place dans son entourage.

**Son évolution :** Ce prénom, porté dans les familles de culture chrétienne, reste rare.

## PIERRETTE

**Pernelle, Perrette, Pétronille**

**D'où vient-elle ?** Pierrette est l'une des formes féminines de Pierre, d'origine latine, qui signifie « pierre ».

**On la fête** le 29 juin avec Pierre.

**Elle serait...** ambitieuse, courageuse et obstinée. Avec elle, ça passe ou ça casse. La réussite est son objectif de vie, dans tous les domaines, et elle affronte avec courage les difficultés.

**Elle l'a porté :** Perrette est l'héroïne de la fable de Jean de La Fontaine *La Laitière et le pot au lait.*

**Elle le porte :** la chroniqueuse sportive Pierrette Brès.

**Son évolution :** Perrette était une féminisation de Pierre en cours au XVII^e^ et au XVIII^e^ siècle. Dès le début du XX^e^ siècle, c'est Pierrette qui s'est imposée, jusqu'en 1940. Elle est rarissime aujourd'hui.

**Ses cousines :** Pernelle, Perrette, Petra, Pétronille.

**Son masculin :** Pierre.

## POENUI

**D'où vient-elle ?** Poenui signifie en polynésien « grande perle ».

**Elle serait...** stable, concrète et attirée par la richesse et le pouvoir. Elle aime construire, gérer, administrer. Elle est attachée aux traditions.

**Son évolution :** ce prénom est l'un des favoris parmi les prénoms de Polynésie.

## PRISCILLE

**Prescillia, Prisca, Priscilla**

**D'où vient-elle ?** Priscille signifie en latin « antique ».

**On la fête** le 16 janvier. Priscille, riche Romaine au I^er^ siècle, mit sa maison à la disposition de saint Pierre pour y rencontrer les fidèles. Elle y enterra les corps de martyrs chrétiens.

**Elle serait...** stricte, très attachée à ses principes éducatifs et désireuse de les transmettre. Cela ne va pas sans une certaine intolérance qui complique parfois ses relations familiales et amicales.

**Elle le porte :** Priscilla Presley, veuve d'Elvis Presley et mère de Lisa-Marie.

**Son évolution :** Priscilla était, dès le XVII^e^ siècle, un prénom courant chez nos voisins anglais puritains. Priscille est très récente en France et elle se révèle surtout dans les familles BCBG.

**Ses cousines :** Prescillia, Prisca.

**Dans nos régions :** Priskilla, Prizilla (Pays basque).

**Ses diminutifs :** Prissie, Prissy.

## PRUDENCE (mixte)

**D'où vient-elle ?** Prudence signifie en latin « prudente ».

**On la fête** le 6 mai. Née à Milan, sainte Prudence est moniale puis abbesse à Côme, au XVe siècle.

**Elle serait…** vive, énergique et indépendante. Toujours en mouvement, Prudence supporte mal les contraintes et les ordres ; pourtant, elle recherche la stabilité et la sécurité.

**Son évolution :** quelques Prudence ont vu le jour à la fin du XIXe siècle. Ce prénom a disparu dès les années 1920.

**À l'étranger :** Prudencia (Espagne), Prudenzia (Italie).

**Son masculin :** Prudence est mixte, avec une prédominance féminine.

## PRUNE
**Prunelle**

**D'où vient-elle ?** Prune, d'origine française, vient du fruit.

**On la fête** le 5 octobre avec Fleur. Dans le calendrier révolutionnaire, Prune était fêtée le 1er fructidor.

**Elle serait…** intuitive, sensible et charmante. Mais elle n'en est pas moins courageuse et travailleuse. On l'apprécie aussi pour sa vivacité d'esprit et son sens de la repartie.

**Son évolution :** au verger des prénoms, Prune, apparue dans les années 1980, a une carrière modeste, mais elle se maintient.

**Sa cousine :** Prunelle.

**À l'étranger :** Prunella (Grande-Bretagne, États-Unis).

## PULCHÉRIE

**D'où vient-elle ?** Pulchérie, d'origine grecque, signifie « belle ».

**On la fête** le 10 septembre. Née à Constantinople en 399, Pulchérie est la fille de l'empereur Arcade et la sœur de Théodose II dont elle assure la régence. À la mort de Théodose II, elle devient impératrice d'Orient. En 451, elle convoque le concile de Chalcédoine qui condamne les hérétiques monophysites (qui croyaient en l'union du divin et de l'humain dans le Christ en une seule nature) et rétablit les évêques chassés précédemment. Elle décède à Constantinople en 453. Elle est canonisée par l'Église grecque.

**Elle serait…** travailleuse, sérieuse, discrète. Elle préfère l'étude, la lecture, son ordinateur, la solitude à la vie en société. Mais elle est charmante avec ses quelques rares amis.

**Son évolution :** Pulchérie est apparue en France à la fin du XIXe siècle et disparut aussitôt.

**À l'étranger :** Poulkheria (Russie).

### *Les prénoms à croquer*

Voici quelques années, un couturier défrayait le carnet du jour en nommant sa fille **Clafoutis**. Quelle idée de donner pour prénom à un enfant un nom de gâteau ! s'exclamait-on.

C'était oublier que **Charlotte** et **Madeleine** avaient été les reines de l'état civil au début du XXe siècle. **Amandine** est arrivée un peu plus tard. Et ces trois-là sont présentes en même temps dans le Top 100 des prénoms féminins.

Oui, les prénoms gourmands sont au goût du jour ! Pour les fruits ? Voici **Cerise**, **Clémentine**, les anglaises **Hazel** qui signifie « noisette » et **Apple** qui se traduit par « pomme », **Myrtille**, **Prune**.
Pour les aromates : **Marjolaine**, **Olivia**.
Pour les épices : **Cannelle**, **Vanille**.
À quand **Menthe** et **Groseille** ?

## QUEENA
**Queenie**

**D'où vient-elle ?** Queena est une forme anglo-américaine de Reine, qui signifie en latin « reine ».
**On la fête** le 7 septembre avec Reine.
**Elle serait...** sociable et altruiste. Elle a tendance à oublier ses propres intérêts au profit de son entourage. Idéaliste, elle se laisse parfois abuser.
**Elle le porte :** Queen Latifah, née en 1970, est une chanteuse et actrice américaine qui a reçu un Oscar pour son rôle dans *Chicago* en 2003.
**Son évolution :** Queena et Queenie sont nées aux États-Unis pendant le règne de la reine Victoria. Elles sont toutes deux restées en vogue dans ce pays et sont très rares en France pour l'instant.
**Sa cousine :** Queenie.
**À l'étranger :** Laqueena (États-Unis).

## QUINTILLA
**Quentine, Quintia, Quintiane, Quintienne, Quintila, Quintilia, Quintina**

**D'où vient-elle ?** Quintilla signifie en latin « cinquième ».
**On la fête** le 31 octobre avec Quentin.
**Elle serait...** ambitieuse et autoritaire. Elle ne supporte pas les ordres et brigue une seule place : la première, à moins qu'elle ne s'oriente vers une activité libérale qui lui laisse sa liberté.
**Son évolution :** alors que Quentin est présent et constant depuis des années, sa forme féminine est rare. En revanche, elle était fréquente dans l'Antiquité.
**Ses cousines :** Quentine, Quintia, Quintiane, Quintienne, Quintila, Quintilia, Quintina.
**À l'étranger :** Laquinta (États-Unis), Quintana (Espagne).
**Son masculin :** Quentin.

## QUITTERIE
**Quiterie**

**D'où vient-elle ?** Quitterie signifie en latin « tranquille ».
**On la fête** le 22 mai. Sainte Quitterie est la fille d'un prince espagnol du Ve siècle. Baptisée en secret de sa famille et consacrée à Dieu, elle refuse d'épouser l'homme que son père lui a choisi. Le 22 mai 477, elle est décapitée près de Mont-de-Marsan en Aquitaine. Elle est la patronne de la Gascogne.
**Elle serait...** vive, énergique et très active. Elle est à la fois indépendante et très attachée à son environnement social et à sa famille.
**Son évolution :** Quitterie est apparue dans les années 1960. Elle est restée très discrète, surtout appréciée des familles BCBG.
**Sa cousine :** Quiterie.
**Dans nos régions :** Quitteri (Pays basque).
**À l'étranger :** Quiteria (Espagne).

## RACHEL

**Raelene, Rahelia, Raquelia**

**D'où vient-elle ?** Rachel signifie en hébreu « brebis ».

**On la fête** le 15 janvier. Dans la Bible, au XVII$^{e}$ siècle avant J.-C., Rachel est la fille cadette de Laban. Jacob, son cousin germain, la rencontre et s'en éprend. Il reste chez Laban qui lui fait prendre pour femme sa fille aînée Léa. Jacob travaille pendant 7 ans chez son oncle et a enfin le droit d'épouser Rachel. Hélas, Rachel est stérile ; elle offre alors à Jacob sa servante Bilha, comme c'est la coutume, afin qu'elle lui donne des enfants. Mais Rachel aura 2 fils, Joseph et Benjamin ; elle meurt en mettant au monde ce dernier.

**Elle serait...** généreuse mais exigeante, passionnée mais calme, rebelle mais souple. Méfiante, elle observe son entourage avant de faire confiance.

**Elle l'a porté :** Mademoiselle Rachel chanta d'abord dans la rue avec sa sœur et entretint sa famille. À 18 ans, elle joua *Andromaque* avec un talent qui étonna la capitale. À 20 ans, elle fut sociétaire du Théâtre Français. À sa mort, en 1858 elle eut des funérailles grandioses. Elle est considérée comme l'une des plus grandes tragédiennes françaises.

**Elles le portent :** le mannequin Rachel Hunter. Raquel Welch, fille d'un Bolivien et d'une Américaine, née en 1940. Dès la fin de ses études, elle gagne plusieurs concours de beauté, puis se lance dans le cinéma. Elle tourne depuis 1964.

**Son évolution :** Rachel est l'un des grands prénoms bibliques, très répandu dans les familles de culture juive.

**Sa forme initiale :** Rah'el.

**Ses cousines :** Raelene, Rahelia, Raquelia.

**À l'étranger :** Lahela (Hawaï), Rachele, Raquele (Italie), Rahel (Hongrie), Rahil (pays arabes), Raicheal (Irlande), Raquel, Raquela (Espagne).

**Ses diminutifs :** Beck, Beckie, Becky.

## RACHIDA

**D'où vient-elle ?** Rachida, d'origine arabe, signifie « qui a la foi ».

**Elle serait...** une bâtisseuse. Construire est son objectif, qu'il s'agisse d'une famille, d'une carrière, d'une maison. Elle y consacre toute son énergie.

**Elles le portent :** Rachida Dati, femme politique, garde des Sceaux, ministre de la Justice du gouvernement Fillon. Rachida Brakni, actrice française, pensionnaire de la Comédie-Française en 1997, qui a reçu un Molière pour son interprétation dans *Ruy Blas*, et un César en 2002 pour son rôle dans le film *Chaos*.

**Son évolution :** Rachida est un classique dans les familles du Maghreb.

**Son masculin :** Rachid.

## RAÏSSA

**Ira, Irène**

**D'où vient-elle ?** Raïssa est une forme slave d'Iraïs, d'origine grecque, qui signifie « paix ».

**On la fête** le 5 septembre. Raïssa fut la fille d'un prêtre, en Égypte, qui la consacra à Dieu alors qu'elle avait 12 ans. En 308, sous les persécutions de Maximin Daia, elle se mêla à un cortège de chrétiens transportés en bateau vers Alexandrie pour être exécutés. Elle fut la première à être décapitée.

**Elle serait...** travailleuse, organisée et ambitieuse. Elle se fixe des objectifs élevés et se donne les moyens de les atteindre, au risque de s'épuiser.

**Elle l'a porté :** Raïssa Gorbatchev, épouse de Mikhaïl Gorbatchev, président d'URSS de mars 1990 à décembre 1991. Jolie femme moderne, souriante et gracieuse, elle fit beaucoup pour les relations diplomatiques internationales de son pays. Elle est décédée en 1999 à 67 ans.
**Son évolution :** Raïssa est un prénom classique en Russie et dans les pays slaves.
**Sa forme initiale :** Iraïs.
**Ses cousines :** Ira, Irène.

## RAPHAËLLE
### Rafaëlle

**D'où vient-elle ?** Raphaëlle signifie en hébreu « Dieu a guéri ».
**On la fête** le 29 septembre. Née en 1843 à Bilbao, en Espagne, sainte Raphaëlle est une mère de famille nombreuse. En 1894, elle fonda l'institut des Anges Gardiens destiné à l'éducation des jeunes filles pauvres. Elle mourut en 1900 et fut béatifiée en 1984 par Jean-Paul II.
**Elle serait...** communicative, joyeuse, optimiste, amusante et persuasive. Bref, un vrai boute-en-train. Mais il ne faut pas lui demander d'avoir de l'ordre et d'être organisée.
**Elle le porte :** l'écrivain Raphaëlle Billetdoux, qui reçut le prix Interallié pour son roman *Prends garde à la douceur des choses* en 1976 et le prix Renaudot pour *Mes nuits sont plus belles que vos jours* en 1985.
**Son évolution :** Raphaëlle est très discrète depuis plusieurs décennies, sans jamais disparaître complètement.
**Dans nos régions :** Rafaëla, Rafaëlla (Pays basque).
**À l'étranger :** Raffaella (Italie), Raphaëla (Grande-Bretagne, États-Unis).
**Son masculin :** Raphaël.

## RAYMONDE
### Aymone

**D'où vient-elle ?** Raymonde, d'origine germanique, signifie « conseil du monde ».
**On la fête** le 7 janvier avec Raymond.
**Elle serait...** sensible et très influençable. Son attitude varie selon l'humeur ambiante : elle peut être réservée ou extravertie, prudente ou aventureuse, enjouée ou sévère.
**Elle l'a porté :** *Ramona* est une chanson de Saint-Granier, de 1927, reprise par Tino Rossi.
**Son évolution :** Raymonde s'installe à la fin du XIX^e^ siècle et elle atteint son plus haut niveau en 1930, pour décliner rapidement et ne plus revenir. Sa variante Aymone, plutôt BCBG, a du mal à percer.
**Sa cousine :** Aymone.
**Dans nos régions :** Erramona, Erramu, Erramune (Pays basque).
**À l'étranger :** Raimunda (Italie), Ramona (Espagne, Hongrie).
**Son masculin :** Raymond.

## REBECCA

**D'où vient-elle ?** Rebecca, d'origine hébraïque, signifie « celle qui rassasie ».
**On la fête** le 23 mars. Née en 1832, Anissa Ar Rayès est une jeune religieuse de l'Église maronite du Liban. Elle prend le nom de Rebecca avec l'habit de religieuse lors de son entrée au monastère Saint-Antoine à Al Quarn, en 1871. Elle enseigne dans ce monastère et sauve des enfants des massacres perpétrés par les Druses, dont elle échappe de justesse. Elle décède en 1914, aveugle et recluse. Populaire au Liban, sa tombe est un lieu de pèlerinage.
**Elle serait...** indépendante et autoritaire. Mener sa vie sans rendre de comptes et sans se laisser influencer est son credo. Ceux qui se mettent en travers de son chemin l'apprennent à leurs dépens.
**Elles l'ont porté :** dans la Bible, Rébecca est la femme d'Isaac, la mère des jumeaux Ésaü et Jacob. Jacob étant son préféré, elle l'aidera à se substituer à son frère au moment de la succession d'Isaac. *Rebecca* est le premier film d'Alfred Hitchcock, tourné en 1940 d'après

l'œuvre éponyme de Daphné du Maurier parue en 1938.
**Elles le portent :** la chanteuse israélienne Rika Zaraï. Rebecca De Mornay, actrice américaine, qui joua le rôle de la baby-sitter diabolique dans le film *La Main sur le berceau* en 1992.
**Son évolution :** Rebecca faisait partie des prénoms préférés des puritains aux États-Unis au XIXe siècle. Elle est toujours en vogue, ainsi que son diminutif Beckie. En France, Rebecca est surtout portée dans les familles de confession juive.
**Ses formes initiales :** Revka, Rivka.
**Dans nos régions :** Lepeka (Polynésie), Rebecka, Rebeka (Pays basque).
**À l'étranger :** Rebeca (Espagne).
**Ses diminutifs :** Beckie, Becky, Rebbie, Rika.

## RÉGINE

### Reine, Réjane

**D'où vient-elle ?** Régine, d'origine latine, signifie « reine »
**On la fête** le 7 septembre avec Reine.
**Elle serait...** hypersensible et rancunière, malgré une attitude sereine. La moindre réflexion la touche et laisse des traces indélébiles.
**Elles l'ont porté :** la médiéviste Régine Pernoud, qui fut conservatrice de plusieurs musées nationaux avant de prendre la plume pour publier des ouvrages relatant la place des femmes dans la société au Moyen Âge. Elle fut une spécialiste de Jeanne d'Arc. Elle est décédée en 1998. La soprano française Régine Crespin, qui fit une carrière internationale, excellant dans les répertoires français et allemand. Elle est décédée en 2007.
**Elles le portent :** Régine, la « reine de la nuit », qui fut disquaire dans un club avant de créer ses propres boîtes de nuit. Régine Deforges, libraire puis éditrice, défraya la presse en publiant des romans érotiques, aussitôt censurés. Elle publia plusieurs romans à succès, parmi lesquels *La Bicyclette bleue*, fut présidente de la Société des Gens de Lettres et membre du jury du Prix fémina.
**Son évolution :** elle apparaît au tout début du XXe siècle et progresse lentement jusqu'en 1960, pour disparaître complètement en 1980.
**Sa cousine :** Reine.
**Dans nos régions :** Arregina, Erregina, Erregine (Pays basque).
**À l'étranger :** Regina (Espagne, Hongrie, Italie, République tchèque), Reguina (Russie), Reka (Hongrie).
**Ses masculins :** Régis, Rex.

## REINE

### Régine

**D'où vient-elle ?** Reine est la forme francisée de Régine, d'origine latine, qui signifie « reine ».
**On la fête** le 7 septembre. Fille du gouverneur d'Alésia, en Bourgogne, au IIIe siècle, Reine fut une jeune chrétienne qui refusa d'épouser un fonctionnaire romain. Elle fut décapitée en 252, à l'âge de 16 ans. Au début du XIXe siècle, des fouilles permirent de découvrir à Alise-Sainte-Reine des vestiges d'une basilique mérovingienne dédiée à sainte Reine.
**Elle serait...** sensible, affectueuse, dévouée, pleine de tact. La femme idéale, une mère de rêve. Un peu à cheval sur ses principes et perfectionniste tout de même.
**Elle l'a porté :** *Reine mère* est un roman de Christine de Rivoyre paru en 1997.
**Son évolution :** Reine a accompagné Régine dans son ascension et dans sa chute au début du XXe siècle.
**Sa forme initiale :** Régine.
**À l'étranger :** Larayne, Lareina, Queena, Queenie (États-Unis).
**Ses masculins :** Régis, Rex.

## RÉJANE

### Régine

**D'où vient-elle ?** Réjane est une variante de Régine, qui signifie en latin « reine ».
**On la fête** le 7 septembre avec Reine.
**Elle serait...** énergique, courageuse et ambitieuse. Elle est franche et spontanée, mais sait faire preuve de tact quand c'est nécessaire.

**Elle l'a porté :** Réjane, de son vrai nom Gabrielle-Charlotte Réju, comédienne. Elle acheta le Nouveau Théâtre, qui devint Théâtre Réjane, aujourd'hui Théâtre de Paris. Elle disparut en 1920.
**Son évolution :** Réjane, apparue à la fin du XIXe siècle, est restée très marginale.
**Sa forme initiale** : Régine.
**Sa cousine** : Reine.

## RENATA

**D'où vient-elle ?** Renata est la forme italienne de Renée, prénom d'origine latine, qui signifie « renaissance ».
**On la fête** le 1er février avec Renée.
**Elle serait...** communicative, ambitieuse et énergique. Elle a un fort ascendant sur les autres avec qui elle est généreuse, mais aussi parfois un peu machiavélique.
**Elle l'a porté :** Renata Tebaldi, fille d'un violoncelliste. Elle prit des cours de piano dès l'âge de 3 ans et apprit le chant quelques années plus tard. Elle fut l'une des plus grandes sopranos italiennes et mourut en 2004, après 30 ans de carrière.
**Son évolution :** bien connue en Italie depuis le début du XXe siècle, Renata est rare en France pour l'instant.
**Sa forme initiale** : Renée.
**Son masculin** : Renato.

## RENAUDE
### Rénalda, Rénalde, Rénilde

**D'où vient-elle ?** Renaude est le féminin de Renaud, d'origine germanique, qui signifie « conseil qui gouverne ».
**On la fête** le 17 septembre avec Renaud.
**Elle serait...** optimiste et dynamique, indépendante et souple. La vie est pour elle une découverte de chaque instant et elle recherche les aventures et les émotions.
**Son évolution :** Renaude est un prénom médiéval qui, contrairement à son masculin, n'est pas revenu.
**Ses cousines** : Rénalda, Rénalde, Rénilde.
**Son masculin** : Renaud.

## RENÉE

**D'où vient-elle ?** Renée signifie en latin « renaissance ».
**On la fête** le 1er février. Paysanne angevine sous la Révolution française, Renée est fusillée à 27 ans, le 1er février 1794, pour avoir refusé d'abjurer. Elle est béatifiée en 1984.
**Elle serait...** active, énergique, décidée. Ferme avec diplomatie, elle affiche ses opinions et ne laisse personne influencer le cours de sa vie.
**Elle l'a porté :** Renée de France, fille de Louis XII et d'Anne de Bretagne, duchesse de Ferrare, fut la protectrice des huguenots. La dynastie des Valois s'éteignit avec elle en 1575.
**Elle le porte :** Renée Zellweger, actrice américaine, célèbre pour son rôle dans *Le Journal de Bridget Jones*.
**Son évolution :** Renée est apparue au début du XXe siècle dans le sillage de son masculin. En 1925, elle est à son meilleur niveau, mais décroît dès 1930. Elle a disparu aujourd'hui.
**Dans nos régions** : Renea, Reneok (Bretagne).
**À l'étranger** : Renada (Catalogne), Renata (Hongrie, Italie, République tchèque), Renate (Italie).
**Son masculin** : René.

**Son heure de gloire**

Les années 1925. Ce début de XXe siècle marqua l'apogée des prénoms masculins féminisés : Renée, Andrée, mais aussi Georgette pour Georges, Yvette pour Yves... Il existait à cette époque peu de prénoms typiquement féminins.

## RHÉA

**D'où vient-elle ?** Rhéa, d'origine grecque, signifie « protectrice des cités ».
**On la fête** le 10 novembre avec Nymphe.
**Elle serait...** sociable, dynamique, agréable et très communicative. Curieuse, elle recherche la nouveauté, les expériences intéressantes.

**Elle l'a porté :** dans la mythologie grecque, Rhéa est la déesse de la terre, fille d'Ouranos et de Gaïa. Elle épouse Cronos et devient mère de Déméter, d'Héra, de Poséidon et de Zeus. Elle symbolise la fécondité et la fondation. Dans la mythologie romaine, la vestale Rhéa Silvia est mère de Romulus et Rémus, fondateurs de Rome.
**Son évolution :** Rhéa, comme la plupart des prénoms mythologiques, est très rare.

## RHIANNON
**Rhianna, Riannon**

**D'où vient-elle ?** Rhiannon, d'origine galloise, signifie « pure jeune fille ».
**Elle serait...** communicative, sociable. Elle a besoin d'exprimer sa grande sensibilité, par la parole mais aussi à travers toute autre forme de création.
**Elle l'a porté :** dans la mythologie celte, Rhiannon est une divinité, symbolisée par un cheval blanc, déesse de la fertilité mais aussi des défunts.
**Son évolution :** Rhiannon est bien connue au pays de Galles, car ce prénom fut fréquent dans la littérature médiévale. Il est encore porté aujourd'hui, se rencontre parfois aux États-Unis, mais il est très rare en France.
**Ses cousines :** Rhianna, Riannon.

## RICHARDE
**Richilde**

**D'où vient-elle ?** Richarde, d'origine germanique, signifie « forte souveraine ».
**On la fête** le 18 septembre. Richarde est l'épouse de Charles III le Gros, roi des Francs de Rhénanie puis empereur d'Occident. Après 19 ans de mariage, elle est accusée d'adultère et répudiée par le roi. Elle finit par prouver son innocence et décide de quitter son époux, fuit et devient religieuse dans le monastère qu'elle avait fondé à Andlau, en Alsace. Elle y meurt en 895.
**Elle serait...** sociable, créative, artiste. Elle a aussi tendance à se disperser, car elle est tentée par tous les modes d'expression et passe de l'un à l'autre avec facilité.
**Elle l'a porté :** Richilde de Provence, seconde femme de Charles II le Chauve. Elle administra le royaume pendant que le roi guerroyait contre les Sarrasins, et plus tard à la mort de son mari, pendant la minorité de Louis le Bègue, issu du premier mariage de Charles. Elle se retira chez son frère en Provence où elle mourut en 910.
**Son évolution :** Richarde est un prénom médiéval qui, comme Renaude, est resté dans l'histoire. Voici plusieurs siècles qu'il a disparu.
**Sa cousine :** Richilde.
**À l'étranger :** Rica, Ricarda (Espagne), Ricca, Riccarda (Italie).
**Ses diminutifs :** Rickie, Ricky.
**Son masculin :** Richard.

## RITA

**D'où vient-elle ?** Rita est une forme hongroise de Marguerite, qui signifie en latin « perle ».
**On la fête** le 22 mai. Sainte Rita est née en 1381 à Cascia, en Italie. Elle est mariée de force par ses parents à un homme violent, sa famille est déchirée pendant 20 ans par la vendetta,

son mari est tué dans une affaire d'honneur et ses fils sont victimes d'une épidémie. À son veuvage, elle entre au couvent des augustines de Cascia. Rita décède le 22 mai 1457, elle est béatifiée en 1627 et canonisée en 1900 par Léon XIII. Sainte Rita est la patronne des causes désespérées.

**Elle serait...** individualiste, ambitieuse et déterminée. Mais aussi communicative, très ouverte, vive, spontanée et pleine de tact. Amie attentive, parente fiable, elle rallie tous les suffrages.

**Elle l'a porté :** Rita Hayworth, de son vrai nom Margarita Carmen Cansino, née aux États-Unis de parents espagnols artistes qui lui apprennent à danser dès l'âge de 4 ans. À 12 ans, elle est danse le tango et le boléro avec son père au cabaret. Elle tourne quelques petits rôles à partir de 1933. En 1938, elle devient Rita Hayworth et joue dans une comédie musicale avec Fred Astaire. Le film *Gilda*, en 1946, la fait entrer dans la légende. Elle fut mariée à Orson Welles et au prince Ali Khan et en divorcera. Elle s'éteint en 1987.

**Elle le porte :** Rita Mitsouko est le nom d'un duo de chanteurs compositeurs créé par Catherine Ringer et Frédéric Chichin en 1980.

**Son évolution :** Rita est l'un des premiers diminutifs employé comme prénom dans les années 1930, ce qui à cette époque était rarissime. Elle a connu une vague de succès dans les années 1940, pour disparaître très vite et ne plus revenir.

**Sa forme initiale** : Marguerite.

## RIWALENN

**D'où vient-elle ?** Riwalenn signifie en celte « reine valeureuse ».

**On la fête** le 15 juillet avec Riwal.

**Elle serait...** une maîtresse de maison parfaite, une épouse modèle, une mère idéale. Un vrai portrait de la femme au foyer.

**Son évolution :** Riwalenn est un prénom breton, connu depuis longtemps sur sa terre natale, rarissime dans le reste de la France.

**Son masculin** : Riwal.

## ROBERTE

### Rigoberte, Roberta, Robertine, Robine

**D'où vient-elle ?** Roberte, d'origine germanique, signifie « gloire illustre ».

**On la fête** le 30 avril avec Robert.

**Elle serait...** indépendante et plutôt solitaire. Elle a tendance à se méfier de tout et de tous, mais lorsqu'elle accorde sa confiance, c'est pour la vie.

**Son évolution :** Roberte, compagne de Gilberte, a prénommé quelques filles au début du XX$^{e}$ siècle, mais elles ont eu la vie courte.

**Ses cousines** : Rigoberte, Roberta, Robertine, Robine.

**Ses diminutifs** : Robbie, Robby.

**Son masculin** : Robert.

## ROCHELLE

**D'où vient-elle ?** Rochelle est la forme féminine de Roch, d'origine germanique, qui signifie « gloire ».

**On la fête** le 16 août avec Roch.

**Elle serait...** stable, épanouie, tranquille. Sa sérénité est un bienfait pour tous ceux qu'elle approche. Elle n'a qu'une passion : sa famille et son foyer.

**Elle le porte :** Rochelle est un personnage du roman de Boris Vian *L'Automne à Pékin*, paru en 1947.

**Son évolution :** Rochelle, apparue de façon très marginale dans les milieux littéraires au milieu du XX$^{e}$ siècle, reste rarissime.

**À l'étranger** : Roquelia, Roquelina (Espagne).

**Son masculin** : Roch.

## RODHA

### Rhoda, Rhodia

**D'où vient-elle ?** Rodha, d'origine grecque, signifie « rose ».

**On la fête** le 23 août avec Rose.

**Elle serait...** ambitieuse, volontaire, énergique. Rodha est une maîtresse femme dotée d'un caractère fort : puissance de travail, puissance de réflexion, puissance d'action.

**Son évolution :** Rodha est courante en Grèce et on la rencontre aussi aux États-Unis.
**Ses cousines :** Rhoda, Rhodia.
**Ses diminutifs :** Rhodie, Rhody.

## ROLANDE

**D'où vient-elle ?** Rolande, d'origine germanique, signifie « terre glorieuse ».
**On la fête** le 13 mai. Rolande, fille de Didier, dernier roi des Lombards, échappe au roi d'Écosse auquel elle a été promise en mariage. En 770, Charlemagne l'épouse contre son gré, puis la répudie et l'exile avec son père, en 774, à Pavie. Elle entre au couvent Sainte-Ursule à Cologne, puis meurt d'épuisement près de Liège.
**Elle serait...** sociable, conviviale, curieuse, enjouée, optimiste. Un bonheur pour ses nombreux amis. Elle redoute les conflits, cherche à préserver avant tout son équilibre.
**Elle l'a porté :** la pianiste Rolande Falcinelli, décédée en 2006.
**Son évolution :** c'est dans les années 1930 que ce vieux prénom a connu un succès bien relatif, dans la foulée de Gilberte et Roberte.
**À l'étranger :** Orlanda, Rolanda (Espagne).
**Son masculin :** Roland.

## ROMANE
### Romaine, Romea

**D'où vient-elle ?** Romane est une forme féminine de Romain qui signifie « de Rome ».
**On la fête** le 28 février avec Romain.
**Elle serait...** charmante, curieuse, drôle et opportuniste. Elle croit beaucoup en sa chance et attend le bon moment pour agir, car elle n'a pas la passion de l'effort.
**Elles le portent :** Romane Bohringer, fille de Richard Bohringer, née en 1973, qui commença sa carrière au cinéma à 12 ans. En 20 ans, elle a tourné près de 40 films et joué également plusieurs pièces de théâtre. Romane Serda, chanteuse, ex-épouse du chanteur Renaud.
**Son évolution :** Romane était fêtée dans le calendrier républicain. Il y avait bien Laitue ! Romane s'est fanée dès le début du XX^e^ siècle. À partir de 1980, ce prénom refait surface, il se maintient au top 50.
**Sa cousine :** Romaine.
**Dans nos régions :** Romea (Pays basque), Ruvona, Ruvonenn, Ruvonez (Bretagne).
**À l'étranger :** Romana (République tchèque), Romelia (Mexique), Romina (Chili, Colombie).
**Ses masculins :** Romain, Roman.

**Son heure de gloire**

Le début du XXI^e^ siècle, grâce, certainement, à la personnalité de l'actrice Romane Bohringer. Le masculin Roman, qui se prononce comme Romane, est, lui aussi, très apprécié.

## ROMY
### Rosemarie

**D'où vient-elle ?** Romy est un diminutif de Rosemarie, courant en Allemagne et en Autriche.
**On la fête** le 23 août avec Rose.
**Elle serait...** droite, franche, éprise de justice, de pouvoir et à la recherche d'une stabilité matérielle. Inquiète, elle a besoin de sécurité.
**Elle l'a porté :** Romy Schneider, née en 1938 en Autriche de parents comédiens. Elle joue ses premiers rôles avec sa mère Magda, parmi lesquels Sissi qui la fait connaître à l'Europe entière en 1955. Elle remporte deux Césars de la meilleure actrice, en 1974 pour *L'Important c'est d'aimer* et en 1978 pour *Une histoire simple*. Très meurtrie par la mort accidentelle de son fils âgé de 14 ans, elle décède en 1982.
**Son évolution :** C'est Romy Schneider qui l'a fait connaître en France où il reste discret, bien que présent dans le top 100 des prénoms féminins.
**Sa forme initiale :** Rosemarie.

## ROSALIE

**D'où vient-elle ?** Rosalie est un prénom composé de « Rose » et « Lis ».
**On la fête** le 4 septembre. Ermite en Sicile au XII^e^ siècle, sainte Rosalie vit dans une grotte du mont Pellegrino près de Palerme. Elle y décède

en 1160. Elle devient la patronne de la ville. Ses reliques, découvertes en 1624, ont été déposées dans la cathédrale de Palerme.

**Elle serait...** dynamique, curieuse et aussi parfois un peu dispersée, car elle s'intéresse à tout et passe d'un sujet à un autre avec une extrême facilité.

**Elles le portent :** Rosalie est l'un des personnages du film *César et Rosalie* de Claude Sautet, joué par Romy Schneider et Yves Montand en 1972, Rosalie van Breemen, ancien mannequin néerlandais, qui fut l'épouse d'Alain Delon et d'Alain Afflelou.

**Son évolution :** Rosalie concurrençait Rose au XIX$^{e}$ siècle. Elle a rapidement disparu.

**Dans nos régions :** Errosali, Roxali (Pays basque), Rosela (Gascogne), Rousalie (Normandie), Rousalio (Provence).

**À l'étranger :** Rosalia (Catalogne, Espagne), Rosaleen (Irlande), Rosel (Pays-Bas), Rozalia (Hongrie, Pologne).

## ROSALINDE

**Rosaline, Roseline**

**D'où vient-elle ?** Rosalinde, d'origine germanique, signifie « jolie rose ».

**On la fête** le 23 août avec Rose.

**Elle serait...** réservée et sur la défensive ou bien sociable et bavarde quand elle se sent en confiance. Susceptible, elle doute d'elle et a besoin de sécurité affective pour s'affirmer.

**Son évolution :** cette forme originelle de Roseline est bien connue dans les pays de langue allemande, elle est rare en France.

**Ses cousines :** Rosaline, Roseline.

**À l'étranger :** Rosalind (Grande-Bretagne, États-Unis), Rosalinda (Italie), Rozalinda (Russie).

## ROSANNE

**Rosanna**

**D'où vient-elle ?** Rosanne est un composé de « Rose » et « Anne ».

**On la fête** le 23 août avec Rose.

**Elle serait...** douce et conciliante, sociable et généreuse. En apparence, car elle est très volontaire et ambitieuse. Elle défend ses principes avec obstination.

**Elle le porte :** Rosanna Arquette, actrice américaine qui fut révélée par son interprétation dans le film *Recherche Susan désespérément*, en 1985. Son rôle dans *Le Grand Bleu*, en 1988, en fit une actrice de renommée internationale. En 2002, elle devint productrice.

**Son évolution :** Rosanne est apparue comme Roseline dans les années 1950, après le départ de Rose et de Rosalie. Elle n'a pas complètement disparu, appréciée par les familles BCBG.

**Sa cousine :** Rosanna.

## ROSE

**Rosalie, Rosanne, Roselinde, Roseline, Rosemonde, Rosette, Rosie, Rosine, Rosita**

**D'où vient-elle ?** Rose, d'origine latine, signifie « rose ».

**On la fête** le 23 août. Née à Lima au Pérou en 1586, Isabelle Fleures est la fille d'un colon espagnol et d'une métisse. Surnommée Rose par saint Thuribe, archevêque de Lima, le jour de sa confirmation, elle travaille très tôt pour aider ses parents et partage son temps entre prières, pénitences et privations. Refusant d'obéir à son père qui veut la marier, elle entre en 1606 dans le tiers ordre de Saint-Dominique.

**Elle serait...** communicative, enjouée, optimiste. Elle supporte mal la solitude, affiche une confiance en elle à toute épreuve, s'intéresse à tout, sauf à l'ordre !

**Elles l'ont porté :** Rosa Luxembourg, Polonaise naturalisée allemande, née en 1870. Très jeune, elle a parlé 5 langues et a préparé une thèse sur l'économie politique et l'industrialisation de la Pologne. Toute sa vie, elle fut une militante et une théoricienne marxiste, socialiste et communiste. Elle mourut en 1919. Rose Kennedy, mère de 9 enfants, qu'elle éleva dans l'ambition de jouer un rôle influent dans la vie politique des États-Unis. Son premier fils étant mort à la guerre, ce fut le deuxième, John Fitzgerald, qui fut président des États-Unis. Ses deux autres fils furent ministres et sénateurs. Connue dans son pays pour ses œuvres philanthropiques, Rose s'éteignit à 104 ans, en 1995.

**Elle le porte :** Rose Mac Gowan, actrice américaine, qui a joué dans la série *Charmed*.

**Son évolution :** Rose fleurit au XIX$^{e}$ siècle, suivie par Rosalie. Le XX$^{e}$ siècle les oublie, alors que d'autres fleurs s'ouvrent, comme Capucine. Mais 2000 la voit revenir. Elle s'épanouit depuis 2010, parfois en prénom composé.

**Sa forme initiale :** Rosa.

**Ses cousines :** Rosalie, Rosanne, Roselinde, Roseline, Rosemonde, Rosette, Rosie, Rosita.

**Dans nos régions :** Arroxa, Errita, Errosa, Erroxa, Txaro (Pays basque), Rosada (Gascogne), Roso, Rousselino (Provence), Roti (Polynésie), Rozen, Rozena, Rozenn (Bretagne).

**À l'étranger :** Roise, Roisin, Rosheen (Irlande), Rosa, Rosamunda, Rosamunde (Catalogne, Espagne, Italie), Rosamond (Grande-Bretagne, États-Unis), Rosanna (Italie), Röschen (Allemagne), Roselani (Hawaï), Rosika (Hongrie), Roza (Pologne, Russie), Rozene (Amérindien).

## ROSELINE

### Roselinde, Roselyne

**D'où vient-elle ?** Roseline est composée de « Rose » et « Line ».

**On la fête** le 23 août avec Rose.

**Elle serait...** intellectuelle, intuitive, dotée d'un bon sens de l'analyse et d'un esprit critique, ce qui lui donne de solides outils pour réussir dans sa vie professionnelle.

**Elle le porte :** Roselyne Bachelot, femme politique, ministre des Solidarités et de la cohésion sociale dans le gouvernement Fillon.

**Son évolution :** Roseline apparaît quand Rose se retire, dans les années 1930. C'est entre 1950 et 1960 qu'on la rencontre le plus souvent. Elle a disparu aujourd'hui.

**Ses cousines :** Roselinde, Roselyne.

## Les prénoms fleurs

Les parents attachés aux beautés de la nature n'ont que l'embarras du choix. **Rose** et **Marguerite** furent des pionnières au XIX$^{e}$ siècle, aujourd'hui, ce sont **Violette** et **Isis** qui sont les favorites. Voici un jardin de prénoms et leurs symboles :

**Althéa** : amour sincère
**Amarante** : amour durable
**Amaryllis** : orgueil
**Anémone** : persévérance
**Angélique** : inspiration
**Aubépine** : espoir
**Camélia** : fierté
**Capucine** : reproche
**Dahlia** : reconnaissance
**Églantine** : bonheur éphémère
**Garance** : calomnie
**Gardénia** : sincérité
**Holly** : porte-bonheur
**Hortense** : caprice
**Iris** : cœur tendre
**Jacinthe** : joie de cœur
**Jasmine** : amour voluptueux
**Laura** (laurier) : victoire
**Lilas** : amour
**Malvina** : peine de cœur
**Marguerite** : estime
**Muguette** : coquetterie discrète
**Myosotis** : souvenir fidèle
**Pâquerette** : aspiration
**Rose** : amour
**Véronique** : fidélité
**Violette** : modestie
**Zinnia** : inconstance

## ROSEMARIE

**D'où vient-elle ?** Rosemarie est une combinaison de « Rose » et « Marie ».

**On la fête** le 23 août avec Rose.

**Elle serait...** autoritaire, franche et susceptible, car elle est très fière et supporte mal qu'on la critique. Une bonne raison : elle manque cruellement de confiance en elle.

**Elles l'ont porté :** *Rosemary's Baby* est le titre d'un roman paru en 1967 et porté à l'écran en 1968, dans lequel Mia Farrow tient le rôle principal.

**Son évolution :** ce prénom a suivi Rose au milieu du XXe siècle, puis il a disparu ; il n'est pas encore revenu de son exil.

**À l'étranger :** Rosamaria (Espagne, Italie) Rosemary (Grande-Bretagne, États-Unis).

## ROSINE

**Rosanne, Rose, Roselinde, Rosie**

**D'où vient-elle ?** Rosine est une variante de Rose, qui signifie en latin « rose ».

**On la fête** le 11 mars. Ermite en Bavière au XIIe siècle, sainte Rosine est vénérée dans cette région où une église lui est dédiée.

**Elle serait...** attentive, amicale, dévouée à sa famille et à ses amis. Mais elle est aussi attachée aux biens matériels qui garantissent son confort et sa sécurité.

**Son évolution :** en Irlande, Roisin est populaire depuis le XVIe siècle. En France, Rosine est toujours dans l'ombre de Rose.

**Sa forme initiale :** Rose.

**Ses cousines :** Roselinde, Rosie.

**Dans nos régions :** Rousino (Provence).

**À l'étranger :** Roisin (Irlande), Rosina (Espagne).

## ROXANE

**D'où vient-elle ?** Roxane signifie en perse « brillante comme l'aurore ».

**On la fête** le 7 septembre. En 327 avant J.-C., Roxane est capturée avec son père par les troupes d'Alexandre le Grand qui en fait son épouse. Le fils qui naît de cette union, Alexandre Aigos, deviendra roi de Macédoine après de nombreuses intrigues de Roxane. Elle est assassinée vers 310 avant J.-C. avec son fils sur ordre de Cassandre.

**Elle serait...** amicale, attentive, dévouée, charmeuse. On pourrait penser qu'elle est superficielle, mais elle a une grande force de caractère.

**Elles le portent :** Roxane, héroïne de *Cyrano de Bergerac* d'Edmond Rostand écrit en 1897. Roxane Mesquida, actrice française. *Roxane* est le titre d'une célèbre chanson du groupe *The Police* de 1977.

**Son évolution :** Roxane est surtout connue pour être l'héroïne de Cyrano de Bergerac. C'est dire qu'elle n'est pas très courante, comme la plupart des prénoms littéraires.

**À l'étranger :** Roksana (Pologne, Russie), Rosanna (Italie), Roxana (Espagne, Hongrie).

## RUBY

**D'où vient-elle ?** Ruby, d'origine anglaise, fait référence à la pierre précieuse le rubis.

**On la fête** le 10 mars avec Esméralda.

**Elle serait...** vive, imaginative, créative. Elle aime être entourée et a besoin d'une vie sociale riche pour s'épanouir. Tous les modes d'expression la tentent.

**Elle le porte :** la productrice et scénariste américaine Ruby Lee.

**Son évolution :** Ruby est un prénom ancien, longtemps oublié outre-Manche ; il prend sa revanche et devient l'un des favoris des Irlandais.

## RUTH

**D'où vient-elle ?** Ruth signifie en hébreu « celle qui compatit ».

**On la fête** le 3 juillet. Personnage biblique, Ruth perd son mari et suit sa belle-mère Noémie à laquelle elle est très attachée au pays de Moab. Mais Noémie la persuade de se remarier ; elle retourne à Bethléem où elle épouse Booz et donne naissance à Obed, le grand-père du roi David.

**Elle serait...** travailleuse, exigeante et déterminée, en dépit d'une attitude réservée, timide même. Elle se livre peu bien qu'elle ait une grande sensibilité.

**Elle l'a porté :** Ruth Elisabeth Davis, dite Bette Davis, actrice américaine née en 1908. En près de 60 ans de carrière, elle tournera plus de cent films et sera nominée dix fois pour les Oscars. *Qu'est-il arrivé à Baby Jane ?* sera l'un des fleurons de sa carrière, ainsi que *L'Argent de la vieille*, qu'elle tournera en 1972. En 1987, elle joue son dernier rôle et s'éteint en 1989.

**Elle le porte :** Ruth Elkrief, journaliste sur BFM TV.

**Son évolution :** ce prénom est traditionnel dans les familles de confession juive.

**Sa forme initiale** : Routh.

**À l'étranger** : Rut (République tchèque).

**Ses diminutifs** : Ruthie, Ruthy.

# S

## SABINE

**Sabrina**

**D'où vient-elle ?** Sabine signifie en latin « issue du peuple Sabini », peuple occupant l'Italie centrale. Lorsque Rome fut fondée, les bâtisseurs manquaient de femmes. Ils convièrent leurs voisins, les Sabins, à participer à des jeux et en profitèrent pour enlever leurs épouses et leurs filles. L'enlèvement des Sabines est un épisode de l'histoire de Rome souvent reproduit par les peintres. Les Sabines s'attachèrent aux Romains et évitèrent le combat entre les deux peuples en s'interposant. Un traité fut conclu entre les deux peuples afin que la cohabitation soit pacifique.

**On la fête** le 29 août. Sabine, chrétienne romaine, fut martyrisée à Rome vers 127 avec son esclave Séraphie. L'église Sainte-Sabine de Rome lui est dédiée.

**Elle serait...** active, travailleuse, mais aussi un peu dispersée. Curieuse et éclectique, elle s'intéresse à tout et papillonne beaucoup.

**Elle le porte :** Sabine Azéma prend des cours de théâtre après ses études littéraires. Le public la découvre dans *Un dimanche à la campagne*. Par la suite, elle tourne une longue série de films à succès : *Le Bonheur est dans le pré* en 1995, *On connaît la chanson* en 1997, *Tanguy* et *La Chambre des officiers* en 2001. Elle est également réalisatrice.

**Son évolution :** c'est dans les années 1950 que Sabine apparaît en France, poursuivant son ascension jusqu'en 1970, pour s'éloigner. Aujourd'hui, elle est rarissime.
**Sa cousine :** Sabrina.
**Dans nos régions :** Sabino (Provence), Xabadin, Xabina (Pays basque).
**À l'étranger :** Sabina (Allemagne, Grande-Bretagne, États-Unis, Italie, Pologne, République tchèque), Sabinchen (Allemagne), Savina (Espagne), Szabina (Hongrie).
**Ses masculins :** Sabien, Sabin, Sabinien.

## SABRINA

**D'où vient-elle ?** Sabrina est une variante de Sabine, qui signifie en latin « issue du peuple Sabini », peuple occupant l'Italie centrale.
**On la fête** le 29 août avec Sabine.
**Elle serait...** indépendante et allergique à toute contrainte, ce qui complique un peu sa vie professionnelle. Elle est beaucoup plus souple dans sa vie privée, mais supporte mal les critiques.
**Son évolution :** Sabrina a connu une vague de succès dans les années 1970. Elle est appréciée aussi bien par les familles anglophones que par les familles portugaises ou maghrébines.

## SACHIKO

**D'où vient-elle ?** Sachiko signifie en japonais « fille de l'intelligence ».
**Elle serait...** communicative, conciliante et pleine de tact. Elle cultive ses relations, par plaisir et par nécessité. Artiste dans l'âme, elle cherche un moyen d'exprimer sa sensibilité.
**Son évolution :** Sachiko est l'un des prénoms japonais appréciés des familles françaises.

## SALIMA

**Salema, Salma, Selima, Selma, Soulaima**

**D'où vient-elle ?** Salima signifie en arabe « saine de corps et d'esprit ».
**Elle serait...** énergique, autoritaire, ambitieuse. Elle aime décider, commander. Pas de second

## *L'Ancien Testament*

Prénoms de tradition par excellence, les prénoms bibliques sont chargés d'histoire et de symbolique. Ils sont portés par les enfants de confession juive, mais aussi très souvent par les enfants de familles protestantes.

Voici quelques-uns des prénoms les plus portés :

**Abigail**
**Athalie**
**Béthanie**
**Bethsabée**
**Déborah**
**Dinah**
**Éliane**
**Élisabeth**
**Esther**
**Jessica**
**Judith**
**Léa**
**Myriam**
**Noa**
**Noémie**
**Rachel**
**Rebecca**
**Ruth**
**Salomé**
**Sarah**
**Soshana**
**Tsipora**

rôle pour elle. Sa puissance de travail et sa finesse lui permettent de parvenir à ses fins.

**Elles le portent :** la bégum Salimah, qui fut l'épouse d'Aga Khan IV de 1969 à 1994. Salma Hayek, actrice, réalisatrice et productrice, née au Mexique en 1966 d'une mère mexicaine et d'un père libanais. En 2002, elle interpréta le rôle de Frida Kahlo dans le film *Frida*.

**Son évolution :** Salima est un grand classique de la culture arabe. Salma est plus fréquente aujourd'hui.

**Ses cousines :** Salema, Salma, Selima, Selma, Soulaima.

**Ses masculins :** Salim, Salmane, Selim, Selmane, Soulaim.

## SALOMÉ

**D'où vient-elle ?** Salomé, d'origine hébraïque, signifie « paix ».

**On la fête** le 22 octobre. Sainte Marie-Salomé, épouse de Zébédée, est l'une des femmes qui apportèrent des parfums pour oindre le corps du Christ après sa mort. Elle serait la mère des apôtres Jacques le Majeur et Jean. Elle est l'une des « saintes Marie de la mer » qui seraient venues s'établir en Camargue.

**Elle serait...** rigoureuse, franche et courageuse. Sa conscience professionnelle et sa puissance de travail lui permettent de mener une vie professionnelle réussie. Elle n'en est pas moins charmante.

**Elle l'a porté :** dans la Bible, Salomé est une séductrice qui danse langoureusement devant les invités de son beau-père Hérode Antipas. Pour la récompenser, il veut lui offrir un cadeau, celui qu'elle désire. Elle demande qu'on lui apporte sur un plateau la tête de saint Jean-Baptiste. Cette scène fut illustrée par les peintres et par les metteurs en scène.

**Son évolution :** prénom biblique, Salomé est longtemps restée discrète, sans doute entachée d'une réputation perverse. Elle commence à s'en débarrasser.

**Son masculin :** Salomon.

## SAMANTHA

**Samétane, Samthanna**

**D'où vient-elle ?** Samantha signifie en araméen « celle qui écoute ».

**On la fête** le 19 décembre Moniale irlandaise au VIII$^{e}$ siècle, sainte Samthann sauvait, recueillait et élevait des enfants, et convertissait les mécréants.

**Elle serait...** charmante, élégante et conciliante. Mais elle est aussi rigoureuse, énergique et travailleuse. Autonome, elle accepte rarement les conseils et les critiques.

**Elles le portent :** Samantha Fox, chanteuse britannique qui connut son heure de gloire dans les années 1980. Samantha est le prénom de l'héroïne de la célèbre série américaine des années 1960 *Ma Sorcière bien-aimée*, interprétée par Elisabeth Montgomery.

**Son évolution :** Samantha était très courante aux États-Unis dans les années 1950. En France, elle est rare.

**Sa forme initiale :** Samthann.

**Ses cousines :** Samétane, Samthanna.

## SANDRA

**Alexandra, Sandrine**

**D'où vient-elle ?** Sandra est un diminutif d'Alexandra, qui signifie en grec « celle qui repousse ».

**On la fête** le 20 mars avec Alexandra.

**Elle serait...** dynamique, énergique et communicative. Elle se disperse facilement, car elle est touche à tout. Hypersensible, elle est vulnérable.

**Elle le porte :** Sandra Bullock, actrice américaine, révélée au grand public en 1994 par le film *Speed*.

**Son évolution :** Sandra fut précédée par Alexandra. Elle est l'un des premiers diminutifs à être portés en tant que prénoms, dans les années 1970. Elle n'est plus en vogue depuis les années 2000.

**Sa forme initiale :** Alexandra.

**Son masculin :** Alexandre.

## SANDRINE

**Alexandra, Alexandrine, Sandra**

**D'où vient-elle ?** Sandrine est un diminutif d'Alexandrine, variante d'Alexandra, d'origine grecque, qui signifie « celle qui repousse ».
**On la fête** le 2 avril avec Alexandrine.
**Elle serait...** communicative, spirituelle, dynamique. Son sens aigu de l'observation et son esprit critique lui permettent de déceler les failles de son entourage et d'en tirer parti.
**Elles le portent :** les actrices françaises Sandrine Bonnaire, révélée au public par le film *À nos amours,* et Sandrine Kiberlain, également comédienne de théâtre et chanteuse.
**Son évolution :** Sandrine est l'un des prénoms favoris des années 1970 et 1980, un peu plus fréquent que Sandra.
**Sa forme initiale :** Alexandrine.
**Dans nos régions :** Sandrina (Pays basque).
**Son masculin :** Alexandre.

### Son heure de gloire

Entre 1965 et 1975. Sandrine est au sommet pendant 10 ans, premier diminutif à atteindre cette popularité.

## SARAH

**Sadella, Sarene, Zahara, Zara**

**D'où vient-elle ?** Sarah signifie en hébreu « princesse ».
**On la fête** le 9 octobre. Sainte Sarah vécut en Galilée au Ier siècle, servante de Marie-Jacobé, Marie-Salomé et Marie-Madeleine. Elle les suivit en Gaule et s'installa avec elles en Provence, dans un lieu qui, aujourd'hui, porte le nom de Saintes-Maries-de-la-Mer. Sainte Sarah y est aujourd'hui vénérée par les Gitans. Le jour officiel du pèlerinage est le 24 mai, mais c'est le 19 août qu'a lieu la cérémonie annuelle qui célèbre sainte Sarah.
**Elle serait...** généreuse, dévouée, tranquille et conciliante. Mais elle est facilement submergée par son affectivité et, consciente de sa vulnérabilité, elle se réfugie dans le cocon familial.
**Elles l'ont porté :** selon la Bible, Sarah est l'épouse du prophète Abraham. Âgée de 90 ans, elle n'a pas eu d'enfant. Les envoyés de Dieu lui prédisent une maternité imminente, ce qui la fait rire. Elle met au monde un fils, Isaac. Selon l'Ancien Testament, elle serait morte à 127 ans.
Sarah Bernhardt, de son vrai nom Rosine Bernardt, était une actrice de théâtre française, née en 1844 à Paris. Sortie du Conservatoire en 1862, elle entre à la Comédie-Française, qu'elle quitte ensuite pour l'Odéon en 1866. En 1880, elle crée sa propre compagnie avec laquelle elle part jouer à l'étranger, à Londres, à Copenhague, aux États-Unis, en Russie. De retour en France, elle dirige le Théâtre de la Renaissance, puis le Théâtre des Nations où elle joue *La Dame aux camélias.* À la fin de sa vie, elle s'illustre comme actrice du cinéma muet, reçut la Légion d'honneur en 1914 et mourut en 1923.
**Elles le portent :** Sarah Ferguson, ancienne altesse royale du Royaume-Uni, qui épouse le 23 juillet 1986 Andrew duc d'York. Ils eurent deux filles et divorcèrent en 1996. Sarah Michelle Gellar et Sarah Jessica Parker, toutes deux actrices américaines et héroïnes de séries télévisées, *Buffy contre les vampires*, pour la première, et *Sex and the City*, pour la seconde.
**Son évolution :** Sarah est un prénom international par excellence. Elle est très courante aux États-Unis et dans les pays anglophones en général, mais aussi dans les familles arabes. Elle fait partie du top 20 en France depuis plus de dix ans. On rencontre assez souvent Marie-Sarah.
**Ses cousines :** Sadella, Sarene, Zahara, Zara.
**À l'étranger :** Laria, Saara, Sadella, Saija (Finlande), Sallie, Sally, Zarah (Grande-Bretagne, États-Unis), Sara (Espagne, Hongrie, Irlande, Scandinavie), Saray (Espagne), Sarolta (Hongrie).

## Prénoms cosmopolites

Trouver un prénom qui plaise aux deux parents lorsqu'on a des cultures différentes n'est pas toujours simple. On recherche une sonorité harmonieuse, et une orthographe unique.

Quelques idées ?
**Sarah**, « la princesse » en hébreu, est commune aux trois religions monothéistes, aussi fréquente aux États-Unis qu'en Europe, dans la culture judéo-chrétienne, mais aussi musulmane.
**Inès**, forme espagnole d'Agnès, plaît autant au milieu BCBG pour qui elle a une origine grecque qui signifie « chaste », qu'aux familles de culture arabe qui voient en elle la « compagne ».
Tout aussi internationales, **Emma**, **Sophia**, **Anna** et **Iris** se rencontrent dans les tops prénoms de la plupart des pays d'Europe, au Canada et aux États-Unis.
**Alice**, **Eden**, **Rose**, **Ella**, **Isla** et **Lily** plaisent dans les pays de langue anglaise.
**Victoria**, **Emma**, **Mia**, **Éva**, **Julia**, **Laura** et **Olivia** sont favorites dans les pays latins, en particulier l'Espagne et l'Italie.

## SASCHA

**D'où vient-elle ?** Sascha, diminutif d'Alexandra, signifie en grec « celle qui repousse ».
**On la fête** le 22 avril avec Alexandra.
**Elle serait...** adroite, rapide, pourvue d'un sens de l'observation aigu qui lui permet de comprendre et d'anticiper les réactions de son entourage.
**Son évolution :** Sacha, au masculin, était bien connu depuis des décennies pour être le diminutif le plus courant d'Alexandre. Mais Sascha au féminin est très récente. Apparue en 1990, elle fut à son apogée dans les années 2000. Elle est plus discrète aujourd'hui.
**Sa forme initiale :** Alexandra.
**Son masculin :** Sacha.

## SAVANNAH

**D'où vient-elle ?** Savannah, américaine, signifie « originaire de la plaine fertile ».
**Elle serait...** méthodique et organisée. Elle s'intéresse à la vie matérielle, sait accroître ses biens et son pouvoir. Elle a un sens inné de la justice et de l'équité et se montre d'une parfaite loyauté en toute occasion.
**Son évolution :** Savannah fait partie des prénoms géographiques fréquemment donnés aux États-Unis.

## SCARLETT

**D'où vient-elle ?** Scarlett signifie en latin « de couleur écarlate ».
**Elle serait...** rigoureuse et déterminée, mais aussi inquiète. Elle s'intéresse aux biens matériels qui la sécurisent et qu'elle gère avec soin.
**Elles le portent :** Scarlett O'Hara est le personnage principal du roman de Margaret Mitchell *Autant en emporte le vent* et du film mythique du même nom. Scarlett Johansson, actrice américaine révélée par son rôle dans le film *L'Homme qui murmurait à l'oreille des chevaux*, en 1998. Son succès ne se dément pas dans ses films suivants, comme *Lost in Translation*, *La Jeune Fille à la perle* et *Match Point*.
**Son évolution :** c'est incontestablement le personnage de Scarlett O'Hara qui lança ce prénom aux États-Unis où il était inconnu avant 1939. Scarlett est arrivée en France dans les années 1990, mais elle reste très marginale.

## SÉBASTIENNE

**Bastiane, Bastienne, Sébastiane**

**D'où vient-elle ?** Sébastienne est le féminin de Sébastien, d'origine grecque, qui signifie « honoré ».

**On la fête** le 16 septembre. Sainte Sébastienne aurait été convertie par saint Paul en Thrace, au Ier siècle, et elle aurait été décapitée.

**Elle serait...** très sensible à son environnement. Ouverte ou secrète, audacieuse ou timorée, insouciante ou inquiète. Sa famille est son refuge.

**Son évolution :** Sébastienne n'a jamais connu le succès de son masculin. Elle est restée très marginale.

**Ses cousines :** Bastiane, Bastienne, Sébastiane.

**Dans nos régions :** Sastiana, Sebastene (Pays basque).

**À l'étranger :** Sévastiana, Sévastiane (Espagne).

**Ses masculins :** Bastien, Sébastien.

## SÉGOLÈNE

**Segolaine, Sigolaine, Sigolène**

**D'où vient-elle ?** Ségolène, d'origine germanique, signifie « douce victoire ».

**On la fête** le 24 juillet. Sainte Ségolène vécut au VIIe siècle près d'Albi. Elle y fonda un monastère pour soigner les lépreux. Ses reliques sont conservées dans la cathédrale d'Albi.

**Elle serait...** souple et éclectique. Elle s'intéresse à tout et s'adapte avec facilité à toutes les situations. Elle est spirituelle et sociable.

**Elle le porte :** Ségolène Royal, née Marie-Ségolène Royal, femme politique française, membre du Parti socialiste. Ancienne députée et ancien ministre des gouvernements Bérégovoy et Jospin, candidate à l'élection présidentielle le 6 mai 2007, elle est présidente du Conseil régional de Poitou-Charentes.

**Son évolution :** Ségolène est un prénom classique qui a traversé le XXe siècle sans jamais être à la mode, et donc sans jamais se démoder. Elle est appréciée par les familles BCBG.

**Ses cousines :** Segolaine, Sigolaine, Sigolène.

**À l'étranger :** Sigourney (Grande-Bretagne, États-Unis).

## SEIKO

**D'où vient-elle ?** Seiko signifie en japonais « fille du succès ».

**Elle serait...** indépendante, vive, optimiste et dynamique. Elle adore bouger, changer de vie, de look, de métier. Elle veut tout connaître et tout goûter.

**Son évolution :** Seiko est fréquente au Japon, mais, en Europe, la marque de montres lui nuit un peu.

## SÉLÉNÉ

**Célimène, Séléna**

**D'où vient-elle ?** Séléné signifie en grec « lune ».

**On la fête** le 10 novembre avec Nymphe.

**Elle serait...** artiste, fantaisiste, voire originale. Elle vit menée par son hyperactivité. Communicative, elle agit avec tact et mesure dans ses relations sociales pour éviter les conflits.

**Elle le porte :** Sélene est la personnification de la lune, sœur d'Hélios, personnification du soleil, et d'Éos, personnification de l'aurore.

**Son évolution :** comme la majorité des prénoms mythologiques, Séléné est rare.

**Ses cousines :** Célimène, Sélina.

**À l'étranger :** Selena (Espagne, Mexique, Russie), Selene (Grèce).

## SELMA

**D'où vient-elle ?** Selma, d'origine germanique, signifie « protégée du dieu Ans ». Selma est aussi un prénom d'origine arabe, qui signifie « paix ».
**On la fête** le 21 avril avec Anselme.
**Elle serait...** rigoureuse, obstinée, travailleuse. Sa réussite sociale et professionnelle est une priorité pour laquelle elle sacrifie beaucoup.
**Son évolution :** Selma fait aujourd'hui partie du top 100 des prénoms féminins.
**Son masculin :** Anselme.

## SÉPHORA

**Saphira, Sophora, Zipeh, Ziporah, Ziposra, Zippora, Zipporah**

**D'où vient-elle ?** Séphora (ou Tsipora) signifie en hébreu « oiselle ».
**Elle serait...** ambitieuse, travailleuse et volontaire. Le succès est sa préoccupation principale. Elle accepte mal les critiques et les échecs.
**Elle l'a porté :** dans la Bible, Tsipora fut une femme de Moïse.
**Elle le porte :** Séphora est le nom d'une chaîne de magasins cosmétiques.
**Son évolution :** Séphora est un prénom classique dans la culture juive. Mais l'utilisation de ce prénom pour une marque risque de lui nuire.
**Sa forme initiale :** Tsipora.
**Ses cousines :** Saphira, Sophora, Zipeh, Ziporah, Ziposra, Zippora, Zipporah.
**À l'étranger :** Sefora (Espagne).

## SÉRAPHINE

**Seraffina, Serafina, Séraphia, Séraphie, Séraphina, Séraphita**

**D'où vient-elle ?** Séraphine signifie en hébreu « ardente ».
**On la fête** le 9 septembre. Sueva Montefelto, née en 1434, fut l'épouse infidèle du duc de Pesaro. Pour la punir, son mari l'enferma au couvent des clarisses en 1457. Elle devint abbesse en 1475 et prit le nom de Séraphine. Elle mourut en 1478 et fut béatifiée en 1754 par le pape Benoît XIV à la demande des habitants de Pesaro. Sainte Séraphine devint alors la patronne de la ville.
**Elle serait...** affective et hypersensible. L'ambiance, l'environnement sont des facteurs qui déterminent son caractère. Elle peut être aussi bien épanouie ou renfermée selon le cas.
**Son évolution :** Séraphine s'est manifestée au XIX$^{e}$ siècle et au début du XX$^{e}$ siècle, tout en étant très discrète. Elle est rarissime aujourd'hui.
**Ses cousines :** Seraffina, Serafina, Séraphia, Séraphie, Séraphina, Séraphita.
**Son masculin :** Séraphin.

## SÉRÉNA

**Serenilla, Serenity**

**D'où vient-elle ?** Séréna signifie en latin « sereine ».
**Elle serait...** équilibrée, stable, en quête de partage et d'équité. Elle a un sens aigu de la justice. Elle s'intéresse aux aspects matériels de la vie, mais sans ostentation.
**Elle le porte :** Serena Williams, joueuse de tennis américaine, née le 26 septembre 1981 dans le Michigan. Elle a remporté 72 titres et se place aujourd'hui comme l'une des plus grandes joueuses mondiales.
**Son évolution :** Serena est un prénom assez fréquent aux États-Unis, ainsi que sa variante Serenity. En France, elle est très rare.
**Ses cousines :** Serenilla, Serenity.
**À l'étranger :** Szerena (Hongrie).

## SERVANE

**D'où vient-elle ?** Servane signifie en latin « esclave ».
**On la fête** le 1$^{er}$ juillet avec Servan.
**Elle serait...** amicale, enjouée, chaleureuse. Elle redoute la solitude et s'entoure toujours d'amis. Elle est curieuse, mais aussi un peu désordonnée.
**Son évolution :** ce prénom n'a jamais été courant. Il est plus fréquent dans les familles BCBG.
**Son masculin :** Servan.

## SÉVERINE

**Seva, Séveria, Séveriane**

**D'où vient-elle ?** Séverine signifie en latin « exigeante ».

**On la fête** le 27 novembre avec Séverin.

**Elle serait...** élégante, raffinée, amoureuse de l'ordre et de l'organisation. Sa maison est un écrin dont elle s'occupe avec un soin jaloux.

**Elle le porte :** Séverine Ferrer est une présentatrice de télévision, connue pour avoir présenté l'émission *Fan de*, de 1997 à 2005.

**Son évolution :** Séverine est un prénom qui date de l'Antiquité, mais il n'a jamais conquis son public. Une petite vague de succès lui a permis de se faire connaître dans les années 1970, mais elle a été bien éphémère.

**Ses cousines :** Seva, Séveria, Séveriane.

**Dans nos régions :** Xeberina (Pays basque).

**À l'étranger :** Seweryn (Pologne).

**Son masculin :** Séverin.

## SHANICE

**D'où vient-elle ?** Shanice est une variante de Shane, version irlandaise de Jeanne.

**On la fête** le 30 mai avec Jeanne.

**Elle serait...** éprise de liberté, de vie sociale, de plaisirs. Elle est active, rapide et s'adapte à toutes les situations. Les aventures l'enchantent. Mais elle ne connaît pas le sens de la rigueur et de l'ordre !

**Son évolution :** Shanice concurrence Shana aux États-Unis.

**Sa cousine :** Shana.

**Son masculin :** Shane.

## SHARON (mixte)

**D'où vient-elle ?** Sharon signifie en hébreu « plaine ».

**Elle serait...** sociable et expressive. Extravertie, elle a besoin d'exutoires à sa sensibilité et c'est souvent dans l'art qu'elle réussit à trouver sa voie.

**Elle le porte :** Sharon Stone, actrice américaine, révélée au grand public grâce à son rôle dans *Basic Instinct*, en 1992. Elle tourna un remake du film français *Les Diaboliques* avec Isabelle Adjani.

**Son évolution :** Sharon est portée aussi bien en Israël qu'aux États-Unis. Elle est rare en France.

**Son masculin :** Sharon est mixte à parité.

## SHEILA

**Shayla, Shaylee, Sheela, Sheelah, Sheilag, Sheilagh, Shelagh, Shiela**

**D'où vient-elle ?** Sheila est une forme irlandaise de Cécile, qui signifie en latin « aveugle ».

**On la fête** le 22 novembre avec Cécile.

**Elle serait...** réfléchie, réservée et sérieuse. Très sensible, elle exprime peu ses sentiments. Elle ne laisse rien au hasard et se fie plus à son travail qu'à sa chance.

**Elle le porte :** Sheila travaillait avec ses parents sur les marchés de la région parisienne lorsqu'elle se lança dans la chanson. *L'École est finie* marque le début d'une carrière fulgurante qui dura 10 ans, entre 1960 et 1970. Sheila chanta en plusieurs langues et fut l'une des grandes figures de la génération yé-yé.

**Son évolution :** Sheila est un prénom courant en Angleterre. Aux États-Unis, son orthographe est plus fantaisiste.

**Sa forme initiale :** Cécile.

**Ses cousines :** Shayla, Shaylee, Sheela, Sheelah, Sheilag, Sheilagh, Shelagh, Shiela.

## SHÉHÉRAZADE

**D'où vient-elle ?** Shéhérazade, d'origine persane, est issue du patronyme de l'héroïne d'un conte.

**Elle serait...** fantaisiste, imaginative et créative, mais aussi réaliste. Très sensible, elle redoute les conflits et les tensions, et cherche à ne pas afficher ses sentiments pour se protéger. Sociable, elle regroupe beaucoup d'amis autour d'elle.

**Elle le porte :** dans le conte des *Mille et Une Nuits*, le sultan partage son lit chaque nuit avec une jeune fille qu'il fait assassiner au petit matin.

Shéhérazade trouve un subterfuge pour garder la vie sauve : chaque soir, elle raconte au sultan une petite partie d'une histoire qui laisse planer le suspens. Le lendemain soir, il attend avec impatience la suite du récit. Au bout de 1 001 nuits, le sultan la garde pour toujours.
**Son évolution :** Shéhérazade est rare, malgré qu'elle soit universellement connue.

## SHIRLEY

**Sheryl, Shirel, Shirleen, Shirlene**

**D'où vient-elle ?** Shirley signifie en anglais « prairie lumineuse ».
**Elle serait...** sociable et conciliante. Elle redoute la solitude et a besoin d'une présence amicale à ses côtés, dans sa vie privée comme dans sa vie professionnelle.
**Elle l'a porté :** Shirley Temple, actrice, scénariste et diplomate américaine. Elle débuta sa carrière cinématographique à 3 ans et la popularité de ses films lui permit de recevoir le premier Oscar pour jeunes acteurs. Elle se lança dans la politique au sein du Parti républicain, devint ambassadrice au Ghana puis en Tchécoslovaquie. En 1976, elle devint la première femme chef de protocole du Département d'État américain.
**Elle le porte :** Shirley MacLaine, de son vrai nom Shirley MacLean Beaty. Américaine, sœur de l'acteur Warren Beatty, actrice, mais aussi chanteuse et danseuse qui tourna plus de 50 films en 50 ans de carrière.
**Son évolution :** ce prénom est un grand classique des pays anglophones. Il est peu courant en France.
**Ses cousines :** Sheryl, Shirel, Shirleen, Shirlene.

## SHONA

**Chevonne, Lashena, Lashona, Seana, Seena, Shania, Sheena, Shevonne, Sheyna**

**D'où vient-elle ?** Shona est une forme écossaise de Jeanne, qui signifie en hébreu « Dieu est miséricordieux ».
**On la fête** le 30 mai avec Jeanne.
**Elle serait...** sociable, mondaine quand il le faut et très investie dans son réseau relationnel qui lui paraît être un élément de sa réussite.
**Son évolution :** ce prénom est très populaire en Écosse et assez courant aux États-Unis, surtout depuis quelques années sous la forme composée Lashona ou Lashane. Il a de très nombreuses variantes, selon le pays ou la région. En France, il est rare.
**Sa forme initiale :** Jeanne.
**Ses cousines :** Chevonne, Lashena, Lashona, Seana, Seena, Shania, Sheena, Shevonne, Sheyna.
**Ses masculins :** Jean, Sean.

## SIAN

**D'où vient-elle ?** Sian est une variante irlandaise de Jeanne.
**On la fête** le 30 mai avec Jeanne.
**Elle serait...** réservée, réfléchie, prudente. Elle aime la solitude et les activités solitaires. La lecture fait partie de ses passe-temps préférés. Elle ne décide rien à la légère et prend le temps de mesurer le pour et le contre avant de se lancer.
**Son évolution :** Sian est une valeur montante aux États-Unis.
**Sa cousine :** Sianna.

## SIBYLLE

**Sybille**

**D'où vient-elle ?** Sibylle signifie en grec « prophétesse qui connaît la volonté des dieux ».
**On la fête** le 9 octobre. Sainte Sibylle est une moniale cistercienne qui vécut au XIIIe siècle. Vénérée en Belgique, elle serait morte durant le siège de Saint-Jean-d'Acre où elle accompagnait la croisade.
**Elle serait...** fantaisiste, amusante, charmante, mais elle manque d'ordre et de rigueur. Elle est proche de sa famille, qui est sa priorité.
**Elles l'ont porté :** dans la mythologie grecque, Sibula était une prêtresse d'Apollon. Les « sybilles » étaient des personnes chargées de délivrer

des oracles aux puissants de la part des dieux. Leurs messages étaient diffusés dans un langage équivoque, « sybillin », qu'il fallait interpréter, ce qui les mettait à l'abri des contestations. Sibylle de Jérusalem fut la fille du roi Amaury Ier et la mère de Baudouin V, rois de Jérusalem tous les deux. Elle mourut en 1190.

**Son évolution :** Sybille est un prénom qui est connu depuis l'Antiquité, mais qui est toujours resté marginal.

**Sa cousine :** Sybille.

**Dans nos régions :** Sibilia (Pays basque).

**À l'étranger :** Sibeal (Irlande), Sibila (Espagne), Sibylla (Allemagne).

## SIDONIE

**D'où vient-elle ?** Sidonie signifie en hébreu « originaire de Sidon », Sidon est une ville qui aurait été fondée par le petit-fils de Noé. Située au carrefour de plusieurs civilisations, Sidon eut une grande importance dès sa création. Elle se nomme aujourd'hui Saïda, sur le territoire libanais.

**On la fête** le 21 août avec Sidoine.

**Elle serait...** vive, communicative, bavarde, enjouée. Elle est le portrait de l'amie agréable. Curieuse, elle s'intéresse à tout, mais elle est fâchée avec l'ordre et la rigueur.

**Elle l'a porté :** Sidonie Gabrielle est le vrai nom de la romancière française Colette, née en 1873 dans l'Yonne. Poussée par son époux, surnommé Willy, qui pressent son talent, elle commence à écrire en relatant ses souvenirs d'école dans une série de *Claudine*. Elle s'illustrera dans le music-hall, au début du XIXe siècle, avec des pantomimes orientales. En 1945, elle est élue membre de l'Académie Goncourt dont elle devient présidente en 1952. Malgré une réputation sulfureuse, elle reçoit la Légion d'honneur en 1953 et aura droit à des funérailles nationales à sa mort le 3 août 1954.

**Son évolution :** Sidonie n'a jamais été un prénom courant. C'est au XIXe siècle qu'on la rencontre le plus souvent. Le XXe siècle l'a ignorée. Le XXIe siècle pourrait bien la redécouvrir.

**Dans nos régions :** Sidonia (Pays basque).

**À l'étranger :** Sidonia (Allemagne).

**Ses masculins :** Sidoine, Sidon.

## SIERRA

**D'où vient-elle ?** Sierra, d'origine américaine, est le nom espagnol de « chaîne de montagne ».

**Elle serait ...** réfléchie, introvertie, s'épanouissant dans la lecture, l'étude, l'apprentissage de nouvelles connaissances. Peu attirée par les mondanités, elle vit volontiers solitaire, entourée seulement par de rares amis dont elle a éprouvé l'attachement.

**Son évolution :** Les prénoms géographiques sont fréquents aux États-Unis. Sierra est particulièrement appréciée dans les familles originaires d'Amérique du Sud.

## SIGISMONDE

**D'où vient-elle ?** Sigismonde, d'origine germanique, signifie « victoire protectrice ».

**On la fête** le 1er mai avec Sigismond.

**Elle serait...** une femme au foyer parfaite, organisée, dévouée, attentive envers sa famille. Elle redoute les tensions et les conflits de la vie professionnelle.

**Son évolution :** on rencontrait parfois Sigismonde au début du XXe siècle, mais elle a toujours été marginale.

**À l'étranger :** Siegmunda (Allemagne).

**Son masculin :** Sigismond.

## SIGRID
**Sigritt, Siri**

**D'où vient-elle ?** Sigrid signifie en scandinave « victoire de la cavalière ».

**On la fête** le 8 août. Sainte Sigrade, mère de saint Léger et de saint Guérin, vécut au VIIe siècle. Après l'assassinat de son mari et de ses fils, elle fut reléguée par ordre du maire du palais dans un monastère près de Soissons, où elle mourut en 680.

**Elle serait...** très émotive, sensible aux critiques

et aux échecs. Elle est proche de sa famille, mais elle revendique cependant une grande liberté.
**Elle l'a porté :** dans la mythologie nordique, Sigrid est une Walkyrie qui accueille les âmes des guerriers morts au combat pour les emmener au paradis.
**Son évolution :** Sigrid est un prénom typiquement norvégien, qui est peu courant en France.
**Sa forme initiale :** Sigrade.
**Sa cousine :** Sigritt.
**À l'étranger :** Sigridur (Islande), Siiri (Finlande).

## SIMONE
### Simonne

**D'où vient-elle ?** Simone signifie en hébreu « exaucée ».
**On la fête** le 19 février. Sous la Révolution, sainte Simone est condamnée à mort pour avoir refusé de renier sa foi.
**Elle serait...** adroite, adaptable et intelligente. Elle redoute la solitude et a besoin d'une communauté ou d'une équipe pour donner le meilleur d'elle-même.
**Elles l'ont porté :** Simone Signoret, de son vrai nom Simone Kaminker, née en 1921 en Allemagne. C'est son premier époux Yves Allégret qui lui confiera ses premiers rôles. Mariée à Yves Montand en 1951, sa carrière prend une tournure décisive avec *Casque d'or* et *Les Sorcières de Salem*. Elle reçoit en 1959 l'Oscar de la meilleure actrice pour son rôle dans le film *Les Chemins de la haute ville* de Jack Clayton. Simone de Beauvoir, philosophe et écrivain. Proche de Jean-Paul Sartre, elle prône son engagement dans le communisme, l'athéisme et l'existentialisme. Elle obtient la consécration en 1949 avec *Le Deuxième Sexe*. Elle disparaît en 1986. Simone Veil, femme politique française. Rescapée du camp de concentration d'Auschwitz en 1945, elle arrive à Paris où elle fait des études de droit. Elle mène une carrière dans la magistrature jusqu'en 1974, sera ministre de la Santé dans les gouvernements de Jacques Chirac et de Raymond Barre. Elle est à l'origine du projet de loi adopté par le Parlement en 1975 sur la dépénalisation de l'interruption volontaire de grossesse. En 1979, elle devient présidente du Parlement européen. De 1993 à 1995, elle est nommée ministre d'État, ministre des Affaires sociales, de la Santé et de la Ville dans le gouvernement Balladur. En 1998, elle devient membre du Conseil constitutionnel.
**Son évolution :** Simone paraît bien moderne quand elle arrive dans les années 1910, après des décennies de Marie et de Jeanne. Elle dure peu cependant et n'a pas annoncé son retour.
**Dans nos régions :** Simona (Pays basque).
**À l'étranger :** Simona (République tchèque), Szimonetta (Hongrie).
**Son diminutif :** Simonette.
**Son masculin :** Simon.

## SISLEY
### Sisly

**D'où vient-elle ?** Sisley est une forme anglo-américaine de Cécile, qui signifie en latin « aveugle ».
**On la fête** le 22 novembre avec Cécile.
**Elle serait...** rigoureuse et appliquée. Sisley est très intéressée par l'évolution de ses biens. Elle gère aussi bien son budget que sa vie privée et professionnelle.
**Elle le porte :** Sisley est une prestigieuse marque française de cosmétiques.
**Son évolution :** Cécile avait été introduite en Angleterre par les Normands au XIIe siècle. La forme Sisley est beaucoup plus récente et appréciée outre-Manche. En France, Sisley est rare.
**Sa forme initiale :** Cécile.
**Sa cousine :** Sisly.

## SIXTINE
### Sista, Sixta, Sixtina

**D'où vient-elle ?** Sixtine signifie en latin « sixième ».
**On la fête** le 3 avril avec Sixte.
**Elle serait...** indépendante et curieuse.

L'aventure la séduit, les voyages la passionnent, les nouveautés la stimulent. Elle fuit les habitudes et la routine.
**Son évolution :** Sixtine est apparue dans les années 1960 alors que Christine s'essoufflait. Elle est un prénom très apprécié dans les familles BCBG.
**Ses cousines :** Sista, Sixta, Sixtina.
**Son masculin :** Sixte.

## SOAZIC
### Soazig, Soizic, Soizig

**D'où vient-elle ?** Soazic est une forme bretonne de Françoise, qui signifie en latin « de France ».
**On la fête** le 9 mars avec Françoise.
**Elle serait...** ambitieuse, travailleuse et déterminée. Elle est une meneuse qui est douée pour entreprendre, entraîner et persuader.
**Son évolution :** Soazic était courante en Bretagne depuis la moitié du XXe siècle. Elle est restée dans son pays natal où sa popularité est en baisse.
**Sa forme initiale :** Françoise.
**Ses cousines :** Soazig, Soizic, Soizig.

## SOFIANE (mixte)

**D'où vient-elle ?** Sofiane signifie en arabe « dévouée ».
**Elle serait...** conciliante, réservée, tranquille et très concernée par sa vie de famille. Son entourage est sa priorité et elle s'y consacre corps et âme.
**Son évolution :** Sofiane s'apparente par la consonance à Sophie et elle est un favori des familles de culture maghrébine.

## SOLANGE
### Solène

**D'où vient-elle ?** Solange signifie en latin « solennelle ».
**On la fête** le 10 mai. Sainte Solange est la patronne du Berry. Jeune bergère du Berry au XIe siècle, Solange décide de se consacrer à Dieu et fait vœu de chasteté. Mais un jeune seigneur du voisinage la demande en mariage ; elle refuse, l'homme, furieux, l'enlève et la fait décapiter.
**Elle serait...** vive, curieuse, souple et communicative. Mais elle ne supporte pas les tensions et les conflits. Son humeur dépend très étroitement de son environnement.
**Son évolution :** Solange connaît quelques années de relative fréquence dans les années 1930. Dès 1940, elle s'éloigne pour ne pas revenir, laissant la place à Solène la bretonne un peu plus tard.
**Sa cousine :** Solène.
**Dans nos régions :** Soulanjo (Provence).

## SOLÈNE (mixte)
### Solange, Solenn, Soline

**D'où vient-elle ?** Solène signifie en latin « annuelle ».
**On la fête** le 25 septembre.
**Elle serait...** réfléchie et intuitive, pourvue d'un bel esprit d'analyse et d'un sens critique aigu. Ce qui la rend élitiste et exigeante avec son entourage.
**Son évolution :** Solène précédait Solange, qui s'est éloignée. C'est en 1960 qu'elle quitte sa Bretagne natale où elle était bien connue pour s'étendre dans tout le pays. Elle est appréciée par les familles BCBG.
**Ses cousines :** Solange, Solenn, Soline.
**Dans nos régions :** Sélane, Solena (Pays basque).
**Son masculin :** Solène est mixte, avec une prédominance féminine.

## SOLVEIG
### Solveiga, Solvej, Solvig

**D'où vient-elle ?** Solveig, d'origine scandinave, signifie « force du soleil ».
**Elle serait...** travailleuse et déterminée. Elle veut réussir, mais supporte mal les contraintes de la vie collective. Elle s'épanouit mieux dans une activité libérale ou solitaire. Elle est néanmoins amicale et chaleureuse avec son entourage.
**Son évolution :** ce prénom, venu de Norvège, est nouveau pour nous. Il est connu en

France depuis 1980 et se répand doucement.
**Ses cousines** : Solveiga, Solvej, Solvig.

## SONIA
### Sophie

**D'où vient-elle ?** Sonia est une forme slave de Sophie, qui signifie en grec « sagesse ».
**On la fête** le 25 mai avec Sophie.
**Elle serait...** sensible, malgré son apparente froideur. Déstabilisée par la critique et l'échec, elle se ressource auprès de sa famille et ses amis.
**Elle l'a porté :** Sonia Rykiel, styliste française, militante pour une libération des femmes vis-à-vis des couturiers.
**Elles le portent :** Sonja Haraldsen, reine de Norvège, qui épouse Harald V en 1968. Sonia Rolland, miss France 2000, aujourd'hui reconvertie dans la comédie, avec le rôle principal dans la série télévisée *Léa Parker*.
**Son évolution :** Sonia est un grand prénom russe qui, comme Sophie, a conquis le monde entier. Elle n'est jamais très fréquente, mais indémodable, d'autant plus qu'elle plaît aux familles de culture latine comme aux familles scandinaves et aux parents de culture arabe.
**Sa forme initiale :** Sophie.
**À l'étranger :** Sonja (Allemagne, Scandinavie), Szonja (Hongrie).

## SOPHIE
### Sonia

**D'où vient-elle ?** Sophie signifie en grec « sagesse ».
**On la fête** le 25 mai. Romaine du IIe siècle, Sophie est mère de 3 filles, Véra (Foi), Nadège (Espérance) et Liubba (Charité). Elles seront toutes les quatre martyrisées sur ordre de l'empereur Hadrien. Sainte Madeleine-Sophie Barat, fut la fondatrice de l'institut des Sœurs du Sacré-Cœur. Née en Bourgogne au XIXe siècle, elle reçut de son frère prêtre une éducation très sévère. À l'âge de 20 ans, elle arriva à Paris où elle rencontra son père spirituel, le père Varin, jésuite. Celui-ci l'aida à fonder un institut voué à l'éducation chrétienne des filles du « monde ».
**Elle serait...** sensible et réservée. Elle préserve son jardin secret, mais elle a besoin d'affection. Dans sa vie professionnelle, elle est courageuse, efficace et déterminée.
**Elle l'a porté :** Sophie Rostopchine, née en Russie, épouse Eugène de Ségur en 1819. Elle participera aux débuts de la littérature jeunesse en écrivant des livres pour ses petits-enfants.
**Elles le portent :** Sophie est la petite-fille indisciplinée de l'œuvre de la comtesse de Ségur *Les Malheurs de Sophie*. Sophia Loren, de son vrai nom Sofia Villani Scicolone, née dans une famille pauvre des environs de Naples, joue à Rome des rôles de figurante à l'âge de 16 ans. Remarquée pour sa beauté, elle tourne en 1952 son premier film. En 1955, sa carrière devient internationale et elle tourne aux États-Unis. Sophie Marceau, de son vrai nom Sophie Maupu, est une actrice et réalisatrice française qui fait ses débuts à 13 ans dans le film *La Boum*. Elle collabora à maintes reprises avec, le réalisateur Andrzej Zulawski, et s'ouvrit les portes d'Hollywood avec son rôle dans *Braveheart* en 1996.
**Son évolution :** Sophie, présente au début du XIXe siècle, disparaît pour revenir dans les années 1950, s'éclipse, revient vers 1970, puis disparaît encore. Elle se manifeste timidement depuis 2017, alors que sa forme internationale Sophia grimpe dans le top 100.
**Dans nos régions :** Soufio (Provence).
**À l'étranger :** Sofia (Catalogne, Espagne, Norvège, Pologne, Russie), Sofie (Danemark), Sofiya (Russie), Sohvi (Finlande), Tzofi, Tzofia, Tzofit, Tzofiya, Zsofi, Zsôfia, Zsofika (Hongrie).

## SORAYA
### Soraïa, Soriya

**D'où vient-elle ?** Soraya signifie en persan « excellente ».
**Elle serait...** perfectionniste, réfléchie, réservée et discrète. L'étude, les livres, la musique sont des éléments indispensables à son bien-être.
**Elle l'a porté :** Soraya, épouse du shah d'Iran

Reza Pahlavi. Iranienne et allemande, elle faisait partie de l'une des familles les plus en vue d'Iran. Elle se maria en 1951, mais, hélas, elle ne put donner d'enfant au roi qui la répudia en 1958. Soraya disparut en 2001.

**Son évolution :** ce prénom est bien connu, car la princesse Soraya fut très médiatisée, mais il n'est pas courant en France.

**Ses cousines :** Soraïa, Soriya.

## STELLA

### Estelle, Stellin

**D'où vient-elle ?** Stella est une forme anglo-américaine et italienne d'Estelle, qui signifie en latin « étoile ».

**On la fête** le 11 mai avec Estelle.

**Elle serait...** douce et sereine. Elle est en quête d'équilibre et fait tout pour que son environnement soit harmonieux.

**Elles le portent :** Stella McCartney, fille de Paul, styliste, créatrice d'une ligne de vêtements, de cosmétiques et de parfums. Stella, dernière fille de Jean-Paul Belmondo.

**Son évolution :** Stella était déjà portée en Angleterre du XVI^e^ au XVIII^e^ siècle. C'est en 1990 qu'elle arrive en France, où elle progresse rapidement.

**Sa forme initiale :** Estelle.

**Sa cousine :** Stellin.

**Dans nos régions :** Sterenn (Bretagne).

## STÉPHANIE

### Stephie, Stephy

**D'où vient-elle ?** Stéphanie signifie en grec « couronnée ».

**On la fête** le 2 janvier. Née en 1457 en Italie dans une famille pauvre, Stéphanie décide à 7 ans de se consacrer à la religion et entre à 15 ans dans le tiers ordre dominicain. Elle consacre sa vie à secourir les pauvres et les malades. Elle fonde le couvent de Saint-Paul et y meurt en 1530.

**Elle serait...** discrète, réservée, un peu timide. Très sensible, elle est méfiante, car elle se sait vulnérable. Sa famille est son refuge. Elle est une amie fiable et attentive quand on a su acquérir sa confiance.

**Elles le portent :** la princesse Stéphanie de Monaco, seconde fille du prince Rainier III de Monaco et de la princesse Grace. Dans les années 1980, elle tente de s'illustrer dans la mode et la chanson. Elle est aujourd'hui présidente de l'association Fight Aids Monaco. Stéphanie Seymour, mannequin américain des années 1990. Steffi Graf, de son vrai nom Stefanie Maria Graf, joueuse de tennis allemande. En 1988, elle réalisa le Grand Chelem et sera longtemps numéro 1 mondial. Mariée à André Agassi en 2001, ils ont ensemble deux enfants.

**Son évolution :** Étiennette la médiévale, dont dérive Stéphanie, a vite été oubliée. Dans les années 1960, Stéphanie arrive dans le sillage de Stéphane déjà installé depuis longtemps. Entre 1970 et 1980, on la rencontre partout, puis elle s'est rapidement éloignée.

**Dans nos régions :** Estébania, Estebaniz, Estébéni, Estefana, Estefania, Istebeni (Pays basque), Estefano, Estenieto (Provence).

**À l'étranger :** Estefania (Espagne, Portugal), Stefa (Hongrie), Stefania, Stefanida, Stepanida (Russie), Steffel, Steffi, Steffie, Steffy (Allemagne), Stepanka (République tchèque), Stephany (Grande-Bretagne, États-Unis).

**Ses diminutifs :** Stephie, Stephy.

**Ses masculins :** Étienne, Stéphane.

**Son heure de gloire**

Les années 1970. En 3 ans, elle passe d'un quasi-anonymat au rang de prénom vedette. Mais un succès aussi rapide laisse augurer un déclin brutal. Ce fut le cas de Stéphanie qui, en 1990, était déjà démodée.

## SUNNIVA

### Sunny

**D'où vient-elle ?** Sunniva signifie en norvégien « don du soleil ».

**Elle serait...** travailleuse et consciencieuse. Perfectionniste à la limite de la maniaquerie, elle accepte mal la médiocrité.

**Son évolution :** ce prénom est apparu dans les pays scandinaves dans les années 1980. Il est encore peu connu en France.
**Son diminutif :** Sunny.

## SUZANNE
**Suzette, Suzie, Suzon**

**D'où vient-elle ?** Suzanne, d'origine hébraïque, signifie « lys ».
**On la fête** le 11 août. Suzanne, fille du sénateur romain Gabin, se fit baptiser et fit vœu de chasteté contre la volonté de son père. Elle sera décapitée pour avoir refusé d'épouser Maximien, fils de l'empereur Dioclétien.
**Elle serait…** raffinée, élégante, amoureuse de la beauté, du luxe. Mais elle est loin d'être égoïste et superficielle. Au contraire, elle s'intéresse beaucoup aux autres.
**Elle l'a porté :** Suzanne Flon, qui fut secrétaire d'Édith Piaf avant de monter sur les planches. Elle disparut en 2005.
**Elles le portent :** Suzy Delair, née en 1916, qui fut modiste avant d'être révélée dans le film *L'Assassin habite au 21* en 1941. *Quai des orfèvres,* en 1947, en fait l'une des meilleures actrices de son époque. Elle apparaîtra aussi avec la même pétulance dans *Les Aventures de Rabbi Jacob* en 1973. Son interprétation de la chanson *Avec mon tralala* est devenue mythique. Suzanne Vega, chanteuse américaine née en 1959 en Californie. Susan Sarandon, actrice américaine, qui a joué dans le film *Thelma et Louise*. *Suzan* est une chanson de Leonard Cohen qui le fit connaître en Europe en 1967.
**Son évolution :** Suzanne apparaît à la fin du XIXe siècle mais progresse particulièrement dans les années 1920, accompagnée de Suzie et Suzon. Ce prénom émergent sort de l'ombre depuis 2017 et figure au top 100.
**Sa forme initiale :** Shoshana.
**Dans nos régions :** Suzel, Suzelle (Bretagne), Suzoun (Normandie), Xuxana, Xuxuna (Pays basque).
**À l'étranger :** Sanna, Sanne, Sannerl (Scandinavie), Sanneken (Flandre), Saossana, Saossane, Saoussana, Saoussen (pays arabes), Siusaidh, Siusan (Irlande), Sue, Susan, Susannah (Grande-Bretagne, États-Unis), Susana (Espagne), Susanna (Catalogne, Espagne), Suse, Susi, Susie (Allemagne), Zsuzsanna, Zuzanna (Hongrie).
**Ses diminutifs :** Suzette, Suzie, Suzon.

### *Prénoms émergents*

Ils avaient disparu de l'état civil, mais voici que leur charme désuet séduit à nouveau. **Colette** et **Suzanne** sont les pionnières chez les filles.

## SVETLANA
**Svetla, Sweta, Swetlana, Swetland**

**D'où vient-elle ?** Svetlana signifie en slave « lumineuse ».
**On la fête** le 20 mars. Svetlana serait la Samaritaine dont l'Évangile selon saint Jean raconte la conversion suite à sa rencontre avec Jésus. Partie prêcher l'évangile en Afrique, elle est faite prisonnière à Carthage, vers 65, lors des persécutions de Néron. Elle est vénérée dans l'Église orthodoxe russe. Dans l'Église grecque, elle est vénérée sous le nom de Photine.
**Elle serait…** rigoureuse, appliquée et fière. Elle redoute les échecs qui mettent en cause sa confiance en elle. Elle a une grande sensibilité et a besoin de l'affection de ses proches.
**Elle le porte :** Svetlana Kuznetsova est une joueuse de tennis russe née en 1985.
**Son évolution :** Svetlana est très courante dans les pays slaves, mais peu en France.
**Ses cousines :** Svetla, Sweta, Swetlana, Swetland.
**À l'étranger :** Svitlana (Ukraine).
**Son diminutif :** Sveta.
**Son masculin :** Svetlan.

## Prénom original : une chance ?

Quels sont les risques de nommer votre fille **Flannery**, **Swanahilde** ou **Calliope** ?

Il vous faudra patiemment répondre aux questions de votre entourage : « Comment ça s'écrit ? D'où ça vient ? », questions qu'on posera sans doute à votre fille tout au long de sa vie. Avec la probabilité de recevoir de multiples documents orthographiés avec la plus grande fantaisie. Avantage : votre fille sera la seule de sa classe, de son école, et même de sa ville à porter ce prénom, ce qui peut lui donner une certaine fierté. Un conseil : lui expliquer très tôt la raison de votre choix, la signification et l'origine de son prénom, afin qu'elle le vive comme un privilège.

## SWANHILDE

**Swanahilda, Swanahilde, Swanhild, Swann**

**D'où vient-elle ?** Swanhilde signifie en scandinave « guerrière du cygne ».

**Elle serait...** optimiste, enjouée, épicurienne. Elle aime tout ce qui lui apporte des sensations nouvelles. Elle s'adapte à toutes les situations.

**Elle l'a porté :** Swanahilde, seconde épouse de Charles Martel. Le fils qu'elle eut avec lui, Grifon, fut écarté du trône par ses demi-frères Pépin le Bref et Carloman lors du partage du royaume en 741. Swanahilde poussa son fils à déclarer la guerre à ses demi-frères et il la perdit. Elle fut enfermée au monastère de Chelles où elle mourut.

**Son évolution :** ce prénom médiéval n'a pas survécu au passage à l'an 1000. Son diminutif Swann est apparu dans les années 1990, mais il reste marginal.

**Ses cousines :** Swanahilda, Swanahilde, Swanhild.

**À l'étranger :** Svanhildur (Islande).

**Son diminutif :** Swann.

## SWANN (mixte)

**Swannie, Swanny**

**D'où vient-elle ?** Swann peut avoir plusieurs étymologies : variante du prénom masculin Sven, d'origine scandinave, qui signifie « jeune », traduction de l'anglais « cygne » ou diminutif de Swanhilde.

**Elle serait...** équilibrée, désireuse de progresser dans la vie, tant sur le plan matériel qu'intellectuel. Elle aime le pouvoir et le confort.

**Son évolution :** Swann a été révélé par Marcel Proust au début du XX^e siècle dans son célèbre roman *Un amour de Swann*, un des volets de son œuvre *À la recherche du temps perdu* alors que Sven est un prénom scandinave porté depuis les Vikings.

**Sa forme initiale :** Sven.

**Ses cousines :** Swannie, Swanny.

## SYDNEY (mixte)

**D'où vient-elle ?** Sydney, d'origine américaine est une forme dérivée de l'appellation « Saint Denis », qui fut un des cris de guerre des troupes françaises au Moyen Âge.

**On la fête** le 15 mai avec Denise.

**Elle serait...** adaptable, diplomate, et conciliante. Elle aime particulièrement le travail d'équipe, les associations et rechigne à travailler seule. Elle est l'associée et la partenaire sur qui on peut compter.

**Elles le portent :** les actrices américaines Sydney Rome et Sydney Penny.

**Son évolution :** il est très en vogue au Canada.

## SYLVANA

### Sylvia

**D'où vient-elle ?** Sylvana est une variante de Sylvie, qui signifie en latin « forêt ».

**On la fête** le 5 novembre avec Sylvie.

**Elle serait...** travailleuse, appliquée, stable et stricte. Elle a de solides principes et n'y déroge pas. La fantaisie la déroute et elle se réfugie souvent dans la solitude quand elle se sent incomprise.

**Elle l'a porté :** Sylvana Mangano, actrice italienne.

**Sa forme initiale :** Sylvie.

**Sa cousine :** Sylvia.

**Son masculin :** Sylvain.

## SYLVIANE

### Sylvaine, Sylvia

**D'où vient-elle ?** Sylviane est une variante de Sylvie, qui signifie en latin « forêt ».

**On la fête** le 5 novembre avec Sylvie.

**Elle serait...** volontaire, autoritaire et obstinée. Pas facile à gérer pour ses parents ! Elle veut décider seule et ne supporte pas l'opposition.

**Son évolution :** Sylviane précède Sylvie. Elle est en vogue dès 1940 et disparaît au moment où Sylvie arrive.

**Sa forme initiale :** Sylvie.

**Ses cousines :** Sylvaine, Sylvia.

**Son masculin :** Sylvain.

## SYLVIE

### Silvana, Silvane, Silvia, Sylvaine, Sylvana, Sylviane, Sylvette

**D'où vient-elle ?** Sylvie, d'origine latine, signifie « forêt ».

**On la fête** le 5 novembre. Sainte Sylvie était la mère du pape saint Grégoire le Grand. Elle lui consacra sa vie. Elle est morte en 572.

**Elle serait...** charmante, féminine, mais aussi travailleuse et courageuse. Elle se donne beaucoup pour les causes qu'elle défend, s'investit aussi bien dans son métier que dans sa vie de famille.

**Elles l'ont porté :** dans la mythologie latine, Rhéa Silvia est la mère de Romulus et Rémus, les fondateurs de Rome, Sylvia Monfort, comédienne décédée en 1991, qui eut son propre théâtre dans le 15e arrondissement de Paris.

**Elles le portent :** Sylvie Vartan, née en 1944 en Bulgarie, d'une mère hongroise et d'un père d'origine arménienne. Elle arrive à Paris dans son enfance avec ses parents et son frère Eddie sans parler français. *La Plus Belle pour aller danser* en 1964 est un immense succès. Les « tubes » s'enchaînent. En 1965, elle épouse Johnny Hallyday dont elle a un fils, David, en 1966 et divorce 15 ans plus tard. Elle est considérée comme une ambassadrice de la chanson et de l'élégance française. Actuellement, elle partage son temps entre les États-Unis et la France, continuant d'enregistrer des albums et à se produire sur scène. Silvia Sommerlath, née de père allemand et de mère brésilienne, interprète, est la reine de Suède, épouse de Charles XVI Gustave. Sylvie Testud, actrice française, qui reçut en 2004 plusieurs prix pour son interprétation dans *Stupeur et tremblements*, adaptation du roman d'Amélie Nothomb.

**Son évolution :** Silvia est un prénom de l'Antiquité qui a disparu ensuite, pour revenir en France au XIXe siècle. Mais c'est au milieu du XXe siècle que Sylvie explose littéralement. Sa carrière s'estompe dans les années 1970 et elle a disparu aujourd'hui. Quant à Sylvette, on la rencontrait parfois dans les années 1920, dans le sillage de Georgette, Ginette ou Yvette, mais elle est restée marginale. Sylvaine fut très discrète, appréciée par les familles BCBG. Sylviane a eu une belle carrière dans l'ombre de Sylvie.

**Sa forme initiale :** Silva.

**Ses cousines :** Silvana, Silvane, Sylvaine, Sylvana, Sylviane.

**Dans nos régions :** Silbia (Pays basque), Silvio (Provence).

**À l'étranger :** Silke (Allemagne), Silva (Russie), Silvia, Silvina (Espagne, Italie), Silvie (République tchèque), Sylvia (Scandinavie), Sylvi (Finlande), Szilvia, Szilvi (Hongrie).

**Son diminutif :** Sylvette.
**Son masculin :** Sylvain.

### Son heure de gloire

Sylvie est le prénom d'une génération, celle des sixties, de *Salut les copains*, des idoles des jeunes, menée par Sylvie Vartan et Johnny Hallyday. Phénomène sans précédent, la jeunesse a une musique, un style, une mode, et le prénom Sylvie est porteur de toutes ces nouvelles valeurs.

## SYMPHORIANE

**Symphorienne**

**D'où vient-elle ?** Symphoriane est une forme féminine de Symphorien, d'origine grecque, qui signifie « porter ensemble ».
**On la fête** le 22 août avec Symphorien.
**Elle serait...** éprise de justice et d'équité. Elle s'intéresse aux droits de l'homme, aux causes humanitaires, mais aussi aux biens matériels, car elle sait administrer, gérer et faire fructifier.
**Son évolution :** Symphoriane est plus moderne que Symphorienne, mais tout aussi rare. On rencontrait quelques Symphorien à la fin du XIXe siècle.
**Sa forme initiale :** Symphorienne.
**Sa cousine :** Symphorine.
**Son masculin :** Symphorien.

## SYRIANE

**Cyrielle, Kira, Syrine**

**D'où vient-elle ?** Syriane est une forme féminine de Cyril, d'origine grecque, qui signifie « seigneur ».
**On la fête** le 16 juin avec Cyr.
**Elle serait...** ambitieuse, volontaire et travailleuse. Elle cherche le pouvoir et la réussite. Elle avance dans la vie avec détermination.
**Son évolution :** ce prénom est apparu comme Cyrielle, l'autre forme féminine de Cyr, dans les années 1970, alors que Cyril était l'un des favoris masculins. Il n'a jamais été fréquent.
**Ses cousines :** Cyrielle, Kira, Syrine.
**Ses masculins :** Cyr, Cyril.

# T

## TABITHA

**Tabatha, Tabea, Tabetha**

**D'où vient-elle ?** Tabitha signifie en hébreu « gazelle ».
**On la fête** le 25 octobre. Selon le Nouveau Testament, sainte Tabitha était une habitante de Jaffa, ressuscitée par saint Pierre au Ier siècle.
**Elle serait...** douce, conciliante, généreuse et affectueuse. Elle consacre toute son énergie à sa famille et à ses amis. Son sens aigu des responsabilités la rend très fiable.
**Elle l'a porté :** Tabatha est un personnage d'une série télévisée américaine, *Ma sorcière bien-aimée*, diffusée en France en 1972.
**Son évolution :** Tabitha est un prénom bien connu des familles de culture juive. Il est peu courant.
**Ses cousines :** Tabatha, Tabea, Tabetha.

## TALIA

**Lital, Tal, Tali, Talila, Talita**

**D'où vient-elle ?** Talia, d'origine hébraïque, signifie « rosée de Dieu ». La syllabe « tal », qui signifie « rosée », est une composante de très nombreux prénoms hébraïques : Tal-Or, Tali, Talita, Talila…
**Elle serait...** réfléchie et studieuse. Elle préfère les livres aux sorties et s'intéresse de près à des disciplines intellectuelles, ésotériques parfois.
**Son évolution :** Talia et Talie et leur variante

Lital sont des prénoms courants dans les familles juives.
**Ses cousines :** Lital, Tal, Tali, Talila, Talita.

## TALLULAH

**D'où vient-elle ?** Tallulah, d'origine amérindienne, signifie « eau qui court ».
**Elle serait...** généreuse, dévouée, affectueuse. Elle se consacre en priorité à sa famille et à ses amis proches. Son foyer est sa sécurité.
**Elle l'a porté :** Tallulah Brockman Bankhead, qui tourna avec Alfred Hitchcock au XX^e^ siècle.
**Son évolution :** Tallulah était inconnue, comme la plupart des prénoms amérindiens. Elle a été découverte au début du XX^e^ siècle et est appréciée aux États-Unis.

## TAMARA

**D'où vient-elle ?** Tamara, d'origine hébraïque, signifie en hébreu « palmier ».
**On la fête** le 1^er^ mai. Sainte Tamara fut couronnée reine de Géorgie en 1184. Elle fit libérer tous les prisonniers et opposants au régime, et assura 30 ans de paix au royaume. Elle mourut en 1213 à Tiflis où elle est vénérée comme la Vierge Marie.
**Elle serait...** émotive et sensible, prudente car elle se sait vulnérable. Généreuse, elle s'oublie souvent pour les autres, mais sa famille est sa priorité.
**Elle l'a porté :** Tamara de Lempicka, née en 1898 en Pologne, est l'artiste peintre la plus célèbre de la période Art déco. Elle s'éteignit au Mexique en 1980.
**Son évolution :** Tamara est un prénom très populaire en Russie et en Israël. Elle est très rare en France.
**Son masculin :** Tamar.

## TARA

**D'où vient-elle ?** Tara, d'origine irlandaise, est une variante de Teamhair, qui signifie « éminence ». Ce prénom fait référence à un lieu nommé Teamhair qui était, en 500 avant J.-C., un centre de la vie politique et religieuse d'Irlande ; les rois y étaient sacrés. Temair fut d'ailleurs le nom d'un roi d'Irlande qui mourut en 665.
**Elle serait...** travailleuse, serviable, ordonnée et méthodique, un peu stricte parfois dans ses jugements. Elle cherche avant tout la sécurité.
**Elles l'ont porté :** Tara est le nom du domaine de Scarlett O'Hara, l'héroïne du roman et du film *Autant en emporte le vent*. C'est aussi le prénom de la co-équipière de John Steed, l'agent secret de la série britannique *Chapeau melon et bottes de cuir*.
**Son évolution :** Tara est populaire en Irlande, mais elle n'a pas encore atteint notre pays.

## TATIANA

### Tania, Tatienne

**D'où vient-elle ?** Tatiana signifie en latin « de la famille des Tatius ». Titus Tatius fut un roi sabin à l'époque de la création de Rome, en 745 avant J.-C. Il prit les armes contre Romulus au moment de l'enlèvement des Sabines, puis partagea le trône de Rome avec lui.
**On la fête** le 12 janvier. Sainte Tatiana était une chrétienne romaine qui fut martyrisée à Rome vers 230, sous l'empereur Alexandre, pour avoir refusé d'abjurer sa religion. Son culte est répandu dans les pays slaves.
**Elle serait...** communicative, expressive, drôle et bavarde. Elle est très généreuse, au point de se mêler un peu trop de la vie des autres.
**Elle l'a porté :** Tatiana Nicolaïevna, grande duchesse de Russie, deuxième fille du tsar Nicolas II, assassinée par les bolcheviks avec toute sa famille en 1918, à 21 ans.
**Elle le porte :** Tatiana Golovin, joueuse de tennis française, née en 1988 à Moscou.
**Son évolution :** Tatiana est un prénom classique en Russie depuis le XIX^e^ siècle. Il est rare en France.
**Sa cousine :** Tatienne.
**À l'étranger :** Latanya, Tanya (États-Unis).
**Son diminutif :** Tania.
**Son masculin :** Tatien.

# *Vrai prénom ou diminutif ?*

Jusqu'alors les diminutifs restaient à la maison, dans l'intimité familiale. Depuis 1990, ils s'affichent au grand jour.

Certains diminutifs ont acquis leur titre de prénom à part entière au fil des années. C'est le cas de **Célia**, d'**Elsa**, de **Sandra**, par exemple. Mais d'autres, comme **Lily** ou **Lou** n'ont pas encore cette identité. L'auront-ils un jour ou passeront-ils de mode ? Feront-ils partie de notre patrimoine culturel ou seront-ils margianaux ?
Avant de donner comme prénom à votre enfant un diminutif, pensez que son prénom ne grandira pas avec lui. Mignon sur son cartable de maternelle, il risque de ne pas faire sérieux sur son CV.
Voici quelques-uns des diminutifs en vogue avec leurs prénoms d'origine :

**Aby**
Abigaël

**Brit**
Brittany

**Célia**
Cécilia

**Charlie**
Charline

**Cindy**
Cynthia

**Cléo**
Cléopâtre

**Elsa, Elsie**
Élisabeth

**Jenny**
Jennyfer

**Jessie**
Jessica

**Jill**
Julie

**Kathie, Kitty**
Catherine

**Kim**
Kimberley

**Laurie**
Laure

**Léna**
Hélène

**Lilou**
Louise

**Lily**
Élisabeth

**Lina, Line**
Adeline

**Loélia**
Cloélia

**Lola, Lolita**
Dolorès

**Lou**
Louis

**Louane**
Elouane

**Margot**
Marguerite

**Minny**
Marie

**Naïs**
Anaïs

**Nina, Nine, Ninon**
Anne

**Norig**
Enora

**Sacha**
Alexandra

**Sally**
Sarah

**Sandra, Sandrine**
Alexandra

**Sanne, Suzon**
Suzanne

**Tess, Tessa**
Thérèse

**Théa**
Théodora

**Zelda**
Griselda

## TAYLOR (mixte)

**D'où vient-elle ?** Taylor, d'origine américaine, signifie « tailleur ».
**Elle serait...** indépendante, déterminée à réussir ce qu'elle entreprend. Elle y met toute son ambition, son énergie et sa force de travail. Mais il ne faut pas lui faire barrage, car elle balaie tout sur son passage.
**Elles le portent :** les actrices américaines Taylor Cole, Taylor Momsen et Taylor Swift.
**Son évolution :** Taylor est l'un des prénoms féminins favoris aux États-Unis depuis 2009.

## TESS
Tessa

**D'où vient-elle ?** Tess est un diminutif de Thérèse, qui signifie en grec « chasse ».
**On la fête** le 1er octobre avec Thérèse.
**Elle serait...** disciplinée, volontaire et exigeante. Sensible, elle fait beaucoup d'efforts pour se contrôler et ne rien laisser paraître de ses émotions.
**Elles le portent :** la danseuse étoile Tessa Beaumont, professeur de danse et auteur d'ouvrages sur la danse classique. *Tess* est un film de Roman Polanski, dont le personnage principal fut joué en 1979 par Nastassja Kinski.
**Son évolution :** Tessa d'abord, vers 1980, puis Tess, depuis 1990, prennent le relais de Thérèse, disparue dans les années 1940. Elles sont modestes mais prometteuses.
**Sa forme initiale :** Thérèse.
**Ses cousines :** Tessa, Tessie.

## THAÏS

**D'où vient-elle ?** Thaïs, d'origine grecque, signifie « agréable à voir ».
**On la fête** le 8 octobre. Courtisane égyptienne au IVe siècle, sainte Thaïs est très riche et païenne. Elle est convertie par un moine, entasse tous ses biens sur la place de la ville et y met le feu devant les habitants en clamant sa foi et son désir de pauvreté. Elle termine ses jours dans un monastère.
**Elle serait...** charmante, séduisante, enjouée, mais aussi très organisée et ordonnée. Elle a beaucoup de bon sens et s'adapte très bien à la nouveauté.
**Son évolution :** Thaïs, comme beaucoup de prénoms courts, est en vogue depuis 1990. Elle progresse lentement en compagnie de Tess.

## THALIE
Thalia

**D'où vient-elle ?** Thalie, d'origine grecque, signifie « florissante ». On peut la confondre avec Talie, qui, elle, est d'origine hébraïque.
**On la fête** le 10 novembre avec Nymphe.
**Elle serait...** ambitieuse, volontaire, directive. C'est un bourreau de travail et elle comprend mal qu'on ne puisse pas la suivre.
**Elles le portent :** dans la mythologie grecque, Thalie est la muse de la comédie. Elle est représentée traditionnellement couronnée de lauriers, avec un masque et un porte-voix. Thalia est une actrice et chanteuse mexicaine. C'est l'une des artistes latines les plus admirées en Amérique latine, mais aussi en Asie, aux États-Unis et en Europe.
**Son évolution :** Thalie, bien connue dans l'Antiquité et de nos jours en Grèce, apparaît en France dans les années 2000, mais elle est encore très rare.
**Sa cousine :** Thalia.

## THÉA

**D'où vient-elle ?** Théa est un diminutif de Théodora, d'origine grecque, qui signifie « don de Dieu ».
**On la fête** le 28 avril avec Théodora.
**Elle serait...** dynamique et autonome. Elle a le sens des responsabilités et fait preuve de courage dans l'adversité. Elle est conciliante et fiable avec son entourage.
**Son évolution :** Théo était très en vogue entre 1980 et 2000. Théa vient d'apparaître et semble vouloir s'installer.
**Sa forme initiale :** Théodora.
**Son masculin :** Théo.

## THÈCLE

**Thécla**

**D'où vient-elle ?** Thècle signifie en grec « gloire de Dieu ».

**On la fête** le 23 septembre. Née en Turquie, sainte Thècle fut l'une des premières martyres chrétiennes au Ier siècle. Elle fut convertie par saint Paul. Dénoncée comme chrétienne par des magistrats, elle survécut miraculeusement aux divers supplices qui lui furent infligés et termina sa vie en solitaire en Séleucie.

**Elle serait...** réfléchie, prudente, loyale et très stricte. Énergique et volontaire, elle recherche toujours la première place.

**Son évolution :** ce prénom très ancien a toujours été peu employé.

**Sa cousine :** Thécla.

**Dans nos régions :** Thekla (Pays basque).

**À l'étranger :** Tekla (Hongrie).

## THÉODORA

**Théa, Théodorie, Théodorite**

**D'où vient-elle ?** Théodora signifie en grec « don de Dieu ».

**On la fête** le 28 avril. Sainte Théodora vécut au IVe siècle en Égypte. Punie pour s'être convertie au christianisme, elle est enfermée dans une maison close. Prise en pitié par le chrétien Didyme, celui-ci l'aide à s'évader. L'évasion réussit mais l'homme est arrêté, Théodora décide alors de se livrer, ils sont tous deux décapités.

**Elle serait...** indépendante et déterminée. Féministe, mais avec beaucoup de séduction, curieuse de tout voir et de tout apprendre, très souple et rapide.

**Elles l'ont porté :** Théodora, impératrice d'Orient. Née à Constantinople en 500 d'un père dresseur d'ours, elle devient danseuse et courtisane. Justinien tombe amoureux d'elle et l'épouse en 523. En 527, elle est sacrée impératrice d'Orient. Tout au long de son règne, elle eut une grande influence sur son mari, l'incitant à la fermeté. Elle aida les prostituées à se reconvertir, les rachetant à leurs protecteurs et fondant pour elles des établissements de pénitence. Elle mourut en 548. L'Église orthodoxe la fête le 14 novembre. Théodora, d'origine arménienne, épousa l'empereur de Byzance Théophile et fut la mère de Michel III.

**Elle le porte :** Theodora Richards, fille de Keith Richards, guitariste des Rolling Stones, élue « plus belle femme de l'année 2007 » par le magazine américain *Beautiful People*.

**Son évolution :** Théodora est connue depuis le XIXe siècle, mais n'a jamais été populaire en France. C'est son diminutif Théa qui se manifeste depuis peu.

**Ses cousines :** Théodorie, Théodorite.

**Dans nos régions :** Téodora (Corse, Pays basque).

**Son diminutif :** Théa.

**Son masculin :** Théodore.

### Son heure de gloire

Théodora était un grand prénom de l'Orient à l'époque byzantine, porté par deux impératrices qui furent de grandes femmes politiques.

## THÉODOSIE

**Théodestie, Théodosia, Théodosine, Théodossia, Théodota, Théodote, Théosie, Theudosie**

**D'où vient-elle ?** Théodosie, d'origine grecque, signifie « qui se donne à Dieu ».

**On la fête** le 2 avril. Sainte Théodosie vécut en Palestine. En 308, elle mourut en martyre à l'âge de 18 ans pour avoir encouragé publiquement des chrétiens menés au tribunal. Elle fut torturée et jetée à la mer.

**Elle serait...** une femme d'affaires avisée, rigoureuse et économe. Elle aime le pouvoir, elle a le souci constant de croître et de progresser.

**Son évolution :** Théodosie est restée dans l'ombre de Théodora et on la connaît peu. Elle est rarissime en France.

**Ses cousines :** Théodestie, Théodosia, Théodosine, Théodossia, Théodota, Théodote, Théosie, Theudosie.

**Son masculin :** Théodose.

## THÉONILLE

**D'où vient-elle ?** Théonille est le féminin de Théon, d'origine grecque, qui signifie « Dieu ».

**On la fête** le 23 août. Sainte Théonille fut martyre à Egée en 303 quelques jours après son mari et son amie d'enfance.

**Elle serait...** volontaire, ambitieuse, énergique et travailleuse. Toutes les qualités pour réussir ! Mais pas question de rester dans l'ombre, elle veut la première place et se bat pour l'obtenir.

**Ses masculins** : Théon, Théonas.

## THÉOXANE

**D'où vient-elle ?** Théoxane signifie en grec « dieu hospitalier ».

**On la fête** le 24 janvier avec Xénia.

**Elle serait...** énergique et volontaire, mais aussi très artiste et hypersensible. Sa vie oscille entre la rigueur et la fantaisie, la discipline et la créativité.

**Son évolution :** comme ses compagnes au préfixe « théo », Théoxane est peu connue en France.

## THÉRÈSE

**Terry, Tess, Tessa, Tracey, Tracie**

**D'où vient-elle ?** Thérèse, d'origine grecque, signifie « chasse ».

**On la fête** le 1er octobre. Née en 1873 à Alençon, sainte Thérèse entre à 15 ans au Carmel de Lisieux où sa conduite est exemplaire. Elle meurt en 1897 de la tuberculose. Sa sainteté sera reconnue après sa mort grâce à de nombreux miracles produits en son nom. Lisieux deviendra un centre de pèlerinage où une basilique lui est dédiée.

**On la fête** aussi le 15 octobre. Sainte Thérèse d'Avila est une carmélite qui réforma l'ordre avec saint Jean de la Croix. Elle fonda des monastères et écrivit des ouvrages mystiques. En 1970, elle fut reconnue Docteur par l'Église.

**Elle serait...** affective et altruiste. Les autres, qu'ils soient proches ou lointains, sont sa raison de vivre. Intuitive, habile, elle sait trouver les mots et les gestes qui soulagent.

**Elle l'a porté :** mère Térésa, d'origine albanaise, qui entra dans l'ordre de Notre-Dame de Lorette en 1937. Établie en Inde, elle est responsable des études de l'école Sainte-Marie. En 1949, mère Térésa s'installe dans les bidonvilles de Calcutta pour vivre parmi les plus pauvres. Rejointe par d'autres jeunes femmes, elle fonde les Missionnaires de la Charité. Elle reçoit le Prix Nobel de la paix en 1979. En 1985, elle crée une maison pour les malades du sida à New York.

**Son évolution :** Thérèse est en vogue au XVIIe siècle, en France comme en Allemagne. On la perd de vue, puis elle revient à la fin du XIXe siècle et s'installe jusqu'en 1930. Elle s'éloigne et c'est sous ses formes diminutives Tess et Tessa qu'on la retrouve aujourd'hui.

**Dans nos régions :** Taresa, Tehexa, Terecha, Terexa, Terexi, Texta, Tirasia (Pays basque), Tereso (Provence), Teretia (Polynésie).

**À l'étranger :** Térésa, Térésina, Térésita (Espagne), Terez, Téréza, Térézia, Terezie (Hongrie), Theresa (Allemagne, Grande-Bretagne, États-Unis), Toireasa (Irlande), Trees, Treetsje (Flandre).

**Ses diminutifs :** Terrie, Terry, Tess, Tessa, Tracey, Tracie, Tracy.

## TINA

**D'où vient-elle ?** Tina est un diminutif des prénoms se terminant par « ina », de Christina, de Valentina, par exemple.

**On la fête** le 24 juillet avec Christine.

**Elle serait...** travailleuse, méthodique et stricte. Elle aime compter, gérer, administrer et cherche à faire progresser aussi bien son carnet d'adresses que son compte en banque.

**Elles le portent :** Tina Turner, chanteuse et actrice américaine, Tina Arena, chanteuse australienne, Tina Kieffer, journaliste de la presse féminine.

**Son évolution :** Tina, connue depuis longtemps comme diminutif, a acquis sa notoriété de prénom à part entière comme beaucoup d'autres. Cela relance un peu son évolution.

**Son masculin :** Tino.

## TIPHAINE

**Tiffanie, Tiphanie, Typhenn**

**D'où vient-elle ?** Tiphaine, d'origine grecque, signifie « manifestation divine ». Ellel fait référence à la fête de l'Épiphanie.

**On la fête** le 6 janvier avec Épiphane.

**Elle serait...** organisée, disciplinée, travailleuse. L'élève et la collaboratrice idéale. Mais dans la vie privée, elle met aussi la barre très haut.

**Son évolution :** Tiphaine était bien connue au Moyen Âge, où elle était mixte, puis elle s'éclipsa, pour revenir timidement dans les années 1970, exclusivement féminine cette fois. Elle est rare aujourd'hui, excepté dans les familles BCBG. Sa forme anglo-américaine, elle, a connu le succès dans les années 1990, mais elle s'éloigne aussi.

**Sa forme initiale :** Épiphania.

**Ses cousines :** Tiffanie, Tiphanie, Typhenn.

**Dans nos régions :** Tiffenn, Tyfenn (Bretagne).

**À l'étranger :** Tiffany (Grande-Bretagne, États-Unis).

## TONI

**Antoinette, Antonia, Toinette, Toinon, Tonia, Tonya**

**D'où vient-elle ?** Toni est un diminutif d'Antoinette, d'origine latine, qui signifie « inestimable ».

**On la fête** le 27 octobre avec Antoine.

**Elle serait...** travailleuse, constructive, organisée. Elle a un grand sens pratique, beaucoup d'ordre et de rigueur, mais manque parfois de tolérance.

**Elles le portent :** Tonya Kissinger, actrice de séries télévisées américaines, Tonya Harding, patineuse artistique américaine.

**Son évolution :** Antoinette disparue, Toinette et Toinon passées de mode, Tonia étant très marquée latino et Tonya trop américaine, tout était en place pour que Toni devienne la forme féminine version 2000 d'Antoine. Elle progresse vite. Tonya et surtout Latonya sont en vogue aux États-Unis.

**Sa forme initiale :** Antonia.

**Ses cousines :** Toinette, Toinon.

**À l'étranger :** Latonya, Tonya (États-Unis), Tonia (Espagne, Italie).

**Ses masculins :** Antoine, Tony.

## TULLIA

**D'où vient-elle ?** Tulia est un diminutif de Tertullia, prénom d'origine grecque, qui signifie « troisième ».

**On la fête** le 29 avril. Sainte Tertullia fut martyre à Carthage en Tunisie, au IIIe siècle avec ses compagnons de prière.

**Elle serait...** communicative, vive, indépendante. Elle aime les plaisirs, l'aventure, tout ce qui bouge. Pas question de lui imposer des contraintes trop strictes. Elle cherche avant tout une vie sociale riche.

**Ses cousines :** Tertullia, Tertullie, Tulliane.

**Son masculin :** Tullio.

## UDAZKEN

**D'où vient-elle ?** Udazken, d'origine basque, signifie « automne ».

**Elle serait...** travailleuse, ambitieuse et autoritaire. Une seule place l'intéresse : la première. Indépendante, elle supporte mal les contraintes et les ordres.

**Son évolution :** ce prénom typiquement basque est peu connu dans l'ensemble du pays.

## ULFIE

**Ulcia, Ulciane, Ulphe, Ulphia, Ulphie**

**D'où vient-elle ?** Ulfie, d'origine germanique, signifie « louve ».

**On la fête** le 31 janvier. Sainte Ulphe fut ermite au VIII$^{e}$ siècle près d'Amiens où elle fonda un monastère.

**Elle serait...** calme tout en étant dynamique, rigoureuse sans sévérité, droite sans être rigide et franche sans manquer de tact.

**Son évolution :** ce prénom se rencontrait au Moyen Âge dans les pays de langue allemande. Il n'a jamais été courant en France.

**Ses cousines :** Ulcia, Ulciane, Ulphe, Ulphia.

## ULLA

**Ulrica**

**D'où vient-elle ?** Ulla est un diminutif d'Ulrica, d'origine germanique, qui signifie « puissante richesse ».

**On la fête** le 10 juillet avec Ulric.

**Elle serait...** persévérante, stable et ordonnée, avec un grand sens des responsabilités. Elle recherche la sécurité dans les traditions, la famille et avance prudemment dans la vie. Elle est amicale et chaleureuse quand on a su acquérir sa confiance.

**Elle l'a porté :** Ulla Jacobsson, actrice suédoise, qui tourna sous la direction d'Ingmar Bergman en 1955. Elle arrêta sa carrière en 1970 et disparut en 1982.

**Son évolution :** Ulla est un prénom courant dans les pays nordiques, très rare en France.

**Sa forme initiale :** Ulrica.

## URANIE

**Ouranie, Urane, Uriane**

**D'où vient-elle ?** Uranie signifie en grec « qui vient du ciel ».

**On la fête** le 10 novembre avec Nymphe.

**Elle serait...** indépendante, curieuse et adaptable. Elle aime les voyages et ne redoute pas de changer de métier, d'appartement, de ville. La routine l'ennuie, les habitudes la lassent.

**Elle le porte :** dans la mythologie grecque, Uranie est la muse de l'astronomie et de l'astrologie. Elle est représentée en robe bleu azur semée d'étoiles, avec un globe dans les mains. Dans la Grèce antique, l'astronomie et l'astrologie étaient une même discipline.

**Son évolution :** Uranie est rare, comme la plupart des prénoms mythologiques.

**Ses cousines :** Ouranie, Urane, Uriane.

**À l'étranger :** Urania (Grande-Bretagne, États-Unis).

## URIELLE

**Eurielle, Uria, Uriela, Uriella**

**D'où vient-elle ?** Urielle signifie en hébreu « Dieu est ma lumière ».

**On la fête** le 1$^{er}$ octobre. Sœur de Judikaël, roi de Bretagne au VI$^{e}$ siècle, sainte Urielle consacre sa vie à la prière. Elle est vénérée près de Dinan, en Bretagne.

**Elle serait…** élégante, raffinée et préoccupée par son image. Loin d'être superficielle, elle est volontaire, ambitieuse et travailleuse, disciplinée et discrète.
**Son évolution :** Urielle est un prénom bien connu en Bretagne, sa sainte patronne étant vénérée depuis longtemps. Mais elle est rare sur l'ensemble de l'Hexagone.
**Ses cousines :** Eurielle, Uria, Uriela, Uriella.
**Dans nos régions :** Uriell (Bretagne).
**Ses masculins :** Euriel, Uriel.

## URSULE

### Ursane, Ursie, Ursilla, Ursillane, Ursina, Ursine, Ursuline

**D'où vient-elle ?** Ursule, d'origine latine, signifie en latin « ourse ».
**On la fête** le 21 octobre. Sainte Ursule, fille d'un prince anglais, aurait été assassinée par des Huns près de Cologne, au IIIe siècle, avec 11 000 vierges. En 1530, Angèle Mérici fonda un nouvel ordre religieux qu'elle plaça sous sa protection : les Ursulines.
**Elle serait…** perfectionniste et déterminée. Elle mène sa vie avec rigueur, lentement mais sûrement, grâce à son travail et à sa persévérance.
**Elle l'a porté :** Ursula Vian-Kübler, danseuse et actrice suisse, veuve de Boris Vian.
**Elle le porte :** Ursula Andress, actrice suisse, qui fut un sex-symbol des années 1960 à la suite de son rôle dans le premier James Bond en 1962 et de ses photos de nu dans *Play Boy* en 1965.
**Son évolution :** Ursula était courante au Moyen Âge en Angleterre et en Allemagne dans les années 1940. Ursule n'a jamais été répandue en France.
**Sa forme initiale :** Ursa.
**Ses cousines :** Ursane, Ursie, Ursilla, Ursillane, Ursina, Ursine, Ursuline.
**Dans nos régions :** Orsula (Corse), Uriz, Urroz, Urtsola, Urxula, Urzula (Pays basque).
**À l'étranger :** Ursola (Espagne), Ursula (Allemagne, Espagne, Grande-Bretagne, États-Unis, Italie), Orselina, Orseline (Pays-Bas), Orsina, Orsola (Italie), Orsolya, Orsyola (Hongrie).

# V

## VALENTINE

**D'où vient-elle ?** Valentine, d'origine latine, signifie « vaillante ».
**On la fête** le 25 juillet. Sainte Valentine est une chrétienne qui vécut en Palestine au IVe siècle. Elle se révolta contre l'arrestation et la mise à mort d'innocents accusés d'être chrétiens, et renversa dans un temple l'autel des dieux païens. Elle fut arrêtée et condamnée au supplice en 308.
**Elle serait…** très sociable, vive, douée pour les contacts et persuasive. Elle est sûre d'elle, curieuse et s'intéresse à tout sans jamais rien approfondir.
**Elles l'ont porté :** Valentine Hugo, femme de Jean Hugo, arrière-petit-fils de Victor Hugo, décoratrice, qui réalisa les décors de la Comédie-Française. Valentine Tessier, actrice française, qui tourna une trentaine de films entre 1933 et 1979.
**Elles le portent :** Valentina Terechkova, première femme cosmonaute de l'histoire de l'humanité, en 1962. Ouvrière du textile, elle posa sa candidature et fut sélectionnée parmi 400 jeunes femmes. Valentine Petit, danseuse, fille de Roland Petit et Zizi Jeanmaire. Valentina Paloma Pinault, fille de Salma Hayek et François-Henri Pinault.
**Son évolution :** discrète au XIXe siècle, Valentine fait une percée en 1980 et progresse jusqu'en 2000. Elle est encore très présente.
**Dans nos régions :** Valensa (Gascogne).

**À l'étranger** : Valentina (Espagne, Grande-Bretagne, États-Unis, Italie, Russie), Valia (Croatie, Roumanie, Russie).
**Son masculin** : Valentin.

## VALÉRIANE

### Valérie

**D'où vient-elle ?** Valériane est composée de « Valérie » et « Anne ».
**On la fête** le 28 avril avec Valérie.
**Elle serait...** épicurienne, heureuse de vivre et très investie dans sa vie relationnelle. Sa famille et ses amis sont la priorité numéro 1 de sa vie, et elle leur consacre beaucoup d'attention.
**Elle le porte :** Valérie-Anne Giscard d'Estaing, fille de l'ancien Président, éditrice.
**Son évolution :** Valériane était portée en France sous la Révolution, tout comme Tulipe ou Tubéreuse... Elle fut vite oubliée, pour faire une petite incursion au milieu du XIX^e^ siècle et s'éloigner à nouveau. Dans les années 1970, quand Capucine s'éveille, Valériane revient. Elle est repartie.
**Sa cousine** : Valérie.
**Ses masculins** : Valère, Valéry.

## VALÉRIE

### Valéria, Valériane

**D'où vient-elle ?** Valérie, d'origine latine, signifie « valeureuse ».
**On la fête** le 28 avril. Sainte Valérie de Milan est une chrétienne du II^e^ siècle, mise à mort pour avoir refusé de participer à une fête païenne.
**Elle serait...** travailleuse et appliquée, déterminée et fiable. Sensible et affectueuse, elle se donne beaucoup à sa famille et à ses amis.
**Elles le portent :** Valérie Lemercier, née en 1964, actrice, scénariste, réalisatrice et chanteuse française. Elle a marqué le public français avec son rôle dans *Les Visiteurs*, qui connut un succès phénoménal en 1994. Valérie Kaprisky, actrice française, qui a reçu le César de la meilleure actrice pour *La Femme publique*. Valeria Bruni-Tedeschi, actrice, réalisatrice, scénariste de cinéma italienne, sœur de Carla Bruni, rendue célèbre par le film *Les Gens normaux n'ont rien d'exceptionnel*.
**Son évolution :** elle s'impose avec force en 1960 et atteint son meilleur niveau en 1970. Elle disparaît en 1980 et n'est pas encore revenue.
**Ses cousines** : Valéria, Valériane.
**Ses diminutifs** : Valli, Vallie, Vally.
**Ses masculins** : Valère, Valéry.

## VANESSA

**D'où vient-elle ?** Vanessa serait un prénom d'origine latine, venant du nom d'un papillon diurne.
**On peut la fêter** le 4 février avec Véronique.
**Elle serait...** idéaliste et romantique. Elle rêve de beauté, d'harmonie, de luxe et du prince charmant. Mais en l'attendant, elle est consciencieuse dans sa vie professionnelle.
**Elles le portent :** l'actrice britannique Vanessa Redgrave, inoubliable dans *Julia* qui lui valut un Oscar. Vanessa Paradis, née en 1972, chanteuse et actrice française. C'est en 1987, alors âgée de 14 ans, que Vanessa Paradis débute sa carrière avec un titre écrit par Étienne Roda-Gil *Joe le taxi*. Grâce à ce succès, elle devient très vite une star. Elle commence sa carrière au cinéma en 1989 dans le film *Noce blanche* de Jean-Claude Brisseau, qui lui vaudra de nombreuses récompenses. Serge Gainsbourg, Lenny Kravitz, Mathieu Chedid composent pour elle. Vanessa Williams, chanteuse et actrice afro-américaine, qui fut la première miss États-Unis noire en 1984. Vanessa Bruno, styliste et créatrice de mode, mannequin à 15 ans, qui créa sa marque en 1992. En 1998, ses boutiques se multiplièrent dans le monde et Tokyo lui fit un triomphe.
**Son évolution :** ce prénom a été inventé par Jonathan Swift au XVIII^e^ siècle. Tout de suite adopté par les Anglais, il arrive en France dans les années 1970. Il a connu son apogée en 1980, avant de commencer à décliner.

## VANILLE

**D'où vient-elle ?** Vanille est un prénom français, qui fait référence à la gousse de vanille.
**Elle serait...** sociable, communicative et expressive. Elle aime les contacts et a des talents d'éloquence et de persuasion. Créative, imaginative, elle s'investit souvent dans l'expression artistique.
**Son évolution :** Vanille est, comme Cannelle, un prénom marginal.

## VANINA

**D'où vient-elle ?** Vanina est une forme slave de Jeanne, qui signifie en hébreu « Dieu a fait grâce ».
**On la fête** le 30 mai avec Jeanne.
**Elle serait...** très active, peu conformiste, séduisante et parfois impulsive. On pourrait la croire légère, elle est profonde et déterminée dans ses choix.
**Elle le porte :** *Vanina* est le nom d'une célèbre chanson de Dave de 1974.
**Son évolution :** très courante en Russie, Vanina est peu fréquente en France.
**Sa forme initiale** : Jeanne.
**Son masculin** : Vania.

## VARDA
### Véred

**D'où vient-elle ?** Varda, d'origine araméenne, signifie « rose ».
**Elle serait...** volontaire, décidée, individualiste et directive. Varda veut tout contrôler, progresser, entraîner. Elle est une vraie meneuse d'équipe.
**Son évolution :** ce prénom bien connu dans les milieux hébraïques est assez rare à l'échelon national.
**Sa cousine** : Véred.

## VASSILIA
### Basilia, Basilissa, Vasilissa, Vassiliki

**D'où vient-elle ?** Vassilia est la forme féminine de Vassili, variante russe de Basile, d'origine grecque, qui signifie « roi ».
**On la fête** le 15 avril. Sainte Basilisse et son amie sainte Anastase meurent ensemble en martyres à Rome, au Ier siècle, pour avoir participé à l'inhumation des apôtres Pierre et Paul.
**Elle serait...** sociable, conciliante, diplomate et adroite. Elle craint la solitude et préfère la vie à deux, les associations, les partenariats.
**Son évolution :** courante en Russie, Vassilia comme Vassilissa sont rares en France.
**Sa forme initiale** : Basilisse.
**Ses cousines** : Basilia, Basilissa, Vasilissa, Vassiliki.
**Son masculin** : Basile.

## VÉNUS

**D'où vient-elle ?** Vénus, d'origine latine, est le nom de la déesse romaine de la beauté et de l'amour.
**On la fête** le 10 novembre avec Nymphe.
**Elle serait...** altruiste, prête à se donner à fond pour toutes les causes qu'elle juge dignes de ses efforts. Mais, idéaliste, elle se heurte souvent à des déceptions.
**Elle le porte :** Vénus Williams, née en 1980 en Californie, une joueuse de tennis américaine, numéro 1 mondial en 2002.
**Son évolution :** difficile de porter ce prénom en France, alors qu'aux États-Unis, on le rencontre souvent.

## VÉRA
### Verana, Verena

**D'où vient-elle ?** Véra, d'origine slave, signifie « foi ».
**On la fête** le 18 septembre. Sainte Véra est la fille de sainte Sophie et la sœur de Nadège et de Liubba. Elle fut martyrisée en Asie Mineure au IIe siècle, avec sa mère et ses sœurs, sous le règne d'Hadrien, pour avoir refusé de renier sa foi.
**Elle serait...** naturelle et classique. Travailleuse, perfectionniste, appliquée, elle a une grande moralité et se montre très exigeante envers son entourage.

**Elle l'a porté :** Véra Clouzot, actrice française, femme du metteur en scène Georges Clouzot, qui joua au côté de Simone Signoret dans *Les Diaboliques* en 1954.
**Elle le porte :** Vera Wang, styliste américaine d'origine chinoise.
**Son évolution :** Véra est un prénom classique en Russie et dans les pays slaves. On la rencontre peu en France.
**Ses cousines :** Verana, Verena.
**Ses diminutifs :** Véroschka, Véroucha, Vérounia, Véruschka, Verushka.

## VÉRONIQUE

### Bérénice, Vernice, Vérona, Vérone, Veronice, Viatrix

**D'où vient-elle ?** Véronique, d'origine grecque, signifie « qui apporte la victoire ».
**On la fête** le 4 février. Jeune lingère de Jérusalem, Véronique aurait bravé une foule hostile pour essuyer le visage du Christ avec son voile lors de son calvaire vers le Golgotha. Ce voile serait empreint des traits du Christ. Il fut légué au pape Clément I^er^. Cette relique est conservée et vénérée à Saint-Pierre de Rome, mais son authenticité est contestée.
**Elle serait...** vive, franche et spontanée. Elle attache peu d'importance aux médisances et mène sa vie tranquillement, se fondant uniquement à son intuition très fine.
**Elles le portent :** Véronique Sanson, chanteuse, pianiste, auteur-compositeur révélée en 1972 grâce à son premier album produit par Michel Berger, son compagnon à l'époque. Véronique Genest, actrice française, principalement connue pour son rôle dans la série télévisée *Julie Lescaut*. Mais elle fut aussi une *Nana* pleine de charme d'après l'œuvre de Zola.
**Son évolution :** alors que Bérénice, de même étymologie que Véronique, était un prénom tendance de l'Antiquité en Grèce et en Égypte, Véronique apparaît dans les années 1950. Elle occupe bien le terrain jusqu'en 1970.
**Ses cousines :** Vernice, Vérona, Vérone, Veronice, Viatrix.
**Dans nos régions :** Beronica (Pays basque), Veronika (Bretagne), Verounico (Provence).
**À l'étranger :** Veronica (Espagne, Grande-Bretagne, États-Unis, Italie).

## VICTOIRE

### Victoria, Victoriane, Victorienne, Victorine, Victrice

**D'où vient-elle ?** Victoire signifie en latin « victoire ».
**On la fête** le 15 novembre. Sainte Victoire est chrétienne en Algérie au IV^e^ siècle. Elle fut mise à mort avec 19 autres chrétiennes pour s'être réunies pour prier.
**Elle serait...** combative et déterminée à atteindre ses objectifs. Elle travaille beaucoup et affronte les problèmes avec efficacité.
**Elles le portent :** Victoire de Castellane, créatrice de bijoux, qui a collaboré avec la maison Chanel. Victoire, fille de l'entraîneur de football Raymond Domenech et de la journaliste Estelle Denis, née en 2005.
**Son évolution :** Victoire était bien connue au XIX^e^ siècle, mais elle fut éphémère. Elle connut à nouveau une petite phase de succès en 1990. Elle est une favorite des familles BCBG.
**Ses cousines :** Victoriane, Victorienne, Victorine, Victrice.
**Dans nos régions :** Vitori (Provence).
**À l'étranger :** Victeoiria (pays de Galles), Victoria (Espagne, États-Unis, Grande-Bretagne), Viktoria (Scandinavie), Vittoria (Italie).
**Ses diminutifs :** Vick, Vicki, Vickie, Vicky.
**Son masculin :** Victor.

# Les prénoms sous la Révolution

Tout ou presque était permis en ce temps-là. L'année civile commençait le 22 septembre, les semaines étaient remplacées par des décades, les mois changeaient de noms, et les parents pouvaient laisser libre cours à leur fantaisie.

Voici quelques prénoms donnés sous la Révolution, qui témoignent de l'imagination fertile des heureux parents.

**Filles de la nature :**

**Betterave**
**Colza**
**Farine**
**Fraisine**
**Fromentine**
**Lavigne**
**Lentille**
**Montagne**
**Myrtille**
**Neige**
**Orange**
**Pomme**

**Filles patriotes :**

**Brigide**
**la Vertu**
**Catinette**
**Ostende**
**Edme**
**Franciade**
**Frétillaire**
**Justice**
**la Paix**
**Libérate**
**Liberté**
**Élisabeth**
**Lucrèce**
**Concorde**
**Marie**
**Montagne**
**Désirée**
**Récompense**
**Caroline**
**Vertu**
**Constante**
**Victoire**

**Filles-fleurs :**

**Acacia**
**Bruyère**
**Fleur d'oranger**
**Floralie**
**Héliothrope**
**Jasmin**
**Jonquille**
**Lavande**
**Pensée**
**Pervenche**
**Renoncule**
**Réséda**
**Thubéreuse**
**Tulipe**
**Violette**

## VICTORIA

### Victoire

**D'où vient-elle ?** Victoria est la forme anglo-américaine et espagnole de Victoire, qui signifie en latin « victoire ».

**On la fête** le 17 novembre. Sainte Victoria est une martyre andalouse du IV$^{e}$ siècle. En 304, sous le règne de Dioclétien, elle fut martyrisée avec son frère après s'être fait baptiser à Cordoue. Sainte Victoria est patronne de Cordoue.

**Elle serait...** réfléchie, stable et réservée. Solitaire, elle préfère la lecture et l'étude aux relations sociales. Elle est affective, même si elle cache pudiquement ses sentiments.

**Elle l'a porté :** Victoria I$^{re}$, née Alexandrina Victoria de Wettin de Hanovre à Londres en 1819, reine de Grande-Bretagne et d'Irlande, de 1837 à 1901, et impératrice des Indes, de 1876 à 1901. Son règne fut marqué par l'expansion de l'Empire britannique, devenu première puissance mondiale, et par la révolution industrielle. Avec 60 ans de présence sur le trône, elle eut le règne le plus long de toute l'histoire du Royaume-Uni. L'« ère victorienne », est le symbole de l'apogée de la puissance du Royaume-Uni. Victoria eut 9 enfants qui se marièrent en Europe à des descendants de familles régnantes, devenant ainsi « la grand-mère de l'Europe ». Elle est décédée en 1901.

**Elles le portent :** Victoria Abril, née Victoria Ménida Rojas en 1959 à Madrid, actrice et chanteuse espagnole. Initialement destinée à la danse classique, Victoria débute sa carrière cinématographique en 1975, alors âgée de 16 ans. Elle vient tourner en France dès le début des années 1980, mais c'est Pedro Almodovar qui va la révéler en 1999 dans *Attache-moi*, puis dans *Talons aiguilles* et *Kika*. Victoria Beckham, née Adams en 1975 en Angleterre, chanteuse, styliste et femme d'affaires anglaise. Elle se fait connaître en 1996 en tant que membre du groupe de pop britannique les *Spice Girls,* qui eut un succès mondial.

**Son évolution :** forme internationale de Victoire, Victoria est courante dans les pays nordiques. Elle a connu une période de gloire à partir de 1990, qui s'émousse.

**Sa forme initiale :** Victoire.

## VICTORINE

### Victoire, Victoria

**D'où vient-elle ?** Victorine est une variante de Victoire, qui signifie en latin « victoire ».

**On la fête** le 2 novembre avec Victorin.

**Elle serait...** séduisante car originale et imprévisible. Très émotive, elle réagit avec impulsivité dès qu'elle se sent attaquée.

**Son évolution :** en vogue à la fin du XIX$^{e}$ et au début du XX$^{e}$ siècle, Victorine disparaît dès 1930. Elle pourrait bien prendre le relais de Victoria dans les années à venir.

**Sa forme initiale :** Victoire.

**Son masculin :** Victorin.

## VILMA

### Wilma

**D'où vient-elle ?** Vilma est une variante de Wilma, elle-même dérivée de Wilhelmine, qui est une forme néerlandaise de Guillemette, d'origine germanique, qui signifie « volonté et protection ».

**On la fête** le 10 janvier avec Guillaume.

**Elle serait...** créative, communicative, expressive. C'est dans l'art qu'elle parvient à s'épanouir et à communiquer ses émotions.

**Son évolution :** Wilma est courante en Flandre et aux Pays-Bas ainsi qu'aux États-Unis, car elle y a été introduite par les immigrants.

**Sa forme initiale :** Guillemette.

**Sa cousine :** Wilma.

**Ses masculins :** Guillaume, Wilhelm.

## VINCIANE

**D'où vient-elle ?** Vinciane signifie en latin « qui vainc ».

**On la fête** le 11 septembre. Sœur de saint Landoald, missionnaire en Hollande au VII$^{e}$ siècle, sainte Vinciane l'accompagna dans ses voyages et l'assista dans ses tâches. Elle participa à l'évangélisation de la Belgique. Saint Landoald et sainte Vinciane furent canonisés vers 670 et leurs reliques font l'objet d'un culte important dans la région de Gand, en Belgique.

**Elle serait...** intuitive et curieuse. Mais elle est cependant très attachée aux traditions. Travailleuse et courageuse, elle s'investit beaucoup dans sa vie professionnelle.

**Son évolution :** alors que Vincent est un classique toujours présent, Vinciane est très rare.

**À l'étranger :** Vincentia (Grande-Bretagne, États-Unis).

**Son diminutif :** Vinnie.

**Son masculin :** Vincent.

## VIOLAINE

**Viola, Violette, Yolande**

**D'où vient-elle ?** Violaine est une variante de Violette, qui signifie en latin « violette ».

**On la fête** le 5 octobre avec Fleur.

**Elle serait...** optimiste, amusante, épicurienne. Elle aime s'amuser et attire tous ceux qui lui ressemblent. Elle aime beaucoup moins l'ordre, l'effort ou le travail.

**Son évolution :** Violaine est une forme médiévale de Violette qui n'est apparue que dans la seconde moitié du XX$^{e}$ siècle, dans les familles BCBG.

**Sa forme initiale :** Violette.

**Ses cousines :** Viola, Yolande.

## VIOLETTE

**Viola, Violaine**

**D'où vient-elle ?** Violette signifie en latin « violette ».

**On la fête** le 5 octobre avec Fleur.

**Elle serait...** romanesque et rêveuse, idéaliste et hypersensible. Cette grande sensibilité complique un peu sa vie, car elle est mal armée pour affronter les difficultés.

**Elles l'ont porté :** Violette est un personnage de Shakespeare dans la pièce *La Nuit des Rois* écrite en 1602. C'est aussi le prénom de l'héroïne de *La Traviata*, opéra de Verdi qui reprend l'histoire de *La Dame aux camélias* d'Alexandre Dumas.

**Elle le porte :** la fille cadette d'Inès de la Fressange

**Son évolution :** Viola et Violetta étaient présentes en Angleterre au XVI$^{e}$ siècle. En France, c'est au XIX$^{e}$ siècle que Violette s'est révélée, pour disparaître dans les années 1930. Elle revient timidement depuis 2000.

**Sa cousine :** Violaine.

**À l'étranger :** Veigelen (Pays-Bas), Viola, Violet, Violett (Grande-Bretagne, États-Unis), Violetta (Italie), Violka (pays de l'Est).

## VIRGINIE

**Ginger**

**D'où vient-elle ?** Virginie signifie en latin « vierge ».

**On la fête** le 7 janvier. Née à Gênes en 1587, sainte Virginie devint veuve très jeune et se consacra aux indigents dans sa propre maison. Elle fut la fondatrice de l'institut des Auxiliaires des Dames de la Miséricorde. Elle décéda en 1651.

**Elle serait...** sensible, intuitive, coquette et très idéaliste. Elle rêve sa vie plutôt que de la vivre et fuit les difficultés dans les chimères ou dans la création artistique.

**Elle l'a porté :** Virginia Woolf, née en 1882, femme de lettres anglaise. Figure marquante de la société littéraire londonienne, elle débute en 1905 en écrivant des articles pour le *Times*. Elle écrit ensuite des essais et des romans très bien reçus par la critique et le public. Elle devient alors l'une des plus grandes romancières du XIX$^{e}$ siècle avec des œuvres comme *Mrs Dalloway* ou *La Chambre de Jacob*. Elle s'éteint en 1941.

**Elles le portent :** Virginie Ledoyen, actrice française. Virginie Efira, animatrice belge de télévision.

**Son évolution :** Virginie est née en 1587, lorsque l'État américain fut baptisé par sir Walter Raleigh sous le nom de Virginie, en hommage à la reine Elisabeth I$^{re}$ d'Angleterre, qu'on appelait

« la reine vierge ». Virginia fut un prénom très courant en Angleterre comme dans les colonies anglaises. C'est seulement en 1960 que Virginie s'installe en France, pour rester jusqu'en 1990.

**À l'étranger :** Vergine, Verguine, Verkine (Arménie), Virginia (Espagne, Grande-Bretagne, États-Unis, Italie).

**Son diminutif :** Ginger.

### Son heure de gloire

Au tout début du XIX^e siècle, lorsque le roman de Bernardin de Saint-Pierre *Paul et Virginie* parut. Le film, qui reprend le thème du livre en 1924, n'aura pas le même impact sur le prénom.

## VIRIDIANA

**Verdiane, Virdiana, Viridania, Viridia, Viridiane, Viridienne**

**D'où vient-elle ?** Viridiana signifie en latin « verdure ».

**On la fête** le 1^er février. Sainte Viridiana est née en Toscane en 1175. Après un pèlerinage à Saint-Jacques-de-Compostelle, elle s'enferme dans une cellule pendant 30 ans, jusqu'à sa mort.

**Elle serait...** ambitieuse, travailleuse et persévérante. Réaliste et opportuniste, elle réussit bien dans les affaires, mais avec rigueur car elle a une grande moralité.

**Elle l'a porté :** Viridiana est le personnage principal du film mexicain éponyme de Luis Buñuel en 1961.

**Son évolution :** ce prénom est fréquent dans les pays de culture hispanique, il est rare en France.

**Ses cousines :** Verdiane, Virdiana, Viridania, Viridia, Viridiane, Viridienne.

## VIVIANE

**Vivienne**

**D'où vient-elle ?** Viviane signifie en latin « vivante ».

**On la fête** le 2 décembre. Sainte Viviane est la fille d'un chrétien préfet à Rome au IV^e siècle, sous le règne de Julien l'Apostat. Une femme chargée de l'amener à renier sa foi l'enferme dans une maison close. Refusant d'abjurer, elle est fouettée à coups de cordes plombées jusqu'à ce qu'elle succombe.

**Elle serait...** énergique et responsable, avec une douceur subtile et une grande féminité. Elle s'investit beaucoup dans sa famille et dans ses amis.

**Elle le porte :** la fée Viviane, dans la légende arthurienne. Surnommée « la Dame du lac », Viviane enleva Lancelot et l'éleva dans la forêt de Brocéliande avant de le présenter aux chevaliers de la Table ronde. Elle séduisit le mage Merlin qui lui révéla ses secrets.

**Son évolution :** ce prénom était connu depuis fort longtemps, mais c'est en 1930 qu'il se manifeste. Son succès est modeste et éphémère. Viviane disparaît en 1970.

**Sa cousine :** Vivienne.

**Dans nos régions :** Veziana, Véziane (Gascogne), Viano (Provence).

**À l'étranger :** Bibiana, Viviana, Vivina (Espagne), Vivian, Vivien (Grande-Bretagne, États-Unis).

## VONNA

**Vonnette, Vonnie**

**D'où vient-elle ?** Vonna est une forme américaine d'Yvonne, qui signifie en celte « if ».

**On la fête** le 19 mai avec Yves.

**Elle serait...** expressive, communicative, bavarde. Douée pour l'éloquence, elle a un vrai talent de persuasion. Elle recherche la tranquillité et l'harmonie.

**Son évolution :** Vonna, apparue dans les années 1980, plus moderne qu'Yvonne, est encore bien loin de se faire remarquer.

**Sa forme initiale :** Yvonne.

**Ses cousines :** Vona, Vonne, Vonnette, Vonnie.

**Son masculin :** Yvon.

## WANDA

**D'où vient-elle ?** Wanda, d'origine germanique, signifie « issue du peuple vandale ». Ce peuple, venu de Germanie, occupa l'Europe entre le I$^{\text{er}}$ et le V$^{\text{e}}$ siècle.

**Elle serait...** sage, sensible, réservée. Elle a besoin d'être entourée affectivement pour s'épanouir et réussir dans la vie. Dévouée à sa famille et à ses amis, elle aime pourtant une certaine indépendance.

**Elles le portent :** l'actrice américaine Wanda Skyles, la chanteuse américaine Wanda Jackson.

**Son évolution :** ce prénom a connu un succès modeste dans les pays anglophones au XIX$^{\text{e}}$ siècle.

**Ses cousines :** Lawanda, Vanda, Venla.

## WENDY

**D'où vient-elle ?** Wendy, d'origine anglaise, est un patronyme littéraire.

**Elle serait...** volontaire, autonome, dynamique. Elle vit sa vie avec passion dans tous les domaines et ne supporte pas la médiocrité ni la tiédeur.

**Elle le porte :** Wendy est le nom de l'héroïne de *Peter Pan*, œuvre de James Barrie parue en 1902. Wendy, dans ce livre, est une petite fille qui, avec ses frères, va suivre Peter Pan, un petit garçon qui refuse de grandir, dans son pays magique.

**Son évolution :** Wendy a été très discrète jusqu'aux années 1920 en Angleterre. Puis elle s'est développée. En France, c'est dans les années 1990 qu'elle s'est fait brièvement remarquer.

## WHITNEY

**D'où vient-elle ?** Whitney signifie en anglais « île blanche ».

**Elle serait...** intuitive et sensible, impressionnable quand les tensions sont trop fortes. Elle est charmante et séduisante, mais elle préfère l'intimité familiale à la vie sociale.

**Elle l'a porté :** Whitney Houston, cousine de la chanteuse Dionne Warwick. Enfant, elle chantait à l'église. Elle fut très vite remarquée et commença une brillante carrière, sur scène et au cinéma. *Body Guard* eut un grand succès et la révéla à l'Europe.

**Son évolution :** ce prénom est très en vogue aux États-Unis.

## WHOOPY

**D'où vient-elle ?** Whoopy signifie en anglais « heureuse ».

**Elle serait...** très sociable, gaie et dynamique. Elle recherche le succès grâce à son charisme et se tourne vers tous les moyens d'expression pour charmer son entourage.

**Elle le porte :** Whoopi Goldberg, actrice et productrice américaine. Elle devient mondialement connue, en 1985, grâce au film de Steven Spielberg *La Couleur pourpre*. Elle enchaîne les rôles dans des films à succès comme *Ghost* ou *Sister Act*.

**Son évolution :** ce prénom typiquement américain n'est guère sorti du Nouveau Monde.

## WILFRIDE

**Wilfreda, Wilfrida, Wilfrieda**

**D'où vient-elle ?** Wilfride, d'origine germanique, signifie « volonté et protection ».

**On la fête** le 16 septembre. Mère de sainte Édith de Wilton, Wilfride fut la concubine d'Edgar le Pacifique, roi des Angles (peuple germanique) au X$^{\text{e}}$ siècle. Elle quitta la cour avec sa fille, se fit moniale et devint abbesse au monastère de Wilton. Elle décéda en 988.

**Elle serait...** active, rapide, impatiente. Elle est communicative et curieuse. Indépendante, elle supporte mal les ordres.
**Elle le porte :** Wilfride Piollet, petit rat de l'Opéra de Paris à 12 ans, dansa avec Maurice Béjart et fut nommée danseuse étoile en 1969.
**Son évolution :** Wilfride est bien connue en Allemagne, rare en France.
**Ses cousines :** Wilfreda, Wilfrida, Wilfrieda.
**Ses masculins :** Wilfrid, Wilfried.

## WILMA
**Wilhelma, Wilhelmina, Willa, Willabelle, Willamina, Wilmette**

**D'où vient-elle ?** Wilma est le diminutif de Wilhelmine, forme néerlandaise de Guillemette, d'origine germanique, qui signifie « volonté et protection ».
**On la fête** le 10 janvier avec Guillaume.
**Elle serait...** solide, équilibrée, travailleuse. Elle ne laisse rien au hasard et se fie surtout à sa puissance de travail et à son intelligence.
**Elle l'a porté :** Wilhelmine fut reine des Pays-Bas de 1890 à 1948. Exilée à Londres pendant la guerre, elle abdiqua en faveur de sa fille Juliana.
**Son évolution :** Wilma, courte et moderne, plaît beaucoup dans les pays de langue allemande.
**Sa forme initiale :** Guillemette.
**Ses cousines :** Wilhelma, Wilhelmina, Willa, Willabelle, Willamina, Wilmette.
**À l'étranger :** Minnie (Grande-Bretagne) Willemijn (Flandres).
**Ses masculins :** Guillaume, Wilhelm.

## WINIFRED
**Winnie**

**D'où vient-elle ?** Winifred, d'origine galloise, signifie « réconciliation sacrée ».
**On la fête** le 3 novembre. Sainte Winifred vécut au Ier siècle en Angleterre. Elle fut décapitée par un prince dont elle refusa les avances. Selon une légende, à l'endroit où elle fut assassinée coule une source ayant le pouvoir de guérir.
**Elle serait...** sérieuse, appliquée et perfectionniste, elle a soif de connaissances Elle a de hautes ambitions et n'aime pas être prise en défaut.
**Elle l'a porté :** Winifred Wagner, née en Angleterre, fut la femme de Siegfried, fils de Richard Wagner, et une amie d'Adolf Hitler.
**Son évolution :** Winifred est bien connue dans l'Allemagne d'avant-guerre. Elle est marginale en France.
**Sa forme initiale :** Gwenfrewi.
**À l'étranger :** Wynafrd (pays de Galles).
**Ses diminutifs :** Winnie, Winny.

## WINONA
**Wenona, Wynona**

**D'où vient-elle ?** Winona, amérindienne, signifie « fille aînée ».
**Elle serait...** calme, discrète, réfléchie et studieuse. Elle aime la solitude et se méfie des relations sociales qu'elle trouve en général trop superficielles.
**Elle le porte :** Winona Ryder, actrice américaine, qui a débuté sa carrière grâce au réalisateur Tim Burton dans *Beetlejuice* et *Edward aux mains d'argent.*
**Son évolution :** parfaitement inconnu, ce prénom est révélé par l'actrice Winona Ryder. Il s'ensuit une petite vague de popularité aux États-Unis qui n'a pas encore atteint la France.
**Ses cousines :** Wenona, Wynona.

## WIVINE

**D'où vient-elle ?** Wivine, d'origine germanique, signifie « amie de la forêt ».
**On la fête** le 17 décembre. Flamande, sainte Wivine fonde en 1129 un monastère bénédic-

tin en Lorraine grâce à l'aide de notables de la région. Les reliques sont vénérées dans l'église du Sablon à Bruxelles depuis 1805.

**Elle serait...** énergique, autoritaire et ambitieuse. Travailleuse, habile, intuitive, elle parvient à gagner le pouvoir et le succès.

**Son évolution :** Wivine, connue au Moyen Âge, a disparu depuis.

## WYNN

**Wynne**

**D'où vient-elle ?** Wynn signifie en gallois « à la peau blanche ».

**Elle serait...** sérieuse, attachée à ses principes et disciplinée. Peu tolérante, elle cherche parfois à s'imposer avec force.

**Son évolution :** ce prénom est bien connu au pays de Galles, très rare en France.

**Sa cousine :** Wynne.

## XANTHIA

**Xantha, Xanthie, Xanthippe, Xantia**

**D'où vient-elle ?** Xanthia, d'origine grecque, signifie « blonde ».

**Elle serait...** charmante, d'humeur égale, optimiste et très communicative. Elle est curieuse, épicurienne et croque la vie à belles dents.

**Elle l'a porté :** Xanthippe fut la femme de Socrate au Ve siècle avant J.-C. Réputée pour son mauvais caractère, la légende raconte que Socrate l'aurait épousée pour mettre sa patience à l'épreuve.

**Son évolution :** Xanthia, prénom antique, a disparu depuis des siècles.

**Ses cousines :** Xantha, Xanthie, Xanthippe, Xantia.

## XAVIÈRE

**Xavéria, Xavérianne, Xavérie, Xavérine**

**D'où vient-elle ?** Xavière signifie en basque « maison neuve ».

**On la fête** le 3 décembre avec Xavier.

**Elle serait...** dynamique, active, vive et habile. Elle ne manque pas d'ambition, mais elle a tendance à se laisser aller à la facilité.

**Elle le porte :** Xavière Tibéri, femme de l'ancien maire de Paris.

**Son évolution :** contrairement à son masculin, un grand classique, Xavière a toujours été rare.

**Ses cousines** : Xavéria, Xavérianne, Xavérie, Xavérine.
**Dans nos régions** : Saveria (Corse, Pays basque), Xavieira (Sud-Ouest).
**À l'étranger** : Xaviera (Allemagne, Pays-Bas).
**Son masculin** : Xavier.

## XÉNIA

**Ksena, Ksenia**

**D'où vient-elle ?** Xénia signifie en grec « hospitalière ».
**On la fête** le 24 janvier. Sainte Xénia vécut au début du XIX^e^ siècle à Saint-Pétersbourg, à la cour de l'empereur Alexandre III. Elle épousa un musicien du tsar, puis, à la mort de son mari, entra au couvent pour prier pour le repos de son âme. Elle revint à la cour pour soigner le tsar, victime d'un attentat.
**Elle serait...** éprise de justice, de stabilité et d'équilibre. Franche et loyale, elle ne mâche pas ses mots et ne méprise pas le pouvoir ni les biens matériels.
**Son évolution :** Xénia était fréquente en Russie au XIX^e^ siècle. Elle reste très marginale en France, même si elle n'est pas inconnue.
**Ses cousines** : Ksena, Ksenia, Oksana.

## XYLIA

**Xyla, Xylina, Xylona**

**D'où vient-elle ?** Xylia, d'origine grecque, signifie « de la forêt ».
**Elle serait...** une bâtisseuse. Elle veut construire sa vie, acquérir toujours plus, progresser. Elle aime le pouvoir et la liberté pour tracer sa vie comme elle le désire.
**Son évolution :** connu en Grèce, ce prénom est rarissime en France.
**Ses cousines** : Xyla, Xylina, Xylona.

## YAËLLE

**Joëlle, Yaala, Yaalat, Yaëlla, Yaguel, Yeela, Yoëlle**

**D'où vient-elle ?** Yaëlle est une forme bretonne de Joëlle, qui signifie en hébreu « Yahvé est Dieu ».
**On la fête** le 13 juillet avec Joël.
**Elle serait...** parée de toutes les vertus féminines, douce, discrète, patiente et attentive. Sa famille est son refuge et sa priorité.
**Elles le portent :** l'astrologue Yaguel Didier. C'est aussi le titre d'un recueil du poète français Edmond Jabès.
**Son évolution :** Yaëlle a pris le relais de Joëlle dans les années 1960.
**Sa forme initiale** : Joëlle.
**Ses cousines** : Yaala, Yaalat, Yaëlla, Yaguel, Yeela, Yoëlle.
**Ses masculins** : Joël, Yaël, Yoël, la forme masculine a aussi été utilisée au féminin.

## YANA

**Yanae, Yanina, Yanisha, Yanitza**

**D'où vient-elle ?** Yana est une forme bretonne et russe de Jeanne, qui signifie en hébreu « Dieu a fait grâce ».
**On la fête** le 30 mai avec Jeanne.
**Elle serait...** épicurienne, optimiste, amoureuse de la liberté, des nouveautés, des voyages. Elle supporte mal les habitudes et la routine.

**Son évolution :** Yana est un prénom tout neuf, qui est apparu en 2000. L'avenir lui appartient.
**Sa forme initiale :** Jeanne.
**Ses cousines :** Yanae, Yanina, Yanisha, Yanitza.

## YARDENA

**Jordana, Yardenia**

**D'où vient-elle ?** Yardena est une variante de Jordana, qui signifie en hébreu « du fleuve Jourdain ».
**On la fête** le 13 février avec Jourdain.
**Elle serait...** communicative, joyeuse, gourmande de tous les plaisirs de la vie. Elle a aussi soif d'affection et privilégie ses relations familiales malgré un désir d'indépendance.
**Sa forme initiale :** Jordana.
**Sa cousine :** Yardenia.
**Ses masculins :** Jordan, Jourdain.

## YOKO

**D'où vient-elle ?** Yoko signifie en japonais « positive ».
**Elle serait...** sociable et créative. Elle a besoin de s'exprimer, par la parole, le geste, le sport ou par des réalisations concrètes.
**Elle le porte :** Yoko Ono, née en 1933 à Tokyo, artiste expérimentale, plasticienne, musicienne, chanteuse, compositrice, écrivain et cinéaste. Elle est surtout connue pour avoir été la compagne et la muse de John Lennon de 1969 jusqu'à sa mort en 1980.
**Son évolution :** Yoko est l'un des prénoms japonais les plus connus par les familles françaises, en grande partie grâce à l'influence de Yoko Ono.

## YOLANDE

**Iolanthe, Viola, Violaine, Violette, Yolaine, Yolantha, Yolanthe, Yolene, Yolette**

**D'où vient-elle ?** Yolande signifie en latin « violette ».
**On la fête** le 11 juin. Fille du roi de Hongrie, Bela IV, et femme de Boleslas le Pieux, duc de Kalisz, Yolande devient veuve en 1279. Elle place deux de ses filles dans un monastère et entre avec une autre au couvent des clarisses en Pologne. Elle meurt en 1299.
**Elle serait...** réservée, un peu méfiante, cultivant son mystère pour se protéger. Elle est susceptible et les critiques la blessent.
**Elle l'a porté :** Yolanda fut le vrai prénom de la chanteuse Dalida.
**Elle le porte :** la comédienne Yolande Moreau, de la troupe de Jérôme Deschamps et Macha Makeïeff.
**Son évolution :** Yolande était connue au Moyen Âge. Au XX$^{e}$ siècle, elle a eu un relatif succès dans les années 1930, puis s'est éclipsée. Violette et Violaine sont présentes, mais très discrètes.
**Ses cousines :** Iolanthe, Viola, Violaine, Violette, Yolaine, Yolantha, Yolanthe, Yolene, Yolette.
**Dans nos régions :** Jolanda, Jolenda (Pays basque).
**À l'étranger :** Iolanda (Italie), Jola (Hongrie), Jolana (République tchèque), Jolanta, Jolante, Jolenta, Jolanthe (Pologne), Olinda, Yola, Yolanda (Espagne).

## YONA

**Yonita, Yonith**

**D'où vient-elle ?** Yona signifie en hébreu « colombe ».
**On la fête** le 31 décembre avec Colombe.
**Elle serait...** énergique, ambitieuse, travailleuse. Elle veut tout diriger, car elle ne supporte ni les contraintes ni les ordres.
**Son évolution :** Yona, peu connue jusqu'à présent en dehors des familles de culture juive, évolue favorablement.
**Ses cousines :** Yonita, Yonith.
**Son diminutif :** Yonina.

## YOUNA

**Younen**

**D'où vient-elle ?** Youna est une forme bretonne d'Yvette, qui signifie en celte « if ».

**On la fête** le 13 janvier avec Yvette.
**Elle serait...** stable, sérieuse, méthodique. Elle aime construire, évoluer, toujours en quête de réussite, dans sa vie privée comme dans sa vie professionnelle.
**Son évolution :** Yvonne et Yvette ont eu leur temps. Youna est la nouvelle forme féminine d'Yves, courte et mélodieuse. Les jeunes parents l'accueillent avec intérêt depuis 2000.
**Sa forme initiale :** Yvette.
**Sa cousine :** Younen.
**Son masculin :** Yves.

## YSANNE
### Isabelle

**D'où vient-elle ?** Ysanne est une composition alliant Isabelle, qui signifie « Dieu est plénitude », et Anne, qui signifie « grâce », toutes deux d'origine hébraïque.
**On la fête** le 22 février avec Isabelle.
**Elle serait...** parée de toutes les qualités féminines. Douce, elle prête une oreille attentive à son entourage ; réservée, elle prône la modération.
**Son évolution :** toute nouvelle, Ysanne est apparue en 2005.
**Ses formes initiales :** Isabelle et Anne.

## YSEULT
### Iseult, Iseut, Ysée, Yseut

**D'où vient-elle ?** Yseult, d'origine celte, signifie « belle ».
**Elle serait...** communicative, drôle, charmante et généreuse. Elle attache beaucoup d'importance à ses relations personnelles et à sa famille.
**Elle l'a porté :** Iseut, l'héroïne de la légende de *Tristan et Iseut*, transcrite au XIIe siècle à partir de la tradition orale. La légende évoque Iseut la blonde, qui aime Tristan et en est aimée, et Iseult aux blanches mains, que Tristan épouse contraint et forcé. Elle est représentée dans la peinture du XIXe siècle avec de longs cheveux blonds.
**Son évolution :** bien connue depuis le Moyen Âge, Yseult est restée dans son monde irréel.
**Ses cousines :** Iseult, Iseut, Ysée, Yseut.

## La mode des prénoms

Ils vont, ils viennent, disparaissent, deviennent numéro 1 et repartent. Quelle est la vie d'un prénom ? Il n'y a pas de règle !

Prenons **Charlotte**. Elle est connue dès la Renaissance : Charlotte de Savoie, née en 1445, mère de François 1er le prouve. Première disparition. Elle revient sous la Révolution : Charlotte Corday nous le rappelle. Deuxième disparition. Elle est là au tout début du XXe siècle, puis s'éclipse à nouveau dans les années 1930. En 1990, elle est le numéro 1 des prénoms féminins. Près de 30 ans plus tard, elle demeure dans le top 100.

**Louise**, qui est n°1 aujourd'hui, a connu depuis le Moyen Âge des vagues de succès suivies de purgatoires : après avoir été acclamée au XIXe siècle et au début du XXe siècle, elle est tombée en désuétude avant de se retrouver à nouveau sous les feux de la rampe aujourd'hui.

La majorité des prénoms sont cycliques. Le rythme de leurs allers et retours varie souvent en fonction de leur popularité. Ils restent en vogue de 5 à 20 ans avant de s'éloigner. Le plus classique, le plus indémodable reste **Marie**, qui traverse les siècles, les pays et les continents sans perdre son aura.

## YUKIKO

**D'où vient-elle ?** Yukiko signifie en japonais « enfant de la neige ».
**Elle serait...** très attachée à sa vie sociale, ses relations sur lesquelles elle compte beaucoup.

Opportuniste, elle sait utiliser ses contacts, mais elle n'est pas ingrate.
**Son évolution :** Yukiko est appréciée par les familles françaises.

## YVELINE

**D'où vient-elle ?** Yveline est une forme féminine d'Yves associée à Line.
**On la fête** le 19 mai avec Yves.
**Elle serait...** sociable, communicative, pleine de tact et d'intuition. Elle aime le travail d'équipe et redoute la solitude.
**Son évolution :** Yveline est un prénom moderne, dont le rapprochement avec le département n'a sans doute pas favorisé la progression.
**Son masculin :** Yves.

## YVETTE

**Ivetta, Ivette, Youna**

**D'où vient-elle ?** Yvette est la forme féminine d'Yves, d'origine celte, qui signifie « if ».
**On la fête** le 13 janvier. Née en 1158 en Belgique, près de Liège, sainte Yvette se marie à 13 ans et devient veuve à 18 ans. Elle consacre sa vie à soigner les lépreux. Elle meurt recluse en 1228. Sainte Yvette est vénérée à Liège.
**Elle serait...** dynamique, énergique et perfectionniste. Son exigence est parfois un peu pesante pour son entourage, mais elle a beaucoup de charme et on lui pardonne.
**Elle l'a porté :** Yvette Horner, accordéoniste française, qui obtint son premier prix de piano à 11 ans au conservatoire de Tarbes et ne cessa de jouer pendant plus de 70 ans.
**Son évolution :** Yvette succède à Yvonne au début du XX^e^ siècle, accompagnant Ginette, Georgette, Paulette... Elle disparaît avec elles peu après les années 1930.
**Ses cousines :** Ivetta, Ivette.
**Dans nos régions :** Iveine, Izoène, Izoenn, Youna, Younen, Yuna (Bretagne).
**À l'étranger :** Iva, Iveta (République tchèque), Ivetken (Flandre), Ivett (Hongrie).
**Son masculin :** Yves.

## YVONNE

**Ioena, Vonna, Vonnie, Yonen, Yonna, Yovna, Yvaine, Yvana, Yvane, Yvanelle, Yvanna, Yvanne, Yveline, Yvona, Yvonnick**

**D'où vient-elle ?** Yvonne est une forme féminine d'Yvon, d'origine celte, qui signifie « if ».
**On la fête** le 19 mai avec Yves.
**Elle serait...** active, énergique, autonome et curieuse. Elle ne tient pas en place, s'intéresse à tout et cherche une vie pleine de passions et d'aventures.
**Elle l'a porté :** l'actrice Yvonne Printemps, qui débuta dès l'âge de 11 ans. Elle participa à plusieurs comédies musicales avant d'entreprendre une carrière cinématographique et théâtrale avec Sacha Guitry, qu'elle épousa, puis dont elle divorça. Elle arrêta de tourner en 1950 et prit la direction du théâtre de la Michodière. Compagne de Pierre Fresnay, ils formeront un couple d'amants terribles. Elle disparut en 1977.
**Son évolution :** prénom classique à la fin du XIX^e^ siècle et au début du XX^e^ siècle, Yvonne a disparu dans les années 1920. Vonnie est apparue très discrètement, suivie de Vonna.
**Ses cousines :** Ioena, Yonen, Yonna, Yovna, Yvaine, Yvana, Yvane, Yvanelle, Yvanna, Yvanne, Yveline, Yvona, Yvonnick.
**Dans nos régions :** Ibone (Pays basque), Ivona (Bretagne).
**À l'étranger :** Ivona (République tchèque), Iwone (Hawaï), Lavonna, Vonna (États-Unis).
**Ses diminutifs :** Vonna, Vonnie.
**Ses masculins :** Yves, Yvon.

## ZAÏDE

**D'où vient-elle ?** Zaïde signifie en arabe « grâce ».

**On la fête** le 21 août. Fille de l'émir de Valence en Espagne au XIIe siècle, Zaïde se convertit en cachette de son père et prit le nom de Grâce. Dénoncée, elle fut arrêtée et décapitée.

**Elle serait...** travailleuse, dynamique et pleine de tact. Sociable, elle aime le travail d'équipe.

**Son évolution :** ce prénom est apprécié des familles de culture musulmane.

**À l'étranger** : Zaïda (Espagne).

**Ses masculins** : Zaïd, Zeïd.

## ZARAH

### Sarah

**D'où vient-elle ?** Zarah est une variante de Sarah, d'origine hébraïque, qui signifie « princesse ». Mais elle peut aussi être d'origine arabe et signifie alors « blanche ».

**Elle serait...** réfléchie, intellectuelle et discrète. Elle est généreuse et dévouée pour sa famille, ses amis et très fiable dans sa vie professionnelle.

**Elles le portent :** la fille de la princesse Margaret d'Angleterre, lady Zarah. Zara est une marque de prêt-à-porter féminin d'origine espagnole.

**Son évolution :** ce prénom est apprécié en Angleterre, en Espagne, et également par les familles de culture musulmane.

**Sa forme initiale** : Sarah.

## ZELDA

**D'où vient-elle ?** Zelda est une variante de Zita, d'origine grecque, qui est le nom de la sixième lettre de l'alphabet grec. Mais elle peut aussi être le diminutif d'Isolde.

**On la fête** le 27 avril avec Zita.

**Elle serait...** travailleuse, dynamique et pleine de tact. Sociable, elle aime le travail d'équipe qui la stimule et la rassure.

**Elle l'a porté :** Zelda fut la femme de Scott Fitzgerald, auteur américain des années 1920.

**Son évolution :** Zelda connut une petite vague de succès aux États-Unis dans les années 1940 dans les milieux littéraires. Elle est très rare en France.

**Sa forme initiale** : Zita.

## ZÉLIE

### Soline, Zelena, Zélia, Zéline, Zoline

**D'où vient-elle ?** Zélie est une variante de Soline, dérivée de Solenn, d'origine latine, qui signifie « annuelle ».

**On la fête** le 25 septembre avec Solenn.

**Elle serait...** individualiste, ambitieuse et déterminée. Mais aussi communicative, très ouverte, vive, spontanée et pleine de tact. Amie attentive, parente fiable, elle rallie tous les suffrages.

**Son évolution :** Zélie était bien connue au début du XXe siècle et assez courante. Elle s'éclipse vers 1920, pour revenir dans les années 1980. Elle était prometteuse, mais elle s'essouffle.

**Sa forme initiale** : Solenn.

**Ses cousines** : Zelena, Zélia, Zéline, Zoline.

## ZÉNAÏDE

**D'où vient-elle ?** Zénaïde signifie en grec « cadeau de Zeus ».

**On la fête** le 11 octobre. Convertie par saint Paul en Asie Mineure au Ier siècle, Zénaïde se retire du monde, prie et soigne les malades. Sainte Zénaïde est principalement honorée dans l'Église grecque.

**Elle serait...** habile, intuitive, pleine de tact, sociable et persuasive. La négociation est son point fort. Elle est rapide et déterminée, et ne se laisse pas prendre de court.

**Elles l'ont porté :** Zénaïde Bonaparte fut une des filles de Joseph et de Julie Clary, qui épousa son cousin germain, Charles Bonaparte, fils de Lucien, Zénaïde Fleuriot, romancière qui écrivit 83 livres pour jeunes filles dans la collection *La Bibliothèque Rose* et *La Bibliothèque Bleue* au XIXe siècle.

**Son évolution :** Zénaïde était un prénom assez courant dans la seconde moitié du XIXe siècle. Il est très rare aujourd'hui.

**À l'étranger :** Zenaïda (Espagne), Zinaïda (Russie).

**Son masculin :** Zénas.

## ZÉNOBIE

**D'où vient-elle ?** Zénobie signifie en grec « pouvoir de Zeus ».

**On la fête** le 10 novembre avec Nymphe.

**Elle serait...** volontaire, habile, rigoureuse et travailleuse. Elle ne laisse rien au hasard et planifie sa vie avec méthode. Fiable dans les affaires, elle l'est aussi en amitié.

**Elle l'a porté :** Zénobie fut reine de Palmyre au IIIe siècle. À la mort de son mari, en 266, Zénobie gouverna et fit de Palmyre le centre culturel du Proche-Orient. Elle se proclama impératrice en 271 et, fière de ses succès en politique intérieure, elle s'attaqua aux Romains. Elle fut battue et faite prisonnière par l'empereur Aurélien en 272. Elle mourut en exil à Tibur, près de Rome, en 274.

**Son évolution :** ce prénom des premiers siècles n'a pas résisté au temps qui passe. Zénobie est très marginale.

**À l'étranger :** Zénobia, Zinovia (Grèce, Russie).

**Son masculin :** Zénobe.

## ZÉPHIRINE

### Zéphira, Zéphyra, Zéphyrine

**D'où vient-elle ?** Zéphirine signifie en latin « zéphyr ».

**On la fête** le 26 août avec Zéphyrin.

**Elle serait...** sociable, amicale, pleine de tact et d'intuition, ce qui lui permet d'avoir des relations stables et agréables dans toutes les associations, privées ou professionnelles.

**Elle le porte :** Zéphirine Drouhin est le nom d'un rosier grimpant sans épines obtenu en 1896, du nom d'une amatrice de fleurs.

**Son évolution :** quelques Zéphirine ont vu le jour au XIXe siècle, mais ce prénom n'a pas duré plus d'une floraison.

**Ses cousines :** Zéphira, Zéphyra, Zéphyrine.

**Son masculin :** Zéphyrin.

## ZILPA

### Zilpah

**D'où vient-elle ?** Zilpa signifie en hébreu « qui coule ».

**Elle serait...** charmante, sociable et accueillante. Ce charisme ne nuit pas à sa rigueur professionnelle. Énergique et ambitieuse, elle a aussi beaucoup d'autorité.

**Elle l'a porté :** dans la Bible, Zilpa est la mère de Gad et Asher, fils qu'elle a eu avec Jacob, qui sont à l'origine de deux tribus d'Israël.

**Son évolution :** Zilpa est un prénom bien connu des familles de culture juive. Il est cependant assez rare.

**Sa cousine :** Zilpah.

## ZITA

### Zeta, Zite

**D'où vient-elle ?** Zita, d'origine grecque, est le nom de la sixième lettre de l'alphabet grec.

# Filles de...

Originaux ou très sages, les prénoms des enfants des personnalités inspirent parfois les parents en quête d'un prénom. Voici quelques idées à prendre....

**Alexis Olympia** : Serena Williams
**Amalia** : Natalie Portman
**Ayla** : Amélie Mauresmo
**Blanche** : David Douillet
**Charlene** : Roger Federer
**Claudia** : Karine Ferri
**Colette Josephine** : Robbie Williams
**Daisy Josephine** : Olivia Wilde
**Ella** : George et Amal Clooney
**Ella** : Laura Benanti
**Emma-Rose** : Samuel Le Bihan
**Eva** : Cristiano Ronaldo
**Hana** : Amel Bent
**Ines** : Blake Lively
**Inès** : Martin Fourcade
**Iris** : Renaud Lavillenie
**Isla** : Zara Phillips
**Izzy Oona** : Eddy Murphy
**Katie** : Christopher Froome
**Léna** : Gérard Darmon
**Léna Elizabeth** : Zara Phillips
**Louise** : Marion Cotillard et Guillaume Canet
**Lula Rose** : Liv Tyler
**Lyana** : Laetitia Milot
**Mia** : Antoine Griezmann
**Myla** : Roger Federer
**Nina** : Adriana Karembeu
**Pia** : Audrey Chauveau
**Savannah** : Zara Phillips
**Sophia** : Kamel Belghazi
**Swann** : Alice Taglioni/Laurent Delahousse
**Tara** : Novak Djokovic

**On la fête** le 27 avril. Née en 1618 en Italie, Zita est la sixième enfant d'une famille très pauvre. À 12 ans, elle entre au service d'une riche famille de tisseurs de laine. Elle y travaille jusqu'à sa mort, en 1278, tout en se consacrant aux pauvres, aux malades et aux prisonniers. À la suite de miracles survenus en faveur de personnes ayant prié sur sa tombe, elle est canonisée en 1696. Sainte Zita est honorée dans plusieurs pays d'Europe, mais principalement en Italie. Elle est la patronne des gens de maison.

**Elle serait...** sensible, affective, attentive et altruiste. Mais elle est aussi indépendante et accepte mal qu'on lui dicte sa conduite.

**Elle l'a porté :** Zita de Bourbon, née en 1892, reine de Hongrie et impératrice d'Autriche en 1916. Son mari est détrôné en 1918. Commença alors pour elle une longue vie d'exil, en Suisse, à Madère, en Espagne. Elle ne pourra revenir dans son pays qu'en 1982. L'Autriche lui rendra solennellement hommage à sa mort en 1989.

**Son évolution :** ce prénom se rencontrait parfois au XIX^e^ siècle, mais il a presque complètement disparu.

**Ses cousines** : Zeta, Zite.

## ZOÉ

### Zoa, Zoélie, Zoéline, Zoëlla

**D'où vient-elle ?** Zoé signifie en grec « vie ».

**On la fête** le 2 mai. Zoé était esclave d'un citoyen romain au II^e^ siècle, en Turquie. Vers 127, elle fut brûlée vive avec son époux et ses enfants pour avoir refusé d'accompagner ses maîtres à un sacrifice aux idoles.

**Elle serait...** déterminée, voire têtue, ambitieuse, presque opportuniste, indépendante et insoumise, rigoureuse, voire intolérante. Mais très affective, elle a un cœur d'or.

**Elle l'a porté :** Zoé Oldenbourg, née en Russie en 1916. Elle quitta Saint-Pétersbourg à 9 ans pour la France. Elle devint une historienne renommée, spécialiste des croisades. Elle disparut en 2002.

**Elle le porte :** l'actrice française Zoé Félix.

**Son évolution :** pendant des décennies, en France, Zoé a fait partie des prénoms excentriques. Elle est apparue dans les années 1990 et c'est aujourd'hui l'un des prénoms féminins en pleine progression.

**Ses cousines** : Zoa, Zoélie, Zoéline, Zoëlla.

**À l'étranger** : Zoïa (pays slaves).

# Prénoms du monde *au féminin*

# Afrique et Moyen-Orient

*Le Maghreb et le Moyen-Orient ont des prénoms typiques, propres à leur culture, qui sont souvent portés en Afrique noire, dans les familles musulmanes. Leur signification est toujours très positive et élogieuse. Les pays d'Afrique ont aussi leurs prénoms traditionnels, mais ils sont aujourd'hui plus rares que les prénoms à connotation religieuse.*

**Adama** (pays de langue arabe) : signifie « faite de terre ». *Voir Adam, p. 276.*

**Aïcha** (pays de langue arabe) : signifie « vivante ». *Voir p. 18.*

**Aïda** (pays de langue arabe) : signifie « celle qui revient ». *Voir p. 18.*

**Aïna** (Madagascar) : signifie « la vie ».

**Aïnès** (pays de langue arabe) : signifie « clairvoyante ».

**Aliya, Alya** (pays de langue arabe) : signifie « sublime ».

**Aminata** (Sénégal) : signifie « celle qui regarde ».

**Amira** (pays de langue arabe) : signifie « princesse ».

**Anissa** (pays de langue arabe) : signifie « du genre féminin ». *Voir p. 28.*

**Asma** (pays de langue arabe) : signifie « qui a de beaux traits ». *Voir p. 34.*

**Assiba** (Bénin) : signifie « reine ».

**Assya** (pays de langue arabe) : signifie « l'orientale ». *Voir p. 35.*

**Atifa** (pays de langue arabe) : signifie « cadeau ».

**Aya** (pays de langue arabe) : signifie « merveille ».

**Ayla** (Turquie) : signifie « éclat de la lune ».

**Babila** (Cameroun) : signifie « celle qui choisit ».

**Bahar** (Iran) : signifie « printemps ».

**Basma** (pays de langue arabe) : signifie « souriante ».

**Bintou** (Sénégal) : signifie « fille de l'homme ».

**Coumba** (Congo) : signifie « celle qui possède la force ».

**Diouma** (Sénégal) : signifie « celle qui décide ».

**Djamila**, Jamila (pays de langue arabe) : signifie « belle ». *Voir p. 79.*

**Domoïna** (Madagascar) : signifie « la colombe ».

**Dounia** (pays de langue arabe) : signifie « femme du monde ».

**Esmaa** (pays de langue arabe) : signifie « céleste ». *Voir Esmée, p. 94.*

**Fadia** (pays de langue arabe) : signifie « qui sacrifie sa vie pour les autres ».

**Fadela** (pays de langue arabe) : signifie « vertu ». *Voir p. 100.*

**Fadila** (pays de langue arabe) : signifie « loyale ».

**Fairuza** (Iran) : signifie « turquoise ».

**Faïza** (pays de langue arabe) : signifie « victorieuse ».

**Farah** (pays de langue arabe) : signifie « joie ».

**Fatima** (pays de langue arabe) : signifie « qui sèvre ». *Voir p. 101.*

**Fatimatou** (Sénégal) : signifie « qui a la bonne étoile ».

**Fatiya** (pays de langue arabe) : signifie « illumination ».

**Gizem** (Turquie) : signifie « mystère ».

**Gulizar** (Iran) : signifie « rose d'or ». *Voir p. 120.*

**Habiba** (pays de langue arabe) : signifie « aimée ». *Voir p. 123.*
**Hadiya** (pays de langue arabe) : signifie « guide ».
**Hawa** (Afrique noire, pays de langue arabe) : signifie « vivante ». *Voir p. 120.*
**Himaya** (pays de langue arabe) : signifie « protection ».
**Imani** (Afrique noire) : signifie « foi ».
**Jalila** (pays de langue arabe) : signifie « importante ».
**Joumana** (pays de langue arabe) : signifie « perle ».

## Les prénoms orientaux

Les prénoms du Maghreb et du Moyen-Orient ont, pendant longtemps, été fidèles à la tradition. Peu à peu, on dégage deux tendances : la première étant la recherche d'une certaine originalité tout en restant dans le respect de la culture et la deuxième est la volonté de donner aux enfants des prénoms multiculturels.

Ainsi, apparaissent des prénoms peu courants :
**Amalyne** (Liban) : signifie « espoir ».
**Basma** : signifie « sourire ».
**Sabeen** : signifie « brise du matin ».
**Shaden** (Liban) : signifie « chant ».
**Dima** (Syrie) : signifie « pluie silencieuse ».
**Cherine** (Perse) : signifie « charmante ».
**Fayrouz**, Fairouz, Fayruz : qui évoque la pierre turquoise.
Du côté des prénoms multiculturels, **Camélia** est en plein essor, portée dans la plupart des pays d'Europe, tout comme **Lina** ou **Naëlle**.

**Kaoutar** (pays de langue arabe) : signifie « abondance ».
**Kenza** (pays de langue arabe) : signifie « trésor ». *Voir p. 152.*
**Keshia** (Afrique de l'Ouest) : signifie « équilibre ».
**Khadija** (pays de langue arabe) : signifie « prématurée ».
**Laley** (Iran) : signifie « tulipe ».
**Lamia** (pays de langue arabe) : signifie « l'accordée ». *Voir p. 155.*
**Latifa** (pays de langue arabe) : signifie « charmante ».
**Leïla** (pays de langue arabe) : signifie « douceur de la nuit ». *Voir p. 158.*
**Lyna** (pays de langue arabe) : signifie « complaisante ».
**Mahiné** (Iran) : signifie « lune ».
**Malala** (Madagascar) : signifie « aimée ».
**Malika** (pays de langue arabe) : signifie « reine ». *Voir p. 177.*
**Mavana** (Madagascar) : signifie « resplendissante ».
**Miangaly** (Madagascar) : signifie « celle qui chante ».
**Mirana** (Madagascar) : signifie « souriante ».
**Mouna** (pays de langue arabe) : signifie « désir ». *Voir p. 195.*
**Nabila** (pays de langue arabe) : signifie « noblesse de l'âme ».
**Nadia** (pays de langue arabe) : signifie « généreuse ». *Voir p. 197.*
**Naïma** (pays de langue arabe) : signifie « gracieuse ». *Voir Noémie, p. 203.*
**Noor**, Nora (pays de langue arabe) : signifie « lumière », « clarté ». *Voir Nora p. 203.*
**Nour**, Noura (pays de langue arabe) : signifie « lumière ». *Voir p. 204.*
**Rachida** (pays de langue arabe) : signifie « qui a la foi ». *Voir p. 219.*
**Raja** (pays de langue arabe) : signifie « espoir ».
**Ranya** (pays de langue arabe) : signifie « attentive ».
**Roshan** (Iran) : signifie « lumière ».

**Safia** (pays de langue arabe) : signifie « fidèle ».
**Safiya** (pays de langue arabe) : signifie « pure ».
**Sahar** (Iran) : signifie « aurore ».
**Sakina** (pays de langue arabe) : signifie « paix ».
**Salima** (pays de langue arabe) : signifie « sauve », « saine de corp. et d'esprit ». *Voir p. 230.*
**Samia** (pays de langue arabe) : signifie « sublime ».
**Samira** (pays de langue arabe) : signifie « bavarde ».
**Sariaka** (Madagascar) : signifie « charmante ».
**Sassia** (pays de langue arabe) : signifie « femme de tête ».
**Shahnaz** (Iran) : signifie « fierté du roi ».
**Shanaz** (Iran) : signifie « fierté du roi ».
**Sharazad** (Iran) : signifie « ville libre ».
**Shirin** (Iran) : signifie « douce ».
**Sofiane** (pays de langue arabe) : signifie « dévouée ». *Voir p. 240.*
**Soraya** (pays de langue arabe) : signifie « excellente ». *Voir p. 241.*
**Souad** (pays de langue arabe) : signifie « bienheureuse ».
**Tatenda** (Afrique de l'Ouest) : signifie « merci ».
**Thema** (Afrique de l'Ouest) : signifie « reine ».
**Vololona** (Madagascar) : signifie « première fleur ».
**Yasmine** (pays de langue arabe) : signifie « jasmin ». *Voir Jasmine, p. 140.*
**Zahia** (pays de langue arabe) : signifie « belle ».
**Zahra** (pays de langue arabe) : signifie « brillante ».
**Zaïna**, Zina (pays de langue arabe) : signifie « beauté ».
**Zohra** (pays de langue arabe) : signifie « couverte de fleurs ».
**Zoubida** (pays de langue arabe) : signifie « élite ».

# Amérique

*La majorité des prénoms d' Amérique du Nord et du Canada est d'origine anglo-saxonne. En Amérique du Sud, on s'inspire des prénoms latinos. Il subsiste quelques prénoms traditionnels des tribus amérindiennes et des prénoms typiques de la culture afro-hispanique dans les états du Sud des États-Unis.*

## Amérique du Nord

**Ama** (Cherokee) : signifie « eau ».
**Aponi** : signifie « papillon ».
**Aquene** : signifie « paix ».
**Asha** : signifie « espoir ».
**Ayanna** : signifie « grâce ». *Voir Anne, p. 29.*
**Chilali** : signifie « oiseau des neiges ».
**Cholena** : signifie « oiseau ».
**Chumani** (Sioux) : signifie « goutte de rosée ».
**Citlali** : signifie « étoile ».
**Dena** : signifie « vallée ».
**Doli** (Navajo) : signifie « oiseau bleu ».
**Etania** : signifie « riche ».
**Halona** : signifie « chanceuse ».
**Huyana** : signifie « pluie ».
**Kinta** (Choctaw) : signifie « castor ».
**Miwok** (Cheyenne) : signifie « colibri ».
**Naira** (Quechua) : signifie « grands yeux ».
**Nita** : signifie « ourse ».
**Sakari** (Inuit) : signifie « douce ».
**Tallulah** : signifie « eau qui court ». *Voir p. 247.*

**Tisha,** Latisha : signifie « allégresse ». *Voir Laetitia, p. 155.*
**Winona** : signifie « première née », « fille aînée ». *Voir p. 263.*
**Yepa** : signifie « princesse de l'hiver ».

## Le top de l'autre côté de l'Atlantique...

Aux États-Unis et au Canada, les jeunes parents ont plébiscitéces six prénoms : **Ava**, **Emily, Emma**, **Isabella**, **Olivia** et **Sofia**. On retrouve ainsi Emma, qui s'impose décidément sur tous les continents, et Sofia, un prénom très classique depuis le XIXe siècle qui refait surface Outre-Atlantique et dans les pays de culture latine. La France la boude encore, mais pour combien de temps ?

## Amérique latine

**Abril** (Colombie, Mexique) : signifie « avril ».
**Araceli** (Espagne, Mexique) : signifie « hauteur du ciel ».
**Avila** (Brésil) : fait référence à une ville d'Espagne.
**Bahia** (Brésil) : fait référence à la ville de São Salvador da Bahia de todos santos.
**Belen** (Chili, Colombie) : fait référence à la ville de Bethléem.
**Bella** (Mexique) : diminutif d'Isabelle qui signifie « Dieu est plénitude ». *Voir p.135.*
**Carina** (Brésil, Mexique) : signifie « pure ». *Voir Carine, p. 52.*
**Cristieli** (Brésil) : signifie « messie ». *Voir Christelle, p. 61.*
**Cruzita** (Mexique) : signifie « petite croix ».
**Divina** (Mexique) : signifie « divine »
**Leandra** (Brésil, Mexique) : signifie « homme ». *Voir Léandre, p. 407.*
**Lucinda**, Luz (Mexique) : signifie « lumière ». *Voir Lucie*, p. 168.
**Melinda** : signifie « resplendissante ». *Voir p. 189.*
**Mireli** (Brésil) : signifie « celle qui élève ». *Voir Mireille, p. 193.*
**Rocio** (Chili, Mexique) : signifie « rosée du matin ».
**Romelia** (Mexique), Romina (Chili, Colombie) : signifie « de Rome ». *Voir Romane, p. 225.*
**Santana** (Mexique) : signifie « vénérée ».
**Selena** (Mexique) : signifie « lune ». *Voir Séléné, p. 234.*
**Sierra** (Mexique) : signifie « montagne ». *Voir p. 238.*

## Le top chez les latinos et Afro-américains

**Ladonna** : signifie « dame ». *Voir Donna, p. 80.*
**Lakeisha** : signifie « vivante ». *Voir Aïcha, p. 18.*
**Laquinta** : signifie « cinquième ». *Voir Quintilla, p. 218.*
**Lashanda**, Lashawna : signifie « Dieu est miséricordieux ». *Voir Jeanne, p. 140.*
**Latasha** : signifie « relatif à la nativité ». *Voir Natacha, p. 198.*
**Latisha**, Latosha : signifie « allégresse ». *Voir Laetitia, p. 155.*
**Latanya**, Latonya : signifie « de la famille des Tatius ». *Voir Tatiana, p. 247.*
**Latoya** : signifie « victoire ». *Voir Victoire, p. 257.*
**Lavonna** : signifie « if ». *Voir Yvonne, p. 268.*
**Lawanda** : signifie « issue du peuple vandale ». *Voir Wanda, p. 262.*

# Asie

*Les prénoms asiatiques sont peu donnés aux enfants français, sauf dans les couples mixtes, ou encore à des enfants asiatiques adoptés, parfois en combinaison avec un prénom européen. Ces prénoms féminins sont souvent bucoliques et font référence aux fleurs, aux saisons, à la nature, ou encore à la beauté.*

**Aïko** (Japon) : signifie « fille de l'amour ». *Voir p. 18.*
**Akako** (Japon) : signifie « rouge » (couleur qui symbolise le courage et la force). *Voir p. 20.*
**Aki** (Japon) : signifie « lumineuse ».
**Akiko** (Japon) : signifie « fille de l'automne ». *Voir p. 20.*
**Akira** (Japon) : signifie « brillante ».
**An** (Chine, Vietnam) : signifie « paix ».
**Anh** (Vietnam) : signifie « rayon de soleil ».
**Anzu** (Japon) : signifie « abricot ». *Voir p. 31.*
**Arya** (Inde): signifie « noble ».
**Asha** (Inde): signifie « espoir ».
**Atsumi** (Japon) : signifie « beauté sincère ».
**Aya** (Japon) : signifie « beauté sauvage ».
**Ayumi** (Japon) : signifie « marcheuse ».
**Bao** (Chine, Vietnam) : signifie « trésor ».
**Bo** (Chine) : signifie « vagues ».
**Chandra** (Inde): signifie « lune ».
**Chang** (Chine) : signifie « prospère ».
**Chung** (Chine) : signifie « printemps ».
**Dao** (Vietnam) : signifie « fleur de pêcher ».
**Daya** (Inde): signifie « miséricorde ».
**Diem** (Vietnam) : signifie « belle ».
**Hai** (Chine) : signifie « mer ».
**Hamsa** (Inde): signifie « cygne ».
**Hanae** (Japon) : signifie « fleur ».
**Haruko** (Japon) : signifie « enfant du printemps ».
**Hina** (Japon) : signifie « éclat du soleil ».
**Hiroko** (Japon) : signifie « enfant de la prospérité ».
**Hoa** (Vietnam) : signifie « fleur ».
**Hua** (Chine) : signifie « fleur ».
**Huan** (Chine) : signifie « anneau de jade ».
**Indira** (Inde): signifie « splendeur ». *Voir p. 132.*
**Indra** (Inde): signifie « toute puissance ».
**Jay,** Jaya, Jayla (Inde): signifie « victorieuse ». *Voir p. 140.*
**Jeong** (Corée) : signifie « vertueuse ».
**Jia** (Chine) : signifie « séduisante ».
**Jiao** (Chine) : signifie « belle ».
**Jin** (Chine, Corée) : signifie « précieuse ».
**Kamala** (Inde): signifie « lotus ».
**Kaori** (Japon) : signifie « parfum ».
**Kazuka** (Japon) : signifie « enfant de l'harmonie ».
**Keïko** (Japon) : signifie « enfant du respect », « respectueuse ». *Voir p. 151.*
**Keya** (Inde): signifie « fleur ».
**Kim** (Vietnam) : signifie « en or ». *Voir p. 153.*
**Koharu** (Japon) : signifie « ambre ».
**Kun** (Chine) : signifie « terre ».
**Kyoko** (Japon) : signifie « enfant de la reconnaissance ».
**Lan** (Vietnam) : signifie « orchidée ».
**Lei** (Chine) : signifie « tonnerre ».
**Li** (Chine) : signifie « belle ».
**Lian** (Chine) : signifie « fleur de lotus ».
**Lien** (Vietnam) : signifie « fleur de lotus ».
**Limei** (Chine) : signifie « belle fleur de prunier ».
**Lin** (Chine) : signifie « pierre précieuse ».
**Maï** (Vietnam) : signifie « fleur de lotus ».
**Mani** (Inde): signifie « joyau ».
**Maoko** (Japon) : signifie « enfant de l'honnêteté ».
**Megumi** (Japon) : signifie « bénie ».
**Mei** (Chine) : signifie « fleur de prunier ».

**Michiko** (Japon) : signifie « jolie ». *Voir p. 192.*
**Miki** (Japon) : signifie « mandarine ».
**Mitsuko** (Japon) : signifie « enfant de la lumière ».
**Natsumi** (Japon) : signifie « mer d'été ».
**Nayana** (Inde): signifie « regard ».
**Parvati** (Inde): signifie « montagnarde ».
**Reiko** (Japon) : signifie « enfant de la beauté ».
**Sachiko** (Japon) : signifie « fille de l'intelligence ». *Voir p. 230.*
**Saki** (Japon) : signifie « espoir ».
**Sakura** (Japon) : signifie « fleur de cerisier ».
**Salila** (Inde): signifie « source ».
**Sati** (Inde): signifie « vérité ».
**Seiko** (Japon) : signifie « fille du succès ». *Voir p. 234.*
**Sen** (Vietnam) : signifie « lotus ».
**Shan** (Chine) : signifie « corail ».
**Shanti** (Inde): signifie « calme ».
**Ting** (Chine) : signifie « gracieuse ».
**Uma** (Inde) : fait référence à l'un des noms de la déesse hindoue Parvati.
**Varda** (Inde): signifie « rose ». *Voir p. 256.*
**Wan** (Chine) : signifie « douce ».
**Wook** Corée : signifie « aurore ».
**Xian** (Chine) : signifie « raffinée ».
**Yan** (Chine) : signifie « hirondelle ».
**Yen** (Vietnam) : signifie « pacifique ».
**Yin** (Chine) : signifie « en argent ».
**Yoko** (Japon) : signifie « positive ». *Voir p. 266.*
**Yoon**, Yun (Corée) : signifie « douceur ».
**Yuan** (Chine) : signifie « gracieuse ».
**Yuki** (Japon) : signifie « neige ».
**Yukiko** (Japon) : signifie « enfant de la neige ». *Voir p. 267.*
**Yun** (Chine) : signifie « nuage ».
**Zan** (Chine) : signifie « éloge ».
**Zhen** (Chine) : signifie « précieuse ».
**Zheng** (Chine) : signifie « juste ».
**Zhu** (Chine) : signifie « perle ».

# Europe

*Les prénoms d'Europe sont portés un peu partout dans le monde : prénoms anglo-saxons en Amérique du Nord, en Australie, en Nouvelle-Zélande et dans certains pays d'Afrique, prénoms d'origine latine en Amérique du Sud. On observe une nette internationalisation des prénoms.*

## Europe du Nord

**Aada** (Finlande) : signifie « noble ». *Voir Adèle, p. 14.*
**Ada** (Allemagne, Hongrie, Scandinavie, Pologne) : signifie « noble ». *Voir Adélaïde, p. 14.*
**Agata** (Suède) : signifie « bonne ». *Voir Agathe, p. 16.*
**Agneta** (Suède) : signifie « chaste ». *Voir Agnès, p. 17.*
**Aino** [phonétique aïno] (Finlande): signifie «l'unique ».
**Alva** (Scandinavie) : signifie « amie des elfes ». *Voir p. 24.*
**Amalie** (Scandinavie) : signifie « émule ». *Voir Amélie, p. 25.*
**Amber** (Angleterre) : signifie « ambre ». *Voir Ambre, p. 25.*
**Angela** (Allemagne) : signifie « messagère ». *Voir Angèle, p. 27.*
**Anke** (Allemagne, Pays-Bas), Anneke (Pays-Bas) : signifie « grâce ». *Voir Anne, p. 28.*
**Anna** (Allemagne, Scandinavie) : signifie « grâce ». *Voir p. 28.*
**Astrid**, Asta (Scandinavie) : signifie « beauté des dieux Ases », « fidèle aux dieux ». *Voir p.35.*

**Beatrix** (Allemagne, Pays-Bas) : signifie « heureuse ». *Voir Béatrice, p. 41.*
**Bente** [phonétique : bennte] (Danemark) : signifie « bénie ». *Voir Benoîte, p. 42.*
**Bethany** (Angleterre) : signifie « humble demeure ». *Voir Béthanie, p. 45.*
**Birgit**, Birgitta (Scandinavie) : signifie « élevée ». *Voir Brigitte, p. 47.*
**Bjorga** [phonétique : biorga] (Norvège) : signifie « qui possède la force ».
**Brunehilde** (Allemagne, Scandinavie) : signifie « bouclier de combat ». *Voir p. 49.*
**Brynja** [phonétique : braïnya] (Norvège) : signifie « celle qui saisit ».
**Carla** (Allemagne) : signifie « viril ». *Voir p. 53.*
**Cecilia** (Allemagne, Scandinavie) : signifie « aveugle ». *Voir Cécile, p. 56.*
**Claudia** (Allemagne) : signifie « boiteuse ». *Voir Claude, p. 64.*
**Dagmar** (Scandinavie) : signifie « brillante comme le jour ». *Voir p. 72.*
**Diana** (Allemagne) : fait référence à Diane chasseresse, déesse romaine de la chasse et de la nature. *Voir Diane, p. 77.*
**Dora** (Allemagne) : signifie « don ». *Voir p. 81.*
**Doris** (Allemagne) : signifie « cadeau ». *Voir p. 81.*
**Ebba** (Suède) : signifie « ourse des dieux ».
**Elfie** (Scandinavie) : signifie « noble pacificatrice ». *Voir p. 86.*
**Elin** [phonétique : éline] (Scandinavie) : signifie « éclat du soleil ». *Voir Hélène, p. 126.*
**Ellinor** (Scandinavie) : signifie « compassion ». *Voir Éléonore, p. 86.*
**Elma** (Allemagne, Pays-Bas) : signifie « volonté et protection ». *Voir Guillemette, p. 120.*
**Else** (Allemagne, Scandinavie) : signifie « Dieu est plénitude ». *Voir Elsa, p. 91.*
**Emelie**, Emilia (Scandinavie) : signifie « émule ». *Voir Émilie, p. 91.*
**Erle** (Norvège) : signifie « chef ».
**Eva** (Allemagne, Scandinavie) : signifie « vivante ». *Voir Ève, p. 98.*
**Filippa** (Pays-Bas, Scandinavie) : signifie « qui aime les chevaux ». *Voir Philippine, p. 215.*
**Freja** [phonétique : freya] (Scandinavie) : fait référence à la déesse nordique de l'amour et de la beauté, épouse du dieu Odin.
**Frida** (Allemagne, Pays-Bas, Scandinavie) : signifie « paix du roi ». *Voir p. 107.*
**Gerda** (Allemagne, Pays-Bas) : signifie « lance qui gouverne ». *Voir Géraldine, p. 111.*
**Greet**, Greetjie [phonétique : grite, gritie] (Pays-Bas) : signifie « perle ». *Voir Marguerite, p. 179.*
**Greta** (Allemagne) : signifie « perle ». *Voir p. 117.*
**Gretel**, Gretchen (Allemagne) : signifie « perle ». *Voir p. 118.*
**Gudrun** [phonétique : goudroun] (Allemagne, Scandinavie) : signifie « secret des dieux ».
**Gunhild** (Allemagne) : signifie « guerrière ». *Voir Gunilla, p. 120.*
**Gyda** (Danemark) : signifie « beauté des dieux ».
**Haldora** (Scandinavie) : signifie « pierre de Thor ». *Voir p. 123.*
**Hanna**, Hanne (Danemark) : signifie « grâce ». *Voir Anne, p. 28.*
**Hedda** (Scandinavie) : signifie « richesse et combat ». *Voir Edwige, p. 85.*
**Heïdi** (Allemagne) : signifie « noble » *Voir p. 124.*
**Helga**, Helle (Allemagne, Scandinavie) : signifie « consacrée aux dieux ». *Voir p. 126.*
**Helmi** (Finlande): signifie « volonté et protection ». *Voir Guillemette, p. 120.*
**Hilda**, Hilde (Pays-Bas, Scandinavie) : signifie « combattante ». *Voir p. 128.*
**Hildur** (Pays-Bas, Scandinavie) : signifie « combattante ». *Voir p. 128.*
**Ida** (Allemagne, Scandinavie) : signifie « travailleuse ». *Voir p. 131.*
**Ilse** (Allemagne, Pays-Bas, Scandinavie) : signifie « Dieu est plénitude ». *Voir p. 131.*
**Ingeborg** [phonétique : inngueborg], Ingeburge (Norvège), diminutif Inge, Inga [phonétique : innga] (Danemark) : signifie « sous la protection du dieu Ing ». *Voir Ingeburge p 133.*
**Ingrid** (Scandinavie) : signifie « cavalière du dieu Ing ». *Voir p. 133.*
**Irma** (Allemagne) : signifie « consacrée au dieu Irmin ». *Voir p. 133.*

**Julia** (Allemagne), Juliana (Allemagne, Pays-Bas) : signifie « de la famille des Iulius ». *Voir Julie, p. 146.*
**Kaja** [phonétique : kaya], Kara (Scandinavie) : signifie « pure ». *Voir Kara, p. 149.*
**Karen** [phonétique : karène] (Danemark) : signifie « pure ». *Voir p. 149.*
**Karin** [phonétique : karine] (Suède), Käthe, Katrine (Allemagne) : signifie « pure ». *Voir Catherine, p. 55.*
**Kirsten** (Scandinavie) : signifie « messie ». *Voir p. 153.*
**Laerke** (Danemark) : signifie « alouette ».
**Laura** (Allemagne, Scandinavie) : signifie « laurier ». *Voir p. 156.*
**Lena** (Allemagne, Scandinavie), Leni (Allemagne), Lene (Scandinavie) : signifie « éclat du soleil ». *Voir Léna, p. 159.*
**Lene** (Scandinavie) : signifie « éclat du soleil ». *Voir Hélène, p. 126.*
**Liese**, Liesel (Allemagne, Pays-Bas) : signifie « Dieu est plénitude ». *Voir Élisabeth, p. 88.*

## Le top dans l'Europe du Nord

La course est serrée dans les pays du Nord ! **Emma** tient bon, mais elle est menacée par le trio **Ella**, **Olivia** et **Sofia**.

En Allemagne, **Mia** s'impose, suivie par **Emma**, **Sofia**, **Anna** et **Mila**.
En Suède, **Alice** est en tête juste devant **Alicia**, et la typique **Ebba** n'est pas loin.
En Norvège, pas de surprise : **Emma**, **Sofie**, **Ella**, **Olivia**, **Emily** et **Anna** caracolent en tête, mais **Ingrid** et **Frida** ne sont pas loin.
Au Danemark, **Emma**, **Sofia** et **Ella** sont en tête, les typiques **Freja** et **Ida** sont en bonne place.

**Lina** (Scandinavie) : signifie « douceur ». *Voir p. 162.*
**Linda** (Scandinavie) : signifie « douce ». *Voir p. 162.*
**Linnéa** (Suède) : fait référence au botaniste suédois Carl von Linnaeus. *Voir p. 162.*
**Lis** (Scandinavie) : signifie « lys ».
**Lisa** (Allemagne, Angleterre, Scandinavie) : signifie « Dieu est plénitude ». *Voir p. 163.*
**Liv** (Scandinavie) : signifie « protection ». *Voir p. 163.*
**Lottie** (Angleterre) : signifie « virile ». *Voir Charlotte, p. 59.*
**Lovisa** (Scandinavie) : signifie « illustre combattante ». *Voir Louise, p. 168.*
**Ludovica** Ludowica, Ludvica, Ludwica (Allemagne) : signifie « illustre combattante ». *Voir Louise, p. 168.*
**Lykke** (Danemark) : signifie « bonheur ».
**Magda**, Magdalena (Allemagne, Pays-Bas, Scandinavie), Malin [phonétique : maline] (Scandinavie) : signifie « de Magdala ». *Voir Madeleine, p. 172.*
**Maisie, Maisy** (Écosse) : signifie « perle ». *Voir Marguerite, p. 179.*
**Maren** [phonétique : marène] (Scandinavie) Maria (Scandinavie, Russie), Marieke,
**Marike** (Pays-Bas) : signifie « celle qui élève ». *Voir Marie, p. 181.*
**Marina** (Allemagne) : signifie « mer ». *Voir Marine, p. 183.*
**Marta** (Scandinavie), Martha (Allemagne) : signifie « dame ». *Voir Marthe, p. 185.*
**Martina** (Allemagne, Scandinavie) : signifie « guerrière ». *Voir Martine, p. 186.*
**Mathéa** (Scandinavie) : signifie « don ». *Voir Mathieu, p. 420.*
**Mechtilde** [phonétique : mektilde] (Allemagne) : signifie « puissante au combat ». *Voir Mathilde, p. 186.*
**Meta**, Mete (Allemagne) : signifie « perle ». *Voir Marguerite, p. 179.*
**Mette** [phonétique : mèté] (Danemark) : signifie « puissante au combat ». *Voir Mathilde, p. 186.*

**Nina** (Allemagne) : signifie « grâce ». *Voir p. 201.*
**Nora** (Scandinavie) : signifie « clarté ». *Voir p. 203.*
**Oda** (Scandinavie) : signifie « richesse ». *Voir p. 206.*
**Paula** (Allemagne) : signifie « petite ». *Voir Paule, p. 212.*
**Pernille** (Scandinavie) : signifie « pierre ». *Voir Pernelle, p. 214.*
**Petra** (Allemagne, Scandinavie) : signifie « pierre ». *Voir Pierrette, p. 216.*
**Rosa** (Allemagne, Scandinavie) : signifie « rose ». *Voir Rose, p. 226.*
**Saga** (Scandinavie) : fait référence à la déesse nordique de la poésie et de l'histoire.
**Saskia** (Allemagne, Pays-Bas) : signifie « saxonne ».
**Sara** (Allemagne, Scandinavie) : signifie « princesse ». *Voir Sarah, p. 232.*
**Selma** (Scandinavie) : signifie « protégée du dieu Ans ». *Voir p. 235.*
**Signe**, Signy (Scandinavie) : signifie « nouvelle victoire ».
**Sigrid**, Siri (Scandinavie) : signifie « victoire de la cavalière ». *Voir p. 238.*
**Silje** [phonétique : Silie] (Norvège) : signifie « aveugle ». *Voir Cécile, p. 56.*
**Silke** (Allemagne, Pays-Bas), Silvia (Allemagne) : signifie « forêt ». *Voir Sylvie, p. 245.*
**Sofia**, Sofie (Allemagne, Scandinavie) : signifie « sagesse ». *Voir Sophie, p. 241.*
**Solveig** (Scandinavie) : signifie « force du soleil ». *Voir p. 240.*
**Sonja** [phonétique : sonya] (Scandinavie) : signifie « sagesse ». *Voir Sophie, p. 241.*
**Stien** (Pays-Bas) : signifie « messie ». *Voir Christine, p. 62.*
**Summer** (Angleterre) : signifie « été ».
**Sunilda** (Scandinavie) : signifie « guerrière du soleil.
**Sunniva** (Scandinavie) : signifie don du soleil ». *Voir p. 242.*
**Svea** (Suède) : référence à une région de Suède.
**Swanhilde** (Allemagne, Scandinavie) : signifie « guerrière du cygne ». *Voir p. 244.*

## Au Panthéon des prénoms nordiques

La mythologie nordique est très présente dans l'état civil de nos voisins scandinaves.

**Thor**, dieu du tonnerre, du mariage et de la fertilité, a inspiré deux prénoms masculins, très en vogue au XX^e siècle : **Thorsten** (« la pierre de Thor ») et **Thorvald** (« la puissance de Thor »). Aujourd'hui, les prénoms féminins faisant référence à ce dieu légendaire, desquels **Tove**, **Tuva**, **Tyra**, **Tyri**, sont au top. S'y ajoutent **Inga** et **Inge** signifiant « bénies par Ing », dieu de la vie et de la fécondité, parfois appelé « Freyr ». **Ingrid**, bien connue de tous les pays européens, y trouve aussi ses origines puisqu'il signifie « cavalière du dieu Ing ».
**Brunehild, Brunhild**, **Brunehaut** ou encore **Valkyrie**, font tous référence à la fille du dieu Odin, **Brunehild** qui faisait partie du groupe des Valkyries.
En Scandinavie, **Freya**, déesse de la beauté, de l'amour et de l'érotisme, figure au top 50, talonnée par Saga, déesse de la poésie et de l'histoire. Du côté des garçons, **Odin**, dieu de la sagesse, de la guerre, et des arts, est en bonne place.
Si les noms de dieux sont devenus familiers, l'usage de certains d'entre eux peut surprendre, notamment celui de **Loki**, avec son diminutif **Loke**, qui est… le dieu de la discorde et de la sournoiserie, tout comme celui de **Vidar** qui n'est autre que le dieu du silence, de la rancune et de la vengeance !

**Teresa** (Allemagne, Scandinavie) : signifie « chasse ». *Voir Thérèse, p. 251.*
**Tove**, Tuva (Scandinavie, Danemark) : fait référence à la beauté du dieu nordique Thor.
**Trudy** (Allemagne) : signifie « lance fidèle ». *Voir Gertrude, p. 113.*
**Tyra**, Tyri (Scandinavie) : fait référence au dieu nordique Thor.
**Venla** (Finlande) : signifie « issue du peuple Vandale ». *Voir Wanda, p. 251.*
**Vilma** (Allemagne, Pays-Bas, Scandinavie) : signifie « volonté et protection ». *Voir p. 259.*
**Wilma** (Allemagne, Pays-Bas, Scandinavie) : signifie « volonté et protection ». *Voir p. 263.*
**Ylva** (Scandinavie) : signifie « louve ».

## Europe de l'Est

**Adriana** (Roumanie, Pologne) : signifie « originaire d'Adria ». *Voir Adrienne, p. 15.*
**Agata** (Pologne) : signifie « bonne ». *Voir Agathe, p. 16.*
**Anastasia**, diminutif Tasia (Russie) : signifie « résurrection ». *Voir Anastasie, p. 26.*
**Anna** (Bulgarie, Hongrie, Russie, Pologne) : signifie « grâce ». *Voir p. 28.*
**Bogdana**, diminutif Dana (Russie) : signifie « don de Dieu ».
**Claudia** (Roumanie) : signifie « boiteuse ». *Voir Claude, p. 64.*
**Daria** (Pologne) : signifie « qui détient le bien ». *Voir Darie, p. 75.*
**Diana** (Roumanie, Russie) : fait référence au nom de la déesse romaine de la chasse et de la nature, Diane chasseresse, dont la beauté et la cruauté étaient légendaires. *Voir Diane, p. 77.*
**Domna** (Russie) : signifie « maîtresse ». *Voir Dominique, p. 80.*
**Dora** (Croatie, Serbie) : signifie « don ». *Voir p. 81.*
**Ekaterina** (Russie) : signifie « pure ». *Voir Catherine, p. 55.*
**Elena** (Bulgarie), (Croatie, Roumanie, Russie) : signifie « éclat du soleil ». *Voir Hélène, p. 126.*
**Elisaveta** (Russie) : signifie « Dieu est plénitude ». *Voir Élisabeth, p. 88.*
**Eva** (Russie) : signifie « vivante ». *Voir Ève, p. 99.*
**Evguénia**, diminutif Guénia (Russie) : signifie « bien née ». *Voir Eugénie, p. 96.*
**Faïna** (Russie) : signifie « lumineuse ».
**Fedora** (Russie) : signifie « don de Dieu ». *Voir Dorothée, p. 82.*
**Galina**, diminutif Galia (Russie) : signifie « calme ». *Voir p. 109.*
**Ianina** (Pologne, Roumanie, Russie) : signifie « Dieu est miséricordieux ». *Voir Jeanne, p. 140.*
**Ilona** (Hongrie) : signifie « éclat du soleil ». *Voir p. 131.*
**Iouliana** (Russie) : signifie « de la famille des Iulius ». *Voir Julie, p. 146.*
**Irina** (Russie) : signifie « paix ». *Voir Irène, p. 134.*
**Ivana** (Russie) : signifie « Dieu est miséricordieux ». *Voir p. 137.*
**Jana**, Janna (Pays-Bas, Russie) : signifie « Dieu est miséricordieux ». *Voir Janna, p. 140.*
**Julia** (Pologne) : signifie « de la famille des Iulius ». *Voir p. 146.*
**Katia** (Russie) : signifie « pure ». *Voir p. 150.*
**Kira** (Russie) : signifie « maitresse ». *Voir Kyra, p. 154.*
**Lada** (Russie) : signifie « vaillante ». *Voir p. 154.*
**Lara**, diminutif Larissa (Russie) : signifie « mouette ». *Voir p. 156.*
**Laura** (Croatie, Pologne, Roumanie) : signifie « laurier ». *Voir p. 156.*
**Lena** (Pologne, Russie) : signifie « éclat du soleil ». *Voir Hélène, p. 126.*
**Linda** (Bulgarie, Hongrie) : signifie « douce ». *Voir p. 162.*
**Luba**, Louba, Liouba (Ukraine, Russie) : signifie « amour ».

**Ludmilla** (Pologne, Russie) : signifie « aimée du peuple ». *Voir p. 169.*
**Magda**, Magdalena (Pologne, Roumanie, Serbie) : signifie « de Magdala ». *Voir Madeleine, p. 172.*
**Marfa** (Russie) : signifie « dame ». *Voir Marthe, p. 185.*
**Maria** (Pologne, Russie) : signifie « celle qui élève ». *Voir p. 180.*
**Marina** (Roumanie, Russie) : signifie « mer ». *Voir Marine, p. 183.*
**Marta** (Bulgarie, Croatie, Pologne, Roumanie) : signifie « dame ». *Voir Marthe, p. 185.*
**Martina** (Croatie) : signifie « guerrière ». *Voir Martine, p. 186.*
**Marya** (Bulgarie, Russie, Ukraine) : signifie « celle qui élève ». *Voir Marie, p. 181.*
**Mila** (Bulgarie, Croatie, Serbie) : signifie « aimée du peuple ». *Voir Milla, p. 192.*
**Milana** (Bulgarie, Croatie, Serbie) : signifie « bien aimée ». *Voir p. 192.*
**Milena** (Bulgarie, Croatie, Pologne, Russie, Serbie, Slovénie) : signifie « bien aimée ». *Voir Milana, p. 192.*
**Militza** (Russie) : signifie « gentille ».
**Nadia** (Roumanie) : signifie « espérance ». *Voir p. 197.*
**Nadejda** (Bulgarie), (Russie) : signifie « espérance ». *Voir Nadège, p. 197.*
**Natacha** (Russie) : signifie « relatif à la nativité ». *Voir p. 198.*
**Nikita** (Russie) : signifie « victoire du peuple ». *Voir p. 201.*
**Nina** (Croatie, Pologne, Russie, Serbie) : signifie « grâce ». *Voir p. 201.*
**Oksana** (Ukraine) : signifie « hospitalière ». *Voir Xénia, p. 265.*
**Olena** (Ukraine) : signifie « éclat du soleil ». *Voir Hélène, p. 126.*
**Olessia** (Russie) : signifie « celle qui repousse l'ennemi », version russe d'Alexandra (*p. 21*). Mais en République Tchèque, ce prénom est la variante d'Hélène (*p. 126*) signifiant « éclat du soleil ».
**Olga** (Russie) : signifie « consacrée aux dieux ». *Voir p. 207.*
**Oustinia** (Russie) : signifie « juste ». *Voir Justine, p. 148.*
**Paula** (Croatie, Hongrie, Pologne, Roumanie), Pavla (Russie) : signifie « petite ». *Voir Paule, p. 212.*
**Petra** (Croatie, Hongrie, Serbie) : signifie « pierre ». *Voir Pierrette, p. 216.*
**Raïssa** (Russie) : signifie « paix ». *Voir p. 219.*
**Rita** (Hongrie) : signifie « perle ». *Voir p. 223.*
**Romana** (Croatie, Pologne, Slovénie) : signifie « de Rome ». *Voir Romane, p. 225.*
**Sara** (Croatie, Pologne, Serbie) : signifie « princesse ». *Voir Sarah, p. 232.*
**Silvia** (Roumanie) : signifie « forêt ». *Voir Sylvie, p. 245.*
**Sofia** (Roumanie) : signifie « sagesse ». *Voir Sophie, p. 241.*
**Sonia** (Roumanie, Russie) : signifie « sagesse ». *Voir p. 241.*
**Svetlana** (Russie) : signifie « lumière », « lumineuse ». *Voir p. 243.*
**Tamara** (Croatie, Pologne, Russie, Slovaquie) : signifie « palmier ». *Voir p. 247.*
**Tatiana** (Bulgarie, Pologne, Roumanie, Russie) : signifie « de la famille Tatius », famille patricienne romaine. *Voir p. 247.*
**Teodora** (Bulgarie, Pologne, Roumanie, Serbie) : signifie « don de Dieu ». *Voir Théodora, p. 250.*
**Valentina**, Valia (Croatie, Roumanie, Russie) : signifie « vaillante ». *Voir Valentine, p. 254.*
**Valeria** (Roumanie) : signifie « valeureuse ». *Voir Valérie, p. 255.*
**Vanina** (Russie) : signifie « Dieu est miséricordieux ». *Voir p. 256.*
**Véra** (Russie) : signifie « foi ». *Voir p. 256.*
**Vilma** (Croatie, Hongrie) : signifie « volonté et protection ». *Voir p. 259.*
**Xénia** (Russie) : signifie « hospitalière ». *Voir p. 265.*
**Zinaïda** (Russie) : signifie « cadeau de Zeus ». *Voir Zénaïde, p. 269.*
**Zoïa** (Russie) : signifie « vie ». *Voir Zoé, p. 272.*

## Europe du Sud

**Adela** (Espagne), Pologne, Roumanie) : signifie « noble ». *Voir Adèle, p. 14.*
**Adriana** (Italie, Espagne, Portugal) : signifie « originaire d'Adria ». *Voir Adrienne, p. 15.*
**Agata** (Espagne) : signifie « bonne ». *Voir Agathe, p. 16.*
**Agostina** (Italie), Agostinha (Portugal), Agustina (Espagne) : signifie « vénérable ». *Voir Augustine, p. 37.*
**Alba** (Espagne, Italie) : signifie « blanche ». *Voir Albane, p. 20.*
**Alda** (Italie, Portugal) : signifie « ancienne ». *Voir Aude, p. 36.*
**Alessa**, Alessandra (Italie) : signifie « celle qui repousse l'ennemi ». *Voir Alexandra, p. 21.*
**Alessia** (Italie) : signifie « celle qui repousse l'ennemi ». *Voir Alexia, p. 21.*
**Alicia** (Espagne, Portugal) : signifie « noble ». *Voir Alice p. 21.*
**Allegra** (Espagne) : signifie « joyeuse ». *Voir p. 23.*
**Alma** (Espagne, Portugal) : signifie « qui donne la vie », « nourricière ». *Voir p. 23.*
**Almira** (Portugal) : signifie « célèbre casque ».
**Almudena** (Espagne) : signifie « citadelle ».
**Alzira** (Portugal) : signifie « brillant ornement ».
**Amalia** (Espagne, Italie, Portugal) : signifie « émule ». *Voir Amélie, p. 25.*
**Amanda** (Espagne, Italie, Portugal) : signifie « qui doit être aimée ». *Voir Amandine, p. 25.*
**Ana** (Espagne, Portugal) : signifie « grâce ». *Voir Anna, p. 28.*
**Angela** (Espagne, Italie, Portugal) : signifie « messagère ». *Voir Angèle, p. 27.*
**Angelica** (Espagne, Italie) : signifie « messagère ». *Voir Angélique, p. 27.*
**Angelina** (Espagne, Italie) : signifie « messagère ». *Voir Angèle, p. 27.*
**Anita** (Espagne, Italie, Portugal) : signifie « grâce ». *Voir p. 28.*
**Anna** (Espagne, Grèce, Italie) : signifie « grâce ». *Voir p. 28.*
**Annunziata** (Italie) : fait référence à l'Annonciation.
**Antonella** (Italie) : signifie « inestimable ». *Voir Antoinette, p. 30.*
**Antonia** (Espagne, Italie) : signifie « inestimable ». *Voir p. 30.*
**Assunta** (Italie) : signifie « qui prend », fait référence à l'Assomption de la Vierge Marie. *Voir p. 34.*
**Augusta** (Italie, Portugal) : signifie « vénérable ». *Voir Augustine, p. 37.*
**Aurelia**, Aureliana (Italie) : signifie « en or ». *Voir Aurélie, p. 37.*
**Avelina** (Portugal) : signifie « abeille ».
**Bianca** (Italie) : signifie « blanche ». *Voir p. 46.*
**Bibiana** (Espagne, Italie) : signifie « vivante ». *Voir Viviane, p. 261.*
**Blanca** (Espagne) : signifie « blanche ». *Voir Blanche, p. 46.*
**Branca** (Portugal) : signifie « brillante ».
**Brigida** (Espagne, Italie) : signifie « élevée ». *Voir Brigitte, p. 47.*
**Camila** (Espagne, Portugal) : signifie « qui fait partie des *camilli* ». *Voir Camille, p. 51.*

### Le top dans l'Europe méditerranéenne

L'Espagne et l'Italie restent fidèles depuis plusieurs années à **Sofia**, mais **Martina**, prénom des années 1950 qui s'était fait oublier, revient en force.

**Emma** est toujours en bonne place en Italie, tout comme **Giulia**, tandis que **Giorgia** fait son apparition. L'Espagne reste fidèle à **Maria**, mais **Alba** pointe le bout de son nez, **Lucia** la suit de près.

**Carla** (Espagne, Italie, Portugal) : signifie « viril ». *Voir p. 53.*
**Carlotta** (Espagne, Portugal) : signifie « viril ». *Voir Charlotte, p. 59.*
**Carmen** (Espagne) : signifie « chant », « poème ». *Voir p. 53.*
**Carolina** (Espagne) : signifie « viril ». *Voir Caroline, p. 54.*
**Catalina** (Espagne), Catarina (Portugal) : signifie « pure ». *Voir Catherine, p. 55.*
**Cecilia** (Espagne, Italie, Portugal) : signifie « aveugle ». *Voir Cécile, p. 56.*
**Celia** (Espagne, Italie) : signifie « aveugle ». *Voir p. 57.*
**Celsa** (Portugal) : signifie « excellente ».
**Chiara** (Italie) : signifie « claire ». *Voir Claire, p. 63.*
**Cinzia** (Italie) : signifie « originaire du mont Cynthos ». *Voir Cynthia, p. 71.*
**Clara** (Espagne, Italie, Portugal) : signifie « claire ». *Voir p. 63.*
**Claudia** (Espagne, Italie) : signifie « boiteuse ». *Voir Claude, p. 64.*
**Cloe** (Espagne) : signifie « jeune pousse ». *Voir Chloé, p. 61.*
**Conception**, Concha, Conchita (Espagne), Concetta (Italie) : fait référence à la Conception de Jésus.
**Constanza** (Espagne) : signifie « persévérance ». *Voir Constance, p. 68.*
**Consuela** (Espagne) : signifie « consolation ».
**Cristiana** (Portugal), Cristina (Espagne, Italie, Portugal, Roumanie) : signifie « messie ». *Voir Christine, p. 62.*
**Daria** (Italie) : signifie « qui détient le bien ». *Voir Darie, p. 75.*
**Diana** (Espagne, Italie, Portugal) : fait référence au nom de la déesse romaine de la chasse et de la nature, Diane chasseresse, dont la beauté et la cruauté étaient légendaires. *Voir Diane, p. 77.*
**Dolorès** (Espagne) : signifie « douleur », fait référence aux sep. douleurs que subit la Vierge Marie au long de sa vie de mère. *Voir p. 79.*
**Domenica** (Italie), Dominga (Espagne) : signifie « maîtresse ». *Voir Dominique, p. 80.*
**Donata** (Italie, Portugal) : signifie « cadeau ». *Voir Donatienne, p. 81.*
**Donatella** (Italie) : signifie « cadeau ». *Voir p. 81.*
**Dora** (Espagne, Grèce) : signifie « don ». *Voir p. 81.*
**Dulce** [phonétique : doulce] (Espagne), Dulcina [phonétique : doulcina] (Portugal) : signifie « douceur ». *Voir Douce, p. 82.*
**Elena** (Espagne, Italie) : signifie « éclat du soleil ». *Voir Hélène, p. 126.*
**Elene** (Grèce) : signifie « éclat du soleil ». *Voir Hélène, p. 126.*
**Elettra** (Italie) : signifie « étoile brillante ». *Voir Electre, p. 86.*
**Emilia** (Portugal) : signifie « émule ». *Voir Émilie, p. 91.*
**Esmeralda** (Espagne) : signifie « pierre précieuse », « émeraude ». *Voir Esméralda, p. 94.*
**Estefania** (Portugal) : signifie « couronnée ». *Voir Stéphanie, p. 242.*
**Eva** (Italie, Portugal) : signifie « vivante ». *Voir Éva, p. 99.*
**Fabia**, Fabiola (Espagne, Portugal), Fabiana (Italie) : signifie « de la famille Fabius ». *Voir Fabienne, p. 100.*
**Fatima** (Espagne, Portugal) : ici, fait référence à un village du Portugal où trois très jeunes bergers y déclarent avoir eu plusieurs apparitions de la Vierge. *Voir Fatima, p. 101.*
**Fernanda** (Espagne, Italie, Portugal) : signifie « qui ose la paix ». *Voir Fernande, p. 102.*
**Filipa** (Grèce) : signifie « qui aime les chevaux ». *Voir Philippine, p. 215.*
**Filomena** (Espagne, Italie, Portugal) : signifie « qui aime la lune ». *Voir Philomène, p. 215.*
**Fioralba** (Italie) : signifie « fleur blanche ».
**Fiorella** (Italie) : signifie « fleur ». *Voir Flore, p. 104.*
**Fiorenza** (Italie) : signifie « florissante ». *Voir Florence, p. 104.*

## Sophie et Isabelle

Bien que ces grands prénoms classiques se soient estompés durant la moitié du XX^e^ siècle, ils reviennent en force pour atteindre les premières places du top européen. Malgré cela, la France les boude encore.

**Sophie** – et ses nombreuses variantes telles que **Sophia**, **Sofia** ou **Sofie** – occupe la place de favorite, devant **Emma**, que l'on rencontre un peu partout, accompagnée d'**Émilie**, de **Lily** et d'**Anna**. C'est dans les années 2000 que les prénoms ont cessé de se différencier d'un pays à l'autre pour devenir multiculturels.

**Flavia** (Espagne, Italie) : signifie « blonde ». *Voir Flavie, p. 103.*

**Francesca** (Italie), Francisca (Portugal) : signifie « originaire du peuple franc ». *Voir Françoise, p. 105.*

**Fulvia** (Italie) : signifie « blonde ». *Voir Flavie, p. 103.*

**Gabriela** (Portugal) : signifie « force de Dieu ». *Voir Gabrielle, p. 108.*

**Gaetana** (Italie) : signifie « originaire de l'île de Gaète ». *Voir Gaétane, p. 108*

**Gemma** (Italie) : signifie « pierre précieuse ». *Voir p. 110.*

**Georgina** (Espagne, Italie) : signifie « qui travaille la terre ». *Voir Georgette, p. 111.*

**Giacinta** (Italie) : signifie « jacinthe », la fleur qui, selon la légende, serait née en Grèce. *Voir Jacinthe, p. 138.*

**Giada** (Italie) : fait référence à la pierre précieuse. *Voir Jade, p. 139.*

**Gianna**, Giovanna (Italie) : signifie « Dieu est miséricordieux ». *Voir Jeanne, p. 140.*

**Ginevra** (Italie) : signifie « spectre blanc ». *Voir Jennifer, p. 141.*

**Gioia** (Italie) : signifie « joie ». *Voir Joyce, p. 145.*

**Giorgia**, Giordina (Italie) : signifie « qui travaille la terre ». *Voir Georgette, p. 111.*

**Giuditta** (Italie) : signifie « juive ». *Voir Judith, p. 146.*

**Giulia** [phonétique : djioulia] (Italie) : signifie « de la famille des Iulius ». *Voir p. 115.*

**Giuliana** [phonétique : djiouliana] (Italie) : signifie « de la famille des Iulius ». *Voir Julie, p. 146.*

**Giulietta** [phonétique : djioulièta] (Italie) : signifie « de la famille des Iulius ». *Voir Juliette, p. 147.*

**Grazia**, Graziella (Italie) : signifie « grâce ». *Voir Grâce, p. 116.*

**Guadalupe**, Lupe [phonétique : gouadaloupé] (Espagne) : signifie « eaux des chants sombres » et fait référence à un lieu de pèlerinage au Mexique. *Voir p. 118.*

**Imelda** (Italie) : signifie « combat du dieu Irmin ». *Voir p. 132.*

**Inès** (Espagne) : signifie « chaste ». *Voir p. 132.*

**Iolanda** (Portugal) : signifie « violette ». *Voir Yolande, p. 266.*

**Isabel** (Espagne), Isabella, Isotta (Italie) : signifie « Dieu est plénitude ». *Voir Isabelle, p. 135.*

**Jimena** (Espagne) : signifie « exaucée ». *Voir Chimène, p. 60.*

**Juana**, diminutif Juanita (Espagne) : signifie « Dieu est miséricordieux ». *Voir Jeanne, p. 140.*

**Judite** (Portugal) : signifie « juive ». *Voir Judith, p. 146.*

**Julia** (Espagne, Portugal) : signifie « de la famille des Iulius ». *Voir p. 146.*

**Juliana** (Espagne, Portugal) : signifie « de la famille des Iulius ». *Voir Julie, p. 146.*

**Korinna** (Grèce) : signifie « jeune fille ». *Voir Corinne, p. 70.*

**Laura** (Espagne, Italie, Portugal) : signifie « laurier ». *Voir p. 156.*

**Lelia** (Italie) : signifie « de la famille Laelius », famille patricienne romaine.

**Lena** (Italie, Portugal) : signifie « éclat du soleil ». *Voir p. 159.*
**Leonor** (Espagne), Leonora (Italie) : signifie « compassion ». *Voir Léonore, p. 160.*
**Leticia** (Espagne, Portugal), Letizia (Italie) : signifie « allégresse ». *Voir Laetitia, p. 155.*
**Lia** (Italie, Portugal) : signifie « vache sauvage ». *Voir Léa, p. 158.*
**Lina** (Italie) : signifie « noble ». *Voir p. 162.*
**Linda** (Italie) : signifie « douce ». *Voir p. 162.*
**Livia** (Italie) : peut à la fois faire référence à la famille Livius, famille patricienne romaine ou au prénom Olivia. *Voir p. 163.*
**Ludovica**, Lodovica, Luigia (Italie) Luisa (Espagne) : signifie « illustre combattante ». *Voir Louise, p. 168.*
**Lola** (Espagne) : signifie « douleur », fait référence aux sep. douleurs que subit la Vierge Marie au long de sa vie de mère. *Voir p. 164.*
**Lolita** (Espagne) : signifie « douleur », fait référence aux sep. douleurs que subit la Vierge Marie au long de sa vie de mère. *Voir p. 164.*
**Loredana** (Italie) : signifie « laurier », fait également référence au nom d'un personnage de George Sand. *Voir Laure, p. 157.*
**Lorena** (Espagne, Italie, Portugal) : signifie « laurier ». *Voir Lauren, p. 157.*
**Lourdes** (Espagne) : fait référence à la Vierge et à la ville de Lourdes.
**Lourença** (Portugal) : signifie « laurier ». *Voir Laurence, p. 157.*
**Lucia** (Espagne, Italie, Portugal) : signifie « lumière ». *Voir Lucie, p. 168.*
**Luz** (Espagne) : signifie « lumière ». *Voir Lucie, p. 168.*
**Macarena** (Espagne) référence à la Vierge de Séville, Santa Maria de la Esperanza Macarena. *Voir p. 171.*
**Maddalena** (Italie) : signifie « de Magdala ». *Voir Madeleine, p. 172.*
**Mafalda** (Espagne, Portugal) : signifie « puissante au combat ». *Voir Mathilde, p. 186.*
**Manuela** (Italie, Portugal) : signifie « Dieu est avec nous ». *Voir Emmanuelle, p. 92.*
**Margarita** (Espagne), Margherita (Italie) : signifie « perle ». *Voir Marguerite, p. 179.*
**Maria** (Espagne, Grèce, Italie, Portugal) : signifie « celle qui élève ». *Voir p. 180.*
**Marina** (Espagne, Grèce, Italie, Portugal), Marinella (Italie) : signifie « mer ». *Voir Marine, p. 183.*
**Marisa** (Espagne, Italie, Portugal) : signifie « sommet ». *Voir p. 184.*
**Marta** (Espagne, Italie, Portugal) : signifie « dame ». *Voir Marthe, p. 185.*

## *Marie*

Ce prénom biblique est l'un des plus portés au monde, sous ses différentes formes :

**Maria** est la forme la plus internationale de Marie, courante dans les pays latins comme l'Espagne, l'Italie et le Portugal, mais aussi dans les pays slaves et scandinaves.
**Mary**, Mae, May et Molly en Angleterre ;
**Maryam**, Maryem dans les pays de culture arabe ;
**Maja**, Mara, Marica, Mirjana en Croatie ;
**Maïken**, Mia au Danemark ;
**Marita**, Marieke, Marijke, Meike, Mia, Mies aux Pays-Bas ;
**Maike**, Maja, Mareike, Marita, Meike, Mia, Mitzi en Allemagne ;
**Marika** en Grèce ;
**Mari**, Marika, Marisha en Hongrie ;
**Maire**, Moira, Mairenn, Mairin, Maureen en Irlande ;
**Maja**, Maiken, Mia en Norvège, en Suède ;
**Maja**, Marika en Pologne ;
**Masha** en Russie ;
**Mair**, Mairwen, au pays de Galles ;
**Mairi**, Maura, Moira en Écosse ;
**Maja**, Mara Marica en Serbie.

**Martina** (Espagne, Italie, Portugal) Martinha (Portugal) : signifie « guerrière ». *Voir Martine, p. 186.*
**Melania** (Espagne, Italie, Pologne) : signifie « noire ». *Voir Mélanie, p. 188.*
**Melina** (Grèce) : signifie « miel ». *Voir Méline, p. 189.*
**Mercedes** (Espagne) : signifie « miséricorde ». Fait surtout référence à la Vierge Marie, la Virgen de la Merced, Notre Dame de la Miséricorde. *Voir p. 190.*
**Micaela** (Italie) : signifie « comme Dieu ». *Voir Michèle, p. 191.*
**Milagros** (Espagne) : fait référence à la Vierge des Miracles.
**Monica** (Espagne, Italie, Portugal) : signifie « seule ». *Voir Monique, p. 195.*
**Montserrat** (Espagne) référence à la Vierge de Montserrat, la vierge noire, protectrice de la Catalogne. *Voir p. 195.*
**Natalia** (Espagne, Italie, Pologne, Roumanie) : signifie « relatif à la nativité ». *Voir Nathalie, p. 198.*
**Nieves** (Espagne) : fait référence à Notre Dame des Neiges. *Voir p. 201.*
**Nina** (Italie) : signifie « grâce ». *Voir p. 201.*
**Nora** (Italie) : signifie « clarté ». *Voir p. 203.*
**Nunzia** (Italie) : fait référence à la fête de l'Annonciation.
**Nuria** (Espagne, Portugal) : fait référence à la Vierge de Nuria.
**Ocella** (Italie) : signifie « océan ». *Voir p. 205.*
**Octavia** (Espagne) : signifie « huitième ». *Voir Octavie, p. 205.*
**Olympia** (Grèce) : signifie « originaire du mon Olympe ». *Voir Olympe, p. 208.*
**Oria**, Oriana (Italie) : signifie « en or ». *Voir Aurianne, p. 38.*
**Orlanda** (Italie) : signifie « terre glorieuse ». *Voir Rolande, p. 225.*
**Ornella** (Italie) : signifie « en or ». *Voir p. 210.*
**Orsina**, Orsola (Italie) : signifie « ourse ». *Voir Ursule, p. 254.*
**Ottavia**, Ottaviana (Italie) : signifie « huitième ». *Voir Octavie, p. 205.*
**Paloma** (Espagne) : signifie « colombe ». *Voir p. 210.*
**Paola** (Italie) : signifie « petite ». *Voir p. 211.*
**Paquita** (Espagne) : signifie « originaire du peuple franc ». *Voir Françoise, p. 105.*
**Pasqualina** (Italie) : signifie « passage ». *Voir Pascale, p. 211.*
**Paula** (Espagne, Portugal) : signifie « petite ». *Voir Paule, p. 212.*
**Paz** (Espagne) : signifie « paix ».
**Pepita** (Espagne) : signifie « Dieu ajoute ». *Voir Joséphine, p. 144.*
**Pia** (Espagne, Italie) : signifie « pieuse ».
**Pilar** (Espagne) : fait référence à Notre-Dame del Pilar (Saragosse).
**Raffaella** (Italie) : signifie « Dieu a guéri ». *Voir Raphaëlle, p. 220.*
**Ramona** (Espagne) : signifie « conseil du monde ». *Voir Raymonde, p. 220.*
**Raquel** (Espagne, Portugal) : signifie « brebis ». *Voir Rachel, p. 219.*
**Renata** (Italie) : signifie « renaissance ». *Voir p. 222.*
**Rita** (Espagne, Italie, Portugal) : signifie « perle ». *Voir p. 223.*
**Rosa** (Espagne, Italie, Portugal) : signifie « rose ». *Voir Rose, p. 226.*
**Roxana** (Espagne) : signifie « brillante comme l'aurore ». *Voir Roxane, p. 228.*
**Sancha** (Espagne) : signifie « sainte ». *Voir Antsa, p. 31.*
**Sara** (Espagne, Italie, Grèce, Portugal) : signifie « princesse ». *Voir Sarah, p. 232.*
**Saveria** (Italie) : signifie « maison neuve ». *Voir Xavière, p. 264.*
**Selene** (Grèce) : signifie « lune ». *Voir p. 234.*
**Serena** (Italie) : signifie « tranquille », « sereine ». *Voir Séréna, p. 235.*
**Sienna** (Italie) : fait référence à la ville italienne de Sienne.
**Silvana**, Silvia (Italie) : signifie « forêt ». *Voir Sylvie, p. 245.*
**Sofia** (Espagne, Grèce, Italie, Portugal) : signifie « sagesse ». *Voir Sophie, p. 241.*

**Soledad** (Espagne) : signifie « solitude ».
**Stefania** (Italie) : signifie « couronnée ». *Voir Stéphanie, p. 242.*
**Stella** (Italie) : signifie « étoile ». *Voir p. 242.*
**Susana** (Espagne, Portugal) : signifie « lys ». *Voir Suzanne, p. 243.*
**Tatiana** (Espagne, Italie, Portugal) : signifie « de la famille Tatius », famille patricienne romaine. *Voir p. 247.*
**Teodora** (Espagne, Italie, Portugal) : signifie « don de Dieu ». *Voir Théodora, p. 250.*
**Teresa** (Espagne, Italie, Pologne, Portugal) : signifie « chasse ». *Voir Thérèse, p. 251.*
**Tiziana** (Italie) : fait référence à l'empereur romain Titus.
**Valentina** (Espagne, Italie) : signifie « vaillante ». *Voir Valentine, p. 254.*
**Valeria** (Espagne, Italie) : signifie « valeureuse ». *Voir Valérie, p. 255.*
**Veronica** (Italie) : signifie « qui apporte la victoire ». *Voir Véronique, p. 257.*
**Vittoria** (Italie) : signifie « victoire ». *Voir Victoire, p. 257.*
**Zenovia** (Grèce) : signifie « pouvoir de Zeus ». *Voir Zénobie, p. 270.*

## Îles britanniques

**Agata** (Angleterre) : signifie « bonne ». *Voir Agathe, p. 16.*
**Ailis** [phonétique : aïlis] (Irlande) : signifie « noble ». *Voir Alice, p. 21.*
**Ailsa** [phonétique : aïza] (Danemark) : signifie « Dieu est plénitude ». *Voir Isabelle, p. 135.*
**Aingeal** [phonétique : ennjell] (Irlande) : signifie « messagère ». *Voir Angèle, p. 27.*
**Aisling** [phonétique : aïling] (Irlande) : signifie « rêve ». *Voir p. 19.*
**Alicia** (Angleterre) : signifie « noble ». *Voir Alice, p. 21.*
**Alisson** (Angleterre) : signifie « noble ». *Voir p. 23.*
**Amanda**, diminutif Mandy (Angleterre) : signifie « qui doit être aimée ». *Voir Amandine, p. 25.*
**Amelia** (Angleterre) : signifie « émule ». *Voir Amélie, p. 25.*
**Amy** [phonétique : èmi] : signifie « aimée ». *Voir Aimée, p. 19.*
**Angela**, Angie (Angleterre) : signifie « messagère ». *Voir Angèle, p. 27.*
**Aoife** [phonétique : ifa] (Irlande) : signifie « beauté ».
**Ashley** (Angleterre) : signifie «bois de frêne ». *Voir p. 34.*
**Aubree** (Angleterre) : signifie « pouvoir des elfes ».
**Augusta** (Angleterre) : signifie « vénérable ». *Voir p. 37.*
**Ava** [phonétique : èyva] (Angleterre) : signifie « vivante ». *Voir p. 38.*
**Avery** (Angleterre) : signifie « grande paix ». *Voir p. 38.*
**Awen** [phonétique : aouen] (pays de Galles) : signifie « muse ». *Voir p. 39.*
**Beibhinn** [phonétique : bèvinn] (Irlande) : signifie « jolie fille ».
**Bella** (Angleterre) : signifie « Dieu est plénitude ». *Voir Isabelle, p. 135.*
**Beverly** (Angleterre) : signifie « la rivière aux castors ». *Voir p. 45.*

**Blanaid** [phonétique : blanèt] (Irlande) : signifie « fleur blanche », « petite fleur ». *Voir p. 45.*
**Bonnie** (Angleterre) : signifie « bonne ». *Voir Bonne, p. 47.*
**Brenda** (Angleterre) : signifie « corbeau ». *Voir p. 47.*
**Brianna** (Irlande) : signifie « autorité ». *Voir p. 47.*
**Bridget** (Angleterre) : signifie « élevée ». *Voir Brigitte, p. 47.*
**Britney**, Britt : signifie « originaire de Grande-Bretagne ». *Voir Brittany, p. 48.*
**Caireen** [phonétique : kérinn] (Irlande) : signifie « chérie ».
**Caitleen** [phonétique : kétlinn] (Irlande), Calleigh [phonétique : kély] (Angleterre) : signifie « pure ». *Voir Catherine, p. 55.*
**Carys** (pays de Galles) : signifie « amour ». *Voir p. 54.*
**Catriona** (Irlande) : signifie « pure ». *Voir p. 56.*
**Charity** (Angleterre) : signifie, « faveur ». *Voir p. 59.*
**Charleen**, Charlène (Angleterre) : signifie « viril ». *Voir Charlotte, p. 59.*
**Chelsea** (Angleterre) : signifie « près du port ». *Voir p. 60.*
**Ciara**, Kiara (Irlande) : signifie « brune ». *Voir p. 62.*
**Cindy** (Angleterre) : signifie « originaire du mont Cynthos ». *Voir p. 62.*
**Colleen** (Angleterre) : signifie « jeune fille ». *Voir p. 68.*
**Connie** (Angleterre) : signifie « persévérance ». *Voir Constance, p. 68.*
**Daireann** (Irlande) : signifie « féconde », fée de la mythologie. *Voir p. 72.*
**Daisy** (Angleterre) : signifie « perle ». *Voir p. 72.*
**Dana** (Angleterre) : signifie « abondance ». *Voir p. 73.*
**Darcy** (Irlande) : signifie « qui a les cheveux sombres ». *Voir p. 75.*
**Dawn** [phonétique : downn] (Angleterre) : signifie « aurore ».
**Debbie**, Debby, Debra (Angleterre) : signifie « abeille ». *Voir Déborah, p. 76.*

## *Le top dans les îles britanniques*

Dans les îles britanniques, le trio gagnant des prénoms féminins est **Emily**, **Sophie** et **Ava**.

Les tendances varient tout de même selon les régions : en Grande-Bretagne, au pays de Galles et en Écosse, à cette liste **Amelia**, **Jessica**, **Olivia** et la toute récente **Isla**. En Grande-Bretagne et en Irlande, **Lily** et **Mia** sont au top 10 alors qu'**Emma** est sur le point de céder sa place à **Isabella**. **Lucy** s'obstine, en Écosse et en Irlande, tandis qu'**Ella** progresse.

**Diana** (Angleterre) : fait référence au nom de la déesse romaine de la chasse et de la nature, Diane chasseresse, dont la beauté et la cruauté étaient légendaires. *Voir Diane, p. 77.*
**Dionne** [phonétique : dayaonn] (Angleterre) : fait référence à Dyonysos, dieu de la vigne et du vin dans la mythologie grecque. *Voir p. 78.*
**Dora** (Angleterre) : signifie « don ». *Voir p. 81.*
**Doreen**, Dorothy, diminutif Dolly (Angleterre) : signifie « don de Dieu ». *Voir Dorothée, p. 82.*
**Doris** (Angleterre) : signifie « cadeau ». *Voir p. 81.*
**Eabha** [phonétique : ayva] (Irlande) : signifie « vivante ». *Voir Ève, p. 99.*
**Earleen** [phonétique : eurline] : signifie « femme noble ». *Voir Earlène, p. 83.*
**Eilidh** [phonétique : eylit] (Écosse) : signifie « compassion ». *Voir Éléonore, p. 86.*
**Eileen**, diminutif Ellie (Angleterre) : signifie « éclat du soleil ». *Voir Hélène, p. 126.*
**Eilis**, Eilys [phonétique : éïlyss] (Irlande) : signifie « Dieu est plénitude ». *Voir Élisabeth, p. 87.*
**Eimear** [phonétique : imur] (Irlande) : signifie « rapide ».

**Eleanor** (Angleterre) : signifie « compassion ». *Voir Éléonore, p. 86.*
**Emily** (Angleterre) : signifie « émule ». *Voir Émilie, p. 91.*
**Emmie**, Emmy (Angleterre) : signifie « majestueuse ». *Voir Emma, p. 92.*
**Erin** [phonétique : érine] (Irlande) : signifie « originaire d'Irlande ». *Voir p. 93.*
**Ethel** [phonétique : izell] (Angleterre) : signifie « noble ». *Voir p. 95.*
**Eunice** [phonétique : ïounice] : signifie « bonne victoire ». *Voir p. 97.*
**Eva** (Angleterre) : signifie « vivante ». *Voir p. 99.*
**Evie** [phonétique : ivie] (Angleterre) : signifie « vivante ». *Voir p. 99.*
**Fallon** [phonétique : falone] (Irlande) : signifie « chef », « celle qui commande ». *Voir p. 100.*
**Faye** [phonétique : fèye] (Angleterre) : signifie « foi ». *Voir p. 101.*
**Felicity** (Angleterre) : signifie « heureuse ». *Voir Félicité, p. 102.*
**Fiona** (Irlande) : signifie « belle ». *Voir p. 103.*
**Finnuala**, Fionnula (Irlande) : signifie « jeune fille aux épaules blanches ». *Voir Fionnula, p. 103.*
**Flannery** (pays de Galles) : signifie « qui a des sourcils roux ». *Voir p. 103.*
**Georgia** (Angleterre) : signifie « qui travaille la terre ». *Voir p. 111.*
**Gillian** (Angleterre) : signifie « de la famille des Iulius ». *Voir p. 114.*
**Gloria** (Angleterre, Espagne, Italie, Portugal) : signifie « gloire ». *Voir p. 115.*
**Glynis** (pays de Galles) : signifie « bénie ». *Voir p. 116.*
**Gwyneth** [phonétique : gouinett] (pays de Galles) : signifie « jolie jeune fille ». *Voir p. 122.*
**Hailey** (Angleterre) : signifie « champ de foin ». *Voir Haley, p. 123.*
**Harper** (Angleterre) : signifie « joueuse de harpe ».
**Harriet** (Angleterre) : signifie « maîtresse de maison ».*Voir p. 124.*
**Hazel** (Angleterre) : signifie « noisetier ». *Voir p. 124.*
**Heather** [phonétique : Hizeur] (Angleterre) : signifie « bruyère ». *Voir p. 124.*
**Heaven** [phonétique : Hiveun] (Angleterre) : signifie « paradis ». *Voir p. 124.*
**Hiltrud** (Allemagne) : signifie « force dans la bataille ». *Voir p. 128.*
**Hollie**, Holly (Angleterre) : signifie « heureuse ». *Voir Holly, p. 129.*
**Iona** (Écosse) : signifie « bénie ». *Voir p. 133.*
**Isla** (Écosse) : fait référence à une rivière du nord-est de l'Écosse. *Voir p. 137.*
**Jaimie** (Angleterre) : signifie « Dieu a soutenu ». *Voir p. 139.*
**Jenna**, Jennie, Jenny (Angleterre) : signifie « Dieu est miséricordieux ». *Voir Jeanne, p. 140.*
**Jennifer** (Irlande) : signifie « spectre blanc ». *Voir p. 141.*
**Jill**, Jillian (Angleterre) : signifie « de la famille des Iulius ». *Voir p. 142.*
**Joan** (Angleterre) : signifie « Dieu est miséricordieux ». *Voir p. 142.*
**Jody**, Judy (Angleterre) : signifie « juive ». *Voir Judith, p. 146.*
**Johanna** (Angleterre) : signifie « Dieu est miséricordieux ». *Voir p. 143.*
**Joy**, Joyce (Angleterre) : signifie « joie ». *Voir Joyce, p. 145.*
**Julia** (Angleterre) : signifie « de la famille des Iulius ». *Voir p. 146.*
**Juliet** (Angleterre) : signifie « de la famille des Iulius ». *Voir Juliette, p. 147.*
**June** (Angleterre) : signifie « juin ». *Voir p. 147.*
**Kayleen** (Angleterre), Kayla [phonétique : kaïla] (Angleterre, Irlande) : signifie « pure ». *Voir Catherine, p. 55.*
**Keira** (Irlande) : signifie « enfant aux cheveux noirs ». *Voir Keara, p. 151.*
**Kelly** (Irlande) : signifie « église ». *Voir p. 151.*
**Kerry** (Irlande) : fait référence à une région d'Irlande située sur la côte ouest. *Voir p. 152.*
**Kim** (Angleterre) : signifie « celle qui commande », mais on peut aussi le considérer comme un diminutif de Kimberley.*Voir p. 153.*

**Kimberley** (Angleterre) : signifie « prairie royale ». *Voir p. 153.*
**Kylie** (Angleterre) : signifie « étroite ». *Voir p. 154.*
**Laoise** [phonétique : laoïsa] (Irlande) : signifie « radieuse ».
**Lassie** (Écosse) : signifie « jeune fille ». *Voir p. 156.*
**Laureen** (Angleterre) : signifie « laurier ». *Voir Laure, p. 157.*
**Lee** (Angleterre) : signifie « clairière », « plaine ». *Voir p. 158.*
**Lena** (Angleterre) : signifie « éclat du soleil ». *Voir Léna, p. 159.*
**Leslie** (Angleterre) : signifie « basse terre ». *Voir p. 160.*
**Lexi**, Lexie (Angleterre) : signifie « celle qui repousse l'ennemi ». *Voir Lexia, p. 160.*
**Lina** (Angleterre) : signifie « noble ». *Voir p. 162.*
**Linda** (Angleterre) : signifie « douce ». *Voir p. 162.*
**Lindsay** (Écosse) : signifie « île aux tilleuls ». *Voir p. 162.*

**Lucy** (Angleterre) : signifie « lumière ». *Voir p. 168.*
**Madison**, diminutif Maddy (Angleterre) : signifie « enfant du puissant guerrier ». *Voir p. 173.*
**Mae** (Angleterre) : signifie « celle qui élève ». *Voir p. 173.*
**Mairead** [phonétique : mèyrid] (Écosse, Irlande) : signifie « perle ». *Voir p. 176.*
**Margaret**, Maggy, Meggy (Angleterre) : signifie « perle ». *Voir Marguerite, p. 179.*
**Marisa** (Angleterre) : signifie « sommet ». *Voir p. 184.*
**Martha** (Angleterre) : signifie « dame ». *Voir Marthe, p. 185.*
**Mary** (Angleterre) : signifie « celle qui élève ». *Voir Marie, p. 181.*
**Maureen** (Irlande) : signifie « celle qui élève ». *Voir p. 187.*
**May** (Angleterre) : signifie « celle qui élève ». *Voir p. 187.*
**Meabh** [phonétique : mayv] (Irlande) : signifie « celle qui intoxique ». *Voir Maeve, p. 174.*
**Meara** (Irlande) : signifie « mer ».
**Mégane** (pays de Galles) : signifie « perle ». *Voir p. 188.*
**Meredith** (Irlande) : signifie « grand chef ». *Voir Mérédith, p. 191.*
**Meryl** (Irlande) : signifie « brillante comme la mer », « mer brillante ». *Voir p. 191.*
**Mia** (Angleterre) : signifie « celle qui élève ». *Voir p. 191.*
**Mildred** (Angleterre) : signifie « douce puissance ». *Voir p. 192.*
**Millie** (Angleterre) : signifie « douce conseillère ». *Voir p. 193.*
**Minnie** (Angleterre) : signifie « volonté et protection ». *Voir Wilma, p. 263.*
**Mollie,** Molly (Irlande) : signifie « celle qui élève ». *Voir Molly, p. 194.*
**Mona** (Irlande) : signifie « noble ». *Voir p. 194.*
**Muirean** (Irlande) : signifie « belle mer ».
**Nancy** (Angleterre) : signifie « grâce ». *Voir p. 197.*

**Naomi** (Angleterre) : signifie « gracieuse ». *Voir Naomie, p. 198.*
**Neala** (Irlande) : signifie « championne ». *Voir p. 199.*
**Nelly** (Angleterre) : signifie « éclat du soleil ». *Voir p. 200.*
**Niamh** [phonétique : niav] (Irlande) : signifie « brillante », « radieuse ». *Voir p. 200.*
**Noleen** [phonétique : noline] (Irlande) : signifie « jeune fille aux épaules blanches ». *Voir Fionnula, p. 103.*
**Nora** (Angleterre, Irlande) : signifie « clarté ». *Voir p. 203.*
**Noreen** (Angleterre) : signifie « compassion ». *Voir Éléonore, p. 86.*
**Orla** (Irlande) : signifie « princesse dorée ». *Voir Orlane, p. 210.*
**Paige** (Angleterre) : signifie « servante ».
**Peggy** (Angleterre) : signifie « perle ». *Voir p. 213.*
**Penny** (Angleterre) : signifie « éclat du soleil ». *Voir Pénélope, p. 213.*
**Poppy** (Angleterre) : signifie « coquelicot ».
**Queena**, Quennie (Angleterre) : signifie « reine ». *Voir p. 218.*
**Rhianna**, Rhiannon (pays de Galles) : signifie « pure jeune fille ». *Voir Rhiannon, p. 223.*
**Riona** (Irlande) : signifie « reine ».
**Robyn** [phonétique : robine] (Angleterre) : signifie « gloire illustre ». *Voir Roberte, p. 224.*
**Roisin** [phonétique : royzine] (Irlande) : signifie « rose ». *Voir Rose, p. 226.*
**Ruby** (Angleterre) : fait référence à la pierre précieuse. *Voir p. 228.*
**Sally** (Angleterre) : signifie « princesse ». *Voir Sarah, p. 232.*
**Saoirse** [phonétique : searcha] (Irlande) : signifie « liberté ».
**Sara** (Angleterre) : signifie « princesse ». *Voir Sarah, p. 232.*
**Scarlett** (Angleterre) : signifie « de couleur écarlate ». *Voir p. 233.*
**Serenity** (Angleterre) : signifie « sereine ». *Voir Séréna, p. 235.*
**Shana**, Shanice (Irlande) : signifie « Dieu est miséricordieux ». *Voir Shanice, p. 236.*
**Shannon** [phonétique : chanonn] (Irlande) : fait référence à la rivière du même nom.
**Shauna**, Siobhan [phonétique : chivawn] (Irlande) : signifie « Dieu est miséricordieux ». *Voir Jeanne, p. 140.*
**Shay** (Irlande) : signifie « admirable ».
**Sheila** [phonétique : chéyla] (Angleterre) : signifie « aveugle ». *Voir p. 236.*
**Shirley** [phonétique : cheurlèy] (Angleterre) : signifie « prairie lumineuse ». *Voir p. 237.*
**Shona** (Irlande) : signifie « Dieu est miséricordieux ». *Voir p. 237.*
**Sian** (Irlande) : signifie « Dieu est miséricordieux ». *Voir p. 237.*
**Silvia** (Angleterre) : signifie « forêt ». *Voir Sylvie, p. 245.*

## Emma et Lucas, les prénoms rois du monde

Les parents recherchent de plus en plus souvent des prénoms internationaux, intelligibles et traduisibles dans une majorité de langues. Lorsqu'on compare les tops 100 de différents pays européens et américains, on constate que les stars sont **Emma** et **Lucas**. Si l'orthographe d'Emma ne varie pas, celle de Lucas présente quelques variantes minimes comme Luca et Lukas. Mais ils ne sont pas les seuls à remporter les suffrages : **Inès**, **Sarah**, **Anna**, **Sophia** pour les filles et **Adam**, **David**, **Elias**, **Gabriel** pour les garçons sont en tête des prénoms pluriculturels.

**Stella** (Angleterre) : signifie « étoile ». *Voir p. 242.*
**Swann** [phonétique : souann] (Angleterre) : signifie « cygne ». *Voir p. 244.*
**Tallula** (Irlande) : signifie « abondance ».
**Tatiana** (Angleterre) : signifie « de la famille Tatius », famille patricienne romaine. *Voir p. 247.*
**Taylor** (Angleterre) : signifie « tailleur ». *Voir p. 249.*
**Tess**, Tessa, diminutif Tessie (Angleterre) : signifie « chasse ». *Voir p. 249.*
**Tiffany** (Angleterre) : signifie « manifestation divine ». *Voir Typhaine, p. 252.*
**Veronica** (Angleterre) : signifie « qui apporte la victoire ». *Voir Véronique, p. 257.*
**Victoria**, diminutifs Vickie, Vicky (Angleterre) : signifie « victoire ». *Voir p. 259.*
**Wallis** (Angleterre) : signifie « galloise ».
**Wanda** (Angleterre): signifie « issue du peuple vandale ». *Voir p. 262.*
**Wendy** (Angleterre) : fait référence à un personnage de Peter Pan. *Voir p. 262.*
**Whitney** (Angleterre) : signifie « île blanche ». *Voir p. 262.*
**Whoopy**, Whoopi (Angleterre) : signifie « heureuse ». *Voir p. 262.*
**Willow** [phonétique : ouilow] (Angleterre) : signifie « saule ».
**Wynn** (pays de Galles) : signifie « qui a la peau blanche ». *Voir p. 264.*

# Océanie

*Les prénoms d'Océanie sont attribués dans les îles du Pacifique et en Nouvelle-Calédonie. Ils évoquent la mer, les lagons, les fleurs, le soleil, la nature dans son éclatante beauté et sortent peu de leur continent.*

**Aimata** (Polynésie) : signifie « clin d'œil ».
**Airaro** (Polynésie) : signifie « princesse de légende ».
**Avera** (Polynésie) : signifie « rayon de soleil »
**Evotia** (Polynésie) : signifie « qui chante bien ».
**Heimanu** (Polynésie) : signifie « couronne de fleurs ».
**Hinano** (Polynésie) : signifie « fleur de pandanus ».
**Iva** (Polynésie) : signifie « donne la vie ».
**Leilani** (Polynésie) : signifie « couronne céleste ».
**Luana** (Polynésie) : signifie « heureuse ».
**Maeva**, Manavae (Polynésie) : signifie « bienvenue ». *Voir p. 174.*
**Mahana** (Polynésie) : signifie « jour ».
**Mahina** (Polynésie) : signifie « lune ». *Voir p. 175.*
**Maïma** (Polynésie) : signifie « celle qui élève ». *Voir Marie, p. 181.*
**Maïmiti** (Polynésie) : signifie « venue de la mer ».
**Manoa** (Polynésie) : signifie « petit lagon ». *Voir p. 178.*
**Moana** (Polynésie) : signifie « océan ». *Voir p. 194.*

**Nina** (Polynésie) : signifie « grâce ». *Voir p. 201.*
**Oriata** (Polynésie) : signifie « celle qui danse avec les nuages ».
**Poe** (Polynésie) : signifie « perle »
**Poeiti** (Polynésie) : signifie « petite perle ».
**Poemoana** (Polynésie) : signifie « perle de l'océan ».
**Poenui** (Polynésie) : signifie « grande perle ». *Voir p. 216.*
**Taïna** (Polynésie) : signifie « fleur de gardénia ».
**Tania** (Polynésie) : signifie « don de dieu »
**Teata** (Polynésie) : signifie « nuage rouge ».
**Tehani** (Polynésie) : signifie « caresse ».».
**Vaea** (Polynésie) : signifie « paix ».
**Vaïana** (Polynésie) : signifie « eau de source ».
**Vahinerii** (Polynésie) : signifie « princesse ».
**Vaïmiti** (Polynésie) : signifie « eau de mer ».
**Vaïtiare** (Polynésie) : signifie « fleur éternelle ».

# Prénoms du monde

*au masculin*

# Afrique et Moyen-Orient

*Les prénoms du Maghreb, du Moyen-Orient et de certains pays d'Afrique noire sont liés à la religion musulmane. Les plus courants sont liés à l'adoration du Dieu unique et la compréhension de leur signification implique une certaine connaissance du Coran. L'essentiel est de choisir un nom doté d'une connotation positive, tant par sa sonorité que par son étymologie.*

**Abdou** (Sénégal) : signifie « feu ».
**Adel** (pays de langue arabe) : signifie « juste ».
**Adem** (Turquie) : signifie « fait de terre ». *Voir Adam, p. 276.*
**Ahmed** (pays de langue arabe) : signifie « le plus illustre ».
**Ali** (pays de langue arabe) : signifie « supérieur ». *Voir p. 286.*
**Amine** (pays de langue arabe) : signifie « fidèle ».
**Anouar** (pays de langue arabe) : signifie « lumineux ».
**Asha** (Inde) : signifie « espoir ».
**Aslan** (Turquie) : signifie « lion ».
**Assad** (pays de langue arabe) : signifie « lion ».
**Ayodeji** (Nigéria) : signifie « celui qui crie ».
**Ayyoub** (pays de langue arabe) : signifie « haï ». *Voir Job, p. 396.*
**Azziz** (pays de langue arabe) : signifie « chéri », « aimé ». *Voir Aimé, p. 280.*
**Baako** (Afrique de l'Ouest) : signifie « premier-né ».
**Babacar** (Sénégal) : signifie « sombre ».
**Bachir** (pays de langue arabe) : signifie « messager de la bonne nouvelle ».
**Badr** (pays de langue arabe) : signifie « de belle apparence ».
**Barak** (pays de langue arabe) : signifie « béni ».
**Behrouz** (Iran) : signifie « beau jour ».
**Bilal** (pays de langue arabe) : signifie « eau », « rafraîchissement ». *Voir p. 308.*
**Daoud** (pays de langue arabe) : signifie « bien-aimé de Dieu ». *Voir David, p. 335.*
**Dimby** (Madagascar) : signifie « le successeur ».
**Djamal**, Djamel, Jamal, Jamel, Jamil (pays de langue arabe) : signifie « beau ». *Voir Djamel, p. 340.*
**Djibril** (pays de langue arabe) : signifie « force de Dieu ». *Voir p. 340.*
**Driss**, Idriss (pays de langue arabe) : signifie « l'éducateur ». *Voir Idriss, p. 388.*
**Duma** (Afrique du Sud) : signifie « bien planté ».
**Ekene** (Afrique de l'Ouest) : signifie « prière ».
**Elham** (Iran) : signifie « inspiration ».
**Eskander** (Iran) : signifie « qui repousse l'ennemi ». *Voir Alexandre, p. 284.*
**Fadil** (pays de langue arabe) : signifie « loyal ».
**Faralahy** (Madagascar) : signifie « dernier né ».
**Farès** (pays de langue arabe) : signifie « cavalier ».
**Farid** (pays de langue arabe) : signifie « unique », « irremplaçable ». *Voir p. 360.*
**Faysal** (pays de langue arabe) : signifie « arbitre ».
**Fouad** (pays de langue arabe) : signifie « homme de cœur ».
**Gali** (Tchad) : signifie « celui qui parle ».
**Gamba** (Congo) : signifie « juge ».
**Habib** (pays de langue arabe) : signifie « cher ».
**Hakim** (pays de langue arabe) : signifie « le sage ». *Voir p. 381.*
**Hassan**, Hocine, Hussein (pays de langue arabe) : signifie « vertueux ». *Voir p. 382.*
**Hosni** (pays de langue arabe) : signifie « bon guide ».
**Ibrahim** (pays de langue arabe) : signifie « père des nations ». *Voir p. 388.*
**Ilyas** (pays de langue arabe) : signifie « mon maître est Dieu ». *Voir Élie, p. 349.*

**Imad** (pays de langue arabe) : signifie « soutien ».
**Jafar** (pays de langue arabe) : signifie « courant ».
**Jelani** (Afrique de l'Est) : signifie « tout puissant ».
**Kader** (pays de langue arabe) : signifie « puissant ».
**Kamel** (pays de langue arabe) : signifie « parfait ». *Voir p. 402.*
**Karim** (pays de langue arabe) : signifie « généreux ». *Voir p. 402.*
**Khaled,** Khalid (pays de langue arabe) : signifie « éternel », « impérissable ». *Voir p. 403.*
**Kibwe** (Afrique de l'Est) : signifie béni ».
**Koffi** (Congo) : signifie « celui qui ouvre les portes ».
**Kofi** (Afrique de l'Ouest) : signifie « né un vendredi ».
**Latif** (pays de langue arabe) : signifie « gentil ».
**Lounès** (pays de langue arabe) : signifie « homme ».
**Mahefa** (Madagascar) : signifie « fondateur ».
**Mahmoud** (pays de langue arabe) : signifie « digne d'éloges ».
**Majid** (pays de langue arabe) : signifie « glorieux ».
**Malik** (pays de langue arabe) : signifie « roi ». *Voir p. 416.*
**Mansour** (pays de langue arabe) : signifie « victorieux », « vainqueur ». *Voir p. 416.*
**Marwan** (pays de langue arabe) : signifie « rocher ».
**Massoud** (Iran) : signifie « chanceux ».
**Mehdi** (pays de langue arabe) : signifie « guidé par Dieu ». *Voir p. 425.*
**Mehmet** (Turquie) : signifie « prière ».
**Mosi** (Afrique de l'Est) : signifie « premier enfant ».
**Moubarak** (pays de langue arabe) : signifie « béni ».
**Mouloud** (pays de langue arabe) : signifie « bien né ». *Voir p. 429.*
**Mourad** (pays de langue arabe) : signifie « désiré de dieu ».
**Munir** (pays de langue arabe) : signifie « brillant ».
**Mustafa** (pays de langue arabe) : signifie « choisi ».
**Nabil** (pays de langue arabe) : signifie « noble ».
**Nargess** (Iran) : signifie « torpeur ». *Voir Narcisse, p. 429.*
**Nourdine** (Pays rabes) : signifie « illuminé par la religion ». *Voir p. 435.*
**Obame** (Gabon) : signifie « celui qui porte la flamme ».
**Omar** (pays de langue arabe) : signifie « florissant », « prospérité ». *Voir p. 437.*
**Osama** (pays de langue arabe) : signifie « lion ».
**Osman** (Turquie) : signifie « petit oiseau ».
**Rachid** (pays de langue arabe) : signifie « bien guidé », « bien dirigé ». *Voir p. 449.*
**Rafiq** (pays de langue arabe) : signifie « ami ».
**Reda** (pays de langue arabe) : signifie « celui qui satisfait ». *Voir p. 450.*
**Reza** (Iran) : signifie « satisfaction ».
**Saadi** (pays de langue arabe) : signifie « de bon augure ». *Voir p. 458.*
**Saïd** (pays de langue arabe) : signifie « homme heureux ». *Voir p. 459.*
**Salim,** Salman (pays de langue arabe) : signifie « paix ». *Voir Salomon, p. 459.*
**Sami** (pays de langue arabe) : signifie « son nom est Dieu ». *Voir p. 459.*
**Sampana** (Madagascar) : signifie « rameau ».
**Selim** (pays de langue arabe) : signifie « pacifique ».
**Sharif** (pays de langue arabe) : signifie « vertueux ».
**Simba** (Afrique de l'Est) : signifie « lion ».
**Sofiane** (pays de langue arabe) : signifie « dévot ». *Voir p. 467.*
**Tarik** (pays de langue arabe) : signifie « astre de la nuit ».
**Tsivalaka** (Madagascar) : signifie « plein de forces ».
**Vonjy** (Madagascar) : signifie « salut ».
**Walid** (pays de langue arabe) : signifie « nouveau-né ».
**Wamba** (Congo) : signifie « celui qui porte le monde ».
**Yacine** (pays de langue arabe) : référence à la 36e sourate du Coran, qui évoque le jugement dernier. *Voir Yacine, p. 493.*
**Yasser** (pays de langue arabe) : signifie « prospère ».
**Zakaria** (pays de langue arabe) : signifie « Dieu s'est souvenu ». *Voir Zacharie, p. 496.*
**Ziad** (pays de langue arabe) : signifie « croissance ».
**Zinedine** (pays de langue arabe) : signifie « parure de la religion ». *Voir p. 498.*

# Amérique

*La plupart des prénoms attribués en Amérique du Nord et au Canada sont d'origine anglo-saxonne, ceux d'Amérique du Sud sont issus de la culture espagnole ou portugaise. Certains prénoms amérindiens traditionnels subsistent encore aujourd'hui, emprunts de sens et d'histoire.*

## Amérique du Nord

**Amarok** : signifie « loup ».
**Gavin** (États-Unis): signifie « enraciné ». *Voir Gauvain, p. 372.*
**Ivory** : signifie « ivoire ».
**Isha** : signifie « protecteur ».
**Jaden** (États-Unis) : signifie « Dieu sauve ». *Voir Jayden, p. 393.*
**Jalen** (États-Unis) : signifie « homme tranquille ».
**Jolan** : signifie « vallée des chênes ».
**Lenno** : signifie « homme ».
**Nannok** (Inuit) : signifie « ours polaire ».
**Rowtag** : signifie « feu ».
**Sahale** : signifie « supérieur ».
**Spencer** (États-Unis) : signifie « qui approvisionne ».
**Sullivan** (États-Unis) : signifie « aux yeux noirs ». *Voir p. 468.*
**Tekoa** (Cherokee) : signifie « magnifique ».
**Waira** (Quechua) : signifie « vent ».
**Waneta** : signifie « cheval de bataille ».
**Wapi** : signifie « heureux ».
**Wakiza** : signifie « guerrier déterminé ».
**Yuma** : signifie « fils du chef ».

## Amérique latine

**Atahualpa** (Bolivie) : en référence à un empereur inca.
**Emilio** (Chili) : signifie « émule ». *Voir p. 351.*
**Franco** (Chili) : signifie « Franc ». *Voir p. 366.*
**Gustavo** (Brésil) : signifie « vénérable ». *Voir p. 379.*
**Heriberto** (Mexique) : signifie « armée illustre ». *Voir Herbert, p. 384.*
**Horacio** (Mexique) : signifie « de la famille des Horacius ». *Voir Horace, p. 386.*
**Humberto** (Mexique) : signifie « illustre géant ». *Voir Humbert, p. 387.*
**Inka** (Bolivie) : signifie « fontaine de bonheur ».
**Inti** [phonétique : innti] (Bolivie) : signifie « soleil ».
**Izel** (Bolivie) : signifie « unique ».
**Joaquin** [phonétique : rroakine] (Chili, Mexique) : signifie « Dieu s'est levé ». *Voir Joachim, p. 396.*
**Leandro** (Chili) : signifie « homme ». *Voir Léandre, p. 407*
**Nahuel** (Argentine, Chili) : signifie « tigre »
**Newen** (Pérou, Bolivie) : signifie « force »
**Ramon** (Brésil) : signifie « protection du conseil ». *Voir Raymond, p. 450.*
**Ramiro** (Mexique) : signifie « grand juge ».
**Raymi** (Bolivie) : signifie « soleil ».
**Vito** (Brésil) : signifie « bois ». *Voir Guy, p. 380.*

### Le top de l'autre côté de l'Atlantique...

Aux États-Unis et au Canada, c'est la surprise. **Jacob** s'incline devant **Noah**, menacé par **Liam**. **Ethan** régresse, alors que **Benjamin** se maintient en bonne place. **Logan** est stable alors qu'au Canada, **Jackson** progresse vite. **Mason** s'accroche et **Jack** reste bien classé.

# Asie

*Peu connus en Europe, les prénoms d'Asie font souvent référence à la nature et à la beauté. Malgré l'engouement des Français pour les mangas et la culture japonaise, il est rare que les enfants arborant ce type de prénoms n'aient pas, eux-mêmes, des origines asiatiques.*

**Amrit** (Inde) : signifie « nectar ».
**An** (Chine) : signifie « paisible ».
**Arata** (Japon) : signifie « fraîcheur ».
**Chandra** (Inde) : signifie « lune ».
**Cheng** (Chine) : signifie « accompli ».
**Chetan** (Inde) : signifie « âme ».
**Chung** (Chine) : signifie « sage ».
**Daïchi** (Japon) : signifie « grande sagesse ».
**Darshan** (Inde) : signifie « don de dieu ».
**Dinh** (Vietnam) : signifie « palace ».
**Ganesh** (Inde) référence au dieu de la sagesse et de l'intelligence.
**Hai** (Chine, Vietnam) : signifie « mer ».
**Haruto** (Japon) : signifie « lumière du soleil ».
**Heng** (Chine) : signifie « éternel ».
**Hiroshi** (Japon) : signifie « prospère ».
**Hiroto** (Japon) : signifie « grand ».
**Ho** (Chine) : signifie « bon ».
**Huan** (Chine) : signifie « bonheur ».
**Hui** (Chine) : signifie « splendeur ».
**Isha** (Inde) : signifie « maître ».
**Itsuki** (Japon) : signifie « arbre ».
**Jay** Jayan (Inde) : signifie « victorieux ».
**Jeong** (Corée): signifie « vertueux ».
**Jian** (Chine) : signifie « vigoureux ».
**Jiao** (Chine) : signifie « séduisant ».
**Jin** (Chine, Corée): signifie « précieux ».
**Jivan** (Inde) : signifie « vie ».
**Jun** (Chine, Corée): signifie « talentueux ».
**Kenji** (Japon) : signifie « studieux ».
**Kim** (Vietnam) : signifie « en or ».
**Kun** (Chine) : signifie « univers ».
**Lam** (Vietnam) : signifie « bleu ».
**Lee** (Chine) : signifie « prune ».
**Li** (Chine) : signifie « puissant ».
**Liang** (Chine) : signifie « bon ».
**Liem** (Vietnam) : signifie « intégrité ».
**Lin** (Chine) : signifie « pierre précieuse ».
**Linh** (Vietnam) : signifie « âme ».
**Luan** (Vietnam) : signifie « roue ».
**Makoto** (Japon) : signifie « sincérité ».
**Mani** (Inde) : signifie « bijou ».
**Ming** (Chine) : signifie « lumineux ».
**Minh** (Vietnam) : signifie « intelligent ».
**Mohan** (Inde) : signifie « enchanteur ».
**Natsum** (Japon) : signifie « enfant du printemps ».
**Nguyen** (Vietnam) : signifie « original ».
**Pallav** (Inde) : signifie « feuille qui bourgeonne ».
**Phong** (Vietnam) : signifie « vent ».
**Raja** (Inde) : signifie « roi ».
**Rajiv** (Inde) : signifie « fleur de lotus ».
**Ravi** (Inde) un des noms du dieu du soleil
**Sanjay** (Inde) : signifie « triomphant ».
**Saraï** (Inde) sigifie « droit ».
**Satoshi** (Japon) : signifie « sage ».
**Seung** (Corée): signifie « victoire ».
**Shan** (Chine) : signifie « corail ».
**Shen** (Chine) : signifie « spirituel ».
**Shinji** (Japon) : signifie « honnête ».
**Shunpei** (Japon) : signifie « talentueux ».
**Sin** (Vietnam) : signifie « jeune homme ».
**Takumi** (Japon) : signifie « adroit ».
**Tao** (Chine) : d'origine chinoise, Tao signifie « longue vie » mais en langue polynésienne, il signifie « lance de guerre ». *Voir p. 470.*
**Van** (Vietnam) : signifie « nuage ».
**Vinh** (Vietnam) : signifie « gloire ».
**Wang** (Chine) : signifie « royal ».

**Wei** (Chine) : signifie « force ».
**Wen** (Chine) : signifie « élégant ».
**Wook** (Corée): signifie « aurore ».
**Wu** (Chine) : signifie « martial ».
**Xuan** (Vietnam) : signifie « printemps ».
**Yin** (Chine) : signifie « en argent ».
**YoonYun** (Corée): signifie « douceur ».
**Yong** (Chine) : signifie « brave ».
**Yu** (Chine) : signifie « jade ».
**Yuki** (Japon) : signifie « neige ».
**Yun** (Chine) : signifie « nuage ».
**Zheng** (Chine) : signifie « juste ».

# Europe

*Les prénoms les plus répandus dans un pays dépendent, la plupart du temps, de la langue qui y est parlée. Les colons, étant souvent européens, ont instauré leur dialecte et les prénoms qui y étaient rattachés. Ainsi, l'Amérique du Nord, l'Australie, et certains pays d'Afrique usent davantage de prénoms anglo-saxons tandis que l'Amérique latine adoptera plus volontiers un registre marqué par la langue latine.*

## Europe du Nord

**Anders** (Scandinavie) : signifie « homme ». *Voir André, p. 290.*
**Aloïs** (Allemagne) : signifie « illustre combattant ». *Voir Louis, p. 411.*
**Arvid** (Scandinavie) : signifie « aigle ».
**Bartel** (Pays-Bas) : signifie « fils de Tomolé ». *Voir Barthélémy, p. 303.*
**Bastiaan** (Pays-Bas) : signifie « couronné ». *Voir Sébastien, p. 462.*
**Bjarne** [phonétique : biyarne], Bjarni, Björn [phonétique : biyorn] (Scandinavie) : signifie « fort comme un ours ». *Voir Björn , p. 309.*
**Carl** (Allemagne) : signifie « viril ». *Voir Charles, p. 321.*
**Casper** (Scandinavie, Allemagne) : signifie « celui qui vient voir ». *Voir Gaspard, p. 370.*
**Conrad** (Allemagne) : signifie « brave conseil ». *Voir p. 329.*
**Daan** (Pays-Bas) : signifie « Dieu est juge ». *Voir Daniel, p. 334.*

**Dennis** (Allemagne, Pays-Bas, Angleterre) : viens du nom de Dionysos, dieu de la vigne et du vin dans la mythologie grecque. *Voir Denis, p. 337.*
**Dietlief** (Allemagne) : signifie « combattant du peuple ».
**Dietmar** (Allemagne) : signifie « illustre peuple ».
**Dietrich**, Dirk (Allemagne, Pays-Bas) : signifie « puissant dans le peuple ». *Voir Thierry, p. 475.*
**Eetu** (Finlande) : signifie « gardien des richesses ». *Voir Édouard, p. 346.*
**Elis** (Scandinavie) : signifie « mon maître est Dieu ». *Voir Élie, p. 349.*
**Erik** (Allemagne, Scandinavie) : signifie « honneur du roi ». *Voir Éric, p. 354.*
**Ernst** (Allemagne) : signifie « sérieux ». *Voir Ernest, p. 349.*
**Esben** [phonétique : ésbène] (Scandinavie) : signifie « ours des dieux ».
**Falk**, Falco (Allemagne) : signifie « faucon ».
**Filip** (Pays-Bas, Scandinavie) : signifie « qui aime les chevaux ». *Voir Philippe, p. 446.*
**Floris** (Pays-Bas) : signifie « florissant ». *Voir Florent, p. 364.*
**Friedrich** (Allemagne) : signifie « paix royale ». *Voir Frédéric, p. 367.*
**Gerhardt** (Allemagne) : signifie « dure lance ». *Voir Gérard, p. 373.*
**Gillis** (Pays-Bas) : signifie « protection ». *Voir Gilles, p. 375.*
**Gregor** (Allemagne, Angleterre) : signifie « celui qui veille ». *Voir Grégoire, p. 378.*
**Gunnar** (Scandinavie), Günther (Allemagne, Pays-Bas) : signifie « seigneur combattant ». *Voir p. 379.*
**Hampus** (Suède), Hanke (Allemagne) : signifie « Dieu a fait grâce ». *Voir Jean, p. 393.*
**Hanns** (Pays-Bas), Hans (Allemagne, Pays-Bas) : signifie « Dieu a fait grâce ». *Voir Hans, p. 381.*
**Heinrich,** Heinz (Allemagne), Henrik [phonétique : énerik] (Scandinavie) : signifie « maison du roi ». *Voir Henri, p. 383.*
**Helmut** [phonétique : élmoute] (Allemagne) : signifie « esprit casqué ».
**Ingmar** (Scandinavie) : signifie « fils du dieu Ing ». *Voir p. 389.*
**Ivar** (Scandinavie) : signifie « combattant ».
**Jens** [phonétique : yens] (Danemark) : signifie « Dieu a fait grâce ». *Voir Jean, p. 393.*
**Jeroen** (Pays-Bas) : signifie « nom sacré ». *Voir* Jérôme, *p. 395.*
**Jesper** (Danemark) : signifie « celui qui vient voir ». *Voir Gaspard, p. 370.*
**Joep** [phonétique : djop] (Pays-Bas) : signifie « Dieu ajoutera ». *Voir Joseph, p. 399.*
**Johannes** (Scandinavie) . : signifie « Dieu a fait grâce ». *Voir Jean, p. 393.*
**Jörg** [phonétique : yorg] (Allemagne), Jörgen [phonétique : yeurgen] (Scandinavie), Joris, Jürgen [phonétique : yurgen] (Pays-Bas) : signifie « qui travaille la terre ». *Voir Georges, p. 373.*
**Karsten** (Scandinavie) : signifie « messie ». *Voir Christian, p. 323.*
**Klaas**, Klaus (Allemagne, Pays-Bas) : signifie « victoire du peuple ». Voir Nicolas, p. 432.
**Klemens** (Allemagne) : signifie « indulgent ». *Voir Clément, p. 326.*
**Koen** (Pays-Bas) : signifie « brave conseil ». *Voir Conrad, p. 329.*
**Lars** (Allemagne, Pays-Bas, Scandinavie), Laurens (Pays-Bas), Laurentz (Allemagne) : signifie « laurier ». *Voir Laurent, p. 406.*
**Lennart** (Allemagne) : signifie « lion ». *Voir Léonard, p. 408.*
**Linus** (Scandinavie) : signifie « en lin ».
**Lodevijk** (Pays-Bas) : signifie « illustre combattant ». *Voir Louis, p. 411.*
**Loki**, Loke (Scandinavie) : fait référence au dieu nordique de la discorde.
**Lothar** (Allemagne) : signifie « grande gloire ». *Voir Lothaire, p. 410.*
**Ludwig** [phonétique : loudouig] (Allemagne) : signifie « illustre combattant ». *Voir Louis, p. 411.*

**Marteen** (Pays-Bas) : signifie « guerrier ». *Voir Martin, p. 411.*
**Magnus** (Scandinavie, Norvège) : signifie « grand ».
**Marcus** (Scandinavie), Markus (Allemagne) : signifie « marteau ». *Voir Marc, p. 417.*
**Mathis** : signifie « don ». *Voir p. 422.*
**Niilo** (Finlande) : signifie « victoire du peuple ». *Voir Nicolas, p. 432.*
**Nils**, Niels (Scandinavie) : signifie « champion ». *Voir Niels, p. 432.*
**Odin** (Scandinavie) : fait référence au dieu nordique de la sagesse, de la guerre et des arts. *Voir Odilon, p. 436.*
**Olaf** (Scandinavie), diminutif Olle [phonétique : olé] : signifie « heureux ». *Voir p. 437.*
**Onni** (Finlande) : signifie « heureux ».
**Oskar** (Allemagne) : signifie « lance du dieu Ans ». *Voir Oscar, p. 439.*
**Otto** (Allemagne) : signifie « riche peuple ». *Voir Othon, p. 440.*
**Pekka** (Finlande) : signifie « pierre ». *Voir Pierre, p. 447.*
**Poul** (Scandinavie) : signifie « petit ». *Voir Paul, p. 443.*
**Rudi**, Rudolf (Allemagne, Croatie, Pologne) : signifie « loup glorieux ». *Voir Rodolphe, p. 454.*
**Sander** (Scandinavie) : signifie « qui repousse l'ennemi ». *Voir p. 460.*
**Sigge** (Scandinavie), Sigmund (Allemagne), Sigurd (Scandinavie) : signifie « protection » et « victoire ». *Voir Sigismon, p. 465*
**Simen** [phonétique : simène] (Scandinavie, Norvège) : signifie « Dieu a entendu ». *Voir Simon, p. 466.*
**Sixten** (Suède) : signifie « pierre de la victoire ».
**Sören** [phonétique : seurenn] (Allemagne, Scandinavie) : signifie « exigeant ». *Voir Séverin, p. 464.*
**Snörri** (Islande) : signifie « combattant ». *Voir p. 467.*
**Stefan**, Stefen (Allemagne) : signifie « couronné ». *Voir Stéphane, p. 468.*

## *Le top dans l'Europe du Nord*

Le Danemark et la Suède plébiscitent **William**, qui a dépassé **Oliver**. Une surprise : **Émile** galope vers le succès et est déjà numéro 1 en Norvège. **Noah** et **Élias** ne sont pas loin, **Aleksander** revient en Suède. **Oscar** est en bonne position au Danemark et en Suède. **Magnus** et **Axel** se font distancer. En Allemagne, **Noah** et **Élias** sont très appréciés, mais c'est **Maximilian** qui a la vedette, suivi par **Alexander** et **Paul**.

**Sten** (Pays-Bas, Scandinavie) : signifie « pierre ».
**Stjin** [phonétique : stinn] (Pays-Bas) : signifie « vénérable ». *Voir Augustin, p. 299.*
**Sven** (Allemagne, Scandinavie) : signifie « jeune homme ». *Voir p. 469.*
**Sverre** (Norvège) : signifie « sauvage ».
**Tijs** (Pays-Bas) : signifie « don ». *Voir Mathieu, p. 420.*
**Ulrich** (Allemagne) : signifie « loup roi ». *Voir p. 479.*
**Veeti** (Finlande) : signifie « paix royale ». *Voir Frédéric, p. 367.*
**Vidar** (Norvège) : fait référence au dieu nordique du silence et de la vengeance.
**Viggo** (Scandinavie) : signifie « guerrier ».
**Volker** (Allemagne) : signifie « armée du peuple ».
**Wilhelm** (Pays-Bas) : signifie « volonté de protection ». *Voir p. 490.*

## Europe de l'Est

**Alekseï** (Russie) : signifie « qui repousse l'ennemi ». *Voir Alexis, p. 285*
**Amvrossi** (Russie) : signifie « immortel ». *Voir Ambroise, p. 289.*

**Anatolii**, Tola (Russie) : signifie « aurore ». *Voir Anatole, p. 290.*
**Andréï** (Russie) : signifie « homme ». *Voir André, p. 290.*
**Aniki** (Russie) : signifie « invincible ». *Voir Anicet, p. 292.*
**Anton** (Russie) : signifie « inestimable ». *Voir Antoine, p. 293.*
**Arsénii** (Russie) : signifie « viril ». *Voir Arsène, p. 296.*
**Bogdan** (Russie) : signifie « don de Dieu ». *Voir p. 310.*
**Boris** (Russie) : signifie « qui lutte pour la gloire ». *Voir p. 311.*
**Carol** (Pologne, Roumanie) : signifie « viril ». *Voir p. 317.*
**Demian** (Ukraine) : vient de Damia, surnom de Cybèle, déesse romaine de la fertilité et des moissons. *Voir Damien, p. 333.*
**Dimitar** (Bulgarie, Croatie), Dimitri (Russie): vient du nom de Déméter, déesse romaine de la terre et des moissons. *Voir Dimitri, p. 340.*
**Emil** (Bulgarie, Croatie, Hongrie, Pologne, Roumanie, Serbie) : signifie « émule ». *Voir Émile, p. 351.*
**Filip** (Bulgarie, Croatie, Pologne, Serbie) : signifie « qui aime les chevaux ».*Voir Philippe, p. 446.*
**Fedor**, Feodor, Fiodor (Russie) : signifie « don de Dieu ». *Voir Théodore, p. 472.*
**Gavriil** (Russie) : signifie « force de Dieu ». *Voir Gabriel, p. 368.*
**Gleb** (Russie, Ukraine) : signifie « très grand ». *Voir p. 376.*
**Grigor** (Arménie, Bulgarie, Russie), Grigori, Grichka (Russie) : signifie « celui qui veille ». *Voir Grégoire, p. 377.*
**Guennadi**, Guéna (Russie) : signifie « noble ».
**Gueorgui**, diminutif Iouri et Jora (Russie) : signifie « qui travaille la terre ». *Voir Georges, p. 372.*
**Iakov** (Russie) : signifie « Dieu a soutenu ». *Voir Jacob, p. 392.*
**Iouli** (Russie) : signifie « « de la famille Iulius ». *Voir Jules, p. 400.*
**Igor** (Russie) : signifie « gardien de la jeunesse ». *Voir p. 388.*
**Iaroslav** (Russie) : signifie « grande gloire ».
**Iéronim** (Russie) : signifie « nom sacré ». *Voir Jérôme, p. 395.*
**Ievgueni** (Russie) : signifie « bien né ». *Voir Eugène, p. 356.*
**Ilia** (Russie) : signifie « mon maître est Dieu ». *Voir Élie, p. 349.*
**Iosif**, Iossip (Russie) : signifie « Dieu ajoutera ». *Voir Joseph, p. 399.*
**Ivan** (Russie): signifie « Dieu a fait grâce ». *Voir p. 391.*
**Jaroslav** (pays slaves) : signifie « célébration du printemps ».
**Karel** (pays slaves) : signifie « viril ». *Voir Charles, p. 321.*
**Kiril**, Kyrill (Russie) : signifie « maître ». *Voir Cyril, p. 332.*
**Kliment** (Russie) : signifie « indulgent ». *Voir Clément, p. 326.*
**Konstantin**, Kostia (Russie) : signifie « constant ». *Voir Constantin, p. 330.*
**Kosma** (Russie) : signifie « ordre ». *Voir Côme, p. 328.*
**Kosta** (Russie) : signifie « constant ». *Voir p. 404.*
**Laszlo** (Hongrie) : signifie « qui possède la gloire ». *Voir Ladislas, p. 405.*
**Léonid** (Russie) : signifie « lion ». *Voir Léon, p. 408.*
**Maksym** (Russie) : signifie « le plus grand ». *Voir Maxime, p. 424.*
**Marek** (pays slaves) : signifie « marteau ». *Voir Marc, p. 417.*
**Matveï** (Russie) : signifie « don ». *Voir Mathieu, p. 420.*
**Micha** (Russie), Mikhaïl [phonétique : mikaïyl] (Russie) : signifie « comme Dieu ». *Voir Michel, p. 427.*
**Mikita**, Mikola (Ukraine) : signifie « victoire du peuple ». *Voir Nicolas, p. 432.*

**Milan** (Bulgarie, Croatie, Russie, Serbie) : signifie « brillante victoire ». *Voir p. 428.*
**Miloslav**, Milos, Miroslav (Russie) : signifie « brillante victoire ». *Voir Milan, p. 428.*
**Nikita**, (Russie) : signifie « victoire du peuple ». *Voir Nikita, p. 432.*
**Nikolaï** (Russie) : signifie « victoire du peuple ». *Voir Nicolas, p. 432.*
**Oleg** (Russie) : signifie « heureux ». *Voir Olaf, p. 437.*
**Pavel** (Russie), Pavlo (Ukraine) : signifie « petit ». *Voir Paul, p. 443.*
**Piotr**, Pietr (Russie) : signifie « pierre ». *Voir Pierre, p. 447.*
**Roman** (Pologne) : signifie « de Rome ». *Voir p. 456.*
**Sergueï** (Russie) : signifie « issu de la famille Sergius ». *Voir Serge, p. 463.*
**Slavomir** (Croatie) : signifie « grande paix ».
**Stanislav** (Bulgarie, Croatie, Russie, Serbie) : signifie « victoire debout ». *Voir Stanislas, p. 467.*
**Stepan** (Russie) : signifie « couronné ». *Voir Stéphane, p. 468.*
**Timoféï** (Russie) : signifie « honneur de Dieu ». *Voir Timothée, p. 476.*
**Timolaï** (Russie) : signifie « honneur du lion ». *Voir Timothée, p. 476.*
**Vaclav** (pays slaves) : signifie « gloire immense ». *Voir p. 481.*
**Vadim** (Russie) : signifie « attirant ». *Voir p. 481.*
**Valéri** (Russie) : signifie « valeureux ». *Voir Valère, p. 483.*
**Valia** (Russie) : signifie « vaillant ». *Voir Valentin, p. 482.*
**Vania** (Russie) : signifie « Dieu a fait grâce ». *Voir p. 483.*
**Vassili** (Russie), Vassyl (Ukraine) : signifie : « roi ». *Voir Basile, p. 304.*
**Vikenti** (Russie) : signifie « qui vainc ». *Voir Vincent, p. 485.*
**Vitali** (Russie) : signifie « en vie ». *Voir Vital, p. 486.*
**Vladimir** (Croatie, Russie, Serbie) : signifie « qui règne en paix ». *Voir p. 486.*
**Vladislas**, Ladislas (Bulgarie, Croatie, Russie, Serbie) : signifie « qui possède la gloire ». *Voir Ladislas, p. 405.*
**Vlas** (Russie) : signifie « simple ».
**Volodia** (Russie) : signifie « qui règne en paix ». *Voir p. 486.*
**Wenceslas** (pays slaves) : signifie « gloire immense ». *Voir p. 489.*
**Yuri** (Ukraine) : signifie « qui travaille la terre ». *Voir Georges, p. 372.*

## Europe du Sud

**Aarão** (Portugal): signifie « esprit ».
**Abrâo** (Portugal) : signifie « père de la multitude ». *Voir Abraham, p. 274.*
**Adamo** (Italie), Adâo (Portugal) : signifie « fait de terre ». *Voir Adam, p. 276.*
**Adrian** (Espagne), Adriano (Italie, Portugal) : signifie « originaire d'Adria ». *Voir Adrien, p. 277.*
**Agostino** (Italie) : signifie « vénérable ». *Voir Augustin, p. 299.*
**Akakios** (Grèce) : signifie « innocent » . *Voir Acace, p. 275.*
**Alberto** (Espagne, Italie, Portugal) : signifie « noble et illustre ». *Voir Albert, p. 282.*
**Aldo** (Italie, Portugal) : signifie « ancienne ». *Voir p. 283.*
**Alejandro** [phonétique : alérandro] (Espagne) : signifie « qui repousse l'ennemi ». *Voir Alexandre, p. 284.*
**Alejo** [phonétique : aléro] (Espagne) : signifie « qui repousse l'ennemi ». *Voir Alexis, p. 285.*
**Alessandro** (Italie) : signifie « qui repousse l'ennemi ». *Voir Alexandre, p. 284.*
**Alessio** (Italie) : signifie « qui repousse l'ennemi ». *Voir Alexis, p. 285*
**Alfonso** (Espagne, Italie) : signifie « très vif ». *Voir Alphonse, p. 287.*
**Alfredo**, diminutif Freddo (Espagne, Italie, Portugal) : signifie « grande paix ». *Voir Alfred, p. 286.*

**Alonso** (Espagne), Alonzo (Italie) : signifie « très vif ». *Voir Alphonse, p. 287.*
**Alvaro** (Espagne, Portugal) : signifie « noble chef ». *Voir p. 288.*
**Ambrogio** (Italie), Ambrosio (Espagne) : signifie « immortel ». *Voir Ambroise, p. 289.*
**Amérigo** (Italie) : signifie « maison du roi ». *Voir Aymeric, p. 289.*
**Andrea** (Italie), Andrès (Espagne) : signifie « homme ». *Voir André, p. 290.*
**Angeliki** (Grèce), Angelo (Italie) : signifie « messager ». *Voir Ange, p. 291.*
**Antonello** (Italie), Antonio (Espagne, Italie, Portugal) : signifie « inestimable ». *Voir Antoine, p. 293.*
**Armando** (Espagne, Italie, Portugal) : signifie « homme fort ». *Voir Armand, p. 295*
**Arrigo** (Italie) : signifie « maison du roi ». *Voir Henri, p. 383.*
**Artur** (Portugal), Arturo (Espagne, Italie) : signifie « ours ». *Voir Arthur, p. 297.*
**Augusto** (Espagne, Italie, Portugal) : signifie « vénérable ». *Voir Auguste, p. 299.*
**Aureliano** (Espagne, Italie) : signifie « en or ». *Voir Aurélien, p. 300.*
**Aurelio** (Espagne, Italie, Portugal) : signifie « en or ». *Voir Aurèle, p. 300.*
**Baldassare** (Italie), Baltasar (Espagne, Portugal) : signifie « Dieu protège le roi ». *Voir Balthazar, p. 302.*
**Bartolomé** (Espagne), Bartolomeu (Portugal) : signifie « fils de Tomolé ». *Voir Barthélémy, p. 303.*
**Battista** (Italie), Bautista [phonétique : baotista] (Espagne) : signifie « celui qui baptise ». *Voir Baptiste, p. 302.*
**Beniamino** (Italie) : signifie « fils de la chance ». *Voir Benjamin, p. 305.*
**Benito** (Espagne, Italie) : signifie « béni ». *Voir Benoît, p. 305.*
**Bernardo** (Espagne, Italie, Portugal) : signifie « ours fort ». *Voir Bernard, p. 307.*

## Le top dans l'Europe méditerranéenne

Autour de la Méditerranée, c'est le très classique **Alexandre** qui est en tête, sous la forme **Alejandro** pour l'Espagne et **Alessandro** pour l'Italie.

**Matteo** en Italie et **Matéo** en Espagne les suivent de près. En Italie, **Lorenzo**, **Léonardo** et **Andrea** sont en bonne place. En Espagne, **Pablo** est toujours d'actualité, mais devancé par **Lucas**, **Hugo**, **Martin** et **Daniel**.

**Biagio** [phonétique : biadjio], Blas [phonétique : blass] (Espagne) : signifie « bègue ». *Voir Blaise, p. 309.*
**Calogero** (Italie) : signifie « bel aîné ».
**Caetano**, Cayetano (Espagne) : signifie « originaire de Gaète ». *Voir Gaëtan, p. 369.*
**Carlo** (Italie), Carlos (Espagne), (Portugal) : signifie « viril ». *Voir Charles, p. 321.*
**Celio** (Espagne, Italie, Portugal) : signifie « ciel ».
**Celso** (Portugal) : signifie « excellent ».
**Cesare** (Italie) : signifie « qui coupe ». *Voir p. 320.*
**Cipriano** (Espagne, Italie, Portugal) : signifie « originaire de Chypre ». *Voir Cyprien, p. 331.*
**Cisco** (Espagne) : signifie « du peuple franc ». *Voir p. 324.*
**Claudio** (Espagne, Italie) : signifie « boiteux ». *Voir Claude, p. 324.*
**Clemente** (Espagne, Italie, Portugal) : signifie « indulgent ». *Voir Clément, p. 326.*
**Conrado** (Espagne) : signifie « brave conseil ». *Voir Conrad, p. 329.*
**Consualo** (Espagne) : signifie « consolation ».
**Corrado**, Corradino (Italie) : signifie « brave conseil ». *Voir Conrad, p. 329.*

**Cosimo**, Cosma (Italie) : signifie « ordre ». *Voir Côme, p. 328.*
**Cristian** (Espagne), Cristiano (Italie, Portugal) : signifie « messie ». *Voir Christian, p. 323.*
**Cristobal** (Espagne), Cristoforo (Italie) : signifie « qui porte le Christ ». *Voir Christophe, p. 323.*
**Cruz** (Espagne) : signifie « croix ».
**Damião** (Portugal) : vient de Damia, surnom de Cybèle, déesse romaine de la fertilité et des moissons. *Voir Damien, p. 333.*
**Daniele** (Italie), Danilo (Espagne, Italie, Portugal) : signifie « Dieu est juge ». *Voir Daniel, p. 334.*
**Dante** (Italie) : signifie « qui dure ». *Voir p. 334.*
**Dario** (Espagne, Italie, Portugal) : signifie « riche ». *Voir Darius, p. 335.*
**Davide** (Italie) : signifie « bien-aimé de Dieu ». *Voir David, p. 335.*
**Diego** (Espagne) : signifie « Dieu a soutenu ». *Voir p. 339.*
**Dinis** (Portugal) : viens du nom de Dionysos, dieu de la vigne et du vin dans la mythologie grecque. *Voir Denis, p. 337.*
**Domenico** (Italie), Domingo (Espagne) : signifie « maître ». *Voir Dominique, p. 341.*
**Donatello** (Italie), Donato (Espagne, Italie, Portugal) : signifie « Dieu donne ». *Voir Donatello, p. 342.*
**Duarte** (Portugal), Eduardo (Espagne, Italie) : signifie « gardien des richesses ». *Voir Édouard, p. 346.*
**Elias** (Espagne) : signifie « mon maître est Dieu ». *Voir p. 348.*
**Emilio** (Portugal) : signifie « émule ». *Voir Émile, p. 351.*
**Enrico** (Italie) : signifie « maison du roi ». *Voir Henri, p. 383.*
**Emanuele** (Italie) : signifie « Dieu est avec nous ». *Voir Emmanuel, p. 351.*
**Ernesto** (Espagne, Italie, Portugal) : signifie « sérieux ». *Voir Ernest, p. 354.*
**Esteban** (Espagne) : signifie « couronné ». *Voir p. 355*
**Estevao**, Estefan (Portugal) : signifie « couronné ». *Voir Étienne, p. 468.*
**Ettore** (Italie) : signifie « celui qui détient ». *Voir Hector, p. 383.*
**Eugenio** (Espagne, Italie) : signifie « bien né ». *Voir Eugène, p. 356.*
**Fabiano** (Italie), Fabio, Fabiolo (Portugal) : signifie « fève ». *Voir Fabien, p. 359.*
**Fausto**, Faustino (Espagne, Italie, Portugal) : signifie « fortuné ». *Voir Faustin, p. 360.*
**Federico** (Espagne, Italie) : signifie « paix royale ». *Voir Frédéric, p. 367.*
**Feliciano** (Espagne, Italie, Portugal) . *Voir Félicien, p. 361.*
**Felipe** (Espagne) : signifie « qui aime les chevaux ».*Voir Philippe, p. 446.*
**Fernando** (Espagne, Italie, Portugal), Fernão (Portugal) : signifie « qui ose la paix ». *Voir Ferdinand, p. 361.*
**Filipe** (Portugal), Filippo (Italie) : signifie « qui aime les chevaux ».*Voir Philippe, p. 446.*
**Fiorenzo** (Italie) : signifie « florissant ». *Voir Florent, p. 364.*
**Flavio** (Espagne, Italie) : signifie « blond ». *Voir Flavien, p. 364.*
**Francesco** (Italie), Francisco (Portugal) : signifie « franc ». *Voir François, p. 366.*
**Fulvio** (Italie) : signifie « blond ». *Voir Flavien, p. 364.*
**Gabriele** (Italie) : signifie « force de Dieu ». *Voir Gabriel, p. 368.*
**Gaetano** (Italie) : signifie « originaire de Gaète ». *Voir Gaëtan, p. 369.*
**Gastão** (Portugal) : signifie « hôte ». *Voir Gaston, p. 370.*
**Gavino** (Italie) : signifie « originaire de Gabiès ». *Voir Gabin, p. 368.*
**Gennaro** (Italie) : signifie « janvier ».
**Gerolamo** (Italie) : signifie « nom sacré ». *Voir Jérôme, p. 395.*
**Giacobo** (Italie) : signifie « Dieu a soutenu ». *Voir Jacob, p. 461.*

**Giachomo** (Italie) : signifie « Dieu a soutenu ». *Voir Jacques, p. 392.*
**Gian**, Gianni Giovanni (Italie) : signifie « Dieu a fait grâce ». *Voir Jean, p. 393.*
**Giordano** (Italie) : fait référence au fleuve du Jourdain. *Voir Jordan, p. 398.*
**Giorgio**, Giorgino (Italie) : signifie « qui travaille la terre ». *Voir Georges, p. 372.*
**Giuseppe**, Peppo, Peppino (Italie) : signifie « Dieu ajoutera ». *Voir Joseph, p. 399.*
**Georgios**, Iorgos (Grèce) : signifie « qui travaille la terre ». *Voir Georges, p. 372.*
**Godofredo** (Espagne, Portugal) : signifie « paix de Dieu ». *Voir Godefroy, p. 376.*
**Gonçalo** (Portugal) : signifie « combat ».
**Gregorio** (Portugal), Gregorios (Grèce) : signifie « celui qui veille ». *Voir Grégoire, p. 377.*
**Guglielmo** (Italie), Guilhermo (Portugal) : signifie « qui veut protéger ». *Voir Guillaume, p. 379.*
**Giuliano** (Italie) : signifie « de la famille Iulius ». *Voir Julien, p. 401.*
**Guillermo** (Espagne) : signifie « qui veut protéger ». *Voir Guillaume, p. 379.*
**Heitor** (Portugal) : signifie « celui qui détient ». *Voir Hector, p. 383.*
**Henrique** (Portugal) : signifie « maison du roi ». *Voir Henri, p. 383.*
**Ianis**, Yannis (Grèce) : signifie « Dieu a fait grâce ». *Voir Jean, p. 393.*
**Ignacio**, Nacho (Espagne) : signifie « feu ». *Voir Ignace, p. 388.*
**Isaïas** (Portugal) : signifie « Dieu délivre ». *Voir Isaïe, p. 390.*
**Isidoro**, Isidro (Espagne) : signifie « don d'Isis ». *Voir Isidore, p. 390.*
**Jacobo** (Espagne) : signifie « Dieu a soutenu ». *Voir Jacob, p. 461.*
**Jacopo** (Italie) : signifie « Dieu a soutenu ». *Voir Jacques, p. 392.*
**Jaime** [phonétique : raïmm] (Espagne, Portugal) : signifie « Dieu a soutenu ». *Voir Jacques, p. 392.*
**Javier** [phonétique : ravié] (Espagne) : signifie « maison neuve ». *Voir Xavier, p. 493.*
**João** (Portugal) : signifie « Dieu a fait grâce ». *Voir Jean, p. 393.*
**Jorge** (Espagne, Portugal) : signifie « qui travaille la terre ». *Voir Georges, p. 372.*
**Juan**, Juanito (Espagne) : signifie « Dieu a fait grâce ». *Voir Jean, p. 393.*
**Julio** (Espagne, Portugal) : signifie « de la famille Iulius ». *Voir Jules, p. 400.*
**Kyriakos** (Grèce) : signifie « maître ». *Voir Cyril, p. 332.*
**Ladislao** (Portugal, Italie) : signifie « qui possède la gloire ». *Voir Ladislas, p. 405.*
**Lazzaro** (Italie) : signifie « Dieu a secouru ». *Voir Lazare, p. 406.*
**Leão** (Portugal) : signifie « lion ». *Voir Léon, p. 408.*
**Lelio** (Italie) : signifie « de la famille Laelius » famille patricienne romaine.
**Leonardo** (Espagne, Italie, Portugal) : signifie « lion ». *Voir Léonard, p. 408.*
**Leone** (Italie), Leonel (Portugal) : signifie « lion ». *Voir Léon, p. 408.*
**Leonidas** (Grèce) : signifie « lion »
**Lino** (Espagne, Italie, Portugal) : signifie « messager ». *Voir p. 409.*
**Livio** (Italie) : signifie « de la famille Livius » famille patricienne romaine.
**Lodovico** (Italie) : signifie « illustre combattant ». *Voir Louis, p. 411.*
**Lorenzo** (Espagne, Italie), Lourenço (Portugal) : signifie « laurier ». *Voir Laurent, p. 406.*
**Luca** (Italie) : signifie « lumière ». *Voir Lucas, p. 413.*
**Luciano** (Espagne, Italie, Portugal) : signifie « lumière ». *Voir Lucien, p. 413.*
**Lucio** (Portugal) : signifie « lumière ». *Voir Luc, p. 412.*
**Luigi** (Italie), Luis (Portugal) : signifie « illustre combattant ». *Voir Louis, p. 411.*
**Manuel**, Manolo (Espagne) : signifie « Dieu est avec nous ». *Voir Emmanuel, p. 351.*
**Marcello** (Italie), Marcelo (Espagne) : signifie « marteau ». *Voir Marcel, p. 418.*

**Marco** (Espagne, Italie, Portugal) : signifie « marteau ». *Voir Marc, p. 417.*
**Mariano** (Espagne, Italie, Portugal), Marino (Italie) : signifie « mer ». *Voir Marin, p. 418.*
**Mario** (Espagne, Italie) : fait référence à un général romain de la famille praticienne des Marius, célèbre dans la Rome antique. *Voir Marius, p. 418.*
**Martinho** (Portugal), Martino (Italie) : signifie « guerrier ». *Voir Martin, p. 420.*
**Massimiliano** (Italie) : signifie « le plus grand ». *Voir Maximilien, p. 425.*
**Massimo** (Italie) : signifie « le plus grand ». *Voir Maxime, p. 424.*
**Mateus** (Portugal), Mateo (Espagne) : signifie « don ». *Voir Mathieu, p. 420.*
**Matteo** (Italie) : signifie « don ». *Voir p. 423.*
**Mattia** (Italie) : signifie « don ». *Voir Mathias, p. 420.*
**Malchiorre** [phonétique : melkiorré] (Italie) : signifie « roi de lumière ». *Voir Melchior, p. 426.*
**Micael** (Portugal) : signifie « comme Dieu ». *Voir Michaël, p. 427.*
**Michele** [phonétique : mikèlé] (Italie), Miguel (Espagne), Mihalis (Grèce) : signifie « comme Dieu ». *Voir Michel, p. 427.*
**Moïses** [phonétiques : moïsès] (Espagne, Portugal) : signifie « sauvé des eaux ». *Voir p. 428.*
**Nataniele** (Italie), Nataniel (Espagne, Portugal) : signifie « Dieu a donné ». *Voir Nathanaël, p. 430.*
**Niccolo** (Italie), Nicola, Nicolau (Portugal), Nicolaos (Grèce) : signifie « victoire du peuple ». *Voir Nicolas, p. 432.*
**Nino** (Italie) : signifie « Dieu a fait grâce ». *Voir p. 433.*
**Nunzio** (Italie) : fait référence à la fête de l'Annonciation.
**Octavio** (Espagne) : signifie « huitième ». *Voir Octave, p. 436.*
**Orlando** (Portugal) : signifie « terre glorieuse ». *Voir Roland, p. 455.*
**Otão** (Portugal) : signifie « riche peuple ». *Voir Othon, p. 440.*
**Ottavio**, Ottaviano (Italie) : signifie « huitième ». *Voir Octave, p. 436.*
**Pablo** (Espagne), Paolo (Italie) : signifie « petit ». *Voir Paul, p. 443.*
**Paquito** (Espagne) : signifie « franc ». *Voir François, p. 366.*
**Pascoal** (Portugal), Pascual (Espagne), Pasquale (Italie) : signifie « passage ». *Voir Pascal, p. 442.*
**Paulo** (Espagne, Portugal) : signifie « petit ». *Voir Paul, p. 443.*
**Pepe**, Pepito (Espagne) : signifie « Dieu ajoutera ». *Voir Joseph, p. 399.*
**Pavlos** (Grèce) : signifie « petit ». *Voir Paul, p. 443.*
**Pedro** (Espagne, Portugal), Pietro (Italie) : signifie « pierre ». *Voir Pierre, p. 447.*
**Quintino** (Portugal) : signifie « cinquième ». *Voir Quentin, p. 448.*
**Rafael** (Espagne), Rafael (Portugal), Raffaello (Italie) : signifie « Dieu a guéri ». *Voir Raphaël, p. 450.*
**Raimundo** (Italie), Ramon (Espagne) : signifie « protection du conseil ». *Voir Raymond, p. 450.*
**Raul** (Espagne) : signifie « puissant conseiller ». *Voir Raoul, p. 449.*
**Remigio** (Espagne, Italie, Portugal) : signifie « qui guérie ». *Voir Rémi, p. 451.*
**Renato** (Espagne, Italie, Portugal) : signifie « renaissance ». *Voir René, p. 452.*
**Ricardo** (Espagne), Riccardo (Italie) : signifie « roi fort ». *Voir Richard, p. 452.*
**Rinaldo** (Italie) : signifie « conseil du gouverneur ». *Voir Renaud, p. 451.*
**Roberto** (Espagne, Italie, Portugal) : signifie « gloire illustre ». *Voir Robert, p. 453.*
**Rocco** (Italie) : signifie « gloire ». *Voir Roch, p. 453.*
**Rodrigo** (Espagne) : « gloire du roi ». *Voir Rodéric, p. 454.*
**Romano**, Romão (Portugal) : signifie « de Rome ». *Voir Romain, p. 455.*
**Roméo** (Italie) : signifie « de Rome ». *Voir p. 455.*

**Ruggero**, Ruggiero (Italie) : signifie « glorieux porteur de lance ». *Voir Roger, p. 455.*
**Salvador** (Espagne), Salvatore (Italie) : signifie « sauveur ». *Voir p. 459.*
**Samuele** (Italie) : signifie « son nom est Dieu ». *Voir Samuel, p. 460.*
**Sancho** (Espagne) : signifie « consacré ». *Voir p. 460.*
**Sandro** (Portugal) : signifie « qui repousse l'ennemi ». *Voir Alexandre, p. 284.*
**Santiago**, Tiago (Espagne, Portugal) : fait référence au cri de guerre des soldats espagnols au Moyen Âge, « sancte Iacobe », ce derniere s'est transformé en « santiago » et devint un prénom. *Voir Santiago, p. 461.*
**Saverio** (Italie) : signifie « maison neuve ». *Voir Xavier, p. 493.*
**Sergio** (Espagne, Italie, Portugal) : signifie « issu de la famille Sergius ». *Voir Serge, p. 463.*
**Silvano** (Italie), Silvio (Espagne, Italie, Portugal) : signifie « forêt ». *Voir Sylvain, p. 469.*
**Simão** (Portugal), Simone (Italie) : signifie « Dieu a entendu ». *Voir Simon, p. 465.*
**Stavros**, Stephanos (Grèce), Stefano (Italie) : signifie « couronné ». *Voir Stéphane, p. 468.*
**Taddeo** (Italie) : signifie « allaité ». *Voir Thaddée, p. 471.*
**Takis** (Grèce) diminutif de Panagiotakis : fait référence à la Vierge.
**Teodoro** (Espagne, Italie, Portugal) : signifie « don de Dieu ». *Voir Théodore, p. 472.*
**Terenzio** (Italie) : signifie « de la famille Terentius ». *Voir Térence, p. 471.*
**Timoteo** (Espagne, Italie, Portugal) : signifie « honneur de Dieu ». *Voir Timothée, p. 476.*
**Tiziano** (Italie) : fait référence à l'empereur romain Titus.
**Tomas** (Espagne) Tomé (Portugal) Tommaso (Italie) : signifie « jumeau ». *Voir Thomas, p. 475.*
**Tristão** (Portugal) : signifie « tumulte ». *Voir Tristan, p. 477.*
**Uberto** (Italie) : signifie « grande intelligence ». *Voir Hubert, p. 386.*
**Ugo** (Italie) : signifie « intelligence ». *Voir Hugues, p. 386.*
**Umberto** (Italie) : signifie « illustre géant ». *Voir Humbert, p. 387.*
**Valentino** (Italie) : signifie « vaillant ». *Voir Valentin, p. 482.*
**Valerio** (Espagne, Italie, Portugal) : signifie « valeureux ». *Voir Valère, p. 483.*
**Vasco** (Espagne, Italie, Portugal) : signifie « basque ». *Voir p. 483.*
**Vasilios** (Grèce) : signifie : « roi ». *Voir Basile, p. 304.*
**Venceslao** (Italie) : signifie « gloire immense ». *Voir Wenceslas, p. 489.*
**Vicente** (Espagne, Portugal), Vincente (Italie) : signifie « qui vainc ». *Voir Vincent, p. 485.*
**Vitorio** (Portugal), Vittorio (Italie) : signifie « vainqueur ». *Voir Victor, page.484.*
**Zacarias** (Espagne) : signifie « Dieu s'est souvenu ». *Voir Zacharie, p. 496.*

## Îles britanniques

**Addisson** (Angleterre) : signifie « fils d'Adam ».
**Aidan**, Aydan [phonétique : aydan] (Irlande) : signifie « feu ». *Voir p. 279.*
**Alan**, Allan (Angleterre) : signifie « issu du peuple Alani ». *Voir p. 284.*
**Alansdair** (Écosse), Alexander (Angleterre, Hongrie, Scandinavie) : signifie « qui repousse l'ennemi ». *Voir Alexandre, p. 284.*
**Alfie** (Angleterre) : signifie « grande paix ». *Voir p. 286.*

**Alistair** (Irlande) : signifie « qui repousse l'ennemi ». *Voir p. 286.*
**Ambrose** (Angleterre, États-Unis) : signifie « immortel ». *Voir Ambroise, p. 289.*
**Andy**, Andrew : signifie « homme ». *Voir André, p. 290.*
**Angus** (Écosse, Irlande) : signifie « homme énergique ».
**Anthony**, diminutif Tony (Angleterre) : signifie « inestimable ». *Voir p. 293.*
**Archie** (Angleterre) : signifie « très audacieux ». *Voir Archibald, p. 294.*
**Ashley** (Angleterre) : signifie « bois de frêne ». *Voir p. 297.*
**Austin** (Angleterre) : signifie « vénérable ». *Voir p. 300.*
**Avery** (Angleterre) : signifie « grande paix ». *Voir Alfred, p. 286.*
**Bailey** (Angleterre) : signifie « officier ».
**Barnaby**, Barney (Angleterre) : signifie « fils du dieu Nabû ». *Voir Barnabé, p. 303.*
**Barry** (Angleterre) : signifie « pointu ». *Voir p. 303.*
**Bartholomew**, diminutif Bart (Angleterre) : signifie « fils de Tomolé ». *Voir Barthélémy, p. 303.*
**Bennet** (Angleterre) : signifie « béni ». *Voir Benoît, p. 305.*
**Benny**, diminutif Benji (Angleterre, États-Unis) : signifie « fils de la chance ». *Voir Benjamin, p. 305.*
**Blake** [phonétique : blèyk] (Angleterre) : signifie « noir ».
**Bradley**, diminutif Brad, Brayden (Angleterre) : signifie « large clairière, vaste prairie ». *Voir p. 312.*
**Brodie** (Angleterre) : signifie « fossé ».
**Burton**, diminutif Burt (Angleterre) : signifie « ville fortifiée ».
**Bryson** (Angleterre) : signifie « dignité ». *Voir Brice, p. 313.*
**Callum** [phonétique : kaloum] (Écosse) : signifie « colombe ». *Voir Colomban, p. 328.*
**Calvin** [phonétique : calvinn] (Angleterre) : signifie « chauve ». *Voir p. 315.*
**Cameron** [phonétique : Cameronn] (Écosse) : signifie « nez crochu ». *Voir p. 315.*
**Carter** (Angleterre) : signifie « transporteur de marchandises ». *Voir p. 317.*
**Cathal** [phonétique : kahal] (Irlande) : signifie « fort dans la bataille ».
**Cayden** [phonétique : kayden] (Angleterre) : signifie « fils de Cadan ».
**Cecil** (Angleterre) : signifie « aveugle ». *Voir p. 318.*
**Christopher** (Angleterre) : signifie « qui porte le Christ ». *Voir Christophe, p. 323.*
**Cian** [phonétique : kïann] (Irlande) : signifie « ancien ». *Voir p. 323.*
**Ciaran** [phonétique : kirawn] (Irlande) : signifie « jeune homme aux cheveux noirs ». *Voir p. 323.*
**Cillian** [phonétique kiliann] (Irlande) : signifie « combat ». *Voir p. 324.*
**Clark** (Angleterre) : signifie « scribe ».
**Cliff** (Angleterre) : signifie « falaise ».
**Clinton,** diminutif Clint (Angleterre) : signifie « ferme près de la rivière Glyme ». *Voir p. 326.*
**Clyde** (Écosse) : fait référence à une rivière à Glasgow. *Voir p. 327.*
**Cody** (Angleterre) : signifie « coussin ». *Voir p. 327.*
**Colston** (Angleterre) : signifie « noir charbon ».
**Conan** (Irlande) : signifie « sagesse ». *Voir p. 327.*
**Connor**, Conor [phonétique : kanor] (Irlande) : signifie « amoureux des loups », nom d'un roi de l'Ulster légendaire. *Voir p. 327.*
**Cooper** [phonétique : coupeur] (Angleterre) : signifie « fabricant de tonneaux ».
**Craig** (Angleterre) : signifie « rocher ».
**Curtis** (Angleterre) : signifie « courtois ».
**Daire** (Irlande) : signifie « fertile ». *Voir p. 333.*
**Damian** (Angleterre) : vient de Damia, surnom de Cybèle, déesse romaine de la fertilité et des moissons. *Voir Damien, p. 333.*
**Dara**, Darragh (Irlande) : signifie « fertile ». *Voir Daire, p. 333.*
**Dave**, Davy (Angleterre) : signifie « bien-aimé de Dieu ». *Voir David, p. 335.*
**Declan** (Irlande) : signifie « lumière ». *Voir p. 336.*
**Delano** (Irlande) : signifie « bien portant ». *Voir p. 336.*

**Desmond** (Irlande) : signifie « originaire de Desmond », ville de la région de Munster. *Voir p. 338.*
**Dick** (Angleterre) : signifie « roi fort ». *Voir Richard, p. 452.*
**Donald** (Écosse) : signifie « peuple puissant ». *Voir p. 342.*
**Donovan** (Angleterre) : signifie « sombre guerrier ». *Voir p. 343.*
**Dorian** (Angleterre) : signifie « don de Dieu ». *Voir p. 343.*
**Douglas** (Écosse) : signifie « eau noire ». *Voir p. 343.*
**Drake** (Angleterre) : signifie « dragon ».
**Duane** [phonétique : duène] (Angleterre) : signifie « brun ». *Voir Duan, p. 343.*
**Duncan** [phonétique : deunekan] (Angleterre) : signifie « guerrier aux cheveux sombres ». *Voir p. 344.*
**Dwight** [phonétique : douaïte] (Angleterre) : signifie « qui a les cheveux blonds ». *Voir p. 344.*
**Dylan** (Angleterre) : signifie « grande mer ». *Voir p. 344.*

## Le top dans les îles britanniques

Grande-Bretagne, pays de Galles, Écosse et Irlande sont d'accord sur le trio gagnant : **Harry**, **Jack** et **James**.

**Oliver**, **Riley** et **Daniel** sont en vogue en Grande-Bretagne, au pays de Galles et en Écosse, alors que l'Irlande reste fidèle à ses prénoms plus typiques : **Sean**, **Conor**, **Ryan**, sans oublier **Dylan** ! **Alfie**, **Charlie** et les très classiques **William** et **Thomas** plaisent beaucoup en Grande-Bretagne, mais, en Écosse, ce sont plutôt **Logan**, **Ethan** et **Alexander** qui figurent au top 10.

**Easton** (Angleterre) : signifie « de la ville de l'Est ».
**Edward**, diminutifs Eddie, Eddy, Ted, Teddy (Angleterre) : signifie « gardien des richesses ». *Voir Édouard, p. 346.*
**Eliott** (Angleterre) : signifie « mon maître est Dieu ». *Voir p. 349.*
**Elton** (Angleterre) : signifie « homme de la vieille ville ». *Voir p. 350.*
**Eoghan** [phonétique : yonn] (Irlande) : signifie « bien né ». *Voir Eugène, p. 356.*
**Eoin** [phonétique : éoïnn] (Irlande) : signifie « Dieu fait grâce ». *Voir p. 353.*
**Fergus** (Irlande) : signifie « homme fort ».
**Finlay** [phonétique : finnlè] (Écosse) : signifie « beau ».*Voir Finnian, p. 363.*
**Fionn** [phonétique : fionn], diminutif Finn (Irlande) : signifie « beau ».
**Fletcher** (Angleterre) : signifie « fabricant de flèches ».
**Franklin** (Angleterre) : signifie « homme libre ».
**Frederick**, diminutifs Fred, Freddie,
**Freddy** (Angleterre) : signifie « paix royale ». *Voir Frédéric, p. 367.*
**Gene** (Angleterre) : signifie « bien né ». *Voir Eugène, p. 356.*
**Gerry** (Angleterre) : signifie « dure lance ». *Voir Gérard, p. 373.*
**Glenn** (Angleterre) : signifie « vallée ». *Voir p. 376.*
**Gordon** (Écosse) : signifie « grand et fort ».
**Gregory**, diminutif Greg (Angleterre) : signifie « celui qui veille ». *Voir p. 377.*
**Harold** (Angleterre) : signifie « grande gloire ». *Voir Harald, p. 381.*
**Harris** [phonétique : hériss] (Angleterre) : signifie « maison du roi ». *Voir Henri, p. 383.*
**Harrisson** (Angleterre) : signifie « fils de Harry ». *Voir p. 382.*
**Harry** (Angleterre) : signifie « maison du roi ». *Voir p. 382.*
**Hudson** (Angleterre) : signifie « fils de Hugues ».
**Hunter** (Angleterre) : signifie « chasseur ».
**Ike** [phonétique : aïk] (Angleterre) : signifie « Dieu a ri ». *Voir Isaac, p. 390.*

**Irving** (Angleterre) : signifie « ami de la mer ». *Voir p. 390.*
**Jace** (Angleterre) : signifie « Dieu sauve ». *Voir Jason, p. 393.*
**Jack** (Angleterre) : signifie « Dieu a fait grâce ». *Voir p. 392.*
**Jackson** (Angleterre) : signifie « fils de Jack ». *Voir p. 392.*
**James**, Jim, Jimmy (Angleterre) : signifie « Dieu a soutenu ». *Voir Jacques, p. 392.*
**Jamie** (Angleterre) : signifie « Dieu a soutenu ». *Voir p. 393.*
**Jeffrey**, diminutif Jeff (Angleterre) : signifie « paix de Dieu ». *Voir Geoffroy, p. 372.*
**Jeremiah**, Jeremy, Jerry (Angleterre) : signifie « Dieu élève ». *Voir Jérémie, p. 395.*
**Joe**, Joey (Angleterre) : signifie « Dieu ajoutera ». *Voir Joseph, p. 399.*
**John**, Johnny (Angleterre) : signifie « Dieu a fait grâce ». *Voir Jean, p. 393.*
**Joshua**, diminutif Josh (Angleterre) : signifie « Dieu sauvera ». *Voir Josué, p. 400.*
**Jude** [phonétique : djoude] (Angleterre) : signifie « remerciera Dieu ». *Voir Judas, p. 400.*
**Julian** (Angleterre) : signifie « de la famille Iulius ». *Voir Julien, p. 401.*
**Kayden** [phonétique : keïdenn] (Angleterre) : signifie « fils de Cadan».
**Kean** (Irlande) : signifie « ancien ».) *Voir p. 402.*
**Keith** (Angleterre) : signifie « bois ».
**Kenneth**, Ken (Angleterre) : signifie « beau ». *Voir p. 403.*
**Kevin** (Angleterre) : signifie « enraciné ». *Voir p. 403.*
**Kim** (Angleterre) : signifie « qui commande ». *Voir p. 403.*
**Kyle** (Angleterre) : signifie « étroit ».*Voir p. 404.*
**Lachlan** (Écosse) : signifie « originaire de Norvège ».
**Larry** (Angleterre) : signifie « laurier ». *Voir Laurent, p. 406.*
**Lee** (Angleterre) : signifie « clairière ».
**Lenny** (Angleterre) : signifie « lion ». *Voir p. 407.*
**Leslie** (Angleterre) : signifie « basse terre ».
**Lewis** [phonétique : léouiss] (Angleterre) : signifie « illustre combattant ». *Voir Louis, p. 411.*
**Liam** (Irlande, pays de Galles) : signifie « volonté de protection ». *Voir p. 409.*
**Lindsay** (Écosse) : signifie « île aux tilleuls ». *Voir p. 409.*
**Logan** (Écosse) : signifie « prairie ». *Voir p. 410.*
**Lucke** [phonétique : louk] (Angleterre) : signifie « lumière ». *Voir Luc, p. 412.*
**Maddox** (Angleterre) : signifie « fils de Madoc ».
**Malcolm** (pays de Galles) : signifie « disciple de Colomban ». *Voir p. 416.*
**Marvin** (Angleterre) : signifie « grande mer ». *Voir p. 420.*
**Mason** [phonétique : mésson] (Angleterre) : signifie « qui travaille la pierre ».
**Matthew** [phonétique : matiou] (Angleterre) : signifie « don ». *Voir Mathieu, p. 420.*
**Maximilian**, diminutif Max (Angleterre) : signifie « le plus grand ». *Voir p. 425.*
**Meredith** (Angleterre) : signifie « grand chef ».
**Michael**, diminutifs Mick, Mickey, Mike (Angleterre) : signifie « comme Dieu ». *Voir Michel, p. 427.*
**Mortimer** (Angleterre) : signifie « eau calme ». *Voir p. 429.*
**Moses** [phonétique : mozéss] (Angleterre) : signifie « sauvé des eaux ». *Voir Moïse, p. 428.*
**Neal**, Niall [phonétique : niall],Niallan [phonétique : nyallan], Niel (Irlande) : signifie « champion ». *Voir Niels, p. 432.*
**Nelson** (Angleterre) : signifie « fils du champion ». *Voir p. 430.*
**Nicholas**, Nick (Angleterre) : signifie « victoire du peuple ». *Voir Nicolas, p. 432.*
**Nigel** [phonétique : naïdjell] (Angleterre) : signifie « champion ». *Voir Niels, p. 432.*
**Nolan** (Angleterre) : signifie « jeune champion ». *Voir p. 434.*
**Norman** (Angleterre) : signifie « homme du Nord ». *Voir p. 434.*
**Oisin** [phonétique : ochinn] (Irlande) : signifie « petit faon ». *Voir Ossian, p. 440.*

**Oliver**, Ollie (Angleterre) : signifie « olivier ». *Voir Olivier, p. 437.*
**Oran**, Odhran [phonétique : orawn] (Irlande) : signifie « pâle ».
**Orson** (Angleterre) : signifie « ours ».
**Otis** (Angleterre) : signifie « riche peuple ». *Voir Othon, p. 440.*
**Owen** [phonétique : owènn] (Irlande) : signifie « bien né ». *Voir p. 440.*
**Parker** (Angleterre) : signifie « gardien du parc ».
**Peter** (Angleterre) : signifie « pierre ». *Voir Pierre, p. 447.*
**Quinn** (Irlande) : signifie « chef ».
**Ralph** (Angleterre) : signifie « puissant conseiller ». *Voir p. 449.*
**Rhys**, Reece [phonétique : rice] (Irlande) : signifie « enthousiaste ». *Voir p. 452.*
**Ryan**, Rian (Irlande) : signifie « petit roi ». *Voir p. 457.*
**Richie**, diminutifs Rick, Ricky (Angleterre) : signifie « roi fort ». *Voir Richard, p. 452.*
**Riley** (Angleterre) : signifie « champ de seigle ».
**Roberts**, diminutif Robbie (Angleterre) : signifie « gloire illustre ». *Voir Robert, p. 453.*
**Rory** [phonétique : rawri] (Irlande) : signifie « roux ». *Voir p. 456.*
**Ross** (Écosse) : fait référence à une région d'Écosse.
**Ruaridh** (Écosse) : signifie « roi roux ».
**Rudy** (Angleterre) : signifie « loup glorieux ». *Voir Rodolphe, p. 454.*
**Ryder** (Angleterre) : signifie « messager ».
**Sam**, Sammy (Angleterre) : signifie « son nom est Dieu ». *Voir Samuel, p. 460.*
**Scott** (Écosse) : signifie « l'Écossais ». *Voir p. 461.*
**Sean** [phonétique : chawnn] (Irlande) : signifie « Dieu a fait grâce ». *Voir p. 462.*
**Shane** [phonétique : chèyne] (Irlande) : signifie « Dieu a fait grâce ». *Voir p. 464.*
**Senan** (Irlande) : signifie « sage ».
**Shannon** (Irlande) : fait référence à la rivière du même nom.

## Jean

Ce prénom biblique des plus classiques est sans aucun doute celui qui est le plus traduit. Voici quelques-unes de ses formes les plus fréquentes dans le monde, aujourd'hui :

**John** et ses diminutifs Johnny et Jack aux États-Unis et dans les pays anglophones ;
**Eoin**, Sean, Shane, Shawn en Irlande et ses multiples variantes : Deshawn, Keshawn, Rashawn, favoris chez les Afro-américains ;
**Evan** et Iwan au pays de Galles ;
**Eoin** et Ian en Écosse ;
**Johannes** dans le nord de l'Europe (l'Allemagne, les Pays-Bas et la Scandinavie), avec des variantes selon les pays : Hans, Hannes, Hans, Jan, Jens, Johan, Joop aux Pays-Bas, Jan, Jens, Hans, Johan au Danemark, en Norvège, Hampus en Suède, Hannu, Jani, Jukka, Jussi en Finlande ;
**Ivan**, le russe, le croate, le tchèque, l'ukrainien ;
**Yannis** et Ioannis en Grèce ;
**Gian**, Gianni et Nino en Italie ;
**Juan** et Juanito en Espagne ;
**Keoni** à Hawaï ;
**Ioan**, Ivan, Ivo, Yanko en Bulgarie et en Croatie ;
**Janko** en Slovénie et en Serbie ;
**Jani**, Janos en Hongrie ;
**João** au Portugal.

**Stacey**, Stacy (Angleterre) : signifie « bon épi ». *Voir Eustache, p. 357.*
**Steve**, Steven, Stevie (Angleterre) : signifie « couronné ». *Voir Stéphane, p. 468.*
**Sylvester** (Angleterre) : signifie « homme de la forêt ». *Voir Sylvestre, p. 469.*
**Taylor** (Angleterre) : signifie « tailleur ».

**Timothy**, diminutif Tim (Angleterre) : signifie « honneur de Dieu ». *Voir Timothée, p. 476.*
**Tobias**, Tobbie (Angleterre) : signifie « Dieu est bon ». *Voir Tobie, p. 477.*
**Tyler** (Angleterre) : signifie « barre de toits ». *Voir p. 479.*
**Tyrone** [phonétique : taïronn] (Irlande) : fait référence à un comté en Irlande.
**Trevor** (Angleterre) : signifie « grand village ».
**Vince** (Angleterre) : signifie « qui vainc ». *Voir Vincent, p. 485.*
**Wallace** (Angleterre) : signifie « gallois ». *Voir p. 488.*
**Walter**, diminutif Walt (Angleterre) : signifie « gouverneur de l'armée ». *Voir p. 488.*
**Warren** (Angleterre) : signifie « défenseur ». *Voir p. 489.*
**Weston** (Angleterre) : signifie « ville glorieuse ». *Voir Winston, p. 491.*
**William**, diminutifs Will, Willy, Bill (Angleterre) : signifie « qui veut protéger ». *Voir Guillaume, p. 379.*
**Woody** (Angleterre) : signifie « rangée d'arbres ». *Voir p. 492.*
**Wyatt** [phonétique : ouaïatt] (Angleterre) : signifie « brave dans la bataille ».
**Zachary**, diminutif Zach (Angleterre) : signifie « Dieu s'est souvenu ». *Voir Zacharie, p. 496.*

# Océanie

*Ces prénoms sont surtout attribués dans les îles du Pacifique et en Nouvelle-Calédonie et évoquent la mer, les lagons, les fleurs, le soleil, la nature dans son éclatante beauté.*

**Afaitu** (Polynésie) : signifie « envoyé ».
**Ailani** (Polynésie) : signifie « chef ».
**Aremiti** (Polynésie) : signifie « vue de la mer ».
**Arenui** (Polynésie) : signifie « grande vague ».
**Arii** (Polynésie) : signifie « roi ».
**Haloa** (Polynésie) : signifie « longue vie ».
**Ioakina** (Polynésie) : signifie « Dieu s'est levé ». *Voir Joachim, p. 396.*
**Kaeo** (Polynésie) : signifie « fort ».
**Kahoni** (Polynésie) : signifie « baiser hawaïen ».
**Kai** (Polynésie) : signifie « océan ».
**Keanu** (Polynésie) : signifie « brise sur la montagne ». *Voir p. 402.*
**Leo** (Polynésie) : signifie « noble »
**Manoa** (Polynésie) : signifie « pureté ».
**Manutea** (Polynésie) : signifie « oiseau blanc ».
**Moana** (Polynésie) : signifie « océan profond ».
**Ponui** (Polynésie) : signifie « grande nuit ».
**Semeio** (Polynésie) : signifie « miracle ».
**Soane** (Nouvelle-Calédonie) : signifie « Dieu a fait grâce ». *Voir Jean, p. 393.*
**Tahitoa** (Polynésie) : signifie « sans crainte ».
**Tao** (Polynésie) : signifie « lance de guerre ». *Voir p. 470.*
**Tehotu** (Polynésie) : signifie « fruit ».
**Temoe** (Polynésie) : signifie « coucher du soleil ».
**Toanui** (Polynésie) : signifie « grand guerrier ».
**Vahiteo** (Polynésie) : signifie « homme fort ».

# Du côté des garçons

## AARON

**Haroun**

**D'où vient-il ?** Aaron signifie en hébreu « celui qui vient après ».

**On le fête** le 22 juin. Saint Aaron, ermite irlandais et fondateur d'un monastère au Ve siècle en Bretagne, sur l'estuaire de la Rance.

**Il serait...** sensible, généreux et sociable, sous une allure un peu bourrue. Sa grande curiosité et son énergie en font un homme d'action.

**Ils l'ont porté :** Aaron, au XIIIe siècle avant J.-C. était le frère de Moïse, son compagnon et son porte-parole, ainsi qu'un grand prêtre qui intercéda auprès de Pharaon pour soulager le sort des Hébreux.

**Son évolution :** Longtemps resté au sein des familles de culture juive, Aaron se répand à présent davantage.

**À l'étranger :** Haroun (Pays arabes).

## ABDIAS

**D'où vient-il ?** Abdias, d'origine hébraïque signifie « serviteur de Dieu ».

**On le fête** le 12 mai. Abdias fut au Ve siècle avant J.-C. un des petits prophètes d'Israël.

**Il serait...** persévérant, décidé à accomplir sa vie comme il le souhaite, il n'hésite pas à payer de sa personne pour atteindre ses objectifs. Généreux, il est attentif aux autres.

**Son cousin :** Obadiah.

## ABEL

**Abelain, Abélard, Abelin, Avelain**

**D'où vient-il ?** Abel signifie en hébreu « ce qui passe ».

**On le fête** le 5 août. Né en Écosse au VIIIe siècle, Abel fut un moine bénédictin. Colomban le nomma archevêque de Reims en 744 avec l'accord de Pépin le Bref, roi de France, désireux de réformer l'Église. Entrant en conflit avec un seigneur local protégé par Charles Martel, il fut vite évincé et exilé à Lobbes, où il mourut en 770.

**Il serait...** énergique et très actif. Il a un grand charisme, et sait être diplomate et habile ou, au contraire, autoritaire et exigeant selon ses intérêts.

**Ils l'ont porté :** selon la Bible, Abel est le second fils d'Adam et Ève. Dieu l'aurait préféré à son frère Caïn pour avoir reçu un sacrifice d'une plus grande valeur. Dévoré par la jalousie, Caïn l'assassina. Abel apparaît dans la tradition comme le premier des martyrs. Abélard, philosophe et théologien renommé pour ses cours, fut moine à Saint-Denis, ermite en Champagne, abbé en Bretagne, puis précepteur d'Héloïse, la nièce du chanoine Fulbert ; il séduisit son élève et eut avec elle un enfant. Il fut condamné par le chanoine à être émasculé et se retira dans un couvent d'où il écrivit à Héloïse jusqu'à sa mort en 1142. Abel Gance, cinéaste français né en 1889 et décédé à Paris en 1981. Il compte parmi les plus grands réalisateurs de l'histoire du cinéma.

**Il le porte :** Abel Ferrara, réalisateur de cinéma américain né en 1951, à la réputation sulfureuse.

**Son évolution :** Abel et ses variantes furent assez fréquents au Moyen Âge ; ils ont presque disparu aujourd'hui.

**Sa forme initiale :** Abeau.

**Dans nos régions :** Avel, Avelig (Bretagne).

**À l'étranger :** Abelardo (Espagne), Abelho (Portugal), Apera (Hawaï), Averardo (Italie).

**Ses cousins :** Abelain, Abélard, Abelin, Avelain.

**Ses féminins :** Abélie, Abeline.

## ABRAHAM
**Ibrahim**

**D'où vient-il ?** Abraham signifie en hébreu « père de la multitude ».

**On le fête** le 20 décembre. Personnage du Coran, de la Torah et de l'Ancien Testament, Abraham est considéré comme le père du monothéisme. Descendant de Noé, il fut l'époux de Sarah qui était stérile. Il avait 75 ans quand Dieu lui demanda de partir vers le pays de Canaan avec les siens. Sarah, comme c'était l'usage en ce temps, offrit pour concubine à Abraham sa servante, Agar, afin qu'elle lui donne un enfant. Ismaël naquit de cette union. Abraham avait 99 ans lorsque Dieu lui demanda de faire circoncire tous les hommes de sa maison en signe d'alliance avec Lui. Il lui annonça aussi que Sarah accoucherait bientôt d'un fils. Abraham crut le Seigneur, bien que Sarah fût une très vieille femme incapable de procréer. Isaac vint au monde quelques mois plus tard. Dieu annonça à Abraham que de ses deux fils naîtront deux peuples. Dieu éprouva Abraham en lui demandant d'immoler son fils Isaac. Abraham n'hésita pas. Au moment où il brandit le glaive pour tuer l'enfant, un ange retint son bras et un bélier fut sacrifié à sa place. La fête de Rosh Hashana commémore ce sacrifice aujourd'hui. À la mort de Sarah, Abraham prit une nouvelle femme dont il eut plusieurs fils. Il mourut à 175 ans. Ismaël deviendra le fondateur du peuple arabe, et Isaac celui du peuple juif.

**Il serait...** énergique, vif, efficace et très déterminé. Il faut le suivre ! Homme d'affaires, il est matérialiste et n'admet pas les échecs.

**Ils l'ont porté :** Abraham Lincoln, 16e président des États-Unis d'Amérique. Né de parents fermiers illettrés, il se passionna très jeune pour la lecture et multiplia les petits emplois avant de devenir un brillant avocat à Chicago, puis se lança dans la politique. Il fut élu président en 1861 et proclama sa volonté d'abolir l'esclavage. Cela provoqua la révolte de plusieurs États du Sud ; la guerre de Sécession était déclarée. En 1863, Lincoln annonça l'émancipation des esclaves. La guerre de Sécession s'acheva en 1865. Abraham Lincoln fut assassiné la même année par un fanatique sudiste. Il instaura la fête du Thanksgiving, qui a lieu le quatrième jeudi de novembre, pour remercier Dieu des bienfaits reçus pendant l'année. Bram Stoker, écrivain irlandais fut le créateur du personnage de Dracula. Il disparut en 1912.

**Son évolution :** Abraham est un des grands prénoms de la religion juive, et un des prénoms du patrimoine culturel de toutes les religions monothéistes. Il est rare en France.

**Sa forme initiale :** Abram.

**Dans nos régions :** Abarran (Pays basque).

**À l'étranger :** Aabram, Aberham (Flandres), Aapo (Finlande), Abic (Scandinavie), Abram, Avraam, Avraami (Russie), Abramo (Italie), Abrâo (Portugal), Apraham (Arménie), Brahim, Ibrahim (pays arabes).

**Ses diminutifs :** Abbie, Abby.

## ACACE

**D'où vient-il ?** Acace signifie en grec « innocent ».

**On le fête** le 31 mars. Acace fut évêque d'Antioche, en Asie Mineure au IIIe siècle. Arrêté pendant les persécutions de l'empereur Dèce, Acace dut s'expliquer face au consulaire Marcien. Il plaida si bien sa cause qu'il fut acquitté.

**Il serait...** travailleur, sérieux et discipliné. Il a le sens de l'effort et construit sa vie avec rigueur. Organisé, il ne laisse rien au hasard.

**Son évolution :** ce prénom a toujours été rare.

**À l'étranger :** Acacio (Espagne), Akakios (Grèce).

## ACHILLE

**D'où vient-il ?** Achille, d'origine grecque, fait référence au héros de la guerre de Troie.

**On le fête** le 12 mai. Saint Achille fut évêque de Larissa en Grèce au IVe siècle. Attentif aux pauvres, aux malades et aux étrangers, il est particulièrement honoré en Bulgarie.

**Il serait...** ambitieux, volontaire, très actif et bien déterminé à avancer dans la vie. Impatient, il ne supporte pas qu'on lui résiste, ce qui complique parfois un peu ses relations avec son entourage.

**Ils l'ont porté :** Achille, fils de la nymphe Thétis, est un héros de la guerre de Troie. Sa mère, pour le rendre invulnérable à sa naissance, le plongea dans le Styx, un des fleuves des Enfers, en le tenant par le talon. Il combattit Hector, héros troyen, et fut touché au talon par une flèche décochée par Pâris, ami d'Hector. Il mourut de sa blessure. L'expression « le talon d'Achille » indique, dans le langage courant, la partie la plus faible d'une personne. Achille Peretti, né à Ajaccio en 1911, avocat, résistant pendant la guerre. Il fut élu président de l'Assemblée nationale en 1969. Il fut maire de Neuilly-sur-Seine de 1947 jusqu'à sa mort en 1983. Ce fut Nicolas Sarkozy qui lui succéda à la mairie.

**Son évolution :** longtemps considéré comme original, Achille amorce depuis 2000 une évolution prometteuse.

**Sa forme initiale :** Achileos.

**Dans nos régions :** Akil, Akileo, Akiles (Pays basque).

**À l'étranger :** Achiel (Pays-Bas), Achille (Italie), Achilles (Allemagne, Grande-Bretagne, États-Unis), Aichill (Irlande), Akilee (Grèce), Aquiles (Espagne).

**Son diminutif :** Chilou.

## ADALGIS

### Adalgise, Adelgise, Algise

**D'où vient-il ?** Adalgis, d'origine germanique, signifie « noble et sage ».

**On le fête** le 2 juin. Saint Adalgis, moine irlandais au VII^e^ siècle, évangélisa la région de Laon et d'Arras, et fonda un monastère en Picardie.

**Il serait...** loyal, franc, épris de justice et d'équité. Il a le sens de l'organisation, le sens des affaires et gère judicieusement ses biens.

**Il l'a porté :** Adalgis, prince lombard, fils du roi Didier, époux d'une sœur de Charlemagne, qui dut fuir à Byzance lorsque la Lombardie fut envahie par les Francs. Il mourut en 788.

**Son évolution :** ce prénom médiéval a disparu dès la fin du XI^e^ siècle.

**Ses cousins :** Adalgise, Adelgise, Algise.

## ADAM

**D'où vient-il ?** Adam signifie en hébreu « fait de terre ».

**Il serait...** vif, actif, fier et autoritaire. Il est ambitieux et se donne les moyens de réussir. Il est travailleur, directif, intrépide quand il le juge utile.

**Ils l'ont porté :** Adam, selon la Bible, a été créé par Dieu le sixième jour. Il est le premier homme et Ève sa compagne fut créée à partir d'une de ses côtes. Tous deux vécurent dans le jardin d'Éden, jusqu'à ce que Ève, poussée par le serpent, croqua le fruit défendu de l'arbre de la connaissance du bien et du mal et le fit goûter à Adam. Ils furent chassés du paradis. Adam serait le père de Caïn, d'Abel et de Seth. Adam Smith, philosophe et économiste du XVIII^e^ siècle, considéré comme le père de l'économie moderne, fondateur du libéralisme économique, auteur de *la Richesse des nations*.

**Son évolution :** Adam, qui était assez courant au Moyen Âge, disparut jusqu'en 1990. Il est l'un des favoris dans les pays anglophones et se place très bien en France.

**Dans nos régions :** Adamako, Adame, Adameko, Adamet, Adamo, Adamot, Adan (Pays basque), Aza (Bretagne).

**À l'étranger :** Aatami (Finlande), Adamo (Italie), Adda (pays de Galles), Adem (pays arabes), Adan (Espagne), Adão (Portugal), Adhamh (Irlande).

## ADELIND

**D'où vient-il ?** Adelind, d'origine germanique, signifie « noble et doux ».

**On le fête** le 4 février. Saint Adelind fut prêtre en Belgique au VII^e^ siècle et se consacra à l'évangélisation de cette région.

**Il serait...** travailleur, rigoureux et sérieux. Il a le

sens de l'effort et progresse avec persévérance. Il a le sens des affaires et apprécie le confort matériel.

**Son évolution :** ce prénom fut apprécié au Moyen Âge, mais il est rarissime aujourd'hui.

**Ses féminins :** Adelinde, Adeline.

## ADELPHE

**D'où vient-il ?** Adelphe, d'origine grecque, signifie « frère ».

**On le fête** le 11 septembre. Moine en Bourgogne, saint Adelphe fut désigné en 643 pour diriger l'abbaye de Remiremont fondée dans les Vosges par son oncle saint Romaric.

**Il serait...** soucieux de son avenir, de ses biens, de sa vie matérielle. Il est stable, réfléchi et a le souci de faire progresser ses affaires.

**Son évolution :** ce prénom a toujours été rare.

**Sa forme initiale :** Adelphos.

**Ses féminins :** Adelpha, Adelphina, Adelphine.

## ADHÉMAR

**Adémar, Aymar**

**D'où vient-il ?** Adhémar, d'origine germanique, signifie « noble et célèbre ».

**On le fête** le 24 mars. Saint Aldémar fut moine bénédictin au mont Cassin, en Italie, au XI^e^ siècle. Il devint plus tard abbé de Saint-Laurent de Capoue.

**Il serait...** curieux, souple et habile. Il s'intéresse à tout, mais il est aussi prudent et réfléchi et mène sa vie avec sagesse.

**Il l'a porté :** Adhémar de Chabannes, moine limousin et chroniqueur. Il mourut lors d'un pèlerinage à Jérusalem en 1034.

**Son évolution :** Adhémar et Aymar furent des prénoms très courants au Moyen Âge. Ils ont disparu depuis.

**Sa forme initiale :** Aldémar.

**Ses cousins :** Adémar, Aymar.

**À l'étranger :** Ademaro, Valdo (Italie).

## ADISSON (mixte)

**D'où vient-il ?** Adisson, d'origine américaine, signifie « enfant d'Adam ».

**Il serait...** volontaire, dévoué, généreux. Il a de grands projets, et se dépasse pour les mettre à exécution, oubliant parfois le sens des réalités et des contingences matérielles.

**Ils l'ont porté :** le zoologiste Addison Emery Verrill, l'acteur Addison Powell.

**Son féminin :** ce prénom est mixte, mais plus en vogue chez les filles que chez les garçons.

## ADOLPHE

**D'où vient-il ?** Adolphe, d'origine germanique, signifie « noble loup ».

**On le fête** le 11 février. Né vers 1185, saint Adolphe d'Osnabrück fit une retraite spirituelle chez les cisterciens de Clèves avant d'être nommé évêque de Westphalie au XIII^e^ siècle. Il secourut les pauvres et soigna les lépreux.

**Il serait...** réfléchi, intellectuel, théoricien et ambitieux. Il préfère la solitude à la vie sociale et n'extériorise pas ses sentiments.

**Ils l'ont porté :** Adolphe Thiers, avocat à Aix-en-Provence, puis journaliste, historien et homme politique. Il fut le premier président de la III^e^ République. Il écrasa la Commune de Paris en 1871 et mourut en 1877. *Adolphe* est le titre d'un roman de Benjamin Constant écrit en 1816.

Adolphe Hitler, chef du Parti ouvrier allemand national-socialiste qui devint le Führer en Allemagne en 1934. Il viola le traité de Versailles et provoqua la Seconde Guerre mondiale en envahissant la Pologne en 1939. Il mit en place une politique d'extermination systématique des juifs et fut responsable d'un des plus grands génocides de l'histoire. Plus de 6 millions de personnes périrent dans des camps. Cerclé par l'Armée rouge, il se suicida avec Eva Braun, sa femme, le 30 avril 1945. Les principaux collaborateurs qui ne s'étaient pas suicidés furent jugés au procès de Nuremberg.

**Son évolution :** prénom très en vogue au XIX^e^ siècle, Adolphe a disparu de l'état civil dès la Seconde Guerre mondiale.

**Sa forme initiale :** Adulf.

**Dans nos régions :** Adouf, Adoufe (Provence).
**À l'étranger :** Aato, Aatu (Finlande), Adolfo, Adulfo (Espagne, Italie, Portugal), Adolf, Adulf, Dolfus (Allemagne), Ayo (Hawaï).
**Ses féminins :** Adolfa, Adolfine, Adolphina, Adolphine.

## ADRIEN

### Hadrien

**D'où vient-il ?** Adrien signifie en latin « originaire d'Adria », ville étrusque qui a donné son nom à l'Adriatique.
**On le fête** le 8 septembre. Saint Adrien fut officier à la cour impériale de Nicomédie au IVe siècle. Chargé de surveiller des chrétiens emprisonnés, il se laissa convertir par ces derniers et se fit baptiser. Il fut arrêté avec ses compagnons et les suivit dans le martyre. Il est le patron des soldats et des bouchers.
**Il serait...** ouvert, généreux, stable et calme. Mais il est aussi très sensible et perméable aux ambiances.
**Ils l'ont porté :** Hadrien, empereur romain, lettré et poète, architecte et pacificateur. Son règne fut marqué par sa volonté de protéger l'empire des invasions barbares. Adrien fut le nom choisi par plusieurs papes.
**Ils le portent :** Adrien Brody, acteur américain né à New York en 1973. Il se fait connaître du grand public avec son rôle dans *le Pianiste* de Roman Polanski en 2002, qui lui vaudra l'oscar du meilleur acteur. *Les Mémoires d'Hadrien* est une œuvre de Marguerite Yourcenar, autobiographie fictive de l'empereur, parue en 1951.
**Son évolution :** courant dans l'Antiquité romaine, Adrien disparaît jusqu'en 1990. Il progresse ensuite très vite jusqu'en 2000. Il se maintient au top 100 des prénoms masculins.
**Son cousin :** Hadrien.
**Dans nos régions :** Adiran (Pays basque), Adrian (Provence).
**À l'étranger :** Aderiaen, Adriaan (Flandre), Adrian (Espagne), Adrik (Russie), Adrianos (Grèce), Adriano (Italie), Aidrian (Irlande), Atrine (Arménie).
**Ses féminins :** Adrianne, Adrienne, Andriana.

**Son heure de gloire**

Entre 1990 et 2000, Adrien fait partie des 50 prénoms masculins favoris.

## AGAPÉ

### Agapet, Agapit

**D'où vient-il ?** Agapé signifie en grec « amour divin ».
**On le fête** le 20 septembre. Chrétien à Rome, au début du IIe siècle, saint Agapé fut condamné au supplice par l'empereur Dioclétien, pour avoir refusé de sacrifier aux idoles, lors d'une fête donnée en son honneur.
**Il serait...** créatif, expressif, sociable. Il recherche le succès, une vie brillante et s'intéresse de près au domaine artistique.
**Il l'a porté :** les agapes étaient le nom des repas partagés par les premiers chrétiens en commémoration de la Cène, au cours desquels ils échangeaient le baiser de paix. Dans le langage courant, les agapes sont des repas copieux partagés entre amis ou membres d'une famille.
**Son évolution :** ce prénom antique n'a pas survécu à l'ère moderne.
**Sa forme initiale :** Agapes, Agapios.
**Ses cousins :** Agapet, Agapit.
**À l'étranger :** Agap (Russie), Agapito (Espagne).

## AGÉNOR

**D'où vient-il ?** Agénor, d'origine grecque, signifie « vaillant ».
**Il serait...** responsable, ambitieux et volontaire. Il ne supporte pas la médiocrité et fait tout pour réussir, même s'il doit faire preuve d'agressivité et d'intolérance.
**Il l'a porté :** dans la mythologie grecque, Agénor est un roi de Phénicie dont la fille Europe est enlevée par Zeus.
**Son évolution :** ce prénom mythologique est très rare.
**À l'étranger :** Agenore (Italie).

## AGNAN

**D'où vient-il ?** Agnan signifie en grec « chaste » ou « agneau » en latin.

**On le fête** le 17 novembre. Originaire de Vienne, en Dauphiné, saint Agnan est élu évêque d'Orléans en 391. En 451, il aurait sauvé la ville des troupes d'Attila aux champs Catalauniques.

**Il serait...** autoritaire, volontaire, il veut réussir et s'en donne tous les moyens. Susceptible, il accepte mal les échecs et les critiques.

**Il le porte :** un des personnages du *Petit Nicolas*, de Sempé.

**Son évolution :** ce prénom n'a jamais connu le succès de son féminin Agnès. Il est rarissime.

**Dans nos régions :** Agnanu (Corse).

**À l'étranger :** Agni (Russie).

**Son féminin :** Agnès.

## AGRIPPA

**Agrippin**

**D'où vient-il ?** Agrippa signifie en latin « issu des Agrippa », illustre famille romaine au Ier siècle avant J.-C.

**On le fête** le 8 août. Évêque d'Autun, en Bourgogne, au VIe siècle, saint Agrippin fut ami de saint Germain, futur évêque de Paris.

**Il serait...** curieux, charmant, sociable, doué pour la négociation. Sa vitalité lui permet de beaucoup travailler, de s'investir dans mille projets et de prendre des risques.

**Il l'a porté :** Agrippa d'Aubigné, écrivain et poète protestant, qui fut très proche du roi Henri IV. *Les Tragiques* est sa principale œuvre. Il sera le grand-père de Madame de Maintenon, dernière épouse de Louis XIV. Il mourut en 1630.

**Son évolution :** ce prénom issu de la Rome antique a été repris au XVIIe siècle, mais il est devenu rarissime aujourd'hui.

**Son cousin :** Agrippin.

**Dans nos régions :** Agrippinu (Corse).

**Son féminin :** Agrippine.

## AIDAN

**Aodha, Aodhaigh, Aodhan**

**D'où vient-il ?** Aidan est une variante d'Aodhan, un prénom d'origine irlandaise qui signifie « feu ».

**On le fête** le 31 août. Saint Aidan fut un évêque irlandais qui évangélisa son pays, fonda un monastère à Lindisfarne, en Angleterre, et mourut en 651.

**Il serait...** sociable, diplomate, coopératif. Il redoute la solitude et recherche toujours la compagnie. Une activité en association ou en partenariat comble son besoin de contact et lui permet de s'épanouir.

**Son évolution :** Aodhan et son diminutif Aodh sont des prénoms irlandais très anciens et très courants jusqu'au XIIIe siècle. Aidan, sa forme moderne, est aujourd'hui en vogue dans les pays anglophones mais commence à régresser après un bref succès en France.

**Sa forme initiale :** Aodh.

**Ses cousins :** Aodha, Aodhaigh, Aodhan, Aydan.

## AIMABLE

**Amable, Amavel, Mabel, Mavel**

**D'où vient-il ?** Aimable signifie en latin « qu'on peut aimer ».

**On le fête** le 18 octobre. Saint Aimable fut curé de Riom en Auvergne, au VIe siècle. Selon son compatriote Grégoire de Tours, Aimable était doté de pouvoirs de guérison, il parvenait à délivrer les possédés du démon et à chasser les serpents d'Auvergne. Ces serpents seraient une métaphore désignant les païens qu'Aimable aurait chassés d'Auvergne. Il parvint surtout à soulager les pauvres. Décédé en 485, Aimable est le patron de Riom ; il est le premier curé inscrit au catalogue des saints.

**Il serait...** émotif et hypersensible, il se protège des blessures affectives en affichant une certaine froideur, voire du cynisme quand il ne se sent pas en sécurité.

**Il l'a porté :** Aimable fut un nouveau-né tellement gentil que son père lui donna ce prénom.

Toute sa vie, sa bonne humeur et sa générosité ont été louées. Fils de mineur, il montre très tôt un don pour le saxophone. Mais un ballon de football lui casse les dents et abîme ses lèvres. Il joue donc de l'accordéon sur la place d'armes de Valenciennes, le dimanche, en étant ajusteur la semaine. Peu à peu on découvre son talent. Aimable voyagera beaucoup, se produira aux États-Unis et enregistrera plus de 10 000 titres. Il mourut en 1997.

**Son évolution :** ce prénom a toujours été très rare.

**Ses cousins :** Amable, Amavel, Mabel, Mavel.

**Ses féminins :** Amabillys, Mabelle.

## AIMÉ

### Amado, Azziz

**D'où vient-il ?** Aimé signifie en latin « aimé ».

**On le fête** le 13 septembre. Né à Grenoble au VI^e siècle, saint Aimé fut moine à l'abbaye de Saint-Maurice en Suisse puis à Luxeuil. À Metz, il rencontra le comte Romaric et tous deux décidèrent de fonder deux abbayes à Remireront, dans les Vosges, l'une consacrée aux femmes en haut d'une montagne et l'autre pour les hommes au pied de cette même montagne. Aimé y établit des offices assignés à vie.

**Il serait...** discret, réfléchi et stable. Il est travailleur et aussi exigeant avec lui-même qu'avec les autres. Sensible, il recherche des relations harmonieuses.

**Il l'a porté :** Aimé Césaire, poète né en 1913 à la Martinique. Étudiant à l'École normale supérieure à Paris, il repartit en Martinique pour enseigner en 1939. Il fonda un mouvement pour promouvoir la culture africaine, la Négritude. En 1945, il fut élu maire de Fort-de-France et conserva ce poste jusqu'en 2001.

**Il le porte :** Aimé Jacquet, ancien sélectionneur de l'équipe de France de football qui fut championne du monde en 1998.

**Son évolution :** Aimé a toujours été rare.

**Dans nos régions :** Amador (Pays basque), Amat (Provence).

**À l'étranger :** Amado (Espagne), Amaet, Amatus (Flandres), Amato (Italie), Azziz (pays arabes).

**Ses féminins :** Aimée, Amata, Amie, Amy.

## AITOR

**D'où vient-il ?** Aitor signifie « bon père » en basque.

**Il serait...** attaché avant tout aux relations familiales et sociales. Altruiste et attentif aux besoins de son entourage avant les siens, il est attiré par les grandes causes et se sent très concerné par la destinée du monde.

**Son évolution :** Aitor, prénom bien connu des familles basques se démocratise dans l'Hexagone.

## ALAIN

### Alan

**D'où vient-il ?** Alain signifie en latin « issu des Alani », tribu des bords de la mer Noire qui envahit la Gaule en 406 et qui, passant en Espagne, fut vaincue par les Wisigoths.

**On le fête** le 9 septembre. Le bienheureux Alain de la Roche, né dans les Côtes-d'Armor au XV^e siècle, fut un dominicain qui parcourut la France, les Pays-Bas et l'Allemagne pour développer le culte de la Vierge Marie.

**Il serait...** passionné, impétueux et volontaire. Cette apparence un peu rude cache une grande sensibilité et un cœur d'or. Opportuniste, il sait profiter de toutes les occasions.

**Ils l'ont porté :** Alain Decaux, journaliste, historien et écrivain. Pendant plus de quinze ans, il anima des émissions télévisées sur des thèmes historiques, publia de nombreux livres, pour adultes, mais aussi pour enfants. Il fut ministre chargé de la Francophonie de 1988 à 1991 et fut élu à l'Académie française en 1979. Alain Resnais, réalisateur de cinéma. On lui doit, parmi des dizaines d'autres films, *Nuit et brouillard* en 1956, *Hiroshima mon amour* en 1959, *l'Année dernière à Marienbad* en 1961, *On connaît la chanson* en 1997.

**Ils le portent :** Alain Delon, acteur et producteur, qui tourna son premier film en 1957. En 1960, il est une star et tourne sous la direction des plus grands metteurs en scène. Il diversifiera son activité en ayant une écurie de courses et une société de diffusion de produits de luxe qui portent son nom. Alain Prost, né en 1955, pilote automobile, quadruple champion du monde des pilotes de formule 1 et victorieux de 51 Grand Prix.

**Son évolution :** Alain apparaît dans les années 1930 et atteint son pic de popularité dans les années 1950. En 1960, il est déjà démodé.

**Dans nos régions :** Alan (Bretagne), Alano (Provence).

**À l'étranger :** Ailin, Alani (Irlande), Alano (Espagne, Italie), Alleyn (Flandres).

## ALAN
### Allan

**D'où vient-il ?** Alan est une forme celte d'Alain qui signifie en latin « issu du peuple Alani ».

**On le fête** le 27 septembre. Saint Alan fut évêque de Quimper au VIe siècle.

**Il serait...** passionné et entier. Travailleur, volontaire, il avance avec détermination sans se laisser influencer et réussit grâce à son intuition.

**Ils le portent :** Alan Parker, réalisateur britannique né en 1944. Grand défenseur des droits civiques, il a réalisé des films très engagés tels que *Midnight Express* ou *Evita*.
Alan Stivell, musicien et chanteur breton, qui remit en faveur la harpe celtique et fit connaître la musique traditionnelle celte au monde.

**Son évolution :** Alan apparaît une dizaine d'années après le départ d'Alain, d'abord dans les familles bretonnes, puis en 2000, sur tout le territoire.

**Son cousin :** Allan.

**Son diminutif :** Alanig.

## ALARIC

**D'où vient-il ?** Alaric, d'origine germanique, signifie « tout-puissant ».

**On le fête** le 29 septembre. Saint Alaric fut le fils du duc Bernard II de Souabe. Élevé en Suisse au Xe siècle, il quitta sa vie luxueuse et se retira chez les bénédictins. Il s'installa en ermite sur une île du lac de Zürich où il reçut des visiteurs venus entendre ses enseignements.

**Il serait...** sérieux, loyal, solide. Il a le sens des responsabilités et une grande conscience professionnelle. Exigeant et élitiste, il déteste la négligence.

**Ils l'ont porté :** deux rois des Wisigoths, Alaric Ier, roi de 395 à 410, qui pilla et dévasta à plusieurs reprises l'Italie, et Alaric II, qui fut tué par Clovis en 507.

**Son évolution :** ce prénom médiéval a disparu pendant plusieurs siècles. Aujourd'hui, on le rencontre parfois.

**Sa forme initiale :** Alric.

**Dans nos régions :** Allor, Allore (Bretagne).

**À l'étranger :** Alarico (Espagne, Italie), Alarik, Alrik (Allemagne), Allary (Grande-Bretagne, États-Unis).

## ALBAN
### Albin

**D'où vient-il ?** Alban, d'origine latine, signifie « blanc ».

**On le fête** le 20 juin. Saint Alban fut converti par un prêtre fugitif qu'il avait recueilli chez lui à Verulanum, un village d'Angleterre. Lorsque les soldats se présentèrent chez lui pour arrêter le moine, il prit son habit et subit le martyre à sa place, le 20 juin 287. Il est le premier martyr anglais.

**Il serait...** sociable, communicatif, chaleureux. Très sensible, il recherche un environnement amical et déteste les conflits qu'il tente de désamorcer grâce à sa diplomatie.

**Son évolution :** Alban a été rare pendant plusieurs siècles. Il est revenu dans les années 1990, très apprécié des familles BCBG.

**Son cousin :** Albin.

**Dans nos régions :** Alba (Pays basque), Auban, Aubanel (Provence).

**À l'étranger :** Aban, Ailbe, Ailbhe, Ailbhis (Irlande), Albaan (Flandres), Albano (Italie), Arapano (Hawaï).

**Ses féminins :** Albane, Albine, Aubane.

## ALBÉRIC

### Albert

**D'où vient-il ?** Albéric est une variante d'Albert, d'origine germanique, qui signifie « noble et illustre ».

**On le fête** le 26 janvier. Né vers 1050 en Bourgogne, saint Albéric fut l'un des trois fondateurs de l'ordre cistercien. Il fut abbé de Cîteaux.

**Il serait...** énergique, solide et rigoureux. Il a un grand sens des responsabilités et s'investit beaucoup dans sa famille. Il a confiance en lui, mais il sait aussi se remettre en question si nécessaire.

**Il l'a porté :** Albéric Magnard, compositeur engagé, qui dédia une de ses symphonies à un mouvement féministe et se proclama dreyfusard. Il mourut en 1914 en repoussant une attaque allemande.

**Son évolution :** Albéric a toujours été un prénom discret, mais il n'a jamais disparu de l'état civil.

**Sa forme initiale :** Albert.

**Dans nos régions :** Alberik (Pays basque).

**À l'étranger :** Alberico (Italie), Alberich, Elberich (Allemagne), Alberigo, Alvaro (Espagne).

## ALBERT

### Albéric, Aldebert, Aubéri

**D'où vient-il ?** Albert, d'origine germanique, signifie « noble et illustre ».

**On le fête** le 15 novembre. Saint Albert le Grand fut issu de la noblesse bavaroise du XIIIe siècle. Il entra chez les dominicains puis entreprit de brillantes études avant d'enseigner la théologie à Paris, où il se lia d'amitié avec un de ses élèves, saint Thomas d'Aquin. Il devint conseiller du pape puis évêque. Grand érudit, il se fixa la tâche d'adapter Aristote à la pensée chrétienne ; il a écrit de nombreux traités scientifiques. Docteur de l'Église, il est le patron des scientifiques.

**Il serait...** réservé, prudent, calme, sérieux. Il aime ses habitudes et recherche la sécurité. Il est très attaché à ses proches.

**Ils l'ont porté :** Albert Einstein, né en 1879 dans une famille juive en Allemagne. La montée du nazisme l'obligera à s'exiler, à prendre la nationalité suisse, puis américaine. Physicien de génie, on lui doit l'équation $E = mc^2$ qui quantifie l'énergie contenue dans la matière. Il reçut le prix Nobel de physique en 1921 et mourut aux États-Unis en 1955. Albert Camus, né en 1913, écrivain et philosophe. Journaliste à Alger puis à Paris, il publia en 1942 *l'Étranger* et *le Mythe de Sisyphe*. En 1943, il devint lecteur dans une célèbre maison d'édition. *La Peste* paraîtra en 1947. Il reçut le prix Nobel de littérature en 1957. Un accident de voiture lui coûtera la vie en 1960. Alberto Moravia, écrivain italien, qui publia *le Mépris*, *l'Amour conjugal* entre autres œuvres. Il s'éteignit à Rome en 1990.

**Ils le portent :** le roi des Belges Albert II, qui succéda à son frère Baudouin. Le prince Albert II de Monaco, fils de Rainier et de Grâce qui préside à la destinée de la principauté depuis 2005.

**Son évolution :** très courant à la fin du XIXe siècle, Albert est au top dans les années 1920, puis régresse doucement avant de disparaître.

**Sa forme initiale :** Adalbert.

**Ses cousins :** Albéric, Aldebert.

**Dans nos régions :** Adalberto (Espagne, Italie), Alberto (Pays basque), Auberi, Aubert, Aubertin, Oberon (Normandie), Alberz, Alberzh, Aoperzh (Bretagne), Albrecht (Alsace), Albertu (Corse).
**À l'étranger :** Aalbrecht, Aelbrecht, Ailbert (Irlande), Alpertti, Altti (Flandres), Alberto (Espagne, Italie, Portugal), Bert, Bertie (Grande-Bretagne, États-Unis).
**Ses féminins :** Alberta, Alberte, Albertine.

### Son heure de gloire

Le début du XX^e^ siècle, alors que le roi Albert I^er^ des Belges était très admiré par ses sujets et par la France, pour sa simplicité et son courage. Pendant la Première Guerre mondiale, il resta à la tête de son armée, ce qui lui valut le surnom de « roi soldat ».

## ALBIN
### Aubin

**D'où vient-il ?** Albin est une variante d'Alban, qui signifie en latin « blanc ».
**On le fête** le 1^er^ mars. Né en Bretagne au VI^e^ siècle, saint Aubin devint évêque d'Angers en 529, ville dont il est le patron. Il fut l'un des principaux promoteurs du troisième concile d'Orléans. Il obtint la condamnation, par l'Église, des mariages incestueux.
**Il serait...** sensible, émotif et très affectif. Sa famille a une très forte influence sur lui et il est très perméable aux ambiances.
**Son évolution :** moins fréquent qu'Alban, Albin est battu par sa variante Aubin.
**Sa forme initiale :** Alban.
**Son cousin :** Aubin.
**Dans nos régions :** Albinig (Bretagne).
**À l'étranger :** Albino (Italie), Albanell (Catalogne), Aubeu (Irlande).
**Ses féminins :** Albina, Albine.

## ALCESTE

**D'où vient-il ?** Alceste, d'origine grecque, signifie « force active ».
**Il serait...** sociable, conciliant, épris de calme et d'harmonie. Sensible et intuitif, il s'adapte vite à toutes les situations.
**Il le porte :** Alceste est le personnage principal de la pièce *le Misanthrope* de Molière, jouée pour la première fois en 1666.
**Son évolution :** Alceste, dans la Grèce antique, était mixte. Il est devenu exclusivement masculin et très rare.
**À l'étranger :** Alcestes (Espagne).

## ALDO

**D'où vient-il ?** Aldo est une forme masculine d'Alda, variante d'Aude, d'origine germanique, qui signifie « ancienne ».
**On le fête** le 26 avril avec Alda. Née en 1249, sainte Alda fut une jeune Toscane qui décida, à son veuvage, de se consacrer aux malades de l'hôpital de Sienne.
**Il serait...** sérieux, calme et prudent. Cela ne l'empêche pas d'être opportuniste car il désire progresser. Curieux, il s'intéresse à tout, mais ne prend pas de risques cependant.
**Il l'a porté :** Aldous Huxley, écrivain britannique, auteur du livre de science-fiction *le Meilleur des mondes* paru en 1932 ; il décède le même jour que John F. Kennedy.
**Il le porte :** Aldo Maccione, acteur italien né en 1935, qui remporta un très grand succès en 1972 dans le film *L'aventure c'est l'aventure* aux côtés de Jacques Brel, Lino Ventura et Charles Denner.
**Son évolution :** Aldo est bien connu des familles italiennes ; il est très rare en France.
**À l'étranger :** Aldous (Grande-Bretagne, États-Unis).
**Ses féminins :** Alda, Aude.

## ALDRIC
### Audry

**D'où vient-il ?** Aldric, d'origine germanique, signifie « noble roi ».
**On le fête** le 7 janvier. Saint Aldric, jeune Bavarois élevé à la cour d'Aix-la-Chapelle, fut nommé évêque du Mans. Il utilisa sa fortune

personnelle pour secourir les pauvres et les malades, et construire des monastères et des hôpitaux. Il mourut en 856.

**Il serait...** soucieux de son image, désireux de plaire et d'être admiré, et assez ambitieux pour ne pas se contenter de la deuxième place. Les échecs le déstabilisent.

**Son évolution :** Aldric fut assez courant dans les pays de langue allemande ; il est rare aujourd'hui.

**Son cousin :** Audry.

## ALEAUME

**D'où vient-il ?** Aleaume, d'origine germanique, signifie « casque ».

**On le fête** le 30 janvier. Soldat dans le Poitou au XIe siècle, saint Aleaume renonça à sa carrière militaire pour se consacrer à Dieu. Il prit l'habit religieux en Auvergne et devint plus tard abbé de Saint-Jean en Espagne.

**Il serait...** déterminé, obstiné, persévérant, opiniâtre. Bref, un grand têtu, ce qui lui permet d'atteindre ses objectifs, mais qui peut le rendre intolérant parfois.

**Son évolution :** ce prénom médiéval est rare.

## ALEX

**D'où vient-il ?** Alex est un diminutif d'Alexandre, d'origine grecque, qui signifie « qui repousse l'ennemi ».

**On peut le fêter** le 22 avril avec Alexandre.

**Il serait...** communicatif et diplomate. Doté d'un grand charisme, il a beaucoup d'amis et de relations. Intelligent et énergique, travailleur et volontaire, il réussit bien.

**Il l'a porté :** sir Alec Guiness, comédien britannique, qui se révéla en 1949 dans le film *Noblesse oblige*. Parmi son impressionnante filmographie, *le Pont de la rivière Kwaï* lui valut l'oscar du meilleur acteur en 1957. La même année, il fut anobli par la reine.

**Son évolution :** Alex a longtemps été utilisé en privé. Ce n'est qu'en 1990 qu'il apparaît à l'état civil en tant que vrai prénom. Il a une belle évolution pendant dix ans, mais aujourd'hui il régresse très vite.

**Sa forme initiale :** Alexandre.

**À l'étranger :** Alec (Grande-Bretagne).

## ALEXANDRE
### Alex, Alexis, Sacha

**D'où vient-il ?** Alexandre signifie en grec « qui repousse l'ennemi ».

**On peut le fêter** le 22 avril. Il existerait 33 saints et 33 bienheureux pour ce prénom. Saint Alexandre subit le martyre à Lyon avec Épipode, en 177. Ces deux chrétiens avaient échappé au carnage dont fut victime saint Pothin, leur évêque, avec sainte Blandine. Saint Épidode fut décapité et saint Alexandre crucifié.

**Il serait...** un conquérant. Il veut la puissance, le plaisir, la richesse, la reconnaissance et le bonheur. Communicatif et enjoué, il séduit et sait obtenir ce qu'il veut.

**Ils l'ont porté :** huit papes, des rois, des tsars, des empereurs, des écrivains dans l'Europe et en Russie. Parmi eux : Alexandre III le Grand, roi de Macédoine. En treize ans de règne, il fit de son petit royaume hérité de son père un immense empire grâce à des conquêtes incessantes et des succès militaires dus à son génie. Il mourut de maladie en 323 avant J.-C., à l'âge de 33 ans. Alexandre Dumas, qui, après des études médiocres fut clerc de notaire. Pendant ses heures de loisir, il écrivait des pièces qui furent autant d'échecs, jusqu'en 1829. La pièce *Henri III et sa cour* fut jouée à la Comédie-Française. Le succès était au rendez-vous et ne quitta plus l'œuvre de Dumas : *les Trois Mousquetaires*, *le Comte de Monte Cristo*... En 1851, Dumas ruiné par trop de dépenses, fuit ses créanciers en Belgique. En 1870, malade, il s'établit chez son fils Alexandre, où il meurt la même année. Alexandre Dumas fils sera l'auteur de *la Dame aux camélias*. Alexandre Pouchkine, écrivain russe, amateur de lecture dès son jeune âge et doué d'une étonnante mémoire. Il travailla au ministère des Affaires étrangères, tout en rédigeant des poèmes gais ou parfois insolents, condamnant le servage. Il est exilé, en profite pour écrire *Boris Godounov*, une de ses grandes œuvres. Rappelé à Moscou par le nouveau tsar, il continue d'écrire, se marie et provoque en duel un officier qui aurait courtisé sa femme. Blessé au cours du duel, il mourut à 38 ans.

**Il le porte :** l'écrivain Alexandre Jardin, né en 1965, dont le premier roman, *Bille en tête*, remporta le prix du premier roman en 1985. En 1988, c'est *le Zèbre* qui fut couronné par le prix Fémina.

**Son évolution :** courant dans l'Antiquité et à la fin du XIX^e^ siècle, Alexandre s'efface au début du XX^e^ siècle pour revenir dans les années 1970. L'an 2000 marque un fléchissement mais il demeure au top 100.

**Son cousin :** Alexis.

**Dans nos régions :** Aixandre, Alesander, Alexandro (Pays basque), Aleandro (Provence), Aleksandr (Bretagne).

**À l'étranger :** Alasdair, Alastar, Alastrann, Allistair, Allister, Aslandair, Aslander (Irlande), Aelecksander, Aleksanteri (Flandre), Alejandro (Espagne), Aleksander (Ukraine), Aleksandr (Russie), Alessandro, Alessandrino (Italie), Alexandar (Bulgarie), Alexander (Grande-Bretagne, États-Unis), Alexandru (Roumanie), Eskander (Iran), Iskander (Pakistan), Sandro (Portugal).

**Ses diminutifs :** Alex, Sacha.

**Ses féminins :** Alexandra, Alexandrine.

## ALEXIS

**D'où vient-il ?** Alexis est une variante d'Alexandre, d'origine grecque, qui signifie « qui repousse l'ennemi ».

**On le fête** le 17 février. Alexis Falconieri est membre d'un groupe de sept riches marchands florentins du XIII^e^ siècle, qui abandonnèrent tous leur négoce pour fonder l'ordre des servites de Marie. Alexis resta laïc alors que ses compagnons se firent prêtres.

**Il serait...** ambitieux, indépendant et stable. Il a le goût de la réussite, mais il est très attaché à ses relations affectives avec sa famille.

**Ils l'ont porté :** Alexis de Tocqueville, issu d'une grande famille aristocratique normande, historien et écrivain. Député de la Manche, engagé dans la vie politique, il fit dans ses œuvres une analyse de la Révolution française et de la démocratie américaine. Malade de la tuberculose, il dut se retirer dans ses terres et mourut en 1859, à 54 ans. Alexis Kossyguine, membre du Parti communiste de l'URSS en 1927, ingénieur puis directeur d'une usine textile qui gravit tous les échelons politiques, pour devenir en 1964 Premier ministre de son pays. Il fut écarté du pouvoir en 1980 et mourut la même année.

**Son évolution :** Alexis, bien connu en Russie, apparaît en France au XIX^e^ siècle. Mais c'est dans les années 1970 qu'il s'impose dans les familles BCBG et atteint son apogée dans les années 2000. Il régresse aujourd'hui.

**Dans nos régions :** Aleksiz (Bretagne), Alessi (Provence), Alès, Alexko (Pays basque), Alessi, Alessiu (Corse).

**À l'étranger :** Aleix (Catalogne), Alejo (Espagne), Alekseï, Aleksii, Alexei (Russie), Aleksi (Flandres, Russie), Alessio (Italie).

**Son diminutif :** Aliocha.

**Ses féminins :** Alexia.

## ALFIE (mixte)

**D'où vient-il ?** Alfie est une forme anglo-américaine d'Alfred, prénom germanique qui signifie « grande paix ».
**On le fête** le 15 novembre avec Alfred.
**Il serait…** attaché aux valeurs traditionnelles, à la famille et à ses principes. Il recherche l'harmonie, l'affection et possède un goût esthétique affirmé.
**Son évolution :** Alfie a un succès fou en Écosse.
**Son cousin :** Avery.
**Son féminin :** ce prénom est mixte dans les pays anglophones.

## ALFRED
### Aufray, Aufroy

**D'où vient-il ?** Alfred, d'origine germanique, signifie « grande paix ».
**On le fête** le 15 novembre. Saint Alfred fut moine bénédictin, puis évêque d'Hildesheim en Basse-Saxe. Il fut l'ami et le diplomate du roi Louis le Germanique. Il mourut en 874.
**Il serait…** autoritaire, déterminé et décidé. Pas question d'entraver sa route ! Il se donne les moyens de sa politique et manifeste beaucoup d'exigence.
**Ils l'ont porté :** Alfred de Vigny, qui publia son premier recueil de poèmes en 1822, l'enrichissant à chaque nouvelle édition. Il fut élu à l'Académie française en 1845. Alfred de Musset, né dans une famille cultivée, qui dès 20 ans eut une réputation littéraire, doublée d'une réputation sulfureuse. Il écrivit *Lorenzaccio* en 1834, et deux pièces qui sont toujours au répertoire de la Comédie-Française, *On ne badine pas avec l'amour* et *Il ne faut jurer de rien.* Il est, par ses poèmes, le romantique par excellence. Élu à l'Académie française en 1852, il meurt en 1857. Alfred Hitchcock, cinéaste britannique et américain, qui tourna des films policiers à suspense. Les femmes blondes, les assassins et les innocents condamnés à tort en sont des éléments de succès. *Fenêtre sur cour* et *Le crime était presque parfait* en 1954, *la Main au collet* en 1955, *la Mort aux trousses* en 1959, *les Oiseaux* en 1963 sont parmi ses chefs-d'œuvre. Il s'éteignit en 1980.
**Son évolution :** le début du XX$^{e}$ siècle a vu s'épanouir ce prénom qui s'est éclipsé dans les années 1920. Il commence à réapparaître.
**Ses cousins :** Aufray, Aufroy.
**Dans nos régions :** Aférati (Polynésie), Alfan (Gascogne), Alfredo (Pays basque), Alfret (Provence), Aofred (Bretagne), Aufrau (Normandie).
**À l'étranger :** Ailfred, Ailfrid (Irlande), Alfredo (Espagne, Italie), Alfried (Flandre), Alf, Alfie, Alfy, Avery (Grande-Bretagne, États-Unis).
**Ses diminutifs :** Freddie, Freddo.

## ALI

**D'où vient-il ?** Ali, d'origine arabe, signifie « supérieur ».
**Il serait…** sérieux, solide, stable. Il a beaucoup de principes et la volonté de construire sa vie par son travail et sa persévérance.
**Ils l'ont porté :** Ali naquit à La Mecque vers l'an 602 ; il fut à la fois le cousin et le gendre de Mahomet puisqu'il épousa sa fille Fatima. Il devint le quatrième calife orthodoxe de l'histoire de l'Islam, de 656 à 658. Il fut assassiné en 661 pendant la période de troubles qui provoquèrent la scission de l'islam en deux. Ali Baba, héros d'un des contes des *Mille et Une Nuits*, œuvre persane datant du VIII$^{e}$ ou IX$^{e}$ siècle. Ali est un pauvre bûcheron qui surprend des voleurs amassant leur butin dans une caverne qui s'ouvre avec la formule magique « sésame ouvre-toi ».
**Son évolution :** Ali est un des grands prénoms de l'Islam, il est courant dans les familles musulmanes.

## ALISTAIR
### Alaisdair, Alastair

**D'où vient-il ?** Alistair est une forme américaine d'Alexandre qui signifie en grec « qui repousse l'ennemi ».
**On le fête** le 22 avril avec Alexandre.

**Il serait...** pourvu d'un solide sens pratique, équilibré, ambitieux, travailleur. Il excelle dans le concret et dans l'action.
**Il le porte :** Alistair Darling, qui a été ministre des Finances de Gordon Brown, en Grande-Bretagne.
**Son évolution :** ce prénom est apparu en Écosse au XII<sup>e</sup> siècle, puis il gagna l'Irlande et parvint aux États-Unis. Il est fréquent dans les pays anglophones, rare en France.
**Sa forme initiale :** Alexandre.
**Ses cousins :** Alaisdair, Alastair.
**À l'étranger :** Alastar (Irlande).

## ALOYS
### Aloïs, Louis

**D'où vient-il ?** Aloys est une forme médiévale de Louis, d'origine germanique, qui signifie « glorieux vainqueur ».
**On le fête** le 25 août avec Louis.
**Il serait...** communicatif et altruiste. Il ne peut vivre sans un environnement affectif chaleureux. Son charisme lui attire beaucoup d'amis.
**Son évolution :** ce prénom courant au Moyen Âge revient très timidement. Il est très apprécié dans les familles BCBG.
**Sa forme initiale :** Louis.
**Son cousin :** Aloïs.
**À l'étranger :** Aloisio (Espagne), Aloysius (Allemagne).
**Son diminutif :** Loys.
**Ses féminins :** Aloyse, Aloïse, Héloïse, Éloïse.

## ALPHÈGE

**D'où vient-il ?** Alphège, d'origine grecque, signifie « être lumineux ».
**On le fête** le 19 avril. Saint Alphège fut évêque de Winchester, en Angleterre, au X<sup>e</sup> siècle. Il tente d'évangéliser les Danois qui envahissent le pays et se livre comme otage contre la promesse d'épargner la population. Les Danois réclament une rançon à l'archevêque qui ne cède pas au chantage. Alphège est alors assassiné.
**Il serait...** soucieux des autres, altruiste, et investi dans un rôle social grâce auquel il peut s'épanouir. Il recherche les missions dans lesquelles il peut rendre service.
**Son cousin :** Elphège.

## ALPHONSE

**D'où vient-il ?** Alphonse, d'origine germanique, signifie « très vif ».
**On le fête** le 1<sup>er</sup> août. Saint Alphonse-Marie de Liguori, originaire de la noblesse napolitaine au XVIII<sup>e</sup> siècle, fut un étudiant doué, docteur en droit civil et ecclésiastique à 16 ans. Il devint un brillant avocat, mais délaissa vite sa carrière pour se consacrer à Dieu. Il devint prêtre, se consacra aux miséreux et fonda la congrégation des rédemptoristes en 1732. Nommé évêque de Nocera, il mourut le 1<sup>er</sup> août 1787. Béatifié en 1816, il fut canonisé en 1839 et déclaré docteur de l'Église en 1871.
**Il serait...** sociable, éloquent, bavard même. Son charisme lui donne un grand talent de persuasion et il apprécie les rôles de médiateur.
**Ils l'ont porté :** Alphonse de Lamartine, poète et homme politique. Son premier poème, *le Lac*, écrit sur les bords du lac du Bourget, le lance dans le monde littéraire en 1817. En 1820, ses *Méditations poétiques* en font un grand auteur. Neuf ans plus tard, il est élu à l'Académie française. Il se tournera ensuite vers la vie politique, mais l'avènement du Second Empire provoquera son exil. Il mourut en 1869. Alphonse Daudet, né à Nîmes, fut journaliste puis secrétaire du duc de Morny avant de se consacrer complètement à l'écriture. *Le Petit Chose* en 1868, *Tartarin de Tarascon* en 1872 et les *Lettres de mon moulin* à l'écriture. *Le Petit Chose* en 1868, *Tartarin de Tarascon* en 1872 et les *Lettres de mon moulin* sont ses principales œuvres. Il mourut en 1897 à 57 ans. Alphonse fut le nom de plusieurs rois d'Espagne.
**Son évolution :** prénom traditionnel en Espagne, Alphonse connut son apogée à la fin du XIX<sup>e</sup> siècle. Il a disparu aujourd'hui.

**Dans nos régions :** Alfons, Alfonso, Alfontso (Pays basque), Anfos, Anfous (Provence), Alfu (Corse).
**À l'étranger :** Alfons (Catalogne), Alfonso (Espagne, Italie), Alonzo (Espagne).
**Son féminin :** Alphonsine.

## ALVARO

**D'où vient-il ?** Alvaro est la forme espagnole et portugaise d'Alvar, d'origine germanique qui signifie « noble chef ».
**On le fête** le 19 février. Saint Alvaro fonda un monastère à Cordoue au XVe siècle.
**Il serait...** attaché à son cadre de vie, à son équilibre, à sa famille. Rien ne compte plus pour lui que l'harmonie, le calme et la tranquillité d'esprit.
**Il le porte :** le pilote de moto Álvaro Bautista.
**Son évolution :** Alvaro est un des favoris en Espagne, Alvar se porte bien dans les pays scandinaves.
**À l'étranger :** Alvar (Allemagne, Suède).

## ALVIN

**D'où vient-il ?** Alvin, d'origine germanique, signifie « ami des elfes ».
**On le fête** le 1er novembre. Saint Alwin, ou Allowin de Liège, fut disciple de saint Amand, en Belgique, au VIIe siècle. Il évangélisa la Flandre et le Hainaut. Un monastère est érigé sur son tombeau, à Gand, où il est vénéré sous le nom de saint Bavon.
**Il serait...** réaliste, épris de pouvoir, de travail et de stabilité. Il a des principes stricts et les applique pour atteindre ses objectifs. Il a un grand besoin de sécurité matérielle.
**Il l'a porté :** le guitariste Alvin Lee.
**Son évolution :** Alvine est dans le top 20 des prénoms aux États-Unis, particulièrement apprécié dans les familles de couleur.
**Son cousin :** Alwin.
**Ses féminins :** Alva, Alvina.

## AMAURY

**Aimeri, Aimery, Amalric, Amauri, Amauric, Amory, Maurice**

**D'où vient-il ?** Amaury est une variante de Maur, d'origine latine, qui signifie « maure ».
**On le fête** le 15 janvier avec Maur. Selon saint Grégoire, Maur serait originaire de deux familles patriciennes romaines très illustres au VIe siècle. À 12 ans, il fut confié à saint Benoît qui le forma au service de Dieu. D'une obéissance exemplaire, Maur accompagna saint Benoît au mont Cassin pour y combattre l'idolâtrie et y établir le monastère qui deviendra l'abbaye mère de l'ordre bénédictin. Il fut envoyé en Gaule pour y implanter l'ordre en fondant de nouveaux monastères. Après 38 années d'abbatiat, il prit sa retraite et mourut le 15 janvier 584.
**Il serait...** impatient et bouillonnant, réservé et placide en apparence. Il est exigeant et critique, et exprime rarement ses sentiments.
**Ils l'ont porté :** Amaury Ier, Amaury II, Amaury III et Amaury IV, seigneurs de Montfort aux Xe et XIe siècles qui donnèrent leur nom à leur terre, Montfort l'Amaury. Amaury II de Lusignan, seigneur de Tyr et gouverneur de Chypre en 1310.
**Son évolution :** ce prénom médiéval a traversé les siècles avec des fortunes diverses. Il fut fréquent dans les années 1970, en particulier dans les familles BCBG. Il est plus rare aujourd'hui.
**Sa forme initiale :** Maur.

## Les prénoms écolos

L'évocation de cette nature que nous avons si longtemps malmenée est au goût du jour. Il y a, bien sûr, le très classique **Olivier**, le médiéval **Ambroise**, **Narcisse** et **Hyacinthe**, plus rares, mais aussi **Sylvain**, homme de la forêt, **Laurent** qui évoque le laurier, **Yves** qui signifie if.

Plus modernes, **Lilian**, le lys, **Ilan**, l'arbre, **Océan** et **Marin**, mais du côté de la faune, n'oubliez pas **Corneille**, **Colomban**, **Léo** le lion.
À moins que vous ne fassiez un petit tour par le calendrier révolutionnaire qui faisait la part belle à la nature avec **Cassis**, **Miel**, **Necta**, **Origan**, **Passiflore**, **Pralin**, **Romarin**, **Safran** et les autres…

**Ses cousins :** Aimeri, Aimery, Amalric, Amauri, Amauric, Amory, Maurice.
**À l'étranger :** Amalrigo, Amerigo, Aimerigo (Espagne), Arrigo (Italie).

# AMBROISE

**D'où vient-il ?** Ambroise, d'origine grecque, signifie « immortel ». L'ambroisie est la boisson des dieux qui les rendait immortels.
**On le fête** le 7 décembre. Saint Ambroise fut évêque de Milan et docteur de l'Église. Originaire de Trèves en Germanie, il fut avocat, puis gouverneur de la province de Milan. En 374, il fut élu évêque et aussitôt baptisé, ordonné prêtre et consacré évêque. Il réussit à s'imposer face aux différents empereurs ; il obtint de Théodose une longue expiation pour sa responsabilité dans le massacre des Thessaloniciens en 390. Il multiplia les prédications, réforma la liturgie, écrivit des hymnes et des traités destinés à l'instruction et à l'édification des fidèles. En 387, il convertit Augustin. Il mourut en 397.
**Il serait…** énergique, actif, indépendant et travailleur. Assez autoritaire et un soupçon coléreux aussi. Mais il est attaché à sa famille.
**Il l'a porté :** Ambroise Paré, fils de barbier, qui devint chirurgien sur les champs de bataille et exerça à l'Hôtel-Dieu avant de devenir premier chirurgien des rois Charles IX et Henri III. Il publia plusieurs traités de médecine et de chirurgie, et inventa la technique de la ligature des artères. Il est considéré comme le père de la chirurgie moderne. Il s'éteignit à 80 ans, en 1590.
**Son évolution :** prénom de la Renaissance, Ambroise n'a jamais été courant, mais n'a jamais disparu non plus. Il est rare, surtout apprécié par les familles BCBG.
**Dans nos régions :** Ambrosi, Ambrosio (Pays basque).
**À l'étranger :** Abrossim, Amvrosii, Amvrossi (Russie), Amber, Ambrose (Grande-Bretagne, États-Unis), Ambroos (Flandres), Ambros (Irlande), Ambros, Ambrosius (Allemagne), Ambrogio, Ambrosio (Italie), Ambrus (Hongrie).
**Ses féminins :** Ambre, Ambrine.

# AMÉDÉE

**Amadeus**

**D'où vient-il ?** Amédée, d'origine latine, signifie « aimé de Dieu ».
**On le fête** le 30 mars. Saint Amédée, duc de Piémont et de Savoie, épousa la sœur de Louis XI, Yolande. Il gouverna son duché avec justice, préoccupé du bien-être de ses sujets, et construisit monastères et hôpitaux. Il mourut en 1472, après avoir souffert d'épilepsie pendant plusieurs années.

**Il serait...** énergique, ambitieux, actif. Il cache sa sensibilité sous une façade de froideur, mais il est très attaché à ses proches.
**Ils l'ont porté :** Amédée Modigliani, né en Italie en 1884, de santé fragile, sculpteur puis peintre de talent, mais aussi violent sous l'abus de boissons. Il mourut malade et épuisé en 1920. Amadeus est le second prénom de Wolfgang Amadeus Mozart.
**Son évolution :** assez fréquent au XIX^e^ siècle, Amédée s'est éclipsé sans espoir de retour immédiat.
**Dans nos régions :** Anastasio (Pays basque).
**À l'étranger :** Amadeus (Allemagne), Amedeo (Italie).

## ANASTASE

**D'où vient-il ?** Anastase, d'origine grecque, signifie « résurrection ».
**On le fête** le 22 janvier. Militaire d'origine perse, saint Anastase devint moine et partit en Palestine pour y évangéliser ses compatriotes perses qui occupaient Césarée. Il mourut en martyr en 628.
**Il serait...** travailleur, consciencieux, volontaire et franc. Le tact n'est pas son fort, mais il est fiable avec ses amis. Le courage ne lui manque pas.
**Il l'a porté :** Anastase I^er^, empereur de Byzance. Haut fonctionnaire, il épousa la veuve du roi et prit ainsi le trône. Il régna de 491 à 518.
**Son évolution :** ce prénom, bien connu dans les pays slaves, n'a jamais été courant.
**Dans nos régions :** Anastasio (Pays basque).
**À l'étranger :** Anastas (Arménie), Anastasii, Anastassi (Russie), Anastasio (Espagne, Italie), Anastasios (Grèce), Anastasius (Flandre).
**Son diminutif :** Stassia.
**Ses féminins :** Anastasia, Anastasie, Nastassia, Nastassya.

## ANATOLE

**D'où vient-il ?** Anatole, d'origine grecque, signifie « aurore ». L'Anatolie est une région d'Asie Mineure.
**On le fête** le 3 juillet. Originaire d'Alexandrie, saint Anatole fut un scientifique, il rédigea de nombreux ouvrages de sciences et de théologie. Nommé malgré lui évêque de Césarée en Palestine, il s'inclina face à ce qu'il considérait comme une volonté divine. Il aurait sauvé une partie de la ville de la famine pendant le siège des Romains.
**Il serait...** curieux, indépendant et adaptable. Il veut apprendre, voyager, diversifier ses contacts et que sa vie bouge. Mais il est aussi prudent et ne laisse rien au hasard.
**Il l'a porté :** Anatole France, critique littéraire et l'un des plus grands écrivains de la III^e^ République. Il défendit Zola attaqué lors de l'affaire Dreyfus. Reçu à l'Académie française en 1896, il eut le prix Nobel de littérature en 1921.
**Son évolution :** Anatole se rencontrait parfois à la fin du XIX^e^ siècle, puis le XX^e^ siècle l'a oublié. Il réapparaît timidement.
**Dans nos régions :** Anatoli (Pays basque).
**À l'étranger :** Anatoli (Catalogne, Russie), Anatolii, Astola, Tola (Russie), Anatolius (Flandre).

## ANCELIN
### Anselme

**D'où vient-il ?** Ancelin est une forme médiévale d'Anselme, d'origine germanique, qui signifie « protégé du dieu Ans ».
**On le fête** le 21 avril avec Anselme.
**Il serait...** réfléchi et intuitif à la fois, passionné et volontaire. Il faut le suivre, car son exigence n'attend pas et il s'énerve facilement.
**Son évolution :** ce prénom médiéval est très rare.
**Sa forme initiale :** Anselme.

## ANDRÉ
### Andie, Andrea, Andy

**D'où vient-il ?** André, d'origine grecque, signifie « homme ».
**On le fête** le 30 novembre. Originaire de Galilée, saint André et son frère Pierre sont

pêcheurs sur le lac de Tibériade. Saint André devint un disciple de Jean le Baptiste, puis apôtre du Christ. Évangélisateur de l'Asie Mineure, de la Grèce et de Kiev, il fut arrêté à Patras où il mourut sur une croix en forme d'X, dite de Saint-André.

**Il serait…** affectueux, attentif et protecteur. Il est l'ami, le confident, le compagnon idéal. Son sens des responsabilités et sa solidité en font aussi un précieux collaborateur.

**Il l'a porté :** André Malraux, homme de lettres et homme politique. Il fut engagé dans la lutte contre le nazisme et rejoignit les républicains espagnols en 1936. En 1945, il s'attacha au général de Gaulle. Il fut ministre de la Culture et, fidèle au général, démissionnera à son départ. Il mourut en 1976.

**Ils le portent :** André Dussollier, comédien de théâtre et acteur de cinéma qui tourna plusieurs dizaines de films depuis 1970, parmi lesquels *On connaît la chanson, le Fabuleux Destin d'Amélie Poulain, Trois hommes et un couffin, Tanguy, Un long dimanche de fiançailles.* Le prince Andrew d'York, deuxième fils de la reine Elizabeth d'Angleterre.

**Son évolution :** apparu à la fin du XIX^e^ siècle, André est présent jusqu'aux années 1940, puis disparaît.

**Sa forme initiale :** Andros.

**Dans nos régions :** Andde, Ander, Andere, Andolin, Andreu, Andrio, Andriu (Pays basque), Andéol, Andiu (Provence), Andrev (Bretagne), Andria (Corse), Andrieu (Normandie).

**À l'étranger :** Adrys, Andries, Antti (Flandres), Aindiru, Aindrea, Anndra (Irlande), Anders (Grande-Bretagne, États-Unis, Scandinavie), Andor, Andras (Hongrie), Andrea (Italie), Andreas (Allemagne, Grèce), Andréï (Roumanie, Russie), Andrej (République tchèque), Andrès (Espagne), Andreu (Catalogne), Andrew (Grande-Bretagne, États-Unis), Andri (Islande), Andrii (Ukraine), Andrija (Croatie), Angeliki (Grèce), Anker (Danemark), Andruscha (pays slaves).

**Ses diminutifs :** Andie, Andy.

**Son féminin :** Andrée.

### Son heure de gloire

Les années 1920, pendant lesquelles André est dans le peloton de tête des prénoms masculins. Il décline dès 1930, puis s'éclipse. Andrea, sa forme italienne, séduit aujourd'hui, pour une fille comme pour un garçon.

## ANDREA (mixte)

**D'où vient-il ?** Andrea est une forme italienne, hongroise et tchèque d'André qui signifie en grec « homme ».

**On le fête** le 30 novembre avec André.

**Il serait…** réfléchi, studieux, réservé. Il préfère la solitude à la vie sociale, son petit groupe d'amis aux relations mondaines.

**Ils le portent :** Andrea Casiraghi, fils aîné de la princesse Caroline de Monaco, né en 1984. Andrea Bocceli, qui, malgré une cécité, obtint un diplôme de docteur en droit. Doté d'une très belle voix, il prit des cours de chant avec un ténor italien et, en 1993, connut son premier succès. Ce succès ne se dément pas au fil des années.

**Son évolution :** Andrea est un prénom courant en Italie. Il est apparu en France dans les années 1990 et suit l'évolution des prénoms à consonance italienne.

**Sa forme initiale :** André.

**Son féminin :** Andrea est mixte en France, masculin en Italie.

## ANGE

**Angel, Angelo**

**D'où vient-il ?** Ange signifie en grec « messager ».

**On le fête** le 5 mai. Né à Jérusalem au XIII^e^ siècle, Ange entra à 18 ans chez les carmes de Palestine. Ordonné prêtre, il fut envoyé à Rome pour défendre son ordre et il y étudia la théologie. Il partit ensuite en Sicile mener une mission d'évangélisation. Il fut assassiné en 1220, dans une église d'Agrigente, par un prince dont il avait converti la fille.

**Il serait...** sociable, serviable, généreux et attentif. Il est très attaché à sa famille et fait l'unanimité chez ses nombreux amis.
**Ils le portent :** Angelo Rinaldi, critique littéraire et écrivain d'origine corse, élu à l'Académie française en 2001. Angel est un personnage du roman de Boris Vian, *l'Automne à Pékin*.
**Son évolution :** Ange est un prénom très usité en Corse depuis plusieurs décennies. Angelo l'italien est en pleine évolution, Angel l'américain apparaît discrètement.
**Dans nos régions :** Ael (Bretagne), Aingeru (Pays basque).
**À l'étranger :** Angel (Grande-Bretagne, États-Unis), Angelo (Italie, Portugal), Angelon (Grèce), Anyelo, Archangel (Espagne).
**Ses diminutifs :** Angie, Angy (Grande-Bretagne, États-Unis).
**Ses féminins :** Angèle, Angélique.

## ANGUS
### Oengus

**D'où vient-il ?** Angus est la forme anglaise de Aengus, d'origine celte, qui signifie « homme énergique ».
**On le fête** le 11 mars. Saint Aengus Ceile De se retira dans un monastère à Tallaght, où il rédigea une œuvre sur les saints irlandais, le *Felire*. Il mourut en 824.
**Il serait...** sérieux, stable et méthodique. Il aime compter, gérer. Les biens matériels le tentent et le sécurisent. Il a besoin de progresser, d'évoluer et de construire.
**Il l'a porté :** dans la mythologie celte, Aengus est le dieu de la jeunesse et de l'amour.
**Il le porte :** l'acteur anglais Angus Macfadyen.
**Son évolution :** ce prénom ancien apparut en Écosse et en Irlande dès le III^e^ siècle, et fut courant pendant plusieurs siècles. Il est rare aujourd'hui.
**Sa forme initiale :** Aengus.
**Son cousin :** Oengus.

## ANICET

**D'où vient-il ?** Anicet, d'origine grecque, signifie « invincible ».
**On le fête** le 17 avril. Saint Anicet, d'origine syrienne, fut le onzième pape de 155 à 166, soucieux du maintien de la paix et de l'unité de l'Église. Il mourut en martyr en 166.
**Il serait...** passionné et secret, tenté par l'aventure, mais prudent, autonome, tout en étant dépendant de son environnement affectif.
**Son évolution :** ce prénom est très rare.
**À l'étranger :** Anicetus (Flandres), Anikei, Aniki (Russie).

## ANSELME
### Ancel, Ancelin, Antheaume, Anthelme, Anthime, Asselin

**D'où vient-il ?** Anselme, d'origine germanique, signifie « protégé du dieu Ans ».
**On le fête** le 21 avril. Originaire d'Italie, Anselme vint étudier en France où il mena une vie mondaine. À 27 ans, sa vocation de jeunesse se réveilla, Anselme se fit ordonner prêtre, puis il fut nommé évêque de Cantorbéry. Saint Anselme est docteur de l'Église.
**Il serait...** réfléchi, sérieux, calme. Prudent, il ne prend pas de décisions à la légère. Scrupuleux, il travaille avec application.
**Son évolution :** ce prénom est rare.
**Ses cousins :** Ancel, Ancelin, Antheaume, Anthelme, Anthime, Asselin.
**À l'étranger :** Anselmi, Anssi (Finlande), Ansen

(Flandre), Antenore (Italie), Anselmo (Italie, Portugal), Anzelm (Hongrie).
**Ses féminins :** Anselma, Aycelina, Ayceline, Selma.

## ANTHONY
**Antoine, Antony**

**D'où vient-il ?** Anthony est la forme anglo-américaine d'Antoine, qui signifie en latin « inestimable ».
**On le fête** le 13 juin avec Antoine.
**Il serait…** discret, réservé, prudent. Il apprécie le calme, réfléchit toujours longuement avant de prendre une décision et déteste la précipitation.
**Ils l'ont porté :** Anthony Quinn, acteur d'origine mexicaine, décédé en 2001, qui tourna plus de deux cents films. Il fut l'interprète inoubliable de Quasimodo dans *Notre-Dame de Paris* en 1956 et de *Zorba le Grec* en 1964. Anthony Perkins, acteur américain, décédé en 1992, qui fut révélé par son rôle dans le film d'Alfred Hitchcock *Psychose* en 1961. Tony Curtis, acteur américain d'origine hongroise, qui tourna plus de cent films depuis 1949. Ses rôles dans *Certains l'aiment chaud* en 1951 et dans la série télévisée *Amicalement vôtre* en 1971 sont les plus marquants de sa carrière.
**Il le porte :** Anthony Delon, fils d'Alain et Nathalie, né en 1964, acteur de cinéma, de théâtre et de télévision.
**Son évolution :** Anthony est un classique indémodable dans les pays de langue anglaise depuis le XIIe siècle. Il est apparu en France dans les années 1970 et a connu un succès immédiat. Il décline depuis 2000.
**Sa forme initiale :** Antoine.
**Son cousin :** Antony.
**Son diminutif :** Tony.

### Son heure de gloire

Les années 1980. La vogue des prénoms américains le propulse à la première place, même si les familles BCBG l'ignorent.

## ANTOINE
**Antonien, Antonin, Antonio, Titouan**

**D'où vient-il ?** Antoine signifie en latin « inestimable ».
**On le fête** le 13 juin. Né dans une famille noble à Lisbonne au XIIe siècle, Fernando est ordonné prêtre chez les chanoines réguliers de saint Augustin. En 1220, il entre chez les frères mineurs et prend le nom d'Antoine. Il décide de partir prêcher au Maroc. De retour en Europe, il enseigne la théologie à Padoue, ville qui le vénère. Saint Antoine de Padoue est docteur de l'Église.
**Il serait…** stable, sérieux, solide. Homme de terrain, il a un sens pratique très développé. Son charisme et son éloquence lui confèrent beaucoup de succès.
**Ils l'ont porté :** Antonio Vivaldi, né à Venise en 1678, violoniste, considéré comme un des plus grands compositeurs de l'époque baroque, dont les quatre concertos *les Quatre Saisons* ont une renommée mondiale. Antoine Watteau, peintre, né à Valenciennes où il fut en apprentissage avant de venir à Paris. Il fut membre de l'académie du prix de Rome en 1712. Son œuvre principale fut le *Pèlerinage à l'île de Cythère*, peinte en 1717. Il s'éteignit en 1721. Antoni Gaudí, architecte catalan né en 1852, qui dessina le palais Güell, à Barcelone, inscrit au patrimoine mondial de l'Unesco. Antoine de Saint-Exupéry, aviateur et écrivain, dont l'avion s'abîma en Méditerranée en 1944. Il publia en 1929 *Courrier Sud*, en 1931 *Vol de nuit*, en 1939 *Terre des hommes*, et en 1943 *le Petit Prince*.
**Il le porte :** le chanteur et auteur-compositeur Antoine.
**Son évolution :** prénom de l'Antiquité, Antoine s'éclipse pendant quelques siècles pour revenir au XVe siècle. Il reste ensuite en faveur, avec plus ou moins de bonheur. Il est l'un des prénoms indémodables et intemporels.
**Ses cousins :** Antonien, Antonin.
**Dans nos régions :** Andoni, Antolin, Antonio, Antton, Anttoni (Pays basque), Antoën, Anton

(Bretagne), Antoninu (Corse), Antounet (Provence), Titouan (Provence), Touenot (Normandie).
**À l'étranger :** Anntoin, Antain, Antaine (Irlande), Anthoenis (Flandre), Antoni (Catalogne), Antoën, Anton (Roumanie, Russie, Scandinavie), Antonello, Antonino (Italie), Antonio, Tonio (Espagne, Portugal).
**Son diminutif :** Toinet.
**Ses féminins :** Antoinette, Toinon.

### Son heure de gloire

De 1980 à 2000. Antoine, pendant ces vingt années, est parmi les 50 prénoms masculins préférés, même si sa forme anglaise Anthony est très présente. Antoine est un des favoris des familles BCBG.

## ANTONIN
**Antoine**

**D'où vient-il ?** Antonin est une variante d'Antoine qui signifie en latin « inestimable ».
**On le fête** le 10 mai. Dominicain italien, saint Antonin fut nommé archevêque de Florence au XV$^{e}$ siècle. Il commanda à Fra Angelico des fresques et des peintures pour le couvent Saint-Marc de Florence.
**Il serait...** solide, stable et généreux. Il recherche l'harmonie et la sécurité. À la fois actif et réfléchi, entreprenant et posé, il ne s'engage pas à la légère.
**Il l'a porté :** Antonin le Pieux, empereur romain, fils adoptif d'Hadrien. Il régna de 138 à 161 sur l'Empire romain, immense à cette époque.
**Son évolution :** connu dès l'Antiquité, Antonin s'éclipsa jusqu'à l'aube du XX$^{e}$ siècle, puis repartit. Il revient, apprécié des familles BCBG.
**Sa forme initiale :** Antoine.
**À l'étranger :** Antonino (Italie).
**Ses féminins :** Antonina, Antonine.

## APOLLINAIRE

**D'où vient-il ?** Apollinaire, d'origine grecque, fait référence au dieu Apollon, dieu de la clarté solaire, de la raison, de la divination, de la musique et de la poésie.
**On le fête** le 23 juillet. Originaire d'Asie Mineure, saint Apollinaire fut un des premiers évangélisateurs de Ravenne, en Émilie, au II$^{e}$ siècle. Compagnon de saint Pierre, il fut nommé évêque de Ravenne. Son culte s'est répandu dans toute la chrétienté à partir du V$^{e}$ siècle.
**Il serait...** direct, franc et loyal. Sérieux, organisé, un peu rigide parfois, il planifie sa vie avec méthode et perfectionnisme.
**Il l'a porté :** le poète Wilhelm Apollinaris de Kostrowitzky, de son nom d'auteur Guillaume Apollinaire, né à Rome en 1880 et mort de la grippe espagnole en 1918.
**Son évolution :** Apollinaire a toujours été un prénom rare, alors que son féminin Apolline est très en vogue.
**Dans nos régions :** Apolo, Apolonio (Pays basque).
**À l'étranger :** Apolinario (Portugal), Apollinari, Appoloni (Russie), Apollodoro (Italie).
**Son féminin :** Apolline.

## ARCHIBALD
**Archambaud**

**D'où vient-il ?** Archibald, d'origine germanique, signifie « très audacieux ».
**On le fête** le 30 avril. Saint Archibald fut évêque de Londres au VII$^{e}$ siècle et conseiller du roi d'Écosse.
**Il serait...** sensible et émotif. Il a besoin d'un environnement affectif stable pour être au mieux de ses capacités. Diplomate, il est un excellent médiateur.
**Son évolution :** Archibald a été un prénom courant en Écosse pendant plusieurs siècles. Aujourd'hui, c'est son diminutif Archie qui l'a remplacé.
**Son cousin :** Archambaud.
**À l'étranger :** Archibaldo (Espagne), Arcibaldo (Italie), Erkenbald (Allemagne).
**Son diminutif :** Archie.

## ARGAN
### Argantaël

**D'où vient-il ?** Argan est une forme bretonne de Barthélémy qui signifie en araméen « fils de Tolomé ».

**On le fête** le 24 août avec Barthélémy.

**Il serait...** communicatif, rapide, habile et souple. Il sait saisir les opportunités et s'adapter à toutes les situations. Il est réservé, même si son affectivité est profonde.

**Son évolution :** ce prénom, connu en Bretagne, est très rare.

**Sa forme initiale :** Barthélémy.

**Son cousin :** Argantaël.

## ARIEL

**D'où vient-il ?** Ariel, d'origine hébraïque, signifie « lion de Dieu ».

**Il serait...** travailleur, ambitieux et exigeant. Il a le goût de la réussite et se donne les moyens de l'obtenir. Côté cœur, il est sensible, mais réservé.

**Il l'a porté :** Ariel Sharon, né en 1928, général israélien, Premier ministre d'Israël de 2001 à 2006. Il tomba dans le coma à la suite d'un accident vasculaire cérébral en janvier 2006.

**Son évolution :** ce prénom est très connu et apprécié des familles de culture juive.

**Son féminin :** Arielle.

## ARISTIDE

**D'où vient-il ?** Aristide, d'origine grecque, signifie « meilleur fils ».

**On le fête** le 31 août. Professeur de philosophie à Athènes au II^e^ siècle, saint Aristide se fit baptiser et rédigea, à l'attention de l'empereur Hadrien, une apologie du christianisme, prenant d'immenses risques, Hadrien étant grand persécuteur de chrétiens. Ces textes furent traduits en plusieurs langues.

**Il serait...** sérieux, un peu renfermé et parfois même taciturne. Travailleur, méthodique et organisé, il aime la discipline, qui le rassure.

**Ils l'ont porté :** Aristide Briand, ministre de la III^e^ République, Prix Nobel de la paix en 1926, qui se voulait réconciliateur de la France et de l'Allemagne. Aristide Bruant, né en 1851, chansonnier. En 1881, il commence sa carrière de chansonnier au cabaret *le Chat noir*. Toulouse-Lautrec dessine ses affiches et l'immortalise. Ses chansons *Nini peau d'chien*, *les Canuts* et *À Saint-Lazare* font partie du patrimoine culturel français. Il quitta son cabaret en 1895 pour faire des tournées à travers la France.

**Son évolution :** ce prénom a vécu ses meilleures années à la fin du XIX^e^ siècle. Il a disparu au début du XX^e^ siècle et n'est pas encore revenu.

**Dans nos régions :** Aresti, Aristides (Pays basque).

**À l'étranger :** Ares, Aristeo (Italie), Aristides (Espagne).

## ARMAND

**D'où vient-il ?** Armand, d'origine germanique, signifie « homme fort ».

**On le fête** le 23 décembre. Prêtre bavarois au XII^e^ siècle, saint Armand entra dans l'ordre des chanoines réguliers de saint Augustin. Grand réformateur de son ordre, il devint par la suite, évêque de Brixen, en Vénétie.

**Il serait...** responsable, réservé, sérieux et stable. Généreux et attentif, il est rassurant pour son entourage personnel et professionnel.

**Ils l'ont porté :** Armand du Plessis, duc de Richelieu, évêque de Luçon en 1606, secrétaire d'État en 1616, cardinal en 1622 et ministre de Louis XIII en 1624 jusqu'à sa mort en 1642. Il fut le fondateur de l'Académie française. Armand Lanoux, écrivain, prix Goncourt 1963 pour son roman *Quand la mer se retire*.

**Son évolution :** courant au XIX^e^ siècle et au début du XX^e^ siècle, Armand fait aujourd'hui partie des prénoms émergents, encore discrets mais très prometteurs.

**Dans nos régions :** Arman, Armando (Pays basque), Amanza (Corse).

**À l'étranger :** Armando (Espagne, Italie, Portugal), Hermann (Allemagne).

**Son féminin :** Armande.

## ARMEL
**Armaël**

**D'où vient-il ?** Armel, d'origine celte, signifie « prince ours ».
**On le fête** le 16 août. Né en Irlande en 482, saint Armel fut d'abord ermite au pays de Galles. Il s'installa en Armorique au VI^e siècle et y fonda deux monastères, à Plouarzel et Ploërmel. Évangélisateur de la Bretagne actuelle, il possédait des dons de thaumaturge.
**Il serait...** prudent, réservé, méfiant. Il redoute les critiques, les tensions, les agressions et recherche la stabilité. Rationnel et travailleur, il est appliqué.
**Son évolution :** Armel au masculin a toujours été très rare, excepté en Bretagne, où il n'est cependant pas courant.
**Son cousin :** Armaël.
**Dans nos régions :** Arzhel, Arzhvael (Bretagne).
**Ses diminutifs :** Arzhaelig, Arzhvaelig.
**Son féminin :** Armelle.

## ARNAUD
**Arnault, Arnould, Arnoult**

**D'où vient-il ?** Arnaud, d'origine germanique, signifie « aigle qui gouverne ».
**On le fête** le 10 février. Le bienheureux Arnaud, abbé bénédictin de Sainte-Justine de Padoue au XIII^e siècle, fut persécuté par Ezzelino, un seigneur très influent avec lequel il avait des différends politiques. Il se cacha dans une grotte et en ressortit à la victoire de Frédéric II qui libéra la ville, mais son persécuteur finit par reprendre le pouvoir et le fit jeter dans un cachot où il finit ses jours.
**Il serait...** vif, curieux, dynamique et impatient. Un peu brouillon aussi car il va d'une activité à une autre sans s'attarder.
**Ils le portent :** Arnaud Montebourg, homme politique, membre du Parti socialiste. Arno, chanteur belge, né en 1949. Arno Klarsfeld, avocat franco-israélien, dont le père est bien connu pour sa lutte contre les criminels de guerre et en particulier les anciens nazis.
**Son évolution :** très courant au Moyen Âge, Arnaud disparaît pendant plusieurs siècles, puis revient dans les années 1960. C'est entre 1970 et 1980 qu'il atteint son meilleur niveau. Il décline, sauf dans les familles BCBG.
**Sa forme initiale :** Arnold.
**Ses cousins :** Arnault, Arnould, Arnoult.
**Dans nos régions :** Aneg, Arneg (Bretagne), Arnal, Ernaut (Gascogne), Arnaltz, Arnas, Arnaut, Arno (Pays basque).
**À l'étranger :** Aarne (Finlande), Aarnould, Aernout (Flandre), Arend, Arnar, Arnd (Scandinavie), Arnald, Arnau (Catalogne), Arnall, Arnard (Grande-Bretagne), Arnaldo (Espagne), Arne, Arni (Norvège), Arnolfo (Portugal).

## ARNOLD
**Arnald**

**D'où vient-il ?** Arnold est une forme originelle d'Arnaud, d'origine germanique, qui signifie « aigle qui gouverne ».
**On le fête** le 16 août. Saint Arnold fut abbé de Flandre au XI^e siècle, puis élu évêque de Soissons.
**Il serait...** discret, mais communicatif, organisé et travailleur. Il accepte mal d'être dirigé et préfère l'indépendance aux contraintes.
**Il le porte :** Arnold Schwarzenegger, acteur et homme politique américain d'origine autrichienne, gouverneur de la Californie de 2003 à 2010.
**Son évolution :** bien connu en Allemagne et en Angleterre au Moyen Âge puis au XIX^e siècle, Arnold est rare en France.
**Son cousin :** Arnald.
**À l'étranger :** Ardal (Irlande), Arnoldo (Italie).
**Son diminutif :** Arnie.

## ARSÈNE

**D'où vient-il ?** Arsène, d'origine grecque, signifie « viril ».
**On le fête** le 19 juillet. Secrétaire du pape au IV^e siècle, saint Arsène devint précepteur des

enfants de Théodose, empereur d'Orient. Il fut fait sénateur, mais décida de se retirer dans le désert d'Égypte où il mourut.

**Il serait...** charmant et diplomate, mais aussi très autoritaire et déterminé. Une main de fer dans un gant de velours... Il est passionné, exigeant et jaloux en amour comme en amitié.

**Il le porte :** Arsène Lupin, héros de Maurice Leblanc au début du XX^e^ siècle, baptisé le « gentleman cambrioleur ».

**Son évolution :** ce prénom a toujours été rare.

**À l'étranger :** Arsenii (Russie).

**Son féminin :** Arsinoë.

## ARTHUR

### Arthus, Artus

**D'où vient-il ?** Arthur, d'origine celte, signifie « ours ».

**On le fête** le 15 novembre. Saint Arthur fut moine de l'abbaye de Glastonbury, en Angleterre, au XVI^e^ siècle. Il fut soupçonné par le roi Henri VIII de refuser la séparation entre l'Église d'Angleterre et celle de Rome, et donc de reconnaître le roi comme chef spirituel. Il fut exécuté en 1539 en tant que « traître à Sa Majesté ».

**Il serait...** indépendant, volontaire, casse-cou, énergique et autoritaire. Mais aussi plein de charme et de vivacité. Attachant, mais difficile à gérer !

**Ils l'ont porté :** le roi Arthur, grand maître des chevaliers de la Table ronde, dans le roman de Chrétien de Troyes au XII^e^ siècle. Arthur de Connaught, fils de la reine Victoria. Arthur Rimbaud, enfant précoce issu d'une famille de cinq enfants abandonnés par leur père, élevés par une mère rigoureuse à Charleville. À 15 ans, il a déjà écrit plusieurs poèmes. Il fugue souvent, boit de l'absinthe et fréquente Paul Verlaine. Il voyage à Londres, Bruxelles, puis en Abyssinie. En 1891, atteint d'un cancer, il est rapatrié en France et amputé d'une jambe. Il meurt quelques mois plus tard. Arthur Miller, dramaturge américain d'origine polonaise, épousa Marilyn Monroe en 1957 et en divorça en 1961. *La Mort d'un commis voyageur* en 1949 et *les Sorcières de Salem* en 1953 sont parmi ses pièces les plus célèbres.

**Ils le portent :** Arthur, animateur de télévision. Arturo Brachetti, transformiste italien.

**Son évolution :** prénom médiéval bien connu grâce aux légendes celtes et aux romans de chevalerie, Arthur disparut entre le XV^e^ et le XIX^e^ siècle. Il est en vogue depuis déjà plusieurs années.

**Ses cousins :** Arthus, Artus.

**Dans nos régions :** Arzhul, Arzhur (Bretagne).

**À l'étranger :** Aart (Flandre), Arthuri, Arto, Arttu (Finlande), Airt (Irlande), Arturo (Italie), Arthvawr (pays de Galles), Artur (Catalogne, Hongrie, Irlande, Pologne, Russie).

**Ses diminutifs :** Art, Artie, Arty, Arzhulig, Arzhurig.

### Son heure de gloire

Depuis 2000. Morgan, la fée, avait ouvert la voie, le roi Arthur pouvait revenir. Influence de la télévision ou bien retour aux œuvres médiévales ? Qu'importe la raison, Arthur est l'un des prénoms favoris aujourd'hui.

## ASHLEY (mixte)

**D'où vient-il ?** Ashley, d'origine celte, signifie « bois de frêne ».

**Il serait...** réfléchi, concentré, réservé. L'étude, la méditation même le sécurisent et il supporte mal la superficialité, la fantaisie et la légèreté.
**Il le porte :** Ashley Wilkes, un des personnages du roman de Margaret Mitchell, *Autant en emporte le vent.*
**Son évolution :** ce prénom est très courant en Angleterre et dans les pays de langue anglaise. Il est rare en France.
**Son féminin :** ce prénom est mixte, parfois orthographié Asleigh pour les filles.

## ATHANASE

**D'où vient-il ?** Athanase signifie en grec « immortel ».
**On le fête** le 2 mai. Saint Athanase fut le patriarche d'Alexandrie, il est reconnu comme père de l'Église. Élu évêque d'Alexandrie en 328, il lutta sans relâche contre l'arianisme et pour le respect du concile de Nicée. Mais peu soutenu par les empereurs, il passa dix-sept années de son épiscopat en exil, à Trèves, à Rome et dans les déserts d'Égypte. Il est l'auteur d'une importante œuvre théologique.
**Il serait...** sérieux, posé et stable. Il est rassurant par son écoute bienveillante et sa confiance en lui, mais il trie ses amis sur le volet.
**Son évolution :** ce prénom a toujours été rare.
**À l'étranger :** Afanassi (Russie), Atanas (Arménie), Atanasio (Italie), Athanasios (Grèce).

## AUBÉRI

### Aubert, Aubry

**D'où vient-il ?** Aubéri est une forme normande d'Albert, d'origine germanique, qui signifie « noble et illustre ».
**On le fête** le 15 novembre avec Albert.
**Il serait...** diplomate, astucieux et vif. Il sait tirer parti des situations et parvenir à ses fins. Il est aussi calme, sensible et affectueux.
**Son évolution :** ce prénom est rare. En revanche, Aubry est un patronyme assez courant.
**Sa forme initiale :** Albert.
**Ses cousins :** Aubert, Aubry.

## AUGUSTE

### Augustin

**D'où vient-il ?** Auguste signifie en latin « vénérable ». Avant d'être un prénom, « auguste » est un titre religieux conférant à l'empereur qui le porte le pouvoir divin : il détient le pouvoir temporel ainsi que le pouvoir spirituel et devient maître absolu en son empire.
**On le fête** le 29 février. Saint Auguste Chapdelaine fut prêtre des missions étrangères en Chine et condamné à mort, puis exécuté avec deux autres chrétiens en 1856.
**Il serait...** énergique, ambitieux et volontaire. Affectif, il a besoin de relations stables avec son entourage pour donner le meilleur de lui-même.
**Ils l'ont porté :** Auguste Renoir, né en 1841, placé à 13 ans dans un atelier où il apprendra les bases de la peinture. En 1862, il entre aux Beaux-Arts. Ses débuts sont difficiles malgré la réalisation de chefs-d'œuvre qui ne sont pas reconnus par la critique. Il expose au Salon officiel, reçoit enfin des commandes de portraits, ce qui lui permet de faire vivre sa famille. *Le Bal au moulin de la Galette, la Danse à Bougival, la Danse à la ville, la Danse à la campagne, les Grandes Baigneuses, le Déjeuner des canotiers* sont parmi ses œuvres les plus prestigieuses. Atteint de rhumatismes, il s'installe dans le sud de la France et, malgré ses douleurs, peindra jusqu'à sa dernière heure, en 1919. Auguste Rodin, sculpteur. Après des études à l'école qui deviendra plus tard les « Arts déco », il travaille dans un atelier de sculpture, puis voyage en Italie pour découvrir les secrets des artistes italiens. À son retour, il expose *l'Âge d'airain*, au Salon de Paris. Aussitôt, il connaît le succès, les commandes affluent et son génie est reconnu. Il a une liaison tumultueuse de quinze ans avec son élève et collaboratrice Camille Claudel, qu'il refusera toujours d'épouser. Rodin connaît la consécration internationale et livre des œuvres magistrales. Il achète l'hôtel de Biron, qui deviendra le musée Rodin, à Paris dans le VIIe arrondis-

## *Prénoms de saisons*

Vous connaissez saint Janvier ? Appelé aussi san Gennaro, Saint Janvier est une célébrité, surtout en Italie, où il fut évêque de Pouzzoles, en Campanie. Mort en martyr en 303, ses fidèles prélevèrent un peu de son sang qu'ils placèrent dans deux ampoules en verre. Ses reliques furent transportées dans la cathédrale de Naples. Ce sang se coagula tout naturellement. Mais ô miracle, chaque année, ou presque, depuis 1389, le jour de la fête de saint Janvier, le 19 septembre, ce sang se liquéfie devant des milliers de témoins, italiens et étrangers.

**Saint Janvier** n'est pas le seul à évoquer un mois, une saison. Février, c'est le mois de **Valentin**, patron des amoureux, fêté le 14 du mois, jour de la mort du saint. Mars est un mois consacré au dieu Mars, dieu de la guerre et protecteur de Rome. Après les rigueurs de l'hiver, c'est en mars que les combats reprenaient. C'est ainsi que les prénoms **Marc**, **Marcel**, **Martin** font référence au mois de mars.

En avril, on célèbre Pâques. Et les **Pascal**, prénom qui évoque cette fête, également fêtés le 17 mai.

Juillet est consacré aux **Jules**. Entendez par-là la famille Iulius, dont était issu Jules César. Août est le mois des **Auguste**, qualificatif donné aux empereurs romains dans l'Antiquité.

**Alvin** symbolise le passage d'octobre à novembre. Car Alvin s'appelait en réalité Allowin, très souvent fêté dans la culture anglo- américaine. Et l'on termine l'année avec **Noël** qui célèbre la Nativité.

sement. En 1906, *le Penseur* est placé devant le Panthéon. Rodin épouse en janvier 1917 Rose, sa compagne depuis cinquante-trois ans, qui meurt trois semaines plus tard. Il s'éteint en novembre 1917. Auguste Comte, philosophe, père de la sociologie, né en 1898. Entré à l'École polytechnique dans les premiers en 1814, il en est renvoyé pour insubordination peu après. Il enseigne les mathématiques et donne des cours de philosophie à domicile. À la suite de la mort de sa bien-aimée, il se retire dans une solitude presque totale. Au cirque, Auguste est le nom donné au clown au nez rouge habillé en noir et blanc.

**Son évolution :** auguste était dans l'Antiquité un titre réservé aux empereurs. C'est au XIX^e^ siècle qu'Auguste a connu son essor, pour décliner dès 1910. Il n'est pas encore revenu, contrairement à Augustin.

**Dans nos régions :** Aguste, Angoustan, Guste, Gusto (Provence), Agusti, Aguxtin (Pays basque), Aoust (Gascogne).

**À l'étranger :** Agosto (Italie), Agust (Islande), Agustin (Espagne), August (Catalogne, Grande-Bretagne, États-Unis), Augusto (Italie, Portugal), Aukusti (Finlande), Avgoust (Russie), Awstin (pays de Galles).

**Ses diminutifs :** Augie, Augy.

**Son féminin :** Augusta.

**Son cousin :** Augustin.

## AUGUSTIN

**D'où vient-il ?** Augustin est une variante d'Auguste qui signifie en latin « vénérable ».

**On le fête** le 28 août. Saint Augustin naquit en Algérie en 354, d'une mère chrétienne, sainte Monique. Après des études de philosophie, il partit enseigner la rhétorique à Milan. Converti et baptisé par saint Ambroise en 387, il retourna en Afrique où il fut ordonné prêtre, puis évêque d'Hippone en 396. Auteur d'ouvrages théologiques, il lutta contre les hérétiques d'Afrique du Nord. Il mourut le 28 août 430 pendant les invasions des barbares en Afrique.

**Il serait...** calme et réservé, observateur et critique. Il réfléchit avant de s'engager et montre une fidélité à toute épreuve envers les siens.
**Son évolution :** Augustin fut, au XIX$^{e}$ siècle, moins fréquent qu'Auguste. Il prend sa revanche aujourd'hui. Présent, il évolue favorablement, très apprécié des familles BCBG.
**Sa forme initiale :** Auguste.
**Dans nos régions :** Agosti (Pays basque), Aostin (Bretagne).
**À l'étranger :** Agostino, Tino (Italie), Agustin (Espagne), Agusti (Catalogne), Aguistin (Irlande), Aughestyn (Flandre), Augustinao (Portugal), Avgoustin (Russie), Stjin (Pays-Bas).
**Son féminin :** Augustine.

## AURÈLE
### Aurélien

**D'où vient-il ?** Aurèle, d'origine latine, signifie « en or ».
**On le fête** le 20 juillet. Évêque de Carthage de 392 à 430, saint Aurel fut le chef de l'Église d'Afrique. Conseillé par son ami saint Augustin, il lutta contre l'arianisme et les déviances hérétiques de ses évêques.
**Il serait...** stable, solide, matérialiste. Il est pragmatique, homme de terrain, vif et efficace, mais aussi susceptible.
**Il l'a porté :** Marc-Aurèle, empereur romain. Fils adoptif d'Antonin le Pieux, il était philosophe stoïcien et rédigea un recueil de Pensées. Fidèle et pacifiste, il dut cependant lutter pendant tout son règne, les armes à la main, contre les invasions qui menaçaient l'Empire. Il mourut de la peste en 180 après avoir associé son fils Commode à son règne.
**Son évolution :** Aurèle, prénom de l'Antiquité, a disparu très vite, puis il a cédé la place à Aurélien.
**Son cousin :** Aurélien.
**Dans nos régions :** Auriol (Pays basque).
**À l'étranger :** Aurelio (Italie), Auryn (pays de Galles), Orell (Grande-Bretagne, États-Unis).
**Ses féminins :** Aure, Aurélie.

## AURÉLIEN

**D'où vient-il ?** Aurélien est une variante d'Aurèle, d'origine latine qui signifie « en or ».
**On le fête** le 16 juin. Évêque d'Arles au VI$^{e}$ siècle, saint Aurélien fonda, avec le soutien du roi Childebert I$^{er}$, deux monastères, un pour les femmes, l'autre pour les hommes. Il imposa l'apprentissage de la lecture et combattit ceux qui refusaient de voir en Marie la mère de Dieu.
**Il serait...** réservé, prudent, discipliné. Il est curieux et s'intéresse à des domaines très différents, mais il ne prend pas de risques.
**Il l'a porté :** l'empereur romain Aurélien, choisi par les soldats de l'empereur Claude lorsqu'il mourut. Sage, mais très sévère, il eut à lutter contre les invasions qui menaçaient l'Empire et fit édifier une muraille qui portait son nom pour protéger Rome. À l'intérieur, il dut mater la rébellion de ses ateliers monétaires. Grand réformateur, il se fit beaucoup d'ennemis. Il fut assassiné en 275.
**Son évolution :** Aurélien, prénom bien connu dans l'Antiquité, disparut pendant plusieurs siècles. C'est dans les années 1970 qu'il revient, pour une vingtaine d'années. Il est déjà démodé.
**Sa forme initiale :** Aurèle.
**Dans nos régions :** Aorelian (Bretagne), Aureliu (Corse), Auriolo, Auru (Pays basque), Aurelian (Gascogne).
**À l'étranger :** Aurelio (Italie), Aureliaan (Flandre), Aureliano (Italie, Portugal).
**Son féminin :** Aurélie.

## AUSTIN
### Austen, Austyn

**D'où vient-il ?** Austin est une forme anglo-américaine d'Auguste qui signifie en latin « vénérable ».
**On le fête** le 7 octobre avec Auguste.
**Il serait...** communicatif, créatif et diplomate. Pourvu de talents artistiques, il recherche tous les moyens d'expression et la réussite sociale.
**Son évolution :** Austin est très apprécié aux

États-Unis depuis plusieurs décennies. Il est rare en France.
**Sa forme initiale :** Auguste.
**Ses cousins :** Austen, Austyn.

## AUXANE (mixte)

Voir p. 38.

## AUXENCE

**D'où vient-il ?** Auxence, d'origine grecque, signifie « celui qui augmente ».
**On le fête** le 14 février. Saint Auxence, soldat romain au Ve siècle, quitta l'armée pour vivre en ermite dans une forêt après s'être fait baptiser.
**Il serait...** énergique, travailleur, ambitieux. Mais aussi individualiste et indépendant. Il supporte mal les contraintes et les concessions. Il brigue la première place dans tous les domaines et rejette l'autorité.
**À l'étranger :** Aksenti (Russie).

## AXEL

**D'où vient-il ?** Axel est la forme scandinave d'Absalom, d'origine hébraïque, qui signifie « père de la paix ».
**On le fête** le 21 mars. Né au Danemark en 1128, Axel fit ses études à Paris. Il devint le premier conseiller du roi Valdemar Ier, puis archevêque de Lund. Il participa à la fondation de Copenhague.
**Il serait...** sensible et esthète. Déterminé aussi, et décidé à mener sa vie et ses projets comme il l'entend. L'art est pour lui un très précieux exutoire.
**Il l'a porté :** Axel de Fersen, issu d'une grande famille de la noblesse suédoise, étudiant en France, proche de Louis XVI et de Marie-Antoinette. Il combattit en Amérique aux côtés de Rochambeau et s'installa à Versailles en 1789 à la demande de Marie-Antoinette. Il organisa la fuite de la famille royale à Varennes et chercha en vain à empêcher l'exécution de la reine. Il revint dans son pays, y connut des fortunes diverses et mourut en 1810, lapidé et piétiné par la foule au cours d'une émeute.
**Il le porte :** Axel Bauer, chanteur français, né en 1961.
**Son évolution :** Axel, connu dans les pays scandinaves depuis le XVe siècle, est resté rarissime jusqu'aux années 1970. Il s'impose doucement.
**Sa forme initiale :** Absalom.
**À l'étranger :** Aksel (Scandinavie), Akseli (Finlande), Assalone (Italie).
**Son féminin :** Axelle.

## AYMERIC
### Aimeric, Émeric

**D'où vient-il ?** Aymeric, d'origine germanique, signifie « maison du roi ».
**On le fête** le 4 novembre. Fils du roi de Hongrie, saint Étienne, saint Aymeric se consacra à la visite de monastères. Il mourut avant son père, n'accédant jamais au trône.
**Il serait...** discret et réservé, exigeant et élitiste. Il préfère la solitude à la vie sociale, mais il est fidèle à ses amis et à sa famille.
**Il l'a porté :** Amerigo Vespucci, marchand florentin et navigateur. Il était persuadé que les terres à l'ouest de l'Europe étaient un nouveau continent, et non pas l'Asie, comme le pensaient les scientifiques de l'époque. Il fit plusieurs voyages, l'un qui lui permit d'atteindre la Guyane, et l'autre le Brésil. Il donna son nom à ce continent, l'Amérique.
**Son évolution :** prénom médiéval, Aymeric s'éclipse pendant plusieurs siècles avant de revenir discrètement dans les années 1970. Il est un favori des familles BCBG.
**Ses cousins :** Aimeric, Émeric.
**À l'étranger :** Amerigo (Italie), Emery (Grande-Bretagne, États-Unis), Imre (Hongrie).

## BALDÉRIC

### Baudry

**D'où vient-il ?** Baldéric, d'origine germanique, signifie « hardi » et « puissant ».

**On le fête** le 24 avril. Baldéric fut le fils de Sigebert, roi d'Austrasie. Il décida d'abandonner sa vie luxueuse et se retira du monde pour se consacrer à Dieu à Montfaucon, près de Verdun, au VIIe siècle. Il mourut à Reims.

**Il serait...** calme, consciencieux, perfectionniste, travailleur. Il réussit bien dans sa vie professionnelle, avançant lentement mais sûrement.

**Son évolution :** Baldéric est un prénom médiéval qui s'est fait oublier dès le XIIe siècle. Mais le patronyme Baudry, lui, est passé à la postérité.

**Son cousin :** Baudry.

**À l'étranger :** Baldric (Grande-Bretagne, États-Unis).

## BALTHAZAR

### Balthasar

**D'où vient-il ?** Balthazar, d'origine akkadienne (de Mésopotamie), signifie « Dieu protège le roi ».

**On le fête** le 6 janvier. Balthazar est le troisième des Rois mages venus célébrer la naissance de l'Enfant Jésus à Bethléem. Il offrit de la myrrhe à Jésus. On le célèbre avec les autres Rois mages, le jour de l'Épiphanie. La myrrhe est une gomme aromatique très parfumée fréquemment utilisée dans l'histoire ancienne en Orient.

**Il serait...** actif et volontaire, rapide et opportuniste. C'est un homme de terrain, très pragmatique, ce qui ne l'empêche pas d'être sensible et de se montrer très attaché aux valeurs familiales.

**Il le porte :** *Balthasar* est le titre d'une nouvelle d'Anatole France.

**Son évolution :** Balthazar a toujours été rare, tout comme Melchior. Gaspard, en revanche, a gagné en popularité ces dernières années et les devance aujourd'hui.

**Son cousin :** Balthasar.

**À l'étranger :** Baghdassar (Arménie), Balthasar (Grande-Bretagne, États-Unis), Baldassare (Italie), Baltjar (Albanie), Baldizsar, Boldizsar (Hongrie), Baltsaros (Grèce), Baltasar (Catalogne, Espagne, Portugal), Balten, Baltesaer (Flandres), Baltus (Pays-Bas).

**Son diminutif :** Balty.

## BAPTISTE

### Baptistin

**D'où vient-il ?** Baptiste, d'origine grecque, signifie « celui qui baptise ».

**On le fête** le 29 août. Saint Jean-Baptiste est le fils d'Élisabeth, la cousine de Marie, et de Zacharie, né en Palestine. Devenu adulte, il se retira dans le désert pour méditer. Jésus l'appela pour qu'il annonce sa venue et baptise en son nom. Jean le Baptiste baptisa aussi Jésus. Il reprocha au roi Hérode d'avoir épousé une femme légère, et fut emprisonné pour ce méfait. Hérode ne voulait pas l'exécuter, car il reconnaissait la valeur morale de cet homme, mais sa femme le lui demanda. Un jour de banquet, un 29 août, Salomé, la fille de la femme d'Hérode, dansa si bien devant le roi et ses invités qu'il lui promit tout ce qu'elle voudrait. Elle réclama la tête de Jean-Baptiste sur un plateau. Le roi dut le faire décapiter.

**Il serait...** énergique, dynamique, autoritaire sous une apparence de grande douceur. Il a une imagination fertile, et sait mettre en œuvre ses grandes idées.

**Son évolution :** Jean-Baptiste est un grand prénom du XVIIIe siècle, du XIXe et du début du XXe. Dans les années 1970, Baptiste arrive seul et s'impose dans les années 1990. Il régresse un peu.

**Son cousin :** Baptistin.

**Dans nos régions :** Baptista, Batista, Batita, Battit (Pays basque), Baptistet, Baptistoun, Batisto, Batistoun, Batit, Titoun (Provence).

**À l'étranger :** Baptist (Irlande), Baptista (Catalogne), Battista (Italie), Bautista (Espagne).

**Son féminin :** Baptistine.

## BARNABÉ

**D'où vient-il ?** Barnabé, d'origine araméenne, signifie « fils du dieu Nabû ».

**On le fête** le 11 juin. Originaire de Chypre, Joseph fut un disciple de Jésus en Palestine au Ier siècle. Il est surnommé Barnabé par les apôtres. Il prêcha l'évangile à Chypre dont il est le patron avec saint Paul. Il mourut en 63, lapidé par les juifs à Salamine.

**Il serait...** sensible, affectueux. Il a besoin de relations familiales et amicales stables pour avancer dans la vie. Pudique, il ne sait pas exprimer ses sentiments et se renferme sur lui-même à la moindre difficulté, ce qui ne facilite pas la résolution de ses problèmes.

**Ils l'ont porté :** *Barnaby Rudge* est le titre d'une nouvelle de Charles Dickens, en 1841. *Barnabé* est une chanson interprétée par Fernandel en 1938.

**Son évolution :** ce prénom a toujours été rare en France. Barnaby est plus fréquent aux États-Unis.

**Dans nos régions :** Barnaba, Bernaba, Bernabe (Pays basque), Barnabeu (Provence).

**À l'étranger :** Barney (Grande-Bretagne, États-Unis), Baren (Flandres), Barnaby (Grande-Bretagne, Pologne), Barnabas (Grande-Bretagne, Allemagne), Barnabo (Italie), Bernabe, Bernabeu (Catalogne, Espagne).

**Ses diminutifs :** Barn, Barnie, Barny.

## BARRY

**D'où vient-il ?** Barry est la forme anglaise de Bearach, d'origine celte, qui signifie « pointu ».

**On le fête** le 21 avril. Saint Berach fut l'abbé d'un monastère en Irlande au VIe siècle.

**Il serait...** sensible et émotif, désireux de plaire, d'être respecté et admiré, mais aussi parfois timide s'il ne se sent pas à l'aise.

**Ils l'ont porté :** *Barry Lindon* est le titre d'un roman de Thackeray, porté à l'écran en 1975, qui relate les aventures d'un Irlandais intrigant dans la société anglaise du XVIIIe siècle. Barry White fut un auteur-compositeur et interprète noir américain, décédé en 2003.

**Son évolution :** Bearach est un prénom qui fut courant en Irlande pendant plusieurs siècles. La forme anglaise Barry est apparue au XIXe siècle, elle est assez fréquente aujourd'hui en Angleterre, très rare en France.

**Sa forme initiale :** Bearach.

## BARTHÉLÉMY
### Bartholomé

**D'où vient-il ?** Barthélémy, d'origine araméenne, signifie « fils de Tolomé ».

**On le fête** le 24 août. Originaire de Cana en Galilée au Ier siècle, saint Barthélémy fut l'un des douze apôtres. Il participa à l'évangélisation de l'Asie Mineure et de l'Arménie. Le jour de la Saint-Barthélémy est connu pour le massacre des protestants par les catholiques, en 1572.

**Il serait...** dynamique, vif, intelligent, éloquent, intuitif. Conscient de ses atouts, il affiche une confiance en lui à toute épreuve.

**Ils l'ont porté :** Barthélémy Diaz, navigateur portugais du XV siècle, a découvert le cap de Bonne-Espérance. Bartolomé de Las Casas, premier prêtre dominicain ordonné en Amérique du Sud, apôtre des Indiens, mort en 1566. Bartolomé González y Serrano, peintre espagnol, né en 1564.

**Son évolution :** ce prénom est peu courant en France, peut-être parce qu'il évoque des heures sanglantes de notre histoire.

**Son cousin :** Bartholomé.
**À l'étranger :** Bartel (Pays-Bas), Bartholomew (Grande-Bretagne, États-Unis), Bartolome (Espagne), Bartolomeo (Italie), Bartolomeu (Portugal).
**Ses diminutifs :** Bart, Barth.

## BASILE
### Vassili

**D'où vient-il ?** Basile, d'origine grecque, signifie « roi ».
**On le fête** le 2 janvier. Saint Basile le Grand, né vers 330, fut un théologien de l'Église chrétienne grecque et un des quatre docteurs de l'Église. Nommé évêque de Césarée de 365 à 370, il lutta contre l'arianisme, contre les schismes qui déchiraient certaines communautés d'Asie Mineure. Il contribua à la réconciliation des Églises d'Orient et d'Occident.
**Il serait...** communicatif, solide, rassurant, et bon vivant. Il déteste les complications et cherche à profiter pleinement de la vie.
**Ils l'ont porté :** deux empereurs d'Orient du X^e^ siècle, Basile I^er^, qui fonda la dynastie macédonienne en 867, et Basile II, empereur de 960 à 1025, aussi bon gestionnaire que soldat.
**Il le porte :** Basile Boli, ancien footballeur français né à Abidjan, chroniqueur télé.
**Son évolution :** Basile n'a jamais été en France un prénom courant. Vassili, en revanche est un classique dans les pays slaves.
**Dans nos régions :** Basilio, Baxil, Bazil (Pays basque), Basiliou, Basillou (Provence), Bazire (Normandie).
**À l'étranger :** Barsegh (Arménie), Basili (Catalogne), Basil (Grande-Bretagne), Basilio (Espagne, Italie), Basilius (Allemagne), Bazilius (Flandre), Vassili (Russie), Vasilios (Grèce), Vassyl (Ukraine).

## BASTIEN
### Sébastien

**D'où vient-il ?** Bastien est le diminutif de Sébastien qui signifie en grec « couronné ».
**On le fête** le 20 janvier avec Sébastien.
**Il serait...** sensible, attentif, dévoué à ceux qu'il aime, mais aussi travailleur, organisé et impatient dans sa vie professionnelle.
**Son évolution :** c'est en 1980 que Bastien apparaît comme vrai prénom. Il n'atteint pas les scores de Sébastien, mais obtient un beau succès en 2000. Il régresse doucement.
**Sa forme initiale :** Sébastien.
**Dans nos régions :** Bastian (Bretagne, Gascogne), Bastianu (Corse).
**Ses féminins :** Bastiane, Bastienne.

## BAUDOUIN
### Aldwin, Audoin, Baudoin, Beaudoin, Beaudouin

**D'où vient-il ?** Baudouin, d'origine germanique, signifie « ami audacieux ».
**On le fête** le 17 octobre. Archidiacre de Laon au VII^e^ siècle, Baudoin fut soupçonné de sympathie pour un pays ennemi. Il fut assassiné en 679. Sa sœur Anstrude le fit inhumer à l'abbaye Notre-Dame de Laon dont elle était abbesse.
**Il serait...** élitiste, sélectif, exigeant. Il demande beaucoup et il donne beaucoup en échange, mais ne supporte pas d'être trahi.
**Ils l'ont porté :** Baudouin fut le nom de quatre rois de Jérusalem, État qui fut fondé en 1099, lors de la première croisade dont Baudoin I^er^ de Boulogne, frère de Godefroi de Bouillon et fondateur du royaume. Baudoin I^er^, roi des Belges de 1951 à 1993, profondément croyant et pratiquant. Son frère Albert lui succédera.
**Son évolution :** prénom médiéval par excellence, Baudouin est un des préférés des familles BCBG. Il reste marginal sur l'ensemble du territoire.
**Sa forme initiale :** Baldwin.
**Ses cousins :** Aldwin, Audoin, Baudoin, Beaudoin, Beaudouin.
**Dans nos régions :** Baldoen (Bretagne).
**À l'étranger :** Alvino, Balduino (Espagne), Baudewyn, Bayen, Boudewyn, Bouwen (Flandres), Baldovino (Italie), Alven, Alwin (Grande-Bretagne).

## BEN
**Benjamin**

**D'où vient-il ?** Ben est le diminutif de Benjamin, d'origine hébraïque, qui signifie « fils de la chance ».
**On le fête** le 31 mars avec Benjamin.
**Il serait...** réservé, mais actif et dynamique. Il est soucieux de plaire, mais sur la défensive, car il se sent souvent incompris. Il a besoin d'avoir un environnement affectif solide pour progresser.
**Ils le portent :** l'artiste français Ben, dont le vrai nom est Benjamin Vautier. Ben, fils de Charlotte Gainsbourg.
**Son évolution :** ce diminutif suit de loin la mode d'Alex, Léo et Théo.
**Sa forme initiale :** Benjamin.

## BÉNIGNE (mixte)

Voir p. 42.

## BENJAMIN
**Beathan, Ben**

**D'où vient-il ?** Benjamin, d'origine hébraïque, signifie « fils de la chance ».
**On le fête** le 31 mars. Saint Benjamin fut diacre en Perse au Ve siècle. Responsable de nombreuses conversions, il fut condamné à deux ans de prison par le roi. Dès sa libération, il repartit enseigner l'Évangile à travers son pays ; il fut arrêté et condamné au supplice.
**Il serait...** ambitieux, volontaire, très actif et déterminé à avancer dans la vie. Impatient, il ne supporte pas qu'on lui résiste, ce qui complique parfois un peu ses relations avec son entourage.
**Ils l'ont porté :** dans la Bible, Benjamin est le dernier des douze fils de Jacob et Rachel ; il est l'ancêtre éponyme de l'une des douze tribus d'Israël. Benjamin Franklin, l'un des grands personnages de l'histoire des États-Unis. Né en 1706, il travaille à 10 ans dans la fabrique de savons de son père. Passionné de livres, il travaille dans plusieurs imprimeries, puis achète un journal et se lance dans la vie politique. Il sera l'auteur et le cosignataire, avec George Washington et Thomas Jefferson, de la déclaration d'indépendance des États-Unis, et fut ambassadeur des États-Unis à la cour de France. Parallèlement, passionné de physique, il fit des études sur l'électricité et créa le paratonnerre. On lui doit aussi l'invention des verres à double foyer. Il fut un farouche partisan de l'abolition de l'esclavage. Il mourut en 1790 à 84 ans. Benjamin Constant, écrivain et homme politique, qui entretint une liaison avec Germaine de Staël, et occupa une place prépondérante sous la Restauration. Il publia le roman *Adolphe* en 1816.
**Ils le portent :** Benjamin Castaldi, animateur de télévision. Benny Hill, humoriste anglais.
**Son évolution :** c'est dans les années 1980 que Benjamin s'est fait remarquer au hit-parade. Il n'a pas disparu, mais il est devenu très discret.
**Sa forme initiale :** Benyamin.
**Dans nos régions :** Benkamin (Pays basque), Benoni (Bretagne, Normandie).
**À l'étranger :** Beniamin (Allemagne, Russie), Beniamino, Benioamino (Italie), Benjami (Catalogne), Benjamyn (Flandre), Benny (Grande-Bretagne, États-Unis), Bienes (Allemagne).
**Son cousin :** Beathan.
**Ses diminutifs :** Ben, Benjie, Benno, Benny.
**Son féminin :** Benjamine.

## BENOÎT

**D'où vient-il ?** Benoît signifie en latin « béni ».
**On le fête** le 11 juillet. Benoît de Nursie naquit en Italie au Ve siècle. Après s'être retiré dans la montagne pour prier, il fut nommé à la tête d'un monastère pour imposer aux moines des règles plus rigoureuses et lutter contre le laxisme. Il fonda deux monastères au mont Cassin et instaura la règle bénédictine adoptée par de nombreux monastères européens.
**Il serait...** sensible, sociable et généreux. Il ne cherche que l'harmonie et la paix avec ses proches mais aussi dans la vie professionnelle.

**Ils l'ont porté :** Benito Mussolini, fondateur du fascisme en Italie, allié d'Hitler pendant la Seconde Guerre mondiale. Il fut arrêté en 1945 alors qu'il gagnait la Suisse et fusillé. Benito Juanez, homme politique mexicain d'origine indienne, chef d'État de 1861 à 1872, très apprécié par son peuple.

**Ils le portent :** le pape Benoît XVI, Joseph Ratzinger, né en Bavière, qui succéda à Jean-Paul II, devenant le 265e pape, le 19 avril 2005. Benoît Magimel, acteur dès l'âge de 12 ans dans *La vie est un long fleuve tranquille*, en 1986. Il abandonna ses études pour se consacrer à sa carrière en 1990 et ne cesse de tourner depuis.

**Son évolution :** ce prénom a connu un succès modeste entre 1970 et 1990, surtout dans les familles BCBG. Il régresse aujourd'hui.

**Dans nos régions :** Benead, Benedig, Bennen, Bennideg, Bennigan, Benniged, Binidig (Bretagne), Benebit, Benedit, Benezech, Benezet (Provence), Benoni, Benouet (Normandie), Benes (Alsace), Benat, Benedeit, Benedikto, Bénédit, Benito (Pays basque).

**À l'étranger :** Benci, Benedek (Hongrie), Bendek, Benedykt (Pologne), Benedetto, Benito (Hongrie), Benito (Espagne), Benedictus (Flandre), Benedikt (Allemagne), Benes (République tchèque), Benet, Benett (Catalogne), Bent (Danemark), Bennet, Bennon (Grande-Bretagne, États-Unis).

**Ses féminins :** Benoîte, Bénédicte.

## BÉRANGER

### Bérenger

**D'où vient-il ?** Béranger, d'origine germanique, signifie « lance de l'ours ».

**On le fête** le 26 mai. Saint Béranger fut un moine bénédictin, originaire de Carcassonne au XIe siècle.

**Il serait...** actif, imaginatif, curieux, rapide. Il ne tient pas en place mais reste très attaché à sa famille et à ses amis dont il a besoin pour se sécuriser.

**Ils l'ont porté :** un comte de Toulouse, de 832 à 835, et une lignée de comtes de Barcelone, de 1035 à 1162, sous le nom de Raymond-Béranger.

**Son évolution :** ce prénom médiéval est très rare aujourd'hui.

**Son cousin :** Bérenger.

**Dans nos régions :** Berengariu (Corse), Bérenguié (Provence).

**À l'étranger :** Bellingero (Italie), Berengar (Allemagne), Berenguer (Espagne).

**Ses féminins :** Bérangère, Bérengère.

## BERNARD

### Bérard, Bernardin

**D'où vient-il ?** Bernard, d'origine germanique, signifie « ours fort ».

**On le fête** le 20 août. Originaire de Dijon au XIe siècle, Bernard se retira au monastère de Cîteaux avec quelques compagnons. Arbitre des conflits des grands de son époque, il prêcha la croisade ralliant Éléonore d'Aquitaine, Louis de France et Conrad d'Allemagne. Saint Bernard est docteur de l'Église.

**Il serait...** responsable, fidèle et exigeant. Homme de devoir, il ne s'accorde aucune faiblesse et attend la plus parfaite loyauté des siens.

**Ils l'ont porté :** l'acteur français Bernard Blier, le peintre français Bernard Buffet, tous deux décédés à la fin du XX^e siècle. Bernard Giraudeau, né en 1947, fit plusieurs tours du monde dans la marine, puis suivit des études au conservatoire. Il était acteur, scénariste, réalisateur et écrivain.
**Ils le portent :** Bernard Pivot, journaliste et critique littéraire, qui anima à la télévision plusieurs émissions littéraires pour le grand public, dont *Apostrophes* et *Bouillon de culture*. Il est aussi chroniqueur, amateur de sport et gastronome. Bernard-Henri Lévy, philosophe, romancier, essayiste, qui publia de très nombreux ouvrages politiques et philosophiques et s'investit dans des actions humanitaires. Il reçut en 1984 le prix Médicis pour *le Diable en tête*, et en 1988 le prix Interallié pour *les Derniers Jours de Baudelaire*. Un de ses derniers livres est *American vertigo*.
**Son évolution :** prénom très courant au Moyen Âge, Bernard disparaît pour revenir au début du XX^e siècle. Il est absent depuis les années 1960.
**Sa forme initiale :** Bernhard.
**Ses cousins :** Bérard, Bernardin.
**Dans nos régions :** Bernadoun, Bernat (Provence), Bernalt (Pays basque), Bernez (Bretagne), Bernward (Alsace).
**À l'étranger :** Barend, Beenart, Beernaert, Bernaerd, Berntken (Flandre), Barnard (Grande-Bretagne), Barnat (Catalogne), Berardo, Bernardo (Espagne, Italie), Bernhardt (Allemagne), Bernat (Hongrie), Bernie, Berny (Grande-Bretagne, États-Unis), Bernt (Scandinavie).
**Ses féminins :** Bernarde, Bernadette.

### Ses heures de gloire

Le Moyen Âge, puis les années 1948 à 1950, pendant lesquelles il est n° 1. Bernard est devenu un patronyme très courant.

## BERNARDIN

**D'où vient-il ?** Bernardin est une variante de Bernard, d'origine germanique, qui signifie « ours fort ».
**On le fête** le 28 septembre. Saint Bernardin de Sienne, orphelin recueilli par sa tante, reçut une éducation religieuse très stricte. Après de brillantes études, il fut touché par la peste ; il décida alors de se consacrer aux malades et prit l'habit chez les franciscains. Il parcourut l'Italie pour prêcher, fuit les honneurs et refusa plusieurs évêchés. Il décéda à 64 ans en 1444.
**Il serait...** studieux, organisé, prévoyant. Il a des principes stricts et cherche parfois à les imposer à son entourage, ce qui lui vaut quelques conflits.
**Il l'a porté :** Jacques Henri Bernardin de Saint-Pierre, écrivain tumultueux qui voyagea beaucoup, auteur de *Paul et Virginie* en 1787.
**Son évolution :** ce prénom n'a jamais été courant.
**Sa forme initiale :** Bernard.
**Son féminin :** Bernardine.

## BERTHOLD
Barthold, Berthoud, Bertold

**D'où vient-il ?** Berthold, d'origine germanique, signifie « grande gloire ».
**On le fête** le 29 mars. Saint Berthold fut un moine bénédictin du XVIII^e siècle.
**Il serait...** communicatif, chaleureux et habile. Émotif, il est très dépendant de son environnement affectif. Vif et curieux, il s'intéresse à tout.
**Il l'a porté :** Berthold Brecht, né en Allemagne en 1898. Précoce, il publia son premier texte à 16 ans. Il fut mobilisé en 1918, continua d'écrire et publia en 1928 une œuvre qui connut un succès mondial, *l'Opéra de quat'sous*. En 1933, l'Allemagne nazie brûla ses œuvres. Il voyagea et s'établit aux États-Unis, puis en Suisse et enfin en Allemagne de l'Est, dont il devint une figure officielle du régime.
**Son évolution :** ce prénom, bien connu dans les pays de langue allemande, est très rare en France.
**Ses cousins :** Barthold, Berthoud, Bertold.
**À l'étranger :** Bertoldo (Espagne).

## BERTIL

**Bertilon, Bertillon**

**D'où vient-il ?** Bertil, d'origine scandinave, signifie « illustre et agile ».

**On le fête** le 6 novembre. Sainte Bertille fut une abbesse du monastère de Chelles, en Île-de-France, au VII^e^ siècle.

**Il serait...** sociable, communicatif, diplomate et conciliant. Il déteste la solitude et s'épanouit dans les associations, les collaborations, les partenariats.

**Il l'a porté :** Bertil de Suède, troisième fils du roi Gustav VI Adolf, oncle du souverain actuel, qui se dévoua toute sa vie pour la couronne. Il fut très aimé de son peuple et mourut en 1997.

**Son évolution :** on rencontrait souvent Bertil au Moyen Âge. Il est devenu rare aujourd'hui.

**Ses cousins :** Bertilon, Bertillon.

**Son féminin :** Bertille.

## BERTRAND

**D'où vient-il ?** Bertrand, d'origine germanique, signifie « illustre corbeau ».

**On le fête** le 6 septembre. Saint Bertrand des Garrigues, originaire du Périgord, fut un disciple de saint Dominique au XIII^e^ siècle. Il consacra sa fortune à la création de monastères à Paris, Montpellier et Avignon.

**Il serait...** sérieux, calme et déterminé. Il avance droit devant lui, discipliné et exigeant, lentement mais sûrement. Dans sa vie personnelle, il est tout aussi élitiste.

**Il l'a porté :** Bertrand Duguesclin, né près de Dinan en 1320, remarqué très tôt pour sa laideur et son caractère belliqueux. Il ne cessa de combattre pendant toute sa vie, et les conflits ne manquèrent pas, pour défendre la ville de Rennes assiégée, pour régler la question de la succession du duché de Bretagne, et enfin pour chasser les Anglais. Duguesclin fut connétable de France et mourut en 1380, « pour avoir bu de l'eau glacée après un combat » selon les médecins de l'époque.

**Ils le portent :** Bertrand Delanoë, homme politique, membre du Parti socialiste, élu maire de Paris en 2001. Bertrand Tavernier, réalisateur et scénariste, qui reçut le césar du meilleur scénario pour *Un dimanche à la campagne* en 1983 et le césar du meilleur réalisateur pour *Capitaine Conan* en 1996. Bertrand Blier, fils de Bernard, réalisateur et dialoguiste. On lui doit *Les valseuses* et *Tenue de soirée.*

**Son évolution :** Bertrand fut un grand prénom médiéval, puis il s'éloigna pendant plusieurs siècles, revenant dans les années 1940. Il fut assez fréquent entre 1960 et 1980, puis disparut à nouveau. Il reste cependant apprécié des familles BCBG.

**Dans nos régions :** Beltram, Bertram (Bretagne), Benat, Bertran, Bertranet, Bertranon (Pays basque), Bertranet, Bertranoun (Provence).

**À l'étranger :** Bartran (Flandre), Bartram, Betram, Ebertram (Grande-Bretagne, États-Unis), Bertram (Allemagne, Catalogne, Flandres, Grande-Bretagne), Beltran (Espagne).

**Son féminin :** Bertrande.

## BÉRYL (mixte)

Voir p. 44.

## BEVERLY (mixte)

Voir p. 45.

## BILAL

**D'où vient-il ?** Bilal, d'origine arabe, fait référence à un esclave noir que son maître était en train de tuer, qui fut racheté et affranchi par un bienfaiteur. Bilal adhéra aussitôt à l'islam et, doté d'une voix magnifique, devint le muezzin de la mosquée du Prophète.

**Il serait...** généreux, attentif, altruiste. Il a tendance à privilégier le bien-être de ses proches avant le sien, au risque parfois d'être déçu. Idéaliste, il se réfugie dans le rêve lorsqu'il est blessé.

**Son évolution :** Bilal est l'un des prénoms les plus fréquents aujourd'hui dans les familles de tradition musulmane.

## BIXENTE

**Bixintxo, Bizente**

**D'où vient-il ?** Bixente est une forme basque de Vincent qui signifie en latin « celui qui vainc ».

**On le fête** le 22 janvier avec Vincent.

**Il serait...** réfléchi, concentré, studieux. Il cherche à progresser, à évoluer et à connaître la sérénité et la sagesse. La méditation et la vie spirituelle l'attirent.

**Il le porte :** Bixente Lizarazu, footballeur né à Saint-Jean-de-Luz en 1969, qui remporta avec son équipe la coupe du monde en 1998 et le championnat d'Europe en 2000.

**Son évolution :** ce prénom est connu et apprécié au Pays basque. Il a été révélé par la médiatisation du footballeur, mais reste très rare en dehors de sa région d'origine.

**Sa forme initiale :** Vincent.

**Ses cousins :** Bixintxo, Bizente.

## BJÖRN

**Biarni, Bjarne, Bjoern**

**D'où vient-il ?** Björn signifie en scandinave « fort comme un ours ».

**Il serait...** ambitieux, indépendant, curieux, amateur de voyages et de changements. Il déteste la routine et se fixe sans cesse de nouveaux challenges.

**Il le porte :** Björn Borg, joueur de tennis suédois, professionnel à 16 ans, vainqueur de la coupe Davis avec son équipe à 19 ans. Il domina le tennis masculin mondial de 1970 à 1980, grâce à sa volonté, son calme et sa concentration. Il est considéré comme un des meilleurs joueurs de tennis de tous les temps.

**Son évolution :** ce prénom est bien connu dans les pays scandinaves, très rare en France.

**Ses cousins :** Biarni, Bjarne, Bjoern.

**À l'étranger :** Biarki (Islande).

## BLAISE

**D'où vient-il ?** Blaise, d'origine latine signifie « bègue ».

**On le fête** le 3 février. Évêque de Sébaste en Arménie au IVe siècle, Blaise vécut dans une grotte avec des animaux, soigna des malades et se consacra à la prière. Il fut arrêté et décapité sur ordre d'un gouverneur romain pour avoir refusé d'abjurer.

**Il serait...** studieux et calme, attaché à sa famille et très responsable. Il est aussi sociable, communicatif et chaleureux. Que demander de plus ?

**Ils l'ont porté :** Blaise Pascal, né en 1623, enfant très précoce mais de santé fragile, qui rédige son premier traité de géométrie à 16 ans, s'implique dans la construction d'une calculatrice mécanique et étudie les fluides. À 31 ans, il élabore une théorie des probabilités qui est encore utilisée en économie aujourd'hui. En 1654, il s'éloigne des sciences pour se consacrer à la littérature et à la religion. Il écrit les *Provinciales* et les *Pensées*. Il meurt peu après, à 39 ans. Blaise Cendrars, poète et romancier d'origine suisse naturalisé français en 1916, décédé en 1961, après une vie de voyages.

**Son évolution :** apprécié dans des familles traditionnelles, Blaise reste très rare.

**Dans nos régions :** Blaez, Bleas, Bleiz, Blez (Bretagne), Blaisian (Gascogne), Blasi, Blasioun (Provence).

**À l'étranger :** Balazs (Hongrie), Biagio, Biasio (Italie), Blas, Blaz (Espagne), Blaas (Flandre), Blaze (Grande-Bretagne, États-Unis), Blai (Catalogne), Blasek (Slave), Blasios (Grèce), Blasius (Allemagne), Vlasi (Russie).

**Ses diminutifs :** Bleizig, Bleizou.

## BODMAËL

**Beuzec, Bodvaël, Bodzaël, Bozel, Bozaël, Budoc**

**D'où vient-il ?** Bodmaël signifie en celte « victoire du prince ».

**On le fête** le 18 novembre. La mère de saint Budoc, Azénor, vit en Bretagne au Ve siècle. Elle est chassée par son mari à la suite de diffamations, enfermée dans un tonneau et jetée à la mer. Azénor échoue sur les côtes d'Irlande et y accouche d'un fils, Budoc. Tous deux sont recueillis par des moines. L'époux d'Azénor, repentant, les retrouve et les ramène en Bretagne. Il meurt peu après ainsi qu'Azénor. Budoc est confié à saint Samson. Il deviendra évêque de Dol.

**Il serait...** pragmatique, les pieds sur terre et économe. Il aime gérer, faire progresser, réaliser. Loin d'être avare, il est juste et sait être généreux.

**Son évolution :** ce prénom est apprécié depuis longtemps en Bretagne.

**Ses cousins :** Beuzec, Bodvaël, Bodzaël, Bozel, Bozaël, Budoc.

**Son féminin :** Bodmaëlle.

## BOÈCE

**D'où vient-il ?** Boèce signifie en grec « originaire de Boétie », région de la Grèce centrale.

**Il serait...** sociable, communicatif, plein de tact et d'humour. Il est attiré par l'art et tous les modes d'expression. Il séduit grâce à son discours percutant et drôle.

**Il l'a porté :** Boèce, issu d'une illustre famille romaine au Ve siècle, fut poète et philosophe, auteur de traités de théologie, de philosophie et de mathématiques. L'empereur des Ostrogoths, Théodoric, le nomma consul mais, soupçonné d'avoir détourné les impôts collectés, il fut arrêté et mis à mort à Pavie en 525.

**Son évolution :** ce prénom est très rare.

**Dans nos régions :** Boezu (Corse).

**À l'étranger :** Boecio (Espagne).

**Ses féminins :** Boécia, Boéciane.

## BOGDAN

**D'où vient-il ?** Bogdan, d'origine slave, signifie « don de Dieu ».

**Il serait...** réfléchi, studieux, posé, davantage intéressé par la vie spirituelle que par la vie sociale. Il recherche la sérénité, la sagesse.

**Il l'a porté :** Bogdan Ier fut l'un des fondateurs de la principauté de Moldavie. Il y régna de 1359 à 1365, renforçant l'indépendance de la principauté vis-à-vis de ses voisins hongrois et polonais.

**Son évolution :** Bogdan est un prénom très connu en Pologne et dans les pays de l'Est. Il est très rare en France. On rencontre parfois le patronyme Bogdanoff.

**À l'étranger :** Bohdan (Ukraine).

## BOHÉMOND

**D'où vient-il ?** Bohémond, d'origine germanique, signifie « illustre protection ».

**Il serait...** épris de liberté, conquérant, adaptable à toutes les situations, intrépide, fervent amateur de voyages et d'aventures.

**Ils l'ont porté :** Bohémond de Tarente, d'Hauteville, dit Bohémond Ier le Grand, qui devint un des chefs de la première croisade, s'empara de la ville d'Antioche, en fit une principauté sur laquelle il régna avec son neveu, Tancrède de Hauteville. Il mourut en 1111, laissant un fils de 2 ans, Bohémond II, pour lui succéder. La régence fut confiée à Tancrède, puis à Baudoin, roi de Jérusalem. Bohémond III et Bohémond IV de viendront à sa suite princes d'Antioche.

**Son évolution :** ce prénom médiéval a disparu dès le XIIIe siècle et n'est pas revenu.

### Son heure de gloire

Le début du XIe siècle sous l'influence de Bohémond Ier d'Antioche, dont la grande taille et la renommée ont été vantées par les troubadours.

## BONAVENTURE

**D'où vient-il ?** Bonaventure, d'origine latine, signifie « bonne nouvelle ».

**On le fête** le 15 juillet. Bonaventure entra chez les franciscains au XIIIe siècle. Il étudia la théologie à Paris puis fut nommé évêque d'Abano en Italie. Il participa au concile de Lyon et fut nommé docteur de l'Église. On le considère, avec saint Thomas d'Aquin, comme un pilier de la théologie. Il mourut en 1274.

**Il serait...** sensible et affectueux. Réservé, il manifeste peu ses sentiments et, se sentant vulnérable, il est prudent et choisit ses amis avec soin.
**Il le porte :** Bonaventure Kalou, footballeur ivoirien.
**Son évolution :** ce prénom n'a jamais été fréquent.
**À l'étranger :** Bonaventura, Ventura, Venturo (Italie), Buenaventura (Espagne).

## BONIFACE

**D'où vient-il ?** Boniface signifie en latin « bonne destinée ».
**On le fête** le 5 juin. Moine en Angleterre au VIIIe siècle, saint Boniface évangélisa l'Allemagne, sacra Pépin le Bref qui le chargea de réformer l'Église franque. Il fut assassiné par des païens en 755 lors d'une mission d'évangélisation.
**Il serait...** franc et directif. Ambitieux, impatient, il est autoritaire et élitiste. Pas toujours facile pour son entourage, mais souvent brillant.
**Ils l'ont porté :** une longue lignée de Provençaux, parmi lesquels Boniface de Castellane, poète pamphlétaire du XIIIe siècle ; Boniface de Castellane, député des états généraux, pair de France après la Restauration, né en 1758, décédé en 1837 ; Boniface de Castellane, son fils, maréchal de France, né en 1788, décédé en 1862 ; Boniface de Castellane, dandy et homme politique, qui fit construire le célèbre Palais rose, situé à l'angle de l'avenue Foch et de l'avenue Malakoff à Paris, né en 1867, décédé en 1932. Boniface de Monserrat fut le fondateur du royaume de Thessalonique en 1202. Neuf papes portèrent ce prénom, dont Boniface VIII, connu pour son conflit avec Philippe le Bel, à propos de la levée d'un impôt pour financer la croisade.
**Son évolution :** Boniface était assez courant au Moyen Âge, en particulier en Provence. Après une longue absence, il a réapparu dans le courant du XIXe siècle pour s'éclipser très vite.
**Dans nos régions :** Bonifaci (Provence), Bonifazio (Pays basque).
**À l'étranger :** Bonifac (Hongrie), Bonifaci (Catalogne), Bonifacio (Espagne, Italie), Bonifacius (Allemagne).

## BORIS

**D'où vient-il ?** Boris, d'origine slave, signifie « qui lutte pour la gloire ».
**On le fête** le 24 juillet. Fils du grand prince Vladimir de Kiev au XIe siècle, Boris parcourut la Russie avec son frère Gleb pour évangéliser les peuples. Ils seront assassinés par leur frère Sviatopolk lors du partage de la succession de leur père.
**Il serait...** affectueux, sensible et très attaché à son environnement familial. D'un tempérament artiste, il cherche tous les moyens de s'exprimer.
**Ils l'ont porté :** Boris Vian, ingénieur centralien, écrivain poète, musicien de jazz, parolier, figure célèbre de Saint-Germain-des-Prés. Il écrivit sous le pseudonyme de Vernon Sullivan des œuvres sombres dont *J'irai cracher sur vos tombes*, qui lui vaudra une condamnation, mais aussi des romans poétiques comme *l'Écume des jours*, *l'Automne à Pékin*, *l'Arrache-cœur*, *l'Herbe rouge*, ainsi que les paroles de la chanson *le Déserteur* en 1954, parmi plusieurs centaines d'autres. Il mourut en 1959 à 39 ans d'une crise cardiaque.

Boris Ieltsine, homme politique russe, qui fut le premier président de la Fédération de Russie, pour deux mandats successifs, de 1991 à 1999, décédé en 2007. Boris Godounov, chambellan du tsar Ivan IV le Terrible, régent pendant la minorité de Fédor I^er^, fils d'Ivan. Fédor meurt sans descendance. Le trône est vacant, Boris s'y fait élire. Il devra affronter la famine et la révolte de ses sujets et mourra en 1605 dans des conditions non élucidées. Son fils lui succédera. *Boris Godounov* est un drame de Pouchkine et un opéra de Moussorgski.

**Il le porte :** Boris Becker, joueur de tennis allemand, qui débuta sa carrière à 17 ans, en atteignit le sommet en 1989 et prit sa retraite de tennisman en 1999. Il est aujourd'hui homme d'affaires.

**Son évolution :** bien connu en Russie et dans les pays slaves, Boris a connu un succès discret et éphémère dans les années 1970, pour disparaître ensuite.

**Sa forme initiale :** Borislav.

**À l'étranger :** Borys (Pologne).

**Son diminutif :** Borya.

## BRADLEY

**Brad, Bradly**

**D'où vient-il ?** Bradley signifie en anglais « vaste prairie ».

**Il serait...** travailleur, studieux, réfléchi. Organisé et méthodique, il progresse lentement mais sûrement dans sa vie professionnelle.

**Il le porte :** Brad Pitt, acteur américain, qui, après des études non terminées d'architecture puis de journaliste, multiplia les petits boulots avant de poser pour des publicités, et enfin tourner une série télé en 1991, *Thelma et Louise*. En 2005, il remporta un grand succès dans le film *M. and Mrs Smith* où il rencontra Angelina Jolie, avec qui il a six enfants dont trois adoptés.

**Son évolution :** ce prénom est fréquent aux États-Unis, rare en France.

**Son cousin :** Bradly.

**Ses diminutifs :** Brad, Brayden.

## BRENDAN

**Bran, Brandan, Branden, Brandon, Brévalaer, Brevalaire, Brevalan, Brevara, Brewal, Brewalaer, Brewalan, Brewalenn, Brewan, Brewen, Broladre**

**D'où vient-il ?** Brendan, d'origine celte, signifie « corbeau ».

**On le fête** le 16 mai. Né en Irlande au V^e^ siècle, saint Brendan voyagea pendant cinq ans puis fonda à son retour un monastère à Saint-Servan en Bretagne.

**Il serait...** fantaisiste, original, énergique et déterminé. Sa confiance en lui et en ses projets ne cède pas devant les doutes de son entourage.

**Ils l'ont porté :** dans la mythologie celte, Bran le Béni était le dieu de la force, harpiste et poète, qui était doté de pouvoirs surnaturels. Brennan of the Moor est un personnage de légende irlandais, qui venait au secours des plus démunis.

**Son évolution :** Brendan et Brandon sont très appréciés en Irlande et également aux États-Unis et en Australie. Ces deux prénoms ont connu une vague de succès dans les années 1995, mais elle fut éphémère.

**Sa forme initiale :** Bran.

**Ses cousins :** Brandan, Branden, Brandon, Brennan, Brévalaer, Brevalaire, Brevalan, Brevara, Brewal, Brewalaer, Brewalan, Brewalenn, Brewan, Brewen, Broladre.

**À l'étranger :** Brando (Italie), Breanainn, Breandan (Irlande).

**Son féminin :** Brenda.

## BRIAC

**Briag, Briec, Brieg, Brieuc**

**D'où vient-il ?** Briac, d'origine celte, signifie « importance ».

**On le fête** le 17 décembre. Étudiant irlandais au pays de Galles au VII^e^ siècle, Briag s'installa en Armorique où il fonda plusieurs monastères.

**Il serait...** sociable, amical, attentif. Il a le sens des responsabilités et une grande confiance en lui. Son entourage se fie à lui et à ses conseils.

**Son évolution :** Briac, Briec et Brieuc, bien connus en Bretagne, sont rares dans l'ensemble du pays.
**Ses cousins :** Briag, Briec, Brieg, Brieuc.

## BRIAN
### Bryan

**D'où vient-il ?** Brian, d'origine celte signifie « autorité ».
**Il serait...** énergique et indépendant, intuitif et loyal. Son sens des responsabilités en fait un compagnon solide, un collaborateur fiable.
**Ils l'ont porté :** Brian Boru, roi d'Irlande qui vainquit les Vikings en 1014. Il fut assassiné dans sa tente par un soldat viking, le 23 avril 1014, un vendredi saint, alors qu'il priait. Brian Jones, fondateur et guitariste du groupe The Rolling Stones de 1962 à 1969. Il quitta le groupe pour raison de santé et mourut peu après.
**Ils le portent :** Brian de Palma, cinéaste italo-américain, considéré comme le successeur d'Hitchcock pour le suspense. Brian Ferry, auteur, compositeur et interprète britannique né en 1945.
**Son évolution :** Brian était courant en Irlande et en Angleterre jusqu'au XVI^e^ siècle, puis il disparut jusqu'au XIX^e^ siècle. En France, c'est dans les années 1980 qu'il se révèle et obtient très vite la faveur des parents.
**Son cousin :** Bryan.
**À l'étranger :** Breannan, Brianan (Irlande).
**Son féminin :** Brianna.

## BRICE

**D'où vient-il ?** Brice, d'origine celte, signifie « dignité ».
**On le fête** le 13 novembre. Brice, orphelin recueilli par saint Martin à Tours au IV^e^ siècle, fut placé dans un monastère où il se montra très rebelle. Il devint évêque, mais mena une vie très dissolue. Après sept ans de pénitence à Rome, il revint assagi et termina sa vie en 444 en se consacrant à la prière et à l'aumône.
**Il serait...** actif, impatient, indépendant. Toujours en mouvement, allergique à toute autorité, il est rebelle si on lui impose des contraintes.
**Ils le portent :** Brice Lalonde, homme politique écologiste, qui fit partie des gouvernements Rocard et Cresson. Brice de Nice, célèbre personnage inventé par le comédien Jean Dujardin.
**Son évolution :** Brice est un prénom très ancien, mais qui fut méconnu pendant plusieurs siècles. C'est en 1975 que Brice est apparu timidement, pour une vingtaine d'années, mais il a déjà disparu.
**Dans nos régions :** Brizh (Bretagne).
**À l'étranger :** Bryce (États-Unis), Bryson (Grande-Bretagne).

## BRUCE

**D'où vient-il ?** Bruce est issu du patronyme d'un compagnon de Guillaume le Conquérant ; il signifie en gaulois « bruyère ».
**Il serait...** énergique, dynamique et impatient, mais il sait aussi réfléchir avant d'agir. Il fuit les complications et déteste perdre son temps.
**Ils l'ont porté :** Robert de Brieuse fut un compagnon de Guillaume le Conquérant, normand comme lui, originaire d'un village près de Cherbourg. Il accompagna Guillaume en Angleterre et en Écosse. Son nom fut anglicisé en Bruce. L'un de ses descendants s'empara de la couronne d'Écosse et devint roi en 1306 sous le nom de Robert I^er^. Bruce Lee, acteur américain d'origine chinoise, spécialisé dans les arts martiaux, décédé en 1973.
**Il le porte :** Bruce Willis, acteur américain né en Allemagne d'une mère allemande en 1955.
**Son évolution :** ce prénom est très apprécié en Écosse, il est très rare en France.

## BRUNO

**D'où vient-il ?** Bruno, d'origine germanique, signifie « bouclier ».
**On le fête** le 6 octobre. Né en 1032 à Cologne, Bruno Hautenfaust était issu d'une riche famille

de marchands. Il partit faire ses études à Reims où il devint enseignant en théologie, sciences et lettres. Il fut nommé chancelier de l'archevêque de Reims qu'il dut dénoncer après avoir découvert que celui-ci payait ses électeurs. Refusant de lui succéder et insatisfait de sa vie, il décida de vendre tous ses biens et de se consacrer à Dieu. Avec quelques compagnons, il s'installa en ermite dans le massif alpin de la Grande Chartreuse. Il y fonda un premier monastère et établit de nouvelles règles, qui deviendront celles de l'ordre qu'il va fonder, l'ordre des chartreux. Appelé par son ancien élève, le pape Urbain II, il devint son conseiller à Rome et remplit quelques missions avant de se retirer en Calabre en 1092, où il fonda une autre chartreuse. Il s'y éteignit en 1101.

**Il serait...** secret et solitaire. Sensible, il ne sait pas exprimer ses sentiments et se sent souvent incompris. Ses proches savent apprécier sa gentillesse et sa loyauté.

**Ils l'ont porté :** Bruno Bettelheim, psychanalyste, d'origine autrichienne, déporté par les nazis, qui survécut aux camps de concentration et émigra aux États-Unis. Son œuvre *Psychanalyse des contes de fées* le fit connaître au grand public à travers le monde. Il disparut en 1990. Bruno Cremer, acteur de théâtre, de cinéma, très célèbre pour son interprétation du commissaire Maigret de 1991 à 2005 à la télévision.

**Son évolution :** apparu dans les années 1930 en France, Bruno a évolué très lentement. Germanique en dépit de sa consonance latino il a été apprécié des familles espagnoles et portugaises. Les années 1980 ont vu son exil.

**Dans nos régions :** Brunon (Alsace), Brunone, Brunono (Corse).

**À l'étranger :** Bru (Catalogne), Brunetto (Italie).

**Ses féminins :** Brune, Brunella.

## CALLISTE (mixte)

### Callixte

**D'où vient-il ?** Calliste signifie en grec « le plus beau ».

**On le fête** le 14 octobre. Esclave chrétien à Rome au III siècle, Calliste fut affranchi par son maître qui lui confia l'administration de ses biens. Mais Calliste se montra mauvais gestionnaire et fut condamné à travailler dans les mines. Il en fut libéré par Marcia, la maîtresse de l'empereur Commode. Il étudia la théologie, puis fut ordonné archidiacre du pape saint Zéphyrin dont il prit la place en 217. Il fonda à Rome un cimetière qui porte son nom.

**Il serait...** idéaliste et paisible, à la recherche de paix et d'harmonie. Sa vie affective est la grande affaire de sa vie, et il est désarmé devant les tensions.

**Son évolution :** Calliste est un prénom de l'Antiquité, qui s'est perdu dans la nuit des temps. Il apparaît de temps en temps, très rarement.

**Son cousin :** Callixte.

**Dans nos régions :** Calistu, Callistu (Corse), Kallisto, Kallixto (Pays basque).

**À l'étranger :** Calixto (Espagne, Italie).

## CALLUM

**D'où vient-il ?** Callum est une forme écossaise de Colomban, d'origine celte, qui signifie « colombe ».

**On le fête** le 23 novembre avec Colomban.
**Il serait...** pragmatique, organisé et scrupuleux. Il s'intéresse aux biens matériels qui le sécurisent. Gérer, compter, administrer et faire progresser ses affaires est son idéal.
**Son évolution :** Callum est un prénom typiquement écossais, qui fut introduit par le missionnaire saint Colomban au VIe siècle. Il a très vite été apprécié aux États-Unis.
**Sa forme initiale :** Colomban.
**Son cousin :** Colum.

### Son heure de gloire

Jusqu'en 2015. Il régresse tout en demeurant au top 50 des prénoms masculins.

## CALVIN

**D'où vient-il ?** Calvin, d'origine latine, signifie « chauve ».
**Il serait...** réfléchi, soucieux d'apprendre, de progresser. Perfectionniste, il s'attache aux moindres détails. Il préfère une solitude peuplée de livres à la vie sociale.
**Il l'a porté :** John Calvin Coolidge, trentième président des États-Unis, de 1923 à 1929.
**Il le porte :** Calvin Klein, créateur de mode américain, né en 1942, qui créa sa maison en 1968.
**Son évolution :** Calvin a été adopté dès le XVIe siècle par les familles protestantes en Angleterre, en référence à Jean Calvin. Ce prénom est resté courant aujourd'hui en Amérique du Nord et en Écosse, mais il est très rare en France.
**À l'étranger :** Cailbhin (Irlande).

## CAMERON (mixte)

**D'où vient-il ?** Cameron, d'origine gaélique, signifie « nez crochu ».
**Il serait...** responsable, très impliqué dans ses relations familiales et dans sa vie affective. Conciliant, il recherche avant tout l'harmonie.
**Il le porte :** Cameron Crowe, réalisateur américain. Il a, entre autres, réalisé *Vanilla Sky* en 2001.
**Son évolution :** Cameron était très courant en Écosse au XVe siècle, dans les familles presbytériennes, en référence à un théologien, John Cameron, et à un prédicateur, Richard Cameron. Il reste l'un des prénoms masculins préférés dans son pays d'origine.
**Son féminin :** Cameron, jusqu'alors exclusivement masculin, se féminise progressivement aux États-Unis.

### Son heure de gloire

Jusqu'en 2015. Sa popularité recule, mais il s'accroche au top 50 des prénoms masculins.

## CAMILLE (mixte)

**D'où vient-il ?** Camille, d'origine latine, fait référence aux « camilli », jeunes garçons et jeunes filles qui assistaient le prêtre lors des sacrifices païens à Rome.
**On le fête** le 14 juillet. Né en 1550, Camille de Lellis fut un jeune romain frivole et dissipé. À 17 ans, il s'engagea avec son père dans l'armée espagnole pour combattre les Turcs. À son retour, il vagabonda, perdit de l'argent aux jeux et s'essaya à tous les métiers. En 1569 à Rome, il fut engagé comme infirmier à l'hôpital Saint-Jacques, mais il fut vite renvoyé pour incompétence. Il rentra dans l'ordre des capucins pour se repentir. Puis il s'engagea à nouveau comme infirmier à l'hôpital Saint-Jean. Assagi, il fit preuve de bonté et de dévouement envers les malades et s'indigna de l'indifférence de ses collègues. Il décida alors de fonder en 1582 avec des amis un institut de clercs réguliers, « les serviteurs des infirmes » dit « l'ordre des camilliens ». Il fut ordonné prêtre en 1584 et mourut à Rome le 14 juillet 1614.
**Il serait...** sérieux et solide, travailleur et efficace, fier et impatient. Discipliné, conservateur, il a des principes et redoute la fantaisie.
**Ils l'ont porté :** le général romain Camillus, né en – 460, considéré comme le second fondateur de Rome, pour avoir sauvé la ville des attaques gauloises. Camille Desmoulins, né

en 1760, avocat, journaliste et révolutionnaire. Camille Borghèse, né en 1775, époux de Pauline Bonaparte. Camille Corot, né en 1796, peintre précurseur des impressionnistes. Camille Pissarro, né en 1835, peintre impressionniste. Camille Saint-Saens, né en 1835, compositeur.

**Son évolution :** mixte dans l'Antiquité, Camille fut masculin au XIX$^{e}$ siècle et au début du XX$^{e}$ siècle. Il disparut, puis revint dans les années 1980, féminin cette fois. Au masculin, il est rare aujourd'hui.

**Dans nos régions :** Camilho (Provence), Camillu (Corse).

**À l'étranger :** Camillo (Italie), Camilo (Espagne), Kamill (Allemagne).

**Son féminin :** ce prénom est mixte, à tendance très féminine aujourd'hui.

### Son heure de gloire

Camille fut un grand prénom masculin entre 1750 et 1850, comme en témoigne la liste impressionnante de personnalités qui l'ont porté à cette époque. C'est dans sa forme féminine que Camille revint dans les années 1990.

## CANDIDE

**D'où vient-il ?** Candide, d'origine latine, signifie « blanc ».

**Il serait...** réservé et prudent, sensible et calme. Rationnel, il fait peu confiance à son intuition et se méfie de la fantaisie. Il a besoin de repères et de stabilité pour se rassurer.

**Il le porte :** Candide est le personnage du conte philosophique de Voltaire, paru en 1759, *Candide ou l'Optimisme.*

**Son évolution :** Candide est très rare depuis le XVIII$^{e}$ siècle.

**Son féminin :** Candice.

## CANUT

**Knud, Knut**

**D'où vient-il ?** Canut est une forme francisée de Knut qui signifie en scandinave « blanc ».

**On le fête** le 19 janvier. Saint Canut fut le fils du roi du Danemark et le neveu du roi d'Angleterre au XI$^{e}$ siècle. Il succéda à son père et facilita l'évangélisation de son pays. En 1085, il décida d'envahir l'Angleterre afin de faire valoir les droits du Danemark sur le pays au moment où le Normand Guillaume le Conquérant s'y établit. Pour financer l'expédition, il préleva des impôts sur le clergé et la noblesse, ce qui le rendit impopulaire et provoqua une révolte. En 1086, il fut assassiné par des païens ; il fut canonisé en 1101 comme le premier martyr danois. Saint Canut est le patron du Danemark.

**Il serait...** indépendant, optimiste, épicurien. Il aime les plaisirs de la vie, les voyages, les nouvelles expériences et déteste la routine.

**Ils l'ont porté :** Knut I$^{er}$ le Grand, roi du Danemark de 1014 à 1035, également roi d'Angleterre à partir de 1016. Et son fils Knut III le Hardi, roi de 1035 à 1042. Kund Rasmussen, explorateur du Groenland, né en 1879, qui, au cours de ses expéditions, rapporta les légendes et les chants inuits.

**Son évolution :** Knut et Knud sont des prénoms classiques au Danemark, peu courants aujourd'hui. Canut est très rare en France.

**Sa forme initiale :** Knut.

**Son cousin :** Knud.

## CAOLAN

**D'où vient-il ?** Caolan, d'origine celte, signifie « jeune enfant ».

**Il serait...** ambitieux et travailleur, volontaire et énergique. Il accepte mal les critiques et les ordres et veut affirmer son indépendance.

**Son évolution :** Caolan est aujourd'hui un des dix prénoms les plus appréciés en Irlande.

**Ses féminins :** Caileen, Colleen.

## CARLOMAN

**D'où vient-il ?** Carloman, d'origine germanique, signifie « homme fort ».

**On le fête** le 17 août. Né en 707, Carloman, le fils aîné de Charles Martel. En 741, il fut couronné roi d'Austrasie, de Souabe et de Thuringe. Il s'allia avec son frère Pépin le Bref pour lutter contre les Alamans, les Saxons et les Bavarois. Il soutint la mission d'évangélisation de saint Boniface et permit la fondation de plusieurs abbayes. En 747, il abdiqua en faveur de son frère et décida de se consacrer à Dieu en se retirant à l'abbaye bénédictine du mont Cassin en Italie. En 754, il accepta une mission de négociation proposée par les Lombards et mourut dans un monastère à Vienne en 755.

**Il serait...** optimiste et énergique, adaptable et dynamique. Il aime la vie, l'aventure, les voyages, et en recherche tous les plaisirs.

**Ils l'ont porté :** deux rois de France, Carloman Ier, fils de Pépin le Bref et de Bertrade, dite « Berthe au grand pied », qui régna de 768 à 771, et Carloman II, fils de Louis II le Bègue, qui fut roi de 874 à 884.

**Son évolution :** ce prénom a vécu pendant le haut Moyen Âge et disparut à l'avènement de l'an 1000. Il est rarissime aujourd'hui.

**Son diminutif :** Loman.

## CARLOS

**Charles**

**D'où vient-il ?** Carlos est une forme catalane et espagnole de Charles, d'origine germanique, qui signifie « viril ».

**On le fête** le 4 novembre avec Charles.

**Il serait...** intuitif et impulsif tout en étant réfléchi et rationnel. Une sorte d'aventurier prudent, qui n'agit jamais sans mûrir son projet, ce qui lui donne de belles chances de réussite.

**Il l'a porté :** Carlos, prétendant au trône d'Espagne, au XIX siècle, soutenu par une partie des Espagnols, les « carlistes ». Il provoqua une guerre, fut battu en 1839 et exilé en France où il mourut en 1855.

**Ils le portent :** Juan Carlos, descendant de Louis XIV, roi d'Espagne depuis la mort de Franco en 1975. Carlos Santana, guitariste mexicano-américain.

**Son évolution :** ce prénom est très courant dans les pays de langue espagnole. Il est rare en France pour l'instant.

**Sa forme initiale :** Charles.

## CAROL

**Charles**

**D'où vient-il ?** Carol est une forme polonaise et roumaine de Charles, d'origine germanique, qui signifie « viril ».

**On le fête** le 4 novembre avec Charles.

**Il serait...** réservé, rigoureux, stable. Il assume ses responsabilités sans faiblesse et affronte toutes les difficultés avec une grande force de caractère.

**Ils l'ont porté :** deux rois de Roumanie, Carol Ier qui régna de 1881 à 1914, et Carol II, qui fut roi de 1930 à 1940. Carol Wojtyla, qui fut ouvrier, comédien dans une troupe de théâtre amateur, docteur en théologie et en philosophie, le plus jeune évêque de Pologne à 38 ans, élu pape en 1978. Il prit le nom de Jean-Paul II, devenant le premier pape slave de l'histoire. Il disparut en 2005.

**Son évolution :** ce prénom est très courant dans les pays de l'Est, très rare en France.

**Sa forme initiale :** Charles.

**Son cousin :** Karol.

## CARTER

**D'où vient-il ?** Carter, d'origine anglaise, signifie « transporteur de marchandises ».

**Il serait...** adaptable, diplomate et conciliant. Il aime le travail d'équipe, les associations et rechigne à travailler seul. Il est l'associé et le partenaire sur lequel on peut compter.

**Son évolution :** Carter est un prénom courant aux États-Unis.

## CASIMIR

**Casper, Casimiriu**

**D'où vient-il ?** Casimir, d'origine slave, signifie « assemblée ».

**On le fête** le 4 mars. Né à Cracovie en 1458, saint Casimir fut le prince héritier du roi de Pologne,

Casimir IV Jagellon. Après avoir gouverné quelque temps, il décida de fuir les honneurs, refusa le mariage avec la fille de l'empereur Frédéric III et le trône de Hongrie qui lui revenait pour se consacrer à la prière. Canonisé par Léon X en 1521, il est le patron de la Pologne et de la Lituanie.

**Il serait...** dynamique et énergique. Il a l'esprit d'entreprise et ne craint pas les difficultés qui le stimulent. Pour lui, une seule place, la première.

**Ils l'ont porté :** Casimir III le Grand, restaurateur de la Pologne au XIVe siècle. Casimir Delavigne, poète français né en 1793. Casimir Pinel, médecin aliéniste né en 1800, fondateur de la psychiatrie moderne. Casimir Périer, président du Conseil français en 1831. Casimir, marionnette de l'émission télévisuelle *l'Île aux enfants*, en 1975.

**Son évolution :** Casimir est un prénom traditionnel dans les pays slaves, qui a eu sa vague de popularité en France. Casimir le petit dinosaure orange de l'émission enfantine a marqué les esprits des jeunes parents ; il est devenu très rare aujourd'hui.

**Son cousin :** Casimiriu.

**Dans nos régions :** Casimiru (Corse), Kachimir (Pays basque).

**À l'étranger :** Casimiro (Espagne, Italie), Casper, Jasper (Grande-Bretagne, États-Unis), Kasimir, Kasper (Allemagne).

### Son heure de gloire

La fin du XVIIIe siècle et le début du XIXe siècle, comme le montrent les personnages célèbres de cette période qui portent ce prénom.

## CASSIEN
### Cassius

**D'où vient-il ?** Cassien signifie en latin « issu de la famille Cassius », célèbre famille romaine du IIe siècle avant J.-C.

**On le fête** le 13 août. Poète latin au IIIe siècle, Cassius fut maître d'école à Imola, en Italie, sous le règne de l'empereur Dèce, instigateur d'une nouvelle vague de persécutions contre les chrétiens. En 250, Cassius fut martyrisé par les élèves qu'il tentait d'évangéliser.

**Il serait...** décidé, volontaire, autoritaire, très actif et très travailleur. Doté d'une grande conscience professionnelle, il est méthodique.

**Ils l'ont porté :** le général romain Gaïus Cassius Longinus, qui prit part au complot contre Jules César, qui provoqua son assassinat en 44 avant J.-C. Cassius Clay, dit « Mohamed Ali », boxeur américain, considéré comme le meilleur poids lourd de tous les temps.

**Son évolution :** Ce prénom fut courant dans l'Antiquité, mais il reste néanmoins encore très rare aujourd'hui.

**Sa forme initiale :** Cassius.

**Dans nos régions :** Cassian (Gascogne), Cassianu (Corse).

**À l'étranger :** Cassiano (Portugal), Cassio (Italie), Kassian (Russie).

**Ses féminins :** Cassia, Cassiane, Cassienne.

## CÉCIL

**D'où vient-il ?** Cécil est une forme anglo-américaine de Cécilien qui signifie en latin « aveugle ».

**On le fête** le 16 avril. Saint Cécilien ferait partie des 18 martyrs chrétiens tués à Saragosse, en Espagne en 304, sous le règne de Dioclétien.

**Il serait...** vif, entreprenant, conquérant, désireux de plaire et d'être admiré. Il est épris de voyages et d'aventures qui comblent sa curiosité et redoute la solitude.

**Ils l'ont porté :** Cecil B. De Mille, cinéaste américain, dont le film le plus connu en France fut *les Dix Commandements* avec Charlton Heston en 1956. Cecil Saint-Laurent, de son vrai nom Jacques Laurent, romancier français, auteur de la série des *Caroline chérie*, œuvres portées à l'écran.

**Son évolution :** en France, le masculin de Cécile n'a jamais été porté. En revanche, Cecil fut mixte en Angleterre au Moyen Âge, puis il est devenu exclusivement masculin au XIXe siècle. Il est plus rare aujourd'hui.

**Sa forme initiale :** Cécilien.

**Son féminin :** Cécile.

## CÉDRIC

**D'où vient-il ?** Cédric, d'origine celte, signifie « trône ».

**On le fête** le 7 janvier. Cédric et ses frères furent évangélisés par des moines irlandais au VIIe siècle. Devenu moine à son tour en Angleterre, il partit évangéliser les Saxons. Nommé évêque, il fut à l'origine de nombreuses conversions, fit bâtir des églises, ordonna des prêtres et fonda deux monastères. Il soigna les malades de la peste qui ravageait le pays et en mourut en 664 dans l'abbaye qu'il avait fondée dans le Yorkshire.

**Il serait...** charmant, élégant, plein de tact et épicurien. Il est aussi actif et indépendant, assume ses responsabilités avec sérieux et déteste la médiocrité.

**Ils le portent :** Cédric Pioline, joueur de tennis de 1989 à 2002, n° 1 français pendant dix ans. Cédric Klapisch, réalisateur français, auteur notamment de *l'Auberge espagnole*.

**Son évolution :** ce prénom a été très rare jusqu'aux années 1970. Il évolue alors très rapidement, devient l'un des tout premiers dans les années 1980, pour régresser aussitôt.

## CÉLESTIN

### Céleste

**D'où vient-il ?** Célestin est une variante de Céleste, d'origine latine, qui signifie « céleste ».

**On le fête** le 6 avril. Élu pape en 422, Célestin se consacra à la lutte contre le paganisme et à la réorganisation de l'Église. Il envoya saint Loup de Troyes et saint Germain d'Auxerre en Angleterre pour y combattre le pélagianisme et le nestorianisme. On peut aussi fêter Célestin le 19 mai. Saint Célestin V, né en 1215 en Italie, fut d'abord ermite, puis prêtre bénédictin. En 1246, il fonda l'ordre des célestins et fut élu pape en 1294.

**Il serait...** solide, calme et sécurisant. Il excelle dans un rôle de médiateur, il écoute, conseille, console et rassure, mais demande en retour une loyauté sans faille.

**Son évolution :** ce prénom est rare aujourd'hui. Il a connu une petite vague de succès au XIXe siècle.

**Sa forme initiale :** Céleste.

**Dans nos régions :** Zelestino (Pays basque).

**À l'étranger :** Celesti (Catalogne), Celestino (Espagne, Italie).

**Ses féminins :** Céleste, Célestine.

## CÉLIAN

### Célin

**D'où vient-il ?** Célian est une variante de Célin, qui signifie en latin « qui garde le secret ».

**On le fête** le 7 octobre. Saint Célin, frère de saint Cédric et de saint Chad, éduqué par des moines irlandais en Angleterre au VIIe siècle, se consacra à l'évangélisation de ses compatriotes.

**Il serait...** rationnel, pragmatique et solide. Homme de terrain, il aime les biens matériels, le travail bien fait, la justice et la légalité.

**Son évolution :** alors que Céline est un prénom féminin classique, Célin n'a jamais émergé. Célian, qui vient d'apparaître, semble plaire un peu plus.

**Sa forme initiale :** Célin.

**Son féminin :** Céline.

## CÉPHAS

**D'où vient-il ?** Céphas, d'origine araméenne, signifie « rocher ».

**On le fête** le 29 juin avec Pierre.

**Il serait...** réfléchi, sérieux, épris de spiritualité. L'étude et la lecture le comblent, alors que la vie sociable le rebute.

**Il l'a porté :** Jésus donna ce surnom à Simon lors de leur rencontre en Palestine au Ier siècle.

**Son évolution :** ce prénom biblique est très rare.

## CÉSAR

### Césaire, Césarin

**D'où vient-il ?** César, d'origine latine, signifie « qui coupe ».

**On le fête** le 15 avril. Né en 1544, à Cavaillon, en Provence, César de Bus, intelligent et brillant,

## Les prénoms révolutionnaires

Le poète Fabre d'Églantine instaura un calendrier révolutionnaire en associant chaque jour avec un prénom choisi parmi des noms bucoliques. Les parents s'en donnèrent à cœur joie ! Mais à partir du 1er avril 1803 (11 germinal an XI), l'usage de ces prénoms fut interdit. Quelques souvenirs…

**Faune**

**Dindon**
**Faisan**
**Taureau**

**Flore**

**Acacia**
**Basilic**
**Bourrache**
**Céleri**
**Chanvre**
**Epinard**
**Jasmin**
**Laurier**
**Pissenlit**
**Plaisir**
**Potiron**

**Radis**
**Raisin**
**Roseau**
**Serpolet**

**Personnages historiques**

**Agricola**
**Brutus**
**César**
**Scipion**

**Qualificatifs**

**Égalité**
**Patriophile**
**Sans Culotte**
**Tranquille**

menait une vie légère et insouciante. En 1562, il s'établit à la cour de Charles X et participa en 1572 au massacre des protestants le jour de la Saint-Barthélemy. À l'arrivée d'Henri IV, il quitta Paris pour Avignon. Il renonça à sa vie mondaine et se convertit. Ordonné en 1582, il fonda en 1592 l'institut des Pères de la doctrine chrétienne. Il mourut en 1607 au couvent d'Avignon.

**Il serait…** calme, stable, et déterminé. Très actif, il est efficace et applique à la lettre ses principes, qu'il a tendance à imposer fermement à son entourage.

**Ils l'ont porté :** Jules César, général et homme d'État romain né en – 101, mort assassiné en – 44. Issu de la famille Julius, famille patricienne de Rome, il gravit tous les échelons de la vie militaire et politique grâce à son éloquence, son talent de tribun et son intelligence tactique, son culte des relations, ses réceptions. Il fut consul pour la première fois en – 59. En – 58, il conquiert la Gaule, repoussant ainsi les frontières de l'empire romain du Rhin à l'océan Atlantique, obtenant que Vercingétorix dépose les armes à Alésia, en – 52. Il entre dans Rome en triomphateur et se fait nommer dictateur à vie en – 48. César devint un titre honorifique attribué aux héritiers du trône romain dès 96.
Le sculpteur César Baldaccini, dit « César », créateur des statuettes éponymes les « césars », qui sont des récompenses attribuées chaque année aux acteurs, réalisateurs, et techniciens du cinéma.

**Il le porte :** *César* est le nom d'une pièce et d'un film de Marcel Pagnol tourné en 1936.

**Son évolution :** ce prénom a été populaire dans le sud de la France au XIXe et au début du XXe siècle. Il est rare sur l'ensemble du pays.

**Sa forme initiale :** Caesar.

**Ses cousins :** Césaire, Césarin.

**Dans nos régions :** Cesareu (Normandie), Cesarinu, Cesariu, Cesaru (Corse), Zesar (Pays basque).

**À l'étranger :** Cesare, Cesari (Italie), Cesario (Portugal), Cesarius (Allemagne), Cezary (Pologne).

**Ses féminins :** Césarie, Césarine.

## CHARLES

**Carl, Carlos, Carol, Charlie, Charlélie, Charlton**

**D'où vient-il ?** Charles, d'origine germanique, signifie « viril ».

**On le fête** le 4 novembre. Originaire de la noblesse italienne, Charles Borromée, né en 1538, était le neveu du pape Pie IV. Précoce, il fut docteur en droit à seize ans. Son oncle lui confia l'administration du diocèse de Milan en 1560. Nommé cardinal à 22 ans, il fut comblé d'honneurs. En 1564, archevêque de Milan, il renonça à sa fortune et aux plaisirs du monde pour se consacrer aux pauvres et aux malades, veiller à l'application des décisions du Concile de Trente et mettre en place de nouvelles règles de disciplines ecclésiastiques. Il s'éteignit à Milan en 1584.

**Il serait...** énergique, ambitieux, assoiffé de connaissances. Responsable et indépendant, il cherche les premiers rôles et déteste la médiocrité.

**Ils l'ont porté :** Charles Martel, né vers 688, qui arrêta l'invasion des Arabes à Poitiers en 732, restaurant ainsi l'unité du royaume franc qu'il partagea entre ses fils Carloman et Pépin le Bref. Il extermina l'armée ennemie et tua son chef Abd el Rahman dans un village du lot qui porte aujourd'hui son nom. Charles Ier, dit « Charlemagne », fils de Pépin le Bref, roi des Francs, des Lombards et empereur d'Occident, né en 742, couronné en l'an 800. À la mort de son frère Carloman qui partageait le royaume avec lui, il s'empara du trône. Il s'établit à Aix-les-Bains, où il mourut en 814. Son fils Louis le Pieux lui succéda. Charles V, dit « Charles Quint », empereur du Saint Empire germanique de 1519 à 1555. Il abdiqua en 1555, se retira dans un de ses châteaux en Espagne et y mourut en 1558. Charles Perrault, auteur de contes appréciés dans les salons littéraires de l'époque, comme *les Contes de la Mère l'Oye*, *Peau d'Âne* en 1694, *La Belle au bois dormant*, *La Barbe bleue*, *le Petit Chaperon rouge*, *le Petit Poucet*, *Riquet à la houppe*, en un même recueil en 1697. Charles de Gaulle, chef de la Résistance à l'Occupation allemande de la France pendant la Seconde Guerre mondiale, fondateur de la Ve République en 1958, premier président de cette République de 1959 à 1969. Il se retira à Colombey-les-deux-églises où il mourut en 1970. Charles Trénet, né en 1913, compositeur auteur et interprète de chansons qui font partie du patrimoine culturel français, comme *Ya d'la joie*, *la Mer*, *Je chante...*, surnommé « le fou chantant ». Charles Aznavour, chanteur français d'origine arménienne, né en 1924, également acteur et écrivain.

**Il le porte :** Karl Lagerfeld, le couturier qui préside à la destinée de la maison Chanel.

**Son évolution :** prénom de roi dès le Moyen Âge, Charles est présent depuis des siècles. Le XIXe le classe parmi ses prénoms préférés et, s'il disparaît au début du XXe siècle, c'est pour revenir dès 1970. Il s'éloigne doucement depuis les années 2000.

**Sa forme initiale :** Carel.

**Ses cousins :** Charlélie, Charlton.

**Dans nos régions :** Carle, Charloun (Provence), Carlu (Corse), Carles (Gascogne), Charlez (Bretagne), Karlos, Karol (Pays basque).

**À l'étranger :** Caerle (Flandres), Carel, Carl, Carolus, Karl (Allemagne), Carlo, Lino (Italie), Carolos (Grèce), Carles (Catalogne), Carrol, Cearbhall (Irlande), Chuck (Grande-Bretagne, États-Unis), Karel (pays slaves).

**Ses diminutifs :** Charlet, Charlie, Charlig, Charlot.

**Ses féminins :** Charlène, Charline, Charlotte.

## CHARLIE

**D'où vient-il ?** Charlie est une variante de Charles, un prénom d'origine germanique, qui signifie « viril ».

**On le fête** le 4 novembre, avec Charles.

**Il serait...** sociable, enjoué et communicatif. Il s'adapte facilement aux situations, pourvu qu'on lui manifeste de l'affection.

**Ils l'ont porté :** Charlie Chaplin, enfant de la balle, acteur, réalisateur, producteur, roi du cinéma muet, qui créa le personnage de Charlot. Il s'éteignit en 1977 après 65 ans de carrière et de nombreux chefs-d'œuvre.

**Son évolution :** Charlie est aujourd'hui considéré comme un vrai prénom et progresse lentement. Il est devenu mixte.
**Sa forme initiale :** Charles.
**Ses cousins :** Charly.

## CHILDÉRIC
### Chilpéric

**D'où vient-il ?** Childéric, d'origine germanique, signifie « combat de roi ».
**Il serait...** dynamique, opportuniste et énergique. Il a l'esprit d'entreprise et le sens des affaires, une grande confiance en ses qualités.
**Ils l'ont porté :** Childéric Ier, fils de Mérovée, roi des Francs en 663 qui fut contraint à s'exiler pendant quelques années, pour avoir séduit toutes les femmes de ses proches... Il revint sur le trône, se montra plus calme et remporta quelques victoires militaires avant de mourir en 673. Childéric II, roi d'Austrasie, puis de France à la déposition de son frère Thierry III.
**Son évolution :** ce prénom du haut Moyen Âge n'a pas survécu au passage à l'an 1000, il est rarissime.
**Son cousin :** Chilpéric.

## CHRÉTIEN
### Christian

**D'où vient-il ?** Chrétien est la forme originelle de Christian qui signifie en grec « messie ».
**On le fête** le 7 avril. Prêtre en Flandre, saint Chrétien se consacre au soulagement des pauvres.
**Il serait...** affectueux et sensible, tout en affichant une façade de dureté. Il ne craint pas une réputation de macho, et adore qu'on l'admire et qu'on soit à ses pieds.
**Il l'a porté :** Chrétien de Troyes, écrivain du Moyen Âge, premier grand romancier français, qui s'inspira des légendes celtiques et des traditions bretonnes ; on lui doit *Lancelot ou le chevalier de la charrette*, *Yvain ou le chevalier au lion*, *Perceval ou le roman du Graal* écrits entre 1175 et 1190.
**Son évolution :** assez fréquent au Moyen Âge, Chrétien a disparu pendant plusieurs siècles ; c'est au début du XXe siècle que Christian a occupé sa place.
**Son cousin :** Christian.

## CHRISTIAN
### Chrétien

**D'où vient-il ?** Christian signifie en grec « messie ».
**On le fête** le 12 novembre. Saint Christian, cuisinier polonais, appartenait à une petite communauté de moines dans la province de Poznan. Dans la nuit du 10 au 11 novembre 1003, Christian et quatre compagnons italiens et polonais furent assassinés par des brigands. Ils sont proclamés patrons protecteurs de la Pologne. Les pèlerins accourent de toute l'Europe sur leurs tombes où des miracles se seraient produits.
**Il serait...** ambitieux et sûr de lui, fier et susceptible, mais aussi plein de doutes et parfois d'inquiétude. Communicatif, il est attentif aux autres.
**Ils l'ont porté :** dix rois du Danemark portèrent ce prénom de 1425 à 1947, dont Christian Ier qui régna sur la Suède et la Norvège au XVe siècle. Christian Dior, qui vendit ses premiers croquis de robes à Nina Ricci et à Balanciaga avant de créer sa propre maison de couture avec l'aide de Marcel Boussac en 1945. En 1947, il créa le « new-look », qui en fera une star de la couture internationale. Il inventa ensuite sa ligne de parfum et, homme d'affaires avisé, il conquit le marché américain. Il s'éteignit en 1957.
**Ils le portent :** Christian Clavier, acteur né en 1952, membre de la troupe du Splendid, qui joua surtout des rôles comiques comme dans *les Bronzés* ou *les Visiteurs*, ainsi que des rôles dramatiques pour la télévision. Christian Lacroix, couturier d'origine provençale, qui fonda sa maison en 1987 avec LVMH, et sa propre ligne de linge de maison en 1995. Cristiano Ronaldo, joueur de football portugais.

**Son évolution:** Christian est un prénom moderne, né dans les années 1920. c'est entre 1040 et 1970 qu'il fut à son apogée. Il est rarissime aujourd'hui.
**Sa forme initiale:** Chrétien.
**Dans nos régions:** Crestian, Cristoù (Provence), Cristianu (Corse), Kixtin (Pays basque).
**À l'étranger:** Criostal, Criostoir, Crisdean (Irlande), Cristian (Espagne), Crist (pays de Galles), Cristia (Catalogne), Cristiano (Espagne, Italie), Chris, Kirsten (Grande-Bretagne, États-Unis), Karsten (Allemagne).
**Son diminutif:** Chris.
**Ses féminins:** Christiane, Christine.

## CHRISTOPHE
**Christopher**

**D'où vient-il?** Christophe signifie en grec « qui porte le Christ ».
**On le fête** le 25 juillet. D'après une obscure légende du Moyen Âge, Christophe serait un géant, surnommé « le Maudit », au III^e siècle en Asie Mineure. Devenu passeur de rivières, il prit un jour sur ses épaules un enfant si lourd qu'il crut porter le poids du monde et s'en étonna. L'enfant lui aurait répondu: « Tu as porté le monde entier et aussi Celui qui a créé le monde ». Reconnaissant en lui l'Enfant Jésus, il se fit baptiser et poursuivit son travail tout en essayant de convertir ses clients. Il fut alors arrêté et mourut en martyr à Lycie sous le règne de Dèce. Cette légende connut un culte important en France au Moyen Âge et saint Christophe devint le patron protecteur des voyageurs.
**Il serait...** sensible, réservé. Il apprécie la compagnie de ses proches, mais il a besoin de solitude et d'intimité. Le climat affectif environnant est déterminant pour sa motivation.
**Il l'a porté:** Christophe Colomb, navigateur au service des rois d'Espagne, qui, avec trois navires, la Pinta, la Nina et la Santa Maria, et 90 hommes d'équipage, traversa l'Atlantique et découvrit les îles de la mer des Caraïbes en 1492 et 1493.
**Ils le portent:** l'acteur Christophe Lambert, l'animateur de télévision Christophe Dechavanne et le chanteur Christophe Willem.
**Son évolution:** si Cristobal n'est pas rare en Espagne à la Renaissance, Christophe, lui, est, à la même époque, inconnu en France. C'est entre 1960 et 1980 que Christophe est au sommet de son évolution. On rencontre parfois Christopher.
**Dans nos régions:** Cristau, Cristol, Cristoli (Gascogne), Cristolou, Cristou (Provence), Cristofino (Corse).
**À l'étranger:** Christiaen, Christoffel (Flandre), Christof, Stoffel, Toffel (Allemagne), Christoffer (Scandinavie), Christopher, Christopherus (Grande-Bretagne, États-Unis), Cristobal (Espagne), Cristofol (Catalogne), Cristofor (Catalogne, Roumanie), Cristoforo (Italie), Cristovao (Portugal), Khristophor (Russie), Kristoforo (Grèce).

## CIAN

**D'où vient-il ?** Cian, d'origine celte, signifie « ancien ».
**Il serait...** décidé à atteindre ses objectifs, à se dépasser, à s'oublier même, dans le don de soi. Il manque parfois un peu de réalisme et se retire volontiers dans ses rêves.
**Il le porte :** Cian Healy, joueur de rugby à XV irlandais.
**Son évolution :** Cian est l'un des prénoms favoris en Irlande.
**Ses cousins :** Kane, Kean.

## CIARAN
**Kieran, Cieran**

**D'où vient-il?** Ciaran, d'origine celte, signifie « jeune homme aux cheveux noirs ».
**On le fête** le 9 septembre. Saint Ciaran fut abbé d'un monastère en Irlande qu'il fonda en 547 et qui fut le centre culturel jusqu'au XVI^e siècle.
**Il serait...** ambitieux, travailleur et volontaire. Il n'a qu'une idée: être premier. Fier, il vit mal l'échec et se vexe à la moindre critique.

**Son évolution :** ce prénom évolue favorablement en Irlande depuis les années 1990.
**Ses cousins :** Cieran, Kieran.
**Son féminin :** Ciara.

**Son heure de gloire**

Aujourd'hui, en Irlande. Ce prénom a toujours été populaire en Irlande et plusieurs saints le portent. Il atteint son record depuis 2005, se classant parmi les cinq prénoms masculins préférés.

## CILLIAN

**D'où vient-il ?** Cillian, d'origine celte, variante de Killian, signifie « combat ».
**On le fête** le 13 novembre. Saint Cillian (appelé aussi Killian ou Killien), irlandais parti évangéliser la Thuringe, fut assassiné par la femme du duc de Bavière, en 689.
**Il serait...** casanier, tourné vers sa famille, son foyer. La vie sociale ne l'attire pas, il se méfie des relations superficielles et a un sens profond des responsabilités.
**Il le porte :** l'acteur irlandais Cillian Murphy.
**Son évolution :** Cillian est au palmarès des prénoms masculins irlandais.
**Ses cousins :** Killian, Killien.

## CISCO

**D'où vient-il ?** Cisco est un diminutif de Francisco, forme espagnole de François, d'origine latine, qui signifie « du peuple franc ».
**On le fête** le 24 janvier avec saint François d'Assise ou le 4 octobre avec saint François de Sales.
**Il serait...** travailleur et persévérant, décidé à parvenir à ses fins, se fixant des challenges, peu enclin au découragement. Il compte surtout sur lui pour réussir.
**Il le porte :** le musicien américain Cisco Adler.
**Son évolution :** Cisko est un prénom apprécié aux États-Unis, surtout dans les familles d'origine mexicaine.
**Son cousin :** Francisco.
**Son féminin :** Ciska.

## CLARENCE (mixte)

Clair

**D'où vient-il ?** Clarence est une variante de Clair qui signifie en latin « clair ».
**On le fête** le 26 avril. Saint Clarence fut évêque de Vienne, dans le Dauphiné, au VII<sup>e</sup> siècle. Il décède en 620.
**Il serait...** réservé, mais amical et ouvert, réfléchi, mais léger et plein d'humour. Stable, rationnel, il est aussi très sensible et affectueux.
**Son évolution :** ce prénom était déjà connu en Angleterre au XIV<sup>e</sup> siècle. Il a connu des fortunes diverses à travers les siècles. Aujourd'hui, même si Clarence n'est pas fréquent, il n'a pas disparu.
**Sa forme initiale :** Clair.
**Son féminin :** Clarence est mixte, avec une prédominance masculine.

## CLAUDE

Claudien, Claudin

**D'où vient-il ?** Claude, d'origine latine, signifie « boiteux ». Le verbe « claudiquer » est issu de ce mot.
**On le fête** le 15 février. Né en 1641 près de Grenoble, Claude de la Colombière fut précepteur des fils de Colbert à Paris. En 1659, il devint jésuite à Avignon et fut le confesseur de sainte Marguerite-Marie, voyante. En 1676, il partit pour Londres où il devint le chapelain de la duchesse d'York. Il fut très vénéré en Franche-Comté.
**Il serait...** énergique, sensible et sociable. Très attaché à sa famille, il est attentif et généreux. Élégant, il est soucieux de son apparence.
**Ils l'ont porté :** La *gens* Claudius était une célèbre famille romaine qui eut un grand rôle politique pendant plus de 500 ans. Claude Ptolémée, né en 90 en Haute-Égypte, qui fut mathématicien, astronome, physicien à Alexandrie. Claude Monet, artiste peintre français impressionniste, né en 1840. Les chanteurs Claude Nougaro et Claude François. Les réalisateurs Claude Sautet, Claude Berri et Claude

Chabrol. L'acteur Claude Rich, qui remporta le césar du meilleur acteur pour son interprétation dans le film *le Souper*, en 1993.

**Ils le portent :** le réalisateur Claude Lelouch. Claude Brasseur, qui eut le césar du meilleur acteur en 1977 pour son rôle dans le film *Un éléphant ça trompe énormément*.

**Son évolution :** Claude, prénom antique, est réapparu au début du XX^e^ siècle pour atteindre son apogée dans les années 1940. Il a disparu aujourd'hui.

**Ses cousins :** Claudien, Claudin.

**Dans nos régions :** C'Hlaoud, Claudic, Glaode, Klaoda (Bretagne), Klaudio (Pays Basque), Glaudi, Glaudo (Gascogne), Glaude (Provence).

**À l'étranger :** Claudi (Catalogne), Claudio (Espagne, Italie, Grèce), Claudius (Allemagne), Claus (Flandre, Allemagne), Klaudii, Klava (Russie).

**Ses féminins :** Claude, Claudia, Claudine.

## CLÉANTE

### Cléonte

**D'où vient-il ?** Cléante est un patronyme littéraire issu de l'*Avare* et de *Tartuffe*, deux pièces du théâtre de Molière.

**Il serait...** sérieux, responsable, scrupuleux. Il cherche l'harmonie dans ses relations et la sécurité dans sa vie professionnelle.

**Son évolution :** ce prénom, comme la plupart des prénoms littéraires, est rare.

**Son cousin :** Cléonte.

## CLÉMENT

### Clémentin

**D'où vient-il ?** Clément, d'origine latine, signifie « indulgent ».

**On le fête** le 23 novembre. Saint Clément I^er^ fut le quatrième pape entre 88 et 97. Instruit et cultivé, on lui attribue la lettre aux Corinthiens qui prône la réconciliation entre les fidèles de Corinthe et leurs pasteurs. Il affirma la primauté du siège romain sur les autres Églises. Il aurait été exilé par l'empereur Trajan en Crimée où il

## Prénoms de grands-pères

L'originalité, ce n'est pas toujours de choisir un prénom que personne, ou presque ne connaît. Il suffit simplement d'un prénom « décalé » dans le temps, passé de mode et pas encore revenu.

N'allez pas chercher très loin. En remontant à deux générations, entre 1940 et 1960, vous aurez une belle liste de prénoms de grands-pères !

| | |
|---|---|
| **Alain** | **Jean** |
| **Bernard** | **Jean-Claude** |
| **Christian** | **Jean-Pierre** |
| **Christophe** | **Laurent** |
| **Claude** | **Michel** |
| **Daniel** | **Pascal** |
| **Dominique** | **Patrick** |
| **Éric** | **Philippe** |
| **Frédéric** | **Richard** |
| **Gérard** | **Stéphane** |
| **Jacques** | **Thierry** |

Et en allant un peu plus loin dans le temps, entre 1910 et 1940, de prénoms d'arrières grands-pères.

| | |
|---|---|
| **Albert** | **Joseph** |
| **André** | **Louis** |
| **Charles** | **Marcel** |
| **Edmond** | **Maurice** |
| **Émile** | **Paul** |
| **Ernest** | **Pierre** |
| **Georges** | **Raymond** |
| **Gilbert** | **René** |
| **Henri** | **Robert** |
| **Jean** | **Roger** |

aurait converti des gardes et des prisonniers. Il fut noyé dans la mer Noire en 97.

**Il serait...** ambitieux, entier, passionné et volontaire. Il a un charisme certain, ce qui lui permet d'avoir un ascendant sur les autres et de commander sans contestation.

**Il l'a porté :** Clément Marot, fils de poète, poète lui-même qui fut au service de Marguerite de Valois puis de François I^er^ qu'il accompagna souvent aux armées. Parfois insolent, il fut emprisonné et contraint à l'exil. Il s'éteignit en Italie en 1544.

**Il le porte :** Clément Sibony, acteur français.

**Son évolution :** on rencontrait Clément au Moyen Âge, et au XIX^e^ siècle. C'est dans les années 1990 qu'il a atteint son apogée.

**Son cousin :** Clémentin.

**Dans nos régions :** Clemente (Corse), Kliment (Pays Basque).

**À l'étranger :** Clemens (Allemagne, Danemark, Grande-Bretagne, États-Unis), Clemente (Espagne, Italie), Cliaman (Irlande), Cliamain (Écosse), Klemens (Allemagne), Kliment (Russie).

**Ses féminins :** Clémence, Clémentine.

## CLÉOPHAS

**D'où vient-il ?** Cléophas, d'origine grecque, signifie « qui célèbre le lever du jour ».

**On le fête** le 2 décembre. Saint Cléophas fut un disciple du Christ au I^er^ siècle. Il le rencontra sur la route d'Emmaüs, au soir de Pâques et ne le reconnut pas. Il l'invita néanmoins à dîner dans une auberge. C'est au moment où Jésus rompit le pain que Cléophas réalisa qui dînait en face de lui.

**Il serait...** réfléchi, introverti, s'épanouissant dans la lecture, l'étude, l'apprentissage de nouvelles connaissances. Peu attiré par les mondanités, il vit volontiers solitaire.

## CLINTON
### Clint

**D'où vient-il ?** Clinton, d'origine anglaise, signifie « ferme près de la rivière Glyme ».

**Il serait...** sensible, conciliant, en quête de paix et d'harmonie, et attaché à sa famille. Sa vie privée est sa priorité.

**Il le porte :** Clint Eastwood, acteur et réalisateur américain, engagé dans la vie politique de son pays.

**Son évolution :** Clinton est, aux États-Unis, aussi bien un prénom qu'un nom de famille. Il est répandu dans les deux cas.

**Son diminutif :** Clint.

## CLODOALD
### Cloud

**D'où vient-il ?** Clodoald, d'origine germanique, signifie « ancienne gloire ».

**On le fête** le 7 septembre. Fils de Clodomir et petit-fils de Clovis et Clotilde, Clodoald échappa de peu à ses oncles, Clotaire et Childebert, qui avaient fait tuer ses frères pour se partager le royaume. Clodoald renonça au trône et se fit ordonner prêtre. Il se retira près de Paris pour fonder un monastère. Il y mourut en 560 et sa tombe devint un lieu de pèlerinage. Au VIII^e^ siècle, son ermitage prend le nom de Saint-Cloud.

**Il serait...** dynamique, imaginatif, inventif. Il a besoin d'exprimer ses idées, ses passions dans un exutoire, sport, art, écriture.

**Son évolution :** Clodoald le médiéval est resté dans les brumes de l'histoire, quand à sa variante Cloud, elle n'a vraisemblablement jamais été portée.

**Son cousin :** Cloud.

## CLOTAIRE
### Clothaire

**D'où vient-il ?** Clotaire, d'origine germanique, signifie « grande gloire ».

**On le fête** le 7 avril. Saint Clotaire fut abbé du monastère de Vitry en Champagne vers 800.

**Il serait...** sociable et amical, très humaniste et attaché à sa famille. Vif et actif, ambitieux et combatif, il est à la recherche du pouvoir et du succès.

**Ils l'ont porté :** plusieurs rois de Neustrie, Bourgogne et Austrasie dont Clotaire I$^{er}$, fils de sainte Clotilde et époux de sainte Radegonde. Il fit tuer ses neveux, avec lesquels il partageait le royaume de son père, pour récupérer le trône. Clotaire II, fils de Chilpéric I$^{er}$ et de Frédégonde, fit assassiner la reine Brunehaut. Clotaire III, roi à 5 ans, mourut à 11 ans.
**Son évolution :** longtemps disparu, ce prénom médiéval réapparaît très discrètement dans l'ombre de Clovis depuis 2000.
**Son cousin :** Clothaire.
**À l'étranger :** Clotario (Espagne).

## CLOVIS

**D'où vient-il ?** Clovis est une forme originelle de Louis, d'origine germanique, qui signifie « glorieux vainqueur ».
**On le fête** le 25 août avec Louis.
**Il serait...** franc et loyal, homme de devoir, énergique et autoritaire. Homme de terrain, il est dynamique et perfectionniste.
**Ils l'ont porté :** Clovis I$^{er}$, roi des Francs, païen, qui épousa Clothilde la chrétienne. Il conquit des territoires et se fit baptiser avec son armée le 24 décembre 496 : il choisit Paris comme capitale et réorganisa l'épiscopat au Concile d'Orléans en 511. Clovis II, né en 633, mort à 24 ans, sujet à des convulsions et à des crises de démence. Clovis III, qui ne fut roi qu'entre 675 et 676. Clovis IV, qui fut roi de 691 à 695, sous la tutelle de Pépin de Herstal.
**Il le porte :** L'acteur Clovis Cornillac, qui reçoit en 2004 le César du meilleur second rôle masculin pour son rôle dans *Mensonges et trahisons, et plus si affinités*.
**Son évolution :** Clovis somnolait dans les tiroirs de l'Histoire de France jusqu'à son petit succès dans les années 2010, mais il tend maintenant à disparaître.
**Sa forme initiale :** Chlodwig.
**À l'étranger :** Clodoveo (Italie), Clodoveu (Catalogne).

**Son heure de gloire**

Le haut Moyen Âge, comme l'atteste la généalogie de plusieurs rois entre le V$^{e}$ et le VII$^{e}$ siècle.

## CLYDE

**D'où vient-il ?** Clyde, d'origine écossaise, est le nom d'une rivière à Glasgow, où sont situés de grands chantiers navals.
**Il serait...** énergique, méthodique et volontaire, coléreux parfois. Discipliné, il se rassure avec des principes car il est anxieux.
**Il l'a porté :** Clyde Barrow, malfaiteur des années 1930 aux États-Unis, qui forma un couple mythique avec Bonnie Parker.
**Son évolution :** ce prénom était assez courant en Écosse au début du XX$^{e}$ siècle. Il est beaucoup plus rare aujourd'hui.

## CODY

**D'où vient-il ?** Cody, d'origine anglaise, signifie « coussin ».
**Il serait...** sociable, conciliant, diplomate. Il aime la compagnie et ne conçoit pas de vivre ou de travailler seul.
**Son évolution :** Cody est un prénom populaire aux États-Unis depuis 1990, il est rare en France.
**Son féminin :** Codie.

## COEMGEN
**Gauvain, Gaven, Kelvin, Kevin**

**D'où vient-il ?** Coemgen, d'origine celte, signifie « enraciné ».
**On le fête** le 3 juin. Ermite irlandais au VI$^{e}$ siècle, Coemgen créa un monastère dont il prit la direction. La légende raconte qu'il pouvait prier pendant des heures, immobile et debout les bras en croix, que les loups se couchaient à ses pieds et que les arbres s'inclinaient sur son passage. Il renonça à la solitude pour fonder le célèbre monastère de Glendalough en Irlande vers 550. Il mourut en 618 et son tombeau devint un centre de pèlerinage auquel il fallait se rendre sept fois pour gagner l'indulgence divine.

**Il serait...** calme, posé, réfléchi. Il se remet en cause souvent, prêt à changer de voie si cela est utile. Il aime la lecture, l'étude, la solitude.
**Son évolution :** prénom très peu connu, Coemgen vit à travers ses variantes, Gauvain, fréquent au Moyen Âge et Kevin, courant à la fin du XX^e^ siècle.
**Ses cousins :** Gauvain, Gaven, Kelvin, Kevin.

## COLIN

**D'où vient-il ?** Colin est une forme médiévale de Nicolas qui signifie en grec « victoire du peuple ».
**On le fête** le 6 décembre avec Nicolas.
**Il serait...** franc et loyal, homme de devoir, énergique et autoritaire. Homme de terrain, il est dynamique et perfectionniste.
**Ils le portent :** Colin Farrell, acteur irlandais. Colin Powell, général et homme d'État américain, nommé secrétaire d'État par George W. Bush en 2000. Colin est un personnage du roman de Boris Vian, l'*Écume des jours*, paru en 1947.
**Son évolution :** Colin a été redécouvert dans les années 2000, réapparaît timidement dans les années 2010, mais s'efface aujourd'hui.
**Sa forme initiale :** Nicolas.
**Son féminin :** Coline.

## COLOMBAN
### Callum, Colman, Coleman, Coloman

**D'où vient-il ?** Colomban signifie en latin « colombe ».
**On le fête** le 23 novembre. Né en Irlande en 540, saint Colomban quitta son pays en 590, accompagné de douze compagnons ; ils se rendirent au royaume des Francs pour stopper le retour du paganisme. Avec saint Gontran, il fonda de nombreux monastères dont le rayonnement favorisera une importante vague d'évangélisation sous l'ère mérovingienne. En 610, persécuté par la reine Brunehaut dont il dénonçait les vices, il dut quitter la Gaule.
**Il serait...** réfléchi, studieux, réservé, prudent. Il doute de lui et des autres et s'entoure de précautions avant de prendre une décision.
**Son évolution :** ce prénom, courant au Moyen Âge dans les pays de culture celte, a pratiquement disparu en France alors que sa forme irlandaise Callum est très appréciée en Irlande et que Colombe connaît un succès discret.
**Sa forme initiale :** Colman.
**Ses cousins :** Coleman, Coloman.
**Dans nos régions :** Colombanu (Corse), Coulom (Provence), Koulm, Koulman (Bretagne).
**À l'étranger :** Callum, Caluman, Colm, Columb, Columba (Irlande), Colombano (Italie), Colomo, Colon (Espagne), Columbano (Portugal).
**Ses féminins :** Colombe, Colombine.

## CÔME

**D'où vient-il ?** Côme, d'origine grecque signifie « ordre ».
**On le fête** le 26 septembre. Saint Côme et saint Damien étaient deux chrétiens médecins en Arabie au IV^e^ siècle. Frères ou amis inséparables, ils prodiguaient gratuitement leurs services et en profitaient pour évangéliser leurs patients. Ils furent tous deux décapités en 287 en Syrie. C'est au IV^e^ siècle que leur culte se répandit dans toute la chrétienté. Ce sont les patrons des médecins et des chirurgiens.
**Il serait...** sociable en restant discret, conciliant, à la recherche d'entente et d'harmonie, psychologue et attentif aux autres.
**Son évolution :** Côme est un des grands prénoms BCBG, qui s'impose progressivement depuis 2000.
**À l'étranger :** Cosimo (Italie), Cosmao (Portugal), Cosme (Espagne), Cosmin (Roumanie), Costen (Flandres), Kosma (Russie), Kosmas (Allemagne).
**Son féminin :** Cosima.

## CONAN
### Konan

**D'où vient-il ?** Conan, d'origine irlandaise, vient de Conn, qui signifie « sagesse ».

**On le fête** le 26 janvier. Né à la fin du VI^e siècle en Écosse, Conan se consacra à Dieu dès sa plus jeune enfance. Ordonné prêtre, il partit sur l'île de Man, en mer d'Irlande, pour combattre le druidisme et répandre le christianisme. Il fut évêque de l'unique diocèse de l'île, où il mourût en 648.

**Il serait...** sociable, communicatif, plein de tact. Il redoute la solitude tout autant que les groupes et apprécie la complicité d'une association ou d'un partenariat.

**Ils l'ont porté :** l'écrivain écossais Conan Doyle, qui créa en 1887 le célèbre personnage de Sherlock Holmes. Plusieurs évêques de Londres.

**Son évolution :** ce prénom a été très populaire en Irlande et en Écosse jusqu'aux années 1950. Il est rare en France.

**Sa forme initiale :** Conn.

**Son cousin :** Konan.

**À l'étranger :** Cynan (pays de Galles).

**Son féminin :** Connie.

## CONNOR

**D'où vient-il ?** Connor est une variante de Conchobhar, d'origine irlandaise, qui signifie « amoureux des loups », nom d'un roi de l'Ulster légendaire.

**Il serait...** réfléchi, studieux, intellectuel. Il aime l'étude et préfère lire ou travailler à toute autre forme d'activité.

**Son évolution :** Connor a toujours été populaire en Irlande. Mais il est aussi un nom de famille très répandu.

**À l'étranger :** Conor (Irlande).

### Son heure de gloire

Jusqu'en 2015, en Irlande et en Écosse. Il régresse en Irlande mais se maintient au top 50 en Écosse.

## CONOGAN

**D'où vient-il ?** Conogan est une variante de Gwénégan, d'origine celte, qui signifie « bravoure ».

**On le fête** le 16 octobre. Saint Conogan succèda à saint Corentin comme évêque de Quimper. Il mourut en 460 et son culte est important en Bretagne.

**Il serait...** sentimental, affectueux et très attaché à sa famille et à ses proches. Il se sent responsable d'eux et veille à leur sécurité.

**Son évolution :** ce prénom est bien connu des familles bretonnes, il est rare dans l'ensemble du pays.

**Sa forme initiale :** Gwénégan.

## CONRAD

**Curd, Curt, Conradin**

**D'où vient-il ?** Conrad, d'origine germanique, signifie « brave conseil ».

**On le fête** le 26 novembre. Saint Conrad fut évêque de Constance, en Suisse, de 934 à 975. À l'origine de l'édification de nombreuses églises et abbayes, il fit trois pèlerinages en Terre sainte.

**Il serait...** dynamique, optimiste et charmeur. Méthodique et pourvu d'un solide sens pratique, il réussit ce qu'il entreprend.

**Ils l'ont porté :** Konrad Adenauer, né en 1876, travailla dans l'administration allemande. Farouchement opposé au nazisme, il fut emprisonné en 1944. En 1949, il fut nommé

Premier chancelier de la République fédérale d'Allemagne et eut la lourde tâche de rétablir des relations confiantes avec les Alliés. Il occupa son poste jusqu'en 1963. Curd Jürgens, acteur allemand, qui tourna dans plus de cent films, dont *Et Dieu créa la femme* de Roger Vadim en 1956, *L'Ange bleu* avec Marlène Dietrich en 1959 et *Katia*, avec Romy Schneider en 1959. Il disparut en 1982. Kurt Cobain, né aux États-Unis en 1967, chanteur et guitariste du groupe Nirvana, mort en 1994.

**Son évolution :** Conrad fut un prénom courant en Allemagne à la fin du XIX^e^ siècle et au début du XX^e^. Il est rare aujourd'hui.

**Son cousin :** Conradin.

**Dans nos régions :** Kurt (Alsace).

**À l'étranger :** Conrado (Espagne), Corrado (Italie), Konrad (Allemagne).

## CONSTANT

### Constantin

**D'où vient-il ?** Constantin est une variante de Constant, d'origine latine qui signifie « constance ».

**On le fête** le 21 mai avec Constantin.

**Il serait...** sensible et réservé. Il est très perméable aux ambiances et facilement blessé par les critiques. Mais une atmosphère affective stable le dynamise et il donne le meilleur de lui-même.

**Son évolution :** ce prénom a connu une petite vague de succès au XIX^e^ siècle. Il est discret, mais présent aujourd'hui.

**Son cousin :** Constantin.

**Son féminin :** Constance.

## CONSTANTIN

### Constant

**D'où vient-il ?** Constantin est une variante de Constant, d'origine latine, qui signifie « constance ».

**On le fête** le 21 mai. Né en Serbie vers 280, saint Constantin I^er^ le Grand fut couronné empereur à Rome en 306. Il garantit la liberté de culte aux chrétiens et fit construire des basiliques à Jérusalem, à Rome et à Constantinople. Il se fit baptiser avant sa mort en 337.

**Il serait...** sympathique et ouvert, affectueux et expressif, mais il ne faut pas toucher à sa chère indépendance. Il a pourtant besoin d'être sécurisé par des relations stables.

**Ils l'ont porté :** plusieurs empereurs byzantins, dont Constantin I^er^ qui régna de 306 à 337 et fut le premier à se convertir au christianisme, sur son lit de mort. Il fut le fondateur de Constantinople. Constantin II, roi de Grèce de 1964 à 1974.

**Son évolution :** ce prénom très usité en Grèce est rare en France, mais il commence à se montrer dans les familles BCBG.

**Sa forme initiale :** Constant.

**Dans nos régions :** Constantino (Corse).

**À l'étranger :** Coiseam (Irlande), Constancio, Constantino (Espagne), Constanti (Catalogne), Costantino, Costanzo (Italie), Costadino (Italie), Konstantin, Kosta, Kostia (Russie, Grèce).

## CORENTIN

**D'où vient-il ?** Corentin, d'origine celte, signifie « ami ».

**On le fête** le 12 décembre. Saint Corentin est l'un des sept fondateurs de la Bretagne. Ermite en Bretagne et disciple de saint Martin de Tours, il fonda un monastère en Cornouailles et devint premier évêque de Quimper. Il mourut en 490 ; il est vénéré en Angleterre sous le nom de saint Cury.

**Il serait...** combatif et volontaire, affirmé et exigeant. Derrière ce caractère rude, se cache beaucoup de sensibilité, et il est capable de montrer beaucoup de tendresse.

**Il l'a porté :** Corentin Celton, né en 1905 à Douarnenez qui fut employé à l'hospice des Petits Ménages d'Issy-les-Moulineaux, et représentant syndical CGT. En 1940 il entra dans la Résistance. Il fut fusillé par les nazis en 1943. L'hôpital porte désormais son nom.

**Il le porte :** dans les aventures de Bécassine, qui commencèrent à paraître dans le magazine pour

petites filles *la Semaine de Suzette*, à partir de 1905, Corentin est l'oncle de Bécassine.
**Son évolution :** connu depuis très longtemps en Bretagne, Corentin y fut un prénom courant à la fin du XIX$^{e}$ siècle. Il est sorti de son pays natal dans les années 1990, mais il s'éloigne.
**Dans nos régions :** Kaourentin (Bretagne).
**Son féminin :** Corentine.

## CORNEILLE

### Cornélius, Cornille

**D'où vient-il ?** Corneille signifie en latin « corneille ». La *gens* Cornelius était une grande famille patricienne de la Rome antique.
**On le fête** le 16 septembre. Saint Corneille, originaire de Rome, fut le 21$^{e}$ pape, élu en 251. Avec saint Cyprien, il combattit l'antipape Novatien et dut faire face aux persécutions de l'empereur Gallien qui tenait les chrétiens pour responsables d'une épidémie de peste. Exilé par l'empereur Gallus, il mourut en 253.
**Il serait...** curieux, souple, optimiste. Il est épris de nouveauté, de voyages, d'aventures. Il apprécie les plaisirs de la vie et affiche une éternelle bonne humeur.
**Il le porte :** Corneille, chanteur québécois d'origine rwandaise.
**Son évolution :** ce prénom, très fréquent dans l'Antiquité, a toujours été rare en France.
**Sa forme initiale :** Cornelius.
**Son cousin :** Cornille.
**Dans nos régions :** Cornely (Bretagne), Korneli (Pays basque).
**À l'étranger :** Cooren, Corneel (Flandre), Cornel (Roumanie), Cornelis (Pays-Bas), Cornelio (Espagne, Italie), Cornelius (Grande-Bretagne, États-Unis), Kornel (pays slaves), Kornilii (Russie).
**Ses féminins :** Cornélie, Cornélia, Cornilla.

## CRÉPIN

### Crépinien, Crespin

**D'où vient-il ?** Crépin, d'origine latine, signifie « crépu ».
**On le fête** le 25 octobre. Crépin et son frère Crépinien sont deux romains établis à Soissons au III$^{e}$ siècle où ils étaient cordonniers ; ils profitaient de leur métier pour convertir leurs clients. Dénoncés au préfet, ils furent condamnés au supplice. Ils sont les patrons des bottiers et des cordonniers.
**Il serait...** calme, sensible et très attaché à son environnement affectif. Il n'aime pas se presser et profite de la vie et du temps qui passe.
**Son évolution :** ce prénom est vraiment très rare. Il n'a pas survécu à l'Antiquité.
**Ses cousins :** Crépinien, Crespin.
**À l'étranger :** Crispin (Grande-Bretagne, Espagne).

## CYPRIEN

**D'où vient-il ?** Cyprien signifie en latin « originaire de Chypre ».
**On le fête** le 16 septembre. Né vers 200 en Afrique, saint Cyprien fut orateur et professeur de rhétorique. À quarante ans, il se convertit au christianisme, se fit ordonner prêtre et devint évêque de Carthage en 248. Il fut persécuté par l'empereur Dèce et ses biens furent confisqués, il fut exilé et décapité en 258. Grand théologien, saint Cyprien est un des pères de l'Église et chef de l'Église d'Afrique.
**Il serait...** sensible, esthète, idéaliste, un peu rêveur. Il s'épanouit dans l'art et dans tous les modes d'expression, mais il a surtout besoin de sécurité affective.
**Son évolution :** Cyprien a longtemps été marginal, surtout porté par les enfants de famille BCBG ; il sort de son petit monde fermé pour se multiplier depuis 2000.
**Dans nos régions :** Cibranet, Ciprian, Ciprianet (Provence), Cibrianu (Corse), Cyprian, Cyrian (Gascogne), Zibrian, Ziprian, Zipriano (Pays basque).
**À l'étranger :** Cebria (Catalogne), Cipriano (Espagne), Cyprian (Grande-Bretagne, États-Unis, Pologne).
**Ses féminins :** Cypriane, Cyprienne.

## CYR

### Cyrano, Cyril, Cyrus, Cyran, Cyriaque, Cyriace

**D'où vient-il ?** Cyr, d'origine grecque, signifie « maître ».

**On le fête** le 16 juin. Au début du IV^e siècle en Asie Mineure, sainte Juliette et son fils de trois ans, saint Cyr, furent mis à mort. Saint Cyr est le plus jeune martyr de la chrétienté.

**Il serait...** indépendant, réfléchi et réservé. Il a un puissant sens de l'observation et l'utilise pour servir ses intérêts car il est ambitieux.

**Il l'a porté :** Cyrus le Grand fut le fondateur de l'empire perse. Il repoussa les frontières, conquit les pays voisins et mourut au combat en – 529 avant J.-C.

**Elle le porte :** Saint-Cyr est une grande école qui forme les officiers de terre de l'armée française. Saint-Cyr fut d'abord une institution crée par Madame de Maintenon pour l'éducation des filles de gentilshommes pauvres. Sous la Révolution, les jeunes filles furent évacuées et les lieux transformés en hôpital. C'est en 1800 que Saint-Cyr prendra sa vocation actuelle.

**Son évolution :** ce prénom est très rare, laissant la place à Cyril.

**Ses cousins :** Cyran, Cyrano, Cyriaque, Cyriace, Cyril, Cyrus.

**À l'étranger :** Cyrek (Pologne), Cyrus (Grande-Bretagne, États-Unis).

**Son féminin :** Kyra.

## CYRANO

### Cyran

**D'où vient-il ?** Cyrano est une variante de Cyr qui signifie en grec « maître ».

**On le fête** le 16 juin avec Cyr.

**Il serait...** travailleur, stable, appliqué et méthodique. Il progresse lentement mais sûrement dans sa vie, et ne déteste pas une certaine routine qui le rassure.

**Il le porte :** Cyrano de Bergerac, personnage principal de la pièce de théâtre éponyme écrite par Edmond Rostand en 1897.

**Son évolution :** ce prénom littéraire est très rare, autant que Cyran et Cyr.

**Sa forme initiale :** Cyr.

**Son cousin :** Cyran.

## CYRIL

### Cyr, Cyrille

**D'où vient-il ?** Cyril est une variante de Cyr qui signifie en grec « maître ».

**On le fête** le 14 février. Étudiant à Constantinople au IX^e siècle, Constantin prit le nom de Cyril avec l'habit monastique, il enseigna la philosophie et rejoignit son frère, Méthode, pour une mission d'évangélisation des Slaves en Europe centrale. L'empereur Michel lui demanda de transcrire en slavon la *Bible* et *les Saintes Écritures*. Il créa alors l'alphabet, dit « cyrillique », utilisé dans les pays de l'Est. Il mourut en 869 et, avec son frère, ils sont tous deux vénérés comme apôtres des Slaves. Jean-Paul II les proclame patrons de l'Europe avec saint Benoît en 1980.

**Il serait...** stable, posé, fidèle. Il est aussi curieux et observateur. Prudent, il prend le temps de la réflexion avant de se décider.

**Il le porte :** Cyril Lignac, cuisinier français, auteur de livres de cuisine et animateur de télévision.

**Son évolution :** courant dans les pays slaves, Cyril s'est fait connaître en France dans les années 1970, pour atteindre un succès modeste, mais stable entre 1970 et 1990. Il est en pleine régression.

**Sa forme initiale :** Cyr.

**Son cousin :** Cyrille.

**Dans nos régions :** Cerile (Provence), Kuirilo (Pays basque).

**À l'étranger :** Cireal (Irlande), Ciril (Catalogne), Cirill (Hongrie), Cirillo (Italie), Cirilo (Espagne), Ciro (Espagne, Italie), Cyrillus (Allemagne), Cyryl (Pologne), Kiril, Kyril, Kyrill (Russie), Kyrillos (Grèce).

**Ses féminins :** Cyrielle, Kyra.

## DAGOBERT

**D'où vient-il ?** Dagobert, d'origine germanique, signifie « jour brillant ».

**On le fête** le 23 décembre. Saint Dagobert avait 3 ans lorsque son père, le roi Sigebert, mourut en 656. Un usurpateur annonça la mort de l'enfant et s'installa sur le trône d'Austrasie. Vingt ans plus tard, il réclama son trône, n'en reçut que quelques terres au bord du Rhin. Réputé pour sa bonté et sa piété, il fut assassiné par des seigneurs qui voulaient devenir indépendants de sa tutelle.

**Il serait...** indépendant, optimiste, épris de liberté et de petits plaisirs. Épicurien, il sait jouir de la vie dans tous ses aspects. Mais il ne faut pas lui demander de faire des efforts car il n'est pas un travailleur acharné et recherche avant tout la facilité.

**Il l'a porté :** le « bon roi Dagobert », fils de Clotaire II, roi franc de 629 à 639. Il s'entoura de conseillers de valeur, comme saint Ouen et saint Éloi, pour redresser les finances du royaume. Il mourut en 639.

**Elle le porte :** la chanson *le Bon Roi Dagobert*, créée en 1790, d'auteurs anonymes et successifs. Elle comprendrait 24 couplets au total, selon Pierre Larousse.

**Son évolution :** Dagobert n'a pas résisté à l'usure du temps. Passé le Moyen Âge, ce prénom a disparu.

## DAIRE (mixte)

**D'où vient-il ?** Daire, d'origine irlandaise, signifie « fertile ».

**On le fête** le 8 août. Une femme du nom de Daire est vénérée en Irlande, mais on ne sait rien de sa vie.

**Il serait...** plutôt conventionnel, attaché aux traditions, au respect des valeurs de ses parents, désireux de trouver son équilibre dans une vie de famille épanouie. S'il a des amis, il ne recherche pas les relations superficielles.

**Son évolution :** Dara et Darragh sont en vogue en Irlande depuis 2010.

**Ses cousins :** Dara, Darragh.

## DAMACE

### Dalmace, Damase

**D'où vient-il ?** Dalmace signifie en latin « originaire de Dalmatie ». La Dalmatie est une région de la Croatie bordée de nombreuses îles le long de la mer Adriatique.

**On le fête** le 13 novembre. Selon une légende, cet évêque de Rodez au VI^e^ siècle aurait guéri des hommes possédés du démon et obtenu, en priant, la libération de prisonniers.

**Il serait...** réfléchi, calme, perméable aux ambiances et facilement blessé par les critiques. Mais une atmosphère affective stable le dynamise et il donne le meilleur de lui-même.

**Son évolution :** ce prénom n'a jamais été très répandu.

**Ses cousins :** Dalmace, Damase.

**Dans nos régions :** Damasu (Corse).

**À l'étranger :** Dalmacio, Damasio, Damaso (Espagne).

## DAMIEN

**D'où vient-il ?** Damien, d'origine grecque, vient de Damia, surnom de Cybèle, déesse romaine de la fertilité et des moissons.

**On le fête** le 26 septembre. Avec son frère Côme, Damien exerçait gratuitement la médecine en Palestine et en Syrie au III^e^ siècle. Ils profitaient du dialogue avec leurs patients pour les convertir. Ils furent tous deux dénoncés, arrêtés et décapités en 303. Ils sont patrons des médecins.

**Il serait...** calme, stable, sérieux, déterminé, discipliné, travailleur, actif, efficace. Un homme parfait ? Pas tout à fait, car il est aussi impatient, exigeant, conservateur et maniaque !

**Son évolution :** Damien, malgré son étymologie latine, est un prénom moderne, qui apparut dans les années 1970. En vogue pendant près de vingt ans, tout en restant modeste, il s'éloignait déjà avant le XXIe siècle.

**Dans nos régions :** Damen, Damian, Damiau (Pays basque).

**À l'étranger :** Daem (Flandres), Damia (Catalogne), Damian (Allemagne, Grande-Bretagne, États-Unis, Espagne, Roumanie), Damiano (Italie), Damianus (Allemagne), Damião (Portugal), Demian (Ukraine).

**Ses féminins :** Damia, Damiane, Damienne.

## DAN

**D'où vient-il ?** Dan, d'origine hébraïque, signifie « Dieu a fait justice ». Dan peut aussi être considéré comme un diminutif de Daniel.

**Il serait...** travailleur, méthodique, organisé. Affectif et pas toujours aussi sûr de lui qu'il le paraît, il a besoin d'être reconnu, admiré.

**Il l'a porté :** dans la Bible, Dan est le cinquième des douze fils de Jacob, qu'il eut avec Bala, la servante de Rachel. Il est l'ancêtre de l'une des douze tribus d'Israël.

**Son évolution :** Dan est actuellement très apprécié par les familles de culture juive.

## DANIEL

**D'où vient-il ?** Daniel, d'origine hébraïque, signifie « Dieu est juge ».

**On le fête** le 11 décembre. Né à Constantinople au Ve siècle, saint Daniel entre au couvent à l'âge de 12 ans. Il décide d'imiter saint Siméon, dit « le stylite », et passe une trentaine d'années de sa vie au sommet d'une colonne pour se rapprocher de Dieu. De nombreux puissants, dont deux empereurs byzantins, Léon et Zénon, vont lui demander conseil. Il meurt en 493.

**Il serait...** intuitif, habile, diplomate. Ces qualités lui permettent d'être apprécié partout et de tous, car il sait s'adapter à son entourage.

**Ils l'ont porté :** Daniel Defoe, né à Londres en 1660, qui publia en 1719 son chef-d'œuvre, *Robinson Crusoé*, *Moll Flanders* en 1722, et s'éteignit en 1731. Le compositeur et interprète Daniel Balavoine, disparu accidentellement en 1986, à qui l'on doit *Mon fils ma bataille* et *l'Aziza*. L'acteur et metteur en scène Daniel Ceccaldi.

**Ils le portent :** Les acteurs Daniel Auteuil, Daniel Prévôt et Daniel Craig et l'humoriste Dany Boon.

**Son évolution :** C'est vers 1930 que Daniel s'impose, pour connaître son apogée dans les années 1945. Il se démode dès 1960, mais reste en revanche très en vogue outre-Manche, en particulier en Irlande.

**Dans nos régions :** Danel (Pays basque), Danié, Daniset (Provence), Dannié (Normandie), Deniel, Deniol, Denoel (Bretagne).

**À l'étranger :** Daan (Pays-Bas), Daen, Daeneel, Daneel, Dannel, Deen (Flandres), Danail (Bulgarie), Daniele (Italie), Danielius (Lituanie), Daniil (Russie), Danos (Hongrie), Danila (Roumanie, Russie), Danilo (Croatie, Italie, Ukraine), Danylko (Ukraine).

**Ses diminutifs :** Dan, Dany, Danny.

**Ses féminins :** Danièle, Danielle.

### Son heure de gloire

Entre 1945 et 1950, Daniel est dans les cinq premiers prénoms masculins, en concurrence avec Michel, encore plus classique.

## DANTE

**D'où vient-il ?** Dante est un diminutif de Durante, qui signifie en latin « qui dure ».

**Il serait...** méthodique et scrupuleux. Il aime compter, progresser, gérer. Parfait homme d'affaires, il est fiable et épris de justice.

**Il l'a porté :** Dante Alighieri, écrivain italien de la Renaissance, né à Florence en 1265, dont il fut l'un des 6 prieurs auteur de *la Divine Comédie*, considérée comme un chef-d'œuvre universel. Il joua un rôle politique important à Florence, mais fut exilé et mourut à Ravenne en 1321 de la malaria.

**Son évolution :** Durante était déjà rare à la Renaissance. Dante ne fut pas plus courant. En France, aujourd'hui, il est très peu connu.

## DAPHNIS

**D'où vient-il ?** Daphnis, d'origine grecque, signifie « laurier ».

**On le fête** le 10 août avec Laurent.

**Il serait...** strict et rigoureux, économe et rationnel. Pas près de ses sous, mais soucieux de les gérer au mieux. Juste et loyal, il est apprécié dans sa vie professionnelle.

**Il l'a porté :** dans la mythologie, Daphnis, fils d'Hermès, est un jeune berger sicilien. Élevé par les nymphes, il possède de multiples talents, joue de la flûte et serait l'inventeur de la poésie bucolique.

**Il le porte :** le personnage de Daphnis, dans l'œuvre *Daphnis et Chloé,* roman bucolique grec écrit par Longus au II^e^ ou au III^e^ siècle. Les deux jeunes amoureux vivent des péripéties avant de pouvoir enfin se marier. Ce thème fut repris par Ravel qui en fit un ballet et par Offenbach qui en fit un opéra-bouffe.

**Son évolution :** ce prénom mythologique est très rare.

Son féminin : Daphné.

## DARIUS

### Darian, Darien, Darryl

**D'où vient-il ?** Darius, d'origine grecque, signifie « riche ».

**On le fête** le 19 décembre. Saint Darius fut martyr à Nicée, en Turquie au IV^e^ siècle. On ne sait rien d'autre sur sa vie.

**Il serait...** sociable, attentif aux autres et serviable. Très affectif, il agit en fonction de ses sentiments. Il a besoin de sécurité et, sans manquer de fantaisie, est attaché à ses habitudes.

**Ils l'ont porté :** Darius I^er^, roi de Perse au V^e^ siècle, il reconstitua l'empire de Cyrus et fonda la ville de Persépolis. Le comédien comique Darry Cowl, qui fut révélé par le film *le Triporteur* en 1956 et tourna sans cesse jusqu'à la fin de sa vie, en 2006. Le producteur de cinéma américain Darryl Zanuck, qui produisit plus de 200 films, dont de nombreux chefs-d'œuvre, comme *le Jour le plus long* en 1962.

**Son évolution :** ce prénom chargé d'histoire a toujours été rare en France. La forme Darryl a été plus fréquente aux États-Unis, d'où elle est absente aujourd'hui.

Sa forme initiale : Darios.

Ses cousins : Darian, Darien.

À l'étranger : Dario (Espagne, Italie), Darryl (Grande-Bretagne, États-Unis).

Son diminutif : Darry.

Ses féminins : Daria, Darie.

## DAVID

### Davy

**D'où vient-il ?** David, d'origine hébraïque, signifie « bien-aimé de Dieu ».

**On le fête** le 1^er^ mars ou le 29 décembre. Né au pays de Galles au VI^e^ siècle, saint David est un moine qui voyagea à travers son pays, y créant abbayes et monastères. Principal patron du pays de Galles, son culte est approuvé en 1120 par le pape Calixte II.

**Il serait...** sociable, sympathique et charmeur. Mais aussi déterminé, indépendant et fier. Il a un objectif, le pouvoir, la réussite, et l'atteint souvent grâce au travail et à une motivation très forte.

**Ils l'ont porté :** David, roi d'Israël, personnage biblique, dont le règne fut marqué par une période de grande prospérité. Il fit de Jérusalem la capitale du royaume. David, selon la légende, tua le géant philistin Goliath avec sa fronde. Il eut pour concubine Bethsabée, et pour seconde épouse Abigaël. Son fils Salomon lui succéda. Davy Crockett, héros américain, né dans le

Tennessee en 1786, excellent tireur, également homme politique, qui mourut à Fort Alamo en 1836. Le chanteur David Bowie

**Ils le portent :** les footballeurs David Trézéguet, David Ginola, David Beckham ; le journaliste David Pujadas ; le chanteur David Hallyday ; le champion olympique de judo David Douillet ; David Hasselhof, acteur américain, créateur de la série *Alerte à Malibu.*

**Son évolution :** David est un grand prénom de la culture hébraïque qui a conquis de très nombreuses familles, tout aspect religieux mis à part, aussi bien en France que dans les pays de langue anglaise.

**Sa forme initiale :** Daoud.

**Dans nos régions :** Dabi, Dabit, Davit (Pays basque), Davi, Davioun (Provence), Dewi, Divi (Bretagne).

**À l'étranger :** Dafydd, Devi, Dewey, Dewi (pays de Galles), Dave, Davy (Grande-Bretagne, États-Unis), Dahey, Dahy, Daibhead, Daibheid, Daighi, Daithi (Irlande), Daibhidh, Daibith (Écosse), Daoud, Dawud (pays arabes), Davi (Norvège), Davide (Italie), Davith (Islande), Davodovitch (Russie).

**Son féminin :** Davina.

### Son heure de gloire

Apparu dans les années 1950, il atteint des records de popularité dans les années 1970, en France et en Angleterre.

## DECLAN

**D'où vient-il ?** Declan, d'origine irlandaise, signifie « lumière ».

**On le fête** le 24 juillet. Saint Declan fut un des premiers évêques irlandais, prédécesseur de saint Patrick au V^e siècle. Il fonda un monastère à Ardmore, où un pèlerinage a lieu chaque année le 24 juillet.

**Il serait...** sociable, très expressif, attentif aux autres, communicatif et optimiste. Son charisme lui attire beaucoup de sympathies.

**Son évolution :** Declan est un prénom courant en Irlande et en Écosse, il est rare en France.

## DELANO

**D'où vient-il ?** Delano signifie en irlandais « bien portant ».

**Il serait...** calme, responsable, généreux. Il recherche une vie stable, des relations épanouies, un foyer accueillant et sécurisant.

**Il l'a porté :** le 32^e président des États-Unis, Franklin Delano Roosevelt, qui fut élu pour quatre mandats, de 1933 à 1945. Il mena la politique des États-Unis pendant la Seconde Guerre mondiale.

**Son évolution :** Delano est très rare en France. On le rencontre parfois aux États-Unis, associé à un premier prénom.

## DELPHIN
### Dauphin

**D'où vient-il ?** Delphin, d'origine latine, signifie « dauphin ».

**On le fête** le 24 décembre. Évêque de Bordeaux à la fin du IV^e siècle, saint Delphin participa aux conciles de Saragosse et de Bordeaux, et contribua à la lutte contre les hérétiques.

**Il serait...** optimiste, dynamique, épris de voyages et d'aventures. Il aime la vie et ses plaisirs, et s'adapte à tous les événements.

**Son évolution :** Delphin n'a pas connu le succès de son féminin. Il a toujours été rare.

**Dans nos régions :** Delfin (Pays basque).

**Son cousin :** Dauphin.

**À l'étranger :** Delfin (Espagne), Delfino (Italie).

**Son féminin :** Delphine.

## DÉMÉTRIEN
### Dimitri

**D'où vient-il ?** Démétrien est une variante de Démétrie, d'origine latine, qui vient du nom de la déesse des moissons Déméter.

**On le fête** le 6 novembre. Né à Chypre en 835, saint Démétrien est veuf à 16 ans. Il devient moine au monastère de Saint-Antoine, puis il est nommé évêque de Chypre. Décédé en 912, il est vénéré sur l'île.

**Il serait...** calme, réservé tout en étant sociable.

Il redoute la solitude et a besoin de stimuli pour se motiver. Réfléchi et intuitif à la fois, il a un bon sens de l'analyse.

**Son évolution :** ce prénom n'a jamais été courant en France. En Grèce, il est assez rare.

**Dans nos régions :** Demetrio (Pays basque).

**À l'étranger :** Demetrios (Grèce), Dimitri (Russie).

## DENIS

**D'où vient-il ?** Denis, d'origine grecque, vient du nom de Dionysos, dieu de la vigne et du vin dans la mythologie grecque.

**On le fête** le 9 octobre. Selon *l'Historia Francorum* de saint Grégoire de Tours, saint Denis fut prêtre puis évêque en Italie au III^e siècle. Il fit partie des sept missionnaires envoyés par le pape Fabien pour évangéliser la Gaule païenne. Il fut le premier évêque de Paris. L'empereur Domitien le fit décapiter sur la colline appelée Montmartre, *mons martyrum*, depuis cet événement. Selon une légende, il aurait porté sa tête jusqu'au lieu où il est inhumé, sur une route gallo-romaine, la via Stata. Sainte Geneviève y fit bâtir un sanctuaire qui lui fut dédié, vers 475. Au VII^e siècle, le roi Dagobert y fit construire un monastère. L'église abbatiale devint sa nécropole ainsi que celle de tous ses successeurs. La basilique fut élevée au rang de cathédrale en 1966. Saint Denis est l'un des saints patrons de Paris.

**Il serait...** charmant, élégant, plein de tact et épicurien. Volontaire, il assume ses responsabilités avec sérieux et déteste la médiocrité.

**Ils l'ont porté :** Denys d'Holicarnasse, historien grec du VIII^e siècle avant J.-C, qui retraça l'histoire de Rome. Denis Diderot, né à Langres en 1713 et élevé chez les jésuites. Il refusa d'entrer dans les ordres comme son père le souhaitait et vint à Paris. Il commença à travailler à l'*Encyclopédie* avec d'Alembert en 1747 et l'acheva en 1765. Ami et correspondant de l'impératrice de Russie Catherine II, il fit le voyage jusqu'à Saint-Pétersbourg en 1773 et 1774. Sa santé commença à décliner et il s'éteignit en 1784.

**Son évolution :** Denis est un prénom bien connu de tous, mais qui n'a jamais eu de véritable succès. Tout juste une vague de popularité dans les années 1960.

**Sa forme initiale :** Dionysos.

**Dans nos régions :** Danis, Danisoun (Gascogne, Provence), Denez (Bretagne), Dioni, Dionisio, Dunixe, Dunixi (Pays basque).

**À l'étranger :** Danys, Denijs (Flandre), Denes, Deznö, Dezso (Hongrie), Deniss (Russie), Dennis, Denice, Dwight, Sidney, Sydney (Grande-Bretagne, États-Unis), Dinis, Diniz (Portugal), Dino (Italie), Dioniso (Espagne), Dionizy (Pologne), Diwis (pays de l'Est).

**Ses féminins :** Denise, Dionne.

## DÉODAT

### Adéodat, Dié, Dieudonné

**D'où vient-il ?** Déodat signifie en latin « Dieu donne ».

**On le fête** le 19 juin. Saint Déodat fut évêque de Nevers au VII^e siècle. C'est à Saint-Dié, ville qui lui doit son nom, dans les Vosges, qu'il créa un monastère à la demande des nombreux pèlerins qui venaient lui rendre visite dans son ermitage situé dans une grotte.

**Il serait...** travailleur, méthodique, sérieux. Il a le sens de l'effort et progresse lentement, mais sûrement. Concret et rationnel, il ne laisse pas de place à la fantaisie dans sa vie.

**Il l'a porté :** Déodat de Séverac, né en 1872 à Toulouse, musicien qui composa des poèmes symphoniques.

**Son évolution :** ce prénom n'a jamais été courant.

**Ses cousins :** Adéodat, Dié, Dieudonné.

**À l'étranger :** Adeodatus (Flandre), Deodato (Italie).

## DEREK

### Derrick, Dirk, Roderic

**D'où vient-il ?** Derek, d'origine germanique, signifie « gloire illustre ».

**Il serait...** réservé, mais courtois, artiste, mais

perfectionniste, amoureux de la beauté, du succès et du pouvoir. Affectueux, il privilégie sa famille.
**Il l'a porté :** Dirk Bogarde, acteur britannique né en 1921.
**Il le porte :** Dirk Frimout, astronaute belge né en 1941.
**Son évolution :** Derek était courant au XX^e^ siècle dans les pays de langue allemande et anglaise. Il disparut pour revenir au XX^e^ siècle. En France, il a toujours été rare.
**Ses cousins :** Derrick, Dirk, Roderic.

## DERRIEN

**D'où vient-il ?** Derrie, d'origine celte, signifie « chêne ».
**On le fête** le 7 février. Saint Derrien, moine breton du VI^e^ siècle, fit avec son frère Neventer le pèlerinage en Terre sainte. Selon une légende, ils auraient chassé un dragon de la terre du seigneur Elorn. Suite à cet événement, Elorn et son fils Rioc se convertirent.
**Il serait...** ambitieux, indépendant et travailleur. Il brigue partout la première place car il ne supporte pas les ordres et les contraintes.
**Son évolution :** Derrien est connu en Bretagne, il est rare dans l'ensemble du pays.
**À l'étranger :** Darren (Grande-Bretagne, États-Unis).

## DÉSIRÉ

**D'où vient-il ?** Désiré signifie en latin « désiré ».
**On le fête** le 8 mai. Saint Désiré fut gardien du sceau royal sous le règne de Clotaire et de Childebert, les fils de Clovis. Nommé évêque de Bourges en 543, il fut sollicité par des souverains pour intervenir en tant que diplomate et médiateur dans de délicates négociations, au-delà de son diocèse. Ainsi il réconcilia l'Anjou et le Poitou, en guerre depuis quelques années. Décédé le 8 mai 550, saint Désiré fut l'un des grands évêques de l'époque mérovingienne qui contribuèrent à sortir le pays du chaos suite à la chute de l'Empire romain.
**Il serait...** solide, calme et sécurisant. Il excelle dans un rôle de médiateur, il écoute, conseille, console et rassure, mais demande en retour une loyauté sans faille.
**Il l'a porté :** Désiré Érasme, théologien néerlandais, né en 1469, considéré comme le plus grand humaniste de la Renaissance.
**Il le porte :** Désiré est le personnage principal d'une pièce de Sacha Guitry, jouée au théâtre en 1927 et tournée au cinéma en 1937.
**Son évolution :** Désiré est, comme Aimé, un prénom très connu, mais peu porté.
**Sa forme initiale :** Desideratus.
**Dans nos régions :** Desideratu (Corse), Désirat (Provence).
**À l'étranger :** Desider, Desideratus (Allemagne), Desiderio (Espagne, Italie).
**Son féminin :** Désirée.

## DESMOND

**D'où vient-il ?** Desmond, d'origine irlandaise, signifie « originaire de Desmond », ville de la région de Munster.
**Il serait...** très sensible, désireux d'être aimé et profondément altruiste. Très perméable aux ambiances, il redoute le stress et ne s'épanouit que dans l'harmonie.
**Il l'a porté :** Desmond Dekker, chanteur jamaïcain décédé en 2006.
**Il le porte :** Desmond Tutu, archevêque anglican d'Afrique du Sud, Prix Nobel de la paix en 1984.
**Son évolution :** ce prénom est né en Irlande au XVIII^e^ siècle et passa en Angleterre au XIX^e^ siècle. Il fut courant au début du XX^e^ siècle. Il est rarissime en France.

## DIDIER

**D'où vient-il ?** Didier, d'origine latine, signifie « qui désire ».

**On le fête** le 23 mai. Saint Didier fut évêque de Vienne, dans le Dauphiné, au VIe siècle. Il fut exilé par la reine Brunehaut, régente de Thierry II, pour avoir osé critiquer ses mœurs légères. Après avoir réuni un concile à Chalon en 602, Brunehaut obtint son exil grâce à la complicité de l'évêque de Lyon qui utilisa de faux témoignages pour l'accuser de viol. Elle le rappela mais, face au renouvellement de ses critiques et à sa volonté de réformer les mœurs de la cour, il fut enlevé et mis à mort le 23 mai 607.

**Il serait...** sensible, prudent, réservé. Il s'inquiète facilement et recherche la sécurité dans sa famille et dans la routine.

**Il l'a porté :** Didier, duc de Toscane, le roi des Lombards étant mort sans descendance, s'empara du trône par les armes. Il maria sa fille à Charlemagne afin de s'assurer son appui, mais celle-ci fut répudiée un an plus tard, et l'empereur envahit son pays. Battu à Pavie, il capitula en 774 et fut enfermé dans un couvent où il resta jusqu'à sa mort en 786.

**Ils le portent :** le footballeur ivoirien Didier Drogba, l'entraîneur Didier Deschamps et Didier Bourdon, l'un des membres du groupe comique Les Inconnus.

**Son évolution :** c'est dans les années 1960 que Didier a été à son meilleur niveau, pour disparaître dans les années 1980.

**Dans nos régions :** Deidie (Provence), Dider (Bretagne), Dieter (Alsace).

**À l'étranger :** Diderick, Dieter (Allemagne).

## DIEGO

**Diaz**

**D'où vient-il ?** Diego est une forme espagnole de Jacques qui signifie en hébreu « Dieu a soutenu ».

**On le fête** le 25 juillet avec Jacques le Majeur ou le 24 mars avec Diego. Saint Diego, né en 1743 à Cadiz, est devenu moine capucin à Séville en 1759. Il prêcha en Andalousie où on l'appelait « l'Apôtre ». Décédé en 1801, il fut béatifié en 1894.

**Il serait...** sensible, intuitif, réservé, mais aussi sociable et très attaché à l'image qu'il donne à son entourage. Il a besoin d'être épaulé pour réussir.

**Ils l'ont porté :** Diego Velasquez, conquistador espagnol, compagnon de Christophe Colomb en 1493. Diego Gomes, navigateur portugais du XVe siècle. Diego de Siloé, sculpteur espagnol du XVIe siècle. Diego Rodriguez de Silva y Vélasquez, peintre espagnol du XVIIe siècle.

**Il le porte :** Diego Maradona, ancien footballeur argentin.

**Son évolution :** Diego, bien connu des familles espagnoles, est arrivé en France dans les années 2000, avec la mode des prénoms espagnols et italiens. Il est discret, mais présent depuis.

**Sa forme initiale :** Jacques.

**Son cousin :** Diaz.

**Dans nos régions :** Diegotxe (Pays basque).

## DIEUDONNÉ

**D'où vient-il ?** Dieudonné, d'origine latine, signifie « Dieu donne ».

**On le fête** le 19 juin avec Déodat ou le 10 août avec Dieudonné. Cordonnier à Rome au milieu du VIe siècle, chaque samedi Dieudonné partageait avec les pauvres ses gains de la semaine.

**Il serait...** ambitieux et élitiste. Il aime la beauté sous toutes ses formes et recherche le meilleur. Travailleur acharné, il se donne les moyens de sa politique.

**Il l'a porté :** Louis Dieudonné de Bourbon, roi de France sous le nom de Louis XIV, né en 1638.

**Il le porte :** l'humoriste Dieudonné, ancien compère d'Élie Semoun.

**Son évolution :** ce prénom n'a jamais été courant.

**Sa forme initiale :** Déodat.

**À l'étranger :** Assadour, Assatour (pays arabes), Adeodatus (Flandre), Deusdato (Portugal),

Donat (Hongrie, Pologne, Roumanie), Donatello, Donato (Italie), Dunwyd (pays de Galles).
**Ses féminins :** Dieudonnée, Donatella.

## DIMITRI

**D'où vient-il ?** Dimitri est une forme slave de Démétrien, d'origine latine, qui vient du nom de Démêter, déesse romaine de la terre et des moissons.
**On le fête** le 26 octobre. Prêtre yougoslave venu s'établir en Gaule au Ve siècle, saint Dimitri fut le premier évêque de Gap. Son culte est très répandu en Orient.
**Il serait...** énergique, sensible et sociable. Très attaché à sa famille, il est attentif et généreux. Élégant, il est soucieux de son apparence.
**Ils l'ont porté :** plusieurs grands princes de Russie entre le XIVe siècle et le XVe siècle.
**Son évolution :** ce prénom, courant dans les pays slaves, a connu une vague de popularité modeste en France dans les années 1990. Il s'est déjà éclipsé.
**Sa forme initiale :** Démétrien.
**À l'étranger :** Dimitar (Croate), Dimitur (Bulgarie), Dmytro (Ukraine), Dumitru (Roumanie), Dymitr (Pologne).

## DIOGÈNE

**D'où vient-il ?** Diogène signifie en grec « d'origine divine ».
**On le fête** le 6 avril. Saint Diogène serait mort en martyr en 345 à Antioche, en Syrie.
**Il serait...** optimiste, positif et épicurien. Il voit la vie du bon côté, sait saisir toutes les occasions de s'amuser, mais se montre aussi travailleur et efficace quand c'est nécessaire.
**Il l'a porté :** Diogène, philosophe grec, qui afficha toute sa vie le mépris des richesses et des honneurs, vivant comme un mendiant, aventurier, vendu comme esclave, puis affranchi. Il mourut de vieillesse en 327 av. J.-C. à 86 ans.
**Son évolution :** ce prénom de l'Antiquité est extrêmement rare.

## DJAMEL
### Djamal

**D'où vient-il ?** Djamel, d'origine arabe, signifie « beau ».
**Il serait...** indépendant, autonome, bien décidé à aller jusqu'au bout de ses rêves et à se dépasser. Il aime l'étude, la réflexion et recherche parfois la solitude.
**Il le porte :** Jamel Debbouze, comique d'origine marocaine né en 1975, qui tourna dans plusieurs films et obtint une récompense pour son rôle dans *Indigènes* en 2006.
**Son évolution :** Djamel est un prénom très courant dans les familles originaires du Maghreb.
**Son cousin :** Djamal.
**À l'étranger :** Gamal (Égypte).
**Ses féminins :** Djamela, Djamila.

## DJIBRIL

**D'où vient-il ?** Djibril est la forme arabe de Gabriel qui signifie en hébreu « force de Dieu ».
**Il serait...** ambitieux et volontaire, autoritaire et indépendant. Il entend bien mener sa vie sans se laisser dicter sa conduite et supporte mal les ordres et les critiques.
**Il le porte :** le footballeur Djibril Cissé.
**Son évolution :** ce prénom est très apprécié par les familles de culture arabe.
**Son cousin :** Djibrill.

## DOGMAËL
### Dogvaël

**D'où vient-il ?** Dogmaël, d'origine celte, signifie « bon prince ».
**On le fête** le 14 juin. Moine, puis évêque au pays de Galles au VIe siècle, saint Dogmaël se consacra à la prière et à la méditation. Il est vénéré en Bretagne, et un sanctuaire lui est dédié dans les Côtes-d'Armor.
**Il serait...** communicatif, spirituel, dynamique. Son esprit vif, son sens de l'humour lui attirent beaucoup d'amis. C'est un relationnel qui tient à être apprécié et admiré.

**Son évolution :** bien connu en Bretagne, Dogmaël est rare dans l'ensemble du pays.
**Son cousin :** Dogvaël.
**Son féminin :** Dogmaëlle.

## DOMINIQUE (mixte)
### Domingue

**D'où vient-il ?** Dominique signifie en latin « maître ».
**On le fête** le 8 août. Saint Dominique de Guzman, né en Castille en 1170, devint prêtre. Le pape décida, malgré ses projets, de l'envoyer dans le sud de la France pour lutter contre l'hérésie des Cathares. En 1206, il s'installa à Toulouse et créa l'ordre des frères prêcheurs, appelé l'ordre des dominicains. Cet ordre fut rapidement considéré comme l'un des plus importants de l'histoire de l'Église. Supprimé sous la Révolution, il est rétabli par Lacordaire en 1843. Décédé en 1221 à Bologne, saint Dominique est canonisé en 1234.
**Il serait...** dynamique, opportuniste et énergique. Il a l'esprit d'entreprise et le sens des affaires, une grande confiance en ses qualités.
**Ils le portent :** Dominique Galouzeau de Villepin, homme politique, diplomate et écrivain. Premier ministre de 2005 à 2007, ancien membre de l'UMP, il préside aujourd'hui le parti solidaire qu'il a fondé en 2010. Dominique Strauss-Kahn, né en 1949, homme politique, membre du Parti socialiste, directeur général du Fonds monétaire international de septembre 2007 à mai 2011. Dominique Farrugia, réalisateur et producteur, ex-membre du groupe comique Les Nuls.
**Son évolution :** connu dès le Moyen Âge, Dominique est très discret pendant des siècles. Il frémit au XIX^e^ siècle, mais c'est dans les années 1930 qu'il s'installe pour atteindre son apogée dans les années 1960. Il commence à régresser dès 1970.
**Son cousin :** Domingue.
**Dans nos régions :** Domeka, Domengo, Domiku, Dominik, Dominiku, Dominix, Dominixe (Pays basque), Domenc, Domenge, Domenges, Domerc, Donmenges (Gascogne), Domergue, Doumenge, Doumenique (Provence), Domineuc, Dominig (Bretagne).
**À l'étranger :** Daimhlaic, Damhlaic, Dominic (Irlande), Demko, Doman, Domenko, Domokos, Domonkos (Hongrie), Doen, Domenicus (Flandres), Domenech (Catalogne), Domenico (Italie), Domenikos (Grèce), Domingo (Espagne), Dominik (Allemagne, Hongrie), Dominikus (Allemagne).
**Son féminin :** ce prénom est mixte à parité à peu près égale.

## DOMITIEN
### Domitian

**D'où vient-il ?** Domitien signifie en latin « maison ».
**On le fête** le 10 mars. Saint Domitien fut un soldat romain chrétien du IV^e^ siècle, appartenant à la douzième légion appelée « la Fulminante ». Il fut jeté dans un lac gelé avec 39 compagnons pour avoir refusé de sacrifier aux dieux païens.
**Il serait...** homme de terrain, attaché au concret, aux biens matériels, soucieux de les faire progresser. Il a un sens aigu de la justice.
**Il l'a porté :** Domitien fut le frère et le successeur de Titus, empereur romain au I^er^ siècle. Absolutiste, il instaura une grande entreprise de persécution des chrétiens.
**Son évolution :** ce prénom courant dans l'Antiquité a disparu pendant plusieurs siècles. Il est rare encore aujourd'hui.
**Son cousin :** Domitian.

**À l'étranger :** Domiciano, Domiziano, Domizio (Espagne).
**Ses féminins :** Domitiane, Domitienne, Domitille.

## DONALD

**D'où vient-il ?** Donald est la forme écossaise de Domhnall, d'origine irlandaise, qui signifie « peuple puissant »
**On le fête** le 15 juillet. Fils du roi d'Écosse au VIIIe siècle, saint Donald dut faire face à la mort de sa femme et prit en main l'éducation de ses neuf filles. Il fonda avec elles, toutes décidées à se consacrer à Dieu, une communauté religieuse dont il prit la tête. Il évangélisa une grande partie de l'Écosse.
**Il serait...** indépendant et aventurier, intuitif et opportuniste, passionné, mais secret. Rationnel et réfléchi, il n'hésite pas à se remettre en question.
**Ils l'ont porté :** six rois d'Écosse portèrent ce prénom au Moyen Âge.
**Ils le portent :** Donald Trump, président des États-Unis d'Amérique. Donald Rumsfeld, secrétaire à la Défense des États-Unis de 2001 à décembre 2006. Le célèbre Donald Duck, personnage représentant un canard grincheux en costume marin inventé par Walt Disney en 1934.
**Son évolution :** ce prénom est un grand classique écossais, rare en France.
**À l'étranger :** Domhnal (Irlande), Donaldo (Italie).
**Son diminutif :** Donny.

## DONATELLO

**Déodat, Dieudonné**

**D'où vient-il ?** Donatello est une forme italienne de Dieudonné, variante de Déodat, qui signifie en latin « Dieu donne ».
**On le fête** le 19 juin avec Déodat.
**Il serait...** doté d'un grand sens pratique, concret et matérialiste. Il aime le pouvoir, ne déteste pas l'argent et fait preuve de rigueur dans la gestion de ses biens.
**Il l'a porté :** Donatello, sculpteur italien né en 1386 dans une famille pauvre. Son talent fut très tôt reconnu, et il fut protégé par un mécène de la famille Médicis. Il fut considéré de son vivant comme un grand artiste et eut des funérailles nationales en Italie, en 1466.
**Son évolution :** Donatello est bien connu en Italie, rare en France.
**Sa forme initiale :** Donato.
**Ses cousins :** Déodat, Dieudonné.
**Son féminin :** Donatella.

## DONATIEN

**D'où vient-il ?** Donatien signifie en latin « donation ».
**On le fête** le 24 mai. Saint Donatien et saint Rogatien furent deux frères nés à Nantes au IIIe siècle. Donatien était baptisé et Rogatien encore catéchumène quand ils furent arrêtés. Ils subirent ensemble le martyre en 299.
**Il serait...** énergique, actif et travailleur, réservé, mais impulsif et coléreux parfois. Curieux, il s'intéresse à tout.
**Il l'a porté :** Donatien, comte de Sade, dit « le Marquis de Sade », né en 1740. Il écrivit plusieurs ouvrages qui furent interdits à cause de leur caractère pornographique. Il passa trente années de sa vie en prison et la terminera interné en 1814.
**Son évolution :** ce prénom fut assez fréquent au XVIIIe siècle. Il n'a plus cours aujourd'hui.

**Dans nos régions :** Donasian, Donasien (Bretagne), Donatian (Gascogne).
**À l'étranger :** Donaet (Flandres).
**Ses féminins :** Donatienne, Donna.

## DONOVAN

**D'où vient-il ?** Donovan, d'origine irlandaise, signifie « sombre guerrier ».
**Il serait...** travailleur, organisé. Il a le sens de l'effort et du mérite, et parvient toujours à atteindre ses objectifs grâce à une détermination sans faille.
**Il le porte :** Donovan, chanteur britannique des années 1960.
**Son évolution :** Donovan a suivi Dylan sur la voie du succès dans les années 2000. Il est toutefois devenu beaucoup plus rare aujourd'hui.

## DORIAN
### Théodore

**D'où vient-il ?** Dorian est une forme anglo-américaine de Théodore, d'origine grecque, qui signifie « don de Dieu ».
**On le fête** le 9 novembre avec Théodore.
**Il serait...** émotif et hypersensible, il se protège des blessures affectives en affichant une certaine froideur, voire du cynisme quand il ne se sent pas en sécurité.
**Il le porte :** le personnage de Dorian dans *le Portrait de Dorian Gray*, œuvre d'Oscar Wilde écrit en 1891.
**Son évolution :** il a fallu attendre les années 1990 pour que ce prénom, connu grâce à l'œuvre d'Oscar Wilde à la fin de XIX^e siècle, apparaisse. Il se fait très discret aujourd'hui.
**Sa forme initiale :** Théodore.
**À l'étranger :** Doriano (Italie).
**Son féminin :** Doriane.

## DOSITHÉE

**D'où vient-il ?** Dosithée, d'origine grecque, signifie « don à Dieu ».
**On le fête** le 23 février. Page à Gaza en Palestine, Dosithée fut touché par la grâce lors d'un voyage à Bethléem. Il se fit baptiser et entra dans un monastère dans lequel il décédera après cinq ans de prière et de méditation en 530.
**Il serait...** calme, réfléchi, réservé. Il a de solides principes qu'il respecte et cherche à imposer aux autres avec parfois un peu d'intolérance.
**Il l'a porté :** Dosithée fut un disciple de saint Jean-Baptiste, au I^er siècle, le considérant comme le Messie. Il eut des adeptes, les dosithéens, qui subsistèrent encore au IV^e siècle. Dosithée, combattu par les Juifs, se retira dans une caverne où il mourut de faim.
**Son évolution :** il n'a jamais été fréquent.

## DOUGLAS

**D'où vient-il ?** Douglas, d'origine gaélique, signifie « eau noire ».
**Il serait...** réservé, mais courtois, artiste, mais perfectionniste, amoureux de la beauté, du succès et du pouvoir. Affectueux, il privilégie sa famille.
**Ils l'ont porté :** deux rois d'Écosse portèrent ce prénom dont un fut tué par Macbeth au X^e siècle. Douglas Mac Arthur, général américain né en 1880, qui assura le commandement suprême des forces alliées du sud-ouest du Pacifique pendant la Seconde Guerre mondiale.
**Il le porte :** Douglas Kennedy, écrivain né aux États-Unis en 1955. Il fut cofondateur d'un théâtre à Dublin, puis journaliste et en 1988, s'installa à Londres, où il fit paraître son premier roman. Le second roman, *L'homme qui voulait vivre sa vie,* remporte un succès international qui ne se dément pas au fil des parutions.
**Son évolution :** Douglas était le nom d'une rivière au pays de Galles, et le patronyme d'une grande famille écossaise. Au XVI^e siècle, Douglas devint un prénom mixte. Depuis le XIX^e siècle, Douglas est exclusivement masculin.

## DUANE

**D'où vient-il ?** Duane, d'origine celte, signifie « brun ».
**Il serait...** altruiste, sensible aux grandes causes, dévoué aux autres, parfois peu concerné par la

vie matérielle. Il a de grands projets et de grandes capacités pour les réaliser.

**Son évolution :** ce prénom est en vogue en Irlande et aux États-Unis.

**Son cousin :** Dwane.

## DUNCAN

**Deocan, Dunc, Dunnchad, Dunstan, Dunstin**

**D'où vient-il ?** Dunca est la forme anglaise de Donnchadh, d'origine irlandaise, qui signifie « guerrier aux cheveux sombres ».

**On le fête** le 19 mai avec Dunstan. Né en 909 à Glastonbury en Angleterre, Dunstan fut moine puis abbé en 943. Il fit de son monastère un centre intellectuel. Décédé en 988, il a contribué au développement de l'Église anglicane.

**Il serait...** artiste, expressif, communicatif, éloquent. Très énergique, il est actif et a une grande puissance de travail et de créativité.

**Ils l'ont porté :** deux rois d'Écosse, Duncan Ier, qui régna de 1040 à 1057, et Duncan II, qui monta sur le trône en mai 1094 pour être assassiné quelques mois plus tard.

**Son évolution :** Duncan est un prénom médiéval écossais qui demeura dans son pays natal jusqu'au XIXe siècle. Les pays de langue anglaise l'apprécient, mais il est très rare en France.

**Ses cousins :** Deocan, Dunc, Dunnchad, Dunstan, Dunstin.

## DUSTIN

**D'où vient-il ?** Dustin est une variante de Thurstan, dérivé de Thorstein, d'origine scandinave, qui signifie « pierre du dieu Thor ».

**Il serait...** très attaché à ses principes, homme de devoir, il est responsable et proche de sa famille, qui est sa priorité. Il cherche la paix et l'harmonie.

**Il le porte :** Dustin Hoffman, acteur américain né le 8 août 1937 à Los Angeles. Sa carrière commence en 1964 après des études d'art dramatique. Il enchaînera les chefs-d'œuvre et remportera deux oscars, l'un en 1980 pour son rôle dans *Kramer contre Kramer,* le second pour son interprétation dans *Rain Man* en 1989.

**Son évolution :** Dustin est un prénom qui est très populaire depuis 1990 aux États-Unis.

## DWIGHT

**D'où vient-il ?** Dwight, d'origine irlandaise, signifie « qui a les cheveux blonds ».

**Il serait...** réservé, réfléchi, prudent. Il aime la solitude et les activités solitaires. La lecture fait partie de ses passe-temps préférés. Il ne décide rien à la légère.

**Il l'a porté :** Dwight David Eisenhower, 34e président des États-Unis, surnommé « Ike ».

**Il le porte :** le joueur américain de basket, Dwight Howard.

**Son évolution :** ce prénom est courant aux États-Unis.

## DYLAN

**D'où vient-il ?** Dylan signifie en gallois « grande mer ».

**Il serait...** sociable, psychologue et diplomate, habile négociateur et fin médiateur. Il ne conçoit pas de travailler seul et réussit très bien dans les associations.

**Ils l'ont porté :** dans la mythologie galloise, Dylan, demi-dieu, fils de la mer. Dylan Marlais Thomas, poète anglais des années 1950, modèle d'anticonformisme, mort en 1953.

**Son évolution :** ce prénom est classique au pays de Galles, connu grâce à Bob Dylan dès les années 1960.

**À l'étranger :** Dillon (Irlande).

### Son heure de gloire

Connu en France depuis les années 1960 grâce au chanteur Bob Dylan, ce prénom a attendu les années 1990 pour atteindre le palmarès des dix prénoms les plus donnés dans les années 1995. Cinq ans plus tard, il a déjà disparu.

## EBRARD
### Evrard

**D'où vient-il ?** Ebrard est une variante d'Eberhard, d'origine germanique, qui signifie « dur sanglier ».

**On le fête** le 16 décembre avec Eberhard. Époux de Gisèle, petite-fille de Charlemagne, avec qui il eut sept enfants, le comte Eberhard fut l'un des plus puissants seigneurs de l'empire au IXe siècle. Décédé en 867, il mena une vie exemplaire de bonté et de charité.

**Il serait...** communicatif, éloquent, plein de tact, un vrai homme de relations publiques, très attaché à sa vie sociale et à la réussite.

**Son évolution :** Ebrard et sa variante Evrard furent des prénoms très courants au Moyen Âge. Ils sont rares aujourd'hui. En revanche, ils sont assez fréquents comme nom de famille.

**Sa forme initiale :** Eberhard.

**Son cousin :** Evrard.

**À l'étranger :** Eberardo (Espagne, Italie).

## EDERN

**D'où vient-il ?** Edern, d'origine galloise, signifie « très grand ».

**On le fête** le 26 août. Saint Edern, moine irlandais, se fit ermite en Armorique en 894. On lui prêta de nombreux miracles et il est invoqué pour guérir les maux des yeux.

**Il serait...** tendre, derrière une apparence froide et cynique parfois. Il a besoin d'être reconnu et qu'on le lui dise. Exigeant, il aime la beauté sous toutes ses formes.

**Ils l'ont porté :** dans la mythologie galloise, Edern est un soupirant de la reine Guenièvre. Jean-Edern Hallier, né en 1936, journaliste, pamphlétaire provocateur, créateur du journal *l'Idiot international*. Il mourut accidentellement en 1997.

**Son évolution :** longtemps méconnu en dehors de la Bretagne, ce prénom a été révélé par la personnalité du journaliste. Il est cependant rare à l'échelle nationale.

**Ses diminutifs :** Edernez, Edernig.

## EDGAR

**D'où vient-il ?** Edgar, d'origine germanique, signifie « riche lance ».

**On le fête** le 8 juillet. Saint Edgar, dit « le Pacifique », fut roi des Saxons à la fin du Xe siècle. À l'aide de son conseiller saint Dunstan, il œuvra pour l'éveil religieux de son royaume. Avec les lois dites de « saint Edgar », il lutta contre le paganisme et la violence, renforça le pouvoir monarchique et réconcilia les Danois et les Saxons. Il décéda en 975.

**Il serait...** combatif et volontaire, tendre et passionné. Efficace quand il est motivé, opportuniste à l'occasion, il prend ses responsabilités très au sérieux.

**Ils l'ont porté :** Edgar Allan Poe, écrivain américain, considéré comme l'inventeur du roman policier. Certains de ses contes furent traduits en français par Baudelaire, dont les *Histoires extraordinaires* en 1856. Edgar Faure (1908-1988), homme politique français, président du Conseil en 1952 et de 1955 à 1956, président de l'Assemblée nationale de 1973 à 1978, élu à l'Académie française en 1978. Edgar Degas, peintre impressionniste, puis sculpteur lorsqu'il perdit la vue en 1890. Il s'éteignit à 83 ans en 1914.

**Son évolution :** ce prénom a connu un grand succès au XIXe siècle. Le XXe siècle l'a ignoré, le voici qui revient timidement.

**À l'étranger :** Edgardo, Egardo (Espagne).

## EDME
### Edmond

**D'où vient-il ?** Edme est une variante d'Edmond, d'origine germanique, qui signifie « riche protecteur ».
**On le fête** le 16 novembre. Né en Angleterre en 1180, saint Edme fit ses études à Paris, puis y enseigna les lettres tout en aidant les étudiants pauvres et malades. De retour en Angleterre, il enseigna à Oxford. En 1234, le pape Grégoire IX le nomma archevêque de Cantorbéry, ce qui lui permit de renforcer l'union du royaume en jouant le médiateur entre le roi et les barons du pays. Exilé en France, dans l'Yonne, puis près de Provins, il y décédera le 16 novembre 1240. Il fut canonisé en 1246.
**Il serait...** dynamique, entreprenant, volontaire, parfois bourru et cassant. Sûr de lui, il intimide. Fier, il est stimulé par les difficultés.
**Il l'a porté :** Edme Mariotte, prêtre et physicien français, membre de la première Académie des sciences, décédé en 1684.
**Son évolution :** Edme est un prénom qui n'a jamais été courant, alors que son féminin Edmée a été modestement présente au début du XX$^{e}$ siècle.
**Sa forme initiale :** Edmond.
**À l'étranger :** Edmo (Italie).
**Ses féminins :** Edma, Edmée.

## EDMOND
### Edme

**D'où vient-il ?** Edmond, d'origine germanique, signifie « riche protecteur ».
**On le fête** le 20 novembre. Né en Angleterre en 841, saint Edmond devint roi des Saxons à 14 ans, en pleine période d'invasions danoises. Il protégea son pays des envahisseurs et, capturé lors d'une bataille, il déclina des offres de paix allant au détriment de la religion chrétienne, celle de ses sujets. D'une grande charité, il était dévoué à saint Jean l'Évangéliste. Il fut exécuté par les Danois le 20 novembre 869.
**Il serait...** sensible et affectif, mais viril et combatif en apparence. Passionné, il est l'homme des excès, téméraire parfois, impatient toujours.
**Ils l'ont porté :** Edmond Rostand, auteur de *Cyrano de Bergerac*. Le baron Edmond James de Rothschild, né en 1845, mort en 1939, qui fut mécène et collectionneur d'art.
**Son évolution :** Edmond a été un prénom du XVIII$^{e}$ siècle et du début du XIX$^{e}$ siècle.
**Son cousin :** Edme.
**Dans nos régions :** Edimondo, Edimu (Corse), Eimund (Provence).
**À l'étranger :** Eamon (Irlande), Emeno, Emmon (Flandre), Edmon (Catalogne), Edmondo (Italie), Edmund (Allemagne, Grande-Bretagne), Edmundo (Espagne, Portugal), Emwnt (pays de Galles).
**Son féminin :** Edmonde.

## ÉDOUARD

**D'où vient-il ?** Édouard, d'origine germanique, signifie « gardien des richesses ».
**On le fête** le 5 janvier. Né en Angleterre, près d'Oxford, en 1003, saint Édouard dit « le Confesseur », fut roi d'Angleterre dès 1042. Soucieux de son salut, il instaura la paix et la stabilité dans son royaume en évitant toujours les combats. En se consacrant entièrement à ses sujets et à leurs maux, il gagna l'affection de son peuple et même le respect de ses ennemis. Il fit reconstruire l'abbaye de Westminster où il décéda en 1066. Il fut canonisé en 1161.
**Il serait...** ambitieux, volontaire, très actif et déterminé à avancer dans la vie. Impatient, il ne supporte pas qu'on lui résiste, ce qui complique parfois un peu ses relations avec son entourage.
**Ils l'ont porté :** huit monarques régnant sur l'Angleterre portèrent ce prénom, dont Édouard III, petit-fils de Philippe le Bel, qui revendiqua le trône de France et déclencha la guerre de Cent Ans. Eddy Barclay, décédé en 2005, qui fut un grand éditeur et producteur de musique, en particulier entre 1950 et 1980.

**Ils le portent :** le prince Edward de Wessex, fils de la reine Elizabeth, né en 1964. Édouard Balladur, ancien Premier ministre de 1993 à 1995. Eddy Mitchell, chanteur de rock dès les années 1960, et acteur depuis 1980. Eddie Murphy, comédien américain.
**Son évolution :** Édouard a été un prénom vedette du début du XXe siècle, puis il s'éclipse. Son retour date des années 1970, mais il reste discret. Édouard est surtout apprécié par les familles BCBG.
**Dans nos régions :** Audouard (Normandie, Provence), Edar, Edard (Gascogne), Edorta, Eduard (Pays basque), Edouarzh (Bretagne), Eduardu (Corse).
**À l'étranger :** Duarte (Portugal), Edewaert, Ednaert (Flandres), Edik (Russie), Edoardo (Italie), Edouardo (Espagne), Eduard (Allemagne, Danemark), Eduardo (Espagne, Portugal), Edvard (Scandinavie), Edward (Grande-Bretagne, États-Unis), Eetu (Finlande), Eideard, Eudard (Irlande), Ekewaka, Etua, Etuate (Hawaï).
**Ses diminutifs :** Eddie, Eddy, Ted, Teddy.
**Ses féminins :** Édouarde, Édouardine.

## EDWIN
### Ervin, Erwin

**D'où vient-il ?** Edwin, d'origine germanique, signifie « ami des richesses ».
**On le fête** le 12 octobre. Sacré roi de Northumbrie, en Angleterre, en 616, Edwin épousa Ethelburge de Kent pour agrandir son royaume. Converti par son épouse, il se fit baptiser en 627 par l'évêque saint Paulin. Il entreprit l'évangélisation de ses sujets et contribua à la création d'abbayes et de monastères dans son royaume. Il fut tué en 633 lors d'une bataille, alors qu'il défendait son royaume des invasions galloises.
**Il serait...** vif, dynamique, énergique. Il court après le temps, après la vie. Opportuniste, habile, astucieux, il saisit toutes les occasions pour progresser sur le chemin qu'il s'est tracé.
**Il le porte :** Edwin Moses, coureur de 400 m haies américain.
**Son évolution :** alors qu'Édouard s'essouffle, Edwin apparaît en France, très timidement.
**Dans nos régions :** Iduned, Izuned (Bretagne).
**À l'étranger :** Eduino (Espagne).
**Ses cousins :** Ervin, Erwin.
**Ses féminins :** Edwina, Edwine.

## EFFLAM
### Efflamm

**D'où vient-il ?** Efflam, d'origine celte, signifie « rayonnant ».
**On le fête** le 12 octobre. Saint Efflam fut un prince irlandais au Ve siècle. Son père, le roi d'Irlande, le maria dès son plus jeune âge à Enora, fille du roi des Saxons, un ennemi avec qui il désirait faire la paix. La cérémonie fut célébrée contre le gré des deux jeunes mais ils décidèrent de ne pas consommer leur mariage et de se consacrer à Dieu. Efflam s'installa en ermite dans les Côtes-d'Armor pour évangéliser les païens d'Armorique.
**Il serait...** responsable, sérieux, organisé. Très attaché à sa famille, il lui est dévoué, mais recherche aussi un peu de liberté pour satisfaire sa curiosité.
**Son évolution :** Efflam est un prénom bien connu des familles bretonnes, il est très rare sur l'ensemble du pays.
**Dans nos régions :** Eflamm (Bretagne).
**Son cousin :** Efflamm.
**Ses diminutifs :** Efflammig, Eflamez, Eflamig.

## ÉGINHART
### Éginer, Éginhard

**D'où vient-il ?** Éginhart, d'origine germanique, signifie « ami de la grande richesse ».
**On le fête** le 14 décembre. Saint Éginer, prince irlandais au Ve siècle, refuse de succéder à son père et part évangéliser la Bretagne où il fonde un monastère.
**Il serait...** curieux, intrépide, vif. Il est l'aventurier type, avec une adaptabilité remarquable,

un peu d'insouciance et une énergie hors du commun.

**Il l'a porté :** Éginhart, moine très érudit, fut conseiller de Charlemagne à partir de 791 et précepteur de son petit-fils Lothaire. Il écrivit la biographie de l'empereur en 830 et mourut en 840. Il est reconnu comme un des grands intellectuels de l'époque carolingienne.

**Son évolution :** ce prénom n'a pas survécu au Moyen Âge.

**Ses cousins :** Éginer, Éginhard.

## ÉLÉAZAR

**Éliazar, Éliécer, Éliézer, Elzéar, Lazare**

**D'où vient-il ?** Éleazar signifie en hébreu « Dieu a secouru ».

**On le fête** le 26 septembre. Saint Éléazar est né dans le Vaucluse vers 1285. En 1300, il décida avec son épouse de se consacrer à Dieu et ils firent vœu de chasteté. Dès 1317, il mena une vie monacale de tertiaire franciscain. Chevalier et diplomate, il séjourna au royaume de Naples puis devint ambassadeur à la cour de France. Il mourut à Paris en 1323.

**Il serait...** sociable, sensible, optimiste, entreprenant et dynamique. Il est un compagnon, un associé, un partenaire agréable et fiable.

**Il l'a porté :** dans la Bible, Éléazar accompagne son père Aaron et Moïse à la frontière de la Terre promise. À la mort de son père, il prend son habit et devient un grand prêtre, comme Dieu l'avait prédit à Aaron. Docteur de la loi en Israël au IIe siècle avant J.-C., il fut martyrisé à 90 ans pour avoir refusé de manger du porc, ce qui aurait enfreint la loi juive.

**Son évolution :** Éléazar est un prénom bien connu des familles juives, assez rare dans l'ensemble du pays.

**Ses cousins :** Éliazar, Éliécer, Éliézer, Elzéar, Lazare.

**À l'étranger :** Eleazer (Grande-Bretagne, États-Unis), Elzeario (Portugal), Ieleazar, Ielizar (Russie).

**Son diminutif :** Elzy.

## ÉLEUTHÈRE

**D'où vient-il ?** Éleuthère signifie en grec « liberté ».

**On le fête** le 2 octobre. Saint Éleuthère fut un soldat romain chrétien au IIIe siècle. Avec d'autres chrétiens, il fut accusé d'avoir mis le feu au palais de Dioclétien à Nicomédie et fut mis à mort.

**Il serait...** concret, dynamique et indépendant. Homme de terrain, il est curieux, pas toujours organisé, mais très adaptable.

**Il l'a porté :** Éleuthère Irénée Du Pont de Nemours fonda en 1802, aux États-Unis, une usine de poudre à canon qui devait devenir par la suite un des plus grands groupes de chimie du monde.

**Son évolution :** Éleuthère est un prénom qui n'a jamais été répandu.

**À l'étranger :** Eleutherios (Grèce), Eleutherius (Allemagne).

## ÉLIAS

**Élian, Élie, Élien, Élier, Élies, Eliott, Élyas**

**D'où vient-il ?** Élias est une forme allemande, espagnole, flamande, grecque, polonaise et scandinave d'Élie, qui signifie en hébreu « mon maître est Dieu ».

**On le fête** le 5 juillet avec Élie.

**Il serait...** calme, stable, déterminé et sérieux. Travailleur, il est efficace. Exigeant avec lui-même comme avec les autres, il accepte mal la négligence.
**Il le porte :** un des fils de Zinedine Zidane.
**Son évolution :** Élias est apparu en France dans les années 1990, accompagné de diverses autres formes d'Élie. Il est en vogue sans atteindre les sommets.
**Sa forme initiale :** Élie.
**Ses cousins :** Élian, Élien, Élies, Élier, Eliott, Élyas.

## ÉLIE

### Éliacin, Élian, Élias, Élien, Élier, Élies, Éliphas, Lélian

**D'où vient-il ?** Élie signifie en hébreu « mon maître est Dieu ».
**On le fête** le 5 juillet. Né en 1407 dans le Périgord, saint Élie se fit moine franciscain à l'âge de 10 ans. Évêque de Périgueux en 1437 et archevêque de Tours en 1468, il devint cardinal en 1483. Confesseur de Louis XI, il fut un grand défenseur de Jeanne d'Arc.
**Il serait...** sociable, sympathique et charmeur. Mais aussi déterminé, indépendant et fier. Il a un objectif, le pouvoir, et l'atteint souvent grâce au travail et à une motivation très forte.
**Il l'a porté :** dans l'Ancien Testament, Élie est prophète au royaume d'Israël au IXe siècle avant J.-C. Grande figure de la Bible, il lutta contre les idolâtries et s'occupa des affaires publiques.
**Ils le portent :** Élie Semoun, humoriste, né en 1963. Élie Chouraqui, réalisateur, scénariste et producteur, né en 1950.
**Son évolution :** Élie est un grand prénom de la Bible, porté presque exclusivement par les enfants de familles juives, alors que ses dérivés, plus fantaisistes ont une portée plus large.
**Sa forme initiale :** Éliahou.
**Ses cousins :** Éliacin, Élian, Élias, Élien, Élier, Éliphas, Lélian.
**Dans nos régions :** Eliaz, Eliez (Bretagne), Eliddiu (Corse), Elioun (Provence).
**À l'étranger :** Elias (Allemagne, Espagne, Flandre, Grèce, Pologne, Scandinavie), Eekis, Eliel (Finlande), Elek, Ilie, Illes (Hongrie), Elio, Eloy (Espagne), Eliott (Écosse), Elia (Italie), Elies (Catalogne), Elis (Flandres), Ellys (pays de Galles), Ilia, Ilian, Ilya (Russie), Ilias (pays arabes), Illias (Grèce).
**Ses féminins :** Elia, Eliah, Eliane.

## ELIOTT

**D'où vient-il ?** Éliott est une forme anglo-américaine d'Élie qui signifie en hébreu « mon maître est Dieu ».
**On le fête** le 5 juillet avec Élie.
**Il serait...** communicatif, attentif aux autres et plein de tact. Son charisme lui attire beaucoup de sympathies, mais il a tendance à se disperser un peu.
**Il l'a porté :** Eliott Ness, né à Chicago en 1903, qui devint chef des Incorruptibles, groupe de fonctionnaires de police réputés pour leur honnêteté, qui avaient pour mission de faire respecter la prohibition.
**Il le porte :** le héros du film *E.T.* de Steven Spielberg en 1982.
**Son évolution :** Eliott est courant aux États-Unis. Il a connu une petite vague de popularité en France dans les années 2000.
**Sa forme initiale :** Élie.

## ÉLISÉE

**D'où vient-il ?** Élisée signifie en hébreu « Dieu est le sauveur ».
**On le fête** le 14 juin. Selon la Bible, Élisée fut disciple du prophète Élie au IXe siècle avant J.-C. Devenu prophète à son tour, il lutta contre l'idolâtrie et accomplit de nombreux miracles. Il donna de sages conseils au roi d'Israël Josaphat. Il est honoré par l'ordre des Carmes et dans la lithurgie orientale.
**Il serait...** sérieux et discipliné, travailleur et patient, exigeant et fier. Beaucoup de principes, peu de fantaisie, mais une grande efficacité.
**Son évolution :** Élisée est un prénom très rare.

**Sa forme initiale :** Elisha.
**Dans nos régions :** Eliseo (Pays basque).
**À l'étranger :** Eliseo (Espagne), Eliseï, Elyseu (Portugal), Ielissei (Russie).

## ÉLOI

**D'où vient-il ?** Éloi, d'origine latine, signifie « élu ».
**On le fête** le 1er décembre. Né en 588 à Limoges, Éloi fut forgeron dans le Limousin. Il devint l'orfèvre de Clotaire II et, réputé pour son habileté et son honnêteté, il fut nommé maître de la monnaie. Par la suite, il devint le trésorier et le conseiller du roi Dagobert qui lui confia des missions diplomatiques. Ordonné prêtre, il fonda des monastères et des hôpitaux, se montrant très charitable envers les pauvres et les prisonniers. À la mort de Dagobert en 641, il fut nommé évêque de Noyon et entreprit l'évangélisation des Flamands et des Frisons. Il mourut le 1er décembre 660 à Noyon. Saint Éloi est le patron des orfèvres, des joailliers et des travailleurs des métaux.
**Il serait...** communicatif, sûr de lui, vif, habile et diplomate. Indépendant, épris de pouvoir et de réussite, il ne ménage pas ses efforts.
**Son évolution :** Éloi a été un prénom médiéval assez peu porté. Il est réapparu dans les années 1990 dans les familles BCBG, mais il reste discret.
**Dans nos régions :** Eligiu (Corse).
**À l'étranger :** Eligius (Flandres), Eloy (Espagne).

## ÉLOUAN

**Élouarn, Élouen, Louan, Louen, Luan**

**D'où vient-il ?** Élouan, d'origine celte, signifie « belle lumière ».
**On le fête** le 28 août. Saint Élouan, moine irlandais, serait un des 70 disciples qui auraient accompagné saint Tugdual en Armorique, au VIe siècle, pour évangéliser la région. Il est honoré dans les Côtes-d'Armor.
**Il serait...** vif, curieux, intrépide. Pas discipliné pour un sou, il est très tôt autonome et dégourdi. Pas question de lui imposer des contraintes, il n'en fait qu'à sa tête.
**Son évolution :** Élouan, bien connu des familles bretonnes, est rare dans l'ensemble du pays.
**Ses cousins :** Élouarn, Élouen, Louan, Louen, Luan.
**Son féminin :** Louane.

## ELTON

**D'où vient-il ?** Elton signifie en anglais « homme de la vieille ville ».
**Il serait...** sociable et communicatif, artiste et expressif. Il ne peut dissocier ses passions de sa vie professionnelle et vit sa vie à cent à l'heure.
**Il le porte :** Elton John, chanteur britannique qui multiplie les succès depuis 1972, célèbre pour sa remarquable musique, mais aussi pour ses extravagances vestimentaires.
**Son évolution :** ce prénom est très récent, et c'est le chanteur qui l'a fait connaître dans les pays de langue anglaise.

## ELVIS

**D'où vient-il ?** Elvis serait une forme américanisée du prénom irlandais Ailbhe, variante d'Alban, qui signifie « blanc » en latin.
**Il serait...** sensible, prudent, réservé, loyal et honnête. Il s'inquiète facilement et recherche dans sa famille et dans la routine la sécurité.
**Il l'a porté :** Elvis Presley, né en 1935 dans une famille américaine pauvre, camionneur, enregistra une chanson pour faire plaisir à sa mère en 1953. *That's all right Mama* fut le premier « tube » de sa carrière. Il donna à l'Amérique de la seconde moitié du XXe siècle et au monde entier une nouvelle impulsion musicale. Le rock'n'roll était né. Il mourut en 1977.
**Il le porte :** le fils de Roman Polanski et Emmanuelle Seigner.
**Son évolution :** Elvis a été popularisé par le chanteur dans les années 1960. Il est resté marginal jusqu'en 1990 et commence à se manifester.

## ÉMILE
### Émilian, Émilien

**D'où vient-il ?** Émile signifie en latin « émule ».

**On le fête** le 22 mai. Saint Émile et son compagnon Caste furent deux chrétiens d'Afrique du Nord installés à Carthage au III^e^ siècle. Condamnés à mort lors des persécutions de l'empereur Dèce, ils décidèrent d'abjurer leur foi par peur du supplice, mais ils se rétractèrent. Ils furent alors brûlés vifs à Carthage.

**Il serait...** sensible, passionné, généreux, mais aussi autoritaire, susceptible, jaloux et désireux d'être apprécié et reconnu.

**Ils l'ont porté :** Émile Zola, écrivain français d'origine italienne né en 1840. Après avoir travaillé chez Hachette comme manutentionnaire puis chef de publicité, il devint journaliste et écrivain. Son œuvre magistrale est la fresque romanesque des Rougon-Macquart, qui dépeint la vie d'une famille. Zola s'impliqua dans l'affaire Dreyfus. Émile Loubet, homme politique français, président du Conseil en 1892 et président de la III^e^ République de 1899 à 1906.

**Son évolution :** Émile est un grand prénom du XIX^e^ siècle. Disparu au XX^e^ siècle, il commence à renaître.

**Ses cousins :** Émilian, Émilien.

**Dans nos régions :** Amiel (Provence), Emili, Emilian, Mile, Milo (Gascogne), Emilion (Bretagne), Emiliano (Corse).

**À l'étranger :** Eemeli, Eemil (Finlande), Emil (Allemagne, Hongrie, Scandinavie), Emilian (Pologne), Emilio (Espagne), Emilyan (Bulgarie), Iemelian (Russie).

**Ses féminins :** Émilie, Émilienne.

## ÉMILIEN
### Émilian

**D'où vient-il ?** Émilien est une variante d'Émile qui signifie en latin « émule ».

**On le fête** le 12 novembre. Émilien de la Cogolla est né en Castille vers 474. D'abord berger, il est ordonné prêtre, puis devient ermite près de Burgos en Espagne où il est prêtre. Très charitable, Émilien donne tous les biens de l'Église aux pauvres, on lui retire alors sa paroisse. On lui doit la fondation de l'abbaye de La Cogolla qui adopta la règle de saint Benoît. Saint Émilien est un des patrons de l'Espagne.

**Il serait...** discret et élitiste. Peu expansif, il cache ses sentiments, même s'il est dominateur et jaloux en amour. Rationnel, il est bon gestionnaire.

**Il l'a porté :** Scipion Émilien fut un général romain, né en 185 avant J.-C.

**Son évolution :** Émilien était déjà connu à Rome dans l'Antiquité. Il n'a pas rencontré le même succès qu'Émile au XIX^e^ siècle, mais c'est depuis 2000 qu'il s'éveille, plus populaire que lce dernier.

**Sa forme initiale :** Émile.

**Son cousin :** Émilian.

**Dans nos régions :** Émiliano (Corse, Pays basque).

**Son féminin :** Émilienne.

## EMMANUEL
### Manuel

**D'où vient-il ?** Emmanuel, d'origine hébraïque, signifie « Dieu est avec nous ».

**On le fête** le 10 juillet. Saint Emmanuel, de son vrai nom Emmanuel Ruiz, espagnol, fut missionnaire franciscain en Syrie. Tué à Damas en 1860 lors de l'insurrection des Druzes contre les chrétiens libanais, il fut béatifié par le pape Pie XI en 1926.

**Il serait...** réservé, mais actif et dynamique, soucieux de plaire, mais sur la défensive, car il se sent souvent incompris. Il a besoin d'être dans un environnement affectif solide pour progresser.

**Ils l'ont porté :** Emmanuel est une appellation biblique, qu'Isaïe donna au Messie sept siècles avant sa naissance. Emmanuel Kant, philosophe allemand, professeur de philosophie, qui publia *Critique de la raison pure* en 1781 et consacra toute sa vie à l'étude et à l'enseignement.

**Ils le portent :** Emmanuel Le Roy Ladurie, professeur, historien, membre de l'Académie des sciences morales et politiques depuis 1993. Emmanuel Macron, président de la République française.

**Son évolution :** C'est dans les années 1960 qu'Emmanuel apparaît en France. Les années 1970 voient son apogée, en particulier dans les familles BCBG, mais il décline dès 1980.

**Sa forme initiale :** Immanouel.

**Dans nos régions :** Amaniu (Gascogne), Emmanieu, Enmanuèl (Provence), Emmanuellu (Corse), Imanol (Pays basque).

**À l'étranger :** Emanuel (Espagne, Hongrie, Scandinavie), Emanuele (Italie), Emmanoil (Roumanie), Imanuel (Pays-Bas), Manolis (Grèce), Manolo (Espagne).

**Son diminutif :** Manuel.

**Ses féminins :** Emmanuelle, Manuela, Manuelle.

## ÉNÉE

### Éneas

**D'où vient-il ?** Énée est une variante d'Aeneas, patronyme d'origine grecque.

**Il serait...** énergique, actif, passionné. Opportuniste et intuitif, il sait saisir sa chance au bon moment. Son charisme est grand, son autoritarisme aussi.

**Il le porte :** Énée est, dans la mythologie grecque, un lieutenant d'Hector, un héros de la guerre de Troie, un ancêtre de Romulus et Rémus, fondateurs de Rome. Énée est le héros de *l'Enéide*, poème épique de Virgile écrit de 29 à 19 avant J.-C., et également un personnage de *l'Iliade*, d'Homère et de Shakespeare.

**Son évolution :** ce prénom littéraire est très rare.

**Sa forme initiale :** Aeneas.

**À l'étranger :** Enea (Italie).

**Son cousin :** Éneas.

## ENGUERRAND

### Angelram, Angeran, Angilram, Angilran, Engérand, Engerran, Engilram, Enguerran

**D'où vient-il ?** Enguerrand, d'origine germanique, signifie « corbeau du moine ».

**On le fête** le 28 octobre. Moine cultivé, saint Enguerrand est originaire d'une grande famille d'Austrasie. Nommé évêque de Metz vers 770, il devint aumônier de Charlemagne dont il fut très proche. Il mourut en 791 lors d'une expédition en Hongrie contre les Avars, alors qu'il accompagnait Charlemagne à titre diplomatique.

**Il serait...** droit, loyal, fier et sérieux. Sensible, il se sait vulnérable, aussi est-il est méfiant. Il recherche la sécurité dans sa famille.

**Il l'a porté :** Enguerrand de Marigny, né en 1260 fut le chambellan et le principal ministre du roi Philippe IV le Bel. À la mort du roi, il fut accusé de sorcellerie et pendu au gibet de Montfaucon. Ses accusateurs le disculpèrent sur leur lit de mort.

**Son évolution :** ce prénom médiéval est très rare.

**Ses cousins :** Angelram, Angeran, Angilram, Angilran, Engérand, Engerran, Engilram, Enguerran.

## ENZO

### Lorenzo

**D'où vient-il ?** Enzo est un diminutif de Lorenzo, forme italienne de Laurent qui signifie en latin « laurier ». Ce serait aussi une forme italienne d'Heinz, d'origine germanique, qui signifie « maison du roi ».

**On le fête** le 10 août avec Laurent.

**Il serait...** responsable, sérieux, amoureux de l'ordre et de la tranquillité. Sa famille est sa priorité. Il est attaché à la beauté et à l'harmonie.

**Ils l'ont porté :** Enzo, roi de Sardaigne, fils naturel de l'empereur Frédéric II de Prusse, qui fut capturé par les Bolognais et emprisonné jusqu'à sa mort en 1272 dans un palais. Enzo Ferrari, né en 1898, fondateur de la firme Ferrari.

**Son évolution :** inconnu en France avant 1980, Enzo arrive en France en 1990 et évolue très vite.

**Sa forme initiale :** Lorenzo ou Heinz.

### Son heure de gloire

Entre 1990 et 2005. La mode des prénoms à consonance latino a propulsé Enzo à la première place en 2000. Il est distancé par Théo et Léo, mais reste au top 100 des prénoms masculins.

## EOIN

**D'où vient-il ?** Eoin est l'une des nombreuses formes irlandaises de Jean, d'origine hébraïque, qui signifie « Dieu fait grâce ».

**On le fête** le 24 juin avec Jean.

**Il serait...** à la recherche de la spiritualité. Il déteste la médiocrité, travaille pour approfondir ses connaissances dans tous les domaines.

**Ils le portent :** l'écrivain irlandais Eoin Colfer, le joueur de rugby irlandais Eoin O'Malley, l'acteur et le réalisateur irlandais Eoin Macken, l'acteur irlandais Eoin MacCarthy.

**Son évolution :** Eoin est un des prénoms masculins le plus en vogue en Irlande.

**Son cousin :** Jean.

## ÉPHRAÏM
Éneas

**D'où vient-il ?** Éphraïm signifie en hébreu « fertile ».

**On le fête** le 9 juin. Saint Éphrem, dit « le Syriaque », est né en Turquie en 306. Nommé évêque de Nisibe, il y fonde une nouvelle école de théologie dont il prend la tête. En 363, la ville passe sous l'autorité des Perses, saint Éphrem quitte la ville avec son école et s'installe à Edesse, en Turquie. Il a laissé une importante œuvre théologique au service de la catéchèse. Décédé en 333, il est invoqué contre la fatigue. Il est reconnu docteur de l'Église en 1920 par Benoît XV.

**Il serait...** indépendant, perfectionniste, exigeant et ambitieux, mais il a besoin de revenir souvent se ressourcer auprès des gens qu'il aime.

**Il l'a porté :** personnage biblique, Éphraïm est le fils de Joseph. Adopté par Jacob, qui le bénit comme ses propres enfants, il est l'ancêtre d'une des douze tribus d'Israël.

**Son évolution :** ce prénom est connu et apprécié des familles de culture juive.

**À l'étranger :** Efraïm, Efrain (Espagne), Ephremii, Iefrem, Iefremi (Russie),

**Son cousin :** Ephrem.

## ÉPIPHANIE

**D'où vient-il ?** Épiphane signifie en grec « apparition ».

**On le fête** le 21 janvier. Saint Épiphane est né en 439 à Pavie. Nommé évêque de sa ville natale en 467, il jouit d'une grande influence sur la vie politique de son pays.

**Il serait...** sociable, conciliant, diplomate. Il excelle dans les négociations, les associations. Il redoute la solitude et préfère le travail en équipe.

**Son évolution :** rare en France, Épiphane a surtout été porté en Orient dans les premiers siècles de l'ère chrétienne.

**À l'étranger :** Epifaan (Flandre), Epifanio (Espagne).

**Ses féminins :** Épiphane, Épiphanie

## ÉRASME

**D'où vient-il ?** Érasme, d'origine grecque, signifie « gracieux ».

**On le fête** le 2 juin. Évêque de Formiae en Campanie, Italie, au IV^e siècle, Érasme fut persécuté par l'empereur Dioclétien en 303.

**Il serait...** réservé, mais amical et ouvert, réfléchi, mais léger et plein d'humour. Stable, solide et rationnel, il est aussi très sensible et affectueux.

**Il l'a porté :** Érasme, de son prénom Desideratus, Désiré en français, humaniste et théologien néerlandais né en 1469, qui marqua la Renaissance de ses pensées. Son patronyme est devenu prénom.
**Son évolution :** Érasme en tant que prénom est récent. Il commence tout juste à se manifester.
**À l'étranger :** Erasmo (Italie), Erasmos (Grèce), Erasmus (Allemagne, Flandres).

## ÉRIC

**D'où vient-il ?** Éric, d'origine germanique, signifie « honneur du roi ».
**On le fête** le 18 mai. Saint Éric IV fut roi de Suède de 1150 à 1160. Grand défenseur de l'Église, il œuvra pour l'expansion du christianisme dans son royaume. Il lutta contre le paganisme, permit la fondation de nombreuses églises et améliora le sort des femmes, alors traitées comme des esclaves dans son pays. En 1157, il partit évangéliser la Finlande, peuplée de païens barbares, mais il dut revenir rapidement pour contrer l'invasion de son pays par les Danois. Il fut poignardé pendant la messe par un prince danois en 1160.
**Il serait...** dynamique, opportuniste et énergique. Il a l'esprit d'entreprise et le sens des affaires, une grande confiance en ses qualités.
**Ils l'ont porté :** Erik le Rouge, ainsi nommé pour la couleur de ses cheveux roux, fut un guerrier norvégien né vers 950. Banni de son pays, il s'installa avec quelques centaines de concitoyens dans le nord de l'Islande. Plusieurs rois de Suède et de Danemark ont aussi porté ce prénom. Le cinéaste Éric Rohmer.
**Ils le portent :** Éric Cantona, footballeur et acteur français. Eric Clapton, guitariste, chanteur et compositeur britannique né en 1945.
**Son évolution :** Erik est un prénom très courant dans les pays scandinaves depuis les premiers siècles. En France, c'est dans les années 1950 qu'il se fait remarquer, atteignant très vite un record de popularité dans les années 1960. Il est rare depuis 1980.
**Sa forme initiale :** Erik.
**Dans nos régions :** Enriko, Eriz (Pays basque), Erig (Bretagne), Eri (Provence).
**À l'étranger :** Erikki, Erki, Erkka (Flandre), Eirikur (Islande), Erich (Allemagne), Erico (Espagne).
**Ses diminutifs :** Rick, Rickie, Ricky, Rico.
**Ses féminins :** Erica, Erika.

### Son heure de gloire

Entre 1960 et 1970. Très classique tout en apportant une fraîcheur du Grand Nord, Éric, court, viril, a tout pour plaire à cette époque.

## ERIN (mixte)

**D'où vient-il ?** Erin, d'origine irlandaise, vient du nom de l'Irlande.
**On le fête** le 17 mars, jour de la fête nationale de l'Irlande.
**Il serait...** énergique, dynamique, actif. Indépendant, il fuit les contraintes et ne déteste pas l'aventure.
**Son évolution :** Erin est très en vogue pour les filles en Irlande, un peu plus rare pour les garçons.
**Son féminin :** ce prénom est mixte, à large tendance féminine.

## ERNEST

**D'où vient-il ?** Ernest, d'origine germanique, signifie « sérieux ».
**On le fête** le 7 novembre. Saint Ernest, moine allemand du diocèse de Constance au XII^e^ siècle, devint abbé de son monastère, mais dut faire face à l'hostilité de seigneurs locaux. Il devint confesseur de l'empereur Conrad III et l'accompagna lors de la seconde croisade en Phrygie (Turquie), où il mourut en 1147.
**Il serait...** dynamique, entreprenant, volontaire, parfois bourru et cassant. Sûr de lui, il intimide. Fier, il est stimulé par les difficultés.
**Ils l'ont porté :** Ernest Hemingway, né en 1898, écrivain américain, prix Nobel de littérature en 1954. Ernesto Rafael Guevara de la Serna, dit Che Guevara, médecin, révolutionnaire marxiste, né en 1928 et abattu en 1967 en Bolivie.

**Il le porte :** Ernst de Hanovre, ex-époux de Caroline de Monaco.
**Son évolution :** Ernest eut un certain succès à la fin du XIX$^{e}$ siècle, mais il disparut rapidement et son retour ne s'annonce pas immédiatement.
**À l'étranger :** Ernesti, Ernesto (Espagne, Italie), Erno (Finlande), Ernst (Allemagne).
**Son diminutif :** Ernie.
**Son féminin :** Ernestine.

## ERWAN

**Yves, Erwann**

**D'où vient-il ?** Erwan est une forme bretonne d'Yves qui signifie en celte « if ».
**On le fête** le 19 mai avec Yves.
**Il serait...** indépendant, perfectionniste, exigeant et ambitieux, mais il a besoin de revenir souvent se ressourcer auprès des gens qu'il aime.
**Son évolution :** ce prénom est bien connu des familles bretonnes depuis plusieurs décennies. Il ne s'est pas imposé à l'échelle nationale.
**Sa forme initiale :** Yves.
**Son cousin :** Erwann.
**Son diminutif :** Erwanig.

## ESTEBAN

**Étienne**

**D'où vient-il ?** Esteban est une forme espagnole d'Étienne qui signifie en grec « couronné ».
**On le fête** le 26 décembre avec Étienne.
**Il serait...** communicatif, chaleureux et habile. Son émotivité le rend toutefois très dépendant de son environnement affectif. Vif et curieux, il s'intéresse à tout.
**Son évolution :** Esteban était connu en France, mais ignoré jusqu'aux années 1980.
**Sa forme initiale :** Étienne.

**Son heure de gloire**

De 2005 à 2015, dans le sillage des prénoms issus des pays latins. Sa cote fléchit néanmoins aujourd'hui.

## ETHAN

**D'où vient-il ?** Ethan, d'origine hébraïque, signifie « constant ».
**Il serait...** imaginatif, créatif, sociable et communicatif. Tous les modes d'expression sont bons pour lui permettre de partager sa sensibilité.
**Il le porte :** Ethan Hawke, acteur, scénariste et réalisateur et écrivain américain né en 1970. Il tourna à l'âge de 19 ans dans *le Cercle des poètes disparus* où il incarne l'un des élèves de Robin Williams, rôle qui le rend célèbre.
**Son évolution :** Ethan est un prénom très en vogue aux États-Unis depuis 2000. Il est présent en France et s'installe au top 30 des prénoms masculins.

## ÉTIENNE

**Esteban, Stéphane**

**D'où vient-il ?** Étienne, d'origine grecque, signifie « couronné ».
**On le fête** le 26 décembre. Saint Étienne, diacre à Jérusalem au I$^{er}$ siècle, participa aux différentes œuvres d'évangélisation. Son succès fit des jaloux, il fut accusé à tort de blasphème et tué par lapidation. Saint Étienne est le premier martyr chrétien au I$^{er}$ siècle à Jérusalem.
**Il serait...** sociable, optimiste, tolérant. Idéaliste, il rêve d'un monde meilleur, s'intéresse à tout et à tous. Il lui faut un environnement affectif stable pour évoluer.
**Il l'a porté :** Étienne Marcel, prévôt des marchands de Paris sous le règne de Philippe IV de Valois, réformateur qui affronta le pouvoir royal, joua un grand rôle en tant que délégué du tiers état dans les états généraux de 1355 et 1357. Il fut assassiné en 1358 par des bourgeois parisiens.
**Il le porte :** le chanteur Étienne Daho.
**Son évolution :** Étienne a connu plusieurs périodes fastes, au Moyen Âge et à la Renaissance, puis au XIX$^{e}$ siècle. Il n'a pas complètement disparu, mais reste rare depuis le début du XX$^{e}$ siècle.
**Ses cousins :** Estèphe, Stéphane.
**Dans nos régions :** Estanis, Estapan, Estebe,

Esteben, Extebe (Pays basque), Estefan, Estève (Provence), Estin (Bretagne), Estèfe (Gascogne).
**À l'étranger :** Stephen, Steve, Steven (Grande-Bretagne, États-Unis), Estaban, Esteban, Estefan (Espagne), Estève (Catalogne), Estevao (Portugal), Stefano (Italie).
**Son féminin :** Étiennette.

## EUDES

### Eudelin, Odon

**D'où vient-il ?** Eudes, d'origine germanique, signifie « richesse ».
**On le fête** le 19 novembre. Saint Eudes fut abbé d'un monastère en Auvergne, il mena une vie pieuse et discrète jusqu'à sa mort, le 19 novembre 720.
**Il serait...** sociable, attentif aux autres et serviable. Très affectif, il agit en fonction de ses sentiments. Il a besoin de sécurité et, sans manquer de fantaisie, est attaché à ses habitudes.
**Il l'a porté :** Eudes 1er, comte de Paris, roi des Francs de 888 à 898, qui fut choisi après la bataille qu'il remporta sur les Vikings en 885 pour remplacer le roi Charles le Gros, jugé incompétent.
**Il le porte :** Eudes d'Orléans, né en 1968, fils d'Henri comte de Paris.
**Son évolution :** médiéval par excellence, Eudes est un prénom apprécié par les familles de la noblesse et les familles BCBG.
**Ses cousins :** Eudelin, Odon.
**Son féminin :** Eudeline.

## EUDOXE

**D'où vient-il ?** Eudoxe, d'origine grecque, signifie « bonne doctrine ».
**On le fête** le 2 novembre. Saint Eudoxe, soldat de l'armée de l'empereur Licinius, fut brûlé avec neuf compagnons à Sébaste, en Arménie, au IVe siècle.
**Il serait...** coopératif, serviable, diplomate. Un associé ou un partenaire idéal qui a besoin de contacts pour s'épanouir.
**Il l'a porté :** Eudoxe de Cnide, géomètre et astronome grec, qui vécut entre – 408 et – 355, et laissa une ébauche de théorie sur le mouvement des planètes.
**Son évolution :** ce prénom a été courant en Grèce dans l'Antiquité. Il est très rare aujourd'hui.
**À l'étranger :** Eudossio (Italie).
**Son féminin :** Eudoxie.

## EUGÈNE

### Owen

**D'où vient-il ?** Eugène, d'origine grecque, signifie « bien né »
**On le fête** le 13 juillet. Évêque de Carthage en 481, saint Eugène lutta activement contre l'arianisme et contre les Vandales qu'il parvint à chasser des églises. Exilé en 484 par l'évêque arien Cyrola, il passa ses dernières années en exil, d'abord dans le sud de la Tunisie, puis en France, à Albi, où il mourut en 515.
**Il serait...** chaleureux, amical, généreux, mais aussi dilettante et peu armé pour affronter les difficultés. Il recherche la facilité.
**Ils l'ont porté :** Eugène de Beauharnais, fils de Joséphine, qui fut adopté par Napoléon Bonaparte. Il fut aide de camp de l'empereur, se montra habile stratège au combat et remporta de nombreuses victoires militaires. Vice-roi d'Italie, il ne régna pas. Il mourut à 42 ans, en 1824, couvert de gloire. Eugène Delacroix, peintre français du mouvement romantique ; on compte parmi ses œuvres *la Liberté guidant le peuple*, exécutée en 1830. Eugène Ionesco, auteur dramatique d'origine roumaine, élu à l'Académie française en 1970.
**Son évolution :** Eugène est un prénom type du XIXe siècle. Le XXe l'a boudé, et il ne semble pas encore revenir, alors que sa forme irlandaise Owen fait des adeptes.
**Sa forme initiale :** Eugênios.
**Dans nos régions :** Eukeni, Eugenio (Pays basque), Tujan (Bretagne), Üschen (Alsace).
**À l'étranger :** Afinoguen, Evghenii, Fenoguen, Finocha, Gennadi, Ievdeni, Ievgueni (Russie), Eoghan, Owen (Irlande), Eugen (Allemagne,

Grèce, Roumanie), Eugend (Allemagne), Eugeni (Catalogne), Eugenikus (Lituanie), Eugenio (Espagne, Italie), Eugeniusz (Pologne), Euzen (République tchèque), Ewhen, Ievguen (Ukraine), Gene (Grande-Bretagne), Ivkini (Hawaï).

**Son féminin :** Eugénie.

## EULOGE

**D'où vient-il ?** Euloge, d'origine grecque, signifie « qui parle bien »

**On le fête** le 11 mars. Saint Euloge fut prêtre et écrivain à Cordoue. Nommé archevêque de Tolède, il soutint les chrétiens contre les Maures. Doté d'un grand courage et d'une importante érudition, ses ouvrages apportèrent de nombreuses informations sur la vie et la mort des martyrs sous le règne des califes Abd al-Rahman et Mohammed Ier. Il mourut en martyr en 859.

**Il serait...** artiste, créatif en quête de beauté et d'harmonie. Sociable, il est éloquent et sait se faire apprécier. Sa vie sociale est très importante à ses yeux.

**Son évolution :** ce prénom a toujours été rare.

## EUSÈBE

**D'où vient-il ?** Eusèbe signifie en grec « pieux ».

**On le fête** le 2 août. Né en 300 en Sardaigne, saint Eusèbe fut clerc de l'Église romaine, puis évêque en 340. Grande figure de l'Église occidentale, il prit la succession de saint Marcel et devint le 31e pape. Lors du concile de Milan en 355, il ose tenir tête aux ariens, ce qui lui vaudra d'être exilé en Orient par l'empereur Constance II. Il fut martyrisé par des ariens en 371.

**Il serait...** sociable, généreux, enjoué et optimiste. Il n'est pas adepte du travail et de l'effort et cherche toujours la facilité.

**Il l'a porté :** Eusèbe de Césarée, théologien, historien et évêque de Césarée en Palestine au IVe siècle, qui laissa des documents très précieux sur la vie des chrétiens de son époque.

**Son évolution :** Eusèbe, porté en Grèce aux premiers siècles, a toujours été rare en France.

**Dans nos régions :** Eusebio (Pays basque).

**À l'étranger :** Eusebi (Flandres), Eusebii (Russie), Eusebiu (Roumanie), Eusebio (Espagne, Italie), Eusebius (Allemagne, Grèce, Grande-Bretagne).

**Son féminin :** Eusébie.

## EUSTACHE
### Stacey

**D'où vient-il ?** Eustache, d'origine grecque, signifie « bon épi ».

**On le fête** le 20 septembre. Saint Eustache fut général romain dans l'armée romaine de l'empereur Trajan au IIe siècle. Pendant une chasse à courre, il vit un cerf avec une croix entre les deux cornes qui lui aurait parlé. Eustache se convertit. Il fut condamné au supplice en 118, enfermé dans un tonneau de bronze chauffé à blanc.

**Il serait...** dynamique, rapide, actif et efficace. Il faut le suivre ! Les difficultés le stimulent, la nouveauté l'enthousiasme.

**Son évolution :** après quelques timides apparitions au XIXe siècle, Eustache a disparu et ne laisse pas espérer son retour immédiat.

**Dans nos régions :** Eustakio (Pays basque).

**À l'étranger :** Eustazio (Italie), Eusti (Flandre), Eustacio (Espagne), Eustachy (Pologne), Eusacios, Eustakhkios (Grèce), Eustace, Stacey, Stacy (Grande-Bretagne, États-Unis), Evstaphii, Ieustafi (Russie).

## EUTHIME
### Euthyme

**D'où vient-il ?** Euthime, d'origine grecque, signifie « bienveillant, bien disposé ».

**On le fête** le 20 janvier. Saint Euthyme le Grand fut consacré à Dieu par sa mère dès sa naissance. Prêtre à 19 ans, il passa 68 ans de sa vie dans le désert, près de Jérusalem et mourut presque centenaire en 473.

**Il serait...** déterminé à prendre sa vie en main, à se fixer des objectifs élevés. Altruiste, il est attiré par les activités sociales et se dévoue sans compter ses efforts pour les autres.

## EUTROPE

**D'où vient-il ?** Eutrope, d'origine grecque, signifie « bonne direction ».

**On le fête** le 30 avril. Saint Eutrope, chrétien grec de passage à Rome au Ier siècle est sacré évêque et envoyé en mission en Gaule. Sa tâche est difficile, il veut renoncer, mais il s'obstine et obtient de nombreuses conversions. Évêque de Saintes, il est finalement condamné au supplice par le légat romain dont il a baptisé la fille.

**Il serait...** volontaire, ambitieux, et travailleur. Il accepte mal les échecs et se donne les moyens de réussir et préfère diriger que suivre le mouvement.

**Il l'a porté :** le sculpteur Eutrope Bouret, au XIXe siècle.

## EVAN
**Ewan**

**D'où vient-il ?** Evan est une forme galloise de Jean. Mais on peut aussi le rapprocher du terme gallois qui signifie « jeunesse ».

**On le fête** le 24 juin avec Jean.

**Il serait...** responsable, sérieux, fidèle. Bon mari et bon père, fils attentionné. Ses principes sont stricts, et il les fait partager à son entourage.

**Son évolution :** ce prénom, apparu en France dans les années 1990, s'essouffle depuis 2015.

**Sa forme initiale :** Jean.

**Son cousin :** Ewan.

## ÉVARISTE
**Évagre, Évandre**

**D'où vient-il ?** Évariste, d'origine latine, signifie « qui se propage ».

**On le fête** le 26 octobre. D'origine grecque, saint Évariste succéda à saint Clément en devenant le 5e pape au Ier siècle sous le règne de Trajan. Il mourut en martyr vers 107.

**Il serait...** sensible, idéaliste, un peu rêveur. Il apprécie avant tout la sécurité familiale et cherche l'équilibre et l'harmonie.

**Il l'a porté :** Évariste Galois, mathématicien, qui publia plusieurs traités, s'engagea dans la vie politique, ce qui lui causa plusieurs emprisonnements, et mourut des suites d'un duel à l'âge de 20 ans, en 1832.

**Son évolution :** ce prénom a toujours été rare, avec quelques apparitions furtives au XIXe siècle.

**Ses cousins :** Évagre, Évandre.

**Dans nos régions :** Ebarista (Pays basque).

**À l'étranger :** Evagoras (Grèce).

## EWEN
**Even, Ewann**

**D'où vient-il ?** Even, d'origine celte signifie « bien-né ».

**On le fête** le 17 avril. Abbé du monastère de Saint-Mélaine à Rennes au XIe siècle, saint Even fut sacré archevêque de Dol, en Bretagne, vers 1075 par le pape Grégoire VII.

**Il serait...** indépendant, ambitieux et travailleur. Tout à sa vie professionnelle, il néglige un peu ses relations personnelles et s'isole souvent.

**Son évolution :** apparu dans les années 2000, ce prénom reste rare, encore aujourd'hui.

**Ses cousins :** Even, Ewann.

## EXUPÈRE

**D'où vient-il ?** Exupère, d'origine grecque, signifie « qui se surpasse ».

**On le fête** le 2 mai. Au service du citoyen romain Catallus en Asie Mineure au IIe siècle, saint Exupère fut brûlé vif avec sa femme et ses deux fils dans le four de la maison, lorsque leur foi en Dieu fut découverte.

**Il serait...** strict, sérieux, travailleur. Il a des principes et s'y tient. Son désir : progresser sur le chemin qu'il s'est tracé sans se laisser divertir.

**Son évolution :** ce prénom n'a jamais été courant.
**Dans nos régions :** Exépéri, Exuperio (Pays basque).
**À l'étranger :** Exupery (Grande-Bretagne, États-Unis).

## ÉZÉCHIEL

**D'où vient-il ?** Ézéchiel, d'origine hébraïque, signifie « Dieu rendra fort ».
**On le fête** le 10 avril. Ézéchiel est le troisième des quatre grands prophètes d'Israël au VIe siècle avant J.-C. Il rédigea *le Livre d'Ezéchiel*, relatant ses visions de Dieu.
**Il serait...** énergique, volontaire, discipliné et strict. Il impose souvent ses vues et affiche une grande exigence envers ses amis.
**Son évolution :** Ézéchiel est un prénom traditionnel hébraïque assez rare sur l'ensemble du pays.
**À l'étranger :** Ezekiel (Grande-Bretagne, États-Unis), Ezequiel (Espagne), Hesekiel (Finlande).

## EZRI
### Ezra

**D'où vient-il ?** Ezri, d'origine hébraïque, signifie « Dieu est secours ».
**On le fête** le 13 juillet. Selon la Bible, Ezri, né à Babylone, fut scribe et prêtre juif. Il obtint la permission de reconduire à Jérusalem un groupe d'exilés, vers 397 avant J.-C. Il fit reconstruire les murs de la ville et aurait conclu une alliance entre le peuple et Dieu. Il joua un grand rôle dans la communauté juive en imposant la lecture publique de la Torah.
**Il serait...** réfléchi, studieux, attiré par la connaissance, la spiritualité. Il apprécie la solitude pour lire et se ressourcer loin du bruit.
**Son évolution :** Ezri est bien connu des familles de culture hébraïque.
**Son cousin :** Ezra.

# F

## FABIEN
### Fabien, Fabio

**D'où vient-il ?** Fabien, d'origine latine, signifie « fève ». La *gens* Fabius était une grande famille patricienne de la Rome antique qui donna plusieurs consuls entre 450 et 120 avant J.-C. Cette famille aurait introduit la culture de la fève en Italie, ce qui justifierait son nom.
**On le fête** le 20 janvier. Saint Fabien fut pape de 236 à 250. Il mourut en martyr sous le règne de l'empereur Dèce.
**Il serait...** calme, travailleur, efficace et déterminé. Il a des principes stricts et le sens de la discipline. Perfectionniste et fier, il supporte mal les critiques.
**Ils le portent :** le footballeur Fabien Barthez. Fabien Onteniente, réalisateur de cinéma.
**Son évolution :** les années 1950 voient l'apparition de Fabien, considéré comme un prénom moderne, alors qu'il a un grand passé. Il s'épanouit dans les années 1980 et s'enfuit dix ans plus tard. Sa forme espagnole Fabio s'annonce.
**Son cousin :** Fabian.
**Dans nos régions :** Fabbianu (Corse), Fabian (Gascogne, Provence)
**À l'étranger :** Faab (Flandre), Fabia (Catalogne), Fabiano (Italie), Fabo (Hongrie), Fabianus (Allemagne), Fabio (Espagne, Italie), Fabiolo (Espagne).
**Ses féminins :** Fabienne, Fabiola.

## FABRICE

**D'où vient-il ?** Fabrice, d'origine latine, signifie « artisan »

**On le fête** le 22 août. Chrétien espagnol originaire de Tolède au III^e siècle, saint Fabrice mourut en martyr avec son compagnon Philibert lors des premières persécutions.

**Il serait...** combatif et volontaire, tendre et passionné. Efficace quand il est motivé, opportuniste à l'occasion, il prend ses responsabilités très au sérieux.

**Ils le portent :** Fabrice del Dongo, personnage de *la Chartreuse de Parme*, de Stendhal. Le comédien Fabrice Luchini, apprenti coiffeur dans sa jeunesse, passionné de littérature et de musique, qui fut révélé au cinéma en 1970 dans *le Genou de Claire*. Il s'orienta ensuite aussi vers le théâtre et est devenu l'un des grands comédiens de ce début de siècle. Fabrice Santoro, joueur de tennis.

**Son évolution :** c'est dans les années 1970 que Fabrice est à son meilleur niveau, tout en restant toutefois discret. Il est complètement passé de mode.

**Dans nos régions :** Faberiziu (Corse), Fabrician (Gascogne).

**À l'étranger :** Fabricio (Espagne), Fabricius, Fabritius, Fabrizius (Allemagne), Fabrizio (Italie).

## FANTIN

**D'où vient-il ?** Fantin signifie en latin « enfant ».

**On le fête** le 30 août. Saint Fantin fut abbé du monastère grec de Saint-Mercure en Calabre au X^e siècle. Son abbaye étant détruite par les Sarrasins, il dut fuir en Orient où il mourut en 980.

**Il serait...** organisé, travailleur, exigeant dans tous les domaines. Derrière cette façade de dur, il est un tendre qui a soif de reconnaissance.

**Son évolution :** trop enfantin ? Fantin n'a jamais été un prénom courant.

**Son féminin :** Fantine.

## FARGEAU
### Ferjeux

**D'où vient-il ?** Fargeau est une variante de Ferjeux qui signifie en latin « blé » et « à jeun ».

**On le fête** le 16 juin avec Ferjeux. Saint Ferjeux, diacre à Lyon au II siècle, fut envoyé avec Ferréol à Besançon par saint Irénée, évêque de Lyon pour évangéliser la région. Tous deux réalisèrent de nombreuses conversions. La préfet s'en inquiéta, leur ordonna d'apostasier, mais ils refusèrent et furent décapités.

**Il serait...** réfléchi, réservé, strict, limite austère. Il aime les activités solitaires, la lecture, les jeux vidéo, l'étude.

**Son évolution :** Fargeau est, comme Ferjeux, un prénom très rare.

**Sa forme initiale :** Ferjeux.

## FARID
### Fourad

**D'où vient-il ?** Farid, d'origine arabe, signifie « irremplaçable ».

**Il serait...** sociable, diplomate, coopératif. Il redoute la solitude et a besoin d'un entourage sécurisant pour avancer dans la vie.

**Il l'a porté :** Farid El Atrache, chanteur libanais né en 1917, décédé en 1974 à Beyrouth.

**Son cousin :** Fourad.

**Son féminin :** Farida.

## FAUSTIN
### Faust

**D'où vient-il ?** Faustin est une variante de Faust qui signifie en latin « fortuné ».

**On le fête** le 15 février. Né en Lombardie au I^er siècle dans une famille de l'aristocratie, saint Faustin mourut en martyr avec son frère saint Jovilé, en 120, sous le règne de l'empereur Hadrien.

**Il serait...** sociable, attentif aux autres et serviable. Très affectif, il agit en fonction de ses sentiments. Il a besoin de sécurité et est attaché à ses habitudes.

**Il l'a porté :** *le Docteur Faust* est un conte allemand, paru non signé en 1587, racontant l'histoire d'un homme qui vendit son âme au diable, appelé Méphistophélès, à condition qu'il le servît pendant 24 ans. Cette œuvre fut reprise dans la littérature et plusieurs musiciens – Liszt, Berlioz, Schumann, Gounod – s'en inspirèrent.

**Son évolution :** Faustin n'a pas eu le même essor que Faustine, prénom célèbre dans l'Antiquité. Quant à Faust, il a une réputation sulfureuse…

**Sa forme initiale :** Faust.

**Dans nos régions :** Feust (Bretagne).

**À l'étranger :** Faustino, Fausto (Espagne, Italie), Faustus (Allemagne).

**Son féminin :** Faustine.

## FÉLICIEN

**D'où vient-il ?** Félicien est une variante de Félix qui signifie en latin « heureux ».

**On le fête** le 9 juin. Saint Félicien et son frère Prime furent décapités en Italie au IIIe siècle pour avoir refusé d'abjurer.

**Il serait…** ambitieux, entier, passionné et volontaire. Il a un charisme certain, ce qui lui permet d'avoir un ascendant sur les autres et de commander sans contestation.

**Il l'a porté :** Félicien Marceau, romancier et auteur dramatique, dont la pièce *l'Œuf*, jouée pour la première fois en 1956, remporta un immense succès et continue à être jouée à travers le monde. Il remporta le prix Goncourt en 1969 pour son roman *Creezy* et fut élu à l'Académie française en 1975.

**Son évolution :** Félicien apparaît très discrètement au XIXe siècle dans le sillage de Félix, mais il n'a jamais atteint ses scores. On le rencontre rarement aujourd'hui.

**Sa forme initiale :** Félix.

**Dans nos régions :** Felician (Gascogne), Felicinu, Filicinu (Corse).

**À l'étranger :** Felicia (Catalogne), Feliciaan (Flandre), Feliciano (Italie)

**Son féminin :** Félicienne.

## FÉLIX

**Félicien, Felis, Felise, Felitch, Fieliks, Filice, Filiz**

**D'où vient-il ?** Félix signifie en latin « heureux ».

**On le fête** le 14 janvier. Saint Félix de Nole, fils d'un riche fermier au IIIe siècle, devint prêtre en Campanie, mais refusa l'évêché qu'on lui proposait. Condamné au martyre, il survécut aux tortures qui lui furent infligées. Il choisit de vivre en ermite, abandonna ses biens aux pauvres et finit ses jours dans la prière et la méditation.

**Il serait…** calme, sensible et très attaché à son environnement affectif. Il n'aime pas se presser et profite de la vie et du temps qui passe.

**Ils l'ont porté :** Félix Faure, Président de la IIIe République de 1895 à sa mort en 1899. Félix Leclerc, chanteur québécois disparu en 1988, auteur entre autres chansons de *Moi mes souliers* et *Le petit bonheur*. Une fondation et un prix de la chanson et de la poésie honorent sa mémoire au Québec. Félix le chat, personnage de dessin animé dans les années 1920.

**Son évolution :** grand prénom du XIXe siècle, Félix a été boudé au XXe siècle. Le voici qui revient et se développe depuis 2010.

**Dans nos régions :** Feli (Provence), Féliz (Bretagne), Felizes, Feliziano (Pays basque).

**À l'étranger :** Felice (Italie), Felicidad, Feliz (Espagne), Feliks (Pologne, Russie), Feliu (Catalogne).

**Ses cousins :** Felis, Felise, Felitch, Fieliks, Filice, Filiz.

**Ses féminins :** Félicia, Félicie, Félicité.

### Son heure de gloire

Était-on heureux au XIXe siècle ? On pourrait le croire tant les Félix furent nombreux à cette époque.

## FERDINAND

**Fernand**

**D'où vient-il ?** Ferdinand, d'origine germanique, signifie « qui ose la paix ».

**On le fête** le 30 mai. Né en 1198, saint Ferdinand fut roi de Castille en 1217 et de León en 1230. Il contribua à la Reconquista en libérant l'Andalousie de l'occupation des Maures. Il imposa le castillan comme langue nationale et fonda l'université de Salamanque. Il mourut en 1252.

**Il serait...** amical, chaleureux, habile et subtil. Amoureux du confort et de la beauté, il est raffiné. Il aime plaire, être admiré et reconnu.

**Ils l'ont porté :** Ferdinand de Lesseps, né en 1905, diplomate français qui créa la compagnie du canal maritime de Suez. Ferdinand Foch, né en 1851, maréchal de France, de Grande-Bretagne et de Pologne. Il fut l'un des signataires de l'armistice le 11 novembre 1918 à Rethondes et fut élu quelques jours plus tard à l'Académie française.

**Son évolution :** Ferdinand a eu deux courants de popularité : l'un au Moyen Âge et le second au XIX<sup>e</sup> siècle. Les années 1920 voient son déclin. Il réapparaît discrètement.

**Son cousin :** Fernand.

**Dans nos régions :** Ferran (Pays basque).

**À l'étranger :** Errando, Herrando, Ferdl (Allemagne), Ferdinando (Espagne, Italie), Fernão (Portugal).

**Son féminin :** Ferdinande.

## FERNAND

**Ferdinand**

**D'où vient-il ?** Fernand est une variante de Ferdinand, d'origine germanique, qui signifie « qui ose la paix ».

**On le fête** le 30 mai avec Ferdinand.

**Il serait...** franc et loyal, homme de devoir, énergique et autoritaire. Homme de terrain, il est dynamique et perfectionniste.

**Ils l'ont porté :** Fernand de Magellan (1480-1521), navigateur et explorateur portugais. Fernand Ledoux, comédien, qui tourna plusieurs centaines de films entre 1918 et 1982, et fut sociétaire de la Comédie-Française entre 1932 et 1942. Fernand Raynaud, humoriste célèbre pour ses sketches comiques, qui incarna aussi plusieurs personnages de Molière. Il mourut accidentellement en 1973.

**Il le porte :** le pilote espagnol de Formule 1, Fernando Alonso.

**Son évolution :** la fin du XIX<sup>e</sup> siècle et le début du XX<sup>e</sup> siècle ont vu Fernand grandir alors que Ferdinand disparaissait. En 1920, Fernand l'avait rejoint aux oubliettes.

**Sa forme initiale :** Ferdinand.

**Dans nos régions :** Ferrando, Hernando, Herrando (Pays basque).

**À l'étranger :** Fermando (Espagne, Italie, Portugal), Fernan, Hernandes, Hernandez (Espagne), Fernando (Espagne, Italie).

**Son féminin :** Fernande.

## FERRÉOL

**D'où vient-il ?** Ferréol signifie en latin « viticole ».

**On le fête** le 18 septembre. Saint Ferréol est un tribun militaire qui fut décapité après avoir refusé d'exécuter des chrétiens et pour avoir lui-même déclaré sa foi. Fêté le 18 septembre, il est le patron des prisonniers. On peut aussi le fêter le 16 juin. Saint Ferréol et saint Ferjeux furent envoyés comme missionnaires à Besançon par l'évêque de Lyon, saint Irénée. Ils furent décapités par le préfet, inquiet de leur influence.

**Il serait…** intuitif, très sensible, et conscient de sa vulnérabilité. Il a besoin d'une ambiance positive pour avancer et se renferme à la plus petite difficulté.
**Son évolution :** Ferréol a existé en France au début du XXe siècle, mais on le rencontrait plus souvent en Catalogne. Il est très rare aujourd'hui.

## FIACRE

**D'où vient-il ?** Fiacre, d'origine irlandaise, signifie en celte « corbeau ».
**On le fête** le 30 août. Moine irlandais au VIIe siècle, saint Fiacre s'installa en ermite près de Meaux. Il y construisit un hospice pour les voyageurs et les pauvres de la région. Peu à peu des disciples le rejoignirent. Jardinier talentueux, il défricha et cultiva des terrains autour de son ermitage pour faire vivre ses compagnons. Il mourut en 670. Saint Fiacre est le patron des jardiniers.
**Il serait…** charmant et charmeur. Raffiné, perfectionniste, conciliant et toujours prêt à rendre service. S'il est sensible, il est néanmoins courageux et volontaire.
**Il l'a porté :** dans la mythologie irlandaise, Fiachra est le fils du dieu de la mer, qui fut changé en cygne par sa belle-mère, jalouse de sa beauté.
**Son évolution :** Fiacre est bien connu depuis longtemps en Irlande, mais ce n'est qu'au XIXe siècle qu'il est apparu modestement en France.
**Dans nos régions :** Fiakr, Fieg (Bretagne).
**À l'étranger :** Fiachr (Irlande).

## FIDÈLE

**D'où vient-il ?** Fidèle signifie en latin « fidèle ».
**On le fête** le 24 avril. Né en 1577 en Souabe, saint Fidèle fit des études de droit et de philosophie. Après une carrière d'avocat à Colmar, il décida de se retirer du monde, qu'il jugeait corrompu. Il vendit tous ses biens et prit l'habit chez les capucins en 1612. Il partit pour évangéliser les Grisons en Suisse et mourut assassiné en 1622 par des protestants qu'il tentait de convertir.
**Il serait…** solide et indépendant. Homme d'action entreprenant qui a les sens des responsabilités. Franc et direct, il va droit au but.
**Il l'a porté :** Fidel Castro, chef de l'État cubain.
**Il le porte :** C'est le titre d'une chanson de Charles Trenet, *Fidèle,* en 1971.
**Son évolution :** Fidèle a parfois été attribué au XIXe siècle à des petits garçons. Il n'a plus cours aujourd'hui.
**Dans nos régions :** Fidelu (Corse).
**À l'étranger :** Fidel (Espagne), Fidele, Fidelio, Fidelo (Italie) Fidelis (Pologne), Fidelius (Allemagne).

## FINNIAN
**Finbar, Finlay, Finn, Finnegan**

**D'où vient-il ?** Finnian, d'origine irlandaise, est une variante de Finn qui signifie « beau ».
**On le fête** le 12 décembre. Saint Finnian fut un évêque irlandais du monastère de Clonard au VIe siècle.
**Il serait…** appliqué, travailleur, discipliné. Il a le goût de l'effort, apprécie d'être encadré et recherche la stabilité et la sécurité.
**Son évolution :** Finn et Finlay, variantes de Finnian, sont en vogue en Écosse et en Irlande.
**Ses cousins :** Finbar, Finlay, Finn, Finnegan.

## FIRMIN

**D'où vient-il ?** Firmin signifie en latin « solide dans ses convictions ».
**On le fête** le 25 septembre. Originaire d'Espagne, saint Firmin fut premier évêque d'Amiens à la fin du IIIe siècle. Il inquiéta le pouvoir par son influence qui entraîna de nombreuses conversions. Il fut décapité.
**Il serait…** charmant, sensible, raffiné, idéaliste. Soucieux de toujours bien faire, il est limite maniaque. Son affectivité le pousse vers l'altruisme, car il veut être aimé.

**Son évolution :** c'est à la fin du XIX^e^ et au début du XX^e^ siècle que Firmin a connu ses meilleurs scores. Dès 1920, il s'enfuit et ne semble pas revenir.
**Dans nos régions :** Fermin, Fermintxo (Pays basque).
**À l'étranger :** Fermin (Espagne), Firmino (Italie), Firminus (Allemagne).
**Ses féminins :** Firmine, Firminie.

## FLAVIEN

**D'où vient-il ?** Flavien, d'origine latine, signifie « blond ». La *gens* Flavius était une illustre famille romaine dont furent issus plusieurs empereurs comme Vespasien, Titus et Domitien.
**On le fête** le 18 février. Patriarche de Constantinople en 446, saint Flavien participa à la défense du christianisme aux côtés du pape Léon le Grand. Présent au concile d'Éphèse en 449, il s'opposa à certaines théories théologiques, fut exilé et mourut peu après.
**Il serait...** paisible, tolérant, diplomate. Il a un but : plaire à son entourage, avoir des relations harmonieuses et un confort psychologique.
**Son évolution :** très connu dans l'Antiquité, ce prénom a toujours été discret, sans pourtant être inconnu. Flavien n'a pas suivi le succès de Flavie.
**Dans nos régions :** Flavian (Gascogne), Flaviu (Corse).
**À l'étranger :** Flavian (Grèce), Flavio (Espagne, Italie), Flavius (Allemagne), Flawiusz (Pologne), Fulvio (Italie).
**Son féminin :** Flavie.

## FLORÉAL
### Florial

**D'où vient-il ?** Floréal est une variante de Flour qui signifie en latin « fleuri ».
**On le fête** le 4 novembre. Saint Flour, disciple de Jésus, serait parti évangéliser la Gaule. Premier évêque de Lodève, il aurait construit un monastère à l'ancienne place d'un temple païen romain qui porte aujourd'hui son nom.
**Il serait...** sensible, généreux, responsable et attaché aux principes et aux traditions. Perméable aux ambiances, il redoute les tensions.
**Son évolution :** prénom tout neuf en 1793, Floréal ne survécut pas à la Révolution.
**Sa forme initiale :** Flour.
**Son cousin :** Florial.
**Ses féminins :** Floréale, Floriale.

**Son heure de gloire**

Aux lendemains de la Révolution. Créé par Fabre d'Églantine en 1793, Floréal était le nom d'un mois inscrit au calendrier révolutionnaire, qui correspondait à la période du 20 avril au 19 mai. Il fut en même temps instauré en prénom. Il connut un succès certain pendant les dix années qui suivirent, puis disparut.

## FLORENT
### Florentin, Florestan, Florian, Floris

**D'où vient-il ?** Florent signifie en latin « florissant ».
**On le fête** le 4 juillet. Évêque de Cahors au V^e^ siècle, saint Florent évangélisa le Quercy.
**Il serait...** sensible, idéaliste, un peu rêveur. Il apprécie avant tout la sécurité familiale et cherche l'équilibre et l'harmonie.
**Ils le portent :** Le chanteur Florent Pagny, le footballeur international Florent Malouda et le nageur Florent Manaudou, médaille d'or en 2012 aux Jeux Olympiques de Londres pour le 50 m nage libre.
**Son évolution :** Florent a toujours été discret, avec une petite vague de succès dans les années 1990. Florentin est un peu plus présent aujourd'hui, prenant la relève de Florian.
**Ses cousins :** Florentin, Florestan, Florian, Floris.
**Dans nos régions :** Fiurentinu (Corse).
**À l'étranger :** Fiorello, Fiorenzo, Fiurenzi, Fiurino, Florenzo (Italie), Flooris (Flandre), Florenci (Catalogne), Florencio, Florente, Flores (Espagne), Florentius (Allemagne), Florin (Roumanie), Floris (Pays-Bas).
**Son féminin :** Florence.

## FLORIAN

**D'où vient-il ?** Florian signifie en latin « fleuri ».
**On le fête** le 4 mai. Soldat romain au III^e siècle en Autriche, saint Florian se fit baptiser, et prêcha auprès des prisonniers qu'il gardait. Dénoncé, il fut arrêté et jeté dans la rivière Enns avec une pierre au cou.
**Il serait...** sympathique et ouvert, affectueux et expressif, mais il ne faut pas toucher à sa chère indépendance. Il a pourtant besoin d'être sécurisé par des relations stables.
**Il le porte :** Florian Zeller, écrivain français né en 1979, qui a enseigné la littérature à l'Institut d'études politiques de Paris dont il fut élève.
**Son évolution :** Florian, très populaire en Autriche est apparu en France dans les années 1970. Il atteint son apogée en 1990 et régresse vite.
**Son féminin :** Floriane.

## FORTUNAT
**Fortuné**

**D'où vient-il ?** Fortunat signifie en latin « chanceux ».
**On le fête** le 23 avril. Diacre en Gaule au III^e siècle, saint Fortunat fut envoyé évangéliser la ville de Valence sur ordre de l'évêque de Lyon, accompagné du diacre Achille et du prêtre Félix. Ils furent tous trois décapités.
**Il serait...** réservé, mais courtois, artiste, mais perfectionniste, amoureux de la beauté, du succès et du pouvoir. Affectueux, il privilégie sa famille.
**Son évolution :** la fortune de Fortunat n'est pas au beau fixe. Après quelques apparitions timides à la fin du XIX^e siècle, Fortunat a disparu.
**Son cousin :** Fortuné.
**Dans nos régions :** Fortun (Pays basque).
**À l'étranger :** Fortunato (Espagne).
**Son féminin :** Fortunée.

## FOULQUES
**Foucault, Foucauld**

**D'où vient-il ?** Foulques, d'origine germanique, signifie « peuple ».
**On le fête** le 10 juin. Saint Foulques fut évêque de Reims au IX^e siècle. En 893, il couronna Charles le Simple et protégea sa ville des invasions normandes. Il fut assassiné en 900 par le comte de Flandre, Baudoin.
**Il serait...** combatif et énergique, impatient et nerveux, il est prêt pour toutes les croisades. Loyal, passionné, il s'engage dans des combats sans merci, car il veut avoir la supériorité partout.
**Ils l'ont porté :** cinq comtes d'Anjou, entre 900 et 1140, un roi de Jérusalem de 1131 à 1143, un archevêque de Reims entre 882 et 900.
**Son évolution :** Foulques, comme Foucault, était courant au Moyen Âge. Aujourd'hui, ils sont rares, appréciés particulièrement par des familles nobles ou BCBG attachées à des traditions séculaires.
**Ses cousins :** Foucault, Foucauld.
**À l'étranger :** Faulkner (Grande-Bretagne, États-Unis), Folch (Catalogne).

## FRANCIS
**Franck, François**

**D'où vient-il ?** Francis est une forme anglaise de François qui signifie en latin « Franc ».
**On le fête** le 24 janvier avec saint François de Sales ou le 4 octobre avec saint François d'Assise.
**Il serait...** aimable sans être vraiment sociable, méticuleux, artiste, épris d'harmonie et de beauté. Ambitieux aussi, attiré par le pouvoir et les succès dans tous les domaines.

**Ils l'ont porté :** Francisco Pizarro (1475-1541), navigateur espagnol de la Renaissance, qui a découvert le Pérou et s'empara de l'empire inca. Francis Drake, moussaillon sur un navire à 12 ans, capitaine à 22 ans. La reine Elizabeth Ire l'envoie faire le tour du monde. Il découvrit des terres, mais pillait aussi les villes existantes. Cela ne l'empêcha pas d'être anobli par la souveraine à son retour. Il aurait rapporté la pomme de terre de Santa Fé pour l'introduire en Europe. Il mourut de la dysenterie en 1580.

**Ils le portent :** le chanteur Francis Lalanne, le comédien Francis Huster.

**Son évolution :** courant en Angleterre dès le XVIe siècle, Francis met du temps pour traverser la Manche. En 1930, il est déjà bien connu et évolue jusqu'en 1950, puis disparaît peu à peu.

**Sa forme initiale :** François.

**À l'étranger :** Francisco (Espagne, Portugal), Franciscus (Allemagne).

## FRANCK

**D'où vient-il ?** Franck est une variante anglo-américaine de François qui signifie en latin « Franc ».

**On le fête** le 24 janvier avec saint François de Sales ou le 4 octobre avec saint François d'Assise.

**Il serait...** sensible, passionné, généreux, mais aussi autoritaire, susceptible, jaloux et désireux d'être apprécié et reconnu.

**Il l'a porté :** Franck Ténot, homme d'affaires, passionné de jazz, créateur avec Daniel Filipacchi de l'émission et du magazine *Salut les copains* dans les années 1960.

**Ils le portent :** l'humoriste Franck Dubosc, le footballeur Franck Ribéry.

**Son évolution :** Franck a vécu entre 1950 et 1970. Il a presque disparu aujourd'hui.

**Sa forme initiale :** François.

**Dans nos régions :** Frantz (Alsace).

**À l'étranger :** Franco (Espagne, Italie), Frantz (Autriche), Franz (Allemagne).

**Son diminutif :** Franckie.

## FRANÇOIS

**Francelin, Francis, Franck**

**D'où vient-il ?** François signifie en latin « Franc ».

**On le fête** le 24 janvier avec saint François de Sales. Fils du marquis de Sales, saint François de Sales fit des études à Annecy, puis à Paris. En 1592, il refusa le mariage pour se consacrer à Dieu. Évêque de Genève, il collabora avec sainte Jeanne de Chantal et ils fondèrent ensemble l'ordre de la Visitation. Il écrivit de nombreux ouvrages comme *l'Introduction à la vie dévote*, paru en 1609, dans lequel il montra aux chrétiens le chemin de la vertu. Il est docteur de l'Église.

**On le fête** le 4 octobre avec saint François d'Assise. Né en 1182 en Italie dans une famille de marchands drapiers, saint François abandonna à 25 ans sa vie facile et rompit avec ses proches. Il décida de se consacrer à Dieu dans la pauvreté, il partit soutenir les croisées en Égypte et parcourut l'Espagne pour évangéliser les Maures. Il fonda l'ordre des franciscains avec les compagnons qui le suivirent et imposa les règles de pauvreté et de simplicité. Il mourut en 1226 après avoir reçu les stigmates du Christ.

**Il serait...** réfléchi, prudent, patient. Il ne faut pas le bousculer. Il sait être opiniâtre pour atteindre ses objectifs et recherche la tranquillité.

**Ils l'ont porté :** François Ier, roi de France de 1515 à 1547, protecteur des arts et des lettres, qui incarne la Renaissance. François Rabelais, prêtre, médecin, écrivain, qui publia *Pantagruel* en 1532 et *Gargantua* en 1534, histoires de géants débonnaires. François Mitterrand, président socialiste de la République, de 1981 à 1995. François Truffaut, acteur et réalisateur, initiateur de la Nouvelle Vague en France, décédé en 1984.

**Ils le portent :** l'homme politique François Bayrou, l'acteur François Cluzet.

**Son évolution :** prénom royal au XVIe siècle, présidentiel au XXe, François est un grand classique de la culture française. Au XXe siècle, il est présent jusqu'en 1970, puis décline doucement.

**Ses cousins :** Francelin, Francis, Franck.
**Dans nos régions :** Fanch, Fant, Fransez (Bretagne), Fraincouès, Fraisku (Normandie), Francès (Gascogne), Francet, Françoun (Provence), Frantses, Frantzes, Frantzisko, Frantxoa (Pays basque), Frantz (Alsace).
**À l'étranger :** Cesco, Francesco (Italie), Francisco, Paco, Pancho, Paquito (Espagne), Francen (Flandre), Franciscus, Franz (Allemagne), Francisek, Franciszek (Pologne), Frances, Francesch (Catalogne), Franek (Hongrie), Frang, Frangag, Frangan (Irlande), Ferenc (Hongrie, République tchèque), Frans (Pays-Bas, Scandinavie), Frantisek (République tchèque, Roumanie).
**Son féminin :** Françoise.

## FRÉDÉRIC

**D'où vient-il ?** Frédéric, d'origine germanique, signifie « paix royale ».
**On le fête** le 18 juillet. Évêque d'Utrecht, aux Pays-Bas en 820, saint Frédéric fut le confesseur de la reine Judith, épouse de Louis le Pieux. Il osa dénoncer les mœurs dissolues des grands seigneurs et de la reine : celle-ci le fit assassiner.
**Il serait...** ambitieux, impatient, indépendant. Il a un grand sens des responsabilités et on peut compter sur lui. Il a besoin de sécurité, pour autant, il n'hésite pas à se remettre en question.
**Ils l'ont porté :** plusieurs rois de Prusse, du Danemark et de Norvège. Frédéric Ier Barberousse, empereur du Saint Empire romain germanique de 1152 à sa mort, mais aussi le philosophe Friedrich Nietzsche, le pianiste et compositeur polonais Frédéric Chopin, au XIXe siècle. Federico Garcia Lorca, poète espagnol né en 1898, et Federico Fellini, cinéaste italien du XXe siècle.
**Ils le portent :** l'homme politique Frédéric Mitterrand, l'écrivain Frédéric Beigbeder.
**Son évolution :** Frédéric, bien connu depuis longtemps des Allemands et des Espagnols, n'arrive en France que dans les années 1950. Il évolue vite, puis décline lentement.

### *Vrai prénom ou diminutif ?*

Depuis 2000, la mode est aux prénoms courts, à porter simplement ou en prénom composé.

**Al, Alex, Sacha** pour Alexandre
**Ben** pour Benjamin (notez que Ben est aussi un prénom à part entière)
**Dan** pour Daniel (Dan étant aussi comme Ben un prénom à lui tout seul)
**Fred** ou **Freddy** pour Frédéric
**Léo** pour Léon
**Manu** pour Emmanuel
**Mat** pour Mathieu
**Max** pour Maxime
**Nick** pour Nicolas
**Rick** ou **Ricky** pour Éric
**Sam** pour Samuel ou Sami
**Tim** pour Timothée
**Théo** pour Théophile ou Théodore
**Tom** pour Thomas
**Tony** pour Antony

**Dans nos régions :** Frédéri (Provence), Fredericu, Fredianu (Corse), Frédéris (Normandie), Fredrich, Fritz (Alsace), Fereti (Polynésie).
**À l'étranger :** Fredder, Friedrich, Frido, Fritz (Allemagne), Feken, Freek, Frits (Flandre), Frigyes (Hongrie), Frederico (Espagne), Federico (Espagne, Italie), Fridrik (Islande), Fredek (Hongrie, Russie), Frederick (Grande-Bretagne, États-Unis), Frederik (Allemagne, Danemark), Fredian (Irlande), Fredrik (Norvège, Suède), Fryderyk (Pologne), Veeti (Finlande).
**Ses diminutifs :** Fred, Freddie, Freddy.
**Son féminin :** Frédérique.

### Son heure de gloire

Les années 1960 à 1980, pendant lesquelles il est parmi les dix prénoms les plus attribués.

## FULBERT

**D'où vient-il ?** Fulbert, d'origine germanique, signifie « peuple brillant ».
**On le fête** le 10 avril. Évêque de Chartres au X^e siècle, saint Fulbert fit de sa ville un centre intellectuel et religieux. Il y fonda deux écoles de renommée internationale.
**Il serait...** sociable, vif, adaptable. Il a le sens des affaires, aime le pouvoir et accepte mal les ordres. Il préfère de beaucoup les donner !
**Ils l'ont porté :** le chanoine Fulbert, oncle de la jeune Héloïse, dont il confia l'éducation au philosophe Abélard ; celui-ci eut une relation amoureuse avec la jeune fille dont un enfant naquit. Fulbert fit émasculer le précepteur qui se retira dans un couvent. Fulbert Youlou fut le premier président de la République du Congo-Brazzaville en 1959.
**Son évolution :** bien connu au Moyen Âge, Fulbert s'est éloigné et ne paraît pas revenir.
**Ses féminins :** Fulberte, Volberte.

# G

## GABIN

**D'où vient-il ?** Gabin signifie en latin « originaire de Gabiès », ville du Latium, en Italie centrale.
**On le fête** le 19 février. Sénateur romain au III^e siècle, saint Gabin se fit baptiser avec sa fille, sainte Suzanne, malgré les persécutions perpétrées alors. Ils furent arrêtés, sa fille fut martyrisée et saint Gabin se laissa mourir de faim en 296.
**Il serait...** solide, calme et sécurisant. Il excelle dans un rôle de médiateur, il écoute, conseille, console et rassure, mais demande en retour une loyauté sans faille.
**Son évolution :** Gabin est très ancien, mais c'est dans les années 1990 qu'il apparaît dans notre état civil. Ses débuts furent hésitants, mais il est aujourd'hui dans le top 20 des prénoms masculins.
**Dans nos régions :** Gavino (Corse).
**À l'étranger :** Gabino (Espagne).

## GABRIEL
**Djibril, Gaby**

**D'où vient-il ?** Gabriel signifie en hébreu « force de Dieu ».
**On le fête** le 29 septembre. Originaire de Cappadoce, saint Gabriel consacra sa vie au monastère de Jérusalem, au V^e siècle.
**Il serait...** communicatif, ouvert, plein de tact. Très sensible, il est perméable aux ambiances et a besoin de sécurité et d'équilibre.

**Ils l'ont porté :** dans la Bible, l'archange Gabriel fut envoyé comme messager du ciel pour annoncer à Marie qu'elle était choisie par Dieu pour être mère de son fils. Il annonça également à Zacharie et à Élisabeth la naissance de leur fils, Jean le Baptiste. Gabriele d'Annunzio, écrivain italien, héros de la Première Guerre mondiale, né en 1863. Gabriel García Márquez, écrivain colombien, lauréat du prix Nobel de littérature en 1982.

**Son évolution :** en vogue au début du XX^e^ siècle en France, mais aussi en Europe, Gabriel s'éloigne, puis revient dans les années 1980. Il est au top depuis plusieurs années.

**Sa forme initiale :** Gavriel.

**Dans nos régions :** Gabi, Gabirel (Pays basque), Gabrieloun, Gabrieu (Provence), Gabig (Bretagne.)

**À l'étranger :** Djibril, Djibrill, Gebril, Gibril, Jibril (pays arabes), Gabor (Hongrie), Gabriele (Italie), Gabrielo (Espagne, Italie, Portugal), Gabry (Grande-Bretagne, États-Unis), Gavriil, Gavrila, Gavrilii (Russie), Gavril (Roumanie), Gavrilo, Gavrylo (Ukraine), Gawril (Scandinavie), Kaapo, Kaapro (Finlande), Kapriel, Khapril (Arménie).

**Son diminutif :** Gaby.

**Ses féminins :** Gabriella, Gabrielle.

### Son heure de gloire

Depuis l'an 2000. Un ange passe… Gabriel, grand classique pourtant, est redécouvert à la fin du XX^e^ siècle. Il n'a cessé de progresser pour être le numéro 1 des prénoms de garçons aujourd'hui.

## GAËL

**D'où vient-il ?** Gaël signifie en celte « gaélique », nom du peuple celte qui s'installa en Irlande au V^e^ siècle.

**On le fête** le 17 décembre. Saint Gaël fut abbé de Guingamp et évêque de Saint-Malo au XII^e^ siècle, il fut à l'origine de l'apparition de nombreux monastères.

**Il serait…** indépendant, perfectionniste, exigeant et ambitieux, mais il a besoin de revenir souvent se ressourcer auprès des gens qu'il aime.

**Ils le portent :** Gaël Garcia Bernal, acteur et réalisateur mexicain né en 1978, révélé par Pedro Almodovar dans *la Mauvaise Éducation* en 2004. Gaël Monfils, joueur de tennis français né en 1986.

**Son évolution :** très breton, Gaël est resté dans sa région natale.

**À l'étranger :** Gaile (Irlande).

**Son diminutif :** Gaëlig.

**Son féminin :** Gaëlle.

## GAËTAN

Gaétan

**D'où vient-il ?** Gaétan signifie en latin « originaire de Gaète », ville du Latium en Italie.

**On le fête** le 7 août. Né en Italie en 1480, saint Gaétan fut juriste avant de devenir prêtre en 1516. Avec son ami le futur pape Paul IV, il fonda l'ordre des théatins, voué aux pauvres et aux malades.

**Il serait…** chaleureux, amical, mais très indépendant. Son environnement familial est important pour lui, mais il ne veut pas en supporter les contraintes.

**Son évolution :** Gaétan a connu une petite vague de succès dans les années 1990 pour disparaître très vite.

**Dans nos régions :** Gaietanu (Corse), Kaietano (Pays basque).

**À l'étranger :** Caetano, Cayetano (Espagne), Cajetanus (Flandre), Gaetano (Italie), Gaieta (Catalogne), Kajetan (Allemagne).

**Son féminin :** Gaétane.

## GALERAN

**D'où vient-il ?** Galeran, d'origine germanique, signifie « corbeau étranger ».

**On le fête** le 27 février. Originaire de Lyon au VII^e^ siècle, saint Galeran abandonna son métier de serrurier pour se retirer dans un monastère jusqu'à sa mort.

**Il serait...** travailleur, organisé, appliqué. Il a le sens de l'effort, est très persévérant, se fixe des objectifs et s'y tient avec rigueur.
**Il l'a porté :** Galeran de Meulan, comte d'Elbeuf et chevalier batailleur, s'engage dans la croisade en 1147. Après deux ans de combat, il revient dans sa Normandie natale, mais le bateau du retour est pris dans une tempête qui menace sa vie. Galeran fait le vœu de fonder un monastère s'il survit. Le pied sur la terre ferme, c'est ce qu'il entreprend.
**Son évolution :** médiéval, Galeran n'a pas réapparu depuis le XIIIe siècle.
**Sa forme initiale :** Walram.

## GALL
### Gallien

**D'où vient-il ?** Gall, d'origine celte, signifie en celte « bravoure ».
**On le fête** le 16 octobre. Moine irlandais né vers 550, saint Gall fut un des disciples de saint Colomban, qu'il accompagna en Gaule pour fonder des monastères. Nommé évêque des Arvernes, il fut l'éducateur de saint Grégoire de Tours. Il alla en Suisse et y fonda une abbaye autour de laquelle s'est développée une ville qui porte son nom, Saint-Gall.
**Il serait...** vif, curieux, indépendant. Il a le profil de l'aventurier, aime les voyages, les changements. Tant pis si cet éclectisme le mène parfois à la dispersion.
**Son évolution :** Gall est celte, et c'est dans les pays de culture celte qu'on le rencontre. Il est peu connu dans l'ensemble du pays.
**Son cousin :** Gallien.
**Dans nos régions :** Galiano (Pays basque).
**À l'étranger :** Galeen (Flandre).
**Ses diminutifs :** Gallig, Gallou.

## GASPARD

**D'où vient-il ?** Gaspard, d'origine sanscrite, signifie « celui qui vient voir ».
**On le fête** le 6 janvier. Dans la tradition chrétienne, Gaspard est un des Rois mages venus d'Orient pour adorer l'Enfant Jésus après sa naissance à Bethléem.
**Il serait...** communicatif, chaleureux et habile. Émotif, il est très dépendant de son environnement affectif. Vif, il est curieux de tout.
**Il l'a porté :** Gaspard Monge, mathématicien né en 1746, qui prit part à la création de l'École polytechnique et de l'École normale supérieure en 1794, où il enseigna la géométrie. Il est enterré au Panthéon.
**Il le porte :** Gaspard Ulliel, acteur français né en 1984.
**Son évolution :** Gaspard a longtemps été considéré comme un prénom très original. C'en est fini. Il est bien présent depuis 2000 et fait partie du top 100 des prénoms masculins. Jasper, Casper et Kasper sont déjà courants en Angleterre et en Allemagne.
**À l'étranger :** Caspar, Casper, Jasper (Grande-Bretagne, États-Unis), Gaspare, Gasparo (Italie), Gaspares (Grèce), Gasbar, Kasbar (Arménie), Gaspar (Espagne, Hongrie), Jappen, Jaspaer (Flandre), Jesper (Danemark), Kaspar (Allemagne), Kasper (Allemagne, Pologne, Scandinavie).

## GASTON

**D'où vient-il ?** Gaston, d'origine germanique, signifie « hôte ».
**On le fête** le 6 février. Originaire du Périgord, saint Gaston fut le catéchiste de Clovis avant son baptême en 496 et fut nommé évêque d'Arras par saint Rémi. Il lutta contre le paganisme qui sévissait dans son diocèse.
**Il serait...** réservé, réfléchi, stable. Il n'aime pas l'imprévu, car il a besoin de temps pour s'adapter et n'agit jamais sans avoir mûrement étudié les situations.
**Ils l'ont porté :** plusieurs comtes de Foix, dont le plus célèbre, Gaston III, comte de Foix, vicomte de Béarn, dit « Gaston Phoebus », né en 1331, qui succéda à son père à 14 ans. Ses victoires militaires, sa cour fastueuse et son caractère violent le rendirent célèbre. Gaston Bachelard,

philosophe et professeur à la Sorbonne, décédé en 1962.

**Il le porte :** le personnage de bandes dessinées Gaston Lagaffe, créé en 1957.

**Son évolution :** grand prénom du sud de la France, Gaston est courant au Moyen Âge, puis, après quelques siècles d'absence, il revient au début du XX^e^ siècle, s'éloigne vers 1920. Il annonce son retour.

**Dans nos régions :** Gastéa, Gastean, Gasto (Pays basque), Gastoun (Provence).

**À l'étranger :** Gasto (Catalogne), Gastone (Italie), Gastão (Portugal), Vaast, Waast (Flandre).

## GATIEN

**Gatian, Gratien**

**D'où vient-il ?** Gatien est une variante de Gratien, d'origine latine, qui signifie « grâce ».

**On le fête** le 18 décembre. Envoyé de Rome en Gaule pour évangéliser la Touraine, saint Gatien fut nommé évêque de Tours par le pape Fabien ; il y édifia la première église de la ville et lutta contre le paganisme et le druidisme.

**Il serait...** dynamique, énergique, toujours en mouvement. Il faut bouger, avancer, réussir. Opportuniste, il recherche tous les moyens d'évoluer dans sa vie professionnelle.

**Son évolution :** Gatien, longtemps méconnu, comme Gratien, est encore rare, mais plein d'espoir.

**Ses cousins :** Gatian, Gratien.

**Son féminin :** Gatiane.

## GAUCHER

**D'où vient-il ?** Gaucher, d'origine germanique, signifie « qui gouverne l'armée ».

**On le fête** le 9 avril. Saint Gaucher fonda une abbaye dans le Limousin au XII^e^ siècle et s'y retira pour vivre en ermite.

**Il serait...** réfléchi, secret, un peu taciturne, discipliné et studieux. Tout ce qui est intellectuel l'intéresse, mais il est peu sociable.

**Il l'a porté :** Gaucher de Chatillon, né en 1249, connétable de France sous cinq rois, exécuteur testamentaire de Louis X le Hutin et de ses frères.

**Son évolution :** ce prénom médiéval est rarissime aujourd'hui.

## GAUDENS

**D'où vient-il ?** Gaudens signifie en latin « qui se réjouit ».

**On le fête** le 25 octobre. Saint Gaudens fut évêque de Brescia au IV^e^ siècle ; il fut envoyé par le pape à Constantinople pour défendre Jean Chrysostome menacé par les grands et la cour après avoir critiqué leurs mœurs. Il décéda en 410.

**Il serait...** affectueux, sensible, très attaché à sa famille et à son cercle d'intimes. Il a un grand sens des responsabilités, mais craint le stress.

**Son évolution :** ce prénom, porté dans les premiers siècles de l'ère chrétienne, est très rare aujourd'hui.

**À l'étranger :** Gaudenzio (Italie).

**Son féminin :** Gaudence.

## GAUTIER

**Galtier, Gaultier, Gauthier, Walter**

**D'où vient-il ?** Gautier, d'origine germanique, signifie « qui gouverne l'armée ».

**On le fête** le 9 avril. Originaire de Picardie au XI^e^ siècle, saint Gautier choisit de se retirer à l'abbaye de Rebais près de Meaux ; il devint abbé du monastère de Saint-Martin de Pontoise. Il s'en échappa à plusieurs reprises, préférant vivre dans la solitude, mais le pape lui demanda de revenir sur sa décision et d'accomplir son devoir.

**Il serait...** énergique et déterminé. Il a des objectifs ambitieux et un fort charisme qui lui permet de convaincre et d'animer.

**Il l'a porté :** Gautier de Coincy, moine et trouvère, qui écrivit *le Miracle de Théophile*. À sa mort en 1236, il laissa à la postérité 30 000 vers copiés et enluminés.

**Son évolution :** ce prénom médiéval est de retour depuis les années 1980.

**Ses cousins :** Galtier, Gaultier, Gauthier.
**Dans nos régions :** Gaoter (Bretagne).
**À l'étranger :** Gualter (Catalogne), Gualterio (Espagne, Italie), Gualtiero, Guatiero (Italie), Walt, Walter, Walther (Grande-Bretagne, États-Unis).

## GAUVAIN

Gauvin, Gavin, Kevin

**D'où vient-il ?** Gauvain est une variante de Coemgen, qui signifie en celte « enraciné ».
**On le fête** le 3 juin avec Coemgen.
**Il serait...** indépendant et énergique, actif et volontaire. Sa rapidité d'esprit le pousse à rechercher la facilité. mais il accepte mal la médiocrité.
**Il l'a porté :** Gauvain est, dans la légende des chevaliers de la Table ronde, le neveu du roi Arthur.
**Son évolution :** ce prénom est répandu dans tous les pays de langue anglaise. En France, on lui préfère Kevin.
**Sa forme initiale :** Coemgen.
**Ses cousins :** Gauvin.
**À l'étranger :** Gabhan (Irlande), Galwin, Gavin, Gawain, Gawen, Gawin, Kevin (Grande-Bretagne, États-Unis).

## GÉDÉON

**D'où vient-il ?** Gédéon signifie en hébreu « saison de chance ».
**Il serait...** indépendant et aventurier, intuitif, mais aussi réfléchi et rationnel, il n'hésite pas à se remettre en question.
**Il l'a porté :** dans la Bible, Gédéon est un fils de paysan désigné par Dieu pour libérer Israël d'une bande de pilleurs (la tribu des Madianites). Il aurait eu 70 enfants.
**Son évolution :** Gédéon est bien connu des familles juives, mais peu porté.
**Sa forme initiale :** Guidon.
**À l'étranger :** Gideon (Allemagne, Grande-Bretagne, États-Unis), Gideone, Guideone (Italie).

## GEOFFROY

Geoffrey, Godefroy

**D'où vient-il ?** Geoffroy est une variante de Godefroy, d'origine germanique, qui signifie « paix de Dieu ».
**On le fête** le 15 janvier avec Godefroy.
**Il serait...** sensible, fin, diplomate et psychologue. Ami fidèle, collaborateur fiable, époux attentif, il engendre l'harmonie autour de lui.
**Il l'a porté :** Geoffroy Saint-Hilaire fut naturaliste. Il rédigea plusieurs mémoires d'histoire naturelle avec Cuvier et accompagna Bonaparte en Égypte pour y étudier la faune. Il fut membre de l'Académie des sciences en 1807.
**Son évolution :** médiéval, Geoffroy a disparu avant de ressurgir dans les années 1960, mais il est très discret, alors que Geoffrey est plus présent.
**Sa forme initiale :** Godefroy.
**Ses cousins :** Geoffrey, Geoffroi, Godefroi, Jauffret, Jauffrey, Joffret.
**À l'étranger :** Goffraidh, Goffraidt, Gofraidh (Irlande), Gottfried (Allemagne), Jeffrey (Grande-Bretagne, États-Unis).

## GEORGES

Joran, Joris, Iouri

**D'où vient-il ?** Georges signifie en grec « qui travaille la terre ».
**On le fête** le 23 avril. Originaire de Cappadoce, saint Georges était un chevalier romain. Selon une légende, lors d'un voyage en Libye, il aurait débarrassé une ville d'un dragon, à la condition que ses habitants soient baptisés. Il fut arrêté et décapité par des soldats de l'empereur romain.
**Il serait...** réfléchi, prudent, patient. Il ne faut pas le bousculer. Il sait être opiniâtre pour atteindre ses objectifs et recherche la tranquillité.
**Ils l'ont porté :** George Washington, premier président des États-Unis de 1789 à 1797. Georges Clémenceau, médecin, journaliste et homme politique français. Rédacteur en chef à *l'Aurore*, c'est lui qui publia le fameux article de Zola « J'accuse », en 1897. George

Harrisson, un des membres des Beatles. Le chanteur et poète français Georges Brassens, décédé en 1981. Le chanteur Georges Moustaki.
**Ils le portent :** George Bush et son fils George W. Bush, tous deux anciens présidents des États-Unis. L'acteur américain George Clooney. George, fils du prince William et de Kate Middleton.
**Son évolution :** Georges ne s'est pas éparpillé. C'est entre 1890 et 1920 qu'il a été populaire. Georges est au top 10 des prénoms de garçons en Grande-Bretagne et pourrait bien se manifester en France prochainement.
**Dans nos régions :** Goran, Goren, Gorka, Jurgi (Pays basque), Jeoire, Jore, Jori, Jorior, Jorisse, Jory (Normandie), Jorgi (Provence), Jueri (Gascogne), Joran, Jord, Jorj (Bretagne).
**À l'étranger :** Deorsa (Irlande), Djurg (Croatie), Georg, Jörgen, Yörgen (Scandinavie), Egor, Georgii, Gorka, Gorya, Gueorgui, Iegor, Iegori, Iouri, Youri (Russie), George (Grande-Bretagne, États-Unis), Georgi (Bulgarie), Gheorghe (Roumanie), Gorge, Joerken, Joris (Flandres), Georgio, Giorgio, Giorgino (Italie), Georgios, Iorgos (Grèce), Gevork, Guevorg, Kevork (Arménie), György (Hongrie), Jörg, Jorgel, Jörn, Jürg, Jürgen, Jurke (Allemagne), Jorge (Espagne), Iersi, Ierzi, Jerzy (Pologne), Jeron, Jiri (République tchèque), Joire, Jooren, Jugen (Pays-Bas), Jörn (Danemark), Keoki (Hawaï).
**Ses féminins :** Georgette, Georgia, Georgina.

## GÉRALD

Géraud

**D'où vient-il ?** Gérald, d'origine germanique, signifie « gouverneur à la lance ».
**On le fête** le 13 mars. Saint Gérald, moine écossais du VIII^e^ siècle, prit la direction du monastère de Mayo en Irlande.
**Il serait...** sociable, communicatif et charmant, à condition de ne pas froisser son autorité. C'est un bourreau de travail quand il est motivé.
**Ils l'ont porté :** Gerald Ford, 40^e^ président des États-Unis, à la suite de la démission de Richard Nixon en 1974. Il fut battu par Jimmy Carter deux ans plus tard.
**Son évolution :** après une toute modeste apparition entre 1930 et 1950, Gérald a disparu.
**Son cousin :** Géraud.
**Son féminin :** Géraldine.

### *Prénoms émergents*

On constate leur frémissement, ils sont prometteurs et peuvent nous réserver des surprises. Voici ceux qui pourraient bien se distinguer dans un futur proche : **Auguste**, **César**, **Émile**, **Georges**, **Marcel**, **Octave**.

## GÉRARD

Garret, Gerhard

**D'où vient-il ?** Gérard, d'origine germanique, signifie « dure lance ».
**On le fête** le 3 octobre. Originaire de Namur, en Allemagne, au X^e^ siècle, saint Gérard prit l'habit et fonda un monastère sur ses terres. Le comte de Flandres lui confia la réforme de tous les monastères de Belgique.
**Il serait...** réaliste, travailleur, volontaire. Autoritaire et strict aussi. Sa sensibilité n'est pas bien loin derrière cette façade rigide.
**Il l'a porté :** Gérard de Nerval, poète, traducteur des œuvres du poète allemand Heine, qui publia parmi d'autres œuvres *Les Flles du feu,* en 1854. Atteint de crises de démence, il fut souvent interné et mourut pendu en 1855.
**Ils le portent :** les acteurs français Gérard Depardieu et Gérard Lanvin, ainsi que l'ancien chancelier allemand Gerhard Schröder.
**Son évolution :** Gérard fut un des prénoms les plus en vue entre 1930 et 1950.

**Dans nos régions :** Guerarht (Alsace).
**À l'étranger :** Garald (Russie), Garret, Garrit, Gerry (Grande-Bretagne, États-Unis), Gearoid (Irlande), Geert, Gerrit, Jiraldo (Flandre), Gellert (Hongrie), Gerardo (Espagne, Italie), Gerhard, Gerhardt, Gerhart, Gerit (Allemagne), Gherardo, Giraldo (Italie), Girardo (Espagne).

## GERMAIN

**D'où vient-il ?** Germain, d'origine germanique, signifie « du même sang ».
**On le fête** le 31 juillet. Saint Germain fut avocat, puis gouverneur d'Auxerre au Ve siècle. Après avoir battu les Angles et les Saxons en Angleterre, il partit prêcher en Italie où il mourut d'épuisement en 448.
**Il serait…** réservé et prudent, sensible et calme. Rationnel, il préfère à l'intuition et à la fantaisie les repères et la stabilité.
**Il le porte :** Jermaine Jackson, frère de Michael Jackson, lui aussi chanteur, mais méconnu.
**Son évolution :** alors que Germaine a connu une belle popularité au début du XXe siècle, Germain a toujours été rare.
**Dans nos régions :** German, Kermane (Pays basque), Germen (Bretagne).
**À l'étranger :** Gerano (Portugal), Germa (Catalogne), Germaine, German, Jermaine (Grande-Bretagne, États-Unis), Germann, Germanus (Allemagne), Germano (Italie), Guerman (Russie).
**Son féminin :** Germaine.

## GERVAIS

**D'où vient-il ?** Gervais, d'origine germanique, signifie « lance audacieuse ».
**On le fête** le 19 juin. Saint Gervais et saint Protais, chrétiens à Rome au IIIe siècle, refusèrent de renier leur foi. Ils furent décapités.
**Il serait…** sociable, optimiste, tolérant. Idéaliste, il rêve d'un monde meilleur, s'intéresse à tout et à tous. Il lui faut un environnement affectif stable pour évoluer.
**Son évolution :** Gervais est bien connu pour nommer un village de Savoie, un quartier de Paris, mais pas pour ses scores à l'état civil.
**À l'étranger :** Gervaas (Pays-Bas), Gervase, Jarvis (Grande-Bretagne, États-Unis), Gervasio (Espagne).
**Son féminin :** Gervaise.

## GHISLAIN
### Guislain

**D'où vient-il ?** Ghislain, d'origine germanique, signifie « doux otage ».
**On le fête** le 10 octobre. Saint Ghislain fonda un monastère en Belgique au VIIe siècle et en devint l'abbé.
**Il serait…** discret, aimable, créatif et esthète. N'imaginez pas qu'il soit rêveur, il est au contraire très attiré par le pouvoir et la réussite.
**Son évolution :** Ghislain a été bien moins fréquent que Ghislaine, qui fut elle-même assez discrète. Il est apprécié par les familles BCBG.
**Son cousin :** Guislain.
**À l'étranger :** Gelyn (Flandre).
**Ses féminins :** Ghislaine, Guislaine.

## GIANNI
### Gian, Giovan, Giovanni

**D'où vient-il ?** Gianni est une forme italienne de Jean, qui signifie en hébreu « Dieu a fait grâce ».
**On le fête** le 24 juin avec Jean.
**Il serait…** dynamique et énergique. Il a l'esprit d'entreprise et ne craint pas les difficultés qui le stimulent. Pour lui, une seule place, la première.
**Il l'a porté :** le styliste Gianni Versace, qui ouvrit sa maison de couture à Milan en 1978. Lorsqu'il fut assassiné en 1997, sa sœur Donatella et son frère Santo prirent sa suite.
**Son évolution :** ce prénom est très courant en Italie depuis longtemps. Ce qui est nouveau, c'est son arrivée dans l'état civil français, à la suite des Matteo, Nino et Angelo.

**Sa forme initiale :** Jean
**Ses cousins :** Gian, Giovan, Giovanni.
**Son féminin :** Gianna.

## GILBERT

**D'où vient-il ?** Gilbert, d'origine germanique, signifie « illustre otage ».
**On le fête** le 7 juin. De retour de la seconde croisade au XII^e siècle, saint Gilbert fonda deux monastères en Auvergne, l'un pour les hommes, où il se retira, et l'autre pour les femmes où se retirèrent sa femme et sa fille.,
**Il serait...** curieux, vif et habile. Il a envie de tout voir, de tout connaître et s'adapte à tout avec facilité. Mais il déteste les habitudes et la routine.
**Il l'a porté :** Gilbert Bécaud, nommé « Monsieur 100 000 volts » pour son énergie, qui se produisit 33 fois à l'Olympia. Ses tubes sont multiples, parmi lesquels *les Marchés de Provence* en 1957, *les Tantes Jeanne* en 1963, *Nathalie* en 1964, et *L'important c'est la rose* en 1967. Il s'éteignit en 2001.
**Il le porte :** le chanteur non voyant Gilbert Montagné, qui, depuis son succès international *The fool* en 1971, mène une carrière brillante.
**Son évolution :** bien connu de tous, mais rare, Gilbert s'est manifesté dans les années 1930, modestement, pour disparaître bien vite.
**Dans nos régions :** Jilberzh (Bretagne).
**À l'étranger :** Bert, Bertie, Burt (Grande-Bretagne, États-Unis), Gilberto (Espagne, Italie, Portugal), Gilbrecht, Gisbert (Allemagne), Gilleabart (Irlande), Gijsbert, Gilsbrecht (Pays-Bas), Gisberto (Espagne, Italie).
**Son féminin :** Gilberte.

## GILDAS
### Gweltaz

**D'où vient-il ?** Gildas, d'origine celte, signifie « celui qui voit ».
**On le fête** le 29 janvier. Originaire d'Écosse au VI^e siècle, saint Gildas s'installa en ermite en Bretagne. À la demande des pèlerins, il construisit un monastère, en établit les règles, puis retourna à sa solitude.
**Il serait...** réservé, mais courtois, artiste, mais perfectionniste, amoureux de la beauté, du succès et du pouvoir. Affectueux, il privilégie sa famille.
**Son évolution :** peu courant comme prénom en dehors de la Bretagne, Gildas est en revanche un patronyme assez répandu.
**Dans nos régions :** Gweltaz, Gweltazenn, Gweltazig (Bretagne).

## GILLES

**D'où vient-il ?** Gilles signifie en grec « protection ».
**On le fête** le 1^er septembre. Originaire d'Athènes au VIII^e siècle, saint Gilles s'installa en ermite dans une forêt provençale. Accidentellement blessé par un chasseur, il obtint en dédommagement la construction d'un monastère dont il devint l'abbé. Ce monastère accueillait les pèlerins en route pour Compostelle.
**Il serait...** vif, dynamique, énergique. Il court après le temps, après la vie. Opportuniste, habile, astucieux, il saisit toutes les occasions pour progresser sur le chemin qu'il s'est tracé.
**Il l'a porté :** Gilles de Rais, compagnon d'armes de Jeanne d'Arc au XV^e siècle, maréchal de France, héros de la guerre de Cent Ans, qui fut pendu en 1440 à Nantes pour viols d'enfants et assassinats.
**Il le porte :** Gilles de Robien, homme politique, ancien ministre de l'Éducation nationale dans le gouvernement Villepin.
**Son évolution :** belle carrière pour Gilles qui a occupé du terrain entre 1930 et 1970, jamais au top, mais toujours présent.
**Dans nos régions :** Gilet, Giloun (Provence), Jelly, Jili (Bretagne).
**À l'étranger :** Aegidius, Dieleys, Jilis, Gielken, Gillis, Gylis (Flandre), Egid, Egidius (Allemagne), Egidio (Espagne, Italie), Egyed (Hongrie), Gil (Catalogne, Espagne), Giles, Gillian (Grande-Bretagne, États-Unis), Gilio (Italie).

## GLEB

**D'où vient-il ?** Gleb d'origine slave, signifie « très grand ».

**On le fête** le 24 juillet. Saint Gleb fut le fils de Vladimir 1er, prince de Kiev et frère de Boris. Tous deux furent désignés par leur père pour lui succéder. Le fils aîné du prince, né d'un premier mariage, se trouvant dépossédé les fit assassiner, en 1015. Un autre demi-frère répandit le culte de Gleb et Boris en Russie.

**Il serait...** loyal, franc, soucieux de justice et d'harmonie. Il apprécie les biens matériels et a les pieds sur terre. Il aime compter, gérer, administrer.

**Son évolution :** Gleb fut un prénom fréquent en Russie au Moyen-Âge, il est encore porté aujourd'hui dans des familles d'origine russe.

## GLENN

### Glen, Glendal

**D'où vient-il ?** Glenn signifie en celte « vallée ».

**On le fête** le 11 septembre. Moine au pays de Galles au VIe siècle, saint Glenn évangélisa la Bretagne.

**Il serait...** intellectuel, posé, réfléchi. Il aime apprendre, se plonge dans les livres avec un grand plaisir et ne recherche pas la vie sociale.

**Ils l'ont porté :** le chef d'orchestre américain Glenn Miller, disparu en 1944. L'acteur américain Glenn Ford, disparu en 2006.

**Son évolution :** Glenn a été populaire aux États-Unis et dans les pays de langue anglaise dans les années 1950. Il est rare en France.

Ses cousins : Glen, Glendal.

À l'étranger : Glyn (pays de Galles).

Son féminin : Glenna.

## GODEFROY

### Geoffrey, Geoffroy, Godefroi

**D'où vient-il ?** Godefroy, d'origine germanique, signifie « paix de Dieu ».

**On le fête** le 15 janvier. Saint Godefroy, originaire des Flandres, décida de se consacrer à Dieu après avoir écouté un sermon de saint Bernard. Il fut prieur du monastère de Clairvaux.

**Il serait...** ambitieux, volontaire, très actif et déterminé à avancer dans la vie. Impatient, il ne supporte pas qu'on lui résiste, ce qui complique parfois un peu ses relations avec son entourage.

**Il l'a porté :** Godefroi de Bouillon, né en 1058, descendant de Charlemagne, un des chefs de la première croisade et premier roi chrétien de Jérusalem. Il porta le nom « d'avoué du Saint Sépulcre ».

**Son évolution :** médiéval par excellence, Godefroy est rarissime depuis les croisades.

Sa forme initiale : Grodfrid.

Ses cousins : Geoffrey, Geoffroy, Godefroi.

Dans nos régions : Gioffredo (Corse), Jaffrez, Jafrez (Bretagne).

À l'étranger : Godefrey (Grande-Bretagne), Godevaert (Flandre), Godfrey (Grande-Bretagne, États-Unis), Godfried (Pays-Bas), Godofredo (Espagne), Goffredo, Gottifredo (Italie), Gottfried (Allemagne), Goraidh (Irlande).

## GONTRAN

**D'où vient-il ?** Gontran, d'origine germanique, signifie « guerre » et « corbeau ».

**On le fête** le 28 mars. Petit-fils de Clovis et de Clotilde, saint Gontran fut roi de Bourgogne et d'Orléans ; il contribua à la diffusion du christianisme dans le royaume et au maintien de la paix entre les seigneurs belliqueux de son royaume. Il fut surnommé « le bon roi Gontran ».

**Il serait...** énergique, courageux, volontaire et rapide. Toutes les qualités pour mener sa vie tambour battant. En revanche, susceptible et fier, il supporte mal l'échec.

**Il l'a porté :** Gontran, roi des Burgondes de 561 à 592, qui essaya en vain de réconcilier ses frères Sigebert et Chilpéric engagés dans une lutte fratricide.

**Son évolution :** tout le monde connaît ce prénom, mais rares sont ceux qui le portent aujourd'hui.

## Prénoms classe !

Élégants, parfois un peu désuets, ils se rencontrent dans les familles BCBG. La particule leur va très bien, mais un patronyme court leur convient aussi. La plupart ont été portés par des rois de France, ou font partie des légendes médiévales, et souvent transmis de génération en génération.

| | |
|---|---|
| Alban | Gustave |
| Alexandre | Hadrien |
| Alexis | Henri |
| Alfred | Hippolyte |
| Amaury | Jacques |
| Ambroise | Jean |
| Aristide | Joseph |
| Armand | Léon |
| Arthur | Léopold |
| Augustin | Louis |
| Axel | Martin |
| Balthazar | Maxence |
| Baptiste | Maxime |
| Barnabé | Maximilien |
| Basile | Mayeul |
| Baudouin | Melchior |
| Charles | Octave |
| Côme | Oscar |
| Cyprien | Paul |
| Donatien | Pierre |
| Édouard | Quentin |
| Edgar | Raphaël |
| Éloi | Séverin |
| Enguerrand | Stanislas |
| Étienne | Théophile |
| Félix | Thibaud |
| Ferdinand | Timothée |
| Foucault | Tristan |
| Gabriel | Vianney |
| Gaspard | Victor |
| Gonzague | |

## GONZAGUE

**D'où vient-il ?** Gonzague fait référence au patronyme de saint Louis de Gonzague.

**On le fête** le 21 juin. Saint Louis de Gonzague, issu d'une noble famille de Florence, refuse l'avenir brillant et entre dans les ordres. Il soigne les malades pendant l'épidémie de peste qui ravage la ville et en meurt à 23 ans, en 1591.

**Il serait...** tranquille, affectueux. Travailleur et appliqué, il avance tranquillement dans sa vie. Il est très proche de sa famille et amis.

**Il le porte :** l'écrivain Gonzague Saint-Bris, auteur de *Vieillards de Brighton*, prix Interallié 2002.

**Son évolution :** Gonzague fait partie de ces prénoms traditionnels appréciés par les familles nobles. Il n'a jamais été courant et reste dans un cercle très fermé.

## GRÉGOIRE

Grégory

**D'où vient-il ?** Grégoire, d'origine grecque, signifie « celui qui veille ».

**On le fête** le 17 novembre. Né en 538 d'un père sénateur de province, Grégoire fut nommé évêque de Tours après ses études en 573. Son ouvrage *Historia francorum*, qui raconte l'histoire des Francs, constitue une des plus importantes sources pour le travail des historiens.

**Il serait...** sympathique et ouvert, affectueux et expressif, mais il ne faut pas toucher à sa chère indépendance. Il a pourtant besoin d'être sécurisé par des relations stables.

**Ils l'ont porté :** seize papes, dont Grégoire VII qui instaura de nombreuses réformes de l'Église au XIe siècle. Grigori Raspoutine, mystique illuminé, qui eut un grand ascendant sur la famille impériale et les dames de la cour à partir de 1905. Débauché et alcoolique, il fut assassiné.

**Son évolution :** Grégoire est un prénom classique de la religion orthodoxe ; en France, il connaît une période faste au Moyen Âge, puis le XXe siècle lui réserve une toute petite place.

**Dans nos régions :** Gergori, Gergorio (Pays basque).

**À l'étranger :** Gergely (Hongrie), Gligor (Roumanie), Glogor (Albanie), Goris (Flandre), Greagoir (Irlande), Greger (Suède), Gregers, Gregos (Danemark), Gregor, Gregorii, Grichka, Grigor, Grigori, Grigorii (Russie), Gregori (Catalogne, Russie), Gregorio (Espagne, Italie), Gregorios (Suède), Grégorius (Pays-Bas), Griogal, Grioghar (Irlande), Grzegorz (Pologne), Krikor (Arménie), Kelekolio (Hawaï).
**Son diminutif :** Greg.
**Ses féminins :** Grégoria, Grégoriane.

## GREGORY

**D'où vient-il ?** Gregory, forme anglo-américaine de Grégoire, signifie en grec « celui qui veille ».
**On le fête** le 17 novembre avec Grégoire.
**Il serait...** énergique, combatif et aventurier. Il ne redoute rien, sauf l'ennui, les habitudes, la routine. Sociable, il aime plaire.
**Ils l'ont porté :** Gregory Peck, acteur américain, né en 1916, qui tourna dans plusieurs films cultes comme *les Canons de Navarone, Vacances romaines, Moby Dick.* Grégory Le Marchal, chanteur vedette de la Star Academy 2004, atteint de la mucoviscidose, qui s'éteignit en 2007.
**Son évolution :** très courant dans les pays de langue anglaise, Gregory n'arrive en France que dans les années 1970, pour atteindre son apogée en 1985. Il disparaît très vite.
**Sa forme initiale :** Grégoire.

## GUÉNOLÉ

### Guennolé, Guingalois, Gwaloe, Gwennolé, Gwénolé

**D'où vient-il ?** Guénolé signifie en celte « valeureux et sacré ».
**On le fête** le 3 mars. Né près de Saint-Brieuc vers 460 de parents anglais qui avaient fui le pays pour échapper aux Saxons, saint Guenolé est un des plus célèbres saints de Bretagne. En 482, il fonda l'abbaye de Landevenec, le plus ancien monastère de Bretagne.
**Il serait...** charmant, diplomate, persuasif. Il a un vrai talent d'orateur et sait très bien l'utiliser. Sensible et affectueux, il a besoin de relations familiales solides.
**Son évolution :** Guénolé, typiquement breton, est apprécié dans sa région natale. Il est rare dans l'ensemble du pays.
**Ses cousins :** Guennolé, Guingalois, Gwaloe, Gwennolé, Gwénolé.
**Son féminin :** Gwenola.

## GUÉRIN

**D'où vient-il ?** Guérin, d'origine germanique, signifie « celui qui protège ».
**On le fête** le 28 août. Saint Guérin, moine cistercien, fut évêque de Sion, en Suisse au XII^e^ siècle. Il mourut à 90 ans en 1150.
**Il serait...** curieux, chaleureux, sympathique. Travailleur et loyal, il est authentique et supporte mal le mensonge et les flatteries.
**Son évolution :** Guérin est un prénom rare, il est en revanche courant comme patronyme.

## GUILHELM

### Guilhem, Wilhelm, Wilhem

**D'où vient-il ?** Guilhelm est une variante de Guillaume, d'origine germanique, qui signifie « qui veut protéger ».
**On le fête** le 10 janvier avec Guillaume.
**Il serait...** sociable, vif, adaptable. Il a le sens des affaires, aime le pouvoir et accepte mal les ordres. Il préfère de beaucoup les donner !
**Son évolution :** cette variante de Guillaume commence à apparaître timidement.
**Sa forme initiale :** Guillaume.

**Ses cousins :** Guilhem, Wilhelm, Wilhem.
**Ses féminins :** Guilhelma, Guilhelme, Wilhelma, Wilhelmine.

## GUILLAUME

### Guilhelm, Guillemin, Wilhelm, Wilhem

**D'où vient-il ?** Guillaume, d'origine germanique, signifie « qui veut protéger ».
**On le fête** le 10 janvier. Archevêque de Bourges au XIIIe siècle, saint Guillaume fut honoré pour sa bonté auprès des plus démunis.
**Il serait...** sociable et amical, très humaniste et attaché à sa famille. Vif et actif, ambitieux et combatif, il recherche le pouvoir et le succès.
**Ils l'ont porté :** Guillaume le Conquérant, fils naturel de Robert le Magnifique et d'Arlette, duc de Normandie à 8 ans. Il échappa à plusieurs tentatives d'assassinat, puis à 19 ans mit de l'ordre dans son duché avant de conquérir le trône d'Angleterre à la mort du roi Édouard le Confesseur, en 1066. Il meurt en 1087, probablement d'une péritonite. Guillaume Apollinaire, né d'une mère polonaise et de père inconnu, poète et romancier, précurseur du surréalisme. Blessé à la guerre en 1916, il mourut en 1918 de la grippe espagnole. Le comédien Guillaume Depardieu.
**Ils le portent :** le joueur de tennis Guillermo Vilas. L'acteur et réalisateur Guillaume Canet. Guillaume Gallienne, acteur, scénariste et metteur en scène.
**Son évolution :** Guillaume a traversé les siècles sans mal. Il connaît le succès jusqu'au XVe siècle, puis, au XXe siècle, entre 1960 et 2000. Il figure au top 100 des prénoms masculins.
**Ses cousins :** Guilhelm, Guillemin, Wilhelm, Wilhem.
**Dans nos régions :** Gilamu, Gilen, Gilermo, Gillen, Gillermo, Gilot, Guilleme, Guillemo (Pays basque), Guihaume, Guihen, Guiheume, Guiheumet (Provence), Guillot, Guilmot (Normandie), Guiu (Gascogne), Gwilherm (Bretagne).
**À l'étranger :** Guglielmo (Italie), Guilherme (Portugal), Guillem (Catalogne), Guillermo (Espagne), Gwilym (pays de Galles), Vilhelm (Danemark), Villem (Suède), Vilmos (Hongrie), William (Grande-Bretagne, États-Unis), Wilhelm (Allemagne), Liam (Irlande), Willem (Pays-Bas).
**Son féminin :** Guillemette.

## GUNNAR

**D'où vient-il ?** Gunnar est la forme scandinave de Gunther, d'origine germanique, qui signifie « seigneur combattant ».
**Il serait...** très sociable et communicatif. Il ne conçoit pas la vie sans amis, sans relations. Par ailleurs, il est attaché aux biens matériels et se révèle excellent homme d'affaires.
**Il l'a porté :** l'acteur Gunnar Hansen.
**Ils le portent :** Gunnar Staalesen, auteur norvégien de romans policiers, le footballeur Gunnar Nielsen.
**Son évolution :** Gunnar est l'un des grands prénoms traditionnels de Scandinavie.
**À l'étranger :** Gunther (Allemagne).

## GUSTAVE

### Auguste

**D'où vient-il ?** Gustave signifie en latin « vénérable ».
**On le fête** le 7 octobre. Mendiant handicapé, saint Gustave fut guéri après avoir prié saint Martin. Il fonda alors un monastère près de Bourges au VIe siècle.
**Il serait...** indépendant, énergique et entreprenant. Diplomate, habile, il est bon négociateur. Sensible, il a besoin d'amitié et d'affection.
**Ils l'ont porté :** Gustave Eiffel, ingénieur, qui construisit ponts et viaducs avant de se lancer dans la construction fort décriée à l'époque d'une tour métallique pour l'Exposition universelle de 1889. Il dut aussi lutter pour qu'elle ne soit pas démantelée. Gustave Flaubert, écrivain, qui publia *Madame Bovary* en 1856, *l'Éducation sentimentale* en 1869. *Bouvard et Pécuchet* paraîtra à titre posthume.

**Son évolution :** Augustin a ouvert la voie à Auguste. Gustave attend le moment de faire son entrée. Prénom du XIX^e siècle, il a été oublié pendant le XX^e siècle.
**Son cousin :** Auguste.
**À l'étranger :** Goesta (Scandinavie), Gustaaf, Gustaof (Danemark, Pays-Bas), Gustaf, Gustav (Allemagne, Scandinavie), Gustau (Catalogne), Gustavo (Espagne, Italie), Gustavus (Grande-Bretagne, Hongrie), Gusztav (Hongrie), Kustaa, Kusti, Kyösti (Finlande).

## GUY
### Guyon

**D'où vient-il ?** Guy, d'origine germanique, signifie « bois ».
**On le fête** le 15 juin. Originaire de la noblesse sicilienne, saint Guy fut martyr à 12 ans pour avoir refusé d'abjurer, sous Dioclétien, au III^e siècle.
**Il serait...** paradoxal, passionné, mais secret, individualiste, mais avec un sens du devoir aigu, très actif avec des périodes d'abattement.
**Il l'a porté :** Guy Lux, présentateur de jeux télévisés qui entrent dans les annales de la télévision, décédé en 2003.
**Ils le portent :** le comédien Guy Montagné, le joueur de tennis Guy Forget. Guy Ritchie, réalisateur de cinéma britannique, ex-époux de Madonna.
**Son évolution :** en vogue au début du XX^e siècle, Guy quitte l'état civil dans les années 1930.
**Son cousin :** Guyon.
**Dans nos régions :** Guyot (Normandie), Gwier, Gwion (Bretagne)
**À l'étranger :** Guidoni (Italie), Guido (Espagne, Flandre, Italie), Guiliame, Gwijde (Flandre).

## GWENAËL
### Guenaël, Guenaut, Gwellaouen, Gwenhael, Gwennael, Gwenvaël

**D'où vient-il ?** Gwenaël signifie en celte « ange blanc ».
**On le fête** le 3 novembre. Né dans le Finistère au VI^e siècle, saint Gwenaël fut élevé par saint Guénolé. Il prit la succession de ce dernier à l'abbaye de Landevenec.
**Il serait...** sensible et susceptible. Il se sait vulnérable et redoute le stress. Très attaché à sa famille et à ses proches amis, il fuit les mondanités.
**Son évolution :** Gwenaël est resté dans l'intimité des familles bretonnes, il est rare dans l'ensemble du pays.
**Ses cousins :** Guenaël, Guenaut, Gwellaouen, Gwenhael, Gwennael, Gwenvaël.
**Son féminin :** Gwenaëlle.

## GWENDAL

**D'où vient-il ?** Gwendal, d'origine celte, signifie « au front pur ».
**On le fête** le 18 janvier. Saint Gwendal est inscrit au calendrier des saints bretons, mais on ne connaît rien de sa vie.
**Il serait...** communicatif et spirituel, vif et souple. Admiré pour ses qualités relationnelles, il est sûr de lui et recherche la facilité.
**Il le porte :** le groupe de musique bretonne et irlandaise Gwendal, créé en 1972.
**Son évolution :** Gwendal, longtemps resté au pays breton, sort de sa région natale depuis les années 2000.
**Son féminin :** Gwendoline.

## HAAKON
**Haaken, Hakon**

**D'où vient-il ?** Haakon signifie en scandinave « de haute naissance ».

**Il serait...** dynamique, optimiste, énergique, ouvert. Il aime la vie et tous ses plaisirs, recherche les voyages, les aventures, la nouveauté.

**Ils l'ont porté :** Haakon fut le prénom de plusieurs rois de Norvège.

**Son évolution :** Haakon est un prénom très courant dans les pays scandinaves.

**À l'étranger :** Hakan (Flandre).

**Ses cousins :** Haaken, Hakon.

## HAITZ

**D'où vient-il ?** Haitz, en basque, signifie « chêne ».

**Il serait...** volontaire, ambitieux, travailleur et autoritaire. Le chef, c'est lui ! Il veut réussir et le fait savoir. Indépendant, il supporte mal les contraintes et les oppositions.

## HAKIM

**D'où vient-il ?** Hakim, d'origine arabe, signifie « le sage ».

**Il serait...** affectueux, paisible, à la recherche de la tranquillité et de la stabilité. Il est très attaché à sa famille.

**Il le porte :** Hakim, chanteur marocain.

**Son évolution :** Hakim est un prénom très courant dans la culture musulmane.

**Son féminin :** Hakima

## HAMILCAR

**D'où vient-il ?** Hamilcar, d'origine phénicienne, signifie « grâce du dieu ».

**Il serait...** énergique, combatif et valeureux, à condition d'être entouré ou associé. Il sait faire preuve de diplomatie quand c'est nécessaire.

**Il l'a porté :** Hamilcar, général carthaginois et homme d'État qui, par ses conquêtes, agrandit considérablement l'influence de Carthage. Il mourut au combat à 42 ans en - 228.

**Son évolution :** rarissime, comme Vercingétorix et d'autres prénoms de grands guerriers.

## HANS
**Jean, Hann, Hanns, Hansel, Henneke**

**D'où vient-il ?** Hans est une forme allemande, alsacienne, polonaise et scandinave de Jean qui signifie en hébreu « Dieu a fait grâce ».

**On le fête** le 24 juin avec Jean.

**Il serait...** charmant, paisible, sécurisant par son calme, son désir d'harmonie. Il aime écouter, rassurer, jouer le rôle du grand frère auprès des siens.

**Il l'a porté :** Hans Christian Andersen (1805-1875), auteur danois de contes pour enfants ; on lui doit *la Petite Sirène, la Petite Fille aux allumettes, le Vilain Petit Canard.*

**Son évolution :** Hans est un prénom classique dans les pays de langue allemande et en Pologne. En France, l'Alsace l'apprécie.

**Sa forme initiale :** Jean.

**Ses cousins :** Hansel, Hann, Hanns, Hänschen, Hanseli, Hanserl, Hansko, Hansl, Hansli, Heisi, Henn, Henne, Henneke, Henneken.

**Ses féminins :** Hanschen, Hanska.

## HARALD
**Errol, Harold**

**D'où vient-il ?** Harald, d'origine germanique, signifie « grande gloire ».

**On le fête** le 1er novembre. Roi du Danemark au Xe siècle, saint Harald, converti en 948, favorisa l'évangélisation de son pays et fut assassiné en 980.

**Il serait...** réfléchi, prudent, patient. Il ne faut pas le bousculer. Il sait être opiniâtre pour atteindre ses objectifs et recherche la tranquillité.

**Ils l'ont porté :** plusieurs rois du Danemark et de Norvège. Harald Harfgar, dit « Harald aux Beaux Cheveux », fut le fondateur de l'État norvégien au Xe siècle. Errol Flynn, acteur américain, spécialiste des films de cape et d'épée, décédé en 1959.

**Son évolution :** Harald est classique dans les pays scandinaves. Harold assez courant dans les pays de langue anglaise. L'un et l'autre sont rares en France.

**À l'étranger :** Aroldo (Italie), Errol, Hairaud, Hal, Halle, Harold (Grande-Bretagne, États-Unis), Earail, Harailt (Irlande), Haraldur (Islande), Haroldo, Heraldo (Espagne).

## HARRISSON

### Harrison, Harry

**D'où vient-il ?** Harrisson, d'origine anglaise, signifie « fils d'Harry ».

**Il serait...** tranquille, réfléchi, réservé. Sa volonté est inébranlable, mais il va à son rythme. Il réfléchit longuement avant d'agir.

**Il le porte :** l'acteur américain Harrison Ford, né en 1942, qui fut un inoubliable *Indiana Jones.*

**Son évolution :** Harrison est très courant aux États-Unis et dans les pays de langue anglaise.

**À l'étranger :** Aroldo (Italie), Errol, Hairaud, Hal, Halle, Harold (Grande-Bretagne, États-Unis), Haroldo, Heraldo (Espagne), Earail, Harailt (Irlande), Haraldur (Islande).

## HARRY

### Harris

**D'où vient-il ?** Harry est la forme anglaise de Henri, d'origine germanique, qui signifie « maison du roi ».

**On le fête** le 13 juillet avec Henri.

**Il serait...** très actif et ambitieux. Il cherche la réussite, mais il a parfois du mal à canaliser son énergie débordante. Il sait cependant se motiver pour atteindre ses objectifs.

**Il l'a porté :** Harry Truman, homme d'État américain au début du XXe siècle.

**Ils le portent :** Harry, prince de Galles, second fils du prince Charles, le présentateur de télévision Harry Roselmack et le personnage de fiction Harry Potter.

**Son évolution :** Harry cohabita avec Henry en Angleterre pendant plusieurs siècles. Il a aujourd'hui la suprématie dans les pays anglophones. Harris est dans les favoris en Écosse.

**Ses cousins :** Harrisson, Henri, Henry.

## HASSAN

### Hacène, Hocine, Hossein, Hosseine, Hussein

**D'où vient-il ?** Hassan signifie en arabe « vertueux ».

**Il serait...** équilibré, réfléchi, doté du sens de l'effort, construisant peu à peu son avenir avec opiniâtreté. Il a le goût du pouvoir.

**Ils l'ont porté :** Hassan fut un petit-fils du prophète Mahomet. Le roi Hassan II du Maroc, né en 1929, décédé en 1999.

**Son évolution :** Hassan est un grand prénom de l'Islam.

**Ses cousins :** Hacène, Hocine, Hossein, Hosseine, Hussein.

**À l'étranger :** Alassane, Lassana (Afrique noire), Xacah (Russie).

## HECTOR

### Ettore

**D'où vient-il ?** Hector signifie en grec « celui qui détient ».

**Il serait...** conciliant, agréable, sécurisant. Il a un caractère fort, des passions, des principes et un goût prononcé pour l'authenticité.

**Ils l'ont porté :** dans la mythologie grecque, Hector est le général en chef des Troyens dans la guerre de Troie. Il est tué en combat singulier par

Achille. Hector Berlioz, né en 1803, décédé en 1869, compositeur, écrivain et critique français. Ettore Bugatti, constructeur automobile qui créa son entrepise en 1909. Ettore Scola, cinéaste italien né en 1931.

**Son évolution :** ce prénom, qui fait partie de la culture universelle, n'a jamais été très fréquent. Le XIX^e^ siècle lui a réservé une petite place modeste, mais le XX^e^ l'a oublié, sauf en Italie.

**Dans nos régions :** Etor, Ettore (Corse, Pays basque).

**À l'étranger :** Eachann (Irlande), Etor, Ettore (Italie).

## HÉLIODORE

**D'où vient-il ?** Héliodore, d'origine grecque, signifie « don du soleil ».

**On le fête** le 3 juillet. Saint Héliodore quitta l'armée pour vivre en ascète à Antioche, où il retrouva son ami saint Jérôme. Il fut nommé évêque d'Altino en Vénétie où il termina sa vie.

**Il serait...** indépendant, autonome et déterminé. Il sait ce qu'il veut et sait se donner les moyens de réussir ce qu'il entreprend, au prix d'un caractère parfois autoritaire.

**Il l'a porté :** Héliodore d'Emèse, philosophe en Phénicie au IV^e^ siècle.

## HENRI
### Harry, Heinz

**D'où vient-il ?** Henri, d'origine germanique, signifie « maison du roi ».

**On le fête** le 13 juillet. Né en 972, saint Henri II de Germanie fut d'abord duc de Bavière, puis il succéda à Otton III en devenant empereur d'Allemagne en 1002. C'est en 1014 qu'il est sacré empereur du Saint Empire romain germanique. Il soutint l'autorité de l'Église et versa de l'argent pour construire des monastères, des cathédrales et des fondations pour les pauvres et les malades.

**Il serait...** concret, dynamique et indépendant. Homme de terrain, il est curieux, pas toujours organisé, mais très adaptable.

**Ils l'ont porté :** plusieurs rois de France et d'Angleterre dont Henri IV, époux de la reine Margot, roi de Navarre, protestant converti pour accéder au trône de France. Henri VIII, roi d'Angleterre en 1509, marié six fois et fondateur de l'anglicanisme. Le chanteur et humoriste Henri Salvador.

**Il le porte :** Le joueur de tennis Henri Leconte, qui a remporté le titre en double avec Yannick Noah en 1984 et participé à la victoire de la France en coupe Davis en 1991.

**Son évolution :** ce prénom royal n'a jamais battu les records de popularité, mais il n'a jamais disparu. Son meilleur score se situe au tout début du XX^e^ siècle.

**Dans nos régions :** Heinz, Hendrick (Alsace), Endrike, Henriko (Pays basque), Enri (Provence).

**À l'étranger :** Anrai, Eanrig, Hannraoi (Irlande), Dieks, Drickes, Driek, Heintje, Hinderik, Hindrik (Pays-Bas), Enric (Catalogne), Enrico (Italie), Enrique, Henrique (Espagne, Portugal), Hale, Hanale (Hawaï), Harri, Heikki, Heiko, Henrikki (Finlande), Harris, Harrisson, Harry, Henry (Grande-Bretagne, États-Unis), Hein, Henderic (Flandres), Heindrick, Heiner, Heini, Heinke, Heinrich, Heinz, Hendrik, Henke, Henkel, Henrich, Hinrich, Hinz (Allemagne), Hinrik (Islande), Henryk (Pologne), Henerik (Danemark), Henrik (Scandinavie), Hynek (Hongrie).

**Ses féminins :** Harriet, Harriett, Henriette.

## HERBERT

### Aribert, Héribert, Herbin

**D'où vient-il ?** Herbert, d'origine germanique, signifie « armée illustre ».

**On le fête** le 20 mars. Ermite en Angleterre au VIIe siècle, saint Herbert implora Dieu pour mourir en même temps que son ami, saint Cuthbert. Son souhait fut exaucé le 20 mars 687.

**Il serait...** discret et élitiste. Peu expansif, il cache ses sentiments, même s'il est dominateur et jaloux. Rationnel, il est bon gestionnaire.

**Ils l'ont porté :** Herbert Clark Hoover (1874-1964), 31e président des États-Unis de 1929 à 1933. Le chef d'orchestre autrichien Herbert von Karajan (1908-1989).

**Il le porte :** le chanteur Herbert Léonard.

**Son évolution :** ce prénom aussi bien allemand, français qu'anglais est rare partout.

**Ses cousins :** Aribert, Héribert, Herbin.

**À l'étranger :** Erberto (Italie), Herberto, Heriberto (Espagne), Herbrecht (Allemagne).

## HERCULE

**D'où vient-il ?** Hercule signifie en grec « à la gloire d'Héra ». Héra était, dans la mythologie grecque, l'épouse de Zeus.

**Il serait...** sociable et sensible, communicatif et attentif. Ses relations affectives sont essentielles à son équilibre et à sa motivation.

**Ils le portent :** Hercule est un héros de la mythologie latine identifié à l'Héraclès de la mythologie grecque. Hercule Poirot est un personnage fictif de romans policiers inventé par Agatha Christie.

**Son évolution :** Les travaux d'Hercule ont sans doute nui à ce prénom qui n'a jamais eu de succès.

**À l'étranger :** Ercolano, Ercole (Italie), Hercules (Espagne, Grande-Bretagne, États-Unis).

## HERMAN

### Hermann

**D'où vient-il ?** Herman, d'origine germanique, signifie « homme d'armée ».

**On le fête** le 25 septembre. Saint Herman, handicapé de naissance, est originaire de Constance en Allemagne, au XIe siècle. Mathématicien, astronome, poète et historien, on lui attribue l'écriture de célèbres cantiques dédiés à la Vierge Marie tels *l'Ave Maria* et le *Salve Regina.*

**Il serait...** sérieux, calme et déterminé. Il avance droit devant lui, discipliné et exigeant, lentement, mais sûrement. Dans sa vie personnelle, il est tout aussi élitiste.

**Il l'a porté :** Hermann Göring, aviateur nazi, proche d'Adolf Hitler, condamné à mort au procès de Nuremberg.

**Son évolution :** ce prénom est bien connu en Allemagne, rare en France.

**À l'étranger :** Ermann, Ermanno (Italie), Ermano, Hermano (Espagne), Hermanni (Finlande), Herrmann (Allemagne).

## HERVÉ

### Harvey

**D'où vient-il ?** Hervé, d'origine celte, signifie « fort et ardent ».

**On le fête** le 17 juin. Né aveugle, saint Hervé est le fils d'un barde breton au VIe siècle. Barde à son tour, il décide de vivre en ermite et aide à la fondation de monastères avec ses biens propres.

**Il serait...** réservé, réfléchi, exigeant. Il observe beaucoup, mais se livre peu. Très sensible, jaloux parfois, il est vulnérable en amour, mais très solide dans sa vie professionnelle.

**Ils le portent :** le chanteur français Hervé Vilard, l'acteur américain Harvey Keitel.

**Son évolution :** Hervé est le prénom breton le plus connu dans l'ensemble du pays. Il est en vogue dès les années 1950 et évolue jusqu'en 1970. Aujourd'hui, il a disparu.

**Dans nos régions :** Erve (Provence), Herveig, Hoaurneig, Houarn, Houarné, Houarneau, Houarneig, Houarniaule (Bretagne), Hervieu (Normandie).

**À l'étranger :** Harvey (Grande-Bretagne, États-Unis), Herwig (Allemagne).

**Ses diminutifs :** Herveig, Herwig, Houarnig.

**Ses féminins :** Hervéa, Herveline, Herveva.

## HILAIRE

**D'où vient-il ?** Hilaire signifie en latin « gai ».

**On le fête** le 13 janvier. Originaire d'une famille sénatoriale, saint Hilaire naît à Poitiers au VI$^{e}$ siècle. Converti au christianisme à 30 ans, il est nommé évêque de Poitiers en 350. Pour avoir ardemment combattu l'arianisme, il est condamné par sentence impériale à quatre années d'exil en Asie Mineure dès 356. Il décède en 368.

**Il serait...** combatif et volontaire, tendre et passionné. Efficace quand il est motivé, opportuniste à l'occasion, il prend ses responsabilités très au sérieux.

**Son évolution :** Hilaire n'a jamais été très fréquent.

**Dans nos régions :** Hélier, Hélien, Hellier, Hiler, Hilliers, Illiers (Bretagne), Hilario, Ilari (Pays basque), Ilario (Corse).

**À l'étranger :** Ealair (Irlande), Hilari, Hilario (Espagne), Hilary, Hillary, Hillery (Grande-Bretagne, États-Unis, Pologne), Ilrai (Flandre, Russie), Ilario (Italie), Ilarion (Grèce, Russie), Illarion (Russie).

**Ses féminins :** Hilarie, Hilary.

## HIPPOLYTE

### Hyppolyte

**D'où vient-il ?** Hippolyte, d'origine grecque, signifie « qui délie les chevaux ».

**On le fête** le 13 août. Prêtre à Rome au III$^{e}$ siècle, saint Hippolyte fut un grand théologien. Il est l'auteur d'un nombre important de sermons attaquant les hérésies diverses. Il s'érigea en antipape contre Calliste dont il reprochait l'indulgence et, après s'être publiquement opposé à lui, il fut déporté dans les mines de Sardaigne, sur ordre de l'empereur Maximien.

**Il serait...** réfléchi, calme, perméable aux ambiances et facilement blessé par les critiques. Mais une atmosphère affective stable le dynamise.

**Il l'a porté :** Hippolyte Taine, né en 1828, philosophe et historien, professeur, journaliste. Il fut élu à l'Académie française en 1878.

**Il le porte :** Hippolyte Girardot, acteur français.

**Son évolution :** Hippolyte a connu un succès très relatif au XIX$^{e}$ siècle. Il réapparaît discrètement.

**Son cousin :** Hyppolyte.

**À l'étranger :** Hipolit (Catalogne, Pologne), Hipolito (Espagne), Ipolit, Ippolit (Russie), Ippolito (Italie).

## HOMÈRE

**D'où vient-il ?** Homère, d'origine grecque, vient du patronyme du poète épique grec Homère, auteur de *l'Iliade et l'Odyssée* au IX$^{e}$ siècle avant J.-C.

**Il serait...** communicatif, persuasif, charmeur. Il séduit son entourage aussi par son équilibre. Travailleur et organisé, il est ambitieux.

**Il le porte :** Homer Jay Simpson, personnage fictif de la série de télévision animée *les Simpson*.

**Son évolution :** Homère est rare, comme la majorité des prénoms littéraires.

**À l'étranger :** Homer (Grande-Bretagne, États-Unis), Homero (Espagne), Homêros (Grèce), Omero (Italie).

## HONORÉ

### Honorat, Honorin

**D'où vient-il ?** Honoré signifie en latin « honneur ».

**On le fête** le 16 mai. Évêque d'Amiens au VI$^{e}$ siècle, saint Honoré est le patron des boulangers et des confiseurs.

**Il serait...** communicatif, rapide, indépendant. Opportuniste, il s'adapte facilement aux circonstances, à condition de ne pas se sentir brimé car il déteste recevoir des ordres.

**Il l'a porté :** Honoré de Balzac, romancier, auteur de *la Comédie humaine*, un des fondateurs de la société des Gens de Lettres, mort en 1850, peu après son mariage avec Madame Hanska.

**Son évolution :** Honoré est un prénom type du XIX$^{e}$ siècle, il n'est plus en vogue depuis le début du XX$^{e}$ siècle.

**Ses cousins :** Honorat, Honorin.

**Dans nos régions :** Enored (Bretagne), Ounourat (Provence).

**À l'étranger :** Badvagan (Arménie), Honorat, Honori (Catalogne), Honorato (Espagne), Honorius (Allemagne), Inir (pays de Galles), Onorato (Italie).
**Ses féminins :** Honorée, Honorine.

## HORACE

**D'où vient-il ?** Horace signifie en grec « de la famille des Horacius ». Les Horaces étaient les membres d'une famille patricienne romaine.
**Il serait...** intuitif, créatif, spirituel. Communicatif, charmeur et diplomate, il est aussi épicurien et ne refuse aucun plaisir.
**Il l'a porté :** Horace est un grand poète romain né en 65 avant J.-C., ami de Virgile, qui publia des odes, des satires et des épîtres.
**Elle le porte :** une pièce de Corneille, *Horace*, inspirée par la lutte entre les Horaces et les Curiaces.
**Son évolution :** ce prénom antique est rare.
**À l'étranger :** Horacio, Horatio (Espagne, Portugal), Horatius (Grande-Bretagne, États-Unis), Orazio (Italie).

## HUBERT

**D'où vient-il ?** Hubert, d'origine germanique, signifie « grande intelligence ».
**On le fête** le 3 novembre. Maire du palais des rois d'Austrasie au VIII^e^ siècle, saint Hubert se convertit à la suite d'une partie de chasse pendant laquelle il eut l'apparition d'un cerf doté d'une croix entre ses deux bois. En 725, il fut nommé évêque de Maastricht et se consacra jusqu'à sa mort en 727 à l'évangélisation de la Belgique. Saint Hubert est le patron des chasseurs.
**Il serait...** curieux, chaleureux, sympathique. Travailleur et loyal, il est authentique et supporte mal le mensonge et les flatteries.
**Ils le portent :** Hubert Reeves, astrophysicien canadien né en 1932, auteur de nombreux ouvrages de vulgarisation scientifique. Hubert Védrine, homme politique membre du parti socialiste.
**Son évolution :** Hubert a été en vogue dans les années 1930, puis s'éloigne dès 1940. On le rencontre encore parfois dans les familles BCBG.
**Dans nos régions :** Hübes (Alsace), Huberzh (Bretagne).
**À l'étranger :** Hoibeard, Hoireabard (Irlande), Houwen, Hukko (Flandre), Huberto (Espagne), Hubertus (Allemagne), Hubrecht, Huppel, Huprecht (Pays-Bas), Uberto (Italie).

## HUGO
### Hugues

**D'où vient-il ?** Hugo est une variante d'Hugues, d'origine germanique, qui signifie « intelligence ».
**On le fête** le 1^er^ avril avec Hugues.
**Il serait...** sentimental, affectueux et très investi dans ses liens familiaux et amicaux. Il a un grand sens des responsabilités.
**Il l'a porté :** Hugo Chavez, président du Venezuela de 1999 à 2013.
**Il le porte :** Hugo Sanchez, footballeur mexicain exceptionnel et entraîneur de l'équipe nationale du Mexique de 2006 à 2008.
**Son évolution :** Hugo apparaît dans les années 1980, timidement d'abord, puis il explose peu avant l'an 2000, devenant l'un des prénoms préférés de cette fin de siècle. Il se maintient au top 30 des prénoms masculins.
**Sa forme initiale :** Hugues.

## HUGUES
### Hughes, Hugo

**D'où vient-il ?** Hugues, d'origine germanique, signifie « intelligence ».
**On le fête** le 1^er^ avril. Saint Hugues fut évêque de Grenoble au XI^e^ siècle.
**Il serait...** calme et réservé. Il observe, écoute, réfléchit et se fait une opinion sur tout et sur tous. Sociable et généreux, il est très apprécié de ses amis.
**Il l'a porté :** Hugues Capet, premier roi de la dynastie des Capétiens, nommé par les grands seigneurs du royaume à la vacance du trône en 987. Les Capétiens régnèrent sur la France pendant huit siècles.

**Ils le portent :** l'acteur anglais Hugh Grant, le chanteur Hugues Aufray.
**Son évolution :** comme Hubert, Hugues est un prénom peu courant, surtout porté par des enfants de familles BCBG.
**Ses cousins :** Hughes, Hugo.
**Dans nos régions :** Huc (Gascogne), Hugolin (Provence), Huon (Bretagne).
**À l'étranger :** Euston (Irlande), Hiu (Hawaï), Hoege (Pays-Bas), Hug (Catalogne), Hugh (Grande-Bretagne, États-Unis, Irlande), Hugolino (Espagne), Huygen (Flandres), Ugo (Italie).
**Ses féminins :** Hughette, Huguette, Hugoline.

## HUMBERT

**D'où vient-il ?** Humbert, d'origine germanique, signifie « illustre géant ».
**On le fête** le 25 mars. Fils du comte de Savoie au XIIe siècle, Humbert III choisit de se consacrer à Dieu à son second veuvage. Mais son père lui ordonna de se marier et ainsi assurer la dynastie.
**Il serait...** discret, calme, sympathique, mais il se livre peu. Il recherche la tranquillité et la perfection.
**Il l'a porté :** Umberto Eco, professeur, essayiste et romancier qui publia *le Nom de la rose* en 1980, *le Pendule de Foucault* en 1988, *Comment voyager avec un saumon* en 1998, entre autres œuvres.
**Il le porte :** Umberto Tozzi, chanteur italien né en 1952, on compte parmi ses titres les plus célèbres *Ti amo* et *Gloria*.
**Son évolution :** Umberto est assez fréquent en Italie, Humbert est bien plus rare en France.
**À l'étranger :** Humberto (Espagne), Umberto (Italie).

## HUMPHREY

### Humphroy

**D'où vient-il ?** Humphrey est une forme anglo-américaine d'Humfroy, d'origine germanique, qui signifie « gardien de la paix ».
**On le fête** le 4 mai. Domestique au pays de Galles au XVIe siècle, saint Humphrey fut martyrisé par ses employeurs.
**Il serait...** optimiste et dynamique, communicatif et généreux. Heureux de vivre, il séduit son entourage par sa bonne humeur et son appétit des bonnes choses.
**Il l'a porté :** l'acteur américain Humphrey Bogart, né en 1899 et décédé en 1957, véritable mythe de l'histoire du cinéma.
**Son évolution :** ce prénom est assez fréquent dans les pays de langue anglaise.
**Sa forme initiale :** Humfroy.

## HYACINTHE

**D'où vient-il ?** Hyacinthe, d'origine grecque, vient du nom de la fleur jacinthe.
**On le fête** le 17 août. Né en Pologne en 1185, saint Hyacinthe devint disciple de saint Dominique après l'avoir rencontré lors d'un séjour à Rome. Il entra dans les ordres et revint s'installer en Pologne pour y fonder des couvents et répandre l'ordre dominicain.
**Il serait...** artiste, expressif, communicatif, éloquent. Très énergique, il est actif et a une grande puissance de travail et beaucoup de créativité.
**Il le porte :** dans la mythologie grecque, Hyacinthe est un jeune homme d'une grande beauté qui est aimé d'Apollon et de Zéphyr. Il fut mortellement blessé à la tempe lors du lancer du disque. Le sang qui s'écoula de sa plaie se transforma en fleur rouge.
**Son évolution :** ce prénom est rare en France alors qu'on le rencontre plus fréquemment en Espagne.
**Dans nos régions :** Jacinto (Pays basque).
**À l'étranger :** Hyacinthus (Grande-Bretagne, États-Unis, Allemagne), Iakinf (Russie), Jacint (Catalogne), Jacinto (Espagne, Portugal).
**Son féminin :** Jacinte.

## IBRAHIM

**Abraham, Brahim**

**D'où vient-il ?** Ibrahim est la forme arabe d'Abraham, d'origine hébraïque, qui signifie « père des nations ».

**Il serait...** charmant, paisible, sécurisant par son calme et son désir d'harmonie. Il aime écouter, rassurer, être comme un frère auprès des siens.

**Il l'a porté :** le chanteur Ibrahim Ferrer.

**Il le porte :** le footballeur Ibrahim Ba.

**Son évolution :** Ibrahim et un prénom courant dans les familles de culture musulmane.

**Sa forme initiale :** Abraham.

## IDRIS

**Driss**

**D'où vient-il ?** Idris, d'origine arabe, signifie « l'éducateur ».

**Il serait...** sensible, calme et réservé. Les valeurs traditionnelles sont pour lui essentielles et mènent sa vie.

**Ils l'ont porté :** Idris est cité dans le Coran comme un prophète de la Torah. Moulay Idris fut un descendant d'Ali et de Fatima, la fille du Prophète. Son fils, Idris II, fonda une dynastie à Fès au Maroc.

**Son évolution :** Idris est un prénom courant dans les familles musulmanes. Driss est plus rare.

**Son cousin :** Driss.

**Son féminin :** Drissa.

## IGNACE

**D'où vient-il ?** Ignace signifie en latin « feu ».

**On le fête** le 31 juillet. Saint Ignace de Loyola est né dans une famille noble du Pays basque espagnol. Il entra dans l'armée, qu'il dut abandonner à cause d'une blessure. En convalescence, il reprit ses études et se tourna vers Dieu. En 1534, il fonda la Compagnie de Jésus en France, dont les membres prirent le nom de jésuites.

**Il serait...** communicatif, attentif aux autres et pourvu d'un charisme. Il a une éloquence qui séduit, persuade, mais il sait aussi écouter.

**Elle le porte :** la chanson *Ignace*, interprétée par Fernandel en 1935.

**Son évolution :** Ignace est un prénom rare que la chanson de Fernandel n'a pas relancé.

**Dans nos régions :** Eneko, Enekoitz, Inaki, Inaxio, Inazio, Ineko, Iniaki, Iniego, Inigo, Inixio (Pays basque), Ignaci, Inhaci (Gascogne), Ignaziu (Corse).

**À l'étranger :** Ignac (Hongrie), Ignacio, Nacho (Espagne), Ignasi (Catalogne), Ignat, Ignati (Russie), Ignatios (Grèce), Ignatiu (Grande-Bretagne, États-Unis), Ignatius (Pays-Bas), Ignatz, Ignaz (Allemagne), Ignazio (Italie), Inigo (Grande-Bretagne, Espagne).

**Ses diminutifs :** Ignacha, Igocha (Russie).

## IGOR

**D'où vient-il ?** Igor, d'origine slave, signifie « gardien de la jeunesse ».

**On le fête** le 5 juin. Grand-duc de Russie au XII^e^ siècle, saint Igor fut dépossédé de ses biens et rejeté du trône par son peuple. Il entra en religion et fonda un monastère près de Novgorod, où il fut assassiné en 1147.

**Il serait...** réservé et prudent, sensible et calme. Rationnel, il fait peu confiance à son intuition et se méfie de la fantaisie. Il a besoin de repères et de stabilité pour se rassurer.

**Il l'a porté :** le compositeur Igor Stravinsky, né russe, naturalisé ensuite français, puis américain, dont l'œuvre la plus célèbre est *le Sacre du printemps*. Il mourut en 1971.

**Il le porte :** l'opéra d'Alexandre Borodine *le Prince Igor*, créé en 1890.
**Son évolution :** Igor est l'un des prénoms russes qui ont été le plus appréciés en Europe. Il demeure cependant rare.
**Ses diminutifs :** Gocha, Gora.

## IKER

**D'où vient-il ?** Iker, d'origine basque, signifie « enquête ».
**Il serait...** sérieux, calme, plus attaché aux activités solitaires qu'à la vie sociale. Il apprécie la lecture, il aime étudier, réfléchir, et se sent perturbé par l'agitation.
**Ils le portent :** les joueurs de football espagnols Iker Castillas et Iker Muniain, le joueur de handball espagnol Iker Romero.
**Son évolution :** Iker est l'un des prénoms masculins préférés des Espagnols depuis 2009.

## ILAN
### Ilanit

**D'où vient-il ?** Ilan, d'origine hébraïque, signifie « chêne ».
**Il serait...** méthodique et appliqué, homme de terrain doté d'un grand sens pratique. Il s'intéresse aux biens matériels et il est fasciné par le pouvoir.
**Son évolution :** Ilan est un prénom moderne apparu depuis 1970 en Israël comme en France. Il est très populaire dans les deux pays depuis 2000.
**Son cousin :** Ilanit.
**Son féminin :** Ilana.

## INGMAR
### Ingamar, Ingomar, Ingomer

**D'où vient-il ?** Ingmar signifie en scandinave « fils du dieu Ing ». Ing, dans la mythologie scandinave, est le dieu de la fertilité et de la paix.
**Il serait...** solide, terre à terre, soucieux d'avancer et d'atteindre ses objectifs ambitieux. Il aime le confort, parfois même le luxe.
**Il l'a porté :** le metteur en scène suédois Ingmar Bergman, à qui l'on doit *Cris et chuchotements* et *Scènes de la vie conjugale*. Il a reçu la palme des palmes au Festival de Cannes en 1997. Il s'est éteint en 2007.
**Son évolution :** Ingmar est un prénom classique en Scandinavie.
**Ses cousins :** Ingamar, Ingomar, Ingomer.

## INNOCENT

**D'où vient-il ?** Innocent, d'origine latine, signifie « inoffensif ».
**On le fête** le 28 décembre. Élu pape en 401, saint Innocent tenta d'affirmer la suprématie de la papauté et fut assassiné par les Goths à Rome.
**Il serait...** sensible, intuitif, réservé, mais aussi sociable et très attaché à l'image qu'il donne à son entourage. Il a besoin d'être épaulé pour réussir.
**Son évolution :** Innocent, comme la plupart des prénoms adjectifs Aimé, Désiré, Fidèle, n'a jamais été fréquent. Toutefois, plusieurs papes ont choisi de le porter.
**Dans nos régions :** Innucentu (Corse), Inozentzio (Pays basque).
**À l'étranger :** Ince (Hongrie), Innocenzio, Innocenzo (Italie), Innokenti (Russie), Innozenz, Inozenz (Allemagne), Inocencio (Espagne).

## IRÉNÉE
### Irenion

**D'où vient-il ?** Irénée, d'origine grecque, signifie « paix ».
**On le fête** le 28 juin. Originaire d'Asie Mineure au début du IIe siècle, saint Irénée fut nommé évêque de Lyon. Docteur de l'Église, il rédigea de nombreux ouvrages théologiques et participa à la grande querelle divisant les Églises d'Occident et d'Orient au sujet de la date de Pâques.
**Il serait...** énergique, actif, passionné. Opportuniste et intuitif, il sait saisir sa chance au bon moment. Son charisme est grand, son autoritarisme aussi.
**Son évolution :** alors qu'Irène est un prénom bien connu et assez fréquent pendant la pre-

mière moitié du XX^e siècle, Irénée est très rare.
**Son cousin :** Irenion.
**À l'étranger :** Ireneu (Catalogne), Irineï (Russie).
**Ses féminins :** Irène, Irina.

## IRVING

### Earvin, Earving, Irwin

**D'où vient-il ?** Irving, d'origine écossaise, signifie « ami de la mer ».
**Il serait...** réservé, calme, studieux et réfléchi. Introverti, il redoute la vie sociale et préfère de beaucoup la solitude et la tranquillité pour étudier, lire, bricoler.
**Il l'a porté :** Irwin Shaw, né en 1913, fut scénariste, producteur et romancier. Son best-seller, *le Bal des maudits,* paru en 1948, fut adapté au cinéma en 1958.
**Son évolution :** Irving est un prénom apprécié en Écosse. Il est rare en France.
**Ses cousins :** Earvin, Earving, Irwin.

## ISAAC

### Isaak, Itshaq, Itzaq, Itzchak, Izaak, Yitzhak

**D'où vient-il ?** Isaac, d'origine hébraïque, signifie « Dieu a ri ».
**On le fête** le 21 avril. Ermite syrien établit en Italie, saint Isaac aurait accompli de nombreux miracles.
**Il serait...** sérieux, responsable, scrupuleux. Il cherche l'harmonie dans ses relations et la sécurité dans sa vie professionnelle.
**Ils l'ont porté :** dans la Bible, Isaac est le fils d'Abraham et de Sarah, né alors que son père a 99 ans et sa mère 90 ans. Il est le mari de Rebecca et le père de Jacob. Isaac Newton, l'un des plus grands savants de l'histoire universelle, philosophe, mathématicien, physicien, astronome. Il découvrit la loi de la gravitation, à la suite, dit la légende, de la chute d'une pomme d'un pommier. On lui doit aussi le calcul infinitésimal et la théorie du spectre de la lumière. Il fut président de la Royal Society de Londres et fut anobli en 1705. Il mourut en 1727 à 84 ans. Isaac Albeniz, pianiste et compositeur espagnol, décédé en 1909.
**Son évolution :** Isaac est un prénom bien connu des familles juives, mais il fut très courant en Angleterre au XVIII^e siècle.
**Ses cousins :** Isaak, Itshaq, Itzaq, Itzchak, Izaak, Yitzhak.
**Dans nos régions :** Ixaka, Ixara (Pays basque).
**À l'étranger :** Iika, Iiro, Iisakki (Finlande), Ike, Ikey (Grande-Bretagne, États-Unis), Iosag (Irlande), Isaakii, Issaak, Issaaki, Issak, Itshak (Russie), Isaakios (Grèce), Isacco (Italie), Isahag, Isahak, Issahag (Arménie), Ischa (pays de l'Est), Isak, Isake (Suède), Ishak, Ishag (pays arabes), Itaïa (Hawaï), Izak (Pologne), Izsak (Hongrie),
**Ses diminutifs :** Issia, Isy, Izia (Russie).

## ISAÏE

**D'où vient-il ?** Isaïe, d'origine hébraïque, signifie « Dieu délivre ».
**On le fête** le 15 mai. Saint Isaïe fut évêque de Rostov en Russie. Il mourut en 1090, au cours d'un pèlerinage à Kiev.
**Il serait...** indépendant, perfectionniste, exigeant et ambitieux, mais il a besoin de revenir souvent se ressourcer auprès des gens qu'il aime.
**Il l'a porté :** dans la Bible, Isaïe est un des grands prophètes au royaume de Juda. Il aurait vécu au VIII^e siècle avant J.-C.
**Son évolution :** Isaïe est un grand prénom de la culture judaïque.
**Sa forme initiale :** Ichaiahou.
**À l'étranger :** Isaïah (Grande-Bretagne, États-Unis), Isaïes (Catalogne), Isaïsas (Portugal), Issaï, Issaïa (Russie).

## ISIDORE

**D'où vient-il ?** Isidore, d'origine grecque, signifie « don d'Isis ».
**On le fête** le 4 avril. Docteur de l'Église, saint Isidore vit à Séville au VII^e siècle. Enfant indiscipliné, il devint un des plus grands théologiens de son temps. Évêque de Séville, il lutta contre les hérésies et fonda collèges et monastères.

**Il serait...** réservé, mais amical et ouvert, réfléchi, mais léger et plein d'humour. Stable, solide, rationnel, il est aussi très sensible et affectueux.
**Il l'a porté :** Isidore Ducasse, connu sous le pseudonyme de comte de Lautréamont, né en 1846 en Uruguay, auteur des *Chants de Maldoror*, paru en 1869. Il mourut l'année suivante à 24 ans.
**Son évolution :** Isidore a eu quelques rares adeptes au XIX^e^ siècle. Il a disparu aujourd'hui.
**Dans nos régions :** Isidoru (Corse), Ixidor, Ixidro (Pays basque).
**À l'étranger :** Isenhoudt (Flandre), Isidoro (Allemagne, Espagne, Italie), Isodoros (Grèce), Isidro, Isidru (Catalogne), Issidor, Issy (Russie), Izidor (Hongrie).
**Son féminin :** Isadora.

## ISMAËL
Ismaïl

**D'où vient-il ?** Ismaël, d'origine hébraïque, signifie « Dieu entendra ».
**Il serait...** ambitieux, volontaire, très actif et bien décidé à avancer dans la vie. Impatient, il ne supporte pas qu'on lui résiste, ce qui complique parfois un peu ses relations avec son entourage.
**Il l'a porté :** Ismaël est dans la Bible le fils qu'Abraham a eu avec Agar, la servante égyptienne de sa femme Sarah qui était stérile. Plus tard, Sarah mettra au monde Isaac et exigera qu'Abraham chasse Agar et Ismaël dans le désert. Ismaël devint prophète.
**Il le porte :** Ismaël Haniyeh est un homme politique palestinien.
**Son évolution :** Ismaël est un prénom assez peu usité en France.
**Son cousin :** Ismaïl.
**À l'étranger :** Ismo (Finlande).

## ISRAËL

**D'où vient-il ?** Israël, d'origine hébraïque, fait référence à la nation éponyme.
**Il serait...** ambitieux, indépendant et énergique. Pas question pour lui d'être à la deuxième place, il veut la première et s'impose avec autorité.
**Il le porte :** Israël Mizrahi, homme politique israélien.
**Son évolution :** Israël est un prénom courant dans les milieux israéliens.

## IVAN
Yvan

**D'où vient-il ?** Ivan est la forme slave de Jean, d'origine hébraïque, qui signifie « Dieu a fait grâce ».
**On le fête** le 24 juin avec Jean.
**Il serait...** rigoureux et exigeant dans sa vie professionnelle, affectueux et sensible dans sa vie privée. Il est très attaché aux traditions et aux principes.
**Ils l'ont porté :** Ivan IV le Terrible, tsar de Russie, mort en 1584, réformateur au caractère violent qui limita les pouvoirs des boyards et réprima très durement leurs réactions, ce qui justifia son surnom. Ivan Tourgueniev, écrivain russe mort en France en 1883, auteur dramatique et romancier. Ivan Rebroff, chanteur d'origine russe né en Allemagne en 1931, spécialiste des chants traditionnels russes.
**Son évolution :** Ivan est intemporel. Jamais vraiment à la mode, mais toujours présent à l'état civil depuis le milieu du XX^e^ siècle.
**Son cousin :** Yvan.
**Ses féminins :** Ivana, Ivanka.

## JACK

**D'où vient-il ?** Jack est un diminutif de John, forme anglo-américaine de Jean, d'origine hébraïque, qui signifie « Dieu a fait grâce ».

**On le fête** le 24 juin avec Jean.

**Il serait...** élégant, charmeur, soucieux de son apparence, mais aussi intelligent, actif et ambitieux. Son charisme, allié à sa puissance de travail, lui ouvrent les portes du succès.

**Il l'a porté :** Jack fut le surnom du Président Kennedy.

**Il le porte :** Jack Nicholson (John de son vrai prénom).

**Son évolution :** comme beaucoup d'autres diminutifs, Jack est sorti de l'intimité familiale pour avoir une vraie place à l'état-civil. Jack est dans le peloton de tête des prénoms masculins en Angleterre, au Pays de Galles et en Écosse. Notez que Jacques, en anglais se dit James.

Son cousin : Jackson.

## JACOB

**Jacobien, Jacobin**

**D'où vient-il?** Jacob, d'origine hébraïque, signifie « Dieu a soutenu ».

**On le fête** le 23 juin. Saint Jacob fut évêque de Toul, il restaura l'abbaye de Saint-Dié qui lui fut donnée par le roi Pépin le Bref avant de mourir en 770.

**Il serait...** réfléchi, prudent, patient. Il ne faut pas le bousculer. Il sait être opiniâtre pour atteindre ses objectifs et recherche la tranquillité.

**Il l'a porté :** dans la Bible, Jacob est le fils d'Isaac et de Rebecca, frère jumeau d'Esaü dont il tenait le talon en naissant. Quand ils furent adultes, il lui acheta son droit d'aînesse contre un plat de lentilles. Jacob fut le mari de Léa et de sa sœur Rachel. Il eut 12 fils, à l'origine des 12 tribus d'Israël qui constituèrent le peuple hébreu.

**Son évolution :** ce prénom est un grand classique intemporel de la culture hébraïque. Il est également un patronyme très courant, aussi bien dans les pays de l'Est qu'aux États-Unis.

Ses cousins : Jacobien, Jacobin.

**À l'étranger :** Jacobe, Jacopo, Jacopone, Giacobo (Italie), Jacobo (Espagne), Jakob (Allemagne), Jasha (Scandinavie), Jeacob (Flandres), Iakiu (Ukraine), Iakovos (Grèce), Iakov (Russie).

Ses diminutifs : Cob, Cobbie.

Ses féminins : Jacoba, Jacobine.

## JACQUES

**Diego, James, Jamie**

**D'où vient-il ?** Jacques est la forme française de Jacob, d'origine hébraïque, qui signifie « Dieu a soutenu ».

**On le fête** le 25 juillet. Saint Jacques le Majeur fut le frère de saint Jean l'Evangéliste. Il fut le plus proche disciple de Jésus et le premier à subit le martyre à Jérusalem en 44.

**Il serait...** énergique et actif, courageux dans les épreuves, chaleureux avec ses amis, loyal dans la vie professionnelle.

**Ils l'ont porté :** Jacques Cartier, navigateur et explorateur français qui explora le Canada au XVI^e^ siècle. Le poète Jacques Prévert, le chanteur Jacques Brel, l'animateur Jacques Martin. Le chanteur Jacques Higelin.

**Ils le portent :** le chanteur Jacques Dutronc. L'ancien président de la République Jacques Chirac. L'acteur américain Jack Nicholson.

**Son évolution :** en vogue dès le XVI^e^ siècle, Jacques se raréfie peu à peu jusqu'à l'aube du

XX^e siècle. Il est à son apogée entre 1910 et 1940, puis décline pour devenir rarissime.
**Sa forme initiale :** Jacob.
**Dans nos régions :** Donaïki, Jago, Yaguen (Pays basque), Jacut, Jakez, Jalm, Jegu (Bretagne), Jacmé, Jaume (Gascogne), Jaime, Jaquet, Jaquetoun (Provence).
**À l'étranger :** Hamish (Écosse) James, Jim, Jimmy (Grande-Bretagne, États-Unis), Seamas (Irlande), Diaz, Diego, Jaime (Espagne), Giachomo, Jacomo, Jacopo (Italie), Jaakko (Finlande) Jacomus, Jeppe (Pays-Bas), Jacek (République tchèque).
**Son diminutif :** Jacky, Jacquot.
**Ses féminins :** Jacqueline.

## JAMIE (mixte)
### Jaimie

**D'où vient-il ?** Jamie est un diminutif écossais de James, forme anglaise de Jacques, d'origine hébraïque, qui signifie « Dieu a soutenu ».
**On le fête** le 23 juillet avec Jacques.
**Il serait...** curieux, éclectique et opportuniste. Il aime la compagnie, a besoin d'être secondé, encouragé, épaulé pour avancer.
**Il le porte :** Jamie Oliver, chef de cuisine britannique, qui anime plusieurs émissions de télévision, auteur également de livres de cuisine.
**Son évolution :** Jamie est populaire dans les pays de langue anglaise depuis 1950. Aux États-Unis, ce prénom est souvent mixte.
**Sa forme initiale :** James.
**Son cousin :** Jaimie.

## JASON

**D'où vient-il ?** Jason, d'origine hébraïque, signifie « Dieu sauve ».
**On le fête** le 12 juillet. Saint Jason, habitant de Thessalonique au I^er siècle, reçut chez lui saint Paul et Silas. Dénoncé et arrêté, il fut libéré sous caution.
**Il serait...** intuitif et impulsif, tout en étant réfléchi et rationnel. Une sorte d'aventurier prudent, qui n'agit jamais sans mûrir son projet.
**Il l'a porté :** Jason est un héros de la mythologie grecque, fils du roi d'Ialcos, qui, pour venger son père dut conquérir la Toison d'or d'un mouton fabuleux. Il épousa Médée, s'établit avec elle chez le roi de Crète. Jason s'éprit de la fille du roi et répudia sa femme. Médée tua Jason et sa conquête.
**Son évolution :** Jason est bien connu aux États-Unis depuis le XX^e siècle. En France, c'est dans les années 1980 qu'il a connu une fugitive et modeste période de succès.
**À l'étranger :** Giasone (Italie), Jace (Grande-Bretagne).

## JAYDEN (mixte)

**D'où vient-il ?** Jayden, d'origine hébraïque, signifie « Dieu sauve ».
**Il serait...** tout feu tout flamme. Il aime la liberté, la vie sociale, les plaisirs, il est actif, rapide et s'adapte à toutes les situations. Les aventures l'enchantent.
**Son évolution :** Jayden est l'un des prénoms au top aux États-Unis depuis 2009.
**Son féminin :** Jayden est mixte, orthographié parfois Jaden pour les filles.

## JEAN
### Giani, John, Juan, Sean, Jehan, Johan

**D'où vient-il ?** Jean, d'origine hébraïque, signifie « Dieu a fait grâce ».
**On le fête** le 24 juin. Saint Jean, fils de Zacharie et d'Élisabeth, baptisait avec l'eau du Jourdain au nom du Christ d'où son nom Jean-Baptiste. Il fut emprisonné par Hérode Antipas et décapité à la demande de Salomé.
**On le fête** aussi le 27 décembre. Saint Jean fut l'un des apôtres de Jésus, son préféré, celui à qui

## *Les nouveaux prénoms composés*

Le milieu du XX$^{e}$ siècle vit l'apogée de la mode des prénoms composés qui avaient commencé à émerger quelques années plus tôt. Ce fut le règne de **Jean-Jacques** dès 1930, puis dans les années 1940 de **Jean-Claude**, **Jean-Louis**, **Jean-Marie**, **Jean-Paul** et **Jean-Pierre**. Dix ans plus tard, **Jean-François**, **Jean-Luc**, **Jean-Philippe**, **Jean-Marc** et **Jean-Yves** avaient pris le relais. Enfin l'intemporel **Jean-Baptiste**, qui était déjà là au XVII$^{e}$ siècle avec Jean-Baptiste Lulli et Jean-Baptiste Pocquelin, alias Molière, est toujours parmi nous. **Charles-Henri** et **Charles-Édouard** ont la cote dans les familles BCBG depuis les années 1970.

### Quoi de neuf depuis 2010 ?

**Léo-Paul**, qui avait séduit grâce à sa similitude avec Léopold, a cessé de surprendre. Les prénoms composés avec Jean ou Pierre ne sont plus qu'un souvenir, contrairement à Paul et Louis qui sont devenus les prénoms pivots de composés seyants. Les parents misent avant tout sur l'harmonie phonétique.

C'est ainsi que sont venus au monde **Louis-Gabriel**, **Louis-Marie**, **Louis-Maël**, **Paul-Éloi**, **Théo-Paul**, **Paul-Élie**, **Paul-Louis**, **Paul-Émile**, **Paul-Étienne**, **Paul-Evan**, mais aussi **Tom-Eliott** et **Charles-Élie**.

Attention aux initiales, certaines associations entre les prénoms et, ou avec le patronyme pouvant être limite, **Charles Oscar Néret** par exemple.

le Christ confia sa mère au moment de mourir. Il est l'auteur du quatrième Évangile.

**Il serait...** amical, chaleureux, habile et subtil. Amoureux du confort et de la beauté, il est raffiné. Il aime plaire, être admiré et reconnu.

**Ils l'ont porté :** les poètes du XVII$^{e}$ siècle Jean Racine et Jean de la Fontaine, auteur des *Fables*. L'homme politique Jean Jaurès, assassiné à la veille de la Première Guerre mondiale. Le résistant français Jean Moulin. L'auteur dramatique Jean Anouilh. Le cinéaste Jean Renoir et les célèbres acteurs Jean Gabin, Jean Poiret, Jean Carmet et Jean Rochefort.

**Ils le portent :** le comédien Jean Reno. Les acteurs américains Sean Connery et Sean Penn. L'acteur français Jean Dujardin.

**Son évolution :** Jean I$^{er}$ fut roi de France pendant quelques jours, au XIV$^{e}$ siècle. Dès cette époque, Jean traverse les siècles sans faiblir jusqu'au XVII$^{e}$ siècle. Nouvelle vague de succès au début du XX$^{e}$ siècle. Le début de ce XXI$^{e}$ siècle le voit revenir discrètement.

**Sa forme initiale :** Iohanan.

**Ses cousins :** Jehan, Johan.

**Dans nos régions :** Yann, Yannick (Bretagne), Hans (Alsace), Jouan, Janet (Provence), Iban, Ibat, Joanko (Pays basque).

**À l'étranger :** Gian, Gianni, Giovanni (Italie), Hansel, Janis, Johannes (Pays-Bas), Hampus (Suède), Hanke (Allemagne), Ianis, Ioannes (Grèce), John, Johnny (Grande-Bretagne, États-Unis), Jens (Scandinavie), Janko (Roumanie), Sean, Shane (Irlande), Janos (Hongrie), Ivan, Vanie (Russie), João (Portugal), Juan, Juanito (Espagne), Soan (Nouvelle-Calédonie).

**Son diminutif :** Jeannot.

**Ses féminins :** Jeanne, Janine.

### Son heure de gloire

Les XIV$^{e}$ et XVII$^{e}$ siècles et la première moitié du XX$^{e}$ siècle. Dès 1940, il devient prénom composé, avec Claude, Michel, François, Philippe et un peu plus tard avec Baptiste. Les familles BCBG le retrouvent depuis 2000.

## JÉRÉMIE
### Jeremy

**D'où vient-il ?** Jérémie, d'origine hébraïque, signifie « Dieu élève ».

**On le fête** le 1er mai. Jérémie est l'un des quatre grands prophètes d'Israël au VIe siècle avant J.-C. Il prédit la destruction du temple de Jérusalem par les Babyloniens. À la suite de cette destruction, Jérémie aurait écrit le *Livre des Lamentations* vers 607 avant J.-C. Accusé de trahison, Jérémie fut lapidé.

**Il serait...** intuitif et opportuniste. Mais actif et travailleur, efficace dans la vie professionnelle, chaleureux dans la vie privée, autoritaire parfois.

**Il l'a porté :** Le comédien comique Jerry Lewis, qui débuta par des duos avec Dean Martin, puis devint producteur et réalisateur.

**Il le porte :** l'acteur britannique Jeremy Irons, né en 1948, oscar du meilleur acteur pour son rôle dans *le Mystère von Bulow* en 1990.

**Son évolution :** en Angleterre, Jeremy apparaît dès le XIIIe siècle. Au XVIIe siècle, ce sont Jeremiah et Jeremias qui ont la faveur. Jérémie, lui, a fait irruption dans les années 1970, souvent préféré sous sa forme anglaise Jeremy jusqu'en 1990. Aujourd'hui, Jeremiah semble séduire des parents de plus en plus nombreux.

**Sa forme initiale :** Jeremiah.

**À l'étranger :** Geremia (Italie), Ieremeï (Russie), Jarnö (Finlande), Jeremiah, Jeremy, Jerry (Grande-Bretagne, États-Unis), Jérémias (Espagne).

## JÉRÔME

**D'où vient-il ?** Jérôme, d'origine grecque, signifie « nom sacré ».

**On le fête** le 30 septembre. Saint Jérôme, originaire d'une riche famille de Dalmatie, fit de sérieuses études, en particulier sur les livres sacrés. Il apprit l'hébreu, se fit moine et devint le secrétaire du pape Damase qui lui demanda de traduite la Bible en latin. Cette œuvre, appelée *la Vulgate*, lui prit trente ans. Jérôme mourut à 90 ans en 420 et fut nommé docteur de l'Église.

**Il serait...** sympathique et ouvert, affectueux et expressif, mais il ne faut pas toucher à sa chère indépendance. Il a pourtant besoin d'être sécurisé par des relations stables.

**Ils l'ont porté :** le peintre flamand Jérôme Bosch, né vers 1453, installé à Bar-le-Duc, qui fut célèbre de son vivant, avec ses caricatures et ses toiles empreintes de mysticisme, alliant souvent le vice et la vertu, l'enfer et le paradis. Le professeur Jérôme Lejeune, pédiatre et professeur de génétique, à qui on doit la découverte de l'anomalie génétique responsable de la trisomie 21. L'acteur et réalisateur Jérôme Savary.

**Ils le portent :** le footballeur Jérôme Rothen. L'acteur et réalisateur Jérôme Deschamps.

**Son évolution :** bien connu de toutes les familles, Jérôme a toujours été discret, avec une petite pointe de popularité dans les années 1970.

**Sa forme initiale :** Hieronymus.

**Dans nos régions :** Girome (Provence), Geromini (Corse), Jeronimo (Pays basque), Jerom (Bretagne).

**À l'étranger :** Gerolamo (Italie), Hieronimus (Allemagne), Jeronimo (Espagne), Jeroen (Flandres), Ieronim (Russie).

**Son féminin :** Jéromine.

## JESSE
### Jessy

**D'où vient-il ?** Jesse, d'origine hébraïque, signifie « Dieu existe ».

**On le fête** le 4 novembre. Saint Jesse fut évêque de Dzitjani, en Géorgie au VIe siècle. Il fut assassiné par les Perses qui envahirent la région.

**Il serait...** stable, travailleur, déterminé et méthodique. Il a le goût de l'effort, du travail bien fait, de la progression sociale.

**Ils l'ont porté :** Jesse est dans la Bible le père du roi David, il est l'un des ancêtres de la Vierge Marie. Jessy James, célèbre hors-la-loi américain, spécialiste du braquage de banques et de trains, dont il vécut pendant quinze ans avant d'être assassiné par un de ses complices, en 1873.

**Il le porte :** le politicien américain Jesse Jackson.

**Son évolution :** Jesse, prénom traditionnel de la culture hébraïque, était fréquent dans les pays de langue anglaise dans les familles puritaines. Il est rare en France. En revanche, Jessy est en pleine évolution.
**Ses diminutifs :** Jessie, Jessy.
**Son féminin :** Jessica.

## JÉSUS

**D'où vient-il ?** Jésus, d'origine araméenne, signifie « Dieu sauve ».
**On le fête** le 25 décembre, jour de la Nativité.
**Il serait...** curieux, chaleureux, sympathique. Travailleur et loyal, il est authentique et supporte mal le mensonge et les flatteries.
**Ils l'ont porté :** Jésus de Nazareth, fils de Marie et de Joseph, est le Christ, le Messie pour les Chrétiens. Des passages de sa vie sont relatés dans les Évangiles, de Mathieu, de Marc, de Luc et de Jean. À la même époque, plusieurs grands prêtres portèrent ce prénom.
**Son évolution :** Jésus est un prénom qui a traversé les siècles en silence, presque tabou.
Le XX^e siècle le voit réapparaître assez fréquemment en Espagne. En France il est rarissime.
**Sa forme initiale :** Yehoshua

## JOACHIM

**D'où vient-il ?** Joachim, d'origine hébraïque, signifie « Dieu s'est levé ».
**On le fête** le 26 juillet. Saint Joachim fut dans la Bible le mari de sainte Anne, le père de Marie.
**Il serait...** indépendant, opportuniste, passionné, mais réservé. Il aime l'aventure, se remet facilement en question et peut changer facilement de maison, de travail et parfois de fiancée…
**Ils l'ont porté :** Joachim du Bellay, poète de la Renaissance, qui fonda avec Ronsard le groupe de poètes la Pléiade. On lui doit plusieurs recueils de sonnets, et ce vers célèbre « *Heureux qui comme Ulysse a fait un beau voyage…* ». Joachim Murat, soldat émérite de Bonaparte, couvert de gloire aux batailles d'Eylau et d'Austerlitz, maréchal d'Empire et roi de Naples de 1808 à 1815. Il épousa Caroline Bonaparte.
**Il le porte :** le 8^e prince Murat, né en 1944.
**Son évolution :** Joachim fut en vogue au XIX^e siècle, puis au milieu du XX^e siècle. Il est peu fréquent aujourd'hui.
**Dans nos régions :** Joakin (Pays basque).
**À l'étranger :** Gioacchino (Italie), Ioakim (Russie), Ioakina (Hawaï), Jaakina (Finlande), Joakim (Scandinavie), Joaquin (Espagne), Jochen (Flandres).

## JOB

**D'où vient-il ?** Job, d'origine hébraïque, signifie « haï ».
**Il serait...** sociable, optimiste, tolérant. Idéaliste, il rêve d'un monde meilleur, s'intéresse à tout et à tous. Il lui faut un environnement affectif stable pour évoluer.
**Il l'a porté :** Job est dans la Bible un patriarche, héros du *Livre de Job,* qui fut éprouvé par le diable qui lui fit perdre ses enfants, ses biens et la santé. Ainsi se justifie l'expression « pauvre comme Job ». Job ne perdit pas la foi.
**Son évolution :** ce prénom est très rare, sans doute à cause de cette renommée de malédiction qui lui est attachée.
**Dans nos régions :** Jobic (Bretagne).
**À l'étranger :** Ayoub (pays arabes).
**Ses diminutifs :** Jobey, Jobie.

## JOËL
### Jodel, Yaël, Yoël

**D'où vient-il ?** Joël, d'origine hébraïque, signifie « Yavé est Dieu ».

**On le fête** le 13 juillet. Joël fut prophète au IVe siècle avant J.-C.

**Il serait...** sérieux, responsable, scrupuleux. Il cherche l'harmonie dans ses relations, et la sécurité dans sa vie professionnelle.

**Il l'a porté :** Joël Robuchon, chef de cuisine, dont le restaurant à Paris a été déclaré meilleur restaurant au monde par le *International Herald Tribune* en 1994. Il animait des émissions de télévision et écrivit des livres.

**Ils le portent :** Joël de Rosnay, biologiste, chercheur et professeur, qui publia plusieurs ouvrages de vulgarisation médicale, et qui par ailleurs, introduisit le surf en France. Le romancier Joël Dicker.

**Son évolution :** tout le monde connaît Joël, mais peu de parents l'ont donné à leur enfant. Il a juste connu le succès entre 1950 et 1960.

**Ses cousins :** Jodel, Yaël, Yoël.

**Dans nos régions :** Jaio (Pays basque).

**À l'étranger :** Gioele (Italie).

**Ses féminins :** Joëlle, Yaëlle, Yoëlle.

## JOÉVIN

**D'où vient-il ?** Joévin, d'origine celte, est une variante de Jaoua, qui signifie « puiné ».

**On le fête** le 2 mars. Saint Joévin fonda un monastère en Bretagne, à Daoulas, puis devint évêque de Léon. Il mourut dans son évêché en 554.

**Il serait...** ouvert, bavard, plein de tact. Les relations sociales sont essentielles pour lui. Expressif, il cherche tous les modes de communication.

**Son évolution :** Joévin est breton et reste dans sa région. Peu de Français connaissent ce prénom.

**Sa forme initiale :** Jaoua.

**Dans nos régions :** Jaouen (Bretagne).

## JONAS

**D'où vient-il ?** Jonas, d'origine hébraïque, signifie « colombe ».

**Il serait...** autonome, sociable, mais aussi épris de tranquillité. Bien qu'il soit affectif, il se révèle peu, préfère laisser deviner ses sentiments.

**Il l'a porté :** dans la Bible, Jonas est l'un des douze prophètes d'Israël. Le Livre de Jonas, qui fait partie de l'Ancien Testament, raconte que Dieu demanda à Jonas d'aller avertir les habitants de Ninive, corrompus, que la ville serait détruite. Jonas prit peur, désobéit à Dieu et s'embarqua sur un bateau qui fut pris dans une terrible tempête. Les marins rendirent Jonas responsable et le jetèrent par-dessus bord. Il fut avalé par une baleine qui le recracha au bout de trois jours et trois nuits ; Jonas survécut et alla à Ninive remplir sa mission. Les hommes pervertis firent pénitence et la ville fut sauvée.

**Son évolution :** Jonas est rare, sans doute à cause de sa légende et sa réputation de malchanceux.

**Sa forme initiale :** Yonâh.

**À l'étranger :** Giona (Italie), Jonah (Grande-Bretagne, États-Unis), Joonas (Finlande).

## JONATHAN

**D'où vient-il ?** Jonathan, d'origine hébraïque, signifie « Dieu a donné ».

**On le fête** le 29 décembre. Jonathan fut le fils du roi Saül, au XIe siècle avant J.-C. Il fut un ami proche de David, nommé pour succéder à Saul. Il mourut avec son père dans une bataille contre les Philistins.

**Il serait...** curieux, chaleureux, sympathique. Travailleur et loyal, il est authentique et supporte mal le mensonge et les flatteries.

**Il l'a porté :** Jonathan Swift, écrivain d'origine irlandaise, né en 1667, pasteur et docteur en théologie, qui écrivit un grand nombre de pamphlets sur la société et la vie politique de son temps.

**Il le porte :** l'écrivain Jonathan Litell, né aux États-Unis, naturalisé français en 2007, auteur de *les Bienveillantes*, roman écrit en français, couronné par le prix Goncourt et le Grand Prix de l'Académie française en 2006.

**Son évolution :** Jonathan fut très apprécié en Angleterre dès le XVe siècle et sa popularité est

## Prénoms géographiques

Romains, chypriote, français… saviez-vous que, dans l'Antiquité, on donnait parfois aux enfants des prénoms qui faisaient référence à leur lieu de naissance ?

**Adrien** venait des bords de l'Adriatique, **Cyprien** était Chypriote, **Maurice** était Maure, c'est-à-dire de l'ouest du Maghreb, **Romain**, **Roman** et **Roméo** étaient romains, **François** était franc, ancêtre des Français…

Un peu plus tard, les Croisés rapportèrent le prénom **Jordan**, qui vient du fleuve Jourdain avec, dans leurs bagages, à leur retour de Terre Sainte, de l'eau du fleuve pour baptiser leurs enfants, en hommage à saint Jean-Baptiste.

En France aussi, **Pacifique** rend hommage à l'océan.

Ces prénoms qui font référence à un lieu, une ville, une région, un pays sont très courants dans les pays anglophones. Quelques exemples :

**Austin**,
du nom de la capitale du Texas
**Carlow**,
du nom d'une ville d'Irlande
**Clyde**,
du nom de la rivière d'Écosse
**Desmond**,
de la région de Desmond, en Irlande
**Devon**,
du Devon, région du sud-ouest de l'Angleterre
**Dublin**,
du nom de la capitale de l'Irlande

**Halfdane**,
à demi danois
**Montgomery**,
du nom de la capitale de l'Alabama
**Norman**,
homme du Nord
**Paris**,
capitale française
**Scott**,
l'Écossais
**Shannon**,
du nom d'une ville d'Irlande
**Tennessee**,
du nom d'un état des États-Unis

Une confusion à éviter : **Brieuc** ou **Malo** ne sont pas des prénoms géographiques, Saint-Brieuc et Saint-Malo sont des villes ainsi nommées en l'honneur des saints qui y ont vécu.

restée intacte à travers les siècles. En France, c'est entre 1970 et 1990 qu'il a été à son apogée.
**Sa forme initiale :** Yonatan.
**À l'étranger :** Gionata (Italie), Ionakana (Hawaï), Jonatan (Espagne), Jonathus (Allemagne).

### Son heure de gloire

Les années 1980 à 1985. Connu jusqu'alors, mais peu attribué, Jonathan déferle, puis se retire presque aussi rapidement.

## JORDAN

**D'où vient-il ?** Jordan, d'origine hébraïque, fait référence au fleuve Jourdain.
**On le fête** le 13 février.
**Il serait…** énergique, courageux, volontaire et rapide. Toutes les qualités pour mener sa vie tambour battant. En revanche, susceptible et fier, il supporte mal l'échec.
**Son évolution :** les croisés ramenèrent de l'eau

du fleuve Jourdain pour baptiser leurs enfants. De là est né le prénom Jordan, qui fut très populaire dans le sud de la France entre le XIIe et le XIVe siècle. Jordan passa de France en Angleterre et de là vers le Nouveau Monde, ce qui explique la vogue des Jordan aux États-Unis. Il nous est revenu dans les années 1985.
**Sa forme initiale :** Jourdain.
**Ses féminins :** Jordana, Jordane.

### Son heure de gloire

Entre 1985 et 1995. Jordan est dans toutes les maternités, poussé par la vague de popularité des prénoms américains. Il repart aussi vite qu'il est venu.

## JOSEPH

José

**D'où vient-il ?** Joseph, d'origine hébraïque, signifie « Dieu ajoutera ».
**On le fête** le 19 mars. Saint Joseph, descendant de David, charpentier en Galilée, fut l'époux de la Vierge Marie, le père nourricier de Jésus.
**Il serait...** viril, casse-cou, volontaire et ambitieux, tout en étant sensible et passionné. Ce qui n'est guère reposant pour son entourage.
**Ils l'ont porté :** Joseph Djougachvili, dit Staline, géorgien, qui dirigea seul pendant vingt-cinq ans l'Union soviétique, instaurant un régime totalitaire et le culte de la personnalité. Joseph Bonaparte, frère aîné de Napoléon. Joseph Kennedy, père du président John Kennedy. Joseph Kessel, romancier et journaliste.
**Son évolution :** le XVIe siècle vit apparaître Joseph et sa popularité resta stable pendant plusieurs siècles. Il a disparu dans les années 1940 et amorce son retour depuis 2012. José est très répandu en Espagne.
**Sa forme initiale :** Yossef.
**Dans nos régions :** Joséba (Pays basque), Josic (Bretagne).
**À l'étranger :** Giuseppe, Peppo, Peppino, Peppone (Italie), Ioseph (Grèce), Iokepa (Hawaï), Iosif, Iossip (Russie), Jef, Joe, Joey (Grande-Bretagne, États-Unis), Jeff, Jeke, Joep, Joop, Joos (Pays-Bas), José, Joseppe, Pepito (Espagne), Joosep (Finlande), Jozsef (Hongrie), Jozaphat (Allemagne), Youssef, Youssouf (pays arabes).
**Ses féminins :** Josée, Joséphine

### Son heure de gloire

Le XIXe siècle. Il fut parmi les cinq prénoms les plus courants pendant plus de quarante ans, dans les années 1850.

## JOSSE

Josselin, Josserand

**D'où vient-il ?** Josse, d'origine germanique, fait référence au dieu Gauz, divinité teutonne assez obscure.
**On le fête** le 13 décembre. Saint Josse, fils de Judicaël, roi des Bretons, quitta la cour pour vivre en ermite en Picardie au VIIe siècle.
**Il serait...** sensible, intuitif, réservé, mais aussi sociable et très attaché à l'image qu'il donne à son entourage. Il a besoin d'être épaulé pour réussir.
**Son évolution :** bien connu en Bretagne, ce prénom est très rare sans l'ensemble du pays.
**Ses cousins :** Josselin, Josserand.

## JOSSELIN

**D'où vient-il ?** Josselin, d'origine germanique, est une variante de Josse, qui fait référence au dieu Gauz.

**On le fête** le 13 décembre avec Josse.
**Il serait...** sensible, intuitif, réservé, mais aussi sociable et très attaché à l'image qu'il donne à son entourage. Il a besoin d'être épaulé pour réussir.
**Il le porte :** Josselin de Rohan, homme politique français.
**Son évolution :** Josselin est rare à l'échelle nationale et très apprécié par les familles BCBG.
**Sa forme initiale :** Josse.
**Ses féminins :** Josseline, Jocelyne.

## JOSUÉ
### Joshua

**D'où vient-il ?** Josué, d'origine hébraïque, signifie « Dieu sauvera ».
**Il serait...** discret, réservé, prudent. Il apprécie le calme, réfléchit toujours longuement avant de prendre une décision et déteste la précipitation.
**Il l'a porté :** Josué est dans la Bible l'assistant de Moïse, puis son successeur, qui mena les tribus d'Israël au pays de Canaan et les y installa. Il est le héros du Livre de Josué et du Livre de l'Exode, qui font partie de l'Ancien Testament.
**Son évolution :** Josué est un prénom bien connu des familles de culture juive. La forme anglaise Joshua est aujourd'hui en pleine progression en France.
**À l'étranger :** Giosué (Italie), Joshua (Grande-Bretagne, États-Unis).

## JUDAS
### Jude

**D'où vient-il ?** Judas, d'origine hébraïque, signifie « je remercierai Dieu ».
**Il serait...** réfléchi et raisonnable. Curieux, il aime cependant l'aventure, mais après avoir pris ses précautions. Opportuniste et combatif, il se débrouille bien dans la vie.
**Il l'a porté :** dans la Bible, Judas Iscariote fut un disciple de Jésus. Il le dénonça aux grands prêtres de Jérusalem moyennant quelques pièces d'argent en lui donnant un baiser. Les prêtres conduisirent Jésus à Ponce Pilate. Judas, pris de remords, se pendit peu après.
**Son évolution :** ce prénom est très rare, sa réputation de traîtrise étant restée très vivace.
**Son cousin :** Jude.
**Dans nos régions :** Jud, Judoc (Alsace).

## JUDICAËL
### Jézékaël, Jikel

**D'où vient-il ?** Judicaël, d'origine celte, signifie « bon seigneur ».
**On le fête** le 17 décembre. Saint Judicaël, fils aîné du roi de Bretagne, voulait prendre l'habit et laisser son trône à son frère qui le refusa. Il dut donc régner, de 877 à 888, se marier, assurer sa descendance et enfin se retira dans un monastère pour terminer sa vie en prières.
**Il serait...** psychologue, attentif et imaginatif. Il est très attaché à son entourage familial et a besoin de sécurité pour progresser.
**Son évolution :** Judicaël est très connu en Bretagne, car son saint patron est honoré. Ce prénom est très rare à l'échelon national.
**Ses cousins :** Jézékaël, Jikel.

## JULES
### Giulio, Julien, Julius

**D'où vient-il ?** Jules, d'origine latine, signifie « de la famille Iulius ». La *gens* Iulius était une grande famille patricienne de Rome dont fut issu Jules César.
**On le fête** le 12 avril. Saint Jules fut pape au IVe siècle. Il imposa la suprématie de Rome sur les autres Églises.
**Il serait...** ambitieux, épris de puissance et de succès. Direct, franc, il va droit au but. Il aime la nouveauté, tout en sachant s'adapter et saisir sa chance.
**Ils l'ont porté :** Jules Ferry, homme politique, journaliste, ambassadeur et grand défenseur de l'école laïque. Jules Massenet, compositeur. Jules Verne, auteur de romans de science-fiction, dont *le Tour du monde en quatre-vingts jours* en 1872. Jules Dassin, réalisateur américain.

**Il le porte :** Julio Iglesias, chanteur d'origine espagnole.
**Son évolution :** Jules est un grand prénom du XIX$^{e}$ siècle et s'il a un peu souffert des associations d'images dont on l'a affublé, il revient en force depuis 2012.
**Ses cousins :** Julian, Julien.
**À l'étranger :** Giulio (Italie), Gyala (Hongrie), Iouli, Yul, Yuli (Russie), Iuliu (Roumanie), Juliao (Portugal), Julio (Espagne), Julius (Allemagne), Juliusz (Pologne).
**Ses féminins :** Julia, Julie, Juliette.

### Son heure de gloire

Entre 1850 et 1900, où il est l'un des prénoms masculins les plus attribués. Il s'éloigne au début du XX$^{e}$ siècle et s'impose dorénavant au top 10.

## JULIEN
Julian

**D'où vient-il ?** Julien est une variante de Jules, d'origine latine, qui signifie « de la famille Iulius ».
**On le fête** le 27 janvier. Saint Julien l'Hospitalier, d'après la légende, aurait reçu la prédiction qu'il tuerait son père et sa mère. Affolé, il partit vivre loin de ses parents et épousa une châtelaine. Un jour qu'il était à la chasse, ses parents retrouvèrent le château et se présentèrent à leur belle-fille qui les accueillit et leur proposa sa chambre. Au petit matin, voyant un homme et une femme couchés dans son lit, Julien tua le couple, pensant que sa femme avait un amant. En repentir, il fonda un monastère dans lequel il se retira et mourut.
**Il serait...** affectueux et possessif. Il montre ses sentiments et ne sait rien cacher de ses états d'âme. Entier, il veut tout : le pouvoir, la gloire, la richesse et l'amour. Rien que cela !
**Il l'a porté :** le romancier Julien Green.
**Ils le portent :** le personnage de Julien Sorel dans *le Rouge et le Noir* de Stendhal. Le chanteur Julien Clerc. L'animateur Julien Lepers. Julian Lennon, le fils de John Lennon et de Yoko Ono.
**Son évolution :** connu, mais discret, au XIX$^{e}$ siècle, Julien se fait remarquer à partir de 1970 et évolue très vite. Il s'éloigne depuis 2000.
**Sa forme initiale :** Jules.
**Dans nos régions :** Julian (Provence).
**À l'étranger :** Giuliano (Italie), Julian (Grande-Bretagne, États-Unis).
**Ses féminins :** Julienne, Juliane.

### Son heure de gloire

Entre 1980 et 1990, où il est le premier au hit-parade des prénoms masculins.

## JUSTIN
Justinien

**D'où vient-il ?** Justin est une variante de Juste, d'origine latine qui signifie « juste ».
**On le fête** le 1$^{er}$ juin. Saint Justin, d'origine grecque, né à Naplouse en Palestine, fit des études très poussées. Il se fit baptiser, enseigna la philosophie et fonda des écoles à Éphèse et à Rome. Il subit les persécutions de Marc Aurèle et fut décapité en 165.
**Il serait...** extraverti, sociable, curieux et rapide. Il aime sortir, multiplier les expériences enrichissantes et ne craint pas les difficultés.
**Son évolution :** Justin a toujours été très discret, suivant de loin son féminin Justine.
**Sa forme initiale :** Juste.
**Son cousin :** Justinien.
**Dans nos régions :** Giustu (Corse), Jestin (Bretagne).
**À l'étranger :** Justino (Espagne), Jyustin (Pologne).
**Son féminin :** Justine.

## KAMEL
**Kemal**

**D'où vient-il ?** Kamel, d'origine arabe, signifie « parfait ».

**Il serait...** sérieux, responsable, très attaché à ses principes. Il a le sens de la famille et cherche avant tout l'équilibre. Sécurisant, mais un peu intransigeant parfois car il a tendance à imposer ses idées.

**Son évolution :** Kamel est un prénom courant dans les familles musulmanes.

Son cousin : Kemal.

Son féminin : Kamila.

## KARIM

**D'où vient-il ?** Karim, d'origine arabe, signifie « généreux ».

**Il serait...** aimable sans être vraiment sociable, méticuleux, artiste, épris d'harmonie et de beauté. Ambitieux aussi, attiré par le pouvoir et les succès dans tous les domaines, mais il manque de rigueur.

**Ils le portent :** Karim Aga Khan, descendant du prophète Mahomet, chef spirituel de plusieurs millions d'ismaéliens. L'ismaélisme est un courant minoritaire de l'Islam. Karim Benzema, footballeur.

**Son évolution :** Karim est un prénom très répandu dans les familles de culture arabe.

Son féminin : Karima.

## KEAN
**Kane, Keane, Keenan, Keyne, Kian**

**D'où vient-il ?** Kean est une variante de Cian, d'origine irlandaise, qui signifie « ancien ».

**Il serait...** travailleur, opiniâtre et stable. Il a le sens de l'effort et mobilise toute son énergie pour atteindre ses objectifs.

**Ils l'ont porté :** dans la mythologie irlandaise, Cian est le fils du dieu de la médecine. Kean fut le gendre d'un roi d'Irlande, victorieux dans une bataille contre les Vikings en 1014.

**Il le porte :** Gabriel Kean, fils d'Isabelle Adjani.

**Son évolution :** Kean est un prénom en pleine évolution en Irlande ; on le rencontre parfois en France.

Sa forme initiale : Cian.

Ses cousins : Kane, Keane, Keenan, Keyne, Kian.

## KEANU

**D'où vient-il ?** Keanu, d'origine hawaïenne, signifie « brise sur la montagne ».

**Il serait...** réfléchi, sérieux, stable. Il apprécie l'étude, la lecture et, en quête d'une forme de sagesse, il s'intéresse à la spiritualité.

**Il le porte :** l'acteur canadien Keanu Reeves, né à Beyrouth en 1964 d'un père hawaïen et chinois et d'une mère anglaise.

**Son évolution :** ce prénom typique des îles du Pacifique est très rare.

## KELLY (mixte)
**Keely, Kellee, Kelli**

**D'où vient-il ?** Kelly est une variante de Ceallagh, très vieux prénom d'origine celte devenu inusité, qui signifie « église ».

**Il serait...** réservé, stable et prudent. Il se déride dès qu'il est en confiance. Il préfère la solitude à la vie sociale et a besoin d'un environnement chaleureux pour avancer dans la vie.

**Son évolution :** ce prénom est très répandu dans les pays de langue anglaise, mais rare en France.

**Sa forme initiale :** Ceallagh.
**Ses cousins :** Keely, Kellee, Kelli.
**Son féminin :** Kelly est mixte, plus féminin que masculin.

## KENNETH
### Ken, Kenan, Kened, Keyne

**D'où vient-il ?** Kenneth, d'origine celte, signifie « beau ».
**On le fête** le 24 novembre. Saint Kenan fut évêque en Irlande au V<sup>e</sup> siècle et donna son nom à la région de Kilkenny.
**Il serait...** ambitieux, impatient, indépendant. Il a un grand sens des responsabilités et on peut compter sur lui. Il a besoin de sécurité, mais n'hésite pas à se remettre en question.
**Il l'a porté :** Kenneth McAlpine, roi d'Écosse au IX<sup>e</sup> siècle.
**Ils le portent :** Kenneth Branagh, acteur et réalisateur britannique. Kenneth Arow, économiste britannique, prix Nobel d'économie en 1972. Ken Loach, réalisateur britannique. Ken Follett, journaliste et écrivain gallois, auteur de romans policiers. Ken est le prénom du mari de la célèbre poupée Barbie.
**Son évolution :** Kenneth et son diminutif Ken sont des prénoms très populaires dans les pays de langue anglaise depuis la seconde moitié du XX<sup>e</sup> siècle.
**Ses cousins :** Ken, Kenan, Kened, Keyne.
**À l'étranger :** Cenydd, Cynned, Coinneach (pays de Galles).
**Son diminutif :** Kenny.

## KEVIN
### Gavin, Gauvain, Kevan, Keven

**D'où vient-il ?** Kévin est une variante de Coemgen, d'origine celte, qui signifie « enraciné ».
**On le fête** le 3 juin avec Coemgen.
**Il serait...** observateur, réfléchi, intelligent, mais peu expansif. Sensible, il se sait vulnérable et préfère la solitude à la vis sociale.
**Il le porte :** l'acteur américain Kevin Costner, interprète des *Incorruptibles* en 1987, de *Danse avec les loups* en 1990, de *Robin des Bois* en 1991, entre autres grands succès.
**Son évolution :** en vogue dans les pays de langue anglaise dès le milieu du XX<sup>e</sup> siècle, Kevin déferle en France dans les années 1970. En 1990, il est le premier prénom masculin.
**Sa forme initiale :** Coemgen.
**Ses cousins :** Gavin, Gauvain, Kevan, Keven.

**Son heure de gloire**

Entre 1985 et 1995. Prénom étranger, il devient le n° 1 français, ce qui est un événement. Très populaire, il est boudé par les familles BCBG.

## KHALED
### Khalid

**D'où vient-il ?** Khaled, d'origine arabe, signifie « impérissable ».
**Il serait...** curieux, optimiste, ouvert. Il aime la vie et profite de tous ses plaisirs. Peu attiré par le travail et par l'effort, il va vers la facilité.
**Il le porte :** Khaled, chanteur de raï, né à Oran en 1960.
**Son évolution :** Khaled est un prénom courant dans la culture musulmane.
**Son cousin :** Khalid.

## KILLIAN
### Kilian, Killien

**D'où vient-il ?** Killian, d'origine celte, signifie « combat ».
**On le fête** le 13 novembre. Saint Killien, évêque en Thuringe, fut assassiné par la concu-

bine du duc de Bavière à qui il avait reproché sa conduite en 689.

**Il serait...** vif, optimiste, curieux, adepte des changements, de la nouveauté, de l'aventure et friand de tous les plaisirs. Tant pis s'il s'éparpille un peu.

**Son évolution :** Killian arrive en France dans les années 1990, attiré sans doute par Ryan et Brian. Il s'épanouit vite, atteint son apogée en 2000 et commence à s'éloigner.

**Ses cousins :** Kilian, Killien.

## KIM (mixte)

**D'où vient-il ?** Kim, d'origine anglaise, signifie « celui qui commande ». En vietnamien, Kim signifie « en or ».

**Il serait...** émotif, agréable. Il est très sensible à son environnement affectif qui peut le motiver ou au contraire le blesser.

**Son évolution :** Kim est apparu comme prénom masculin au début du XX^e siècle, dans un roman de Rudyard Kipling. Son expansion, puis son évolution vers la mixité eurent lieu dans les années 1950. Kim est toujours en vogue dans les pays de langue anglaise, bien plus rare en France.

## KOEN

**D'où vient-il ?** Koen est le diminutif de Koenrad, forme néerlandaise de Conrad, d'origine germanique, qui signifie « conseiller audacieux ».

**On le fête** le 26 novembre avec Conrad.

**Il serait...** attaché à de grands projets, de grandes réalisations. Il donne un but à sa vie, s'investit dans la vie sociale et se montre généreux avec les autres.

**Ils le portent :** l'acteur belge Koen de Bouw, l'architecte néerlandais Koen van Velsen.

**Son évolution :** Koen, comme beaucoup de diminutifs, est en vogue et dans le top 20 des prénoms néerlandais.

**Ses cousins :** Koenrad, Conrad.

## KOSTA
### Constantin

**D'où vient-il ?** Kosta est une forme grecque de Constantin, d'origine latine, qui signifie « constant ».

**On le fête** le 21 mai avec Constantin.

**Il serait...** sociable, communicatif, éloquent. Il sait faire passer ses idées et persuader son entourage. Créatif, il apprécie tous les modes d'expression.

**Il le porte :** Costa-Gravas, réalisateur né à Athènes, à qui l'on doit les films *Z* et *l'Aveu*, dont le succès fut international.

**Son évolution :** Kosta est un prénom très courant en Grèce, rare en France.

**Son cousin :** Kostas.

**À l'étranger :** Kôstadin (Albanie), Kostan (Arménie), Kostantin, Kostia (Russie).

## KYLE

**D'où vient-il ?** Kyle, d'origine gaélique, signifie « étroit ».

**Il serait...** méthodique et organisé. Il a le souci de la vie matérielle, sait faire fructifier ce qu'il a et cherche à accroître ses biens et son pouvoir. Il possède un sens inné de la justice et de l'équité et se montre d'une parfaite loyauté en toutes occasions.

**Ils le portent :** les acteurs américains Kyle McLachlan, Kyle Gass et Kyle Chandler, les pilotes de formule 1 américains Kyle Bush et Kyle Petty, le basketteur américain Kyle Korver.

**Son évolution :** Kyle est parmi les favoris en Écosse aujourd'hui.

**Son féminin :** Kylie.

## LABAN

**Lavan**

**D'où vient-il ?** Laban, d'origine hébraïque, signifie « blanc ».

**Il serait...** communicatif, chaleureux et habile. Émotif, il est très dépendant de son environnement affectif. Vif et curieux, il s'intéresse à tout.

**Il l'a porté :** dans la Bible, Laban est le père de Léa et Rachel. Jacob, son neveu, tombe amoureux de Rachel et demande sa main. Laban l'accorde contre sept années de travail. Au bout de ce temps, le mariage a lieu, mais Laban substitue Léa à Rachel. Le lendemain des noces, Jacob proteste. Laban lui annonce que pour épouser Rachel, il lui devra encore sept années de travail.

**Son évolution :** ce prénom est bien connu des familles de culture juive, mais peu courant.

**Sa forme initiale :** Lavan.

## LADISLAS

**Laszlo, Vladislas**

**D'où vient-il ?** Ladislas est une variante de Vladislas, d'origine slave, qui signifie « qui possède la gloire ».

**On le fête** le 27 juin. Saint Ladislas fut roi de Hongrie à la mort de son oncle. Il évangélisa son pays, fonda des monastères, fut vertueux et bon avec son peuple. Il mourut lors de la croisade en 1095 et plusieurs miracles eurent lieu sur son tombeau. Sa dynastie resta sur le trône jusqu'en 1301.

**Il serait...** diplomate, psychologue et chaleureux. Avec ces qualités, il est normal qu'il soit sociable et qu'il aime sortir et recevoir.

**Ils l'ont porté :** plusieurs rois de Pologne et de Hongrie.

**Il le porte :** le sénateur de l'Eure, Ladislas Poniatowski.

**Son évolution :** Ladislas est un prénom très courant dans les pays de l'est de l'Europe. En France, il est rare, mais assez connu, grâce en partie au présentateur du journal télévisé Ladislas de Oyos, aujourd'hui maire d'une commune dans le sud-ouest de la France.

**Sa forme initiale :** Vladislas.

**À l'étranger :** Ladislao (Portugal), Ladislav (Allemagne), Laszlo (Hongrie).

## LAMBERT

**Labérian**

**D'où vient-il ?** Lambert, d'origine germanique, signifie « terre illustre ».

**On le fête** le 17 septembre. Saint Lambert, après avoir mené une brillante carrière militaire, fut nommé évêque de Maastricht en 671. Il fut assassiné par le maire du palais, Pépin de Herstal, à qui il avait reproché son adultère.

**Il serait...** combatif et volontaire, tendre et passionné. Efficace quand il est motivé, opportuniste à l'occasion, il prend ses responsabilités très au sérieux.

**Il le porte :** l'acteur Lambert Wilson, né en 1958, qui a une carrière très diversifiée, au théâtre, au cinéma et à la télévision. On le retrouve aussi bien dans *Un hiver 54* où il incarne l'Abbé Pierre que dans *On connaît la chanson,* dans *Colette* ou dans *la Vouivre.*

**Son évolution :** Lambert est un prénom bien connu, mais très rare en France.

**Sa forme initiale :** Lambrecht.

**Son cousin :** Labérian.

**Dans nos régions :** Lambertu (Corse), Lambertz (Bretagne).

**À l'étranger :** Lambrecht (Allemagne), Lamberto (Espagne, Italie).
**Son diminutif :** Lamy.
**Ses féminins :** Labériane, Lacmé.

## LANCELOT

**D'où vient-il ?** Lancelot est un prénom issu de la littérature médiévale.
**Il serait...** travailleur, énergique et volontaire. Il faut le suivre ! Car il est aussi exigeant et élitiste. Adaptable et opportuniste, il cherche toutes les occasions de progresser.
**Ils le portent :** Lancelot du Lac est un personnage du cycle de la Table ronde, héros du roman de chevalerie qui porte son nom, écrit au XIIe siècle par un auteur anonyme. Lancelot est aussi un personnage du roman courtois de Chrétien de Troyes, *le Chevalier de la Charrette*. Lancelot, enlevé à ses parents par la fée Viviane et élevé dans la forêt de Brocéliande fut présenté au roi Arthur dont il devint l'un des plus vaillants chevaliers.
**Son évolution :** Lancelot est à la fois médiéval et littéraire, il fait partie de notre culture, mais il est peu fréquent.
**À l'étranger :** Lanzarote (Espagne).

## LAURENT

**Larry, Lars, Laurentin, Laurie, Laury, Lorans, Lorenzo, Loris.**

**D'où vient-il ?** Laurent, d'origine latine, signifie « laurier ».
**On le fête** le 10 août. Saint Laurent, diacre romain d'origine espagnole, administrateur des biens de l'Église sous le pontificat de Sixte, fut arrêté pendant la célébration clandestine de la messe et mis à mort en 258.
**Il serait...** énergique, sensible et sociable. Très attaché à sa famille, il est attentif et généreux. Élégant, il est soucieux de son apparence.
**Il l'a porté :** Laurent de Médicis, dit le Magnifique, dirigeant de la république de Florence au moment de la Renaissance, mécène qui fit venir les plus grands artistes du monde entier. Il mourut en 1492.
**Ils le portent :** l'homme politique Laurent Fabius. L'animateur télé Laurent Ruquier.
**Son évolution :** Laurent est un prénom très ancien, porté par les premiers chrétiens, puis en faveur à la Renaissance en Italie. En France, il apparaît dans les années 1950, pour évoluer jusqu'en 1970. Il décline à partir de 1970 alors que Loris le néerlandais, puis Lorenzo l'italien prennent le relais.
**Ses cousins :** Laurentin, Laurie, Laury, Lorans.
**Dans nos régions :** Lari (Pays basque), Laurens (Provence), Lorenz (Alsace), Lorenzo (Corse).
**À l'étranger :** Labhrainn (Irlande), Lars (Scandinavie), Lassi (Finlande), Laurencio (Espagne), Laurens (Pays-Bas), Laurentz (Allemagne), Lavrenti (Russie), Llorens (Catalogne), Lorenc (Hongrie), Lorenzo (Italie), Loris (Pays-Bas), Lourenço (Portugal).
**Son diminutif :** Larry.
**Ses féminins :** Laura, Laure, Laurence, Laurentine.

## LAZARE

**Éléazar**

**D'où vient-il ?** Lazare est une variante d'Éléazar, d'origine hébraïque, qui signifie « Dieu a secouru ».
**On le fête** le 23 février. Saint Lazare fut moine à Constantinople au IXe siècle. Un jour qu'il peignait une icône, l'empereur Théophile, opposé au culte des images, lui fit brûler la paume de la main. L'impératrice Théodora le soigna et le cacha. À la mort de l'empereur en 842, Théodora réunit un concile pour rétablir le culte des icônes.
**Il serait...** calme, réservé tout en étant sociable. Il redoute la solitude et a besoin de stimuli pour se motiver. Réfléchi et intuitif à la fois, il a un bon sens de l'analyse.
**Ils l'ont porté :** Lazare est, dans la Bible, le frère de Marie et de Marthe de Béthanie, un ami de Jésus qui le ressuscita des morts. Lazare, après la Pentecôte, s'embarqua et accosta à Marseille dont il serait devenu le premier évêque. Lazare

Hoche, né en 1768, autodidacte devenu général, qui mourut de tuberculose à 29 ans.
**Son évolution :** Lazare est très rare en France.
**Sa forme initiale :** Éléazar.
**À l'étranger :** Lazaro (Espagne), Lazarus (Allemagne), Lazzaro (Italie).

## LÉANDRE
### André

**D'où vient-il ?** Léandre, d'origine grecque, signifie « homme ».
**On le fête** le 27 février. Saint Léandre, évêque de Séville, proclama le catholicisme religion d'État et se consacra à l'évangélisation de l'Espagne.
**Il serait…** imaginatif, avec de grandes ambitions, pas toujours réalistes. Affectueux, il extériorise ses sentiments mais n'est pas toujours fidèle.
**Il l'a porté :** Léandre est dans la mythologie grecque l'amant d'Héro, prêtresse d'Aphrodite. Ils habitent sur les rives opposées du fleuve Hellespont. Chaque nuit, Héro allume une lampe depuis la tour où elle vit et Léandre traverse le fleuve à la nage. Une nuit, la lampe s'éteint et Léandre s'égare et se noie. Héro, désespérée, se jette du haut de la tour.
**Son évolution :** Léandre a toujours été rare.
**Son cousin :** André.
**À l'étranger :** Leandro (Espagne), Lenader (Allemagne, Grande-Bretagne).

## LENNY
### Léonard

**D'où vient-il ?** Lenny est le diminutif américain de Léonard, variante de Léon, d'origine latine qui signifie « lion ».
**On le fête** le 26 novembre.
**Il serait…** de nature impatient et bouillonnant, réservé et placide en apparence. Il est exigeant et critique, et exprime rarement ses sentiments.
**Il l'a porté :** Leny Escudero, né en 1932 de parents espagnols, compositeur et chanteur. Son album *Escudero 71* recevra le prix de l'académie Charles Cros. On lui doit entre autres succès *Pour une amourette* et *Ballade à Sylvie*.
**Il le porte :** Le chanteur américain Lenny Kravitz.
**Son évolution :** Lenny apparaît dans les années 1960, mais reste rare ; c'est depuis 2000 que ce prénom s'installe.
**Sa forme initiale :** Léonard.

## LÉO
### Léon, Léonard, Léonce, Lionel

**D'où vient-il ?** Léo, d'origine latine, signifie « lion ».
**On le fête** le 10 novembre avec Léon.
**Il serait…** curieux, charmant, sociable, doué pour la négociation. Sa vitalité lui permet de beaucoup travailler, de s'investir dans mille projets et de prendre des risques.
**Ils l'ont porté :** Léo Delibes, compositeur né en 1836, dont les ballets *Coppélia* en 1870, *Sylvia* en 1876 et *Lakmé* en 1883 remportèrent des triomphes. Léo Lagrange, avocat, journaliste, sous-secrétaire d'État aux sports qui fut tué en 1940. Léo Ferré, poète, musicien, interprète, qui composa pour Piaf, Montand, Salvador et qui produisit 40 albums.
**Son évolution :** Léo a précédé Léon en cette fin de XX$^{e}$ siècle. Il apparaît non plus comme un simple diminutif, mais comme prénom dès les années 1980, pour atteindre son meilleur niveau en 2000. Il est encore au top 10 aujourd'hui.
**Ses cousins :** Léon, Léonard, Léonce, Lionel.

**Son heure de gloire**

Depuis 2000, Léo est en concurrence avec Théo et Hugo.

## LÉON
### Léo, Léonard, Léonce

**D'où vient-il ?** Léon est une variante de Léo, d'origine latine, qui signifie « lion ».
**On le fête** le 10 novembre. Saint Léo fut secrétaire des papes Célestin I$^{er}$ et Sixte III, puis il devint pape en 440. Il lutta contre le paganisme, imposa Rome comme capitale à la chrétienté et

obtint d'Attila qu'il retirât ses troupes d'Italie. Il fut proclamé docteur de l'Église.

**Il serait...** sensible et affectif, mais viril et combatif en apparence. Passionné, il est l'homme des excès, téméraire parfois, impatient toujours.

**Ils l'ont porté :** les hommes politiques Léon Blum et Léon Gambetta, l'écrivain russe Léon Tolstoï, Léon Schwarzenberg, professeur de médecine et oncologue, Leonid Brejnev, ancien chef d'État de l'URSS.

**Il le porte :** Léon, fils de Patrick Bruel.

**Son évolution :** Léon est un prénom caractéristique de la fin du XIX^e siècle, qui disparaît vingt ans plus tard. Le voici qui revient, discret mais prometteur.

**Sa forme initiale :** Léo.

**Ses cousins :** Léonard, Léonce.

**À l'étranger :** Leão, Leonel (Portugal), Leone (Italie), Leonid (Russie), Loen (Flandre).

**Son diminutif :** Léo.

**Ses féminins :** Léone, Léonie, Léontine.

# LÉONARD

**Lennart, Lenny, Léon**

**D'où vient-il ?** Léonard est une variante de Léon, d'origine latine, qui signifie « lion ».

**On le fête** le 26 novembre. Saint Léonard, moine franciscain en Italie au XVIII^e siècle fonda un ermitage et tenta de rétablir l'ordre en Corse.

**Il serait...** stable, sérieux, solide. Homme de terrain, il a un sens pratique très développé. Son charisme et son éloquence lui confèrent beaucoup de succès.

**Ils l'ont porté :** Léonard de Vinci, né en Italie en 1452, génie universel de la Renaissance, dont les peintures *la Cène* et *la Joconde* sont universellement connues. Ses travaux ont fait progresser les sciences modernes. Le chanteur américain Leonard Cohen.

**Il le porte :** L'acteur Leonardo di Caprio, rendu célèbre par son rôle dans *Titanic*.

**Son évolution :** Léonard, longtemps discret, se révèle et grimpe au top 100, précédé par Lenny.

**À l'étranger :** Lennart (Scandinavie), Leonardo (Italie).

**Son diminutif :** Lenny.

# LÉONCE

**Léon**

**D'où vient-il ?** Léonce est une variante de Léon, d'origine latine, qui signifie « lion ».

**On le fête** le 18 juin. Saint Léonce, soldat phénicien à Tripoli au III^e siècle, il tenta de convertir son entourage et refusa d'adorer les dieux païens. Il fut décapité.

**Il serait...** calme, réservé tout en étant sociable. Il redoute la solitude et a besoin de stimuli pour se motiver. Réfléchi et intuitif à la fois, il a un bon sens de l'analyse.

**Son évolution :** Léonce est toujours resté timidement dans l'ombre de Léon.

**Sa forme initiale :** Léon.

**À l'étranger :** Leoncio (Italie).

# LÉOPOLD

**D'où vient-il ?** Léopold, d'origine germanique, signifie « peuple audacieux ».

**On le fête** le 15 novembre. Saint Léopold, margrave d'Autriche au XII^e siècle, éleva pieusement ses dix-huit enfants et se consacra à la réforme de l'Église dans son pays. Il fonda des monastères et repoussa les invasions hongroises. Il mourut en 1136, pleuré par tout son peuple.

**Il serait...** énergique, actif, entreprenant. Son humeur varie selon l'entourage et la couleur du ciel. Autoritaire, il supporte mal les contraintes.
**Ils l'ont porté :** Léopold prénomma trois rois des Belges, deux empereurs du Saint Empire germanique, cinq ducs d'Autriche. Léopold Sédar Senghor, homme d'État et poète sénégalais.
**Son évolution :** comme Léon, Léopold est en vogue à la fin du XIXe siècle et sa popularité se maintient jusqu'en 1920. Puis on l'oublie. Il tente de revenir, mais c'est souvent sous la forme composée Léo-Paul, dont l'étymologie est différente.
À l'étranger : Leopoldo (Espagne, Italie), Lipot (Hongrie).
Son féminin : Léopoldine.

## LÉVI

**D'où vient-il ?** Lévi, d'origine hébraïque, signifie « reclus ».
**On le fête** le 21 septembre. Lévi est dans la Bible l'un des douze fils de Jacob, fils de Léa, et fondateur d'une des tribus d'Israël.
**Il serait...** timide et expansif, calme et actif, mais toujours à la recherche d'aventures et de découvertes. Il a des facilités et en profite.

## LIAM
William

**D'où vient-il ?** Liam est la forme irlandaise de William, variante anglaise de Guillaume, d'origine germanique, qui signifie « volonté de protection ».
**On le fête** le 10 janvier avec Guillaume.
**Il serait...** stable, réfléchi, sérieux. Il est réaliste, sait gérer ses affaires et servir ses intérêts. Il est attiré par le pouvoir et le succès.
**Ils le portent :** le chanteur Liam Gallagher, l'acteur irlandais Liam Neeson.
**Son évolution :** Liam, bien connu en Irlande depuis longtemps, est apparu en France dans les années 1990 et s'impose à présent dans le top 10 des prénoms de garçons en France, mais aussi aux États-Unis.
Sa forme initiale : William.

## LIBÈRE

**D'où vient-il ?** Libère, d'origine germanique, signifie « libre ».
**On le fête** le 29 avril. Saint Libère fut évêque de Ravenne, en Italie au IIe siècle.
**Il serait...** très attaché à sa famille, aux valeurs refuges et aux principes traditionnels. Il cherche avant tout la sécurité affective et s'épanouit au milieu des siens.
Son cousin : Libert.

## LILIAN

**D'où vient-il ?** Lilian, d'origine latine, est le masculin de Liliane, qui signifie « lys ».
**On le fête** le 27 juillet avec Liliane.
**Il serait...** vif, émotif, habile et curieux. Il aime la vie sociale, sait être charmeur, attentif généreux, mais désire aussi être reconnu.
**Ils le portent :** Lilian Camberabero, né en 1937, et Lilian Thuram, footballeur né en 1972.
**Son évolution :** ce prénom est bien connu depuis le milieu du XXe siècle dans le sud-ouest de la France.
Sa forme initiale : Liliane.

## LINDSAY (mixte)
Lindsey

**D'où vient-il ?** Linsay signifie en anglais « île aux tilleuls ».
**Il serait...** sociable, vif, adaptable. Il a le sens des affaires, aime le pouvoir et accepte mal les ordres. Il préfère de beaucoup les donner !
**Il le porte :** Lindsay Owen Jones, président de L'Oréal depuis 2006.
**Son évolution :** ce prénom est bien connu dans les pays de langue anglaise, où il fut l'un des favoris des années 1980. Il est rare en France.
Son cousin : Lindsey.

## LINO

**D'où vient-il ?** Lino est une variante d'Angelino, d'origine italienne, dérivé d'Angelo, d'origine grecque, qui signifie « messager ».
**On le fête** le 5 mai avec Ange.

**Il serait...** ambitieux, volontaire, très actif et déterminé à avancer dans la vie. Impatient, il ne supporte pas qu'on lui résiste, ce qui complique parfois un peu ses relations avec son entourage.
**Il l'a porté :** Lino Ventura, acteur italien, né en 1919, d'abord lutteur et catcheur, puis révélé au public par son premier rôle dans *Touchez pas au grisbi*. Il tournera 75 films. Il créa avec sa femme l'association Perce-Neige pour aider les enfants handicapés.
**Son évolution :** Lino, bien connu en Italie depuis le début du XX<sup>e</sup> siècle, mais rarissime en France, apparaît dans le sillage de Nino, Matto et leurs cousins italiens.
**Sa forme initiale :** Angelino.

## LIONEL

**D'où vient-il ?** Lionel d'origine latine, signifie « lionceau ».
**On le fête** le 10 novembre avec Léon.
**Il serait...** sensible, intuitif, réservé, mais aussi sociable et très attaché à l'image qu'il donne à son entourage. Il a besoin d'être épaulé pour réussir.
**Ils l'ont porté :** Lionel est un des chevaliers de la Table ronde, compagnon du roi Arthur dans la légende celte. Lionel, duc de Clarence, fils d'Edouard III d'Angleterre. Lionel Hampton, jazzman américain décédé en 2002.
**Ils le portent :** le chanteur américain Lionel Richie. L'homme politique Lionel Jospin, qui fut Premier ministre de 1997 à 2002.
**Son évolution :** ce prénom fut connu dès le Moyen Âge dans les pays de langue anglaise, et son succès s'est maintenu à travers les siècles. Il est plus rare aujourd'hui. En France, on le rencontre entre 1940 et 1970.

## LOÏC
### Loïck, Loïg

**D'où vient-il ?** Loïc est une forme bretonne de Louis, d'origine germanique, qui signifie « illustre combattant ».
**On le fête** le 25 août avec Louis.
**Il serait...** énergique, ambitieux, assoiffé de connaissances. Responsable et indépendant, il cherche les premiers rôles et déteste la médiocrité.
**Il le porte :** le navigateur Loïck Perron.
**Son évolution :** Loïc a été un prénom dominant sans jamais être dans le top 10 entre 1950 et 1990. Il est particulièrement apprécié en Bretagne, sa région natale.
**Sa forme initiale :** Louis.
**Son cousin :** Loïg.
**Son diminutif :** Loïez.

## LOGAN

**D'où vient-il ?** Logan, d'origine écossaise, signifie « prairie ».
**Il serait...** stable, sérieux, posé. Il a pour ambition de construire sa vie pas à pas et se donne tous les moyens pour réussir.
**Son évolution :** ce prénom écossais est l'un des prénoms masculins les plus en vogue aux États-Unis depuis les années 1990. Il commence à se manifester en France, mais Logan est le nom d'une voiture française et cette association pourrait bien lui nuire, comme ce fut le cas pour Mégane.

## LOTHAIRE
### Clotaire

**D'où vient-il ?** Lothaire est une variante de Clotaire, d'origine germanique, qui signifie « grande gloire ».
**On le fête** le 7 avril avec Clotaire.
**Il serait...** réfléchi, intellectuel, théoricien et ambitieux. Il préfère la solitude à la vie sociale et n'extériorise pas ses sentiments.
**Il l'a porté :** Lothaire 1<sup>er</sup> fut roi des Francs et roi des Lombards, et entretint avec ses deux frères des querelles dynastiques. À la fin de sa vie, il abdiqua et se retira dans un monastère, séparant son royaume en deux parties pour ses deux fils, créant ainsi la Lotharingie. Il mourut en 855.
**Son évolution :** Lothaire est, comme Clotaire et la plupart des prénoms du haut Moyen Âge, très rare.

## Les surnoms de l'histoire

Les prénoms de nos souverains n'étaient pas très variés. Aussi, avaient-ils, pour la plupart, des surnoms attribués par leur peuple.

### Pour les Louis :

Louis 1er le Débonnaire, Louis II le Bègue, Louis IV d'Outremer, Louis V le Fainéant, Louis VI le Gros, Louis VII le Jeune, Louis VIII le Lion, Louis IX appelé Saint Louis par la postérité, Louis X le Hutin, Louis XI l'araigne ou le Prudent, Louis XII l'Ami du peuple, Louis XIII le Juste, Louis XIV le Roi-Soleil, Louis XV le Bien-Aimé, Louis XVI le roi Martyr.

### Pour les Charles :

Charles Ier le Grand, plus connu sous le nom de Charlemagne, Charles II le Chauve, Charles III le Gros, Charles IV le Bel, Charles V le Sage, Charles VI le Fou, Charles VII le Victorieux, Charles VIII l'Affable.

### Pour les Philippe :

Philippe Ier, Philippe II dit l'Auguste, Philippe III le Hardi, Philippe IV le Bel, Philippe V le Long.

**Sa forme initiale :** Clotaire.
**À l'étranger :** Lotario (Espagne, Italie), Lothar, Luther (Allemagne).

## LOUIS

**Aloïs, Clovis, Loïc, Louison, Ludovic**

**D'où vient-il ?** Louis, d'origine germanique, signifie « illustre combattant ».

**On le fête** le 25 août. Saint Louis devint roi de France après la régence de sa mère, Blanche de Castille. Pieux, généreux, il fut aimé de ses sujets et son règne inaugura une période de paix et de sécurité intérieure et extérieure. Il fonda l'asile des Quinze-Vingts pour les pauvres et les aveugles et fit soigner les lépreux. Il mourut de la peste devant Tunis lors de la Croisade.

**Il serait...** énergique et actif, responsable et sérieux, courageux dans les épreuves, chaleureux avec ses amis, loyal dans la vie professionnelle.

**Ils l'ont porté :** dix-huit rois de France. Louis II de Bavière, cousin de Sissi, impératrice d'Autriche, roi à 18 ans, protecteur de Wagner, passionné d'architecture, qui fit construire des châteaux fantastiques. Il est décédé en 1886 à 41 ans. Le physicien Louis Leprince-Ringuet, le chanteur américain Louis Amstrong, le comédien Louis de Funès, Le chanteur Luis Mariano, le styliste Louis Vuitton, le coureur cycliste Louison Bobet.

**Il le porte :** le chanteur Louis Chedid.

**Son évolution :** Louis prend la suite de Clovis, de même étymologie, au XIVe siècle. Il devient au XVIe siècle l'un des premiers prénoms masculins et le demeure pendant plusieurs siècles. Il est depuis les années 2000 un des prénoms favoris dans l'hexagone.

**Sa forme initiale :** Clovis.

**Ses cousins :** Aloïs, Aloys, Louison, Ludovic.

**Dans nos régions :** Lodovico (Pays basque), Loeis, Loïc, Loïez, Loïg (Bretagne), Ludvig (Alsace).

**À l'étranger :** Lajos (Hongrie), Lewis (Grande-Bretagne, États-Unis), Lodevijk, Lodevijk, Loek (Pays-Bas), Ludek (République tchèque), Ludwig (Allemagne), Luigaidh (Irlande), Luigi, Luigino, Gino (Italie), Luis (Espagne, Portugal).

**Son diminutif :** Louison.

**Ses féminins :** Aloïse, Éloïse, Louise.

### Son heure de gloire

Le XVIe, le XVIIIe, le XIXe, le début du XXe siècle, et depuis 1980. Louis est certainement le prénom qui bat les records de durée dans l'état civil français.

## LOUP

**D'où vient-il ?** Loup fait référence à l'animal éponyme.

**On le fête** le 1er septembre. Saint Loup ou Leu, fut archevêque de Sens, il mourut en 640 après une vie de dévouement.

**Il serait...** énergique, sensible et sociable. Très attaché à sa famille, il est attentif et généreux. Élégant, il est soucieux de son apparence.

**Son évolution :** Loup dans sa simplicité est très rare. On le rencontrait parfois accompagné de Jean dans les années 1940.

**Son cousin :** Leu.

## LUBIN

**D'où vient-il ?** Lubin, d'origine germanique, signifie « amour ».

**On le fête** le 14 septembre. Saint Lubin, berger dans le Poitou au VIe siècle, devint moine en Bretagne où il fonda un monastère. Il fut nommé évêque de Chartres en 541.

**Il serait...** travailleur, stable, sérieux et appliqué. Il a le sens de l'effort et parvient à ses objectifs grâce à une grande persévérance.

**Il l'a porté :** Lubin Baugin, peintre du XVIIe siècle, spécialiste de nature morte.

**Son évolution :** ce prénom est très peu connu en France.

## LUC

**Lucas, Lucien**

**D'où vient-il ?** Luc, d'origine latine, signifie « lumière ».

**On le fête** le 18 octobre. Saint Luc était médecin à Antioche lorsqu'il rencontra saint Paul qui le convertit. Il rédigea les *Actes des apôtres* et le troisième Évangile qui porte son nom.

**Il serait...** sociable, éloquent, bavard, même. Son charisme lui donne un grand talent de persuasion et il apprécie aussi les rôles de médiateur.

## Prénoms cosmopolites

Les unions entre parents de culture et de nationalité différentes sont nombreuses. Lorsque Bébé s'annonce, se pose alors le problème du choix d'un prénom qui soit harmonieux avec son nom de famille, et qui ne tranche pas trop, des deux côtés, avec ses origines.

Il y a quelques grands prénoms internationaux masculins, dont l'orthographe est la même (presque) partout. **Adam** et **David** en sont les exemples les plus marquants.

Aujourd'hui, lorsqu'on observe les palmarès des prénoms dans les pays d'Europe, au Canada et aux États-Unis, on constate que l'internationalisation des prénoms est bien installée.

Ainsi **Lucas**, premier du palmarès masculin en France, est dans le top aussi bien en Belgique, en Écosse, en Angleterre, aux Pays-Bas, en Italie, en Allemagne, en Scandinavie et au Canada. Rien d'étonnant : **Lukas** était courant en Allemagne, **Luca** est bien connu en Italie.

Même phénomène de mondialisation pour **Thomas**, **Nathan** et **Noah**, tous trois prénoms bibliques.

Le très classique **Nicolas** convient aussi bien en Espagne que dans les pays anglophones, germanophones et en Russie, où il devient **Nick**, **Niklaus**, **Nicolaï**.

D'autres idées ?

**Adam**, **Axel**, **Ethan**, **Ilias ou Iliès**, **Jacob**, **Jérémy**, **Jonathan**, **Joseph**, **Liam**, **Niels**, **Tom,** le diminutif de **Thomas**, **Yanis**.

**Il l'a porté :** Luchino Visconti, né dans une famille riche de l'aristocratie milanaise, réalisateur de cinéma. *Rocco et ses frères* en 1960, *le Guépard* en 1963, *Mort à Venise* en 1971 et *Ludwig le crépuscule des dieux* en 1972 sont parmi ses chefs-d'œuvre.

**Ils le portent :** le philosophe et ancien ministre de l'Éducation nationale Luc Ferry. Lucky Luke, le cow-boy au grand cœur de la bande dessinée.

**Son évolution :** Luc, très ancien et très connu, est resté en retrait alors que Lucien puis Lucas ont connu un grand succès.

**Ses cousins :** Lucas, Lucien.

**Dans nos régions :** Lukaz (Bretagne), Luken (Pays basque).

**À l'étranger :** Liuz (Pologne), Loukas (Grèce), Luchino (Italie), Lucio (Espagne, Italie), Lucke (Grande Bretagne, États-Unis), Lukas (Allemagne).

**Ses féminins :** Lucie, Lucile, Lucille.

## LUCAS

Luc

**D'où vient-il ?** Lucas est une variante de Luc, d'origine latine, qui signifie « lumière ».

**On le fête** le 27 septembre. Saint Lucas, missionnaire dominicain au Japon au XVII^e^ siècle mourut en martyr.

**Il serait...** secret, réservé, prudent. Il réfléchit longuement avant de prendre une décision et observe ses interlocuteurs avant de leur faire confiance.

**Son évolution :** après Lucien et Luc, Lucas s'est manifesté dans les années 1970 pour croître régulièrement jusqu'à son meilleur niveau tant en France qu'en Europe. Il se maintient au top 10.

**Sa forme initiale :** Luc.

**À l'étranger :** Luca (Italie), Lucan (Irlande), Lukacs (Hongrie), Lukas (Allemagne), Loukianos (Grèce), Lukyan (Russie).

### Son heure de gloire

Les années 2000, où il est en tête des prénoms masculins.

## LUCIEN

Luc

**D'où vient-il ?** Lucien est une variante de Luc, d'origine latine, qui signifie « lumière ».

**On le fête** le 27 janvier. Saint Lucien, prêtre à Antioche au III^e^ siècle, consacra sa vie à la traduction de la Bible en grec. Il subit le martyre sous l'empereur Dioclétien.

**Il serait...** sensible et émotif, désireux de plaire et d'être respecté et admiré, mais aussi parfois timide s'il ne se sent pas à l'aise.

**Ils l'ont porté :** Lucien de Samosate, avocat et auteur satirique en Syrie puis à Athènes au V^e^ siècle avant J.-C. Lucien Bonaparte, frère de Napoléon, ministre de l'Intérieur sous le Consulat, pair de France et membre de l'Académie française en 1803. Luciano Pavarotti, ténor italien, qui chanta Verdi et Puccini, mais qui interpréta aussi des duos avec Elton John, Céline Dion et plusieurs groupes musicaux.

**Il le porte :** Lucien, le fils de Serge Gainsbourg.

**Son évolution :** Lucien apparaît au début du XX^e^ siècle. En 1930, il cède la place à Luc et à Lucas, mais revient doucement.

**Sa forme initiale :** Luc.

### Prénoms improbables

Ils ont osé… et ils ont été déçus. L'officier d'état civil, chargé de faire respecter l'intérêt de l'enfant nouveau-né, a refusé les propositions de ces parents… pour le moins originales. Qu'en pensez-vous ?

**Alcapone, Allowin, Alpacino, Arobase, Batman, Brucelee, Lucifer, Ovni, Pluto, Rambo, Superman…**

**À l'étranger :** Loukian (Russie), Luciano (Italie).
**Son féminin :** Lucienne.

## LUDOVIC

**D'où vient-il ?** Ludovic est une variante de Louis, d'origine germanique, qui signifie « illustre vainqueur ».
**On le fête** le 25 août avec Louis.
**Il serait...** indépendant, énergique et entreprenant. Diplomate, habile, il est bon négociateur. Sensible, il a besoin d'amitié et d'affection.
**Son évolution :** les années 1960 voient poindre Ludovic alors que Louis n'est pas encore de retour. Il s'éloigne dès les années 1980.
**Sa forme initiale :** Louis.
**À l'étranger :** Lodovico (Italie), Ludovicus (Allemagne).

## LYSANDRE
### Lyssandre

**D'où vient-il ?** Lysandre, d'origine grecque, signifie « libérateur ».
**Il serait...** réaliste et ambitieux. Il aime les biens matériels et le pouvoir, ce qui le pousse à beaucoup travailler pour atteindre ses objectifs.
**Il l'a porté :** Lysandre fut un général spartiate qui mit fin à la guerre du Péloponnèse. Il mourut au combat en 395 avant J.-C.
**Son évolution :** Lysandre est très rare aussi bien en Grèce qu'en France.
**Son cousin :** Lyssandre.

## MACAIRE

**D'où vient-il ?** Macaire, d'origine grecque, signifie « bienheureux ».
**On le fête** le 15 janvier. Saint Macaire le Grand, né vers 300 en Haute-Égypte est berger. Il est accusé à tort d'avoir séduit et maltraité une jeune fille qui a un enfant. Enfin innocenté, il se retire dans le désert pour vivre en ermite et se fait ordonner prêtre. Il meurt vers 390.
**Il serait...** intuitif et impulsif tout en étant réfléchi et rationnel. Une sorte d'aventurier prudent, qui n'agit jamais sans mûrir son projet, ce qui lui donne de belles chances de réussite.
**Il l'a porté :** Macaire, archevêque de Novgorod, métropolite de Moscou, fut l'un des principaux conseillers du tsar Ivan le Terrible au XVIe siècle. Il scella l'union de l'Église et de l'État moscovites.
**Son évolution :** ce prénom, en vogue dans les pays slaves jusqu'au XVIIe siècle, a toujours été rare en France.
**Dans nos régions :** Macarie (Gascogne), Macariu (Corse).
**À l'étranger :** Makar, Makari (Russie), Magar (Arménie), Makarios (Grèce).

## MADEN
### Madec, Madeg, Madoc, Madog

**D'où vient-il ?** Maden, d'origine celte, signifie « bon ».

**On le fête** le 19 juillet. Saint Maden fut moine en Bretagne au VIe siècle. Il prêcha l'Évangile et secourut les pauvres. La légende raconte qu'il aurait transformé de la boue en or pour l'offrir à un miséreux.

**Il serait...** indépendant, ambitieux, énergique. Il tient beaucoup à sa réussite personnelle, progresse avec persévérance et fait preuve d'autorité envers son entourage.

**Son évolution :** ce prénom est bien connu en Bretagne, rare dans l'ensemble du pays.

**Ses cousins :** Madec, Madeg, Madoc, Madog.

**Son diminutif :** Madenig.

**Son féminin :** Madenn.

## MAËL

### Maé, Maelan, Maelig, Maglo, Magloire, Mahé, Mahel

**D'où vient-il ?** Maël, d'origine celte, signifie « prince ».

**On le fête** le 13 mai. Moine au pays de Galles au VIe siècle, Maël est chassé de son pays par les Saxons. Il débarque avec son ami Kavan en Bretagne et évangélise la région.

**Il serait...** indépendant et énergique, mais aussi sensible et émotif. Il veut mener sa vie en toute liberté, et en attend le meilleur.

**Ils l'ont porté :** de nombreux rois d'Irlande aux IXe et Xe siècles, dont le plus célèbre fut Maël Seachlainn II, né en 945, qui repoussa les Vikings.

**Son évolution :** ce prince est bien connu depuis des siècles en Bretagne, mais sa conquête de la France est récente. C'est en 1990 qu'il apparaît et il se maintient au top 20.

**Ses cousins :** Maé, Maelan, Maelig, Maglo, Magloire, Mahé, Mahel.

**Son diminutif :** Maëlig.

**Ses féminins :** Maëla, Maëlle, Maëlis.

### Son heure de gloire

Depuis 2000. Il a vite progressé et se maintient maintenant dans le peloton de tête. Affaire à suivre...

## MAHÉ

**D'où vient-il ?** Mahé peut avoir une double origine. Variante de Maël, d'origine celte, il signifie « prince » ; variante de Mazhé, forme bretonne de Mathieu, d'origine hébraïque, il signifie « don ».

**On le fête** le 13 mai avec Maël ou le 21 septembre avec Mathieu.

**Il serait...** sérieux, réfléchi, solitaire. Il est sensible, mais cache ses sentiments. La lecture, l'étude, les activités en solo comblent son besoin de tranquillité.

**Son évolution :** on rencontre ce prénom tout nouveau depuis 2005. Il régresse à présent.

**Sa forme initiale :** Maël ou Mathieu.

## MALACHIE

### Melek, Melik

**D'où vient-il ?** Malachie, d'origine hébraïque, signifie « Dieu est roi ».

**On le fête** le 3 novembre. Saint Malachie, moine irlandais né en 1094, restaura les abbayes détruites par les Vikings en Irlande. Archevêque en 1129, il voulut prendre sa retraite auprès de son ami saint Bernard, mais le pape le nomma primat de l'Église d'Irlande. Il fit de son pays l'un des plus pratiquants d'Europe et mourut à Clairvaux, de retour d'un pèlerinage à Rome en 1148.

**Il serait...** émotif et hypersensible, il se protège des blessures affectives en affichant une certaine froideur, voire du cynisme quand il ne se sent pas en sécurité.

**Il l'a porté :** Malachie fut l'un des derniers prophètes de l'Ancien Testament au Ve siècle avant J.-C.

**Il le porte :** le livre de Malachie, qui fait partie de l'Ancien Testament.

**Son évolution :** ce prénom biblique, bien connu des familles de culture juive, est rare.

**Sa forme initiale :** Malakhi, Melekhia.

**Ses cousins :** Melek, Melik.

**À l'étranger :** Malachi (Irlande), Malak (pays arabes).

## MALCOLM

**D'où vient-il ?** Malcolm, d'origine gaélique, signifie « disciple de Colomban ».

**Il serait...** paisible et très responsable. Il recherche l'harmonie dans toutes ses relations et privilégie sa vie de famille, mais a des principes souvent rigides.

**Ils l'ont porté :** quatre rois d'Écosse, dont Malcolm III, roi de 1058 à 1093, qui mourut au combat contre le roi d'Angleterre son voisin. Ses six fils lui succédèrent les uns après les autres.

**Son évolution :** prénom très porté en Écosse depuis le VIIIe siècle, Malcolm est rare en France.

## MALIK

**D'où vient-il ?** Malik, d'origine arabe, signifie « roi ».

**Il serait...** autoritaire, voire dominateur, indépendant et ambitieux. Il trace sa route seul, repousse les conseils et déteste les contraintes. Il n'a qu'un objectif, réussir.

**Il l'a porté :** Malik ibn-Anas, originaire de Médine, mort en 795, fut le fondateur du malikisme, école spirituelle sunnite.

**Son évolution :** Malik est apprécié par les familles de culture arabe.

**Son féminin :** Malika.

## MALO

### Maclou

**D'où vient-il ?** Malo, d'origine celte, signifie « gage lumineux ».

**On le fête** le 15 novembre. Saint Malo, originaire du pays de Galles, fut moine au VIIe siècle. Il arriva en Bretagne, fonda le monastère d'Aleth dont il devint évêque, puis d'autres monastères dans la région. Autour de l'un d'eux se développa une ville qui porte le nom de Saint-Malo. Il est l'un des saints fondateurs de la Bretagne.

**Il serait...** vif, indépendant et curieux. Il aime les changements, les voyages, la nouveauté, au risque de s'éparpiller et de se disperser.

**Son évolution :** connu en Bretagne depuis le Moyen Âge, Malo était cependant rare. Il prit son essor dans les années 1980, pour atteindre aujourd'hui l'ensemble du pays.

**Son cousin :** Maclou.

## MANAHEN

**D'où vient-il ?** Manahen, d'origine hébraïque, signifie « consolateur ».

**On le fête** le 24 mai. Saint Manahen, frère de lait d'Hérode Antipas, au Ier siècle, devint l'un des personnages les plus importants de la communauté chrétienne d'Antioche.

**Il serait...** imaginatif, vif, bouillonnant de créativité. Il aime être entouré et a besoin d'une vie sociale riche pour s'épanouir. Tous les modes d'expression le tentent.

**Son cousin :** Ménahem.

## MANFRED

**D'où vient-il ?** Manfred, d'origine germanique, signifie « homme de paix ».

**Il serait...** sociable mais en appréciant la solitude, diplomate mais franc et loyal, doux et attentionné mais coléreux et emporté parfois.

**Il l'a porté :** Manfred fut roi de Sicile au XIIIe siècle. Il lutta contre la papauté et défendit son royaume contre le duc d'Anjou.

**Il le porte :** Manfred est le héros du poème dramatique de Byron en 1817.

**Son évolution :** Manfred fut assez courant au début du XXe siècle en Allemagne. Il y est rare aujourd'hui.

**À l'étranger :** Manfredo (Espagne, Italie).

## MANSOUR

**D'où vient-il ?** Mansour, d'origine arabe, signifie « vainqueur ». C'est ainsi que le Coran nomme parfois le prophète Mahomet.

**Il serait...** énergique, créatif, friand de relations et de vie sociale. Il cherche les moyens d'exprimer ses passions et son imagination.

**Il l'a porté :** un sultan d'Istanbul, fondateur de la dynastie ottomane au XIVe siècle.

**Son évolution :** ce prénom conquérant est très

connu et très apprécié des familles musulmanes.
**Son féminin :** Mansoura.

## MANUEL

**D'où vient-il ?** Manuel est un diminutif d'Emmanuel, d'origine hébraïque, qui signifie « Dieu est avec nous ».

**On le fête** le 25 janvier. Saint Manuel Domingo y Sol, né en 1836, fut ordonné prêtre, créa le premier journal catholique espagnol, *El congregante*, ainsi que trois communautés religieuses et fut nommé saint apôtre des vocations.

**Il serait...** chaleureux, amical, généreux, mais aussi dilettante et peu armé pour affronter les difficultés. Il recherche la facilité.

**Il l'a porté :** Manuel Ier de Portugal, qui développa pendant son règne les relations avec les autres pays, en particulier la Chine et la Perse, envoya Vasco de Gama à la découverte de terres nouvelles, construisant ainsi l'empire colonial de son pays. Il fut aussi le protecteur des sciences, des arts et des lettres.

**Il le porte :** Manuel Benitez Perez, dit El Cordobés, célèbre torero espagnol.

**Son évolution :** Manuel est un prénom très courant dans les pays de langue espagnole et portugaise.

**Sa forme initiale :** Emmanuel.

**À l'étranger :** Manolo (Espagne).

**Ses diminutifs :** Manolito, Manu.

**Son féminin :** Manuelle.

## MARC

**Marceau, Marcellin, Marco, Mark, Marcel**

**D'où vient-il ?** Marc, d'origine latine, signifie « marteau ». Ce prénom fait référence au dieu Mars, dieu de la guerre dans la mythologie romaine, le prénom Marcus étant très courant dans la Rome antique.

**On le fête** le 25 avril. Saint Marc, apôtre, fut le rédacteur du deuxième Évangile. Il fonda la première communauté chrétienne d'Alexandrie, et, soupçonné de magie, il fut brûlé vif. Ses reliques sont conservées à la basilique Saint-Marc à Venise. Il est le saint patron de la ville.

**Il serait...** prudent, réservé, réfléchi, mais aussi déterminé et volontaire. Il prend le temps pour mûrir ses décisions et mène à bien ses projets avec beaucoup de rigueur.

**Ils l'ont porté :** Marc Antoine, homme politique romain, fit partie du second triumvirat, avec Octave et Lépide après la mort de César, en 44 avant J.-C. Mais il tombe amoureux de Cléopâtre, à qui il remet certaines conquêtes romaines. Octave lui déclare la guerre et le bat à Actium. Marc Antoine s'enfuit et se suicide en 30 avant J.-C. Marc Aurèle, empereur romain de 121 à 180, fils adoptif d'Antonin le Pieux et philosophe stoïcien. Le célèbre voyageur vénitien du XIIIe siècle, Marco Polo. Le peintre Marc Chagall, décédé en 1985.

**Il le porte :** le chanteur Marc Lavoine.

**Son évolution :** classique dès 1950, Marc est en tête aussi bien en Angleterre qu'en France. Après avoir atteint son meilleur niveau, il régresse doucement.

**Ses cousins :** Marceau, Marcellin, Marcel.

**À l'étranger :** Marco (Espagne, Italie), Mark (Grande-Bretagne, États-Unis), Marcos (Portugal), Marcas (Irlande), Marcus (Scandinavie), Markus (Allemagne, Finlande), Markell (Russie), Markos (Grèce, Hongrie), Marek (République tchèque, Pologne).

### Son heure de gloire

Les années 1960, où il est dans le top 10 des prénoms masculins. Il s'enfuit alors que dès 1990 l'italien Marco et les composés Marc-Antoine et Marc-Alexandre se font remarquer.

## MARCEAU

**D'où vient-il ?** Marceau est une variante de Marc, d'origine latine, qui signifie « marteau ».

**On le fête** le 25 avril avec Marc.

**Il serait...** calme, observateur, réfléchi. Pas très rapide, mais fiable dans ses jugements et pointilleux dans ses actes.

**Il le porte :** l'homme politique Marceau Long.
**Son évolution :** Marcel et Marc étant un peu oubliés, Marceau se présente, discret mais tenace.
**Sa forme initiale :** Marc.

## MARCEL

### Marcellin, Marcian, Marcile

**D'où vient-il ?** Marcel est une variante de Marc, d'origine latine, qui signifie « marteau ».
**On le fête** le 16 janvier. Saint Marcel Ier fut pape de 308 à 309. Il tenta d'organiser le culte à une époque où les lieux de prière étaient détruits par les païens. Il fut exilé par l'empereur.
**Il serait...** le chaud et le froid, le soleil et la nuit. Bref il a un caractère tout en contrastes, amical ou renfermé, souple ou directif, tendre ou sévère.
**Ils l'ont porté :** Marcel Proust, dont l'œuvre majeure fut *À la recherche du temps perdu*, écrite entre 1913 et 1927. L'écrivain Marcel Aymé, auteur de contes et de romans, dont le roman *la Jument verte* en 1933 et *les Contes du chat perché* entre 1934 et 1946. Marcel Pagnol, disparu en 1974, auteur de comédies comme *César, Marius* et *Fanny*, mais aussi *la Gloire de mon père* et *le Château de ma mère, le Temps des secrets*. Le cinéaste Marcel Carné, le mime Marcel Marceau, l'acteur italien Marcello Mastroianni.
**Son évolution :** Marcel fut un prénom vedette du début du XXe siècle, suivi de très loin par le rare Marcellin. Ils disparurent peu avant que Marc n'arrive.
**Sa forme initiale :** Marc.
**Ses cousins :** Marcellin, Marcian, Marcile.
**À l'étranger :** Marcello (Italie), Marcellus (Allemagne), Marcelo (Espagne).
**Ses féminins :** Marcelle, Marcelline.

**Son heure de gloire**

Le début du XXe siècle, où il est l'un des prénoms masculins favoris.

## MARIN

**D'où vient-il ?** Marin, d'origine latine, signifie « mer ».
**On le fête** le 3 mars. Saint Marin, soldat romain en Palestine au IIIe siècle, refusa de se prosterner devant des idoles païennes. Dénoncé comme chrétien par un compagnon qui briguait le même poste de centurion que lui, il fut décapité. On peut aussi le fêter le 4 septembre. Tailleur de pierre à Rimini en Italie au IVe siècle, saint Marin fut nommé diacre par l'évêque de la ville. Il se retira pour vivre en ermite sur une montagne. Un monastère y fut construit, puis une ville se forma, et enfin un État. La République de Saint-Marin était née. Elle est l'un des plus anciens et des plus petits États du monde.
**Il serait...** affectif et soucieux de l'opinion des autres. Autoritaire, dominateur parfois, il est à la fois travailleur et organisé.
**Il l'a porté :** Marin Marais, compositeur et joueur de viole de gambe, musicien à l'Opéra et à la cour de Louis XIV. Il composa plus de 600 pièces pour viole. Il s'éteignit en 1727.
**Son évolution :** Marin n'a pas suivi le succès de Marine et est resté discret.
**À l'étranger :** Mariano, Marino (Espagne, Italie).
**Ses féminins :** Marina, Marine.

## MARIUS

**D'où vient-il ?** Marius, d'origine latine, fait référence à un général romain de la famille patricienne des Marius, célèbre dans la Rome antique.
**On le fête** le 19 janvier. Saint Marius, chrétien perse au IIIe siècle, vivait à Rome. Il visitait avec sa femme et ses fils les chrétiens emprisonnés et ensevelissait les corps des martyrs. Il fut mis à mort à son tour en 290.
**Il serait...** sociable et sensible, communicatif et attentif. Ses relations affectives sont essentielles à son équilibre et à sa motivation.
**Il l'a porté :** Caïus Marius, oncle de Jules César, général romain né en 157 avant J.-C. Il combattit les Wisigoths dans une montagne près d'Aix-en-Provence et les mit en déroute. La montagne porte le nom de Sainte-Victoire et le prénom Marius passa à la postérité. Cela

explique que Marius soit considéré comme un prénom provençal.
**Il le porte :** Marius, personnage de Marcel Pagnol dans sa trilogie *César*, *Marius* et *Fanny*. L'acteur Marius Colucci, fils de Coluche.
**Son évolution :** longtemps provençal, Marius gagne du terrain en France depuis 2000.
**À l'étranger :** Mario (Italie).

## MARLON

### Malone, Marlone

**D'où vient-il ?** Marlon est un prénom d'origine américaine, d'étymologie incertaine. Certains pensent qu'il s'agit d'un dérivé phonétique de Merlin, prénom issu de la littérature médiévale.
**Il serait…** ambitieux et autoritaire. Il ne faut pas se mettre en travers de son chemin ! Il préserve son indépendance à tout prix, s'impose sans problème grâce à son charisme et à son éloquence.
**Il l'a porté :** Marlon Brandon, acteur américain, devenu dans les années 1950 le premier *sex symbol* masculin. Sa carrière fut faite de succès, d'oscar du meilleur acteur, d'*un Tramway nommé désir* au *Dernier tango à Paris*. Il s'éteignit en 2004.
**Son évolution :** rare malgré le succès de l'acteur pendant le XX^e siècle, Marlone apparaît modestement depuis 2000.
**Ses cousins :** Malone, Marlone.
**Son féminin :** Marlone est devenu mixte à prédominance masculine, toutefois.

## MARTIAL

**D'où vient-il ?** Martial est une variante de Martin, d'origine latine, qui signifie « guerrier ».
**On le fête** le 30 juin. Saint Martial fut prêtre à Rome au III^e siècle. Envoyé en Gaule par le pape, il fut nommé évêque de Limoges. Lapidé, il survécut et continua courageusement son œuvre d'évangélisation jusqu'à sa mort.
**Il serait…** sensible et très attaché à ses relations affectives. Il recherche le calme, l'harmonie et a besoin d'ambiance paisible pour s'épanouir.
**Il l'a porté :** Martial fut un poète latin, né en Espagne, dont l'œuvre majeure, *les Épigrammes*,

## Prénoms du Sud

La suprématie des prénoms américains s'éloigne doucement. Depuis une décennie, ce sont les prénoms du sud qui ont conquis l'état civil.

En tête, les prénoms italiens, avec **Enzo**, qui a fait un malheur dès les années 1990. Presque inconnu en France, rare en Italie, rien ne prédestinait ce prénom à un tel succès. Peut-être est-ce la sortie du film, *Le grand bleu*, en 1988, qui révéla ce prénom. Enzo est un des personnages principaux de ce film touchant, pathétique et drôle parfois. Pourtant Enzo n'est pas un prénom récent, puisqu'on retrouve dans l'histoire un fils naturel de Frédéric II, empereur germanique au XIII^e siècle, qui devint roi de Sardaigne. Et, plus récemment, Enzo Ferrari, fondateur de l'écurie automobile.
Dans le sillage d'Enzo, on découvrit **Andréa**, forme italienne d'André qui, en France, devint mixte. Mais il reste discret, contrairement à **Marco**, **Nino**, et surtout à **Mattéo**, forme italienne de Mathieu, qui est depuis 2000 l'un des favoris. Moins courant, **Paolo**, forme italienne de Paul. Côté Sud toujours, mais vers l'Espagne, un beau trio : **Diego**, **Tiago, Estéban**. Diego est la forme espagnole de Jacques. Santiago, à l'origine San Iago, saint Jacques, est devenu Tiago. Estéban, c'est Étienne. Mais le dernier venu qui progresse vite, c'est **Timéo**, forme espagnole d'un prénom méconnu, le grec Timée, qui signifie honneur. Et enfin, voici le petit **Marius**, fleuron de la Provence, très prometteur en ce début de XXI^e siècle.

est une critique de la société et en particulier des débauchés. Il fut protégé de Pline le Jeune et de l'empereur Domitien.
**Son évolution :** présent mais très discret depuis les années 1950, Martial est stable.
**Sa forme initiale :** Martin.
**À l'étranger :** Marcial (Espagne), Marziale (Italie).

## MARTIN

**D'où vient-il ?** Martin, d'origine latine, signifie « guerrier ». Ce prénom fait référence à Mars, dieu de la guerre dans la mythologie latine.
**On le fête** le 11 novembre. Saint Martin, originaire de Hongrie, est soldat à Rome au IV$^{e}$ siècle. Il quitte l'armée, vient en Gaule et se fait baptiser. D'abord ermite, il fonde un monastère près de Poitiers. Il est nommé évêque de Tours en 371 et entreprend d'évangéliser la région. Après sa mort en 397, son tombeau devient le centre de pèlerinage le plus vénéré de Gaule.
**Il serait...** communicatif mais discret, rapide mais calme. Il a besoin de sécurité et de relations affectives stables pour s'épanouir.
**Ils l'ont porté :** Martin Luther, théologien et réformateur du protestantisme allemand, né en 1483. Martin Luther King, pasteur noir américain, Prix Nobel de la paix en 1964.
**Ils le portent :** le cinéaste américain Martin Scorsese, l'humoriste Martin Lamotte.
**Son évolution :** Martin, patronyme très courant en France, n'est vraiment apprécié comme prénom qu'à partir des années 1980. Classique, il demeure présent sans toutefois atteindre le top 50 des prénoms masculins.
**Dans nos régions :** Martiko (Pays basque), Martinu (Corse), Marzhin (Bretagne).
**À l'étranger :** Mairtin (Irlande), Marek (République tchèque), Marteen (Pays-Bas), Marten (Allemagne), Martian (Russie), Martii (Finlande), Martinho (Portugal), Martino (Espagne, Italie), Martyn (pays de Galles), Mörten (Danemark).
**Son féminin :** Martine.

## MARVIN
### Mervyn

**D'où vient-il ?** Marvin est une variante de Merlin, prénom littéraire. On peut aussi le rattacher au terme gallois Myrddin, qui signifie « grande mer ».
**Il serait...** curieux, opportuniste, souple et vif. Il aime la vie, ses plaisirs, les voyages et les changements. Il se lasse vite et déteste la routine.
**Il l'a porté :** Marvin Gaye, chanteur de soul américain.
**Son évolution :** peu fréquent aux États-Unis, Marvin apparaît en France dans les années 2000 et trace sa route discrètement mais sûrement.
**Son cousin :** Mervyn.

## MATHIAS
### Matthias, Matthis, Mathys

**D'où vient-il ?** Mathias est une variante de Mathieu, d'origine hébraïque, qui signifie « don ».
**On le fête** le 14 mai. Saint Matthias remplaça Judas Iscariote auprès de Jésus après son départ. Après la Pentecôte, il partit en Judée, puis en Macédoine et subit le martyre à son retour à Jérusalem.
**Il serait...** sensible et affectif, mais viril et combatif en apparence. Passionné, il est l'homme des excès, téméraire parfois, impatient toujours.
**Il l'a porté :** le roi Mathias de Hongrie, dont le règne, entre 1458 et 1490, fut le plus glorieux de toute l'histoire hongroise.
**Son évolution :** très en vogue dans les pays de l'Est, Mathias est discret en France depuis 1990.
**Sa forme initiale :** Mathieu.
**Ses cousins :** Matthias, Matthis, Mathys.
**À l'étranger :** Matei (Roumanie), Mattia (Italie), Matyas (Hongrie).

## MATHIEU
### Mathias, Mathis, Matteo, Mats

**D'où vient-il ?** Mathieu, d'origine hébraïque, signifie « don ».
**On le fête** le 21 septembre. Saint Mathieu, employé au service de la douane de Capharnaüm, en

# Top 100 des prénoms masculins

Les prénoms sont classés par ordre alphabétique. Les 10 prénoms favoris sont indiqués en lettres capitales.

Aaron
Achille
ADAM
Adrien (Hadrien)
Alexandre
Alexis
Amine
Antoine
Antonin
Arthur
Augustin
Aurélien
Axel
Baptiste
Basile
Benjamin
Charles
Clément
Côme
Daniel
David
Édouard
Élias
Élie
Éliott
Émile
Enzo
Estéban
ETHAN
Evan
Félix
Gabin
GABRIEL
Gaspard
Grégoire
Guillaume
HUGO
Ibrahim
Isaac
Ismaël
Jean
Joseph
Joshua
JULES
Julien
Kevin
Léonard
Lenny
LÉO
Léon
LIAM
LOUIS
LUCAS
Lucien
Maël
Malo
Marius
Martin
Mathéo (Mattéo)
Mathias
Mathieu (Matthieu)
Mathis
Max
Maxence
Maxime
Mehdi
Mohamed
Nathan
Nicolas
Noah
Noam
Noé
Nolan
Oscar
Paul
Pierre
Quentin
RAPHAËL
Rayan (Ryan)
Robin
Romain
Ruben
Sacha
Samuel
Samy
Simon
Solal
Théo
Thibault
Thomas
Timéo
Timothée
Titouan
Tom
Tristan
Ulysse
Valentin
Victor
William

Galilée, au I^er^ siècle, abandonna son travail pour suivre Jésus. Après la Pentecôte, il voyagea en Palestine, en Égypte et en Éthiopie pour évangéliser les populations. C'est en Éthiopie qu'il mourut en martyr. Il aurait écrit le premier Évangile.

**Il serait...** indépendant, énergique et entreprenant. Diplomate, habile, il est bon négociateur. Sensible, il a besoin d'amitié et d'affection.

**Ils le portent :** le tennisman Mats Wilander, le chanteur Mathieu Chedid, l'acteur américain Matt Dillon, le réalisateur Mathieu Kassovitz.

**Son évolution :** c'est entre 1970 et 2000 que Mathieu s'épanouit en France, laissant ensuite la place à Mathis et surtout à Matteo.

**Sa forme initiale :** Mattathiah.

**Son cousin :** Matthieu.

**Dans nos régions :** Mataï, Mateï, Mattin (Pays basque), Mateu (Provence), Mazhé, Mazehv (Bretagne).

**À l'étranger :** Makaïo (Hawaï), Mata (Irlande), Mateo (Espagne), Matteo (Italie), Mathew (Grande-Bretagne, États-Unis), Mateusz (Pologne), Matfei, Matveï (Russie), Mathis (Flandre), Matti (Finlande), Mats (Scandinavie), Mattes, Matthaüs (Allemagne), Matthews (Danemark), Tiss (Pays-Bas).

## MATHIS

### Mathieu, Mathys, Matisse

**D'où vient-il ?** Mathis est la forme flamande et néerlandaise de Mathieu.

**On le fête** le 21 septembre avec Mathieu.

**Il serait...** sérieux, réfléchi, tranquille et très porté sur les activités intellectuelles : la lecture, les jeux solitaires, l'étude.

**Son évolution :** C'est dans les années 1990 que Mathis apparaît et il s'installe à l'état civil dès 2000.

**Sa forme initiale :** Mathieu.

**Ses cousins :** Mathys, Matisse.

**Son heure de gloire**

Les années 2010. Il commence à fléchir, tout en restant présent dans le top 30.

## MATHURIN

**D'où vient-il ?** Mathurin, d'origine latine, signifie « mûr ».

**On le fête** le 9 novembre. Saint Mathurin, né dans le Gâtinais au III^e^ siècle, fut ordonné prêtre à 21 ans. Il convertit ses parents et évangélisa toute sa région. Nommé évêque, il décida de vivre en ermite dans la forêt de Fontainebleau. Sa réputation d'exorciste s'étendit et il fut emmené à Rome pour soigner la fille de l'empereur Maximien, soi-disant possédée par le démon.

**Il serait...** l'homme des contrastes, passionné mais réservé, épicurien mais sérieux, réfléchi et pourtant impulsif. Travailleur et ambitieux, il se donne toutes les chances de réussir.

**Il l'a porté :** Mathurin Régnier, poète satirique du XVII^e^ siècle.

**Son évolution :** bien rare, Mathurin a connu une petite vague de succès fugace à la fin du XIX^e^ siècle. Il a disparu depuis.

**Dans nos régions :** Matilin, Mathelin (Bretagne), Maturinu (Corse).

**À l'étranger :** Maturino (Espagne, Italie).

**Son féminin :** Mathurine.

## MATTEO
**Mathéo, Mathieu**

**D'où vient-il ?** Matteo est la forme italienne de Mathieu, d'origine hébraïque, qui signifie « don ».
**On le fête** le 21 septembre avec Mathieu.
**Il serait...** sociable et amical, très humaniste et attaché à sa famille. Vif et actif, ambitieux et combatif, il recherche le pouvoir et le succès.
**Son évolution :** Théo et Léo ont ouvert la voie à Matteo l'italien.
**Sa forme initiale :** Mathieu.
**Son cousin :** Mathéo.

### Son heure de gloire

Les années 2000. Après une progression très rapide, il recule tout aussi vite.

## MAUR
**Amaury, Maurice**

**D'où vient-il ?** Maur, d'origine latine, signifie « maure ». Les Maures étaient les habitants de la Mauritanie antique, ce qui correspond à l'actuel Maghreb.
**On le fête** le 15 janvier. Saint Maur, né à Rome en 512 d'une famille de sénateurs, fut confié à saint Benoît à l'âge de 12 ans. Il accompagna son mentor lorsqu'il fonda l'ordre bénédictin. Il prit ensuite la succession de saint Benoît à la tête du monastère de Subiaca. Il mourut en 584 et ses reliques furent placées dans une abbaye.
**Il serait...** équilibré, sérieux et déterminé. Il a un grand sens pratique et s'intéresse beaucoup aux biens matériels. Il travaille pour atteindre ses objectifs, car il connaît le prix de l'effort.
**Son évolution :** Maur n'a jamais été courant, contrairement à Maurice.
**À l'étranger :** Mauro (Espagne, Italie).
**Ses féminins :** Maurane, Maure.

## MAURICE
**Amaury, Maur**

**D'où vient-il ?** Maurice est une variante de Maur, d'origine latine, qui signifie « maure ».
**On le fête** le 22 septembre. Saint Maurice, officier romain, fit partie de la légion de chrétiens envoyée en Gaule pour soumettre une tribu de Gaulois chrétiens réfractaires à l'autorité de Rome. Refusant de sacrifier aux dieux païens et de tuer d'autres chrétiens, il fut mis à mort.
**Il serait...** secret et solitaire. Sensible, il ne sait pas exprimer ses sentiments et se sent souvent incompris. Ses proches savent apprécier sa gentillesse et sa loyauté.
**Ils l'ont porté :** Maurice de Sully, évêque de Paris, commença l'édification de Notre-Dame de Paris en 1163. Maurice Barrès, écrivain né en 1862, Maurice Ravel, compositeur né en 1875. Le chanteur Maurice Chevalier, né en 1888.
**Son évolution :** Maurice apparaît à la fin du XIXe siècle et s'épanouit jusqu'en 1930.
**Sa forme initiale :** Maur.
**Son cousin :** Amaury.
**Dans nos régions :** Morvan, Moravan (Bretagne).
**À l'étranger :** Mauricio (Espagne, Portugal), Maurits (Suède), Maurizio (Italie), Moricz (Hongrie), Moris (Grèce), Morrisz (Grande-Bretagne, Irlande), Moritz (Allemagne, Islande).
**Son féminin :** Mauricette.

### Son heure de gloire

Le début du XXe siècle, où il fut l'un des premiers prénoms masculins. Il s'éloigne dès 1930, laissant la place dans les années 1970 à une autre forme de Maur, Amaury, déjà très connu au Moyen Âge.

## MAX

**D'où vient-il ?** Max est le diminutif de Maxime, d'origine latine, qui signifie « le plus grand ».
**On le fête** le 14 avril avec Maxime.
**Il serait...** ambitieux et sûr de lui, fier et susceptible, mais aussi plein de doutes et parfois même d'inquiétude. Communicatif, il est attentif aux autres.
**Ils l'ont porté :** Max Favalelli, professeur de français, juge arbitre dans des émissions télévisées culturelles, concepteur de mots croisés. L'écrivain

et peintre français, Max Jacob, mort au camp de Drancy en 1944. Le cinéaste Max Ophuls, décédé en 1957. Max Gallo, romancier, historien, homme politique, qui obtient un grand succès avec ses œuvres historiques grand public. Il était membre de l'Académie française depuis 2007.

**Son évolution :** Max suit de loin les prénoms diminutifs comme Alex, Léo, Théo. Il se maintient depuis 2000.

**Sa forme initiale :** Maxime.

## MAXENCE (mixte)

**D'où vient-il ?** Maxence est une variante de Maxime, d'origine latine, qui signifie « le plus grand ».

**On le fête** le 20 novembre. Sainte Maxence, princesse irlandaise chrétienne, fut disciple de saint Patrick au IIIe siècle. Elle vint en Gaule pour échapper à un païen qui voulait l'épouser, s'installa dans un ermitage et fut décapitée par des païens qu'elle tentait de convertir.

**Il serait...** très sensible, altruiste, désireux d'être aimé et profondément altruiste. Très perméable aux ambiances, il redoute le stress et ne s'épanouit que dans l'harmonie.

**Ils l'ont porté :** l'empereur romain Maxence, qui régna de 306 à 312. Il aurait usurpé le trône et mourut au combat alors que ses détracteurs voulaient le contraindre à abdiquer. Maxence Van der Meersch, écrivain, prix Goncourt en 1936 pour *l'Empreinte du dieu.*

**Son évolution :** Maxence se développe dans l'ombre de Maxime dès 1970. Il est aujourd'hui très en vogue, en particulier dans les familles BCBG.

**Son féminin :** Maxence est mixte, mais presque exclusivement masculin aujourd'hui.

## MAXIME

**Maixent, Max, Maxence, Maximilien, Maximin**

**D'où vient-il ?** Maxime, d'origine latine, signifie « le plus grand ».

**On le fête** le 14 avril. Saint Maxime, dit le Confesseur, fut le secrétaire de l'empereur de Constantinople au VIe siècle. Il entra au monastère de Chrysopolis, près de Byzance, où il fut élu abbé. Il mourut en martyr en 653.

**Il serait...** exigeant en amour comme en amitié. Il préfère être seul que mal accompagné. Il recherche la paix ; sa diplomatie l'y aide.

**Ils le portent :** le chanteur Maxime Le Forestier, le musicien Maxime Nucci et le footballeur Maxime Lopez.

**Son évolution :** c'est dans les années 1990 que Maxime est le plus donné. Il est en très bonne place jusqu'en 2000 au hit-parade des prénoms masculins. Il n'est plus à l'honneur depuis 2005.

**Ses cousins :** Maixent, Maxence, Maximin.

**Dans nos régions :** Massimianu (Corse), Massimin (Provence), Maxiko (Pays basque).

**À l'étranger :** Maksim (Russie), Maksym (Pologne), Massimo (Italie), Maxim (Grande-Bretagne, États-Unis), Maximianus (Allemagne), Maximo (Espagne).

**Son diminutif :** Max.

## MAXIMILIEN

**D'où vient-il ?** Maximilien est une variante de Maxime, d'origine latine, qui signifie « le plus grand ».

**On le fête** le 12 mars. Saint Maximilien, fils d'un militaire romain à Carthage, en Tunisie, au IIIe siècle, était tenu par la loi de reprendre la fonction de son père. Chrétien, il refusa d'entrer dans l'armée et fut décapité en 295.

**Il serait...** énergique, volontaire, discipliné et strict. Il impose souvent ses vues et affiche une grande exigence envers ses amis.

**Ils l'ont porté :** Maximilien de Robespierre, député du tiers état en 1789, guillotiné en 1794. Maximilien 1er empereur du Mexique, frère de François-Joseph d'Autriche, qui fut exécuté en 1867.

**Son évolution :** ce prénom fut courant en Autriche et dans les pays de langue allemande au XIXe siècle. Il est très rare aujourd'hui.

**Sa forme initiale :** Maxime.

**Dans nos régions :** Maximilianu (Corse), Maximilian (Gascogne).
**À l'étranger :** Massimiliano (Italie), Maximilian (Grande-Bretagne, États-Unis).
**Son diminutif :** Max.
**Son féminin :** Maximilienne.

## MAYEUL

### Maïeul, Mayol

**D'où vient-il ?** Mayeul, d'origine latine, signifie « mai ».
**On le fête** le 11 mai. Saint Mayeul, originaire de Provence d'où il fut chassé par les barbares au Xe siècle, se réfugia à Lyon où il étudia la théologie. Il fut nommé abbé de Cluny, devint le conseiller des empereurs et des rois de l'Europe, et exerça une grande influence politique et religieuse sur son époque. Il mourut sur la route de Paris, où il était appelé par Hugues Capet pour réformer l'abbaye de Saint-Denis.
**Il serait...** autonome, sociable mais aussi épris de tranquillité. Bien qu'il soit affectif, il se révèle peu, préfère laisser deviner ses sentiments.
**Son évolution :** Mayeul est rare, peu porté dans le passé, apprécié par les familles BCBG.
**Ses cousins :** Maïeul, Mayol.

## MÉDARD

**D'où vient-il ?** Médard, d'origine germanique, signifie « gouverneur fort ».
**On le fête** le 8 juin. Saint Médard, originaire de Picardie, naquit vers 470. Il fut ordonné prêtre à 33 ans, après avoir fait de longues études, et devint évêque de Noyon en 530. Décédé en 560, son culte fut très populaire au Moyen Âge, où on lui prêtait une grande influence sur la météorologie. Un proverbe annonce d'ailleurs « Quand il pleut à la Saint-Médard, il pleuvra quarante jours plus tard ».
**Il serait...** sociable, optimiste, tolérant. Idéaliste, il rêve d'un monde meilleur, s'intéresse à tout et à tous. Il lui faut un environnement affectif stable pour évoluer.
**Son évolution :** Médard a toujours été un prénom rare.
**À l'étranger :** Medardo (Espagne), Medardus (Allemagne).

## MÉDÉRIC

### Merri

**D'où vient-il ?** Médéric, d'origine germanique, signifie « courage royal ».
**On le fête** le 29 août avec Merri.
**Il serait...** imaginatif, habile, persuasif et amical. Sa générosité et sa joie de vivre sont très appréciées par son entourage privé et professionnel.
**Son évolution :** ce prénom n'a jamais été courant, même au Moyen Âge ; il est très rare aujourd'hui.
**Son cousin :** Merri.

## MEHDI

**D'où vient-il ?** Mehdi, d'origine arabe, signifie « guidé par Dieu ».
**Il serait...** communicatif, expressif, habile et éloquent. Très sociable, il recherche la compagnie et apprécie d'être aimé et estimé.
**Ils l'ont porté :** Mehdi fut le fondateur de la dynastie des Almohades au XIIe siècle. L'homme politique marocain Mehdi ben Barka.
**Ils le portent :** l'athlète Mehdi Baala. Le matador Mehdi Savalli. L'acteur qui interprétait le jeune garçon dans le feuilleton *Belle et Sébastien* des années 1970, Medhi El Glaoui.

**Son évolution :** Mehdi est un prénom courant dans les familles de culture musulmane.

## MELCHIOR

**D'où vient-il ?** Melchior, d'origine hébraïque, signifie « roi de lumière ».

**On le fête** le 6 janvier. Melchior est l'un des trois Rois mages venus d'Orient pour adorer l'Enfant Jésus à Bethléem et lui offrir de l'or.

**Il serait…** sensible, sociable et généreux. Il ne cherche que l'harmonie et la paix avec ses proches, mais aussi dans la vie professionnelle.

**Son évolution :** Gaspard est là depuis quelques années déjà, Balthazar arrive, on attend Melchior.

**À l'étranger :** Malchiorre (Italie), Meilseoir (Irlande), Melcher (Suède), Melchior (Portugal), Melchor (Espagne).

## MELVIN
### Mel

**D'où vient-il ?** Melvin, d'origine celte, signifierait « prince ». L'étymologie n'est pas certaine.

**On le fête** le 6 février. Saint Mel prit l'habit au monastère d'Ardagh, fondé par saint Patrick, son oncle, en Irlande. Le monastère était mixte et Mel fut amoureux de Lupita, la sœur de saint Patrick. Il prit la décision, pour ne pas céder à la tentation, de promulguer un décret pour séparer les monastères masculins et féminins.

**Il serait…** réservé, mais actif et dynamique, soucieux de plaire, mais sur la défensive, car il se sent souvent incompris. Il a besoin d'avoir un environnement affectif solide pour progresser.

**Ils l'ont porté :** l'acteur, producteur et réalisateur américain Mel Ferrer. Le physicien Melvin Schwartz, prix Nobel de physique 1988.

**Il le porte :** l'acteur américain Mel Gibson.

**Son évolution :** Melvin est un prénom courant aux États-Unis, rare en France.

**Son diminutif :** Mel.

## MERLIN

**D'où vient-il ?** Merlin vient du nom d'un héros de la littérature, Merlin l'Enchanteur.

**Il serait…** sérieux et stable. Il a le sens de la gestion, sait compter et recherche le gain, le profit, la réussite. Il s'en donne tous les moyens.

**Ils le portent :** Merlin l'Enchanteur est un personnage de la légende celte, probablement créé à la période des druides, qui fut transcrite vers le XII^e^ siècle. Le fils de l'ancien entraîneur de l'équipe de France de football, Raymond Domenech.

**Son évolution :** Merlin, très connu, grâce, entre autres sources, aux dessins animés de Walt Disney, était rare jusqu'aux années 2000. Il se manifeste discrètement.

## MERRI
### Médéric

**D'où vient-il ?** Merri est une variante de Médéric, d'origine germanique, qui signifie « courage royal ».

**On le fête** le 29 août. Saint Merri, né dans une famille bourguignonne au VIII^e^ siècle, se fit moine à 13 ans à l'abbaye Saint-Martin d'Autun. Il quitta ensuite l'abbaye pour venir à Paris où il se consacra aux malades et aux prisonniers. Il se retira ensuite dans un ermitage, une cabane située à l'emplacement de l'actuelle église Saint-Merri dans le IV^e^ arrondissement de la capitale.

**Il serait…** concret, dynamique et indépendant. Homme de terrain, il est curieux, pas toujours organisé, mais très adaptable.

**Son évolution :** ce prénom était déjà rare au Moyen Âge, il a complètement disparu depuis.

**Sa forme initiale :** Médéric.

**Son cousin :** Merry.

## MÉTHODE

**D'où vient-il ?** Méthode, d'origine grecque, signifie « studieux ».

**On le fête** le 14 février. Frère de saint Cyril, saint Méthode l'accompagna dans l'évangélisation de la Moravie et participa à la traduction de la Bible en slave. Il fut nommé archevêque de Pannonie, puis légat du pape en Moravie jusqu'à sa mort, en 885.

**Il serait...** réfléchi, sérieux, calme. Très introverti, il préfère l'étude à l'activité, la réflexion à la vie sociale. Il manque souvent de sens pratique et reste dans ses rêves.
**Son évolution :** ce prénom a été relativement fréquent dans les pays slaves, il est rarissime en France.
**À l'étranger :** Mefodi (Russie).

## MICHAËL
### Michel, Mikaël

**D'où vient-il ?** Michaël est la forme anglaise de Michel, d'origine hébraïque, qui signifie « comme Dieu ».
**On le fête** le 29 septembre avec Michel.
**Il serait...** optimiste et dynamique, communicatif et généreux. Heureux de vivre, il séduit son entourage par sa bonne humeur et son appétit des bonnes choses.
**Il l'a porté :** le chanteur américain Michaël Jackson surnommé « le roi de la pop ».
**Ils le portent :** les acteurs américains Michaël Douglas et Michaël Caine.
**Son évolution :** Michaël est, dans les pays de langue anglaise, un intemporel. En France, c'est entre 1960 et 1990 qu'il s'est épanoui. Il est rare aujourd'hui.
**Sa forme initiale :** Michel.
**Son cousin :** Mikaël.
**Son diminutif :** Mick.
**Son féminin :** Michaëla.

## MICHEL

**D'où vient-il ?** Michel, d'origine hébraïque, signifie « comme Dieu ».
**On le fête** le 29 septembre. Dans l'Apocalypse selon saint Jean, Michel est l'un des archanges de Dieu qui accueillent les âmes des défunts au Ciel. Il est le protecteur du peuple d'Israël et de l'Église catholique romaine.
**Il serait...** vif, entreprenant, conquérant, désireux de plaire et d'être admiré. Il est épris de voyages et d'aventures qui comblent sa curiosité et redoute la solitude.
**Ils l'ont porté :** Michel Eyquem de Montaigne, né en 1533. Après de solides études, il fut maire de Bordeaux et consacra sa vie à l'étude et à l'écriture. Son œuvre principale, *les Essais,* publiée en 1595, affiche des idées résolument modernes. Il fut le grand humaniste de la Renaissance en France. Michel-Ange, peintre et sculpteur de la Renaissance italienne, protégé de Laurent de Médicis, dont les œuvres magistrales, le plafond de la chapelle Sixtine, le tombeau du pape Jules II, les statues de Moïse et de David, eurent une influence considérable sur l'art de son siècle partout en Europe. Il mourut à 89 ans en 1564. Le compositeur Michel Berger, les acteurs Michel Serrault et Michel Galabru.
**Ils le portent :** les chanteurs Michel Polnareff, Michel Sardou, le journaliste Michel Drucker. Le chanteur des Rolling Stones Mick Jagger, l'homme politique russe Mikhaïl Gorbatchev. Mickey Mouse, personnage de bandes dessinées et de dessins animés créé par Walt Disney en 1927. Mis en scène d'abord au cinéma dans des dessins animés en compagnie du chien Pluto, de Dingo, un ami farfelu, et aussi de Minnie, sa compagne, Mickey devint le héros de bandes dessinées. Il reste l'emblème de la société Disney. L'Américain Mickey Rooney, acteur à l'âge de 2 ans, en 1922, est toujours acteur, compositeur et scénariste en 2008.
**Son évolution :** l'ascension de Michel commence dans les années 1920. Il décline très lentement dès 1950, mais reste répandu en France, toutes générations confondues.
**Sa forme initiale :** Mik'hal.
**Dans nos régions :** Micheu, Migelo, Miqueu, Miquel (Pays basque), Mikaël (Bretagne).
**À l'étranger :** Micael (Portugal), Micha, Mischa (Pologne, Russie), Michael (Grande-Bretagne, États-Unis), Micheal (Irlande), Michele (Italie), Miguel (Espagne, Portugal), Mihaï (Roumanie), Mihal, Mihaly, Mikal, Mikaly (Hongrie), Mika (Finlande), Mikhaïl (Russie), Mihalis, Miklos (Grèce).

**Ses diminutifs :** Mick, Mickey, Micky, Mike.
**Ses féminins :** Michèle, Michelle, Micheline.

**Son heure de gloire**

De 1940 à 1950. Michel est alors, et de très loin, le prénom masculin n° 1, battant tous les records de popularité.

## MILAN
### Milos

**D'où vient-il ?** Milan est une variante de Miloslav, d'origine slave, qui signifie « brillante victoire ».
**Il serait...** sociable, sympathique et charmeur. Mais aussi déterminé, indépendant et fier. Ses objectifs : le pouvoir et la réussite, qu'il atteint souvent grâce au travail et à une motivation très forte.
**Ils l'ont porté :** Milan Gbrenovitch, prince de Serbie au XIXe siècle. Milos Forman, cinéaste tchèque, à qui l'on doit notamment *Vol au-dessus d'un nid de coucou* et *Amadeus*.
**Il le porte :** Milan Kundera, écrivain tchèque naturalisé français en 1981.
**Son évolution :** Milan, prénom slave typique, passe les frontières et a déjà une belle popularité en Belgique. On commence à le rencontrer en France depuis 2005.
**Sa forme initiale :** Miloslav.
**Ses cousins :** Milos, Miroslav.
**Son féminin :** Milana.

## MODESTE

**D'où vient-il ?** Modeste, d'origine latine, signifie « modeste ».
**On le fête** le 24 février. Saint Modeste fut évêque de Trèves au Ve siècle.
**Il serait...** calme, réservé tout en étant sociable. Il redoute la solitude et a besoin d'être stimulé pour se motiver. Réfléchi et intuitif à la fois, il a un bon sens de l'analyse.
**Son évolution :** Modeste a toujours été… modeste, comme bien des prénoms qualificatifs élogieux, parfois difficiles à porter.

## MOHAMMED
### Mohamed, Muhammad

**D'où vient-il ?** Mohammed, d'origine arabe, signifie « digne de louanges ».
**Il serait...** sérieux, réfléchi, méticuleux et organisé. Il est attaché aux biens matériels et construit sa vie avec prudence et persévérance. Il a un sens inné de la justice.
**Ils l'ont porté :** Mohammed Khadafi, chef de l'État libyen. Mohamed Ali, boxeur américain, Cassius Clay de son nom d'origine.
**Son évolution :** C'est sans doute le prénom le plus porté par les garçons de culture arabe.
**Son cousin :** Muhammad.

## MOÏSE

**D'où vient-il ?** Moïse, d'origine hébraïque, signifie « sauvé des eaux ».
**Il serait...** réservé et indépendant. Curieux et intuitif, il aime sortir des sentiers battus, mais il tient beaucoup à son entourage familial et amical.
**Ils l'ont porté :** Moïse, né dans la tribu des Lévi lors de la captivité des Hébreux en Égypte, échappa au génocide en étant placé, nouveau-né, dans un couffin et confié au Nil. La fille du pharaon le recueillit. À ses 40 ans, Yavé lui apparut dans le désert et le chargea de conduire son peuple dans la terre de Canaan. Il prit la tête de la résistance des Hébreux contre l'oppression égyptienne, sortit son peuple de l'esclavage et proclama les dix commandements. Il est le fondateur de la religion et de la nation d'Israël au XIIIe siècle avant J.-C. Moshe Dayan, militaire et homme politique israélien qui participa aux accords de Camp David et mourut en 1981.
**Son évolution :** Moïse est un des plus grands prénoms de la tradition hébraïques. Il fut très fréquent aux États-Unis.
**Sa forme initiale :** Moshé.
**À l'étranger :** Moïses (Espagne, Portugal), Moïsseï, Mossia (Russie), Moses (Grande-Bretagne, États-Unis), Moussa (pays arabes), Mozes (Hongrie).

## MORGAN

**D'où vient-il ?** Morgan, d'origine celte, signifie « enfant de la mer ».

**Il serait...** dynamique, solide, décidé et chaleureux. Indépendant et curieux, il recherche la nouveauté, les aventures, les voyages, et déteste la routine.

**Son évolution :** c'est d'abord Morgane au féminin qui obtient dès 1970 la faveur des parents. Son masculin se fait modeste avec un courant de popularité dans les années 1990, mais il est vite oublié.

**Son féminin :** Morgane.

## MORTIMER

**D'où vient-il ?** Mortimer signifie « eau calme » et fait référence à la mer Morte. Ce fut en effet un patronyme pris par un croisé français à son retour. Celui-ci se serait installé en Angleterre et ce patronyme serait devenu prénom au XIXe siècle.

**Il serait...** sociable, éloquent, persuasif. Un champion de la communication. Il sait très bien utiliser ses relations pour réussir dans sa vie professionnelle.

**Il l'a porté :** le chanteur américain Mort Schuman.

**Son évolution :** Mortimer est un prénom peu fréquent en Angleterre, mais beaucoup plus courant comme patronyme.

**Son diminutif :** Mort.

## MOULOUD

**D'où vient-il ?** Mouloud, d'origine arabe, signifie « bien né ».

**Il serait...** sociable, diplomate, coopératif. Il redoute la solitude et a besoin de compagnie pour s'épanouir dans la vie privée comme dans la vie professionnelle.

**Il l'a porté :** Mouloud Feraoun, écrivain kabyle, décédé en 1962.

**Son évolution :** Mouloud est apprécié par les familles de culture musulmane.

# N

## NARCISSE

Narcès

**D'où vient-il ?** Narcisse, d'origine grecque, signifie « torpeur ».

**On le fête** le 29 octobre. Saint Narcisse fut nommé évêque de Jérusalem en 195 à un âge déjà très avancé. Avec Théophile de Césarée, il présida un concile chargé de fixer la date de Pâques. Grande première pour un évêque dans l'histoire de l'Église, saint Narcisse choisit un adjoint en 212, Alexandre, ancien évêque de Cappadoce. Saint Narcisse décéda vers 222.

**Il serait...** indépendant, perfectionniste, exigeant et ambitieux, il a cependant besoin de revenir souvent se ressourcer auprès des gens qu'il aime.

**Ils l'ont porté :** dans la mythologie grecque, Narcisse est un jeune homme d'une grande beauté dont toutes les femmes s'éprennent. Alors qu'il se regardait dans l'eau d'une fontaine, Narcisse fut séduit par son image, pris de passion pour sa beauté, et en mourut. Les dieux l'auraient métamorphosé en une fleur qui porte son nom. Narcisse, affranchi de l'empereur romain Claude au Ier siècle prit une grande part dans le gouvernement. Le guitariste espagnol Narciso Yepes, né en 1927.

**Son évolution :** Narcisse ayant une telle réputation d'égocentrisme, de... narcissisme, il a été très souvent boudé par les parents.

**Son cousin :** Narcès.
**Dans nos régions :** Narcisiu (Corse), Narkis (Pays basque).
**À l'étranger :** Narcis (Catalogne), Narciso (Espagne, Italie), Narcissus (Grande-Bretagne, États-Unis), Narcisz (Hongrie), Nargess, Narjes, Narjis (pays arabes), Narkiz (Arménie).

## NATHAN

**D'où vient-il ?** Nathan signifie, en hébreu « Dieu a donné ».
**On le fête** le 7 mars. Prophète, Nathan vécut à la cour du roi David en Israël au Xe siècle avant J.-C. En tant que conseiller du roi, il le dissuada de construire un temple et se permit de critiquer sa relation avec Bethsabée. Annonçant la pérennité de la dynastie, il s'investit dans la lutte pour la succession et finit par imposer Salomon comme successeur.
**Il serait...** discret et persévérant, Il avance à son rythme assez lent, mais il est consciencieux et déteste la négligence. Il est fiable dans tous les aspects de sa vie.
**Son évolution :** ce prénom est un grand classique de la culture juive et intemporel. Il est particulièrement courant aux États-Unis et s'impose en France depuis 2010.
**Sa forme initiale :** Nathanyahou.
**Son diminutif :** Nati.
**Son féminin :** Natanelah.

## NATHANAËL
### Nathan

**D'où vient-il ?** Nathanaël est une variante de Nathan, qui signifie en hébreu « Dieu a donné ».
**On le fête** le 24 août. Selon l'Évangile de saint Jean, Nathanaël est l'un des apôtres de Jésus au Ier siècle, cinquième homme appelé à le suivre. Il fut présenté à Jésus par Philippe.
**Il serait...** volontaire, énergique, travailleur, indépendant et persévérant. De belles qualités pour réussir sa vie professionnelle malgré un autoritarisme parfois mal perçu.
**Son évolution :** longtemps réservé aux enfants de familles de culture hébraïque, Nathanaël grandit dans l'ombre de Nathan.
**Sa forme initiale :** Nathan.
**À l'étranger :** Nafanaïl (Russie), Nataniel (Espagne), Nataniele (Italie).
**Son diminutif :** Naty.
**Son cousin :** Nathan.
**Son féminin :** Nathanaëlle.

## NELSON

**D'où vient-il ?** Nelson, d'origine irlandaise, signifie « fils de champion ».
**On le fête** le 3 février. Né dans le comté d'York, en Angleterre en 1534, saint Nelson se consacre dès son plus jeune âge à la vie religieuse. Il est ordonné prêtre à Douai en 1576, mais il est arrêté en Angleterre en 1577. Accusé de papisme, on lui reproche de refuser de prêter serment à l'Église anglicane. Il est alors condamné à mort et exécuté en 1578.
**Il serait...** réservé mais amical et ouvert, réfléchi mais léger et plein d'humour. Stable, solide, rationnel, il est aussi très sensible et affectueux.
**Ils l'ont porté :** Nelson, amiral anglais qui remporta la bataille de Trafalgar et y mourut en héros national en 1805. Nelson Mandela, né en 1918, homme politique d'Afrique du Sud, Prix Nobel de la paix en 1993 pour avoir contribué à la fin de l'apartheid et à la mise en place de la démocratie dans le pays. Il fut président de l'Afrique du Sud de 1994 à 1999.
**Il le porte :** Le journaliste sportif Nelson Monfort.
**Son évolution :** Nelson est très connu, mais peu courant en France. C'est en Angleterre qu'on le rencontre le plus souvent.

## NÉO

**D'où vient-il ?** Néo est le diminutif de Néon, d'origine grecque, qui signifie « nouveau ».
**On le fête** le 2 décembre. Saint Néon, enfant de huit ans, à Rome au IIIe siècle, subit le martyre avec le groupe de chrétiens dont il faisait partie.

**Il serait...** plutôt intellectuel, tourné vers l'étude, la lecture, les activités calmes et solitaires. Il aime approfondir le sens des choses et lorsqu'un sujet lui plaît, il veut tout savoir.
**Son évolution :** Néo commence à s'imposer dans la tendance des prénoms courts comme Léo, Théo, Tao.
**Son cousin :** Néon.
**Son féminin :** Néonille.

## NESTOR

**D'où vient-il ?** Nestor signifie, en grec « voyageur ».
**On le fête** le 26 février. Évêque de Magydos en Asie Mineure au III^e^ siècle, saint Nestor, choqué de voir des chrétiens obligés de renier leur foi pour sauver leur vie, leur conseille de fuir ou de se cacher. Il est crucifié vers 251.
**Il serait...** passionné, impétueux et volontaire. Cette apparence un peu rude cache une grande sensibilité et un cœur d'or. Opportuniste, il sait profiter de toutes les occasions.
**Ils le portent :** dans la mythologie grecque, Nestor est le roi légendaire de Pylos, il participe à l'expédition des Argonautes, à la chasse aux sangliers de Calydons et à la guerre de Troie.
**Il l'a porté :** Néstor Kirchner, président de la nation argentine de 2003 à 2007.
**Son évolution :** Nestor, comme de nombreux prénoms mythologiques, est rare.
**Dans nos régions :** Nextor (Pays basque).
**À l'étranger :** Nestore, Netore (Italie), Nestorio (Espagne).
**Son diminutif :** Nessia.
**Ses féminins :** Nestoria, Nestorie, Nestorine.

## NICÉPHORE
### Nicanor

**D'où vient-il ?** Nicéphore signifie, en grec « qui apporte la victoire ».
**On le fête** le 13 mars. Saint Nicéphore fut nommé patriarche de Constantinople en 806. Il fut favorable aux saintes images, mais prit la défense de l'empereur contre le fanatisme des moines de Stoudios. En 815, le pape Léon V l'Arménien l'exila dans un monastère en raison de conflits d'idées entre les deux hommes. En 829, il décéda dans ce monastère. Il fut l'auteur d'une chronique de l'Empire byzantin.
**Il serait...** communicatif, chaleureux, loquace. Ses relations sociales sont indispensables à son équilibre. Créatif, il a le goût de la réussite et cherche dans l'art les moyens de s'exprimer.
**Ils l'ont porté :** trois empereurs byzantins dont Nicéphore I^er^ le Logothère qui fut vaincu par les Bulgares. Nicéphore Niepce, né en 1765, pionnier de la photographie.
**Son évolution :** Nicéphore a toujours été très rare.
**Son cousin :** Nicanor.
**À l'étranger :** Nikifoc, Nikifor (pays de l'Est).

## NICOLAS
### Colas, Colin, Nicetas, Nikita

**D'où vient-il ?** Nicolas signifie, en grec « victoire du peuple ».
**On le fête** le 6 décembre. Saint Nicolas fut évêque de Myre en Anatolie au III^e^ siècle. Il participa au premier concile de Nicée et consacra sa carrière à la lutte contre le paganisme et l'hérésie ariane. Patron de la Russie, il est aussi patron des marins, des prisonniers et des enfants. Dans les pays germaniques, il remplit le rôle de père Noël en distribuant des cadeaux aux enfants le jour de sa fête.
**Il serait...** charmant mais discret, dynamique mais calme, persuasif mais diplomate. Très sensible, il exprime cependant peu ses sentiments.
**Ils l'ont porté :** cinq papes et deux tsars de Russie portèrent ce prénom, dont le dernier tsar de Russie, Nicolas II. Nicolas Fouquet, né en 1615, homme d'État français, surintendant des finances de Louis XIV. Nicolas Copernic (1473-1543), médecin et astronome polonais, auteur de la théorie de l'héliocentrisme. L'écrivain Nicolas Boileau, né en 1636. Le peintre Nicolas Poussin, né en 1594 et décédé en 1665.

**Ils le portent :** Nicolas Sarkozy, ancien président de la République française. Le reporter, écologiste et écrivain Nicolas Hulot. L'acteur américain Nicolas Cage. Le footballeur Nicolas Anelka.
**Son évolution :** populaire dès le XVI^e siècle, Nicolas s'éclipse au XIX^e siècle pour réapparaître dans les années 1950. Il progresse jusqu'à devenir le numéro un dans les années 1980. Il demeure au top 100 des prénoms de garçons.
**Ses cousins :** Colas, Colin, Nicetas.
**Dans nos régions :** Colas (Normandie), Nicolao (Corse), Nicolaz, Nikolaz (Bretagne), Nicoulau, Nicoulo (Provence), Nikola, Nikolas (Pays basque).
**À l'étranger :** Klaus, Niclaus, Niklaus, Nikolaus (Allemagne), Mikita, Mikola (Ukraine), Neacail, Neacal, Niocal, Nioclas, Niocol (Irlande), Niccolo, Nicolo (Italie), Nicholas, Nichols (Grande-Bretagne, États-Unis, Grèce), Nicklas (Suède), Nyclaus (Flandre), Nicolae (Roumanie), Nicolaï, Nikodim, Nikolaï (Bulgarie, Russie), Nicolao (Portugal), Nikolao (Hawaï), Nicolau (Catalogne), Nicolaus (Danemark), Nikita (Russie), Nigoghos, Nikoghos, Nikogos (Arménie), Niilo, Niko (Finlande), Niklas, Nykle (Scandinavie), Niklos, Nikolajs (Hongrie), Nikoll (Albanie), Nikolaos, Nikolos, Nikos, Nilos (Grèce), Nokolaz (pays de l'Est).
**Ses diminutifs :** Kolia, Nick, Nicky, Nikki, Nikky, Nikolazig.
**Ses féminins :** Colette, Coline, Nicole.

### Son heure de gloire

Les années 1980, après une progression régulière de vingt années. Classique mais moderne à la fois malgré sa longévité, Nicolas est l'un des prénoms les plus portés en France.

## NIELS

### Neal, Neil, Neill, Nigel, Niles, Nils, Nyle

**D'où vient-il ?** Niels est une forme danoise de Nial, d'origine irlandaise, qui signifie « champion ».
**On le fête** le 5 décembre. Saint Niels, géologue danois du XVII^e siècle, était luthérien, il abandonna son travail, se convertit au catholicisme et devint évêque en Allemagne.
**Il serait...** vif, entreprenant, conquérant, désireux de plaire et d'être admiré. Il est épris de voyages et d'aventures qui comblent sa curiosité, et redoute la solitude
**Ils l'ont porté :** plusieurs rois d'Irlande entre le V^e et le IX^e siècle, qui eurent tous à combattre les invasions vikings et moururent au combat.
**Il le porte :** l'acteur d'origine danoise Niels Arestrup.
**Son évolution :** Niels est un prénom typique des pays scandinaves. Nial, lui est fréquent en Irlande. Niels est arrivé en France dans les années 1990. Il est assez rare, mais présent régulièrement. Le patronyme O'Neill est très courant en Irlande.
**Sa forme initiale :** Niall.
**Ses cousins :** Neal, Neil, Neill, Nigel, Niles, Nils, Nyle.
**À l'étranger :** Neals, Nealson, Nels, Niels (Danemark), Nial, Niallan, Niel (Irlande).

## NIKITA

**D'où vient-il ?** Nikita est une forme russe de Nicolas, qui signifie en grec « victoire du peuple ».
**On le fête** le 6 décembre avec Nicolas.
**Il serait...** à la fois affectif et autoritaire, dominateur et sensible. Travailleur et méthodique, il est très exigeant et a besoin d'être reconnu.
**Il l'a porté :** Nikita Khrouchtchev, né en 1894, homme politique soviétique très influent après la mort de Staline. Il a entamé la déstalinisation et prôné la coexistence pacifique malgré des conflits avec les États-Unis, notamment avec Kennedy lors de la crise des missiles de Cuba en 1962.
**Il le porte :** *Nikita* est un film de Luc Besson en 1990.
**Son évolution :** Nikita est bien connu en Russie depuis des siècles. C'est le film de Luc Besson

qui l'a révélé en France en 1990 en le féminisant. Nikita n'est pas courant, mais reste dans l'air du temps.

**Sa forme initiale :** Nicolas.

**Son féminin :** ce prénom est mixte en France depuis 1990.

## NINO

**Gianni**

**D'où vient-il ?** Nino est un diminutif de Gianni, forme italienne de Jean, qui signifie en hébreu « Dieu a fait grâce ».

**On le fête** le 24 juin avec Jean.

**Il serait...** ambitieux, indépendant et stable. Il a le goût de la réussite, mais il est très attaché à ses relations affectives avec sa famille.

**Il l'a porté :** Nino Ferrer, chanteur, auteur, compositeur français d'origine italienne, qui connut un grand succès en 1965 avec *Mirza* et, un peu plus tard, dans un autre registre, avec *le Sud* en 1975. Il disparut en 1998.

**Son évolution :** Nino s'installe dans les années 2000, mais n'atteint pas le succès des autres prénoms italiens.

**Sa forme initiale :** Gianni.

**Son féminin :** Nina.

## NOAH (mixte)

**Noam, Noé**

**D'où vient-il ?** Noah est la forme anglaise de Noé, qui signifie en hébreu « qui console ».

**On le fête** le 10 novembre avec Noé.

**Il serait...** sociable, coopératif, diplomate. Il redoute la solitude et a besoin d'un *alter ego* pour se motiver. Solide et consciencieux, il aime les associations et les partenariats.

**Son évolution :** c'est en 2000 qu'arrive la vogue des formes anglaises de prénoms traditionnels : Noah s'impose dès 2000. Noam le suit de près.

**Ses cousins :** Noam, Noé.

**À l'étranger :** Nooa (Finlande).

**Son féminin :** ce prénom est mixte. La version masculine du prénom prend un « h » alors que la forme féminine en est dépourvue.

### Son heure de gloire

Les années 2010. Il est au top 10 aux États-Unis, en Angleterre, en Écosse et au Pays de Galles, mais au top 100 en France.

## NOÉ

**Noah**

**D'où vient-il ?** Noé signifie, en hébreu, « qui console ».

**On le fête** le 10 novembre. Noé est un personnage biblique, descendant de Caïn. Il est le héros du Déluge. Sur ordre de Dieu, il construit une arche, y place un couple de chaque espèce animale et prend la mer avec sa famille. L'arche ne regagne la terre qu'après plusieurs mois. Noé libère les animaux et plante une vigne, il découvre ainsi le vin avec ses bienfaits et ses méfaits car son intempérance le conduit à l'ivresse. Noé est le patron des armateurs et des vignerons.

**Il serait...** réservé mais amical et ouvert, réfléchi mais léger et plein d'humour. Stable, solide, rationnel, il est aussi très sensible et affectueux.

**Son évolution :** Noah l'anglais a entraîné Noé, plus conventionnel. Il est en pleine évolution.

**À l'étranger :** Noah (Grande-Bretagne, États-Unis), Nouah (pays arabes).

## NOËL

**D'où vient-il ?** Noël signifie, en hébreu « Dieu est avec nous ».

**On le fête** le 25 décembre. Auparavant fixée le jour de l'Épiphanie, la fête de la naissance de Jésus fut, dès 353 en Occident, fixée au 25 décembre, jour du solstice d'hiver. Ce jour-là, était célébrée une fête païenne, celle du *Sol invictus*, instituée par Aurélien, empereur qui se faisait honorer comme un dieu représentant le Soleil parmi les hommes.

**Il serait...** sensible et affectif, mais viril et combatif en apparence. Passionné, il est l'homme des excès, téméraire parfois, impatient toujours.

**Il le porte :** Noël Mamère, homme politique de sensibilité écologiste.

**Son évolution :** courant au Moyen Âge, Noël se raréfie par la suite sans jamais vraiment disparaître.

**Dans nos régions :** Nadal (Pays basque, Provence), Nadalet, Nadau (Provence), Nédelec, Nédeleg, Noal, Nouel (Bretagne).

**À l'étranger :** Nollaig (Irlande).

**Son diminutif :** Noélig, Nouelig.

**Son féminin :** Noëlle.

## NOLAN

**D'où vient-il ?** Nolan, d'origine irlandaise, signifie « jeune champion ».

**Il serait...** éloquent, persuasif et plein de tact. Il a besoin d'une vie sociale riche pour être heureux et s'épanouit dans les activités de groupe.

**Il le porte :** Nolan Bushnell, né en 1943 aux États-Unis, un pionnier des jeux vidéo.

**Son évolution :** ce prénom nouveau en France est très en vogue depuis 2000 et continue à progresser.

## NORBERT

**D'où vient-il ?** Norbert, d'origine germanique, signifie « illustre pays du Nord ».

**On le fête** le 6 juin. Né vers 1080, près de Cologne, saint Norbert est chapelain du roi Henri V, il mène à la cour une vie mondaine aux mœurs dissolues. Miraculeusement sauvé après avoir été foudroyé, il décide de vendre ses biens et d'embrasser une carrière religieuse. Il devient prêtre prédicateur et se fixe près de Soissons vers 1120 où il fonde l'ordre des prémontrés, appelés aussi les norbertins. Devenu évêque de Magdebourg, en Allemagne, il obtient du pape Gélase III le droit d'évangéliser le Brabant et le Hainaut.

**Il serait...** sensible et intuitif, idéaliste et altruiste. Travailleur et motivé si son environnement affectif est stable, il peut espérer une belle réussite.

**Son évolution :** Norbert a connu une petite vague, modeste et brève de popularité au début du XX$^{e}$ siècle. Il a disparu aujourd'hui.

**À l'étranger :** Nolberto, Norberto (Espagne, Italie), Norberts (Grande-Bretagne, États-Unis).

## NORMAN

**D'où vient-il ?** Norman, d'origine germanique, signifie « homme du Nord ». Les Vikings étaient des hommes du Nord, des « Norman », d'où est issu le nom de la Normandie.

**On le fête** le 6 juin avec Norbert.

**Il serait...** sympathique et ouvert, affectueux et expressif, mais il ne faut pas toucher à sa chère indépendance. Il a pourtant besoin d'être sécurisé par des relations stables.

**Il l'a porté :** le peintre américain Norman Rockwell.

**Son évolution :** ce prénom a été implanté en Écosse par les Vikings dès le IX$^{e}$ siècle. Il y a été très populaire. Il est rare aujourd'hui, comme en France.

**À l'étranger :** Normanno (Italie).
**Son féminin :** Norma.

## NOURDINE

**Nordine, Noredine, Norredine, Nour, Nourredine**

**D'où vient-il ?** Nourdine, d'origine arabe, signifie « illuminé par la religion ».

**Il serait...** ambitieux, indépendant, travailleur et déterminé. Il brigue partout la première place et supporte mal la concurrence.

**Son évolution :** ce prénom est bien connu des familles musulmanes et assez courant.

**Ses cousins :** Nordine, Noredine, Norredine, Nour, Nourredine.

## NUMA

**Numidic**

**D'où vient-il ?** Numa signifie, en latin « originaire de Numidie ». La Numidie fut une province de la Rome antique, qui se situe dans la partie orientale de l'Algérie.

**On le fête** le 9 août avec Numidic. Numidic est un père de famille chrétien à Carthage au III$^{e}$ siècle. Dénoncé, il est arrêté, lapidé et condamné au bûcher, mais sa fille parvient à le libérer. Il se fait alors ordonner prêtre par saint Cyprien et devient évêque de Carthage en Tunisie. Il décéda en 260.

**Il serait...** travailleur, organisée, ambitieux. Il a le sens de l'effort et beaucoup de persévérance. Il se laisse peu influencer par son entourage et poursuit ses objectifs.

**Il l'a porté :** Numa Pompilius, né en 715 avant J.-C. fut, selon la légende, le deuxième roi de Rome, à la mort de Romulus jusqu'en 673 avant J.-C.

**Son évolution :** ce prénom a toujours été très rare.

**Son cousin :** Numidic.

## OBÉRON

**Ober, Oberto, Obrecht**

**D'où vient-il ?** Obéron est une forme normande d'Albert, d'origine germanique, qui signifie « très illustre ».

**On le fête** avec Albert.

**Il serait...** sensible, affectueux et responsable. Très attaché à sa famille et aux valeurs traditionnelles, il mène sa vie selon des principes stricts.

**Son évolution :** prénom en faveur au XIV$^{e}$ siècle, il a disparu rapidement.

**Sa forme initiale :** Albert.

**Ses cousins :** Ober, Oberto, Obrecht.

## OCÉAN

**D'où vient-il ?** Océan, d'origine grecque, signifie « océan ».

**On le fête** le 2 novembre. Saint Océan, soldat romain et chrétien en Asie Mineure au IV$^{e}$ siècle, refusa d'adorer les idoles païennes et fut mis à mort.

**Il serait...** communicatif, psychologue, attentionné et altruiste. Il a bien sûr beaucoup d'amis et s'adapte à tous les caractères.

**Il le porte :** dans la mythologie grecque, Océan est le fils du dieu Ouranos, qui représente le Ciel et de Gaïa qui figure la Terre, et il est le dieu des océans.

**Son évolution :** il est très rare alors que son féminin a eu un léger succès dans les années 1990.

## OCTAVE

### Octavian, Octavien

**D'où vient-il ?** Octave, d'origine latine, signifie « huitième ».

**On le fête** le 20 novembre. Saint Octave, légionnaire romain dans le Valais en 291, refuse d'adorer les dieux païens. Il est mis à mort.

**Il serait...** communicatif, psychologue, intuitif. Adaptable et opportuniste, il sait profiter de toutes les chances. Conscient de ses qualités, il se laisse parfois aller à la facilité.

**Ils l'ont porté :** Octave, petit-neveu et fils adoptif de Jules César. Après l'assassinat de César, il forma un triumvirat avec Marc Antoine et Lépide, puis, après la destitution de Lépide et la bataille navale d'Actium, où il battit Marc Antoine, il devint le premier empereur de Rome. Son règne fut marqué par la paix, la prospérité et l'épanouissement des arts et des lettres. Il mourut en l'an XIV. Octave Mirbeau, journaliste et écrivain du XIX<sup>e</sup> siècle.

**Son évolution :** grand prénom de l'Antiquité, Octave revint discrètement au XIXe siècle. Il ressurgit depuis 2000.

**Ses cousins :** Octavian, Octavien.

**Dans nos régions :** Octavian (Gascogne), Oktabio (Pays basque), Ottavianu, Ottaviu, (Corse), Outavian (Provence).

**À l'étranger :** Octaaf (Flandres), Octavi (Catalogne), Octavio (Espagne), Octavius (Allemagne), Oktav (Hongrie), Oktaviusz (Pologne), Ottaviano, Ottavio, (Italie).

## ODILON

### Odalbert, Odalric, Odéric, Odilard, Odin, Odomar, Odoric, Odouin, Odwin, Othon, Otto

**D'où vient-il ?** Odilon, d'origine germanique, signifie « richesse ».

**On le fête** le 31 décembre. Saint Odilon, né en Auvergne en 961, fut le cinquième abbé de Cluny. Il instaura la fête des Morts le 2 novembre.

**Il serait...** stable, sérieux, solide. Homme de terrain, il a un sens pratique très développé. Son charisme et son éloquence lui confèrent beaucoup de succès.

**Il l'a porté :** Odilon Redon, peintre de la fin du XIXe siècle.

**Son évolution :** ce masculin d'Odette et d'Odile fut assez fréquent au Moyen Âge dans les pays de langue allemande. Il est très rare aujourd'hui.

**Ses cousins :** Odalbert, Odalric, Odéric, Odilard, Odin, Odomar, Odoric, Odouin, Odwin, Othon, Otto.

**Ses féminins :** Odette, Odile.

## ODON

**D'où vient-il ?** Odon, d'origine germanique, signifie « richesse ».

**On le fête** le 18 juillet. Saint Odon, originaire de Tours, fut le deuxième abbé de l'abbaye de Cluny, au Xe siècle.

**Il serait...** charmant, ouvert, communicatif. Il aime plaire, séduire. Son sens de l'observation et son adaptabilité sont très aigus et il s'intéresse à tout, au risque de se disperser.

**Son évolution :** ce prénom médiéval est rare en France.

**Ses cousins :** Eudes, Othon.

**À l'étranger :** Otto (Allemagne).

**Ses féminins :** Oda, Odette, Odile.

## OGIER

### Edgar, Ockert, Oger

**D'où vient-il ?** Ogier est une variante d'Edgar, d'origine germanique, qui signifie « richesse par la lance ».

**On le fête** le 8 juillet avec Edgar.

**Il serait...** observateur, réfléchi et sérieux. Il ne prend pas de décisions à la légère et trace sa vie avec détermination. Amical et attentif, il est très sociable.

**Il l'a porté :** Ogier le Danois fut un baron de Charlemagne au VIIIe siècle. Il est aussi le héros de chansons épiques du XIIe siècle, mentionné dans *la Chanson de Roland*.

**Son évolution :** ce prénom médiéval est très rare aujourd'hui.

**Sa forme initiale :** Edgar.
**Ses cousins :** Ockert, Oger.
**Dans nos régions :** Oier (Pays basque)
**À l'étranger :** Oggero (Italie), Ogiero (Espagne).

## OIHAN

**D'où vient-il ?** Oihan, d'origine basque, signifie « forêt ».
**Il serait...** sociable, ouvert aux autres, diplomate. Adaptable, conciliant, discret mais disponible, il aime travailler en équipe. Les associations, les partenariats lui permettent de donner le meilleur de lui-même.
**Son évolution :** Oihan est au top 10 des prénoms basques donnés en France.
**Son féminin :** Oihana.

## OLAF
### Oleg

**D'où vient-il ?** Olaf, d'origine norvégienne, signifie « heureux ».
**Il serait...** émotif et hypersensible, il se protège des blessures affectives en affichant une certaine froideur, voire du cynisme quand il ne se sent pas en sécurité.
**Ils l'ont porté :** plusieurs rois de Suède portèrent ce prénom, dont Olaf V qui fut le grand-père des rois des Belges Baudouin et Albert. Oleg prénomma plusieurs princes russes.
**Son évolution :** Olaf est un prénom typiquement scandinave, rarement porté sans origines nordiques. Oleg fut aussi très populaire en Russie.
**À l'étranger :** Olafur (Islande), Olav, Oluf (Danemark), Olavi (Finlande), Oleg (Russie), Olego (Ukraine), Olli (Finlande), Olof (Suède).

## OLIVIER

**D'où vient-il ?** Olivier, d'origine latine, signifie « olivier ».
**On le fête** le 12 juillet. Saint Olivier fut évêque en Irlande. Calomnié, il fut condamné à être pendu en 1681.
**Il serait...** calme et réservé. Il observe, écoute, réfléchit et se fait une opinion sur tout et sur tous. Sociable et généreux, il est très apprécié de ses amis.
**Ils l'ont porté :** Dans *la Chanson de Roland*, Olivier fut un compagnon de Roland qui mourut avec lui à Roncevaux. Olivier Cromwell, homme d'État britannique qui dirigea l'Angleterre entre 1650 et sa mort en 1658. *Oliver Twist*, roman de Charles Dickens, paru sous forme de feuilleton entre 1837 et 1839.
**Il le porte :** le navigateur Olivier de Kersauson, ancien coéquipier d'Éric Tabarly.
**Son évolution :** Olivier est resté discret, mais présent du Moyen Âge au milieu du XX^e siècle. Les années 1960 voient son ascension, jusqu'en 1980. Il est rare aujourd'hui.
**Dans nos régions :** Oliber (Pays basque), Olier (Bretagne), Oliveriu (Corse), Oulivié (Provence).
**À l'étranger :** Oilibhear (Irlande), Olevier (Flandre), Oliveiro (Portugal), Oliveiros (Grèce), Oliver, Ollie (Allemagne, Grande-Bretagne, États-Unis, Hongrie), Oliverio (Espagne, Portugal), Oliviero, Olivio (Italie).
**Son féminin :** Olivia.

## OMAR
### Omeïr, Oumar

**D'où vient-il ?** Omar, d'origine arabe, signifie « prospérité ».
**Il serait...** très sensible et conscient de sa vulnérabilité. Il avance lentement, préférant la nature à la ville, la solitude à la vie sociale.
**Ils l'ont porté :** Omar fut le deuxième calife de l'islam, successeur du Prophète de 634 à 644. Il mourut assassiné par un de ses esclaves. L'acteur d'origine égyptienne Omar Sharif, révélé en 1962 par son rôle dans *Lawrence d'Arabie. Le Docteur Jivago* confirmera son succès en 1964.
**Son évolution :** Omar est un prénom très apprécié par les familles musulmanes.
**Ses cousins :** Omeïr, Oumar.

# Les prénoms de garçons venus du froid

Loin de refroidir les futurs parents en quête d'un prénom pour leur petit garçon, ces prénoms venus du froid les enchantent.

Ce n'est pas nouveau : certains sont courants dans l'Hexagone et ont connu le succès dans les années 1950, comme **Axel**, **Éric** ou **Frédéric**, mais d'autres sont en pleine évolution aujourd'hui. Ils font presque tous référence au combat, à la victoire et à la force, symbolisés par des animaux sauvages : l'ours, l'aigle, le loup.

## Quelques idées ?

### Les prénoms royaux, portés par des dynasties de souverains de pays scandinaves :

**Bertil** « brillant »
**Hakon** « grand protecteur »
**Harald** « qui commande l'armée »
**Olaf** « descendant »

### Les prénoms que l'on rencontre parfois encore en Normandie, pays où les Vikings s'installèrent :

**Gervald** « puissant par sa lance »
**Godefroy** « paix de Dieu »
**Halvard** « homme libre »
**Harald** « qui commande l'armée »
**Ogier** « puissant avec l'épieu »
**Roald** « de grande renommée »
**Rollon** « loup renommé »
**Tancrède** « conseil et pensée »
**Turold** « puissance du dieu Thor »

### Les plus typés :

**Arnbjörn** « aigle et ours »
**Arvid** « aigle dans la tempête »
**Asketill** « chaudron des dieux »
**Bjarni** « comme un ours »
**Erling** « de noble descendance »
**Gunnar** « guerrier »
**Haldor** « pierre de Thor »
**Helgi** « sacré »
**Ingmar** « célèbre par le dieu Ing »
**Nordahl** « homme du Nord »
**Sigurd** « gardien de la victoire »

### Les plus en vogue en ce moment :

**Niels** « champion »
**Oscar**, à l'origine Ansgar, « lance du dieu Ans »
**Skeggi**, « flamboyant »
**Snörri**, « combattant »
**Soren**, forme danoise de Séverin qui signifie « sévère »
**Sven**, « jeune homme » Sverre, « fier »

## ONÉSIME

**D'où vient-il ?** Onésime, d'origine grecque, signifie « utile ».

**On le fête** le 16 février. Saint Onésime, esclave en Asie Mineure au Ier siècle est pris en flagrant délit de vol. Son maître l'envoie à saint Paul qui le convertit. Son maître le reprend.

**Il serait...** énergique, courageux, volontaire. Toutes les qualités pour mener sa vie tambour battant. Mais, susceptible et fier, il supporte mal l'échec.

**Ils l'ont porté :** Onésime Reclus, géographe du XIXe siècle. Le pianiste Onésime Grosbois.

**À l'étranger :** Onisim (Russie), Onesimo (Espagne).

## ORIAN

**Aurèle, Aurélien**

**D'où vient-il ?** Orian est une variante d'Aure, d'origine latine, qui signifie « en or ».

**On le fête** le 20 juillet avec Aurel.

**Il serait...** communicatif, optimiste, enjoué et attentionné. Il aime la compagnie, les sorties, les activités de groupe. Créatif, il recherche tous les modes d'expression.

**Son évolution :** après Aurèle et Aurélien, voici venir Orian, prénom tout récent qui apparaît en 2000 et qui semble plaire.

**Sa forme initiale :** Aure.

**Ses cousins :** Aurèle, Aurélien.

**Ses féminins :** Auriane, Oriane.

## ORPHÉE

**D'où vient-il ?** Orphée, d'origine latine, signifie « qui a la tête dure ».

**Il serait...** réfléchi, prudent, patient. Il ne faut pas le bousculer. Il sait être opiniâtre pour atteindre ses objectifs et recherche la tranquillité.

**Il le porte :** Orphée est un héros de la mythologie grecque, fils du roi de Thrace et de la muse Calliope. Il est l'époux d'Eurydice, qui, un jour qu'elle fuyait devant les avances d'un satyre, fut piquée par un serpent et mourut. Elle descendit aux Enfers, gardés par Cerbère, un chien monstrueux à trois têtes. Orphée le charma au son de sa lyre et obtint qu'Eurydice puisse le suivre pour revenir à la vie. Cerbère accepta à condition qu'Orphée ne se retournât pas. Mais il ne put s'empêcher de se retourner pour s'assurer qu'elle était là. Eurydice repartit aux Enfers et Orphée mourut de chagrin. Cette légende a inspiré les musiciens Haydn et Offenbach ; Jean Cocteau en fit un film.

**Son évolution :** Orphée est rarissime, comme la plupart des prénoms de la mythologie.

## OSCAR

**Osgar**

**D'où vient-il ?** Oscar est une variante d'Anschaire, prénom d'origine germanique hors d'usage, qui signifie « lance du dieu Ans ».

**On le fête** le 3 février. Saint Anschaire, moine en Picardie, accompagna le roi du Danemark chez lui pour évangéliser son peuple en 826. Il fut aussi à l'origine de la première église en Suède, à Birka.

**Il serait...** tranquille, réfléchi et responsable, mais aussi très affectueux. Il est facilement blessé par les critiques ou même l'indifférence.

**Ils l'ont porté :** Oscar Wilde, né en Irlande, s'installa en Angleterre an 1879 et devint rédacteur en chef d'un magazine féminin. Il se maria, eut deux fils, mais eut aussi des liaisons homosexuelles qui lui valurent d'être emprisonné. Son œuvre *Le Portrait de Dorian Gray* lui apporta le succès. Oskar Schindler, qui sauva 1 200 juifs destinés à être exterminés dans les camps nazis pendant la Seconde Guerre mondiale. Le roman et le film *la Liste de Schindler* furent tirés de sa vie.

**Il le porte :** Oscar, fils de Patrick Bruel.

**Son évolution :** Anschaire, devenu Ansker, puis Ansgar puis Oscar au fil des siècles se manifeste au XIXe siècle. Le début du XXe voit sa disparition, le début du XXIe le voit revenir très fort.

**Sa forme initiale :** Anschaire, Ansger.

**Son cousin :** Osgar.

**À l'étranger :** Oskar (Allemagne, Islande,

Pologne, Scandinavie), Osker (Allemagne), Oskari, Osku (Finlande), Oszkar (Hongrie).

## OSSIAN

**D'où vient-il ?** Ossian, d'origine gaélique, signifie « petit faon ».
**Il serait...** vif, autonome, indépendant. Épicurien, il recherche les plaisirs de la vie, l'aventure, la nouveauté. Il déteste la routine et s'ennuie vite.
**Il l'a porté :** Ossian, appelé aussi Oisin, fut un barde irlandais au III^e^ siècle, auteurs de poèmes retrouvés et traduits en anglais au XVIII^e^ siècle.
**Son évolution :** Ossian et sa variante Oisin sont parmi les favoris en Irlande.
**Son cousin :** Oisin.

## OSWALD
Osvald

**D'où vient-il ?** Oswald, d'origine germanique, signifie « qui gouverne par les dieux Ass ».
**On le fête** le 5 août. Saint Oswald fut roi de Northumbrie, reconnue par ses sujets pour être pieux et charitable. Il mourut au combat en 642 après huit ans de règne.
**Il serait...** réservé mais attentif à l'affection des autres, présent mais discret auprès de ses amis, et sur le plan professionnel organisé, perfectionniste et discipliné.
**Son évolution :** Oswald était un prénom courant chez les Anglo-Saxons.
**Son cousin :** Osvald.
**À l'étranger :** Osvaldo (Espagne, Italie), Ovat (Hongrie).

## OTHON
Otto

**D'où vient-il ?** Othon, d'origine germanique, signifie « riche peuple ».
**On le fête** le 2 juillet. Saint Othon fut évêque de Bamberg et évangélisa la Poméranie. Ses oraisons étaient si persuasives qu'il baptisa 20 000 fidèles. Il mourut en 1139.
**Il serait...** sérieux, réfléchi, discipliné. Il aime l'étude, la lecture, la recherche, les collections, et craint les activités de groupe.
**Ils l'ont porté :** plusieurs rois de Germanie et un roi de Grèce. Otto Preminger, réalisateur américain d'origine autrichienne, à qui on doit *Exodus* et *Rosebud*, parmi une importante filmographie.
**Son évolution :** Otto, comme Othon, furent courants en Allemagne au XIX^e^ et au début du XX^e^ siècle. Ils sont rares aujourd'hui.
**Ses cousins :** Odon, Othello, Otto.
**Dans nos régions :** Oto (Pays basque).
**À l'étranger :** Otão (Portugal), Otis (Grande-Bretagne, États-Unis), Ottone (Italie).

## OWEN
Eugène, Ewen

**D'où vient-il ?** Owen est la forme galloise d'Eugène.
**On le fête** le 13 juillet avec Eugène.
**Il serait...** sociable, optimiste, expressif et agréable pour son entourage. Doté d'un talent d'orateur, il persuade et rallie facilement les suffrages.
**Il l'a porté :** Owen Glendower, patriote gallois qui lutta pour l'indépendance du pays de Galles au XV^e^ siècle.
**Son évolution :** très apprécié au pays de Galles dès le Moyen Âge, Owen s'est répandu dans tous les pays de langue anglaise avant d'atteindre la France dans les années 2000. Il est en évolution.
**Sa forme initiale :** Eugène.
**Son cousin :** Ewen.

## PACÔME

**D'où vient-il ?** Pacôme, d'origine latine, signifie « paix ».

**On le fête** le 9 mai. Saint Pacôme, né en Égypte, est enrôlé de force dans l'armée romaine. Il est emprisonné pour refus d'obéir, et ce sont des chrétiens qui viennent lui porter assistance. À sa sortie de prison, il se fait baptiser et fonde un monastère. Après quelques difficultés pour organiser la vie avec ses disciples, saint Pacôme rédige une règle de vie et fonde d'autres monastères en Haute-Égypte. Il meurt en 346.

**Il serait...** courageux et volontaire. Il sait ce qu'il veut et se donne les moyens de l'obtenir. La négligence et la lenteur l'exaspèrent.

**Son évolution :** Pacôme a toujours été un prénom rare. Il est bien plus courant en tant que patronyme.

**À l'étranger :** Pacomi (Catalogne), Pacomio (Espagne, Italie).

## PAMPHILE

**D'où vient-il ?** Pamphile, d'origine grecque, signifie « grand ami ».

**On le fête** le 16 février. Saint Pamphile, homme érudit à Césarée, en Palestine, fonda une bibliothèque regroupant plusieurs milliers d'ouvrages. Il fut arrêté et mis à mort après deux ans de prison, en 309.

**Il serait...** responsable, fidèle et exigeant. Homme de devoir, il ne s'accorde aucune faiblesse et attend la plus parfaite loyauté de la part des siens.

**Son évolution :** ce prénom, assez courant dans les premiers siècles de l'ère chrétienne, a presque complètement disparu ensuite.

**À l'étranger :** Panfil (Russie), Panfilo (Espagne, Italie).

## PANCRACE

**D'où vient-il ?** Pancrace, d'origine grecque, signifie « tout-puissant ».

**On le fête** le 12 mai. Saint Pancrace, jeune orphelin phrygien, vint à Rome avec son oncle et fut converti par le pape Corneille. Quelques mois plus tard, il fut dénoncé et décapité sur ordre de l'empereur, en 304, à l'âge de 14 ans. Il est particulièrement vénéré en Corse.

**Il serait...** sérieux, réfléchi, studieux et discipliné. La fantaisie le déroute ; il aime avoir ses habitudes et surtout protéger son intimité.

**Son évolution :** ce prénom n'a pas survécu aux premiers siècles. Le pancrace est une lutte pratiquée dans la Grèce antique et qui faisait partie des épreuves des jeux Olympiques.

**Dans nos régions :** Bancraziu (Corse).

**À l'étranger :** Pancracio (Espagne), Pankrat, Pankrati (Russie).

## PARFAIT

**D'où vient-il ?** Parfait, d'origine latine, signifie « parfait ».

**On le fête** le 18 avril. Saint Parfait, prêtre à Cordoue, se lia d'amitié avec deux musulmans qui le poussèrent à parler de Dieu. Peu après, ils le dénoncèrent et Parfait fut décapité en 850.

**Il serait...** sociable et amical. Il est élitiste et exige beaucoup de ses amis, comme la confiance, la fidélité, la générosité. Mais en échange, il est attentif, affectueux et loyal.

**Son évolution :** comme Aimé, Désiré ou Fidèle, Parfait est rare et difficile à porter avec modestie !

## PASCAL

**D'où vient-il ?** Pascal, d'origine hébraïque, signifie « passage ».

**On le fête** le 17 mai. Saint Pascal, jeune berger espagnol, trop peu instruit pour devenir prêtre gardait les moutons dans un monastère. Sa bonté et sa clairvoyance lui attirèrent de nombreuses visites, y compris de prédicateurs en quête de conseils. Lorsqu'il mourut en 1592, plusieurs miracles eurent lieu sur sa tombe.

**Il serait...** réservé et indépendant. Curieux et intuitif, il aime sortir des sentiers battus mais tient beaucoup à sa famille et à ses amis.

**Il l'a porté :** Pascal Ier fut le 98e pape au IXe siècle.

**Il le porte :** le compositeur et interprète Pascal Obispo

**Son évolution :** Pascal apparaît dans les années 1950, comme son féminin, et disparaît comme elle vers 1970.

**Dans nos régions :** Pascalou, Pascau (Provence), Pasdrivig (Bretagne), Paskal (Bretagne, Pays basque), Paxkal, Paxko, Paskazio, Paskoal (Pays basque), Pasquinu (Corse).

**À l'étranger :** Paschalis (Pologne), Pascoal (Portugal), Pascual (Espagne), Pascuale, Pasquale (Italie), Pasqual (Catalogne), Paszhal (Hongrie).

**Ses féminins :** Pascale, Pasqualine.

## PATERNE

**D'où vient-il ?** Paterne, d'origine latine, signifie « père ».

**On le fête** le 15 avril. Saint Paterne, gallo-romain, voyagea en Grande-Bretagne avant de s'établir en Armorique. Il fut nommé évêque de Vannes jusqu'à sa mort vers 510.

**Il serait...** calme, posé, sérieux. Il a des principes et les applique très consciencieusement. Il aime l'étude, réfléchit, médite et préfère la solitude à la vie sociale.

**Son évolution :** Paterne s'est perdu au fil du temps, il est rarissime aujourd'hui.

**Dans nos régions :** Padern, Paer, Patern (Bretagne).

**À l'étranger :** Paterno (Espagne, Italie).

## PATRICE

**D'où vient-il ?** Patrice, d'origine latine, signifie « patricien ». Dans la Rome antique, les patriciens étaient des aristocrates, descendant des cent familles présentes à la fondation de Rome, qui occupaient des postes à responsabilité dans les affaires publiques.

**On le fête** le 17 mars avec Patrick.

**Il serait...** sociable, optimiste, tolérant. Idéaliste, il rêve d'un monde meilleur, s'intéresse à tout et à tous. Il lui faut un environnement affectif stable pour évoluer.

**Il l'a porté :** Patrice Lumumba, qui fut Premier ministre du Congo en 1960, assassiné en 1961.

**Il le porte :** Patrice Leconte, réalisateur de films à succès comme *les Bronzés* et *Les bronzés font du ski* en 1978 et 1979.

**Son évolution :** Patrice, plus discret que Patrick, a été en vogue entre 1950 et 1970. Il est rare aujourd'hui.

**À l'étranger :** Patricio (Espagne), Patrikeï (Russie), Patrizio (Italie).

**Son féminin :** Patricia.

## PATRICK

**D'où vient-il ?** Patrick est une variante de Patrice, d'origine latine, qui signifie « patricien ».

**On le fête** le 17 mars. Saint Patrick, né en 385 au pays de Galles, est enlevé par des pirates à l'âge de 15 ans et vendu comme esclave à un riche chef de clan irlandais chez qui il est berger. Il s'échappe en 411 et parvient à gagner la France. Il fait des études de théologie, puis devient prêtre et évêque avant de gagner l'Irlande. Il s'y installe, parcourt les campagnes pour prêcher et convertir. Il meurt en 461. Il est le patron de l'Irlande.

**Il serait...** charmant, paisible, sécurisant par son calme et son désir d'harmonie. Il aime écouter, rassurer, jouer le rôle du grand frère auprès des siens.

**Ils le portent :** le danseur étoile Patrick Dupond, le chanteur Patrick Bruel, l'écrivain Patrick Besson, le journaliste Patrick Poivre d'Arvor, les hommes politiques Patrick Balkany et Patrick Devedjian.

**Son évolution :** c'est dans les années 1950 que Patrick s'installe au hit-parade des prénoms masculins. Sa popularité durera vingt ans.

**Dans nos régions :** Padriguez (Bretagne), Pates (Alsace), Patris (Provence), Patriz (Bretagne), Patxi, Patxiko, Patxiku (Pays basque).

**À l'étranger :** Padraig, Paddy (Irlande), Padrig, Paidean (pays de Galles), Pakelika (Hawaï), Patryk (Hongrie).

**Ses diminutifs :** Paddy, Patsy.

### Son heure de gloire

De 1955 à 1960. Patrick est le n° 1 des prénoms masculins, talonné par Philippe.

## PAUL

**Paulin, Paulinien, Pol**

**D'où vient-il ?** Paul, d'origine latine, signifie « petit ».

**On le fête** le 29 juin. Saint Paul s'appelait Saül, était juif et pharisien. Il méprisait les chrétiens et participa à la lapidation de saint Étienne. Jésus lui apparut sur une route et il se convertit aussitôt. Il voyagea dans tout le bassin méditerranéen, fut arrêté et emprisonné à Césarée, puis enfin décapité à Rome en 67.

**Il serait...** l'homme des contrastes, passionné mais réservé, épicurien mais sérieux, réfléchi et pourtant impulsif. Travailleur et ambitieux, il se donne toutes les chances de réussir.

### *Prénoms de marque*

La mode des marques déposées transformées en prénoms est née à la fin du XX<sup>e</sup> siècle aux États-Unis. Pour les garçons, ce furent les marques de voitures. Voitures de luxe, bien entendu, objets de fantasmes paternels, peut-être ? Ainsi furent nommés **Austin**, **Bentley**, **Cadillac**, **Ford**, **Jaguar**, **Lexus**. On s'intéressa ensuite à l'habillement avec **Nike** et **Timberland**.

La vogue se mondialise vite : on cite **Yahoo** au Mexique, **Google** en Suède, **Rolex** en Belgique. En France, **Armani** et **Célio** ne sont plus inconnus. Pourquoi pas ? En France, cela complique la tâche des officiers de l'état-civil qui doivent, selon la loi, préserver les intérêts de l'enfant. Vrai cas de conscience pour eux, parfois. Une marque représente-t-elle vraiment un handicap pour un enfant ? Les petits Célio le diront dans quelques années. Il arrive aussi que des industriels donnent à leur entreprise leur propre prénom. **Kenzo** le Japonais en est l'exemple le plus frappant.

Une association s'est créée en France pour tenter de limiter l'utilisation de prénoms courants en marques de produits. Avec un peu de recul, on constate que le prénom **Ariel**, traditionnel hébraïque, n'est plus souvent attribué. Il a un parfum de lessive un peu trop présent… Mais le boulanger **Paul** n'a pas empêché ce prénom de figurer au top depuis 2000, et les petits **Timothée** ne font pas obligatoirement penser au shampoing.

**Ils l'ont porté :** Paul Doumer, né à Aurillac dans une famille modeste. Ministre des Finances, il instaura l'impôt sur le revenu. Il fut élu président de la République en 1931 et fut assassiné un an plus tard. Les poètes Paul Verlaine, Paul Éluard, Paul Valéry. Paul, dans le roman de Bernardin de Saint-Pierre paru en 1788, *Paul et Virginie*, est un petit garçon élevé avec une fillette d'un milieu social différent, que sa mère éloigne et qui meurt noyée dans un naufrage en tentant de le retrouver. Paul est le compagnon de jeu des *Petites Filles modèles* de la comtesse de Ségur, roman paru en 1858. Le cuisinier Paul Bocuse.

**Ils le portent :** le musicien britannique Paul McCartney, le romancier américain Paul Auster, le footballeur Paul Pogba.

**Son évolution :** Paul apparaît en France à la fin du XIXe siècle, séduit pendant vingt ans puis disparaît jusqu'en 1990. Il évolue alors très vite et demeure au top 100 des prénoms de garçons.

**Ses cousins :** Paulin, Paulinien, Pol.

**Dans nos régions :** Paol (Bretagne).

**À l'étranger :** Paavo (Finlande), Pablo, Pablito (Espagne), Pal (Hongrie, Suède), Palika, Palko (Hongrie), Pall (Islande), Paolo (Italie), Pau (Catalogne), Pauels, Pelleken (Flandre), Pauli (Finlande), Paulo (Espagne, Portugal), Palvos, Paulos (Grèce), Paulus (Allemagne), Pauwels (Grande- Bretagne, États-Unis), Pavan, Pavel (Russie), Pavlo (Ukraine), Pawel (Pologne), Pawl (pays de Galles), Poul (Danemark).

**Ses féminins :** Paule, Paulette, Pauline.

### Son heure de gloire

Les années 2000. Il est le n° 1 dans les familles BCBG.

## PÉPIN

**D'où vient-il ?** Pépin, d'origine germanique, signifie « petit ».

**On le fête** le 21 février. Saint Pépin de Landen fut maire du palais sous le règne de Clotaire II et de son fils Dagobert, dont il se chargea de l'éducation. Il assuma sa charge avec bonté et justice, sans craindre d'adresser des reproches à ses souverains quand il le jugeait nécessaire. Il mourut en 640.

**Il serait...** sensible, affectueux, organisé et sérieux, la famille est la grande affaire de sa vie. Il a un grand sens des responsabilités et une vraie vocation de patriarche.

**Ils l'ont porté :** Pépin de Herstal fut maire du Palais d'Austrasie ; il laissa sa charge à son fils illégitime, Charles Martel, à sa mort en 714. Pépin le Bref, fils de Charles Martel, appelé le Bref pour sa très petite taille, devint roi des Francs en 754, son frère ayant renoncé au pouvoir. Époux de Berthe dite « au grand pied », il fut le père de Charlemagne.

**Son évolution :** Pépin ne passa pas le cap de l'an 1000, comme de nombreux prénoms du haut Moyen Âge.

### Son heure de gloire

Entre 700 et 900. Pépin est, avec Clotaire, Charles et Carloman, l'un des principaux prénoms masculins de cette époque.

## PERCEVAL

**Parcifal, Parcival, Percifal, Percival**

**D'où vient-il ?** Perceval fait référence à un patronyme littéraire.

**Il serait...** sensible, sérieux, prudent. Peu expansif, il paraît souvent renfermé et se défend par le silence ou l'ironie s'il ne se sent pas en sécurité.

**Ils le portent :** Perceval, personnage de légende, est l'un des chevaliers de la Table ronde, compagnon du roi Arthur, dont les aventures sont racontées dans la littérature médiévale de Chrétien de Troyes dans *le Conte du Graal* ou *la Quête du Graal.* Richard Wagner en fit un opéra, *Parsifal,* en 1882, et Éric Rohmer un film, *Perceval le Gallois* en 1978. Le chanteur de soul américain Percy Sledge, interprète de *When a man loves a woman.*

**Son évolution :** Perceval, comme la plupart des personnages littéraires ou de légende, est rare.

**Ses cousins :** Parcifal, Parcival, Percifal, Percival.
**À l'étranger :** Percy (Grande-Bretagne, États-Unis), Peredur (pays de Galles)

## PHILÉAS

**D'où vient-il ?** Philéas, d'origine grecque, signifie « qui aime ».
**On le fête** le 4 février. Saint Philéas, homme érudit de la ville de Thmuis en Basse-Égypte au IVe siècle, fut nommé évêque de sa ville natale. L'empereur Dioclétien le fit juger à Alexandrie. L'un de ses juges, touché par sa foi, demanda la clémence de ses pairs. Il subit le martyre avec lui.
**Il serait...** sérieux, réfléchi et studieux. Il recherche avant tout la tranquillité et préfère les activités solitaires à la vie sociale.
**Il le porte :** Phileas Fogg est le héros du roman de Jules Verne *le Tour du monde en 80 jours,* écrit en 1872.
**Son évolution :** ce prénom n'a jamais été courant.

## PHILÉMON

**D'où vient-il ?** Philémon, d'origine grecque, signifie « seul ami ».
**On le fête** le 22 novembre. Saint Philémon, homme riche de Colosses en Asie Mineure, au Ier siècle, se convertit après avoir rencontré saint Paul et devint évêque de sa ville.
**Il serait...** amical, sensible, psychologue. Mais il est aussi prudent, réservé et n'accorde pas son amitié à la légère.
**Il le porte :** Philémon est, dans la mythologie grecque, l'époux de Baucis. Leur histoire est racontée dans les *Métamorphoses* du poète Ovide, écrites en l'an I. Les dieux Zeus et Hermès se métamorphosent en mendiants et frappent à plusieurs portes pour demander l'hospitalité. Ils sont partout rejetés. Lorsqu'ils se présentent à la porte d'une humble cabane, ils sont accueillis par deux vieillards, Philémon et Baucis, qui leur offrent le gîte et le couvert. Pour les remercier, ils transforment leur maison en temple et leur demandent d'émettre un vœu : ils souhaitent ne pas être séparés dans la mort. Lorsque l'heure fut venue, Philémon fut transformé en chêne et Baucis en tilleul, et leurs branches restèrent entrelacées pour l'éternité.
**Son évolution :** ce prénom a toujours été rare.

## PHILIBERT

**D'où vient-il ?** Philibert, d'origine germanique, signifie « très illustre ».
**On le fête** le 20 août. Saint Philibert, né en 617, reçut une bonne éducation. Il s'établit à la cour du roi Dagobert, mais il fut vite las de sa vie futile. Il se fit moine à 20 ans, vendit ses biens et fonda plusieurs monastères, à Jumièges et à Noirmoutier.
**Il serait...** sensible et à la recherche de tranquillité et d'harmonie. Très perméable aux ambiances, il peut s'épanouir ou se renfermer selon le climat affectif.
**Il l'a porté :** Philibert Delorme fut architecte des rois François 1er et Henri II. Il fut gouverneur des Tuileries et réalisa les plans de plusieurs châteaux, Anet en 1547, Saint Germain, ainsi que le tombeau de François 1er à Saint-Denis.

**Son évolution :** Philibert, après une petite vague de succès modeste au XIX$^{e}$ siècle, a disparu.
**Dans nos régions :** Félibert (Provence).
**À l'étranger :** Filibert (Pays-Bas), Filiberto (Italie)

## PHILIPPE

**D'où vient-il ?** Philippe, d'origine grecque, signifie « qui aime les chevaux ».
**On le fête** le 3 mai. Philippe, disciple de Jean le Baptiste, rejoignit Jésus dont il devint apôtre. Après la Pentecôte, il partit évangéliser l'Asie Mineure et subit le martyre à l'âge de 87 ans.
**Il serait...** vif, dynamique, énergique. Il court après le temps, après la vie. Opportuniste, habile, astucieux, il saisit toutes les occasions pour avancer sur le chemin qu'il s'est tracé.
**Ils l'ont porté :** plusieurs rois de France portèrent ce prénom.
**Ils le portent :** Philip, prince d'Edimbourg, époux de la reine d'Angleterre, Philippe de Gaulle, fils du général. Le journaliste Philippe Gildas, l'homme politique Philippe de Villiers. Felipe prince des Asturies, fils du roi Juan Carlos. Le dessinateur Philippe Geluck.
**Son évolution :** ce prénom fut introduit en France par Anne de Kiev, mère de Philippe 1$^{er}$, roi des Francs, né en 1108. En effet, la reine se disait descendante de Philippe de Macédoine, père d'Alexandre le Grand. Dès lors, Philippe devint un prénom dynastique et aussi populaire pendant plusieurs siècles. Rare au XIX$^{e}$, Philippe revient au XX$^{e}$ et figure parmi les préférés entre 1950 et 1970. Il a disparu aujourd'hui.
**Dans nos régions :** Felip (Provence), Filip (Pays basque).
**À l'étranger :** Felipe (Catalogne, Espagne), Filip (Scandinavie), Filipe (Portugal), Filipp (Russie), Filippo (Italie), Filko, Fülöp (Hongrie), Fliep (Pays-Bas), Phelips (Flandre), Philip (Grande-Bretagne, États-Unis), Philippos (Grèce), Pilib (Irlande), Pilipo (Hawaï).
**Ses féminins :** Philippa, Philippine.

## PIE

**D'où vient-il ?** Pie, d'origine latine, signifie « pieux ».
**On le fête** le 11 juillet. Saint Pie 1$^{er}$ fut le 10$^{e}$ pape, entre 140 et 155.
**Il serait...** réservé, mais actif et dynamique, soucieux de plaire, mais sur la défensive, car il se sent souvent incompris. Il a besoin d'avoir un environnement affectif solide pour progresser.
**Ils l'ont porté :** plusieurs papes de la chrétienté.
**Son évolution :** Pie n'a jamais été fréquent. Il a complètement disparu aujourd'hui.
**À l'étranger :** Pio (Italie), Piusz (Hongrie).
**Son féminin :** Pia.

## PIERRE

**D'où vient-il ?** Pierre, d'origine latine, signifie « pierre ».
**On le fête** le 29 juin. Saint Pierre fut le chef des douze apôtres. Il reniera le Christ au moment de la Passion et fut le premier pape à qui le Christ confia la création de son Église. Après la Pentecôte, il partit prêcher en Palestine et fut crucifié en 64.
**Il serait...** paradoxal, passionné mais secret, individualiste mais avec un sens du devoir aigu, très actif avec des périodes d'abattement.
**Ils l'ont porté :** Pétrone, écrivain latin né en 30, consul et ami de Néron. Accusé d'une conjuration contre l'empereur, il se suicida en 66. On

lui attribue le roman *le Satyricon*, qui raconte l'histoire de deux débauchés dans la Rome décadente. Pierre le Grand, tsar de Russie et empereur de toutes les Russies, de 1721 à 1725. Il entreprit des réformes pour faire évoluer son pays et le transformer en puissance européenne et mena une politique expansionniste. Sa femme, Catherine, lui succédera, puis sa fille Élisabeth. Pierre Corneille, né dans une famille de magistrats à Rouen en 1606, avocat et auteur de comédies et de tragédies, parmi lesquelles *le Cid* en 1636. Il fut élu à l'Académie française en 1647. L'abbé Pierre, qui pendant l'hiver 1954 initia un immense mouvement de solidarité pour les sans-abri. Il fut à l'origine d'Emmaüs et de la fondation Abbé Pierre. Il disparut en 2007. L'homme politique Pierre Mendès France, l'humoriste Pierre Desproges.

**Ils le portent :** le chanteur Pierre Perret, le couturier Pierre Cardin, les acteurs Pierre Arditi et Pierre Niney.

**Son évolution :** Pierre est le prénom intemporel par excellence, qui traversa les âges sans jamais disparaître. Au XXe siècle, il a été en vogue de 1920 à 2000, ce qui est un record. Il s'éloigne un peu aujourd'hui.

**Son cousin :** Pétrone.

**Dans nos régions :** Pedern (Bretagne), Pedruelo, Pedruxto, Peidro, Peitro, Peitroko, Petriko, Petrisko (Pays basque), Peio (Bretagne, Pays basque), Per, Peran, Pereg, Perez, Peir (Pays basque, Provence), Pèiroun (Provence), Petero (Polynésie), Pierrick (Bretagne).

**À l'étranger :** Pär (Hongrie), Pavel, Pava, Pavka, Pavlik, Pétroussia, Pietr, Piotr (Russie), Peadair, Peadar, Peader, Piaras, Pierce (Irlande), Peder (Scandinavie), Pedr, Pedrog (pays de Galles), Pedro (Espagne, Portugal), Peer (Scandinavie), Pete, Peter, Piers (Grande-Bretagne, États-Unis), Peeter, Pier, Pieter (Flandre), Pekelo (Hawaï), Pekka, Petteri, Petri, Pietari (Finlande), Pere (Catalogne), Petar (pays slaves), Peteri, Petö, Petre (Hongrie), Petras (Lituanie), Petro (Finlande, Ukraine), Petros (Arménie, Grèce), Petru (Roumanie), Petrus (Allemagne), Petur (Islande), Pierke (Pays-Bas), Piero, Pietro (Italie)

**Ses diminutifs :** Petia, Pierrot.

**Ses féminins :** Pierrette, Perrine, Pétronille.

## PLACIDE

**D'où vient-il ?** Placide, d'origine latine, signifie « plaisant ».

**On le fête** le 5 octobre. Saint Placide, fils de sénateur romain, est élevé par saint Benoît. Moine très jeune, il fonda un monastère en Sicile et subit le martyre avec ses compagnons au VIe siècle.

**Il serait...** ambitieux, volontaire, très actif et déterminé à avancer dans la vie. Impatient, il ne supporte pas qu'on lui résiste, ce qui complique parfois un peu ses relations avec son entourage.

**Il le porte :** le ténor et chef d'orchestre Placido Domingo.

**Son évolution :** on rencontra quelques Placide au XIXe siècle. Ce prénom est rarissime aujourd'hui.

**À l'étranger :** Placido (Espagne, Italie).

## POTHIN

**D'où vient-il ?** Pothin, d'origine grecque, signifie « passion ».

**On le fête** le 2 juin. Saint Pothin fut le premier évêque de Lyon et de Gaule. Il fut arrêté à 90 ans, en 177, frappé par la foule et jeté en prison où il expira. Ses compagnons, dont Blandine, subirent le supplice peu après.

**Il serait...** ambitieux, travailleur énergique. Il accepte mal les contraintes et les ordres, et recherche toujours la première place dans tous les domaines.

**Son évolution :** ce prénom a toujours été rare.

## PROSPER

**D'où vient-il ?** Prosper, d'origine latine, signifie « prospère ».

**On le fête** le 25 juin. Saint Prosper naquit en Aquitaine et devint rédacteur pour le pape Léon le Grand. Il écrivit une *Histoire universelle* très célèbre à son époque. Il mourut en 455.

**Il serait…** charmant et diplomate, mais aussi très autoritaire et déterminé. Une main de fer dans un gant de velours… Passionné exigeant et jaloux en amour et en amitié.

**Il l'a porté :** Prosper Mérimée, écrivain et historien. Sa nouvelle *Carmen,* écrite en 1845, fut adaptée en opéra par Bizet. *Colomba* eut aussi un succès éclatant. On lui doit aussi une célèbre dictée, écrite en 1857 sur la demande de l'impératrice Eugénie. Il fut élu à l'Académie française en 1843.

**Son évolution :** modeste au XIXe siècle, Prosper a disparu dès l'aube du XXe siècle.

**À l'étranger :** Prospero (Espagne, Italie).

## PROTAIS

**D'où vient-il ?** Protais, d'origine latine, signifie « premier ».

**On le fête** le 19 juin. Saint Protais, frère de saint Gervais, vivait avec lui au Ier siècle sous le règne de Néron. Comme ils refusaient d'apostasier, ils furent tous deux décapités.

**Il serait…** réaliste, concret, pourvu d'un solide bon sens qui lui permet d'avancer dans la vie. Doté aussi d'un sens inné de l'équité, il sait être rigoureux et même intransigeant si ses droits sont bafoués.

## PRUDENCE (mixte)

**D'où vient-il ?** Prudence, d'origine latine, signifie « sagesse ».

**On le fête** le 6 mai. Née à Milan, sainte Prudence est moniale puis abbesse à Côme au XVe siècle.

**Il serait…** vif, énergique et indépendant. Toujours en mouvement, il supporte mal les contraintes et les ordres. Pourtant, il recherche la stabilité et la sécurité.

**Son évolution :** quelques Prudence ont vu le jour à la fin du XIXe siècle. Ce prénom a disparu dès les années 1920.

**À l'étranger :** Prudencio (Espagne, Italie), Prudentxi, Prudentzio, Prudenzi (Pays basque).

**Son féminin :** Prudence est mixte, plus féminin que masculin.

## QUENTIN

### Quentilien, Quintien, Quintilien

**D'où vient-il ?** Quentin, d'origine latine, signifie « cinquième ».

**On le fête** le 31 octobre. Quentin, 5e enfant d'un sénateur romain, se fit baptiser, devint prêtre et s'établit en Gaule. Il fut emprisonné sur ordre de l'empereur Maximien et décapité en un lieu qui porte son nom, aujourd'hui en Île-de-France.

**Il serait…** vif, curieux opportuniste. Mais aussi sensible et un peu craintif. Il craint les critiques qui le découragent et désamorcent sa motivation.

**Il l'a porté :** Quentin de La Tour, né en 1704, peintre, portraitiste de la famille royale. On lui doit des portraits de Louis XV, de Madame de Pompadour, de Voltaire et de Rousseau.

**Il le porte :** Quentin Durward, personnage d'un roman historique de Walter Scott en 1823.

**Son évolution :** Quentin est un favori des familles BCBG, surtout entre 1970 et 2000.

**Ses cousins :** Quentilien, Quintien, Quintilien.

**Dans nos régions :** Quintu, Quintilianu (Corse).

**À l'étranger :** Quincey, Quincy (Grande-Bretagne, États-Unis), Quinten (Flandre) Quintí, Quintilià (Catalogne), Quintiliano (Espagne, Italie), Quintin (Espagne), Quintinio, Quintino (Italie).

**Son féminin :** Quintilla.

## RACHID

**D'où vient-il ?** Rachid, d'origine arabe, signifie « bien dirigé ».

**Il serait...** sérieux, studieux, réservé. Il recherche le calme, l'équilibre et souvent la solitude. Il redoute la fantaisie et souhaite vivre à son rythme, sans pression.

**Il le porte :** le journaliste Rachid Arhab.

**Son évolution :** ce prénom est très courant dans les familles musulmanes.

**Son féminin :** Rachida.

## RAINIER

**D'où vient-il ?** Rainier, d'origine germanique, signifie « conseil de l'armée ».

**On le fête** le 30 décembre. Saint Rainier fut évêque dans les Abruzzes en Italie au XII$^{e}$ siècle.

**Il serait...** énergique, dynamique, autoritaire sous une apparence de grande douceur. Il a une imagination fertile et sait mettre en œuvre ses grandes idées.

**Ils l'ont porté :** Rainier fut le prénom de trois princes monégasques. Rainier III fut le mari de l'actrice américaine, Grace Kelly, et le père du prince Albert, actuel souverain.

**Son évolution :** ce prénom est très rare dans l'ensemble de l'Europe.

**Dans nos régions :** Raineru, Rinieru (Corse).

**À l'étranger :** Rainer (Allemagne), Raineri, Ranieri (Italie), Raineri (Espagne), Reynken (Flandre), Rayner (Grande-Bretagne, États-Unis).

## RALPH

**D'où vient-il ?** Ralph est une variante de Raoul, d'origine germanique, qui signifie « puissant conseiller »

**On le fête** le 7 juillet avec Raoul.

**Il serait...** à la fois affectif et autoritaire, dominateur et sensible. Travailleur et méthodique, il est très exigeant et a besoin d'être reconnu.

**Il le porte :** Ralph Lauren, passionné très jeune par la mode, commença sa carrière comme vendeur dans un magasin de vêtements prestigieux. Il créa sa marque, Polo, la racheta en 1967 et, avec l'aide d'un prêt, il créa sa propre entreprise.

**Son évolution :** ce prénom a été préféré à Raoul, le médiéval dans les années 1940, surtout dans les pays anglophones. Il n'a jamais été courant en France.

**À l'étranger :** Ralf (Allemagne).

## RAOUL
### Rodolphe

**D'où vient-il ?** Raoul, d'origine germanique, signifie littéralement « loup du conseil », que l'on peut transcrire en « puissant conseiller »

**On le fête** le 7 juillet. Saint Raoul, père de huit enfants, fut pendu en Angleterre en 1591 pour avoir assisté à la messe le jour de son baptême.

**Il serait...** sociable, sympathique et charmeur. Mais aussi déterminé, indépendant et fier. Il a un objectif : le pouvoir, la réussite et l'atteint souvent grâce au travail et à une motivation très forte.

**Ils l'ont porté :** Raoul de Bourgogne, roi de France de 923 à 936. Plusieurs comtes de Bourgogne aux VIII$^{e}$ et IX$^{e}$ siècles. Raoul Dufy, né en 1877, qui multiplia les facettes de son talent : peintre, graveur, illustrateur de livres, styliste d'intérieur et décorateur, céramiste.

**Son évolution :** Raoul est un prénom médiéval qui fut courant à cette époque de notre histoire.

Il disparut à la Renaissance, revint modestement au début du XXe siècle pour s'éclipser à nouveau dès 1930. Ralph, sa forme anglo-américaine, a été courante dans les années 1940 aux États-Unis.
**Sa forme initiale :** Radulf.
**Son cousin :** Rodolphe.
**À l'étranger :** Ralf, Rauf (Allemagne), Ralph (Grande-Bretagne, États-Unis), Raul (Espagne).

## RAPHAËL

**D'où vient-il ?** Raphaël, d'origine hébraïque, signifie « Dieu a guéri »
**On le fête** le 29 septembre. Raphaël est un des archanges. D'après la Bible, il a guéri la cécité du père de Tobie.
**Il serait...** sensible et conscient de sa susceptibilité. Il est facilement blessé et s'en défend par la recherche de la solitude ou par l'ironie et le cynisme.
**Ils l'ont porté :** Raffaello Sanzio, dit Raphaël, qui côtoya à Florence Michel-Ange et Léonard de Vinci. On lui doit entre autres chefs-d'œuvre *la Belle Jardinière* et *la Dame à la Licorne*. Le pape lui confia le décor de la basilique Saint-Pierre à Rome en 1514. Il mourut en 1520 à 37 ans, miné par la malaria. L'acteur italien Raf Vallone.
**Son évolution :** Raphaël, pourtant bien connu comme ses compagnons Gabriel et surtout Michel est resté discret jusqu'à la fin du XXe siècle. Le voici à l'honneur.
**Dans nos régions :** Rafeioun, Rafèu (Provence).
**À l'étranger :** Raeffel (Flandre), Rafael (Espagne), Rafaele, Raffaello (Italie), Rafaello (Espagne), Rafaïl (Russie), Rafal (Pologne).
**Son diminutif :** Raphy.
**Son féminin :** Raphaëlle.

**Son heure de gloire**

Aujourd'hui. Raphaël surgit en 2003 et s'impose vite dans le sillage de Gabriel.

## RAYMOND

**D'où vient-il ?** Raymond, d'origine germanique, signifie « protection du conseil »
**On le fête** le 7 janvier. Saint Raymond, prêtre puis conseiller du pape Grégoire IX, rédigea des ouvrages de théologie et fonda un ordre religieux pour le rachat des chrétiens prisonniers des Maures. Il s'éteignit dans sa centième année en 1300.
**Il serait...** travailleur, courageux, opiniâtre. Il avance lentement mais sûrement dans ses projets et accepte mal les conseils.
**Ils l'ont porté :** Raymond Poincaré, avocat, trois fois ministre avant d'être président de la République de 1913 à 1920. L'humoriste Raymond Devos, d'origine belge, maître dans l'art des jeux de mots. Le chanteur américain Ray Charles, touché par la cécité dans son enfance, qui excella dans le jazz, le gospel, le blues et la *soul music* ; il fut nommé « The Genius ».
**Son évolution :** en vogue à la fin du XIXe siècle, Raymond disparaît dans les années 1930.
**Dans nos régions :** Raimondu (Corse), Ramoun (Provence), Ramun, Ramuntcho, Ramuntxo (Pays basque), Rèmes (Alsace), Remon (Pays basque),
**À l'étranger :** Raimo (Finlande), Raimon, Raimondo, Ramon, Ramuncho (Espagne), Raimundo (Italie), Rajmund (Hongrie, Pologne), Ray (Grande-Bretagne, États-Unis), Réamann, Réamonn (Irlande), Redmund (Irlande).
**Son féminin :** Raymonde.

## REDA
### Rida

**D'où vient-il ?** Reda, d'origine arabe, signifie « celui qui satisfait ».
**Il serait...** indépendant, ambitieux, travailleur et autoritaire. Il n'aime pas les contraintes et préfère mener sa vie en solo, plutôt que de faire des concessions.
**Son évolution :** Reda est bien connu des familles musulmanes qui l'apprécient.
**Son cousin :** Rida.

## RÉGIS

**D'où vient-il ?** Régis, d'origine latine signifie « roi ». Ce prénom fait aussi référence à Jean.

**On le fête** le 16 juin. Saint Jean-François Régis fut jésuite missionnaire en Auvergne en 1636. Il parcourut le Vivarais et les Cévennes par tous les temps pour porter l'Évangile et mourut le 31 décembre 1640 d'une pneumonie contractée sur les routes.

**Il serait...** sensible, prudent, réservé, loyal et honnête. Il s'inquiète facilement et recherche dans sa famille et dans la routine la sécurité.

**Il l'a porté :** Roy Orbison, musicien et chanteur, pionnier du rock'n'roll qui composa la chanson *Pretty Woman*.

**Il le porte :** Régis Debray, né en 1940, agrégé de philosophie, compagnon de route de Che Guevara en Bolivie, emprisonné pendant quatre ans. Il fut maître des requêtes au Conseil d'État.

**Son évolution :** discret mais présent entre 1950 et 1980, Régis a disparu aujourd'hui.

**Sa forme initiale :** Rex.

**À l'étranger :** Regerio (Espagne, Italie), Regö (Hongrie), Rioghnach (Irlande), Roy (Grande-Bretagne, États-Unis).

**Ses féminins :** Régine, Reine.

## RÉMI

### Rémy

**D'où vient-il ?** Rémi, d'origine latine, signifie « qui guérit ».

**On le fête** le 1er octobre. Saint Rémi, issu d'une famille noble, érudit et pieux, fut évêque de Laon à 22 ans, et archevêque de Reims peu après. Conseiller de la reine Clotilde, écouté et respecté par le roi païen Clovis, il le baptisa à Reims avec 3 000 hommes de son armée le jour de Noël 496.

**Il serait...** très dépendant de son entourage affectif, qui peut l'encourager et lui faire faire des prodiges, ou au contraire le démoraliser et le mener à l'échec.

**Son évolution :** classique et discret depuis le début du XXe siècle, Rémi a une courte vague de succès dans les années 1990.

**Sa forme initiale :** Remigius.

**Son cousin :** Rémy.

**À l'étranger :** Remeeus (Flandre), Remies (Pays-Bas), Remig (Catalogne), Remigio (Espagne, Italie).

## RENAUD

### Réginald

**D'où vient-il ?** Renaud, d'origine germanique, signifie « conseil du gouverneur ».

**On le fête** le 17 septembre. Saint Renaud, chanoine à Soissons, termina sa vie en ermite en 1104.

**Il serait...** énergique et déterminé. Il a des grandes ambitions, de grands objectifs et un charisme considérable qui lui permet de convaincre et d'animer.

**Il le porte :** Renaud Séchan, connu sous son seul prénom, un des chanteurs les plus populaires en France.

**Son évolution :** Renaud est un prénom médiéval qui, passé l'an 1000, est devenu rare, malgré sa belle carrière dans les familles BCBG.

**Son cousin :** Reginald.

**À l'étranger :** Ragnar (Suède), Rainaldo, Rinaldo, Rinaldi (Italie), Reggie, Ron, Ronald, Reynold (Grande-Bretagne, États-Unis),

Reginaldo, Reino (Finlande), Reinhard (Flandre), Ronaidh (pays de Galles), Ronaldo (Espagne, Portugal).
**Ses diminutifs :** Ronnie, Ronny.
**Son féminin :** Renaude.

## RENÉ

**D'où vient-il ?** René, d'origine latine, signifie « renaissance ».
**On le fête** le 19 octobre. Saint René Goupil, angevin, fut missionnaire en Amérique du Nord. Il fut capturé, torturé et tué par les Iroquois en 1642.
**Il serait...** charmant, paisible, sécurisant par son calme et son désir d'harmonie. Il aime écouter, rassurer, jouer le rôle du grand frère auprès des siens.
**Ils l'ont porté :** René Ier de Naples, duc d'Anjou et de Lorraine, comte de Provence que la postérité connaît sous le nom du bon roi René, ami des arts et de la culture, qui termina sa vie à Aix-en-Provence en 1480. René Coty, président de la République française de 1954 à 1959.
**Son évolution :** très en vogue au début du XXe siècle, René disparaît dans les années 1930.
**Dans nos régions :** Reinie (Provence), Rinatu (Corse).
**À l'étranger :** Renat (Catalogne, Pologne), Renate (Suède), Renato (Italie), Renatu (Corse), Renatus (Allemagne), Renatusz (Hongrie), Rentje (Pays-Bas).
**Son féminin :** Renée.

**Son heure de gloire**

C'est dans les années 1920 que René atteint le sommet de son ascension en France.

## RHYS

**D'où vient-il ?** Rhys, d'origine galloise, signifie « enthousiaste ».
**Il serait...** stable, réflechi. Il ne prend pas de décisions à la légère et mûrit longuement tous ses projets. Il est attiré par les activités calmes et solitaires, dont l'étude, la lecture.
**Ils le portent :** l'acteur gallois Rhys Ifans, le rugbyman gallois Rhys Williams, l'acteur anglais Rhys Thomas, le tennisman australien Rhys Gemmell.
**Son évolution :** Rhys est l'un des favoris en Écosse depuis 2009.
**Son cousin :** Reece.

## RICHARD

**D'où vient-il ?** Richard, d'origine germanique, signifie « roi fort »
**On le fête** le 3 avril. Saint Richard, évêque de Chichester, fut un modèle de bonté et de charité. Il mourut en 1253.
**Il serait...** réservé mais courtois, artiste mais perfectionniste, amoureux de la beauté, du succès et du pouvoir. Affectueux, il privilégie sa famille.
**Ils l'ont porté :** Richard Wallace, patriote écossais, chez des Écossais dans la rébellion contre les Anglais au XIIe siècle, battu par le roi Édouard Ier d'Angleterre. Richard Ier d'Angleterre dit Richard Cœur de Lion, roi d'Angleterre de 1189 à 1199, duc de Normandie et d'Aquitaine, comte d'Anjou et du Maine, fils d'Aliénor d'Aquitaine. Il participa à la troisième croisade avec Philippe Auguste. Richard III fut le dernier roi de la dynastie des Plantagenêt, qui régna de 1483 à 1485 avant d'être tué au cours d'un combat contre un ses prétendants au trône, Henri Tudor. Richard Nixon, ancien président des États-Unis. Le chanteur Richard Anthony.
**Ils le portent :** le chanteur des sixties Dick Rivers. Les acteurs Richard Bohringer, Richard Berry et Richard Anconina.
**Son évolution :** très apprécié outre-Manche, Richard a été modeste pendant toute la première moitié du XXe siècle. Il est rarissime aujourd'hui.
**Dans nos régions :** Riccardu (Corse).
**À l'étranger :** Dick, Richie (Grande-Bretagne, États-Unis), Ricardo (Espagne, Portugal), Riccardo (Italie), Rickert (Suède), Ridseard, Ruiseart (pays de Galles), Rikard (Scandinavie), Riku (Finlande), Riocárd, Risteard (Irlande), Ryckaert (Flandre), Ryszard (Pologne).

**Ses diminutifs :** Rick, Ricky.
**Son féminin :** Richarde.

## ROBERT
### Robin

**D'où vient-il ?** Robert, d'origine germanique, signifie « gloire illustre ».
**On le fête** le 30 avril. Saint Robert de Molesme s'installa comme ermite avec plusieurs compagnons dans une forêt de Bourgogne. Les dons affluant, il entreprit la construction d'un monastère dont il devint abbé. Très vite, les moines s'installèrent dans un confort qui ne plut pas à Robert ; il partit fonder un ordre plus rigoureux, à Cîteaux, en 1098. Dès que l'édifice fut achevé et les règles de vies établies, il retourna auprès de ses moines dissipés qui s'étaient assagis. Il mourut parmi eux en 1110.
**Il serait...** conciliant, agréable, sécurisant. Il a une grande force de caractère, des passions, des principes et un goût prononcé pour l'authenticité.
**Ils l'ont porté :** Robert de Brieuse, compagnon de Guillaume le Conquérant, l'accompagna en Angleterre et en Écosse et son nom devint the Bruce. L'un de ses descendants s'empara de la couronne d'Écosse et devint roi en 1306 sous le nom de Robert I^er^. Robert d'Artois, lésé de son héritage paternel par sa tante Mahaut, cherche à se venger d'elle et du roi de France, se réfugie à la cour d'Angleterre et incite le roi à déclarer à la France une guerre qui durera cent ans. Il mourut au combat en 1342.
**Ils le portent :** les acteurs américains Robert Redford et Robert de Niro. L'homme politique Robert Badinter.
**Son évolution :** Robert est à son apogée à la fin du XIX^e^ et au début du XX^e^ siècle. Il s'éloigne dès les années 1930. Le relais est pris par Robin, apparu à la fin du XX^e^ siècle.
**Son cousin :** Robin.
**Dans nos régions :** Robertu (Corse), Ropars, Roparz, Roparzh (Bretagne), Ropate (Polynésie), Rouber (Provence).
**À l'étranger :** Raibeart, Robaidh, Roban, Roidsear (pays de Galles), Röbel, Ruprecht (Allemagne), Robrecht (Flandre), Roberto (Espagne, Italie, Portugal), Roberts (Grande-Bretagne, États-Unis), Robi (Hongrie), Roibeard, Roibhilin, Roibin (Irlande), Roope, Rooperti (Finlande). Ruperto (Espagne, Italie).
**Ses diminutifs :** Bob, Bobbie, Bobby, Robb, Robbie, Robby.
**Son féminin :** Roberte.

## ROBIN
### Robert

**D'où vient-il ?** Robin est une variante de Robert, d'origine germanique, qui signifie « gloire illustre ».
**On le fête** le 30 avril avec Robert.
**Il serait...** réfléchi, rationnel, un peu strict et attaché à des principes et à des habitudes qui le sécurisent. Sa famille est très importante pour lui.
**Il l'a porté :** l'acteur américain Robin William dont le rôle dans *le Cercle des poètes disparus* a consacré le succès.
**Il le porte :** Robin des Bois, personnage mythique du Moyen Âge anglais, hors-la-loi généreux qui vole aux riches pour donner aux pauvres.
**Son évolution :** Robin est un prénom médiéval peu connu en France, courant en Angleterre. C'est dans les années 1990 que Robin est apparu discrètement. Aux États-Unis, il est devenu féminin.
**Sa forme initiale :** Robert.
**À l'étranger :** Robyn (Flandres).

## ROCH
### Rocco

**D'où vient-il ?** Roch, d'origine germanique, signifie « gloire ».
**On le fête** le 16 août. Saint Roch, médecin à Montpellier vend ses biens et part en pèlerinage à Rome. Sur la route, la peste sévissant, il soigne pendant plusieurs années les malades dans les villes qu'il traverse. Il attrape la maladie,

se retire dans la forêt pour ne pas contaminer les autres, où il est nourri par un chien fidèle qui lui apporte chaque jour un pain. Il guérit mais, arrêté à Milan, il est pris à tort pour un espion et emprisonné. Il meurt dans son cachot en 1379.
**Il serait...** combatif et volontaire, tendre et passionné. Efficace quand il est motivé, opportuniste à l'occasion, il prend ses responsabilités très au sérieux.
**Ils le portent :** le chanteur canadien Roch Voisine. Rocco est le prénom du fils de Madonna.
**Son évolution :** Roch est très rare en France, Rocco est à peine plus courant en Italie.
**À l'étranger :** Rocco (Italie).
**Son diminutif :** Rock.
**Son féminin :** Rochelle.

## RODÉRIC
### Rodrigue

**D'où vient-il ?** Rodéric, d'origine germanique signifie « gloire du roi ».
**On le fête** le 13 mars. Saint Rodrigue, prêtre à Cordoue au IX^e^ siècle est dénoncé par son frère musulman et décapité.
**Il serait...** calme et réservé. Il observe, écoute, réfléchit et se fait une opinion sur tout et sur tous. Sociable et généreux, il est très apprécié de ses amis.
**Ils l'ont porté :** Rurik, chef de guerre viking, fut appelé par les Russes pour mettre de l'ordre dans la population slave rebelle. Il s'établit en Russie et fonda la ville de Novgorod en 862 dont il fut le premier prince. Il y mourut en 879. Rodrigo fut le dernier roi wisigoth en Espagne où il mourut près de Cadix en 711.
**Il le porte :** Rodrigue est le héros du *Cid* de Corneille, pièce jouée pour la première fois en 1636. Il est l'un des personnages les plus connus de la littérature française.
**Son évolution :** Rodéric, très courant dans les peuples saxons et scandinaves au Moyen Âge, s'est raréfié au cours des siècles.
**Son cousin :** Rodrigue.
**À l'étranger :** Reurik, Rurik (Scandinavie), Rodrigo (Espagne).

## RODOLPHE

**D'où vient-il ?** Rodolphe, d'origine germanique, signifie « loup glorieux ».
**On le fête** le 21 septembre. Saint Rodolphe, fils d'un comte de Cahors, fut évêque de Bourges au IX^e^ siècle.
**Il serait...** sensible, idéaliste, un peu rêveur. Il apprécie avant tout la sécurité familiale et cherCha l'équilibre et l'harmonie.
**Ils l'ont porté :** Rollon, chef de guerre viking, avait envahi la Normandie et pillait tout sur son passage. Il obtint le duché de Normandie du roi Charles le Simple contre la promesse de ne plus piller et, au contraire, de défendre la région contre les invasions. Le traité de Saint-Clair-sur-Epte, en 911, ratifia cette décision. En 912, Rollon se fit baptiser. Il fut le premier duc de Normandie, sans toutefois en porter le titre. Rodolphe II de Habsbourg, empereur du Saint Empire romain germanique, roi de Bohême et de Hongrie, mort en 1612. Rodolphe, archiduc d'Autriche, fils d'Élisabeth et de François-Joseph, retrouvé mort avec sa maîtresse Marie Vetsera au pavillon de chasse de Mayerling en 1889. Le danseur russe Rudolf Noureiev. L'écrivain anglais Rudyard Kipling.
**Son évolution :** Rodolphe et ses variantes ont été bien présents au Moyen Âge. Les uns et les

autres ne sont plus du tout d'actualité. On rencontre parfois Rudy.
**Dans nos régions :** Rollon (Normandie).
**À l'étranger :** Rezso (Hongrie), Rodolf (Grande-Bretagne, États-Unis), Rodolfo (Espagne, Italie), Rolf, Rudolf (Allemagne), Rudolfo (Italie), Rudy, Rudyard (Grande- Bretagne, États-Unis), Roefke (Pays-Bas).
**Ses diminutifs :** Rod, Rody, Rudi, Rudy.

## ROGER

**D'où vient-il ?** Roger, d'origine germanique, signifie « glorieux porteur de lance »
**On le fête** le 30 décembre. Saint Ruggiero, italien fut évêque en Italie au XI<sup>e</sup> siècle.
**Il serait...** calme et réservé. Il observe, écoute, réfléchit et se fait une opinion sur tout. Sociable et généreux, il est très apprécié de ses amis.
**Ils l'ont porté :** deux rois de Sicile au XIe siècle. Le poète et sociologue Roger Caillois mort en 1978. Le journaliste sportif Roger Couderc.
**Il le porte :** Roger Federer, tennisman suisse.
**Son évolution :** Roger forme avec Robert et René le trio des prénoms masculins au top au début du XXe siècle ; ils disparaissent ensemble dès les années 1940.
**Dans nos régions :** Rogel (Pays basque), Rougié (Provence), Ruggeru (Corse).
**À l'étranger :** Roar (Norvège), Rodge, Rodger (Grande-Bretagne, États-Unis), Rogelio (Espagne), Rogerio (Portugal), Rogier (Flandre), Rogiero (Espagne), Rüdeger, Rudger, Rüdiger (Allemagne), Ruggero, Ruggiero (Italie), Rutger (Suède), Rutje (Pays-Bas).

## ROLAND

**D'où vient-il ?** Roland, d'origine germanique, signifie « terre glorieuse ».
**On le fête** le 15 septembre. Saint Roland de Médicis fut ermite pendant vingt-six ans en Italie. Des chasseurs le trouvèrent moribond dans la forêt où il rendit l'âme en 1386.
**Il serait...** sociable, psychologue. Séducteur, persuasif, il a beaucoup de charisme et sait bien utiliser ses relations pour servir ses ambitions qui sont grandes.
**Ils l'ont porté :** Roland, neveu de Charlemagne combattit avec lui les Sarrasins, dans les Pyrénées, à Roncevaux en 776. Il fut trahi par Ganelon et mortellement blessé. Il sonna de l'olifant pour avertir l'armée du guet-apens. L'épopée de Roland fut racontée dans *la Chanson de Roland*, écrite au XIe siècle par le poète Turold. Roland Garros fut champion de France de cyclisme en 1906, et réalisa la première traversée de la Méditerranée en avion en 1913. Il mourut lors d'un combat aérien en 1918.
**Il le porte :** l'homme politique Roland Dumas.
**Son évolution :** Roland, médiéval comme Raoul ou Roger, connaît une courte période de succès au début du XXe siècle et disparaît vite.
**Dans nos régions :** Rolandu (Corse) Roldan (Pays basque).
**À l'étranger :** Orlando, Rolando (Espagne, Italie, Portugal), Rodhlann (Irlande) Roeland (Allemagne, Flandre).
**Son féminin :** Rolande.

## ROMAIN

### Roman, Roméo

**D'où vient-il ?** Romain, d'origine latine, signifie « de Rome ».
**On le fête** le 28 février. Saint Romain de Condat, ermite, recevait de nombreux visiteurs. Il fonda pour eux un monastère à Condat, dans les Vosges, où il mourut en 463.
**Il serait...** réfléchi, calme, perméable aux ambiances et facilement blessé par les critiques. Mais une atmosphère affective stable le dynamise et il donne le meilleur de lui-même.
**Il l'a porté :** Romain Gary, écrivain d'origine russe, *alias* Émile Ajar, qui fut diplomate avant de se consacrer à la littérature. Il eut le prix Goncourt en 1956 pour *les Racines du ciel*, publié sous le nom de Gary et, en 1976, pour *la Vie devant soi,* paru sous le nom d'Ajar. Il disparut en 1980.
**Ils le portent :** le romancier Romain Sardou.

L'homme politique et économiste italien Romano Prodi. L'acteur Romain Duris.
**Son évolution :** prénom moderne, il entame sa carrière dans les années 1970. Il se maintient au top 100 des prénoms masculins.
**Dans nos régions :** Ruvon (Bretagne).
**À l'étranger :** Romano (Italie), Romanos (Grèce), Romanus (Allemagne), Romão (Portugal), Rommen (Flandre).
**Son féminin :** Romane.

## ROMAN
### Romain

**D'où vient-il ?** Roman, variante de Romain, d'origine latine, signifie « de Rome ».
**On le fête** le 28 février avec Romain.
**Il serait…** émotif et hypersensible, il se protège des blessures affectives en affichant une certaine froideur, voire du cynisme quand il ne se sent pas en sécurité.
**Il le porte :** Roman Polanski, producteur, comédien, metteur en scène, qui réalisa entre autres succès *Le bal des vampires, Rosemary's baby, Chinatown, Le pianiste.*
**Son évolution :** Roman n'est pas très fréquent, mais il est présent depuis les années 1990.
**Sa forme initiale :** Romain.
**Son féminin :** Romane.

## ROMÉO
### Romain, Romée

**D'où vient-il ?** Roman est une variante de Romain, d'origine latine, qui signifie « de Rome ».
**On le fête** le 28 février avec Romain
**Il serait…** sociable, vif, adaptable. Il a le sens des affaires, aime le pouvoir et accepte mal les ordres. Il préfère de beaucoup les donner !
**Il le porte :** Roméo Montaigu, héros de l'œuvre de Shakespeare, *Roméo et Juliette*, amoureux de Juliette Capulet alors que leurs deux familles sont ennemies.
**Son évolution :** Roméo est rare, comme la majorité des prénoms littéraires.
**Sa forme initiale :** Romain.
**Son cousin :** Romée.
**Dans nos régions :** Romieu (Provence).

## ROMUALD

**D'où vient-il ?** Romuald, d'origine germanique, signifie « gloire du gouverneur »
**On le fête** le 19 juin. Saint Romuald, ermite en Toscane s'éteignit en 1027.
**Il serait…** imaginatif, habile, persuasif et amical. Sa générosité et sa joie de vivre sont très appréciées par son entourage ; mais la rigueur l'ennuie.
**Son évolution :** Romuald est toujours très discret, mais n'a jamais vraiment disparu depuis la moitié du XX^e^ siècle.
**À l'étranger :** Romoaldo (Italie), Romualdo (Espagne).

## RONAN
### Renan

**D'où vient-il ?** Ronan, d'origine celte, signifie « royal ».
**On le fête** le 1^er^ juin. Saint Ronan fut un évêque irlandais au VI^e^ siècle qui vint en Bretagne fonder un monastère au lieu qui porte aujourd'hui le nom de Locronan.
**Il serait…** sociable et chaleureux, sensible et affectueux. Mais il n'en protège pas moins son indépendance.
**Son évolution :** Ronan est bien connu en Bretagne, rare dans l'ensemble du pays.
**Son cousin :** Renan.

## RORY

**D'où vient-il ?** Rory, d'origine irlandaise, signifie « roux ».
**Il serait…** travailleur, déterminé. Il ne cède pas à la facilité, ses mots d'ordre : travail et régularité. Il aime construire des projets à long terme et s'y investit complètement.
**Ils l'ont porté :** Rory O'Connor, dernier roi d'Irlande, au XII^e^ siècle, le chanteur Rory Gallagher.
**Ils le portent :** le joueur de golf irlandais Rory MacIlroy, les acteurs américains Rory Culkin

## Prénoms de la littérature

Inventés ou ranimés, les prénoms de la littérature sont peu courants. Pourquoi ne pas en profiter? quelques idées tendance en 2008:

**Arthur**, **Gauvain**, **Lancelot**, **Merlin**, **Perceval**, **Yvain**, chevaliers de la Table ronde. **Robin**, héros de la légende anglaise (Robin Hood). **Argan**, **Cléante**, **Léandre**, **Lysandre**, du théâtre de Molière. **Rodrigue**, héros du *Cid* de Corneille. **Roméo**, héros de William Shakespeare. **Cyrano**, héros d'Edmond Rostand. **Angel**, **Colin**, héros de *l'Automne à Pékin* de Boris Vian.

et Rory Cochrane, le joueur de rugby irlandais Rory Best.
**Son évolution :** Rory est l'un des prénoms du top 20 en Irlande depuis 2009.

## ROWAN
**Roan, Rohan, Rowen**

**D'où vient-il?** Rowan, d'origine celte, signifie « roux ».
**On le fête** le 15 avril. Saint Rowan fonda un monastère en Irlande au VI^e siècle. Il aurait guéri de nombreux malades de la lèpre.
**Il serait...** sérieux, équilibré, très impliqué dans sa vie matérielle, soucieux de progresser. Il aime le pouvoir et les avoirs.
**Son évolution:** ce prénom fut courant en Irlande dès le Moyen Âge. Rory est aujourd'hui un des favoris en Écosse.
**Ses cousins:** Roan, Rohan, Rowen.
**À l'étranger:** Rory, Ruadhan (Irlande).

## RUBEN

**D'où vient-il?** Rube, d'origine hébraïque, signifie « c'est un fils ».
**Il serait...** ambitieux, courageux et volontaire. Mais il aime l'harmonie et le calme. Il travaille dur, mais redoute le stress et les tensions.
**Il l'a porté:** Ruben, fils de Jacob et de Léa, est dans la Bible le fondateur d'une des tribus d'Israël.
**Son évolution:** Ruben est l'un des grands prénoms traditionnels de la culture juive.
**Sa forme initiale:** Réouven.
**À l'étranger:** Rouven (Grande-Bretagne, États-Unis), Rouvim (Russie), Ruuben (Finlande).
**Son diminutif:** Ruby.

## RUFUS
**Rufinien**

**D'où vient-il?** Rufus, d'origine latine, signifie « roux ».
**On le fête** le 21 novembre. Saint Rufus fut un disciple de saint Paul au I^er siècle.
**Il serait...** réservé et prudent, sensible et calme. Rationnel, il fait peu confiance à son intuition et se méfie de la fantaisie.
**Il le porte:** l'acteur Rufus.
**Son évolution:** Rufus a toujours été rare.
**Son cousin:** Rufinien.
**À l'étranger:** Rufo (Espagne).

## RYAN
**Rayan, Rian, Rioghan**

**D'où vient-il?** Ryan, d'origine irlandaise, signifie « petit roi ».
**On le fête** le 23 avril.
**Il serait...** solide et positif. Il a le sens de l'effort, travaille, progresse et sait ce qu'il veut. Ses principes stricts le font parfois manquer de tolérance.
**Il le porte:** l'acteur américain Ryan O'Neal.
**Son évolution:** ce prénom a été très populaire en Irlande dès le IX^e siècle. Puis, il a gagné l'Angleterre, les États-Unis, l'Australie, et la France, qui en fit un de ses prénoms favoris dans les années 1980.
**Sa forme initiale:** Ryan.
**Ses cousins:** Rayan, Rian, Rioghan.

# S

## SAADI
### Saad, Saadoun

**D'où vient-il ?** Saadi, d'origine arabe, signifie « de bon augure ».
**Il serait…** réfléchi, solitaire et sérieux. Il redoute la vie sociale et préfère la lecture, la recherche, l'étude. Il se sent peu concerné par les biens matériels.
**Son évolution :** ce prénom, bien connu des familles de culture arabe, est aussi porté en patronyme.
**Ses cousins :** Saad, Saadoun.
**Son féminin :** Saadia.

## SABIN
### Sabien, Sabinien

**D'où vient-il ?** Sabin signifie en latin « issu du peuple Sabini », peuple occupant l'Italie centrale. Lorsque Rome fut fondée, les bâtisseurs manquèrent de femmes. Ils convièrent leurs voisins, les Sabins, à participer à des jeux et en profitèrent pour enlever leurs femmes et leurs filles. L'enlèvement des Sabines est un épisode de l'histoire de Rome souvent reproduit par les peintres. Les Sabines s'attachèrent aux Romains et évitèrent le combat entre les deux peuples en s'interposant. Un traité fut conclu.
**On le fête** le 11 décembre. Saint Sabin fut évêque de Plaisance, en Italie du Nord, et ami de saint Ambroise. Il mourut en 420.
**Il serait…** émotif, énergique, entier, ambitieux et jaloux. Il a une grande force de caractère et un charisme qui lui permettent d'arriver à ses fins.
**Son évolution :** contrairement à sa forme féminine, Sabine, Sabin n'a pas survécu aux premiers siècles. Il est rarissime aujourd'hui.
**Ses cousins :** Sabien, Sabinien.
**À l'étranger :** Sabiniano, Sabinio (Espagne).

## SACHA (mixte)
### Sasha, Sashenka

**D'où vient-il ?** Sacha est un diminutif russe d'Alexandre, d'origine grecque, qui signifie « qui repousse l'ennemi ».
**On le fête** le 22 avril avec Alexandre.
**Il serait…** communicatif, sûr de lui, vif, habile et diplomate. Indépendant, épris de pouvoir et de réussite, il ne ménage pas ses efforts pour atteindre ses objectifs.
**Ils l'ont porté :** Sacha Guitry, né en 1885, auteur dramatique, metteur en scène, acteur, qui écrivit plus de 100 pièces et 33 films. *Désiré, Si Versailles m'était conté, Faisons un rêve, le Roman d'un tricheur* sont parmi ses œuvres les plus connues. Sacha Pitoeff, acteur d'origine ruse né en 1920, décédé en 1990, dont le rôle dans *l'Année dernière à Marienbad* fut marquant pour la carrière. Le chanteur Sacha Distel, décédé en 2004.
**Son évolution :** longtemps diminutif dans les familles d'origine slave, Sacha apparaît comme un vrai prénom dans les années 1990. Il fait son chemin. Masculin à l'origine, Sacha se féminise.
**Sa forme initiale :** Alexandre.
**Ses cousins :** Sasha, Sashenka.
**Son féminin :** ce prénom est mixte à prédominance masculine.

**Son heure de gloire**

Aujourd'hui. Sacha est dans le sillage des autres diminutifs, comme Léo, Théo et Alex, alors qu'Alexandre s'éloigne.

## SAÏD

**D'où vient-il ?** Saïd, d'origine arabe, signifie « homme heureux ».

**Il serait...** sociable et conciliant, attentif et généreux, responsable et autonome. Il est très attaché à son entourage et sa famille est sa priorité.

**Son évolution :** ce prénom est très populaire dans les familles de culture arabe. De nombreuses villes ou des quartiers portent ce nom, comme Port-Saïd en Égypte ou Sidi Bou Saïd en Tunisie.

**Ses féminins :** Saïda, Souad.

## SALVADOR

### Salvator

**D'où vient-il ?** Salvador, d'origine espagnole, signifie « sauveur ». Ce prénom fait allusion au Christ, sauveur de tous les hommes.

**On le fête** le 22 novembre. Saint Salvator, franciscain missionnaire en Turquie, fut mis à mort en 1895 pour avoir refusé de renier sa foi.

**Il serait...** curieux, chaleureux, sympathique. Travailleur et loyal, il est authentique et supporte mal le mensonge et les flatteries.

**Ils l'ont porté :** Salvador Allende, homme politique chilien. Salvador Dalí, peintre catalan surréaliste.

**Il le porte :** le chanteur Salvatore Adamo.

**Son évolution :** ce prénom a été populaire dès les premiers siècles de la chrétienté dans les pays latins. Il est encore usité en Espagne et en Italie.

**Sa forme initiale :** Sauveur.

**Son cousin :** Salvator.

**Dans nos régions :** Gaïzka, Sabattore (Pays basque).

**À l'étranger :** Salvatore (Italie).

## SALOMON

### Soliman

**D'où vient-il ?** Salomon, d'origine hébraïque, signifie « paix ».

**Il serait...** franc, réaliste, conquérant et volontaire. Pas de demi-mesure. Actif et travailleur, il a de grandes ambitions et supporte mal qu'on ne le suive pas.

**Ils l'ont porté :** Salomon, fils de David et de Bethsabée, fut roi d'Israël de – 979 à – 931. Il fut réputé pour sa justice et son règne fut une période de paix et de prospérité pour son peuple. Soliman le magnifique fut le 10e sultan de l'empire ottoman. Grand conquérant, il donna à son pays une puissance mondialement reconnue en 1566, année de sa mort.

**Son évolution :** Salomon est un grand prénom de la culture juive. Soliman et ses variantes sont bien connus par les familles de culture musulmane.

**Sa forme initiale :** Schlomo.

**Son cousin :** Shalom.

**Dans nos régions :** Salamun, Salaün, Selaven (Bretagne), Solomoni (Polynésie).

**À l'étranger :** Salamon (Hongrie), Salamone (Italie), Salman, Slimane, Soliman, Suleïman, Suliman (pays arabes), Salomó (Allemagne), Solomon (Grande-Bretagne, États-Unis, Russie).

**Son féminin :** Salomé.

## SAMI

### Sam, Samuel, Samy

**D'où vient-il ?** Sami est un diminutif de Samuel, d'origine hébraïque, qui signifie « son nom est Dieu ».

**On le fête** le 20 août avec Samuel.

**Il serait...** affectueux, altruiste et très attaché à ses principes. Il a un grand sens des responsabilités et se dévoue aux causes qu'il juge nobles.

**Il l'a porté :** Sammy Davis Jr, chanteur, danseur et acteur américain décédé en 1990.

**Ils le portent :** l'acteur Sami Frey. « Oncle Sam », personnage emblématique des États-Unis, portant jaquette et chapeau haut-de-forme aux couleurs de la bannière étoilée, le drapeau américain. Il a vu le jour en 1812 dans l'armée.

**Son évolution :** Sami est dans le sillage de Samuel et suit la mode des prénoms diminutifs.

**Sa forme initiale :** Samuel.

**Son cousin :** Sam.
**À l'étranger :** Samy, Sammy (États-Unis).

## SAMSON

**D'où vient-il ?** Samson, d'origine hébraïque, signifie « soleil ».
**On le fête** le 28 juillet. Saint Samson, né au pays de Galles, accosta en Bretagne et fonda un monastère à Dol en 525. Il devint le premier évêque de la ville, participa au deuxième concile et arbitra un conflit entre le roi des Francs Chilpéric et le roi de Bretagne Judual.
**Il serait...** calme, réservé tout en étant sociable. Il redoute la solitude et a besoin de stimuli pour se motiver. Réfléchi et intuitif à la fois, il a un bon sens de l'analyse.
**Ils l'ont porté :** dans la Bible, Samson, juge en Israël au XII<sup>e</sup> siècle avant J.-C., est victime de son amour et de sa confiance en Dalila, la traîtresse à qui il avait confié que sa puissance extraordinaire se trouvait dans sa chevelure longue. Celle-ci, convaincue par les Philistins de le trahir, coupe sa chevelure dans son sommeil et le livre à ses ennemis. Prisonnier dans un temple, il attend que sa chevelure ait repoussé pour faire s'écrouler le temple sur le peuple. Le pianiste Samson François, spécialiste de Chopin.
**Son évolution :** ce prénom est bien connu à la fois des familles bretonnes et des familles de culture juive. Il est rare dans l'ensemble du pays.
**Sa forme initiale :** Shimshon.
**Dans nos régions :** Samzun (Bretagne), Sansoun (Provence).
**À l'étranger :** Sanso (Catalogne), Sampson, Simson (Grande-Bretagne, États-Unis), Sansone (Italie), Sanson (Espagne), Sampp (Finlande).

## SAMUEL
### Sami

**D'où vient-il ?** Samuel, d'origine hébraïque, signifie « son nom est Dieu ».
**On le fête** le 20 août. Saint Samuel est, dans la Bible, le dernier juge d'Israël. Il désigna le roi Saül comme premier roi d'Israël.
**Il serait...** énergique, volontaire, conquérant. Autoritaire et peu diplomate, il recherche le pouvoir et ne tolère pas qu'on lui résiste.
**Ils l'ont porté :** l'écrivain irlandais Samuel Beckett, dont la pièce *En attendant Godot*, écrite en français, eut un grand succès. Il fut prix Nobel de littérature en 1969. Samuel Morse, qui inventa en 1835 l'alphabet morse.
**Il le porte :** L'acteur Samuel Labarthe.
**Son évolution :** Samuel, prénom biblique fait partie de la culture juive. En France, il connaît une vague de succès depuis les années 1980.
**Sa forme initiale :** Shmouel.
**À l'étranger :** Sami (pays arabes), Samuele (Italie), Samuli (Finlande).
**Ses diminutifs :** Sam, Sami, Sammie, Sammy.

## SANCHO
### Sanchez

**D'où vient-il ?** Sancho, d'origine espagnole de Sanche, qui signifie en latin « consacré ».
**On le fête** le 5 juin. Saint Sanche, albigeois, est fait prisonnier par les musulmans et emmené à Cordoue. Il refuse de se convertir à l'islam, il meurt en martyr en 851.
**Il serait...** responsable, appliqué, strict. Il a des principes de vie, entend bien les faire respecter par son entourage. Très attaché à sa famille, il se sent patriarche dans l'âme.
**Ils l'ont porté :** Sancho III, roi d'Aragon et de Castille au XI<sup>e</sup> siècle. Sancho Pança est l'écuyer de don Quichotte de la Manche dans l'œuvre de Cervantès, écrite en 1605.
**Son évolution :** très populaire en Espagne au Moyen Âge, Sancho est rare aujourd'hui.
**Son cousin :** Sanchez.
**Dans nos régions :** Santxi, Santxo, Sanzi (Pays basque).
**Ses féminins :** Sancha, Santxa.

## SANDER

**D'où vient-il ?** Forme diminutive d'Alexander, variante anglo-américaine d'Alexandre, d'origine grecque, qui signifie « qui repousse l'ennemi ».

**On le fête** le 22 avril avec Alexandre.
**Il serait...** calme, réfléchi, attiré par les activités intellectuelles, la méditation. L'agitation l'angoisse. Il fuit volontiers les relations superficielles pour préférer les activités solitaires.
**Son évolution :** Sander est l'un des prénoms favoris en Norvège depuis 2009.
**Son cousin :** Sanders.
**Son féminin :** Sandra.

## SANTIAGO

**D'où vient-il ?** Santiago, d'origine espagnole, fait référence à saint Jacques. Au Moyen Âge, le cri de guerre des soldats espagnols était *« sancte Iacobe »*, qui se transforme en *« santiago »* et devint prénom.
**On le fête** le 25 juillet avec saint Jacques.
**Il serait...** dynamique et sociable. Curieux, il multiplie les activités, quitte à se disperser. Il est calme et rassurant pour son entourage.
**Son évolution :** Santiago fut un prénom fréquent en Espagne au Moyen Âge. Il est rare aujourd'hui.
**Sa forme initiale :** Iacobe.
**Dans nos régions :** Santutxo (Pays basque).
**À l'étranger :** Tiago (Portugal).

## SATURNIN

**Saturnien, Sernin**

**D'où vient-il ?** Saturnin, d'origine latine, fait référence au dieu Saturne. Saturne est, dans la mythologie romaine, le dieu de l'agriculture. Il dévorait ses enfants afin de ne pas avoir de postérité, à la suite d'une promesse faite à son frère.
**On le fête** le 29 novembre. Saint Saturnin ou Sernin fut évêque de Toulouse. Il parcourut la ville et sa région pour prêcher et fut sommé par le préfet, un jour de l'an 250, de sacrifier un taureau aux dieux païens. Il refusa et fut attaché aux cornes du taureau.
**Il serait...** direct, loyal, franc, courageux. Avec lui, pas d'ambiguïté, il dit ce qu'il pense et tant pis pour la diplomatie.
**Son évolution :** Saturnin a toujours été un prénom rare. Sernin est plus fréquent dans le Midi de la France.
**Ses cousins :** Saturnien, Sernin.
**Dans nos régions :** Sadornin (Bretagne), Satordi, Saturdi (Pays basque), Saturninu (Corse), Savournin (Provence).
**À l'étranger :** Saturdi (Catalogne), Saturdino (Espagne).

## SAUL

**D'où vient-il ?** Saül, d'origine hébraïque, signifie « demandé ».
**Il serait...** Responsable, franc, authentique. Il n'aime ni le mensonge, ni la négligence. Il sait se mobiliser quand c'est nécessaire et rien ne résiste alors à son ambition.
**Ils l'ont porté :** Saül fut le premier roi d'Israël au I^er^ siècle avant J.-C. Il lutta toute sa vie pour libérer son peuple des Philistins, mais se suicida devant sa défaite. Saul fut le nom de saint Paul. Le romancier américain Saul Bellow.
**Son évolution :** Saul est un prénom de la culture juive, peu répandu dans en France.
**Sa forme initiale :** Shaoul.
**À l'étranger :** Sauli (Finlande).

## SCOTT

**D'où vient-il ?** Scott, d'origine écossaise, signifie « l'écossais ».

**Il serait...** indépendant et individualiste. Il mène sa vie sans se soucier des avis et des conseils, refuse les contraintes et les ordres.
**Il l'a porté :** Scott Fitzgerald, écrivain américain, dont les œuvres *Gatsby le Magnifique* et *Tendre est la nuit* marquèrent leur génération. Malgré de beaux succès, il fut toute sa vie à court d'argent, dépensant beaucoup pour mener une vie fastueuse avec sa femme Zelda qui sombra dans la folie. Il mourut en 1940 dans la misère, laissant une fille, Scottie.
**Son évolution :** Scott est un prénom très en vogue en Écosse depuis 1990.
**À l'étranger :** Scotto (Italie).
**Son féminin :** Scottie.

## SEAN
### Jean

**D'où vient-il ?** Sean est une forme irlandaise de Jean, d'origine hébraïque, qui signifie « Dieu a fait grâce ».
**On le fête** le 24 juin avec Jean.
**Il serait...** créatif, artiste, sociable. Il adore avoir un entourage attentif autour de lui et ne conçoit pas la vie sans relations.
**Ils le portent :** l'acteur britannique Sean Connery et l'acteur-réalisateur américain Sean Penn.
**Son évolution :** Sean Connery a révélé ce prénom en France, Sean Penn entretient sa renommée. Il est peu courant cependant, alors qu'en Irlande et aux États-Unis il est l'un des favoris.
**Sa forme initiale :** Jean.
**Ses cousins :** Seaghan, Shane, Shaun, Shawn.

## SÉBASTIEN
### Bastien

**D'où vient-il ?** Sébastien, d'origine grecque, signifie « honoré »
**On le fête** le 20 janvier. Saint Sébastien, officier de l'armée romaine au IIIe siècle, est nommé capitaine de la garde prétorienne. Chrétien, il est dénoncé et livré aux archers débutants qui s'entraînent sur lui et le laissent pour mort. Une femme le recueille, le soigne et le guérit. Aussitôt rétabli, il va reprocher sa cruauté à l'empereur Dioclétien. Il est mis à mort.
**Il serait...** sensible, intuitif, réservé, mais aussi sociable et très attaché à l'image qu'il donne à son entourage. Il a besoin d'être épaulé pour réussir.
**Ils l'ont porté :** Sébastien Bottin, statisticien du XIXe siècle qui donna son nom à l'annuaire du téléphone. Sébastien Japrisot, écrivain, traducteur, dont les œuvres *l'Été meurtrier* et *Un long dimanche de fiançailles* ont été portées à l'écran avec un très grand succès.
**Son évolution :** apparu dès 1965 à la suite d'un feuilleton télévisé, *Belle et Sébastien*, Sébastien évolue très vite pour atteindre son apogée quinze ans plus tard. Il recule et Bastien s'annonce, beaucoup plus modeste pour l'instant.
**Son cousin :** Bastien.
**Dans nos régions :** Sebaste, Sebasten, Sabastian, Saustin (Pays basque), Sebastianu (Corse).
**À l'étranger :** Sebastaen (Flandre), Sebastian (Grande-Bretagne, États-Unis, Espagne, Finlande, Allemagne, Pologne), Sebastiano (Espagne, Italie), Sebastianos (Grèce), Sebastini (Italie), Sebastino (Espagne), Sebastyen (Hongrie), Sevastian (Russie).
**Son féminin :** Sébastienne.

**Son heure de gloire**

Les années 1980, où il fut le n° 1 des prénoms masculins.

## SEPTIME

**D'où vient-il ?** Septime, d'origine latine, signifie « septième ».
**Il serait...** sensible et affectueux, responsable et attentif aux autres. Sa faille est sa priorité. Il cherche partout l'équilibre et l'harmonie.
**Il l'a porté :** Septime Sévère fut empereur romain en 193, après une belle ascension comme sénateur, puis gouverneur. Il lutta contre ses nombreux ennemis pour maintenir l'ordre dans l'Empire et assurer son trône. Il reconnut les chrétiens qu'il utilisa pour lutter contre les

dissidents. Il mourut au cours d'un voyage en Grande-Bretagne en 211. C'est son fils, Caracalla, sanguinaire et déséquilibré, qui lui succéda.
**Son évolution :** ce prénom a toujours été rare.

## SÉRAPHIN

**D'où vient-il ?** Séraphin, d'origine hébraïque, signifie « flamboyant ».
**On le fête** le 2 janvier. Saint Séraphin, né en Russie en 1759, devint moine en 1890, partagea sa vie entre son monastère et son ermitage dans la forêt. De nombreuses guérisons eurent lieu parmi les nombreux pèlerins qui vinrent le voir. Il s'éteignit en 1831. Il est l'un des grands saints de l'Église orthodoxe.
**Il serait...** communicatif, ouvert, plein de tact. Très sensible, il est perméable aux ambiances et a besoin de sécurité et d'équilibre pour s'épanouir.
**Son évolution :** ce prénom n'a jamais été courant à travers les siècles.
**Dans nos régions :** Seraffinu (Corse).
**À l'étranger :** Serafim (Portugal, Russie), Serafino (Espagne, Italie), Serafinus (Allemagne).
**Ses féminins :** Séraphie, Séraphine.

## SERGE

**D'où vient-il ?** Serge, d'origine latine, signifie « issu de la famille Sergius ». La *gens* Sergius était l'une des grandes familles patriciennes de Rome.
**On le fête** le 25 septembre. Saint Serge de Radonège devint ermite dans une forêt de Russie après la mort de ses parents. Il fonda un monastère à la demande des pèlerins qui le visitaient. Il refusa tout honneur et s'éteignit dans sa cellule en 1391. Il est le saint patron de la Russie.
**Il serait...** dynamique et énergique. Il a l'esprit d'entreprise et ne craint pas les difficultés. Pour lui, une seule place, la première.
**Ils l'ont porté :** les musiciens Serge Prokofiev et Serge Rachmaninov. Le chanteur Serge Gainsbourg et l'acteur-chanteur Serge Reggiani. Le danseur Serge Lifar.
**Son évolution :** ce prénom est très courant dans les pays slaves depuis des siècles. En France, il apparaît dans les années 1920 et atteint son apogée dans les années 1950. Il décline vite et a aujourd'hui disparu.
**Dans nos régions :** Sèrgi (Provence), Sergiu (Corse).
**À l'étranger :** Sergio (Espagne, Italie), Sergios (Grèce), Sergius (Allemagne), Sergiusz (Pologne), Sergueï (Russie).

## SERVAN

### Servais, Servilien, Servin

**D'où vient-il ?** Servan, d'origine latine, signifie « esclave ».
**On le fête** le 1er juillet. Saint Servan, moine au VIIe siècle, évangélisa la côte ouest de l'Écosse et y fonda un monastère.
**Il serait...** ambitieux, indépendant et stable. Il a le goût de la réussite, mais il est très attaché à ses relations affectives avec sa famille.
**Son évolution :** ce prénom a toujours été rare, alors que son féminin est à peine plus courant.
**Ses cousins :** Servais, Servilien, Servin.
**À l'étranger :** Servando (Espagne), Szervac (Hongrie).
**Son féminin :** Servane.

## SETH

**D'où vient-il ?** Seth, d'origine hébraïque, signifie « fondateur ».
**Il serait...** sociable, coopératif, conciliant, plein de tact et de mesure. Il aime le travail d'équipe car il conçoit mal la vie en solitaire.
**Ils l'ont porté :** Seth est le troisième fils d'Adam et Ève, l'enfant conçu après la mort d'Abel. Dans la mythologie égyptienne, Seth est une divinité qui préside aux orages, mais aussi aux contretemps.
**Son évolution :** alors qu'Abel a été en vogue au Moyen Âge, qu'Adam et Ève sont aujourd'hui parmi nous, Seth est le grand inconnu de la famille. Il est rarissime.

## SÉVERIN

**D'où vient-il ?** Séverin est une variante de Sévère, d'origine latine, signifie « exigeant ».

**On le fête** le 11 février. Saint Séverin fut abbé de Saint-Maurice dans le Valais, en Suisse. Bien qu'âgé et malade, il rendit visite à Clovis et Clotilde, et retourna dans son abbaye où il mourut en 508.
**Il serait...** ambitieux et sûr de lui, fier et susceptible, mais aussi plein de doutes et parfois même d'inquiétudes. Communicatif, il est attentif aux autres.
**Ils l'ont porté :** Sévère fut porté par plusieurs empereurs romains. Le fondateur de cette dynastie fut Septime Sévère au IIe siècle.
**Son évolution :** Séverin est un prénom très rare, parfois porté au Moyen Âge alors que son féminin a été modestement plus connu. Sören, sa forme scandinave, est très appréciée dans les pays nordiques, et apparaît discrètement en France.
Sa forme initiale : Sévère.
Dans nos régions : Seber, Seberin (Pays basque), Seurin, Severian (Gascogne).
À l'étranger : Severiano (Italie), Severi (Finlande), Severino (Espagne), Severinus (Allemagne), Sören (Scandinavie).
Son féminin : Séverine.

## SEZNI

### Seznec, Sezneg

**D'où vient-il ?** Sezni, d'origine celte, signifie « rayon de soleil » ;
**On le fête** le 19 septembre. Saint Sezni, né en Irlande en 402, fit un pèlerinage à Rome, y rencontra saint Patrick et revint dans son pays pour préparer son départ pour la Bretagne. Il y fonda un monastère dès son arrivée.
**Il serait...** chaleureux, attentif, diplomate, discret, épris d'harmonie et serviable. Ses relations amicales comptent par-dessus tout pour lui.
**Son évolution :** ce prénom est bien connu en Bretagne, mais encore très rare dans l'ensemble du pays.
Ses cousins : Seznec, Sezneg.

## SHANE

**D'où vient-il ?** Shane est une forme irlandaise de Jean, d'origine hébraïque, qui signifie « Dieu a fait grâce ».
**On le fête** le 24 juin avec Jean.
**Il serait...** sociable, conciliant. Il aime le partage, la discussion et recherche l'amitié. Il est le conjoint attentif, l'associé intègre, le partenaire solide.
**Ils le portent :** l'acteur américain Shane West, le joueur de cricket australien Shane Warne, le cinéaste anglais Shane Meadows.
**Son évolution :** Shane est un grand classique en Irlande, toujours parmi les favoris.
Son cousin : Sean.

## SIDOINE

### Saens

**D'où vient-il ?** Sidoine est un prénom d'origine hébraïque qui signifie « originaire de Sidon ». Sidon aurait été fondée par Canaan, le petit-fils de Noé au XVe siècle avant J.-C. Ville prospère dans le commerce, en concurrence avec Tyr et Byblos, elle fut le théâtre de nombreux combats avec les Perses. En 1110, elle fut prise par les croisés qui lui donnèrent le nom de Sayette. Elle resta sous la domination des croisés pendant plus d'un siècle et devint ensuite le port de Damas. Sidon, aujourd'hui appelée Saïda, est la troisième ville du Liban.
**On le fête** le 14 novembre. Saint Saens, ou Sidoine, né en Irlande, fut enlevé par des pirates qui le vendirent comme esclave aux moines de l'abbaye de Jumièges, en Normandie. Les moines le libérèrent et il fonda une abbaye dans un village qui porte aujourd'hui son nom.
**Il serait...** sociable, communicatif, chaleureux. Très sensible, il recherche un environnement amical et déteste les conflits qu'il tente de désamorcer grâce à sa diplomatie.
**Son évolution :** Sidoine, modeste à travers les âges, n'a jamais connu le succès de son féminin Sidonie. Sidney, en revanche, est courant dans les pays anglophones.
Son cousin : Saens.
À l'étranger : Sdenek (République tchèque), Sidney (Grande-Bretagne, États-Unis).
Son féminin : Sidonie.

## SIEGFRIED

**Sigfrid, Sigefroi, Sigefroy**

**D'où vient-il ?** Siegfried, d'origine germanique, signifie « paix victorieuse ».

**On le fête** le 22 août. Saint Siegfried, prêtre anglais, partit rejoindre le roi de Norvège pour évangéliser son pays, puis se rendit en Suède où il convertit le roi en 1008. Il est le saint patron de la Suède.

**Il serait...** à la fois affectif et autoritaire, dominateur et sensible. Travailleur et méthodique, il est très exigeant et a besoin d'être reconnu.

**Ils le portent :** Siegfried est dans la mythologie nordique un tueur de dragon, amant de la Walkyrie Brünhild. *Siegfried et le Crépuscule des dieux* est un opéra de Richard Wagner.

**Son évolution :** Siegfried est un prénom très courant dans les pays nordiques et en Allemagne. Il est rare en France.

**Ses cousins :** Sigfrid, Sigefroi, Sigefroy.

**À l'étranger :** Sigfried (Allemagne), Segisfredo, Sigfrido (Espagne).

## SIGISMOND

**Siegmud, Sigmund**

**D'où vient-il ?** Sigismond, d'origine germanique, signifie « victoire » et « protection ».

**On le fête** le 1er mai. Saint Sigismond, fils du roi de Bourgogne, fut converti par l'évêque de Vienne et s'employa à répandre la foi dans sa région. Il fit cependant étrangler un prince qui le gênait et s'en repentit en s'enfermant dans le monastère qu'il avait créé. Il fut jeté dans un puits avec sa femme et ses enfants en 524, dans un village qui porte aujourd'hui son nom.

**Il serait...** énergique, volontaire, discipliné et strict. Il impose souvent ses vues et affiche une grande exigence envers ses amis.

**Il l'a porté :** Sigmund Freud, médecin neurologue, l'inventeur de la psychanalyse, mort à Londres en 1939.

**Son évolution :** bien connu en Allemagne, ce prénom est très rare en France.

**Son cousin :** Siegmund.

**Sa forme initiale :** Sigismund.

**À l'étranger :** Segismundo (Espagne), Sigge, Sigurd (Scandinavie), Sigismundo (Italie), Sigmund (Allemagne).

## SIMÉON

**Simon**

**D'où vient-il ?** Siméon, d'origine hébraïque, signifie « Dieu a entendu ».

**On le fête** le 18 février. Saint Siméon fut le successeur de saint Jacques à la direction de la communauté chrétienne de Jérusalem. Il fut crucifié par les Romains en 107.

**Il serait...** communicatif, chaleureux et habile. Émotif, il est très dépendant de son environnement affectif. Vif et curieux, tout l'intéresse.

**Il le porte :** Siméon fut le dernier roi de Bulgarie, de 1943 à 1946. Il occupa ensuite le poste de Premier ministre de ce pays entre 2001 et 2005.

**Son évolution :** Siméon est bien plus rare que Simon.

**Sa forme initiale :** Shimeone.

**Son cousin :** Simon.

## SIMON

**Siméon**

**D'où vient-il ?** Simon est une variante de Siméon d'origine hébraïque, signifie « Dieu a entendu ».

**On le fête** le 28 octobre. Saint Simon le Zélote fut apôtre du Christ. Après la Pentecôte, il partit en Perse où il subit le martyre.

**Il serait...** indépendant, perfectionniste, exigeant et ambitieux, mais il a besoin de revenir souvent se ressourcer auprès des gens qu'il aime.

**Il l'a porté :** Simon de Montfort, seigneur de Montfort et comte de Toulouse, qui fut l'un des chefs de la quatrième croisade. Il mourut au combat en 1218.

**Son évolution :** très apprécié des familles de culture hébraïque, Simon se révèle dans les années 1980 sur l'ensemble du pays. Il s'éloigne lentement.

## Prénoms de l'Ancien Testament

Prénoms de tradition par excellence, les prénoms bibliques sont chargés d'histoire et de symbolique. Quelques-uns des prénoms les plus portés :

| | |
|---|---|
| Abel | Ilan |
| Abraham | Isaac |
| Adam | Isaïe |
| Ariel | Jacob |
| Ben | Jonathan |
| Benjamin | Joseph |
| Dan | Josué |
| Daniel | Moïse |
| David | Nathan |
| Élie | Noé |
| Élisée | Ruben |
| Emmanuel | Salomon |
| Ésaü | Samson |
| Ézéchiel | Samuel |
| Gabriel | Simon |
| Gad | Zacharie |

**Sa forme initiale :** Shimeone.
**Son cousin :** Siméon.
**Dans nos régions :** Simonu (Corse), Simou (Provence).
**À l'étranger :** Semion (Russie), Simish (pays de Galles), Sima, Simão (Portugal), Simen (Norvège), Simeó (Catalogne), Simó (Finlande), Síomón (Irlande), Simone (Italie), Soulaïmane (pays arabes), Szymon (Pologne).
**Son féminin :** Simone.

## SIXTE

**D'où vient-il ?** Sixte, d'origine latine, signifie « sixième ».
**On le fête** le 3 avril. Saint Sixte fut pape en 115. Il meurt en martyr sous l'empereur Hadrien, en 125.
**Il serait...** vif, entreprenant, conquérant, désireux de plaire et d'être admiré. Il est épris de voyages et d'aventures qui comblent sa curiosité et redoute la solitude
**Ils l'ont porté :** plusieurs papes ont choisi de porter ce prénom.
**Son évolution :** Sixte a toujours été très rare.
**À l'étranger :** Sixto (Espagne).
**Son féminin :** Sixtine.

## SMAÏN
**Smaïl**

**D'où vient-il ?** Smaïn est une variante de Smaïl, dérivé du prénom Ismaël, d'origine hébraïque, qui signifie « Dieu entendra ».
**Il serait...** sociable, coopératif, diplomate et épris d'équilibre. Il redoute les conflits et fait beaucoup d'efforts pour bâtir des relations harmonieuses.
**Il l'a porté :** dans la Bible, Ismaël, ou Ismaïl, est le fils qu'Abraham eut avec Agar, la servante de sa femme Sarah. Il est considéré par les traditions biblique et coranique comme l'ancêtre des Arabes.
**Il le porte :** l'humoriste Smaïn, qui reçut le molière du meilleur one man show en 1996.
**Son évolution :** ce prénom est assez apprécié par les familles musulmanes.
**Sa forme initiale :** Ismaïl.
**Son cousin :** Smaïl.

## SNÖRRI
**Snörre**

**D'où vient-il ?** Snörri, d'origine islandaise, signifie « combattant ».
**Il serait...** communicatif, diplomate, généreux. Il a la parole facile et sait convaincre. Tous les modes d'expression sont bons pour lui permettre d'exprimer son imagination.

**Il l'a porté :** Snörri Sturluson, diplomate et écrivain islandais né en 1179, qui décrivit son époque à travers des récits et des contes.
**Son évolution :** bien connu dans les pays nordiques, Snörri commence à apparaître en France.
Son cousin : Snörre.

## SOEN
Yves

**D'où vient-il ?** Soen est une forme gaélique d'Yves, d'origine celte, qui signifie « if ».
**On le fête** le 19 mai avec saint Yves.
**Il serait...** sérieux, juste et stable. Il a un sens très affirmé des affaires et s'intéresse de près aux finances. Il aime compter, gérer, administrer.
**Son évolution :** cette forme d'Yves n'est pas nouvelle, mais c'est aujourd'hui que les Français la découvrent.
Sa forme initiale : Yves.

## SOFIANE
Soufiane

**D'où vient-il ?** Sofian, d'origine arabe, signifie « dévot ».
**Il serait...** sérieux, calme à la recherche d'harmonie et de paix. Il privilégie sa vie familiale à sa vie professionnelle car son ambition est simplement d'être heureux.
**Ils l'ont porté :** un commerçant de La Mecque opposé au prophète Mahomet qui se convertit en 630. Un théologien du II^e^ siècle de l'hégire, cette ère commençant en 622 de l'ère chrétienne.
**Son évolution :** Sofiane est bien connu et apprécié par les familles de culture musulmane.
Son cousin : Soufiane.

## SOLAL

**D'où vient-il ?** Solal, d'origine hébraïque, signifie « guide ».
**On le fête** le 4 décembre. Saint Sol fut ermite en Bretagne au VI^e^ siècle.
**Il serait...** persévérant, perfectionniste et indépendant. Ambitieux, il a besoin de l'affection de sa famille et de ses amis pour s'épanouir.
**Son évolution :** Rarissime jusqu'en 1990 en France, Solal s'épanouit et atteint aujourd'hui le top 100 des prénoms masculins.

## SOLEN (mixte)

**D'où vient-il ?** Solen, d'origine latine, signifie « annuel ».
**On le fête** le 25 septembre. Saint Solen fut évêque de Chartres et conseiller de Clovis au V^e^ siècle.
**Il serait...** sérieux, observateur, réfléchi et intuitif à la fois. Facilement critique, il est très exigeant avec son entourage.
**Son évolution :** Solen fut d'abord masculin au Moyen Âge. Puis il disparut. Il revint dans les années 1970, presque exclusivement féminin cette fois. La forme masculine est rarissime aujourd'hui.
Son féminin : Solen est mixte à prédominance féminine.

## SOSTHÈNE

**D'où vient-il ?** Sosthène, d'origine grecque, signifie « force indestructible ».
**On le fête** le 28 novembre. Saint Sosthène, compagnon de saint Paul, fut chef de la synagogue de Corinthe en Grèce au I^er^ siècle.
**Il serait...** solide, stable et généreux. Il recherche l'harmonie et la sécurité. À la fois actif et réfléchi, entreprenant et posé, il ne s'engage pas à la légère.
**Il l'a porté :** Sosthène de la Rochefoucault, qui fut aide de camp de Charles X entre 1814 et 1836 et pair de France.
**Son évolution :** quelques Sosthène ont vu le jour au XIX^e^ siècle, mais ce prénom a rapidement disparu.

## STANISLAS
Stanley

**D'où vient-il ?** Stanislas, d'origine slave, signifie « victoire debout ».
**On le fête** le 11 avril. Saint Stanislas fut évêque de Cracovie, en Pologne, et conseiller

du roi Boleslas II. Il fut cependant mis à mort sur ordre du roi en 1079 pour s'être opposé à sa cruauté lors du procès d'une femme adultère pour laquelle Stanislas demandait la clémence.

**Il serait...** sérieux, responsable, scrupuleux. Il cherche l'harmonie dans ses relations, et la sécurité dans sa vie professionnelle.

**Ils l'ont porté :** Stanislas I^er^ fut roi de Pologne de 1704 à 1709 et de 1733 à 1736. Sa fille, Marie Leszczynska, épousa Louis XV. Le réalisateur Stanley Kubrick, à qui l'on doit des œuvres très diverses comme *2001 L'odyssée de l'espace*, *Orange mécanique* ou *Barry Lyndon*.

**Son évolution :** fréquent dans les familles slaves, Stanislas est connu en France, mais peu porté. Stanley est en revanche courant aux États-Unis.

**Dans nos régions :** Stanislao (Pays basque), Steni (Provence).

**À l'étranger :** Stanislaü (Allemagne), Stanislav (Russie), Stanislaw (Pologne), Stanley (Grande-Bretagne, États-Unis).

**Ses diminutifs :** Stan, Stevie.

## STÉPHANE

### Étienne, Steve

**D'où vient-il ?** Stéphane, d'origine grecque, signifie « couronné ».

**On le fête** le 16 août avec saint Étienne de Hongrie, premier roi, né en 976, qui accueillit des missionnaires et lutta contre l'hérésie.

**Il serait...** réservé mais amical et ouvert, réfléchi mais léger et plein d'humour. Stable, solide, rationnel, il est aussi très sensible et affectueux.

**Ils l'ont porté :** le poète du XIX^e^ siècle Stéphane Mallarmé. L'acteur américain Steve MacQueen.

**Ils le portent :** le journaliste Stéphane Bern, le comédien Stéphane Rousseau. Le chanteur Stevie Wonder.

**Son évolution :** Étienne, qui a la même étymologie que Stéphane, est un prénom très en vogue au Moyen Âge. Stéphane, plus moderne, apparaît en France dans les années 1950 et son ascension est rapide. Il a disparu dans les années 1990. Steve, Steven ont été très fréquents dans les pays de langue anglaise.

**Dans nos régions :** Steben (Pays basque), Stefan, Stevan (Bretagne), Sitivena (Polynésie).

**À l'étranger :** Staffan (Suède), Stavri (Albanie), Stavros (Grèce), Steafan (pays de Galles), Steefken (Flandre), Stephen, Steve, Steven (Grande-Bretagne, États-Unis), Stefan (Pologne, Scandinavie), Stefano (Italie), Stefanus, Stefer, Stöffel (Allemagne), Stepan (Russie), Stephanos (Grèce), Stepka, Stepko (pays slaves), Stevenje (Pays-Bas), Stiobban, Stiopan (Irlande), Szczepan (Pologne).

**Son féminin :** Stéphanie.

### Son heure de gloire

Les années 1970, pendant lesquelles Stéphane est le n° 1 des prénoms masculins.

## SULLIVAN

**D'où vient-il ?** Sullivan, d'origine celte, signifie « aux yeux noirs ».

**Il serait...** ambitieux, épris de puissance et de succès. Franc, il va droit au but. Il aime la nouveauté, sait s'adapter et saisir sa chance.

**Son évolution :** apparu en France dans les années 1990, Sullivan est discret, mais présent.

## SULPICE

**D'où vient-il ?** Sulpice, d'origine latine, signifie « de la famille des Sulpicius ». Sulpicius était le nom d'une famille patricienne romaine.

**On le fête** le 17 janvier. Saint Sulpice fut chapelain du roi Clotaire II, puis évêque de Bourges. Il s'éteignit en 647.

**Il serait...** ambitieux, épris de puissance et de succès. Direct, franc, il va droit au but. Il aime la nouveauté, sait s'adapter et saisir sa chance.

**Son évolution :** Sulpice n'a pas franchi le cap du X^e^ siècle. Il est rarissime aujourd'hui en France.

**À l'étranger :** Sulpici (Catalogne), Sulpicio (Espagne).

## SVEN
**Svend, Svenning**

**D'où vient-il ?** Sven, d'origine danoise, signifie « jeune homme ».
**Il serait...** charmant, élégant, plein de tact et épicurien. Volontaire, il assume ses responsabilités avec sérieux et déteste la médiocrité.
**Ils l'ont porté :** plusieurs chefs vikings au Xe siècle.
**Son évolution :** Sven est un prénom très populaire dans les pays scandinaves. Il est apparu en France en 2000.
**Ses cousins :** Svend, Svenning.

## SWANN (mixte)
**Swen**

**D'où vient-il ?** Swann peut avoir plusieurs étymologies : variante de Sven, d'origine scandinave, qui signifie « jeune homme », ou traduction de l'anglais « cygne ».
**Il serait...** stable, sérieux, attiré par les biens matériels qui le sécurisent et lui donnent une position sociale, le pouvoir et le confort.
**Il le porte :** Swann est un personnage masculin de l'œuvre de Marcel Proust, parue en 1913, *À la recherche du temps perdu.*
**Son évolution :** Swann est un prénom révélé par Marcel Proust au début du XXe siècle.
**Sa forme initiale :** Sven.
**Son cousin :** Swen.
**Son féminin :** Swann est mixte, masculin dans l'œuvre de Marcel Proust.

## SYLVAIN

**D'où vient-il ?** Sylvain, d'origine latine, signifie « forêt ».
**On le fête** le 4 mai. Saint Sylvain, évêque de Gaza, fut condamné à travailler dans les mines avec ses compagnons chrétiens et fut décapité lorsqu'il fut trop fatigué pour travailler, en 311.
**Il serait...** sociable, vif, adaptable. Il a le sens des affaires, aime le pouvoir et accepte mal les ordres. Il préfère de beaucoup les donner !
**Son évolution :** assez modeste, Sylvain franchit les années depuis le début du XXe siècle sans se faire remarquer.
**Dans nos régions :** Sivan (Provence)
**À l'étranger :** Silvano (Italie), Silvino (Portugal), Silvio (Espagne, Italie), Sylvan (Allemagne).
**Ses féminins :** Sylvaine, Sylviane, Sylvie.

## SYLVESTRE

**D'où vient-il ?** Sylvestre, d'origine latine, signifie « homme de la forêt ».
**On le fête** le 31 décembre. Saint Sylvestre, né à Rome, était bon et hospitalier ; il accueillit Timothée, persécuté, qui fut décapité. Il fut pape de 314 à 335, secourant les pauvres, multipliant les fondations d'églises sous le règne de Constantin.
**Il serait...** sensible et émotif, désireux de plaire et d'être respecté et admiré, mais aussi parfois timide s'il ne se sent pas à l'aise.
**Il le porte :** l'acteur américain Silvester Stallone.
**Son évolution :** Sylvestre n'a pas connu le succès de Sylvain, il est rarissime à travers les âges.
**À l'étranger :** Silas, Sylvanos (Grèce), Silvester (Grande-Bretagne, États-Unis), Silvestro (Espagne, Italie), Sylwester (Pologne), Szilveszter (Hongrie).

## SYMPHORIEN
**Symphorose**

**D'où vient-il ?** Symphorien, d'origine grecque, signifie « porter ensemble ».
**On le fête** le 22 août. Saint Symphorien, baptisé à Autun au IIe siècle, refusa de renier sa foi. Il fut décapité.
**Il serait...** secret et solitaire. Sensible, il ne sait pas exprimer ses sentiments et se sent souvent incompris. Ses proches savent apprécier sa gentillesse et sa loyauté.
**Son évolution :** Symphorien, parfois rencontré au XIXe siècle, est tombé dans l'oubli.
**Son cousin :** Symphorose.
**Dans nos régions :** Sinforionu (Corse).
**À l'étranger :** Sinforiano (Italie), Symphori (Russie).

## TANCRÈDE

**D'où vient-il ?** Tancrède, d'origine germanique, signifie « pensée et conseil ».

**Il serait…** réservé, mais amical et ouvert, réfléchi, mais léger et plein d'humour. Stable, rationnel, il est aussi très sensible et affectueux.

**Il l'a porté :** Tancrède de Hauteville mena une armée avec son oncle Bohémond de Tarente, lors de la première Croisade. Il prit Jérusalem le 15 juillet 1099, et devint ensuite prince de Galilée et de Tibériade.

**Son évolution :** Tancrède était un prénom courant au Moyen Âge. Il disparaît vers 1200, pour réapparaître au XIX$^{e}$ siècle, puis il s'éclipse à nouveau. Il revient depuis 2000 et semble prometteur, favori des familles BCBG.

**Sa forme initiale :** Dankrad.

**À l'étranger :** Tancred (Grande-Bretagne, États-Unis), Tancredo (Espagne), Tankred (Allemagne).

## TANGUY
### Tanneguy

**D'où vient-il ?** Tanguy, d'origine celte, signifie « guerrier de feu ».

**On le fête** le 19 novembre. Saint Tanguy, noble breton né en 520, est élevé à la cour de Childebert I$^{er}$ pendant que sa sœur Haude reste dans le château paternel. Lorsqu'il revient en 545, il décapite sa sœur dans un accès de colère. Aussitôt Tanguy se repent, renonce à la vie de la cour et se retire dans un monastère dans l'île de Batz pour expier sa faute.

**Il serait…** actif, imaginatif, curieux, rapide. Il ne tient pas en place, mais reste très attaché à sa famille et à ses amis dont il a besoin pour se sécuriser.

**Son évolution :** ce prénom est très connu et apprécié des familles bretonnes. Après un succès timide entre 1990 et 2000, il s'éloigne déjà.

**Sa forme initiale :** Tangi.

**Son cousin :** Tanneguy.

## TAO

**D'où vient-il ?** Tao, d'origine polynésienne, signifie « lance de guerre ».

**Il serait…** idéaliste et altruiste. Il a des grands projets, s'investit beaucoup dans ses relations, ses amis et rêve d'un monde meilleur. Il est prêt à sacrifier son confort pour accomplir de grandes choses.

**Son évolution :** presque inconnu jusqu'en 2005, Tao évolue rapidement.

## TARAISE

**D'où vient-il ?** Taraise, d'origine grecque, signifie « originaire de Taras ». Taras (en grec), Tarente (en latin) est une ville des Pouilles en Italie.

**On le fête** le 18 février. Saint Taraise fut patriarche de Constantinople au IX$^{e}$ siècle.

**Il serait…** ambitieux, volontaire, directif. Il est le chef et supporte mal les ordres et les contraintes. Sa force de travail, son énergie le font respecter, mais au prix, parfois, de solitude.

**À l'étranger :** Tarass (Russie).

## TEILO
### Thelau

**D'où vient-il ?** Teilo, d'origine celte, signifie « peuple ».

**On le fête** le 9 février. Saint Teilo, né au Pays de Galles au VI$^{e}$ siècle fit un pèlerinage à Rome et à Jérusalem avec saint Dewi, puis, à son retour, fut évêque de Llandeilo.

**Il serait...** sérieux, réfléchi, intuitif. Il aime l'étude, la lecture, la solitude. La spiritualité l'attire et il manque parfois de sens pratique.
**Son évolution :** Teilo, assez courant au Moyen Âge au pays de Galles est devenu très rare.
**Son cousin :** Thelau.

## TÉRENCE

**D'où vient-il ?** Térence, d'origine latine, signifie « de la famille Terentius ».
**On le fête** le 10 avril. Saint Térence fut responsable d'une communauté de chrétiens en Asie Mineure au I$^{er}$ siècle. Il fut martyrisé dès les premières persécutions romaines.
**Il serait...** autonome, épris de liberté et travailleur. Ne dépendre de personne, tracer sa vie sans contraintes, voici l'idéal de Térence.
**Il l'a porté :** le poète comique Térence, d'origine berbère, né en – 184, vendu comme esclave dans son enfance, offert à un sénateur romain qui l'affranchit. Sa beauté et son esprit lui permirent de fréquenter les classes dirigeantes et d'être protégé par les Scipions. Ses comédies eurent immédiatement un grand succès. Il partit en Grèce en – 159 et sa trace fut alors perdue.
**Son évolution :** ce prénom a été fréquent dans l'Antiquité et jusqu'au VI$^{e}$ siècle dans les pays latins, puis il a disparu. Sa forme irlandaise, Turlough, réapparut aux XIe et XII$^{e}$ siècles, portée par plusieurs rois. Terry est arrivé dès le XIX$^{e}$ siècle en Angleterre et aux États-Unis. En France, Térence s'est fait connaître dans les années 1990. Il reste discret, mais ne fléchit pas.
**Dans nos régions :** Terris (Provence).
**À l'étranger :** Terencio (Espagne), Terenti, Teriocka, Teriocha (Russie) Terentius (Allemagne) Terenzio, Terenziano (Italie), Terry (Grande-Bretagne, États-Unis), Turlough (Irlande).

## TERTULLIEN

**D'où vient-il ?** Tertullien, d'origine latine, signifie « troisième ».
**Il serait...** ambitieux, travailleur et autonome. Il affiche son indépendance et supporte mal d'être encadré. Il préfère la solitude et craint la jalousie et les critiques.
**Il l'a porté :** Tertullien, né à Carthage en 150, élève brillant, devient avocat et professeur de rhétorique. En 198, il devient chrétien, théologien et catéchumène, meneur de la communauté chrétienne de Carthage.
**Son évolution :** ce prénom courant dans la Rome antique est devenu très rare dès le III$^{e}$ siècle.
**À l'étranger :** Tertuliano (Espagne), Tertullio (Italie).
**Son diminutif :** Tullio.

## THADDÉE

**D'où vient-il ?** Thaddée, d'origine araméenne, signifie « allaité ».
**On le fête** le 28 octobre. Saint Thaddée, connu aussi sous le nom de Jude, fut apôtre du Christ. Après la Pentecôte, il partit prêcher en Syrie et en Mésopotamie. Il subit le martyre en Arménie en l'an 80.
**Il serait...** sensible et intuitif, idéaliste et altruiste. Travailleur et motivé si son environnement affectif est stable, il peut espérer une belle réussite.
**Son évolution :** ce prénom est très rare.
**Dans nos régions :** Tadeo (Pays basque).
**À l'étranger :** Tadeo (Espagne), Taddeo (Italie), Thaddaüs (Allemagne), Tadeusz (Pologne), Tadzio (Russie), Thaddeus (Grande-Bretagne, États-Unis).

## THÉO

**D'où vient-il ?** Théo est le diminutif d'un des prénoms masculins commençant par Théo, Théodore, Théophile, Théodule, Théophane… D'origine grecque, Théo signifie « dieu ».
**Il serait...** communicatif, chaleureux, et habile. Sa vie sociale est essentielle à son épanouissement et il sait être diplomate et psychologue.
**Il l'a porté :** Théo Sarapo, né en 1936, dernier mari d'Édith Piaf avec qui il composa leur dernière chanson *A quoi ça sert l'amour ?* Il mourut en 1970.

**Son évolution :** inconnu à l'état-civil jusqu'en 1980, Théo a été très populaire à la fin du XX^e siècle. Il s'éloigne mais se maintient au top 100 des prénoms de garçons.
**À l'étranger :** Tadeo (Espagne), Taddeo (Italie) Thaddaüs (Allemagne), Tadeusz (Pologne), Tadzio (Russie), Thaddeus (Grande-Bretagne, États-Unis).

### Son heure de gloire

Entre 1995 et 2005. Deux bonnes raisons à son succès : il est court, tout comme Léo, Léa, Chloé qui sont eux aussi en vogue, et sa terminaison en O, qui s'inscrit dans la mouvance du moment, comme Mattéo et Enzo.

## THÉODORE
### Théodorit, Théodose

**D'où vient-il ?** Théodore, d'origine grecque, signifie « don de Dieu ».
**On le fête** le 9 novembre. Il existe plus de 40 saints du nom de Théodore dans l'Église catholique et orthodoxe. L'un des plus connus est Théodore Tiron, soldat romain décapité en 303.
**Il serait...** communicatif, chaleureux, et habile. Sa vie sociale est essentielle à son épanouissement et il sait être diplomate et psychologue.
**Ils l'ont porté :** Théodore de Banville, poète, chef de file de l'école parnassienne, mort en 1891. Théodore Roosevelt, 26^e président des États-Unis (1901-1909), qui reçut le Prix Nobel de la Paix pour son arbitrage entre la Russie et le Japon.
**Son évolution :** Théodore, bien connu dans la civilisation byzantine, apprécié à la fin du XIX^e siècle, revient dans les familles BCBG.
**Ses cousins :** Théodorit, Théodose.
**Dans nos régions :** Teodoru, Tiadoru (Corse), Todor (Pays basque) Teoudor (Provence).
**À l'étranger :** Fedor, Feodor, Fiodor (Russie), Teodor (Catalogne, Hongrie, Pologne, République tchèque, Scandinavie) Teodoro (Espagne), Tiodor (Flandres), Todor (Bulgarie, Hongrie, République tchèque), Theodorus (Allemagne), Theodrekr (Norvège).

## THÉODORIC

**D'où vient-il ?** Théodoric, d'origine germanique, signifie « roi du peuple ».
**On le fête** le 9 juillet. Saint Théodoric fut moine au VII^e siècle en Provence.
**Il serait...** énergique, très actif, volontaire, mais aussi autoritaire et intolérant. Il veut s'imposer, réussir, et supporte mal toute opposition.
**Ils l'ont porté :** Théodoric le Grand fut roi des Ostrogoths et roi d'Italie en 488. Il reçut dès son plus jeune âge un enseignement religieux et un entraînement militaire très rigoureux. Il eut à défendre son royaume tout au long de sa vie et mourut en 521, laissant son trône à son petit-fils. Théodoric fut abbé de l'abbaye du Mont Saint Michel de 1051 à 1055.
**Son évolution :** Théodoric, courant au Moyen Âge, n'est pas encore revenu parmi nous.

## THÉODULE

**D'où vient-il ?** Théodule, d'origine grecque, signifie « serviteur de Dieu ».
**On le fête** le 16 août. Saint Théodule, missionnaire venu d'Orient, fut le premier évêque du Valais, en Suisse, à la fin du IV^e siècle.
**Il serait...** dynamique et énergique. Il a l'esprit d'entreprise et ne craint pas les difficultés qui le stimulent. Pour lui, une seule place, la première.
**Il l'a porté :** Théodule Ribot, agrégé de lettres

en 1866, fit des recherches en psychologie et eut une chaire au Collège de France à partir de 1888. Il est considéré comme le père de la psychologie française.
**Son évolution :** Théodule a été très apprécié au XIX^e siècle, pour disparaître dès l'aube du XXe. Il n'est pas encore revenu.

## THÉOPHILE

**D'où vient-il ?** Théophile, d'origine grecque, signifie « qui aime Dieu ».
**On le fête** le 19 mars. Plusieurs saints ont porté ce prénom. Saint Théophile de Corse, moine franciscain en Italie, accomplit plusieurs miracles. Il s'éteignit en 1740.
**Il serait...** dynamique, rapide, travailleur. Mais il est aussi exigeant et impatient, car sa réussite professionnelle et sociale est essentielle pour lui. Il vit très mal les échecs.
**Il l'a porté :** Théophile Gautier fut poète, romancier et peintre. Il fréquenta le salon de la princesse Mathilde, ainsi que les plus grands auteurs, peintres et sculpteurs de sa génération. On lui doit *Mademoiselle de Maupin* en 1835, *Le Roman de la Momie* en 1858, *Capitaine Fracasse* en 1863. Il s'éteignit en 1872.
**Son évolution :** Théophile fut assez fréquent au XIX^e siècle. Le XX^e siècle l'a boudé, le XXIe semble l'accueillir : Théophile est déjà présent dans les familles BCBG.
**Dans nos régions :** Teofilu (Corse), Teofilo (Pays basque).
**À l'étranger :** Teofil (Catalogne, Pologne, Russie).

## THÉOPHANE

**D'où vient-il ?** Théophane, d'origine grecque, signifie « lumière divine ».
**On le fête** le 13 février. Saint Jean Théophane Vénard fut missionnaire au Tonkin. Il mourut en martyr en 1861 à Hanoï.
**On le fête** aussi le 12 mars. Saint Théophane le confesseur fut moine byzantin. Il lutta contre l'iconoclasme et fut exilé par l'empereur Léon V l'Arménien. Il laissa une chronique qui retrace l'histoire de Byzance de 284 à 813. Il mourut à Samothrace en 813.
**Il serait...** sociable, généreux, attentif aux autres. Son charisme lui attire beaucoup de relations. Travailleur et opportuniste, il cherche la réussite.
**Son évolution :** Théophane fut un prénom fréquent dans les premiers siècles en Orient. Il n'a jamais été courant en France.

## THÉOPHRASTE

**D'où vient-il ?** Théophraste, d'origine grecque, signifie « divin orateur ».
**Il serait...** indépendant et matérialiste. Il a le sens des affaires, de la justice, et n'a qu'un désir : progresser, faire fructifier ses biens.
**Ils l'ont porté :** le philosophe grec Théophraste, né en 371 avant J.-C., élève de Platon et d'Aristote dont il fut le successeur au Lycée, qui rédigea plus de 200 traités dans des domaines de la santé, de la botanique, des phénomènes naturels. Il serait mort à 85 ans, ou à 107 ans. Théophraste Renaudot, né en 1586, fut médecin du roi Louis XIII. Protestant, il se convertit en 1625. Il fut le fondateur d'un « bureau d'adresses » à Paris, regroupant offres et demandes d'emploi, bureau précurseur de l'ANPE actuelle, avec publication d'un bulletin de petites annonces. Il fonda un dispensaire et donna des conférences médicales éducatives. Il publia aussi le premier journal français, *La Gazette*, en 1631, qui, à sa mort en 1653, fut repris par son fils aîné.
**Son évolution :** Théophraste a toujours été marginal.

## THÉOTIME

**D'où vient-il ?** Théotime, d'origine grecque, signifie « estimé de Dieu ».
**On le fête** le 20 avril. Saint Théotime, philosophe païen au V^e siècle, se convertit et partit évangéliser les Huns.
**Il serait...** réservé, mais néanmoins passionné. Aventurier, mais attaché à son confort. Caméléon, il s'adapte aux évènements sans difficulté.

**Son évolution :** ce prénom bien connu en Grèce dans l'Antiquité a disparu jusqu'à l'aube du XXIe siècle. Il apparaît discrètement et semble prometteur.

## THÉSÉE

**D'où vient-il ?** Thésée, d'origine grecque, fait référence à un héros de la mythologie, fils d'Égée, roi d'Athènes. Il eut un fils, Hippolyte, dont sa femme Phèdre s'éprit.

**Il serait...** franc et loyal, homme de devoir, énergique et autoritaire. Homme de terrain, il est dynamique et perfectionniste.

**Ils le portent :** la légende de Thésée fut reprise par Racine, dans *Phèdre*, par Shakespeare dans *Le Songe d'une nuit d'été*, par Gide ainsi que par Lully qui en fit une tragédie lyrique.

**Son évolution :** ce prénom est très rare.

## THIBAUD

Thibald, Thibault, Thibaut, Thiebaud

**D'où vient-il ?** Thibault est une variante de Théobald, d'origine germanique, qui signifie « peuple audacieux ».

**On le fête** le 8 juillet. Saint Thibaud de Marly fut abbé du monastère des Vaux de Cernay, dans les Yvelines. Il se consacra aux tâches les plus humbles et mourut de fatigue en 1247.

**Il serait...** sociable et sensible, communicatif et attentif. Ses relations affectives sont essentielles à son équilibre et à sa motivation.

**Il l'a porté :** Thibaud, comte de Champagne en 1201, puis roi de Navarre en 1234, amoureux de la reine Blanche de Castille, mère de Saint Louis pour qui il composa des poèmes et des chansons. Son talent de trouvère fut reconnu par ses pairs et par Dante. Il mourut en 1253.

**Son évolution :** grand prénom du Moyen Âge, Thibaud disparaît pour longtemps ; ce n'est qu'en 1970 qu'il revient timidement, pour atteindre son apogée en 1980. Il se retire lentement.

Sa forme originelle : Théobald.

**Ses cousins :** Thibald, Thibault, Thibaut, Thiebaud.

### Les prénoms médiévaux

Ils commençaient à conquérir le royaume de France, ou ils chevauchaient pour les Croisades. Ce sont nos ancêtres du Moyen Âge dont certains prénoms ont disparu.

| | |
|---|---|
| **Amaury** | **Gaucher** |
| **Arnaud** | **Gautier** |
| **Arnoul** | **Godefroy** |
| **Aymeric** | **Gontran** |
| **Baudouin** | **Grimoald** |
| **Béranger** | **Guillaume** |
| **Bertrand** | **Pépin** |
| **Bohémond** | **Raoul** |
| **Childebert** | **Raymond** |
| **Clodomir** | **Renaud** |
| **Clotaire** | **Sigebert** |
| **Clovis** | **Tancrède** |
| **Dagobert** | **Tanneguy** |
| **Enguerrand** | **Thibault** |
| **Foulques** | **Thierry** |

**Dans nos régions :** Tibaud (Provence), Tibalt (Pays basque).

**À l'étranger :** Teobaldo (Italie) Tiobold (Irlande), Tybalt (Grande-Bretagne).

## THIERRY

**D'où vient-il ?** Thierry, d'origine germanique, signifie « puissant dans le peuple ».

**On le fête** le 1er juillet. Saint Thierry fut le fils d'un bandit en Champagne. Pour racheter les fautes de son père, sur le conseil de saint Rémi, il se fait ermite, puis fonde un monastère.

**Il serait...** ironique, froid et distant. Ceux qui parviennent à le comprendre découvrent une grande sensibilité. Travailleur, il a besoin de réussir pour se sécuriser.

**Ils l'ont porté :** plusieurs rois francs, Thierry 1er, fils aîné de Clovis, Thierry II fils de Childebert II, Thierry III, fils de Clovis II et Thierry IV qui régna de 721 à 737. Le héros du feuilleton télévisé *Thierry la Fronde*, diffusé entre 1963 et 1966.

**Ils le portent :** Thierry Ardisson, animateur et producteur de télévision, l'acteur Thierry Lhermitte.

**Son évolution :** prénom courant pendant le haut Moyen Âge, Thierry disparaît dès l'aube de l'an 1000 pour plusieurs siècles. C'est pendant la seconde moitié du XXe siècle qu'il revient pour s'éclipser à nouveau.

**À l'étranger :** Dirk (Grande-Bretagne, États-Unis), Dietrich, Dieter (Allemagne).

### Son heure de gloire

De 1950 à 1970. Rien n'explique la subite réapparition de Thierry, qui a battu des records de popularité entre 1960 et 1965. Il a disparu aujourd'hui.

## THOMAS

**Thomassin**

**D'où vient-il ?** Thomas, d'origine araméenne, signifie « jumeau ».

**On le fête** le 3 juillet. Saint Thomas fut apôtre du Christ, incrédule après la Résurrection, il partit évangéliser l'Inde et y mourut en martyr.

**Il serait...** secret, prudent, discipliné. Conscient de sa sensibilité, il se sent vulnérable et s'abrite derrière la routine.

**Ils l'ont porté :** Tomaso Albinoni, violoniste et compositeur italien, né en 1671. il consacra sa vie à la musique, composa plus de 80 opéras, qui furent détruits pendant la seconde guerre mondiale et un célèbre adagio. Il mourut à Venise, sa ville natale, en 1751. Thomas Mann, écrivain allemand naturalisé américain, mort en 1955

**Il le porte :** Thomas Dutronc, chanteur et guitariste de jazz né en 1973.

**Son évolution :** Thomas a été à son meilleur niveau entre 1970 et 2000. Il décline mais demeure au top 100 des prénoms masculins.

**Son cousin :** Thomassin.

**Dans nos régions :** Tomasz (Bretagne), Toumad (Provence).

**À l'étranger :** Toemas (Flandres), Toma (Roumanie, Russie), Tomas (Espagne, Scandinavie), Tomaidh (Pays de Galles), Tomaisin (Irlande), Tomaso (Espagne, Italie), Tomasz, Tomislav (Pologne), Tomé (Portugal).

**Ses diminutifs :** Tom, Tommie, Tommy.

## THORVALD

**Thorwald, Turold, Turval**

**D'où vient-il ?** Thorvald, d'origine scandinave, signifie « puissance de Thor ».

**Il serait...** travailleur, ambitieux, décidé. Autonome très jeune, il mène sa vie avec détermination et ne vise qu'une place, la première.

**Il l'a porté :** Thorvald Stoltenberg, ancien ministre des Affaires Étrangères de Norvège.

**Son évolution :** Thorvald est un prénom scandinave très ancien, on le retrouve chez des héros vikings du IXe siècle. Il est encore en vogue aujourd'hui en Norvège et au Danemark.

**Ses cousins :** Thorwald, Turold, Turval.

## THUREL

**Thuriau, Turot**

**D'où vient-il ?** Thurel, forme médiévale d'Arthur, d'origine celte, signifie « ours fort ».

**On le fête** le 15 novembre avec Arthur.
**Il serait…** sociable, communicatif, et diplomate. Il a besoin de relations stables et sereines pour s'épanouir. Ambitieux, il cherche à réussir, créatif, il cherche à s'exprimer dans l'art.
**Son évolution :** ce prénom fréquent au Moyen Âge n'a pas traversé les siècles.
**Ses cousins :** Thuriau, Turot.

## TIAGO

**D'où vient-il ?** Tiago est le diminutif de Santiago, prénom espagnol qui fait référence à saint Jacques.
**On le fête** le 25 juillet avec Jacques.
**Il serait…** un battant, qui mobilise toutes ses forces et son énergie pour atteindre les buts qu'il s'est fixé. Opiniâtre, il ne cède pas facilement du terrain.
**Ils le portent :** le pilote de formule 1 portugais Tiago Monteiro, le footballeur portugais Tiago Jonas, le basketteur brésilien Tiago Splitter, le judoka brésilien Tiago Camilo.
**Son évolution :** Tiago a commencé sa carrière dans les années 2000. Il s'essouffle un peu.
**Ses cousins :** Santiago, Jacques.

## TIBURCE

**D'où vient-il ?** Tiburce, d'origine latine, signifie « de la ville de Tibur ». Tibur, qui se nomme aujourd'hui Tivoli est une ville aux environs de Rome, qui fut un lieu de villégiature de l'empereur Hadrien au début du II^e^ siècle.
**Il serait…** responsable et sérieux, sensible et affectueux. Sa famille est sa priorité, et les relations amicales sont importantes pour son équilibre.
**Son évolution :** ce prénom a toujours été rare.
**Dans nos régions :** Tiburtzio (Pays basque), Tiburziu (Corse).
**À l'étranger :** Tibor (Hongrie).

## TIMÉO

**D'où vient-il ?** Timéo est la forme espagnole et italienne de Timée, d'origine grecque, qui signifie « honneur ».
**Il serait…** sensible au pouvoir et aux biens matériels. Il aime gérer, il a le sens des affaires et du profit, avec une honnêteté rigoureuse et un grand sens de la justice.
**Il l'a porté :** Timée de Locres fut un philosophe grec du V^e^ siècle avant J.-C.
**Son évolution :** Timéo, apparu en 2006, connaît une évolution rapide et se place dans le top 100 des prénoms en France.
**Son cousin :** Timée.
**À l'étranger :** Timaeus (pays anglophones), Timaios (Allemagne, Suède).

## TIMOLÉON

**D'où vient-il ?** Timoléon, d'origine grecque, signifie « honneur du lion ».
**On le fête** le 19 décembre. Saint Timoléon fut diacre en Afrique au III^e^ siècle et persécuté par les hommes de l'empereur.
**Il serait…** travailleur, opiniâtre, décidé. Il aime l'ordre et supporte mal la fantaisie. Il connaît le prix de l'effort et s'investit corps et âme dans ce qu'il entreprend.
**Il l'a porté :** Timoléon, homme politique grec au IV^e^ siècle avant J.-C., aristocrate corinthien, qui rétablit la paix à Syracuse insurgée.
**Son évolution :** il fut relativement fréquent au début du XX^e^ siècle, mais il est rarissime aujourd'hui.

## TIMOTHÉE
Timéo

**D'où vient-il ?** Timothée, d'origine grecque, signifie « honneur de Dieu ».
**On le fête** le 26 janvier. Saint Timothée, converti par saint Paul, devint son disciple et fut évêque d'Éphèse au I^er^ siècle.
**Il serait…** intuitif et réfléchi à la fois, sociable et opportuniste. Il n'hésite pas à se remettre en question, et s'adapte à toutes les circonstances.
**Son évolution :** alors que Timothy est un prénom bien installé dans les pays anglophones, Timothée était presque inconnu. Il est aujourd'hui un prénom en pleine évolution.

**Son cousin :** Timéo.
**Dans nos régions :** Timotieu (Normandie).
**À l'étranger :** Tiomaid, Tiomoid (Irlande), Tima, Tioma, Timocha, Timoféï (Russie), Timen (Flandres), Timo (Finlande), Timot (Hongrie), Timoteo (Espagne), Tomoteo (Italie) Timotheus (Allemagne), Timothy (Grande-Bretagne, États-Unis), Timu (Hongrie), Tymoteusz (Pologne).
**Ses diminutifs :** Tim, Timmie.

## TITOUAN

**D'où vient-il ?** Titouan est une forme provençale d'Antoine, d'origine latine, qui signifie « inestimable ».
**On le fête** le 17 janvier avec Antoine.
**Il serait...** réfléchi, énergique et travailleur. Il s'impose par son charisme et sa force de persuasion. Directif, il aime commander.
**Il le porte :** le navigateur Titouan Lamazou, vainqueur du premier Vendée Globe en 1989-1990.
**Son évolution :** ce prénom très confidentiel jusqu'alors prend son essor dès les premiers exploits de Titouan Lamazou. Il est très en vogue aujourd'hui.

## TITUS
### Tite, Titien

**D'où vient-il ?** Titus, d'origine grecque, signifie « honorable ».
**On le fête** le 4 janvier. Saint Titus fut un disciple de saint Paul et évêque de Crête au Ier siècle.
**Il serait...** courageux, passionné, énergique. Très actif, sociable, il est aussi exigeant et épris de justice. Rapide, il est souvent impatient.
**Ils l'ont porté :** l'historien latin Tite Live, né à Padoue en – 59, mort dans sa ville natale en 17. L'empereur Titus, fils de Vespasien ; cruel et débauché dans sa jeunesse, sage et charitable dès qu'il fut empereur en 79. Amoureux de la reine de Judée Bérénice, il la renvoya à son avènement. Il organisa les secours lors de l'éruption de Vésuve qui raya Pompéi de la carte en 79, inaugura le Colisée en 80, et mourut de la peste en 81 en visitant les malades lors de l'épidémie qui ravagea Rome.
**Son évolution :** Titus fut un prénom très courant dans l'Antiquité. Il a disparu dès les temps modernes. Quelques Titien sont apparus dans les années 1990.
**Ses cousins :** Tite, Titien.
**À l'étranger :** Tito (Espagne).

## TOBIE
### Tobias

**D'où vient-il ?** Tobie, d'origine hébraïque, signifie « Dieu est bon ».
**Il serait...** responsable, attaché à sa famille et à ses principes, et à préserver son équilibre personnel. Sociable, il a une écoute attentive.
**Il l'a porté :** dans la Bible, Tobie, judéen aveugle est guéri de sa cécité par l'archange Raphaël.
**Son évolution :** bien connu des familles juives, Tobie est un prénom rare.
**Sa forme initiale :** Tobiyya.
**À l'étranger :** Tobia (Italie), Tobias (Allemagne, Grande-Bretagne, États-Unis, Scandinavie), Tobyas (Flandres).

## TRISTAN
### Trestan, Tresteur

**D'où vient-il ?** Tristan, est une variante de Drystan, d'origine galloise, qui signifie « tumulte ».
**On le fête** le 25 septembre. Saint Drostan fut moine au VIIe siècle.
**Il serait...** ambitieux et sûr de lui, fier et sus-

ceptible, mais aussi plein de doutes et parfois même d'inquiétudes. Communicatif, il est attentif aux autres.

**Il l'a porté :** Tristan Bernard, écrivain et auteur dramatique mort en 1947, célèbre pour ses mots d'esprit. De son vrai nom Paul Bernard, il prit le nom du cheval nommé Tristan qui lui rapporta beaucoup d'argent aux courses.

**Il le porte :** Tristan est le héros de Tristan et Yseult, légende celte, transmise oralement, dont deux versions ont été écrites par le normand Béroul en 1170, et Thomas d'Angleterre en 1175. Chrétien de Troyes en avait aussi fait une œuvre qui fut perdue. La légende de Tristan fut reprise par d'autres auteurs du XIII$^{e}$ siècle.

**Son évolution :** très longtemps méconnu, Tristan commence à se manifester dans les années 1990. il est en vogue aujourd'hui.

**Ses cousins :** Trestan, Tresteur.

**Dans nos régions :** Tristanu (Corse).

**À l'étranger :** Tristam (Grande-Bretagne), Tristão (Portugal).

## TROPEZ

### Torpès

**D'où vient-il ?** Tropez, d'origine grecque, signifie « qui met l'ennemi en déroute ».

**On le fête** le 17 mai. Saint Tropez fut un important personnage à Rome au I$^{er}$ siècle. Il refusa de renier sa foi, fut livré aux fauves et décapité. La légende dit que son corps fut mis dans un bateau que les flots conduisirent en Provence, au lieu qui porte son nom aujourd'hui.

**Il serait...** énergique, volontaire, indépendant et travailleur. Il s'accommode mal des seconds rôles et ne supporte pas les ordres et les critiques.

**Son évolution :** Tropez a toujours été un prénom rarissime, même bien avant que le village de Provence soit médiatisé.

**Son cousin :** Torpès.

## TRYPHON

**D'où vient-il ?** Tryphon, d'origine grecque, signifie « magnifique ».

**On le fête** le 10 novembre. Saint Tryphon, né à Novgorod, fut ermite dans le grand Nord où il convertit les païens. Une donation du tsar lui permit de fonder une église et un monastère où il s'éteignit en 1587.

**Il serait...** stable et réfléchi. Attiré par les biens matériels, il est un bon administrateur, a le goût de la performance et le souci de progresser.

**Il le porte :** Tryphon est le prénom du professeur Tournesol dans *Les aventures de Tintin*, d'Hergé.

**Son évolution :** c'est Hergé qui a révélé aux pays francophones ce prénom extrêmement rare, aussi bien en Europe que dans les pays slaves.

## TUGDUAL

### Tual, Tudal, Tudalen, Tudual, Tusval, Tudwal, Tuzal

**D'où vient-il ?** Tugdual, d'origine celte, signifie « bonne valeur »

**On le fête** le 30 novembre. Saint Tugdual, venu d'Irlande, fonda un premier monastère près du Conquet, puis commença à évangéliser la Bretagne. Il fonda un grand monastère à Tréguier devint évêque de la ville avec l'accord du roi Childebert en 532. Son influence rayonna sur toute la Bretagne du VI$^{e}$ siècle.

**Il serait...** tout en paradoxes : indépendant, aventurier et intuitif, mais aussi réfléchi et rationnel. Il est sociable, mais apprécie la solitude.

**Son évolution :** ce prénom est très apprécié en Bretagne, rare dans l'ensemble de la France.

**Ses cousins :** Tual, Tudal, Tudalen, Tudual, Tusval, Tudwal, Tuzal.

## TURMOD

**D'où vient-il ?** Turmod, d'origine scandinave, signifie « colère de Thor ».

**Il serait...** ambitieux, autoritaire et courageux. Une âme de chef ! Avec les revers de la médaille, fierté et susceptibilité, franchise et loyauté.

**Il l'a porté :** Turmod fut un chef de guerre danois au X<sup>e</sup> siècle.

**Son évolution :** ce prénom est bien connu des familles scandinaves, très rare en France.

## TUROLD

**D'où vient-il ?** Turold est la forme normande de Thorvald, d'origine scandinave, qui signifie « puissance de Thor ».

**Il serait...** idéaliste, préoccupé par un souci de dépassement, bien décidé à accomplir ce qu'il s'est fixé. Le bonheur pour lui passe par le dévouement aux autres.

**Il l'a porté :** Turold est l'auteur présumé de la *Chanson de Roland*, écrite au XI<sup>e</sup> siècle. Il figurerait sur la tapisserie de Bayeux.

Son cousin : Turvald.

## TYLER

**D'où vient-il ?** Tyler, d'origine anglo-américaine, signifie « barre de toits ».

**Il serait...** équilibré, stable, déterminé. Il a un sens aigu de ses responsabilités et croit dans les valeurs de travail, de justice et de stabilité.

**Ils le portent :** l'acteur américain Tyler Perry, le musicien américain Tyler Hilton.

**Son évolution :** Tyler est un des prénoms favoris aux États-Unis.

## ULPHY

Ulphe, Ulphi

**D'où vient-il ?** D'origine germanique, Ulphy signifie « loup ».

**On le fête** le 31 janvier. Sainte Ulphe fut ermite au VIII<sup>e</sup> siècle près d'Amiens, où elle fonda un monastère.

**Il serait...** ambitieux, énergique, autoritaire et déterminé. Pour lui, une seule place : la première ! Il veut diriger, contrôler, même si cela le condamne à la solitude.

**Il l'a porté :** Ulph, prince de Néricée, en Suède, époux très vertueux de sainte Brigitte.

**Son évolution :** ce prénom fut courant dans les pays scandinaves et germaniques au Moyen Âge, il est très rare aujourd'hui.

Ses cousins : Ulphe, Ulphi.

Son féminin : Ulfie.

## ULRICH

Ulric

**D'où vient-il ?** Ulrich, d'origine germanique, signifie « loup roi ».

**On le fête** le 10 juillet. Saint Ulric fut page à la cour du roi Henri IV d'Allemagne, puis secrétaire de la reine mère. Il devint bénédictin, et assura la réforme des règles de l'abbaye de Cluny. Il fonda enfin deux monastères, l'un en Suisse, l'autre en Forêt-Noire, où il s'éteignit en 1093.

**Il serait...** loyal, droit, sévère. Il a des principes stricts qu'il applique sans faillir et avec une certaine intolérance. Il faut le suivre ou le quitter!
**Son évolution:** ce prénom, bien connu dans les pays de langue allemande, est rare en France.
**Son cousin:** Ulric.
**À l'étranger:** Ulrico (Espagne, Italie).
**Son féminin:** Ulrica.

## ULYSSE

**D'où vient-il ?** Ulysse fait référence au nom du héros d'Homère.
**Il serait...** habile, courageux, parfois téméraire. Déterminé, il va au bout de ses idées; perfectionniste, il est très rigoureux.
**Il le porte:** Ulysse est, dans la mythologie grecque, un héros dont les exploits sont racontés dans les œuvres célèbres d'Homère, *l'Iliade* et *l'Odyssée*. Ulysse quitta l'île dont il est le roi, Ithaque, laissant sa femme Pénélope et son fils Télémaque pour participer à la guerre de Troie. Le voyage du retour dans son île lui fit rencontrer de multiples dangers: les sirènes qui attirent les navires, le combat avec le cyclope, la descente aux enfers... Ulysse retrouve sa femme qui lui est restée fidèle et son fils au bout de vingt années de voyage.
**Ils le portent:** *Ulysse* est le nom d'une œuvre de James Joyce, en Angleterre parue en 1922. Ulysse Gosset, journaliste qui fut envoyé permanent à Moscou puis à Washington.
**Son évolution:** Ulysse est l'un des prénoms de la mythologie les plus appréciés aujourd'hui, alors qu'il a été inexistant pendant des siècles.

## UNAI

**D'où vient-il ?** Unai, d'origine basque, signifie « berger ».
**Il serait...** profondément humain et généreux. Il ne conçoit pas de vivre sans partager et aller vers les autres. Son altruisme l'entraîne parfois à l'idéalisme.
**Son évolution :** Unai est un des prénoms basques favoris depuis 2005.

### Heureux qui comme Ulysse...

Vous avez envie de voyager dans le temps et dans l'espace ? de donner à votre enfant un prénom original, culturel et intemporel ? Pensez à la mythologie.

**Achille** et **Hector**, héros de la guerre de Troie,
**Jason**, qui ramena la toison d'or,
**Apollinaire**, en référence au dieu Apollon,
**Énée**, ancêtre présumé de César,
**Philémon**, époux de Baucis...
**Ulysse**, le voyageur,
**Océan**, le dieu de la mer...

La mythologie vous offre de beaux voyages dans le temps.
Et les poètes qui nous les ont fait connaître aussi : Virgile, Homère, Pétrone...

La mythologie grecque, comme la mythologie romaine, comprend près de 30 000 dieux et déesses ! Ce sont les plus riches, suivies par les mythologies scandinaves et irlandaises. Mais ces prénoms présentent un inconvénient : la plupart étant très peu connus, ils sont difficiles à orthographier et à retenir.

Les prénoms issus de la mythologie les plus fréquents ont été diffusés par les œuvres littéraires, l'*Iliade* et l'*Odyssée* en particulier, qui nous ont familiarisés avec les héros des épopées antiques.

## URBAIN

**D'où vient-il ?** Urbain, d'origine latine, signifie « de la ville ».

**On le fête** le 2 avril. Saint Urbain fut évêque de Langres, où il mourut en 375. Il est le patron des vignerons de la région.

**Il serait...** secret, réservé, prudent. Il réfléchit longuement avant de prendre une décision et observe ses interlocuteurs avant de leur faire confiance.

**Ils l'ont porté :** plusieurs papes se sont appelés Urbain entre 800 et 1400.

**Dans nos régions :** Urbanu (Corse), Urvan (Bretagne).

**À l'étranger :** Urba (Catalogne), Urbaan (Flandre), Urban (Grande-Bretagne, États-Unis), Urbano (Espagne, Italie).

## URIEL
**Euriel**

**D'où vient-il ?** Uriel, d'origine hébraïque, signifie « Dieu est ma lumière ».

**On le fête** le 1er octobre. Sœur de Judicaël, roi de Bretagne au VIe siècle, sainte Urielle consacre sa vie à la prière. Elle est vénérée près de Dinan en Bretagne.

**Il serait...** expressif, communicatif et artiste. Il aime la compagnie et la solitude l'angoisse. Il s'intéresse à des domaines très diversifiés.

**Il le porte :** l'archange Uriel, qui fait partir de la milice céleste.

**Son évolution :** Uriel est aussi rare que sa forme féminine.

**Son cousin :** Euriel.

**Dans nos régions :** Uriell (Bretagne).

**Ses féminins :** Eurielle, Urielle.

# V

## VACLAV

**D'où vient-il ?** Vaclav, d'origine tchèque, signifie « gloire immense ».

**Il serait...** sérieux, studieux, réfléchi. L'étude l'enchante, la lecture le passionne et il s'intéresse à toutes les productions de l'esprit.

**Il l'a porté :** Vaclav Havel, président tchèque de 1989 à 2003.

**Il le porte :** Vaclav Klaus, président de la République tchèque de 2003 à 2013.

**Son évolution :** Vaclav est un prénom très courant dans les pays de l'Est.

## VADIM

**D'où vient-il ?** Vadim, d'origine slave, signifie « attirant ».

**Il serait...** communicatif et créatif. Il exprime son énergie et son imagination fertile par tous les modes artistiques à sa portée.

**Il l'a porté :** Roger Vadim Plemmianikov, né en 1928. Il délaissa l'Institut d'études politiques de Paris pour suivre des cours de comédie. Il devint journaliste à *Paris-Match* et assistant du réalisateur Marc Allégret. En 1952, il épousa Brigitte Bardot et, en 1956, réalisa le film qui les lancera tous les deux, *Et Dieu créa la femme*, provoquant un scandale. Il épousa successivement Annette Stroyberg, Jane Fonda, Catherine Schneider et Marie-Christine Barrault, et vécut avec Catherine Deneuve.

En 1993, il se consacra à l'écriture de quatre romans et disparut en 2000.
**Son évolution :** ce prénom bien connu des familles slaves est rare en France.
**Ses diminutifs :** Vadia, Vadik.

## VALBERT

### Valdebert

**D'où vient-il ?** Valbert, d'origine germanique, signifie « illustre gouverneur ».
**On le fête** le 2 mai. Saint Valbert, élève de saint Colomban fut abbé de Luxeuil, dans l'est de la France, qui regroupait plus de 600 moines et eut une grande influence sur la vie religieuse et culturelle de la région. Il y mourut en 665.
**Il serait...** ambitieux, concret et pragmatique, intéressé par les biens matériels et le pouvoir. Stable et réfléchi, il recherche la justice.
**Son évolution :** ce prénom fut assez fréquent au Moyen Âge, il est rare aujourd'hui.
**Son cousin :** Valdebert.

## VALDEMAR

### Voldemar, Waldemar

**D'où vient-il ?** Valdemar est une forme germanique, polonaise et scandinave de Vladimir.
**On le fête** le 15 juillet avec Vladimir.
**Il serait...** méthodique, réfléchi et épris de changements. Adaptable, il fait face en toutes occasions, et tire parti des situations les plus inattendues.
**Ils l'ont porté :** le roi Voldemar Ier de Danemark, dit Valdemar le Grand au XIIe siècle. Roi à 16 ans, il eut à lutter contre des rivaux qui menaçaient son trône. Après les avoir éliminés, il œuvra pour la croissance de son pays. Il mourut en 1182, laissant le trône à son fils Valdemar II. Valdemar Poulsen, physicien danois qui déposa le brevet d'invention du premier répondeur-enregistreur en 1898 à Copenhague et s'exila aux États-Unis où il mourut en 1962. Valdemar Langlet, journaliste et écrivain suédois qui sauva de nombreux juifs hongrois pendant l'Holocauste.
**Il le porte :** l'écrivain français Voldemar Lestienne, auteur de *l'Amant de poche.*
**Son évolution :** bien connu dans les pays scandinaves, ce prénom est rare en France.
**Ses cousins :** Voldemar, Waldemar.

## VALENTIN

### Valentinien

**D'où vient-il ?** Valentin, d'origine latine, signifie « vaillant ».
**On le fête** le 14 février. Saint Valentin était moine à Rome sous le règne de Claude II le Gothique. Il recevait les amoureux et les conseillait, les convertissait aussi parfois. Sa renommée parvint aux oreilles de l'empereur qui le fit arrêter. Le geôlier de Valentin, un magistrat, avait une fille nommée Julia, aveugle de naissance, qui venait souvent converser avec Valentin et lui apporter à manger. Un jour, Julia recouvra la vue. Le magistrat et toute sa maisonnée se convertissent. L'empereur décida de décapiter Valentin le 14 février 269. Il est le patron des amoureux.
**Il serait...** sociable, mais en appréciant la solitude pour se ressourcer ; diplomate mais franc et loyal, doux et attentionné mais coléreux et emporté parfois.
**Ils l'ont porté :** Valentin, 100e pape de la chrétienté, en 827, dont le pontificat ne dura que quarante jours. Valentin Haüy, érudit, polyglotte et traducteur, qui fonda une école pour les aveugles à Paris en 1786, puis en Russie en 1806, qu'il dirigea pendant onze ans. Il s'éteignit en 1822. Une association pour l'aide aux handicapés visuels porte son nom aujourd'hui. Valentin le Désossé, fils d'avocat, négociant en vins, chargé du recouvrement de créances pour son frère, puis agent immobilier. Passionné par la danse, il se produisit dans de nombreux cabarets, puis présenta le spectacle du Moulin-Rouge aux côtés de la Goulue. Toulouse-Lautrec les représenta tous deux sur l'affiche du Moulin-Rouge en 1891.
**Il le porte :** le fils d'Yves Montand, Valentin Livi.

**Son évolution :** très courant chez les premiers chrétiens, Valentin refit une modeste apparition à la fin du XIX$^{e}$ siècle. Il revint dans les années 1990 et se maintient au top 100 des prénoms masculins.
**Son cousin :** Valentinien.
**Dans nos régions :** Valentinu (Corse).
**À l'étranger :** Vailintin (Irlande), Valenti (Catalogne), Valentino (Italie), Valentyn (Flandre, Pologne).
**Ses diminutifs :** Valia, Valik.

## VALÈRE

Valéran, Valérien, Valéry

**D'où vient-il ?** Valère, d'origine latine, signifie « valeureux ».
**On le fête** le 28 janvier. Saint Valère fut évêque de Saragosse, exécuté avec son diacre, Vincent, en 304.
**Il serait...** calme et réservé. Il observe, écoute, réfléchit et se fait une opinion sur tout et sur tous. Sociable et généreux, il est très apprécié de ses amis.
**Il le porte :** Valère, un des personnages de la pièce de Molière *Tartuffe ou l'Imposteur*, jouée pour la première fois en 1664. Valéry Giscard d'Estaing, président de la République française de 1974 à 1981.
**Son évolution :** ce prénom a toujours été rare en France alors que Valéri est un classique dans les pays slaves.
**Ses cousins :** Valéran, Valérien, Valéry.
**Dans nos régions :** Valérian (Provence), Valeriu, Valerianu (Corse).
**À l'étranger :** Valeriaan (Flandres), Valéri (Russie), Valerio (Espagne).

## VALLIER

**D'où vient-il ?** Vallier, d'origine latine, signifie « qui fortifie ».
**On le fête** le 22 octobre. Saint Vallier fut archidiacre de Langres au IV$^{e}$ siècle.
**Il serait...** travailleur, ambitieux, pragmatique et volontaire. Il a toutes les cartes en main pour réussir. Une seule faiblesse : son manque de résistance au stress.
**Son évolution :** ce prénom est très rare.

## VANIA

**D'où vient-il ?** Vania est le diminutif d'Ivan, la forme russe de Jean.
**On le fête** le 24 juin avec Jean.
**Il serait...** sociable, coopératif et conciliant. Il s'adapte très facilement à son environnement. Il redoute la solitude et a besoin de compagnie pour se motiver.
**Ils le portent :** *Oncle Vania*, pièce d'Anton Tchekov, jouée pour la première fois en 1897. Le fils de Roger Vadim.
**Son évolution :** ce prénom est très courant dans les pays slaves, rare en France.

## VASCO

**D'où vient-il ?** Vasco, d'origine basque, signifie « basque ».
**Il serait...** sensible et affectif, très attaché aux valeurs traditionnelles et à la vie de famille. Il a un grand sens des responsabilités.
**Il l'a porté :** Vasco de Gama, navigateur portugais, prié par le roi du Portugal d'ouvrir la route de l'Inde. Il prit la mer en juillet 1497 avec trois navires et atteint l'Inde un an plus tard. Il installa plusieurs colonies et fut nommé vice-roi des Indes en 1524. Il y mourut le 24 décembre de la même année.

**Son évolution :** ce prénom est assez courant au Pays basque espagnol.

## VIANNEY

**D'où vient-il ?** Vianney, prénom français, vient du patronyme de Jean-Marie Vianney.

**On le fête** le 4 août. Saint Jean-Marie Vianney, après de piètres études, entra au séminaire. Malgré son peu de dispositions pour les études, il fut ordonné prêtre en 1815 et curé de la paroisse d'Ars. Il y fonda deux écoles, l'une pour les filles, l'autre pour les garçons ; il écouta, aida, secourut, conseilla ses paroissiens et les investit dans la vie de la paroisse. Bientôt, les pèlerins affluèrent, attirés par l'aura de sainteté de cet homme. Il s'éteignit le 4 août 1859, épuisé par sa tâche.

**Il serait...** sensible et affectif, stable et méthodique, tout en ne manquant pas d'imagination. Communicatif, il sait rallier son entourage aux causes qu'il estime justes.

**Son évolution :** Vianney est un prénom très apprécié des familles catholiques et BCBG. Il est rare sur l'ensemble du territoire.

## VICTOR

### Victorien

**D'où vient-il ?** Victor, d'origine latine, signifie « vainqueur ».

**On le fête** le 21 juillet. Saint Victor de Marseille, soldat romain chrétien, refusa d'adorer les idoles païennes. Le juge le menaça, le fit fouetter. Victor s'obstina et, d'un coup de pied, fit tomber les statues païennes. Il fut décapité le 21 juillet 303. Saint Victor, médecin, puis ermite, fut le 156e pape de 1085 à 1087.

**Il serait...** optimiste et dynamique, communicatif et généreux. Heureux de vivre, il séduit son entourage par sa bonne humeur et son appétit des bonnes choses.

**Ils l'ont porté :** Victor Hugo, romancier, poète auteur dramatique et homme politique. Né en 1802, Victor eut une vocation précoce. À 19 ans, il publia son premier recueil de poes, *Odes*, qui fut bien accueilli. C'est en 1827 avec *Cromwell* que sa réputation naquit. Dès lors, les chefs-d'œuvre se succédèrent : *Notre-Dame de Paris* en 1831, *les Chants du crépuscule* en 1835, *Ruy Blas* en 1838. Opposé à Napoléon III, il vécut en exil, à Bruxelles puis à Jersey. Il écrivit alors *les Contemplations* en 1856, *la Légende des siècles* en 1859 et *les Misérables* en 1862. Il revint en France à l'avènement de la IIIe République et mourut en 1885. Victor Lanoux, acteur, scénariste et producteur, qui tourna près de 40 films en quarante ans.

**Son évolution :** Victor était bien connu des Romains, référence aux victoires militaires de l'Empire, puis il fut porté par de nombreux chrétiens. Il disparut bien avant le Moyen Âge pour revenir à la fin du XIXe siècle. Il s'éclipse au début du XXe siècle, pour réapparaître dans les années 1980. Néanmoins, ce succès n'est déjà plus qu'un souvenir car il s'éloigne aujourd'hui.

**Son cousin :** Victorien.

**Dans nos régions :** Victorin, Vitor, Vitour (Provence), Vittoriu (Corse).

**À l'étranger :** Victorio (Espagne), Vittore, Vittorio (Italie), Viktor (Hongrie, Russie, Scandinavie), Vitchen (Arménie).

## VICTORIEN

**D'où vient-il ?** Victorien est une variante de Victor, d'origine latine, qui signifie « vainqueur ».

**On le fête** le 21 juillet avec Victor.

**Il serait...** réservé mais amical et ouvert, réfléchi mais léger et plein d'humour. Stable, solide, rationnel, il est aussi très sensible et affectueux.

**Il l'a porté :** Victorien Sardou, né en Provence en 1831, abandonna ses études de médecine pour travailler ; il enseigna le français, les mathématiques, l'histoire et écrivit des pièces. Il faudra plusieurs années de galère pour qu'il soit reconnu. À partir de 1860, ses pièces furent enfin jouées et remportèrent un grand succès. Une actrice, Virginie Dejazet, l'aidera, et achètera même un théâtre. Victorien fut élu à l'Académie française en 1877.

**Son évolution :** apparu au XIX^e siècle dans le sillage de Victor, il reste discret. Les années 2000 le voient ressurgir, toujours aussi modeste.

**Dans nos régions :** Victorian (Provence), Vittorianu (Corse).

**À l'étranger :** Victoriano, Victorino (Espagne), Vittoriano (Italie).

## VINCENT

**D'où vient-il ?** Vincent, d'origine latine, signifie « qui vainc ».

**On le fête** le 22 janvier. Saint Vincent fut diacre de l'évêque de Saragosse Valère, sous l'empereur Dacien. Ils furent tous deux condamnés au martyre en 304.

**On le fête** aussi le 27 septembre. Saint Vincent de Paul, ordonné prêtre en 1600, à 19 ans, fut précepteur dans une riche famille, puis curé de Clichy et de plusieurs autres paroisses, aumônier des galériens, aumônier de la reine Margot. Il fonda la congrégation de la Mission, dont les membres furent plus tard appelés les lazaristes, et en 1633, les Dames de la Charité avec Louise de Marillac. Il organisa des collectes pour venir en aide aux victimes des guerres de religion et fonda un hospice de vieillards qui deviendra l'hôpital de la Salpêtrière. Il reçut le dernier soupir de Louis XIII et lui-même s'éteignit en 1660.

**Il serait...** indépendant, ambitieux, autoritaire et décidé à ne pas se laisser dicter sa conduite. Il est très opportuniste et saisit toutes les occasions favorables.

**Il l'a porté :** Vincent Van Gogh, d'origine néerlandaise, peintre dont l'œuvre sera inconnue jusqu'à sa mort en 1890. Il fut successivement assistant dans une galerie d'art, prédicateur laïc pour les mineurs du Borinage avant d'étudier à l'Académie royale des Beaux-Arts de Bruxelles. Sa première œuvre fut, en 1885, les *Mangeurs de pommes de terre*. L'année suivante, il rencontra les impressionnistes et s'installa à Arles. Son amitié avec Paul Gauguin tourna mal : un jour de dispute, le 24 décembre 1888, il tenta de le tuer et se coupa l'oreille. Il fut interné à Saint-Rémy-de-Provence en 1889, puis son frère Théo, qui l'a toujours aidé et assisté, l'installa à Auvers-sur-Oise. Il peignit 70 toiles en deux mois avant de se suicider.

**Ils le portent :** l'acteur suisse Vincent Pérez, l'acteur français Vincent Cassel.

**Son évolution :** Vincent est un des prénoms les plus classiques, présent depuis le XIX^e siècle avec parfois des pics de popularité comme dans les années 1980. Il se fait un peu plus rare depuis 2000.

**Dans nos régions :** Vincens (Provence), Vincensiu (Corse), Visant (Bretagne).

**À l'étranger :** Vicent (Catalogne), Vicente, Vincencio (Espagne), Vicentius, Vincens (Allemagne), Vincente, Vicentello (Italie), Vikenti (Russie), Vince (Grande-Bretagne, États-Unis).

## VIRGILE

**D'où vient-il ?** Virgile fait référence au patronyme du poète latin Virgile.

**Il serait...** dynamique, indépendant, énergique. Tout feu tout flamme, il aime l'aventure, le risque, saisit la chance et s'adapte à tous les changements.

**Il l'a porté :** Virgile fut un poète latin, né en 70 avant J.-C. Il publia trois œuvres magistrales, les *Bucoliques* en – 37, les *Géorgiques* en – 28 et *l'Énéide* auquel il consacra onze années de tra-

## Les familles de la Rome antique

Plusieurs prénoms sont issus des patronymes des grandes familles patriciennes de la Rome antique.

Aemilius, **Émile**
Antonius, **Antoine**
Aurelius, **Aurélien**
Camillius, **Camille**
Claudius, **Claude**
Cornelius, **Corneille**
Crispus, **Crépin**
Domitius, **Domitien**
Fabius, **Fabien**
Flavius, **Flavien**
Gabinius, **Gabin**
Horatius, **Horace**
Hortensius, **Hortense**
Iulius, **Jules**
Iustus, **Justin**
Maximius, **Maxime**
Petronius, **Pétrone**
Quintius, **Quentin**
Septimus, **Septime**
Sergius, **Serge**
Sulpicius, **Sulpice**
Valerius, **Virgile**

vail, qui raconte les origines légendaires de Rome. Poète reconnu de son vivant, il fut en concurrence avec Homère. Il mourut en – 19. Il est considéré comme le plus grand poète romain.

**Son évolution :** Virgile était jusqu'alors très marginal, mais il s'annonce discrètement depuis 2000.
**Dans nos régions :** Virgiliu (Corse), Virgilis (Bretagne).
**À l'étranger :** Virgili (Catalogne), Virgilio (Espagne).

## VITAL

**D'où vient-il ?** Vital, d'origine latine, signifie « en vie ».
**Il serait...** affirmé, autoritaire, strict. Pas commode… mais il suffit d'un peu de tendresse et Vital se révèle affectueux et sensible.
**Son évolution :** si Vital a toujours été rare en Europe, Vitali est bien « en vie » en Russie.
**À l'étranger :** Vitali (Russie), Vitaris (Hongrie).

## VIVIEN

**D'où vient-il ?** Vivien, d'origine latine, signifie « vivant ».
**On le fête** le 10 mars. Saint Vivien fut l'un des 40 chrétiens de la légion Fulminata qui campa à Sébaste en Turquie. Lui et quelques autres soldats refusèrent de participer à une cérémonie païenne. Ils furent enchaînés nus sur une rivière gelée.
**Il serait...** sensible et très réceptif aux ambiances. Sociable, communicatif et tolérant, il se renferme à la plus petite tension et peut se démotiver complètement.
**Son évolution :** ce prénom a toujours été marginal.
**Dans nos régions :** Vivian (Provence), Vivianu (Corse).
**À l'étranger :** Viviano (Espagne, Italie).

## VLADIMIR

**D'où vient-il ?** Vladimir, d'origine slave, signifie « qui règne en paix ».
**On le fête** le 15 juillet. Saint Vladimir de Kiev naquit d'un père païen et d'une mère chrétienne. Lorsqu'il succéda à son père, il hésita entre plusieurs religions et décida, en 988 de

se faire baptiser selon le rite orthodoxe. On fête aussi Vladimir le 4 octobre, en souvenir du fondateur de l'église Sainte-Sophie à Novgorod.
**Ils l'ont porté :** l'écrivain américain d'origine russe Vladimir Nabokov, mort en 1977, auteur de *Lolita* en 1955, porté à l'écran en 1962 et en 1995. Lénine, de son vrai nom Vladimir Ilitch Oulianov, homme politique russe.
**À l'étranger :** Vladimiro (Espagne, Italie).
**Ses diminutifs :** Volia, Volodia.

## VLADISLAS
### Ladislas

**D'où vient-il ?** Vladislas, d'origine slave, signifie « qui possède la gloire ».
**On le fête** le 24 septembre. Saint Vladislas fut le deuxième roi de Serbie après son père, saint Étienne, au XIII$^{e}$ siècle.
**Il serait...** généreux, attentif et ouvert. Son dévouement est entier pour les causes qu'il estime nobles, quitte à perdre de vue ses propres intérêts.
**Son évolution :** Vladislas est très connu dans les pays de l'Est. Il est rare en France, où on lui préfère sa variante Ladislas.
**Son cousin :** Ladislas.
**À l'étranger :** Vladislaw (Hongrie).

## WALDEMAR
### Valdemar

**D'où vient-il ?** Waldemar est une forme germanique, polonaise et scandinave de Vladimir.
**On le fête** le 15 juillet avec Vladimir.
**Il serait...** méthodique, réfléchi et épris de changements. Adaptable, il fait face en toutes occasions et tire parti des situations les plus inattendues.
**Son évolution :** bien connu dans les pays de l'Est, ce prénom est rare en France.
**Son cousin :** Valdemar.
**À l'étranger :** Waldo.

## WALERAN
### Galeran

**D'où vient-il ?** Waleran est une variante de Galeran, d'origine germanique, qui signifie « corbeau étranger ».
**On le fête** le 26 février avec Galeran.
**Il serait...** coopératif, sociable, diplomate. Il a besoin de contacts pour s'épanouir et déteste travailler en solo. Ses collègues et ses partenaires apprécient sa convivialité.
**Ils l'ont porté :** Waleran de Beaumont, 1$^{er}$ duc de Worcester au début du XII$^{e}$ siècle et Waleran de Limbourg, comte de Luxembourg au XIII$^{e}$ siècle.
**Son évolution :** ce prénom est connu dans les pays de langue allemande, rare en France.
**Son cousin :** Galeran.

## WALLACE
**Wallis**

**D'où vient-il ?** Wallace, d'origine écossaise, est un prénom patronymique.

**Il serait...** communicatif et persuasif. Il a l'art de convaincre, une expression orale déliée, une motivation à toute épreuve et brigue la réussite dans tous les aspects de sa vie.

**Il l'a porté :** William Wallace, patriote écossais, qui fut le chef de la rébellion des Écossais contre les Anglais au XII$^{e}$ siècle. Il naquit vers 1270 en Écosse dans une famille très bourgeoise et fit des études poussées pour son époque. Le trône d'Écosse était fragile : la reine avait 4 ans et la régence était instable ; la petite reine mourut quatre ans plus tard. Les Anglais prétendirent au trône en force, avec une imposante armée. William Wallace leva une armée avec les seigneurs écossais les plus puissants. Ils remportèrent la victoire et Wallace fut nommé protecteur de l'Écosse. Mais le roi Édouard I$^{er}$ d'Angleterre réattaqua et l'armée écossaise fut écrasée. Wallace prit la fuite, passa en France puis retourna en Écosse où il fut arrêté et exécuté en 1305 à 37 ans. On l'appelle William Braveheart Wallace.

**Il le porte :** *Braveheart*, film américain qui retraça la vie de Wallace, joué par Mel Gibson en 1996, reçut cinq oscars.

**Son évolution :** Wallace est un prénom qui est apparu en Écosse à la fin du XIX$^{e}$ siècle. Il fut aussi porté dans le nord de l'Angleterre. Il s'est éclipsé dans les années 1950. En France, il est très rare.

**Son cousin :** Wallis.

**Son diminutif :** Wally.

## WALTER
**Gautier, Walt**

**D'où vient-il ?** Walter est la forme anglo-américaine de Gautier, d'origine germanique, qui signifie « gouverneur de l'armée ».

**On le fête** le 9 avril avec Gautier.

**Il serait...** réservé, mais très affectif. Il a besoin de son environnement affectif pour avancer, d'une compagne attentive pour le seconder.

**Ils l'ont porté :** Walter Scott, l'un des plus grands poètes et romanciers écossais. Son premier roman fut *Ivanhoé*, en 1819, saga de l'Écosse médiévale, qui fit l'objet d'une série télévisée diffusée en France en 1959. Pour la petite histoire, Walter Scott a réhabilité l'usage du kilt et du tartan en Écosse, qui avaient été interdits. Walt Disney, producteur et réalisateur de films et de dessins animés américains. Tout en faisant des petits boulots, il prit des cours de dessin et commença à travailler dans un magazine. En 1923, il fonda sa société de production de films, courts ou longs métrages. En 1928, il créa les personnages de Mickey Mouse et de Minnie, sa femme. Ses dessins animés firent le tour du monde et furent doublés dans toutes les langues. *Le Journal de Mickey* date de 1934 et il est toujours un des magazines favoris des enfants. Walt Disney mourut en 1966 après avoir reçu 22 oscars pour son œuvre magistrale.

**Son évolution :** ce prénom était courant dès le Moyen Âge en Angleterre et il s'est répandu aux États-Unis. Il s'est éloigné dans les années 1960 et n'est plus guère fréquent. En France, il a toujours été marginal.

**Son cousin :** Gautier.

**À l'étranger :** Gualterio (Espagne), Waclaw (Pologne).

**Son diminutif :** Walt.

## WANDRILLE

**D'où vient-il ?** Wandrille, d'origine germanique, signifie « qui donne l'espoir ».

**On le fête** le 22 juillet. Saint Wandrille naquit à Verdun en 600. Il entra dans les ordres et devint conseiller du roi Dagobert. Il décida de partir en Irlande, mais sur la route, il fut appelé par l'évêque de Rouen, Ouen, qui le pria d'évangéliser le pays de Caux. Wandrille fonda l'abbaye de Fontenelle, dont il fut abbé pendant dix-neuf ans et où il mourut en 668. L'abbaye porte aujourd'hui son nom.

**Il serait...** viril, autoritaire, réaliste et énergique. Il possède un réel charisme.
**Son évolution :** ce prénom n'a pas passé le cap du Moyen Âge. Il est rarissime aujourd'hui.

## WARREN
### Garnet, Warrin, Warring

**D'où vient-il ?** Warren est la forme anglo-américaine de Guérin, prénom d'origine germanique qui signifie « défenseur ».
**On le fête** le 28 août avec Guérin.
**Il serait...** réfléchi, studieux, appliqué. Il a une intense vie intérieure, est attiré par la spiritualité, et déteste la superficialité.
**Il le porte :** Warren Beatty, frère de Shirley Mac Laine. Sportif puis pianiste de bar, il débute au cinéma en 1960. Son physique séduit immédiatement et il devient une star. Le film *Bonnie and Clyde* avec Faye Dunaway lui vaudra l'oscar du meilleur acteur. À partir de 1967, il s'oriente vers la production et la réalisation.
**Son évolution :** Warren, très connu aux États-Unis, commence à être apprécié en France.
**Ses cousins :** Garnet, Warrin, Warring.

## WENCESLAS
### Venceslas

**D'où vient-il ?** Wenceslas, d'origine slave, signifie « gloire immense ».
**On le fête** le 28 septembre. Saint Wenceslas était le fils du duc de Bohême. Devenu duc à son tour, il fut d'une extrême bonté avec ses sujets. Wenceslas fut assassiné par son frère Boleslas, païen, avec la complicité de sa mère, païenne également, alors qu'il priait dans une église.
**Il serait...** intuitif et très sensible, rêveur aussi parfois, ce qui nuit à son efficacité. Son humeur et sa motivation dépendent de la qualité de ses relations avec son entourage.
**Son évolution :** très connu dans les pays slaves, Wenceslas est rare en France.
**Son cousin :** Venceslas.
**À l'étranger :** Venceslao (Italie), Wenceslao (Espagne, Portugal).

## WERNER
### Warner

**D'où vient-il ?** Werner est la forme originelle de Garnier, d'origine germanique, qui signifie « armée protectrice ».
**On le fête** le 26 avril. Saint Werner vécut en Allemagne au XIIIe siècle. Son beau-père le maltraita et le jeta dehors. Il travailla et consacra ses loisirs à la prière. Un dimanche, il fut assassiné à la sortie de la messe.
**Il serait...** communicatif et sociable. Il a beaucoup d'ascendant sur son entourage, mais, très susceptible, il accepte mal les critiques et manifeste souvent de la rancune.
**Son évolution :** ce prénom est bien connu et fréquent en Allemagne, plus rare en France.
**Son cousin :** Warner.

## WILFRID
### Wilfried

**D'où vient-il ?** Wilfrid, d'origine germanique, signifie « volonté et protection ».
**On le fête** le 12 octobre. Saint Wilfrid devint prêtre après ses études, puis évêque d'York. Il consacra son temps et son énergie à rétablir l'unité de l'Église de son pays, écartelée entre les Celtes et les Anglo-Saxons, qui refusaient de reconnaître leur légitimité mutuelle. Wilfrid voyagea beaucoup, de Rome à Amsterdam. Il fut archevêque d'York à la fin de sa vie et mourut en 709.

**Il serait...** dynamique, actif, et énergique. Efficace, aussi, mais il exige que son entourage suive son rythme trépidant. Sa vivacité d'esprit et sa souplesse lui permettent de s'adapter à toutes les opportunités.
**Son évolution :** courant en Allemagne, Wilfrid est très rare en France.
**Son cousin :** Wilfried.
**À l'étranger :** Walfredo, Wilfredo (Espagne).
**Son féminin :** Wilfride.

## WILLIGIS
### Willegis

**D'où vient-il ?** Willigis, d'origine germanique, signifie « protection de l'otage ».
**On le fête** le 23 février. Saint Willigis, né en Bavière au XIIIe siècle, fut conseiller de l'impératrice Adélaïde, puis garde des Sceaux d'Othon II et archevêque de Mayence en Rhénanie.
**Il serait...** indépendant, autoritaire et ambitieux. Sa réussite est la grande affaire de sa vie. Il y consacre toute son énergie, quitte à s'isoler.
**Son évolution :** ce prénom n'est plus guère attribué en Allemagne. En France, il est rarissime.
**Son cousin :** Willegis.
**Ses diminutifs :** Wilgis, Willis.

## WILHELM
### Guillaume, Willem

**D'où vient-il ?** William est la forme originelle de Guillaume, d'origine germanique qui signifie « volonté de protection ».
**On le fête** le 10 janvier avec Guillaume.
**Il serait...** sensible mais distant, nonchalant mais inquiet, coléreux mais calme. Tout en contradiction, Wilhelm déroute souvent son entourage.
**Il l'a porté :** Georg Wilhelm Hegel, philosophe allemand, qui disparut en 1831.
**Son évolution :** Wilhelm est très courant en Allemagne, presque autant que Guillaume en France. C'est aussi un patronyme courant dans l'est de la France.
**Ses cousins :** Guillaume, Willem.

## WILLIAM
### Bill, Guillaume, Willy

**D'où vient-il ?** William est une forme anglo-américaine de Guillaume, d'origine germanique qui signifie « volonté de protection ».
**On le fête** le 10 janvier avec Guillaume.
**Il serait...** sensible, élégant, mais discret et réservé sur ses sentiments. Il aime l'action, le sport, le travail et, très sociable, se révèle être un vrai meneur.
**Ils l'ont porté :** William Shakespeare, né à Stratford-upon-Avon en 1564, le plus grand auteur de la culture anglo-saxonne, qui écrivit 37 tragédies entre 1580 et 1613. Billy the Kid, alias Henri William Mc Carty, hors-la-loi du Wild West américain au XIXe siècle, braqueur de banque et meurtrier, qui fut abattu à 21 ans, en 1881 par un shérif qui écrivit sa biographie, le faisant ainsi passer à la postérité et devenir une légende du Far West. Willy fut le mari de Colette, qu'il épousa en 1893. C'est lui qui signa ses premiers romans, la série des *Claudine*.
**Ils le portent :** le prince William de Galles, fils du prince Charles et de Lady Diana, né en 1982, petit-fils de la reine Elizabeth II. William Klein, photographe et peintre contemporain. Bill Clinton, 42e président des États-Unis.

**Son évolution :** William fut le prénom le plus porté en Angleterre jusqu'au début du XXe siècle, puis les prénoms se sont diversifiés peu à peu et John lui a succédé. Il est cependant resté dans les préférés, toutes époques confondues, aussi bien en Angleterre qu'au pays de Galles et en Écosse.

Le prince William confirme que ce prénom est toujours d'actualité. Le diminutif Willy est en vogue au Canada.
**Sa forme initiale :** Wilhelm.
**Son cousin :** Guillaume.
**Ses diminutifs :** Bill, Billy, Willie, Willy.

## WILMER
### Vulmer

**D'où vient-il ?** Wilmer, d'origine germanique, signifie « illustre volonté ».
**On le fête** le 20 juillet. Saint Vulmer fut moine dans le Hainaut au VIIIe siècle.
**Il serait...** épris d'ordre, de rigueur, de justice. Il s'investit dans le travail, apprécie l'aisance matérielle et se donne les moyens de réussir. Le pouvoir l'attire, le succès l'éblouit.
**Ils le portent :** l'acteur américain d'origine brésilienne Wilmer Valderrama, le footballeur péruvien Wilmer Aguirre, le footballeur Wilmer Lopez, originaire du Costa Rica.
**Son évolution :** Wilmer est l'un des prénoms du top 20 en Suède depuis 2009.
**Ses cousins :** Vulmer, Wilmar, Wulmer.

## WINSTON
### Weston

**D'où vient-il ?** Winston, d'origine anglaise, signifie « ville victorieuse ».
**On le fête** le 1er juin. Saint Winston (ou Wistan), prince de Mercie, en Angleterre, tentait de convertir son entourage ; il fut convié à un banquet par un de ses parents qui le fit assassiner en 849.
**Il serait...** rapide, souple, opportuniste. Il est à l'écoute du monde et saisit toutes les occasions pour progresser et se faire remarquer. Son réseau relationnel est très important pour lui.
**Il l'a porté :** Winston Churchill, né en 1874 dans une riche famille. Son père est lord et 7e duc de Marlborough. Après ses études, il est militaire et correspondant de guerre. En 1900, il est député conservateur. Il sera plusieurs fois ministre puis Premier ministre de 1940 à 1945, jouant un rôle prépondérant dans la Seconde Guerre mondiale. Il fut à nouveau Premier ministre de 1950 à 1955 et s'éteignit en 1965 à 90 ans. Peintre et écrivain, il fut prix Nobel de littérature en 1953.
**Il le porte :** le personnage de la littérature enfantine Winnie l'ourson, gourmand et étourdi mais très généreux, créé en 1926 par Alexander Alan Milne, adapté par Walt Disney en dessins animés.
**Son évolution :** Winston n'est guère courant en Angleterre, il est rarissime en France.
**Son cousin :** Weston.
**Son diminutif :** Winnie.

## Echos de nos régions

Les jeunes parents cherchent de plus en plus souvent pour leurs enfants des prénoms en référence à leurs origines régionales. Ainsi les prénoms régionaux sont-ils à l'honneur. Quelques exemples...

**Du côté de la Bretagne**
Alan
Brieuc
Corentin
Dinan
Elouan
Eliaz
Maël
Malo

**Du côté du Pays Basque**
Bettiri
Bixente
Eguzki
Gaïzka

**En Gascogne**
Aubin
Eyquem
Nadau
Sauvesti
Titouan

## WINNOC

**D'où vient-il ?** Winnoc est une variante de Gwennoc, dérivé de Gwenn, d'origine celte, qui signifie « blanc ».

**On le fête** le 6 novembre. Saint Winnoc fut l'abbé d'un monastère dans le nord de la France. Il mourut en 715.

**Il serait...** ambitieux, volontaire et travailleur. Il recherche le succès, le pouvoir et l'admiration de son entourage. Il l'obtient grâce à son efficacité et son charisme.

**Son évolution :** bien connu en Bretagne, ce prénom est rare à l'échelon national.

**Sa forme initiale :** Gwennoc.

## WOLFGANG

**D'où vient-il ?** Wolfgang, d'origine germanique, signifie « combat du loup ».

**On le fête** le 31 octobre. Saint Wolfgang, né en Bavière, fut un enfant précoce. D'abord éducateur de la jeunesse, puis évêque de Ratisbonne, il fut conseiller de l'empereur. Il mourut en 994.

**Il serait...** observateur, réfléchi, distant. Ennemi de la superficialité, il est patient et déterminé. Il est attaché à sa famille et à ses amis qu'il choisit avec soin.

**Il l'a porté :** Wolfgang Amadeus Mozart, né à Salzbourg d'un père musicien. Enfant prodige, il manifesta des dons pour la musique à 3 ans ; à 5 ans, jouait du clavecin, composa son premier opéra à 11 ans, et devint maître de concert du prince archevêque de Salzbourg à 13 ans. Il composa *les Noces de Figaro*, à partir de l'œuvre de Beaumarchais en 1786. Il mourut à 35 ans, en 1791, laissant 626 œuvres à la postérité.

**Son évolution :** Wolfgang est un prénom qui fut très courant en Allemagne au XIXe siècle. Il s'est éclipsé au fil des années.

**À l'étranger :** Wolfango (Espagne).

## WOLFRAM

### Wolfran, Wulfram, Wulfran

**D'où vient-il ?** Wolfram, d'origine germanique, signifie « force du loup ».

**Il serait...** émotif et hypersensible. Conscient de sa vulnérabilité affective, il est prudent et parfois renfermé. Il est perméable aux ambiances et peut s'épanouir dans un contexte positif.

**Son évolution :** ce prénom a connu une vague de succès en Allemagne au XIXe siècle, il est rare aujourd'hui.

**Ses cousins :** Wolfran, Wulfram, Wulfran.

## WOODY

**D'où vient-il ?** Woody est le diminutif de Woodrow, d'origine anglaise, qui signifie « rangée d'arbres ».

**Il le porte :** Woody Allen, né en 1935 à Brooklyn. À 17 ans, il écrit des sketches qu'il envoie à un agent, à 22 ans il est rédacteur d'un show télévisé. À 30 ans, il tourne son premier film et ne cessera de jouer, ou de réaliser des comédies de mœurs. Son film *Anny Hall* remporta quatre Academy Awards, *Manhattan* marquera l'apogée de son style. Woody Allen est aussi un musicien de jazz très doué.

**Il serait...** directif, travailleur et souple. Il a beaucoup d'ambition et entend bien s'imposer. Il a le talent de savoir motiver son entourage.

**Son évolution :** Woody est un prénom fréquent aux États-Unis, alors que Woodrow est rarissime.

**Sa forme initiale :** Woodrow.

## XAVIER

**D'où vient-il ?** Xavier, d'origine basque, signifie « maison neuve ».

**On le fête** le 3 décembre. Saint François-Xavier, né en Navarre, fit ses études à Paris où il rencontra Ignace de Loyola. Ils fondèrent ensemble la Compagnie de Jésus en 1534. François-Xavier partit évangéliser l'Inde et fonda plusieurs communautés chrétiennes au Japon. Il mourut sur la route de la Chine en 1552.

**Il serait...** indépendant et ambitieux, mais il a besoin de revenir souvent se ressourcer auprès des gens qu'il aime. Perfectionniste, il est très exigeant dans tous les domaines de sa vie.

**Il le porte :** Xavier Bertrand, homme politique français.

**Son évolution :** Xavier apparaît timidement au XIXe siècle, mais c'est dans les années 1970 qu'il devient un classique, sans atteindre une grande popularité. Il est particulièrement apprécié des familles BCBG.

**Dans nos régions :** Zavié (Provence).

**À l'étranger :** Javier (Espagne), Saverio (Italie), Xaveer (Flandre), Zaverio (Espagne).

## YACINE

**Yassin, Yassine**

**D'où vient-il ?** Yacine, d'origine arabe, fait référence à la 36e sourate du Coran, qui évoque le jugement dernier.

**Il serait...** sociable, ouvert, conscient de l'importance de son réseau, à la recherche de modes d'expression, de communication. Très actif, il déborde d'énergie.

**Il l'a porté :** Yacine Kateb, écrivain algérien né en 1929, dont plusieurs pièces sont au programme de la Comédie-Française. Il est décédé en 1989.

**Son évolution :** ce prénom est un favori des familles de culture arabe aujourd'hui.

**Ses cousins :** Yassin, Yassine.

## YAËL

**Joël, Yoël**

**D'où vient-il ?** Yaël est une variante de Joël, d'origine hébraïque, qui signifie « Yahvé est Dieu ».

**On le fête** le 13 juillet avec Joël.

**Il serait...** intellectuel, studieux, réfléchi. Il a soif de connaissances et préfère se plonger dans les livres ou dans son écran plutôt que de sortir.

**Son évolution :** Yaël a succédé à Joël dans les années 1970. Il est particulièrement apprécié en Bretagne.

**Sa forme initiale :** Joël.

**Son cousin :** Yoël.
**Ses féminins :** Yaël, Yaëlle, Yaguel.

## YANIS

**Jean, Yannis**

**D'où vient-il ?** Yanis est une forme grecque de Jean, d'origine hébraïque, qui signifie « Dieu a fait grâce ».
**On le fête** le 24 juin avec Jean.
**Il serait...** vif, curieux et communicatif. Il s'intéresse à tout, aime l'aventure, les changements, les voyages et tous les plaisirs.
**Son évolution :** apparu dans les années 1990, Yanis a très vite progressé pour s'éloigner tout aussi vite.
**Sa forme initiale :** Jean.
**Son cousin :** Yannis.

### Son heure de gloire

Entre 2000 et 2010. Yann et Yannick s'essoufflaient alors. Yanis leur a volé la vedette, séduisant aussi bien les familles bretonnes, grecques que musulmanes, par sa sonorité qui s'adapte à toutes les cultures.

## YANN

**Jean, Yannick**

**D'où vient-il ?** Yann est une forme bretonne de Jean, d'origine hébraïque, qui signifie « Dieu a fait grâce ».
**On le fête** le 24 juin avec Jean.
**Il serait...** entreprenant, indépendant et volontaire. Mais il est aussi généreux et a un sens profond de l'amitié. Il doute parfois de lui-même et a besoin de reconnaissance.
**Ils le portent :** Yann Quéffelec, romancier, qui obtint le prix Goncourt en 1985 pour *les Noces barbares*. Yann Arthus-Bertrand, photographe, ardent défenseur de la nature, qui créa en 1991 une agence spécialisée dans les photos aériennes, et qui, en 1994, fit, sous le patronage de l'Unesco, un inventaire des plus beaux paysages du monde vus du ciel.
**Son évolution :** très bien connu des familles bretonnes, Yann sort de sa région natale dans les années 1960, pour devenir un classique trente ans plus tard.
**Sa forme initiale :** Jean.
**Son cousin :** Yannick.

## YANNICK

**Yann, Yannig**

**D'où vient-il ?** Yannick est une variante de Yann, forme bretonne de Jean, d'origine hébraïque, qui signifie « Dieu a fait grâce ».
**On le fête** le 24 juin avec Jean.
**Il serait...** dynamique et sociable. Curieux, il multiplie les activités, quitte à se disperser. Il est calme et rassurant pour son entourage.
**Il le porte :** Yannick Noah, tennisman qui remporta le tournoi de Roland-Garros en 1983, reconverti dans la chanson depuis 2002.
**Son évolution :** Yannick le breton séduit l'ensemble de la France dans les années 1950. Il reste assez discret, mais dura tout de même plus de quarante ans.
**Sa forme initiale :** Jean.
**Ses cousins :** Yann, Yannig.

## YÉHUDI

**D'où vient-il ?** Yéhudi d'origine hébraïque, signifie « juif ».
**Il serait...** déterminé et élitiste. Il aime se faire le champion des grandes causes, cherche le dépassement, et se dévoue souvent pour les autres.
**Il l'a porté :** Yéhudi Ménuhin, fils de rabbin d'origine russe, né à New York en 1916. Enfant prodige, il fut un violoniste et un chef d'orchestre exceptionnel, et également un défenseur des droits de l'homme.
**Son évolution :** ce prénom est courant en Israël.
**Son féminin :** Judith.

## YOEN

**Youen, Youwen**

**D'où vient-il ?** Yoen est une variante d'Yves, d'origine celte, qui signifie « if ».
**On le fête** le 19 mai avec Yves.

**Il serait...** efficace, travailleur et ambitieux. Opportuniste, il sait saisir sa chance et utiliser toutes les ressources de son réseau.
**Son évolution :** bien connu et apprécié des familles bretonnes, Yoen n'a pas encore de carrière nationale.
**Sa forme initiale :** Yves.
**Ses cousins :** Youen, Youwen.

## YOHAN
### Jean, Johan

**D'où vient-il ?** Yohan est une variante de Yohanan, d'origine hébraïque, qui signifie « Dieu est miséricorde ».
**On le fête** le 24 juin avec Jean.
**Il serait...** affectif et sensible. Son humeur dépend de son environnement et il est très perméable aux ambiances. Sociable et tolérant, il peut devenir taciturne et réservé.
**Il l'a porté :** Johann Strauss, issu d'une famille juive de Hongrie, violoniste, né en 1804. Après avoir joué dans des brasseries avec des amis, il fonda son orchestre et fut le roi incontesté de la valse. Il composa aussi des polkas, des quadrilles qui furent joués à la cour. Il s'éteignit à Vienne en 1849.
**Son évolution :** ce prénom n'est jamais un favori, mais il ne disparaît jamais non plus.
**Sa forme initiale :** Jean.
**Son cousin :** Johan, Yohann.

## YVAIN
### Yvelain, Yvelin, Yves

**D'où vient-il ?** Yvain est une forme médiévale d'Yves, d'origine celte, qui signifie « if ».
**On le fête** le 19 mai avec Yves.
**Il serait...** courageux et combatif, loyal et fidèle, mais aussi intolérant et obstiné. Il ne fait aucun compromis et reste ancré sur ses positions.
**Il le porte :** Yvain est un personnage de *Yvain ou le Chevalier au lion*, roman médiéval de Chrétien de Troyes de tradition celte. Dans ce roman, Yvain est le fils de la fée Morgan et du roi Urien, et il affronte de multiples aventures. Il combat et tue un chevalier gardien d'une fontaine et épouse sa veuve, Laudine. Il sauve aussi un lion attaqué par un serpent et s'en fait un ami.
**Son évolution :** Yvain n'a guère survécu au Moyen Âge, il est très rare aujourd'hui.
**Sa forme initiale :** Yves.
**Ses cousins :** Yvelain, Yvelin.

## YVES
### Erwann, Yoen, Yvain, Yvan, Yvelin, Yvon

**D'où vient-il ?** Yves, d'origine celte, signifie « if ».
**On le fête** le19 mai. Saint Yves naquit en Bretagne en 1253. Après avoir fait des études de droit à Paris, Yves revint en Bretagne, où il devint l'avocat des pauvres et des opprimés. Il joua un rôle de médiateur entre les parties ennemies, arbitra les querelles et apaisa les conflits. Ordonné prêtre, il fonda un hôpital où il soigna les malades. Il mourut en 1303.
**Il serait...** courageux et volontaire. Il sait ce qu'il veut et se donne les moyens de l'obtenir. La négligence et la lenteur l'exaspèrent.
**Ils l'ont porté :** Yves Mourousi, journaliste présentateur du journal de 13 heures sur TF1 de 1975 à 1988. Yves Montand, acteur, chanteur, de son vrai nom Ivo Livi, né italien, dans une famille ouvrière communiste. Il travailla en 1938

comme chauffeur de salle, interpréta sa première chanson *Dans les plaines du Far West*. En 1939, il se produisit à l'Alcazar, puis au Moulin-Rouge en 1941 où il rencontra Édith Piaf qui lança sa carrière. En 1945, il était une vedette. Il épousa Simone Signoret en 1951 et tous deux devinrent un couple mythique du cinéma français et international. Il fut un militant très actif pour les droits de l'homme. Il mourut en 1991 à 70 ans. Yves Saint Laurent, d'abord assistant modéliste chez Dior reprit la direction de la maison de couture à 21 ans, en 1957, à la mort de Christian Dior. Il crée sa propre maison en 1961, qu'il dirigera jusqu'en 2002.

**Ils le portent :** Le comédien Yves Régnier, interprète du rôle du commissaire Moulin. L'imitateur Yves Lecoq. Le paléontologue Yves Coppens.

**Son évolution :** Yves était déjà connu au Moyen Âge, mais il resta un prénom typique de la Bretagne jusqu'au début du XXe siècle. Il sera en vogue, en particulier dans les familles BCBG, jusqu'en 1950. Il a disparu aujourd'hui.

**Ses cousins :** Erwann, Yoen, Yvain, Yvan, Yvelin, Yvon.

**À l'étranger :** Ivan (Russie), Ivi (Italie).

**Ses féminins :** Youna, Yvette.

## YVON

**D'où vient-il ?** Yvon est la forme irlandaise d'Yves, d'origine celte, qui signifie « if ».

**On le fête** le 19 mai avec Yves.

**Il serait...** sérieux, consciencieux, appliqué, discipliné. L'élève modèle, le collaborateur idéal ! Il exprime peu ses sentiments, mais il est fiable et solide en amour comme en amitié.

**Il le porte :** Yvon Gattaz, qui fut patron du CNPF (devenu le Medef) de 1981 à 1986.

**Son évolution :** celte lui aussi, Yvon a connu une petite vague de succès dans les années 1930, bien plus modeste qu'Yves, et bien plus brève aussi. Il a disparu.

**Sa forme initiale :** Yves.

**Ses féminins :** Vonna, Vonnie, Yvonne.

# Z

## ZACHARIE

**D'où vient-il ?** Zacharie, d'origine hébraïque, signifie « Dieu s'est souvenu ».

**On le fête** le 5 novembre. Saint Zacharie, d'origine byzantine, fut pape de 741 à 752. Érudit et excellent orateur, il sut être persuasif et habile politicien.

**Il serait...** vif et impatient, énergique et efficace, exigeant et ambitieux. Il mobilise toute sa volonté pour réussir sa vie professionnelle.

**Il l'a porté :** Zacharie fut un prêtre juif, au Ier siècle avant J.-C., le mari d'Élisabeth, la cousine de Marie.

**Il le porte :** Zacharie Noah, ancien footballeur professionnel, père de Yannick Noah.

**Son évolution :** rare jusqu'en 2000, Zacharie fait partie des prénoms qui reviennent.

**Dans nos régions :** Zacarias, Zakaria (Pays basque).

**À l'étranger :** Zacarias (Espagne), Zaccaria (Italie), Zacharias (Grande-Bretagne, Hongrie), Zachary (Grande-Bretagne, États-Unis), Zakar (Arménie), Zakaria (pays arabes), Zakhar (Russie).

**Son diminutif :** Zach.

## ZACHÉE

**D'où vient-il ?** Zachée, d'origine hébraïque, signifie « mémoire ».

**On le fête** le 23 août. Saint Zachée fut évêque de Jérusalem et mourut en 303.

**Il serait...** communicatif, chaleureux, et habile. Émotif, il est très dépendant de son environnement affectif. Vif et curieux, il s'intéresse à tout.
**Il l'a porté :** dans la Bible, Zachée est un collecteur d'impôts riche, mais détesté par la population, car il prélève plus qu'il ne rend à l'État. Il rencontre Jésus qui vient dîner dans sa maison. Le Christ le persuade de rendre à chacun l'argent qu'il a dérobé.
**Son évolution :** ce prénom est très rare.

## ZADIG
### Pascal

**D'où vient-il ?** Zadig est une forme arménienne de Pascal, prénom d'origine hébraïque qui signifie « passage ».
**On le fête** le 17 mai avec Pascal.
**Il serait...** sociable, conciliant, diplomate. Le travail d'équipe le motive et le stimule et il redoute la solitude. Émotif, il a besoin d'amis sûrs.
**Il le porte :** Zadig est le personnage de *Zadig ou la destinée* de Voltaire, conte oriental à visée philosophique paru en 1748, qui retrace les aventures d'un jeune homme dans un décor oriental.
**Son évolution :** ce prénom, connu en France par l'œuvre de Voltaire, est très rare.
**Sa forme initiale :** Pascal.

## ZÉBÉDÉE

**D'où vient-il ?** Zébédée, d'origine hébraïque, signifie « cadeau de Yavhé ».
**On le fête** le 25 juillet. Zébédée fut le mari de Marie Salomé, le père des apôtres Jacques et Jean.
**Il serait...** réfléchi et calme. Il aime l'étude, la recherche, s'intéresse à la spiritualité, à la philosophie. Il a un sens aigu de l'observation et beaucoup d'intuition, ce qui lui donne de bons atouts pour réussir.
**Son évolution :** Zébédée est un prénom bien connu dans les familles hébraïques.

## ZÉBULON

**D'où vient-il ?** Zébulon, d'origine hébraïque, signifie « résident ».
**Il serait...** volontaire et autoritaire, exigeant et élitiste. Il n'a qu'un objectif : être et avoir le meilleur. Sa fierté ne souffre pas la critique ni les échecs.
**Ils l'ont porté :** Zébulon est dans la Bible le dixième fils de Jacob et Léa. Zébulon est un petit personnage monté sur ressort dans le dessin animé *le Manège enchanté*, série de 500 épisodes diffusé pour les enfants en 1964.
**Son évolution :** Zébulon est un prénom rarissime.

## ZÉNON

**D'où vient-il ?** Zénon, d'origine grecque, signifie « rayonnant ».
**Il serait...** sociable, conciliant, diplomate. Il ne conçoit pas la vie sans un partenaire, un associé, une présence amie à ses côtés.
**Ils l'ont porté :** Zénon d'Élée fut un mathématicien et un philosophe, ami de Socrate, né en 495 avant J.-C. Zénon de Citium fut un philosophe grec fondateur du stoïcisme, mort en 261. Zénon fut empereur d'Orient de 474 à 491.
**Son évolution :** ce prénom, assez courant dans la Grèce antique, est très rare aujourd'hui.

## ZÉPHIRIN
**Zéphyr**

**D'où vient-il ?** Zéphirin, d'origine grecque, signifie « vent doux ».
**On le fête** le 26 août. Saint Zéphyrin fut pape de 202 à 219.
**Il serait...** charmant, élégant, plein de tact et épicurien. Volontaire, il assume ses responsabilités avec sérieux et déteste la médiocrité.
**Son évolution :** ce prénom, qui a fait une très brève apparition à la fin du XIX^e siècle, est tombé en désuétude.
**Sa forme initiale :** Zéphyr.
**À l'étranger :** Zeferino (Espagne).

## ZINEDINE
**Zizou**

**D'où vient-il ?** Zinedine, d'origine arabe, signifie « parure de la religion ».
**Il serait...** indépendant, adepte de changements. Très adaptable, il apprécie les voyages et se prête très facilement à toutes les évolutions.
**Il le porte :** Zinedine Zidane, ancien international de football français, nommé un des meilleurs footballeurs de tous les temps, et le sportif préféré des Français en 2006.
**Son évolution :** ce prénom est bien connu dans les familles musulmanes. Il est probable que la popularité de Zidane en France ait beaucoup fait pour la propagation de ce prénom dans les années 2005.
**Son diminutif :** Zizou.

## ZOLTAN

**D'où vient-il ?** Zoltan, d'origine arabe, signifie « sultan ».
**Il serait...** calme et studieux. Il préfère les livres aux sorties et s'intéresse davantage à l'étude qu'au sport. Il est souvent détaché des contingences matérielles.
**Son évolution :** ce prénom est bien connu dans les familles musulmanes.
**À l'étranger :** Zsolt (Hongrie).

## ZOZIME

**D'où vient-il ?** Zozime, d'origine grecque, signifie « vigoureux ».
**On le fête** le 18 décembre. Saint Zozime, emprisonné à Antioche, fut transféré à Rome pour y subir le martyre dans l'arène sous l'empereur Néron, en 107.
**Il serait...** travailleur, énergique. Il cherche la stabilité, le pouvoir, il aime construire, il a des règles de vie et ne déroge pas facilement à ses principes.
**Il l'a porté :** Zozime de Panapolis, alchimiste au III^e siècle en Haute-Égypte.

# *Fils de...*

Originaux ou très sages, les prénoms des enfants des personnalités inspirent parfois les parents en quête d'un prénom.

Voici les prénoms des bébés de nos stars venus au monde depuis 2006.

**AIDAN :** Chelsea Clinton
**ALEXANDER :** George et Amal Clooney
**ANDREAS :** Nikos Aliagas
**CIRO :** Lionel Messi
**CYRUS :** Claire Danes
**ÉTIENNE :** Louise Bourgoin
**GABRIEL :** Léa Salamé
**GEORGE :** Léa Seydoux
**JACK :** Louis Bertignac
**LARS :** Mel Gibson
**LENNY :** Roger Federer
**LÉO :** Audrey Lamy
**LÉO :** Roger Federer
**LEONARDO :** Alec Baldwin
**LIAM :** Tony Parker
**LOU :** Laure Manaudou
**MAËL :** Karine Ferri
**MARIN :** Nolwenn Leroy
**MARCELLO :** Christophe Alévêque
**MARTIN :** Lucas Hernandez
**MATÉO :** Cristiano Ronaldo
**MILO :** Lucie Lucas
**NOÉ :** Gad Elmaleh
**RAPHAËL :** Gad Elmaleh
**ROBIN :** Sophie Thalmann
**ROMAN :** Natalia Vodianova
**ROMÉO :** Sylvie Tellier
**SANTIAGO :** Eva Longoria
**STEFAN :** Novak Djokovic
**TOM :** Ingrid Chauvin
**VICTOR :** Justine Hénin

# *Index des prénoms filles*

*Les prénoms en gras font l'objet d'un article détaillé ; ceux dont les folios sont encadrés renvoient au cahier central Prénoms du monde, pages 1 à 24.*

# Index des prénoms garçons

*Les prénoms en gras font l'objet d'un article détaillé ; ceux dont les folios sont encadrés renvoient au cahier central Prénoms du monde, pages 25 à 44.*

PAPIER À BASE DE FIBRES CERTIFIÉES

LAROUSSE s'engage pour l'environnement en réduisant l'empreinte carbone de ses livres. Celle de cet exemplaire est de :
2,2 kg éq. $CO_2$
Rendez-vous sur www.larousse-durable.fr

Imprimé en Espagne par Unigraf
Dépôt légal : janvier 2019
322668/02 - 11046764 - Janvier 2021